LES
APPARITIONS
MATÉRIALISÉES
DES VIVANTS & DES MORTS

PAR

GABRIEL DELANNE

TOME II

LES APPARITIONS DES MORTS

L'ouvrage renferme de nombreuses photographies.

———◇———

PARIS
LIBRAIRIE SPIRITE
LEYMARIE, ÉDITEUR
42, RUE SAINT-JACQUES, 42

Tous droits réservés

1911

LES
APPARITIONS MATÉRIALISÉES

DES VIVANTS ET DES MORTS

LES
APPARITIONS
MATÉRIALISÉES
DES VIVANTS & DES MORTS

PAR

GABRIEL DELANNE

TOME II

LES APPARITIONS DES MORTS

L'ouvrage renferme de nombreuses photographies.

———◇———

PARIS
LIBRAIRIE SPIRITE
LEYMARIE, ÉDITEUR
42, RUE SAINT-JACQUES, 42

Tous droits réservés
1911

LES APPARITIONS MATÉRIALISÉES
DES VIVANTS ET DES MORTS

DEUXIÈME PARTIE

SPIRITISME

CHAPITRE I

LES APPARITIONS DE DÉFUNTS PLUS OU MOINS LONGTEMPS APRÈS LA MORT

Sommaire. — Continuité des manifestations extra-corporelles des vivants et des morts. — Elles sont identiques. — Comment distinguer une hallucination d'une apparition véritable ? — Énumération des caractères qui prouvent l'objectivité d'un fantôme de mort. — Explication par l'hypothèse de la télépathie retardée. — Exemple d'une vision qui n'est pas suffisamment objective. — Apparitions véritablement objectives. — Celles qui présentent des signes particuliers, ignorés des vivants, mais exacts. — Le fantôme a une égratignure à la joue. — Un autre se montre ruisselant, après s'être noyé. — Le fantôme est identifié parce qu'il lui manque un doigt. — L'apparition d'un officier indique son genre de mort. — Un fantôme reconnu sur une photographie. — Hantise locale; la vieille femme couchée. — Le docteur qui revient. — Apparition de l'ancienne propriétaire de l'hôtel. — Le fantôme dit son nom et converse par signes. — Le cas de Mme de Marteville. — Le fantôme donne un ordre qui sauve le navire. — L'apparition proteste contre une accusation injuste. — L'apparition veille sur ses petits enfants. — Le cas de Sylvain Maréchal. — Discussion sur l'objectivité des fantômes vus collectivement. — Photographies d'apparitions de morts, invisibles pour les yeux ordinaires. — Les expériences de MM. Beattie, Thompson, Wagner, Wallace, etc. — Identité des esprits de Mme Bonner, la petite Pauline, Mabel Warren et Lizzie Benson. — Action physique exercée par le fantôme invisible. — Apparitions de morts vus collectivement ou successivement par plusieurs témoins. — L'apparition de la grand'mère. — Le fiancé est vu par deux personnes. — La mère défunte se montre à trois témoins. — Manifestations lumineuses. — Divers exemples. — Une mère qui veille sur ses enfants. — Les esprits continuent de nous aimer. — Apparitions multiples du même fantôme. — Cas Lister. — Celui de Mme Coote. — Cas Tweedale. — Un portrait posthume. — Une apparition persistante. — Manifestations objectives au lit de mort. — Trois cas cités d'après M. Bozzano. — Trois cas du même auteur où l'apparition est vue collectivement par des humains ou des animaux. — Résumé rappelant les analogies parfaites des apparitions de vivants ou de morts.

CONTINUITÉ DES MANIFESTATIONS EXTRA-CORPORELLES DES VIVANTS ET DES MORTS

Il est certain, aujourd'hui, que tous les raisonnements philosophiques, pour ou contre l'immortalité de l'âme, ont été employés tour à tour par les penseurs et les savants les plus éminents de tous les temps, sans qu'aucune théorie ait eu assez de puissance pour trancher définitivement la question, en s'imposant d'une manière indiscutable. Est-ce donc que le problème soit insoluble pour nous ? Pas le moins du monde ; mais il faut le placer sur son véritable terrain : celui de la recherche expérimentale. Au lieu de s'épuiser en de vaines et stériles querelles d'école, il est plus simple, plus pratique d'aborder directement la question de fait. Possède-t-on, oui ou non, des preuves que l'âme existe encore après la désagrégation du corps ? Je n'hésite pas à répondre affirmativement, et en m'appuyant d'abord sur *les faits* rassemblés par les savants de la *Société anglaise de recherches psychiques*, je crois que la démonstration de la survivance de l'âme pourra convaincre les plus incrédules.

Déjà les phénomènes d'extériorisation de l'âme humaine, pendant la vie, nous faisaient supposer logiquement qu'un principe qui peut sortir du corps, s'en détacher pour manifester ses pouvoirs, sans avoir besoin du cerveau matériel, devait en être indépendant ; mais ce n'était là, après tout, qu'une induction, légitime il est vrai, mais encore insuffisante pour déterminer une conviction complète. Arrivons donc à la démonstration directe. Lorsque la vie a cessé, que l'organisme charnel est décomposé, qu'il ne reste rien de ses organes, l'intelligence qui l'animait est-elle anéantie, ou bien a-t-elle persisté de manière à donner des preuves objectives de son existence ? Telle est la question que je vais étudier maintenant.

On entend dire quelquefois, d'un ton sentencieux, que : « quand on est mort, c'est pour longtemps », et il est de bon ton de railler les naïfs qui croient à l'existence des revenants. « Ceux, dit Kant, qui se donnent à bon marché le nom et le relief de savants se moquent de tout ce qui, inexplicable pour le savant comme pour l'ignorant, les place tous les deux au même niveau. C'est ce qui fait que les histoires de revenants sont toujours écoutées et bien accueillies dans l'intimité, mais impitoyablement désavouées devant le public. » Oui, de tout temps, des personnes sensées, en parfaite santé, ont affirmé avoir eu des visions de défunts, et dans tous les pays il existe des lieux, dits « hantés », où se produisent des manifestations anormales, dont les agents semblent ne pas appartenir à l'humanité terrestre. Maintenant que les recherches psychiques ont fait faire un grand pas à l'opinion des hommes de science, beaucoup admettent qu'un témoin n'est pas nécessairement un menteur, ou qu'il n'est pas utile de supposer qu'il était ivre ou malade, lorsqu'il déclare avoir vu un fantôme reproduisant les traits d'un décédé. Mais, pour le plus grand nombre des critiques, cette vision n'est pas autre chose qu'une hallucination, une perception fausse et, par conséquent, ne prouve rien quant à la survie. Il s'agit donc pour nous de savoir — comme pour les fantômes de vivants — si l'on peut arriver à démontrer que cette explication est insuffisante, et afin que la recherche soit faite sérieusement, c'est encore les *Proceedings* que je mettrai le plus volontiers à contribution, pour la plupart des faits d'observation qui seront cités ici.

Je rappelle, pour mémoire, que la S. P. R. constitue un véritable aréopage de savants, car beaucoup de ses membres appartiennent à toutes les branches de l'activité scientifique, dans lesquelles ils ont conquis les premières places. On y rencontre, à côté de psychologues émérites, des naturalistes de premier ordre, des physiciens ou des chimistes dont le renom est universel, des ingénieurs, des astronomes, des hommes d'État, etc. ; en un mot, les intelligences les plus diverses et les esprits les mieux préparés pour une discussion de cette nature. Suivons-les donc avec confiance, car on ne pourrait trouver de meilleurs guides dans cette recherche, qui a pour nous un si grand intérêt.

Lorsque les savants anglais commencèrent leur enquête, ils n'avaient aucune idée préconçue, et leur méthode critique s'appliqua indistinctement à tous les cas. Cependant, le premier ouvrage qu'ils publièrent : *les Fantômes de vivants*, sous la signature de MM. Gurney, Myers et Podmore, était loin de relater tous les faits parvenus à leur connaissance ; ce n'est qu'accidentellement que le volume mentionnait des apparitions de morts. Les *Proceedings* contiennent, en revanche, un nombre assez considérable de relations dans lesquelles l'agent n'existe plus au moment où se produit la vision télépathique du percipient. C'est donc bien une apparition *de mort* qui a eu lieu, et ce qu'il importe dès maintenant de remarquer, c'est que les manifestations visuelles, auditives, etc., de ces morts *ont exactement les mêmes caractères* que les manifestations produites par les vivants, d'où il faut en inférer *une identité de la cause*. Cette conclusion me semble d'autant plus exacte, que c'est celle qui se dégage directement de l'examen des circonstances qui accompagnent ces phénomènes. Si l'on étudie attentivement tous les exemples rapportés, on voit qu'on peut les classer dans une série continue, partant des cas où l'agent est bien vivant, qui se continue par ceux où il est sur le point de mourir, pour aboutir enfin aux derniers, où il est décédé depuis plus ou moins longtemps.

D'autre part, si réellement les visions de personnes mortes sont analogues à celles de personnes vivantes éloignées, nous devons trouver des séries parallèles de phénomènes où l'action *post-mortem* se traduira : 1° par une hallucination télépathique, proprement dite ; 2° par une apparition clairvoyante ; 3° par des photographies ; 4° par une vision collective. C'est effectivement ce qui a lieu, comme nous allons le constater.

COMMENT DISTINGUER UNE APPARITION VÉRITABLE D'UNE HALLUCINATION

Dès maintenant, il est nécessaire de signaler une difficulté qui se produit au sujet des apparitions de morts, et qui n'existait pas pour celles des vivants.

La théorie de la télépathie a été fondée sur la *coïncidence* que l'on remarque entre l'apparition et l'existence de certaines conditions critiques dans lesquelles se trouvaient, à ce moment, les personnes qui semblaient se manifester. On pouvait vérifier, en effet, que fréquemment, pendant la crise, l'agent avait pensé au percipient et l'on admet que c'est à l'action de cette pensée que le phénomène télépathique est attribuable, puisque — dans l'immense majorité des cas — jamais, ni avant ni après, le percipient n'a eu d'autre hallucination. Parfois aussi, l'agent raconte qu'il *se souvient* de s'être extériorisé, d'avoir été trouver le percipient, et déclare qu'ils se sont vus réciproquement. Ces faits, rapprochés de ceux de la télépathie expérimentale, permettent d'attribuer certainement à une cause extérieure au voyant les phénomènes d'apparition de vivants ; mais il est clair que cette enquête ne peut plus être faite quand il s'agit des morts, de sorte qu'il devient urgent de rechercher quelles conditions doit réunir une apparition de défunt, pour être considérée comme véridique.

J'ai résumé dans un tableau les causes qui produisent de fausses perceptions, telles que : les illusions, les hallucinations provenant d'états pathologiques, les suggestions, les autosuggestions, etc. ; il est donc évident que l'on doit éliminer d'abord tous les cas où ces facteurs pourraient être invoqués. Cette sélection opérée, il reste encore un nombre considérable de récits dans lesquels on constate que des personnes de tout âge, de tout rang, sans distinction de sexe, de croyance ou de pays, affirment avoir vu des parents ou des amis décédés. Comment savoir si ces apparitions sont réelles ?

A mon avis, il faut procéder ici comme on le fait pour les communications spirites, c'est-à-dire qu'il est indispensable, si le percipient est seul, que l'apparition présente en soi des preuves de son existence objective. Celles-ci peuvent être de différentes sortes et prendre place dans les catégories suivantes :

1º Le fantôme, s'il est connu du percipient, montre par des signes particuliers, *ignorés normalement du voyant*, qu'il était ainsi de son vivant (blessures, cicatrices, vêtement spécial, etc.);

2º L'apparition est celle d'une personne que le sujet *n'avait jamais vue auparavant* ; cependant, la description qu'il en fait est suffisamment précise pour *en établir l'identité* ;

3° L'apparition donne un renseignement dont l'exactitude est reconnue ultérieurement, ou elle relate un fait réel totalement *inconnu du percipient* ;

4° On a pu obtenir : accidentellement ou volontairement, des photographies de ces fantômes ;

5° Plusieurs témoins ont été simultanément, ou successivement, affectés par la manifestation de l'être matérialisé ;

6° Des animaux et des hommes ont perçu collectivement l'apparition.

A cause de la multiplicité des sujets que je dois traiter et de l'abondance des documents qui s'y rattachent, je citerai quelques récits seulement de chacune des catégories énumérées plus haut, en indiquant les références nécessaires. La plupart des exemples sont empruntés au mémoire lu par M. Gurney à la *Société de recherches psychiques* anglaise, dans la séance du 28 février 1888 (1). Ce travail fut complété plus tard par F. W. H. Myers. Indépendamment des causes d'exclusion signalées plus haut (illusions, hallucinations, etc.), M. Gurney, pour diminuer encore les chances d'erreurs possibles, s'est astreint à ne retenir que les cas où le percipient *ignorait la mort de l'agent*, ce qui supprime radicalement la possibilité d'une auto-suggestion quelconque. Cependant, il reste encore une autre hypothèse à étudier : celle de la télépathie retardée. Voyons en quoi elle consiste.

LA TÉLÉPATHIE RETARDÉE

Dans leur livre sur *les Fantômes de vivants*, les auteurs ont imaginé une théorie pour expliquer comment, sans avoir recours à l'hypothèse de la survivance, une apparition pourrait se produire très peu de temps après la mort. Ils ont supposé que la transmission télépathique de l'agent se ferait aussitôt avant, ou

---

(1) Voir aussi le mémoire de Mme Sidgwick sur les Apparitions de morts. M. Sage, dans son livre : *la Zone frontière*, en a traduit quelques cas, chap. VII, p. 198 et suiv.

au moment même de la mort, mais que l'impression dormirait à l'état latent dans l'esprit du sujet, pour ne se réveiller que plus tard, sous forme de vision pendant la veille, ou d'apparition dans le rêve, ou enfin d'une autre façon quelconque. C'est ce que l'on a nommé la *période latente* ou la *télépathie retardée*. Cette théorie peut s'appuyer sur quelques exemples expérimentaux, dans lesquels les impressions transmises restent inconnues pendant un certain temps avant que le sujet en ait conscience. Il est bon d'observer aussi, pour justifier cette interprétation des faits, que, dans un grand nombre de cas, l'intervalle de temps pendant lequel l'impression reste latente, correspondait à une période d'activité du sensitif, dont l'esprit et les sens étaient fortement sollicités par d'autres objets. Il est tout naturel de supposer que, dans ces circonstances, les productions télépathiques ne peuvent dépasser le seuil de la conscience que lorsqu'il survient un moment de silence ou de recueillement.

Il ne faudrait pas donner à cette hypothèse plus d'importance que ne lui en attribuent ses auteurs. Certains critiques ont été jusqu'à vouloir expliquer tous les cas de cette façon. Pour juger combien cette manière de procéder est exagérée, voici l'appréciation de M. Gurney sur ce point :

Quoique les raisons d'admettre la théorie de la période latente fussent sérieuses, mes collègues et moi avions profondément à cœur de ne pas être considérés comme voulant présenter à titre de dogme ce qui aujourd'hui peut tout au plus être admis comme *hypothèse transitoire*. C'est surtout dans les recherches psychiques qu'il est de la plus haute importance d'éviter de telles erreurs et de tenir toujours l'esprit ouvert à de nouvelles interprétations des faits. Dans la question que nous étudions, il y a un certain nombre d'objections très sérieuses qui se présentent, naturellement, contre cette hypothèse qu'une impression télépathique provenant d'un mourant peut ne venir à la surface qu'après être restée latente pendant un certain nombre d'heures. Les faits expérimentaux que j'ai présentés comme analogues *sont rares et mal déterminés* (1), en outre la période d'inconscience n'a été que de *quelques secondes ou quelques minutes*, et non des heures entières. Quoique, ainsi que je l'ai signalé, il y ait quelques exemples dans lesquels l'intervalle

---

(1) C'est moi qui souligne dans toute la citation.

entre la mort et le phénomène peut être expliqué par ce fait que l'esprit ou les sens du sujet étaient absorbés par d'autres occupations qui ne laissaient aucune place à la manifestation, *il y a bien d'autres cas où il n'en est pas ainsi et où l'on ne rencontre* AUCUNE POSSIBILITÉ *de faire coïncider ce délai avec un état spécial du percipient.* En somme, on peut considérer comme absolument sérieuse l'hypothèse que l'*agent* psychique ou physique n'entre réellement en action qu'un certain temps *après la mort,* et que le sujet reçoit l'impression *au moment même où il en a conscience*, et non auparavant.

J'ai parlé plus haut de cas dans lesquels l'intervalle entre la mort et les manifestations était assez faible pour rendre acceptable la théorie de la période latente. La règle adoptée dans les *Fantômes des vivants* était que cet intervalle ne devait pas dépasser 12 heures. Cependant il s'y trouve un certain nombre de cas dans lesquels cet intervalle a été beaucoup plus considérable; cependant au moment de la manifestation, le fait de la mort était encore inconnu du percipient. On ne peut rationnellement appliquer la théorie de la période latente à des cas où des semaines et même des mois séparent le phénomène, quel qu'il soit, du moment de la mort, ce moment étant le dernier terme d'où on puisse admettre que part l'impression télépathique ordinaire qui frappe l'esprit du percipient (1).

L'existence de cas de ce genre, en tant qu'elle est de nature à prouver la réalité *objective* des apparitions des morts, diminue la difficulté que l'on éprouve à admettre que les apparitions et autres phénomènes qui *suivent* de fort près la mort, ont une origine différente de ceux qui ont coïncidé avec elle ou l'ont immédiatement *précédée*. Nous n'aurons pas à créer une classe toute nouvelle pour ces derniers cas ; il nous suffira de les faire passer d'une classe dans une autre ; classe, il est vrai, plus restreinte et moins bien délimitée, mais suffisamment caractérisée déjà pour la légitimer en attendant de nouvelles preuves.

L'hypothèse de la période latente ne peut donc légitimement s'appliquer qu'aux cas dans lesquels l'apparition a suivi de très

---

(1) « Nous donnons le nom d'*ordinaires* à la classe étudiée et reconnue dans les *Fantômes des Vivants*. Mais si on admet que les décédés survivent, la possibilité de transmission de pensée entre eux et ceux qui sont demeurés sur terre est une hypothèse parfaitement acceptable. Comme notre théorie est purement psychique, et ne s'occupe en rien du physique, elle peut parfaitement s'appliquer (quoique le nom ne soit peut-être plus bien approprié) aux conditions d'existence des désincarnés. » — *Fantômes*, vol. 1, p. 512.

près la mort de l'agent. On doit observer encore qu'elle n'est rationnelle que lorsque le percipient a connu l'agent, car sans le rapport nécessaire, on ne conçoit plus du tout comment l'impression télépathique pourrait agir sur un cerveau quelconque. Nous verrons, assez souvent, que l'apparition était totalement étrangère au percipient, ce qui, dans ce cas, détruit radicalement la supposition d'une action latente quelconque. Ceci dit, arrivons à l'examen des faits.

HALLUCINATION PROBABLEMENT VÉRIDIQUE

Pour montrer quel genre d'apparition je néglige volontairement, comme ne portant pas en soi des caractères suffisamment nets pour établir l'action d'une cause extérieure, je reproduis le récit suivant, emprunté aux *Proceedings* (1) :

III. — La communication du cas suivant est due à l'obligeance de Miss Porter. Il est arrivé à une dame qui désire garder l'anonyme.

8 août 1885.

« Le 2 novembre 1876, je me rendis chez mon frère. Le voyage dura longtemps, de 8 heures du matin à 8 heures du soir, et je restai fort tard à causer avec ma belle-sœur. Il était minuit quand je gagnai ma chambre. Je passai encore quelque temps à ranger mes effets. Je m'aperçus que j'avais laissé dans le vestibule un objet dont j'avais besoin et, ne voulant pas attendre jusqu'au lendemain pour réparer cet oubli, je descendis. La maison est grande et les couloirs sont longs. Comme ma chambre était au troisième étage et que j'avais à me rendre près de l'entrée, cela me prit un certain temps. A mon retour, au moment où j'arrivais dans le corridor sur lequel s'ouvrait ma chambre, je vis une forme qui se tenait au delà de ma chambre. Elle paraissait si vaporeuse que si une lumière avait été placée derrière elle, je l'aurais vue à travers. Cette forme vaporeuse *ressemblait absolument* à un de nos amis que nous savions

---

(1) Les exemples suivants sont puisés dans la traduction française du travail de M. Gurney, complété par F. W. H. Myers, intitulé : *Mémoire sur les apparitions survenant peu de temps après la mort*, paru dans les années 1900-1901 et 1901-1902, de la *Revue scientifique et morale du Spiritisme*, traduction que je dois à l'obligeance de M. le docteur Dusart, auquel j'exprime toute ma gratitude pour son précieux concours.

être parti pour l'Australie. Je m'arrêtai et la regardai bien. Je me passai la main sur les yeux et, regardant de nouveau, je la vis encore. Bientôt elle sembla se dissiper, je ne sais comment. Je m'avançai alors et rentrai dans ma chambre. Je fis la réflexion que j'étais trop fatiguée et je me jetai sur mon lit pour me reposer.

Le lendemain je racontai à ma belle-sœur ce que j'avais vu et elle se moqua de mon fantôme.

Trois semaines plus tard je rentrai chez moi. En arrivant, ma mère me montra dans un journal un récit disant que le corps de notre pauvre ami avait été rejeté sur le rivage à Orfordness, et enterré comme cadavre inconnu, *au moment même où je vis son fantôme*. Nous étions ses seuls amis en Angleterre, mais je ne m'explique pas pourquoi il se présenta à moi. Une telle aventure ne charme personne. Ce que je puis vous assurer, c'est que je n'avais pas pensé à lui et que je n'en avais pas parlé. »

Voici ce que m'écrit — dit M. Gurney, — le desservant de la paroisse de Orford, près de Wickham, Suffolk :

« 23 janvier 1886.

« Monsieur, en réponse à votre demande, je vous envoie la copie de l'inscription funéraire :

« A la mémoire de Frédéric Gluyas Le Maistre, 2ᵉ officier de la barque *Gauntlet*, de Londres, né à Jersey, Channel Islands, âgé de 24 ans et 6 mois, dont le corps fut trouvé près du port d'Orfordness, le 22 octobre 1876. Sa mort est due à une chute par-dessus le bord de la barque sus-nommée, dans les Dunes, le 27 septembre de la même année.

« James Ling. »

[J'ai causé avec la percipiente, le 24 janvier 1886, et elle m'a dit qu'elle n'a *jamais eu d'autre hallucination que ce soit*. C'est une personne calme et de sens pratique. — E. Gurney.]

La percipiente est, d'après M. Gurney, une femme sensée, qui n'a jamais eu d'autre hallucination, et celle-ci se rapporte à un ami dont elle ignorait la mort. Il existe probablement ici autre chose qu'un simple hasard entre cette vision, qui est unique, et le fait qu'elle se rapportait à l'ami décédé au loin. Mais, rigoureusement, il se peut que l'hallucination ne soit due qu'à une coïncidence accidentelle déterminée, par exemple, par l'état de fatigue de la percipiente, puisque l'apparition ne porte aucun signe caractéristique de son décès. Il faudra donc, dans les récits suivants, chercher des preuves plus positives, pour nous assurer que l'action hallucinatoire est produite par une cause extérieure.

Je pense que les narrations qui vont être rapportées maintenant ne laisseront aucun doute à cet égard. Ayant un très grand nombre de faits à citer pour toutes les classes de phénomènes, je suis obligé, à mon grand regret, de me limiter dans le choix des exemples qui se réfèrent à chaque catégorie ; mais on pourra vérifier, en se reportant aux références indiquées, que ces phénomènes sont assez fréquents pour que nous ayons le devoir d'en tenir le plus grand compte, d'autant mieux que chacun d'eux reste inexplicable, si l'on n'admet pas l'action persistante de l'esprit désincarné de l'agent. D'ailleurs, je laisse la parole aux faits, ils ont une éloquence significative.

1° ET 2°. — APPARITIONS PRÉSENTANT DES SIGNES PARTICULIERS, IGNORÉS DU VOYANT, MAIS EXACTS.

Je rappelle que, dans la plupart des récits qui suivent, la mort de la personne dont l'apparition reproduit les traits *est ignorée* du percipient. Pour les rares exemples où le voyant connaissait la mort, des détails spéciaux permettent d'affirmer que le fantôme n'est pas un pur produit de son imagination. Tel est l'exemple suivant, que je résume (1) :

L'APPARITION PORTE UNE ÉGRATIGNURE A LA JOUE

Un Mr G. D. Boston, demeurant en ce moment à Saint-Louis, se trouvait dans son cabinet de travail, lorsqu'il vit le fantôme de sa sœur unique, morte *depuis neuf ans*. C'était au milieu du jour, pendant qu'il écrivait ; elle était auprès de lui *avec une telle apparence de vie*, qu'il crut que c'était réellement sa sœur et l'appela par son nom.

M. Boston avait pu scruter chaque détail de son habillement et de sa figure, remarquer particulièrement une ligne ou *égratignure* d'un rouge brillant, sur le côté droit de la figure. Cette vision l'avait

(1) *Proceedings*, Partie XV, pp. 17 et 18.

impressionné à ce point qu'il prit le premier train pour aller chez son père et sa mère et leur dire ce qu'il avait vu. Son père fut tenté de *tourner en ridicule* sa croyance à quoi que ce soit de surnaturel, mais, en entendant mentionner l'égratignure, la mère faillit s'évanouir, et lui dit les larmes aux yeux : « C'est moi qui, *après sa mort*, ai fait par maladresse *cette égratignure au visage* de ma très chère fille, égratignure que j'avais *soigneusement cachée avec de la poudre* ; n'ayant confié ce détail à âme qui vive, personne ne pouvait le savoir. »

On ne peut attribuer à une simple hallucination la vision du fantôme par le frère de la décédée, précisément à cause de l'égratignure. Ce stigmate n'était connu que de la mère, et une phrase du rapport semble indiquer que l'on ne croyait guère dans la famille à une survie possible, puisque le père raille son fils lorsque celui-ci lui raconte qu'il a vu un fantôme. Il est donc impossible de supposer que la mère soit l'agent qui aurait, après neuf ans, produit involontairement et inconsciemment cette hallucination si réelle, si vivante et si caractéristique. Je pense qu'il est plus logique de supposer que c'est à l'action télépathique de l'âme de la jeune fille qu'il faut attribuer la vision, portant le signe distinctif qui devait servir à son identification auprès de ses parents incrédules.

Pourquoi cette apparition unique au bout de neuf années ? La mère y vit l'annonce de sa mort prochaine, qui survint, en effet, quelques semaines plus tard. Il existe d'autres cas, nous le constaterons, où la cause agissante témoigne d'une intention bien déterminée, ce qui enlève au phénomène jusqu'à l'apparence d'être purement fortuit.

Dans d'autres exemples, le fantôme, de différentes manières, indique quel a été son genre de mort. Nous en avons vu déjà un exemple relatif au frère de M. Colt, tué à l'assaut de Sébastopol (voir vol. I, p. 128). Je l'ai placé parmi les dédoublements de vivants, parce que l'heure de la mort n'a pu être connue avec certitude. Mais dans les récits qui suivent, ce sont bien des morts qui se manifestent, car il semble que l'hypothèse de la période latente n'ait pas à intervenir, pour le premier, à cause de la répétition du phénomène, qui paraît indiquer une action volontaire, persistante de l'agent, désirant se faire reconnaître.

LE FANTÔME ÉTAIT RUISSELANT

XXXVIII. (159) (1) L'Évêque de Carlisle. (*Contemporary Review*, janvier 1884.)

Mon correspondant, un étudiant de Cambridge, avait arrêté, il y a quelques années, avec un de ses camarades d'études, le projet de se rencontrer à Cambridge à une certaine époque, pour travailler ensemble. Peu de temps avant l'époque de ce rendez-vous, mon correspondant se trouvait dans le sud de l'Angleterre. Se réveillant une nuit, il voit ou il crut voir son ami assis au pied de son lit ; il fut surpris de ce spectacle, d'autant plus que son ami *était ruisselant d'eau*. Il parla, mais l'apparition (car il semble que c'en ait été une) se contenta de secouer la tête et disparut. Cette apparition revint *deux fois* durant la nuit. Bientôt après vint la nouvelle que peu de temps avant le moment où l'apparition avait été vue par le jeune étudiant, son ami *s'était noyé* en se baignant.

Ayant appris, disent les auteurs, que le correspondant de l'évêque était l'archidiacre Farler, nous nous adressâmes à ce dernier, qui nous écrivit le 9 janvier 1884 :

Pampisford Vicarage, Cambridge.

La vision fut racontée le matin suivant à déjeuner, plusieurs jours avant de recevoir la nouvelle de la mort de mon ami. Je la racontai à mon professeur John Kempe, à sa femme, à sa famille. M. et Mme Kempe sont morts maintenant, mais il est probable que leur famille se souvient de la chose, bien que les enfants fussent jeunes à ce moment-là. Je demeurais à Long Ashton dans le comté de Somerset ; mon ami mourut dans le comté de Kent (2) : comme je n'étais nullement effrayé de cette vision à ce moment-là, j'en ai plutôt parlé comme d'un rêve singulier que comme d'une apparition.

Ma vision est du 2 ou 3 septembre 1878 (3), mais je n'ai pas ici mon mémorandum pour m'en assurer d'une manière absolue. Je revis encore la vision le 17 du même mois. C'est la seule apparition que j'aie jamais vue, je n'ai jamais eu aucune espèce d'hallucination sensitive.

G. P. Farler.

(1) *Les Hall. Télép.* p. 130.
(2) C'est un lapsus : dans une autre lettre l'archidiacre Farler indique un village du comté d'Essex comme l'endroit où son ami est mort. (Note des auteurs anglais).
(3) C'est une erreur. M. Farler avait d'abord écrit 1888, et en corrigeant il a mis un 7 au lieu d'un 6. (Note des auteurs anglais).

M. W. J. F. Kempe nous écrit que l'archidiacre Farler *lui a certainement parlé de ce fait* ; mais il ne se rappelle pas exactement l'époque. Nous trouvons dans le registre des décès que l'ami du narrateur s'est noyé dans la rivière Crouch, le 2 septembre 1868.

La supposition qu'une personne vivante quelconque aurait été l'agent est inadmissible dans ce cas. L'hypothèse que l'âme du jeune homme est venue avertir son ami, symboliquement, de son genre de mort, est celle qui paraît la plus logique, car l'insistance mise par le fantôme à se montrer deux fois semble écarter l'explication par la période latente ; celle-ci pouvant être admise à la rigueur pour la première vision, devient superflue pour la seconde.

Voici deux autres faits, dans lesquels l'hallucination retardée ne peut plus être même soupçonnée, car, pour le premier exemple, le fantôme était totalement inconnu de la voyante, qui ne l'a identifiée que par suite d'une remarque curieuse sur la main de l'apparition. Le voici :

IL MANQUE UN DOIGT A L'APPARITION

XXIV. De Miss Jessie Walker, Botanic View, Smithdown Lane, Liverpool (1).

1884.

Il y environ trois ans, j'avais, avec une de mes amies, loué un appartement dans la maison d'une dame veuve. Nous y étions depuis huit mois, lorsque survint l'incident suivant :

Un soir, nous étions restées à lire beaucoup plus tard qu'à l'ordinaire et ne nous étions levées pour nous retirer que quelques minutes avant minuit. Nous montâmes ensemble et j'étais de quelques marches en arrière de mon amie, lorsqu'en arrivant sur le palier du premier étage, je sentis tout à coup glisser derrière moi quelque chose qui venait d'une chambre inoccupée, située sur la gauche de l'escalier. Pensant que cela pouvait être un effet de mon imagination, car la maison ne contenait en dehors de nous que la veuve et sa servante, qui occupaient un autre étage, je ne dis rien à mon amie, qui se dirigea vers sa chambre située à droite, tandis que je me précipitais dans la mienne, qui faisait face à l'escalier.

(1) *Revue scientifique et morale du Spiritisme*, février 1902, p. 489.

Il me semblait sentir encore comme un grand fantôme qui me suivait en se penchant au-dessus de moi. J'ouvris le bec de gaz, j'enflammai une allumette et me disposais à l'approcher du bec, lorsque je sentis *sur mon bras l'étreinte puissante d'une main privée de son doigt médius*. Sur cela, je poussai un grand cri qui attira mon amie, ainsi que la veuve et sa jeune servante, qui vinrent s'enquérir de la cause de ma frayeur, et ces deux dernières devinrent toutes pâles en entendant mon récit. La maison fut fouillée de fond en comble, mais il fut impossible de découvrir quoi que ce fût.

Quelques semaines s'écoulèrent et l'émotion causée par cet incident s'était dissipée, lorsque me trouvant par hasard une après-midi avec quelques amis, je leur en fis le récit. Un gentleman de la société me demanda si je n'avais jamais entendu faire la description ou vu le portrait-carte du défunt mari de mon hôtesse. Sur ma réponse négative, il fit la remarque assez curieuse que ce Monsieur était de haute taille, légèrement courbé et *qu'il avait perdu le doigt médian de la main droite*. En rentrant, je demandai à la bonne qui était dans la famille depuis son enfance, si ces détails étaient exacts. Elle me répondit que c'était la vérité et qu'elle-même, couchant une nuit dans cette même chambre, s'était subitement éveillée en sentant que l'on pressait sur ses genoux. Ouvrant les yeux, elle *avait reconnu son défunt maître* près de son lit et s'était évanouie à cette vue. Depuis lors, elle n'osait plus entrer dans cette chambre une fois la nuit tombée.

« C'est tout ce que j'ai vu. Je dois ajouter que je ne suis nullement impressionnable ni superstitieuse : que je n'avais rien lu qui fût capable d'exciter mon imagination et que ma seule préoccupation, tandis que je montais l'escalier, était de savoir si j'avais laissé ma clef de montre au rez-de-chaussée ou si elle était au premier étage. Il y avait huit mois que je couchais dans cette chambre et je n'avais, jusqu'à ce jour, jamais rien éprouvé d'analogue.

« J. Walker. »

Miss Walker ajoute, pour répondre à quelques questions :

« Je n'ai entendu parler du doigt absent du mari de mon hôtesse que quelque temps *après* l'incident et après avoir, *à ce moment*, signalé que la main que j'avais sentie manquait d'un doigt. J'ai écrit à mon amie en la priant de vous faire part de ses souvenirs sur cette affaire. Elle vint dans ma chambre quand je poussai un cri : elle était présente lorsque ce Monsieur déclara que le mari de notre hôtesse était grand et qu'il avait perdu un doigt. Elle entendit également la servante confirmer cette particularité et raconter la terreur qu'elle avait éprouvée dans la même chambre. Aussi je pense qu'elle pourra confirmer toutes les circonstances signalées dans mon récit.

« *Je n'ai jamais rien éprouvé de semblable, ni avant ni depuis.* Je n'ai aucune tendance à la superstition.

« La bonne s'est mariée il y a deux ans et elle est partie. Il ne me serait donc plus possible de rien obtenir de ce côté. Je n'aimerais guère à interroger notre hôtesse et je ne pense pas qu'elle consentirait à raconter ce qui m'arriva. C'est une personne très âgée, qui a été profondément impressionnée au récit que je fis : aussi je n'y ai plus fait aucune allusion après ce premier soir. Vous devez suffisamment comprendre qu'il en soit ainsi.

« J. W. »

Dans les conditions ordinaires, — dit M. Gurney, — il ne doit pas être très facile de distinguer si la main qui vous presse le bras est privée du doigt médian. Cependant, dans le cas actuel, nous avons affaire à une hallucination. Si l'on admet que cette hallucination est provoquée d'une façon quelconque par le défunt, la sensation de l'absence d'un doigt devra faire, pour ainsi dire, partie essentielle de l'impression hallucinatoire produite. Je dois ajouter que la date du décès du mari de l'hôtesse reste inconnue, mais Miss Walker m'en parle comme si cette mort devait remonter *à plus d'une année* (1).

J'ajoute ici un récit séparé de Miss Clara A. Spinck, Park Gate, Rotherham.

28 mars 1884.

« Autant que je puis me le rappeler, voici ce qui se produisit : Il y a trois ans, Miss Walker et moi nous étions logées chez une dame veuve. Le soir en question, nous nous retirions pour nous coucher vers minuit et nous montions les escaliers dans l'obscurité. Miss Walker me précédait immédiatement. Sa chambre était en face de l'escalier ; il y en avait une à gauche et j'occupais celle de droite. Comme elle passait devant la porte de gauche entre-bâillée, elle déclara avoir la sensation d'une forme de haute taille, se glissant par la porte ouverte, la suivant de près et se penchant vers elle de telle sorte qu'elle percevait nettement sa respiration.

« Son premier mouvement fut de se précipiter dans sa chambre pour faire de la lumière, et tandis qu'elle frottait une allumette, elle sentit une main, à laquelle *manquait le doigt médian*, saisir son bras avec une telle force, que, lorsqu'elle fut revenue de son évanouisse-

---

(1) En tous cas, la mort remontait au moins à plus de huit mois, puisque les deux amies étaient depuis ce temps pensionnaires dans cette maison, dont la propriétaire était déjà veuve. (G. D.)

ment, elle regarda si cette pression n'avait pas laissé de traces. En entendant ses cris, je me précipitai dans sa chambre et la trouvai étendue sur le parquet, en proie à une crise de nerfs. Bientôt les autres personnes de la maison arrivèrent ; nous fûmes profondément troublées et quoique je n'eusse rien vu ni ressenti, ce ne fut désormais qu'avec une vive appréhension que nous passions devant cette porte.

« Un fait étrange à noter, c'est que ce n'était pas la première fois qu'une pareille scène d'effroi se produisait dans cette chambre, quoique notre hôtesse parût se railler de cette affirmation.

« Peu de temps après cet incident, nous passions la soirée chez un ami : au cours de la conversation, on vint à raconter ce fait, et quand le récit en fut terminé, ce Monsieur fit la remarque que le mari décédé de notre hôtesse n'avait que *trois doigts à l'une de ses mains*. Je vous laisse à penser quelles furent notre consternation et notre horreur : pour moi, je renonce à vous en donner même une faible idée. J'ai souvent manifesté le désir d'avoir la clef de ce mystère et vous serais fort obligée si vous vouliez bien me donner votre opinion sur ce point, dès que cela vous sera possible. Je ne doute pas que mon amie vous ait dit à quel point elle en fut secouée : en réalité elle en resta souffrante de longs mois. »

Je mets ce cas parmi ceux où une seule personne a vu l'apparition, bien que la servante ait eu aussi une vision de son patron décédé, parce que, pour elle, on peut supposer une hallucination ordinaire, sans cause extérieure. Mais il va de soi qu'il n'en est plus de même pour miss Walker, qui ne *connaissait pas le défunt* — ce qui supprime l'hypothèse d'une action télépathique retardée — et qui a eu la sensation si nette de sa main mutilée. Évidemment, le second fait est de nature à faire admettre que la première apparition pouvait être réelle, et nous avons là un exemple des apparitions dites *locales*, c'est-à-dire de celles qui paraissent avoir une relation avec les lieux où le fantôme a résidé de son vivant. Dans ce cas, des personnes tout à fait étrangères, pourvu qu'elles soient accessibles à l'influence télépathique, peuvent faire une description exacte de l'apparition. Nous en verrons plus loin des exemples.

La grande taille du fantôme, le doigt du milieu qui manque, sont des détails significatifs ; et comme ils reproduisent des particularités du défunt patron, dans ce cas encore, il est logique de supposer que c'est lui qui est l'auteur de l'hallucination véridique de miss Walker, puisque l'hôtesse ou la servante semblaient aussi étonnées que la percipiente elle-même.

Terminons l'exposé des types de cette classe par le récit du colonel H., dans lequel l'accumulation des détails exacts ne laisse aucun doute sur la réalité de l'agent, qui ne peut être que l'âme de son ami.

LE FANTÔME DE L'OFFICIER INDIQUE SON GENRE DE MORT

IV. — Du Colonel H. (personnellement connu de E. Gurney.)

13 février 1886.

Je ne crois pas plus aux fantômes qu'aux manifestations spirites ou à l'Ésotérisme bouddhique. J'ai eu souvent l'occasion, que je recherchais toujours avec ardeur, de coucher dans les chambres bien connues ou du moins bien considérées comme hantées. J'ai tout fait pour rencontrer des fantômes, des esprits, ou, si vous le préférez, des êtres de l'autre monde, mais, comme tant d'autres bonnes choses que l'on recherche dans la vie, ce fut toujours en vain. Cependant, au moment où je m'y attendais le moins, j'ai reçu une visite si remarquable par ses circonstances, si réelle par sa nature, concordant si bien avec les événements, que sur la demande de mes amis, je crois de mon devoir d'en faire le récit par écrit.

Le narrateur raconte ensuite comment, il y a environ 23 ans, il fut amené à contracter une étroite amitié avec deux compagnons d'armes, G. P. et J. S. inférieurs en grade, et comment ses relations avec G. P. continuèrent périodiquement jusqu'à l'époque de la première guerre du Transvaal, où G. P. fut envoyé dans l'État-Major. J. S. était déjà sur le théâtre des hostilités. Tous deux étaient montés en grade. Quant au narrateur, il avait quitté le service depuis quelques années.

Le matin où il devait quitter Londres et s'embarquer pour le Cap, G. P. invita le colonel à déjeuner avec lui au club, et finalement ils se séparèrent à la porte du club.

« Adieu, mon vieil ami, lui dis-je, j'espère que nous nous reverrons. »

« Oui, dit-il, nous nous reverrons ».

Je le vois encore devant moi, élégant et droit, avec ses yeux noirs et vifs, fixés profondément sur les miens. Une poignée de main, au moment où le cab l'emportait, et il disparut.

La guerre du Transvaal était dans son plein. Une nuit, après avoir lu dans la bibliothèque du club, je me retirai assez tard. Je restai encore environ une heure avant de me mettre au lit. Il y avait environ trois heures que je dormais, lorsque je m'éveillai en sursaut. Les premières lueurs de l'aurore se glissaient par les fenêtres et venaient tomber nettement sur la cantine contenant mes effets militaires et qui m'avait suivi partout dans le cours de mon service. Entre ce coffre et mon lit je vis, debout, une forme que malgré *son costume inusité*, du moins pour moi, *et une épaisse barbe noire*, je reconnus immédiatement pour celle de mon vieux compagnon d'armes. Il portait le costume khaki en usage pour les officiers servant en Orient. Une courroie de cuir brun qui avait dû porter son verre de service en campagne, passait en bandoulière sur sa poitrine. Un ceinturon de cuir, également brun, supportait à gauche son épée et à droite l'étui de son revolver. Sur la tête, il portait le casque en moelle. Je remarquai instantanément toutes ces particularités, au moment où je fus arraché de mon sommeil, et je me mis sur mon séant en le regardant. Sa figure était pâle, mais ses yeux noirs avaient autant d'éclat que dix-huit mois auparavant ; ils me regardaient avec la même expression qui m'avait frappé, lorsqu'il me dit adieu en montant en voiture.

Profondément troublé, je crus d'abord que nous étions encore campés ensemble à C..., en Irlande ou tout autre part, et pensant que j'étais dans ma chambre à la caserne, je lui dis :

« Allons, P..., suis-je en retard pour la parade ? » P... me regarda fixement *et me dit :* « Je suis tué ! »

« Toi ! m'écriai-je, Bon Dieu ! Quand et comment ? »

« A travers les poumons » répliqua P... et en disant cela, il éleva lentement sa main droite vers sa poitrine jusqu'à ce que ses doigts fussent arrivés au niveau du poumon droit, où il s'arrêta.

« Que faisiez-vous donc ? » lui demandai-je.

« Le Général me commanda de marcher », répondit-il. La main droite, quittant alors la poitrine, s'éleva au niveau du front, montrant la fenêtre au-dessus de ma tête et instantanément tout disparut. Je me frottai les yeux, pour m'assurer que je ne rêvais pas et sautai à bas de mon lit. Il était alors 4 h. 10 du matin à la pendule placée sur ma cheminée.

Je restai convaincu que mon vieil ami n'était plus (1), et que je venais de voir une apparition. Mais comment m'expliquer la voix

---

(1) Remarquons que le colonel H..., comme tous les incrédules, niait la possibilité des apparitions ; mais aussitôt qu'il en voit une, il ne discute pas si c'est une hallucination, tout de suite le sentiment de la réalité le pénètre et il avoue « qu'il est resté convaincu que son vieil ami n'était plus » ! (G. D.)

que j'avais entendue, ainsi que les réponses nettes et précises ? Ce qui est incontestable, c'est que je venais de voir un esprit, un être qui n'avait ni chair, ni sang et que j'ai causé avec lui. Mais comment coordonner des impossibilités aussi évidentes ? Cette pensée me tourmentait et j'avais hâte de voir arriver l'heure où le club serait ouvert et où j'aurais quelque chance d'apprendre par les journaux, quelques nouvelles arrivant du théâtre de la guerre au Transvaal. Je passai ainsi quelques heures en pleine fièvre. Ce matin-là, j'arrivai le premier au club et me jetai avidement sur les journaux. Mais nulle part la moindre nouvelle de la guerre !

Je restai agité toute la journée et racontai le fait avec toutes ses circonstances à un ancien compagnon d'armes, le colonel W***. Il fut aussi frappé que moi par le récit de cette apparition. Le lendemain matin j'arrivai encore le premier au club et je parcourus fiévreusement la premier journal que je trouvai sous ma main. Cette fois, mon inquiète curiosité fut tout à fait satisfaite. Mes yeux tombèrent en effet tout d'abord sur un court récit de la bataille de Lang's Neck et sur la liste des tués, en tête desquels je trouvai le *nom de mon pauvre ami G. P...* Je remarquai l'heure à laquelle la bataille avait eu lieu, je la comparai avec l'heure à laquelle j'avais été éveillé par l'apparition et je trouvai une coïncidence presque complète. Je suis donc autorisé, par ce simple fait, à conclure que le moment où le fantôme m'apparut à Londres était à peu près celui où la balle avait accompli son œuvre au Transvaal.

Deux questions se posaient maintenant devant mon esprit : Premièrement, le pauvre P*** portait-il cet uniforme particulier, au moment de sa mort, et avait-il toute sa barbe *que je ne lui avais jamais connue ?* Secondement, trouva-t-il la mort comme l'apparition l'indiqua, c'est-à-dire par une balle *à travers le poumon droit ?* Six mois plus tard, j'eus l'occasion de mettre les premiers faits *hors de doute*, grâce à un officier qui assistait à la bataille de Lang's Neck, et qui avait été renvoyé en convalescence. *Il confirma chaque détail.*

Le second fait, non moins exceptionnel, me fut confirmé par J. S. lui-même, plus d'un an après les événements, lorsqu'il revint du Cap après la fin de la guerre. Lorsque je lui demandai s'il savait en quelle partie du corps notre pauvre camarade P*** avait été frappé, il me répondit : « exactement ici », et sa main *traversa sa poitrine, juste comme l'avait fait celle de l'apparition,* et se fixa tout à fait *au même point du poumon droit.*

Je vous envoie tout ceci, sans aucun commentaire ni arrangement, exactement comme chaque chose se présenta.

[Nous avons lu dans la *Gazette* de Londres, que la bataille dans laquelle le major P*** fut tué, commença (d'après la dépêche du général Elley) à 9 h. 30 du matin, le 28 janvier 1881. Le major P*** fut probablement tué entre 11 et 12 heures du matin, ce qui correspond à 9 ou 10 heures à Londres, la différence de temps entre les deux points étant d'environ deux heures. J'appelai l'attention du colonel H*** sur ce point, et sur l'impossibilité que l'aurore commençât à 4 heures à cette époque de l'année, et voici ce qu'il me répondit] :

20 février 1886.

Ce doit être 7 h. 10 et non 4 h. 10. Aujourd'hui que j'écris après plusieurs années, mon souvenir me donnait 4 heures, mais je puis me tromper.

Tout ce que je sais, c'est qu'à ce moment je comparai l'heure avec celle à laquelle la bataille avait été livrée, et que j'acquis la conviction que ces heures correspondaient pratiquement.

C'était un matin d'hiver. Tous les stores étaient baissés aux fenêtres. En cette saison, l'aurore frappant les stores à 7 heures du matin, n'est pas plus claire qu'à 4 heures dans les mois d'été.

C'est peut-être là la cause de mon erreur. Peut-être aussi la pendule était-elle arrêtée à 4 heures depuis un ou deux jours, sans que je l'aie remarqué.

[La première mention de la bataille de Lang's Neck parut dans le *Times*, le *Telegraph* et le *Daily News* du samedi 29 janvier 1881. On n'y trouve aucune liste de décès. La première annonce de la mort du major Poole, se trouve dans une dépêche partie du Transvaal le 28 janvier, et reçue par le secrétaire d'État à la Guerre, à Londres, le 29. « Tué, le major Poole, de l'artillerie royale ». Elle fut publiée dans l'*Observer* du dimanche 30 janvier, et dans les trois journaux cités plus haut, le lundi 31.] (E. G.)

[Il semble impossible de fixer d'une façon rigoureuse la date de l'apparition, mais M. Gurney qui discuta la question avec le colonel H***, en conclut qu'elle se produisit vraisemblablement après la mort, et dans tous les cas avant que la mort fût connue en Angleterre. — F. W. H. M.]

Si l'on compare le récit du colonel H... et les dates fournies par la note de E. Gurney, on voit que le colonel ne connut la liste des tués que le *lendemain* de l'apparition. Or, le premier journal qui publia cette liste, fut l'*Observer* du dimanche 30. La vision eut donc lieu le samedi matin, tandis que la bataille fut livrée le vendredi 28, c'est-à-dire au moins vingt heures avant l'apparition. C'est donc bien réellement un mort qui produit l'apparition. La concordance absolue des détails concernant la blessure, le costume, le port de la barbe, exclue l'hypothèse que l'imagination du colonel aurait créée cette hallucination, qui ne peut non plus être attribuée à l'action télépathique d'aucune personne vivante.

Des faits de cette nature sont absolument inexplicables par toute théorie qui ne ferait pas intervenir l'âme elle-même comme cause du phénomène. Le fantôme parle ; il indique le point de la poitrine où l'a atteint le coup mortel. Une image télépathique, même réelle, serait inerte, elle *ne répondrait pas* aux interrogations du colonel. Que cette conversation ait lieu, comme la vision, au moyen d'une action mentale exercée par l'esprit survivant, il n'en est pas moins vrai que la présence de celui-ci est indispensable, car nul être humain ne pourrait le remplacer. C'est une preuve de la survie et elle est d'une valeur de premier ordre, le témoignage émanant d'un homme froid, sensé, qui ne croyait nullement à la possibilité d'une action supra-terrestre quelconque.

Les cas que nous venons de citer ne peuvent évidemment pas se comprendre par la théorie de l'hallucination pure et simple : parce que les voyants sont dans un état normal ; qu'ils n'ont jamais eu d'autre vision et que les détails de costume, de stigmates, de blessures, etc., sont conformes à ce qui a existé sur le corps matériel de l'individu qui apparaît, alors qu'il était encore vivant. L'hypothèse de la période latente ne s'appliquerait qu'à un seul cas, celui de l'archidiacre Farler, mais comme elle est fausse pour les autres exemples cités, il me paraît plus logique d'attribuer le fait à la réapparition de l'âme, puisqu'elle se manifeste à différentes reprises, avec des apparences variables. Nous verrons d'autres exemples de cette action réitérée du moi désincarné, montrant qu'il s'intéresse encore aux êtres et aux choses d'ici-bas, jouant parfois un rôle tutélaire, ce qui établit que l'apparition n'est pas une image inerte, dépourvue de tout contenu intellectuel. Une autre conséquence qui résulte fatalement des manifestations de l'âme, des années après qu'elle a quitté la terre, telle que l'apparition de la sœur de M. Boston (p. 11), c'est qu'elle continue de vivre, contrairement aux affirmations de Dassier (1) et de certains auteurs qui n'ont voulu voir dans ces manifestations posthumes que les derniers efforts d'une personnalité fluidique en voie de dissolution (2).

Il ne faudrait pas déduire des remarques précédentes qu'une apparition est toujours un signe providentiel qui doit avoir pour le voyant des conséquences personnelles. Ce serait une erreur, car fort souvent le fantôme est inconnu du percipient, ne se rattache ni de près ni de loin à la vie de celui-ci, et son identité ne peut être établie que plus tard, par des personnes qui l'ont fréquenté de son vivant. Il semble parfois que le décédé est attaché, en quelque manière, aux lieux où il a vécu jadis, et il paraît indifférent aux incidents actuels de la vie terrestre, poursuivant une espèce d'existence somnambulique, sans but appréciable. Cette apparence d'automatisme a fait supposer à des critiques qu'on n'aurait pas affaire à une personnalité survivante, mais qu'il s'agirait d'une sorte de tableau fluidique, une manière de « cliché astral » reproduisant une scène passée, et perceptible seulement pour des individus capables d'être impressionnés par ces vibrations particulières.

Nous allons étudier ces faits et rechercher jusqu'à quel point ces hypothèses sont acceptables. En tout cas, nous ne sommes plus en présence d'hallucinations, car il est invraisemblable que le hasard suscite à un sujet une création mentale purement imaginaire, qui serait, malgré cela, la reproduction fidèle du portrait d'un homme ayant vécu au même endroit. Quelle que soit la cause supposée, elle est réelle ; elle correspond à quelque chose d'effectif. C'est ce qui va ressortir des exemples suivants.

3° L'APPARITION EST INCONNUE DU VOYANT, IL EN FAIT CEPENDANT UNE DESCRIPTION QUI PERMET DE L'IDENTIFIER.

LE FANTÔME EST RECONNU SUR UNE PHOTOGRAPHIE

V. De M. John E. Husbands, de Melbourne House, Town Hall Square, Grimsby.

(1) Voir DASSIER, l'Humanité posthume.
(2) MAETERLINCK, le Problème de l'Immortalité, dans la revue belge Antée.

15 septembre 1886.

Cher Monsieur, voici tout simplement les faits. Je dormais dans un hôtel de Madère, en janvier 1885. Il faisait un brillant clair de lune. Les fenêtres étaient ouvertes et les stores relevés. J'eus la sensation que quelqu'un était dans ma chambre. J'ouvris les yeux et je vis un jeune homme de 25 ans environ, vêtu de flanelle, se tenant debout près de mon lit, et montrant, avec l'index de la main droite, l'endroit où j'étais couché.

Je fus quelques secondes avant d'être bien convaincu que quelqu'un était réellement là. Je me mis alors sur mon séant et je fixai mes regards sur lui. *Je distinguai si bien tous ses traits, que je le reconnus dans une photographie* que l'on me montra quelques jours plus tard.

Je lui demandai ce qu'il voulait ; il ne me répondit pas, mais ses yeux *et ses gestes* m'indiquaient que j'occupais sa place.

Comme il ne répondait pas, je lui lançai un coup de poing tandis que j'étais assis, mais je ne l'atteignis pas.

Tandis que je me disposais à sauter à bas du lit, il disparut doucement par la porte, *restée fermée*, en tenant constamment ses yeux fixés sur moi.

Je m'informai et l'on m'apprit que ce jeune homme qui m'était apparu *était mort dans la chambre que j'occupais*.

Si vous désirez de plus amples détails, je serai heureux de vous les fournir, dans le cas où cela vous intéresserait.

John E. Husbands.

Les lettres suivantes sont de Miss Falkner, de Church-Terrace-Wisbech, qui résidait à l'hôtel lorsque se passèrent les faits ci-dessus.

8 octobre 1886.

Le fantôme que vit M. Husbands pendant son séjour à Madère, était celui d'un jeune homme qui mourut subitement *quelques mois auparavant* dans la chambre occupée ensuite par M. Husbands. Ce qui mérite d'être signalé, c'est que Husbands n'avait *jamais entendu parler de lui ni de sa mort*. Il me raconta la scène, le matin même où il vit l'apparition, et *je reconnus ce jeune homme à la description qu'il en fit*. Je fus vivement frappée de ce fait, mais je n'en témoignais rien, ni à lui ni à d'autres. J'attendis que M. Husbands eût fait le même récit à mon frère. Nous le quittâmes alors en disant tous deux : « Il a vu M. D... »

Il n'en fut plus question de quelque temps jusqu'à ce que je présentasse une photographie à M. Husbands.

Il dit aussitôt : « C'est le jeune homme qui m'est apparu l'autre nuit, *mais il était vêtu autrement.* » Il décrivit alors le costume qu'il portait ordinairement et *qui était la tenue de crocket ou de tennis, fermée au cou par un nœud marin.* Je dois ajouter que M. Husbands est un homme froid et le dernier que l'on pourrait soupçonner de voir des esprits.

K. Falkner.

26 octobre 1886.

Je vous adresse la photographie et un extrait d'une lettre de ma belle-sœur, que j'ai reçue ce matin et qui confirme mon récit. C'est le 3 ou le 4 février 1885 que M. Husbands vit l'apparition.

Les autres personnes qui ont occupé la chambre, n'ont jamais fait mention d'aucune apparition, d'où je crois pouvoir conclure que personne autre n'en a vu.

K. Falkner.

Voici la copie du passage envoyé par Mrs. Falkner : « Vous verrez au dos de la photographie de M. du F..., la date de son décès, 29 janvier 1884 (1) ; je vous rappellerai que le Motta Marques occupa cette chambre de février à mai ou juin de la même année, et le major Money jusqu'au commencement de la saison de 1885. M. Husbands a dû prendre cette chambre le 2 février 1885.

« Tout ceci est bien présent dans ma mémoire et je me rappelle fort bien qu'il m'a raconté l'incident, lorsqu'il vint voir mon baby. »

J'ai reçu de M. Husbands et de Mrs. Falkner, dit M. Gurney, un récit complet fait de vive voix. Tous deux sont d'un esprit essentiellement positif et aussi éloigné que possible de toute tendance vers l'amour du merveilleux. Il n'y avait ni dans cette variété de faits, ni dans aucune autre catégorie de faits anormaux, rien qui fût de nature à les intéresser. Autant que j'ai pu en juger, la façon de voir de M. Husbands est absolument correcte et il serait bien la dernière personne que je puisse soupçonner de disposition à exagérer ou à altérer la valeur de tout ce qui peut lui arriver. Comme on a pu le voir, le récit qu'il fit de sa vision précéda toute notion de sa part au sujet de la mort qui avait eu

---

(1) C'est donc un an après sa mort, que le fantôme du jeune homme s'est montré, vivant et agissant, à M. Husbands.

(G. D.)

lieu dans sa chambre. *A aucune autre époque il n'eut d'hallucination des sens.*

Il paraît évident, dans ce cas, que l'on n'est pas en présence d'une simple image, car l'apparition désigne le lit du doigt, elle se déplace, et comme la porte était fermée, on ne peut supposer que quelqu'un s'est introduit dans la chambre de M. Husbands. Cependant sa vision est si nette que, malgré le costume différent, il reconnaît le fantôme qu'il a vu. Pas non plus d'autosuggestion, puisqu'il ignorait le décès du jeune homme remontant déjà à plus d'une année. Qui donc, dans ces conditions, parmi les vivants, aurait été l'agent télépathique ?

Le cas suivant est du type de ceux où une influence locale s'exerce et dont j'ai parlé plus haut ; il est remarquable par les nombreuses répétitions des phénomènes observés par le percipient. Il est spécialement déconcertant. Il suggère bien moins l'idée de quelque chose se rapportant à la croyance populaire sur des maisons hantées ou à l'affection persistante d'une personne décédée pour un lieu spécial, que celle d'une simple image imprimée, nous ne savons comment ni en quelle partie de l'organisme physique d'une personne ou de la chambre, et se révélant de temps à autre à ceux qui sont doués d'une forme de sensibilité qui les prédispose à subir cette impression.

LA VIEILLE FEMME COUCHÉE

VI. De M. D. M. Tyre, 157, Saint-Andrew's Road, Pollokshields, Glasgow.

9 octobre 1885.

Dans le cours de l'été de 1874, ma sœur et moi, nous allâmes demeurer pendant nos jours de vacances, avec un jardinier et sa femme, dans une maison bâtie tout au haut d'une colline d'où l'on jouissait d'une des plus belles vues sur le Dumbartonshire, juste à la limite des Highlands. C'était vraiment un délicieux séjour, éloigné de toute grande route. Nous n'éprouvions jamais le moindre ennui et nous fûmes si enchantés de notre choix que nous nous décidâmes à louer la maison pour trois ans. C'est ici que je commence mon récit. Comme nous avions des occupations en ville, nous ne pouvions nous rendre tous à la fois à Glen M... Mes deux sœurs et moi nous fûmes donc envoyés au mois de mai, pour préparer la maison, arranger le jardin, etc., etc., en vue des prochaines vacances, afin que nous puissions alors nous y rendre tous. Nous avions beaucoup de besogne, et comme le village le plus proche était distant d'au moins cinq milles, et nos plus proches voisins, les habitants du port, à plus d'un mille, nous étions parfaitement tranquilles et tout à fait réduits à nos seules ressources.

Un jour, ma sœur aînée dut aller au village pour une course quelconque. Comme le soir arrivait, je me rendis à sa rencontre, laissant ma jeune sœur L... toute seule. Nous revenions vers six heures du soir, lorsque nous rencontrâmes au pied de la colline notre sœur L..., en proie à une vive émotion. Elle nous dit qu'une vieille femme s'était installée dans la cuisine et qu'elle s'était couchée dans le lit. Nous lui demandâmes si elle savait quelle était cette vieille. Elle nous dit que non et qu'elle était étendue tout habillée sur le lit, que c'était sans doute une bohémienne et qu'elle n'oserait pas rentrer sans nous. Nous rentrâmes à la maison avec L... Cette jeune sœur, dès qu'elle fut entrée, nous dit, en pénétrant dans la cuisine et en nous montrant le lit : « La voici ! » Elle attendait que nous tirions cette étrangère de son sommeil, pour lui demander ce qu'elle voulait. Ma sœur et moi, nous regardons dans le lit ; les couvertures sont plates et vides, et lorsque nous lui disons qu'il n'y a rien là, elle manifeste la plus profonde surprise en reprenant : « Mais voyez donc ! Pourquoi cette vieille femme est-elle *couchée toute vêtue et la tête tournée vers la fenêtre ?* » Pour nous, nous ne voyons toujours rien. Alors seulement elle commence à soupçonner qu'elle voit quelque chose qui n'est pas naturel pour les autres ; elle s'effraye et nous l'entraînons dans une autre chambre pour essayer de la calmer, car elle tremble de tous ses membres. Que ce fût un fantôme, aucun de nous n'en eut l'idée un seul instant, et l'on se hâta de couper du bois et de faire du feu pour préparer le repas du soir. L'idée que quelqu'un avait pu se trouver dans le lit nous paraissait ridicule ; aussi fut-elle attribuée à un écart d'imagination, et le train de vie ordinaire reprit pendant deux jours dans la maison.

Le troisième jour, dans l'après-midi, comme il faisait froid et que le temps était pluvieux, nous étions assis dans la cuisine autour du feu. Tout à coup L... s'émeut en s'écriant : « Voilà de nouveau la vieille femme et *elle est couchée comme la première fois.* » L... nous sembla beaucoup moins effrayée cette fois et, sur notre demande, elle *nous fit le portrait détaillé de l'apparition.* Tenant les yeux fixés vers le lit et dessinant du geste tout ce qu'elle décrivait, elle nous expliqua que la vieille n'était pas couchée *dans* le lit, mais étendue tout habillée au-dessus des couvertures et les jambes repliées, comme si elle avait froid. Sa figure était tournée vers le mur et elle portait ce que dans les Highlands on appelle *son backet mutch, c'est-à-dire un bonnet blanc* comme les vieilles femmes seules en portent encore. *Elle portait une ruche autour du front* et se présentait comme ceci : (Ici se trouve un dessin de profil). *Elle portait une jaquette en drap de couleur sombre et un châle était enroulé autour de ses épaules.* Telle est la description qu'elle nous en fit : elle ne pouvait apercevoir ses traits, mais la main droite serrant étroitement le bras gauche, elle put constater que cette main *était jaune et maigre*, ridée comme les mains des vieillards qui ont toujours peiné pendant leur vie.

Nous restâmes longtemps les yeux fixés sur le lit, demandant des explications complémentaires à L..., qui était seule à la voir.

Elle reparut très souvent, à tel point que l'on s'y habitua et que nous en parlions entre nous, en la désignant sous le nom de la vieille femme de L...

Le milieu de l'été étant arrivé, tout le reste de la famille vint de la ville et c'est alors seulement que nous entrâmes en relations suivies avec nos voisins et deux ou trois familles du port. Un jour ma sœur aînée entama ce sujet devant une dame P..., notre plus proche voisine, et lorsqu'elle eut fait une description détaillée de l'apparition, Mme P..., fut près de s'évanouir et nous dit que ce fait répondait à une chose qui n'était que trop réelle. *La description était exactement celle de la première femme de l'homme qui avait habité la maison avant nous* et qui avait agi vis-à-vis d'elle avec une véritable cruauté, à ce point que la malheureuse ne s'était pas relevée des dernières brutalités qu'il lui avait fait subir. Voici en deux mots le résumé de l'histoire que nous conta Mme P...

Malcom, l'habitant en question, et sa femme Kate (la vieille femme de L...) vivaient comme chien et chat. Elle travaillait rudement et lui s'enivrait chaque fois qu'il le pouvait. Un jour, ils se rendirent au marché avec de la volaille et des porcs. En revenant il acheta un demi-gallon de wisky. Il le porta un certain temps, puis se trouvant fatigué, il le lui imposa. Comme il s'arrêtait souvent en route, il fut facile à la femme d'arriver avant lui et lorsqu'il rentra plus tard, il l'accusa d'avoir bu le contenu du flacon. Il la battit avec une telle violence, qu'il s'en effraya bientôt et vint chez Mme P... en lui disant que sa femme était très malade. Mme P... se rendit chez eux et trouva Kate étendue sur le lit, *exactement dans le costume et la position décrits par L..., tenant la figure tournée vers le mur afin qu'on ne pût pas voir les traces des coups qu'elle avait reçus de son mari.*

Le récit ci-dessus est un résumé aussi exact que possible des faits qu'avec le secours de ma sœur J... j'ai pu me rappeler.

Ma sœur L... est morte, mais nous étions souvent revenus dans cette maison, qui nous attirait par le charme des souvenirs qu'elle réveillait en nous.

D. M. Tyre.

Les faits de psychométrie, c'est-à-dire la description de scènes passées faite par un sensitif au moyen d'un objet quelconque ayant été contemporain de l'événement, sont aujourd'hui assez nombreux pour que l'on tienne compte de l'hypothèse que, d'une manière encore inconnue, le tableau d'un événement antérieur soit conservé par le milieu ambiant. Il n'est donc pas impossible que ce fût la scène de la dernière heure de la vieille femme que Mlle L... percevait, le jour où elle était dans une disposition physiologique favorable à la réception de ces impressions.

D'autre part, nous savons par les communications spirites que l'esprit des êtres encore peu évolués reste longtemps dans le trouble après la mort, et que les dernières pensées peuvent donner lieu à un état de monoïdéisme persistant, de sorte que la jeune fille aurait perçu non un « cliché astral », mais *la pensée* de la vieille femme, restant fixée sur le tableau de ses derniers instants terrestres. Aucun document ne nous permet de nous prononcer d'une manière définitive entre ces deux hypothèses, qui sont également vraisemblables (1).

Voici un cas qui nous ramène aux visions ordinaires, mais que sa longueur m'oblige d'abréger, en donnant simplement les passages essentiels.

LE DOCTEUR QUI REVIENT

Mme Bacchus, demeurant à Sherbourne Villa, Leamington, écrit en août 1886 à la Société qu'avec son mari ils avaient loué le samedi 18, ou plutôt le 24 octobre 1868, pour quelques jours, un appartement dans une maison meublée, York-Terrace à Cheltenham, afin de se trouver près de M. Georges Copeland, beau-frère du mari de Mme Bacchus.

Une madame R..., demeurant dans la même maison de York-Terrace, avec sa fille, était malade, mais on dit à Mme Bacchus que

(1) Pour l'étude du monoïdéisme, voir l'ouvrage du baron Carl du Prel : *la Magie, science naturelle*, où cette question est fort bien traitée.

son indisposition n'était pas sérieuse et ne mettait pas sa vie en danger. Dans le cours de la soirée, en causant avec M. Copeland, celui-ci dit qu'il savait qui était Mme R... C'était la veuve d'un médecin qui avait exercé à Cheltenham. Le dimanche matin, le mari de Mme Bacchus lui apprit que Mme R... était morte cette nuit-là dans un fauteuil, ce qui effraya Mme Bacchus, qui voulut s'en aller ; mais, sur les observations de son mari qui lui fit remarquer que ce ne serait ni convenable ni bienveillant de déménager, il fut décidé qu'ils resteraient. Voici maintenant le récit de Mme B... :

« Je passai ma journée avec mon beau-frère et mes nièces, et ne rentrai que juste pour me coucher. Je m'endormis rapidement selon mon habitude, et je m'éveillai vers le milieu de la nuit, autant que je pus m'en rendre compte, sans avoir été effrayée par aucun bruit, ni par une cause quelconque. Je vis distinctement, au pied du lit, un vieux monsieur, à la figure *ronde et rubiconde, souriant, le chapeau à la main, vêtu d'une veste en drap bleu de forme ancienne avec des boutons de cuivre, un gilet de couleur claire et des culottes.* Plus je le considérais, plus chaque détail de ses traits et de ses vêtements devenait net et précis. Je n'éprouvai aucune crainte et fermai les yeux pendant quelques instants. Lorsque je les rouvris, le vieux monsieur avait disparu. Au bout d'un certain temps, je parvins à me rendormir et, le matin, tandis que je m'habillais, je pris la résolution de ne rien dire à personne avant d'avoir vu une de mes nièces, et de lui avoir demandé si la description du vieux monsieur ne répondait pas au portrait du docteur R..., quoique cette idée pût paraître absurde.

Je rencontrai ma nièce, Marie Copeland, (aujourd'hui Mme Brandling), au moment où elle sortait du temple et je lui dis : « Est-ce que le docteur R... était un vieux gentleman de telle et telle sorte ? » et je lui décrivis ce que j'avais vu. Elle s'arrêta net, en manifestant son étonnement : « Qui donc a pu vous dire tout cela, ma tante ? Nous avons toujours dit qu'il ressemblait bien plus à un fermier de province qu'à un docteur, et qu'on ne pouvait comprendre comment un homme si commun pouvait avoir des filles aussi gentilles. »

Tel est le récit exact de ce que j'ai vu. Je suis absolument certaine que j'aurais reconnu ce vieux monsieur si je l'avais revu, car ses traits sont encore aussi présents à ma mémoire, lorsque je pense à lui, que lorsque j'écrivis aussitôt après à Mlle de Lys rentrée en France et que je lui fis un récit détaillé. Quelques années plus tard, je lui racontai ces mêmes faits de vive voix et elle me dit que mon récit reproduisait exactement tous les détails de ma lettre, sans la moindre variation. Mes deux nièces vivent encore et peuvent répéter tout ce que je leur dis alors. Il m'est impossible d'y rien comprendre: la vieille dame morte était dans la chambre située exactement au-dessous de celle où j'étais couchée. Ce qui m'a le plus étonnée dans tout cela, c'est que j'ai été si peu effrayée, que j'ai pu me rendormir immédiatement après et je n'ai voulu troubler personne. »

M. Bacchus écrit de son côté :

Leamington, 27 septembre 1886.

J'ai lu le récit fait par ma femme de ce qui s'est passé à Cheltenham, lorsque nous y avons séjourné en octobre 1868. C'est exactement ce qu'elle me raconta sur le moment même ; je me rappelle parfaitement tous ces faits et ce qu'elle dit à ma nièce dans la matinée.

HENRI BACCHUS.

Jamais Mme Bacchus n'a eu d'autre vision. Elle n'avait jamais vu de portrait de ce docteur. Les *Proceedings* renferment deux lettres écrites par les nièces de Mme B..., Mme Catherine Berkeley et Mary E. Brandling, filles de M. Copeland, qui confirment qu'elles ont entendu le récit de l'apparition fait par Mme Bacchus, et que c'est elles qui, par la description du fantôme, ont reconnu l'apparition du docteur R... Celui-ci était mort *trois ans auparavant*, comme une notice du *Times* a permis de l'établir.

Dans ce cas, on peut supposer assez justement que l'âme du docteur est venue à propos de la mort de sa femme et que c'est occasionnellement qu'il a été visible pour Mme Bacchus. La description exacte de son costume excentrique et de sa figure originale ne laisse planer aucun soupçon sur son identité. Cette apparition paraît aussi *vivante* que la précédente semblait inanimée. Ce sont des contrastes qu'il ne faut pas perdre de vue, lorsque l'on veut établir une théorie générale.

Le rapport suivant nous fait assister encore à la vision d'un fantôme, que la description de la percipiente a permis ensuite de reconnaître.

APPARITION DE L'ANCIENNE PROPRIÉTAIRE DE L'HÔTEL

Cas XXV (1). De Mme Clerke, 68, Redcliffe-Square, S. W.

1884.

A l'automne de 1872, j'étais à Sorrente avec mes deux filles et je

(1) *Revue scientifique et morale du Spiritisme*, février 1902, p. 492.

m'étais installée pour plusieurs mois à l'hôtel Columella, situé sur la grande route à un demi-mille de la ville. Les diverses pièces de mon appartement consistaient en un grand salon, une antichambre et trois chambres à coucher, disposées en forme d'U, dont les deux extrémités s'ouvraient sur une grande terrasse. L'hôtel était tenu par deux hommes, Raffaelle et Angelo, et le service des chambres était fait par leurs femmes ; cette organisation donnait toute satisfaction aux pensionnaires.

Le soir en question, nous avions quitté la salle à manger, poussées par le besoin de respirer l'air frais et de jouir de la vue magnifique après une journée de chaleur accablante.

Au bout de quelques instants, je retournai dans ma chambre à coucher pour y chercher un bougeoir et un châle, et je m'y rendais d'autant plus à contre-cœur, qu'après avoir annoncé mon intention de le faire, je m'attardais sans aucune raison à mettre ce projet à exécution. Je passai par l'antichambre, puis je traversai le grand salon dont les garnitures en porcelaine répercutaient avec une grande sonorité chacun de mes pas et j'arrivai à la porte de ma chambre à coucher. Un des battants de cette porte était ouvert, car c'était ce que les Français appellent une porte à deux battants, et je décidai de le laisser ouvert, car je voyais que tout avait été préparé en vue de la nuit.

Je pris mon châle et mon bougeoir et je me disposais à retourner, lorsque, me dirigeant vers la porte, je la vis barrée par la forme d'une vieille femme. Elle était debout, immobile et silencieuse, encadrée par la porte, et ses traits avaient l'expression la plus désespérée que j'aie jamais vue.

Je ne sais pourquoi je sentis la peur me saisir, mais l'idée que j'avais devant moi quelque pauvre idiote ou folle me traversa l'esprit, et dans un mouvement de terreur panique, je me détournai de la porte du salon et regagnai la terrasse, en passant par les chambres à coucher.

Ma fille, apprenant mon effroi, retourna dans l'appartement, mais elle retrouva tout dans son état normal et elle ne put rien rencontrer.

Le lendemain matin, je parlai aux deux femmes de la vieille qui était venue dans mon appartement et que je supposais être une habituée à un titre quelconque de l'hôtel, mais mon récit les troubla fort, et elles me dirent que ma description ne répondait à aucune des personnes de l'établissement. Je m'aperçus que mon récit leur *causait une véritable consternation*, mais cependant, sur le moment, je n'y prêtai qu'une attention distraite.

Quinze jours plus tard, nous reçûmes la visite du prêtre qui desservait la paroisse et qui était l'ami et le guide spirituel de nos hôtes.

Pendant une suspension de la conversation, je vins à lui parler de la visite que j'avais reçue à huit heures, *l'heure des morts.*

Le padre m'écouta avec la plus sérieuse attention et, après un certain temps de silence, me dit :

« Madame, vous venez *de décrire dans ses moindres détails la vieille maîtresse de cette maison, morte six mois avant votre arrivée,* dans la chambre située au-dessus de celle que vous occupez. Les propriétaires actuels m'ont fait part de ce fait et ils avaient la crainte la plus vive de vous voir partir, car *ils avaient reconnu* celle qu'ils appelaient *la vieille patronne.* »

Je m'expliquai alors tous les cadeaux de fruits qu'ils m'avaient faits et toutes les attentions dont ils m'avaient entourée depuis ce jour. Aucun incident ne se produisit ensuite et je ne vis plus d'apparition. Dans nos promenades, nous regardions s'il ne se rencontrerait pas quelque costume rappelant celui dans lequel la vieille femme m'était apparue, mais ce fut inutilement. Quelque fugitive qu'ait été cette apparition, *j'aurais pu retracer exactement ses traits, si j'avais su dessiner.* Elle était pâle, de cette pâleur mate qui caractérise la vieillesse ; ses yeux étaient gris et durs, son nez mince ; des bandeaux épais de cheveux grisonnants s'appliquaient sur son front. Elle portait un bonnet de dentelles avec des bords étroits piqués tout autour. Un fichu blanc se croisait sur sa poitrine et elle avait un long tablier blanc. Ses traits sans expression étaient fixes et ternes. Je ne pense pas qu'elle se rendît compte du lieu où elle était ni de la personne qui se trouvait devant elle, et cette visite était certainement la plus dénuée d'un motif capable d'expliquer pourquoi elle avait franchi les bornes du monde invisible (1).

Je dois faire remarquer que *j'ignorais absolument qu'aucune personne de ce genre eût vécu dans l'hôtel,* avant que son image se fût présentée à la porte de ma chambre à coucher.

Kate M. Clerke.

(1) Souvent les personnes qui sont témoins d'une apparition se demandent, comme Mme Clerke, pourquoi ce sont elles, plutôt que d'autres, qui voient le fantôme, alors que la personne qu'il représente ne leur était pas connue de son vivant. On peut supposer, maintenant que nous connaissons les faits de clairvoyance, que l'esprit n'a pas agi volontairement, ni même peut-être consciemment ; qu'il n'a pas choisi cette personne plutôt que telle autre pour être vu, mais que, ce jour-là, la disposition physiologique du percipient était telle, que le rayonnement de l'esprit a produit chez lui l'action télépathique qui l'a rendu momentanément clairvoyant, et que l'influence des lieux, l'ambiance dans laquelle a vécu le fantôme, favorise évidemment ce genre de manifestation. Inutile, dans ce cas, de supposer que le défunt « a franchi les bornes du monde invisible ». C'est plutôt le voyant qui a pu y pénétrer un instant.

(G. Delanne.)

Madame Clerke nous écrivit plus tard :

68, Redcliffe-Square S. W.
29 juillet 1884.

Je ne puis préciser davantage la date qu'en disant que ce fut en juillet 1872.

Je crois pouvoir assurer nettement qu'après mon départ de Sorrente, qui eut lieu deux ou trois mois après l'apparition de la vieille, personne ne l'a plus revue dans l'hôtel. Tous étaient dans l'appréhension et la terreur, et on parlait le moins possible de ce sujet. Après les premières recommandations que je fis aux femmes qui faisaient le service, au sujet des étrangers qui pouvaient pénétrer dans ma chambre, je n'y fis plus aucune allusion, mais nous avons su que celle qui se chargeait de faire ma chambre n'y entra plus jamais *seule* et eut toujours soin de se faire accompagner par sa petite fille.

Jamais à aucun autre moment je n'ai vu ou cru voir aucun fantôme ; je n'ai pas entendu de voix et je ne crois pas aux revenants. Je n'ai jamais eu de rêves remarquables, et même après l'apparition de Sorrente, je serais plutôt portée à croire que je me suis trouvée en présence de quelque pauvre insensée que l'on avait séquestrée (1). »

Ce qu'il y a de singulier dans cette circonstance, c'est que j'ai fait une description *rigoureusement exacte d'une personne que je n'avais jamais vue et dont j'ignorais l'existence*. Chacun fut stupéfait de l'*exactitude du portrait*, surtout cette dame qui avait connu la vieille patronne.

KATE M. CLERKE.

M. Podmore ajoute les notes suivantes, résultant d'une entrevue avec Mme Clerke :

15 août 1884.

« J'ai rendu visite aujourd'hui à Mme Clerke. Elle me dit qu'autrefois elle ne croyait nullement aux revenants et que maintenant encore elle n'y croit guère, en dehors de son propre cas. Elle est absolument certaine que la description qu'elle fit de l'apparition était assez détaillée pour la faire reconnaître. Spécialement, le costume qu'elle vit, quoique porté alors par la vieille patronne, n'était pas du tout en usage dans ce district ; elle n'en a pas vu un seul

---

(1) Hypothèse insoutenable, qui ne s'accorde pas avec le témoignage du curé. (G. D.)

autre dans toute l'Italie. Lorsqu'elle vit cette apparition, ce qui la frappa dans ce costume, c'est qu'il ressemblait à celui de sa vieille nourrice irlandaise ; elle en fit la remarque à sa fille dès qu'elle l'eut rejointe, en ajoutant cependant que les traits de la figure étaient tout différents de ceux de la nourrice. Miss Clerke confirma les paroles de sa mère.

« Mme Clerke dit que l'on pourrait admettre à la rigueur que l'apparition qu'elle vit ne fut pas autre chose qu'une vieille femme réellement vivante qui se serait échappée. Mais elle reste absolument convaincue, pour sa part, *qu'elle a vu un revenant ;* d'une part à cause de la ressemblance et ensuite à cause de la terreur irréfléchie dont elle fut saisie au moment où elle vit cette forme, car elle n'est nullement impressionnable en temps ordinaire ».

« Pendant tout le reste de son séjour dans cet hôtel, il ne se produisit ni bruit ni troubles quelconques. »

E. P.

Avec la narration qui suit, nous revenons aux apparitions qui ont toutes les apparences d'un être vivant, bien que le fantôme soit visible seulement pour une seule personne, ce qui nous rappelle les apparitions clairvoyantes des fantômes de vivants.

L'APPARITION DIT SON NOM ET CONVERSE PAR SIGNES

Ici, la percipiente n'a pas toujours entendu les paroles du fantôme, mais celui-ci, par des signes de tête, a fini par se faire comprendre, ce qui indique que ce n'était pas une simple image, « un cliché astral », comme dirait un occultiste.

Dans la matinée du vendredi 1er mars 1904 (1), la belle-mère de ma femme de chambre mourut d'un cancer, à l'hôpital. Je n'avais *jamais vu la vieille femme,* n'avais *aucune idée de son apparence* et n'avais *jamais entendu prononcer son nom de baptême* : ma femme de chambre, en parlant d'elle, l'appelait toujours « ma belle-mère ».

L'enterrement eut lieu le lendemain, samedi, dans l'après-midi. Vers six heures du soir, ce même samedi, je lisais dans ma chambre, et j'étais pour ainsi dire seule dans la maison, car mon mari était sorti et les domestiques étaient tous dans le sous-sol, deux étages

---

(1) Voir *Revue scientifique et morale du Spiritisme*, juin 1902, p. 717. Le récit de première main a été recueilli par M. le commandant Mantin, qui connaît intimement le docteur Blackwell et sa femme. Le nom est un pseudonyme.

plus bas. Pendant plus d'une demi-heure, j'entendis, à plusieurs reprises, des coups très forts, tantôt un seul, tantôt plusieurs, se succédant rapidement, et divers bruits d'objets traînés dans la chambre même, si bien que je levais à chaque instant la tête, m'attendant chaque fois à voir quelqu'un, bien que je sois habituée à l'audition de bruits de ce genre. Plusieurs fois, aussi, j'entendis des pas dans le corridor, comme si quelqu'un entrait dans le cabinet de toilette attenant à ma chambre, puis en sortait de nouveau. Deux fois je me précipitai à la porte et l'ouvris vivement : il n'y avait absolument personne ni dans les vestibules, ni sur le palier, ni dans les escaliers; la porte du cabinet de toilette donnant dans le corridor était fermée. Il n'y avait personne nulle part. Après cela je ne m'en occupai plus, et bientôt les bruits cessèrent. Mon petit terrier ne paraissait pas entendre les bruits qui se produisaient dans la chambre, mais était très agité par ceux du corridor.

Après dîner, pendant que mon mari et moi étions au salon, ma femme de chambre vint m'annoncer son retour : elle avait été absente toute l'après-midi. Elle me dit que l'enterrement s'était très bien passé, que les sœurs de l'hôpital avaient été très bonnes, qu'elles avaient mis un oreiller dans le cercueil et enseveli le corps dans un beau drap. Elle sortit du salon sans ajouter d'autres détails et quelques instants après, une amie, une jeune fille, vint passer la soirée avec nous. Un peu après 9 heures et demie, je vis tout à coup une forme vague, à quelque distance, de l'autre côté du salon. J'attirai immédiatement sur elle l'attention de mon mari et de mon amie, *mais ils ne virent rien*.

Peu à peu, les contours de cette forme se précisèrent et bientôt je les vis clairement, distinctement, et si opaques que les meubles derrière eux en étaient cachés, *absolument comme par un corps vraiment matériel*.

La forme paraissait être celle d'une vieille femme aux yeux très brillants, très perçants, au nez assez pointu, aux cheveux gris, *plus foncés sur le front*. Tout d'abord sa robe semblait être noire, mais bientôt je m'aperçus qu'elle *devenait bleu foncé*. Sur la tête elle portait un foulard, apparemment en soie, à carreaux mélangés de rouge. Son premier mouvement fut de porter sa main à sa tête, de rejeter son foulard en arrière, le laissant tomber sur son cou où il resta *comme un fichu négligemment attaché*.

Mon mari et moi lui parlâmes en anglais, mais elle ne parut pas nous comprendre, bien que son regard semblât nous interroger anxieusement. Nous lui parlâmes alors en français. Cette fois elle devint tout à fait excitée et répondit évidemment avec volubilité, ce que je vis parfaitement, mais sans pouvoir distinguer ses paroles. Bien qu'invisible pour les deux autres témoins de cette scène, elle semblait les voir et les entendre. Mon amie se sentit fortement impressionnée par une sensation d'oppression ou de suffocation, comme par une présence désagréable. Je m'adressai à la forme, mais sans pouvoir entendre sa réponse, ce qui parut l'irriter. Enfin, mon amie suggéra que ce pouvait être Mme M..., la belle-mère de ma femme de chambre. Elle fit vivement « oui » de la tête. Je pus alors distinguer quelques sons, et enfin je compris le mot « *Clémence* — Est-ce votre nom ? lui demandai-je. — Oui », fit-elle, d'un signe de tête. Alors dit mon amie, ce ne peut être madame M..., car j'ai vu son nom sur la liste des décès, dans le journal, et ce nom était Marthe M. (Je n'avais pas vu le journal.) Elle affirma aussi cela. En la questionnant, je compris qu'elle portait les deux noms, puis, qu'elle venait nous demander quelque chose, qu'elle ne savait pas qu'elle fût morte, bien qu'elle admît avoir assisté à son propre enterrement, l'après-midi même ; qu'elle était allée chez elle, ainsi qu'à l'hôpital, et qu'elle y retournerait après nous avoir quittés.

Lui ayant demandé si elle regrettait d'avoir été dure envers sa bru, elle fit signe que non. A toutes mes questions, elle répondait par des signes de tête ; mais ensuite j'entendis le mot « prune ». Me rappelant que ma femme de chambre m'avait dit qu'elle lui portait souvent des prunes, je lui demandai si elle en désirait. Elle fit « non » de la tête. Mon mari devina alors, après plusieurs essais, qu'elle voulait dire « une robe couleur prune ». Elle parut très contente. Oui, c'était bien cela. Je lui demandai si elle désirait faire cadeau d'une robe prune à quelqu'un. Elle me fit comprendre, en s'indiquant du doigt, par gestes répétés, qu'elle voulait la robe pour elle-même. Nous essayâmes de lui expliquer un peu son nouvel état, mais en vain. Je voulus m'approcher d'elle, mais chaque fois la forme devint vague, et sembla vibrer violemment. Je dus reprendre ma place, pour la revoir dans toute sa netteté. Elle-même s'avança vers moi plusieurs fois, la main étendue comme si elle demandait quelque chose. Mon mari fit des passes magnétiques entre nous et elle, ce qui sembla lui barrer le chemin, car elle recula, se tournant vers lui d'un air irrité. Quand c'était elle qui s'avançait vers moi, elle restait parfaitement distincte. Enfin elle disparut peu à peu de ma vue, parlant jusqu'au dernier moment, mais je ne pus saisir ses paroles. Pendant toute la durée de cette scène, le salon était brillamment éclairé à l'électricité.

C'était difficile de vérifier ce phénomène en questionnant ma femme de chambre, sans éveiller ses soupçons et ses craintes, car les domestiques ont déjà été effrayés plusieurs fois, et s'ils entendaient parler d'apparitions, ils seraient terrifiés. Cependant, le soir même, en montant me coucher, je commençai à parler à Julie de sa belle-mère, lui disant que mon amie avait vu son nom sur la liste des décès, « Marthe M. » et lui demandai si c'était son seul nom. Elle me répondit immédiatement qu'elle en avait deux : Marthe, *Clémence*, et qu'elle-même avait toujours préféré le nom de Clémence.

Je lui demandai alors si elle l'avait vue après sa dernière toilette, comment elle était, etc. Elle me dit qu'elle était arrivée trop tard, mais que sa sœur et son mari, le fils de la vieille femme, lui avaient dit qu'on l'avait très bien ensevelie, que les sœurs de l'hôpital lui avaient mis *une robe bleu foncé* ; on lui avait aussi, pensait-elle, mis sur la tête un *foulard en coton à carreaux rouges*, et un chapelet dans la main. Il me fallut longtemps pour découvrir, au milieu d'une masse de détails de toutes sortes, que la vieille femme avait 72 ans, que ses cheveux étaient gris, mais qu'elle avait eu l'habitude *de les teindre sur le devant de la tête*, avec des cosmétiques ; qu'elle avait les yeux brillants, et qu'elle avait laissé des meubles qui, naturellement, appartenaient maintenant à son fils, le mari de Julie ; mais que ses vêtements étaient tous très vieux, et ne valaient vraiment pas la peine d'être conservés, excepté deux robes, l'une noire, l'autre *prune*, toutes deux presque neuves, auxquelles la vieille femme tenait beaucoup, surtout à la dernière.

Le lendemain matin, mon mari questionna soigneusement Julie à ce sujet, lui donnant pour raison de l'intérêt qu'il prenait à des détails aussi minutieux, que, comme docteur, il désirait savoir comment les choses se passaient en pareil cas, à l'hôpital. Il la fit ainsi parler jusqu'à ce qu'elle lui eût répété tout ce qu'elle m'avait raconté.

Dora Blackwell.

Témoins : Miss A. Bird ; M. P. D. Wise ; Lady Blackwell ; Dr. A. Blackwell.

Ce dernier cas aurait pu être classé parmi ceux qui suivent, puisque la belle-mère de la femme de chambre indique son nom ; il sert de transition pour passer aux exemples où les facultés intellectuelles des apparitions sont nettement indiquées par leurs manifestations. La révélation du nom de Clémence indique, ainsi que les détails relatifs à la robe *prune*, que le fantôme n'est pas une simple image, mais un être intelligent et volontaire, dont les manifestations sont parfaitement en harmonie avec le caractère de la vieille femme décédée.

LA GRAND'MÈRE SE FAIT VOIR A SON PETIT-FILS

Le journal espagnol *Lumen* (1) cite le fait suivant rapporté par José Zorilla, auteur dramatique, dans ses mémoires :

Lorsqu'il avait environ six ans, il habitait avec ses parents une maison dans laquelle une chambre, s'ouvrant sur le vestibule et contenant pour tout meuble un lit et un fauteuil, restait constamment close, sauf lorsqu'on y pénétrait pour l'épousseter. Un jour qu'il jouait dans le vestibule avec un cheval de carton, il vit que la porte était entr'ouverte, et, s'approchant, il remarqua que le fauteuil était occupé par une dame aux cheveux poudrés, les bras garnis de dentelles, et vêtue d'une ample robe de soie verte, qu'il n'avait jamais vue. Avec un sourire doux et mélancolique, elle lui fit signe de s'approcher. Il le fit avec une pleine confiance et lui tendit sa main droite, qu'elle prit en souriant entre les siennes. Elle le caressa ensuite et lui dit : « Je suis ta grand'mère, aime-moi bien, mon enfant, et Dieu te bénira. »

En sortant de la chambre, il dit à sa mère qu'il venait de voir sa grand'mère. Elle crut, d'abord, qu'il s'agissait de sa mère à elle, habitant Burgos et venue sans l'avertir ; mais à la description qui lui fut faite elle reconnut son erreur et le père de notre héros, arrivant sur ces entrefaites, écouta le récit de son fils et se borna à lui dire : « Gamin, tu as rêvé ! »

Neuf ou dix ans plus tard, vers 1833, José Zorilla se trouvant à Torquemada et examinant de vieux documents de famille, trouva, recouvert d'une épaisse couche de poussière, un portrait, *reproduisant exactement les traits et le costume* du personnage vu dans le fauteuil. Il le présenta à son père en disant : « Voici ma grand'mère ! »

Cette intéressante narration prouve que le fantôme n'était pas imaginaire. Il a indiqué lui-même son degré de parenté avec José Zorilla et la tendresse de la grand'mère pour son rejeton se traduit par la prière qu'elle lui fait de bien l'aimer. On constate, ici, que les morts ont connaissance, parfois, de ce qui se passe ici-bas et qu'ils conservent leurs affections par delà la tombe.

Arrivons aux cas dans lesquels l'apparition révèle au voyant des choses que celui-ci ignore, mais dont il vérifie ensuite l'exactitude.

(1) *Lumen*, n° de décembre 1908, journal se publiant à Barcelone.

4° L'APPARITION DONNE UN RENSEIGNEMENT EXACT INCONNU DU VOYANT

J'aurai l'occasion de rappeler que les phénomènes d'apparitions de morts, comme les apparitions de vivants, ont été observés de tout temps par des hommes dont le sens critique ne saurait être suspecté. Ici, je veux seulement en signaler un cas qui a été contrôlé et discuté par Kant, dans son traité des *Rêves d'un visionnaire*. Plus tard, dans ses lettres à Mlle de Knoblock, son amie, il affirme sa croyance à l'authenticité de cette histoire. Je ne serai pas plus difficile que ce grand philosophe. Voici le récit en question (1) :

APPARITION DE M. DE MARTEVILLE À SA FEMME

La veuve du ministre de Hollande à Stockholm, Mme de Marteville, priée par un créancier de régler une dette, se rappelait parfaitement que cette dette avait été payée par son mari ; mais elle ne pouvait en retrouver la quittance. Il s'agissait d'une somme de vingt-cinq mille florins de Hollande, et Mme de Marteville était d'autant plus émue de la réclamation, qu'elle se voyait à peu près ruinée si elle était obligée de payer cette somme, qu'elle se souciait peu de régler deux fois.

Elle se rencontra avec Swedenborg, et, huit jours après, elle voit dans un songe, ou en réalité, feu M. de Marteville, qui lui indique le meuble où se trouve la quittance, avec une épingle à cheveux, garnie de vingt diamants, qu'elle croyait perdue aussi.

Jusqu'alors, en adoptant les règles de la critique moderne, on peut voir dans ce rêve une simple réminiscence. Mme de Marteville croyait ne pas savoir où se trouvait la quittance, mais, en réalité, elle devait en conserver le souvenir dans les profondeurs de sa conscience et à la suite de l'anxiété causée par la demande de paiement, la mémoire, pendant le rêve, a ressuscité ce souvenir, en le dramatisant par la prétendue intervention de M. de

---

(1) MATTER, *Swedenborg*. Voir dans ce livre les documents dont je reproduis une partie ; l'auteur, qui n'est pas spirite, finit par admettre, après une discussion serrée, la réalité des faits.

Marteville. C'est là un fait de *cryptomnésie*, diraient les psychologues de nos jours, et il est assez banal. Mais quel rôle Swedenborg joue-t-il dans cette anecdote ? Voici : il aurait dit à Mme de Marteville qu'il avait vu son mari dans le monde des Esprits, et que celui-ci lui aurait annoncé qu'il allait visiter sa femme pour lui faire une révélation importante. Si ce dernier fait est vrai, l'hypothèse de la reviviscence de la mémoire doit céder la place à celle de la présence réelle du décédé. Voici la lettre d'un témoin bien placé pour savoir la vérité : c'est celle du Général d'E..., second mari de Mme de Marteville. En réponse à la demande qui lui est faite par un pasteur, au sujet de la véracité de cette histoire, il écrit (1) :

G..., le 11 avril 1775.

Environ un an après la mort de M. de Marteville, ma femme eut l'idée de faire une visite au célèbre M. de Swedenborg, qui était alors son voisin à Stockholm, afin de connaître de plus près une si rare merveille du genre humain. Elle communiqua ses sentiments de curiosité à plusieurs de ses amies, et la partie fut convenue à jour fixe. Les dames furent toutes admises. M. de Swedenborg les reçut dans un fort beau jardin et un magnifique salon, qui était voûté et garni, au milieu du toit, d'une fenêtre par laquelle, d'après son assertion, il avait coutume de s'entretenir avec ses amis, c'est-à-dire les esprits.

Entre autres discours, ma femme lui demanda s'il n'avait pas connu M. de Marteville ; à quoi il répondit qu'il n'avait pas pu le connaître, par la raison qu'il avait passé lui-même à Londres presque tout le temps pendant lequel ce seigneur avait été ministre de Hollande près de la cour de Stockholm. Il faut que je dise, en passant, que l'histoire des vingt-cinq mille florins de Hollande, est parfaitement vraie, en ce sens, que ma femme était recherchée à ce sujet et n'avait pas de quittance à présenter. Toutefois, dans la sus-dite visite, *il ne fut point fait mention de tout cela.*

Huit jours après, feu M. de Marteville apparut en songe à mon épouse et lui indiqua, dans une cassette de façon anglaise, un endroit où elle trouverait, non seulement la quittance, mais encore une épingle à cheveux avec vingt brillants, et qu'on croyait également perdue. C'était environ à deux heures du matin. Pleine de joie, elle se lève et trouve le tout à la place indiquée ; s'étant re-

(1) Voir *Matter*, ouvrage cité.

couchée, elle dormit jusqu'à neuf heures du matin. Vers onze heures M. de Swedenborg se fait annoncer. *Avant d'avoir rien appris de ce qui est arrivé*, il raconta que, dans la nuit précédente, il avait vu plusieurs esprits, et entre autres M. de Marteville. Il aurait désiré s'entretenir avec lui, mais M. de Marteville s'y était refusé par la raison qu'il était obligé de se *rendre auprès de sa femme pour lui faire une découverte importante*, d'autant plus qu'il quitterait après cela la colonie (céleste) où il se trouvait depuis un an, et passerait dans une autre beaucoup plus heureuse.

Voici les véritables circonstances de ce qui est arrivé à mon épouse, à l'égard de la quittance et de M. de Swedenborg. Je ne me hasarde pas à pénétrer les mystères qui s'y rencontrent. Ce n'est pas non plus ma vocation. J'ai dû raconter simplement; ce devoir, je l'ai rempli, et je m'estimerai heureux si je l'ai rempli, etc.

D. E.

Ainsi, on ne peut attribuer la vision de Swedenborg à une auto-suggestion, puisqu'il ignorait que Mme de Marteville fût à la recherche d'une quittance. C'est l'esprit du mari qui, pendant la même nuit où la veuve eut la vision, annonce au voyant qu'il va se rendre auprès de son ancienne femme pour lui « faire une découverte importante ». Il me semble donc, d'après ces circonstances, que le personnage du rêve n'était pas imaginaire et, qu'un an après sa mort, il s'intéresse encore assez à sa compagne d'ici-bas pour lui venir en aide en la tirant d'embarras. Mme de Marteville n'ayant pas eu la pensée de consulter Swedenborg au sujet de la quittance perdue, on ne peut pas supposer que l'apparition du grand mystique fut produite par une action télépathique de Mme de Marteville ; c'est donc une apparition qui s'est montrée à deux personnes différentes et, à ce titre, elle aurait pu se classer dans une autre catégorie, si celle-ci ne lui convenait mieux, précisément à cause de la désignation exacte de l'endroit inconnu où se trouvait le fameux reçu.

Dans l'exemple suivant, la date de la mort de l'agent est beaucoup plus lointaine et, malgré cela, l'intervention tutélaire fut manifeste, puisqu'elle sauva le navire et ceux qui le montaient.

LE FANTÔME DONNE UN ORDRE

Ce récit est emprunté au livre d'Aksakof (1) :

Le capitaine C. P. Drisko raconte de quelle manière le vaisseau *Harry Booth*, qu'il commandait, fut sauvé du naufrage pendant la traversée entre New-York et Dry Tortugas, en 1865. Voici les passages essentiels de son rapport :

Voyant que tout était en ordre sur le pont je me fis remplacer par M. Peterson, mon second, un officier digne de toute confiance, et je descendis dans ma cabine pour prendre un peu de repos.

A onze heures moins dix, *j'entendis distinctement une voix* qui me disait : « Monte sur le pont et fais jeter l'ancre. »

« Qui es-tu ? » demandais-je en m'élançant sur le pont. J'étais surpris de recevoir un ordre. En haut, je trouvai tout en règle. Je demandai à Peterson s'il avait vu quelqu'un descendre dans ma cabine. Ni lui, ni le timonier, n'avaient rien vu ni rien entendu.

Supposant que j'avais été le jouet d'une hallucination, je redescendis. A midi moins dix, je *vis entrer dans ma cabine, un homme vêtu d'un long pardessus gris, un chapeau à larges bords sur la tête;* me regardant fixement dans les yeux, il m'ordonna de monter et de faire jeter l'ancre. Là-dessus il s'éloigna tranquillement, et j'entendis bien *ses pas lourds* lorsqu'il passa devant moi. Je montai encore une fois sur le pont et ne vis rien d'extraordinaire. Tout marchait bien. *Absolument sûr* de ma marche-route, je n'avais aucun motif pour donner suite à l'avertissement, d'où qu'il vînt. Je regagnai donc ma cabine, mais ce n'était plus pour dormir; je ne me déshabillai pas et je me tins prêt à monter si besoin était.

A une heure moins dix, le même homme entra et m'intima d'un ton *encore plus autoritaire* « de monter sur le pont et de faire jeter l'ancre ». *Je reconnus alors* dans l'intrus *mon vieil ami le capitaine John Barton*, avec lequel j'avais fait des voyages étant jeune garçon, et qui *m'avait témoigné* une *grande bienveillance*. D'un bond j'arrivai sur le pont et donnai l'ordre de baisser les voiles et de mouiller. Nous nous trouvions à une profondeur de 50 toises. C'est ainsi que le vaisseau évita de s'échouer sur les rocs Bahama.

Il est évident qu'aucune cause terrestre ne peut intervenir pour l'explication.

(1) AKSAKOF, *Animisme et Spiritisme*, p. 426. Pour les détails, voir le *Light* de 1882, p. 303.

On assiste dans cet exemple à la progression de l'action télépathique de l'esprit. D'abord, il se manifeste par l'hallucination auditive d'une voix qui donne l'ordre de jeter l'ancre. Mais le capitaine ne tient aucun compte de cet avertissement, tellement il est sûr de n'avoir rien à redouter. Alors l'esprit se fait voir, mais probablement pas encore assez nettement, bien qu'aucun des détails de son costume n'échappe au percipient. Enfin, la troisième fois, l'ordre est si formel, et l'apparition si nette, que M. Drisko reconnaît son vieil ami et obéit à ses injonctions. La volonté du fantôme est manifestée avec une continuité et une énergie qui ne nous laissent aucun doute sur sa réalité et sur l'intérêt persistant que l'âme prend encore à ceux qu'elle affectionnait ici-bas.

Malgré les caractères physiques qui semblent objectiver le fantôme, rien ne nous autorise à y voir une matérialisation proprement dite. Il se peut que tout ait été subjectif. Puisque rien n'indique que ce soit *oculairement* que l'apparition a été perçue, nous devons l'attribuer à la clairvoyance. Ce qui n'empêche pas d'ailleurs la vision d'être aussi réelle, aussi positive que celle d'un individu ordinaire. Tout à l'heure, nous arriverons aux cas où la matérialisation est incontestable. Revenons aux auteurs anglais pour signaler une apparition qui ne veut pas que l'on croie que son décès est dû à un suicide, ce qui établit que, parfois, les préoccupations terrestres des derniers moments existent encore après le trépas.

L'APPARITION PROTESTE CONTRE UNE ACCUSATION INJUSTE

Voici le résumé qui se trouve dans la traduction française de l'ouvrage de Myers, *la Personnalité humaine*, etc. (1).

M. D... riche industriel, avait à son service un nommé Robert Makensie, qu'il avait littéralement tiré de la plus profonde misère, et qui éprouvait pour son patron une reconnaissance et une fidélité sans bornes. Un jour que M. D... se trouvait à Londres, il eut

(1) Myers, *La Personnalité humaine, sa survivance, ses manifestations supra-normales*, p. 286. Pour les détails, voir *Proceedings S. P. R.*, II, p. 95.

une apparition de son employé (qui était attaché à la succursale de Glasgow), lequel était venu le supplier *de ne pas croire à ce dont il allait être accusé.* L'apparition s'évanouit sans que M. D..., eût été renseigné davantage sur le genre d'accusation qui pesait sur Robert. M. D... n'avait pas eu le temps de revenir de sa stupéfaction, lorsque Mme D... entra dans la pièce, tenant une lettre à la main, et disant qu'elle venait de recevoir la nouvelle du suicide de Robert. C'était donc l'accusation qui pesait sur ce dernier, et jusqu'à nouvel ordre, M. D... était résolu à n'y pas croire. Il fit bien, car le courrier suivant lui apporta une lettre de son régisseur lui disant que Robert s'était non pas suicidé, comme on l'avait cru, tout d'abord, mais empoisonné en avalant un flacon d'acide sulfurique qu'il avait pris pour de l'eau-de-vie.

Après avoir ensuite consulté un dictionnaire de médecine, M. D... n'eut pas de peine à se rappeler que *l'aspect de l'apparition répondait exactement à celui décrit par ce dictionnaire*, comme s'observant chez les individus empoisonnés par l'acide sulfurique.

Ici encore, pas d'auto-suggestion de M. D..., qui ne savait pas que Robert était mort, et qui ne pouvait soupçonner, par conséquent, à quelle cause le décès était dû. Remarquons encore que l'aspect extérieur du fantôme reproduit celui du corps physique, ainsi que dans tous les exemples précédents, et qu'il en était de même pour les apparitions de vivants. Et non seulement c'est le visage, les mains, etc., qui sont identiques, mais aussi les vêtements. Quoi ! un *esprit* en redingote ? Oui ; l'apparition porte toujours un vêtement, qu'elle soit perçue subjectivement par clairvoyance ou qu'elle soit vue par différents témoins, constamment elle a un costume. Preuve, diront les sceptiques, que tout se passe dans le cerveau du percipient ; non, puisque celui-ci ne connaissait pas le dit costume et que, cependant, c'est bien celui-là que le défunt portait pendant sa vie. La question est de savoir si c'est volontairement que l'esprit se présente ainsi pour se faire mieux reconnaître ; ou si les *images* de ses vêtements ou des objets familiers, dont il avait l'habitude de se servir, l'accompagnent dans sa nouvelle existence. Nous examinerons ce point plus tard, lorsque l'étude des matérialisations expérimentales nous sera plus familière.

Je finirai l'exposé des cas de cette catégorie par le récit de deux faits, dont le premier est une nouvelle attestation de la sollicitude avec laquelle certains esprits restent attachés à ceux qui sont encore ici-bas, et le second, un exemple que la mort ne change pas instantanément les croyances terrestres que le défunt avait sur les conditions de la vie future, même quand il vient d'y pénétrer.

L'APPARITION VEILLE SUR SES PETITS-ENFANTS

Un soir (1), entre onze heures et minuit, alors qu'elle était tout à fait éveillée, Mme Lucy Dodson s'*entendit appeler trois fois* par son nom, et vit aussitôt la figure de sa mère, morte *depuis seize ans*, portant deux enfants sur les bras, qu'elle lui tendit, en disant : « Prenez soin d'eux, car ils viennent de perdre leur mère. » Le surlendemain, Mme Dodson apprit que sa belle-sœur était morte des suites de couches, trois semaines après avoir donné naissance à un enfant qui était son deuxième. Il est à remarquer que les deux enfants que Mme Dodson avait vus sur les bras de sa mère, lui parurent, en effet, avoir l'âge des deux enfants de sa belle-sœur et qu'elle ne *savait rien ni de l'accouchement, ni de la naissance du dernier enfant*.

Donc, toujours pas d'hallucination, mais une vision réelle dans laquelle, probablement, ce n'est que l'image des enfants que la mère fait voir à sa fille, pour attirer sur eux sa pitié. Dans ce cas aussi, un appel verbal a précédé la manifestation visuelle, comme pour mieux attester sa présence, et le fait de la mort de la belle-sœur, annoncée par l'apparition, n'était que trop réel.

Pour varier un peu les références, empruntons le récit suivant à un ennemi du spiritisme, à Éliphas Lévi (2) : ce qui me donnera l'occasion d'exposer comment l'auteur cherche à expliquer les apparitions, sans les attribuer à l'intervention des désincarnés. Comme d'habitude, je cite textuellement :

---

(1) *Proceedings S. P. R.*, X, pp. 380-382. Résumé dans la traduction française de Myers, p. 282. Consulter le texte anglais pour toutes les références.

(2) Eliphas Levi, *la Science des Esprits*, p. 207. Le nom d'Eliphas Levi est le pseudonyme d'un prêtre défroqué qui se nommait l'abbé Constant.

LE CAS DE SYLVAIN MARÉCHAL

Il s'agit de Sylvain Maréchal, un bonhomme excentrique du siècle dernier qui se croyait positivement athée. Sylvain Maréchal n'admettait donc pas l'existence de Dieu, et, pour être logique, il niait également l'immortalité de l'âme ; il avait fait de mauvais vers pour défendre cette mauvais cause.

Lorsqu'on lui parlait de la mort, il disait ordinairement que c'était le grand sommeil et ajoutait sentencieusement ce distique, l'un de ses péchés contre Apollon :

> Dormons jusqu'au bon temps,
> Nous dormirons longtemps.

... Les gens qui ne croient pas à l'immortalité de l'âme meurent, hélas ! comme les autres. Sylvain Maréchal vit venir l'heure du grand sommeil. Sa femme et une amie, Mme Dufour, veillaient auprès de lui ; l'agonie avait commencé. Tout à coup le mourant, comme s'il se rappelait quelque chose, fait un grand effort pour parler. Les deux dames se penchent vers lui. Alors d'une voix si faible qu'on l'entendait à peine, il dit ces mots : *Il y quinze.....* et la voix expira. Il essaya de reprendre et sa voix murmura encore une fois : *quinze* ; mais il fut impossible d'entendre le reste. Ses lèvres remuèrent encore un peu, puis faisant un grand soupir, il mourut.

La nuit suivante, Mme Dufour, qui venait de se coucher, *n'avait pas encore éteint la lampe*, lorsqu'elle entendit la porte s'ouvrir doucement. *Elle mit la main devant la lumière* et regarda. Sylvain Maréchal était au milieu de sa chambre, vêtu comme de son vivant, ni plus triste, ni plus gai.

— « Chère Madame, lui dit-il, je viens vous dire ce que je n'ai pu achever hier : *il y a quinze cents francs en or cachés dans un tiroir secret de mon bureau* ; veillez à ce que cette somme ne tombe pas en d'autres mains que celles de ma femme. » Mme Dufour, plus étonnée qu'effrayée de cette pacifique apparition, dit alors au revenant : Eh bien, mon cher athée, je pense que vous croyez maintenant à l'immortalité de l'âme ? Sylvain Maréchal sourit tristement, branla légèrement la tête, et ne répliqua qu'en répétant une dernière fois son distique :

> Dormons jusqu'au bon temps,
> Nous dormirons longtemps.

Puis il sortit. La frayeur prit alors Mme Dufour, ce qui prouve qu'alors seulement elle fut complètement éveillée (1) elle se jeta hors du lit pour courir à la chambre de son amie, Mme Maréchal, qu'elle rencontra venant, de son côté, chez elle, pâle et tout effarée. — Je viens de voir M. Maréchal, dirent en même temps les deux femmes; et elles se répétèrent les détails à peu près identiques de la vision qu'elles venaient d'avoir chacune de son côté. Les quinze cents francs en or furent trouvés dans un tiroir secret du bureau.

Voyons, maintenant, comment l'auteur s'en tire pour ne pas croire à la réalité objective de l'apparition :

Nous tenons cette histoire d'une amie commune des deux dames qui la leur avait souvent entendu raconter. Nous la croyons vraie, mais nous pensons que les dames, lorsqu'elles virent le fantôme, étaient déjà tombées dans un *état de demi-sommeil*. Préoccupées des dernières paroles de Maréchal, elles les rapprochèrent avec la lucidité particulière aux rêves des personnes affligées, de milles *petites circonstances qu'elles avaient vues sans les remarquer* et qui s'étaient gravées dans leur *réminiscence involontaire* ; le mourant avait d'ailleurs projeté avec force sa volonté dans ces deux âmes sympathiques, ce qu'il voulait leur dire, il leur *avait communiqué la force de le deviner*. Elles le revirent absolument, comme on voit en rêve, avec ses habits de tous les jours et sa manie de réciter de méchants vers ; elle le virent comme on voit toujours les morts, dans une espèce de miroir rétrospectif ; elles le virent comme un somnambule l'aurait vu, ainsi que le secret de sa cachette et de son or.

Il y là un phénomène très remarquable d'*hallucination collective et simultanée (déjà !)*, avec identité de seconde vue, mais *il n'y a rien* qui puisse prouver *quelque chose en faveur des trépassés.*

Ainsi, nous trouvons déjà dans cet auteur (en 1865) tous les arguments fallacieux dont on s'est servi depuis : cryptomnésie, hallucination collective, période latente, mais cependant pas de transmission de pensée. Voyons ce que tout cela vaut, dans ce cas particulier,

1° Éliphas Levi, pour les besoins de sa théorie, suppose que les deux percipientes dormaient, puisqu'il parle de rêve ; or, nous

---

(1) L'auteur vient de dire que Mme Dufour n'avait pas éteint sa lampe, qu'elle avait mis la main devant ses yeux pour se garantir de la lumière et reconnaître la personne qui entrait et, deux lignes plus bas, il prétend qu'elle dormait ! Quelle logique !

ignorons ce qu'il en était pour Mme Maréchal, mais il paraît sûr que Mme Dufour ne dormait pas, car, d'après le récit : 1° elle venait de se coucher, sa lampe n'était pas éteinte, et elle s'abrite de la lumière pour voir qui vient d'entrer dans la chambre. Tous ces faits ne s'accordent guère avec l'hypothèse du sommeil; donc, c'est, au moins pour l'amie, une supposition injustifiée.

2° Le point délicat, celui des révélations exactes : d'abord du montant de la somme, 1.500 francs, de sa composition en pièces d'or, puis du tiroir secret du secrétaire ne sont nullement expliquées. Parler de réminiscences, sans indiquer lesquelles, c'est ne rien dire du tout; donc, voici encore une supposition gratuite que rien n'autorise à formuler. D'après le récit, Mme Maréchal ignorait l'existence du tiroir secret, et à plus forte raison son amie, sans quoi l'apparition serait inutile.

3° Si on se trouve réellement en présence d'une hallucination, pourquoi est-elle simultanée? Où est la cause première du phénomène? Pourquoi cet intervalle de douze heures? Et comment la révélation du fantôme est-elle faite identiquement aux deux amies?

Si quelqu'un devait avoir la primeur de l'hallucination, c'est la veuve de Sylvain Maréchal, et pour elle on pourrait, peut-être, admettre que l'image de son mari se soit objectivée sous une forme visuelle, mais la désignation de la somme exacte laissée en réalité et la révélation d'un tiroir secret du bureau, sont des choses qu'aucune cryptomnésie n'est capable de faire comprendre, à plus forte raison pour Mme Dufour, qui ne pouvait connaître des détails assez intimes pour être ignorés de l'épouse du défunt. On saisit ici sur le vif ce procédé de discussion qui consiste à faire de vagues conjectures, que rien dans le récit ne justifie, pour les opposer au témoignage net et formel des faits.

Éliphas Levi a laissé des élèves. La plupart des critiques, quand ils daignent discuter les faits, les dénaturent plus ou moins consciemment pour les plier à leurs théories favorites : hallucinations, souvenirs oubliés, télépathie retardée, etc., etc. Mais pour quiconque ne se paye pas de mots, des faits comme celui de Sylvain Maréchal montrent la pauvreté de ces ergotages. La magnifique réalité de la survie s'affirme directement par le témoignage de ceux qui ont franchi les portes de la mort, et quand c'est par milliers que des phénomènes semblables se produisent, le temps n'est plus éloigné où les hommes qui savent tirer des faits les enseignements qu'ils comportent ouvriront enfin les yeux à l'évidence de l'immortalité.

Le défaut d'espace m'interdit de faire de longues citations, mais il existe dans les archives des anciens Parlements quelques procès, dans lesquels des apparitions ont été judiciairement constatées; ces fantômes ont indiqué les noms de leurs assassins, qui furent pris, et avouèrent leurs forfaits. Voir dans Le Loyer, *Des Spectres*, livre I, chapitre IV, qu'une femme apparut à son mari pour lui désigner celui qui l'avait tuée. Dans un autre cas, en Bretagne, c'est le mari, mis traîtreusement à mort par sa femme, qui se montre à son frère et demande vengeance.

Dans son *Traité des Apparitions*, Lenglet-Dufresnoy cite le *Mercure de France* de 1695, suivant lequel les meurtriers d'un marchand furent pris et décapités, à la suite de la révélation faite par le fantôme du marchand des noms de ses assassins, de leurs domiciles et du métier qu'ils exerçaient. L'abbé de Saint-Pierre, dans le *Journal de Trévoux*, tome VIII, raconte comment Desfontaines, qui s'était noyé, apparut, en 1796, à son ami Bezuel et lui donna des détails exacts sur la manière dont il quitta la vie (1).

Sans m'attarder davantage, je passe aux cas d'apparitions collectives, qui me paraissent des preuves indiscutables de l'objectivité physique des apparitions. Je répéterai ici ce que j'ai dit au sujet des fantômes de vivants, vus simultanément par différents témoins; c'est que la description exacte faite par chacune

---

(1) Consulter également : les *Annales de Baronius*. Dans Lipse : *De apparitionibus mortuorum*, de 1709, on lit le récit de Ficinus à son ami Mercatus pour lui annoncer que la vie future est une réalité. Voir également l'apparition de Dante à son fils, etc., etc. On peut consulter encore : la *Revue Spiritualiste* de Pierrart, de 1858 à 1865 et la *Revue Spirite* depuis 1858 jusqu'à cette présente année 1909, qui contiennent des récits dont l'énumération serait trop longue à reproduire ici.

des personnes implique nécessairement une vue réelle, car l'hallucination ne peut pas se transmettre intégralement d'un individu à un autre, d'abord parce que tout le monde n'est pas sensitif, — ceux-ci étant relativement rares — ensuite, parce que l'observation nous fait constater une très grande diversité dans la façon dont chacun ressent et traduit la pensée qui lui arrive, celle-ci pouvant s'extérioriser par des manifestations ambulatoires, par des pressentiments, par des phénomènes d'audition, etc. Supposer que l'on peut transmettre tous les détails d'une image mentale, et localiser celle-ci dans un même endroit de l'espace pour les divers percipients, me paraît dépasser les bornes de l'hypothèse permise, d'autant mieux que cette image se déplace quelquefois, ce qui nécessiterait de la part de l'agent supposé un pouvoir vraiment extraordinaire, une action continue qu'il exercerait à son insu, chose que rien, dans les récits, n'autorise à juger possible.

Je me sépare donc, sur ce point, de l'interprétation des savants anglais, et principalement de F. W. H. Myers, car je montrerai plus loin que dans les apparitions collectives, provoquées au moyen de médiums, le fantôme qui était perçu d'une manière semblable par les assistants avait tous les caractères physiques d'un être humain ordinaire, puisqu'on a pu conserver des résultats durables de son action sur la matière telles que des empreintes, des tracés montrant des déplacements d'objets, et des photographies. Je désire mettre sous les yeux du lecteur la manière de voir du grand psychologue anglais, car il est très important de savoir si, oui ou non, l'esprit qui se montre est

Fig. 1. — F. W. H. Myers.

matérialisé, autrement dit : si l'être qui est vu, l'est par les yeux du corps, au moyen des rayons de lumière qu'il réfléchit, ou subjectivement par la clairvoyance de tous les percipients. Voici un passage de Myers, dans lequel son opinion est nettement formulée (1) :

Nous nous trouvons en présence de faits de hantise, où plusieurs personnes ont vu dans la même maison, indépendamment l'une de l'autre, des figures fantomales qui, très souvent, quoique non toujours, ressemblaient les unes aux autres, Ces faits sont *bien prouvés et incontestables*, mais leur interprétation présente de grandes difficultés. Plusieurs hypothèses ont été formulées à ce sujet ; quant à moi, je considère que lorsque le même fantôme est discerné par plus d'une personne à la fois, il s'agit d'une *modification dans cette portion de l'espace où le fantôme est perçu, sans que la matière elle-même qui occupe cet espace ait subi une modification quelconque*. Il ne peut donc pas être question d'une perception optique ou acoustique, de rayons de lumière réfléchis ou d'ondes mises en mouvement ; mais d'une forme *inconnue de perception supra-normale* qui n'agit pas nécessairement par les organes des sens terminaux.

Je suis en outre porté à voir une certaine analogie entre ces récits de hantise et les fantômes de vivants, que j'ai désignés sous le nom de *psychorragiques*. Il me semble qu'il se produit dans chaque cas un *dégagement involontaire d'un élément de l'esprit, indépendamment du principal centre de la conscience*. Ces « hantises par les vivants », si l'on peut les appeler ainsi, où un homme est aperçu sous forme de fantôme se tenant devant sa cheminée, sont peut-être susceptibles de se renouveler plus facilement après que l'esprit s'est séparé du corps.

On le constate, pour Myers, ce n'est pas la conscience qui accompagne le fantôme, c'est seulement un « élément de l'esprit ». Quel est cet élément, ce *quelque chose* que les voyants perçoivent ? Chez les vivants, j'ai signalé que le fantôme odique, invisible pour les yeux ordinaires, était nettement décrit par les percipients et que sa matérialité se démontrait par les photographies accidentelles qu'on a obtenues. Il ne pouvait donc pas être question d'un élément de l'esprit, à moins de supposer celui-ci matériel, ce que Myers n'admet pas. Nous avons vu, avec M. de Rochas (2), que ce corps est formé par une émanation de matière quintes-

(1) MYERS, *la Personnalité humaine*, etc., p. 295 de la traduction française.
(2) Volume I, p. 376.

senciée, que nous avons appelée fluidique, pour la différencier des états solide, liquide et gazeux ordinaires. Nous avons admis que cette matière est engendrée par les actions physiques et chimiques incessantes qui résultent du jeu des forces vitales dans l'*organisme vivant*, mais il va de soi qu'une semblable hypothèse ne s'applique plus à un mort, puisque son corps charnel est détruit. Cependant, le parallèle entre les manifestations des vivants et des morts se poursuit jusque dans la photographie des fantômes décrits par les voyants, et qui mieux est, en l'absence de toute personne ayant connu le défunt, ce qui exclut l'hypothèse que ce serait l'image mentale extériorisée par le voyant et matérialisée, qui aurait agi sur la plaque sensible, puisque nous savons que cette action est possible.

Dès lors, dans ces conditions, l'existence persistante du périsprit, avec sa forme corporelle, n'est plus niable pour tout homme qui s'en tient strictement à ce que la nature lui montre. Cette constatation ayant la plus grande valeur, je vais résumer, d'après l'ouvrage d'Aksakof (1), les cas bien démontrés où la description du percipient, que l'on nomme médium à cause de la fréquence de la faculté de clairvoyance dont il fait preuve, est contrôlée par la photographie.

PHOTOGRAPHIES D'APPARITIONS DE MORTS, INVISIBLES POUR LES YEUX ORDINAIRES

Lorsqu'un individu sérieux, véridique, bien portant, homme ou femme, raconte qu'il a vu un fantôme, ce n'est que par l'étude des modalités de cette manifestation que l'on peut apprécier si l'on n'a pas affaire à une simple hallucination passagère. Nous avons constaté que, connue ou non, l'apparition présente des particularités, comme celles des stigmates, qui ne peuvent pas être attribuées à l'imagination du sujet, parce qu'elles sont la reproduction fidèle d'accidents survenus au décédé, ou elle révèle des choses exactes, inconnues du percipient. La démonstration la meilleure de la réalité objective d'une apparition est incontestablement

---

(1) AKSAKOF, *Animisme et Spiritisme*. Voir le chapitre I, les expériences de M. Beattie et p. 607 le paragraphe consacré aux photographies de fantômes invisibles pour les assistants.

la photographie, car, dans ce cas, il faut que le quelque chose qui modifie l'espace, qui est perçu par le voyant, ait une substantialité pour émettre ou réfléchir l'énergie qui agit sur les sels d'argent. Autrement dit, il est *certain*, cette fois, que, même invisible, le fantôme est là, et que la télépathie humaine ne peut intervenir d'aucune manière, puisque l'agent supposé est mort. Si une action semblable à la télépathie a lieu, elle émane du décédé lui-même, ce qui établit directement qu'il a conservé, après la désincarnation, le pouvoir qu'il possédait ici-bas de produire la clairvoyance de certains sujets seulement, de ceux qui sont sensibles à son action.

Dans des recherches de cette nature, il ne faut faire état que des témoignages de premier ordre, émanant de gens honorablement connus, car de vulgaires escrocs ont discrédité ce genre de recherches en se livrant à un charlatanisme honteux. Il est clair, donc, que nous devons examiner avant tout l'honorabilité de ceux qui affirment avoir obtenu ces faits, et lorsque nous ne découvrons chez eux aucun intérêt pour soutenir une imposture, nous devons accepter leur témoignage, comme celui de tous les honnêtes gens. Tel est le cas pour M. Beattie, photographe retiré des affaires, qui fit pour son édification personnelle, en 1872 et 1873, une série d'études sur ce sujet, en compagnie du docteur Thompson et de deux de ses amis, MM. Butland et Tommy, dont le premier était médium, mais n'en faisait pas profession, et ne se prêtait aux expériences que pour obliger son ami M. Beattie. Sachant combien les photographies, dites spirites, soulevèrent d'ardentes polémiques dans tous les pays, il faut croire que la réputation de M. Beattie était irréprochable, car voici ce qu'en dit M. Trail Taylor, l'éditeur du *British Journal of Photography*, dans le numéro du 12 juillet 1873 :

Tous ceux qui connaissent M. Beattie témoigneront volontiers que c'est un photographe intelligent et instruit ; c'est un des hommes les plus difficiles à induire en erreur, du moins dans les choses touchant la photographie, et un homme incapable de tromper les autres ; c'est cependant cet homme qui vient nous affirmer sur la foi d'expériences faites soit par lui-même, soit en sa présence, des faits qui, à moins de leur refuser toutes significations démontrent, qu'après tout, il y a quelque chose dans la « Spirito-photographie »; que du moins des *figures et objets invisibles pour les personnes présentes dans la pièce*, et qui n'étaient pas produits par l'opérateur, se sont développés sur la plaque, avec la même netteté et parfois *plus nettement* que les personnes placées en face de l'appareil.

Le journaliste avait une telle confiance en M. Beattie, qu'il n'hésita pas à publier les deux lettres dans lesquelles ce dernier décrit ses précieuses expériences.

Un autre journal spécial, le *Photographic News*, a reproduit la première lettre, en la faisant précéder de cette observation:

M. Beattie, comme nombre de nos lecteurs le savent, est un photographe portraitiste extrêmement expérimenté, de plus, un gentleman, dont personne ne penserait à mettre en doute la sincérité, la probité ni le talent. S'intéressant à la question du spiritisme, et *dégoûté de l'évidente supercherie des photographies qu'il avait eu l'occasion de voir,* il avait résolu de faire personnellement des recherches sur cette question.

Son récit donne le résultat de ses expériences. Il faut noter que dans le cas présent les expériences étaient conduites par des opérateurs honnêtes, experts dans tout ce qui touche la photographie, et qui les avaient entreprises dans l'unique but de s'en rendre personnellement compte; donc, *toute cause d'erreur était soigneusement écartée.* Ils obtinrent un résultat absolument inattendu : les images obtenues ne ressemblaient en rien aux revenants si laborieusement reproduits sur les photographies frauduleuses. Pour ce qui est de la source ou de l'origine de ces images, nous ne pouvons offrir aucune explication ou théorie.

D'autre part, Aksakof, qui lui aussi a connu personnellement M. Beattie, se porte garant de son absolue honorabilité. Les photographies reproduites à la fin de son livre *Animisme et Spiritisme*, et dont nous offrons quelques spécimens (1), sont celles qu'il tenait de M. Beattie lui-même. Nous sommes donc en présence de documents de premier ordre. Il reste maintenant à faire connaître les conditions dans lesquelles ces recherches furent faites. Voici la description de M. Beattie lui-même:

(1) Nous devons l'autorisation de reproduire ces clichés à l'obligeance de M. Paul Leymarie, auquel nous exprimons nos vifs remerciements pour sa gracieuseté.

J'ai un ami à Londres qui me montra, un jour qu'il était chez moi, ce qu'on appelait des « photographies spirites ». Je lui dis de suite qu'elles ne l'étaient pas, et je lui expliquai de quelle manière elles étaient obtenues. Mais, voyant que beaucoup de personnes croyaient à la possibilité de ces choses, je dis à mon ami que j'étais prêt à faire quelques expériences avec « un bon médium » que je connaissais, M. Butland. Après quelques pourparlers, celui-ci consentit à consacrer un certain temps à ces expériences. Je m'arrangeai ensuite avec M. Josty (photographe à Bristol) pour faire les expériences dans son atelier, à partir de six heures du soir, et je m'assurai la participation du docteur Thompson et de M. Tommy, en qualité de témoins. Je faisais *toutes les manipulations moi-même*, sauf de découvrir l'objectif, opération réservée à M. Josty.

La chambre obscure, munie d'un objectif Ross, était construite de façon à ce que l'on pût obtenir *trois épreuves négatives sur la même plaque*. On voilait le jour pour pouvoir prolonger la pose jusqu'à quatre minutes. Le fond était semblable à celui que l'on emploie ordinairement, de couleur brun foncé, et *touchait le mur*. Le médium lui tournait le dos ; il était assis et avait une petite table devant lui. Le docteur Thompson et M. Tommy étaient assis d'un même côté, à la même table, tandis que je me tenais vis-à-vis pendant la pose.

On le voit, rien ne manque dans ce cas pour rendre les expériences décisives. L'opérateur est un homme d'une honorabilité sans tache, d'une compétence indiscutable, qui a entrepris ces recherches sans parti pris, qui s'est mis en garde contre les causes d'erreur, qui a pris soin d'avoir des témoins qui affirment que les choses se sont passées comme il les décrit, et, cependant, depuis si longtemps que ses travaux sont publiés, aucun des auteurs qui ont critiqué le spiritisme ne le cite, car tous semblent redouter d'être obligés de conclure en faveur de la réalité des phénomènes.

Il est tout de même prodigieux qu'on commette sciemment de tels dénis de justice ! Mais puisque les faits sont certains, j'estime qu'il sera bon de donner ici une vue d'ensemble de toutes les séances. Elle permettra de se rendre compte de la persévérance inlassable dont il faut s'armer pour arriver à un résultat. Cette patience n'est guère la vertu de ces négateurs superficiels qui, après quelques essais infructueux, déclarent

Fig. 2. — Les expériences de M. Beattie et du Dr Thompson. Les clichés montrent la présence des fluides, invisibles à l'œil, mais capables d'influencer la plaque photographique et d'être perceptibles pour les clairvoyants.

hautement « qu'il n'y a rien là-dedans » d'intéressant. De même que dans toutes les sciences à leur début, c'est surtout l'expérimentation incessante qui peut nous conduire à la découverte de faits nouveaux, puisque le déterminisme de ces phénomènes n'est pas encore connu. Voici la relation abrégée de M. Beattie :

A la première séance, on fit *neuf poses* sans résultat. A la seconde séance, qui eut lieu une semaine après, nous obtînmes un résultat à la *neuvième pose*. Si nous n'avions rien obtenu, nous avions décidé d'abandonner les expériences. Mais en développant la dernière plaque, nous vîmes *immédiatement* apparaître une image, ayant une vague ressemblance avec une forme humaine. Après maintes discussions, nous décidâmes que le résultat obtenu ne pouvait être attribué à *aucun des accidents si fréquents en photographie*. Nous fûmes donc encouragés à poursuivre les expériences. Je ferai observer que M. Josty raillait jusqu'à l'idée même de faire ces expériences ; cependant le résultat obtenu à la deuxième séance le fit réfléchir.

A la troisième séance, la première plaque ne donna rien. Sur la deuxième plaque, chacune des trois poses produisit un résultat ; après les deux premières, *un buste lumineux, tenant les bras élevés et croisés* ; à la troisième pose apparut la même image, mais allongée. Devant cette figure et au-dessus d'elle se trouvait une étrange forme recourbée, dont la position et la dimension changèrent à chaque nouvelle pose pour la même plaque. Après chaque pose successive, l'image se rapprochait de plus en plus de la figure humaine, tandis que la forme qui se trouvait au-dessus d'elle se transformait en étoile. Cette évolution continua durant les poses suivantes, après quoi l'étoile *prit la forme d'une tête humaine*.

Nous retrouvons ici des phénomènes semblables à ceux que j'ai signalés dans les cas de photographies fortuites (voir vol. I, pp. 291 et suiv.). Nous constatons que des formes *matérielles, invisibles pour l'œil ordinaire*, ont cependant assez de réalité pour impressionner la plaque photographique ; mais, cette fois, ce n'est plus l'image d'un assistant qui est reproduite. Les formes matérielles invisibles se modifient, *indépendamment de la volonté des opérateurs*, puisque ceux-ci ne peuvent connaître ces formes qu'après le développement. Une *cause extérieure* intervient ; cause intelligente, puisqu'elle produit une tête humaine, résultat qui ne peut être attribué au hasard, car c'est successivement, par des efforts combinés, que ce but est atteint.

Nous allons constater que ces états supérieurs de la matière deviennent accessibles à la vision, non des hommes ordinaires, mais à celle des sujets qui sont dans cet état physiologique spécial que l'on nomme *la trance*. Ce sera une sérieuse confirmation de la réalité de la vision des somnambules et des sensitifs de Reichenbach, car, cette fois, la plaque photographique contrôlera la véracité des descriptions faites par les sujets, en reproduisant visiblement les images décrites, d'où il faut en conclure qu'elles n'existent pas dans le cerveau des sujets, mais objectivement dans l'espace; autrement dit, qu'elles ne *sont pas de nature hallucinatoire*. Par une ironie du sort, l'incrédule M. Josty, qui raillait de si bon cœur, devint lui-même un sujet sensible. Voici comment :

Nous étions à l'une des poses de cette série, (la dernière que j'ai reproduite plus haut) et M. Josty était assis sur une chaise auprès de l'appareil, pour ouvrir l'objectif, lorsque, tout à coup, nous entendîmes l'obturateur tomber de ses mains; nous nous aperçûmes qu'il était plongé dans une *profonde trance*.

Au moment de revenir à lui il manifestait une grande émotion. Un peu calmé, il dit qu'il ne se souvenait que d'avoir vu devant nous une forme humaine blanche, qui semblait être sa femme. Il nous pria d'envoyer de suite prendre de ses nouvelles.

Après cet incident, M. Josty paraissait en proie à une terreur superstitieuse, et il hésitait à toucher à la chambre noire ou au châssis ; *il ne riait plus*.

Que d'autres ont vu, comme M. Josty, leur scepticisme se changer en épouvante, devant les faits ! Mais cette crainte n'est pas plus raisonnable que la négation primitive. Il faut absolument se persuader que le surnaturel n'existe pas ; et si les âmes des morts survivent, elles ne sont pas plus effrayantes que les âmes des hommes vivants, puisque ce sont les mêmes. Ce n'est qu'en nous débarrassant des superstitions du passé que nous pourrons étudier froidement le lendemain de la mort et déduire les enseignements qui résultent de cette enquête sur l'au-delà. Je poursuis, en signalant un fait bien curieux. C'est le suivant :

A la cinquième séance, nous eûmes *dix-huit poses*, sans le moindre résultat. La journée était très humide (1).

A la sixième séance, le samedi 15 juin, nous avons obtenu des résultats très étranges, de nature physique aussi bien que spirite.

Je les décrirai aussi exactement que possible. *Douze poses* ne donnèrent aucun résultat. Ensuite, MM. Butland et Josty tombèrent dans une trance [sommeil léthargique]. M. Josty n'a pu sortir complètement de cet état léthargique pendant le restant de la soirée ; il répétait à part soi : « Qu'est-ce donc ?... Je ne me trouve pas bien... il me semble que je suis lié. » Il était évidemment dans l'état de demi-trance. A la pose suivante, il a été chargé d'ouvrir l'objectif ; ce qu'ayant fait, il s'approcha rapidement et se plaça derrière nous, ce qui nous étonna. Quand le temps nécessaire fut écoulé, il courut vers l'appareil et ferma l'objectif ; sur cette plaque une image blanche avait paru devant lui. *De la personne de M. Josty on ne voyait que la tête.*

Jusqu'à présent, il se refuse à croire qu'il s'est levé et placé devant l'appareil ; évidemment il avait agi dans un état de trance.

Ce qui est remarquable, dans ce résultat, c'est qu'une substance invisible ait eu le pouvoir d'arrêter, en partie, des rayons lumineux réfléchis par M. Josty, puisque seule sa tête était visible. Il existe d'autres exemples de ce phénomène, signalé d'abord par certains magnétiseurs, le docteur Teste, par exemple, qui raconte que, pour un de ses sujets, la vue des objets matériels placés en face d'elle était voilée par des nuages blancs, mais c'est l'expérience photographique seule qui était capable de prouver que cette sensation n'avait rien d'imaginaire.

Voici maintenant des descriptions faites par les sujets *pendant la pose*, qui sont affirmées véritables par le cliché :

A l'expérience suivante, M. Josty était avec nous, et c'est le docteur Thompson qui était à l'objectif. Pendant la pose, M. Josty dit : « Je vois un nuage pareil à un brouillard de Londres. » Au déplacement de la plaque pour la deuxième pose, il dit encore : « A présent je ne vois rien, tout est blanc ». Et il étendit les mains pour s'assurer que nous étions là. Au moment du déplacement de la plaque pour la troisième pose, il a déclaré qu'il voyait de nouveau le brouillard.

(1) Cette observation est à rapprocher de celle de M. de Rochas, chez Nadar (volume I, p. 381) dans laquelle le sujet voyait les effluves se dissoudre dans la vapeur d'eau atmosphérique.

M. Butland, de son côté, dit qu'il voyait une image. Je ferai observer que ces observations étaient faites, *pendant la pose*. Dès que je plongeai la plaque dans le révélateur, j'obtins un résultat excessivement étrange, je dirai inconcevable.

La première partie de la plaque représentait un brouillard diaphane, uni ; les figures de cette plaque étaient, soit invisibles, soit neutralisées ; donc, *simultanément*, un effet était annulé, un autre était produit. Sur la partie suivante de la plaque, la nébulosité était devenue complètement opaque ; sur la troisième, on voyait un léger brouillard *et une figure comme l'avait vue M. Butland.*

Ce que chaque sensitif annonce se trouve donc réalisé. Ce ne fut pas la seule fois, car M. Beattie écrit encore :

Cette séance fut suivie d'une série de séances intéressantes, au cours desquelles on obtint des plaques marquées d'étranges plaques lumineuses, qui furent, *chaque fois, décrites en détail par les deux médiums pendant la pose*, quant à leur nombre, leur disposition et leur intensité.

Fig. 3. — Les expériences de MM. Beattie et du Dr Thompson. Le fantôme, demi-transparent, laisse voir une partie du fauteuil et du personnage qui y est assis.

Les courts témoignages confirmatifs de M. Tommy, qui assistait à ces expériences, et de M. Jones qui avait pris part à l'une de ces séances, sont publiés par *le Médium* du 5 juillet 1872. Une autre affirmation très sérieuse, c'est celle de M. Thompson, qui était lui-même très bon opérateur, ayant pratiqué la photographie en amateur pendant près de vingt années. Il décrit minutieusement les conditions dans lesquelles se faisaient ces expériences, mais je suis obligé, pour le détail, de renvoyer les lecteurs au livre cité d'Aksakof, (pp. 34 et suivantes). Je donnerai seulement le passage qui confirme la vision, par le médium, des tableaux fluidiques qui impressionnaient la plaque sensible :

On sortait, dit le docteur Thompson, les plaques des bains préparés d'avance (1) sans observer aucun ordre particulier. Je crois important de mentionner ce fait, car il permet de récuser une grande partie des objections, sinon toutes, tendant à mettre en doute l'authenticité de ces photographies. En dehors des précautions prises pour le choix des plaques, nous avions recours à d'autres mesures; le médium ne quittait pas la table, à moins qu'il lui fût enjoint d'assister au développement; de cette façon, — en supposant même que les plaques eussent été préparées d'avance, — il devenait absolument impossible de savoir quelle serait l'image qu'on obtiendrait sur la plaque; néanmoins, le médium *nous décrivait ces images jusqu'en leurs moindres détails.*

Il est bon de noter que toutes les indications nécessaires quant à la durée des poses, à l'ouverture ou à la fermeture de l'objectif, au développement, etc., étaient données par des mouvements de la table. Voici encore quelques passages relatifs aux descriptions faites par le médium, dans une autre série d'expériences instituées l'année suivante :

A la séance suivante, *vingt et une poses* ne donnèrent aucun résultat; c'est pendant cette soirée que, pour la première fois, le médium commença à parler en transe et à nous décrire ce qu'il avait vu, alors que les plaques étaient dans le cabinet; ses descriptions se trouvaient être *exactement conformes aux images reçues ultérieurement*. Une fois, il s'écria : « Je suis entouré d'un brouillard épais et ne puis rien voir ». Au développement de la plaque utilisée à ce moment, on n'aperçut rien, *toute la surface était voilée.* Ensuite il décrivit une figure humaine entourée d'un nuage; en développant la plaque, nous pûmes distinguer une image faible, *mais très nette*, rappelant une forme féminine. A une autre occasion, l'année précédente, lorsque j'étais assis à la table, le médium

(1) Il faut se souvenir qu'à cette époque il n'existait pas encore de plaques sèches. On était obligé de faire soi-même les manipulations, c'est-à-dire d'étendre le collodion sur les plaques de verre et de le sensibiliser avec les sels d'argent.

fit la description d'une figure de femme qui se serait tenue près de moi et dont l'esquisse sommaire parut assez nettement au développement. Depuis ce temps, les apparitions furent *presque toutes décrites par le médium pendant la pose*, et dans chaque cas avec la même précision. L'an dernier, ces manifestations devinrent plus variées dans la forme que les précédentes ; une des plus curieuses manifestations fut une étoile lumineuse de la grandeur d'une pièce de trois pences en argent, dans le milieu de laquelle se trouvait un buste encadré dans une sorte de médaillon dont les bords étaient nettement tracés en noir, *ainsi que le médium l'avait décrit*.

Au cours de cette séance, il attira tout à coup notre attention sur une lumière vive et nous la montra ; il s'étonnait que personne de nous ne la vît. Quand la plaque fut développée, il s'y trouvait une tache lumineuse *et le doigt du médium qui l'indiquait*.

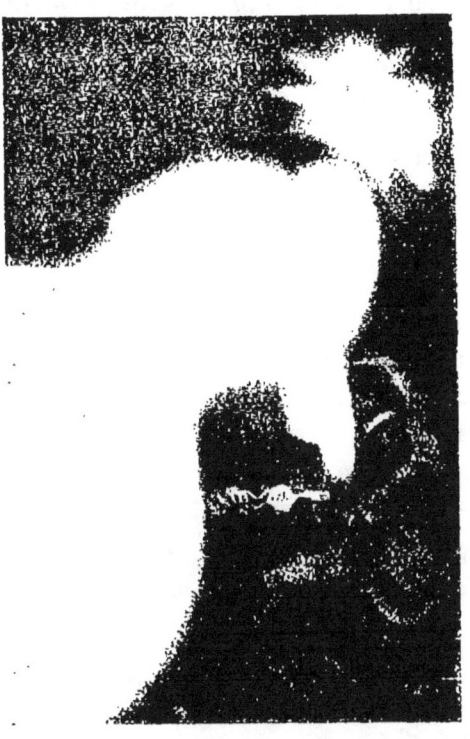

Fig. 4. — Les expériences de MM. Beattie et du Dr Thompson. La forme fluidique voile complètement les personnes qui sont derrière elle. L'objectivation est plus prononcée que dans la figure précédente.

Un des caractères physiques qui différencie l'agent agissant sur les plaques de la lumière ordinaire, c'est son action énergique sur les sels d'argent.

M. Beattie nous faisait fréquemment observer, dit encore le docteur Thompson, la rapidité avec laquelle ces images apparaissent au développement, tandis que les images normales n'apparaissent que bien plus tard. La même particularité a été remarquée par d'autres personnes qui s'occupaient de semblables expériences et nous ont signalé le fait.

Il arrivait souvent qu'à la fin de la séance, alors que le jour avait considérablement baissé, nous ne remarquions sur les plaques soumises au développement rien d'autre que les empreintes de ces formations lumineuses qui avaient été invisibles à nos yeux. Ce fait démontre que la force lumineuse agissant sur la plaque, *bien que sans effet sur notre rétine, était considérable;* nous opérions par le fait *dans les ténèbres,* car la lumière visible reflétée par les objets se trouvant dans la chambre, ne pouvait produire aucune action sur la couche sensible.

Rapprochons cette action de la matière agissante de celle signalée dans les expériences d'effluviographie que j'ai décrites entièrement (vol. I, pp. 350 et suiv.), et l'on verra qu'il est à peu près certain que c'est avec les radiations empruntées aux médiums que l'intelligence extérieure produit ces manifestations. Elle modèle, par sa volonté, cette matière particulière, comme le sculpteur pétrit son argile en lui donnant toutes les formes que sa fantaisie imagine. On peut donc adopter toutes les conclusions générales de M. Beattie, lorsqu'il dit :

Mes expériences ont démontré qu'il existe dans la nature un fluide ou un éther qui se condense dans certaines conditions, et qui, dans cet état, devient visible aux personnes sensitives ; qu'en touchant la surface d'une plaque sensible, la vibration de ce fluide ou de cet éther est tellement active qu'elle produit une puissante réaction chimique, comme peut en produire seulement le soleil en pleine force. Mes expériences prouvent qu'il existe des personnes dont le système nerveux est de nature à provoquer (dans le sens physique) ces manifestations ; qu'en la présence de ces personnes il se forme des images ayant une réalité, et qu'elles dénotent l'existence d'une force intelligente invisible. Mais dans les pages de votre journal, cette question doit rester sur un terrain purement physique. Le fait est qu'en photographiant un groupe de personnes, nous obtenions sur la plaque des taches nébuleuses présentant un caractère déterminé, et permettant de juger de la *longueur, de la largeur et de l'épaisseur* des formes ainsi photographiées ; ces formes ont leur propre lumière et ne jettent aucune ombre ; elles dénotent l'existence d'un but ; elles peuvent être facilement imitées, mais il est douteux que quelqu'un se les fût imaginées. (*Photographic News* du 2 août 1872.)

Il faudrait un volume spécial pour relater toutes les expériences de photographies spirites (1), en comprenant, par ce

(1) Dans l'ouvrage d'Aksakof, *Animisme et Spiritisme,* près de 100 pages

terme, la reproduction sur la plaque sensible de formes invisibles pour l'œil, mais qui existent dans l'espace, et sont perceptibles pour les somnambules, les sensitifs et les médiums. Étant forcé de me borner, je ne citerai que quelque cas qui rentrent dans le cadre de mon étude spéciale, ceux de personnages décrits par le voyant, et reproduits fidèlement par la photographie.

Cependant, je dois signaler que les expériences les plus précises ont été faites par des personnes offrant toutes les garanties de compétence et d'honorabilité nécessaires pour imposer la conviction aux plus incrédules. Parmi ces témoins de premier choix, il faut citer M. le professeur Wagner qui enseignait la zoologie à l'Université de Saint-Pétersbourg et qui, chez lui, avec des plaques *préparées et développées par lui*, sans médium professionnel, obtint la photographie d'une main invisible, demi-matérialisée, qui était située au-dessus de la tête de Mme de Pribitkof, une de ses amies. Des témoins ont signalé le procès-verbal de cette séance, ils étaient tous personnellement connu de M. Aksakof, qui cite le fait dans son livre.

Les expériences de M. Slater, opticien, sont aussi bien convaincantes. Il se rendit chez M. Hudson, médium, avec sa chambre noire, qu'il avait fabriquée lui-même, et fournit ses plaques; il obtint une forme nuageuse à côté de lui. Puis, plus tard, dans sa propre maison, sans médium professionnel, il vit sur la plaque, à côté de sa sœur, deux têtes, dont l'une était incontestablement la reproduction des traits de feu lord Brougham et l'autre, moins nette, a été reconnue par M. Slater pour être le portrait de Robert Owen, avec lequel il avait été intimement lié pendant sa vie.

Il faut citer encore l'image de la mère du professeur Wallace, donnée médianimiquement, qui fut reconnu aussi par le frère de M. Wallace, bien qu'il n'existât pas de portrait de cette dame. Voici un cas plus récent, qui nous est rapporté par le témoin oculaire, M. W. Stead, l'éminent publiciste anglais dont

---

gr. in-8, sont consacrées à ce sujet. On peut consulter également l'ouvrage de Alf. Russel Wallace, *Miracle et Moderne Spiritualisme* ; le livre du docteur Funck, *The Widows Mite* ; celui de Mme d'Espérance, *Au pays de l'Ombre*, dont nous citerons les cas de matérialisation, etc.

la parole n'a jamais été suspectée par personne. Le rapport est extrait de son article : « Comment communiquer avec l'au-delà (1) ? »

LA PHOTOGRAPHIE POSTHUME DE PIET BOTHA

J'ai parlé de la photographie des esprits. Je m'empresse de désarmer le lecteur sceptique en admettant qu'il n'y a rien de plus facile que de truquer des photographies de ce genre, et j'ajouterai qu'un prestidigitateur peut toujours tromper l'observateur le plus vigilant et le plus défiant. Les plaques dont je me sers en les développant moi-même et qui sont, de plus, marquées, fourniraient quelque garantie contre les fraudes. Mais, si je crois à l'authenticité des photographies, c'est que je m'appuie sur des arguments autrement concluants. La preuve formelle de l'authenticité d'une photographie d'un esprit, c'est d'abord l'exécution d'un portrait parfaitement reconnaissable de la personne défunte par un photographe qui ne sait absolument rien de l'existence de cette personne, et c'est ensuite le fait qu'aucune forme visible n'est perçue par celui qui opère ou qui assiste à l'opération.

J'ai obtenu de ces photographies non pas une fois seulement, mais à plusieurs reprises. Je n'en rapporterai ici qu'un seul cas. Le photographe à qui sa médiumnité permet de photographier l'invisible est un artiste déjà vieux, sans instruction. Cette particularité l'empêche même, dans certaines circonstances, de s'occuper sérieusement de sa profession. Il est clairvoyant et ce que j'appellerai clairaudiant. Pendant la dernière guerre des Boers, j'allais lui demander une séance, curieux de savoir ce qui allait se passer.

J'avais à peine pris place devant le vieux bonhomme qu'il me dit :

J'ai eu une algarade l'autre jour. Un vieux Boer est venu dans mon atelier. Il avait un fusil et son regard farouche me causa une certaine frayeur. « Va-t-en, lui dis-je, je n'aime pas les armes à feu. » Et il s'en alla. Mais il est revenu et le revoilà. Il est rentré avec vous. Il n'est plus armé de son fusil et son regard n'a plus rien de farouche. Faut-il lui permettre de rester.

— Certainement, répondis-je, vous croyez pouvoir le photographier ?

(1) Voir pour la traduction française de cet article *la Revue*, janvier 1909 et le n° de mars de la *Revue scientifique et morale du Spiritisme*, p. 539.

— Je ne sais pas, dit le vieux, j'essaierai.

Je m'assis devant l'objectif et l'opérateur prit le point. Je ne pouvais rien voir, mais avant l'enlèvement de la plaque je demandai au photographe :

— Vous lui avez parlé, l'autre jour. Pouvez-vous lui parler encore maintenant ?

— Oui, il est toujours derrière vous.

— Vous répondra-t-il si vous l'interrogez ?

— Je ne sais pas, j'essaierai.

— Demandez-lui son nom.

Le photographe eut l'air d'adresser une question mentale et d'attendre la réponse. Puis il fit :

— Il dit qu'il s'appelle Piet Botha.

— Piet Botha ? objectai-je, avec un geste de doute. Je connais un Philippe, un Louis, un Christian, et je ne sais combien d'autres Botha, mais je n'ai jamais entendu parler de ce Piet.

— Il dit que c'est son nom, répliqua le vieux d'un air bourru.

Quand il développa la plaque, j'y vis debout derrière moi, un grand gaillard hirsute qui pouvait être tout aussi bien un Boer qu'un moujick. Je ne dis rien, mais attendis jusqu'à la fin de la guerre, et, à l'arrivée du général Botha à Londres, je lui envoyai la photographie par l'intermédiaire de M. Fischer, maintenant premier ministre de l'État d'Orange. Le lendemain M. Wessels, délégué d'un autre État, vint me voir.

— Où avez-vous pris cette photographie que vous avez donnée à M. Fischer.

Je lui rapportai exactement comment elle se trouvait en ma possession. Il hocha la tête.

— Je ne crois pas aux revenants, mais dites-moi sérieusement d'où vous vient ce portrait : cet homme-là n'a jamais connu William Stead. Cet homme-là n'a jamais mis le pied en Angleterre.

— Je vous ai dit, repartis-je, comment je l'ai eue et vous pouvez ne pas me croire, mais pourquoi vous monter comme cela ?

— Parce que, dit-il, cet homme-là était un de mes parents, j'ai son portrait chez moi.

— Vraiment, m'écriai-je, est-il mort ?

— Il fut le premier commandant boer qui périt au siège de Kimberley... Petrus Botha, ajouta-t-il, mais nous l'appelions Piet pour abréger.

Cette photographie est restée en ma possession. Elle fut également identifiée par les autres délégués des États libres qui avaient eux aussi connu Piet Botha.

Or, ceci ne s'explique point par la télépathie. Il ne saurait y avoir non plus ni hypothèse ni fraude. C'est par simple hasard que je demandai au photographe de s'assurer si l'esprit donnerait son nom. Personne en Angleterre, pour autant que j'aie pu m'en convaincre, ne savait que Piet Botha eût jamais existé.

L'absolue réalité des phénomènes relatés plus haut est affirmée par les hommes honorables dont je viens de citer les noms; il est donc incompréhensible que la critique en ait tenu si peu compte, à moins d'interpréter son silence comme un tacite aveu d'impuissance de pouvoir expliquer les *vraies photographies spirites* par aucune théorie matérialiste.

DISCUSSION SUR L'ORIGINE DES FORMES INVISIBLES

Il résulte d'un examen attentif des photographies de M. Beattie, que les formes invisibles qui existent dans l'espace se modifient certainement suivant un plan préconçu, puisque les épreuves successives montrent les phases d'évolution par lesquelles passent ces créations fluidiques avant d'arriver à leur état définitif. Mais si l'esprit désincarné peut manipuler la force psychique, l'esprit incarné doit pouvoir le faire également, ce qui nous met en présence d'une difficulté d'interprétation qu'il faut étudier immédiatement.

Les adversaires du spiritisme ne manqueront pas, en effet, d'objecter que : 1° puisqu'un médium est capable d'extérioriser sa force odique, il est parfaitement légitime de chercher d'abord en lui l'origine de ces formes invisibles qu'il décrit à l'état de trance ; 2° alors la force odique ou psychique, agissant sur la plaque photographique, ne reproduirait, dans ce cas, que des images existant dans le cerveau du médium et qui en *émaneraient inconsciemment*, pour lui. Ces remarques sont certainement fondées, car il est des expériences, encore rares évidemment, mais qui ont été sérieusement faites, qui semblent démontrer, en effet, que certaines images mentales ont été assez objectivées par l'opérateur pour s'extérioriser et laisser une trace visible sur la plaque photographique. Il est vrai que cette création était *volontaire*; que l'expérimentateur concentrait toutes les forces de sa pensée sur la projection de l'image, mais on pourrait soutenir qu'il existe chez les médiums une personnalité seconde, ou une action occulte de sa conscience subliminale, qui demeure ignorée du voyant pendant son état de trance, et qui est le seul auteur de ces créations spatiales. Je crois fermement que l'esprit humain, ou désincarné, a le pouvoir de produire réellement des images fluidiques, qui s'objectivent et se concrètent sous l'influence de la volonté, lorsqu'elles sont extériorisées et imprégnées par la force psychique. C'est le commencement du phénomène de la matérialisation, et c'est en suivant cette direction que nous arriverons à nous faire une idée du processus par lequel les fantômes se montrent à nous, revêtus de vêtements et tenant des objets dont ils avaient l'habitude de se servir ici-bas.

Il est donc nécessaire, pour être certain que les fantômes vus par le médium ne sont pas des images qu'il aurait projetées inconsciemment, que ces apparitions représentent des personnes qu'il n'a pas connues ici-bas, et dont il n'a jamais vu de portraits antérieurement. Si la photographie est conforme à sa description, ce sera, cette fois, une preuve de la réalité et de l'indépendance de cette forme, surtout si l'on ne peut faire intervenir aucune action télépathique capable d'apporter cette image dans la pensée du médium. Je vais citer quelques cas qui répondent à ces exigences.

LES PORTRAITS DE Mme BONNER

Comme celle de tous les médiums, la réputation de Mumler, médium photographe de Boston, a été violemment attaquée. Un procès lui fut même intenté, mais il en sortit triomphant, car il fut établi *par d'autres photographes experts*, qui avaient opéré chez lui, qu'il n'employait aucun moyen frauduleux et que, cependant, des images spectrales se voyaient souvent à côté des clients qui venaient pour obtenir ce résultat. Parmi les témoignages en sa faveur, se trouvent ceux du grand juge Edmonds et du banquier Livermore, personnages importants, d'une haute notoriété, qui affirmèrent avoir obtenu des portraits reproduisant les traits de personnes décédées de leur famille, que Mumler n'avait pas pu connaître (1).

(1) Je reviendrai, plus loin, sur la déposition de M. Livermore (V. p. 444.)

Voici un rapport qui a été publié dans le journal américain *The Banner of Light* du 25 janvier 1873. L'auteur, M. Bromson Murray, est un spiritualiste de New-York, bien connu, qui a fait partie de commissions qui ont démasqué les impostures de faux médiums; sa narration doit donc être considérée comme exemple de crédulité; elle s'appuie d'ailleurs sur l'affirmation concordante de M. Bonner, le véritable intéressé dans le phénomène. Comme toujours, je reproduis fidèlement l'original :

Monsieur le Directeur,

Dans les derniers jours de septembre dernier, Mme W. H. Mumler, de votre ville (Boston, 170 West Springfield street) se trouvant dans un état de transe, au cours duquel elle donnait des conseils médicaux à l'une de ses malades, s'interrompit soudain pour me dire que, lorsque M. Mumler ferait ma photographie, sur la même plaque il apparaîtrait à côté de mon portrait l'image d'une femme, tenant d'une main une ancre faite de fleurs ; cette femme désirait ardemment annoncer sa survivance à son mari, et vainement elle avait cherché jusqu'alors une occasion de se rapprocher de lui ; elle croyait y arriver par mon intermédiaire. Mme Mumler ajouta: « Au moyen d'une loupe on pourra distinguer sur cette plaque, les lettres : *R. Bonner*. Je lui demandai en vain si ces lettres ne signifiaient pas Robert Bonner. Au moment où je me préparai à poser pour avoir ma photographie, je tombai en transe, *ce qui ne m'était jamais arrivé* ; M. Mumler ne réussit pas, malgré tous ses efforts, à me mettre dans la position voulue. Il lui fut impossible de me faire rester droit et de m'appuyer la tête contre le support. Mon portrait fut par conséquent pris dans la situation que l'épreuve indique, et, à côté, apparut la figure de femme avec l'ancre et les lettres, composées de boutons de fleurs, ainsi que cela m'avait été prédit. Malheureusement, je ne connaissais personne du nom de Bonner, personne qui pût reconnaître l'identité de la figure photographiée.

De retour dans la ville, je racontai à plusieurs personnes ce qui m'était arrivé ; l'une d'elles me dit avoir récemment rencontré un M. Bonner, de Géorgie ; elle désirait lui faire voir la photographie. Quinze jours plus tard, elle me fit prier de passer chez elle. Quelques instants après, un visiteur entra, c'était M. Robert Bonner. Il me dit que la photographie était *celle de sa femme*, qu'il l'avait vue chez la dame en question et qu'il trouvait *la ressemblance parfaite*. Personne ici ne conteste d'ailleurs la ressemblance que cette photographie présente avec un portrait de Mme Bonner, fait deux ans avant sa mort.

Mais ce n'est pas tout. Dès que M. Bonner eut vu mon épreuve, il écrivit une lettre à sa femme, à laquelle il posait diverses questions. Il prit toutes les précautions pour être certain que la lettre

Fig. 5. — Portrait de M. Bronson Murray, avec la photographie fluidique de Mme Bonner. Les deux reproductions sont faites d'après le livre d'Aksakof : *Animisme et Spiritisme*.

Fig. 6. — Le portrait de Mme Bonner, de son vivant. On peut constater la parfaite ressemblance qui existe entre sa forme physique, ici reproduite, et sa forme périspitale après sa mort.

ne serait pas ouverte et l'expédia par la poste au docteur Flint (1) à New-York.

Le lendemain, la lettre lui revint, *non décachetée*, et contenant une réponse de sept pages.

Dans cette communication, signée de son petit nom, Ella,

(1) Pour bien comprendre, le lecteur doit savoir que M. Flint, de même que M. Mansfield, était un médium tout spécial : on lui envoyait des lettres cachetées, adressées à des personnes défuntes. Ces lettres étaient renvoyées à leurs auteurs, avec les réponses des destinataires, bien entendu sans avoir été ouvertes. (Note d'Aksakof.)

Mme Bonner disait qu'elle avait demandé la permission d'apparaître sur ma plaque, comme elle l'avait fait ; elle lui affirmait que les deux frères de M. Bonner, William et Hamilton, se trouvaient avec elle, ainsi que son vieil ami Sam Craig ; elle devait écrire, sous peu, par l'intermédiaire de M. Flint, une lettre à son jeune fils Hammie ; elle ajoutait que M. B. le soignait bien et le priait ensuite de se rendre à Boston, chez le photographe spirite, affirmant qu'elle apparaîtrait avec lui sur la même plaque, tenant une couronne de fleurs d'une main, portant une deuxième couronne sur la tête, tandis que son autre main montrerait le ciel. J'ai lu tout ce qui précède dans cette lettre. M. Bonner ajouta : « Demain, j'irai à Boston, sans dire mon nom à qui que ce soit. »

Quatre jours après, M. Bonner vint me trouver. Il avait été à Boston, sans se faire connaître à personne et avait, cependant, obtenu la photographie promise, avec l'image de sa femme, exactement comme elle l'avait écrit. (La couronne que sa femme tient à la main est à peine visible sur la phototypie).

Toutes les personnes désireuses de s'assurer du fait peuvent voir ces photographies chez M. Mumler, à Boston, ou chez moi, à New-York. M. Bonner est un homme très connu en Géorgie et dans l'Alabama. Ceux qui me connaissent savent que je n'ai aucun profit à publier ce récit, dont je certifie l'exactitude.

Bromson Murray,
238. West, 52 d. Street, New-York City.

Ce 7 Janvier 1873.

Ce récit, publié peu de temps après que les faits se sont passés, n'a jamais été contesté par personne ; nous devons donc le considérer comme exact, sans quoi il faudrait supposer une imposture concertée entre M. Murray, Mumler, M. Bonner, le docteur Flint, ce qui me paraît invraisemblable, puisque M. Murray était honorablement connu à New-York et M. Bonner en Géorgie.

Ce cas offre, au point de vue de l'identité de l'esprit de Mme Bonner, un très grand intérêt. Les deux photographies, qui ne sont pas identiques comme détails, indiquent que c'est la même individualité qui se présente à deux reprises différentes. Ce n'est donc point une simple image qui flotterait dans l'espace et qui aurait influencé la plaque, un « cliché astral » comme le croient certains occultistes. Les traits de ce fantôme sont indubitablement ceux de Mme Bonner décédée, et ils prouvent que si sa forme matérielle a disparu de la surface de la terre, sa forme spirituelle a survécu, puisqu'elle se montre exactement la même aux yeux de Mme Mumler et sur la plaque sensible. L'intelligence de ce fantôme est également celle de Mme Bonner ; elle le prouve en donnant, par un médium qui ne la connaissait pas, M. Flint, des indications précises sur les parents et amis décédés de M. Bonner, et sur son fils, qui ne peuvent émaner vraisemblablement que d'elle-même, car elle prend la précaution d'indiquer minutieusement comment elle se présentera sur ses photographies, pour que l'on soit bien certain de sa présence (1).

J'ai déjà fait observer que, pendant la vie, les faits d'apparition nous obligent de constater que l'âme dégagée du corps reproduit avec la plus scrupuleuse fidélité le corps physique, jusque dans ses moindres détails ; il en est de même après la mort. Nous l'avons vu précédemment, et nous constaterons que c'est une règle qui ne souffre pas d'exceptions. La conséquence qui en résulte immédiatement, sans faire

Fig. 7. — Photographie de M. Bonner avec sa femme derrière lui et, en partie, devant, le bras fluidique étant sur l'épaule de son mari.

aucune hypothèse, c'est que la *forme* terrestre n'a pas été détruite : ce qui a disparu, c'est la matière visible, pondérable

---

(1) Les clichés que je publie ne sont, malheureusement, que des reproductions de ceux de l'édition allemande de l'ouvrage d'Aksakof, ce qui leur enlève beaucoup de netteté. Cependant, tels quels, ils permettent tout de même de se rendre compte de ce que sont les véritables photographies spirites.

contenue dans cette forme. De plus, l'intelligence qui était unie à cette forme a survécu à la désagrégation corporelle et elle s'affirme aussi vivante qu'ici bas.

L'hypothèse télépathique, si chère à ceux qui repoussent systématiquement le spiritisme, ne saurait être invoquée ici, à aucun titre, M. Murray, M. et Mme Mumler n'ayant jamais connu Mme Bonner de son vivant, ni eu aucun rapport avec son mari avant sa visite à Boston. Les preuves physiques et intellectuelles que la mort n'existe pas sont réunies dans cet exemple, et la suite de ce travail montrera qu'il est loin d'être isolé. A vrai dire, on n'a pas toujours, simultanément, ces deux genres de manifestations, mais on les obtient assez souvent ensemble pour que la certitude de la survie s'impose souverainement, comme la seule explication logique de ces prodigieux phénomènes.

LA PETITE PAULINE

Le Révérend Stainton Moses, bien connu comme médium, et d'une incontestable probité intellectuelle, recevait des communications d'une petite fille, Pauline Speer, sœur du docteur Speer, que celui-ci n'avait pas connue, car elle était morte avant la naissance du docteur, mais il put s'assurer plus tard qu'elle avait bien existé. Voici comment on obtint son portrait (1) :

Il y a environ un mois, nous tentâmes d'obtenir une photographie avec M. Parkes, et à cette occasion nous obtînmes une nouvelle manifestation de Pauline. Je m'assis devant une petite table, et presque instantanément je tombai en trance. Dans mon état de clairvoyance, je vois l'enfant debout et flottant tout près de mon épaule gauche. Elle paraissait très rapprochée de la table et j'essayai en vain d'attirer l'attention de M. Speer sur l'apparition. Dès que l'exposition fut terminée et que je me réveillai, je rendis compte de ce que j'avais vu ; lorsque la plaque fut développée, on vit apparaître près de la table la forme d'un enfant. *Elle était exactement dans la position où je l'avais vue et sentie.* Elle ressemblait bien à la petite Pauline, qui déclara aussitôt la reconnaître comme son portrait et manifesta une joie extraordinaire au sujet de la réussite de

(1) Stainton Moses, sous le pseudonyme de *M. A.* (Oxon), *Human Nature*. Londres, 1874, p. 397.

l'expérience. Ma vision avait été si nette, j'étais tellement sûr de ce que l'on trouverait sur la plaque photographique, que j'aurais engagé toute ma fortune dans un pari, quant au résultat prévu, avant d'avoir vu la plaque développée.

L'objection que l'image serait objectivée par Stainton Moses peut, je crois, être écartée, par ce fait que l'esprit Pauline se

Fig. 8. — Photographie du Révérend Stainton Moses, écrivain spirite et puissant médium.

manifestait bien avant cette expérience et qu'elle avait fait connaître son identité. Mais on pourrait dire aussi que c'était une personnalité fictive, qui s'est d'autant mieux réalisée qu'elle était créée depuis plus longtemps dans la subconscience de M. Moses. Revenons donc aux cas où l'apparition était inconnue du voyant et des personnes présentes.

LES PORTRAITS DE MABEL WARREN ET DE LIZZIE BENSON

M. Moses Dow, éditeur d'une revue bien connue en Amérique : *The Waverley Magazine*, était parfaitement incrédule en ce qui concerne la possibilité d'avoir des photographies d'esprits. Ayant perdu une amie très chère, nommée Mabel Warren, celle-ci, par un médium à trance, lui dit d'aller chez Mumler et qu'elle lui donnerait son portrait. Il s'y rendit sous un faux nom et, après trois poses, il obtint une image absolument ressemblante de son amie décédée, ce qui le convertit, car il était certain que Mumler ne le connaissait pas et n'avait jamais entendu parler de son amie. L'image de la défunte étant gravée dans la mémoire de M. Dow, les abstracteurs de quintessence pourraient objecter que c'est M. Dow lui-même qui l'a projetée inconsciemment, ou que Mumler en a pris connaissance par clairvoyance, et l'a ensuite extériorisée sur la plaque. Ce sont là de mauvaises raisons, car jamais une preuve expérimentale n'a été donnée qu'une pareille opération soit réalisable. Mais pour écarter jusqu'à la possibilité d'une semblable interprétation, voici ce qu'obtint encore M. Dow (1) :

FIG. 9. — Portrait de M. Moses Dow avec la photographie spirite de son amie décédée, Mabel Warren.

M. Dow continue à avoir des communications de Mabel Warren, dont nous connaissons l'histoire. Elle lui parle beaucoup de son amie dans le monde spirituel, qu'elle nomme Lizzie Benson ; elle lui promet comme témoignage de sa reconnaissance (dont les motifs sont expliqués dans l'article) son portrait, en compagnie de Mabel. M. Dow, se rend chez Mumler et obtient effectivement son propre portrait, avec les images de Mabel et de Lizzie Benson, *qu'il n'avait jamais connue* ; l'apparition des deux figures à la fois

(1) *Human Nature*, 1874, p. 246.

est aussi signalée par Mme Mumler, au moment de la photographie.

M. Dow envoie ce portrait à la mère de Lizzie Benson ; elle constate sa parfaite ressemblance, et dans sa lettre, que M. Dow, publie, nous lisons entre autres : « Croire pareille chose me paraît bien fort, mais *je suis obligée de croire*, car je sais qu'elle (Lizzie) n'avait jamais possédé de portrait d'aucune sorte. »

La preuve est encore aussi absolue que pour M. Bromson-Murray, car les témoignages intellectuels ne font pas non plus défaut, mais il faudrait trop d'espace pour les développer (1).

MOUVEMENT PHYSIQUE PRODUIT PAR LE FANTÔME

La matérialisation *invisible* peut produire des mouvements d'objets matériels, comme nous l'avons observé pour certains fantômes de vivants (voir vol. I, pp. 248, 259, etc.) et avec Eusapia ; il est donc logique que nous retrouvions des faits analogues lorsqu'il s'agit d'esprits désincarnés, si les manifestations des uns et des autres sont identiques. C'est effectivement ce qui a lieu. Dans une des photographies obtenues chez Mumler, se trouve celle de Mme Tinkham, dont voici le cas curieux :

Au moment de l'exposition, elle vit une partie de la manche de son bras gauche se soulever, et ses yeux se portèrent sur ce point ; on remarque sur la photographie, à côté de cette dame, l'image — disons : l'image astrale, — d'une petite fille dans laquelle Mme Tinkham a reconnu son enfant ; on voit parfaitement que la manche du vêtement de Mme Tinkham est soulevée par la petite main de l'enfant. Nous possédons donc *la photographie d'un objet matériel, mis en mouvement par une main invisible* (2).

Les *Annales Psychiques* des mois de janvier, février, mars, avril 1909, renferment une série d'articles dus à M. le docteur Ochorowicz, qui sont d'un intérêt extrême, parce que cet habile observateur a pu obtenir, lui aussi, de très nombreuses photographies dans lesquelles on voit les objets les plus divers flot-

---

(1) Pour des exemples semblables, voir *Animisme et Spiritisme* d'Aksakof, p. 613 : Photographies reconnues des années plus tard ; pp. 614 et 615, Portraits d'esprits reconnus, obtenus sans que personne posât, etc.
(2) Voir : *The Medium*, 1872, p. 104.

tant *dans l'espace*, sans aucun soutien. Le médium étant surveillé de très près de manière à exclure l'emploi de fils, de cheveux, ou de filaments, ces expériences démontrent *scientifiquement*, la réalité d'agents ou de mains invisibles produisant des actions mécaniques sur la matière.

En résumé, il est certain que les photographies de décédés dont nous venons de parler plus haut ont été obtenues dans de très sérieuses conditions de contrôle. Contrairement à l'opinion de Myers, elles établissent que les fantômes décrits par les voyants *modifient l'espace*, autrement dit, qu'ils ont une substantialité suffisante pour agir sur la plaque photographique, soit par un rayonnement qui leur est propre, soit en réfléchissant une certaine forme d'énergie qui agit comme la lumière sur les sels d'argent. Il y a donc nécessairement autre chose encore qu'une action télépathique de la part du désincarné ; il existe une image de lui-même, image qui *cause*, image qui se modifie d'elle-même, comme pour Mme Bonner, et qui a parfois assez d'objectivité pour agir physiquement dans notre monde matériel, ainsi que l'établit le dernier exemple, et comme d'innombrables expériences, que je citerai bientôt, le mettront tout à fait hors de doute.

Remarquons encore que ces fantômes ne sont pas quelconques : sans faire aucune hypothèse, en les jugeant simplement d'après leurs manifestations physiques et intellectuelles, ils n'ont rien de surnaturel ; ce sont des êtres comme nous ; nous les reconnaissons pour être la continuation, après la mort, d'hommes ou de femmes qui ont vécu ici-bas, parce qu'ils possèdent le même aspect extérieur et les mêmes connaissances que sur la terre. L'identité de ces êtres ne saurait faire de doute pour tout investigateur impartial, car ces apparitions sont bien semblables à celles des vivants et nous font physiquement voir l'âme après sa séparation du corps matériel. Nous sommes donc encore obligés de conclure que cette âme a une corporéité indiscutable et que celle-ci, bien qu'invisible normalement, est malgré tout assez matérielle pour être décrite par les yeux hyperesthésiés d'un sensitif ou saisie par la plaque photographique.

Si le degré d'objectivation était plus prononcé, la logique

nous conduit à penser que ces fantômes deviendraient perceptibles pour des yeux ordinaires, et c'est positivement ce qui a lieu dans les cas d'apparitions vues collectivement par plusieurs témoins, ou successivement, à différents intervalles de temps. Je vais rapporter quelques exemples de chacun de ces phénomènes.

APPARITIONS APRÈS LA MORT, VUES SIMULTANÉMENT PAR PLUSIEURS TÉMOINS

J'ai déjà exposé, dans le premier volume (1), les raisons qui me portent à repousser l'hypothèse d'une hallucination collective pour expliquer la vision simultanée du même fantôme par plusieurs assistants, d'abord parce que la télépathie ne produit pas des effets identiques sur les différents cerveaux, et aussi parce que les percipients, pour la plupart, n'ont plus eu jamais d'autres phénomènes anormaux, ce qui établit qu'ils ne possèdent pas cette sensitivité qui caractérise les sujets magnétiques, hypnotiques, ou les médiums et que la vision a dû être perçue oculairement, comme cela a lieu pour tout autre objet éclairé par la lumière.

La question pouvait peut-être rester indécise lorsqu'on ne connaissait que les cas de vision collectives qui se produisent spontanément. Maintenant que l'on possède des exemples où le fantôme, vu par tout le monde, a pu être photographié et que son image sur la plaque est semblable à celle perçue par les assistants, l'objectivité de l'apparition collective est certaine : elle a une corporéité.

Supposer, d'ailleurs, que des gens en bonne santé sont tout à coup hallucinés pendant une certaine période de temps, tous de la même manière, puis recouvrent subitement, et en même temps, le fonctionnement de leurs sens normaux, me paraît plus extraordinaire que d'admettre qu'ils ont vu une chose réelle. Cette hypothèse de l'hallucination collective n'est employée que par ceux qui n'ont jamais expérimenté, et des physiologistes, cependant très sceptiques, — comme le professeur Morselli, directeur de

(1) Voir page 152.

la clinique des maladies mentales à l'Université de Gênes, — n'y ajoutent aucune créance. Voici sa déclaration au sujet des séances d'Eusapia auxquelles il a assisté (1) :

Et puisque les phénomènes sont prouvés par des plaques photographiques, je ne dis pas autre chose : ceci pour la table qui vole en l'air, (des collègues du savant psychiâtre avaient insinué qu'il aurait pu être illusionné ou halluciné). Et puisque les visions, par exemple, obéissent aux lois normales de l'optique (perspective, profil, de face, de biais, etc.), et, de plus, sont discutées et évaluées avec des critères raisonnables par tous les percipients, je ne crois pas nécessaire d'insister. J'ajoute seulement que ce serait un beau cas pour un aliéniste, habitué depuis tant d'années comme je le suis à discerner et à diagnostiquer les états illusoires et hallucinatoires, qu'un groupe de six, huit, douze personnes saines d'intelligence et avec des sens réguliers, qui, toutes et tout d'un coup, sans aucun processus pathologique, ou par un processus morbide incompréhensible qui ne durerait que quelques secondes ou minutes, deviendraient hallucinées et puis retourneraient, comme si rien ne s'était passé, à leur pleine santé fonctionnelle de nerfs et de cerveau... cela est inconcevable.

Sans m'attarder davantage dans cette discussion, j'arrive aux faits, ils me paraissent suffisamment démonstratifs.

L'APPARITION DE LA GRAND'MÈRE

XII. (2) Cas de Mme Judd, sœur de miss Harris, membre associé de la S. P. R. à l'obligeance de laquelle je dois ce compte rendu : Ma grand'mère était une grande, forte et belle femme, même à un âge avancé. Elle était de la vieille et aristocratique famille des Gastrells. Elle passa ses dernières années près de ma mère, sa fille, et s'éteignit dans sa 84e année. Elle fut longtemps malade, et, comme elle avait atteint les limites de la vieillesse, lorsqu'elle mourut, notre chagrin, quoique réel, ne fut pas de nature à nous troubler au point de nous prédisposer aux hallucinations.

Ma sœur et moi, nous couchions toujours dans une chambre voisine de la sienne et, par suite du manque de place chez elle, elle avait mis près de nos lits une grande et vieille horloge, qui avait

(1) Consulter ses articles publiés dans le *Corriere della Sera* de Milan, avril 1907.
(2) *Mémoires sur les Apparitions survenant peu de temps après la mort*, par M. GUERNEY. Traduction française in *Rev. scient. et morale du Spiritisme*, juillet 1901, pp. 12 et suiv.

été offerte à notre grand'mère, le jour de ses noces. Cette vieille horloge était pour elle une relique plus précieuse que l'or. Elle nous disait souvent : « Cette vieille horloge a par centaines de fois compté les heures trop lentes, lorsque dans les premiers temps de notre mariage, mon mari avait été obligé de s'absenter. C'est elle aussi qui me prévenait du moment où mes enfants devaient rentrer de l'école ». Aussi nous demandait-elle, à nous, ses petites filles, de laisser, la nuit, la porte de notre chambre ouverte, de façon qu'elle pût chaque matin, en se levant, venir consulter sa vieille horloge. Bien souvent, pendant l'été, nous avions à quatre heures du matin, entr'ouvert nos yeux encore endormis et souri en voyant sa haute stature placée ainsi devant l'horloge. Jusqu'à sa dernière maladie elle avait conservé les habitudes de sa jeunesse, et se levait à des heures que nous considérions comme tout à fait indues.

Trois semaines après sa mort, un matin d'octobre, je m'éveillai *et vis distinctement sa haute stature bien connue, sa vieille figure calme, et ses grands yeux noirs qui restaient fixés comme d'habitude sur le cadran de la vieille horloge.* Je fermai les yeux pendant quelques secondes, puis je les rouvris doucement : elle était encore là. Une seconde fois, je les fermai et les rouvris ; cette fois elle était partie.

A cette époque, toute ma famille et surtout ma sœur, qui partageait ma chambre, me considéraient comme romanesque ; aussi j'eus bien soin de garder pour moi l'histoire de l'apparition de ce matin-là et les pensées qu'elle soulevait en moi.

Le soir, cependant, au moment où nous nous préparions à nous coucher, ma sœur, cette sœur si éminemment pratique et ennemie du romanesque, me parla ainsi : « Je ne puis me décider à me coucher sans vous avoir confié quelque chose. Je vous prie seulement de ne pas vous moquer, car j'ai été vraiment effrayée. Ce matin, *j'ai vu grand'maman !* » J'étais stupéfaite. Je lui demandai l'heure, quel aspect avait l'apparition, où elle se tenait, ce qu'elle faisait, etc... Je trouvai que *sous tous les rapports, sa vision correspondait à la mienne.* Elle avait gardé le silence pendant toute la journée, par crainte du ridicule.

Je dois ajouter, qu'aujourd'hui encore, nous ne parlons de cet incident qu'avec une certaine terreur, quoique, depuis cette date, vingt longues années aient passé sur nos têtes. Chaque fois, nous terminons en disant toutes deux : « C'était vraiment étrange ! Il est impossible d'y rien comprendre. »

« Caroline Judd. »

Comme nous demandions à Mme Judd un récit du même incident par la seconde percipiente, elle nous répondit :

72, Upper Gloucester-Place, Dorset-square.

« Je vous envoie, ci-joint, tout ce que Mme Dear, ma sœur, se rappelle de la vision par nous deux de notre grand'mère. Elle s'excuse de faire un récit aussi faible ; néammoins je vous envoie ses souvenirs, et vous garantis leur exactitude. »

« Caroline Judd. »

« Il y a des années, quelques mois après la mort de ma grand'mère je m'éveillai au petit jour, immédiatement avant l'aurore, et je vis une apparition qui lui ressemblait absolument, se tenant à la place où elle avait l'habitude de se mettre, lorsque, pendant sa vie, elle venait à la première heure du jour, consulter une vieille horloge qui lui appartenait. Je ne dis rien à personne jusqu'au moment où nous allâmes nous coucher, et où je m'aperçus, à ma grande surprise, que ma sœur, qui couchait dans la même chambre, avait vu la même chose que moi, et au même moment. »

« Mary Dear. »

Miss Harris confirme de la façon suivante les récits que nous reproduisons :

Bewel, Alfrick, near Worcester.
20 août 1885.

« Mes deux sœurs ont raconté devant moi, devant mon père et ma mère encore vivants alors, l'apparition de notre grand'mère. Je pense que la mort de celle-ci remonte à 1866, mais j'étais bien jeune alors, et mes souvenirs n'ont rien de précis. Je pourrai me renseigner si vous le jugez important, mais mes sœurs ont toujours raconté la même scène depuis ce temps. »

« Annie Harris. »

On trouvera quelque ressemblance dans le cas suivant, où le rêve de la dormeuse paraît bien avoir coïncidé avec une apparition vue par une autre percipiente en état de veille. Cependant, la *reconnaissance* par la dame éveillée semble plutôt une impression que le résultat d'une vue réelle.

LE FIANCÉ EST VU PAR DEUX PERSONNES

XIII. — Le récit de ce cas a été reçu le 10 avril 1889, par Mme Sidgwick, d'une dame qu'elle connaît bien, et qui le lui avait fait verbalement un peu auparavant.

Les faits se passèrent dans l'automne de 1874 :

« Une dame de ma proche parenté avait été fiancée à un officier qui mourut à l'étranger, pendant l'été suivant, dans des circonstances fort dramatiques. Cet événement plongea cette dame dans un état physique et moral des plus inquiétants. Lorsque l'hiver survint, son état nerveux et la dépression de ses forces donnèrent de vives préoccupations à ses amis, ce qui me détermina à ne plus lui parler de l'incident que je vais raconter. C'est pour la même raison que je crois impossible de livrer son nom à la publicité.

« Je partageais sa chambre, et nous venions de nous coucher. Son lit était parallèle au mien, et tous deux en face de la cheminée. Elle était endormie depuis quelques instants, mais je restais éveillée dans cette chambre éclairée seulement par le feu de la cheminée, lorsque je m'aperçus qu'une forme se tenait au pied de son lit. J'ai la vue très basse et vois difficilement, même de fort près. Cependant j'eus aussitôt l'impression *bien nette* que c'était la forme de *son fiancé revêtu de son uniforme*. »

« Je n'ai aucun souvenir d'avoir été émue ni surprise, et j'éprouvai seulement la conviction qu'une forme était là, et que c'était celle de cet officier. Bientôt il sembla s'évanouir, et je n'y aurais pas donné plus d'importance qu'à une scène entrevue dans un état de demi-sommeil, si mon amie ne s'était pas éveillée tout à coup en disant avec un profond chagrin : « Oh ! A... je crois que je viens de voir M... debout au pied de mon lit. » Je m'efforçai de la calmer, me gardant avec soin de lui dire ce que j'avais vu moi-même, craignant de donner une trop forte secousse à ses nerfs ; mais sur le moment même et depuis, je n'ai cessé de penser et d'être convaincue que j'ai vu exactement ce qu'elle a décrit. »

Ce cas est à rapprocher de celui de M. Vilmot, (vol. I, p. 109) où le double de sa femme fut vu par lui endormi et par M. Tait éveillé. La seule différence est que, cette fois, c'est un esprit désincarné qui est l'auteur de ce phénomène.

Le récit qui va suivre, fait observer M. Gurney, est curieux à plus d'un point de vue. Il montre d'abord comment la valeur démonstrative d'un cas peut dépendre d'un simple hasard. Ici il est question d'une enfant de huit ans, qui, au milieu du chagrin que lui cause la mort de sa mère, voit la forme de cette mère près de son lit. Si l'incident s'était arrêté là, nous l'aurions tout simplement classé parmi les hallucinations subjectives. Mais il arriva par hasard que le cri de l'enfant fut entendu par deux autres personnes, qui, se précipitant dans la chambre, virent incontestablement la même apparition. La déposition de l'un de ces témoins nous arrive de seconde main, il est vrai, mais aussi autorisée que celle de l'enfant elle-même, donne à l'attestation de première main de celle-ci une valeur qu'elle n'aurait pu avoir, si son cri n'avait pas été entendu et suivi d'un effet immédiat.

En second lieu, nous voyons qu'un engagement a été pris par la décédée d'apparaître, si cela lui était possible, à son amie, Lady E..., encore vivante. Cette promesse ne fut pas tenue, à parler rigoureusement, quoique Lady E.., en attendît l'exécution avec anxiété ; mais la décédée apparut à d'autres, dont deux au moins ignoraient absolument qu'aucun engagement eût été pris.

Nous avons déjà fait la remarque que les cas dans lesquels une apparition suit une convention, et dans lesquels la mort n'est pas connue du percipient, sont trop fréquents, autant qu'il est possible d'en juger, pour qu'un simple hasard puisse en rendre compte. Il est fort possible qu'une convention de ce genre, suggérant à l'esprit du décédé l'idée de se manifester, provoque ainsi des apparitions qui sont vues par d'autres percipients que ceux avec lesquels la convention avait été conclue, parce que le défunt trouve chez ces derniers les conditions nécessaires qui manquent aux premiers.

L'APPARITION DE LA MÈRE DÉFUNTE EST VUE PAR TROIS PERSONNES

XIV. — Je dois, dit M. Gurney, le récit suivant à une dame qui m'est bien connue, mais qui désire garder l'anonyme.

Mars 1889.

Ma mère mourut le 24 juin 1874 dans une maison appelée « The Hunter's Palace », Silima, à Malte, où nous nous étions rendues pour soigner sa santé. Elle avait toujours redouté d'être enterrée vivante, et avait exigé de mon père la promesse que, en quelque lieu qu'elle vînt à mourir, il ne la laisserait pas enterrer avant un délai d'une semaine. Je me rappelle que nous avions dû demander une permission spéciale, parce que, dans ces pays chauds, on a l'habitude de ne pas attendre plus de trois jours. Je la vis pour la dernière fois le troisième jour après la mort. Je me rendis alors avec mon père dans la chambre, pour couper toute sa chevelure qu'elle portait longue et bouclée. Je ne crois pas avoir éprouvé ni émotion ni terreur. Le septième jour après la mort on l'enterra, et ce fut la nuit suivante qu'elle m'apparut.

Je couchais dans un petit cabinet de toilette ouvrant sur une grande nursery à laquelle on accédait par deux marches, comme cela arrive dans beaucoup de ces anciennes maisons. Le fumoir où mon père passait ordinairement ses soirées donnait sur le hall, sur lequel ma petite chambre avait aussi une entrée, de sorte qu'on pouvait s'y rendre sans passer par la nursery, dans laquelle couchaient mes deux frères.

Ce soir-là, il faisait un temps exceptionnellement chaud et étouffant. Je m'étais couchée plus tôt qu'à l'habitude et je n'avais pas de lumière dans ma chambre. Les contrevents étaient complètement ouverts et la nuit était si belle, que la chambre était presque claire. La porte donnant sur la nursery était entr'ouverte et je pouvais voir l'ombre de la nourrice tandis qu'elle se livrait au travail. Je suivis quelque temps les mouvements de l'ombre de son bras se levant et s'abaissant avec une régularité tellement automatique, que je finis par m'endormir.

Je crois que je dormais ainsi depuis quelque temps, lorsque, me réveillant, je me tournai vers la fenêtre et vis ma mère debout près de mon lit, pleurant et se tordant les bras. Je n'étais pas encore suffisamment éveillée pour me rappeler qu'elle était morte et je m'écriai tout naturellement (car elle avait l'habitude de venir ainsi dès qu'elle s'éveillait) : « Comment, mère, que se passe-t-il ? » Puis, soudain, la mémoire me revenant, je poussai des cris. La nourrice se précipita de sa chambre, mais, arrivée sur le seuil, *elle se laissa tomber à genoux*, répétant ses prières et se lamentant. *Au même moment*, mon père arrivait par la porte opposée et je l'entendis crier aussitôt : « *Oh ! Julie ! ma chérie !* » Ma mère *se tourna vers lui, puis vers moi* et enfin, toujours en se tordant les mains, *elle se dirigea vers la nursery* et disparut.

Plus tard, la nourrice déclara qu'elle avait senti quelque chose passer sur elle, mais elle était dans un tel état de terreur écrasante qu'on ne peut tenir compte de son témoignage sur ce détail. Mon père lui ordonna de quitter ma chambre et me disant que j'avais simplement rêvé, resta près de moi jusqu'à ce que je fusse endormie. Le lendemain cependant il me dit *que lui aussi avait vu l'apparition*, qu'il espérait la voir encore, me recommandant de ne plus m'effrayer si elle revenait de nouveau, mais de lui dire : « Papa désire vous parler. » Je le lui promis sincèrement, mais j'ai à peine besoin d'ajouter que l'apparition ne revint pas.

Ce qui me sembla curieux, lorsque j'y réfléchis dans la suite, fut que je la vis *telle qu'elle avait l'habitude de venir me voir dans les dernières nuits*, vêtue d'une *robe de flanelle blanche, ornée d'une* bande de passementerie écarlate et ses longs cheveux dénoués et flottants. Elle n'avait pas été ensevelie dans cette robe et nous avions coupé tous ses cheveux.

Lorsque, plusieurs années plus tard, j'en causai avec mon père, il me dit qu'*elle lui avait toujours promis de revenir après sa mort* si une telle chose était possible. Ceci étant, il est curieux que ce fut à moi qu'elle apparut. Depuis cette époque, la nourrice refusa constamment de rester seule dans la nursery. Elle disait que nous n'en avions pas fini avec les événements malheureux. Aussi fut-elle confirmée dans sa conviction, lorsque, quelques semaines plus tard, je commençai une grave et longue maladie. C'était une Maltaise et, en quittant l'île, nous l'avons perdue de vue.

Mon père est mort, il y a trois ans, de telle sorte que je suis aujourd'hui le seul témoin oculaire. La seconde femme de mon père lui a cependant entendu raconter cette histoire et elle signe avec moi ».

« L. H. »
« M. S. H. »

En réponse à mes questions, Miss H... m'écrit :

« 1° Je n'ai aucun journal notant la mort de ma mère, ni aucune lettre de faire-part. J'ai une photographie de son tombeau sur lequel se trouve la date de la mort, 24 juin 1874. Je vous envoie une enveloppe contenant quelques-uns des cheveux que mon père y enterma le matin des funérailles. Je l'ai retrouvée après sa mort et ne l'ai jamais ouverte (Ce paquet est daté du 30 juin 1874).

2° J'avais eu huit ans le 13 juin 1874.

3° *Je n'ai jamais eu d'hallucination d'aucune sorte* et ne suis nullement nerveuse. Mon père n'a *jamais eu d'autre hallucination*, du moins il ne m'en a jamais parlé.

4° Ni mon père ni la nourrice ne se sont jamais trouvés disposés à adopter une telle idée. (Il est question de la possibilité de la réapparition des morts). Ma nourrice était catholique romaine, ignorante et fort superstitieuse. Comme chaque mention de ma mère amenait sûrement une scène de larmes, que mon père et la nourrice désiraient également éviter, *je suis absolument sûre* que jamais on ne m'a suggéré l'idée de faits de ce genre.

5° Je n'ai plus aucun témoignage remontant à cette époque. En dehors de la famille, mon père n'a jamais parlé de ce fait à personne. Sa sentence favorite était :

« Si personne ne tenait de journal et si chacun brûlait toutes ses lettres, les hommes de loi n'auraient jamais rien à faire. »

Lady E... (également connue de moi, ajoute M. Gurney) écrit ce qui suit :

« Mme H... était une de mes amies les plus intimes depuis de longues années. Nous avions pris l'engagement réciproque que celle qui mourrait la première apparaîtrait à la survivante, si cela était possible. Lorsque j'appris sa mort, le jour même, par le télégraphe, je me tins éveillée toute la nuit, espérant la voir, mais je ne vis et n'entendis rien. Quelques années plus tard, sa fille me raconta que son père, une nourrice maltaise et elle-même avaient *tous trois vu sa mère dans sa chambre d'enfant*. C'est elle qui la vit la première, puis la nourrice et son père, qui accoururent à ses cris et virent aussi l'apparition.

QUELQUES REMARQUES

Dans le premier exemple rapporté de vision collective d'un fantôme, celui de la grand'mère venant voir l'heure à l'horloge qu'elle affectionnait, il serait possible de supposer que l'apparition est due à un réveil d'image ancienne, produit par l'influence du lieu et des circonstances identiques ; mais il faudrait alors expliquer pourquoi cette rénovation du souvenir ne s'est produite qu'une seule fois et simultanément pour les deux sœurs, sans qu'elles se soient suggéré ce qu'elles voyaient.

Dans le second cas, on pourrait admettre que l'impression produite sur la narratrice a été déterminée par une transmission du rêve de la jeune dame, croyant voir son fiancé. Bien que cette hypothèse soit peu probable, elle n'est pas dépourvue tout à fait de vraisemblance, s'il est exact que des pensées intenses peuvent s'extérioriser sous une forme visible. Mais, d'autre part, nous avons appris, par le cas Vilmot, qu'une personne endormie est capable de voir un fantôme réel, perçu identiquement par une autre personne éveillée, qui le dépeint avec fidélité. De plus, comme dans ce dernier exemple Mme Vilmot a fait une description exacte de cette scène, nous en avons conclu que son esprit se trouvait effectivement auprès de son mari, ce qui nous permet de supposer qu'il peut en être de même pour l'âme de l'officier, venant pour consoler sa fiancée de son départ dans l'au-delà.

Mais, pour le troisième récit, aucune hésitation n'est plus possible. L'image de la mère défunte a une telle réalité qu'au seul cri poussé par l'enfant, la nourrice, en pénétrant dans la chambre, au moment où elle ne savait pas ce qui motivait cet appel, voit l'apparition et l'impression ressentie est si forte qu'elle tombe à genoux sur le seuil de la porte. Au même instant, le père, de son côté, dès son entrée, reconnaît sa femme, sans que sa fille ou la servante lui aient dit quoi que ce soit. Une pareille simultanéité de sensations ne peut évidemment pas être produite par une cause imaginaire, d'autant mieux que les témoins s'accordent pour décrire les déplacements du fantôme. En tenant compte que la mère avait promis de revenir après sa mort, si cela lui était possible, on s'explique sa présence auprès de sa fille, et peut-être les regrets de l'avoir quittée dans un âge encore si peu avancé.

Il n'est pas moins intéressant de remarquer qu'on possède un certain nombre d'exemples où l'apparition s'est fait voir plusieurs fois, séparément ou collectivement, dans d'autres lieux que ceux qu'elle habitait ici-bas. Nous avons déjà observé que ceci s'est produit dans les apparitions individuelles, ce qui enlève à la théorie de l'influence exclusive du local toute portée générale.

Notons encore que, dans quelques-uns des cas que nous allons relater, l'apparition a lieu assez longtemps après la mort pour que l'hypothèse de la période latente soit tout à fait improbable, et que la continuité des manifestations indique nettement une action persistante de la part de la cause agissante, c'est-à-dire de l'esprit désincarné, alors que les actes du fantôme semblent parfois peu compréhensibles. Il est urgent de faire remarquer aussi que souvent la période qui suit la mort est pour l'esprit un moment de trouble profond, de désarroi intellectuel qui engendre en lui une sorte de délire momentané, lequel prend fin après un temps plus ou moins long, suivant le degré d'*élévation morale* des désincarnés. Ceci n'est pas une supposition ou une hypothèse, c'est le résultat de l'observation des centres spirites dans le monde entier depuis un demi-siècle, et nous explique pourquoi les manifestations de certains décédés semblent quelquefois peu rationnelles.

Je suis obligé de rappeler encore que les quelques faits que je cite sont pris parmi une grande quantité d'autres, puisque le seul mémoire de Gurney renferme 27 cas et que l'on trouve 63 cas d'apparitions collectives de vivants et de morts dans les *Phantasms of the living*, sans compter ceux cités dans la traduction française(1). On ne peut donc alléguer que les exemples que je donne pour chaque classe de phénomènes, sont trop peu nombreux pour asseoir une théorie quelconque, puisque ce ne sont que des échantillons d'une longue série d'observations authentiques. Sans insister sur ce point, voici encore une remarque qui s'impose lorsqu'on étudie ces faits : c'est qu'il existe une corrélation évidente entre les phénomènes spontanés et ceux que l'on provoque dans les séances expérimentales.

MANIFESTATIONS LUMINEUSES

J'ai signalé que des formations lumineuses étaient décrites par les sujets de M. Beattie et que ce caractère physique n'avait rien d'imaginaire, car les plaques photographiques en portaient l'empreinte ; eh bien ! il arrive parfois que les fantômes visibles oculairement conservent cette luminosité, qui est même assez intense quelquefois pour éclairer la salle d'une lumière spéciale.

Tel est le cas de Mme Lewin (n° XXIII du rapport de M. Gurney). Elle raconte que, se trouvant en villégiature dans une station balnéaire, à Saint-Léonard, près Hasting, une tempête s'étant déchaînée, le bruit du vent et de la mer l'avaient tenue éveillée :

Il y avait quelques heures, dit-elle, que cela durait, le feu était éteint; je le secouai pour essayer de le ranimer, ce fut en vain. J'étais ennuyée et fatiguée lorsque je m'aperçus qu'une sorte de phénomène lumineux se produisait dans ma chambre. Le lit dans lequel j'étais couchée était de forme ancienne avec une tête et un pied en acajou et très élevés. La muraille était à gauche, la porte à droite, tandis que le pied regardait la cheminée. C'est au pied du lit qu'il me semblait voir une lumière. Je pensai d'abord que c'était le feu qui venait de se ranimer tout seul et je me mis à genoux sur mon lit pour regarder ce qui en était par-dessus le pied si élevé du

(1) Consulter également le mémoire de Mme Sidgwick, paru en 1885 dans les *Proceedings*. M. Sage, dans son livre *la Zone-Frontière*, en a traduit un certain nombre de cas.

lit. Je ne pensais absolument qu'au foyer et n'éprouvais pas le plus petit degré de trouble nerveux. Comme j'étais ainsi relevée sur mes genoux et cherchais à voir au-dessus du pied du lit, je me trouvai face à face avec une forme humaine semblant se tenir à environ trois pieds de distance. Il ne me vint pas un seul moment la pensée que ce pût être un homme, mais j'eus aussitôt la conviction que ce devait être un mort.

La lumière semblait émaner de cette forme et lui faire une auréole; mais je ne pus voir bien nettement que la tête et les épaules. Je n'oublierai jamais sa figure : elle était pâle, émaciée, avec un long nez aquilin ; les yeux, profondément enfoncés dans leurs orbites, semblaient fixes et brillants. Sa longue barbe s'enfonçait sous une sorte de cache-nez blanc et il portait sur la tête un chapeau de feutre aux bords rabattus.

J'éprouvai une vive secousse, sentant que j'étais sous les regards d'une personne défunte, mais vivante encore. Cependant je n'éprouvai réellement aucun sentiment de peur, jusqu'au moment où la forme, se déplaçant lentement, se trouva entre moi et la porte. Alors une terreur profonde me saisit et je retombai complètement évanouie. Combien dura cette perte de connaissance, je ne saurais le dire, mais lorsque je revins à moi, j'étais glacée et brisée ; je m'étais renversée tandis que j'étais à genoux, et mes jambes étaient sous moi. La chambre était absolument obscure et, quoique violemment impressionnée par l'apparition spectrale que je venais de voir, je fis de la lumière et pour me rendre bien compte de ce qui était arrivé, je visitai avec le plus grand soin toute la chambre, regardant sous le lit, dans la garde-robes et sous la table de toilette. Je m'assurai que les deux portes *étaient encore fermées à clef comme je les avais laissées*. Devant la fenêtre je retrouvai les linges nullement dérangés ; quant à la cheminée, elle était trop étroite et il n'y avait aucune trace sur le parquet. Enfin, complètement épuisée par la fatigue, je me recouchai et dormis profondément jusqu'au matin.

Quand je redescendis pour le déjeuner, ma sœur, avant que j'eusse prononcé une parole, me dit : « Eh bien ! qu'avez-vous donc ? On dirait que vous avez vu un revenant ! » A quoi je répondis : « C'est justement ce qui est arrivé ! » et je lui racontai ce qu'on vient de lire. J'étais désireuse avant tout de ne pas effrayer mes bonnes et de ne jeter aucun trouble par des recherches que j'eusse faites en toute autre circonstance, mais j'appris du gérant de l'hôtel que, l'hiver précédent, l'appartement avait été habité par un jeune homme qui succomba à une phtisie rapide. Il se livrait avec passion à des expériences sur les bateaux plongeurs et en lâchant trop brusquement l'air comprimé de l'un d'eux, il s'était rompu un vaisseau sanguin et avait été rapporté dans ma chambre, où il était mort.

Voilà tout ce qu'il me fut possible d'apprendre, à cause de la crainte que j'avais d'ébruiter cette affaire.

Il est probable ou plutôt possible que j'aie rêvé, mais ce qui est certain, c'est que *j'avais parfaitement conscience d'être éveillée* ; que mon évanouissement ne fut que trop réel, et que cet accident est si peu dans ma nature, que cela ne m'est arrivé que deux fois dans toute ma vie. Aussi je suis absolument convaincue d'avoir vu une apparition.

Margaret Lewin (1).

Cette fois encore, le fantôme *inconnu de Mme Lewin* reproduit l'aspect du jeune phtisique décédé l'hiver précédent dans cette chambre, ce qui empêche de mettre cette vision sur le compte de l'hallucination. Le phénomène lumineux ayant *précédé* la vision, je suis porté à supposer qu'il était bien réel.

***

Les comptes rendus de la S. P. R. américaine (partie IV, p. 305) contiennent un cas dans lequel un médecin et sa femme, couchant dans des chambres séparées, mais contiguës, furent tous deux éveillés par une brillante lueur. Le médecin aperçut une forme se tenant au milieu de la lumière ; sa femme, qui s'était levée afin de voir *ce que signifiait cette lueur dans la chambre de son mari*, ne put arriver avant la disparition de la forme. Celle-ci ne fut pas nettement reconnue, mais elle paraissait avoir quelque ressemblance avec un des clients du médecin, qui était mort subitement d'hémorragie, trois heures avant son apparition au docteur, lequel ne s'attendait pas à cette mort subite.

Il est remarquable que ce soit la lueur produite par l'apparition qui ait incité la femme du docteur à se lever, ce qui établit que cette lumière était visible normalement. Dans l'exemple sui-

---

(1) A la page 348 des *Hallucinations télépathiques*, Mme John Evens raconte qu'elle vit dans sa chambre obscure une lumière bleuâtre qui l'éclaira, puis qu'elle distingua une figure qu'elle reconnut. Lorsque le fantôme disparut, la lumière s'éteignit en même temps.

Voir également, plus loin, l'apparition à la tante de Mme Coote, p. 96.

vant, le narrateur n'a pas pu reconnaître l'apparition, puis qu'il ne l'avait jamais vue pendant sa vie, mais l'enfant affirme que c'était sa mère.

UNE MÈRE QUI VEILLE SUR SON ENFANT

CXLII. (332) (1). Rév. C. Jupp, directeur de l'Orphelinat de Aberlour, Craigellachie.

En 1875, un homme mourut, laissant une femme et six enfants. Les trois aînés furent admis à l'Orphelinat. Trois ans après, la veuve mourut, et des amis réussirent à recueillir de l'argent pour placer les autres enfants ici ; le plus jeune avait quatre ans. (Un soir assez tard, environ *six mois après l'admission des enfants*, quelques visiteurs arrivèrent subitement). Le directeur consentit à se faire dresser un lit dans le dortoir des petits, qui contenait dix lits, dont neuf étaient occupés.

Au matin, pendant le déjeuner, le directeur fit le récit suivant :

« Autant que je me rappelle, je m'endormis vers onze heures et je dormis profondément pendant quelque temps. Tout à coup je m'éveillai, sans raison apparente, et je me sentis poussé à me retourner vers les enfants. *Avant de me retourner*, je levai les yeux *et je vis une lumière douce dans la chambre*. Le gaz était baissé dans le couloir, et comme la porte du dortoir était ouverte, je crus que la lumière provenait de là. Je m'aperçus bientôt qu'il n'en était pas ainsi. Je me retournai et je vis quelque chose de surprenant. Au-dessus du second lit à partir du mien, et du même côté de la chambre, *flottait un petit nuage lumineux*, formant un halo comme autour de la lune par un clair de lune ordinaire.

Je m'assis dans mon lit, pour bien voir cette apparition étrange, je pris ma montre et je sentis que les aiguilles marquaient une heure moins cinq minutes. Tout était tranquille, et tous les enfants dormaient profondément. Dans le lit, au-dessus duquel la lumière semblait flotter, dormait le plus jeune des enfants mentionnés plus haut.

Je me demandai : « Est-ce que je rêve ? » Non ! j'étais bien éveillé. J'eus l'idée de me lever et de toucher la substance ou quoi que ce pût être (car le tout avait cinq pieds de haut), mais quelque chose me retint. Je n'entendis rien, mais je sentis et je compris parfaitement ces paroles : « Restez couché, vous n'aurez aucun mal. » Je fis de suite ce que je sentais devoir faire. Je m'endormis peu après et me levais à 5 heures et demie, selon mon habitude.

(1) *Les Hallucinations Télépathiques*, p. 360.

Vers six heures, je commençai à habiller les enfants, en prenant le lit le plus éloigné du mien. J'arrivai au lit sur lequel j'avais vu la lumière flotter. Je levai le petit garçon, je le mis sur mon genou, et je lui passai ses vêtements. L'enfant venait de causer avec les autres ; tout à coup il se tut. Puis, me regardant bien en face avec une expression extraordinaire, il me dit: « Oh ! monsieur Jupp, *ma mère est venue auprès de moi la nuit passée. L'avez-vous vue ?* » Pendant un instant, je ne pus lui répondre. Je pensai qu'il valait mieux ne plus parler de tout cela et je dis : « Viens, dépêchons-nous, ou nous serons en retard pour le déjeuner. »

L'enfant n'a jamais reparlé de cela, nous a-t-on dit, et on ne lui en a jamais parlé. Le directeur dit que c'est un mystère pour lui et il s'en tient là ; il a cherché à ne commettre aucune erreur sur aucun détail, il se contente de cela.

En réponse aux questions qui lui furent faites, le Rév. C. Jupp écrit :

13 novembre 1883.

Je crains bien que tout ce que le petit garçon dirait maintenant fût sujet à caution, sinon je l'interrogerais de suite. Quoique nous ayons discuté l'affaire à fond sur le moment, l'enfant n'en a jamais rien su ; et cependant, lorsque l'enfant a lu le récit qui, sur la demande de quelques amis, a été publié dans notre petit journal, il a changé de figure et, levant les yeux, il m'a dit : « Monsieur Jupp, c'est moi ». Je répondis : « Oui, c'est ce que nous avons vu ». Il me dit alors « oui », puis tomba dans une profonde rêverie, qui ramenait de doux souvenirs, car il souriait doucement et semblait oublier que j'étais là. Je regrette beaucoup maintenant de n'avoir pas interrogé l'enfant sur le moment.

Remarquons que cette manifestation a eu lieu assez longtemps après la mort, pour que toute idée de période latente soit exclue, en ce qui concerne l'enfant.

Ces témoignages, indépendants les uns des autres, ont une grande valeur à cause de la similitude générale que présentent les descriptions. Il est positivement certain que les fantômes, de vivants ou de morts, peuvent se présenter sous une apparence lumineuse et rayonner parfois assez de clarté pour illuminer physiquement la chambre. Je montrerai, plus tard, que le même phénomène a été observé dans des séances de matérialisations, lorsque les circonstances étaient favorables.

Revenons maintenant aux apparitions réitérées du même fantôme à des témoins qui le voient successivement ou collectivement, suivant les cas. Ici encore, on note l'intention manifeste et les efforts de l'esprit pour affirmer sa survivance, ce qui fait toucher du doigt que la mort n'a pas détruit les facultés intellectuelles ou affectives du défunt, comme l'ont soutenu certains critiques superficiels, tels que Dassier (1) ou M. Mæterlinck (2), lequel suppose que le fantôme n'est dû qu'à l'agglomération éphémère d'un reste de vitalité, en voie de dissolution finale.

Obligé de me restreindre beaucoup par suite du grand nombre de matières que j'ai à traiter, je ne citerai que quelques récits de cette classe, renvoyant pour l'étude des autres aux ouvrages originaux.

APPARITIONS VUES SUCCESSIVEMENT PAR PLUSIEURS TÉMOINS

Je commence par un cas où le fantôme fait constater sa présence dans la maison où a eu lieu le décès.

La narratrice est Miss Lister (Cas n° XVI du rapport de M. Gurney).

8 mars 1888.

Il y a quelque temps, une de mes amies eut le malheur de perdre son mari. Il était âgé de 53 ans et mourut le 17 avril 1884. Leur union n'avait duré que cinq ans et cette perte l'affecta profondément. Elle me demanda de venir vivre avec elle...

J'acceptai et restai six mois chez elle. Un soir, vers la fin de l'été, je manifestai l'intention de monter prendre un bain. « Faites-le, me répondit-elle, mais auparavant, je vous demanderai d'aller me chercher ce petit volume que j'ai laissé hier sur la table du salon ». Je partis sans lumière, car je n'ai jamais connu la peur et j'ai l'habitude de marcher dans l'obscurité ; j'ouvris la porte du salon et m'arrêtai une minute, cherchant à me rappeler où elle l'avait déposé, lorsque, à mon grand étonnement, *je vis son mari assis à la table, sur laquelle il appuyait son coude*, tout auprès du livre. Ma première pensée fut de dire que je ne l'avais pas trouvé ; la seconde fut de retourner sans le livre, mais en lui disant tout ce que j'avais vu. Cependant, comme je m'étais vantée de ne pas

---

(1) Dassier, *l'Humanité posthume*.
(2) Voir dans la Revue belge *Antée*, l'article de M. Mæterlinck : « Immortalité », n° de janvier 1907.

savoir ce que peut être la peur, je me décidai à le prendre et m'avançai vers la table. Le fantôme *paraissait souriant*, et comme s'il eût connu mes pensées. Je pris le volume et le portai à mon amie, *sans lui dire ce qui venait d'arriver*. Je me rendis ensuite dans la salle de bains *et n'y pensai plus*. Mais je n'y étais pas depuis vingt minutes, lorsque j'entendis mon amie venir et ouvrir la porte du salon. Je ris en écoutant s'il s'y trouvait encore ; mais bientôt j'entendis mon amie se précipiter hors de la pièce, descendre quatre à quatre, et agiter fiévreusement la sonnette de la salle à manger. Une servante accourut ; je m'habillai aussi rapidement que possible et je descendis près d'elle, que je trouvai pâle et tremblante. « Que se passe-t-il ? » lui dis-je. « Je viens de voir mon mari, » répondit-elle. « Quelle sottise ! » lui répliquai-je. « Oh ! non, *je l'ai bien vu*, ou du moins, si je ne l'ai pas réellement vu, *il m'a parlé deux fois. Je me suis échappée de la chambre, mais il m'a suivie et a posé sa main glacée sur mon épaule.* »

Ce que je trouve étrange dans ce fait, c'est que j'avais à peine vu ce monsieur deux ou trois fois, et je ne puis comprendre pourquoi c'est à moi qu'il est apparu, quoique *je ne pensais certainement pas à lui en ce moment*.

L'autre apparition que je vis fut celle d'une vieille dame que je n'avais jamais vue et dont je ne découvris l'identité qu'après en avoir fait la description à une personne qui l'avait connue (1). Elle m'apparut en plusieurs circonstances et il m'arriva d'en parler au monsieur auquel je viens de faire allusion et qui me dit que j'étais le jouet de mon imagination ; ajoutant que si je m'étais trouvée en présence d'un esprit, j'aurais été trop effrayée pour rester devant lui assez longtemps pour pouvoir ensuite en faire la description. Je lui répondis que je voudrais bien que celui qui a entendu parler de ce fait m'apparût après sa mort, afin de voir s'il parviendrait à m'effrayer. Je n'avais pas d'autre pensée lorsque je vis l'apparition et je me demandais ce qu'il pouvait y avoir de commun entre elle et moi.

L. A. LISTER.

13 Mars 1888.

D'après le récit du témoin, qui paraît très peu émotionnable, le souvenir du mari n'était pas présent à sa pensée en allant chercher le livre et n'a pu le suggestionner. Miss Lister n'en

---

(1) Une servante, Phœbé, qui habitait la maison avant miss Lister et qui reconnut sans hésitation son ancienne maîtresse, à la description de la figure et des vêtements de l'apparition que lui fit miss Lister.

parle pas à la veuve, et cependant celle-ci voit le fantôme et prétend que ce dernier lui a causé deux fois. Dans ces conditions, l'explication télépathique semble bien improbable, et il est plus logique d'interpréter ce fait par une manifestation posthume du mari, assez matérialisé pour parler et toucher son ancienne femme.

Dans le cas qui suit, l'apparition s'est montrée à trois personnes, habitant des localités différentes, et, pour deux d'entre elles, avant que la nouvelle du décès fut arrivée, la belle-sœur étant décédée en Amérique.

*
* *

CXXXV (314) (1). Mme Coote, 28, Duke street, Grosvenor square, W. Londres.

28 Juillet 1885.

Le mercredi saint, 1872, ma belle-sœur, Mme W..., partit avec son mari et ses trois jeunes enfants de Liverpool sur le vapeur *Sarmatian* pour Boston, États-Unis, où ils arrivèrent sans encombre, et s'établirent. Le mois de novembre suivant, elle tomba malade de la petite vérole, alors épidémique à Boston, et en mourut. Vers la fin de novembre ou au commencement de décembre de la même année, je fus troublée un matin, avant qu'il ne fît jour, entre 5 et 6 heures, par l'apparition d'une figure de haute taille vêtue d'une *longue chemise de nuit*, et qui se penchait sur mon lit. *Je reconnus distinctement cette figure* pour ma belle-sœur, Mme W..., *qui me toucha, je le sentis distinctement.* Mon mari qui dormait à côté de moi ne vit et ne sentit rien. Une de mes tantes, déjà âgée à cette époque, qui résidait alors à Theydon Bois, près Epping, Essex, *eut la même apparition.* Elle vit encore, elle est âgée de plus de quatre-vingts ans, et habite à Hextable, près Dartford, comté de Kent. Elle est en pleine possession de ses facultés. Elle a raconté à mon mari, le 4 juillet dernier, qu'une forme *très brillante* lui apparut dans un coin obscur de sa chambre à coucher, un matin de très bonne heure. L'apparition était si distincte que non seulement *elle reconnut sa nièce*, Mme W..., mais qu'elle *remarqua la broderie de sa robe de nuit !* La demi-sœur de mon mari, qui n'était pas encore mariée, et qui habitait Stanhope Gardens, *vit aussi cette apparition..* Elle fut la première avertie de la mort de

(1) *Les Hallucinations Télépathiques*, p. 351.

Mme W..., par une lettre du mari, datée de décembre 1872, 156, Eighth Street, South, Boston. La lettre a été conservée. La mort a été annoncée (comme mon mari l'a su depuis peu) dans plusieurs journaux, entre autres le *Boston Herald*. La comparaison des dates, qui a été faite pour deux des cas, a prouvé que l'apparition a *eu lieu de la même façon*, et à peu près au même moment, c'est-à-dire au moment de la mort, ou à peu près. Ni la vieille Mme B..., ni la demi-sœur de mon mari, ni moi, *n'avions jamais vu pareille apparition ni avant, ni depuis*. Ce n'est que récemment, lorsque mon mari a prié sa demi-sœur de rechercher la lettre de Boston, que nous avons appris pour la première fois cette *troisième* apparition.

D'autre part, M. Coote écrit ce qui suit :

La vision de Mme Coote eut lieu dans la *semaine qui suivit* la mort de Mme W... à Boston, aux États-Unis, sans aucun doute possible ; et, sans chercher à préciser davantage nos souvenirs, je puis ajouter que, dès le début, j'ai toujours pensé que le trait le plus remarquable de ce cas (je m'appuie sur une opinion formée lorsque les circonstances étaient encore présentes à ma mémoire) c'était que l'apparition eut lieu dans les vingt-quatre heures qui ont suivi la mort. Je crains que, vu le temps écoulé, on ne puisse arriver à une conclusion en ce qui regarde la concordance des temps dans les deux autres cas ; on peut affirmer seulement que la vieille Mme B... et Mme X... sont persuadées que les visions ont eu lieu au même moment que celle de Mme Coote, et *ont présenté le même aspect*. Mme Coote me prie d'ajouter que jusqu'à présent elle n'a jamais parlé de sa vision, même à la vieille Mme B..., ce qui donne à son témoignage toute sa valeur.

C. H. Coote.

D'après ces dernières remarques, il paraît certain que la vision des percipientes a précédé l'annonce de la mort et, ce qui est remarquable, c'est que l'apparition s'est présentée en costume de nuit, avec un aspect ordinaire pour Mme Coote et au contraire comme un fantôme brillant pour Mme B..., ce qui exclut l'hypothèse d'une image transmise de l'une à l'autre, puisque les caractères objectifs de la vision ne sont pas identiques, bien que semblables.

Dans le cas suivant, on trouve aussi un détail caractéristique dans le bonnet que porte l'apparition, car il est exactement semblable à celui dont la personne morte était coiffée au dernier moment. Ce sont là des faits qui nous éloignent totalement du fantôme traditionnel, qui était toujours revêtu d'un suaire, et qui soulignent la différence qui existe entre la fiction et la réalité L'observation ne nous révèle dans la description des êtres qui apparaissent après la mort, ni de purs esprits inconsistants, ni des anges aux blanches ailes, ni des démons cornus, mais des personnes véritables, vêtues comme elles l'étaient ici-bas, d'où il faut en conclure que ce ne sont pas des légendes ancestrales qui ont servi de modèles pour la confection de ces prétendues hallucinations, sans quoi elles porteraient l'empreinte de ces croyances, comme cela est de règle pour les visions mystiques des fidèles de toutes les religions. Arrivons au récit d'un autre cas où le fantôme fut encore visible pour trois personnes différentes :

APPARITION D'UN FANTÔME

1 h. 45, 2 h. 5, et même *dix-huit heures après* la mort,
a trois personnes séparément

L'*English Mechanic and World of Science* du 20 juillet 1906 a publié, après enquête confirmative, la lettre suivante, sur laquelle nous appelons toute l'attention de nos lecteurs (1) :

Dans la nuit du 10 janvier 1879, je m'étais couché de bonne heure. Quand je m'éveillai de mon premier sommeil, la lune éclairait ma chambre. En m'éveillant, mes yeux se dirigèrent sur une armoire, située au Nord-Est de ma chambre. Pendant que je regardais, je vis soudain une figure se former sur les panneaux de l'armoire. D'abord indistincte, elle devint graduellement plus nette, jusqu'à se montrer aussi distincte que celle d'une personne vivante, et je reconnus la figure de ma grand'mère. Ce qui me frappa surtout tout d'abord et la grava dans ma mémoire, ce fut que la tête était recouverte d'un *bonnet de forme ancienne et à bords tuyautés*. Je la fixai pendant quelques secondes, pendant lesquelles elle fut aussi nette qu'une tête vivante, puis elle s'effaça graduellement, se confondant avec la lueur de la lune, et elle disparut. Je ne fus nullement troublé et pensai que j'avais été illusionné par la lumière de la lune et je me retournai pour reprendre mon sommeil.

Le lendemain, au déjeuner, je commençai à raconter à mes parents l'incident qui m'avait frappé. J'étais tout à mon récit, lors-

---

(1) *Revue scientifique et morale du Spiritisme*, septembre 1906.

qu'à ma surprise, mon père se leva soudainement de sa chaise, laissant son déjeuner presque intact et se précipita vers la porte. Je le considérai avec stupéfaction, disant à ma mère : « Que peut donc avoir mon père ? » Ma mère leva la main pour m'imposer le silence. Lorsque la porte fut fermée, je répétai ma question. Ma mère me répondit : « Charles, voilà bien la chose la plus étrange dont j'aie jamais entendu parler ; mais, lorsque je m'éveillai ce matin, votre père me dit qu'il s'était éveillé dans la nuit et avait vu sa mère se tenant près de son lit, et que lorsqu'il s'était levé pour lui parler, elle avait disparu. » Cette scène et cette conversation eurent lieu à 8 h. 30 du matin, le 11 janvier. Avant le midi nous reçûmes une dépêche nous annonçant la mort de ma grand'mère pendant la nuit.

L'événement ne se borna pas là, car mon père fut plus tard informé par sa sœur *qu'elle aussi avait vu l'apparition de sa mère* au pied de son lit.

Cette remarquable apparition se montra donc *à trois personnes séparément*. Ma chambre, dans laquelle je vis le fantôme, était située à l'extrémité de la maison, opposée à celle que mes parents occupaient, et se trouvait tout à fait séparée et distincte de leur chambre ; tandis que ma tante habitait à Hechmondville, *à 20 milles de chez nous*.

Mon père nota qu'il était 2 heures du matin, mais je ne remarquai pas l'heure. Ce ne fut que plus tard, en observant la position de la lune, que je pus, par une enquête minutieuse, m'assurer qu'il était 2 h. 19. La mort de ma grand'mère avait eu lieu à 12 h. 15. Il est certain, d'après cela que l'apparition fut vue par moi et par mon père environ deux heures *après* la mort. »

Mon père est mort en 1885, mais ma mère est encore vivante et se rappelle tous les détails, comme sa lettre le démontre.

(Le journal reproduit la lettre, qui est absolument confirmative).

Quant à l'apparition à ma tante, elle n'eut lieu que *dix-huit* heures après la mort, comme cela résulte de la lettre de mon oncle (reproduite intégralement par le journal).

Dans cette apparition, ce qui me frappa tout spécialement et la fixa dans ma mémoire, ce fut ce bonnet tuyauté entourant la figure. Je ne songeai pas sur le moment à contrôler le fait, mais je le mentionnai à mes parents. Il y a quelques semaines, lorsque je m'attachai à bien fixer tous ces détails, j'écrivis à mon oncle, en lui envoyant *un dessin de ce que j'avais vu*. Sa réponse établit *la réalité du fait*.

Je dois dire qu'avant cette dernière date je n'avais jamais entretenu mon oncle de ces faits, et qu'il y avait plusieurs années que je n'avais vu ma grand'mère lorsqu'elle mourut.

Il est absolument certain que cette apparition se produisit tout à fait séparément à chacun de nous trois; qu'elle eut lieu *après la mort*, et qu'elle est un exemple indiscutable d'une apparition de morte et une preuve que la personnalité survit. Je serais prêt à affirmer le fait par serment solennel.

Signé : CHARLES L. TWEEDALE, vicaire de Weston.

Dans sa réponse, l'oncle chez lequel habitait Mme Tweedale, explique qu'il se trouvait dans un cruel embarras entre sa belle-mère mourante et sa femme en couches, gardant toutes deux le lit. Pour ne pas causer d'émotion dangereuse dans une telle situation, il cacha à sa femme le décès de sa mère et ce ne fut que pendant la nuit du 11 au 12 que celle-ci vit l'apparition. Le fantôme, se penchant doucement vers elle, lui dit : « Ne t'effraye pas. » La jeune mère déclara, plus tard, que non seulement elle n'avait pas été effrayée, mais que cette vue l'avait fortement rassurée.

L'oncle ajoute, dans sa lettre : « Vous me demandez si votre dessin est exact, au sujet du bonnet tuyauté. Oui, *il l'est d'une façon étonnante* et reproduit exactement le bonnet porté par votre grand'mère Tweedale tout le temps qu'elle fut retenue au lit par la maladie *et elle le portait au moment de sa mort*.

L'oncle écrit encore qu'il avait vu, lui aussi, cette apparition, en 1898, c'est-à-dire 20 ans après. Mais ceci n'a que peu de valeur, car on peut admettre que ce fut un simple rêve provoqué par le souvenir.

La vue du bonnet de la grand-mère, que le narrateur ne lui avait jamais connu, est un de ces petits faits qui servent à établir l'objectivité de la vision; car il est invraisemblable que l'imagination invente des détails qui correspondraient aussi exactement avec la réalité.

Le cas suivant est aussi bien curieux par la vision successive, puis simultanée des témoins, qui ne se sont pas suggestionnés réciproquement, mais qui, spontanément, s'accordent pour reconnaître le visage du décédé.

UN PORTRAIT POSTHUME

CXLI. (331) (1). M. Charles A. W. Lett, Military and Royal Naval Club, Albermale street, Londres.

---

(1) *Les Hallucinations Télépathiques*, p. 359.

3 décembre 1885.

Le 5 avril 1873, le père de ma femme, le capitaine Towns, mourut dans son habitation à Cranbrook, Rose bay, près Sidney, N. S. Wales. Environ *six semaines* après sa mort, ma femme entra par hasard, un soir vers neuf heures, dans une des chambres à coucher de la maison. Elle était accompagnée d'une jeune personne, Mlle Berthon, et, comme elles entraient dans la chambre — le gaz était allumé — elles furent surprises de voir l'*image* du capitaine Towns, reflétée sur la surface polie de l'armoire. L'on voyait la moitié de son corps, la tête, les épaules et la moitié des bras; en réalité, *on eût dit un portrait de grandeur naturelle*. Sa figure était pâle et maigre, comme avant sa mort ; *et il avait une jaquette de flanelle grise avec laquelle il avait l'habitude de coucher*. Surprises et à demi effrayées, elles pensèrent d'abord que c'était un portrait que l'on avait pendu dans la chambre et qu'elles en voyaient l'image reflétée; mais il n'y avait aucun portrait de ce genre.

Pendant qu'elles regardaient, la sœur de ma femme, Mlle Towns, entra, *et avant que les autres lui aient parlé*, s'écria : « Mon Dieu ! regardez papa ! » Une des femmes de chambre passait dans les escaliers à ce moment-là, on l'appela et on lui demanda si elle voyait quelque chose ; sa réponse fut : « Oh ! mademoiselle ! le maître ! » On fit venir Graham, l'ordonnance du capitaine Towns, et il s'écria aussitôt : « Dieu nous garde, madame Lett, c'est le capitaine ! » On appela l'intendant, puis Mme Crane, la nourrice de ma femme, et tous deux dirent ce qu'ils voyaient. Enfin on pria Mme Towns de venir ; en voyant l'apparition, elle s'approcha, le bras étendu comme pour la toucher, et, comme elle passait sa main sur le panneau de l'armoire, l'image peu à peu disparut, et *on ne la vit jamais dans la suite*, quoique la chambre fût occupée.

Tels sont les faits qui ont eu lieu ; et il est impossible d'en douter; l'on n'influença en rien les témoins ; on leur posa la même question lorsqu'ils entraient dans la chambre, et tous répondirent sans hésiter. Ce fut par accident que je ne vis pas l'apparition. J'étais dans la maison à ce moment, mais je n'entendis pas qu'on m'appelait.

C. A. W. Lett.

Les soussignées, après avoir lu le récit ci-dessus, certifient qu'il est exact. Nous avons été toutes deux témoins de l'apparition.

Sara Lett, Sibbie Smith (née Towns).

Voici donc huit personnes qui s'accordent pour déclarer qu'elles ont vu, six semaines après sa mort, le portrait posthume du capitaine Towns. Il est clair qu'une semblable unanimité ne provient pas d'une hallucination collective puisqu'aucune suggestion n'a été faite, et qu'il est tout à fait improbable que des témoins de professions si diverses et de mentalités qui diffèrent autant, puissent toutes subir de la même manière une hallucination qui a surpris les deux premières voyantes elles-mêmes, car elles ne pensaient pas, en ce moment, au capitaine décédé. D'où viendrait, dans ces conditions, la suggestion primitive ? Je crois qu'il faut se refuser systématiquement à toute interprétation spiritualiste pour ne pas avouer que le fait des apparitions de morts est parfaitement constaté par le témoignage humain. Sans m'attarder à signaler ce que l'attitude négative a de peu scientifique, je poursuis en reproduisant un autre récit, dans lequel le fantôme s'est montré, à sept reprises, à des personnes différentes, et une fois dans une autre maison que celle où a eu lieu la mort de l'agent. Ce cas nous remet en présence de ces phénomènes auxquels on a donné le nom de *hantise*, parce que le fantôme, non content de se faire voir, agit matériellement en produisant des bruits plus ou moins forts, imite le pas d'une personne montant l'escalier, et peut ouvrir ou fermer des portes.

Rien que sur ce sujet, on pourrait faire un gros volume, en réunissant les récits véridiques publiés avec de suffisantes références (1). Je me bornerai à signaler celui qui suit, renvoyant pour l'étude des autres aux *Proceedings*.

UNE APPARITION PERSISTANTE

Cas n° XV du mémoire de M. Gurney (2).

Le cas suivant, dit l'auteur, m'a été communiqué lorsque déjà le reste de ce mémoire était sous presse et il est encore incomplet. Les initiales données ne sont pas les véritables.

On remarquera que la valeur démonstrative de ce fait vient de ce qu'il y a au moins quatre percipients séparés, et que des mani-

---

(1) Voir l'Enquête publiée dans les *Proceedings*, 1896, par M. Podmore, et les *Annales Psychiques*, 1892, p. 211 ; 1893, p. 65 ; 1895, p. 77, etc.
(2) La traduction en a paru dans la *Revue scientifique et morale du Spiritisme*, août 1901.

festations furent observées par plusieurs personnes simultanément. L'impression éprouvée par chaque percipient séparément pourrait être considérée comme une simple hallucination subjective, opinion admise tout naturellement par Miss A... dont le récit est le premier de ceux qui vont être reproduits.

Mais un tel ensemble d'hallucinations subjectives se produisant séparément et suggérant toutes l'idée du même décédé, les unes d'après l'aspect du fantôme, les autres d'après la localité où se produisit le phénomène, formerait, à mon avis, un groupe de coïncidences sans aucun autre exemple. La première apparition survint quelques semaines après la mort ; les autres se montrèrent *à plus d'une année d'intervalle*. Mme X... mourut dans la ville de X... le 18 septembre 1886, à 4 heures du matin.

La première personne qui observa une apparition anormale fut Miss A..., cousine de la défunte, qui écrit ce qui suit à la date du 4 mars 1889 :

« J'ai toujours considéré que ce que j'ai vu a ébranlé mon système nerveux et déprimé mes forces, spécialement lorsque j'ai été témoin de la mort subite de ma cousine. *Six semaines après sa mort*, je m'éveillai avec le sentiment que quelqu'un était dans ma chambre près de moi ; je parcourus ma chambre des yeux et aperçus Mme X... assise devant la fenêtre, sur une chaise berceuse. *Elle portait une robe blanche avec un tour de cou plissé*. Elle avait la figure tournée de mon côté et je *la vis distinctement*. La peur me fit fermer les yeux, et quand je les rouvris, elle avait disparu. Quinze jours plus tard, je m'éveillai de nouveau avec la même impression, à 4 heures du matin : Mme X... était encore assise sur la même chaise. Cette fois, *je la regardai bien fixement*, elle se leva, traversa la chambre, se dirigeant vers le lit et de la main gauche *jeta à terre les couvertures* (1). Je me dressai sur mon séant, sous le coup de la terreur, et je m'écriai : « Oh ! que voulez-vous ? » Elle se baissa et dit très distinctement : « Trois jours, seulement trois jours ! » et elle disparut. Je me levai terrifiée, j'allumai le gaz et cherchai partout, mais ne trouvai rien. Cela me rendit tout à fait malade et nerveuse ; aussi j'appelai le médecin, mais depuis ce jour je ne vis plus rien. J'ai entendu tout le monde dans la famille parler des nombreuses apparitions qu'elle fit depuis, mais je me suis bien gardée de jamais dire un mot. »

Ces apparitions, les seules dans lesquelles le fantôme fut reconnu, eurent lieu *dans une maison peu éloignée de celle où Mme X... était*

---

(1) Cette action physique établit manifestement l'objectivité du fantôme, car la percipiente était si bien éveillée, qu'elle se leva pour faire de la lumière. (G. D.)

morte. Toutes les autres manifestations se produisirent dans la maison même de Mme X...

Le second percipient fut M. X... lui-même, qui écrit à la date du 5 mars 1889 :

« Il y a un an, j'allai, selon ma coutume, me coucher entre 11 heures et 11 h. et demie. Mon lit était près de la porte et je couchais avec mon fils, âgé de 4 ans. Comme je le fais toujours, je fermai la porte à clef et j'éteignis le gaz. Je fus réveillé par *un bruit de choc inusité*, qui semblait bien provenir d'un point très rapproché de moi. J'ouvris les yeux et comme je me tournais vers la porte, je fus fort surpris de voir distinctement une forme qui semblait être celle d'une femme *en costume de nuit* ; quant à ses traits, il me fut impossible de les distinguer. Lorsque je l'aperçus, elle se tenait debout près du lit. Je me sentis comme paralysé et tout à fait glacé. A plusieurs reprises je fermai et rouvris les yeux et toujours je la voyais à la même place, sans aucune modification. Enfin je fermai les yeux une dernière fois, et lorsque je les rouvris, elle avait disparu. *Il me sembla que je restai glacé pendant un certain temps avant de sentir un nouveau flot de chaleur* (1), qui me rendit un peu de force et assez d'assurance pour essayer de me mettre sur mon séant, afin de réfléchir à ce que je venais de voir. A ce moment l'horloge sonna trois heures. Je sortis de mon lit, allumai le gaz que je tins assez bas, pratique que j'ai toujours suivie depuis cette nuit, et je ne vis plus aucune autre apparition dans la suite. Ceci arriva *trois mois après l'apparition qui avait surpris Miss X...*.

Cinq mois plus tard, je fus réveillé d'un profond sommeil *par un terrible bruit de fracas* dans ma chambre, imitant celui que ferait le globe entourant mon bec de gaz, qui, se détachant, viendrait tomber sur le marbre d'une table de toilette et s'y briserait. Mais comme le gaz était allumé, je pus me convaincre que rien de semblable ne s'était produit. Mon jeune fils, qui couchait avec moi, également réveillé par le bruit, me demanda : *D'où vient donc ce bruit, papa* ? Je réfléchis quelques instants en silence sur la cause probable de ce fait, puis je me levai et recherchai ce qui avait pu se briser et je levai le gaz à cet effet, mais sans aucun résultat. A ce moment, l'horloge marquait 2 h. 27 m. Je me recouchai. La première question que je posai, le matin, à Mlle B... dont la chambre était voisine de la mienne, fut : « Avez-vous entendu quelque bruit cette nuit, ou avez-vous brisé quelque chose ? » Elle répondit que non et je n'ai jamais pu découvrir la cause de ce tapage.

---

(1) Remarquons, dès maintenant, que la sensation de froid indiquée par le narrateur est très fréquemment ressentie par les personnes qui assistent aux séances de matérialisations, principalement au moment où les apparitions vont se montrer. J'en citerai de nombreux exemples. (G. D.)

Depuis cette époque, nous entendons *constamment des bruits de pas montant et descendant l'escalier*, des craquements dans ces escaliers, et il nous arrive *de voir la porte de la salle à manger s'entr'ouvrir doucement, sans aucune apparition.* »

Comme je demandais à M. X... si l'ouverture de la porte ne pouvait être attribuée à l'action du vent ou à ce qu'elle avait été mal fermée, il me répondit :

« Ce fait ne s'était jamais produit auparavant et il a cessé complètement aujourd'hui. Je ne pense pas que le vent l'ouvrirait de cette façon. La porte était poussée contre, mais non assujettie. Miss B..., avec une dame de nos amies et moi-même, nous étions assis dans la pièce. Notre attention fut attirée par des craquements de la porte et nous avons vu nettement la porte s'ouvrir d'un tiers et rester ensuite immobile. »

Lorsque le fantôme apparut à M. X..., il n'y avait pas de lumière dans la chambre. Le bruit de bris de glace survint à 2 h. 27 du matin, dans une nuit de novembre 1888. Dans ce même mois, le fils aîné de M. X..., âgé de 10 ans, qui couchait seul dans une chambre, dit qu'il avait été visité par une forme tout en noir, qui disparut. Mais ceci peut fort bien n'être qu'une hallucination subjective provoquée par les conversations qui, à ce moment, avaient surtout les apparitions pour sujets.

M. X... n'a pas eu d'autres hallucinations des sens.

Après M. X... le percipient qui suit est Miss X..., sœur du veuf, qui nous donne le récit suivant :

« Février 1889.

« Ma belle-sœur mourut en septembre 1886. Huit jours plus tard, je vins tenir la maison de mon frère ; je couchais dans la chambre où elle était morte, et cela dura ainsi pendant 13 mois. Puis j'allai passer quatre mois chez moi à Clifton. Je fus remplacée par une jeune dame de nos amies. Je revins lorsqu'elle fut partie et je demeurai là encore trois mois. Un soir, nous restâmes longtemps à causer au rez-de-chaussée et il était 12 h. 15 m. lorsque nous allâmes nous coucher. J'étais à peine seule dans ma chambre depuis quelques minutes, quand *j'entendis tout à coup un bruit qui me fit ouvrir les yeux* et je vis *une forme enveloppée de blanc*, qui se tenait près de mon lit. Elle avançait la main, comme si elle avait voulu *relever les couvertures*.

Dans ma terreur, je poussai un cri et, portant mon bras en avant, je dis : « Qui est là ? Qu'est-ce cela ? » Elle recula de cinquante centimètres environ, puis s'avança de nouveau. Le grand cri que j'avais poussé fit venir mon frère, dont la chambre était voisine de la mienne. Dès qu'il ouvrit la porte, l'apparition se dissipa et je ne l'ai plus jamais revue depuis.

Mon frère me dit que pendant que j'étais retournée chez moi, il avait été réveillé une nuit *par une impression de froid*. Il vit debout, près de lui, *une forme blanche* qui resta quelque temps, puis s'évanouit après lui avoir causé une grande frayeur.

Miss X... *n'a jamais eu aucune autre hallucination*.

Une autre personne qui vit l'apparition fut Miss B..., qui vint tenir la maison de M. X..., au printemps de 1888. Ce fut pendant l'été de cette année qu'elle eut cette vision, mais elle n'a pas conservé la date exacte.

4 mars 1889.

Je voudrais bien vous faire une description exacte de l'apparition que j'ai vue *trois fois* dans ma chambre à coucher, mais je crains bien de ne pouvoir y arriver. La première fois, la forme *vêtue de blanc* vint au pied de mon lit et y resta fort peu de temps. Elle me parut être une femme assez grande, mais elle était tellement enveloppée dans sa draperie blanche (1), que je ne pus bien voir la tête. Je ne la quittai pas des yeux un seul instant, et cependant je ne puis dire comment elle partit ; elle était arrivée subitement. *Les trois fois que je la vis*, elle présentait bien le même aspect, et la dernière fois elle vint se placer à côté de moi ; cependant, quoique je ne l'aie pas quittée des yeux, et que je ne me sois pas détournée, je ne puis dire à qui elle pouvait ressembler. Bien des semaines se sont écoulées depuis que je l'ai vue. Une de ces dernières nuits, à l'heure ordinaire, c'est-à-dire vers minuit, j'ai entendu du bruit à ma porte, mais je n'ai rien vu.

Je ne me laisse nullement impressionner par ces sortes de choses, mais je voudrais bien savoir ce qu'elles signifient.

De tout ceci, il faut admettre qu'une apparition s'est présentée sept fois à quatre personnes différentes, sans compter l'enfant de dix ans. La plupart de ces apparitions eurent lieu assez longtemps après la mort, pour qu'il soit impossible de les attribuer à la préoccupation d'un deuil récent.

Il existe une assez grande variété dans les bruits produits, qui imitent tantôt un bris de glace, tantôt des pas sur un esca-

---

(1) Nous verrons que dans les séances avec des médiums à matérialisation, les formes fantômales sont très souvent revêtues de draperies blanches. C'est une analogie de plus entre les faits naturels et ceux qui sont provoqués.

lier. Les premiers phénomènes sont des sensations nettement hallucinatoires, puisqu'aucun objet en verre n'a été trouvé brisé, mais le déplacement des couvertures dans le premier cas, l'ouverture de la porte constatée par plusieurs témoins, qui ne peut être expliquée par l'action d'un courant d'air, démontrent une action physique exercée par le fantôme et, dès lors, les bruits de pas pourraient être dus au fantôme matérialisé, puisque ces pas coïncident avec des craquements analogues à ceux que produirait un être humain dans les mêmes circonstances.

Je ferai observer à ceux qui seraient tentés de croire que je dépasse les limites de l'induction permise, que des êtres matérialisés ont été *pesés* dans des séances expérimentales, comme je le montrerai plus loin, ce qui autorise à supposer qu'il peut en être de même dans les cas spontanés, tels que celui que je viens de citer.

Le récit suivant prouve que le fantôme que l'on a vu était matériel, puisqu'il a écrit.

IDENTITÉ D'UN FANTÔME PROUVÉE PAR SON ÉCRITURE AUTOGRAPHE

M. le baron de Guldenstubbé, bien connu comme un parfait galant homme, incapable de tromper, possédait la médiumnité de l'*écriture directe*, c'est-à-dire celle produite par les esprits eux-mêmes, sans intervention humaine. Il a raconté ses expériences (1) et donné les *fac-simile* des messages ainsi obtenus. Voici ce qui lui arriva le 14 janvier 1858 (2) :

> Le soir de ce même jour, M. de Guldenstubbé, étant dans un café occupé à lire le *Courrier de Paris*, vit tout-à-coup se dessiner sur la marge du journal des caractères écrits par son génie familier ; par cette écriture on conseillait au baron de se rendre au Théâtre Italien. Il s'y rendit avec sa sœur, curieux de constater pourquoi son génie familier voulait qu'il se rendît dans ce sanctuaire de Melpomène, si cher à nos dilettantes.
>
> A peine y étaient-ils arrivés *qu'ils virent l'ombre d'un gros homme;* bientôt cette ombre s'approcha de la loge où le baron était à côté

---

(1) B. de Guldenstubbé. *De la Réalité des esprits et du phénomène merveilleux de leur écriture directe*, 1858.
(2) Voir Pierart, *Revue spiritualiste*, t. V, 1862, page 92.

de sa sœur. Le baron eut alors l'idée de demander une écriture directe à l'esprit qui prenait plaisir à se manifester ainsi à lui. Il mit successivement sur le bord de sa loge deux cartes de visite. En retirant chacune de ces deux cartes, il y trouva la signature paraphée de Lablache. C'était donc l'illustre artiste qui avait fait la gloire du Théâtre Italien, qui était venu s'y manifester à l'état d'esprit. M. de Guldenstubbé, encouragé par ses expériences, mit sur le bord de la loge une note de marchand limonadier, le seul papier qu'il eût en ce moment sur lui. Quand il le retira un moment après, il y trouva ces mots : « *Ce n'est pas ici le seul lieu où je me manifeste, mais j'aime les théâtres de ma gloire.* — LABLACHE. »

Le baron n'eut rien de plus pressé que de s'assurer de l'identité de la signature de Lablache. Toute certitude à ce sujet lui fut donnée le lendemain par le dessinateur Baugniet qui possédait des *fac-simile* de cette signature. M. Baugniet apprit en même temps au baron la nouvelle de la mort de Lablache, arrivée la veille à Naples, et transmise à Paris par dépêche télégraphique.

Nous avons dans cet exemple la preuve qu'un esprit peut agir sur la matière pour écrire comme de son vivant, sans intervention terrestre de qui que ce soit. Ce phénomène a été signalé et décrit par Crookes (1) et par quantité d'autres auteurs, c'est pourquoi je n'hésite pas à croire à la parfaite possibilité de celui rapporté par le baron de Guldenstubbé, dont tous ceux qui l'ont connu affirment la loyauté. Je rappelle que nous avons constaté, dans le premier volume, que le double d'un vivant a écrit aussi sur l'ardoise d'un capitaine pour demander qu'on vînt au secours du navire sur lequel il se trouvait (2). C'est une analogie de plus entre les manifestations terrestres des vivants extériorisés et des désincarnés.

Il existe toute une catégorie de récits qui nous montrent que les apparitions ont souvent un caractère consolant, ce sont celles qui se produisent au dernier moment, et qui paraissent aider le mourant à entrer dans la vie spirituelle. Je renvoie le lecteur à une étude très bien faite de M. Ernest Bozzano (3), qui donne à l'explication télépathique toute l'extension possible, mais qui

---

(1) Voir plus loin page 171.
(2) Voir volume I, p. 276.
(3) ERNEST BOZZANO, *les Apparitions des défunts au lit de mort*. *Annales Psychiques*. Août 1906, pp. 144 à 182.

convient, cependant, qu'elle est incapable d'embrasser la généralité des faits réunis par l'observation. Ne pouvant citer ce long travail dans son intégralité, voici seulement trois exemples, qui se réfèrent à ceux qui font l'objet de mon étude présente.

CAS DANS LESQUELS D'AUTRES PERSONNES, COLLECTIVEMENT AVEC LE MOURANT, PERÇOIVENT LE MÊME FANTÔME DE DÉFUNT.

Voici les observations préliminaires de M. Bozzano :

Ces cas, bien qu'en apparence d'un caractère plus sensationnel que les autres, sont, pour la plupart, facilement explicables par l'hypothèse télépathique, puisque la circonstance de l'identité de l'apparition perçue par d'autres personnes en même temps que par le mourant, peut être attribuée au fait que ce dernier aurait servi d'agent transmetteur d'une forme hallucinatoire qui s'est produite dans son esprit, hypothèse qui peut être appliquée aussi bien aux cas dans lesquels le phénomène se produit en présence de mourants comme lorsqu'il se produit à distance.

Je n'accepte pas cette théorie, pour les mêmes raisons qui me l'ont fait repousser dans les autres exemples cités jusqu'alors. Je répète encore qu'il faudrait admettre une identique capacité de réception télépathique par tous les percipients, pour leur permettre de voir simultanément cette hallucination, qu'ils localiseraient dans l'espace au même endroit. Or, la diversité des types psychologiques, les uns visuels, les autres auditifs, moteurs, etc., me semble s'opposer à ce qu'une même action télépathique, pénétrant chez tous les sujets, s'extériorise d'une manière rigoureusement semblable, c'est pourquoi je donne la préférence à l'explication qui admet la présence réelle du fantôme, d'autant mieux que, dans certains cas, celui-ci a pu être photographié, ce qui me paraît un argument sans réplique en ce qui concerne l'objectivité du phénomène.

M. Bozzano est conduit, par l'examen des circonstances de ces récits, à faire aussi des réserves sur la valeur absolue de l'hypothèse télépathique. Voici son argumentation :

Parmi ces cas, on en trouve qui laissent dans l'incertitude relativement à une circonstance intéressante, c'est-à-dire si dans une apparition donnée de fantôme perçue par un mourant, et la même perception éprouvée par d'autres personnes, il y a eu une coïncidence ou bien une succession dans le temps. Dans le premier cas, le fait ne s'éloignerait pas de l'ordre des phénomènes télépathiques normaux ; dans le deuxième, il aurait parfois *une haute signification théorique*. Malheureusement, la tâche de distinguer les causes par une méthode rigoureusement scientifique est parfois si difficile, qu'on est peu encouragé à affronter les argumentations de cette espèce.

Dans les trois cas que nous allons soumettre aux lecteurs, se trouvent représentés les principaux traits caractéristiques de la catégorie de phénomènes dont nous nous occupons. Je n'en reproduis que les passages nécessaires à la compréhension des différents arguments, en renvoyant pour les informations ultérieures aux volumes des *Proceedings* dont je les ai tirés.

Ier Cas. — Au mois de novembre 1864, je fus appelé à Brighton, où ma tante Mrs. Harriet Pearson était gravement malade... Sa chambre avait trois fenêtres et était placée au-dessus du salon. Je dormais avec Mme Coppinger dans la chambre à côté. D'habitude, l'une de nous passait la nuit au chevet de la malade. Dans la nuit du 22 décembre 1864, celle-ci était pourtant veillée par Mrs. John Pearson, pendant que nous reposions. Les locaux étaient éclairés et la porte qui donnait sur la chambre de la malade était ouverte.

Entre une heure et deux du matin, et à un moment où madame Coppinger et moi nous étions toutes deux réveillées, parce que l'anxiété nous faisait percevoir le plus léger bruit venant de l'autre chambre, se produisit un incident qui nous a fort impressionnées. Nous aperçûmes *toutes les deux* une figure de femme petite, enveloppée dans un vieux châle, avec un chapeau démodé sur la tête, et une perruque ornée de trois rangs de boucles ; l'apparition avait dépassé le seuil de la porte qui séparait les deux chambres, et était entrée dans celle de la malade. Mme Coppinger, s'adressant à moi, s'était écriée : « Emma, as-tu vu ? Lève-toi ; *c'est la tante Anna !* » (C'était une sœur trépassée de la malade.) — Je répondis aussitôt : « Oui, oui, *c'était bien la tante Anna* ; c'est un triste présage ; la tante Harriet mourra dans le courant de la journée. » — Nous descendîmes toutes les deux du lit ; à ce moment, Mme John Pearson se précipita dans notre chambre en disant à son tour : « *C'était bien la tante Anna* ; où est-elle allée ? » — Pour la calmer, je dis : « C'était probablement Elisa qui était descendue voir comment se porte sa maîtresse. » — Sur quoi, Mme Coppinger mont en courant à l'étage supérieur, où elle trouva Elisa profondément endormie ; elle la réveilla et la fit habiller ; on fouilla toutes les chambres, mais en vain... La tante Harriet mourut le soir de ce jour même, et avant de mourir elle nous raconta *avoir vu sa sœur qui était venue l'appeler.*

Signé : Emma Pearson ; Elisa Quinton (1).

IIe Cas. — Ce cas a été communiqué à la *Society for P. R.* par le professeur W. C. Crosby, l'un de ses membres :

Mme Caroline Rogers, âgée de soixante-douze ans, veuve de deux maris, dont le premier, M. Tisdale, était mort *trente-cinq ans avant*, vécut, durant les derniers vingt-cinq ans de son existence, à Roslindale (Mass., États-Unis), Ashland Street. Après la mort de son dernier fils, qui eut lieu il y a quelques années, elle vécut constamment seule. Dans les premiers jours de mars de cette année, elle fut frappée de paralysie, et après une maladie de six semaines environ, elle expira dans l'après-midi du mardi 15 avril.

Mme Mary Wilson, de profession garde-malade, âgée de quarante-cinq ans, assista Mme Rogers durant toute sa maladie, et resta presque sans interruption à son chevet jusqu'à sa mort. Jamais avant cette époque elle n'avait vu Mme Rogers, *et elle ignorait tout ce qui se rapportait à son existence antérieure.* La malade causait fréquemment avec elle, ainsi qu'avec d'autres personnes, de son second mari, M. Rogers, et de ses fils, en exprimant l'espoir de les revoir un jour.

Dans l'après-midi du 14 avril, Mme Rogers tomba dans un état d'inconscience, dans lequel elle resta jusqu'à la mort, qui eut lieu vingt-quatre heures après... Mme Wilson était épuisée par les veilles prolongées ; comme elle s'attendait à assister d'un instant à l'autre à la mort de la malade, elle était naturellement nerveuse et inquiète, d'autant plus que Mme Rogers *lui avait dit souvent avoir aperçu autour d'elle les fantômes de ses chers trépassés.* Elle éprouvait en même temps un sentiment étrange, comme si elle attendait une visite d'outre-tombe. Entre deux et trois heures du matin — alors que sa fille dormait, et qu'elle était étendue, éveillée, sur un canapé — il arriva à Mme Wilson de tourner par hasard le regard vers la porte qui donnait sur l'autre chambre ; elle aperçut, sur le seuil, la figure droite d'un homme de taille moyenne, d'un aspect prospère, avec de larges épaules qu'il portait un peu renversées en arrière. Il avait la tête découverte : les cheveux et la barbe étaient d'une couleur rouge foncé ; il portait un pardessus sombre, et déboutonné ; l'expression de son visage était grave, ni trop dure ni trop aimable, il semblait regarder fixement parfois Mme Wilson,

(1) *Proceedings of the S. P. R.*, vol. VI, p. 21.

parfois Mme Rogers, en restant dans une immobilité absolue. Mme Wilson crut naturellement se trouver en présence d'une personne vivante, ce qui fait qu'elle ne pouvait se rendre compte de la manière dont elle avait pu s'introduire dans la maison. Ensuite, voyant qu'il continuait à demeurer immobile comme une statue, elle commença à soupçonner qu'il s'agissait de quelque chose d'anormal ; inquiète elle tourna la tête d'un autre côté, en appelant à haute voix sa fille pour la réveiller. Quelques instants après, elle recommença à regarder dans cette direction, mais tout avait disparu. Aussi bien l'apparition du fantôme que la disparition, tout s'était produit sans bruit. Pendant ce temps, Mme Rogers *était restée absolument tranquille, probablement plongée dans le même état d'inconscience dans lequel elle se trouvait depuis plusieurs heures.* La chambre vers laquelle donnait la porte n'était pas éclairée ; Mme Wilson ne fut donc pas à même de constater si l'apparition était transparente. Elle se rendit quelques instants après dans cette chambre et dans l'autre pièce de l'appartement ; aussitôt le jour venu, elle descendit à l'étage inférieur, et elle trouva toutes les portes fermées à clef ; tout était à sa place.

Dans cette même matinée, Mme Hildreth, nièce de la malade, qui habitait non loin de là, et qui vivait depuis de longues années dans une grande familiarité avec sa tante, alla la visiter. Mme Wilson en profita pour lui faire le récit de ce qui s'était passé, en lui demandant si l'apparition qu'elle avait vue ne ressemblait pas à feu M. Rogers. Mme Hildreth répondit négativement (d'autres personnes qui connurent M. Rogers firent ensuite la même déclaration). Leur conversation fut interrompue en ce moment ; mais quelques heures après Mme Hildreth revint sur l'argument, et dit à Mme Wilson que la description qu'elle avait faite de l'apparition *correspondait parfaitement avec l'aspect personnel de M. Tisdale, premier mari de Mme Rogers.*

Maintenant, il faut observer que Mme Rogers s'était établie à Roslindale après son second mariage ; que Mme Hildreth était la seule personne du pays qui eût connu M. Tisdale ; que chez Mme Rogers n'existaient point de portraits de lui ni autre objet quelconque capable de faire connaître ses traits.

Signé : MARY WILSON.

Le récit qui précède constitue un compte rendu complet et soigné du fait arrivé à Mme Wilson, tel qu'il m'a été raconté par elle-même, le matin du 15 avril.

Signé : Mme P. E. HILDRETH [1].

---

[1] *Proceedings of the S. P. R.*, vol. VIII, pp. 229-231.

Dans le cas que l'on vient de lire, dit M. Bozzano, il est à noter que, bien que la malade ait déclaré à plusieurs reprises avoir vu autour d'elle les fantômes de ses morts, il n'est pourtant pas vraisemblable qu'elle ait participé à la perception hallucinatoire de Mme Wilson, à raison de l'état comateux dans lequel elle se trouvait depuis de longues heures, et où elle resta jusqu'à la mort. Tout porte donc à supposer que l'hallucination n'a pas été collective et simultanée, et que la vision de Mme Wilson a été entièrement indépendante.

Point n'est permis d'aller plus loin dans ces suppositions, le degré d'inconscience dans lequel se trouvait à ce moment la malade n'étant pas prouvé ; on ne peut pas en effet écarter complètement le doute qu'elle conservait un restant de conscience suffisant à déterminer un phénomène d'hallucination subjective, transmissible télépathiquement à une tierce personne (1).

IIIᵉ CAS. — J'extrais ce récit, ainsi que les autres, des *Proceedings of the S. P. R.*, vol. X, p. 372. Il a été fait à la même Société par Mrs. B..., une dame connue par M. Podmore. En parlant de la mort de sa mère, elle raconte, entre autres choses, ce qui suit :

... Ma plus jeune sœur, maintenant défunte, vint appelée au lit de mort de ma mère, et quitta le Devonshire, où elle séjournait auprès d'une famille amie, pour accourir à la maison. Une fois arrivée, aussitôt qu'elle fut entrée dans la salle, elle s'arrêta épouvantée, en criant avoir vu *le fantôme de la « marraine »*, assise à côté du feu, à la place habituelle de notre mère. La « marraine » était morte vers la fin de l'année 1852. Elle avait été la gouvernante de notre mère, et presque sa nourrice ; elle avait vécu avec elle pendant toute la durée de sa vie conjugale, avait été marraine de sa première fille, et lorsque notre père vint à mourir, elle s'était engagée à le remplacer le plus possible dans l'intention d'éviter à notre mère toutes sortes de préoccupations, — ce qu'elle accomplit du reste noblement jusqu'à sa mort.

Au cri de X..., mon autre sœur accourut dans la salle, et put se rendre compte de ce qui était arrivé ; *elle aussi put voir le fantôme, absolument dans la même position où X... l'avait trouvé.* — Plus tard, il fut aperçu à côté du lit de ma mère ; puis assis sur le bord du lit même. *Mes deux sœurs et ma vieille domestique virent ensemble ce fantôme.* L'apparition était la reproduction parlante de ce que fut la « marraine » pendant sa vie, — exception faite pour le vêtement gris qu'elle portait, vu qu'elle avait l'habitude — si je me souviens bien — de ne se vêtir que de noir. *Ma mère aussi aperçut la « mar-*

---

(1) Je ferai observer, cependant, que le texte dit que la malade était plongée *depuis plusieurs heures* dans un complet état d'inconscience. (G. D.)

raine » ; et se retournant de son côté, elle s'écria : « Marie ! » ce qui était justement le nom de la défunte.

Aussi, dans ce dernier cas, — dit M. Bozzano — il y a de fortes présomptions en faveur de l'indépendance complète du fantôme perçu pour la première fois par les deux sœurs. Seulement, pour avoir la certitude qu'il s'agissait effectivement de phénomènes non simultanés, il aurait été nécessaire qu'au moment où se produisait la première manifestation, quelqu'un eût songé à questionner à ce sujet la malade, — ce qui n'eut pas lieu.

Cette apparition, vue par quatre personnes, se déplace et va du coin de la cheminée auprès du lit, et même s'assied sur ce lit. Il me paraît évident que les descriptions concordantes des témoins sur les mouvements du fantôme suffisent à en démontrer la réalité objective. Cette fois, l'apparition a un caractère nettement consolant et montre qu'après un grand nombre d'années terrestres, ceux que nous avons aimés et qui vivent dans l'au-delà, se souviennent encore de nous et viennent parfois nous aider à franchir le passage qui sépare notre monde du leur. Sans doute, ce n'est qu'accidentellement que l'on peut observer *visuellement* ces apparitions, mais nous savons, par les communications qui ont été reçues dans le monde entier, que le fait est plus fréquent qu'on ne serait porté à le croire, car c'est un retour dans l'espace que nous effectuons en quittant la vie terrestre, et il est rationnel de supposer qu'une partie au moins de ceux qui nous y ont précédé vient nous recevoir. Plus nous irons maintenant dans l'exposé des faits, et plus cette conclusion s'imposera à nous, en dépit de toutes les réserves que la prudence scientifique nous imposera.

Arrivons enfin à une catégorie de phénomènes collectifs qui sont aussi démonstratifs pour établir l'objectivité des fantômes, ce sont ceux où l'apparition est perçue également par des êtres humains et par des animaux.

LE FANTÔME EST VU COLLECTIVEMENT PAR DES HOMMES ET DES ANIMAUX

L'ouvrage : *Miracles et Moderne Spiritualisme*, d'Alfred Russel Wallace, contient une étude des cas cités par les premières publications de la S. P. R. L'illustre naturaliste signale le fait que, dans beaucoup de récits anciens de maisons hantées, ou dans ceux recueillis dans les *Proceedings*, on note que des chiens ou des chats semblent avoir eu des visions de formes invisibles pour les assistants, formes produisant des bruits qui effrayaient les animaux domestiques, au point qu'ils se cachaient sous des meubles, étaient trempés de sueur et refusaient plus tard de pénétrer dans la pièce où avaient eu lieu ces phénomènes.

D'autres exemples montrent des chiens, d'une nature intrépide, s'enfuyant en proie à une terreur folle en se trouvant en face d'un fantôme, vu aussi par des êtres humains. Évidemment, on ne peut guère savoir exactement ce qui se passe dans le cerveau d'un chien, d'un chat ou d'un cheval au moment où se produit une de ces manifestations ; mais il est infiniment probable que l'animal non seulement *voit* l'apparition, mais qu'il *sent* qu'elle n'est pas ordinaire, normale, puisqu'il est épouvanté par ce *quelque chose*, dont la forme humaine ne suffit pas à le rassurer.

Faut-il admettre qu'une action télépathique est capable de se transmettre d'un homme à un animal ? L'hypothèse, pour être un peu hardie, ne paraît pas dépourvue de toute vraisemblance, si l'on admet qu'il existe dans l'animal un principe intelligent analogue à celui de l'homme. Mais il est certain qu'il doit y avoir, au moins, une différence *de degré* entre la psyché animale et la nôtre, de sorte que l'on peut se demander si l'influence télépathique trouverait chez l'animal une conscience subliminale, c'est-à-dire un terrain favorable à son éclosion et à son développement. En revanche, il paraît plus qu'improbable qu'un animal puisse halluciner des êtres humains, et cependant c'est ce qu'il faudrait soutenir — si l'on n'admet pas la réalité objective de la vision — lorsque c'est cet animal qui perçoit le premier le fantôme, vu également par des êtres humains qui sont au même endroit.

M. Bozzano (1) a étudié aussi ce genre particulier de phéno-

(1) ERNEST BOZZANO, *Perceptions psychiques et animaux*. Ann. Psych. août 1905.

mènes et en a réuni 69 exemples, qu'il a divisés en 6 catégories, suivant les circonstances qui ressortent de l'examen de ces récits. Je suis encore obligé de prier le lecteur de se reporter à ce travail très bien fait, dont je détache seulement les quatre cas suivants :

* * *

Ier CAS. — (Auditif-visuel) (1). — Une de mes amies d'études (je suis doctoresse) était allée aux Indes comme médecin-missionnaire. Nous nous étions perdues de vue comme cela arrive parfois, mais nous nous aimions toujours.

Un matin, dans la nuit du 28 au 29 octobre (j'étais alors à Lausanne), je fus réveillée avant 6 heures par *des petits coups frappés à ma porte*. Ma chambre à coucher donnait sur un corridor, lequel aboutissait à l'escalier de l'étage. Je laissais ma porte entr'ouverte pour permettre à un gros chat blanc que j'avais alors, d'aller à la chasse pendant la nuit (la maison fourmillait de souris). *Les coups se répétèrent*. La sonnette de nuit n'avait pas sonné, et je n'avais non plus entendu monter l'escalier.

Par hasard, mes yeux tombèrent sur le chat qui occupait sa place ordinaire au pied de mon lit ; il était assis, *le poil hérissé, tremblant et grognant*. La porte s'agita *comme poussée par un léger coup de vent*, et je vis paraître une forme enveloppée d'une espèce d'étoffe vaporeuse blanche, comme un voile sur un dessous noir. Je ne pus pas bien distinguer le visage. Elle s'approcha de moi ; je sentis *un souffle glacial passer sur moi* (2), j'entendis le chat *gronder furieusement*. Instinctivement, je fermai les yeux, et quand je les rouvris tout avait disparu. Le chat *tremblait de tous ses membres et était baigné de sueur* !

J'avoue que je ne pensai pas à l'amie aux Indes, mais bien à une autre personne. Environ quinze jours plus tard, j'appris la mort de mon amie, dans la nuit du 29 au 30 octobre 1890, à Shrinagar, en Kashmir. J'appris plus tard qu'elle avait succombé à une péritonite.

Marie de THILO,
Docteur-médecin, à Saint-Junien (Suisse).

(1) FLAMMARION, *l'Inconnu*, p. 166-167.
(2) Encore le voile et la sensation de froid à la proximité d'une forme assez matérialisée pour frapper des coups, et se faire voir. L'effroi du chat *a précédé* la vision oculaire du fantôme, et ne peut être produite par la pensée de la doctoresse, qui ne s'attendait nullement à voir une apparition (G. Delanne).

IIe cas. — (Auditif-collectif). — Le mousse du navire à voile *Avalanche* (dans le naufrage duquel périt tout un équipage), avait un chien qui l'aimait beaucoup et qui répondait promptement à l'appel d'un sifflet pour chien que son maître portait toujours avec lui. Dans la nuit du naufrage, la mère et la tante du mousse se trouvaient dans le boudoir et le chien dans la cuisine. Entre 9 et 10 heures, les deux femmes furent frappées soudain *par un sifflement très fort de l'étage supérieur*. Le son était bien celui du sifflet dont se servait le jeune mousse. *Le chien l'avait reconnu à son tour et avait aussitôt répondu par des aboiements*, comme c'était son habitude de le faire, et avait couru à l'étage supérieur, où il faut croire qu'il supposait trouver son maître (1).

IIIe cas. — (Visuel, avec précédence de l'animal sur l'homme). — Une jeune dame appartenant à ma paroisse, à Boston, était, un dimanche soir, assise à son piano, elle jouait et elle songeait. Aucun des membres de la famille ne se trouvait à la maison, pas plus que les domestiques. Un petit chien, très aimé par la dame, était couché sur une chaise, à quelques pas d'elle. Étant assise au piano, elle tournait le dos à la porte qui ouvrait sur le salon. Tout à coup, son attention fut attirée par l'attitude du chien, qui s'était soulevé, *le poil hérissé sur le dos, et avait commencé à gronder sourdement, en regardant vers la porte*. La dame se retourna aussitôt et aperçut les silhouettes vagues de trois formes humaines, qui se trouvaient dans l'autre chambre, près de la porte donnant sur le salon. Avant que les formes disparussent, il lui sembla en reconnaître une. En attendant, *la terreur du chien s'était augmentée à tel point qu'il avait été se cacher sous le sofa*, d'où il ne se décida à sortir qu'à la suite des insistances réitérées de sa maîtresse. — L'importance de cet épisode tient à ce qu'il prouve qu'il s'agissait de quelque chose qui *avait été perçu par l'animal avant sa maîtresse*, c'est-à-dire en dehors de toute forme de suggestion ayant une origine humaine (2).

IVe Cas. — (Visuel-collectif, avec précédence de l'animal sur l'homme.)

Le cas suivant — très important, puisque sept personnes virent la même apparition en même temps qu'un chien (3) — a

(1) Hudson Tuttle, *Arcana of Spiritualism*, p. 234.
(2) Rev. Minot Savage, *Can telepathy explain ?* p. 46-48.
(3) M. Bozzano a écrit : « Subirent la même forme d'hallucination télépathique ». J'ai remplacé ces mots par : virent la même apparition, pour les raisons que j'ai données plus haut. (G. D.)

été communiqué par Alexandre Aksakoff à la *Society for Psychical Researchs*; il est relaté dans le volume X, page 227 des *Proceedings*.

Saint-Pétersbourg, 4 mai 1891. — Voilà le phénomène dont toute notre famille fut témoin. C'était à Pétersbourg, en 1880, lorsque nous demeurions rue Pouchkarska. Par une soirée du mois de mai, vers les six heures, ma mère (aujourd'hui Mme Téléchof) se trouvait au salon avec ses cinq enfants, dont j'étais l'aîné (j'avais alors 16 ans). En ce moment, un ancien serviteur de la maison, qu'on traitait en ami (mais qui alors ne servait plus chez nous), était venu nous voir et était engagé dans une conversation avec ma mère. Tout à coup les ébats joyeux des enfants s'arrêtèrent, et l'attention générale se porta vers notre chien « Moustache », qui s'était précipité, *en aboyant fortement, vers le poêle*. Involontairement, nous regardâmes tous dans la même direction, et nous vîmes sur la corniche du grand poêle en carreaux de faïence, *un petit garçon, de six ans à peu près, en chemise*. Dans ce garçon, nous reconnûmes le fils de notre laitière, André, qui venait chez nous souvent avec sa mère pour jouer avec les enfants; ils vivaient tout près de nous. L'apparition se détacha du poêle, passa *au-dessus de nous tous*, et disparut par la croisée ouverte. Pendant tout ce temps — une quinzaine de secondes à peu près — le chien ne cessait d'aboyer de toutes ses forces, *et courait et aboyait en suivant le mouvement de l'apparition*. Le même jour, un peu plus tard, notre laitière vint chez nous et nous fit part que son fils André, après une maladie de quelques jours (nous savions qu'il était malade) venait de mourir; c'était probablement au moment où nous le vîmes apparaître.

Daniel Amosof, Marie Téléchof (la mère de M. Amosof en second mariage), Kouzema Petrof (vivant à présent à Lébiajeyé, près Oranienbaum).

Nous dirons avec M. Bozzano que, dans ce dernier cas, l'attitude du chien vis-à-vis de l'apparition paraît tellement caractéristique et éloquente, qu'on est porté irrésistiblement à conclure qu'il a aperçu la même vision que les sept autres percipients. Il faut remarquer, en effet, que le chien (qui avait été en outre le premier à subir la sensation télépathique) s'était jeté en aboyant dans la direction du poêle, là où les autres percipients localisèrent l'apparition, et que, pendant tout le temps que l'apparition resta visible, il n'avait pas cessé d'aboyer vers elle, en la suivant dans son mouvement aérien.

Dans les autres cas aussi, on rencontre des incidents qui nous portent à formuler la même hypothèse, quoique à un degré moins évident.

Ainsi, dans le premier cas, il faut observer que le chat dont il a été question, paraissait si épouvanté, qu'il avait été saisi d'un tremblement et qu'il s'était trouvé baigné de sueur ; cela signifie qu'il avait vu, lui aussi, quelque chose de tellement anormal, qu'il en avait été effrayé ; et si ce quelque chose n'avait pas été la forme spectrale perçue par sa maîtresse, quelle autre chose pouvait-ce donc être ?

De même dans le deuxième cas, il faut noter que, si le chien appartenant au pauvre mousse avait couru tout droit à l'étage supérieur en aboyant joyeusement, et si les deux femmes percipientes avaient localisé là-haut le son du sifflet, tout cela permet de déduire logiquement que le chien avait perçu le même sifflement.

On peut en dire autant du troisième cas. En effet, si le petit chien en question s'était tout à coup soulevé en grondant sourdement et en regardant vers la porte, pour aller ensuite se réfugier sous un meuble, tout cela indique évidemment qu'il avait eu, lui aussi, la vision de quelque chose de fantômatique, qui l'avait épouvanté ; cette dernière circonstance se rencontre souvent dans les cas de cette espèce, et est d'autant plus remarquable, que les chiens ont bien l'instinct de s'irriter et de gronder à la vue de personnes intruses en chair et en os, mais non pas de s'en épouvanter.

***

LE FANTÔME, INVISIBLE POUR L'EXPÉRIMENTATEUR, EST VU PAR LES ANIMAUX

Bien que les observations suivantes se réfèrent aux fantômes de vivants, je les insère ici, parce que des animaux ont signalé par leurs attitudes qu'ils voyaient quelque chose d'insolite, et ceci au moment où le médium déclare que son double est extériorisé. Voici de quoi il s'agit.

M. Ochorowicz, dont j'ai déjà parlé dans le premier volume (voir p. 434) a découvert un bon sujet somnambulique, Mlle Stanislas Tomczyk, avec laquelle il obtient la lévitation de petits objets, sans contact, et d'autres phénomènes très intéressants. Je renvoie le lecteur aux *Annales Psychiques* (1) pour le détail, me bornant ici à ce qui concerne la vision psychique des animaux. Par le terme : « la petite Stasia », il faut comprendre que c'est le nom que le sujet donne à son double. Ceci dit, voici le récit du savant expérimentateur :

A la plupart des séances précédentes (2), prirent part, en qualité de témoins sans voix consultative, mes deux chiens : un grand terre-neuve et un petit épagneul de race impure. Etant bien élevés, ils ne me gênaient en rien, et se couchaient tranquillement par terre, près du fauteuil, éloigné de 5 mètres du divan où se faisaient la plupart des expériences.

Au moment où la somnambule déclara que la petite Stasia vient de s'asseoir sur ce fauteuil, l'épagneul, couché en face, se mit à grogner. Je me retourne et je vois *le chien fixant de son regard le fauteuil*. Le terre-neuve dormait et n'y faisait pas attention. Il ne pouvait pas voir le fauteuil. Mais l'épagneul répéta son grondement trois fois, en soulevant la tête et sans bouger. Il ne se calma que lorsque la somnambule déclara que la petite n'y était plus.

Si ce n'était pas une simple coïncidence, on doit peut-être attribuer l'impression du chien à une plus grande condensation du corps éthérique du double, manifestée dans les dernières expériences.

Un peu plus loin, je trouve encore le passage suivant :

Au dîner, je sens des attouchements plus nets à mon genou droit, sous la table. Ce n'est pas encore une main, mais comme un doigt d'abord, comme un pied ensuite. La pression est cependant assez forte : la petite (Stasia) commence à se *matérialiser*. Je ne prononce pas ce mot, voulant obtenir plus tard des explications spontanées de la somnambule. En ce moment elle se trouve à l'état normal. Au moment précis de l'attouchement, je vois un petit effort, un petit mouvement synchrone, inconscient, dans la cuisse droite du médium qui, d'ailleurs, ne pouvait pas m'atteindre avec son pied...

(1) *Annales Psychiques*, janvier, février, mars, avril 1909. Pour les citations ci-contre, voir le n° 1-16 mars, pp. 67 et 72.
(2) Elles avaient lieu chez M. Ochorowicz.

Les commencements de la matérialisation du double paraissent se confirmer par l'attitude d'une chatte blanche qui se trouvait dans la salle à manger. Elle fixe *avec un effroi visible* l'endroit, sous la table, où se trouve la petite Stasia ; à plusieurs reprises elle tourne son regard de ce côté, puis se sauve effrayée et s'oublie dans un coin, ce qu'elle ne fait jamais.

Encore une fois, nous remarquons la parfaite similitude qui existe entre les effets que produisent soit sur la matière, soit sur les animaux, les fantômes, même invisibles, qu'ils soient ceux des vivants ou des défunts, d'où cette conclusion que les uns et les autres sont de la même nature.

RÉSUMÉ

Pour peu que l'on ait lu avec attention le premier volume de cet ouvrage, on est obligé de bannir d'abord l'hypothèse d'hallucinations morbides pour expliquer les apparitions de vivants, car les narrateurs étaient, en général, dans le plus parfait état de santé. Ensuite, l'explication par une coïncidence fortuite devient insoutenable à cause du grand nombre des cas constatés et parce que, d'ordinaire, le percipient n'a eu dans toute sa vie qu'une seule hallucination : celle qu'il raconte, laquelle s'est intercalée dans le cours de sa vie normale, sans la troubler. Chose bien remarquable et qui doit fixer fortement notre attention, cet examen nous fait passer naturellement, sans aucun artifice, par des transitions insensibles, du cas où l'agent est vivant, à ceux où il est sur le point de mourir, pour aboutir aux derniers, où le décès s'est produit depuis plus ou moins longtemps. Inutile de faire des théories, les faits parlent d'eux-mêmes et ils sont significatifs.

Dans tous les exemples : avant, pendant ou après la mort, les phénomènes présentent de telles analogies qu'on doit les considérer comme étant du même ordre. Ils se montrent sous les mêmes aspects, ils ont des caractéristiques identiques, ils agissent de la même manière par clairvoyance ou optiquement ; on doit donc, en bonne logique, les attribuer à la même cause, c'est-à-dire à l'action extra-corporelle de l'âme humaine. Si l'on ne veut voir dans ces faits que des hallucinations véridiques, c'est-à-dire des actions télépathiques, nous sommes contraints alors, non pas à supposer, mais *à constater* que l'action télépathique s'exerce encore après la mort du corps. Cette fois, c'est la démonstration absolue de la survivance du principe pensant, en dépit de tous les préjugés contraires. L'explication par la période latente n'est qu'un expédient, et même assez précaire, parce que la télépathie retardée n'est plus admissible, passé un court délai, car plusieurs mois, et à plus forte raison quelques années après la disparition de l'agent, rien ne permet de croire que son image soit restée inactive dans le cerveau du percipient, pour ne se révéler, accidentellement, que beaucoup plus tard. Les auteurs anglais le reconnaissent eux-mêmes, une semblable hypothèse dépasse par trop les limites permises de l'induction pour être valable; elle doit donc être résolument écartée pour expliquer les faits, éloignés dans le temps, du moment de la mort de celui qui apparaît.

Certains exemples de *hantise* pourraient, peut-être, s'interpréter en supposant, avec sir Oliver Lodge, que, d'une manière encore inexpliquée, les lieux dans lesquels une scène dramatique s'est produite en conservent une image fluidique, invisible pour nous à l'état normal, mais perceptible pour des voyants. J'ai cité le cas de cette jeune fille (p. 26) qui voyait une vieille femme couchée sur le lit et qui en a fait une description assez fidèle pour qu'on pût l'identifier. Les objets matériels se seraient imprégnés de ce tableau et en garderaient une empreinte indélébile. Mais si cette hypothèse présente parfois un certain degré de probabilité, elle ne peut guère s'appliquer qu'aux cas où l'apparition est inerte, où le personnage fantômal est représenté comme dans un tableau. Elle devient nécessairement insuffisante quand le fantôme va et vient, fait preuve d'initiative, parle, etc., et elle est tout à fait inapplicable aux apparitions qui se produisent loin de l'ancienne demeure du défunt[1].

---

[1] On pourrait imaginer qu'il se produit peut-être une sorte de cinématographie, d'un genre inconnu, quand les personnages s'agitent. Mais ici, il n'existe pas de *films* qui se déplacent rapidement, tous les objets restant immobiles, de sorte que l'analogie ne me paraît pas très fondée.

De quelque côté que l'on se tourne, il est difficile d'échapper à la conclusion que l'apparition réelle n'est pas produite par l'âme survivante. Les circonstances relatées dans les récits que j'ai rapportés démontrent que ces apparitions n'ont pas une origine subjective, parce qu'elles renferment des détails exacts de costume, de stigmates, de mutilations, etc., qui sont la reproduction fidèle de ceux de l'agent pendant sa vie, de sorte qu'il est impossible que l'imagination du percipient ait créé et réuni, par hasard, tous ces caractères, puisque le voyant les ignorait complètement. Cette déduction s'impose encore avec plus de force lorsque c'est un étranger qui signale la vision, car aucune influence télépathique retardée, de la part de l'agent, ne peut être raisonnablement invoquée vis-à-vis d'un inconnu. Il est vrai que l'on peut encore supposer, en désespoir de cause, que l'action télépathique a été exercée inconsciemment par un des survivants qui ont connu le défunt, mais quand l'apparition agit, fait preuve d'intelligence, comme dans le cas du colonel H... (p. 18), et qu'elle est morte au milieu d'une bataille entourée de gens qui ne connaissaient pas le colonel, vraiment c'est trop demander à l'imagination du lecteur, que de la soumettre à une pareille acrobatie !

Comme cette hypothèse est le dernier refuge de l'incrédulité aux abois, il faut en montrer toute l'insuffisance. On trouvera, sans doute, des écrivains pour soutenir, par exemple, que c'est la subconscience d'une des deux femmes, servante ou maîtresse, qui a extériorisé involontairement l'image du défunt (p. 14) et qui l'a communiquée télépathiquement à Miss Walker. C'est en vain que l'on demanderait à ces critiques de fournir l'ombre d'une preuve expérimentale en faveur de leur hypothèse ; ils se contentent d'affirmer que les choses sont ainsi car, pour eux, toute supposition qui fait appel à un être vivant comme agent, fût-elle incompréhensible, doit être préférée à celle qui nécessite l'intervention d'un être désincarné. C'est un parti pris contre lequel échoue toute logique. Heureusement que les faits sont assez nombreux et assez circonstanciés pour détruire complètement ces fallacieuses apparences d'explication.

Dans le cas cité par M. Husbands (p. 23), qui vit le fantôme d'un jeune homme décédé un an auparavant dans un hôtel de Madère, il n'existait aucune personne de la famille du défunt dont la pensée aurait pu extérioriser l'image ; cependant elle a été si nette que le percipient reconnut le jeune homme sur une photographie et signala qu'il portait un autre costume — la tenue de crocket — qu'il revêtait habituellement. Ici encore, quel aurait été l'agent inconscient ? Qui donc pense encore à un étranger mort dans un hôtel depuis un an ? Et puis, comment l'action télépathique s'exercerait-elle entre gens qui ne sont ni amis ni parents, et dans quel but transmettrait-elle l'image d'un autre étranger ? Toutes ces suppositions s'éloignent si manifestement de toute induction légitime que je crois inutile d'insister beaucoup, car les cas rapportés par Mme Bacchus (p. 29) et Mme Clerke (p. 31) surtout, relatifs à des fantômes d'individus morts depuis longtemps et auxquels personne de la maison ne s'intéressait, sont des plus démonstratifs. A force de vouloir compliquer les théories pour échapper aux conclusions simples et naturelles qui s'imposent à nous, on finit par accumuler tant d'invraisemblances, que l'on tombe dans l'absurdité.

D'ailleurs, plus on étudie l'extraordinaire variété phénoménale des apparitions et plus on se convainc qu'elles proviennent réellement de l'action de l'âme humaine survivant à la destruction de son corps, car la révélation de faits connus seulement du défunt, à l'exclusion de tout autre, ne peut être attribuée à l'action télépathique inconsciente d'aucun vivant. Les cas de Mme de Marteville et de Sylvain Maréchal sont concluants ; et ils démontrent aussi que la mort ne suffit pas pour détruire l'affection de ceux qui nous ont aimés.

Une autre catégorie d'adversaires se dresse maintenant devant nous : ce sont ceux qui appartiennent aux religions dont les dogmes s'opposent à toute communication normale entre les humains et ceux qui sont rentrés dans l'au-delà. Certains écrivains religieux, ne pouvant nier la réalité des apparitions, ont voulu attribuer ces phénomènes à l'action des démons. C'est une supposition qui complique les choses sans nécessité. Expliquer des phénomènes de nature inconnue par l'intervention d'êtres dont l'existence est elle-même hypothétique, constitue d'abord une faute de logique, et d'autant plus grave que les fantômes font souvent preuve des sentiments moraux les plus délicats, ce qui serait contraire à la nature, supposée mauvaise, de ces êtres surnaturels. Les démons, par définition, ne peuvent faire que le mal, de sorte qu'il serait absurde de leur attribuer une intention tutélaire, comme cela eut lieu pour Mme de Marteville, le capitaine Drisko (p. 43) ou pour cette grand'mère (p. 46) qui vint présenter à sa fille les enfants de sa sœur décédée. N'était-ce pas aussi une délicatesse sentimentale très développée qui portait l'esprit de Robert Makensie (p. 44) à protester auprès de son bienfaiteur contre l'accusation de s'être suicidé ? Quelle singulière inconséquence pour les démons que celle de faire croire à la survie, au moyen d'apparitions, alors que sans cela les incrédules leur appartiendraient de plein droit ! Il me paraît superflu, et même un peu puéril, d'insister sur cette interprétation des faits.

Les auteurs qui appartiennent à cette école ne sont jamais embarrassés. Lorsque les actions des fantômes sont louables, c'est qu'un ange, c'est-à-dire un ministre de Dieu est intervenu. Cette seconde supposition ne me paraît guère meilleure que la première. Un esprit pur, c'est-à-dire possédant la nature éthique la plus élevée, ne s'abaisserait pas, me semble-t-il, à jouer la comédie en simulant personnellement, ou en créant, la ressemblance d'un défunt. Ce sont là des procédés qu'un homme un peu scrupuleux n'emploierait pas sur la terre et il me semblerait impie — si je partageais cette croyance aux anges — de leur faire tenir un pareil rôle. En voulant échapper à la preuve directe, qui ressort immédiatement de l'apparition d'un décédé, on voit à quelles impossibilités rationnelles sont acculés les défenseurs du dogme religieux.

Je suis obligé de rappeler sans cesse que les faits cités par moi ne sont que de rares exemples, pris parmi une multitude d'autres, que le défaut d'espace m'interdit de reproduire. Bien que les récits d'apparitions, même très bien contrôlés, soient considérables, on pourrait se demander pourquoi ils ne sont pas encore si multipliés que personne ne puisse douter de leur réalité. La réponse à cette interrogation me paraît tenir tout entière dans les faits que nous connaissons déjà. Il est certain, d'abord, que tous les mourants ne sont pas nécessairement hantés par le souvenir de parents ou d'amis éloignés, soit parce qu'ils n'en ont plus, ou qu'ils aient perdu leur liberté d'esprit ; soit que la maladie les ait détachés progressivement des préoccupations terrestres ; soit, enfin, qu'ils décèdent entourés de tous les leurs. Mais alors même qu'un mourant aurait le plus ardent désir de revoir un être cher qui est au loin, cela ne suffit pas pour que le phénomène télépathique se produise.

Il faut d'abord que sa pensée puisse s'extérioriser dans l'espace, et il est non moins nécessaire que celui auquel elle s'adresse soit capable d'être impressionné, ce qui n'est généralement pas le cas, puisque les transmissions mentales de pensée ne sont pas la loi commune. Un concours particulier de chances heureuses est donc nécessaire : 1° pour que l'onde télépathique prenne naissance et, 2° pour qu'elle soit reçue par la subconscience du percipient. De là vient que, bien qu'elles soient fréquentes, les apparitions ne sont pas normales. Si l'action télépathique est relativement rare, l'extériorisation de l'âme l'est également et la matérialisation se constate moins souvent encore, en raison des conditions *très multiples et simultanées* qu'elle exige, de sorte qu'il ne faut pas être surpris qu'on ne l'observe pas couramment. L'esprit dégagé du corps n'a plus à vaincre l'inertie de son organisme physique, mais il se heurte chez le percipient aux mêmes difficultés que pendant la vie, augmentées aussi par la disparition de la force psychique que cet esprit ne peut plus prendre dans son corps charnel, puisque celui-ci est détruit. Nous verrons que le médium est justement l'être humain chargé de lui fournir cette énergie indispensable aux manifestations objectives. Nous avons noté (p. 104 et 116) que lorsque le fantôme produit des actions physiques, le percipient éprouve une sensation de froid qui est observée aussi dans les séances expérimentales. C'est probablement l'extériorisation de la force psychique du percipient qui est la cause de ce malaise et, à ce moment, il devient temporairement médium.

C'est donc l'observation pure et simple, sans aucune vue théorique, qui nous oblige à constater la parfaite similitude qui existe entre les manifestations extra-corporelles des vivants et des morts. Les unes et les autres sont identiques ; comme elles ne peuvent s'expliquer par aucune création psychique du percipient, *il faut* les attribuer à l'âme de l'agent, qu'il soit vivant ou désincarné. Les fantômes de morts ont aussi des vêtements semblables à ceux qu'ils portaient sur la terre, ou sont revêtus de draperies blanches ; ils ont le pouvoir d'agir sur la matière. L'apparition de Lablache (p. 107), visible pour le baron de Guldenstubbé et pour sa sœur seulement, écrit comme le passager qui traça sur l'ardoise de Robert Bruce (vol. I, p. 276) l'indication qui devait sauver les passagers en détresse. Quelle magnifique continuité entre ces phénomènes ! Si c'est l'âme des vivants qui produit les premiers, comment échapper à la conclusion que c'est l'âme survivante qui est l'auteur des seconds ? Toutes ces ressemblances, nous allons les retrouver encore dans les séances expérimentales et elles nous donneront une certitude absolue de la survie, qui s'impose comme la seule explication générale de l'ensemble concordant de tant de phénomènes si divers.

Quel est l'état physique des esprits après la mort ? Sont-ce de pures abstractions, des êtres *immatériels* comme le veulent les philosophes spiritualistes ? Non ; ici encore l'observation scientifique nous répond. Il était facile de prévoir que puisque les apparitions *après la mort*, dont nous nous sommes occupés, ne sont pas des hallucinations, c'est qu'elles possèdent une substantialité, quelle que soit d'ailleurs sa nature. Cette matière, habituellement invisible, reproduit, au moins pendant la manifestation visible, la forme du corps que l'esprit possédait sur la terre. Je n'ignore pas toutes les objections rationnelles qui viennent à l'esprit en présence de cette constatation, mais elle ne s'en impose pas moins à nous comme une indiscutable réalité.

Sans aucun doute, les appareils physiologiques indispensables à la vie terrestre deviennent inutiles dans le nouveau milieu où l'âme va évoluer. L'esprit, après la mort, ne boit pas, ne mange pas et perçoit le milieu ambiant sans avoir besoin des organes matériels des sens, de même qu'il se déplace sans avoir recours à nos moyens de locomotion ; ceci a été démontré déjà pour les fantômes de vivants et ne nous étonne pas davantage chez les désincarnés. Aussi, normalement, tout ce mécanisme physiologique reste-t-il à l'état latent pendant la désincarnation, mais il n'en existe pas moins dans le corps fluidique de l'esprit, prêt à manifester son pouvoir organisateur lorsque l'âme subit cette métamorphose que l'on appelle la matérialisation (1).

J'ai fait observer dans le premier volume que, pendant l'extériorisation de l'âme humaine, lorsque celle-ci est suffisamment objectivée, non seulement toute sa forme devient visible oculairement, mais qu'elle exécute aussi des actes matériels : marcher, tenir un livre, ouvrir une porte, etc., qui nécessitent une corporéité, une dépense d'énergie et démontrent, par cela même, qu'elle possède un organisme en tout semblable à celui dont le corps terrestre n'est que la reproduction. La preuve la plus péremptoire que le périsprit n'est pas engendré matériellement pendant la vie, c'est qu'il persiste après la mort avec toutes ses virtualités. C'est si bien le dessin idéal, l'idée directrice suivant laquelle se modèle la matière vivante, qu'après la désincarnation, quand l'esprit veut se manifester tangiblement dans notre milieu, il est obligé de reconstituer, partiellement ou en totalité, ce corps matériel — seul intermédiaire possible entre lui et le monde physique — en ressuscitant la forme physiologique qu'il avait ici-bas. Ici encore, comme toujours, cette affirmation n'a rien de théorique ; elle résulte directement de l'examen des faits, elle jaillit de la réalité, elle s'impose indiscutablement à tout chercheur qui a conscience de la valeur logique des apparitions tangibles.

Il existe tous les degrés dans cette renaissance temporaire ; tantôt elle n'est, en quelque sorte, qu'esquissée : c'est seulement le contour extérieur de l'être fluidique qui est concrété, à la ma-

---

(1) L'existence dans le périsprit du pouvoir organisateur permet de comprendre comment l'âme est l'architecte de son corps, si elle revient sur la terre. D'autre part, comme la vie matérielle est étroitement conditionnée par les conditions physico-chimiques de la planète, il paraît logique d'admettre que c'est ici-bas que le principe intelligent a conquis ses pouvoirs dans des vies successives ; de là une base supra-physiologique à la théorie de la réincarnation. Je ne puis qu'indiquer ici ce point de vue, qui s'éloigne trop de mon sujet actuel.

nière d'une vapeur qui se condense (1), pas assez pour être perceptible à tous les yeux, mais saisissable seulement pour la vue hyperesthésiée ou clairvoyante d'un médium, ou bien par la plaque photographique. Puis, tout en restant encore invisible, la forme acquiert la propriété d'agir sur la matière comme nous le faisons nous-mêmes, et d'une façon identique à celle du fantôme de vivant extériorisé ; enfin, au point culminant, l'esprit apparaît indiscernable d'une personne ordinaire et agit comme elle. Chacune de ces phases s'observe expérimentalement, de sorte qu'il n'y a pas l'ombre d'une hypothèse dans les remarques précédentes. Les photographies obtenues par MM. Beattie et le docteur Thompson, par le professeur Wagner, par Russell Wallace, par M. Slater, par Stead, etc., sont des démonstrations objectives contre lesquelles la critique vient se briser les ongles.

Je ne perdrai pas mon temps à batailler contre des moulins à vent, car les faits sont si persuasifs que tout commentaire serait superflu. Oui ou non, ces photographies existent-elles ? Incontestablement elles sont réelles. Les témoins sont-ils d'une honorabilité indiscutée ? Certainement. A-t-on pu les tromper ? Pas du tout. Alors la preuve positive de la survie est faite, car j'ai montré, en discutant les cas de Mme Bonner, Lizzie Benson, etc., que ces images n'existaient pas dans le cerveau des assistants, mais sont celles d'êtres invisibles, intelligents, volontaires, qui ont vécu ici-bas. Ces preuves sont encore relativement rares, et il faut souhaiter qu'elles se multiplient, mais en s'ajoutant à toutes les autres, de nature différente, que nous possédons déjà, elles constituent un formidable dossier dont rien, désormais, ne saura affaiblir l'immense valeur.

Ceux qui n'ont pas patiemment étudié ces phénomènes ne sauraient s'imaginer les variétés qu'ils présentent. Pour répon-

---

(1) Cette analogie, très grossière, ne s'applique qu'à l'aspect extérieur de l'image ; elle est employée seulement pour faciliter la compréhension. Dans la réalité, le phénomène paraît être d'une autre nature ; il a beaucoup de ressemblance avec des effluves qui deviennent visibles dans un champ de force électrique, à la façon des fantômes électriques de Tesla, de ceux que l'on peut créer artificiellement par la combinaison de plusieurs centres d'effluves rayonnants, comme nous le verrons plus tard.

dre à la théorie de l'hallucination, nous avons les apparitions collectives qui, vraiment, ne sauraient s'interpréter par la contagion psychique. Imaginer que des gens bien portants sont tous subitement hallucinés, de la même manière et pendant le même temps, puis recouvrent l'usage de leurs sens sans modification appréciable de leur état physiologique, est plus facile à écrire sur le papier qu'à vérifier expérimentalement. La meilleure démonstration à fournir de la fausseté de cette hypothèse, c'est que ceux-mêmes qui s'en étaient servis avant d'expérimenter, reconnaissent ensuite qu'elle est ridicule, lorsqu'ils ont assisté à des manifestations véritables. Combien sont instructifs les récits de ces témoins qui, simultanément ou successivement, décrivent le même fantôme. Comment nier l'évidence du portrait du capitaine Towns (p. 100) quand des étrangers à la famille l'identifient immédiatement, sans aucune suggestion préalable ? Et cette forme (p. 84) vue en même temps par son enfant, son mari et la nourrice ? D'où proviendrait la cause hallucinatoire ? Dans le cas rapporté par le révérend Jupp (p. 92), est-ce que le fantôme de la mère est imaginaire, lui qui répand une lumière assez vive pour réveiller le dormeur ? N'est-ce pas aussi un témoignage de la tendresse de celle qui vient consoler son enfant orphelin ? Oui, nos aimés nous conservent dans l'au-delà toute leur affection et c'est une des certitudes les plus consolantes que ces phénomènes nous donnent. Enfin, il n'est pas jusqu'aux animaux qui n'apportent, à leur manière, un témoignage de la réalité des fantômes. Les faits signalés par M. Bozzano sont assez significatifs pour ne pas laisser de place au doute, car il n'est guère vraisemblable qu'une hallucination télépathique puisse émaner du cerveau d'un chien ou d'un chat pour agir sur des personnes vivantes.

Le fait de la survie s'avère sûrement par l'observation des *phénomènes naturels* qui se produisent sans cesse autour de nous, *lorsque les circonstances favorables sont réunies*. La vaste enquête ouverte depuis vingt-trois ans en Angleterre se poursuit maintenant dans le monde entier et, bientôt, nous aurons assez de documents pour que la question soit tranchée définitivement, d'autant mieux que nous possédons aussi toute une classe de rapports, dans laquelle l'observation s'unit à l'expérience, pour nous faire pénétrer plus avant dans ce monde du lendemain de la mort jugé, hier encore, inaccessible à nos prises.

Nous savons que les fantômes de vivants possèdent une substantialité invisible, mais que l'état du corps périsprital peut changer et devenir visible par les yeux, lorsqu'il se matérialise. En quoi consiste cette opération ? Nous avons constaté les relations qui rattachent le double à l'organisme vivant dont il est sorti. Nous savons que l'énergie qu'il utilise est empruntée à son corps physique, mais il est clair que lorsque la mort a fait son œuvre l'esprit n'a plus cette ressource, puisque son organisme est détruit. Où prendra-t-il donc la force indispensable pour s'obectiver et se manifester terrestremen t ? L'expérience, ici encore, va nous renseigner ; elle nous montrera que certains individus, appelés médiums, possèdent le pouvoir de céder aux âmes désincarnées l'énergie et la matière dont elles ont besoin pour reparaître parmi nous. Ces déductions ne sont pas plus arbitraires que les précédentes ; elles résultent d'observations patiemment poursuivies dans tous les pays depuis un demi-siècle. Arrivons donc au vrai domaine du spiritisme, il est fécond en enseignements de toute nature, car il complète et développe les notions que nous avons recueillies jusqu'ici par l'observation pure et simple.

CHAPITRE II

LES MAINS QUI APPARAISSENT PENDANT LES SÉANCES

Sommaire. — Étude expérimentale des apparitions. — Les expériences permettent de mieux apprécier les faits. — Quelle est la valeur des témoignages ? — Une attestation de Cromwell Varley. — Les médiums voyants. — La déposition du docteur Lockart-Robertson. — Les expériences du colonel Devoluet. — Vision des mains matérialisées. — Un accordéon qui paraît jouer seul. — Les expériences de Home avec Napoléon III et Alexandre de Russie. — Les affirmations du professeur Damiani. — Encore une déposition au sujet de l'accordéon. — Les observations de William Crookes. — Une attestation du docteur Gibier. — Les récits de Mme Florence Marryat. — Écriture directe par une main lumineuse, chez W. Crookes. — Autre témoignage du même phénomène, par Robert Dale Owen. — Période moderne. — Les expériences avec Eusapia Paladino. — Les Commissions de savants qui l'étudièrent. — Les derniers convertis. — M. Morselli et les phénomènes spirites. — Les mains qui agissent et que l'on sent dans les séances. — A Milan, à Naples, à Varsovie, à Paris, etc. — Vision par les assistants de mains fantômales qui produisent des attouchements. — Leur réalité est incontestable. Discussion sur l'origine des mains. — Le dédoublement du médium est certain dans beaucoup de cas, il se démontre par les empreintes, le synchronisme des mouvements, la sensibilité extériorisée et enfin le dédoublement visible. — C'est l'hypothèse animiste, elle suffit souvent, mais elle ne peut tout expliquer. — Il faut admettre l'intervention d'entités étrangères, quand : 1° Il se produit des actions simultanées dans plusieurs directions différentes ; 2° Quand les empreintes diffèrent de celles du médium et des assistants ; 3° Quand une volonté étrangère à tout le monde intervient ; 4° Quand une langue étrangère inconnue du médium est employée. — Certainement les hypothèses psycho-dynamistes sont insuffisantes. — Distinction entre les phénomènes animiques et spirites d'Eusapia. — Résumé.

ÉTUDE EXPÉRIMENTALE DES APPARITIONS

Les apparitions après la mort, même authentiques, sont trop fugitives pour nous renseigner directement sur leur nature et en ce qui concerne leur mode de production. Elles se montrent d'une manière si fortuite et produisent généralement un si profond sentiment de surprise, ou d'effroi, que l'observateur est incapable de retenir autre chose que le fait lui-même, qui se grave, il est vrai, dans sa mémoire d'une manière indélébile. Cependant, en comparant les très nombreux récits que l'on possède, en étudiant les circonstances qui les accompagnent, il est possible de conclure, par déduction, comme nous l'avons vu, que ces apparitions sont objectives. Mais il est évident que notre connaissance sur ces fantômes serait d'une bien plus grande valeur, si nous pouvions les étudier froidement, à loisir, dans des locaux bien connus, munis d'instruments divers, qui serviraient à contrôler le témoignage des sens et à le rectifier au besoin. C'est précisément ce qui a eu lieu dans les séances spirites, dites *à matérialisations*, qui se produisent dans le monde entier.

Il est de mode, dans certains milieux académiques, de n'attacher aucune importance à ces recherches, sous le prétexte que les phénomènes ne pouvant se répéter à volonté ne rentrent pas dans le domaine de la science. Cette manière de raisonner va directement contre la méthode scientifique elle-même, car l'astronomie, la géologie, l'étude des manifestations électriques dans l'atmosphère, etc., sont de pures sciences d'observation. On ne produit pas volontairement l'arrivée d'une comète, ou d'un tremblement de terre, pas plus que la chute de météorites ou la l'apparition d'un halo ; on se contente de les observer le mieux possible et, une fois que l'existence de ces faits est certaine, ils sont catalogués parmi nos connaissances scientifiques. Alors même que les phénomènes spirites ne seraient pas fréquents, en supposant que nous ne puissions pas multiplier davantage leurs manifestations, ils n'en auraient pas moins le droit de prendre rang dans la science, tout simplement parce qu'ils *existent* et que cela suffit.

Mais si *expérimenter* consiste à provoquer la naissance des phénomènes dans des conditions qui en facilitent l'étude, alors les faits spirites relèvent à la fois de l'observation et de l'expérience, et satisfont pleinement à la méthode positive la plus rigoureuse. Je vais montrer que la recherche expérimentale sur la réalité des fantômes est déjà en possession de documents nombreux et précis, et que les premiers observateurs, s'ils ne possédaient pas tous des titres officiels, n'en étaient pas moins des hommes sérieux, très peu crédules, dont le témoignage ne peut être rejeté sans examen, sous peine de commettre une véritable injustice et de porter à cette jeune science un préjudice des plus graves.

Oui, certainement, il est hautement désirable que les faits spirites soient étudiés systématiquement par les hommes de science qui possèdent les méthodes et les pratiques qui ont donné aux sciences physiques un si haut développement, mais il est certain que les recherches antérieures ne sont pas à dédaigner, car les centaines de rapports que nous possédons se ressemblent trop, ont trop de caractères communs pour qu'ils ne contiennent pas un fond incontestable de vérité. C'est l'avis de Lombroso, qui ne craint pas de dire (1) : « On a beau jeu à dénigrer les opinions du vulgaire ; mais s'il ne possède pas, pour atteindre le vrai, les moyens du savant, ni sa culture, ni son génie, il y supplée par la multiple et séculaire observation, dont la résultante finit par être supérieure, en beaucoup de cas, à celle du plus grand génie scientifique. »

Fig. 10. — Photographie de Lombroso.

La meilleure et la plus démonstrative des preuves de la haute valeur des expériences spirites, c'est que, depuis un quart de siècle, *tous les savants* qui ont consenti à étudier ces faits ont conclu en faveur de la réalité des phénomènes décrits avant eux par les spirites. De Crookes à Morselli, en passant par Wallace, Zoellner, Gibier, Lombroso, Ch. Richet, de Rochas, Flamma-

---

(1) Voir la préface de l'ouvrage : *Nel Mondo dei Misteri*, par L. Barzini. Milan, 1908.

rion, Maxwell, Porro, Bottazzi, etc., les déplacements d'objets sans contact, les lueurs, les mains, les apparitions complètes qui se produisent dans les séances ont été reconnus véridiques. Il est donc juste et raisonnable de commencer l'étude des faits par les relations des spirites. Nous verrons qu'elles se confirment les unes par les autres, alors même que les expériences se faisaient dans les pays les plus différents, et en compagnie de médiums, professionnels ou non, qui ne se connaissaient pas. Bien qu'il soit impossible de prévoir d'avance et en détail quels seront les phénomènes, les manifestations diverses qui ont lieu se réduisent à quelques classes de faits, toujours les mêmes, que l'on arrive à connaître de mieux en mieux, pour peu que l'on ait assisté à quelques séances. L'intensité des manifestations est très variable ; mais avec de bons médiums tels que Kate Fox, Home, Florence Cook, Eglinton, Mme d'Espérance, Slade ou Eusapia Paladino, il était certain qu'une série de séances permettait toujours d'obtenir quelques observations intéressantes.

Fidèle au programme que je me suis tracé, je négligerai les effets purement physiques pour me borner, dans ce chapitre, à l'étude des mains qui agissent pendant les séances. Il est présumable que ces mains, qui n'appartiennent à l'organisme matériel d'aucun des assistants, représentent le premier degré de la matérialisation d'êtres invisibles, et que si leur objectivité est certaine, la matérialisation d'autres parties du corps de ces êtres : bras, tête, etc., ne sera que l'extension du même phénomène, lequel atteindra sa plénitude dans l'apparition d'un fantôme complet, reproduisant un corps humain à trois dimensions.

Puisque la possibilité du dédoublement de l'être humain est une certitude, la logique nous oblige à supposer d'abord que c'est chez le médium qu'il faut chercher la cause des phénomènes. Si une main, visible ou non, agit à distance pour déplacer des objets, exercer des attouchements, etc., nous devons attribuer, en premier lieu, ces actions au double extériorisé du médium. C'est ce qui se produit indubitablement dans un certain nombre de cas, car nous avons vu que la main fluidique d'Eusapia a laissé sa trace sur du noir de fumée et que sa figure périspritale s'est imprimée sur du mastic de vitrier. Cependant, ici encore, il faut se garder soigneusement de généraliser à la hâte et de conclure du particulier au général, sans raisons suffisantes, comme le font les savants qui n'ont qu'une connaissance restreinte de la question. Nous verrons que, *fort souvent*, on est contraint d'admettre l'intervention d'entités étrangères, autonomes, distinctes physiquement et intellectuellement du médium. Cette discussion viendra utilement plus tard, lorsque nous connaîtrons mieux les faits. Examinons donc tout de suite ce que l'on sait sur ce sujet, et le degré de créance que l'on peut accorder aux témoignages que l'on possède en si grand nombre.

VALEUR DES TÉMOIGNAGES

Les récits concernant les séances dans lesquelles ont eu lieu des apparitions sont presque innombrables, puisque les livres sur le spiritisme expérimental se comptent par centaines et ont été publiés dans toutes les langues qui se parlent sur le globe. Si l'on ajoute à ce fonds la longue liste des journaux qui ont paru ou qui existent actuellement, dont quelques-uns, comme la *Revue Spirite* en France, ont une cinquantaine d'années d'existence, on conviendra que la mine des documents est presque inépuisable, et qu'ils suffisent, par leur accumulation, pour établir la conviction de ceux qui les connaissent.

Sans doute, c'est à cette propagande inlassable que l'on doit les millions de spirites qui existent à l'heure actuelle, mais que dire des critiques qui prétendent nous régenter et qui prononcent souverainement sur le spiritisme après avoir parcouru hâtivement un ou deux volumes, ou assisté seulement à quelques expériences plus ou moins réussies ? Pour dissimuler leur ignorance, ils trouvent commode de décider doctoralement que les spirites sont des enthousiastes qui manquent trop de discernement et de sang-froid pour apprécier exactement les faits ; qu'ils n'ont pas cet esprit d'examen qui ne s'acquiert que dans les laboratoires et que, par conséquent, leurs témoignages sont sans valeur.

Ici, il faudrait s'entendre. Il est probable, en effet, que parmi le nombre énorme de récits publiés, il s'en trouve certainement de défectueux, en ce sens qu'ils peuvent être tout à fait inexacts, soit que l'auteur ait voulu tromper sciemment, soit qu'il ait éprouvé des hallucinations ou des illusions, ou bien que son imagination ait défiguré ou exagéré les faits qui ont eu lieu devant lui. Nous savons aussi combien le témoignage humain, même sincère, peut être parfois infidèle par suite des défectuosités de la mémoire et de ses déformations involontaires ; mais il est nécessaire de ne pas exagérer outre mesure la défiance, sous peine d'être partial et incompétent. J'aurai donc pour devoir de choisir parmi tous les narrateurs ceux qui ont conquis dans le monde une certaine notoriété, soit comme écrivains, soit comme savants. Je ferai appel, aussi, aux témoins instruits ou à ceux dont la position sociale — médecins, ingénieurs, avocats — les met à même d'exercer souvent leur jugement et de comprendre toute l'importance d'un récit exact et circonstancié ; enfin, je donnerai la préférence aux procès-verbaux rédigés immédiatement après les séances et signés de tous les assistants.

Il est, d'ailleurs, un moyen de présumer la sincérité d'un récit: c'est de le comparer à ceux qui ont été faits sur le même sujet par des observateurs inconnus les uns des autres. Lorsqu'on a lu avec attention un grand nombre de comptes rendus, on est frappé par la concordance générale des descriptions émanant de témoins indépendants, et l'on est obligé de conclure que certains phénomènes, comme les apparitions de mains, par exemple, sont incontestables, alors même qu'il existe des différences secondaires dans les descriptions.

M. Maxwell, qui est à la fois magistrat et médecin, a émis sur le témoignage humain quelques réflexions très justes. Parlant d'un de ces savants qui rejettent en bloc tous les témoignages, il écrit :

M. Dessoir a raison de dire que le témoignage humain est infidèle : personne ne le sait mieux qu'un magistrat ; mais cette infidélité n'est que relative. Le fait est, d'ordinaire, décrit d'une manière exacte *dans ce qu'il a de général*. Si un homme en tue un autre, par exemple, tous les témoins de la scène diront : « Cet homme a été tué », mais les récits des témoins varieront souvent dans les détails ; s'il y a eu querelle on ne saura pas toujours qui l'a provoquée ; il y aura des divergences sur la manière dont le coup a été porté ; sur les propos qui ont été échangés, sur le costume du meurtrier. Il y aura concordance sur le fait en lui-même, sur le meurtre dans l'espèce.

C'est donc une erreur que d'ôter, comme veut le faire M. Dessoir, toute la valeur à des faits établis sur de simples témoignages. Les détails peuvent être inexacts, l'interprétation du fait l'est plus souvent encore, mais le fait lui-même est probable. Or, des apparitions ont été affirmées par des témoins si nombreux que le fait des apparitions elles-mêmes paraît certain. L'apparition a pu être une illusion ou une hallucination, comme elle a pu être véritable. C'est là ce qu'il faut établir ; il est, je le répète, enfantin de se borner à affirmer qu'elle est toujours une illusion ou une hallucination.

Et c'est là le point faible des réfutations scientifiques : elles se bornent à une affirmation ; elles ne l'appuient sur aucune preuve. Le fait que les apparitions peuvent être simulées ne démontre pas qu'elles le soient toujours : il y a des pâtés qui sont en carton ; cela ne veut pas dire que tous les pâtés soient en carton.

On ne saurait mieux dire. Commençons donc, sans plus tarder, l'examen des pièces du procès, nous verrons de quel côté se trouve l'évidence.

UNE ATTESTATION DE CROMWELL VARLEY

En 1869, une association scientifique anglaise, nommée la *Société Dialectique*, comprenant parmi ses membres des hommes tels que Huxley, Alfred Wallace, etc., nomma un comité chargé de faire une enquête sur le spiritisme. Le comité déposa son rapport le 20 juillet 1870 et demanda à la Société Dialectique de le publier sous sa responsabilité. Il faudrait bien peu connaître les corps savants pour croire que celui-ci suivrait ses commissaires qui avaient, en majorité, affirmé la réalité des phénomènes. L'impression du rapport fut refusée, comme jadis l'avait été celle du rapport sur le magnétisme à l'Académie française de médecine ; mais les savants anglais composant le comité décidèrent à l'unanimité la publication, sous leur propre responsabilité, et nous leur devons ainsi une série de documents du plus puissant intérêt.

Parmi les personnes appelées à déposer devant la commission, se trouvait M. Cromwell Varley, ingénieur en chef des lignes télégraphiques de l'Angleterre, physicien distingué qui dirigea la pose du premier câble transatlantique, inventeur d'un condensateur électrique, et membre de la *Société Royale*, l'Académie des sciences de nos voisins, dont nous avons fait déjà la connaissance (vol. I, pp. 95 et 394). D'abord fort sceptique, M. Varley, à la suite d'études sur le magnétisme, guérit sa femme d'une maladie grave en suivant les indications que lui donnaient des êtres se disant des Esprits, qui parlaient par l'intermédiaire de Mme Varley en état de trance. Bien que très frappé de ces phénomènes, le savant n'était pas convaincu. Voici comment il relate les étapes de sa conversion (1) :

Plus tard, après la naissance de mon fils aîné, je fus, une nuit, éveillé par trois coups formidables. Je pensai qu'il y avait des voleurs dans la maison et je cherchai partout, mais je ne trouvai rien ; je pensai alors : « Ceci pourrait bien se rattacher au spiritualisme. » Les coups répondirent : « Oui, va dans la pièce voisine ! » Je le fis et trouvai la nourrice ivre-morte et Mme Varley rigide, en état de catalepsie. Je fis quelques passes et la ramenai à l'état normal.

Ces faits me préoccupaient vivement et je résolus de voir s'il y avait quelque chose de vrai dans ce qu'on disait de M. Home. J'allai le voir et lui dis ce que j'avais observé. Un rendez-vous fut pris et je me rendis chez lui avec Mme Varley ; Mme Milner-Gibson et deux ou trois autres personnes se trouvaient là. Mme Milner-Gibson dit que son fils, mort, était là. Il donna des coups. Elle portait un corsage blanc qui tout à coup se gonfla sous l'influence de l'esprit de son fils, d'après ce qu'elle dit. On demanda à l'enfant de me toucher. Il répondit qu'il n'osait pas, mais plus tard, au cours de la soirée, il déclara que son appréhension était dissipée : *mes mains furent touchées sous la table et mon vêtement tiré trois fois* (2). Je me dis en moi-même : « Ceci n'est pas convaincant, car c'est toujours sous la table. »

(1) *Rapport sur le spiritualisme*, p. 159. Traduction du docteur Dusart. Leymarie, éditeur, 1900.
(2) C'est toujours moi qui souligne les passages de cette citation.

Aussitôt après, *en réponse à mon désir mental*, les pans de mon habit furent relevés trois fois à droite d'abord, puis trois fois à gauche. Ensuite, *sur mon désir mental*, je fus touché très nettement *sur le genou et sur l'épaule*, le nombre de fois demandé.

Un membre du Comité. — Cela se passait-il à la lumière ?

M. Varley. — Oui, à *la lumière de cinq becs de gaz*. Mme Milner-Gibson et M. Home me prièrent de faire une perquisition complète, de visiter le dessous de la table et de prendre toutes les précautions. Dans le courant de cette soirée un très grand nombre de phénomènes se produisirent. A maintes reprises, la table fut complètement soulevée en l'air et, tandis qu'elle flottait ainsi, elle prit sans hésiter toutes les directions que j'indiquais.

Mme Varley fit les mêmes expériences et, tandis que j'étais en observation sous la table, elle surveillait le dessus. Tels furent les premiers phénomènes physiques que j'observai. Ils m'impressionnèrent ; mais j'étais trop vivement étonné pour me déclarer convaincu. Heureusement, au moment où je rentrais chez moi, il survint un incident qui m'enleva tout espèce de doute. Tandis que, seul dans mon salon, je réfléchissais profondément à ce que je venais de voir, des coups retentirent. Le lendemain je reçus de M. Home une lettre dans laquelle il me disait : « La nuit dernière, tandis que vous étiez seul dans votre salon, vous avez entendu des coups, j'en suis fort heureux ! » Il affirmait que les Esprits lui avaient dit qu'ils m'avaient suivi et avaient pu produire des bruits. J'ai conservé sa lettre pour *montrer que l'imagination* n'a rien à voir ici. L'œil est traître et peut tromper : aussi le témoignage d'un seul n'est-il jamais concluant. Ce n'est que lorsque des preuves confirmatives sont produites que nous pouvons avoir confiance. La réalité des coups entendus par moi fut confirmée par la lettre de M. Home et je veux limiter mes citations aux faits appuyés par des preuves décisives....

J'ai souligné les passages où M. Varley signale les attouchements ressentis par lui, en réponse aux demandes mentales qu'il a posées. Ces faits nous montrent à l'œuvre des forces intelligentes, puisque nous assistons à des actions sur la matière, exercées intentionnellement, en réponse à des demandes intimes que les assistants ne peuvent connaître normalement.

Si les spirites attribuent ces attouchements à des Esprits, c'est parce que, toujours et partout, les êtres qui produisent ces phénomènes déclarent être les âmes de personnes ayant vécu sur la terre, et que nous n'avons aucune bonne raison pour repousser leurs affirmations, surtout quand on a été à même, très souvent, d'en constater la véracité. Écoutons encore M. Varley (1) :

> Je me suis servi du terme Esprits, quoique je sache bien qu'en général le monde ne croit pas que nous ayons des raisons suffisantes pour affirmer que nos amis sont capables de communiquer avec nous après la dissolution de leur corps matériel. Ce qui m'autorise à assurer que les esprits de nos parents nous visitent bien réellement est que :
> 1° Je les ai vus distinctement en plusieurs circonstances ;
> 2° Dans plusieurs cas, des choses connues de moi seul et des personnes décédées, qui étaient censées communiquer avec moi, ont été correctement rappelées, quoique le médium ignorât absolument toutes ces circonstances ;
> 3° Plusieurs fois, des choses connues de nous deux seuls et que j'avais totalement oubliées ont été rappelées à ma mémoire par des communications des Esprits ; ce n'étaient donc pas des cas de lecture de la pensée (2) ;
> 4° A plusieurs reprises, les communications étaient des réponses à des questions posées mentalement, et le médium qui était une dame de mes amies, dans une situation sociale indépendante, écrivait des réponses *quoi qu'elle n'eût aucune notion du sens des communications*.

On voit ici que la transmission involontaire de la pensée n'a pu se produire, car, si l'écrivain était un simple automatiste, il ne pourrait formuler de lui-même des réponses appropriées (3). Continuons :

> 5° La date et la nature d'*événements futurs*, aussi *inconnus et imprévus du médium que de moi-même*, m'ont été dans plus d'un cas exactement annoncés plusieurs jours d'avance.
> Comme mes correspondants invisibles me disaient la vérité au sujet des événements futurs et affirmaient en même temps qu'ils étaient des Esprits ; comme, d'autre part, aucun des mortels présents dans la salle ne connaissait quoi que ce fut des faits communiqués, je ne vois aucune raison de refuser de les croire.

---

(1) *Rapport sur le spiritualisme*, p. 171.
(2) De nos jours, les psychologues diraient que le médium a lu dans la subconscience de M. Varley ; mais cette hypothèse n'est pas suffisante pour expliquer tous les cas. C'est pourquoi le raisonnement de l'éminent physicien conserve encore sa valeur.
(3) Voir dans nos *Recherches sur la Médiumnité*, le cas Newnham, p. 292.

Ni moi non plus ; d'autant mieux que, très souvent, des médiums voyants décrivent avec exactitude ces êtres invisibles et annoncent d'avance ce qu'ils vont faire, témoin le fait suivant, pris entre beaucoup d'autres, rapporté par M. Burns, qui a déposé devant le comité de la Société Dialectique en ces termes (1) :

LES MÉDIUMS VOYANTS

Miss Mary (belle-sœur de M. Burns) a aussi la faculté de causer face à face avec les Esprits. Un de mes frères, qu'elle n'avait jamais vu, et au sujet duquel *elle ne savait absolument rien*, lui apparut et causa longuement avec elle. La description qu'elle en fit et les communications qu'elle en reçut, ne permettent pas de douter de l'identité de l'esprit et du fait que c'était bien un Esprit qui était ainsi intervenu... (2).

Lorsqu'elles sont en trance, Mme Burns et miss Mary voient aussitôt des Esprits. Pour entrer en communication avec les Esprits nous avons recours à cette faculté de les voir. Dans ce but, nous nous enfermons dans une pièce obscure et, en peu d'instants, si *les conditions sont favorables*, les Esprits paraissent par groupes autour des personnes pour lesquelles ils ont de la sympathie. C'est ainsi que les médiums voyants ont pu décrire très exactement des personnes récemment décédées.

On a prétendu expliquer toutes ces visions exactes par une suggestion mentale qui s'exercerait, même involontairement, de l'opérateur au sujet. Si cette explication peut s'appliquer à quelques cas, elle est manifestement insuffisante pour ceux qui suivent, dans lesquels les êtres invisibles sont signalés par les médiums au moment même où ces Esprits produisent des actions visibles et contrôlables par tout le monde :

Lorsqu'elles sont en trance, poursuit M. Burns, Mme Burns et miss Mary voient aussitôt les Esprits. Dans cet état, elles ont vu

---

(1) *Rapport sur le Spirit.*, p. 327 et suiv.
(2) Voici donc une *apparition provoquée*, qui se rapproche des cas spontanés que j'ai relatés plus haut, mais, cette fois, on peut causer avec l'apparition et obtenir une foule de détails sur sa situation, ce que la soudaineté des faits naturels, joints à l'étonnement et, fréquemment, à la frayeur du percipient, ne permettrait pas d'obtenir.

les Esprits répandre des parfums sous forme de fleurs. Mme Burns s'écrie : « Les voilà, ils apportent des fleurs ! » *Aussitôt on sent arriver un frais courant d'air, chargé de parfums délicieux.* Ces expériences ont été maintes fois répétées chez Mme Everitt, ainsi que dans d'autres réunions....

J'étais chez Mme Everitt, lorsque l'Esprit John Watt écrivit son nom au plafond avec un crayon. Mme Burns et deux autres médiums voyants étaient présents, et, au moment où le phénomène se produisit, *ils le décrivirent tous trois, avant* que l'on eût fait de la lumière.

On a vu aussi des Esprits déplacer divers objets et *toucher des assistants*. Miss Mary vit l'Esprit enlever l'habit de M. Fay, tandis que celui-ci avait les bras liés, dans une séance publique donnée par les frères Davenport....

Il serait possible d'augmenter considérablement le nombre des récits relatifs à la médiumnité voyante, mais les raisons fournies par Cromwell Varley et les faits précédents suffisent à expliquer pourquoi les spirites attribuent généralement aux Esprits les manifestations. Poursuivons notre examen en faisant encore appel au *Rapport sur le spiritualisme* de la *Société Dialectique*, que je considère comme une source d'informations des plus sérieuses (1).

LA DÉPOSITION DU DOCTEUR LOCKART ROBERTSON

Les exemples suivants des manifestations physiques de ce que l'on appelle le Spiritualiisme (2) sont survenus dans la maison de celui qui écrit ces lignes, pendant les soirées du 25 et 26 février 1860, en présence de deux de ses amis et de lui-même, par la médiumnité de J. R. M. Squire, Esq., de Boston, U. S., pendant son séjour en Angleterre. L'auteur de ce récit donne *solennellement sa parole d'honneur* de sa stricte et littérale exactitude, ainsi que de la sévère critique faite par lui et ses amis de chacune des constatations qui y sont contenues.

Parmi tous les faits cités, je détache ceux qui ont directement trait à notre étude actuelle :

(1) *Rapport sur le Spirit.*, p. 265 et suiv.
(2) Les Anglo-Saxons donnent les noms de *Spiritualisme* ou de *Nouveau Spiritualisme* à l'ensemble des faits que les peuples latins désignent sous le nom de Spiritisme.

4° *Une sonnette tinte. On joue de l'accordéon. Un crayon est brisé.* — Sous la table, on place une petite sonnette sur une feuille de papier, tandis que les mains des quatre assistants sont placées comme ci-dessus en cercle sur la table. La sonnette sonne fréquemment et avec force. Un agent invisible la fait sonner avec force et le nombre de fois demandé, *la transporte à travers la chambre et la jette sur la table.* Un accordéon, placé comme la sonnette, joue sans l'intervention d'aucune force humaine ; il s'enlève ensuite *sans contact* et joue *tandis qu'il est tenu par la main de l'auteur.* La sensation qu'il produit alors ressemble à la secousse imprimée à la ligne par un fort poisson. La sonnette est jetée, secouée et on joue avec elle, comme un singe pourrait le faire ; finalement elle est enroulée dans un mouchoir de poche qui se trouvait à terre.

Sur un désir exprimé par moi, le crayon est brisé en deux et une moitié est *jetée sur la table.* Les chaises et un livre sont emportés à travers la chambre et déposés aussi mollement qu'un vêtement. Tandis qu'on jouait avec la sonnette, le témoin est *très nettement touché cinq fois au genou*, sous la table. La sensation est très désagréable. A ce moment, et autant qu'on peut en juger dans l'obscurité, par la direction de la voix, M. Squire est enlevé à environ deux pieds en l'air...

Il semble bien, étant donnée la simultanéité des attouchements et des déplacements de la sonnette, que le médium, dont les mains étaient sur la table, ne pouvait accomplir tous ces mouvements à l'insu des témoins. Mais nous n'avons ici aucune certitude absolue, et ceci montre combien les relations semblables doivent être explicites, pour exclure tout soupçon de fraude dans l'esprit du lecteur. Le docteur Robertson a pris soin, cependant, d'ajouter :

L'auteur ne peut que renouveler l'expression de son inaltérable conviction que de tels phénomènes furent produits par un agent invisible et qu'il était au-dessus du pouvoir de M. Squire, quelques artifices qu'il eût pu employer, de les produire par la prestidigitation. Qu'il lui soit permis d'exprimer la conviction que tous ceux qui connaissent M. Squire seront unanimes à déclarer qu'il est incapable de commettre une imposture semblable. Du reste, ceci importe d'autant moins, *qu'on ne lui laissa jamais l'occasion de le tenter.*

J. Lockart Robertson.

C'est justement le minutieux énoncé des précautions prises

qu'il eût été intéressant de connaître, afin de juger, précisément, si oui ou non toute supercherie était impossible. Pour être impartial, j'ajouterai que le témoignage du docteur Robertson est appuyé par celui d'un témoin, M. W. M. Wilkinson, qui dit :

J'étais présent chez le docteur Robertson, lorsque les phénomènes décrits ci-dessus se sont manifestés, et j'affirme l'exactitude de son récit. L'autre personne présente était M. Critchett, le secrétaire adjoint de la Société des Arts.

W. M. WILKINSON.

Nous allons constater, dans les narrations suivantes, que le souci d'un contrôle plus rigoureux a souvent guidé les observateurs. On verra également comment les phénomènes deviennent plus nombreux et plus intenses au fur et à mesure que se développe la médiumnité du sujet, et aussi que beaucoup de patience est nécessaire pour arriver au plein épanouissement de ce pouvoir.

LES EXPÉRIENCES DU COLONEL DEVOLUET

Pendant l'année 1877, j'ai eu le plaisir de faire la connaissance de M. Devoluet, colonel d'artillerie en retraite, ami de ma famille, et je puis affirmer, non seulement sa parfaite honorabilité, qui était notoire, mais l'étendue de son esprit froid, méthodique, toujours porté à une sévère critique des manifestations dont il était témoin. Il découvrit dans une jeune fille à son service, nommée Amélie, des facultés médianimiques, qu'il cultiva progressivement, et dont il fit une relation détaillée, insérée dans la *Revue spirite* de 1877. C'est de ce travail (1) que je prendrai les passages qui ont trait aux matérialisations invisibles de mains. Constatons d'abord que le colonel faisait des procès-verbaux après chaque séance, ce qui nous assure de la fidélité du récit ; ensuite, comment le médium lui-même exigea qu'on prît vis-à-vis de lui des mesures de surveillance.

(1) *Revue Spirite*. Le médium Amélie, juin 1877, p. 188. Voir également les numéros de juillet, p. 228 ; août, p. 250 ; novembre, p. 363 ; décembre, p. 412 ; année 1878, janvier, p. 26 ; février, p. 28 *bis* ; mars, p. 74 ; juin, p. 224 ; juillet, p. 277.

Une fois pour toutes, écrit M. Devoluet, je préviens les lecteurs de la *Revue* que lorsque, en famille, nous développions le sujet, nous négligions souvent de prendre des précautions de garantie. Mais depuis longtemps déjà, le médium, assez susceptible de caractère, ne voulant pas être suspecté, *exige qu'on l'attache sérieusement, solidement, de manière à empêcher tous ses mouvements*. C'est toujours quelqu'un, assistant pour la première fois à nos expériences, qui est chargé de l'attacher. Le médium est tantôt isolé au bout d'une table, tantôt au milieu d'un cercle formé par les invités. Tout le monde se tient par les mains, et nous pouvons affirmer que les faits obtenus, malgré l'obscurité nécessaire à leur accomplissement, ont un caractère vraiment scientifique.

Ces préliminaires posés, je vais raconter succinctement, par ordre chronologique, les résultats obtenus ; ils seront très exacts, puisque je me sers des procès-verbaux détaillés que je dresse après chaque séance.

Ne pouvant suivre l'auteur dans l'exposé de tous les phénomènes, dont quelques-uns sont cependant bien intéressants, apports, visions d'esprits, etc., je détacherai seulement ce qui a trait aux mains matérialisées qui produisaient ces phénomènes :

Jusqu'au 24 juillet 1874, quelques essais de séances obscures nous avaient donné des encouragements, mais pas de résultats complets. Ce jour-là, la médiumnité à effets physiques d'Amélie se révéla pleinement : tous les jouets, sonnette et petite boîte à musique de poche, firent des évolutions dans l'espace et une *main fluidique* se posa sur celle de ma femme...

14 *août*. — Ces dames ayant signalé une main qui les avait touchées, *je prends les deux mains du médium* et je prie l'Esprit de venir à moi. *Aussitôt une main fortement matérialisée me tire la barbe et me serre vigoureusement les doigts*. Nous constatons ainsi un grand progrès pour la matérialisation.

Lorsque l'on est absolument sûr de l'honnêteté des autres opérateurs, il est évident qu'il n'y a pas de meilleure précaution que de tenir les deux mains du médium dans les siennes. Si l'on est touché dans ces conditions, c'est qu'il y a bien en œuvre des mains qui n'appartiennent pas à des humains, à moins de supposer partout et toujours des hallucinations, ce qui n'est guère vraisemblable pour des personnes n'en ayant jamais ressenti pendant tout le reste de leur existence, comme c'était le cas, je le tiens de lui-même, pour M. le colonel Devoluet. Nous avons vu (vol. I, p. 441) que c'est cette expérience qui convainquit entièrement M. Ch. Richet à Carqueiranne. Voici quelques phénomènes obtenus *en plein jour*, qui montrent que l'obscurité n'est pas toujours indispensable pour les déplacements d'objets sans contact :

Le 28 *octobre*. — En plein jour, je priai le médium de prendre son crayon, sans l'avertir de ce que je voulais faire ; alors j'interpellai l'Esprit de cette manière : « Mario, êtes-vous là ? » Réponse: « Présent. — Pourriez-vous produire le phénomène des rideaux que j'ai vu chez M. le docteur P... (1) ? Voici, le médium pose les mains sur un guéridon appuyé contre les rideaux en laine d'une fenêtre et en quelques minutes les rideaux s'entr'ouvrent et se referment plusieurs fois. » Réponse : « Parfaitement. » Aussitôt je place le médium et un guéridon dans la position indiquée et au bout de trois minutes le phénomène a lieu. De plus, un tabouret remisé loin de là est glissé sous les pieds du médium, on lui enlève une bottine et le guéridon entre en danse. Amélie, peu familiarisée encore avec ce sans-gêne des Esprits, se récrie, se lève, moitié rieuse, moitié fâchée, et nous nous en tenons là.

Revenons aux mains matérialisées :

1er *mars*. — Chez Mme X..., où nous sommes seuls avec ma femme et le médium ; après répétition des phénomènes déjà obtenus, je prie *mentalement* un Esprit de porter au médium une pastille de goudron que j'ai tirée secrètement d'une boîte que m'a recommandée un aimable pharmacien ; avant de prendre la pastille, l'Esprit met ses doigts dans ma main et me *laisse palper leur forme, les ongles, les jointures et les plis de la peau*, persuadé que je n'abuserai pas comme le font les novices ; puis il saisit la pastille et la porte à la bouche non du médium, mais de Mme X..., qui lui trouve un goût détestable et la rejette...

17 *mars*. — Étaient présents, deux messieurs et quatre dames dont l'excellente Mme de Veh. La table fait des soubresauts de gaîté pendant que des castagnettes et un autre objet en carton accompagnent en l'air et ensemble la petite musique. *Ne perdons pas de vue que le médium est toujours solidement attaché. Tout le monde reçoit des étreintes de mains matérialisées...*

(1) Probablement M. le docteur Puel, qui s'occupait à cette époque de recherches spirites et avec lequel M. Devoluet était en relations.

Dans les cercles sérieux, les Esprits aussi bien que les assistants, ne se refusent jamais à un contrôle des phénomènes. En voici un exemple, parmi bien d'autres :

Mai. — L'Esprit Merez fait écrire au médium ce qui suit : « Laissez les visiteurs se rendre compte ; les Esprits ne se formalisent pas quand on cherche à y voir clair ; ils rient souvent de vos observations, mais les investigations de gens qui veulent s'instruire ne peuvent les indisposer. Complaisance pour ceux qui désirent la vérité, patience pour les instructeurs, fraternité pour tous. »

Il est donc bon de se méfier beaucoup de ces médiums qui veulent interdire toutes les mesures sérieuses ayant pour objet de mettre les observateurs à l'abri des supercheries. Neuf fois sur dix, on a affaire à des imposteurs qui essayent de battre monnaie avec le phénomène spirite.

Voyons maintenant les effets physiques produits par ces mains matérialisées :

23 juin. — Au début de la séance, les Esprits font jouer la grosse musique, qui s'arrête presque aussitôt. Mme X... se lève pour dérouler le ressort, mais subitement la musique continue seule son air interrompu ! Les Esprits ont voulu ainsi nous montrer qu'ils pouvaient faire marcher le cylindre ou l'arrêter à volonté.

Ils soufflent dans un chalumeau. Comme les sons ne sont pas très nets, une dame émet l'avis qu'ils ont parlé. Alors on lui donne de légers coups sur la main avec ledit chalumeau pour lui expliquer sa méprise. Mme X..., chez qui nous étions, devait me remettre, depuis six semaines, une carte-adresse dont elle avait bien voulu se charger et qu'elle avait oubliée dans une grande sébile, au milieu de cent autres cartes. Les Esprits me l'apportèrent dans la main...

30 juin. — Remontage vigoureux de la musique, ralentissement de l'air. Deux dames avouent qu'elles ont *été embrassées* ; nous avons tous entendu le bruit des baisers. Les Esprits n'ont pas jugé à propos de me gratifier de cette faveur : en compensation, *deux mains bien matérialisées se posent sur les miennes et les serrent affectueusement.*

Sur la table, deux cordes de deux mètres de longueur chacune. Amélie est placée entre deux dames *à qui elle donne la main.* Les Esprits lient son poignet à celui de la dame qui est à sa droite. Je suis invité à les délier en pleine lumière, et j'ai quelque difficulté à défaire les nœuds.

A la reprise de la séance, les Esprits déroulent les deux cordes, les nouent bout à bout, et enferment les têtes de ces trois dames à la hauteur du cou dans un même cercle. Les deux bouts libres sont croisés plusieurs fois autour de la poitrine du médium, et finalement noués derrière son dos. Tout cela ne s'est pas effectué sans quelques protestations de la part des prisonniers, et sans un peu de frissonnements. Je me hâte donc de les délivrer dès que nos amis (les Esprits) m'en donnent la permission. Je sépare les cordes et j'en fais un peloton que je laisse sur la table. Nous continuons la séance, et ces dames sentent les mains du médium leur échapper. Bientôt nous entendons Amélie s'écrier : « Ils mettent mes mains derrière mon fauteuil ! Ils m'attachent ! Ah ! mais, ne serrez pas si fort ! » Alors les Esprits prononcent eux-mêmes le mot : « Allumez ! »

Nous constatons qu'il eût été impossible à quelqu'un de se lier comme l'était le médium. Les cordes étaient nouées bout à bout, et leurs extrémités libres étaient fixées solidement au pied du fauteuil. Cette opération avait duré *sept secondes* (1).

Les Esprits essayent un duo d'harmonica et de tambour de basque. Au risque de passer pour des barbares, nous les encourageons de la parole ; ce témoignage ne leur suffit pas et ils nous donnent le signal d'applaudissements plus bruyants en faisant claquer comme des petites mains d'enfants.

Une observation très intéressante est celle qui permet, lorsque l'on fait brusquement la lumière, de voir en l'air les objets qui étaient en train de se déplacer. En voici un exemple raconté par le colonel :

Nous étions chez Mme X..., quatre autour d'une lourde table. Après avoir fait l'obscurité nous surprenons quelques filets lumineux venus du dehors et qui se glissent sous les portes et entre les rideaux En conséquence, Mme X... désire allumer le bougeoir pour nous permettre de rectifier les fermetures, mais la boîte d'allumettes a disparu ! « Pas de plaisanterie, dit-elle ; nous avons eu deux incendies dans notre rue en quelques jours, je ne voudrais pas que les Esprits jouassent avec les allumettes ; heureusement j'en ai de rechange dans le tiroir de la grosse table. » Cela dit, elle eut bientôt allumé le bougeoir. *Aussitôt nous voyons la petite boîte soustraite descendre, comme un oiseau foudroyé par le plomb du chasseur, d'une hauteur de deux mètres et tomber sur la table* (2)...

(1) Voici donc, dans une réunion de famille, des phénomènes analogues à ceux qu'obtenaient les frères Davenport, si injustement accusés de supercherie.
(2) Depuis cette époque, dans des séances éclairées à la lumière rouge, il a été possible, en disposant d'avance un appareil photographique et en

Je ferai remarquer, en passant, que si un médium en état de lévitation tombait aussi brusquement, il pourrait se blesser gravement, c'est pourquoi il ne faut jamais faire la lumière sans une autorisation expresse des agents qui dirigent la séance.

Un peu plus tard, ont lieu encore les deux phénomènes de la ligature du médium et de l'attouchement des mains :

Nous reprenons la séance. Les Esprits attachent le médium à son fauteuil et à la table, ce qu'ils nous obligent à vérifier, et reproduisent avec des variantes les phénomènes habituels. Ils me laissent *palper à mon aise les doigts d'une main fortement matérialisée* ; les ongles sont bien tenus, la main est douce, tandis que *les ongles du médium sont rasés au niveau de la chair* et que *sa main est un peu rude à l'intérieur*. Je prie les Esprits de détacher le médium pour m'en éviter la peine. Ils opèrent en trois secondes le détachement qui m'aurait bien demandé une minute...

Dans cet exemple, on constate une différence marquée entre la main matérialisée et celle du médium attaché à la table et au fauteuil. Comme les opérateurs ne sont que quatre et que l'on ne peut soupçonner Mme X... ou Mme Devoluet d'une supercherie, puisque l'on fait la chaîne, la manifestation est bien nette et, à moins d'invoquer encore l'hallucination, il faut admettre la matérialisation d'une main invisible.

Plus les expériences se multiplient, meilleures sont les séances, en ce sens que les matérialisations deviennent plus fréquentes et durent plus longtemps.

16 juillet. — Matérialisations bien réussies. Ils [les Esprits] applau-

---

faisant au moment propice un éclair au magnésium, d'obtenir des photographies saisissant les objets quand ils sont encore dans l'espace et que personne ne les tient. J'ai, moi-même une photographie prise en ma présence (février 1908), avec Eusapia, montrant la lévitation d'un petit banc. Le numéro des *Annales des Sciences psychiques*, 16 oct.-1er nov. 1908, contient une série de ces photographies obtenues avec le concours du médium Carancini chez le baron Von Erhardt, à Rome. Elles ont été publiées primitivement par M. Monnosi, dans le *Giornale d'Italia*. Les photographies montrent le médium tenu par les mains et, dans l'air, un violon, une table, une guitare, etc. Les numéros de janvier 1909, février, mars, avril de la même *Revue*, reproduisent de nombreuses photographies, publiées par M. le professeur Ochorowicz, qui prouvent que la lévitation de petits objets est absolument incontestable, n'en déplaise au docteur Le Bon, qui a refusé de contrôler ces phénomènes.

dissent aussi fort qu'un chef de claque pourrait le faire. Ils ouvrent et referment deux fois les rideaux en laine d'une fenêtre. Quatre grands coups de poing sur la table pour nous dire d'allumer. Je ne retrouve pas dans l'obscurité deux boîtes d'allumettes posées d'habitude sur un guéridon derrière ma chaise. J'allais m'impatienter lorsque je sentis ces bons amis me mettre dans la main une autre boîte en porcelaine...

17 *juillet*. — A la reprise de la séance, ils [les Esprits] exécutent des variations sur la grosse musique et battent la mesure *sur nos bras, sur nos mains avec les doigts bien matérialisés*. J'avertis un Esprit qui me touche que je vais essayer de l'attraper. Pendant une demi-minute je poursuis en vain cette main *qui me frappa trente fois*. Du premier coup j'aurais certainement rencontré la main d'une personne qui se serait livrée avec moi à ce jeu de barres. En finissant, l'Esprit m'envoie sur les épaules quelques claques, assez fortes pour que je le prie de me ménager et de se réserver pour les incrédules....

19 *décembre*. — Nos bons instructeurs sont sans pitié pour les questions oiseuses, inutiles et toute interruption non motivée. Par contre, ils se montrent très flatteurs, très empressés auprès des artistes de talent qui veulent bien se mettre en frais, et les applaudissent *d'abord par des caresses matérielles*, puis par *des claquements de mains dans l'air*, que tout le monde entend.

Ne pouvant m'étendre plus longuement sur le rapport du colonel Devoluet, je suis obligé de renvoyer le lecteur à la *Revue spirite*, où le récit des faits est donné en entier. Les quelques citations précédentes montrent comment débutent ces matérialisations encore invisibles, mais perçues nettement, dans des conditions qui ne laissent guère place au doute.

UNE AFFIRMATION DU DOCTEUR DUPOUY

M. le docteur Dupouy a longuement étudié les phénomènes spirites, en compagnie de son confrère, M. le docteur Puel, et il nous fait part dans son livre, *Sciences occultes et physiologie psychique*, des faits qu'il a observés. Le médium était une Mme L. B..., dont M. Dupouy se porte garant en ces termes (1) : « M. et Mme L. B... étaient des amis intimes du docteur Puel ; je tiens,

(1) Docteur Dupouy, *Sciences Occultes, etc.*, p. 193, en note.

néanmoins, à établir que Mme L. B... se prêtait à nos expériences de la manière la plus désintéressée. Elle et son mari sont, d'ailleurs, dans une position sociale au-dessus d'une rémunération quelconque pour le concours précieux qu'ils nous ont donné pendant plusieurs années. Et je leur en témoigne ici une profonde reconnaissance. »

Au sujet des attouchements de mains, voici comment s'exprime l'auteur (1) :

J'ai entendu plusieurs personnes affirmer avoir aperçu des mains et avoir été touchées par elles, en *pleine lumière*. Je n'ai jamais eu cet avantage, mais je puis certifier que, pendant huit ou dix séances, moi et les cinq ou six personnes qui m'assistaient, nous avons parfaitement senti sur les mains et sur la face, *une petite main d'enfant* nous toucher et nous faire des caresses. Le médium présent était encore Mme L. B. qui, pendant les expériences, était renversée dans un fauteuil et maintenue par Mme P. dont nous étions certains de la scrupuleuse attention, scientifiquement nécessaire, car nous expérimentions dans l'obscurité. Un de mes amis, M. B., avait toujours à la main une allumette bougie qu'il *allumait de temps en temps*, pour constater qu'il ne se passait aucune supercherie dans l'assistance. Aucun enfant, d'ailleurs, n'assistait à nos séances. Plusieurs fois, cette petite main s'enfonça dans ma manche et prit plaisir à tirer mes manchettes *et à les porter à une personne éloignée de moi*. Mon lorgnon me fut également enlevé une fois et apporté à l'un des assistants.

Comme nous aurons l'occasion de revenir sur les attouchements de mains dans les séances en demi-lumière, quand nous examinerons les expériences qui ont eu lieu en présence du médium Eusapia Paladino, je crois devoir passer immédiatement à l'étude d'un autre aspect du phénomène, plus démonstratif et plus convaincant : celui où l'on voit la main matérialisée qui produit les manifestations.

Remarquons, cependant, que les expérimentateurs cités sont loin d'être des enthousiastes ; ils n'acceptent pas de prime abord la réalité de ces mains mystérieuses. Ce n'est qu'après avoir pris entre ses mains celles d'Amélie, et ressenti des attouchements, que le colonel Devoluet croit aux matérialisations

(1) Docteur Dupouy, *Ouvrage cité*, p. 196.

des mains invisibles. Il a soin aussi de faire attacher le médium sur sa chaise par des incrédules, et il demande la chaîne, ce qui, abstraction faite de l'honnêteté certaine des opérateurs, rend une supercherie bien difficile, chacun contrôlant son voisin.

Avec le docteur Dupouy, le médium est également surveillé constamment et comme à toute minute on produit de la lumière, les conditions de contrôle sont aussi bonnes qu'elles peuvent l'être, étant données les circonstances.

Il est clair que si en même temps que l'on ressent des impressions physiques on peut voir la cause qui les produit, la conviction s'implante plus fortement encore, et il devient bien difficile de faire intervenir l'hallucination comme explication générale des faits.

Arrivons donc immédiatement aux phénomènes qui rentrent dans cette catégorie.

VISION DES MAINS MATÉRIALISÉES

LE TÉMOIGNAGE DE B. COLEMAN

Parmi les dépositions faites devant le Comité de la *Société Dialectique*, il en est une très intéressante émanant d'un écrivain bien connu en Angleterre, M. Benjamin Coleman, dont je reproduis un récit relatif à une séance improvisée (1) :

...Je me promenais par une belle soirée d'été dans le jardin de mon voisin et la pleine lune brillait au-dessus de l'horizon. M. Home, qui était au milieu de nous, émit l'opinion que nous devrions tenir une séance, parce que, disait-il, il avait le pressentiment qu'il allait arriver quelque chose de remarquable. Il avait joué avec les enfants dans le jardin et ils lui avaient tressé une couronne de fleurs et la lui avaient posée sur la tête.

Le salon dans lequel nous rentrâmes était de plain pied avec le jardin. On débarrassa de ses livres et de son tapis la table centrale, qui était ronde, et sept personnes, moi inclus, occupèrent les trois quarts de la table, laissant libre la quatrième partie qui était tour-

(1) Docteur DUSART, *Rapport sur le Spiritualisme*, p. 131 et suiv.

née vers la fenêtre. La lune donnait assez de lumière pour nous permettre de nous voir les uns les autres; de même que tous les objets placés entre nous et la fenêtre. Je demandai à M. Home *de placer ses deux mains dans les miennes*, ce qu'il fit, *et je continuai de les tenir ainsi pendant tout le cours de la séance* (1).

Après une série de phénomènes ordinaires, M. Home s'écria tout à coup : « Voyez donc, ils m'enlèvent la couronne de la tête ! » Nous *vîmes tous* alors la couronne *flotter doucement autour de nous, sans que rien la soutînt*. Elle vint au-dessus de moi : je la saisis et la plaçai sur ma tête et pendant plusieurs semaines elle resta en ma possession.

La table peu à peu se leva en l'air : bientôt nous fûmes tous obligés de nous tenir debout et, comme elle continuait à monter jusqu'à toucher le plafond, elle se trouva hors de notre contact à tous, sauf à moi qui étais le plus grand de toute la société. Elle redescendit ensuite doucement et reprit sa place primitive, sans produire plus de bruit que la chute d'un flocon de neige.

On plaça une sonnette sur la table et *une main et un bras* de proportions féminines parurent se lever du bout éclairé de la table, s'avancer vers la sonnette, la prendre, l'agiter et la soustraire ensuite à notre vue. Un instant après, *je sentis une main* se poser sur mon genou ; j'y portai la main et *je reçus la sonnette que je replaçai sur la table*.

Je demandai alors qu'il me fût permis de toucher la main. J'avançai la mienne tout ouverte sous la table et *je sentis se poser sur elle une douce main de femme*, qui se retira ensuite lentement. *Comme nous avons pu tous le voir* et en faire la remarque, le bras était drapé dans une sorte de manche de gaze, à travers laquelle sa forme paraissait nettement.

Trois ou quatre personnes de la société portaient des bagues aux doigts. L'une d'elles dit : « Quelqu'un vient de m'enlever la bague du doigt. » Un autre dit : « La mienne aussi, » et les quatre bagues furent ainsi enlevées. *Aussitôt une main se montra*, présentant les quatre bagues passées à ses doigts ; puis elle disparut et les bagues furent jetées sur la table.

Remarquons combien l'hypothèse de l'hallucination doit s'étendre pour expliquer ces faits ! Ce n'est plus simplement une hallucination tactile qu'il faut supposer, mais aussi une hallucination visuelle, compliquée encore d'hallucination audi-

---

(1) C'est moi qui souligne, ainsi que dans la suite du récit. Ici encore, les premiers spirites ont employé le meilleur contrôle.

tive quand on entend tinter la sonnette. Notons, de plus, qu'il faut que ces hallucinations soient collectives. Mais alors, si vraiment les apparitions sont imaginaires, comment expliquer qu'une main apporte la sonnette à M. Coleman et l'enlèvement des bagues, qui ne sont plus dans les doigts des assistants, mais sur la table ? Ici, c'est un fait positif, un transport de matière, et comme on a vu la main qui tenait les bagues enfilées sur un doigt et que les bagues tombent sur la table quand la main cesse d'être matérialisée, on se trouve bien en présence d'un phénomène objectif, d'une main fluidique, qui a eu temporairement assez de résistance pour supporter le poids des anneaux et qui les laisse échapper en se dématérialisant. Les expérimentateurs se souviennent de tous les incidents de la séance ; chacun constate qu'une de ses bagues lui a été enlevée, et comme les observateurs sont parfaitement de sang-froid, ils savent bien que ce ne sont pas eux qui ont ôté leurs bagues inconsciemment, c'est donc incontestablement un phénomène réel qui s'est produit, et la vue de cette main n'est pas une fantasmagorie résultant du jeu de cerveaux surexcités par l'attrait du merveilleux. Ces mains, visibles ou non, ne se bornent pas à produire de simples attouchements : elles sont capables d'accomplir des actes compliqués tels, par exemple, que l'exécution d'un morceau de musique, ce qui dénote avec certitude qu'elles sont dirigées par une intelligence semblable à la nôtre.

UN ACCORDÉON QUI PARAÎT JOUER SEUL

Sur ce sujet très important, je préfère citer les expériences faites par l'illustre William Crookes, parce qu'il a pris toutes les précautions nécessaires pour ne pas être trompé, et que son grand talent d'observateur ne fait de doute pour personne. Voici la relation qu'il a publiée (1) :

Parmi les remarquables phénomènes qui se produisent sous l'influence de M. Home, les plus frappants et en même temps ceux qui se prêtent le mieux à l'examen scientifique, sont 1° : l'altération

(1) WILLIAM CROOKES. *Recherches sur le Spiritualisme*, pp. 14 et suiv.

du poids des corps ; 2° l'exécution d'airs sur des instruments de musique (généralement sur l'accordéon, à cause de sa facilité de transport) sans intervention humaine directe, et sous des conditions qui *rendent impossible* tout contact ou tout maniement des clefs. Ce n'est qu'après avoir été *fréquemment témoin de ces faits* (1) et les avoir scrutés avec toute la profondeur et la rigueur dont je suis capable, *que j'ai été convaincu de leur véritable réalité*. Mais désirant qu'il n'y eût pas dans cette affaire l'ombre d'un doute, j'invitai M. Home, dans plusieurs circonstances, *à venir chez moi*, afin de soumettre ces phénomènes à des expériences décisives, en présence de quelques savants investigateurs.

Fig. 11. — Sir William Crookes.

Les réunions eurent lieu le soir, dans une grande chambre éclairée au gaz. Les appareils préparés dans le but de constater les mouvements de l'accordéon consistaient en une cage, formée de deux cercles de bois, respectivement d'un diamètre de un pied dix pouces et deux pieds, réunis ensemble par douze lattes étroites, chacune d'un pied dix pouces de longueur, de manière à former la charpente d'une espèce de tambour, ouvert en haut et en bas. Tout autour, cinquante mètres de fil isolé furent enroulés en vingt-quatre tours, chacun de ces tours se trouvant à moins d'un pouce de distance de son voisin. Ces fils de fer horizontaux furent alors solidement reliés ensemble avec de la ficelle, de manière à former des mailles d'un peu moins de deux pouces de large sur un pouce de haut. La hauteur de cette cage était telle qu'elle pouvait glisser sous la table de ma salle à manger, mais elle en était trop près par le haut pour permettre à une main de s'introduire dans l'intérieur, ou à un pied de s'y glisser par-dessous. Dans une autre chambre il y avait deux piles de Grove, d'où partaient des fils qui se rendaient dans la salle à manger, pour établir la communication, si on le désirait, avec ceux qui entouraient la cage.

(1. C'est moi qui souligne pendant toute la citation.

UN ACCORDÉON QUI PARAÎT JOUER SEUL

L'accordéon était neuf; je l'avais, pour ces expériences, acheté moi-même chez Wealstone, Conduit-street; M. Home n'avait ni vu ni touché l'instrument avant le commencement de nos essais....

Avant que M. Home pénétrât dans la chambre, l'appareil avait été mis en place, et avant de s'asseoir on ne lui avait même pas expliqué la destination de quelques-unes de ses parties. Il sera peut-être utile d'ajouter, dans le but de prévoir quelques remarques critiques qu'on pourrait peut-être faire, que l'après-midi j'étais allé chez M. Home, dans son appartement, et que là, il me dit que,

Fig. 12. — Comment l'accordéon était tenu.

comme il avait à changer de vêtements, je ne ferais sans doute pas de difficulté de continuer notre conversation dans sa chambre à coucher. Je suis donc en mesure d'affirmer d'une manière positive que ni machine, ni appareil, ni artifice d'aucune sorte ne fut mis en secret sur sa personne.

Les investigateurs présents à l'occasion de cette expérience étaient : un éminent physicien, haut placé dans les rangs de la Société Royale, que j'appellerai le docteur A. B ; un docteur en droit bien connu, que j'appellerai C. D ; mon frère et mon aide de chimie [1].

[1] On sait maintenant que le docteur A.-B. était William Huggins et

M. Home s'assit à côté de la table, sur une chaise longue. En face de lui, sous une table, se trouvait la cage sus-mentionnée et une de ses jambes se trouvait de chaque côté. Je m'assis près de lui, à la gauche, un autre observateur fut placé près de lui, à sa droite ; le reste des assistants s'assit autour de la table à la distance qui lui convint.

Pendant la plus grande partie de la soirée, et particulièrement lorsque quelque chose d'important avait lieu, les observateurs qui étaient de chaque côté de M. Home *tinrent respectivement leurs pieds sur les siens*, de manière à pouvoir découvrir le plus léger

Fig. 13. — La cage de l'accordéon.

mouvement. La température de la chambre variait de 68° à 70° Farenheit. M. Home prit l'accordéon entre le pouce et le doigt du milieu d'une de ses mains, et par le bout opposé aux clefs. (Pour éviter les répétitions, cette manière de le prendre sera appelée à l'avenir « de la manière ordinaire. »)

Après avoir préalablement ouvert moi-même la clef de basse, la cage fut tirée de dessous la table, juste assez pour permettre d'y introduire l'accordéon avec ses clefs tournées en bas. Elle fut ensuite repoussée dessous, autant que le bras de M. Home put le

le docteur C.-D., W. Cox, qui ont certifié par lettre l'exactitude du récit de W. Crookes.

permettre, mais sans cacher sa main à ceux qui étaient près de lui.

Bientôt ceux qui étaient de chaque côté virent l'accordéon se balancer d'une manière curieuse; puis des sons en sortirent, et enfin plusieurs notes furent jouées successivement. Pendant que ceci se passait, mon aide se glissa sous la table et nous dit que l'accordéon s'allongeait et se fermait ; on constatait en même temps que la main de M. Home qui tenait l'accordéon *était tout à fait immobile*, et que l'autre reposait sur la table.

Puis ceux qui étaient de chaque côté de M. Home virent l'accordéon se mouvoir, osciller et tourner tout autour de la cage, et jouer en même temps. Le docteur A. B. regarda alors sous la table et dit que la main de M. Home semblait tout à fait immobile pendant que l'accordéon se mouvait et faisait entendre des sons distincts.

M. Home tint encore l'accordéon dans la cage, de la manière ordinaire. Les pieds tenus par ceux qui étaient près de lui, son autre main reposant sur la table, nous entendîmes des notes distinctes et séparées résonner successivement et ensuite un air simple fut joué. Comme un tel résultat ne pouvait être produit que par les différentes clefs de l'instrument mises en action d'une manière harmonieuse, *tous ceux qui étaient présents le considérèrent comme une expérience décisive.*

Mais ce qui suivit fut encore plus frappant : M. Home éloigna entièrement sa main de l'accordéon, la sortit tout à fait de la cage, et la mit dans la main de la personne qui se trouvait près de lui. Alors l'instrument continua à jouer, *personne ne le touchant et aucune main n'étant près de lui.*

Je voulus ensuite essayer quel effet on produirait en faisant passer le courant de la batterie autour du fil isolé de la cage. En conséquence mon aide établit la communication avec les fils qui venaient des piles de Grove. De nouveau M. Home tint l'instrument dans la cage de la même façon que précédemment, et immédiatement il résonna et s'agita de côté et d'autre avec vigueur. Mais il m'est impossible de dire si le courant électrique qui passa autour de la cage vint en aide à la force qui se manifestait à l'intérieur.

L'accordéon fut alors repris *sans aucun contact visible avec la main de M. Home*. Il s'éloigna complètement de l'instrument, et la plaça sur la table où elle fut saisie par la personne qui était près de lui ; tous ceux qui étaient présents virent bien que *ses deux mains étaient là*. Deux des assistants et moi, *nous aperçûmes distinctement l'accordéon flotter çà et là, dans l'intérieur de la cage, sans aucun support visible*. Après un court intervalle, ce fait se répéta une seconde fois.

Alors M. Home remit sa main dans la cage et prit de nouveau l'accordéon, qui commença à jouer d'abord des accords et des arpèges, et ensuite une douce et plaintive mélodie bien connue, qu'il exécuta parfaitement et d'une manière très belle. Pendant que cet air se jouait, je saisis le bras de M. Home au-dessus du coude, et fis glisser doucement ma main jusqu'à ce qu'elle touchât l'accordéon. Pas *un muscle ne bougeait*. L'autre main de M. Home était sur la table, visible à tous les yeux, et ses pieds étaient sous les pieds de ceux qui étaient à côté de lui....

Il est indéniable que dans ces conditions les expérimentateurs ne pouvaient être trompés, et le fait d'un instrument de musique jouant sans le concours des mains d'aucune des personnes présentes est acquis à la science, car l'observation de William Crookes est loin d'être isolée (1), mais c'est celle qui a été le plus scientifiquement établie.

On trouve dans l'ouvrage de M. de Rochas, *l'Extériorisation de la motricité* (page 377), la traduction d'un article paru dans le journal *Lux* en 1890, dans lequel William Crookes fait un parallèle entre les médiumnités de Home et d'Eusapia Paladino. J'en détache le passage suivant, qui a trait au phénomène de l'accordéon, et qui met bien en évidence la cause qui produit le musique, c'est-à-dire une main qui n'appartient à aucune des personnes présentes. Voici :

Lorsque Home n'était pas en trance, on observait souvent des mouvements d'objets dans les diverses parties de la chambre ; *des mains portant des fleurs* devenaient visibles.

Un jour il m'invita à regarder l'accordéon, pendant que cet instrument jouait seul, sous la table, dans une demi-obscurité. *Je vis une main d'aspect délicat, féminine, qui soulevait l'instrument*, et je vis à la partie inférieure les touches s'élever et s'abaisser, comme s'il y avait eu des doigts pour les mouvoir. La main était si *semblable à une main vivante* qu'en premier lieu, il me sembla que c'était la main d'une de mes parentes qui assistait à la séance ; mais je m'assurai ensuite que ses mains étaient bien sur la table.

---

(1) Voir dans le *Rapport sur le Spiritualisme*, le récit concernant les instruments de musique qui jouent sans contact humain, de M. Blanchard, p. 124 ; de M. Childs, p. 138 ; de M. Jones, pp. 140 et 143 ; de M. Damiani, p. 128. Voir aussi dans l'ouvrage de ALF. RUSSEL WALLACE, *Miracles et Moderne Spiritualisme*, p. 222.

Revenons aux mains visibles ; et puisque nous sommes avec Home, donnons une partie de sa déposition devant le Comité de la *Société Dialectique*, narration qui n'a jamais été contredite par les ayants droit, après la publication du rapport (1).

EXPÉRIENCES DE HOME AVEC NAPOLÉON III ET ALEXANDRE DE RUSSIE

J'ai vu, dit-il, une main prendre un crayon et écrire sur une feuille de papier, en présence de l'empereur Napoléon. Nous étions dans une grande salle, le salon Louis XV : l'empereur et l'impératrice s'y trouvaient. La table se souleva à un angle de plus de 45 degrés. On vit alors venir une main. Elle était tout à fait élégante. Il y avait des crayons sur la table ; elle en prit un, non le plus près d'elle, mais le plus éloigné. On entendit le bruit de l'écriture et on la vit écrire sur la feuille de papier.

La main passa devant moi, vint à l'empereur et il l'embrassa: elle alla ensuite vers l'impératrice qui se recula pour ne pas la toucher, mais elle la suivit. L'empereur dit : « Ne craignez rien, embrassez-la ! » Elle le fit et la main disparut. Je dis que j'aurais bien voulu l'embrasser. On eût dit qu'elle appartenait à une personne qui pensait et se disait : « Le ferais-je ? » Enfin elle revint vers moi et je l'embrassai. La sensation éprouvée au toucher et à la pression était bien celle d'une main naturelle. Elle semblait tout à fait aussi matérielle que la mienne. *L'écriture était un autographe de Napoléon Ier*. La main était la sienne, petite et bien faite comme on sait qu'elle l'était...

L'empereur de Russie a vu des mains, comme l'empereur Napoléon. Il en a tenu une qui semblait flotter en l'air...

On s'étonnera peut-être de me voir accepter des narrations de Home et on m'accusera de manquer de sens critique, puisqu'il est juge et partie dans la cause du spiritisme. Mais n'oublions pas que les faits qu'il rapporte sont semblables à des quantités d'autres de même nature, et que sa bonne foi était si complète que jamais il n'a été pris en flagrant délit de fraude, malgré les milliers de séances qu'il a données. Sur ce point, voici l'avis d'Alfred Russel Wallace, l'éminent naturaliste qui fut l'émule de Darwin (2).

(1) *Rapport sur le Spiritualisme*, pp. 206-207.
(2) Wallace, *Miracles et Moderne Spiritualisme*, p. 223 de l'édition française.

La vie de M. Home a été publique dans une large mesure. Il a passé une grande partie de son temps comme hôte de personnes de rang et de talent. Il compte parmi ses amis maintes éminentes individualités de la science, de l'art et de la littérature — hommes certainement point inférieurs en puissance de perception et de raisonnement à ceux qui, n'ayant point assisté aux manifestations, ne croient pas qu'elles aient lieu.

« *Durant vingt ans, il a été exposé à l'âpre examen et à la suspicion jamais calmée d'enquêteurs innombrables;* cependant *nulle preuve de tricherie n'a jamais été donnée,* et nul fragment de machinerie ou d'appareils jamais découvert. D'ailleurs les manifestations sont si stupéfiantes que, si c'étaient des impostures, elles ne pourraient être accomplies que par des engins de la nature la plus compliquée, la plus variée et la plus encombrante, et exigeraient l'assistance de plusieurs aides et complices. La théorie que ce sont des illusions n'est pas davantage soutenable, à moins qu'il ne soit admis qu'il n'est aucun moyen possible de distinguer l'illusion de la réalité. »

Je retourne aux apparitions visibles de mains matérialisées.

Pour ceux qui suspecteraient la sincérité du récit de Home, rapporté plus haut, l'affirmation de William Crookes sur le même sujet a une valeur indiscutable pour tous. Nous allons la trouver dans un instant.

LES AFFIRMATIONS DU PROFESSEUR DAMIANI

Parmi les témoins entendus par le Comité de la *Société Dialectique*, se trouvait le professeur Damiani, qui eut plus tard la chance de découvrir Eusapia Paladino et le mérite de la développer. Primitivement très incrédule, il fut amené à la croyance, grâce à la révélation par Mme Marshall du nom d'une de ses sœurs, morte en bas âge, fait qu'il ignorait complètement, mais qui lui fut confirmé par son frère et dont il vérifia l'authenticité sur un registre de famille, qui contenait la mention de la naissance et du décès prématuré de cette sœur inconnue. Il serait trop long de citer dans tous leurs détails les phénomènes qu'il observa ensuite. Ici, encore, je ne puis que renvoyer le lecteur au *Rapport* publié par la société, me contentant de donner la partie qui a trait à notre étude actuelle (1).

(1) *Rapport sur le Spiritualisme*, p. 217.

J'ai souvent, dit-il, tenu dans mes mains des mains d'Esprits : en tous cas, c'étaient des mains *qui n'appartenaient à aucun corps*. Le toucher de ces mains différait si complètement de celui des mains humaines, que je ne trouve aucune analogie à présenter, aucune comparaison à faire. Elles n'étaient pas aussi chaudes que les mains humaines, et ordinairement, mais pas toujours, leur texture était plus molle. En général, leur contact faisait passer dans tout mon corps un frémissement comparable à celui d'une légère décharge électrique. *Ces mains fondaient et se dissolvaient dans les miennes*. J'ai souvent *vu* les mains. Elles sont généralement de forme élégante, avec des doigts effilés, comme ceux que Casanova donne à ses nymphes idéales et à ses déesses. Tantôt elles paraissent blanchâtres et opaques, d'autres fois roses et transparentes.

J'ai assisté à plusieurs séances données par les frères Davenport, les hommes les plus maltraités de ce monde, excepté peut-être D. Home. Pendant leur dernier séjour en Angleterre, en 1868, je fus de ceux que l'on chargea de les lier à leur siège et dans leur cabinet bien connu. Aussitôt qu'ils furent ainsi attachés, *cinq mains roses et transparentes* se montrèrent rangées perpendiculairement devant la porte. Je plaçai ensuite ma main dans la petite fenêtre du cabinet et je sentis chacun de mes cinq doigts *saisi nettement par autant de mains distinctes*, et tandis que ma main était ainsi tenue, *cinq ou six autres mains* s'avancèrent par la lucarne vers mon poignet. Lorsque je retirai ma main de l'ouverture, un bras la suivit, mais un bras de si énormes proportions que, s'il eût été en chair et en os, je suis convaincu que, mis dans la balance, il l'eût emporté en poids sur le corps entier du plus jeune des Davenport.

A la séance dont je viens de parler assistaient entre autres : M. Goolden Perrin, de Westmoreland place, Camberwell ; M. Robert Cooper, de la Terrace, Eastbourne, Sussex ; ainsi qu'un célèbre docteur magnétiseur dont le nom ne me revient pas actuellement à la mémoire....

Dans ce récit, nous constatons un fait nouveau, celui de l'apparition simultanée de plusieurs mains matérialisées. Nous en verrons d'autres exemples par la suite. Notons également qu'il y a *cinq* mains, c'est-à-dire une de plus que celles des médiums.

ENCORE UNE DÉPOSITION AU SUJET DE L'ACCORDÉON

Nous avons été à même, avec William Crookes, de noter deux choses distinctes : 1° qu'un accordéon, dont les touches sont en bas, joue sans contact humain avec le clavier ; 2° que parfois on voit la main qui agit. Voici un témoignage qui corrobore celui du savant anglais :

M. Rowcroft dit qu'il a *vu une main jouant d'un accordéon suspendu bien en vue dans l'espace*. C'était chez M. Jones, où il rencontra M. Home. Les assistants étaient : M. Home, le témoin lui-même, et un de ses amis, tous réunis autour d'une table, et les coups se firent entendre au bout de dix minutes...

M. Home tint l'accordéon qui joua un très beau morceau de musique. Lorsque ce morceau fut fini, *l'accordéon quitta la main de M. Home et vint sous la table*. Je dis : « Je vois une main. » L'instrument tourna autour de la table et vint derrière M. Home. Le témoin pense que la force qui agit ainsi était spirituelle, car aucun des assistants n'aurait pu produire un tel phénomène...

Un des enquêteurs, M. Wallace, posa la question suivante : « A propos de l'accordéon, je vous demanderai si la lumière était suffisante pour le voir bien clairement ? »

M. Rowcroft. — *On était largement éclairé par six becs de gaz*. J'ai vu la main *pendant plus d'une minute*. Elle accompagna l'instrument, lorsqu'il fit le tour des chaises. Parmi les neuf assistants, je vis seul le phénomène. Pendant que M. Home tenait l'accordéon, je vis celui-ci s'ouvrir et se fermer ; le médium criait à chaque instant : « Ils le tirent ! » et il était obligé d'employer toute sa force pour résister aux joueurs invisibles. La main libre de M. Home reposait sur la table *et tous les assistants virent l'accordéon flotter en l'air*. Sur la proposition de M. Jones, on entonna un hymne ; l'accordéon donna le ton et, après une pause, il nous accompagna.

Pendant la même soirée, j'ai vu quelque chose comme une main glisser entre le tapis et la table ; *j'ai senti distinctement les doigts. Mon ami vit aussi la forme et chaque assistant la toucha.*

Si, à la rigueur, on peut supposer que M. Rowcroft a été halluciné en croyant voir la main qui tenait l'accordéon, puisqu'il était seul à faire cette constatation, il n'en est pas de même pour la main qui se glissa entre le tapis et la table, car tout le monde put la toucher. M. Rowcroft assistait pour la première fois à ces phénomènes, et loin d'être croyant, il tournait en ridicule la foi de son fils en ces phénomènes ; il dut cependant se rendre à l'évidence.

Sur la même soirée, nous avons aussi le témoignage de M. Jones, auteur du livre : « *Naturel et Supernaturel*, dans la maison de qui la séance avait lieu. Lui et sa famille étaient prêts à faire devant un magistrat une déposition authentique concernant les faits dont ils ont été témoins. Voici ce qui a trait à l'accordéon (1) :

M. Jones dit : « J'essayai de donner le ton de l'hymne, mais les Esprits me corrigèrent, car j'étais d'un demi-ton trop bas. » Il ajoute : « Je vis une main d'Esprit dans une séance chez un ministre d'État, où se trouvaient plusieurs personnes de marque. Une dame était assise au milieu de nous ; il sortit *entre son corsage et son fichu noir* (2) une main que l'on vit très nettement. La dame parut reconnaître la main ; les larmes lui vinrent aux yeux et elle dit que c'était celle d'un neveu qu'elle avait perdu. Le salon était bien éclairé. »

J'ai vu fréquemment se dessiner sous un tapis de table des formes ressemblant à des mains. *Je les ai touchées* et, lorsque je les prenais, elles semblaient *toujours se dissoudre sous cette pression*. J'ai été souvent touché ; la sensation est toute particulière ; elle paraît produite par un gant gonflé d'air. Dans une occasion, je recouvris ma main avec un mouchoir de poche ; il me fut enlevé et quand je le regardai, je trouvai qu'un petit nœud avait été fait dans un coin.

Lorsque je me trouve en présence de phénomènes de ce genre, combinés avec des réponses intelligentes dignes de foi, il m'est impossible de ne pas croire à l'action des Esprits.

Le détail que les mains fluidiques produisent parfois l'impression de gants gonflés d'air est absolument exact. J'ai moi-même, dans une séance tenue chez mon père, en 1878, éprouvé une sensation semblable. Le médium se nommait Williams. La séance était obscure, mais tous les assistants, qui étaient de nos amis, faisaient la chaîne ; le médium était tenu, d'un côté, par Mme Delanne qui avait un de ses pieds posés sur celui de M. Williams, et, de l'autre, par M. de B..., qui avait pris les mêmes précautions. J'étais séparé du médium par deux personnes. A un certain moment, dans l'obscurité, mon voisin, un de mes amis, nommé Salvator Marchi, sentit comme moi que nos mains entrelacées étaient saisies par une forte main qui les éleva en

(1) *Rapp. sur le Spirit.*, p. 236.
(2) Je souligne cette phrase car l'on verra plus loin qu'il est fréquent, avec Eusapia, de constater que des mains sortaient indifféremment de toutes les parties de son corps.

l'air, et assez haut pour nous obliger à nous lever. Ce phénomène se reproduisit trois fois. L'impression produite sur nous deux était parfaitement celle d'une main, avec des doigts et une paume, mais, bien que serrant assez fortement, elle paraissait élastique. Toute fraude était impossible, car nous étions entre amis et tous désireux d'observer rigoureusement les faits.

Les mains sont parfois lumineuses par elles-mêmes, nous allons le constater, de sorte qu'on les voit parfaitement dans les séances obscures. D'autres fois, elles ont toutes les apparences de la vie. J'apporte, ici encore, le témoignage convaincant de William Crookes (1).

LES OBSERVATIONS DE WILLIAM CROOKES

On sent souvent des attouchements de mains pendant les séances noires ou dans des conditions où l'on ne peut les voir. Plus rarement j'ai vu ces mains. Je ne donnerai pas ici des exemples où ces phénomènes se sont produits dans l'obscurité, mais je choisirai simplement quelques-uns des cas nombreux où j'ai *vu ces mains en pleine lumière.*

Une petite main, d'une forme très belle, s'éleva d'une table de salle à manger et me donna une fleur ; elle apparut, puis disparut à trois reprises différentes, *en me donnant toute facilité de me convaincre que cette apparition était aussi réelle que ma propre main.* Cela se passa à la lumière, dans ma propre chambre, *les pieds et les mains du médium étant tenus par moi pendant ce temps.*

Dans une autre circonstance, une *petite main et un petit bras*, semblables à ceux d'un enfant, apparurent se jouant sur une dame qui était assise près de moi. Puis l'apparition vint à moi, *me frappa sur le bras, et tira plusieurs fois mon habit.*

Une autre fois, un doigt et un pouce furent vus *arrachant les pétales d'une fleur* qui était à la boutonnière de M. Home, et *les déposant devant plusieurs personnes assises auprès de lui.*

Nombre de fois, moi-même et d'autres personnes avons vu *une main pressant les touches d'un accordéon*, pendant qu'au même moment nous voyions les deux mains du médium, qui quelquefois étaient tenues par ceux qui étaient auprès de lui.

Les mains et les doigts ne m'ont pas toujours paru être solides et comme vivants. Quelquefois, il faut le dire, ils offraient plu-

---

(1) *Recherches sur le Spiritisme*, p. 155.

tôt l'apparence d'un nuage vaporeux, condensé en partie sous forme de main. Tous ceux qui étaient présents ne le voyaient pas également bien. Par exemple, on voit se mouvoir une fleur ou quelque autre petit objet. Un assistant verra une vapeur lumineuse planer au-dessus ; un autre découvrira une main d'apparence nébuleuse, tandis que d'autres ne verront rien autre chose que la fleur en mouvement.

J'ai vu plus d'une fois, d'abord un objet se mouvoir, puis un nuage lumineux qui semblait se former autour de lui, et enfin le nuage se condenser, prendre une forme, et se changer en une main parfaitement faite. Cette main n'est pas toujours une simple forme, quelquefois elle semble animée et très gracieuse ; les doigts se meuvent et *la chair semble être aussi humaine que celle de toutes les personnes présentes*.

Au poignet ou au bras, elle devient vaporeuse, et se perd dans un nuage lumineux.

Au toucher, ces mains paraissent quelquefois froides comme de la glace et mortes ; d'autres fois elles m'ont *semblé chaudes et vivantes, et ont serré la mienne avec la ferme étreinte d'un vieil ami.*

J'ai retenu une de ces mains dans la mienne, bien résolu à ne pas la laisser échapper. Aucune tentative et aucun effort ne fut fait pour me faire lâcher prise, *mais peu à peu cette main sembla se résoudre en vapeur*, et ce fut ainsi qu'elle se dégagea de mon étreinte.

C'est à ce phénomène de désagrégation des formes temporairement visibles et palpables, que les spirites ont donné le nom de *dématérialisation*. Remarquons que ces mains accomplissent des actions physiques telles que d'arracher les pétales d'une fleur ou de la transporter devant certains assistants. Il reste donc, après que les mains ont disparu, une preuve matérielle qu'elles n'étaient pas produites par des hallucinations des témoins.

UNE ATTESTATION DU DOCTEUR GIBIER

Un savant, qui fut chargé plusieurs fois de missions scientifiques par le gouvernement français, le docteur Paul Gibier, a étudié, lui aussi, quelques-uns des phénomènes du spiritisme. Il a réuni ses observations dans un ouvrage intitulé : *Spiritisme ou Fakirisme occidental*, et bien que n'acceptant encore à ce moment que sous toutes réserves les théories spirites, que plus tard il adopta, il fut contraint, par l'évidence, de reconnaître l'incontestable réalité des faits. Voici ce qu'il relate dans son livre au sujet des matérialisations de mains (1) :

Le 12 mai 1886, à 11 heures du matin, nous avions une séance chez Slade (2) ; *pendant qu'il avait ses deux mains sur la table en même temps que nous, nous avons distinctement vu*, ainsi que M. N. qui assistait à la même séance, *une main* dont les doigts et la partie antérieure seuls étaient visibles *s'avancer à deux reprises contre notre poitrine*. Nous n'éprouvions à ce moment pas plus d'émotion que dans les expériences de pathologie expérimentale auxquelles nous sommes habitué depuis longtemps ; par conséquent, nous ne croyons pas avoir été victime d'une hallucination. Pas plus que M. N., nous ne nous attendions à voir cette main ou plutôt cette partie de main.

Slade nous invita alors à placer notre main sous la table pour obtenir un contact, mais nous ne sentîmes rien ; il prit alors une ardoise par une de ses extrémités et nous invita à la tenir par l'autre bout. Nous maintenions l'ardoise sous la table depuis un instant et mollement, pour notre part, de sorte qu'elle serait tombée à terre si Slade ne l'avait tenue solidement ; tout à coup, nous nous sommes *sentis saisir le poignet par une main froide qui promena ses doigts un instant sur la partie antérieure de notre avant-bras droit*. Nous laissâmes aller l'ardoise qui ne tomba pas, et nous saisîmes à notre tour la main de Slade : nous pûmes constater qu'elle était d'une température normale et non pas froide comme celle que nous venions de sentir ; en même temps, nous regardions sous la table où nous ne vîmes rien qui pût expliquer la sensation que nous avions reçue.

A diverses occasions, nous avons assisté à des phénomènes de ce genre et non moins surprenants, mais comme les moyens d'une rigoureuse observation nous ont fait défaut, nous ne voulons pas insister à leur sujet ni nous porter garant de leur réalité. Il en est autrement du phénomène de l'écriture spontanée, que les spiritualistes appellent *écriture directe*. Nous avons observé ce phénomène tant et tant de fois, et sous des formes si variées, qu'il nous est permis de dire que *nous ne pouvons plus croire à rien de ce que nous voyons tous les jours dans la vie ordinaire, s'il nous est défendu de nous en rapporter à nos sens pour ce cas particulier.*

M. le docteur Gibier sentait autour de lui une telle hostilité,

(1) Paul Gibier, *Spiritisme ou Fakirisme occidental*, p. 338, Paris, 1887.
(2) Slade était un puissant médium qui obtenait couramment le phénomène de l'écriture directe, c'est-à-dire celle qui est produite sur des ardoises ou du papier sans intervention d'aucune des personnes présentes. Nous allons en voir des exemples dans un instant.

qu'il n'a pas pu dire toute sa pensée et s'est cru obligé de formuler des réserves sur la réalité des mains matérialisées. Son livre souleva une sorte de scandale, et il fut obligé de s'expatrier, car on lui ferma en France tous les laboratoires. Il fonda en Amérique un Institut Pasteur qui réussit brillamment et, cette fois, tout à fait indépendant, il continua ses études et envoya au Congrès de psychologie de 1900 un mémoire sur les apparitions matérialisées, que nous retrouverons dans la suite de cette étude.

LES RÉCITS DE Mme FLORENCE MARRYAT

Mme Florence Marryat était un écrivain bien connu en Angleterre. Elle publia plusieurs volumes sur le spiritisme, à la suite de ses investigations personnelles. J'aurai plusieurs fois l'occasion d'invoquer son témoignage, c'est pourquoi je dois dire qu'ayant expérimenté en compagnie de W. Crookes et d'autres psychistes éminents, elle possédait une grande expérience, jointe à une parfaite honnêteté, ce qui m'engage à la citer, en résumant les faits :

Dans son ouvrage : *There is no death* (Il n'y a pas de mort) [1], elle raconte qu'elle fit la connaissance d'une jeune fille du monde, miss Schowers, par conséquent médium non professionnel, et que souvent pendant les repas, en plein jour, des mains se montraient sous la nappe, serraient les leurs et même enlevaient ce qui était dans leurs assiettes.

Un jour, chez Mme Guppy (2), un drap était tenu par cette dame et par M. Williams, dans une chambre bien éclairée, ce qui formait une sorte de mur blanc de cinq pieds de hauteur. Les mains de Mme Guppy et de M. Williams étaient *en dehors du drap* et restèrent visibles pendant toute la séance.

Différentes *paires de mains*, grandes et petites se montraient, disparaissaient et pressaient celles des spectateurs. Plusieurs figures se firent voir. Une tête se forma et s'approcha de

(1) FLORENCE MARRYAT, *There is no death*; chap. XII, la Médiumnité de miss Schowers.
(2) Sous le nom de miss Nichols, Mme Guppy a été étudiée pendant des années par Alfred Wallace, qui en parle dans son livre : *les Miracles et le moderne Spiritualisme ;* on la cite fréquemment aussi dans le : *Rapport sur le Spiritualisme*.

Mme Guppy comme pour l'embrasser, ce qui causa à cette dame une telle frayeur, qu'elle lâcha le drap et refusa de continuer. Les visages d'Esprits étaient de grandeur naturelle, les yeux et les lèvres remuaient. Les mains étaient absolument humaines : les unes velues comme des mains d'hommes, les autres ayant l'apparence de celles de femmes ou d'enfants : elles agitaient les doigts et *prenaient les objets qui leur étaient présentés.*

Je signale que le médium se trouvait à l'état normal pendant les manifestations, ce qui était aussi le cas pour Mme d'Espérance et pour Florence Cook dans les premiers temps.

On remarquera aussi cette circonstance, notée déjà par M. Jones (1), que les mains se produisent avec une plus grande facilité sous la nappe qu'en pleine lumière, alors que celles du médium sont nettement visibles. On saisit là sur le vif CE FAIT que les vibrations lumineuses opposent un obstacle à l'objectivation de ces mains, de sorte que lorsque dans les séances on demandera une lumière plus faible, il serait injuste d'en conclure nécessairement que le médium a le désir de diminuer la rigueur du contrôle pour tromper plus aisément.

Pour en revenir à l'étude des mains matérialisées, il est certain qu'on ne saurait s'entourer de trop de précautions avant d'admettre la réalité de phénomènes qui sortent si violemment de l'ordinaire. Mais il ne faut pas non plus récuser systématiquement tous les témoignages sincères, et surtout mettre indistinctement tous les faits sur le compte de l'hallucination. Pour que cette hypothèse fut recevable dans tout les cas, il ne faudrait pas que ces mains laissassent des traces de leur passage après avoir disparu. Or, nous allons le constater tout de suite, très souvent on a vu ces mains tracer des caractères sur le papier et il a été possible de déchiffrer immédiatement ces messages, ce qui prouve d'abord que le cerveau des assistants fonctionnait normalement en voyant cette main écrire, ensuite qu'elle était dirigée par une intelligence semblable à la nôtre, car l'écriture nécessite absolument des facultés psychiques assez développées.

(1) Voir p. 165.

Un écrit qui reste après que le phénomène a pris fin est une excellente preuve que l'observateur n'a pas été halluciné. Il est bien évident, en effet, qu'un phénomène imaginaire comme le serait une hallucination, qui a son siège dans le cerveau, ne peut pas agir sur la matière et laisser des traces visibles sur du papier. Si, cependant, on peut lire le message écrit par cette main, qui s'est évanouie après, c'est que pendant le temps qu'elle écrivait, elle était réelle, objective, matérielle, ce qui démontre que le témoignage de la vue n'était pas trompeur. Si bizarre que ce fait puisse paraître, il faut bien l'accepter quand il se produit.

ÉCRITURE DIRECTE

L'éminent physicien W. Crookes a consacré un paragraphe de son livre aux phénomènes de cette nature. J'en détache le passage suivant (1) :

Écriture directe. C'est là l'expression employée pour désigner l'écriture qui n'est produite par aucune des personnes présentes. J'ai obtenu maintes fois des mots et des messages écrits sur du papier marqué à mon chiffre particulier ; et *sous les conditions du contrôle le plus rigoureux*, j'ai entendu dans l'obscurité le crayon se mouvoir sur le papier. *Les précautions préalablement prises par moi étaient si grandes que mon esprit était aussi bien convaincu que si j'avais vu les caractères se former*. Mais, comme l'espace ne permet pas d'entrer dans tous les détails, je me bornerai à citer les cas dans lesquels mes yeux, ainsi que mes deux oreilles, ont été témoins de l'opération.

Le premier fait que je citerai eut lieu, cela est vrai, dans une séance noire, mais cependant le résultat n'en fut pas moins satisfaisant. J'étais assis auprès du médium, Mlle Fox ; il n'y avait d'autres personnes présentes que ma femme et une dame de nos parentes, et *je tenais les deux mains du médium dans une des miennes*, pendant que ses pieds étaient sur les miens. Du papier était devant nous sur la table, et ma main libre tenait un crayon.

Une main lumineuse descendit du plafond de la chambre, et après avoir plané près de moi quelques secondes, elle prit le crayon dans ma main, écrivit rapidement sur une feuille de papier, rejeta le crayon, et ensuite s'éleva au-dessus de nos têtes et se perdit peu à peu dans l'obscurité.

(1) W. Crookes. *Recherches sur le spiritualisme*, p. 157.

« Les divers phénomènes que je viens attester, dit-il, sont si extraordinaires et si complètement opposés aux points de croyance scientifiques les plus enracinés, que même à présent, en me rappelant les détails de ce dont j'ai été témoin, il y a antagonisme dans mon esprit entre ma raison qui dit que c'est scientifiquement impossible, et le témoignage de mes deux sens de la vue et du toucher (témoignages corroborés par les sens de toutes les personnes présentes) qui me disent qu'ils ne sont point des témoins menteurs quand ils déposent contre mes idées préconçues. Supposer qu'une sorte de folie ou d'illusion vienne fondre soudainement sur toute une réunion de personnes intelligentes, saines d'esprit partout ailleurs, qui sont d'accord sur toutes les moindres particularités et les détails des faits dont elles sont témoins, me paraît plus incroyable que les faits mêmes qu'elles attestent.

Ce n'est qu'après avoir observé chez lui, un grand nombre de fois, le phénomène, et en prenant toutes les précautions que lui suggérait son esprit rigoureux, qu'il se résolut à publier les articles qui forment son volume. « En revoyant mes notes, dit-il, j'ai trouvé une telle richesse de faits, une telle surabondance de preuves, une masse si écrasante de témoignages que, pour les mettre tous en ordre, il me faudrait remplir plusieurs numéros du *Quaterly Review*. Il faut donc qu'actuellement je me contente de donner une esquisse de mes travaux, réservant pour une autre occasion les preuves et les plus amples détails. » Malheureusement, le grand savant, pris par d'autres travaux scientifiques, n'a pu donner suite à son projet, mais les résultats qu'il a fait connaître sommairement n'en sont pas moins remarquables et dignes d'être précieusement recueillis. Je cite, *in extenso*, une seconde relation, que nous devons à Richard Dale-Owen, ancien ambassadeur des États-Unis à Naples, diplomate et écrivain très apprécié en Amérique, avec lequel nous avons fait déjà connaissance (vol. I, p. 276). Son témoignage est de premier ordre ; et les précautions qu'il a prises nous assurent de l'authenticité des phénomènes.

VUE D'UNE MAIN ÉCRIVANT

J'organisai avec Kate Fox une séance du soir, dans l'espérance d'obtenir une apparition qui m'avait été promise, sans m'en fixer la date, quelques jours auparavant. Kate proposa le salon du rez-de-chaussée, mais je savais qu'il y en avait un à l'étage supérieur, et comme je voulais être certain de n'être pas interrompu, je proposai de nous y rendre, ce qui fut accepté sans hésiter.

C'était une petite pièce dont l'ameublement sommaire consistait en un sofa, quelques chaises et une table de deux pieds et demi sur trois. Il n'y avait ni cabinets, ni placards, et seulement deux portes dont l'une s'ouvrait sur le couloir, et l'autre sur une chambre voisine. La table, qui était dans un coin, fut apportée au milieu.

Je fermai les portes, en prenant la précaution de les sceller au moyen de bandes de papier allant de la porte au chambranle et fixées par de la cire sur laquelle j'apposai le cachet de ma bague. Je dis à Kate, et je savais que c'était, du reste, sa conviction, que j'agissais de la sorte pour prévenir toute objection de la part des futurs lecteurs du compte rendu de la séance et non pour ma propre satisfaction.

Au moment de nous asseoir, elle dit en riant :
« M. Owen, vous auriez dû regarder sous le sofa ! » Je la remerciai de me le rappeler ; j'éloignai le sofa du mur, je le retournai et l'inspectai en tous sens, avant de le repousser à sa place. Je visitai ensuite scrupuleusement toute la chambre.

Il y avait sur la table un encrier et une plume métallique avec un manche en bois : c'était tout. En prévision d'une séance obscure, j'avais apporté un petit paquet contenant huit ou dix feuilles de papier provenant de feuilles de papier tellière que j'avais divisées moi-même en carrés de quatre pouces de côté, dans le cas où j'aurais à prendre des notes à l'instant même. Chacun d'eux portait dans un coin une marque spéciale.

Je déposai sur la table, à gauche et à ma portée, ce paquet avec un crayon. Kate prit place à ma droite et nous attendîmes des instructions.

Ayant reçu le mot « obscurité », je fermai les volets extérieurs des deux fenêtres ouvrant sur la rue et j'abaissai les stores. Le gaz fut ensuite éteint et nous reprîmes nos places.

Vinrent ensuite les instructions complémentaires : « Posez les mains sur la table ; joignez-les ». Je dis à Kate de croiser les siennes l'une sur l'autre ; *je posai ma droite au-dessus d'elles*, de façon à laisser la liberté à ma gauche.

Ayant ensuite reçu l'ordre : « Placez une main sous la table, » j'y plaçai ma main gauche sur mon genou.

On dit ensuite : « Couvrez cette main et placez-y le papier et le crayon. » Je fus obligé pour cela d'enlever pendant quelques instants ma main droite de celles de Kate, afin d'étendre un mouchoir au-dessus de la gauche et d'y mettre le papier et le crayon. J'avais à peine terminé, que l'ordre : « Joignez les mains ! » se fit entendre. *Je reposai donc ma main droite sur les deux de Kate.*

Je sentis alors que le papier était enlevé de ma main, dans laquelle on laissait le crayon. Une minute après on enleva le crayon, avec lequel on frappa trois petits coups sur ma main et qui disparut. On ne l'entendit pas tomber, mais bientôt on perçut un léger frôlement du papier sur le parquet. Ce bruit alternait avec celui d'une plume qui semblait grincer sur le papier. Cela se reproduisait de temps à autre pendant un espace de temps très notable, durant lequel *je ne cessai de tenir ma main sur celles de Kate.*

Bientôt Kate, attirée par un bruit de frottement à sa droite, regarda vers le parquet et, très étonnée, appela vivement mon attention sur le spectacle qui s'offrit à la vue. Me levant et regardant au-dessus de la table, *mais sans jamais lâcher les mains de Kate, je pus voir très distinctement* sur le tapis, près de la droite de Kate, une apparition *lumineuse* de forme carrée, à contours très nettement arrêtés, et qui, autant que je pouvais en juger, avait les dimensions d'un des carrés de papier qui venaient d'être enlevés de ma main.

Ayant reçu l'ordre : « Maintenant, ne regardez plus, » je repris ma place.

Kate demanda : « Les esprits ne pourraient-ils enlever ce papier et le poser devant nous sur la table ? ».

Il fut répondu : « Laissez-moi d'abord vous montrer le crayon. »

Quelques instants plus tard, Kate me dit qu'elle voyait de nouveau l'apparition lumineuse, mais que celle-ci était beaucoup plus brillante que la première fois. Je me levai comme la première fois et regardant pendant quelque temps, *je vis distinctement*, au-dessus de ce qui me paraissait être un carré de papier lumineux, *les contours en ligne sombre d'une petite main tenant le crayon et parcourant doucement le papier*. Je ne pus cependant distinguer de l'écriture.

Tout à coup Kate s'écrie d'un ton joyeux : « Voyez-vous la main ? ... Et le crayon ? ... Le voyez-vous écrire ? » Je regarde comme elle et je constate les mêmes faits.

Pendant tout ce temps *les deux mains de Kate sont restées sur la table, car à aucun moment je n'ai oublié de les tenir.*

On dit alors : « Ne regardez plus maintenant » et je reprends ma place une seconde fois.

Peu après on épelle : « Mettez une main sous la table. » Je pose donc de nouveau ma main gauche sur mon genou et aussitôt une feuille de papier y est doucement déposée. Je sens au bout des doigts un contact qui semble être celui d'une main. Je pose la feuille devant moi sur la table et je reporte de nouveau ma main sur mon genou. Presque aussitôt on y dépose un objet, que je reconnais pour un porte-plume en bois : je le mets également sur la table.

Quelques instants après, comme nous n'entendions que le frôlement du papier, Kate demanda si une feuille de papier lumineux ne pourrait être déposée sur la table, et aussitôt un objet qui paraissait en être une parut un peu au-dessus de la table, puis descendit et disparut bientôt.

Assez longtemps après, ma main fut touchée par une feuille de papier, qui tomba avant que j'aie pu la saisir. Il y eut encore un intervalle et on dit : « Rallumez le gaz ». *C'est alors seulement que j'abandonnai les mains de Kate.* Nous éclairons la pièce que nous visitons aussitôt en tous sens. Les portes sont toujours fermées et les sceaux ainsi que les feuilles de papier sont intacts. Tout est exactement dans le même état qu'avant la séance, sauf que nous trouvons les diverses feuilles de papier disséminées sur le parquet et mon crayon au milieu d'elles. Sur la table, au contraire, il n'y a que la seule feuille et le porte-plume qui m'avaient été remis.

Je songeai aussitôt que je pourrais, s'il en était besoin, jurer devant une Cour de justice que, pendant tout le cours de la séance, Kate et moi avons été absolument seuls dans la chambre.

Je passai à l'examen des papiers. L'un, celui qui était sur la table, était écrit à l'encre ; trois autres, sur le parquet, portaient de l'écriture au crayon ; chacun deux ou trois petites lignes. Sur le premier on pouvait lire : « Ce soir, les conditions ne sont pas favorables à une apparition. Je finirai par surmonter les difficultés. Croyez-moi, vous me verrez. »

Tout cela, quoique lisible, était écrit par une très mauvaise plume qui avait *craché*, comme l'on dit.

Sur une autre feuille on avait écrit au crayon : « Ne vous découragez pas : vous me verrez face à face. »

Une autre feuille contenait une allusion au mauvais état de l'atmosphère, tout à fait défavorable à la production d'une apparition complète. En effet, la nuit était sombre et il pleuvait par averses. J'ai toujours constaté que ces circonstances nuisaient beaucoup aux expériences spirites.

Une quatrième feuille contenait, en termes énergiques, l'expression de l'ardent désir de l'écrivain de m'apparaître de façon que je puisse reconnaître tous ses attraits.

Après ces constatations, j'éprouvai un sentiment de satisfaction tel qu'un être humain a pu rarement en ressentir.

Je pris le carré de papier qui était écrit à l'encre. Un être intelligent quelconque, de ce monde ou de l'autre, avait donc pris ce porte-plume déposé sur la table, l'avait trempé dans l'encre et avait écrit ces lignes. Ce même porte-plume avait été remis dans ma main, sous la table, par un agent invisible. Et tout cela s'était produit pendant que je tenais fermement les deux seules mains qui fussent dans la chambre, en outre des miennes. Bien plus, j'avais *entendu* écrire.

Je pris cette plume métallique et j'essayai de rédiger quelques notes sur la séance. Elle était à peu près hors de service. Elle crachait en écrivant par ma main, comme elle l'avait fait quand elle était tenue par la main du mystérieux écrivain. Après avoir essayé d'écrire quelques lignes, je dus abandonner cette plume détériorée, comme l'avait fait le précédent écrivain et je repris mon crayon.

Il était en or et je fis remarquer à Kate quel lourd crayon et quelle mauvaise plume avaient eu à leur disposition les Esprits, qui cependant avaient surmonté ces difficultés pour écrire.

Ces autographes étaient-ils d'origine spirite ? Qu'étaient-ils dans le cas contraire ? n'en avais-je pas vu écrire un ? N'avais-je pas vu l'une de ces feuilles lumineuses s'élever au-dessus de la table pour redescendre ? N'avais-je pas constamment tenu les deux mains de Kate pendant toute la durée du phénomène ? Les aurais-je, sans m'en douter, écrites de la main gauche ? Ou bien Kate les aurait-elle apportées tout écrites ? Je les pris, les examinant une à une avec soin. Ma marque particulière, consistant dans une lettre de l'alphabet allemand écrite en caractère allemand, se trouvait bien au coin de chacune.

Alors, quoi ?

Les sens de la vue, de l'ouïe, du toucher, chez un homme sain et bien portant, sont-ils dignes de confiance ? Sinon de quelle valeur peuvent être des témoignages quelconques devant une Cour de justice ou les expériences attestées par des chimistes ?

De nos jours, l'écrivain américain, mieux documenté, serait demandé encore si cette petite main n'était pas celle du double de Kate Fox, car nous savons que celui-ci peut s'extérioriser et produire de l'écriture. Nous verrons plus tard (p. 208) comment on peut quelquefois reconnaître la nature de la cause agissante.

Obligé, toujours par manque d'espace, à ne citer que quelques exemples de chaque cas, il me faut signaler sommairement les autres récits anciens concernant ce phénomène.

Richard Dale-Owen raconte aussi une séance avec Slade où, *en pleine lumière*, une main venant de dessous la table écrivit une communication en anglais, sur une feuille de papier posée sur une ardoise, reposant sur les genoux de M. Dale-Owen ; puis *une autre main* écrivit sur la même feuille quelques lignes *en grec* (1).

M. Olcott, dans le livre intitulé : *Gens de l'autre monde*, donne même le dessin d'une main matérialisée écrivant sur un livre qu'on lui présente.

Le docteur Wolfe a mentionné également, dans l'ouvrage : *Faits étonnants du spiritualisme moderne*, des phénomènes d'écriture par une main matérialisée, *visible pour tout le monde* (2).

Le même homme de science a constaté un phénomène qui, aussi bien que l'écriture, laisse un témoignage évident de l'existence des mains fantômales : c'est leur empreinte sur de la farine (3).

En présence d'un médium, Mme Hollis, il plaça un plat rempli de farine, et il vit une main petite et délicate planer au-dessus du plat. Puis Jim (le guide de Mme Hollis) plongea profondément sa main dans la farine et y laissa une empreinte nettement dessinée. Elle était une fois et demie plus grande que la première. La main de Mme Hollis était beaucoup plus petite que les deux que l'on avait obtenues et elle était *d'une toute autre forme*.

Cette discordance dans les résultats indique, plus que probablement, une différence entre les causes agissantes, car la main physique de Mme Hollis, placée dans la farine, ne ressemblait pas du tout aux deux autres.

Dans une autre séance, tenue en présence du docteur Wolfe, de M. Plinpton, éditeur du journal *le Capital*, du colonel Down Piatt, le médium restant visible, des mains de grandeurs différentes sortaient de dessous la table et laissaient sur la farine l'empreinte de leur main. Celle d'un homme adulte fut donnée ainsi et possédait *tous les détails anatomiques*. Personne n'était caché sous la table, que le docteur retourna immédiatement.

(1) *The Spiritualist*, 1876, t. II, p. 162 ; cité par Aksakof.
(2) Pages 309 et 475.
(3) Docteur Wolfe, *Startlings Facts*, pp. 486 et 581. Voir Aksakof, *Animisme et Spiritisme*, pp. 114 et 115.

On pourra difficilement soutenir que l'empreinte laissée provenait du double de Mme Hollis, puisque nous avons vu, par d'innombrables exemples, que le périsprit *est toujours* le sosie du corps matériel.

LES EXPÉRIENCES DE ZÖELLNER

Un astronome bien connu de l'Université de Leipzig, le professeur Zöellner, eut l'occasion, en 1877, en compagnie du médium Slade, de faire une série de recherches sur les phénomènes spirites, avec le concours de ses illustres collègues, les professeurs Weber, Fechner et Ulrici ; ils constituaient un comité présentant toutes les garanties désirables pour étudier avec la méthode et la compétence nécessaires.

Voici ce qui a trait à l'action des mains invisibles (1) :

Dans un vase plein de fleur de farine, l'impression d'une main fut trouvée, *avec toutes les sinuosités de l'épiderme distinctement visibles*. En même temps, une portion de la farine, portant aussi les marques d'une grande et puissante main, fut laissée sur le pantalon de M. Zöellner, au genou, où il s'était senti empoigné une minute auparavant. *Les mains de Slade étaient constamment sur la table*, et, en les examinant, on n'y trouva aucune trace de farine. L'impression était celle *d'une main plus grande* que celle de Slade.

On obtint une empreinte plus durable, avec du papier noirci à la lumière d'une lampe de pétrole, attaché sur une planchette, et sur lequel apparut la marque *d'un pied nu* ; à la demande des professeurs, Slade se leva, ôta ses souliers, montra ses pieds, mais aucune trace de noir de fumée ne fut constatée. Son pied, qui fut mesuré, avait *quatre centimètres* de moins que l'empreinte.

Slade et Zöellner répétèrent l'expérience, en employant une ardoise au lieu d'une planchette ; l'empreinte reçue fut photographiée et reproduite. Le professeur appelle l'attention sur ce fait, que l'impression est évidemment celle d'un pied qui a été comprimé par des bottes, un doigt étant si complètement couvert par l'autre qu'il n'est pas visible. Cette empreinte ne put être produite par le pied de Slade.

Si, réellement, les Esprits conservent dans l'espace un corps fluidique qui reprend, en se matérialisant, la forme qu'avait le

(1) ZÖELLNER, *Scientifische Abandlungen*.

corps humain de cet Esprit pendant la vie, on s'explique alors cette déformation du pouce, qui n'est que la reproduction de l'enveloppe physique que l'Esprit possédait sur la terre. Nous verrons d'autres exemples de ce phénomène et nous les utiliserons au moment de la discussion sur l'identité de ces invisibles opérateurs. Je poursuis l'exposé des expériences de Zöellner :

Un essai, pour avoir des marques de pied, réussit sans le toucher de Slade, quoique le médium eût déclaré que la chose lui semblait impossible. M. Zöellner mit des feuilles de papier préparées avec du noir de lampe, à l'intérieur d'une ardoise pliante, et plaça l'ardoise sur ses genoux, afin de la tenir sous sa vue. Cinq minutes après, dans une chambre bien éclairée, toutes les mains étant sur la table, M. Zöellner remarqua qu'il avait senti, à deux reprises, une pression sur l'ardoise déposée sur ses genoux. Trois coups sur la table ayant annoncé que tout était fini, on ouvrit l'ardoise, et deux empreintes, *l'une d'un pied droit, l'autre d'un pied gauche*, furent trouvées sur le papier disposé de chaque côté de l'ardoise.

« Mes lecteurs pourront juger, dit M. Zöellner, qu'il m'est impossible, après avoir été témoin de ces faits, de considérer Slade comme un imposteur ou un prestidigitateur. L'étonnement de Slade, après ce dernier résultat, était même plus grand que le mien. »

COUP D'ŒIL RÉTROSPECTIF

J'ai déjà fait observer, en étudiant les manifestations avec Eusapia (vol. I, p. 435), que les mains invisibles non seulement agissent comme celles que l'on voit, mais qu'elles ont également un dessin et une constitution *anatomiques* indéniables, ce qui ne permet guère de croire qu'elles seraient créées par la subconscience du médium, fort ignorant, en général, en ce qui concerne l'anatomie et la physiologie. La préexistence de ces mains fantômales est infiniment plus probable que l'hypothèse d'une formation instantanée, d'autant plus que, souvent, elles sont dirigées par une intelligence qui diffère de celle du médium, comme je vais le signaler un peu plus loin.

En résumé, nous sommes arrivés, par l'observation des phénomènes qui se sont produits en France, en Angleterre, en Allemagne ou en Amérique, à constater que, très souvent, dans les séances obscures, malgré les précautions prises pour se mettre à l'abri d'une supercherie toujours possible, soit en ligotant le médium sur sa chaise, soit en lui tenant les mains et les pieds, des attouchements très variés — provenant de mains — se produisaient sur les assistants. Ceux-ci n'étaient pas les premiers venus ; ils appartenaient généralement aux classes cultivées de la société : médecins, officiers supérieurs, diplomates, professeurs, etc. ; nous n'avons aucune espèce de raison pour suspecter leurs affirmations, puisqu'ils ont tous débuté par une incrédulité complète et que ce n'est qu'après avoir vu très souvent les mêmes faits, qu'ils ont fini par être certains de la réalité de ce qui se passait, même dans l'obscurité. Mais le phénomène s'accentuant, c'est à la lumière du gaz, de la lune, ou en plein jour que ces mains se montraient. On pouvait les suivre dans leurs évolutions et, dans quelques cas, tout le monde les a décrites d'une manière identique. Ces mains sont tantôt grandes, tantôt fines et délicates ; elles caressent les assistants, elles ont une puissance dynamique capable d'arracher les pétales d'une fleur, de supporter des bagues, de tenir un instrument de musique, d'attacher le médium sur sa chaise ou de le dégager de ses liens, d'apporter une boîte d'allumettes, etc. Il est bien clair que ces opérations diverses démontrent que l'hallucination n'est pas en jeu, puisque, à la fin de la séance, on trouve les objets matériels à l'endroit où on a vu ces mains fantômales les déposer, après les avoir dérangés de leur position première. Enfin, elles laissent, avec le docteur Wolfe et Zöellner, des traces indélébiles de leur existence momentanée. Non seulement ces mains sont réelles, mais elles sont manifestement dirigées avec intelligence. Des images de mains, plus ou moins visibles, ne pourraient pas d'elles-mêmes jouer des mélodies, comme cela se produisit chez William Crookes ; elles seraient encore plus incapables d'écrire ces messages qui restent comme des documents définitifs de la réalité et de l'intelligence de ceux qui les font agir.

Pendant longtemps, tous ces phénomènes ont été dédaignés par l'immense majorité des savants. Personne n'ajoutait de créance à ces récits, qui paraissaient positivement fantastiques. On les déclarait surnaturels, donc impossibles, ce qui dispensait de les étudier. Il a fallu toute une légion de chercheurs, contrôlant successivement les mêmes faits, pour qu'il devînt certain qu'ils n'avaient rien d'imaginaire. Je vais citer un certain nombre d'expériences dont l'authenticité est garantie par les hommes les plus qualifiés pour juger scientifiquement ces curieuses manifestations, et l'on verra que TOUT ce que les premiers expérimentateurs ont annoncé était *rigoureusement vrai*. Ce sera la revanche des spirites, que tant d'ignares se sont cru le droit de traiter avec mépris. L'histoire d'Eusapia Paladino est instructive à plus d'un titre ; d'abord pour montrer l'évolution des idées en ce qui concerne la réalité des faits, ensuite en raison des causes diverses qui interviennent. Je vais donc l'aborder dans ses points essentiels.

LES EXPÉRIENCES AVEC EUSAPIA PALADINO

L'esprit humain procède par étapes. Avant qu'une nouvelle conception s'impose dans son intégralité, ce ne sont que des fractions de la vérité totale qui sont admises. Au sujet des phénomènes spirites, deux choses sont à distinguer : leur existence d'abord, leur interprétation ensuite. La réalité phénoménale a été niée de parti pris, sans examen. Mais depuis vingt-cinq ans une si grande quantité de savants se sont prononcés en leur faveur que, bon gré mal gré, en dépit de tous les préjugés, les personnes sensées, au courant de la question, ont été contraintes de les admettre. Cependant, l'indécision subsiste chez les nouveaux adhérents quant aux causes de ces phénomènes. Il ne fallait pas, par respect humain, accepter d'emblée, après les avoir bafoués, les enseignements du spiritisme ; alors on adopta un moyen terme. Comme il n'était plus possible de récuser l'existence des faits, soit, on les reconnaîtrait, mais en proclamant hautement : les uns qu'ils sont dus à des *forces naturelles inconnues*, les autres à un *psychodynamisme* inexpliqué, à un *ésopsychisme*, etc., etc., et ainsi s'est formée une branche de la nouvelle psychologie appelée *psychisme*, ou dernièrement *métapsychisme*, qui pille sans vergogne le territoire spirite et veut en expulser ses premiers habitants. Confiants dans la puissance de leur thèse, les spirites attendent patiemment que l'évolution totale se produise et que la vérité luise enfin à tous les yeux, comme elle a éclairé dernièrement des savants éminents, tels que Lombroso, Myers, Hodgson, Hyslop, Lodge, etc., dont les noms sont venus grossir les rangs des premiers convertis. C'est en grande partie aux recherches faites avec le médium Eusapia, dont j'ai parlé dans le premier volume (p. 420 et suiv.) que nous devons le changement d'attitude d'une importante fraction du monde savant.

Sans aucun doute, à l'heure actuelle, les académies n'ont pas encore accepté officiellement ces nouveautés ; mais, individuellement, beaucoup de leurs membres sont convaincus qu'il y a là tout un monde nouveau à explorer, et c'est l'essentiel. Comment pourrait-il en être autrement quand d'innombrables témoignages sont venus se confirmer les uns par les autres ? De véritables commissions scientifiques ont été réunies dans tous les pays pour étudier les faits, et leur énumération suffira pour montrer l'extraordinaire importance que ces études ont prise pendant ces dernières années. La bibliographie qui se rapporte à ce sujet est déjà assez considérable pour former une petite bibliothèque (1), et les articles de journaux et de revues qui s'y réfèrent sont presque innombrables. Pour apprécier la valeur de ces recherches, je crois utile d'indiquer sommairement les étapes principales de cette investigation, qui dure depuis plus de vingt ans.

(1) Voici quelques-uns des ouvrages consacrés, totalement ou en partie, à la description des séances tenues avec Eusapia Paladino :
M. DE ROCHAS, *L'extériorisation de la Motricité*. — DE FONTENAY, *A propos d'Eusapia Paladino*. — OTERO AZEVEDO, *Les Esprits*, 2 volumes. — MATUZEWSKI, *La Médiumnité et la Sorcellerie*. — BROFFERIO, *Pour le Spiritisme*. — E. BOZZANO, *Hypothèse Spirite et théories scientifiques*. — VIZANI SCOZZI, *la Médiumnité*. — Docteur J. MAXWELL, *Les phénomènes psychiques*. — FLAMMARION, *Les forces naturelles inconnues*. — BARZINI, *Le Monde du Mystère*. — VASSALLO, *Le Monde de l'Invisible*. — MORSELLI, *Psychologie et Spiritisme*, 2 volumes. — BOTTAZZI, *Phénomènes médianimiques*. — Les principaux articles de revues sont ceux du professeur PORRO, sur ses expériences avec Eusapia au Circolo Minerva à Gênes, *Revue scientifique et morale du Spiritisme*, 1902. — LOMBROSO, Eusapia Paladino et le Spiritisme, *Ann. Psych.*, février 1908. — Professeur BOTTAZZI, Dans les régions inexplorées de la biologie humaine, *Ann. Psych.*, sept.-oct. 1907. — PIO FAO, Les recherches de Turin, *Ann. Psych.*, 1906, etc., etc.

REVUE HISTORIQUE

L'honneur d'avoir obligé, en Italie, les savants à s'occuper de cet ordre de faits revient à M. Ercole Chiaïa, qui porta un défi à Lombroso de récuser la réalité des manifestations spirites, s'il voulait s'en occuper sérieusement. Celui-ci accepta ; grâce à la générosité d'Aksakof, une commission se réunit à NAPLES en 1891. Elle se composait des docteurs : Lombroso, Gigli, Vizioli, Virgilio, de M. Bianchi, qui fut ministre, et du professeur Tamburni. Les résultats furent si concluants que Lombroso fit son *meâ culpâ*, et avoua « qu'il était au regret et tout confus » d'avoir nié si opiniâtrément ce qu'il ne connaissait pas.

À MILAN

Ce témoignage favorable, quant aux faits, piqua la curiosité d'autres savants, et, en octobre 1892, eurent lieu à Milan, *dix-sept séances* tenues dans l'appartement de M. Finzi. Le médium, invité par Aksakof, fut présenté par le chevalier Chiaïa. Des procès-verbaux étaient rédigés après chaque séance ; voici un résumé, emprunté au rapport de la commission, qui montrera la variété des phénomènes observés dans l'obscurité, alors que le médium était tenu constamment par les mains et que l'on contrôlait la place de ses pieds (1). Je le reproduis parce qu'il résume assez bien l'ensemble des faits observés :

« Les phénomènes observés dans l'obscurité complète se produisirent pendant que nous étions tous assis autour de la table, faisant la chaîne (au moins pendant les premières minutes.) Les mains et les pieds du médium étaient tenus par ses deux voisins. Invariablement, les choses étant en cet état, ne tardèrent pas à se produire les faits les plus variés et les plus singuliers *que dans la pleine lumière nous aurions en vain désirés* (2). L'obscurité augmentait évidemment la facilité de ces manifestations que l'on peut classer ainsi :

1° — *Coups sur la table sensiblement plus forts que ceux que l'on entendait en pleine lumière, sous ou dans la table. Fracas terrible, comme celui d'un grand coup de poing ou d'un fort soufflet donné sur la table.*

2° — *Chocs et coups frappés contre les chaises des voisins du mé-*

---

(1) DE ROCHAS, *Extériorisation*, etc., p. 59.
(2) C'est moi qui souligne pour montrer cette nécessité, au moins dans les premiers temps et avec certains médiums, de l'obscurité.

dium, parfois assez forts pour faire tourner la chaise avec la personne. Quelquefois cette personne se soulevant, sa chaise était retirée.

3° — *Transport sur la table d'objets divers, tels que des chaises, des vêtements et d'autres choses, quelquefois « éloignés de plusieurs mètres » et pesant « plusieurs kilogrammes ».*

4° — *Transport dans l'air d'objets divers, d'instruments de musique, par exemple ; percussions et sons produits par ces objets.*

FIG. 14. — Portrait et écriture autographe de l'éminent spirite russe Alexandre Aksakof (Cliché prêté par M. Leymarie).

5° — *Transport, sur la table, de la personne du médium, avec la chaise sur laquelle il était assis.*

6° — *Apparition de points phosphorescents de très courte durée (une fraction de seconde) et de lueurs, notamment de disques lumineux, qui souvent se dédoublaient, d'une durée également très courte.*

7° — *Bruit de deux mains qui frappaient en l'air l'une contre l'autre.*

8° — *Souffles d'air sensibles, comme un léger vent limité à un petit espace.*

9° — *Attouchements produits par une main mystérieuse, soit sur les parties vêtues de notre corps, soit sur les parties nues (visages et mains); et dans ce dernier cas on éprouve exactement cette sensation de chaleur que produit une main humaine.*

Parfois on perçoit réellement de ces attouchements, qui produisent un bruit correspondant.

10° — *Vision d'une ou deux mains projetées sur un papier phosphorescent, ou sur une fenêtre faiblement éclairée.*

11° — *Divers ouvrages effectués par ces mains : nœuds faits et défaits, traces de crayon (selon toute apparence), laissées sur une feuille de papier ou autre part.*

12° — *Contact de nos mains avec une figure mystérieuse « qui n'est certainement pas celle du médium. »*

Un certain nombre de ces phénomènes furent ensuite obtenus à la lumière, le médium étant bien en vue. Voici les conclusions de la commission :

« En publiant ce court et incomplet compte rendu de nos expériences, nous avons aussi le devoir de dire que nos conclusions sont les suivantes :

1° Que, dans les circonstances données, aucun des phénomènes obtenus à la lumière plus ou moins intense *n'aurait pu être établi à l'aide d'un artifice quelconque* (1) ;

2° Que la même opinion peut être affirmée en grande partie pour les phénomènes en obscurité complète. Pour un certain nombre de ceux-ci, nous pouvons bien reconnaître, *à l'extrême rigueur*, la possibilité de les imiter par un artifice de médium ; toutefois, après ce que nous avons dit, il est évident que cette hypothèse serait, non seulement *improbable*, mais encore *inutile* dans le cas actuel, puisque, même en l'admettant, l'ensemble des faits nettement prouvés ne s'en trouverait nullement atteint. Nous reconnaissons d'ailleurs que, au point de vue de la science exacte, nos expériences laissent encore à désirer ; elles ont été entreprises sans que nous puissions savoir ce dont nous avions besoin et les divers appareils que nous avons employés ont dû être préparés et improvisés par les soins de MM. Finzi, Gérosa et Ermacora (2).

C'est justement ce que les spirites ont toujours soutenu depuis cinquante ans, et c'est déjà un succès que cette attestation qui

---

(1) C'est moi qui souligne.
(2) Plus tard, cette lacune a été remplie, principalement par MM. Lombroso, Pio Foa, Bottazzi et *à l'Institut psychologique* à Paris. On a obtenu des graphiques provenant d'appareils enregistreurs pour des lévitations de table, des pressions sur des manomètres, etc., produites *à distance*.

émane de MM. *A. Aksakof*, conseiller d'État de l'empereur de Russie ; de *M. G. Schiapparelli*, directeur de l'Observatoire astronomique de Milan ; de *M. Carl du Prel*, docteur en philosophie de Munich ; de M. *Angelo Brofferio*, professeur de philosophie ; de *M. Giuseppe Gerosa*, professeur de physique à l'École royale supérieure d'agriculture de Portici ; de *M. G. B. Ermacord*, docteur en physique ; de *Cesare Lombroso*, professeur à la Faculté de médecine de Turin, enfin de *M. Ch. Richet*, professeur à la Faculté de médecine de Paris, qui ont signé ces procès-verbaux.

Nous avons vu (1) par quelles alternatives a passé M. Richet avant d'arriver à une certitude complète sur la réalité des faits. Son adhésion entière n'en a que plus de prix.

En 1893, M. Wagner, professeur de zoologie à l'Institut anatomique de Saint-Pétersbourg, dut se rendre à Naples pour le rétablissement de sa santé et il eut là l'occasion d'assister à deux séances avec Eusapia, dont on trouve le compte rendu dans l'ouvrage de M. Rochas. J'y reviendrai plus loin.

M. de Siemiradski, peintre très distingué et membre correspondant de l'Institut, fut à même, plus de cinquante fois, soit chez lui, soit chez son ami Ochorowicz, d'étudier en 1893 et 1894 la médiumnité d'Eusapia. Son rapport très documenté complète sur beaucoup de points la description des phénomènes observés antérieurement.

On lui doit, entre autres documents : trois photographies montrant la table détachée du parquet, flottant en l'air, et l'impossibilité complète dans laquelle se trouvait le médium de produire des mouvements d'une manière mécanique. Je rappelle aussi des empreintes obtenues dans la terre glaise et des traces laissées sur du noir de fumée, qui nous ont servi à connaître objectivement ces mains mystérieuses qui agissent pendant les séances (2). En 1904 prennent part aux recherches : MM. Ch. Richet ; le docteur Schrenk Notzing (de Munich) ; le docteur Lombroso (une seule séance) ; le docteur Danilewski, professeur à l'École de médecine de Saint-Pétersbourg, et le docteur Dobrzycki, rédacteur de la *Gazette de Médecine* de Varsovie.

À VARSOVIE

M. le docteur Ochorowicz, bien connu en France par ses études

(1) Vol. I, p. 440.
(2) Vol. I, pp. 445, 446, 447.

sur la suggestion mentale, obtint d'Eusapia qu'elle viendrait à Varsovie passer quelques semaines chez lui, pour y être étudiée à loisir par ses amis. Elle y consentit et arriva dans la capitale de la Pologne le 25 novembre 1893. Elle logea dans la propre maison de M. Ochorowicz, où elle pouvait être contrôlée à chaque instant non seulement par le docteur, mais aussi par sa femme. Elle en repartit le 15 janvier 1894.

Pendant cinquante-deux jours elle donna 40 séances auxquelles prirent alternativement part 20 à 25 personnes choisies parmi les notabilités de la ville, telles que le général Socrate Stargukiewicz, ancien président à Varsovie ; MM. Watraszenski, Hering, Higier, Haruzewicz, docteurs en médecine ; Swiencicki, Gloraki-Prus, Matuzewski (1) littérateurs connus et un ingénieur-électricien, M. Bronislas Reichman. Des faits remarquables ont été contrôlés, j'aurai l'occasion de les signaler.

À CARQUEIRANNE ET À L'ILE ROUBAUD

Ces expériences ont duré deux mois et demi pendant lesquels il y a eu environ 35 séances de la plus grande importance, tant à cause de la haute valeur scientifique de ceux qui y prirent part que des conditions excellentes où elles se produisirent.

M. Ch. Richet, membre de l'Académie de médecine et professeur de physiologie à la Faculté de médecine de Paris, possède en effet, près de Toulon, deux propriétés voisines: le château de Carqueiranne et l'île Roubaud, une des îles d'Hyères.

Pendant les vacances de 1894, il réunit tantôt dans l'une, tantôt dans l'autre de ces habitations, Eusapia avec plusieurs de ses amis : M. et Mme Sidgwick ; M. et Mme Olivier Lodge ; le docteur Ochorowicz ; M. F. Myers ; le baron de Schrenck-Notzing et le docteur Ségard, médecin principal de la marine. Ici encore, le contrôle fut parfait, et le médium favorisé par les conditions climatériques analogues à celles de son pays, produisit des manifestations très variées. C'est là, comme je l'ai déjà dit, que M. Richet acquit la certitude complète que les mains qui produisent des attouchements ne sont pas celles du médium.

LES EXPÉRIENCES DE CAMBRIDGE

En août 1895, Mme Paladino se rendit à Cambridge et resta plu-

(1) Celui-ci a publié un ouvrage : *la Médiumnité et la Sorcellerie*, dans lequel il fait un compte rendu indiquant des expériences auxquelles il a pris part.

sieurs semaines dans la maison de M. Myers, pour être soumise à l'observation d'un certain nombre de membres de la Société de Recherches psychiques de Londres. Ces expériences réussirent fort mal. Eusapia fut malade et MM. Sidgwick et Hodgson l'accusèrent de frauder les phénomènes. M. Ochorowicz a montré le peu de valeur de ces accusations (1) qui ne s'appliquaient, partiellement, qu'aux phénomènes se produisant auprès d'elle, mais ne pouvaient aucunement expliquer ceux que l'on constatait en dehors de sa sphère d'action physique. MM. Myers, Lodge, Ch. Richet, Ochorowicz et Maxwell ont protesté contre l'accusation portée par les observateurs anglais car, d'après leur expérience personnelle, elle ne saurait s'appliquer aux expériences dont ils ont été les témoins. Il en fut de même pour MM. Pio-Foa, Morselli et Bottazzi, comme nous allons le constater un peu plus loin.

À L'AGNÉLAS

Les conclusions pessimistes des savants anglais n'empêchèrent pas les études ultérieures, car nous retrouvons Eusapia la même année chez M. le colonel de Rochas, du 20 au 29 septembre, au château de l'Agnelas. Une commission fut instituée. Elle se composait, à part le colonel, du docteur Dariex, directeur des *Annales des sciences psychiques*; du comte Arnaud de Gramont, docteur ès-sciences physiques; de M. Maxwell, depuis docteur en médecine et à cette époque substitut du procureur général, près la Cour d'appel de Limoges; de M. Sabatier, professeur de zoologie et d'anatomie comparées à la Faculté des sciences de Montpellier; de M. le baron de Watteville, licencié ès-sciences physiques, depuis docteur ès-sciences, et licencié en droit. Instruits par les polémiques antérieures, les observateurs prirent toutes les mesures de précaution compatibles avec les nécessités expérimentales, et leurs conclusions sont conformes à celles des observateurs de Milan, Rome, Varsovie, etc., c'est-à-dire que les faits sont indéniables.

(1) J'ai cité son argumentation dans le premier volume, pp. 434 et suiv. La plupart du temps, on a confondu les mouvements synchrones avec des tentatives de fraude. Aujourd'hui, mieux renseignés, les expérimentateurs au courant de la question ne tomberont plus dans cette erreur si préjudiciable au progrès de ces recherches. Au moment où je corrige ces épreuves, un mémoire dû à M. Feilding, secrétaire honoraire de la S. P. R. réhabilite complètement Eusapia. *Les Annales Psychiques* du 1-15 septembre 1909, publient ce rapport dans lequel M. Carrington et M. Baggally, fort habiles dans l'art de la prestidigitation, se joignent à M. Feilding pour affirmer que la fraude ne peut pas intervenir comme explication générale des phénomènes dont ils ont été témoins. C'est ainsi que, tôt ou tard, la vérité finit par triompher.

À PARIS

Pendant l'automne de 1896, Eusapia, en venant à Paris, s'arrêta chez M. Blech qui villégiaturait sur les bords du lac de Côme, à Tremezzo. Trois jours après, elle arrivait chez M. Mangin, à Auteuil, où eurent lieu sept séances. Parmi ceux qui y prirent part, signalons : MM. le docteur Dariex, Emile Desbeaux, Anthony Gueronnan, Marcel Mangin, Sully-Prudhomme et Mme Boisseau. Les comptes rendus originaux de MM. Dariex, Desbeaux et Mangin ont paru dans les *Annales psychiques* de novembre 1896.

À CHOISY-YVRIAC

Le médium se rendit, du 3 au 13 octobre de la même année, chez M. Maxwell, en son habitation de Choisy-Yvriac, près Bordeaux et elle donna six séances auxquelles assistèrent : M. et Mme Maxwell, le comte de Gramont, le colonel de Rochas, le baron de Watteville, le général Thomassin, le baron Brincard, M. Béchade, M. Lefranc et un médium voyant, Mme Agullana, dont les facultés permirent de faire des constatations intéressantes.

À MONTFORT-L'AMAURY

En 1897, eurent lieu dans l'habitation de la famille Blech, trois séances dont M. G. de Fontenay a rendu compte dans un volume intitulé : *A propos d'Eusapia Paladino*. Les assistants furent : M. le colonel de Rochas, M. et Mme Blech et leur famille, Mme Boisseau, M. Camille Flammarion, M. Gourbine, M. Ch. Blech et M. et Mme Koechlin.

Les photographies de lévitations et l'empreinte d'une figure obtenue sur du mastic, offrent le plus haut intérêt ; j'ai utilisé ce document dans ma discussion sur le dédoublement (1).

Eusapia revint encore à Paris en 1899, et descendit chez M. Camille Flammarion, où j'ai eu le plaisir d'assister à deux séances, ainsi qu'un grand nombre d'autres observateurs, mais aucun compte rendu officiel ne fut publié.

À GÊNES

En 1901 et 1902, des séances furent tenues à Gênes, au Circolo Minerva, cercle composé de savants, et le récit de ces séances fut

---

(1) Voir vol. I, p. 452.

fait par M. Porro, professeur d'astronomie, et M. Vassallo, journaliste éminent. Nous verrons plus loin que les apparitions décrites témoignent du développement de la faculté d'Eusapia.

À ROME ET À PARIS

J'ai publié, en mai 1903 (1), le récit des séances tenues à Rome en présence du prince Ruspoli et de M. Enrico Carreras, observateur prudent et très au courant de ces manifestations.

Quarante-trois séances furent tenues à Paris au cours des années 1905, 1906 et 1907 à l'*Institut général psychologique*. Le compte rendu très sommaire en a été publié dans le *Bulletin* de cette Société (2). Parmi les notabilités qui ont pris part à ces recherches citons : MM. d'Arsonval, Gilbert Ballet, Branly, M. et Mme Curie, Bergson, Ch. Richet, M. de Gramont, etc. Le résumé de ces séances a été fait par M. Courtier. Le rapporteur n'est affirmatif que pour les mouvements d'objets sans contact ; les autres phénomènes sont, ou passés sous silence, ou insuffisamment décrits pour être utilisés dans la discussion. Le chapitre de la fraude a été trop peu documenté pour qu'on puisse en faire état, de sorte que c'est dans notre pays que le fameux médium napolitain a été le moins bien observé. La pusillanimité de notre monde officiel fait bien triste figure en face du courage moral montré par les savants des autres nations.

À TURIN

Dans le courant de l'année 1906, des séances eurent lieu à Turin dans le laboratoire de psychiâtrie de l'université de cette ville, sous la direction de M. Lombroso. Quelques jours plus tard, M. Pio Foa, professeur d'anatomie pathologique, directeur du musée anatomique, secrétaire général de l'Académie des sciences de Turin, en compagnie des docteurs Herlitzka, Charles Foa et Aggazzotti, assistants de l'éminent physiologiste Mosso, tinrent quelques séances qui furent du plus haut intérêt. Je citerai entre autres, un peu plus loin, une manifestation dans laquelle une main matérialisée laissa une effluviographie. Voici l'opinion de ces opérateurs :

« Le moins que l'on ait dit d'eux [de ceux qui racontent ce qu'ils ont vu avec Eusapia], c'est que c'étaient des visionnaires. Maintenant que nous sommes persuadés que les phénomènes sont authen-

---

(1) *Revue scientifique et morale du Spiritisme*.
(2) *Bulletin de l'Institut général psychologique*, 1908. Rapport sur les séances d'Eusapia, par M. COURTIER.

tiques, nous éprouvons aussi le devoir de le dire publiquement et de proclamer que les rares pionniers de cette branche de la biologie, *destinée à devenir des plus importantes, virent et observèrent généralement avec exactitude.* »

À MILAN

Le grand journal, le *Corriere della sera*, dans un but de reportage, voulut savoir en 1906 à quoi s'en tenir au sujet des manifestations produites en présence d'Eusapia. Il organisa une série de séances et les résultats furent tels que M. Barzini, un collaborateur du journal, très sceptique, fut convaincu, et publia un fidèle récit de ces séances dans le livre : *Le Monde du Mystère*. M. Barzini trouve *absurde* l'explication par la fraude de ce dont il a été témoin

À NAPLES

La lecture du récit de ces séances décida en 1907 M. Bottazzi, directeur de l'*Institut de physiologie de Naples* à expérimenter, bien qu'il n'eût pas une grande confiance : « Je n'avais, dit-il, que peu ou rien lu sur ce sujet ; je n'avais jamais assisté à des séances « spirites ». J'avais entendu parler de celles du professeur Richet, d'autres qui avaient eu lieu à Rome et auxquelles avaient assisté quelques-uns de mes amis que j'estime beaucoup, mais aussi parce que l'un de ces derniers me dit être persuadé qu'Eusapia a presque toujours recours à la fraude, je me trouvais plutôt disposé à nier la vérité des phénomènes qu'à les accepter. Il me semble même avoir, quelquefois, affirmé que je ne « croyais pas digne d'un savant, d'un naturaliste, d'assister à ces séances spirites. »

Au nombre des assistants qui aidaient M. Bottazzi se trouvaient : M. le docteur Galeotti, professeur ordinaire de pathologie générale à l'Université de Naples ; le docteur Thomas de Amicis, professeur de dermatologie et de syphiligraphie ; le docteur Oscar Scarpa, professeur d'électro-chimie ; l'ingénieur Louis Lombardi et le docteur Serge Pansini, professeur de séméiotique médicale à la même Université. Des procédés *automatiques de contrôle* furent utilisés (1) et ils démontrèrent indubitablement l'action à distance du médium. Voilà les conclusions de M. Bottazzi, je les signale tout particulièrement à tous les hommes de bonne foi, que les polémiques auraient pu rendre indécis :

(1) Pour le détail, voir *Revue des Annales psychiques*, avril, septembre, octobre 1907. 1ʳᵉ séance, avril 1907.

« Il ne peut donc y avoir de doute que, lorsqu'il est possible de disposer les choses de manière à ce que les phénomènes médianimiques laissent une trace indélébile, cette méthode n'est pas à négliger, si l'on veut mettre fin à l'excessive crédulité des uns (1) ainsi qu'au doute et au scepticisme des autres. Il y aura toujours des incrédules, certainement ; mais ce ne seront plus les personnes au jugement desquelles nous tenons beaucoup ; ce ne seront plus les hommes de science qui connaissent la valeur et la signification de la méthode d'auto-enregistrement graphique des phénomènes naturels ; ceux-ci devront se rendre, je l'espère, à l'évidence des faits que j'ai exposés. Les incrédules obstinés, les incrédules irréductibles seront et resteront des ignorants, comme tous ceux qui n'ont aucune éducation scientifique et ne connaissent pas la valeur de nos méthodes de recherches ». Quant à l'honnêteté du médium, voici le jugement que M. Bottazzi porte sur lui :

« Dans nos séances, il n'y a donc jamais eu, ni des supercheries, ni des fraudes ; je puis l'affirmer avec *certitude solennellement*, aussi au nom de tous les assistants. Différents par la nature de nos études, et par notre tempérament personnel, différents par la région qui nous a vus naître, enfin différents d'âge, nous nous sommes trouvés tous d'accord dans la conviction que les phénomènes que nous avons observés *n'ont jamais été produits par des moyens frauduleux*, mais qu'ils ont été des phénomènes réels, bien que mystérieux et dont la nature nous échappe. »

M. MORSELLI ET LES PHÉNOMÈNES SPIRITES

Un des plus récents exemples de conversion, non encore au spiritisme, mais à la croyance en l'existence des faits, est celle de M. Morselli, le chef des positivistes italiens. Comme la généralité des hommes de science, l'éminent psychiatre ne croyait pas à l'existence chez l'homme de forces inconnues, ni d'une intelligence autonome pouvant s'extérioriser et, *a priori*, sans examen, il niait tout en bloc. Mais après avoir assisté aux séances du Circolo Minerva à Gênes, en 1901, puis à celles du *Corriere della Sera* et à certain nombre d'autres, il a changé d'opinion. Son incrédulité totale a cédé devant les phénomènes ;

(1) Nous avons vu que cette accusation d'excessive crédulité n'est pas, en général, très justifiée, car les investigateurs spirites que j'ai cités étaient prudents et réfléchis. Mais on a si souvent utilisé ce cliché, qu'il a fini par s'imposer à ceux qui n'ont pas une connaissance suffisante de la littérature spirite (G. D.).

cependant il n'a pas évolué jusqu'au spiritisme. Il en est encore à cette phase de transition qu'a connue Lombroso, où tout est attribué à l'action extra-corporelle, volontaire ou inconsciente, du médium. Mais, sans être prophète, je puis garantir que si M. Morselli continue ses études, il sera mis, par les faits eux-mêmes, dans l'obligation de reconnaître parfois l'intervention de facteurs intelligents, différents du médium et des assistants, car c'est une vérité qui s'impose inéluctablement quand on examine avec soin l'ensemble des manifestations. Quoi qu'il en soit, je crois bon de souligner, d'après ses propres paroles, la modification radicale qui s'est produite dans son attitude vis-à-vis de la phénoménologie spirite. Voici le Morselli première manière (1) :

Durant de longues années (depuis que j'ai commencé ma carrière scientifique, à dix-sept ans à peine, jusqu'en 1901), j'ai été non seulement un « anti-spirite » opiniâtre et irréductible en face de l'hypothèse de la survie et de l'intervention des défunts ou d'autres entités occultes dans les phénomènes prétendus spirites (attitude scientifique que je garde encore), mais j'ai été aussi un sceptique très résolu relativement à la réalité objective des phénomènes eux-mêmes, relativement à l'existence de « forces » nouvelles différentes de celles physico-chimiques et des activités bio-psychiques connues (et sur ce point j'ai changé d'avis)....

Jadis, pour M. Morselli, tout était fraude ou illusion. Maintenant, écoutons ce qu'il dit :

Aujourd'hui, muni d'une expérience peut-être suffisante, après avoir longuement et mûrement réfléchi sur ce que j'ai vu et touché du doigt après avoir étudié sans relâche, pendant des années, la question de la médiumnité, j'ai changé d'opinion. Et aujourd'hui j'écris, *avec la pleine conscience d'être dans le vrai*, ou pour le moins d'avoir tiré profit de ce qui pour moi est résulté comme vrai : c'est-à-dire 1° que les phénomènes physiques et médianimiques attribués à Eusapia sont en très grande majorité réels, authentiques, sincères ; 2° qu'il pourrait y avoir, dans la série désormais innombrable de ces manifestations « spirites », un mélange de quelques faux phénomènes, quelquefois des tentatives (ingénues et puériles) de

(1) Voir *Annales psychiques*, août 1907, traduction des articles de M. Morselli parus dans le *Corriere della Sera*, pp. 209 et suiv.

fraude de sa part, des illusions ou des erreurs d'appréciation de la part des assistants ; mais dans leur ensemble, les phénomènes produits par Eusapia, pour un homme de science sérieux, pour un observateur impartial, pour toute personne ayant acquis une compétence dans la psychologie, ont une existence objective et une consistance positive égale à celles que peuvent atteindre toutes les catégories de faits relevant du raisonnement normal, contrôlés et reconnus conformément aux saines règles de la méthode expérimentale.

Un peu plus loin, au sujet de cette éternelle accusation de fraude qui traîne partout, mais de préférence chez les ignorants, M. Morselli n'est pas moins net (1) :

Il ne peut plus y avoir de doute sur la réalité des phénomènes produits par Mme Paladino. Trop d'expérimentateurs les ont désormais constatés en des conditions excellentes de « contrôle », c'est-à-dire avec la certitude complète que le médium n'avait pas les mains et les pieds libres ; sans compter que plusieurs de ces phénomènes ont eu lieu à *une telle distance du médium qu'il ne peut plus être question d'une supercherie* (2). Trop nombreux sont désormais les hommes dignes de foi, habitués à observer et à expérimenter, qui nous disent avoir acquis la conviction que la médiumnité d'Eusapia est authentique.

Il n'est plus possible de s'arrêter aux explications fondées sur une substitution des mains et des pieds dans l'obscurité ; des phénomènes se sont produits en pleine lumière ; son attitude est excellente au cours des séances, surtout quand elle est surveillée par des personnes qui *ne sont pas liées par des idées préconçues et une crainte irraisonnable de supercherie* (3), de personnes, enfin, auxquelles elle se fie. Aucun médium, même des plus célèbres, n'a à son actif des déclarations si explicites venant de savants de premier ordre ; personne, depuis Home, Slade et miss Cook n'a accepté qu'on introduisît dans les séances des instruments et des méthodes scientifiques avec autant de tolérance qu'en a montrée Mme Paladino.

Une fois pour toutes, il faut que disparaissent les malentendus qui séparent les gens de bonne foi. Il est nécessaire que l'on se pénètre des explications de M. le docteur Ochorowicz, de

(1) Article cité, p. 234.
(2) C'est moi qui souligne.
(3) C'est moi qui souligne.

Ch. Richet et autres expérimentateurs sérieux au sujet des mouvements physiques du corps ou des mains d'Eusapia, qui accompagnent la production des phénomènes, mais qui n'ont rien de frauduleux ; alors l'étude de ces phénomènes ne sera plus entravée par une défiance si injurieuse qu'elle finit par paralyser le médium.

Il ne faut pas quitter l'Italie sans signaler les ouvrages de M. le docteur Visani Scozzi : *la Médiumnité*, et celui de M. Ernest Bozzano : *Hypothèses spirites et Théories scientifiques*, auxquels j'aurai l'occasion de faire des emprunts tout à l'heure, en discutant l'origine des mains dont la présence est signalée si souvent pendant les séances. Je ne voudrais pas omettre non plus les noms de MM. le docteur Venzano, Colozza, Falcomer, Giardina, qui ont publié d'intéressants comptes rendus.

J'ai assisté moi-même, à Paris, en différentes circonstances, à dix-huit séances avec Eusapia, ce qui me donne le droit, ayant assez souvent servi de contrôleur, d'affirmer que les phénomènes produits en sa présence sont authentiques et qu'elle ne se refuse pas, si l'on sait s'y prendre, de se soumettre à tous les genres de mesures de garantie que l'on propose.

De quelles écailles sont donc recouverts les yeux des critiques qui ont encore l'aplomb, ou l'inconscience, d'écrire que les faits spirites n'ont été observés que par des enthousiastes incapables d'employer les méthodes scientifiques ? N'est-il pas scandaleux lorsque les documents signés par les savants dont nous venons de citer les noms se trouvent dans des livres publiés en français, comme ceux de M. de Rochas, de M. de Fontenay, de M. Maxwell ou de Flammarion, dans des revues comme les *Annales psychiques* et la *Revue scientifique et morale du Spiritisme*, de feindre l'ignorance des résultats obtenus, et de remettre sans cesse en question des faits mille fois établis ?

Ne méritent-ils pas un juste mépris ceux qui entreprennent de fausser l'esprit public, en négligeant sciemment de porter à sa connaissance des phénomènes irrécusables, qu'ils ne peuvent ni ne doivent ignorer, puisqu'ils ont librement choisi ce sujet de polémique ?

L'histoire d'Eusapia est profondément instructive, car on y

trouve réunis presque tous les genres de manifestations constatés et décrits par les spirites depuis un demi-siècle. Les déplacements d'objets sans contact ; les lévitations ; les apports ; les effluves lumineux ; les attouchements ; les mains visibles qui produisent ces phénomènes ; les matérialisations complètes, etc.

Plus de cinquante savants officiels, se portent garants de l'authenticité de tous ces faits, et il faudra maintenant autre chose que des dénégations vagues, des injures ou des ricanements, aussi niais qu'impuissants, pour battre en brèche nos théories, appuyées sur les expériences véritablement scientifiques des investigateurs dont j'ai peut-être un peu longuement rappelé les noms.

Les phénomènes observés en présence d'Eusapia Paladino sont non seulement réels, mais ils posent à la science des problèmes qu'elle a le devoir d'envisager avec impartialité, car il est impossible qu'elle continue à garder un silence systématique, qui témoignerait plus de l'étroitesse d'esprit de ses représentants, que de leur désir de connaître la vérité.

LES MAINS QUI AGISSENT ET QUE L'ON SENT DANS LES SÉANCES

La lecture des procès-verbaux si nombreux publiés par les savants dont je viens de citer les noms est un peu fastidieuse, parce que, constamment, ils sont la répétition les uns des autres au point de vue des faits, toujours les mêmes, et parce que la plus grande partie en est consacrée à décrire comment, pendant toute la séance, les mains et les pieds d'Eusapia étaient tenus par ses voisins. Je ne puis, à chaque fois, recommencer l'énoncé des précautions prises ; il suffira que le lecteur se reporte aux originaux pour constater que je ne cite que des cas absolument certains, c'est-à-dire ceux où le médium était *dans l'impossibilité* de produire les phénomènes avec ses mains matérielles.

Il est absurde de supposer que ce sont les assistants qui se trompent mutuellement, quand il s'agit de Lombroso, Richet, Morselli, Ochorowicz, Lodge, etc., etc. Or, tous, séparément ou réunis, ont vu les mêmes choses, donc, les phénomènes ne sont pas dus aux membres du cercle ; et comme personne ne pouvait s'introduire dans la salle, la provenance supra-normale des mains est certaine. Sans plus insister, voici quelques affirmations qui sont démonstratives. Voyons, d'abord, les différentes sortes d'attouchements ; je cite toujours textuellement les rapports officiels :

En 1892, à Milan, voici des attouchements éprouvés par des personnes placées *hors de la portée* des membres du médium (1) :
M. Gerosa, à environ 1 m. 20 de distance, ayant élevé sa main pour qu'elle fût touchée, sentit plusieurs fois une main qui frappait la sienne pour l'abaisser et, comme il persistait, il fut frappé avec une trompette qui, un moment auparavant, avait *rendu des sons dans l'air*.

Dans l'obscurité, M. Schiapparelli (16 et 21 septembre) eut ses lunettes enlevées et placées devant une autre personne, sur la table. Ces lunettes sont fixées aux oreilles au moyen de deux ressorts, et il faut une certaine attention pour les enlever, même pour celui qui opère en pleine lumière. Elles furent pourtant enlevées dans l'obscurité complète, avec tant de délicatesse et de promptitude, que ledit expérimentateur ne s'en aperçut seulement qu'en ne sentant plus le contact habituel de ses lunettes sur son nez, sur les tempes et sur les oreilles, et il dut se tâter avec les mains pour s'assurer qu'elles ne se trouvaient plus à leur place habituelle.

Des effets analogues résultèrent de beaucoup d'autres attouchements, exécutés avec une *excessive délicatesse*, par exemple lorsqu'un des assistants se sentit caresser les cheveux et la barbe. Dans toutes les innombrables manœuvres exécutées par les mains mystérieuses, il n'y eut jamais à noter une maladresse ou un choc, ce qui est ordinairement inévitable pour qui opère dans l'obscurité.

On peut ajouter, à cet égard, que des corps assez lourds et volumineux, comme des chaises et des vases pleins d'argile, furent déposés sur la table, sans *que jamais ces objets aient rencontré une des nombreuses mains appuyées sur cette table...*

Parfois, les expérimentateurs, *tenant le médium*, passent l'autre main dans le cabinet (2). A Milan, en 1892, M. Aksakof sentit ainsi des doigts. *Tous les assistants* mirent la main dans l'ouverture *et*

---

(1) DE ROCHAS, *Extériorisation de la Motricité*, édit. 1906, p. 67.
(2) Je rappelle que l'on nomme *cabinet*, un espace quelconque fermé par des rideaux. On utilise le plus souvent l'angle de deux murs, ou l'embrasure d'une fenêtre.

sentirent le contact des mains. M. Schiapparelli sentit des doigts nus et chauds, quand d'une main il tenait celle d'Eusapia et que M. Finzi tenait l'autre.

A Naples, en 1893, le professeur Wagner constata ce qui suit (1) :

Je tenais la main de mon voisin de gauche et je sentis, à la surface extérieure, le contact chaud d'une petite main. Ce ne pouvait évidemment être celle d'Eusapia, car les siennes étaient tenues par ses voisins.

Quelque temps après je sentis, sur ma main gauche, le contact de cette même petite main, mais en sens inverse, c'est-à-dire comme venant de mon voisin de droite. Je me rendis parfaitement compte que ce ne pouvait être celle de mon voisin, homme de haute taille, ayant des mains vigoureuses... Outre ces contacts, John King (2) me serra fortement l'avant-bras ou me tapait familièrement sur l'épaule. Certains incrédules insolents sont parfois plus durement traités. A Rome, l'un d'eux fut obligé de s'éloigner hors de la portée de l'invisible frappeur. Les mains d'Eusapia *étaient visibles pour tout le monde...*

M. de Siemiradski, après ses expériences de Rome, en 1893-1894, écrit (3) :

Ces attouchements, très nettement perçus par ceux qui en sont l'objet, semblent être produits par une main matérielle et lumineuse qui, tantôt effleure légèrement la tête, le visage, le corps ou les membres des voisins du médium, tantôt leur serre assez fortement les mains pour les soulever au-dessus de la table et les secouer à plusieurs reprises, tantôt les frappant sur le dos d'une manière assez violente pour que les autres assistants entendent très nettement le coup.

Il est arrivé quelquefois que cette main, comme pour éviter l'idée d'une suggestion ou d'une hallucination collective, a laissé des traits blancs *à la craie* sur nos dos et sur nos bras, juste à l'endroit où nous nous étions sentis touchés.

---

(1) DE ROCHAS, *Ouvrage cité*, p. 147.
(2) On nomme ainsi une entité qui est presque toujours présente aux séances d'Eusapia. Les Spirites disent que c'est le « guide » du médium, c'est-à-dire celui qui le protège.
(3) DE ROCHAS, *Ouvrage cité*, p. 333.

À Varsovie, la même année, on observa encore la même chose (1) :

Les attouchements, dit M. Ochorowicz, eurent lieu plusieurs fois à travers le rideau qui, dans ce cas, se gonflait, et dont le docteur Watraszewski eut même une fois la tête enveloppée. Quand les assistants étaient touchés directement, ils éprouvaient tantôt l'impression d'une simple fourche qui les saisissait entre ses pointes, tantôt d'une main légère, fine et de chaleur normale, tantôt d'une main dont les doigts étaient mous, chauds et petits.

Voici un cas d'action simultanée qui est intéressant à signaler :

Le docteur Harusewicz raconte que tenant, en compagnie du docteur Matuzewski, les pieds et les mains d'Eusapia, il demanda que tous deux fussent touchés à la fois. Ceci se réalisa. Il sentit d'abord une main grande, à doigts largement écartés, qui lui touchait le dos ; une seconde fois il reçut une claque, entre les deux épaules, qui fut entendue par tout le monde. En même temps, le docteur Matuzewski était touché également.

Dans une séance à Paris, chez Mme B..., en 1908, j'ai distinctement entendu frapper sur l'épaule de M. de Vesme qui contrôlait Eusapia, dont les deux mains étaient solidement tenues (2).

J'ai cité dans le premier volume (p. 440) les témoignages de MM. Richet, Lodge, Ochorowicz, qui répondent à l'objection que les attouchements seraient produits par la main physique d'Eusapia, qui profiterait d'un moment d'inattention d'un des contrôleurs pour soustraire une de ses mains à leur étreinte. Les savants cités plus haut tenaient dans les leurs *les deux mains du médium* et, malgré cela, ils furent touchés, frappés, pincés par une main étrangère. Une stupide supercherie des assistants est impossible à supposer, et M. Richet déclare absurde l'hypothèse de l'hallucination. C'est donc bien une main fantômale, une main indépendante qui agit.

M. Lodge (3) dit qu'il a été poussé, pincé, qu'on appuyait sur sa

---

(1) DE ROCHAS, *Ouvrage cité*, p. 161.
(2) Voir *Revue scientifique et morale du Spiritisme*, année 1908, nos de mars, avril et mai.
(3) DE ROCHAS, *Extériorisation de la motricité*, p. 174.

tête, sur son dos, ses bras et ses genoux, *lorsqu'il tenait les deux mains du médium dans les siennes* et que les pieds et la tête d'Eusapia étaient observés. Dans ces mêmes conditions, il a eu sa main momentanément empoignée par quelque chose ressemblant à une main humaine, donnant l'impression distincte *de doigts ayant des ongles*. Le médium était toujours soigneusement et complètement tenu.

M. Barzini, le distingué reporter du *Corriere della Sera*, sceptique par profession, n'a été convaincu, lui aussi, que lorsqu'il eut le contrôle des deux mains et que des déplacements d'objets se produisirent *en dehors de la portée du médium* (vol. I, p. 444).

Dans son résumé sur l'observation des phénomènes constatés en présence d'Eusapia, M. Morselli écrit (1) :

31. *Attouchements et serrements de mains invisibles.* — C'est un phénomène *très fréquent* des séances dans l'obscurité, ou à une lumière faible, ou à la lumière rouge : ce sont vraiment des *mains humaines* qui touchent, pressent, saisissent, attirent, repoussent, tapent légèrement, frappent, tirent la barbe ou les cheveux, ôtent les lorgnons, donnent des taloches, etc. Certaines personnes, encore novices à ces attouchements en frissonnent, et en effet, les premières fois cela produit une certaine impression.

M. Bozzano, observateur froid et très compétent, dit à son tour, en parlant d'une séance dans laquelle Mme Paladino était bien tenue (2) :

Une main s'introduit délicatement dans la poche de la basque gauche de mon habit, y saisit une petite trousse contenant : peigne à barbe, ciseaux, etc., et aussitôt la porte à M. Avellino. De petits claquements que je ne m'explique pas éclatent à mes oreilles et, comme j'avoue mon ignorance, une main saisit une mèche de ma barbe tandis que l'autre la coupe avec des ciseaux. Je comprends alors que le bruit vient de ceux-ci. On les promène contre la figure de M. Avellino, puis on les remet dans ma poche...

Moi-même, vers la fin de la quatrième séance, donnée à Paris, le 5 février 1908, à la *Société française d'étude des phénomènes*

---

(1) Morselli, Eusapia Paladino et la réalité des phénomènes. *Annales Psychiques.* Avril 1907. p. 259.

(2) Bozzano, *Hypothèse spirite et théories scientifiques.* Récit de la première séance, 8 juin 1901.

psychiques, alors que je tenais la main droite d'Eusapia et M. de Fontenay sa main gauche, j'ai senti une forte main écarter ma jaquette, s'introduire dans la poche gauche de mon gilet, et, après quelques efforts, en retirer ma montre. Cette main a posé la montre sur la table et en a frappé légèrement le plateau, comme pour avertir que la fin de la séance était arrivée (1).

Le docteur Visani Scozzi ne crut à l'indépendance fonctionnelle de ces mains mystérieuses, qu'en constatant la simultanéité des attouchements dans des directions différentes (2) :

Le docteur raconte que tandis qu'il tenait étroitement, comme toujours, les mains et les jambes d'Eusapia dont la tête reposait sur son épaule gauche, il vit se former entre lui et la porte vitrée légèrement éclairée, un fantôme très opaque ; qu'il fut embrassé sur le côté droit du front, caressé par des mains dont les doigts passaient dans ses cheveux et qu'il sentit nettement *une barbe* passer sur sa joue. Ensuite une forme *solide et réelle* s'appuya sur son dos et ses épaules, tandis que deux bras vigoureux et deux mains nettement formées lui entouraient la poitrine. De nouveau une sonnette est vivement agitée dans l'air par toute la chambre ; un tambour de basque retentit également et frappe successivement sur la tête de trois assistants. L'ensemble de ces phénomènes et les mouvements intelligents affirmant ou niant par des coups amicaux sur la poitrine du docteur, finissent par le persuader qu'il a affaire à une individualité certainement indépendante du médium et bien vivante.

On est obligé de convenir que les constatations des savants sont de tous points semblables à celles des premiers spirites ; ceux-ci n'étaient nullement crédules, naïfs ou hallucinés, quand ils affirmaient que, pendant les séances, des mains véritables les palpaient de toutes les manières et accomplissaient les actions les plus variées. Ces mains produisent la sensation de membres humains ; elles ont une paume, des doigts, des ongles ; elles sont le plus souvent chaudes, et elles agissent mécaniquement comme nous le faisons nous-mêmes pour caresser, frapper, couper, transporter des objets, etc. Il est impossible de

---

(1) Voir le *Compte rendu des séances avec Eusapia*, p. 26, publié en brochure par la Société.
(2) Visani Scozzi, *la Médianita*, récit de la troisième séance.

douter de leur réalité quand on les voit en même temps qu'elles exécutent des mouvements. C'est ce que Crookes a déjà signalé.

LA VISION DES MAINS FANTÔMALES

Antérieurement aux recherches avec Eusapia, Aksakof, dans des séances avec Kate Fox, tenues à Saint-Pétersbourg en 1883 (1), plaçait sur la table une plaque lumineuse sur laquelle reposaient les deux mains du médium qui étaient, en plus, tenues par un des assistants, lequel avait aussi les pieds du sujet entre les siens. Les objets légers que l'on supposait devoir être déplacés étaient enduits d'une composition phosphorescente qui permettait d'en suivre les mouvements. Dans ces conditions, voici ce qui se produisait :

Vous prenez une sonnette, dit Aksakof, vous la tenez sous la table ou à distance de la table, vous sentez qu'on vous la prend ; si vous tenez la sonnette par le manche, on la prend par le battant ; si vous la tenez vous-même par le battant, on la prend par le manche ; vous la lâchez et de même elle ne tombe pas, mais sonne régulièrement dans l'espace libre sous la table, ou derrière le médium.

On peut même voir sur la surface lumineuse de la sonnette, l'organe en action : la noire silhouette des doigts qui la prennent. Ou bien vous voyez, sur la plaque lumineuse, le contour des doigts d'une main qui n'appartient à aucun de vous ; ou bien vous les voyez sur le rond de verre lumineux qu'on vous tire des mains.

Il est possible ainsi, même dans l'obscurité, de se rendre compte de la nature de la cause agissante. Mais, parfois, soit grâce à des reflets de lumière provenant d'une pièce voisine, soit à la lumière rouge, on distingue aussi des formes de mains. A Milan, dans les expériences de 1892, le rapport décrit de la manière suivante ce qui a été observé dans ce genre de manifestations (2) :

Nous plaçâmes sur la table un carton enduit d'une substance

---

(1) Petrovo-Solovovo, Expériences de M. Aksakof avec Mme Fox-Jenken. *Ann. Psych.* juillet-août 1901, p. 193 et suiv. Voir aussi notre vol. I. p. 468.
(2) De Rochas, *Extér. de la Motr.*, pp. 64 et suiv. Édition 1906.

phosphorescente (sulfure de calcium) et nous en plaçâmes d'autres sur des chaises, en différents points de la chambre. Dans ces conditions, nous vîmes très bien le profil d'une main qui se posait sur le carton de la table ; et, sur le fond formé par les autres cartons, on vit l'ombre de la main passer et repasser autour de nous.

Le soir du 21 septembre, l'un de nous vit à plusieurs reprises, non pas une, mais *deux mains à la fois*, se projeter sur la faible lumière d'une fenêtre, fermée seulement par des carreaux (au dehors il faisait nuit, mais ce n'était pas l'obscurité absolue). Ces mains s'agitaient rapidement, pas assez pourtant pour qu'on n'en pût distinguer nettement le profil. Elles étaient complètement opaques et se projetaient sur la fente en silhouettes absolument noires. Il ne fut pas possible à l'observateur de porter un jugement sur les bras auxquels ces mains étaient attachées, parce qu'une petite partie seulement de ces bras, voisine du poignet, s'interposait devant la faible clarté de la fenêtre, dans l'endroit où l'on pouvait l'observer.

Il faut remarquer, en effet, que très souvent ces mains ne sont pas isolées : elles tiennent à des bras plus ou moins bien formés et ceux-ci, à leur tour, à des corps vaporeux ou solides, comme nous allons le constater. On assiste donc à des matérialisations progressivement plus complètes, suivant la force dont dispose l'individualité agissante.

Pour observer à la lumière ces manifestations, les observateurs de Milan séparèrent la salle en deux parties par des rideaux. Le médium fut placé devant la fente des tentures, de manière que son dos fût dans la partie obscure, tandis que sa tête, ses mains et ses pieds étaient visibles, grâce à la lumière d'une *lanterne à verres rouges* qui fut placée sur une autre table. MM. Schiapparelli et Carl du Prel tenaient les mains d'Eusapia. Dans ces conditions, qui étaient employées pour la première fois avec ce médium, voici ce que l'on observa (1) :

Les bords de l'orifice des rideaux furent fixés aux angles de la table et à la demande du médium, rapprochés au-dessus de sa tête, à l'aide d'épingles ; alors, sur la tête du médium, quelque chose commença d'apparaître à plusieurs reprises... Dans le fond noir de cette ouverture, au-dessus de la tête du médium, les lueurs *bleuâtres habituelles* (2) apparurent plusieurs fois : M. Schiapparelli fut

(1) De Rochas, *Ouvrage cité*, p. 73.
(2) C'est moi qui souligne dans tout le cours de la citation.

touché fortement à travers la tenture sur le dos et au côté; sa tête fut recouverte et attirée dans la partie obscure, tandis que, de la main gauche, il tenait toujours la droite du médium, et de la main droite la gauche de M. Finzi.

Dans cette position, il se sentit toucher *par des doigts nus et chauds*, vit des lueurs décrivant des courbes dans l'air et éclairant un peu *la main ou le corps dont ils dépendaient*. Puis il reprit sa place, et alors une main commença d'apparaître à l'ouverture sans être retirée aussi rapidement et, par conséquent, fut perçue plus distinctement. Le médium n'ayant encore jamais vu cela, leva la tête pour regarder, et aussitôt la main lui toucha le visage. M. du Prel, sans lâcher la main du médium, passa la tête dans l'ouverture, au-dessus de la tête du médium, et aussitôt il se sentit touché fortement en différentes parties et par plusieurs doigts. *Entre les deux têtes*, la main se montra encore.

M. du Prel reprit sa place, et Aksakof présenta un crayon dans l'ouverture; le crayon fut pris par la main et ne tomba pas; puis un peu après, il fut lancé à travers la fente sur la table. Une fois apparut *un poing fermé* au-dessus de la tête du médium; puis ce poing s'ouvrit lentement et nous fit voir la main ouverte avec les doigts écartés.

Il est impossible de compter *le nombre de fois* que cette main apparut et *fut touchée* par l'un de nous; il suffit de dire qu'aucun doute n'était possible. C'était véritablement une *main humaine et vivante* que nous voyions et touchions, pendant qu'en même temps *le buste et les bras du médium* restaient visibles et que *ses mains étaient tenues par ses deux voisins*. A la fin de la séance, M. du Prel passa le premier dans la partie obscure, et nous annonça une empreinte dans l'argile; en effet nous constatâmes que celle-ci était déformée par une profonde *éraflure de cinq doigts* appartenant à la main droite (ce qui expliqua ce fait qu'un morceau d'argile avait été jeté sur la table, à travers l'orifice de la tenture, vers la fin de la séance), preuve permanente que nous n'avions pas été hallucinés.

A Naples, en 1893, le professeur Wagner raconte que peu d'instants après que la lumière fut diminuée (1) :

Presque à l'instant même nous vîmes *se détacher* d'Eusapia une matérialisation, une masse foncée, ressemblant vaguement à une main ; je voyais cette forme très distinctement, car elle se dessinait juste en face de moi, sur le fond éclairé de la porte vitrée.

(1) De Rochas, *Ouvrage cité*, p. 117.

A Varsovie, chez M. Ochorowicz, la vision des mains présenta une particularité intéressante, c'est qu'à un moment la main fluidique se montra enveloppée d'une étoffe blanche, exactement comme on l'observe dans les empreintes sur la terre glaise. Je laisse la parole à M. Ochorowicz (1) :

> Cinq personnes ont vu, très distinctement, à une clarté suffisante, une *grande main gauche* saisir la main de M. Prus-Glovaki, au moment où ce dernier tenait lui même la *main gauche* du médium, dont les deux mains étaient d'ailleurs visibles et contrôlées. La main qui touchait planait librement au-dessus de la tête du médium ; elle était blanche avec une nuance bleuâtre et semblait luire légèrement. On se rappelle qu'une main semblable a été vue à Milan.
> Dans la séance du 7 janvier 1894, il n'y avait pas de table devant Eusapia. Le contrôle était exercé à droite par M. Swiencieki et à gauche par M. Ochorowicz, la lumière était suffisante pour distinguer les visages et les mains des assistants.
> Bientôt, dans l'ouverture du rideau, au-dessus de la tête d'Eusapia, se montra une main, d'abord indistincte et comme estropiée ; puis, graduellement, la forme nette *d'une assez grande main d'homme*.

On assiste donc, pour ainsi dire, à la naissance objective de cette main qui, détail qui a une très grande importance, n'est plus cette fois une main de femme, mais une *main d'homme*. Il faudra nous souvenir de cette différence quand nous arriverons à la discussion sur l'origine de ces mains surnuméraires, qui se montrent si souvent. Je poursuis la citation :

> Un instant après, apparut une autre main, beaucoup plus petite, de blancheur neigeuse. M. Prus, qui est myope, seul de tous les assistants, ne voyait rien : il se plaça alors près du rideau posant les mains sur les épaules de M. Ochorowicz. A ce moment, dit-il, les deux jambes d'Eusapia, sans chaussures, seulement vêtues de bas foncés, reposaient sur les genoux d'Ochorowicz ; je l'ai constaté avec ma main. Après quelques minutes, à droite d'Eusapia, *à un mètre au-dessus de la tête*, sortit de derrière le rideau un objet de couleur claire qui ressemblait à une petite main dont *l'avant-bras était nu* et la paume, comme fermée en poing, était *couverte d'une*

---

(1) De Rochas, *Ouvrage cité*, p. 162.

toile blanche. L'objet se retira bientôt en arrière et l'apparition ne dura que quelques secondes.

Alors, très étonné et ému, j'ai demandé à toucher cette main; trois coups de la table qui était derrière le rideau répondirent affirmativement, suivant les conventions adoptées, et Eusapia, d'une voix altérée, m'ordonna de tenir la main au-dessus de sa tête. Je me suis approché du rideau, j'ai pris de ma main gauche l'épaule droite d'Eusapia (Ochorowicz lui tenait la main droite); j'ai placé ma main droite à 3 pouces au-dessus de la tête d'Eusapia... Soudain j'entendis les bruits caractéristiques des doigts derrière la tête d'Eusapia et, une demi-minute après, un bruit de papier froissé vis-à-vis de mon oreille droite. Après un nouvel intervalle d'une demi-minute, *une main gauche d'homme sortit lentement et horizontalement du côté droit d'Eusapia*, serra ma main de ses trois doigts, tira légèrement mes doigts et se retira lentement derrière le rideau. Les assistants crièrent : « Une main, une grande main ! » C'était une main complètement vivante, de forme oblongue, de couleur de peau claire, de température et de densité normales...

Des témoignages comme ceux-là, on peut en recueillir dans tous les récits de séance. A Carqueiranne, M. Lodge « a vu une forte main, et d'autres objets plus vaguement, qui passaient, se détachant la nuit sur la faible lumière du ciel (1) ». A l'Agnélas, dans la séance du 27 septembre, M. Maxwell (2) :

Invité par Eusapia à regarder, a eu la sensation visuelle d'un avant-bras et d'une main. Il a vu se profilant sur la bande de la muraille éclairée par la fente de la porte d'en face de lui, une main et un bras qui étaient au-dessus de la tête de M. Sabatier. Ils lui ont paru à diverses reprises s'abaisser et se relever comme pour toucher la tête de M. Sabatier, qui a accusé à ce moment divers attouchements. L'avant-bras lui a paru long et mince. Il n'en a pas vu la continuité avec le bras, car il se perdait dans l'ombre à l'endroit où aurait dû être le coude...

M. le docteur Visani Scozzi raconte (3) :

Que, l'obscurité ayant été faite, il put voir passer plusieurs fois entre lui et une porte garnie de verres opaques derrière laquelle se trouvait une lumière, une forme arrondie qui allait et venait.

(1) DE ROCHAS, *Ouvrage cité*, p. 174.
(2) DE ROCHAS, *Ouvrage cité*, p. 302.
(3) VISANI SCOZZI, *la Medianita*. Première séance.

d'un bout de la table à l'autre et variait comme forme et comme volume. Le chevalier Chiaïa fit la même observation. Tous deux virent également une forme incomplète de main. Des pièces de monnaie sont extraites de la poche d'Eusapia, agitées en l'air, puis placées dans la main du docteur la plus éloignée d'Eusapia. Elles en furent bientôt retirées, malgré la résistance de M. Scozzi, et replacées dans la poche du médium; pendant tout le temps, celui-ci était étroitement maintenu par ses voisins.

Je citerai tout à l'heure d'autres exemples dans ma discussion sur l'origine de ces mains, dont quelques-unes, comme cela a eu lieu avec M. le professeur Pio Foa, ont laissé des traces indélébiles sur une plaque photographique entourée de papier noir. La vision de ces mains n'est pas hallucinatoire, parce que, souvent, je le répète encore, on les voit transporter des objets et que ceux-ci, quand le phénomène a pris fin, ne sont plus à leur place primitive, mais à celle où l'on a vu la main les poser. Il faut noter également qu'un observateur voit une main toucher un assistant, pendant qu'au même moment celui-ci, qui ne voit pas la main, annonce spontanément une sensation de contact. Cette simultanéité prouve que le phénomène est réel. Je rappelle enfin qu'à la *Société française d'études des phénomènes psychiques*, on a pu obtenir, à deux reprises, les photographies de ces mains au-dessus de la tête d'Eusapia (1), ce qui — avec les empreintes qu'elles laissent — met tout à fait hors de doute leur objectivité. L'hypothèse de l'hallucination est usée maintenant jusqu'à la corde et il faudra que les adversaires du spiritisme trouvent désormais une autre explication, moins banale et moins désuète. Parlant des apparitions de mains, M. Morselli affirme (2):

C'est une des manifestations « spirites » les plus fréquentes et les plus anciennes. Les mains ont généralement des contours un peu indécis, sont d'une couleur blanchâtre, presque diaphanes et ont des doigts allongés. Je les ai très bien perçues toutes les fois qu'il m'a été donné de me trouver dans une situation favorable pour les voir, et *ce n'étaient pas les mains du médium*, non, car

---

(1) Voir le vol. I, p. 456.
(2) Morselli, Eusapia Paladino et la réalité des phénomènes. *Ann. psych.*, avril 1907, p. 262.

celles-ci se trouvaient contemporanément, non seulement contrôlées, *mais aussi visibles pour tous, sur la table.*

Je crois qu'il n'est plus possible de douter que, dans les séances spirites où l'on possède un médium à effets physiques bien développé, des mains se font voir, puis disparaissent avec une prodigieuse rapidité. Pendant les courts instants où elles sont visibles, elles ont l'apparence de mains humaines, avec des doigts, des ongles, une paume, de la chair chaude, etc. Elles agissent d'une manière identique à ce que nous faisons nous-mêmes, dans des circonstances semblables, pour transporter de petits objets, soulever des guéridons, enlever des lunettes sur le nez de leur possesseur, effleurer, toucher, frapper, pincer les assistants.

La vue de ces mains fantômales et leurs actions manuelles démontrent qu'elles ont une constitution anatomique et physiologique humaines. D'où sortent-elles ? Comment sont-elles engendrées ? C'est ce que je vais rechercher tout de suite.

DISCUSSION SUR L'ORIGINE DES MAINS

Une remarque s'impose de prime abord, c'est la suivante : puisque ces mains ne se montrent que dans les séances où il se trouve un médium, c'est que celui-ci en est, de quelque manière que ce soit, la cause efficiente. Cette proposition me paraît incontestable. Tout le premier volume de cet ouvrage a été employé à démontrer qu'il existe en chacun de nous un organisme invisible qui reproduit avec une fidélité anatomique l'aspect du corps matériel. Nous avons constaté que l'extériorisation du double peut avoir lieu dans les circonstances les plus variées. Tantôt c'est une émotion violente qui détermine l'exode de l'âme ; d'autres fois il a lieu sous l'influence d'une action télépathique, enfin les magnétiseurs et M. de Rochas nous ont appris que l'état somnambulique amène aussi la duplication du sujet, qui peut encore se produire partiellement pendant certains états pathologiques, puisque l'autoscopie accompagne assez souvent les maladies d'origine hystérique.

Il est également établi, par les récits des premiers spirites, que le médium, pendant la séance, est ordinairement plongé dans un sommeil spécial auquel on a donné le nom de *trance*. Que ce soit avec Amélie, le sujet du colonel Devoluet (p. 145), ou avec Home, Kate Fox ou Eusapia, les phénomènes n'acquièrent toute leur puissance que si le sujet dort. En compagnie de MM. de Rochas et Durville, nous avons assisté à la formation de ce double, mais il était encore invisible; l'expérience de Lewis (vol. I, p. 404) nous a prouvé que la volonté du magnétiseur peut agir assez énergiquement pour que le double devienne perceptible oculairement. Il est donc tout naturel de supposer tout d'abord que dans les séances, quand des mains se montrent à proximité du médium, ce sont celles de son double. Le sommeil serait, comme l'extériorisation, le produit de l'auto-suggestion du sujet, puisque nous savons que les somnambules peuvent se mettre d'eux-mêmes en cet état, à la suite de pratiques qui sont particulières à chacun d'eux.

Pour Eusapia, les inductions précédentes se changent en certitude. Dans une quantité de séances, ce sont les mains de son double qui agissent; nous en avons des preuves absolues, car les empreintes laissées par la main fluidique dans le noir de fumée, en présence de M. de Siemiradski, sont *identiques* pour les dessins de l'épiderme à ceux de la main charnelle du médium. (voir vol. I, p. 450). Certains moulages des mains fluidiques ont aussi une éloquence significative et l'on ne peut échapper à cette conclusion : que c'est bien le double d'Eusapia qui s'est matérialisé suffisamment pour déformer la terre glaise ou le mastic, puisque les mains du médium étaient tenues étroitement et que, cependant, ce sont des mains identiques aux siennes dont on retrouve l'impression en creux.

Il est à remarquer que ces actions matérielles s'accompagnent pour le médium d'une grande fatigue. Eusapia gémit, se contorsionne, crie, se plaint de rencontrer de la résistance ; en un mot, on constate que c'est elle qui agit, car elle sent, à distance, par l'intermédiaire de son double, que l'argile est dure; la sensibilité s'est extériorisée en même temps que le corps fluidique. En voici quelques preuves :

M. de Siemiradski, à Rome, en 1894, en compagnie de MM. Ch. Richet, du baron docteur Schrenk-Notzing, de Lombroso, etc., a publié un récit des séances duquel j'extrais le passage suivant (1) :

Les mains d'Eusapia étaient fortement tenues ; elle n'avait de libre que le bout des doigts qu'elle enveloppa du mouchoir de poche du docteur Schrenk-Notzing. Le plat d'argile était *hors de sa portée*. A un moment donné, elle commença à gémir ; puis, *toujours tenue aux poignets*, elle *appuya fortement le bout des doigts enveloppés sur le dos de ma main*.

Pendant cette opération, Eusapia semblait souffrir beaucoup ; elle se plaignait que l'argile *était dure*. Il paraissait évident que sa sensibilité était extériorisée avec le double de sa main et transmettait au médium la sensation douloureuse de la résistance que présentait la terre glaise à cette main fantômale.

Nous réussîmes à obtenir le moulage de la main fluidique entourée de son voile.

Il est regrettable que l'on n'ait pas songé à examiner au microscope les mailles du tissu qui enveloppait la main fluidique, pour savoir si elles étaient semblables à celle du mouchoir du docteur Schrenk-Notzing. Mais je tiens à faire remarquer que chaque fois qu'un effort doit être exercé par le fantôme, c'est dans le corps physique du médium que l'énergie est prise. Pour vaincre la résistance de l'argile, Eusapia appuie fortement sa main physique sur le dos de celle de M. Siemiradski et cet effort est transmis au double, pour lui permettre d'agir plus énergiquement. Dans les séances tenues à Paris à l'*Institut psychologique*, Eusapia était placée sur une balance enregistrant automatiquement les variations de poids et l'on observa que chaque fois qu'il se produisait — même sans contact — une lévitation de la table placée devant elle, le point d'appui se trouvait sur le corps du sujet (2).

C'est justement la nécessité de puiser l'énergie dans son organisme matériel qui la fait se presser si fortement contre ses contrôleurs, comme cela eut lieu à Paris à la *Société française d'étude des phénomènes psychiques*, dans la séance du 7 fé-

---

(1) DE ROCHAS, *l'Extér. de la Motr.*, p. 138. Voir la photographie dans ce volume du moulage d'une main fluidique et du moulage de la même main matérielle d'Eusapia. Pl. IV, p. 134.
(2) *Bull. de l'Institut général psychol.* Rapport de M. Courtier.

vrier 1908 (voir vol. I, p. 459), pendant que sa figure fluidique s'imprimait dans le mastic.

Le synchronisme des mouvements du sujet et de ceux exécutés par son double, signalé déjà, comme je l'ai indiqué, par tous les observateurs et qui a été dénoncé si souvent par les novices comme des tentatives de tricherie (1), vient d'être encore si bien mis en évidence par M. Bottazzi, qu'il est nécessaire que je cite ses observations à cet égard (2) :

La mandoline est d'abord touchée, puis grattée. Eusapia exécutant une prière qui lui est adressée par de Amicis, veut la prendre (3) et la porter sur la table, et commence avec *son épaule, son bras et sa main gauche* à faire de petits mouvements que je perçois et suis avec attention, ressemblant à *ceux qu'elle aurait faits avec le même membre* si elle l'avait eu libre et si elle avait pu s'en servir pour saisir en réalité l'instrument. Pendant ce temps, M. Scarpa s'approche de moi, se met debout derrière le dossier de ma chaise et *voit distinctement la mandoline bouger*, se lever, retomber, se renverser, *sans qu'aucune main la touche*, à une lumière *suffisante* pour discerner chaque mouvement des bras de Mme Paladino. Celle-ci me dit, en portant avec sa main gauche ma droite vers le sol dans la direction de la mandoline : « Prenons-la, aide-moi... » et fait des efforts comme *pour saisir et pour soulever*, comme *pour accrocher quelque chose avec ses doigts* (4). Pendant ce temps, la mandoline, effleurée par le rideau, se soulève un peu du parquet, mais retombe de nouveau avec le ventre en l'air, et Eusapia s'écria dans son dialecte : « Il m'a échappé !... » avec une visible angoisse. Mais l'insuccès semble l'exciter. Elle recommence, mais sans effet ; comme il est pénible de la voir, je tâche de la dissuader de faire ces vaines tentatives pour porter l'instrument sur la table. Mais elle paraît obsédée par cette idée et continue sans se préoccuper de moi.

Les mains invisibles d'Eusapia. — Eh bien ! il faut avoir les doigts de Mme Paladino dans sa propre main, comme je les avais ce

---

(1) Voir vol. I, p. 434. Pour le synchronisme des mouvements du corps matériel et du double, voir aussi pp. 428 et 429.

(2) Bottazzi, les Régions inexplorées de la biologie humaine. *Ann. psych.*, octobre 1907, p. 692. Voir également, un compte rendu des expériences faites à Turin sous la direction de Lombroso, en février 1907, dans lequel le mouvement d'un pied du médium, correspondait avec des coups violents frappés sur la table. *Ann. Psych.*, mars 1907, p. 214.

(3) A distance, bien entendu.

(4) La phrase est soulignée par M. Bottazzi.

soir-là, pour se convaincre que les soulèvements, les grattements des cordes, etc., *tout est synchrone avec des mouvements très délicats des doigts, avec des tractions et des poussées de la main du médium*, comme si l'instrument était dirigé dans l'exécution des mouvements par une volonté connaissant l'effet à obtenir. Ce ne sont pas des mouvements impulsifs, irréguliers, désordonnés; ce sont des mouvements précis et coordonnés d'un doigt ou plusieurs doigts, identiques à ceux que l'on fait, lorsque l'on veut saisir ou faire vibrer les cordes avec précision ou délicatesse. Nous étions deux à avoir les yeux fixés sur la mandoline, M. Scarpa et moi, et nous pouvions affirmer avec certitude que l'instrument, bien éclairé par la lampe qui se trouvait au-dessus de lui, n'était pas touché par les mains visibles d'Eusapia, qui en *étaient éloignées d'au moins 60 centimètres*, mais se mouvait de lui-même, comme s'il avait été par enchantement muni d'organes moteurs; et il paraissait être, à le voir, la carcasse d'un reptile monstrueux dans lequel la vie serait retournée. On ne peut décrire l'impression que l'on éprouve à voir un objet inanimé se mouvoir, *non pas un seul instant, mais pendant plusieurs minutes de suite*, se mouvoir sans que personne ne le touche, pendant que tout est silencieux, parmi les autres objets immobiles, sous l'action d'une force mystérieuse.

Enfin la mandoline fut laissée tranquille ; Mme Paladino n'en resta pas satisfaite. Il n'en fut pas ainsi pour moi, parce que le simple apport de l'instrument nous aurait privé du long et minutieux examen que nous avons pu faire de la correspondance entre les mouvements intentionnels du médium et les déplacements de l'objet sur lequel étaient appliqués *ses membres invisibles* (1).

La dernière phrase est typique. Oui, ce sont bien des membres invisibles qui opèrent ces déplacements, et il faut bannir l'hypothèse que tous ces mouvements de la mandoline ne seraient dus qu'à des actions purement physiques d'attraction ou de répulsion, car souvent on voit la cause agissante en action, comme dans les expériences d'Aksakof (p. 202) et à Milan (p. 204), et ce sont des mains. Il en a été de même ici ; c'est ce que les traces laissées dans la terre glaise établissent incontestablement. Voici, en effet, la suite du rapport de M. Bottazzi :

Eusapia m'ouvre la main droite, m'étend les trois doigts du milieu, en les pressant et les chiffonnant sur la table les bouts en bas,

---

(1) Cette fois, c'est moi qui souligne.

et me dit avec un souffle de voix : « Comme c'est dur ! Qu'est-ce que c'est ? » Je ne comprends pas. Et elle : « Là, sur la chaise, qu'est-ce que c'est ? — C'est la glaise, m'empressai-je de répondre ; fais une empreinte du visage ! — Non, dit-elle, elle est dure ; elle est trop dure ; emportez-la. — La chaise aussi ? — Non, laissez-la. » Quelqu'un abandonne pour un instant la chaîne afin de satisfaire le désir d'Eusapia ; il regarde sur le plat et voit *l'empreinte de trois doigts*. En faisant un examen plus soigneux, le jour après, nous voyons que les trois empreintes semblent faites par le glissement de trois doigts. Évidemment elles correspondent au même mouvement que la main gauche de Mme Paladino imprima à mes doigts sur la table. La coïncidence du *mouvement* exécuté par la main (gauche) de Mme Paladino avec la *sensation* qu'elle exprima de sentir quelque chose de dur, fut remarquable dans ce cas comme dans les autres. *Le médium donc ne fait pas seulement mouvoir, mais sent, comme je l'ai dit, avec ses appendices invisibles.* Et tandis que le mouvement était exécuté à gauche, le phénomène avait lieu à droite. du corps de Mme Paladino. Nous avons pu ainsi observer à plusieurs reprises le croisement des mouvements du médium et des effets constatables, médianimiquement produits, qui avaient été déjà remarqués par d'autres.

A Paris, dans la séance où l'on obtint le profil d'Eusapia (vol. I, p. 462), il y eut également une action croisée, car c'est la *joue droite* que le médium appuya avec force contre la poitrine du contrôleur et c'est la partie *gauche* du visage qui fut imprimée dans le mastic.

La duplication ne se produit donc pas toujours, soit parallèlement au membre dédoublé, soit dans son prolongement. Ces appendices « néo-plastiques », comme les appelle M. Morselli, ou ces « ectoplasmes » comme dirait M. Richet, peuvent sortir de presque toutes les parties du corps, bien que, le plus souvent, ce soit dans les environs des parties physiques homologues. Voici ce que put observer un collaborateur de M. Bottazzi, le professeur Galeotti (1) :

Tandis que M. Galeotti était au contrôle de la main droite d'Eusapia, il vit très nettement le dédoublement médianimique du membre supérieur gauche du médium.

(1) Bottazzi, Dans les régions inexplorées de la biologie humaine. *Ann. psych.*, novembre 1907, p. 769.

Voici, disait-il ; je vois deux bras gauches, d'aspect identique ; l'un est posé sur le guéridon, et c'est celui dont Mme Bottazi touche la main respective ; *l'autre paraît sortir de l'épaule*, s'approcher d'elle (de Mme B.), la toucher, et puis retourne *se fondre dans le corps d'Eusapia, en se dissolvant.* Ce n'est pas une hallucination ; je suis éveillé, je suis conscient des deux sensations visuelles simultanées que j'éprouve, lorsque Mme Bottazzi dit être touchée.

M. Bottazzi déclare qu'une main fantômale, bien que lui produisant l'effet d'une main ordinaire, a *fondu* sous son étreinte (1) :

Je sens une main ouverte me saisir derrière, mais doucement, par le cou. Instinctivement je détache ma main gauche de la main droite du docteur Poso, je la porte où j'éprouvais la sensation très nette du contact, et j'y trouve la main qui me touchait, une *main grande*, ni froide ni chaude, *aux doigts osseux et rudes*, qui *s'évanouit* sous mon étreinte ; elle ne se retire pas en produisant sur ma main une sensation de rétrécissement, mais se *fond, se dématérialise*, se dissout.

Les expressions du savant sont celles dont se servent les spirites, preuve que ceux-ci ont trouvé les premiers les mots qui dépeignent le mieux les phénomènes. Je poursuis :

Peu après, la main se pose sur ma tête ; j'y accours avec la mienne, je la sens, je la serre ; *elle s'y défait et s'évanouit de nouveau dans l'étreinte.*
Une autre fois, plus tard, la même main se pose sur mon avant bras droit sans le serrer. Cette fois je porte à l'endroit touché non seulement ma main droite, mais aussi le regard, de sorte *que je vois et sens en même temps* ; je vois une main humaine, de couleur naturelle, et je sens avec la mienne les doigts et le dos d'une main tiède, nerveuse, rude. *La main se dissout et mes yeux la voient se retirer*, décrivant un arc de cercle, comme *si elle rentrait dans le corps de Mme Paladino.* Je confesse qu'il me vînt le doute que la main gauche d'Eusapia s'était dégagée de ma main droite pour se porter sur mon avant-bras ; mais au même instant je pus vérifier que ce doute n'avait aucun fondement, parce que nos deux mains étaient en contact de la manière ordinaire. Tous les phénomènes observés dans les sept séances pourront disparaître de ma mémoire, *mais celui-ci jamais.*

(1) BOTTAZZI, Article cité. *Ann. psych.*, novembre 1907, p. 760.

Nous verrons d'autres cas dans lesquels la main se désagrège sous la pression d'un des assistants. Remarquons que, cette fois encore, ce fantôme de main rentre dans le corps d'Eusapia, comme M. Galeotti l'avait déjà constaté.

On conçoit qu'en comparant tous ces faits : synchronisme des mouvements de la main fluidique et de ceux des membres du corps matériel d'Eusapia ; sensations ressenties par le médium et conformes à celles qui sont produites sur la main périspritale par son contact avec les objets extérieurs (dureté de la terre glaise) ; les efforts qu'elle fait physiquement pour agir à distance ; l'émanation qui sort d'elle, que l'on voit s'allonger jusqu'à l'endroit touché et qui se résorbe dans son organisme ; enfin, les traces indélébiles laissées par le membre fantômal sur du noir de fumée, dans le mastic, et qui sont anatomiquement semblables à celles de ses mains physiques, tous ces phénomènes conduisent à la conclusion inévitable que les mouvements à distance, les attouchements, etc., sont produits par une action extra-corporelle du sujet et qu'il n'est nul besoin de faire intervenir des esprits désincarnés dans l'explication.

Oui, certainement, *pour ces faits*, qui sont les plus nombreux dans les séances ordinaires, quand le cercle des assistants est formé d'éléments hétérogènes ou ultra-défiants, l'hypothèse animiste suffit ; et c'est celle à laquelle se sont ralliés les savants physiologistes Morselli, Bottazzi, Pio Foa, etc. Mais comme ils ne connaissent pas l'existence du périsprit, ou qu'ils n'en veulent pas tenir compte, ils sont dans l'impossibilité de formuler une explication tant soit peu plausible et se lancent dans des hypothèses tout à fait invraisemblables. Ils inventent des théories *psychiatriques*, *psycho-physiologiques*, un *ésopsychisme*, un *psychodynamisme*, qui ne sont pas autre chose que des mots, car ils avouent finalement que toutes les manifestations ne seraient que le résultat de *forces psychiques ignorées* ! C'est-à-dire qu'ils veulent expliquer un phénomène de nature inconnue par une cause qu'ils ne connaissent pas davantage. C'est de la logomachie. En face de ces pauvretés se dresse la théorie spirite du double, qui est admirablement adaptée à l'explication et qui a pour elle le formidable ensemble de preuves que j'ai réunies dans le premier volume de cet ouvrage.

Mais il y a mieux encore : c'est que le prétendu psycho-dynamisme n'explique pas toutes les manifestations constatées en présence d'Eusapia. Il existe une série de faits physiques et intellectuels pour lesquels il est manifestement impossible de supposer que le médium, consciemment ou non, en soit l'auteur ; ce sont eux que nous allons étudier sommairement, en utilisant certains matériaux recueillis par Lombroso et d'autres observateurs. Ce savant éminent et d'une absolue bonne foi scientifique assez rare à rencontrer chez ses collègues, a parfaitement compris que le problème est complexe et qu'une seule solution est insuffisante, devant la diversité des épisodes qui se produisent dans les séances d'Eusapia.

INTERVENTION D'ENTITÉS ÉTRANGÈRES AU MÉDIUM DANS LES SÉANCES D'EUSAPIA

Fidèle à la méthode critique qui veut que l'on ne multiplie pas les causes sans nécessité, je suis tout à fait persuadé que beaucoup de phénomènes s'expliquent par le dédoublement du sujet, puisque l'existence en chacun de nous d'un organisme invisible est parfaitement démontrée. Mais, ici encore, si *tous* les phénomènes ne peuvent se comprendre par l'extériorisation périspritale d'Eusapia, force nous sera de recourir à d'autres causes. C'est précisément ce que je vais mettre en évidence.

SIMULTANÉITÉ D'ACTION DE DIVERSES MAINS

Dans son article intitulé : *Eusapia Paladino et le spiritisme*, Lombroso, qui le premier émit la théorie d'un psycho-dynamisme, reconnaît loyalement, en ces termes, qu'elle est par trop rudimentaire (1) :

Lorsqu'il s'agit des phénomènes de fantômes, le conseil du Dante se présente tout de suite à l'esprit :

---

(1) *Ann. psych.*, février 1908, p. 34.

Sanpre a quel ver ch'ha faccia di mensogna
De' l'uom chinder le labbra quant'ei puote,
Pero che zenza colpa fa vergogna (1).
(*Enfer*, XVI, 124-126)

C'est un excellent conseil pour vivre tranquille, *surtout dans le monde académique qui nous pousse à dissimuler, à écarter les faits qui se rebellent devant toute explication* (2), comme ceux-ci justement peu acceptés de l'influence d'outre-tombe. Quant à l'explication qu'on en donnait d'abord [exclusivement dans le monde savant] ainsi que maintenant, c'est-à-dire que les phénomènes sont dus à la projection ou à la transformation des forces psychiques du médium, je rappelle que cette hypothèse fut émise par moi il y a quinze ans, et c'est la première qui se présente à l'esprit d'un positiviste, en voyant les nombreuses tares nerveuses du médium, son épuisement après les séances, la succession des phénomènes dans son voisinage.

Nous rappellerons cependant deux ou trois observations *qui infirment cette facile hypothèse.*

C'est d'abord la simultanéité de plusieurs phénomènes dans les séances. Dans une séance à Milan, lorsqu'Eusapia était au plus fort de sa *trance*, nous vîmes apparaître à droite, moi et ceux qui m'avoisinaient, une image de femme bien chère, qui me dit une parole confuse : « Trésor », me sembla-t-il. Au centre se trouvait Eusapia endormie auprès de moi, et au-dessus le rideau se gonfla plusieurs fois ; *en même temps*, à gauche, une table se mouvait dans le cabinet médianimique et de là un petit objet était transporté sur la table de milieu.

En passant, je fais observer que, n'étudiant actuellement que le phénomène de l'action des mains, j'ai négligé de signaler les nombreuses apparitions complètes, dont quelques-unes furent identifiées, que l'on vit dans les séances avec Eusapia. J'y reviendrai plus tard (3).

Ceci dit, je continue :

Dans les dernières séances de Gênes, M. Barzini touche parmi les

---

(1) On doit toujours taire, autant que possible, les vérités qui ont l'aprence des mensonges parce qu'elles peuvent nous couvrir de honte, sans qu'il y ait de notre faute.

(2) C'est moi qui souligne ; ce précieux aveu d'un des plus illustres représentants du monde académique justifie mes attaques contre le misonéisme des corps savants, qui est un des fléaux de notre époque.

(3) Voir p. 561.

cheveux d'Eusapia *une main étrangère, qui se meut ; en même temps,* le côté gauche du rideau se gonfle, serré par *un poing qui s'avance en agitant l'étoffe* sur la tête des contrôleurs qui sont autour du médium, pendant que M. Bozzano, à un mètre de celui-ci, *se sent toucher plusieurs fois aux épaules* (1).

Le docteur Imoda observa que, tandis qu'un fantôme ôtait de la main et redonnait une plume à M. Becker, *un autre fantôme* appuyait son front sur le front d'Imoda.

Une autre fois, tandis que j'étais caressé par un fantôme, la princesse Ruspoli se sentait toucher la tête par une main et Imoda sentait serrer avec force sa main par une autre main.

Or, dirai-je avec Lombroso, comment expliquer que la force psychique d'un médium, non seulement se transforme en force motrice ou sensorielle, mais agisse *en même temps* en trois directions divergentes et pour trois buts différents ? Est-il possible à un homme sain de concentrer une attention assez forte pour *créer* des phénomènes plastiques en trois endroits distincts ?

Est-il supposable que la fantaisie médianimique de la conscience somnambulique d'Eusapia, si ignorante, objective simultanément une tête et des mains réelles, aussi diversifiées de formes et de structure que celles dont M. Bozzano fut assailli dans la séance du 8 juin 1901, chez M. Avellino ? Écoutons le récit de ce savant, que M. Morselli qualifie d'excellent observateur (2) :

Une main énorme que je crois être celle de John (l'esprit guide d'Eusapia) s'applique derrière mes épaules, sur mon bras, et enfin me caresse la figure. La table change de position de façon à me placer en face de la porte par laquelle pénètre la lumière. Je vois alors devant moi *une grosse tête* s'avancer et circuler à plusieurs reprises. Je distingue nettement le profil aquilin du nez et de la barbe taillée en pointe.

Des mains, les unes *grosses*, les autres *moyennes et féminines*, d'autres *infantiles* me serrent, me frappent amicalement, me caressent, mais, comme je fais la remarque que personne ne m'a encore donné une poignée de mains, je vois *descendre du plafond* (3) deux grosses mains, qui prennent ma main droite, la portent aussi haut que possible et la secouent vigoureusement, puis cherchent à l'abaisser. Je résiste de toutes mes forces, mais une

(1) Barzini, *le Monde du mystère*, p. 32.
(2) Bozzano, *Hypoth. spir. et Théor. scient.*
(3) Comme dans l'expérience de Crookes que j'ai citée, p. 171.

secousse irrésistible me tord le bras et l'abaisse. Quel était le point d'appui de ces deux puissantes mains qui semblaient isolées en l'air et *agissaient du côté opposé au médium ?*

Le professeur Porro, au Circolo Minerva, dans la huitième séance, note ce qui suit (1) :

La table se met à sauter avec un rythme presque de danse ; nous chantons à mi-voix une marche, des coups dans le meuble battent la mesure et sont accompagnés par l'harmonica, la trompette, et une *grande main* qui frappe en cadence sur l'épaule du n° 10, puis fait mouvoir, rythmiquement le menton du n° 11. Le tambourin vole en l'air et heurte plusieurs fois la tête du n° 11.

C'est le moment le plus curieux de la soirée. Dans la banalité des manifestations, nous ne pouvons nous empêcher de reconnaître *une concordance intentionnelle des actes,* qui ne pourrait s'exercer sans le concours *de plusieurs forces intelligentes préalablement coordonnées.* L'étrange concert se répète deux fois.....

Le docteur Visani Scozzi se défendit longtemps contre l'hypothèse spirite, — attribuant toutes les manifestations à l'action somnambulique d'Eusapia. Cependant, les faits l'obligèrent à capituler. Parmi ceux-ci, je citerai seulement les suivants (2) :

Après quelques instants de repos on fait l'obscurité ; *la sonnette, le tambourin et une trompette* s'enlèvent et *jouent une marche* ; la table se dirige vers la porte en marquant le pas, tandis que le médium *est transporté avec sa chaise,* dans le même sens.

Les phénomènes s'arrêtent : des mains applaudissent bruyamment en l'air.

Le docteur Visani demande combien de mains, dont quelques-unes d'une vigueur exceptionnelle, les émanations du médium auraient dû former et diriger intelligemment pour produire autant de phénomènes simultanés?

Dans la même séance, un peu plus tard :

Le docteur ayant prié John King de le protéger contre les défaillances de sa mémoire lorsqu'il rédigera le compte rendu de la séance, sent une large main s'appliquer sur sa tête, la presser fortement à plusieurs reprises, tandis qu'une autre faisait devant sa figure des passes magnétiques si vives que le docteur et les autres

---

(1) *Revue scient. et morale du Spirit.*, n° de novembre 1901, pp. 280-281. Récit des séances du Circolo Minerva, par le professeur Porro.
(2) Docteur Visani Scozzi, *la Medianita.* Récit de la 3ᵉ séance.

assistants *entendaient nettement le frôlement de l'air*. La première main fait ensuite avec un doigt une sorte de massage sur la région temporale gauche, au-dessus de l'oreille.

Pendant tout ce temps, le comte et la comtesse Mainardi ne cessaient de s'entretenir avec leur neveu Théodore (désincarné) qui se manifesta pendant une grande partie de la séance et leur prodiguait les preuves de son affection...

C'est cette simultanéité dans la production de phénomènes si divers, à la fois physiques et intellectuels, qui impressionna M. Scozzi et acheva de fixer en lui la conviction que l'on se trouvait bien en présence de plusieurs individualités indépendantes du médium, toujours plongé dans un état de trance profond, avec les bras et les jambes rigoureusement tenus et la tête reposant sur celle du docteur Visani Scozzi. Je pourrais citer beaucoup d'autres exemples (1), mais l'espace me faisant défaut, je suis obligé de renvoyer le lecteur aux sources indiquées. Je terminerai donc par l'appréciation du professeur Porro (2) :

En dehors de la personnalité connue et étudiée depuis longtemps sous le nom de John King et qui prend la direction des séances d'Eusapia, tous les observateurs qui, avant nous, ont expérimenté avec ce médium en Italie et ailleurs, ont eu l'occasion de reconnaître d'autres entités douées de *caractères moraux et physiques différents*. A nos séances, nous avions deux individualités distinctes, déjà signalées dans les dernières réunions et qui donnèrent mercredi des preuves de *leur différence substantielle* avec John King. On ne peut confondre ce dernier avec l'entité qui se manifeste avec tant de délicatesse au n° 8 (3), nous défendant de lui révéler les particularités de sa présence. J'étais assis à côté de lui, et j'entendais distinctement (comme tous mes compagnons, du reste) une main se poser sur sa bouche et l'empêcher de parler. Cette main *délicate et fuselée* ne ressemblait en rien à celle de John, qui est *grosse* et donne des *étreintes brusques et sèches*.

(1) Voir « Une séance avec Eusapia », par M. Carreras. *Rev. scient. et morale du Spirit.*, mai 1903, p. 459. Consulter la brochure publiée par la Société française d'étude des phénomènes psychiques, *Séances avec Eusapia Paladino*, tenues à Paris en décembre 1907 et janvier 1908, p. 20 et autres. Voir dans le livre de M. de Rochas, *l'Extér. de la Motr.*, les séances de l'Agélas, p. 284, etc., etc.

(2) Porro, *Relation de dix séances au Circolo Minerva*. Traduction française par M. le docteur Dusart in *Rev. scient. et morale du Spirit.*, octobre 1901, p. 223.

(3) M. Porro désigne les assistants par des numéros.

D'autres mains étaient celles d'enfants, et enfin, pendant toute la soirée, le transport de fleurs et du tambourin nécessitaient des mains pour les tenir.

Il faut avouer que cela porte *un coup terrible* aux hypothèses trop hâtivement basées sur le dédoublement de la personnalité du médium. Dédoublement, soit ; mais le scinder *en quatre personnalités de caractères différents* (Eusapia, John, et deux autres) me paraît au-dessus des forces psychiques dont Eusapia dispose.

Il me semble donc nécessaire, pour expliquer les phénomènes simultanés qui se produisent dans des directions différentes, d'admettre que d'autres mains que celles du double sont à l'œuvre. L'intelligence du sujet ne pourrait pas se diviser aussi complètement pour faire *sortir du néant* et mouvoir intentionnellement, et en même temps, une si grande quantité d'« appendices » fluidiques, qui sont des mains véritables, aussi diversifiées de forme, de volume, de caractères physiologiques, que de mode d'action. Les suppositions, pour rester raisonnables, doivent avoir des limites, sans quoi elles n'ont plus aucune espèce de valeur.

Mais là ne se bornent pas les remarques qu'il faut faire. L'observation établit directement que, dans certains cas, ces mains *ne sont pas celles du double d'Eusapia*, ni d'aucun des assistants. Je vais en fournir des preuves.

EMPREINTES ORIGINALES DE MAINS NE REPRODUISANT AUCUNE DE CELLES DES ASSISTANTS

Dans un assez grand nombre de séances, on a obtenu des impressions de mains ou de visages, dans la terre glaise ou la plastiline, qui ne ressemblaient pas aux mains ou aux visages des assistants. C'est là une preuve physique de l'indépendance des fantômes partiellement matérialisés, car il est très invraisemblable que la conscience somnambulique d'Eusapia soit assez artiste pour modeler de pareilles formes, surtout avec les caractères esthétiques et anatomiques qui donnent à ces productions un cachet absolu de réalité.

M. Bozzano (1) signale que, dans la séance du 16 juin 1901,

---

(1) Bozzano, *Ouvrage cité*, Séance du 16 juin 1901.

le vase contenant la plastiline fut apporté sur la table, pendant qu'Eusapia était bien tenue. Lorsque la lumière est faite, dit-il, « nous constatons dans la plastiline la profonde impression d'une main. Nous nous assurons aussitôt *qu'elle ne correspond à celles d'aucun des assistants* et qu'elle est de *trois centimètres plus longue que celle d'Eusapia.* »

Je crois très fermement au pouvoir « idéo-plastique » de l'âme, c'est-à-dire à sa faculté d'objectiver des images en matérialisant ses pensées par l'intermédiaire de la force psychique, mais il faudrait supposer qu'il existe dans la conscience du médium une figure mentale bien nette, bien détaillée de l'objet à reproduire, et cela est plus qu'improbable pour Eusapia, qui ne sait pas dessiner du tout, et qui, très probablement, n'a jamais étudié des mains au point de vue anatomique, physiologique et artistique ; elle est presque totalement illettrée et a vécu dans des milieux où ces genres d'études ou de réflexions ne se produisent jamais.

Si donc des traces très nettes de doigts, avec des empreintes papillaires, sont laissées dans la terre glaise, elles ne pourront provenir, suivant moi, que d'un organisme périsprital qui les contient, et ce sera une preuve de premier ordre que les intelligences désincarnées ont un corps fluidique, qui conserve en lui jusqu'aux plus délicates particularités du corps humain dont elles étaient revêtues ici-bas. Ici encore, ce n'est pas une théorie que j'invente, c'est une simple interprétation d'un phénomène visible, tangible, irrécusable.

M. Bozzano, dans une autre circonstance, put encore constater l'impression d'une main différente de la sienne et de celle d'Eusapia :

Dans un cas, Eusapia porte la main *gauche* de M. Bozzano au-dessus du récipient contenant la substance plastique ; elle donne quelques secousses en l'air et l'on trouve à l'examen l'empreinte d'une main *droite*. Ce n'était pas la reproduction de la main de M. B. ; ce n'était pas davantage celle d'Eusapia, qui était plus petite.

Une étude réellement scientifique des différences morphologiques entre les mains du médium, celles des expérimentateurs et les mains fluidiques, a été faite par M. Gellona, de Gênes. Le numéro de décembre 1906, de la revue italienne *Luce e Ombra* contient un article intitulé : *Examen dactyloscopique d'empreintes médianimiques*, que je reproduis avec les gravures, (fig. 15) en priant le lecteur de se reporter à l'original, car la seconde épreuve de photogravure, faite d'après la première, n'a pas pu donner un dessin assez net des légères traces épidermiques de la main fluidique. Voici la traduction de cet article (1) :

Les empreintes obtenues dans les séances médianimiques avec Eusapia Paladino, signalées dans le numéro d'octobre 1905 de cette Revue, peuvent être soumises à l'étude sous divers aspects. En nous servant de la méthode dactyloscopique, procédé scientifique adopté par la Sûreté générale pour l'identification des individus, nous allons comparer les empreintes digitales obtenues dans la glaise pendant les séances des 1er et 3 août 1905 avec les empreintes digitales des assistants, pour établir si les premières peuvent être attribuées à l'action du médium ou des assistants, ou si, au contraire, elles nécessitent l'hypothèse de l'intervention d'un opérateur invisible.

Comme on peut le lire dans le numéro cité plus haut de *Luce e Ombra*, le cabinet médianimique avait été constitué par l'embrasure d'une porte de communication entre deux chambres séparées par un mur de 75 centimètres d'épaisseur et muni de deux portes à deux battants. Celle qui regardait les assistants était restée ouverte et remplacée par des rideaux. L'autre porte était fermée et j'en gardais la clef dans ma poche.

Il n'y avait comme assistants que ma femme, mon fils et moi.

Dans la soirée du 3 août, les empreintes furent *produites sous nos yeux*, à la lumière rouge. Comme les tracés papillaires étaient mieux marqués, je les ai choisis pour cette étude et je les ai agrandis. Mais l'examen des produits des deux séances a démontré que c'était bien la même main qui avait agi dans les deux cas.

La figure A reproduit les traces de trois doigts médianimiques et l'examen dactyloscopique de l'empreinte du médius montre qu'il fait partie de la seconde classe (*Anse radiale*) : cas exceptionnel, car cette forme, très rare en elle-même, ne se rencontre guère qu'à l'auriculaire. C'est donc un cas typique caractéristique.

La figure B reproduit l'empreinte de l'annulaire gauche d'Eusapia. Elle est du type en *tourbillon*, sa comparaison avec le doigt

(1) Voir aussi la *Revue scientif. et mor. du Spiritisme*. Années 1905-1906, pp. 311, 312 et 313, pour les empreintes obtenues avec et sans voile intermédiaire.

correspondant de l'empreinte médianimique montre qu'il est impossible d'attribuer celle-ci au médium.

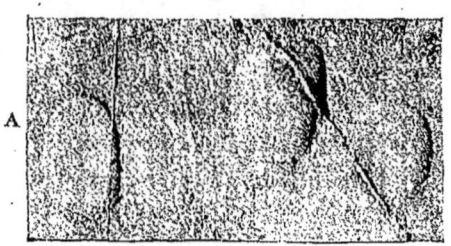

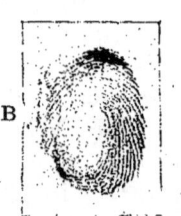

Fig. 15. — A est la première figure, en haut, contenant les trois empreintes médianimiques. La figure B, celle du milieu, reproduit l'empreinte de l'annulaire gauche d'Eusapia.
C. D. E. sont les empreintes de l'annulaire des assistants.

La figure C appartient à la forme en tourbillon. C'est celle de l'annulaire gauche de ma femme.

La figure D est celle de mon fils et appartient à la même classe.

La figure E est l'empreinte de mon doigt et elle appartient à la classe de l'*Anse double*.

Aucune de ces quatre dernières ne peut donc être confondue avec celle de l'entité médianimique, qui a une existence physiologique indépendante de celle du médium et des assistants.

VOLONTÉ DIFFÉRENTE DE CELLE DU MÉDIUM ET DES ASSISTANTS

Les critiques, généralement très peu documentés, ont pris l'habitude de ne jamais parler des manifestations intellectuelles obtenues en présence d'Eusapia. Celles-ci ne sont pas aussi nombreuses qu'avec d'autres médiums, mais elles n'en existent pas moins et nous contraignent à reconnaître que tout ne peut pas s'expliquer par une action subconsciente de Mme Paladino.

Dans les séances du Cercolo Minerva, on observa fréquemment qu'une volonté indépendante de celle d'Eusapia et des assistants intervenait parfois pour faire continuer la séance, malgré la fatigue des assistants et la résistance du médium, qui était énervé par deux heures d'essais infructueux. C'est M. Porro qui parle (1) :

Bien, dit-il, que ce phénomène fût important (les pieds d'Eusapia détachés par l'intelligence invisible) et suivi par l'arrivée d'un rameau de rosier (sans fleurs) et quelques contacts comme celui d'*une barbe* sur mon front, *nous étions fatigués et désirions lever la séance*, lorsque la table refusa brusquement ; il était plus de minuit et, malgré elle, Eusapia commença à bâiller et à sangloter, indices de la trance qui la prenait...

Plus d'une fois, la volonté et les opinions des opérateurs invisibles furent en contradiction avec celle des expérimentateurs. Lombroso le signale en ces termes (2) :

Il y a des faits qui se produisent contre la volonté du médium et même contre la volonté du soi-disant esprit qui opère. Ayant entendu dire que, pendant une séance chez le duc des Abruzzes, la table se mit à indiquer de ses quatre pieds la marche royale, je dis qu'à Turin, même les tables, même John King étaient monarchistes ; mais je n'avais pas encore fini de parler que la table se mit à protester du contraire et cela avec des mouvements si expressifs, que même un profane au jargon typtologique les aurait compris sans peine. Et lorsque je répétai : « Oh ! John, tu n'es donc pas monarchiste ? » il nia formellement avec les deux coups habituels, et ceci dans plusieurs séances.

Alors je pensai que l'idée devait être venue d'Eusapia, d'autant plus qu'à Naples le peuple est chaudement dévoué à la monarchie. Dans l'intimité que j'avais avec elle, il me fut facile de faire tomber la conversation sur ce sujet et la jeune femme qui, dans sa vie aventureuse, eut trop de contacts, pas toujours agréables, avec des princes et des rois, m'affirma qu'elle n'avait aucune idée politique, qu'elle ne s'intéressait pas aux rois et que le seul gouvernement qu'elle eût préféré aurait été celui qui penserait aux pauvres ; dans aucun de ses discours successifs, son opinion de ce jour ne s'est contredite... Cette manifestation monarchiste, par conséquent, ne serait ni de John, ni d'Eusapia, puisqu'elle se trouvait même en contradiction avec leurs opinions.

Dans l'exemple suivant, le fantôme est en opposition formelle

(1) Professeur Porro, Dix Séances au Circolo Minerva, *Rev. scient. et morale du Spirit.*, octobre 1901, p. 221.
(2) Lombroso, Eusapia Paladino et le Spiritisme, *Ann. psych.*, 1er février 1908, p. 34-35.

aussi bien avec Eusapia qu'avec John, c'est-à-dire, suivant les
« psycho-dynamistes », avec la conscience normale et la conscience somnambulique du médium. Alors, d'où vient cet être si impérieux, s'il n'a pas une existence indépendante ? Voici le fait. C'est toujours Lombroso qui parle :

> Un jour, Eusapia dit à M. R... : « Ce fantôme vient pour toi. » On vit apparaître, en effet, une femme d'une grande beauté, morte *deux ans* auparavant, dont les bras et les épaules étaient couverts par les bords du rideau, de façon, cependant, à en laisser deviner les formes. Elle avait la tête recouverte d'un voile très fin ; *elle souffla d'une haleine chaude* (1) contre le dos de la main de M. R..., en porta la main dans ses cheveux et *lui mordit* très légèrement les doigts. Pendant ce temps, Eusapia faisait entendre des gémissements prolongés qui manifestaient un effort pénible (2), cessant lorsque le fantôme disparut.
>
> L'apparition fut perçue par deux autres assistants et revint plusieurs fois ; on essaye alors de la photographier ; *Eusapia et John y consentent ;* mais le fantôme, avec sa tête et sa main, nous fait comprendre qu'*il s'y oppose et casse deux fois la plaque photographique.*
>
> On demande alors d'obtenir l'empreinte de ses mains et, bien qu'*Eusapia et John promettent de faire plier le fantôme à notre désir, ils n'y réussissent pas.* Dans la dernière séance, la promesse d'Eusapia fut plus formelle ; les trois coups habituels répétèrent le consentement et l'on entendit, en effet, dans le cabinet, une main se plonger dans le liquide ; après quelques secondes, R... eut entre les mains un bloc de paraffine avec l'empreinte complète, mais une main fluidique s'avança du rideau et le réduisit en miettes.
>
> Il s'agissait, nous l'apprîmes ensuite, d'une femme qui avait *un grand intérêt à ne laisser aucun document de son identité.* Il est donc évident, ici aussi, qu'il peut intervenir dans les phénomènes spirites une troisième volonté qui n'est pas celle de John, ni d'Eusapia, ni des assistants à la séance, *mais qui est contraire à la volonté de tous ceux-ci.*

Elle est non moins significative, la lutte qui se produisit entre le professeur Pio Foa et un fantôme qui ne voulait pas que l'on

---

(1) Je souligne cette phrase, parce que nous verrons d'autres exemples de ce phénomène, qui *prouve indubitablement* que le fantôme a un organisme interne analogue au nôtre (Voir pp. 148 et 197, des actions produites par le souffle.)

(2) Est-ce un « effort » ou bien plutôt une souffrance causée par l'épuisement nerveux produit par l'esprit qui lui soutirait sa force psychique ?

pût impressionner une plaque photographique, au moyen des lueurs qui se produisaient au-dessus de la tête d'Eusapia (1). Voici comment Lombroso résume et apprécie cet important épisode :

Une plaque couverte par trois feuilles de papier noir fut présentée par les docteurs Herlitzka et Foà au-dessus de la tête du médium, devant le rideau noir du cabinet médianimique, pour photographier une lumière (2) qui y était apparue. Mais l'opération fut arrêtée par *une main formidable*, qui n'appartenait à aucun des assistants, ni au médium et qui, avec une grande force, essaya d'arracher la plaque des mains du docteur Foà dans le but de la casser, ainsi qu'elle l'avait fait déjà pour les autres plaques (et ceci aussi démontre qu'il y a dans les séances des énergies contraires à celles du médium et des assistants). Le docteur Foà résista avec énergie à trois assauts, et après le troisième il retira la plaque, qui ne reproduisait pas de fantôme, mais *trois doigts énormes qui ne ressemblaient ni à ceux d'Eusapia, ni à ceux du docteur Foà*.

Cette expérience est réellement d'une valeur extraordinaire, parce que la radio-activité du docteur Foà étant exclue (3) et celle du médium, parce que celui-ci était éloigné et que sa main est complètement différente : il reste l'unique hypothèse que les radiations partaient directement du corps incarné dont l'image s'était d'abord présentée, de la même manière que des êtres semblables avaient donné des impressions avec la paraffine ou sur le mastic, qui n'avaient aucune analogie avec les formes du médium.

Nous avons constaté (vol. I, pp. 350 et suiv.) que le corps de certains sujets peut devenir assez radio-actif pour impressionner une plaque photographique. L'expérience du docteur Foà prouve que le fantôme possède la même propriété, et comme Eusapia a

(1) Professeur Pio Foà, Séance avec Mme Paladino, *Ann. psych.*, avril 1907. Voir pp. 280 et 289.
(2) L'article de Lombroso dit « un fantôme », mais c'est une erreur, car il s'agit bien, non d'une forme humaine, mais d'une lumière, dans le rapport de M. Foà.
(3) La radio-activité du docteur Foà est exclue aussi, parce qu'étant un amateur de photographie, il n'a jamais constaté une action quelconque de ses doigts sur les centaines de plaques maniées par lui. Reste l'hypothèse que pendant la séance avec Eusapia, la main du docteur Foà soit devenue radio-active, mais pendant toute la séance il dut garder longtemps entre ses mains trois autres plaques ; or, dans aucune d'elles on ne remarque l'image de ses doigts. Ceci exclut aussi la supposition que sa main ait été enduite frauduleusement, par d'autres personnes, de substance radio-active. (Note de M. Lombroso.)

réussi également à influencer des plaques sans contact direct, nous sommes conduits à en déduire que c'est sa force psychique, ou radio active, si l'on préfère, qui a été communiquée au fantôme. Le docteur Imoda (1) a signalé aussi qu'Eusapia déchargeait sans contact un électroscope, ce qui montre la parenté intime, ou tout au moins l'analogie, qui existe entre l'énergie extériorisable des médiums et la radio-activité des corps physiques.

Ainsi, la volonté et l'individualité physique de l'être agissant sont ici différentes de celles du médium et des assistants, et même la personnalité de John King ne peut pas être une création de la conscience subliminale d'Eusapia, pour la bonne raison que le guide se manifeste quand Mme Paladino est bien éveillée et lui impose, souvent avec brutalité, ses décisions. En voici un exemple assez typique, emprunté au docteur Visani Scozzi (2) :

L'heure était avancée : tous et surtout Eusapia se sentaient épuisés. On propose donc de lever la séance et trois coups frappés sur la table approuvent la proposition. Le capitaine Mainardi demande que la séance suivante ait lieu le lendemain et trois nouveaux coups lui répondent. Mais Eusapia *s'y oppose formellement*, sous divers prétextes, à chacun desquels répondent deux coups négatifs, qui deviennent de plus en plus violents et finissent par être formidables. Ils paraissent appliqués sur la table : tantôt par une main ouverte, tantôt par un poing fermé, et le docteur Scozzi déclare qu'il n'en a jamais entendu d'aussi violents. Cependant Eusapia, quoique vivement émotionnée, présente encore timidement et d'une voix tremblante une nouvelle objection. On entend alors le bruit de *deux gifles vigoureuses*, qui lui sont appliquées sur la face, ce qui, naturellement, coupe court à toute nouvelle résistance de sa part. Les pieds et les mains d'Eusapia étaient encore solidement surveillés, comme durant toute la séance.

Un épisode des séances du Circolo Minerva, à Gênes, me paraît digne, également, de la plus sérieuse attention. Il

---

(1) Docteur Imoda, Action d'Eusopia sur l'Electroscope, *Ann. psych.*, 1908, p. 196. Voir également sur ce point le rapport de M. Courtier, publié dans le *Bull. de l'Institut psychologique*.
(2) Docteur Visani Scozzi, *la Medianita*, 1ʳᵉ séance.

s'agit d'une lévitation du médium produite dans des conditions dangereuses, et Eusapia éprouvait une terreur légitime de se trouver dans une situation aussi périlleuse. Voici un extrait du procès-verbal (1) :

Tout à coup les professeurs Morselli et Porro s'aperçoivent qu'Eusapia *est soulevée avec sa chaise* et portée en haut jusqu'à un niveau dépassant celui du plateau de la table, sur lequel elle redescend *de manière qu'elle vient appuyer ses pieds et les deux pieds antérieurs de la chaise sur le plateau même de la table, en partie démantibulée et ouverte.* Pendant ce temps, le médium, comme s'il était en proie à une terreur intense, gémit *et demande* à être replacé avec sa chaise sur le parquet. Mais presque tout de suite, il est de *nouveau porté en haut avec sa chaise*, et cette lévitation dure pendant quelques secondes, si bien que M. de Albertis et le professeur Porro, sans accord préalable et dans une parfaite communion d'idées, réussirent *à passer la main sous les pieds du médium et de la chaise.* Peu après, Eusapia, toujours assise, redescend sur la table; elle est tenue par ses voisins de gauche et de droite, la chaise est poussée et jetée en arrière sur le parquet; et le médium, saisi par quelques-uns des assistants, pendant que ses gémissements continuent, est porté à terre, et on le fait rasseoir sur la chaise, posée à sa place.

Le professeur Porro signale que la lévitation a eu lieu sans heurt, sans secousses, vivement, mais non par bonds. Autrement dit, le médium a été enlevé, comme si une force l'attirait en l'air. La position d'Eusapia était critique : deux pieds seulement de la chaise reposant sur une table disloquée et le reste dans le vide. On est obligé de constater que c'est formellement *contre sa volonté* que ce phénomène a eu lieu, et ses exclamations de terreur le prouvaient suffisamment. Qui donc, alors, agissait à ce moment avec une telle indépendance ? Ce n'était pas la conscience somnambulique d'Eusapia, puisque celle-ci, se trouvant à l'état normal, se rendait parfaitement compte du danger et *voulait* descendre, alors qu'*au même moment* elle est lévitée encore plus haut. Ce n'est pas non plus chez les observateurs, dont aucun ne se doutait de ce qui allait survenir, que l'on doit

(1) Voir l'article de M. Venzano dans les *Annales psychiques*, juillet 1907, p. 485, et *Revue scientifique et morale du spiritisme*, octobre 1901, p. 222.

chercher l'origine et le mode d'action de cette volonté. Alors ? L'hypothèse d'une intervention étrangère est la seule légitime.

Ceci est si vrai que, dans une autre séance, le 27 décembre 1901, au Circolo Minerva, Eusapia, *éveillée*, sent tout à coup deux puissantes mains qui lui prennent la tête et la tirent violemment en arrière dans le cabinet. Le médium épouvanté, résiste, crie au secours, lutte contre ces mains qui, *visibles pour les assistants*, finissent par être victorieuses. Il y avait donc, pendant le même temps, deux volontés et deux forces antagonistes : celle d'Eusapia éveillée et celle d'une intelligence étrangère matérialisée qui, ne pouvant être produite par les assistants, ni par le médium, est bien autonome et indépendante du milieu.

Certains psychologues ont cru trouver dans les cas, bien étudiés aujourd'hui, de personnalités secondes qui se produisent spontanément, comme chez Felida, Louis V..., miss Beauchamp, etc., une explication des personnages qui se manifestent par l'intermédiaire du médium pendant les séances spirites. A mon avis, c'est une fausse analogie, car Felida n° 2 ou miss Beauchamp n° 3 (c'est par des numéros qu'on désigne ces états de la conscience) ne coexistent pas ; *elles se succèdent l'une à l'autre*, mais ne pourraient pas causer ensemble *au même instant*, comme Eusapia le fait avec John. Je reviendrai plus tard sur cette question, quand nous aurons vu des matérialisations complètes possédant une individualité bien définie.

Il me suffira de faire remarquer que, pour prendre naissance, les personnalités secondes sont obligées de désagréger le moi normal. Il existe nécessairement une sorte de balancement psychologique. Plus l'entité surnuméraire est active, plus la conscience ordinaire est appauvrie, à ce point qu'elle arrive même à disparaître, lorsque l'une des personnalités secondes a pris tout son développement.

Jamais, à ma connaissance du moins, une des personnalités secondes qui tourmentaient miss Beauchamp, Sally, par exemple (1), ne s'est manifestée ostensiblement, extérieurement,

(1) Consulter l'ouvrage du docteur Morton Prince, *The dissociation of the personality*, ou une analyse qui en a été faite dans l'ouvrage du doc-

quand miss B… était exceptionnellement à l'état normal. Il y a eu toujours succession, mais jamais simultanéité d'action des deux intelligences. Il est d'une méthode défectueuse de faire des rapprochements entre des phénomènes qui ne sont pas comparables, c'est pourquoi l'explication de John par une personnalité subconsciente d'Eusapia, outre qu'elle n'explique pas la forme matérielle de cette entité : grandes mains sèches, tête à profil aquilin, membres énormes, etc., ne s'accorde pas davantage avec l'existence de deux volontés divergentes se produisant en même temps, se traduisant par le dialogue précédent et se terminant par la sévère correction finale. Il est aussi vraiment par trop irrationnel d'imaginer que le médium, *au même moment*, éprouve une terreur irrésistible en se sentant lévité, si c'est lui qui agit pour produire ce phénomène, ou pour créer ces deux mains puissantes qui l'entraînent dans le cabinet, contre sa volonté, et malgré la résistance physique qu'il oppose. Bon gré mal gré, il faudra en venir à reconnaître que l'extériorisation du médium n'est pas une explication adéquate pour tous les cas, et que les *faits* imposent la conclusion que des intelligences étrangères interviennent aussi.

On doit d'autant plus en arriver là, que plusieurs genres de manifestations intelligentes ont été constatées, et elles sont de telle nature qu'il est illogique d'admettre qu'Eusapia en soit l'auteur. Je désire en mettre quelques exemples sous les yeux du lecteur.

INTELLIGENCES ÉTRANGÈRES AU MÉDIUM QUI INTERVIENNENT DANS LES SÉANCES

Il est nécessaire de savoir qu'Eusapia, quoique très intelligente, est presque complètement illettrée. Si les communications données par son intermédiaire dénotent des connaissances supérieures à celles qu'elle possède, il est logique d'en conclure que ce n'est pas son intelligence qui les produit, car de rien on

---

teur J. Jastrow, *la Subconscience*, pp. 251 et suiv. Voir aussi notre ouvrage : *Recherches sur la médiumnité*, où la question des personnalités secondes est longuement discutée.

ne peut pas faire sortir quelque chose. Je m'explique. Si par la table ou l'écriture une langue étrangère, *inconnue du médium*, est employée, nécessairement ce n'est pas lui, ce ne peut pas être lui qui agit ; si ce ne sont pas non plus les assistants, alors s'impose la conviction qu'on est en présence d'un être intelligent, qui diffère des personnes présentes et qui a une individualité définie. Les spirites ont toujours soutenu cette thèse, et il est consolant de constater que c'est la conclusion à laquelle arrivent également les savants lorsqu'ils ont mûrement réfléchi, et suffisamment expérimenté. Écoutons Lombroso (1) :

Comment, par exemple, expliquera-t-on le fait suivant ? Eusapia est presque illettrée, épelle avec difficulté une page imprimée, ne comprend pas les lettres manuscrites si on ne les lui lit et si on ne les lui explique pas. Or, dans une séance à Turin, un jeune homme étant arrivé avec un bracelet dans sa poche, non seulement elle devina qu'il lui était destiné, non seulement elle réussit, avec une main fluidique, à *un mètre de distance* de sa main charnelle, à le fouiller, à extraire de sa poche le bracelet et à l'enfiler dans son propre bras, *bien que ses mains fussent toujours contrôlées ;* mais lorsqu'on l'interrogea sur ce que le jeune homme avait encore dans sa poche, elle répondit : « Une lettre et cette lettre contient une demande. » Or, le jeune étudiant savait avoir des papiers avec des formules chimiques, *mais ne se souvenait pas du tout* de la lettre qui lui avait été portée par une personne indifférente, et en savait d'autant moins le contenu qu'*il ne l'avait pas encore ouverte*. En pleine lumière, la poche de l'étudiant fut retournée et l'on trouva, en effet, la lettre dans laquelle une personne lui demandait de pouvoir voir Eusapia. Or, comment aurait-elle pu, illettrée au point où elle l'est, non seulement lire la lettre, mais en faire rapidement un résumé ? Ici, *aucun des assistants n'avait pu l'aider*.

On répondra peut-être que c'est par clairvoyance qu'Eusapia a pris connaissance du pli cacheté. Évidemment ; mais cette faculté n'a rien de comparable avec la lecture et celle-ci devait être rendue bien difficile par le repliement du papier ; de plus, la vue à distance ne lui communique pas tout à coup la connaissance de l'écriture, qu'elle ne possède pas à l'état normal. Peut-être

---

(1) LOMBROSO, Eusapia Paladino et le Spiritisme, *Ann. Psych.*, 1ᵉʳ février 1909, p. 36.

est-ce la surexcitation somnambulique qui, temporairement, aiguise ses facultés et leur donne une acuité momentanée ? Il y aurait alors : non plus une lecture proprement dite, mais la connaissance psychométrique de la pensée de l'auteur de la lettre. Soit, mais il ne peut plus être question de cette hypothèse dans le cas de l'emploi d'une langue étrangère que le médium ignore totalement, et ce phénomène a été assez fréquemment observé pour qu'il ne soit pas douteux. Lombroso l'affirme dans le même article :

Il me paraît intéressant de remarquer le fait qu'aussi bien à Milan, qu'à Naples et à Turin, *John répondait immédiatement et préférablement en anglais*, langue qui n'était comprise que par un seul des assistants et *totalement ignorée par le médium*. Dans les expériences du professeur Bottazzi le médium comprit l'arabe!

A Gênes, pendant une séance à laquelle assistait M. Youriewitch, de l'Institut psychologique, chez M. Gellona, l'entité qui laissa des empreintes sur de la terre glaise parlait le russe (1) :

Tandis que M. Youriewitch lui parlait à haute voix, dit M. Gellona, l'entité répondait à demi-voix ; j'entendais parfaitement sans comprendre, mais M. Youriewitch, qui parle parfaitement l'italien, *nous traduisait certains passages*.

Dans la seconde séance racontée par le docteur Visani Scozzi, le fait suivant se produisit (2) :

Mme Singer, qui était arrivée avec le chevalier Chiaïa, se sent caressée et engage avec la table une conversation *en allemand*, langue tout à fait inconnue du médium. Il lui est répondu au nom de son père et de ses enfants qui, tous, lui prodiguent des caresses. Elle distingue nettement *de petites et de grandes mains* et ces mains viennent s'appuyer sur ses lèvres pour en recevoir des baisers. *En même temps* que cette scène se passait, la comtesse Mainardi sent prendre sa main, qu'on élève aussi haut que le permet la longueur de son bras et des baisers y sont appliqués, assez bruyamment pour être entendus de tous.

(1) Voir *Rev. scient. et morale du Spirit.*, numéro de juin 1906, p. 756. Le récit de cette séance a paru d'abord dans le numéro de mai 1906 de la revue italienne *Luce e Ombra*.
(2) Docteur Visani Scozzi, *la Medianita*.

Si l'on ne veut pas admettre l'intervention des Esprits, il faudrait supposer alors que la subconscience d'Eusapia crée simultanément les mains grandes et petites qui caressent Mme Singer, celle qui prend la main de la comtesse Mainardi, la bouche qui l'embrasse et, en plus, au même moment, que cette merveilleuse faculté fasse des prodiges d'intelligence pour puiser dans le cerveau de Mme Singer les mots d'une langue étrangère qu'elle n'a jamais sue, apprendre instantanément les règles pour les assembler et connaisse dans leur intimité, exactement, les seuls parents décédés de cette dame, pour les faire parler d'une manière appropriée. Franchement, je crois que nous touchons à l'absurde, et je n'insiste pas. On a beau être dans le domaine du mystère, il existe des bornes qu'il est utile de ne pas franchir, car l'hypothèse d'intelligences actives accomplissant tous ces actes est plus rationnelle que les travaux d'Hercule que l'on impose à la conscience somnambulique d'une illettrée.

John King, dont je parlerai plus complètement lorsque j'aborderai le chapitre des matérialisations complètes (1) constatées avec Eusapia, s'amuse quelquefois à taquiner son médium :

Dans une séance, dit le docteur Scozzi, une boucle d'oreille est enlevée à Eusapia, malgré ses protestations: « John ! laisse-moi tranquille, ne m'enlève pas une boucle d'oreille. » On allume et l'on constate que l'oreille droite est veuve de sa boucle. On la cherche partout sans succès et Eusapia, vexée, demande que la séance ne continue pas. Mais l'intelligence qui la guide montre une fois de plus son indépendance en refusant obstinément et en répondant que si l'on continue les expériences, la boucle sera rendue. Effectivement, après quelques instants, la boucle est déposée par une main invisible dans la poche extérieure de la veste du docteur.

Comédie du médium? Non, parce que la conversation a lieu par coups frappés, *sans contact*, par la table, Eusapia toujours tenue.

Mme Paladino ne connaît pas la musique, cependant voici ce que M. Bozzano a constaté (2) :

On relève violemment le couvercle du piano qui se trouve der-

(1) Voir p. 561.
(2) BOZZANO. *Hypothèse spirite et théorie scientifique.* Voir également les faits rapportés par MM. Porro et Visani Scozzi, p. 219.

rière Eusapia, *à un mètre vingt* de distance, et l'on y joue avec une certaine inexpérience un air solennel et mélancolique...

Eusapia ne sait pas écrire, cependant le même M. Bozzano dit :

M. Avellino prie *mentalement* John de le renseigner sur une personne dont il n'a pas entendu parler depuis longtemps.
Mlle R... déclare que quelqu'un vient d'enlever de sa poche une feuille de papier, et en même temps M. Avellino sent une main qui s'empare de son crayon. Nous entendons écrire. On nous commande de refaire la lumière et nous trouvons sur la table la feuille de papier avec ce seul mot : « Mort ».

De même encore, dans une autre séance avec les mêmes expérimentateurs :

Une nouvelle personnalité se présente comme le jeune frère de M. Avellino. Celui-ci demande, toujours *mentalement*, de lui donner une preuve écrite d'identité et dispose sa main armée d'un crayon au-dessus d'une feuille de papier. Comme celle-ci est déjà en partie couverte d'écriture, une nouvelle feuille est apportée de la table voisine et vient se placer sous le crayon. Puis *une main d'enfant* se pose au-dessus de celle de M. Avellino, non parallèlement de la main vers l'avant-bras, mais en opposant les extrémités des doigts les unes aux autres. Dans ces conditions est tracée une phrase de dix-huit mots, *répondant exactement* à la *demande mentale* de M. Avellino.
Voici quelques incidents qui marquèrent cette communication : les quatre premiers mots recouvrent toute la feuille; celle-ci est enlevée et remplacée par une autre, qui s'introduit sous le crayon et comme la main de M. Avellino, appuyée sur la table, ne permettait pas à la feuille de se glisser au-dessous, cette main *est soulevée par celle de l'intelligence qui se communiquait*, et la feuille se glisse jusqu'à ce que le crayon se trouve à la partie supérieure. Sept nouveaux mots sont écrits sur cette seconde feuille qui, à son tour, est remplacée par une troisième sur laquelle sont tracés les sept derniers mots.

Eusapia ne sait pas dessiner, mais quelle curieuse et *inimitable* manière de s'y prendre pour produire un croquis sans crayon ! C'est toujours M. Bozzano qui raconte :

Le 17 février 1902, la séance terminée, tandis que l'on causait des faits observés, Eusapia, affaissée au fond d'un fauteuil, dans un État d'épuisement complet, demande subitement à M. Bozzano, avec une voix qui indique un nouvel état de trance, de se procurer une feuille de papier, de la poser sur la table et de placer la main dessus. Elle met elle-même sa main immobile sur celle de M. Bozzano. Ce dernier accuse bientôt des vibrations intenses et un froid glacial dans sa main, tandis que *tous les assistants entendent* comme le grattement d'un crayon sur le papier. La lumière était intense. La feuille examinée ensuite portait un dessin *au crayon* d'un vase dont les contours étaient comme ponctués, rappelant les soubresauts imprimés à un crayon qui appuierait fortement sur une feuille de papier placée sans intermédiaire sur une table en sapin brut. L'on constata, en effet, la persistance en creux du susdit dessin sur le bois. C'était donc, en pleine lumière, un phénomène de dessin direct, avec *apport* de la matière remplaçant le crayon.

N'oublions pas que M. Bozzano est un homme des plus sérieux, dont personne le connaissant ne saurait suspecter le témoignage, pas plus, d'ailleurs, que celui des autres témoins.

Souvent Eusapia, sans contact, à distance, a laissé des traces visibles sur les murs (1), mais le plus curieux est qu'elle puisse communiquer cette propriété à des tiers. M. Carreras fut un de ces privilégiés. Il raconte le fait en ces termes (2) :

Eusapia veut écrire, elle demande de la lumière. On allume. Je remarque qu'une feuille est barbouillée de graphite. Instinctivement, je saisis la main droite d'Eusapia, je l'examine avec le plus grand soin, surtout sous les ongles, et je ne trouve rien de suspect. Eusapia me regarde avec cette étrange fixité des yeux qui lui est particulière pendant les séances, puis elle me demande : « Vous n'avez rien trouvé ? — Non. — Alors, donnez-moi la main. »

Aussitôt, elle me saisit la main gauche, allonge mon index avec une impatience nerveuse et replie les autres doigts. Les yeux fixés devant elle et se servant *de mon index comme d'un crayon*, elle commence à écrire. Je m'aperçois, avec surprise, que le bout de mon index *fait fonction de crayon* et écrit nettement mon nom : Enrico. Mes compagnons constatent le fait en même temps que moi. Nous examinons la main d'Eusapia et nous n'y trouvons aucune trace de graphite. Il est essentiel de remarquer qu'Eusapia porte des manches très courtes qui découvrent les poignets et, en outre, qu'elle

---

(1) De Rochas, *l'Extér. de la Motr.*, pp. 61, 122, 133, 165, etc.
(2) E. Carreras, Une séance avec Eusapia Paladino, *Rev. scient. et morale du Spirit.*, mai 1903, p. 657.

est illettrée, car c'est avec beaucoup d'efforts qu'elle parvient à tracer son nom.

« Avez-vous vu ? », me dit-elle. Oui, j'ai vu parfaitement et mes compagnons ont vu comme moi cet étrange phénomène de l'écriture réellement directe que d'autres expérimentateurs, parmi lesquels Visani Scozzi, avaient déjà constaté en présence d'Eusapia.

J'aurais pu rapporter des phénomènes analogues observés avec d'autres médiums (1), mais je dois me borner ici, en espérant que les preuves accumulées dans ces derniers paragraphes suffisent pour faire admettre qu'Eusapia est dans l'impossibilité absolue de parler l'anglais, l'allemand, le russe, de comprendre le turc, puisque jamais elle n'a appris ces langues. Elle ne peut produire simultanément tous les phénomènes si divers qui ont été racontés et, dès lors, s'impose la conclusion que des intelligences étrangères interviennent parfois dans les séances. Plus tard, nous verrons que plusieurs de ces intelligences ont été reconnues par les assistants, dans des conditions vraiment émouvantes (2).

COMMENT ON POURRAIT DIFFÉRENCIER LE PHÉNOMÈNE ANIMIQUE DES PHÉNOMÈNES SPIRITES, AVEC EUSAPIA

Lorsque l'on étudie avec soin les manifestations qui se produisent en présence d'Eusapia, il semble que l'on peut, dans un certain nombre de cas, discerner, d'après l'allure des phénomènes, quel en est l'auteur. Il ne faut jamais perdre de vue la possibilité d'une intervention étrangère ; celle-ci paraît s'exercer surtout pour les faits qui ont lieu loin du médium, et par des mains qui diffèrent des siennes comme grandeur et comme forme. C'est en faisant ces remarques que l'on arrive à distinguer les actions *animiques* de celles proprement *spirites*, c'est-à-dire qui sont dues à des esprits désincarnés.

Dans la demi-obscurité des séances, on aura une grande difficulté à discerner la main d'un esprit féminin, de celle du mé-

(1) Voir *Rev. scient. et morale du Spirit.*, mai 1909, p. 704.
(2) Voir pp. 556 et suiv. le chapitre sur les identités observées dans les séances avec Eusapia.

dium, extériorisée, mais les résultats constatés varient avec la nature de la cause qui les produit.

Quand c'est Eusapia dédoublée qui veut déplacer des objets, ou agir sur des appareils, elle a besoin de connaître d'avance l'emplacement de ceux-ci, qui ne doivent guère dépasser la sphère d'action à laquelle pourrait atteindre ses membres corporels. Elle s'inquiète, elle hésite, elle tâtonne et n'arrive au but qu'après plusieurs essais infructueux.

Pendant la séance, dit M. Bottazzi (1), M. Galeotti et moi invitâmes John, en italien, en français, en anglais (ce sont de petites concessions qu'il faut faire aux préjugés enracinés d'Eusapia) à faire mouvoir la baguette du métronome, à abaisser la balance du plateau de la balance pèse-lettre, à presser la poire de caoutchouc. On lui expliquait ensuite *comment les objets étaient faits et quels mouvements elle aurait dû exécuter avec ses mains* pour faire mouvoir, abaisser, presser.

Ce fut en vain ; elle s'escrimait en disant qu'elle *ne voyait pas*, qu'elle ne *trouvait pas* les objets nommés, ou qu'elle ne *savait pas le faire*. Puis elle se plaignit que les objets étaient *trop loin*, qu'elle *n'y arrivait pas*.

Il paraît donc nécessaire qu'Eusapia apprenne à faire avec ses membres corporels les mouvements inusités que son double doit exécuter. Quand elle y est parvenue, à la suite d'une éducation plus ou moins longue, elle manifeste une joie enfantine et recommence plusieurs fois de suite le même phénomène. Je vais en citer seulement un exemple.

M. Bottazzi avait placé à l'intérieur du cabinet, à l'insu du médium, une lampe électrique qui devait être allumée au moyen d'un commutateur fixé au bout d'un fil souple (2) :

A un moment donné, Eusapia prend l'index de ma main droite qui a à peu près la forme de l'interrupteur électrique, le presse avec ses doigts, et voilà qu'un rayon illumine la chambre, de l'intérieur du cabinet médianimique, et une exclamation de contentement sort de la bouche d'Eusapia.

Il est plus facile de s'imaginer que de décrire la stupeur de ceux

(1) Bottazzi, les Régions inexplorées de la biologie humaine, 2ᵉ séance. *Ann. psych.*, septembre 1907, p. 651.
(2) Bottazzi, Article cité, *Ann. Psych.*, octobre 1907, p. 695.

qui ne pouvaient se rendre compte de ce qui était arrivé. Je m'écriai : « Bravo ! bravo ! presse de nouveau, recommence. » Et les autres : « Bravo de quoi ? De quoi s'agit-il ? Qu'avez-vous inventé ? » Et j'explique que cet interrupteur lancé sur la table (1) est mis en communication avec une lampe électrique fixée en haut, dans le cabinet, qu'Eusapia, *avec une de ses mains invisibles*, a cherché, puis trouvé l'interrupteur, après l'avoir, de nouveau, emporté de la table, et l'a pressé avec cette main, tandis qu'avec les doigts de sa main visible *elle appuyait sur mon index*, et a fait ainsi de la lumière...

Comme toujours, lorsqu'un phénomène est bien réussi, Eusapia le reproduit plusieurs fois. Elle allume la lampe à plusieurs reprises, et comme *elle ne sait pas* où celle-ci est placée, elle se retourne en arrière, vers le cabinet, pour regarder. De temps en temps, l'interrupteur paraît lui échapper ; alors, elle le recherche, le retrouve et le presse ; nous entendons tous l'interrupteur se traîner à terre pendant les tentatives, parce qu'elle semble le chercher avec le guide du cordon.

L'extériorisation partielle du périsprit ne s'accompagne donc pas ici de clairvoyance ; Eusapia explore avec sa main fluidique l'espace obscur, jusqu'à ce qu'elle ait trouvé l'objet sur lequel on a fixé son attention ; ensuite, il faut qu'elle apprenne à s'en servir.

Il en va tout autrement dans d'autres cas. Alors plus d'hésitations. Les actions les plus minutieuses, les plus compliquées, s'accomplissent avec une aisance parfaite. Les lunettes de M. Schiaparelli lui sont enlevées sans qu'il s'en aperçoive (p. 197). Avec M. Lombroso, « une assiette remplie de farine est retournée sens dessus dessous sans qu'une parcelle de la poudre dépassât l'assiette (2) ». Les objets les plus lourds sont transportés sur la table, délicatement, sans que personne soit heurté, (le bassin contenant la terre glaise à Montfort l'Amaury [3]).

Une main présente, dans l'obscurité, avec une précision mathématique, aux lèvres de M. Bozzano, un verre plein de vin, provenant d'une bouteille que les assistants entendirent déboucher par les mains invisibles, sans qu'une goutte du liquide

---

(1) Un instant auparavant.
(2) De Rochas, *Extér. de la Motr.* Expériences de Naples, 1896, p. 32.
(3) Voir vol. I, p. 453.

fut répandue; on lui coupe quelques brins de barbe sans le blesser (1). Lorsque l'un des assistants veut saisir une des mains fantômales qui produisent les attouchements, celles-ci échappent le plus facilement du monde à la poursuite. En somme, elles sont dirigées avec autant de sûreté que si l'intelligence qui s'en sert voyait comme en plein jour. Le contraste entre cette manière d'agir et celle d'Eusapia extériorisée, me fait conclure que ces adroites mains ne lui appartiennent pas et sont celles d'Esprits partiellement matérialisés.

Il existe aussi des différences entre la manière dont s'accomplissent certains phénomènes transcendantaux. Une des plus curieuses manifestations constatées en présence d'Eusapia est la propriété qu'elle possède de laisser des traces visibles sur du papier, une ardoise ou des vêtements, sans y toucher, en se servant du doigt d'un assistant en guise de crayon. J'ai cité le cas de M. Carreras (p. 236). Il est loin d'être isolé.

Le rapport de Milan signale que des traces ressemblant à celles d'un crayon se trouvent sur le papier (2). Le professeur Wagner, à Naples, constate que son propre doigt produit un trait noir sur un mur (3). A Rome, le même phénomène a lieu, mais, cette fois, c'est de la craie qui reste sur le dos des assistants après qu'une main invisible les a touchés (4).

Chez M. Ochorowicz, à Varsovie, on observe le fait suivant (5) :

Lors de l'avant-dernière séance, dit-il, un des médiums prit un crayon à gomme et se servant du côté de la gomme, il traça des signes sur une feuille de papier blanc à l'ombre de plusieurs personnes qui couvraient légèrement la lampe obscurcie et placée sur le bureau ; le résultat fut nul. Eusapia posa alors sa main gauche sur celle du médium qui écrivait, et sans toucher du doigt le papier (elle touchait seulement le crayon) on vit presque aussitôt apparaître sur le papier des *signes* visibles tracés au crayon.

Je laisse de côté le fait transcendantal de la production des

---

(1) Bozzano, *Hypoth. spir. et théor. scient.*, 1re et 2e séances.
(2) De Rochas, *l'Extér. de la Motr.*, p. 61.
(3) De Rochas, *Ouvrage cité*, p. 122 et 123. Les expériences de Naples racontées par le professeur Wagner.
(4) De Rochas, *Ouvrage cité*, p. 133. Récit de M. de Siemiradsky.
(5) De Rochas, *Ouvrage cité*, p. 165. Expériences de Varsovie.

traces noires, blanches ou rouges, sans aucune matière capable d'agir ainsi sur le papier, pour ne m'occuper que de l'aspect intellectuel de l'expérience. Eusapia ne sait pas écrire, aussi, quand c'est elle toute seule qui opère soit avec sa main à distance, soit en dirigeant celle d'une autre personne, on n'a que des zigzags, des traits ou des croix ; si son guide l'aide, on obtient de l'écriture comme en eurent MM. Avellino (p. 235) et Carréras (p. 236).

Eusapia ne parle bien que le patois napolitain ; si, dans les séances où elle est extériorisée, personne ne s'exprime en italien, on aura beau lui faire des demandes, elles resteront sans réponse (expériences de Bottazzi). D'autres intelligences interviennent-elles, alors la table s'exprime en allemand, en anglais et un fantôme peut même causer en langue russe. Voilà des distinctions importantes et que l'on n'a pas signalées jusqu'ici, probablement pour ne pas reconnaître à l'explication spirite toute sa valeur.

Eusapia n'est pas musicienne ; aussi, lorsqu'elle s'extériorise, elle pourra jeter la trompette sur la table, parfois souffler dedans, mais on n'obtient pas un air musical. Dans une séance, à Paris (1), j'ai vu un accordéon sortir seul du cabinet, alors qu'Eusapia était bien tenue. Cet instrument est venu se poser sur la table ; il s'est allongé sous l'action de la force invisible, mais n'a rendu que quelques sons, qui n'étaient même pas des accords. Le médium était seul à l'œuvre. Au contraire, lorsque M. Bozzano a entendu un piano jouer un air (p. 234) et M. Visani-Scozzi assisté à un petit concert produit par la sonnette, la trompette et le tambour de basque (p. 219), j'ai la conviction que des musiciens se servaient de ces instruments.

Eusapia ne sait pas dessiner ; si un croquis est produit pendant la séance, je crois fermement que ce n'est pas elle qui en est l'auteur.

Indépendamment des preuves absolues données par les fantômes nettement matérialisés et reconnus, les épisodes dont je viens de parler portent aux théories métapsychiques un coup dont elles auront de la peine à se relever, car sous prétexte que

(1) Séance particulière, au mois de mars 1907.

nous sommes dans un monde nouveau, il me semble que nous ne pouvons pas abandonner toute induction logique, pour nous plonger à corps perdu dans le mystère.

RÉSUMÉ

Si j'ai donné à ce chapitre un assez grand développement, c'est d'abord pour montrer que les phénomènes étudiés par les premiers spirites étaient réels. Les attestations du docteur Lockart Robinson, de MM. Rowcroft, Jones, Damiani, Devoluet, etc., n'avaient rien d'exagéré. Ils virent et palpèrent dans les séances des mains, agissant intelligemment, qui n'appartenaient pas au corps matériel du médium ou des assistants.

De véritables hommes de science tels que Varley, Crookes, ou le docteur Gibier confirmèrent les récits de Mme Florence Marryat ou de R. Dale-Owen. On se trouvait donc en présence d'une découverte d'un intérêt supérieur ; mais que faire contre le scepticisme général et, souvent, la mauvaise foi des négateurs ? Il fallut laisser au temps le soin d'acclimater ces nouveautés.

La presse spirite s'agita si bien que, finalement, elle réussit à secouer la torpeur des indifférents. Les expériences si nombreuses et, pour la plupart, concluantes tentées dans toute l'Europe avec le concours d'Eusapia Paladino, feront époque dans l'histoire du spiritisme. Pour la première fois, de véritables assemblées de savants ont successivement vu, contrôlé, passé au crible des phénomènes qui paraissaient invraisemblables. Les loyales déclarations des Lombroso, des Morselli, des Pio Foa, des Bottazzi, etc., ont authentiqué la possibilité de l'action à distance d'un médium ; la production de lumières d'origine inconnue et celles de formes humaines dont l'existence dans notre monde matériel est aussi incontestable que fugitive. Désormais, il n'y aura plus guère que des ignorants pour en nier l'existence. On ne discute pas avec le parti pris. Aujourd'hui, tout homme un peu réfléchi admettra que ces physiologistes, ces médecins, ces psychologues, ces chimistes, ces physiciens, ces astronomes, dont la vie s'est passée à pratiquer dans les laboratoires l'observation exacte, n'ont pu être tous trompés par une femme ignorante et simple. Cela révolte le plus ordinaire bon sens et ne peut se soutenir en présence des preuves objectives et permanentes, qui restent après que les séances ont pris fin, telles que : les diagrammes des appareils enregistreurs, les traces sur le noir de fumée, les empreintes sur la terre glaise ou le mastic, les effluviographies et les photographies directes. La lecture des procès-verbaux montre que toutes les précautions possibles contre la fraude ont été prises; nous sommes donc positivement « dans des régions inexplorées de la biologie humaine », comme le dit le professeur Bottazzi ; revoyons brièvement ce qu'elles nous révèlent déjà.

Malgré l'étrangeté de cette affirmation, il est certain et, *scientifiquement démontré*, qu'il se forme dans l'espace clos d'une chambre, en présence de certains individus appelés médiums, des mains qui n'appartiennent corporellement à aucun des assistants. Elles peuvent être visibles ou non, suivant le degré de leur matérialité, qui dépend, en partie de la facilité avec laquelle se produit l'extériorisation de la force psychique du médium, et aussi des conditions ambiantes, dont la lumière est une des principales. L'*atmosphère mentale du milieu*, c'est-à-dire les dispositions morales des assistants influe, non sur la nature, mais sur l'intensité des manifestations. C'est un facteur nouveau qui s'introduit dans la science expérimentale, mais son importance est telle, dans ces recherches spéciales, qu'une hostilité systématique peut paralyser complètement le médium, surtout s'il est peu entraîné, et l'on n'obtient rien.

Dans l'obscurité, la présence de ces mains se déduit des actions qu'elles produisent. On sent des doigts, des paumes, des ongles, des mains entières. Leur activité n'est pas désordonnée ; elles se meuvent avec intelligence pour accomplir des actes délicats et coordonnés, pour déplacer des objets pesants sans blesser personne, ou pour répondre à des demandes formulées par les assistants.

On peut les voir à la faveur de substances phosphorescentes ou à une lumière faible. Le degré de *matérialisation visible* est très variable ; mais, solides ou non, les actions physiques exercées par ces organes sont indubitables. Tantôt les mains ont l'apparence d'un brouillard diaphane (Crookes), ou un aspect noirâtre et légèrement nébuleux (Maxwell); d'autres fois elles sont plus condensées, sans posséder encore une consistance compacte ; elles arrivent enfin à l'état parfait quand on ne saurait plus les distinguer d'une main humaine ordinaire, dont elles ont la fermeté, le dessin, la constitution anatomique et physiologique, car elles sont chaudes et les empreintes qu'elles laissent prouvent qu'elles ont un squelette, de la chair, et une peau avec les dessins de l'épiderme. Ces formations ne sont pas des images de membres, ce sont des corps à trois dimensions et, cependant, elles s'évanouissent avec la rapidité de l'éclair ou fondent sous l'étreinte de celui qui les a saisies (Bottazzi).

D'où viennent ces mains? Qui les produit ?

On doit être bien persuadé que le miracle n'existant pas, ces mains ne sont pas créées instantanément et qu'elles ne sortent pas du néant pour y rentrer après. La méthode logique nous impose le devoir de faire appel à des causes connues avant d'avoir recours à d'autres hypothèses. Pour expliquer la présence de ces mains, le dédoublement du médium est la première cause à envisager.

Nous avons constaté dans le premier volume (pp. 466 et suiv.), que certains médiums comme le jeune Allen, les frères Davenport, Mme Fay ou Kate Fox, pouvaient extérioriser leur corps périsprital et le faire agir en dehors de leur organisme matériel. Les faits contrôlés en présence d'Eusapia nous conduisent à la même conclusion. Le synchronisme des mouvements exécutés par le corps physique et la main fluidique est reconnu par tous les observateurs ; la communication entre le double et l'organisme charnel se décèle aussi bien par les efforts musculaires qu'Eusapia produit pour agir à distance, que par les sensations qu'elle éprouve lorsque la main fantomale touche les objets extérieurs ; les traces que laissent sur le noir de fumée ou le mastic ses organes périspritaux, montrent que ce sont des duplicata, des parties similaires de son corps physique. M. de Rochas nous a démontré, à sa manière, les rapports qui existent entre l'être humain et son corps fluidique, et voilà que nous retrouvons les mêmes phénomènes d'extériorisation de la sensibilité et de la motricité dans les expériences avec Eusapia. Ces concordances sont instructives au plus haut degré. Ici, nous voyons directement le membre adventice sortir du corps charnel et s'y résorber ensuite (Galeotti, p. 214); elles nous montrent que nous sommes dans la bonne voie quand nous déclarons que l'esprit est associé à une forme subtile de la matière et qu'il en est indépendant, puisqu'il est capable de sortir de sa prison charnelle. Jusqu'ici, nous sommes en plein *animisme*, comme dit Aksakof, mais les faits eux-mêmes nous conduisent au *spiritisme* proprement dit.

La plupart des savants dont j'ai cité les noms, à l'exception de Crookes, Gibier, Varley et Lombroso, n'acceptent pas encore l'explication des phénomènes par des agents extérieurs au médium. Si j'ai bien compris leurs théories, on peut les résumer toutes — que ce soit l'automatisme, l'ésopsychisme ou le psychodynamisme — par une action autoplastique du médium, qui allongerait en dehors de son corps des membres temporaires, pour toucher au loin les objets qu'il veut mouvoir. C'est une contrefaçon de la théorie du périsprit et elle n'est pas heureuse, en ce sens qu'elle suppose la *création instantanée* d'un organisme aussi compliqué qu'un bras et une main, ce qui est contraire à tout ce que la nature nous fait connaître en ce qui concerne la génération.

Si tout un organisme invisible existe en nous, — et le premier volume de cet ouvrage le démontre — alors nous concevons facilement qu'il puisse s'extérioriser pendant les séances, puisqu'il le fait spontanément, naturellement, dans une multitude de circonstances. J'ai montré ensuite dans le premier chapitre du présent livre, que la mort n'anéantit pas le corps fluidique de l'âme, c'est l'observation des faits naturels qui l'établit ; logiquement, je suis donc autorisé à me servir de cette hypothèse, si les faits me contraignent de reconnaître que le médium ne peut pas être l'auteur de tout ce qui est constaté. Justement, c'est ce qui a lieu. Très fréquemment, ce sont des mains nombreuses qui se font voir et agissent simultanément. Elles écrivent ou jouent des mélodies, alors qu'Eusapia serait incapable de le faire. La diversité des actions produites exclut positivement la possibilité de les attribuer à l'activité somnambulique du médium et certains phénomènes intellectuels sont si manifestement étrangers au sujet, comme les communications en langues étrangères, qu'il faut renoncer à trouver leur origine dans l'intelligence inculte de Mme Paladino.

Toutes les habiletés d'une dialectique, aussi artificieuse que souple, ne prévaudront pas contre ces faits indubitables. Quand les savants cités plus haut seront plus familiarisés avec ces nouveautés, quand l'incubation intellectuelle sera complète, une évolution semblable à celle de Lombroso se produira pour eux et l'explication spirite, la seule qui soit réellement possible, s'imposera sans conteste.

Je n'ai parlé que des mains, mais déjà nous avons constaté que ce n'étaient pas des membres isolés. Assez souvent on a vu les bras auxquels ces mains étaient attachées (à Milan, à l'Agnélas), puis les formes entières dont elles faisaient partie.

En réalité, ce sont bien des individualités distinctes du médium et des assistants qui sont là, car la main « osseuse et rude » dont parle M. Bozzano, celle qui donnait au professeur Porro des étreintes « brusques et sèches », ou qui avait des dimensions formidables en luttant avec le docteur Pio Foa, n'ont rien de comparable à la main petite et mignonne de la célèbre Napolitaine. Nous verrons, dans la partie consacrée à l'identité des Esprits, que les manifestations spirites n'ont pas toujours été aussi rudimentaires que celles dont il est ici question. C'est en raison de ce mélange des causes agissantes qui interviennent dans les séances d'Eusapia qu'elles sont si intéressantes ; mais aussi qu'elles ont pu, avec quelque apparence de raison, lui être attribuées en totalité. Le mérite de la critique future sera de faire la part exacte qui revient à chacun des facteurs animique et spirite, en déterminant avec exactitude ce qui les différencie. La tentative ci-contre n'est qu'un essai bien imparfait, mais que l'avenir mettra au point.

Si je suis aussi affirmatif sur les individualités autonomes qui interviennent dans les séances, c'est que l'expérience spirite a été beaucoup plus loin que la science actuelle dans ses investigations méthodiques. Le prochain chapitre va nous donner d'autres preuves *absolues* de l'impossibilité de la fraude, dans certains cas, et de la réalité des êtres invisibles qui se manifestent.

CHAPITRE III

PREUVES OBJECTIVES DE LA RÉALITÉ DES APPARITIONS COMPLÈTEMENT MATÉRIALISÉES

SOMMAIRE. — Il existe d'autres preuves que les empreintes de la réalité des mains fantômales. — Ce sont les effluviographies constatées par Mac-Nab et les expériences du docteur Pierce obtenant le dessin d'une main dans une boîte fermée. — Moulages à la paraffine de certaines parties du corps des apparitions. — Les expériences du professeur Denton. — Les recherches de MM. Reimers et Oxley. — Le premier moulage de la main de Bertie. — Autres confirmations de la réalité de ces phénomènes. — Visages d'esprits matérialisés moulés dans la paraffine. — Les têtes d'Akosa et de Lilly. — Autres expérimentateurs. — M. Ashton obtint des moulages avec miss Fairlamb. — Le médium est visible pendant la production des moules. — Les deux mains de Minnie. — L'agent est visible : le médium, miss Wood, est dans une cage. — Deux esprits, un homme et une femme : Meggie et Benny, se dématérialisent devant les assistants. — Ils donnent chacun un moule complet d'un de leurs pieds. — Le fantôme et le médium sont visibles pour les assistants. — La photographie des formes matérialisées. — Les expériences de Liverpool. — Récit de M. Burns. — Récit de Mme L. Nosworthy. — Confirmation du docteur Hitchman. — Les expériences d'Aksakof avec Eglinton, à Londres. — Résumé.

AUTRES PREUVES DE L'EXISTENCE RÉELLE DES MAINS FANTÔMALES

Les faits, rapportés au chapitre précédent, nous ont mis en présence de témoignages irrécusables de l'existence de ces mains que l'on sent et que l'on voit agir pendant les séances. Les empreintes sur la farine, le noir de fumée, l'argile restent après que le phénomène a disparu. Le dessin de gros doigts a été trouvé par le professeur Pio Foa sur une de ses plaques photographiques, et Lombroso fait ressortir l'importance de cette constatation. Ainsi que je l'ai montré (vol. I., pp. 35o et suiv.) ce phémène ne nous était pas inconnu. Nous savions que le double extériorisé peut agir sur le bromure d'argent comme le ferait la lumière, et dans des séances spirites on avait constaté que des mains fluidiques laissent aussi leur image sur la plaque sensible. Je crois utile de rappeler ces faits, car ce n'est — comme pour la télépathie — que par l'accumulation des preuves que les spirites finiront par vaincre le *misonéisme* contemporain, c'est-à-dire l'horreur du public savant pour les nouveautés.

Peut-être, après tout, ne faut-il pas s'indigner de cette attitude intellectuelle, qu'un ami de sir William Crookes a bien définie. Répondant à l'illustre physicien qui lui communiquait le résultat de ses expériences avec Home, il lui dit :

Je ne puis pas trouver de réponse aux faits que vous exposez. Et c'est une chose curieuse que même moi, quelque tendance et quelque désir que j'aie de croire au spiritualisme, quelle que soit ma foi en votre puissance d'observation et en votre parfaite sincérité, j'éprouve comme un besoin de voir par moi-même et il m'est tout à fait pénible de penser que j'ai besoin de beaucoup de preuves ; je dis pénible, parce que je vois qu'il n'est pas de raison qui puisse convaincre un homme, à moins que le fait ne se répète si souvent, qu'alors l'impression semble devenir une habitude de l'esprit, une vieille connaissance, une chose connue depuis si longtemps qu'il ne peut plus douter. C'est un des côtés curieux de l'esprit humain et les hommes de science le possèdent à un haut degré, plus que les autres, je crois. C'est pour cela que nous ne devons pas dire toujours qu'un homme est déloyal parce qu'il résiste longtemps à l'évidence. Le vieux mur des croyances doit être démoli à force de coups.

Je m'efforcerai donc — et ce sera mon excuse de m'appesantir autant sur les mêmes faits — de battre en brèche « ce vieux mur des croyances » si fortement cimenté, en citant d'abord quelques expériences un peu oubliées, mais bien conduites, que nous devons à M. Mac-Nab, un observateur très prudent et très méthodique. Le mode opératoire diffère de celui de la photographie ordinaire, en ce sens qu'il n'est pas besoin de chambre noire ; l'obscurité étant faite, la plaque est mise sur une table et la main fluidique l'impressionne directement. La force lumineuse n'est pas réfractée, elle agit directement : c'est pourquoi j'appelle l'impression une *effluviographie*.

LES EFFLUVIOGRAPHIES OBTENUES DANS L'OBSCURITÉ

M. Mac-Nab, ingénieur de l'École centrale, nullement spirite, a publié en 1888 (1) une série de notes, dans le *Lotus rouge*, sur les expériences qu'il fit chez lui avec quelques amis, et sans l'assistance d'aucun médium professionnel. Nous avons connu l'auteur ; nous pouvons donc affirmer que sa bonne foi était parfaite et, de plus, qu'il possédait un esprit critique très développé, ce qui donne une grande valeur à ses observations.

Voici la partie de son travail qui se rapporte à nos études :

... Les formes que je pus voir bien nettement furent : un œil lumineux surmonté d'un panache ; une moitié de visage et des doigts lumineux. Plusieurs indices me donnèrent à penser que les lueurs servent à rendre visibles les formes qui se matérialisent dans l'obscurité, et j'en eus bientôt des preuves. Un soir, étant hors de la portée du médium, je vis devant moi deux doigts, un index et un pouce, pétrissant un cylindre lumineux qui les éclairait.

Dans la séance du 20 juillet, à laquelle assistaient MM. Labro, Th..., Ma..., et dans les séances postérieures, j'impressionnais d'autres plaques, *en ayant soin de les placer hors de la portée du médium.*

Ce jour-là, nous étions placés tous trois sur le canapé et le médium (M. F...,) au piano, le guéridon en face de nous contre le lit, la plaque sur le guéridon. Des lueurs vinrent se poser dessus, au milieu du plus profond silence, se retirèrent, puis le guéridon se renversa et nous entendîmes la plaque de verre tomber sur le parquet, je la croyais cassée. Un peu plus tard, comme nous observions les lueurs qui voltigeaient autour de nous, j'exprimai mon regret que le cliché fut cassé. Au même instant, une main pressa mon épaule droite (il n'y avait personne à ma droite ni derrière moi, car j'étais assis à l'extrémité droite du canapé) et le guéridon se trouva à côté de moi : la plaque était dessus, intacte. Il me semble impossible que quelqu'un ait pu, dans l'obscurité et sans faire le moindre bruit, ramasser cette plaque, la poser sur le guéridon et placer celui-ci à côté de moi.

La plaque présenta au développement, au centre des effluves violacés, des empreintes noires *dues évidemment à des doigts lumi-*

---

(1) *Le Lotus rouge*, octobre et novembre 1888. Voir aussi *l'Extér. de la Motr.*, de M. de Rochas, p. 397.

neux. Les saillies de la peau, appelées lignes de la main, sont très nettement tracées et l'on voit non seulement *l'empreinte des doigts*, mais encore *celle de la paume de la main.*

M. Mac-Nab a examiné toutes les hypothèses qui pourraient intervenir pour vicier les résultats obtenus. Il faut remarquer qu'il existe sur les clichés qu'il a conservés des auréoles autour des empreintes de doigts, qui n'existeraient pas si c'étaient simplement des traces de doigts sales. D'ailleurs, il a trouvé toujours ses plaques parfaitement nettes avant le développement.

Je sais, dit-il, qu'on pourrait imiter ces lueurs en se frottant les doigts de phosphore, mais on ne pourrait pas imiter leurs changements de forme et d'éclat, ni les produire artificiellement en aussi grand nombre. J'en ai observé avec quatre médiums différents, et dans des circonstances où nous ne les cherchions pas, occupés que nous étions à des phénomènes autrement intéressants. Ce n'est pas une hallucination, car je ne suis pas le seul à les avoir vues et mes plaques sont un témoignage permanent.

Du côté du médium, il semble aussi que nous devons être bien tranquilles, car voici ce qu'en dit M. Mac-Nab :

J'ai observé les phénomènes dont je vais parler un très grand nombre de fois, tant avec lui seul (M. F...) qu'en présence d'autres personnes. Je n'ai jamais surpris de fraude de sa part; il n'a d'ailleurs aucun intérêt à me tromper et opère autant pour se rendre compte lui-même que pour m'être agréable. Il est mon ami ; je vis intimement avec lui depuis quelques mois et je suis absolument sûr de sa bonne foi... Enfin j'ai obtenu les mêmes phénomènes en son absence avec un autre de mes amis (M. C...) qui assistait pour la première fois à une séance et ignorait les phénomènes que je me proposais d'obtenir.

Quel que soit le procédé que l'on emploie, on obtient des résultats identiques, à savoir : des dessins de mains, semblables de tous points à celles des humains.

Dans l'expérience de M. Pio Foa (p. 227), la plaque était enveloppée de papier noir et l'impression eut lieu malgré l'obstacle interposé, au lieu de se produire directement. Je vais montrer, qu'ici encore, les recherches spirites avaient devancé celles des savants et ne nous avaient pas laissé ignoré cette variété de phénomènes. L'astronome Zoellner avait obtenu l'empreinte d'un pied sur du papier enfumé renfermé entre deux ardoises placées sur ses genoux; maintenant, c'est à travers une boîte fermée que l'action se produira.

LES RECHERCHES DU DOCTEUR PEARCE

Le livre duquel nous extrayons ce rapport est celui du docteur Funk, de la maison Funk et Wagnalls de New-York ; il est

Fig. 16. — Expérience du docteur Pearce. Effluviographie de main, obtenue dans une boîte fermée.

intitulé : *le Denier de la Veuve* (*the Widow's Mite*). L'auteur déclare qu'il a été longtemps incrédule en ce qui concerne ce genre de phénomènes, mais qu'il a dû se rendre à l'évidence, après une patiente enquête et les résultats obtenus par un de ses amis intimes, le docteur William Pearce, dans lequel il a toute confiance. Ce docteur W. Pearce est un homme d'affaires d'une probité parfaite, ainsi qu'en témoignent énergiquement tous ceux qui le connaissent intimement depuis de longues années. C'est un industriel inventeur qui, pendant vingt-cinq ans, a été à la tête d'une maison dans laquelle il a succédé à son père et tient ses bureaux et sa fabrique à San Francisco, Post street, 206, avec succursales à Londres et à New-York.

Voici ce qu'après de longues expériences avec un médium nommé M. Wyllie (1), le docteur Pearce obtint chez lui, à Londres, dans des conditions qui semblent exclure absolument toute possibilité de fraude :

Londres, 26 novembre 1903.

A M. LE DOCTEUR FUNCK,

Cher Monsieur, je vous envoie une épreuve d'une main avec un avant-bras, comme la plus nette des trois que j'ai obtenues le 8 du présent mois ; les deux autres sont un portrait de femme et un paysage. Ces résultats ont été obtenus dans une boîte fermée, contenant six plaques, *en ma présence, en pleine lumière du jour*, le médium n'ayant tenu la boîte *que deux ou trois minutes*. La boîte de plaques *m'appartenait et ne lui a été remise qu'au moment de l'expérience*. Je me rendis ensuite dans son cabinet noir et *j'y fis moi-même le développement et le fixage des plaques sans que la boîte passât un seul instant en d'autres mains*. En les examinant à la lumière, nous vîmes que deux contenaient le portrait, deux la main avec l'avant-bras, et que les deux dernières portaient le paysage. Je me suis aperçu dans mes manipulations que le meilleur résultat était obtenu lorsqu'on agissait en même temps sur les deux plaques portant le même sujet, qu'en les mélangeant.

Je pense que cette expérience vous donnera, comme à moi, la conviction que les expériences faites en Californie avec M. Willie étaient sincères, avec cette condition en plus, que les plaques *étaient dans une boîte fermée ; il était matériellement impossible de*

(1) Docteur FUNCK, *The Widow's Mite*. Voir le chapitre consacré à la photographie spirite dont nous avons extrait le passage ci-contre, p. 375, ainsi que le cliché.

les toucher. A ce propos, je dois ajouter que depuis l'expérience ci-dessus, un de mes meilleurs amis a obtenu avec le même médium des photographies dans une boîte qui lui appartenait et dans des conditions identiques aux précédentes.

Dans une lettre en date du 11 janvier 1904, le docteur Pearce ne fait que confirmer la précédente. La figure 16 est la reproduction de la phototypie de la main.

Déjà, en 1896, le numéro d'octobre du *Borderland*, dirigé par M. W. Stead, signalait les résultats obtenus par un groupe d'expérimentateurs qui, eux aussi, plaçaient des plaques dans une boîte fermée et scellée, qui restait au milieu du cercle des assistants. Mais, comme les noms ne sont pas cités, je passe le détail de ces expériences.

En somme, de différentes sources, nous arrive la confirmation de la possibilité d'obtenir des images de ces mains que l'on ne voit pas, mais qui ont tous les caractères anatomiques de celles qui nous appartiennent.

Un nouveau procédé devait être imaginé en Amérique pendant l'année 1875, par le professeur de géologie Denton, pour obtenir des moulages ; comme il a été très usité en Angleterre, je vais indiquer en quoi il consiste (1).

MOULAGES DE CERTAINES PARTIES DU CORPS DES APPARITIONS

LES EXPÉRIENCES DU PROFESSEUR DENTON

J'ai appris récemment, dit M. Denton, que si l'on trempe un doigt dans de la paraffine fondue, celle-ci se détache facilement du doigt après refroidissement ; si on remplit le moule de plâtre, on obtient ainsi une reproduction exacte du doigt.

J'écrivis alors à M. John Hardy que j'avais trouvé un excellent moyen d'obtenir des moulages et le priai d'organiser une séance avec Mme Hardy, pour essayer d'obtenir des moulages des mains matérialisées qui apparaissaient fréquemment au cours de ses expériences. *Je ne communiquai rien sur le procédé que je voulais employer.*

(1) *Banner of Light*. Reproduit par le journal anglais, *The Medium*, 1875, p. 674.

A la suite de l'invitation de M. Hardy, je me rendis à sa maison avec une provision de paraffine et de plâtre. Aussitôt les préparatifs terminés, nous procédâmes aux expériences.

Au milieu de la chambre, on plaça une grande table, recouverte d'une couverture piquée et d'une housse de piano, afin que l'espace au-dessous fût le plus obscur possible. Sous la table on plaça un seau d'eau chaude sur laquelle surnageait une couche de paraffine fondue. Mme Hardy (1) prit place auprès de la table et posa ses mains dessus. M. Hardy et moi, nous nous tenions de chaque côté de Mme Hardy. *Il n'y avait pas d'autre personne dans la pièce.*

Bientôt nous entendîmes un bruit provenant de l'eau mise en mouvement; au moyen de coups frappés, il fut demandé à Mme Hardy d'avancer la main de quelques centimètres sous la table, *entre la couverture et la housse*, ce qu'elle exécuta, et, après plusieurs reprises de cette manœuvre, elle obtint *quinze à vingt moules de doigts*, de diverses grandeurs, depuis des *doigts d'enfants, jusqu'à des doigts gigantesques.*

Remarquons que dans ce cas les conditions de contrôle sont excellentes, car le professeur Denton n'ayant pas prévenu le médium du procédé qu'il emploierait, celui-ci ne pouvait rien préparer d'avance pour simuler le phénomène. Un seul point prête à la critique : c'est la demande que le médium mit sa main *sous* la table. Mais M. Denton fait observer que cette main était *entre la couverture et la housse*, ce qui l'isole complètement du seau contenant la paraffine ; d'ailleurs les moules, par la variété de leurs dimensions, montrent qu'ils ne pouvaient provenir d'une action directe de la main de Mme Hardy. Poursuivons :

Sur la plupart de ses formes, notamment sur les plus grandes ou sur celles qui se rapprochaient par leurs dimensions des doigts du médium, *toutes les lignes, les creux et les reliefs* que l'on voit sur les doigts humains, *ressortaient avec beaucoup de netteté*. Le plus grand de ces doigts, le pouce du grand Dick (*big Dick*) — comme il nous fut désigné — était *deux fois gros comme mon pouce*; la plus petite de ces formes, avec un ongle nettement dessiné, correspondait *au doigt potelé d'un enfant d'un an.*

Pendant que ces formes se produisaient, la main du médium était à une distance d'au moins deux pieds de la paraffine, ainsi que

---

(1) Avec le même médium le docteur Wolfe obtint aussi des empreintes sur la farine (voir p. 177).

je puis l'affirmer. Les moules étaient encore chauds, en grande partie, au moment où Mme Hardy les retirait des mains qui lui étaient tendues sous la table ; il est arrivé plus d'une fois que la paraffine était encore trop molle.

Je voudrais attirer l'attention des frères Eddy, du jeune Allen (Allen *boy*) et d'autres médiums à effets physiques, sur cette méthode, qui est la plus propre à démontrer aux sceptiques la réalité des apparitions et de leur existence en dehors du médium. Si l'on pouvait obtenir des moules de mains dépassant les mains humaines, — ce dont je ne doute aucunement, — on pourrait les adresser à des cercles spirites éloignés, comme preuve irréfutable.

Wellesley Mass, 14 septembre 1875.

WILLIAM DENTON.

Dans une lettre ultérieure, publiée dans le *Banner* du 15 avril 1875, M. Denton, se reportant à sa première lettre, la complète par ce détail important : « Au cours de la séance, il m'est plusieurs fois arrivé *de voir sortir de dessous la table les doigts encore recouverts de paraffine*. »

D'une lettre de M. Hardy au même journal, nous relevons encore les détails suivants sur cette séance :

Tous ces moules se trouvent en ce moment en possession de M. Denton... Les phénomènes que je cite se sont produits en plein jour, bien que les rideaux fussent baissés ; il n'y avait pas de cabinet, et le médium n'a pas été couvert d'un drap quelconque ; le tout se passait dans la même chambre et pas le moindre mouvement d'une personne présente ne pouvait échapper aux autres assistants.

On obtint de cette manière, dans une série de séances, des moules *de mains et de pieds complets* et de formes les plus diverses. Les conditions dans lesquelles ces expériences étaient conduites, ainsi que les résultats obtenus, auraient dû, semble-t-il, suffire à toutes les exigences. Mais il faut n'avoir jamais été en rapport avec les incrédules pour s'imaginer qu'ils ne feront pas d'objections, même parmi celles qui sont le plus dénuées de sens commun. Voici quelles furent les premières critiques.

1° On commença par alléguer que le médium pouvait apporter à la séance des moules préparés d'avance et les donner pour résultat immédiat des expériences. J'ai fait observer que ce mode de fraude n'a pas pu se produire, au moins à la première séance, puisque M. Denton n'avait pas mis Mme Hardy au courant de ses intentions. Pour la suite, voici comment le professeur répondit à cette objection. En commençant, il *pesait le bloc de paraffine* qui devait servir à l'expérience ; après la séance, il pesait le moule obtenu, ainsi que le restant de la paraffine, et, en additionnant ces deux derniers poids, il trouvait que cette somme correspondait exactement au poids primitif de la paraffine, d'où cette conclusion que les moules produits n'avaient pas été apportés.

L'épreuve du pesage a été maintes fois exécutée publiquement, devant une nombreuse assistance, par les soins de commissions nommées par le public même. Ces expériences eurent lieu entre autres à Boston, Charlestown, Portland, Baltimore, Washington, etc.

2° Mais on prétendit ensuite que le médium pouvait enlever avec la main, ou avec le pied (!), la quantité voulue de paraffine et la dissimuler ensuite d'une manière ou d'une autre. Je ferai remarquer ce que cette supposition a d'invraisemblable, puisqu'il faudrait que chaque fois que de la paraffine aurait été soustraite, le poids ainsi enlevé fût exactement celui d'un moulage, et que ceux-ci différaient de grandeur et par conséquent de poids, ce qui rend cette opération impossible à exécuter sans balance, et sous l'œil attentif des observateurs. Cependant, on demanda pour plus de sûreté d'enfermer le médium dans *un sac*! Cette condition fut acceptée ; et pendant une vingtaine de séances, on put voir Mme Hardy emprisonnée dans un sac, noué autour de son cou. Les résultats furent les mêmes, et toujours sous la surveillance d'une commission nommée par le public.

3° Ces mesures, cependant, ne parurent pas encore suffisantes. On alla jusqu'à dire que le médium pouvait défaire et refaire ensuite une partie de la couture du sac, du moment qu'il avait les mains libres, bien que les membres de la commission n'eussent rien signalé de semblable, et que l'on fît toujours les pesées comme précédemment. Alors, on exigea que le moule fut obtenu à l'intérieur d'une caisse fermée à clef. Dans ces conditions, l'expérience devenait absolument concluante.

Elle eut lieu devant un Comité comprenant parmi ses membres des hommes très connus, comme M. Epes Sargent, et l'on trouva dans la boîte fermée à clef le « moule exact d'une main humaine, de grandeur naturelle (1) ». Le médium étant resté visible pendant toute la durée de la séance, le procès-verbal a raison de mentionner : « que les conditions dans lesquelles l'expérience a été produite mettent hors de question la bonne foi du médium. Les résultats obtenus constatent, en même temps, d'une manière indiscutable, la réalité de sa puissance médianimique. Toutes les dispositions prises étaient d'une simplicité et d'une rigueur telles qu'elles excluent toute idée de supercherie, ainsi que toute possibilité d'illusion, de sorte que nous considérons notre témoignage comme définitif ».

Un sculpteur, non spirite, M. O' Brien, auquel ce moule fut confié par M. Epes Sargent pour être examiné, déclare n'y avoir trouvé *aucune trace de soudure*, de sorte, qu'il ne pouvait comprendre comment la main en était sortie. Il faut remarquer, en effet, que la paume d'une main étant plus large que le poignet, il est *impossible* à un être ordinaire de retirer sa main d'un pareil gant de paraffine sans le couper. Si le moule est continu, c'est une preuve de sa provenance supra-normale, car il a fallu *absolument* que la main qui l'a produit *fondît*, pour se retirer de son enveloppe sans l'endommager. Nous avons vu par les témoignages de MM. Damiani (p. 163), Jones (p. 165), Crookes (p. 167) et Bottazzi (p. 214) qu'un pareil phénomène est vraisemblable, puisque ces observateurs ont senti la main fantômale se dissoudre dans la leur ; nous pouvons donc admettre qu'un fait du même ordre a eu lieu pour laisser un moule complet.

Je conçois parfaitement l'effarement des sceptiques devant ces résultats expérimentaux, mais il faut qu'ils en prennent leur parti et qu'ils aient présente à l'esprit cette remarque profonde d'Arago : « Que celui qui, en dehors des mathématiques, prononce le mot d'impossible, manque de prudence. » Quelles que soient les expériences ultérieures que pourront imaginer les savants, aucune ne dépassera en force convaincante ces mou-

---

(1) Pour les détails, voir Aksakof, *Animisme et Spiritisme*, pp. 133 et suiv.

lages, dont l'examen confirme sur une foule de points ce que les phénomènes naturels de dédoublement et d'apparitions après la mort nous avaient appris sur la nature du corps supra-physiologique de l'âme humaine. Le périsprit matérialisé est organisé ; il possède tous les caractères morphologiques des hommes vivants, à un tel degré qu'un moulage de main produit de cette manière anormale est indiscernable de celui que l'on obtient par les procédés habituels ; pardon, il en diffère cependant en ce qu'il ne porte aucune trace de soudures, car il provient d'un moule sans assemblages.

Pour ceux que les récits américains ne satisferaient pas, qui craignent toujours « un bluff », une plaisanterie yankee — bien que les témoignages que j'ai invoqués soient inattaquables, — je vais faire appel à nos voisins les Anglais, gens positifs, qui n'affirment qu'à bon escient. Nous allons retrouver les mêmes faits et cette fois encore, à moins d'imaginer un mensonge universel, — hypothèse qui me paraît réellement inepte — il faudra s'incliner devant l'évidence.

LES RECHERCHES DE MM. REIMERS ET OXLEY

Une étude attentive des récits publiés dans le monde entier montre d'abord qu'il faut un médium spécial, capable d'extérioriser puissamment sa force psychique, pour obtenir les phénomènes transcendants du spiritisme et que, même avec ceux-là, le pouvoir médianimique ne se développe qu'à la suite d'exercices prolongés. Un entraînement de longue durée du médium est nécessaire avant que les conditions indispensables à la matérialisation *totale et visible* d'un esprit quelconque soient réunies. Pendant longtemps, on n'observe que des objectivations partielles, celles de mains plus ou moins nébuleuses ; des visages dont on ne distingue pas les traits ; ou bien des formes tangibles que l'on ressent, mais que l'on ne peut pas voir.

Avec Amélie, le médium du colonel Devoluet (voir p. 145), et en compagnie d'Eusapia, nous avons constaté cette marche progressive.

Alors, si l'on poursuit les expériences dans le but spécial de la matérialisation, si l'on n'éparpille pas ses efforts pour obtenir des mouvements sans contact, de l'écriture, des lumières, etc., en un mot, si l'on ne gaspille pas les forces du médium, si on les oriente dans une direction unique, on arrive à obtenir la présence régulière d'un fantôme à toutes les séances, généralement celui du « guide » et, plus tard, d'autres individualités se montrent successivement, et même simultanément, lorsque le pouvoir médianimique est tout à fait développé. Ces résultats ne sont obtenus qu'avec un groupe homogène, formé des mêmes personnes, se réunissant régulièrement, et douées d'une patience à toute épreuve. Il faut que la faculté médianimique ait pris toute son extension, qu'elle soit parvenue au summum de ses effets avant d'introduire des étrangers, car leur présence, nous le verrons, a, pendant les premiers temps, une influence néfaste sur la production et l'intensité des phénomènes.

En procédant ainsi, M. Reimers, riche manufacturier de Manchester, arriva à obtenir des phénomènes si bien contrôlés et si démonstratifs par leur nature même, que ses expériences doivent prendre place parmi les meilleures que nous possédons. M. Reimers, comme bien d'autres, débuta par une incrédulité absolue ; mais voulant savoir exactement à quoi s'en tenir, il réunit, en 1873, quelques amis chez lui. Après beaucoup de séances insignifiantes, une individualité se donnant le nom de « Bertie » se manifesta par coups frappés ; un peu plus tard, elle produisit des attouchements avec sa main matérialisée, des lueurs se montrèrent ; enfin, au bout de *quelques années*, l'esprit fut visible en même temps que le médium, qui était *enfermé dans un sac en tulle et solidement attaché au dossier de sa chaise* (1).

Pour se convaincre qu'il n'y avait ni fraude, ni hallucination,

---

(1) Pour les développements, voir *Revue Spirite*, 1878. Lettres de M. Reimers, p. 65 et p. 100. On trouvera dans ces relations tous les détails que le manque d'espace m'interdit de reproduire. Consulter également l'ouvrage d'Aksakof : *Anim. et Spirit.*, pp. 139 et suivantes, auquel je fais de fréquents emprunts. La revue allemande *Psychische Studien*, années 1877-1878 reproduit de nombreux récits de séances, pp. 549-550-553 etc. Le journal anglais : *The Spiritualist*, de 1876 à 1878, a publié également une grande quantité de comptes rendus.

M. Reimers, outre les précautions indiquées, voulut des témoignages permanents de la réalité du fantôme, et il obtint des moulages de mains et de pieds dans les conditions que je vais indiquer tout à l'heure. Le phénomène se développant encore, d'autres matérialisations apparurent, masculines et féminines, et laissèrent des moules de leur visage. En dernier lieu, M. Reimers arriva à photographier l'esprit Bertie *en pleine obscurité*, chose que l'on croyait jusqu'alors impossible. On conçoit que ces preuves accumulées firent de lui un partisan convaincu du spiritisme, ainsi qu'un de ses amis, M. Oxley, qui fut témoin de la plupart de ces remarquables séances.

Chose bien digne d'attention et sur laquelle je reviendrai plus longuement au chapitre suivant (voir p. 320), des moules possédant les mêmes *caractères anatomiques* ont été produits au moyen de *médiums différents*. Le premier médium de M. Reimers était une femme âgée, ouvrière de fabrique, qui se nommait Mme Firman. C'est avec elle que l'on obtint de nombreux moulages des mains et des pieds de Bertie. Puis un clergyman, le docteur Monck (1), très puissant médium, servit aussi à la matérialisation de Bertie et à celle d'un autre Esprit, nommé Lilly, qui se montrait également dans les séances de M. Reimers ; enfin, Bertie put se faire voir encore avec le fils de Mme Firman, qui succéda à sa mère comme médium.

On conçoit que de pareilles expériences, faites il y a trente ans, suscitèrent de violentes polémiques. A cette époque, il fallait de l'héroïsme pour s'avouer spirite ; mais la discussion publique, accompagnée de démonstrations expérimentales, vainquit toutes les mauvaises volontés et toutes les calomnies, car les moules étaient là pour confondre les plus réfractaires. Arrivons donc à la description du mode opératoire employé par M. Reimers, on va constater qu'il ne laisse rien à désirer.

LE PREMIER MOULAGE DE LA MAIN DE BERTIE

Voici le récit de M. Reimers, concernant la première séance

---

(1) Il était docteur en théologie.

où l'on obtint le moule de la main de Bertie, le 30 janvier 1876, après *trois années d'expérimentation continue* (1) :

Le médium (Mme Firman), — une femme très corpulente — était couverte d'un sac en tulle qui couvrait la tête et les mains ; il se fermait au moyen d'un cordon passé dans une coulisse assez large ; ce cordon fut solidement noué autour de la taille du médium, de sorte que les bras et le haut du corps étaient emprisonnés. Je réunis les bouts de ce cordon au moyen de plusieurs nœuds bien serrés, *rendant absolument impossible le dégagement du médium*. Ainsi ligoté, il était assis dans un coin de *ma chambre*. Je fais ressortir avec intention cette circonstance, car elle exclut toute hypothèse d'une porte secrète.

Après avoir soigneusement pesé la paraffine, je la mis dans un petit seau que je remplis ensuite d'eau bouillante ; en peu de temps la paraffine était fondue, et alors je plaçai le seau sur une chaise, à côté du médium. Ce coin de la chambre fut masqué par un rideau en calicot ; l'encoignure était complètement occupée par une étagère, deux chaises, un tabouret, le seau et un panier à papiers, de sorte qu'il n'y avait aucune possibilité de s'y blottir. A une lumière adoucie, je m'assis devant le rideau et constatai bientôt que le médium se trouvait à l'état de trance. Aucune figure n'apparaissait, mais une voix prononça ces mots : « C'est réussi ; prends doucement le moule, il est encore chaud, et aie soin de ne pas réveiller le médium. »

J'écartai le rideau et *aperçus une figure se tenant à côté du médium*, mais elle disparut aussitôt. Le moule était fait. Je pris le seau et priai le médium de tremper sa main dans la paraffine qui était encore chaude, afin d'en obtenir le moule. Je pesai ensuite les deux moules ensemble avec le restant de la paraffine. Le poids était le même, sauf une légère diminution provenant de l'adhérence inévitable d'un peu de paraffine aux parois du seau. Avant de délivrer le médium, je m'étais assuré soigneusement que les liens et les ligatures *étaient restés intacts*.

L'unique porte donnant accès dans la chambre avait été fermée à clef, et je n'ai pas *perdu de vue un seul instant le coin drapé*. Il est tellement évident qu'aucune espèce de supercherie n'a pu être pratiquée, que je trouve inutile d'insister sur ce point. L'emploi du sac était une idée fort heureuse. Je la dois au professeur Boutleroff qui l'avait mise en pratique avec le médium Brédif. Alors même que les bras et les mains du médium resteraient libres, le doute serait impossible.

(1) Aksakof, *Anim. et Spirit.*, pp. 189 et suiv.

Il me paraît, en effet, que si l'on admet la parfaite exactitude de cette description, le médium a été dans l'impossibilité de tromper. Le lieu nous est connu : c'est la chambre même de M. Reimers, donc pas de porte dissimulée, de placard ou de trappe pour introduire un compère, la porte d'entrée étant fermée à clef. Le médium est immobilisé et dans l'impuissance de se servir de ses mains. Malgré cela, M. Reimers voit une apparition, qui disparaît ensuite, et trouve un moule formé. L'observateur, à part toutes ces précautions, discute cependant toutes les possibilités d'erreurs, il dit :

En admettant que le médium eût apporté en cachette une main en plâtre, comment aurait-il pu la retirer sans briser ou du moins endommager la forme qui est très délicate et friable ? Une main fabriquée avec une substance molle, élastique, ne résisterait pas à la température du liquide, qui était si élevée, que le médium faillit pousser un cri de douleur en y trempant la main (1).

Supposons encore qu'un moule en paraffine ait été apporté tout fait ; mais alors ce moule serait plus épais, et la fraude serait facilement dévoilée par le pesage.

Il est évident que dans l'hypothèse d'une fraude, il fallait d'abord que le médium pût sortir du sac en tulle et y rentrer en laissant les choses en état, ce qui était bien difficile ; ensuite, la main servant de modèle pour obtenir le moule aurait dû se composer d'une substance capable de se retirer, en diminuant de volume, pour ne pas endommager la paraffine à l'intérieur. Si elle avait été en cire, par exemple, il eut été nécessaire qu'il ne restât pas de traces de cette matière, que la chaleur de la paraffine aurait fait fondre. Je ne vois guère qu'une main en caoutchouc, gonflée au préalable, puis qui se distend pour se retirer du moule, qui pût servir à cet emploi. Mais, il y a trente ans, on ne savait pas travailler le caoutchouc comme de nos jours et, ce qui est plus important encore, une telle main aurait porté elle-même les traces de jointures du moule à pièces qui aurait servi à sa fabrication et la supercherie se serait dévoilée, tandis que les moulages obtenus, examinés par M. Reimers à

(1) Pour obtenir un moulage de sa main physique, afin de le comparer avec celui de Bertie.

Manchester, par M. Aksakof, à Leipzig, et à Paris par différents modeleurs, n'ont jamais présenté ces raies qui se trouvent nécessairement sur tous les moulages, quels qu'ils soient. Une étude attentive, à la loupe, des mains d'esprits produites dans ces conditions n'a jamais montré de retouches, ni rien de semblable à des jointures de moule (1).

Mais le compte rendu de M. Reimers est-il strictement fidèle ? N'avait-il pas, même involontairement, omis quelque circonstance importante ? D'autres affirmations seraient nécessaires pour appuyer la sienne. Heureusement, elles ne font pas défaut.

Le 5 février 1876, M. Oxley et M. Lightfoot assistèrent à une séance chez M. Reimers, où les mêmes mesures de précaution avaient été prises. M. Oxley exprima spontanément le désir d'avoir *la main gauche*, faisant la paire avec la main dont on possédait le moulage. Cette demande, formulée à la séance seulement, suffisait pour rendre inutile l'apport d'une main frauduleuse, car celle-ci n'aurait pu, évidemment, servir. Cependant, voici ce qui se produisit (2) :

Bientôt on entendit le clapotement de l'eau et, la séance terminée, les assistants trouvèrent dans le seau, le moule, *tout chaud encore*, d'une main gauche, qui donna un plâtre *faisant parfaitement la paire* avec la main droite, coulée dans le premier moule.

Cette fois, aucune suspicion n'est possible en ce qui concerne l'authenticité du phénomène, à moins de récuser systématiquement tout témoignage humain, alors même qu'il émane de personnes honorables, désintéressées et qui font preuve d'un esprit critique des plus judicieux. Il n'est pires sourds, dit-on, que ceux qui ne veulent pas entendre. Laissant de côté les négateurs de mauvaise foi, poursuivons cet exposé pour ceux que l'hypothèse d'un mensonge universel ne satisfait pas. Aksakof suivait attentivement ces expériences; voici ce qu'il dit à ce sujet :

M. Reimers m'envoya obligeamment le plâtre de cette main gauche, qui se distingue de toutes les autres qu'il a depuis obte-

(1) En 1882, j'ai pu observer à la Société Spirite, quelques-uns de ces moulages, que M. Reimers avait expédiés à M. Leymarie.
(2) *The Spiritualist*, 11 février 1876, Récit de M. Oxley.

nues ; sur la face dorsale, elle porte en relief la forme d'une croix, que M. Reimers avait donnée à une apparition qui se montra à toutes les séances ultérieures, sous le nom de Bertie, toujours avec cette croix. M. Reimers m'envoya, en outre, le *plâtre de la main gauche du médium*, qui fut fait immédiatement après que le moule de la main de Bertie fut produit, ainsi qu'il le communique au *Psychische Studien* (1877, p. 404).

On peut voir, ci-contre, la photographie de cette main d'esprit, reproduite d'après l'édition allemande de l'ouvrage d'Aksakof, car dans l'édition française, celle de 1895, le dessinateur a représenté une main droite, ce qui est une erreur. A côté se

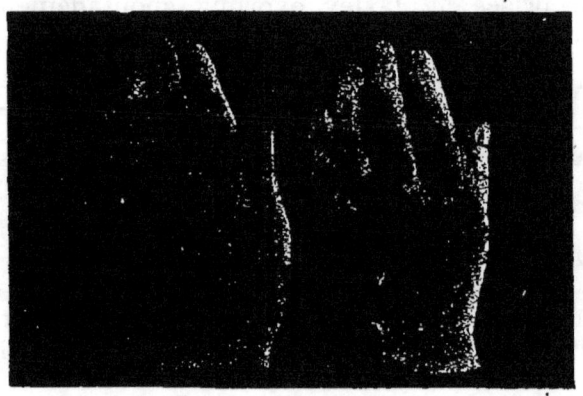

La main du médium.   La main de Bertie.
Fig. 17. — Expériences de MM. Reimers et Oxley.

trouve celle du médium, et un simple coup d'œil suffit pour montrer les différences qui existent entre elles. Les deux plâtres, placés ensemble au foyer du même appareil, ont été photographiés en présence d'Aksakof. Voici les observations de ce dernier :

La main du médium est grande et vulgaire, celle de Bertie, petite et élégante. Ce qui saute particulièrement aux yeux, c'est la différence des doigts et des ongles. Mais la différence principale se trouve dans la longueur des doigts, comme la mensuration l'a démontré : les doigts du médium ont *un centimètre de plus* que ceux de Bertie. La circonférence de la face palmaire de la main du médium, mesurée immédiatement au-dessous de la racine des doigts, c'est-à-dire dans une région où la largeur de la paume est invariable, est plus grande de 1 centimètre; la circonférence du poignet du médium excède celle de la main matérialisée de 2 centimètres.

Rappelons-nous toujours qu'un dédoublement est la reproduction absolue du corps matériel d'où il provient. Si l'on constate de grandes différences entre la main de l'apparition et celle du médium, comme c'est ici le cas, il est plus que probable que ce n'est pas celui-ci qui est l'auteur du phénomène, bien qu'il fournisse la matière nécessaire à la matérialisation.

Sur la main de Bertie on voit une croix : voici ce que M. Reimers dit à cet égard :

L'histoire de la croix est curieuse par-dessus tout ; j'en avais fait cadeau à l'apparition qui s'était présentée, alors que le médium était renfermé dans le sac de tulle. Quand le médium fut éveillé, la croix avait disparu ; je n'ai dénoué le sac qu'après avoir épuisé tous les efforts pour retrouver la croix. A la séance suivante, Bertie parut avec la croix suspendue à son cou...

La conformation des mains de Bertie est exactement telle que vous le voyez sur l'épreuve en plâtre que je vous envoie (à M. Aksakof). Je puis vous l'affirmer en ma qualité de bon dessinateur. Jusqu'à ce jour, j'ai obtenu deux mains droites, trois mains gauches, — toutes dans des poses différentes, — ce qui n'empêche pas que *les lignes et les plis soient identiques dans tous les exemplaires*, c'est indubitablement à la même personne que ces mains appartiennent. Cette identité de mains douées de *vitalité* est pour moi une preuve décisive que nous nous trouvons devant un phénomène de matérialisation.

Il faut lire, dans l'ouvrage d'Aksakof, tout ce qui se rapporte à ces expériences. On verra combien les expérimentateurs étaient sérieux, de quelles précautions ils s'entouraient constamment et il s'en dégage une impression d'honnêteté, bien faite pour convaincre ceux qui savent apprécier la valeur des témoignages.

AUTRES CONFIRMATIONS

Un procès-verbal (1) signé par MM. Tiedman Marthèse, Oxley

---

(1) Aksakof, *Anim. et Spirit.*, p. 153.

et Reimers, tous trois connus personnellement d'Aksakof, et de MM. Gaskell et Henri Marsch, certifie :

Que Mme Firman, couverte d'un sac en tulle fermé à la taille par une coulisse dans laquelle était un cordon fortement serré par plusieurs nœuds dans lesquels on avait placé un papier qui se serait échappé au moindre effort tenté pour les défaire, fut placée derrière un rideau ne renfermant que les seaux contenant l'eau et la paraffine. La porte fut fermée à clef et la lumière resta suffisante pour permettre de distinguer tous les objets qui se trouvaient dans la chambre....

Une figure se montra au-dessus du rideau (qui n'allait pas jusqu'au plafond). *Tous les assistants* ont vu avec une netteté égale une couronne lumineuse avec une parure blanche sur la tête de la figure et une *croix en or* (celle de Bertie) suspendue à son cou par un ruban noir. Une deuxième figure de femme parut ensuite, portant également une couronne sur la tête, *et toutes deux* s'élevèrent au-dessus du rideau, nous adressant d'aimables saluts avec la tête.

Comme M. Reimers, M. Marthèse put voir *au même moment* le médium et l'apparition matérialisée, voici comment :

Une *voix d'homme*, partant du cabinet, nous souhaita le bonjour, et nous informa qu'il essayait de produire des moulages. Ensuite, la première de ces figures (Bertie) apparut de nouveau à l'ouverture des rideaux et invita M. Marthèse à s'approcher d'elle et à lui serrer la main. M. Marthèse a pu voir alors, *en même temps*, et le fantôme et le médium couvert du sac et assis à l'autre bout. Lorsque M. Marthèse eut regagné sa place, la même voix, derrière le rideau, nous demanda quelle main nous voulions avoir. Après quelque temps M. Marthèse dut se lever de nouveau pour prendre le moule *d'une main gauche*. Ce fut ensuite le tour de M. Reimers de s'approcher pour retirer le moule de la *main droite*, celle qu'il devait envoyer aux amis de Leipzig...

Le médium était toujours ligoté dans son sac ; le poids de la paraffine restant et celui des moules était égal au poids primitif, sauf un petit excédent dû à l'eau qui avait été absorbée, comme on put le constater en comprimant le résidu. Que pourrait-on objecter contre la rigueur d'un pareil contrôle ?

Dans le premier volume, j'ai indiqué comment on avait pu obtenir, en présence de MM. de Fontenay, de Camille Flammarion, ainsi qu'à la *Société française d'étude des phénomènes psychiques*, devant moi, le dédoublement du visage d'Eusapia, imprimé dans du mastic. Antérieurement à cette expérience, M. Oxley était arrivé à mouler le visage matérialisé de Lilly, et celui d'un autre esprit nommé Akosa. Je vais reproduire les parties essentielles des comptes rendus de ces séances, qui ont paru dans *The Medium* de 1880 (1). Je donne en même temps une phototypie des visages, d'après les planches gravées prêtées à la *Revue spirite* par M. Oxley.

VISAGES D'ESPRITS MATÉRIALISÉS MOULÉS DANS LA PARAFFINE

Le médium était encore Mme Firman et les expériences avaient lieu à Londres, chez M. Reimers. Voici l'appréciation du traducteur sur M. Oxley : « M. Oxley, qui fait le récit des expériences, est un gentleman anglais, riche et indépendant, réputé intègre et spirite convaincu, ni enthousiaste ni rêveur, ami de la vérité Persévérant, studieux, M. Oxley obtint des résultats remarquables ; beaucoup le considèrent comme un privilégié et se demandent pourquoi ? tandis qu'il ne le doit qu'à son esprit de suite... »

Cette fois, le dispositif ordinaire est modifié, en ce sens que le vase contenant la paraffine, au lieu de se trouver dans le cabinet, est sous les yeux des opérateurs ; c'est encore une garantie de plus pour une bonne observation. Voici quelques passages de l'article de M. Oxley :

Le 15 octobre (1879), je fus à Londres où, avec M. Reimers, je demandai une série de séances à Mme Firman. Les deux premiers jours, pendant que nous avions les mains sur un piano fermé, une force psychique touchait les notes que nous demandions, elle nous donna des accords. Puis nous eûmes un Esprit matérialisé, et ensuite deux...

Le lendemain j'apportai de la paraffine ou cire à mouler, que nous fîmes fondre dans un vase posé dans un bain-marie tout bouillant, la paraffine fondue et brûlante, fut placée sur une table, à un mètre du rideau derrière lequel était placé le médium ; un bassin d'eau froide fut disposé à côté du vase de paraffine brûlante.

Un Esprit, vêtu de blanc, sortit de derrière le rideau et leva son

---

(1) Voir la traduction de ces articles dans la *Revue Spirite*, 1880, pp. 17 et suiv.

voile pour laisser voir son corps ; il agita ses deux mains au-dessus des vases et se retira. Une voix, celle de l'Esprit de Frankie, nous dit que la forme apparue était celle de Glaucus ; une autre se présenta : celle de l'Esprit Bertie.

Remarquons que ces fantômes, masculins et féminins, différents les uns des autres, ne paraissent guère pouvoir être attribuables à des dédoublements du médium, à cause de leur peu de ressemblance avec Mme Firman.

A la séance suivante, le médium étant assis à sa place, une apparition, comme la veille, magnétisa les vases préparés à nouveau ; elle se retira, mais, au lieu de passer derrière le rideau, *elle sembla se fondre, en commençant par les pieds, et peu à peu, le corps et la tête disparurent, ne laissant qu'une petite tache blanche qui s'évanouit bientôt* (1). Deux autres apparitions, *de sexes différents*, s'approchèrent de nous ; l'homme leva le voile de sa compagne, qui trempa tour à tour, et pendant trois fois, sa tête dans le vase de paraffine bouillante et dans le bassin d'eau froide, c'était l'esprit Lilly, qui se retira après l'expérience, et pour laisser le moule de sa tête entre mes mains, elle avait traversé deux fois le salon avant de se retirer.

Les Esprits Glaucus et Bertie vinrent après mouler leur visage, et, se dirigeant vers M. Reimers, ils lui en remirent l'empreinte. Ils disparurent en s'évanouissant comme des ombres. Les moules étaient imparfaits, et celui qui m'avait été remis ayant la bouche ouverte, je crus avoir été joué par des humains, en admettant qu'ils eussent pu plonger leur tête dans le liquide bouillant. J'attendis un nouvel essai.

Le lendemain, Glaucus magnétisa les récipients de paraffine et d'eau, et après lui Lilly produisit un moule de son visage qu'elle plaça devant moi ; il n'y avait que le nez, la bouche et le menton, tandis que j'eusse voulu la figure entière ; je ne montrai pas mon désappointement et j'attendis avec patience pour mieux et bien juger... (Ici la description de deux autres apparitions que je ne relate pas, parce qu'elle n'ont pas de rapport avec les moulages.)

Après leur départ, vint un autre personnage, grand et fort, qui plongea son visage dans le liquide bouillant et dans l'eau froide, leva son voile *pour me montrer que le liquide coagulé tenait au visage* ; et du doigt il m'engagea à le retirer en me jetant sa dra-

(1) Je souligne ce passage car on verra que ce phénomène, *insimulable* dans l'appartement non machiné d'un particulier, a été souvent signalé. Je l'ai vu moi-même se produire à la Villa Carmen (Voir p. 535).

perie. Cette apparition était celle de l'Esprit Akosa, le Grec, me dit-on.

Nous rencontrons pour la première fois une description de la manière dont les draperies des apparitions se forment sous les

FIG. 18. — Phototypie du moulage d'Akosa, d'après une gravure publiée dans la *Revue Spirite*.

yeux des spectateurs. Nous verrons que d'autres chercheurs ont observé des faits semblables; bien que nous ne puissions pas comprendre le mode opératoire des fantômes, il faut s'incliner devant les résultats, car on a pu conserver quelquefois des morceaux de ces draperies si singulièrement produites. Je rends la parole à M. Oxley :

La production des draperies est remarquable, car Akosa qui, en entrant, n'avait qu'une draperie qui couvrait la tête et ses épaules, se mit à manipuler entre ses doigts l'étoffe, qui s'agrandit de manière à le couvrir entièrement de ses larges plis ; il en *déchira une partie* qu'il me montra, et je constatai qu'il y avait là de la gaze superbe, parsemée de feuillage ; le tout, admirablement tissé, *disparut instantanément* ; les mains de l'Esprit étaient *ouvertes et vides*. J'arrive à la dernière séance.

Signalons encore que les opérateurs spirites se sont montrés aussi défiants, dès l'origine, que pourraient l'être les savants de nos jours, car M. Oxley, malgré les preuves qu'il avait déjà obtenues, a senti le besoin de prendre encore des précautions plus sévères, bien qu'il fût seulement en compagnie de son ami M. Reimers et du médium. Voyons comment il opéra :

Avant de rien commencer, je dis au médium que je désirais publier un procès-verbal de toutes les manifestations obtenues, et que, pour le faire, je devais, pour moi et les lecteurs, prendre toutes les précautions possibles, pour éviter qu'on ne nous accusât, lui de supercherie habile, moi de faiblesse d'esprit. Je fermai toutes les portes ; je collai du papier sur les jointures, et fis au crayon des marques à moi, connues de moi seul, et que seul je pouvais contrôler ; après la séance, tout était intact, complètement. Nous étions avec M. Reimers et le médium trois personnes.

Glaucus, de 4 h. 35 du soir, à 4 h. 50, sortit quatre fois seul pour magnétiser les vases préparés. A la dernière et cinquième sortie, il donnait le bras à *Lilly*, qui, par trois fois, couvrit son visage de paraffine bouillante, que l'eau froide avait successivement coagulée et refroidie. Elle me mit dans la main ce masque en cire, ce dont je la remerciai, en réclamant la faveur de toucher les deux Esprits. La main de Lilly était froide, celle de Glaucus naturelle et chaude. J'étais debout, tenant leurs mains dans les miennes, et je me disais : L'humanité visible touche celle qui est invisible, le présent et le passé s'unissent pour préparer scientifiquement la voie sociale, véritablement religieuse, de l'avenir...

A 5 h. 15, le médium revint parmi nous, il était très fatigué et nous nous séparâmes.

Je portai les moules chez M. Brojiolli, sculpteur et fondeur, Leattier Lane, Holborn, à Londres, qui en donna les reproductions en plâtre. Il ne comprenait pas comment j'avais pu les obtenir, si ce n'était sur des personnes mortes, et, disait-il, il eût mieux valu qu'un de ses artistes m'assistât pour posséder de plus beaux modèles. « Ces moulages, lui demandai-je, pourrait-on les obtenir

Fig. 19. — Phototypie du moulage de Lilly, d'après une gravure publiée dans la *Revue Spirite*.

sur des êtres vivants, en ménageant un passage à l'air respirable? » — « *C'est impossible!* » dit-il.

Quand j'eus payé M. Brojiolli, je le laissai très intrigué; il croyait que j'étais l'auteur d'un nouveau procédé pour la reproduction des visages. Il y avait des différences appréciables entre les moules divers obtenus sur le visage du même Esprit. Les masques des visages d'Akosa et de Lilly sont parfaitement venus, sans le plus imperceptible passage pour laisser l'air arriver aux poumons, ce qui est remarquable et doit faire réfléchir les adversaires de ces phénomènes.

Les phototypies ci-contre reproduisent les gravures qui ont été publiées dans *The Medium* et la *Revue spirite*. Les gravures primitives, ont été faites directement, d'après les médaillons en plâtre que M. Oxley avait fait encadrer.

Il faut convenir que si MM. Reimers et Oxley ne sont pas d'effrontés simulateurs, hypothèse contre laquelle protesteraient tous ceux qui ont connu ces honorables gentlemen, Aksakof en tête, sans compter les autres témoins cités, nous sommes en présence de *preuves absolues* de la réalité des apparitions matérialisées, car, jusqu'à preuve du contraire, je tiens ces résultats pour insimulables, dans *des conditions semblables à celles où on les obtint*. Les moulages en plâtre de ces mains d'esprits ne sont pas des mythes; des centaines de témoins les ont examinés à la loupe, et jamais on n'a pu découvrir sur aucun d'eux une trace quelconque d'un travail destiné à faire disparaître les jointures du moule à pièces qui aurait été nécessaire pour les produire, par les procédés habituels; ils sont d'un seul tenant, sans solution de continuité et cela seul affirme leur provenance supra-normale.

Je n'ignore pas que plus un phénomène est inusité, plus il a besoin d'être souvent affirmé par des témoins indépendants, pour qu'il ne semble plus aussi extraordinaire; aussi vais-je citer les résultats auxquels sont parvenus d'autres expérimentateurs, qui s'étaient engagés dans la voie ouverte par MM. Reimers et Oxley.

LE MÉDIUM EST VISIBLE PENDANT LA PRODUCTION DU MOULE

L'esprit humain est ainsi fait que, malgré toutes les précautions prises pour s'assurer que le médium ne pouvait pas s'échapper de sa prison en tulle, qu'il était dans l'impossibilité physique de sortir sa main du gant de paraffine, la preuve de sa non-intervention serait bien autrement puissante, si l'on pouvait le surveiller pendant toute la séance. Eh bien ! cela fut fait avec des médiums différents et de nouveaux chercheurs, ce qui augmente le nombre des témoins et nous donne d'autres garanties de l'authenticité de ces faits, si prodigieusement intéressants.

La première expérience de ce genre fut tentée par M. Ashton, avec le médium miss Annie Fairlamb. Elle est décrite en ces termes (1) :

Monsieur,

Vous m'obligerez beaucoup en publiant dans votre estimée Revue, ce compte rendu d'une séance à laquelle j'ai assisté et qui présente des garanties exceptionnelles de l'authenticité des phénomènes. J'ai envisagé comme une vraie faveur l'invitation de me rendre, avec plusieurs amis, le 2 mars, vendredi, à l'une des séances hebdomadaires organisées spécialement pour l'étude des phénomènes spirites au siège de la *Society of Spiritualist*, à Newcastle, avec le médium, miss Annie Fairlamb.

En pénétrant dans la pièce, nous aperçûmes M. Armstrong, le président de la Société, occupé à faire fondre de la paraffine dans un seau aux trois quarts rempli d'eau bouillante. Dans une séance antérieure, au cours de laquelle nous faisions des tentatives pour obtenir des formes en paraffine, il nous avait été promis qu'un jour « Minnie » (un des guides invisibles de miss Fairlamb) essayerait de faire pour nous plusieurs moules de ses mains. Quand la paraffine fut en fusion, on porta le seau dans la salle désignée pour la séance, et on le plaça dans le coin le plus éloigné du cabinet obscur. A côté, on mit un autre seau contenant de l'eau froide.

Le cabinet avait été aménagé à l'aide de deux morceaux d'étoffe en laine verte, ramassés et fixés au mur sur un crochet, d'où l'étoffe tombait sur une barre de fer en demi-cercle, dont les bouts étaient solidement enfoncés dans le mur, formant une espèce de tente. Avant de baisser la toile, M. Armstrong nous demanda à quelles conditions nous voulions soumettre le médium. Je proposai au médium d'entrer dans le cabinet, tout en exposant mes motifs ; mais miss Fairlamb objecta que dans ce cas nous n'aurions pas une preuve suffisante de l'authenticité du phénomène qui se produirait. Alors M. Armstrong proposa de couvrir la tête et les épaules du médium d'un morceau d'étoffe en laine, afin de le protéger contre le jour, ce qui fut accepté.

(1) *The Spiritualist*, 6 mars 1877.

On constate que le médium, s'il n'est pas dans le cabinet, doit cependant, en thèse générale, être mis à l'abri de l'action directe de la lumière, qui joue un rôle antagoniste vis-à-vis des forces en action pour produire ces phénomènes. Il est donc prudent de ne pas se hâter de conclure que si le sujet se met derrière un rideau, c'est pour tromper avec plus de facilité les crédules spirites, car, ici, les deux exigences contradictoires sont réunies : c'est-à-dire la mise à l'abri des rayons lumineux, sans empêcher le contrôle direct et incessant du sujet. Voici comment cela fut réalisé :

Cette couverture n'enveloppait que la tête et les épaules du médium, *sans le dérober aux regards des expérimentateurs*, dont *quatre* étaient placés de manière à *pouvoir observer l'espace qui séparait le médium du cabinet*. Miss Fairlamb tomba en trance et se mit à parler sous l'impulsion de l'un de ses inspirateurs invisibles, qui exigea d'abord que j'approchasse ma chaise du fauteuil occupé par le médium, à deux pieds du rideau. Il me fut ensuite enjoint de *tenir les deux mains du médium*, et mon voisin devait approcher sa chaise de la mienne et poser ses mains sur mes épaules. Nous sommes restés dans cette attitude pendant toute la durée de la séance, qui se passa à une très bonne lumière.

Ces dispositions prises, on nous proposa d'entonner des chants. A peine avions-nous commencé, que nous entendîmes le clapotement de l'eau dans le cabinet. Nous écartâmes le rideau et aperçûmes deux moules parfaitement réussis, représentant les deux mains de Minnie (principal guide de miss Fairlamb) sur le plancher, à côté du seau contenant la paraffine et qui se trouvait au milieu du cabinet, au lieu d'être dans le coin extrême où nous l'avions mis.

Je certifie que non seulement miss Fairlamb *n'est pas entrée dans le cabinet*, mais que ni avant ni durant la séance elle n'a franchi la distance sus-indiquée qui l'en séparait. A partir du moment précis où elle est entrée dans la chambre, elle a été très étroitement surveillée. Avant la séance, j'avais passé environ trois heures en compagnie de miss Fairlamb et l'avais accompagnée pendant tout le trajet jusqu'à la ville, environ trois milles d'Angleterre; nous arrivâmes tout juste à l'heure fixée pour la séance. Je suis curieux de savoir quelle sera la théorie que le docteur Carpenter, savant si compétent (1), imaginera pour expliquer les phénomènes spiritiques précités.

Ce 6 mars 1877.   Thomas Ashton.
8, Rutherford Terrasse, Byker, Newcastle-on-Tyne.

(1) Le docteur Carpenter voulait expliquer tous les phénomènes spirites par la cérébration inconsciente.

Le médium étant dans le local de la Société spiritualiste, il est évident qu'aucune crainte de trappe ou de porte secrète ne pouvait exister pour les expérimentateurs, dont le rôle devait se borner à ne pas perdre le médium de vue, ce qui fut fait. Si ce récit est fidèle, et jamais personne ne l'a démenti, il faut admettre encore que la preuve de la matérialisation est absolue.

J'ai cité l'expérience dans laquelle le docteur Carter Blake, en compagnie de M. Desmond Fitz-Gerald obtint, le dédoublement du pied droit d'Eglinton (vol. I, p. 470), le pied matériel restant visible pendant toute la durée de la séance.

Aksakof attache une importance particulière à cette expérience, à cause de la compétence des observateurs. « C'est, dit-il, un cas frappant de dédoublement du corps du médium constaté non seulement par les yeux, mais établi d'une manière absolue par la reproduction plastique du membre dédoublé. L'exemple n'est pas unique, mais il est particulièrement remarquable à cause des conditions dans lesquelles il s'est produit, notamment parce que le comité d'organisation des séances, qui était composé de personnes d'une haute instruction, s'était déjà livré à une série d'expériences très soigneuses, et toujours à la condition expresse de pouvoir observer sinon le médium tout entier, du moins une partie de son corps, et que ce comité est pleinement convaincu et de la bonne foi du médium Eglinton, qui a servi à toutes ces séances, et du caractère d'authenticité du phénomène. »

On conçoit que cette possibilité de dédoublement du médium, bien constatée, augmente la difficulté de l'interprétation des faits, quant à la cause des manifestations, et prête également à la confusion en faisant soupçonner la fraude dans des expériences irréprochables. Il nous faudra donc chercher les caractères qui distinguent la matérialisation du double, de celle d'un esprit indépendant. On sait déjà que dans les cas où l'apparition est visible, le doute n'est pas possible, puisque le fantôme diffère du médium, par les traits, la taille, et souvent le sexe, alors qu'un esprit humain extériorisé reproduit absolument tous les détails du corps d'où il émane. Nous verrons plus loin que d'autres différences existent encore entre les deux genres de manifestations, et que, souvent, elles permettent de ne pas se tromper sur la nature de l'être agissant.

Abordons maintenant la troisième catégorie d'expériences.

L'AGENT EST VISIBLE, LE MÉDIUM EST DANS UNE CAGE

Après MM. Reimers et Oxley, nous avons vu intervenir des médecins comme le docteur Carter Blake et des ingénieurs comme M. Fitz-Gerald pour affirmer l'authenticité des moulages à la paraffine. Voici encore d'autres témoins aussi honorables, qui ne sont pas moins formels. Je cite d'après la traduction d'Aksakof (1).

L'expérience qui va être décrite a eu lieu en Angleterre, à Belper. M. Adshead, l'opérateur, s'est servi *d'une cage* pour être certain que le médium n'interviendrait en rien dans la production du phénomène des matérialisations. On plaça le médium, miss Wood, *dans cette cage* dont la porte fut *fermée au moyen de vis*. Le plan de la cage et du cabinet sont reproduits à la page 296 des *Psychische Studien* de 1878. C'est dans ces conditions, absolument parfaites au point de vue de la sécurité contre toute supercherie, que l'on vit apparaître *deux fantômes* : celui d'une femme connue sous le nom de Meggie, et ensuite celui d'un homme s'appelant Benny. L'un et l'autre se sont avancés hors du cabinet. Ces figures se sont ensuite matérialisées et *dématérialisées devant les yeux des assistants*, et enfin elles ont procédé successivement au moulage d'un de leurs pieds dans la paraffine. Voici des détails plus précis sur cette remarquable séance :

Ce fut Meggie qui tenta l'opération d'abord. En s'avançant hors du cabinet, elle approcha de M. Smedley et mit la main sur le dos de la chaise qu'il occupait. A la question de M. Smedley si l'esprit avait besoin de la chaise, Meggie fit avec la tête un signe affirmatif. Il se leva et posa la chaise devant les seaux, Meggie y prit place, elle rassembla ses longs vêtements et se mit à plonger son pied gauche tour à tour dans la paraffine et dans l'eau froide, continuant ce manège jusqu'à ce que la forme fût achevée.

(1) *Animisme et Spiritisme*, pp. 166 et suiv.

Le fantôme était si bien caché sous ses vêtements qu'il ne nous fut plus possible de reconnaître l'opérateur. L'un des assistants, trompé par la vivacité des gestes, s'écria : « C'est Benny ! » Alors l'apparition posa sa main sur celle de M. Smedley, comme pour lui dire : « Touche, pour savoir qui je suis. — C'est Meggie, dit M. Smedley, elle vient de me donner sa petite main. »

Quand la couche de paraffine eut atteint l'épaisseur voulue, Meggie posa son pied gauche sur son genou droit et resta dans cette position deux minutes environ ; puis elle enleva le moule, le tint quelque temps en l'air, et frappa dessus de manière que toutes les personnes présentes pussent le voir et entendre les coups ; puis elle me le tendit, sur ma demande, et je le déposai dans un endroit sûr. Meggie tenta ensuite la même expérience avec son pied droit, mais, après l'avoir trempé deux ou trois fois, elle se leva, probablement à la suite de l'épuisement de ses forces, s'éloigna dans le cabinet et ne revint plus.

La paraffine qui avait adhéré à son pied droit fut ensuite retrouvée dans le cabinet, sur le plancher.

Alors ce fut le tour de Benny. Il fit un salut général et, suivant son habitude, posa sa grande main sur la tête de M. Smedley. Il prit la chaise qu'on lui tendait et la plaça devant les seaux, s'assit et se mit à plonger son pied gauche alternativement dans les deux seaux, ainsi que l'avait fait Meggie, mais beaucoup plus alertement. La rapidité de ses mouvements lui donnait l'apparence d'une petite machine à vapeur, suivant la comparaison de l'un des assistants.

Afin de donner aux lecteurs une idée exacte des conditions favorables dans lesquelles se trouvaient les spectateurs pour suivre les opérations, je mentionnerai que, pendant le moulage du pied de Benny, M. Smedley était assis immédiatement à la droite du fantôme, de sorte que celui-ci a pu lui poser la main sur la tête et lui caresser la joue. J'étais à la gauche de Benny et si rapproché que j'ai pu prendre le moule qu'il me tendit sans quitter ma place ; les personnes qui occupaient le premier rang de chaises étaient éloignées des deux seaux d'environ trois pieds.

Tout le monde pouvait bien voir l'opération entière, depuis la première immersion du pied jusqu'à l'achèvement du moule ; le phénomène lui-même est pour nous un *fait aussi indéniable que la clarté du soleil ou la chute de la neige*. Si l'un d'entre nous eût soupçonné le médium d'avoir employé un « artifice subtil » quelconque, pour nous offrir le moule de son petit pied, le soupçon aurait disparu infailliblement à l'aspect du moule que Benny me tendit, après l'avoir enlevé de son pied gauche, *aux yeux de toute l'assistance*. Je ne pus alors retenir l'exclamation : « Quelle différence ! »

Voici donc encore, dans la même séance, avec un médium féminin, une forme mâle qui laisse des traces indéniables de son existence objective. Cette fois, il ne peut plus s'agir d'un dédoublement, puisque le fantôme d'un vivant reproduit toujours le corps physique d'où il provient. Cette alternance et, dans d'autres cas, la simultanéité de la présence de plusieurs formes fantômales de sexes différents, démontrent qu'il faut chercher ailleurs que dans le médium, l'origine de ces formes. Je reviendrai sur ce point plus tard. Il me suffit en ce moment de signaler, en passant, cette diversité dans les résultats constatés expérimentalement, pour établir que les spirites ne s'appuient toujours que sur des faits pour justifier leurs théories. Voyons la suite du récit :

Quand Benny eut fini avec le modelage, il remit la chaise à sa place et fit le tour des spectateurs, leur serrant la main et causant avec eux. Tout à coup il se souvint que, sur sa demande, la porte de la cage avait été laissée entr'ouverte, et, voulant nous prouver qu'en dépit de cette circonstance le médium n'était intervenu en rien dans cette expérience, il poussa la table jusqu'à la porte de la cage *après l'avoir fermée*, saisit mon bras de ses deux mains, le pressa avec force sur la table, comme s'il voulait me dire que je ne devais pas la laisser se déplacer d'un pouce ; ensuite il se pencha pour prendre la boîte à musique qu'il adossa à la cage dans une position inclinée, une arête appuyée contre la porte de la cage, l'autre reposant sur le plancher, de sorte qu'en s'ouvrant, la porte eût infailliblement renversé la boîte. Là-dessus Benny prit congé et disparut.

Il me reste à constater que la table n'a pas bougé ; qu'après la séance la boîte à musique a été trouvée adossée à la cage, au même endroit, et que le médium était dans la cage, *attaché à la chaise*, et en état de trance. De tout ce qui précède, il faut conclure que les moules en paraffine ont été obtenus dans des conditions tout aussi concluantes que si la porte de la cage eût été fermée avec des vis. En admettant même que l'expérience avec la cage laissât à désirer, les résultats acquis n'en exigent pas moins une explication.

En premier lieu, un individu n'a qu'un seul pied gauche, alors que les moules obtenus par nous appartiennent à *deux pieds gauches dissemblables par leurs dimensions et leur conformation*. Mesures prises, le pied de Benny avait neuf pouces de longueur et quatre de largeur ; le pied de Meggie, huit de longueur et deux un quart de largeur. En outre, le cabinet *était si étroitement surveillé qu'aucun être humain n'aurait pu y pénétrer sans être immédiatement découvert.*

Alors, si les formes en question n'ont pas été moulées sur les pieds du médium — et cela me semble prouvé d'une manière absolue, — quels sont donc les pieds qui ont servi de modèles ?

Évidemment, si tout s'est passé exactement comme la description en est faite, on ne peut supposer autre chose que la présence d'un fantôme capable de se *matérialiser* et de se *dématérialiser*, puisqu'un moulage humain, dans les conditions susindiquées, est impossible.

L'exactitude de ce procès-verbal, publié dans les journaux de l'époque, n'a jamais été contestée, les témoins sont honorables et connus ; donc, bon gré mal gré, il faut accepter les faits, surtout quand ils se sont reproduits aussi dans d'autres milieux.

Aksakof, toujours désireux de se documenter, écrivit à M. Adshead en le priant de faire photographier les moules, ce qui eut lieu. M. Adshead se prêta à son désir et envoya deux photographies exécutées par M. Schmidt, à Belper, montrant les moules sous deux faces, vus d'en haut et de côté. Il suffit, dit le savant russe, d'un coup d'œil sur ces épreuves pour en saisir la différence considérable.

« Mais, afin de pouvoir juger avec plus de certitude encore, je priai M. Adshead de sacrifier les moules mêmes pour en produire des épreuves en plâtre et de m'envoyer des photographies de ces dernières, ainsi que les mesures exactes. M. Adshead eût encore l'extrême obligeance d'accéder à cette prière.

« En posant ces photographies l'une sur l'autre, il est facile de voir la différence de forme et de dimensions des deux pieds. Voici les mesures que me communique M. Adshead. Pied de Meggie : périphérie de la plante, 19 pouces 1/8 ; longueur, 8 pouces ; circonférence mesurée à la racine du petit doigt, 7 pouces 1/2. Pied de Benny : périphérie de la plante 21 pouces 1/4 ; longueur, 9 pouces ; circonférence mesurée à la racine du petit doigt, 9 pouces 1/2. »

Arrivons au point culminant de l'expérimentation, celui où l'on voit en même temps l'esprit et le médium.

LE FANTÔME ET LE MÉDIUM SONT SIMULTANÉMENT VISIBLES POUR LES SPECTATEURS

J'aurai l'occasion de citer un assez grand nombre de cas dans lesquels cette éventualité s'est réalisée, ce sera l'objet d'un paragraphe spécial. En ce moment, c'est la preuve par le moulage qui affirme que l'apparition est réelle et que l'hallucination ne saurait expliquer les faits, car pour la supercherie, elle devient impossible à concevoir dans ces conditions. La description suivante est empruntée à une conférence faite à Newcastle, le 19 septembre 1877, par M. Ashton et imprimée dans *The Medium and Daybreack*, de Londres, le 5 octobre 1877, p. 826.

J'ai été témoin de faits remarquables qui se sont produits avec le médium miss Fairlamb et viens vous communiquer ce qui s'est passé à la séance du dimanche 8 avril dernier, *dans les locaux de notre société*. Outre le médium, l'assistance se composait d'une dame et de sept hommes.

A l'arrivée de miss Fairlamb, on apporta dans la chambre désignée pour la séance deux seaux, l'un contenant la paraffine fondue, l'autre de l'eau froide, et on les plaça devant le cabinet, à une distance de deux pieds. Le cabinet était formé au moyen d'un rideau en étoffe de laine verte, fixé au mur par un de ses joints, d'où il tombait sur une barre de fer courbée en demi-cercle, en formant une espèce de tente.

Après avoir fait une *inspection minutieuse du cabinet et des seaux*, on installa le médium à l'intérieur du cabinet. Ayant aperçu dans l'assistance une personne qui lui était inconnue, miss Fairlamb demanda que l'on prît toutes les précautions nécessaires pour écarter le moindre doute sur l'authenticité des phénomènes qui allaient se produire. Cependant la majeure partie des personnes présentes était persuadée de l'inutilité des moyens habituellement employés pour obtenir l'isolement du médium, à savoir : les cordes ou rubans avec lesquels on le liait ; les cachets apposés sur les nœuds, l'emprisonnement dans un sac ou une cage, etc., car les forces occultes qui se manifestaient à ces séances, semblaient surmonter toutes les entraves matérielles. En outre, tout le monde avait une confiance entière en miss Fairlamb et en ses guides invisibles. Nous renonçâmes donc aux mesures de contrôle et nous n'eûmes pas à nous en plaindre.

Il est des exemples bien avérés de médiums dégagés presque

immédiatement des liens dont on les avait enserrés, sans que les nœuds fussent défaits, ni les crochets brisés (1). Mais, à mon avis, il est toujours bon de prendre toutes les mesures nécessaires pour un contrôle rigoureux; non par défiance envers le médium, quand on a pu s'assurer de sa parfaite bonne foi, mais pour être à même de présenter au public un compte rendu qui prête le moins possible à la critique. Trop souvent, des exploiteurs de la médiumnité se sont joué de la bonne foi des assistants pour que l'on ne soit pas toujours sur ses gardes. Et puis, des faits aussi peu connus encore semblent si invraisemblables au grand public, que l'on a le devoir absolu de ne les présenter qu'avec toutes les garanties matérielles qui peuvent en assurer la réalité. Jamais on ne prend trop de précautions ; mais il faut cependant ne pas froisser le médium, ni le ligoter maladroitement jusqu'à le blesser, comme cela s'est produit quelquefois, si l'on veut obtenir de belles manifestations. Ici, comme partout, un peu de tact et de politesse ne nuisent pas, car si l'on crée une atmosphère mentale défavorable, c'est certainement au détriment des phénomènes, qui ne se produisent pas ou sont insignifiants. Je reprends ma citation du récit de M. Ahston :

> Quand nous eûmes chanté deux ou trois airs, nous vîmes le rideau s'écarter lentement et une tête sortir du cabinet ; la figure avait le teint basané, les yeux noirs et était garnie d'une barbe et de moustaches brunes (le médium est une personne blonde, aux yeux bleus). On voyait cette tête s'avancer tantôt jusqu'à montrer les épaules, tantôt se retirer, comme si le fantôme voulait s'assurer *qu'il pourrait supporter la lumière*. Subitement, le rideau s'ouvrit, et devant nos yeux se présenta la forme matérialisée d'un homme. Il portait une chemise ordinaire en flanelle, à rayures, et un pantalon en calicot blanc ; sa tête était enveloppée d'une espèce de mouchoir ou châle. C'était tout son costume. Le col et les manches de la chemise étaient boutonnés.

Je suis obligé d'interrompre encore cette narration pour signaler la similitude qui existe entre les fantômes de vivants et

(1) Voir dans la brochure : *Les Forces naturelles inconnues*, par HERMÈS (pseudonyme de C. Flammarion) des exemples de ce phénomène, qui se produisait couramment avec le jeune Allen et les frères Davenport. Voir également les cas que je cite du passage du médium, *à travers une cage*, p. 503, chez le Dr Gibier, et le récit du révérend Minot Savage, p. 514.

ceux des esprits désincarnés. Nous avons constaté que le double se montre *toujours* revêtu d'un costume, parfois inconnu du voyant, mais qui appartenait bien à l'agent (1). Pour les esprits, ils se présentent également : soit enveloppés par des draperies, soit avec des vêtements qui reproduisent ceux qu'ils portaient ici-bas. Si étonnante que puisse sembler cette reconstitution d'un vestiaire posthume, c'est un fait indéniable, et nous verrons que dans des cas exceptionnels, comme celui de Katie King observé par W. Crookes, la réparation des trous que les opérateurs faisaient dans ce fantastique tissu, dont ils avaient découpé des lambeaux, s'opérait sous les yeux des assistants. Évidemment, dans ces circonstances, on est tenté d'expliquer les phénomènes par l'hallucination ; mais, quelquefois, le morceau d'étoffe reste, comme un témoin irrécusable de la réalité de ce que l'on vient de constater, de sorte qu'on est bien obligé d'attribuer à une autre cause ce prodigieux phénomène, que la supercherie ne pourrait pas non plus reproduire. Je reviens à la narration de M. Ashton :

L'homme me paraissait avoir 5 ou 6 pieds de taille ; il était maigre mais solidement bâti, et produisait, dans son ensemble, l'impression d'un gaillard souple et agile. Après avoir exécuté avec ses bras quelques mouvements circulaires, comme s'il eût voulu les dégourdir, il entra dans le cabinet pour *monter la flamme du gaz*, qui est aménagé de manière à pouvoir être réglé à l'intérieur du cabinet aussi bien qu'au dehors. Ensuite il apparut à nouveau et se livra à de nouveaux exercices gymnastiques, rentra encore une fois derrière le rideau, *renforça encore la lumière* et revint vers nous d'une allure dégagée et pleine de vigueur, se livrer derechef à quelques exercices de corps et procéda aux préparatifs de moulage : il se baissa, saisit les seaux *et les porta* plus près des spectateurs.

Puis *il prit une chaise* qui se trouvait à côté de M. Armstrong et la plaça de manière que le dossier écartât le rideau d'environ vingt pouces, ce qui permit à *trois personnes* de l'assistance *de voir le médium*. Il s'assit et commença le moulage de son pied. Pendant les 25 minutes que dura l'opération, les expérimentateurs pouvaient donc voir *en même temps* et le fantôme et le médium éclairés plus que suffisamment...

(1) Voir volume I, pp. 121 et suiv.

On le constate, de tous côtés nous arrivent des confirmations de la possibilité d'obtenir des moulages, malgré les précautions minutieuses prises pour se placer dans les conditions les plus variées de contrôle. L'ensemble de ces résultats me paraît si irrécusable, que je trouve inutile d'insister plus longtemps sur ce genre de preuves.

Les spirites, toujours à la recherche des procédés qui démontrent l'objectivité des matérialisations, employèrent de bonne heure la photographie pour répondre à l'éternelle rengaine de l'hallucination. Après avoir obtenu les portraits d'esprits invisibles, il était naturel de vouloir conserver ceux des êtres de l'au-delà qui apparaissaient dans les séances et l'on put alors s'assurer, d'une manière absolue, que le témoignage visuel des assistants n'était pas trompeur, puisque le cliché représentait la même image de fantôme que celle que tout le monde avait décrite. C'est justement parce que cette vérification a été faite un nombre considérable de fois, que je trouve la théorie de l'hallucination collective réellement insoutenable.

LA PHOTOGRAPHIE DES FORMES MATÉRIALISÉES

Aksakof ayant fait un excellent historique de ces manifestations, je vais lui emprunter quelques faits, renvoyant le lecteur au livre pour la connaissance des détails (1). En avançant, je produirai d'autres documents recueillis, depuis l'époque où son livre parut.

C'est un M. Russell, de Kingston-on-Thames, qui, entre 1872 et 1876, réussit à prendre la photographie simultanée de la forme matérialisée et du médium. Le médium se nommait William et l'esprit John King. M. Aksakof possédait ce cliché. Une seconde photographie fut faite en 1874, chez le colonel Greek, à la lumière du magnésium ; il est regrettable que ce portrait de John King n'ait pas été publié, car on aurait pu le comparer avec les médaillons que nous possédons, imprimés dans de la terre glaise, par l'intermédiaire d'Eusapia.

(1) AKSAKOF, *Animisme et Spiritisme*. Matérialisation et dématérialisation d'objets, pp. 217 et suiv.

LES EXPÉRIENCES DE LIVERPOOL

Mais c'est à Liverpool, avec un médium non professionnel, qui ne voulut même pas que son nom fût connu et qui était complètement désintéressé, que les faits se produisirent avec une ampleur et une netteté significatives. M. Burns, éditeur du journal *The Medium*, possédait un cliché, pris en sa présence, sur lequel il était possible de voir le médium et un être matérialisé représentant un vieillard de grande taille. Sur la prière d'Aksakof, il fit un compte rendu de cette séance, auquel j'emprunte les détails suivants :

La séance eut lieu chez le médium, mais la salle fut visitée par M. Burns : c'était une petite pièce dont la fenêtre avait été condamnée. Le cabinet, formé de plusieurs pièces de laine, était adossé à un mur plein et avait la forme d'un fer à cheval. Une lampe à paraffine donnait assez de lumière pour que l'on pût lire de tous les points de la salle.

Une fois le médium endormi, sept et huit formes matérialisées sortirent du cabinet l'une après l'autre... Puis apparurent *quelques parents* des maîtres de la maison, entre autres une dame âgée, *la mère de l'un des époux*. Elle était coiffée d'un bonnet à plissés. On l'avait déjà *photographiée plusieurs fois* et souvent le portrait était très ressemblant. Parmi les fantômes, il y eut encore *une sœur*, une jeune femme de belle apparence.

Une photographie que je possède représente *un frère* qui se tient d'un côté du cabinet, entre les rideaux ; à l'autre bout, on voit M. Archibald Lamont, récemment décédé. Donc *une grande partie des esprits matérialisés étaient des amis intimes des assistants*. L'esprit guide de la séance était un vieillard qui avait une longue barbe blanche ; il se trouve sur l'une des plaques avec le docteur Hitchman, l'un des assistants. Au cours de la séance à laquelle j'ai pris part, une grande partie du temps et des forces a été employée pour l'évocation de mes amis spirituels. L'un d'eux portait un long vêtement, à l'antique, cinglé à la ceinture ; il se donnait pour un philosophe et écrivain de l'antiquité. Un autre esprit était « Robert Bruce », que nous attendions plus spécialement. J'étais en communication avec lui depuis des années (1) et nous étions liés d'une

(1) Je montrerai plus loin, au chapitre sur l'identité des Esprits, que l'apparition matérialisée des esprits avec lesquels on communique par la typtologie ou l'écriture est assez fréquente, ce qui prouve que l'être qui paraît existe aussi en dehors des séances (G. Delanne).

sympathie marquée *qui dure toujours.* Il était doué d'une puissance considérable et réussissait à rester avec nous assez longtemps. Lorsqu'il sortit du cabinet, on m'invita à m'approcher de lui. Il me serra la main chaleureusement et avec tant de force *que j'entendis craquer une des articulations de ses doigts*, ainsi que cela arrive quand on se presse la main avec force. Ce fait anatomique était corroboré par le sentiment que j'éprouvais de tenir une main parfaitement naturelle. Ma femme avait également communiqué avec lui, et ce ne fut pas une apparition fugitive ; elle fut suffisamment prolongée pour permettre une investigation minutieuse. Certains détails de cette entrevue resteront toujours dans ma mémoire. Bruce alla vers la lampe *et la décrocha du mur* ; il la porta dans le cabinet, augmenta la flamme et dirigea la lumière sur le médium ; en même temps, il leva le rideau assez haut pour *que nous pussions les voir tous les deux*. Ensuite il baissa la flamme et porta la lampe à sa place....

Après avoir poursuivi pendant quelque temps ces expériences, au cours desquelles tous les assistants ont pu à plusieurs reprises *voir en même temps le médium et les formes matérialisées*, on procéda aux préparatifs pour photographier ensemble le médium, les apparitions et les assistants. On changea de place : au lieu de former un demi-cercle, toute l'assistance se plaça de front, en face de la porte et tournant le dos au cabinet. La chambre obscure avait été installée avant la séance dans un coin de la pièce, le foyer dirigé sur le cabinet ; à côté, il y avait une petite table sur laquelle se trouvait une certaine quantité de poudre de magnésium qui en flambant devait donner une lumière assez vive pour permettre de prendre une photographie instantanée. Les accessoires photographiques se trouvaient dans la cuisine ; comme les plaques sèches n'étaient pas encore en usage, il fallait avoir recours aux plaques fraîches, qui furent préparées par M. Balfour dans la cuisine ; sans être photographe de profession, il avait assez de connaissances en cette matière pour faire les manipulations nécessaires. J'accompagnai M. Balfour dans la cuisine et observai tous ses mouvements ; *le médium lui-même m'avait prié de m'assurer que tout se passait correctement.*

Nous rentrâmes ensuite dans la chambre des séances, et le châssis renfermant la plaque fut introduit dans l'appareil. Tous les assistants étaient à la place où nous les avions laissés, y compris le médium et le fantôme. Pour conserver la plaque après l'exposition, on éteignit la lampe. La forme matérialisée se tenait en ce moment derrière nous, une main sur ma tête, l'autre sur celle de ma femme ; celle-ci eut un frisson lorsque l'esprit se pencha vers elle et lui dit, *en vrai dialecte écossais*, de ne pas avoir peur. Ensuite le fantôme prit sa pose pour la photographie, et bientôt fut donné le signal d'allumer : la mèche mise en contact avec la poudre, le jet de lumière fut rapide comme un éclair. M. Balfour s'empressa d'enlever le châssis. J'éprouvais une certaine inquiétude au sujet de ma femme, qui paraissait prête à s'évanouir. Pendant ce temps, la chambre était plongée dans l'obscurité et envahie par les gaz nauséabonds de la poudre brûlée. Le fantôme n'avait pas quitté sa place ; il s'approcha de mon oreille et, *dans le même dialecte écossais*, d'une voix un peu rude et sénile : « Va chercher le portrait », dit-il, me faisant ainsi comprendre qu'il allait rester auprès de ma femme. Je suivis M. Balfour dans la cuisine. Il procéda au développement de la plaque, mais l'excitation qu'il éprouvait faisait trembler sa main ; il renvoya le liquide sur la plaque au lieu de le laisser égoutter, ce qui fut cause que le ton général de l'épreuve manque de netteté, et que la figure de ma femme est presque voilée. Le liquide durci fut en partie enlevé, mais on ne pouvait l'enlever complètement sans effacer l'image de Mme Burns. D'autre part, la lumière a dû être trop vive, car la plaque porte les indices d'un excès de pose. Heureusement la reproduction du fantôme est bien réussie. La bande foncée qui lui traverse la poitrine obliquement représente un plaid écossais. *L'image du médium apparaît faiblement dans l'enfoncement qu'il occupait.* Les assistants, qui étaient placés de part et d'autre du cabinet, ne sont point visibles, l'épreuve que je possède n'étant que la partie du milieu découpée. Quand la chambre fut éclairée, le médium se réveilla, encore étourdi par l'effet d'une trance prolongée. Il accueillit le récit de notre expérience avec son indifférence habituelle.

Sur d'autres photographies obtenues par nous, le médium ressort beaucoup mieux ; à proprement parler, la photographie dont il est question ici est, de toute une série, la moins réussie, mais, en raison du caractère extraordinaire des résultats que nous avons obtenus, cette photographie est inestimable comme preuve de la réalité des phénomènes ; car ces résultats ne peuvent, en aucune façon, être considérés comme produits par une supercherie ni être expliqués par une hallucination. Ce n'est qu'une expérience prise dans toute une série d'expériences pareilles, qui se confirment les unes les autres de la manière la plus positive.

« Spiritual Institution, 15, Southampton-Row.
« London, 19 juillet 1886.

« J. Burns. »

Il me reste à dire encore que, sur cette photographie, assez grande, puisqu'elle mesure 5 pouces sur 6, on voit très bien, malgré certains défauts techniques, un groupe de sept personnes parmi lesquelles on distingue la forme matérialisée, drapée de blanc, debout près du cabinet ; la moitié du rideau devant lequel elle se dresse est tirée, et on voit, dans le cabinet, la moitié seule du visage visible, ses cheveux et sa barbe noire se confondant avec l'ombre qui régnait dans ce cabinet.

Mais, pour cette photographie, dit Aksakof, la présence du médium sur la plaque était superflue, car il n'y a aucune ressemblance entre lui et la forme matérialisée ; le médium est un homme brun, de trente ans ; la forme matérialisée est celle d'un vieillard tout chauve, avec une longue barbe grise, et son visage, large et rond, *est complètement différent de celui du médium* : il regarde en face, les yeux sont ouverts, on voit les prunelles. Sous le rapport de la netteté, cette photographie est plus intéressante que celle que j'avais faite avec Eglinton ; il est remarquable que ces apparitions supportent sans fermer les yeux la lumière éblouissante du magnésium.

On ne trouve dans la presse anglaise que deux relations sur les phénomènes de matérialisation produits en présence de ce médium ; ils sont dus à la même plume, celles de Mme Louisa Thompson Nosworthy, et ont trait à une même séance. Je reproduirai ici une de ces deux relations, parce que, dans cette séance, on fit non seulement la photographie de la forme matérialisée, mais aussi celle du médium. Le premier récit a paru dans le *Spiritualist* du 28 juillet 1876, p. 350 ; j'en citerai les passages suivants :

Séances curieuses a Liverpool,
par E. Louisa S. Nosworthy.

« Il serait peut-être intéressant pour les lecteurs du *Spiritualist* d'apprendre qu'en même temps que les chercheurs faisaient des expériences avec des médiums professionnels et obtenaient des preuves irrécusables de la réalité des matérialisations temporaires de formes humaines, qui acquièrent une consistance matérielle comparable à celle de notre corps, ces mêmes phénomènes surprenants étaient observés dans un cercle intime, strictement privé, à Liverpool. Ayant souvent eu l'occasion de prendre part à ces séances, je vous envoie un compte rendu des choses dont j'ai été témoin.

« C'était au mois de septembre de l'année dernière. Mon père, M. Georges Thompson, était venu me voir ; il témoigna un vif désir d'assister à une séance de matérialisation. En conséquence, j'obtins la permission de l'introduire dans le cercle en question. Le docteur William Hitchman assistait à la même séance. La pièce où les expériences eurent lieu est très petite, mesurant environ 10 pieds carrés. Cette fois, comme d'ordinaire, nous fûmes invités à nous disposer en demi-cercle et à entonner des chants, après que le médium se fut retiré derrière le rideau. La lampe à paraffine *donnait assez de lumière pour nous permettre de nous voir les uns les autres.*

« Peu après la disparition du médium, le rideau s'écarta, et dans l'écartement on aperçut comme un nuage, ayant une vague ressemblance avec une forme humaine. *Cette vapeur* devint de plus en plus dense ; il s'en dégagea la forme d'une tête et d'une main. La main se mit immédiatement à travailler la masse nébuleuse qui se trouvait au-dessous d'elle et en façonna une forme humaine, celle d'un homme de grande taille, vêtu de blanc. Ce fantôme, *quoique issu d'un nuage et formé sous nos yeux*, pour ainsi dire, nous donna bientôt des preuves qu'il n'était plus composé d'une vapeur impalpable : il s'avança vers le milieu de la chambre et *nous serra fortement la main à chacun*. On augmenta la lumière, et nous pûmes voir un vieillard majestueux au regard sévère, avec la barbe et la chevelure blanches et flottantes. Il resta quelque temps en dehors du cabinet, improvisé avec de l'étoffe, comme on l'a dit plus haut, revint ensuite à l'endroit où il s'était formé, et, écartant de sa main le rideau, il fit signe à tous les assistants, l'un après l'autre, de s'approcher de lui et de se tenir *à côté de lui et du médium*. Le vieillard regardait chacun dans le blanc des yeux. Mon père a pu remarquer *son teint frais, presque rosé*, ainsi que l'expression digne de sa physionomie.

« On ne saurait oublier cette apparition imposante, qui se tenait debout près du rideau, l'écartant d'une main *et montrant de l'autre le médium plongé dans une profonde trance*. Mon père me dit, par la suite, qu'il avait éprouvé une émotion saisissante à ce spectacle, surtout au moment où, en face du fantôme, le touchant presque, il entendit sortir des lèvres de cet être appartenant à un autre monde les paroles suivantes, prononcées d'une voix faible : « Que Dieu te bénisse. » Deux ou trois autres figures se sont montrées ensuite, dans les mêmes conditions à peu près : elles faisaient le tour des assistants, *leur serraient la main, permettant de toucher et d'examiner leurs vêtements*. L'une de ces apparitions présenta à chacun de nous un grain de piment : il ne s'en trouvait pas dans la maison.

« A la fin de cette séance mémorable, la première forme apparut de nouveau, et alors on en fit la photographie, conjointement avec celle du docteur Hitchman...

« M. Charles Blackburn a décrit une autre séance tenue par les mêmes personnes et à laquelle j'ai également assisté. Il examina, *de concert avec l'architecte*, la chambre où les séances avaient lieu, et constata que cette pièce *n'était pas située au-dessus d'une cave, qu'elle touchait immédiatement au sol*. Il arrivait souvent, pendant ces expériences, que nous voyions apparaître trois fantômes différents. Je me demande si un sceptique quelconque réussira à trouver une théorie autre que celle du spiritisme pour expliquer ces phénomènes dans tous les détails ! »

Un autre compte rendu de la même séance, par le même auteur, est publié dans le *Psychological Review* (1878, t. I, p. 348), sous le titre : « Souvenirs de George Thompson, par sa fille Louise Thompson ». Dans ce récit, on lit, entre autres détails, que sur la première photographie, prise à la lumière du magnésium, on voit non seulement le fantôme, mais aussi le médium.

Dans ces deux rapports, il y a une contradiction en ce qui concerne les photographies : dans le compte rendu de 1876, on dit que le fantôme a été photographié conjointement avec le docteur Hitchman ; la lettre écrite en 1878 porte que c'est le médium qui aurait été photographié sur la même plaque que la figure matérialisée.

Désirant avoir un éclaircissement sur cette contradiction, dit Aksakof, j'écrivis au docteur Hitchman, qui me répondit par la lettre suivante :

« Liverpool, ce 26 avril 1887.

« Monsieur,

« J'ai l'honneur de vous accuser réception de votre estimée du 18 courant. Relativement aux diverses questions qu'elle contient, je ferai observer qu'à plusieurs reprises il y eut plus d'une séance dans la même soirée et qu'au cours de ces expériences photographiques le médium (M. B...) était tantôt reproduit, tantôt non. Il n'y a donc pas là nécessairement une « contradiction ».

« Agréez, etc.

« William Hitchman, M. D. »

Pour compléter les relations ayant trait aux expériences photographiques faites avec ce médium remarquable, je ne pouvais faire mieux que de m'adresser encore à ce même M. Hitchman, un savant distingué, docteur en médecine, président de la Société d'anthropologie de Liverpool et auteur de *Physiologie des inflammations*, de *Nature et prophylaxie de la phtisie*, etc., etc. ; c'était la personne la plus compétente du cercle intime où se produisaient les phénomènes en question. Voici la lettre qu'il m'écrivit en réponse :

CONFIRMATION DU DOCTEUR HITCHMAN

« Liverpool, Pembroke-Place, 62, le 24 juillet 1886.

« Monsieur,

« Répondant à votre aimable lettre en date d'hier, je viens vous dire qu'absorbé par divers travaux très pressés, je regrette de ne pouvoir, en ce moment, vous communiquer tous les détails que vous me demandez au point de vue scientifique et philosophique.

« Quant aux photographies des figures matérialisées, elles ont été obtenues à la lumière électrique.

« Plusieurs appareils complets étaient aménagés spécialementt pour nos expériences ; ils avaient plusieurs chambres noires, permettant respectivement d'employer la plaque entière, la demi-plaque ou le quart ; il y avait aussi des chambres binoculaires et stéréoscopiques ; on les plaçait derrière les spectateurs, ce qui permettait non seulement de les braquer sur le fantôme en suivant la ligne visuelle des assistants, mais encore de photographier en même temps le médium, quand les personnages apparus consentaient, sur notre demande, à écarter le rideau. Dans la règle, nous n'éprouvions jamais d'insuccès dans nos opérations.

« On employait des bains de développement et de fixage, et les plaques étaient préparées d'avance, afin d'éviter tout retard. Il m'arrivait souvent d'entrer dans le cabinet à la suite d'une forme matérialisée, et alors *je la voyais en même temps que le médium* (M. B.) Par le fait, je crois avoir acquis *la certitude la plus scientifique qu'il soit possible d'obtenir*, que chacune de ces formes apparues était une individualité distincte de l'enveloppe matérielle du médium, car je les ai examinées à l'aide de divers instruments ; *j'ai constaté chez elles l'existence de la respiration, de la circulation;* j'ai mesuré leur taille, la circonférence du corps, pris leur poids, etc. Ces apparitions avaient l'air noble et gracieux au moral et au physique ; elles semblaient *s'organiser graduellement aux dépens d'une masse nébuleuse*, alors qu'elles disparaissaient *instantanément et d'une manière absolue*. Je suis d'avis qu'il doit y avoir une existence spirituelle *quelconque, quelque part*, et que les êtres intelligents qui se présentaient à nos séances prenaient une « apparence corporelle », possédant une réalité objective, mais d'une nature différente de la « forme matérielle », qui caractérise notre vie terrestre, tout en étant doués d'une conscience, d'une intelligence semblable à la nôtre, et présentant le don de la parole, la faculté de locomotion, etc. Ayant souvent eu l'occasion (en présence de témoins compétents) de me tenir entre le médium et « l'esprit matérialisé », de *serrer la main à ce dernier et de lui causer pendant près d'une heure*, je ne me sens plus disposé à accepter des hypothèses fantaisistes, telles que les illusions de la vue et de l'ouïe, la cérébration inconsciente, la force psychique et nerveuse et tout le reste ; la vérité, en ce qui touche les questions de la *matière* et de *l'esprit* ne pourra être acquise *qu'à force de recherches*.

« Veuillez m'excuser de ne vous apporter que ces remarques trop superficielles et hâtives, en ayant égard aux circonstances où je me trouve.

« Agréez, etc.

« WILLIAM HITCHMAN. »

N'ayant plus à sa disposition de photographie, le docteur Hitchman eut l'obligeance de m'envoyer la reproduction photographique d'un dessin qui représente une des séances de M. B... On y voit toutes les personnes faisant partie du cercle ; au milieu se trouve la forme matérialisée d'un vieillard drapé de blanc, tête découverte, debout auprès du cabinet, qu'il écarte de la main droite, nous montrant le médium qui est assis, plongé dans une trance profonde. *Entre le creux de la poitrine de la forme matérialisée et celui du médium on voit comme un faisceau lumineux reliant les deux corps* (1) et projetant une lueur sur le visage du médium.

Ce phénomène a été souvent observé pendant les matérialisations ; on l'a comparé au cordon ombilical. M. Hitchman accompagne son envoi des lignes suivantes :

« Le 26 juillet 1886.

« CHER MONSIEUR,

« Depuis que je vous ai adressé ma dernière lettre, j'ai pu, après des recherches minutieuses, trouver le dessin qui accompagne la présente. Il pourra peut-être servir à vous faire une idée plus complète de toute la série des séances de M. B... Je garantis la fidélité du dessin. La forme matérialisée que vous voyez se donnait pour le docteur W..., de Manchester. C'est une intelligence fort développée... Le fantôme a dessiné mon portrait... A mon sens, seules des

---

(1) J'appelle l'attention du lecteur sur ce point, car nous verrons plus loin que c'est un phénomène, assez souvent observé, qui montre la relation constante qui attache, physiquement, la forme matérialisée au médium (G. Delanne).

recherches expérimentales sérieuses et patientes, dans le domaine des faits objectifs ou des phénomènes psychiques du spiritualisme, pourraient convaincre les philosophes allemands, ou autres, de leur réalité et de leur valeur, en tant que manifestations de la volonté divine, ou bien comme un effet de l'évolution naturelle se produisant dans des conditions convenables.

« Les efforts de la raison, de la logique, de l'argumentation, etc., *sans* investigation pratique, ne sont qu'une perte inutile de temps et d'énergie.

« Votre dévoué

« W. Hitchman. »

« P. S. — Dans le *Psychological Review* du mois d'avril 1879, une place d'honneur a été réservée à un article de moi intitulé *Ourselves and Science* (Nous-Mêmes et la Science) et dans lequel j'expose les résultats de mes observations aussi scientifiquement que l'ont jamais été des travaux chimiques de laboratoire ou autres.

« W. H. »

Je ferai observer que nous avons sur cette série d'expériences photographiques des témoignages concordants émanant de personnes honorables, compétentes et désintéressées, qui s'accordent pour affirmer la réalité des faits. J'ai signalé que des esprits ont été reconnus par les assistants comme étant de leurs parents, et les images qui en restent ne permettent pas de mettre ces ressemblances sur le compte de l'illusion.

Encore une fois, ce sont des faits qui s'imposent avec la plus démonstrative évidence, ce qui obligera les chercheurs de bonne foi à voir dans le spiritisme autre chose que de pures spéculations métaphysiques.

Nous retrouverons, à leurs lieu et place, la description d'un certain nombre de cas de photographies simultanées du médium et de l'apparition en parlant des séances de Crookes (1), de celles de Mme d'Espérance (2) et de la Villa Carmen (3). Ici, je signale que M. Barkas (4), géologue et investigateur très sérieux, assista

(1) Voir p. 495.
(2) Voir p. 363.
(3) Voir aussi pp. 444 et 541.
(4) Aksakof, *Anim. et Spirit.*, p. 184. Traduction d'un article paru dans le journal anglais *Medium and Daybreak*, 1875, p. 657.

en 1876 à une séance dans laquelle apparut une petite figure de femme, dont la figure et les mains étaient brun foncé. Les yeux étaient grands, ternes, sanguinolents, les paupières s'ouvrant et s'abaissant lourdement. Trois poses eurent lieu. On voit sur chaque plaque que l'apparition a bougé. Dans la dernière, un des médiums est visible à côté de la forme fantômale, les médiums étaient miss Wood et miss Fairlamb.

La lumière très vive du magnésium incommodait l'apparition, d'autant plus qu'on ne connaissait pas à cette époque les plaques rapides dont on se sert maintenant. Aussi la tête a des contours indécis. La fatigue des médiums fut extrême, car ils ne revinrent à eux qu'une heure après. C'est encore une preuve de l'influence perturbatrice que la lumière apporte dans ces sortes de phénomènes.

LES EXPÉRIENCES D'AKSAKOF

Le savant russe voulut, pour répondre aux objections de Hartmann sur l'hallucination, prendre lui-même des photographies spirites sur lesquelles les médiums et l'apparition seraient obtenus simultanément. En 1885, une première série de séances eut lieu à Saint-Pétersbourg avec Eglinton, mais il fut impossible d'obtenir un résultat satisfaisant (1). Ce n'est qu'en 1886, à Londres, que le succès couronna ses efforts persévérants.

Les expériences eurent lieu chez un riche particulier, de condition sociale équivalente à celle d'Aksakof, dans une maison que l'hôte du savant russe avait fait bâtir récemment. Le cercle se composait du maître de la maison, de sa femme, du médium Eglinton, de M. N..., un ami, et de l'auteur. Toutes les manipulations furent exécutées par les assistants. Les plaques étaient achetées et marquées par M. Aksakof. Le salon fut choisi comme salle des séances ; l'entrée, étant séparée du reste de la pièce par un large rideau de peluche, servit de cabinet. Il y avait une porte, la seule donnant sur cette chambre, qui fermait très bien et une fenêtre dont les volets intérieurs furent

(1) AKSAKOF, *Psychische Studien*, août 1886.

recouverts de toile cirée et de couvertures de laine assujetties par des clous. Ce salon se trouvait au troisième étage.

La lumière était produite par une petite lampe à esprit-de-vin qui devait servir en même temps à enflammer le magnésium.

Fig. 20. — Portrait d'Eglinton.

L'appareil photographique fut mis au point sur le rideau. Voir ci-contre (p. 295) le plan qui montre la disposition des lieux.

Le médium s'asseyait sur un fauteuil, derrière le rideau, après que M. Aksakof avait fermé la porte, dont la clef restait dans sa poche. Les assistants étaient primitivement assis en demi-cercle devant le rideau, jusqu'au moment où ils devaient se déplacer pour exécuter les différentes opérations.

La première séance fut nulle. Les guides semblaient redouter l'épuisement qui résulterait pour le médium de l'action intense de la lumière ; cependant, ils feraient un dernier effort.

« La deuxième séance de cette série, la dernière de toutes, fut fixée au 26 juillet. Le résultat négatif de la séance précédente était venu confirmer mes appréhensions ; j'étais d'autant plus convaincu que rien ne se produirait à cette dernière tentative.

« Nous nous réunîmes à la même heure ; comme l'autre fois nous nous retirâmes, notre hôte et moi dans le cabinet noir ; lorsque les préparatifs furent terminés, je tirai de ma serviette deux plaques

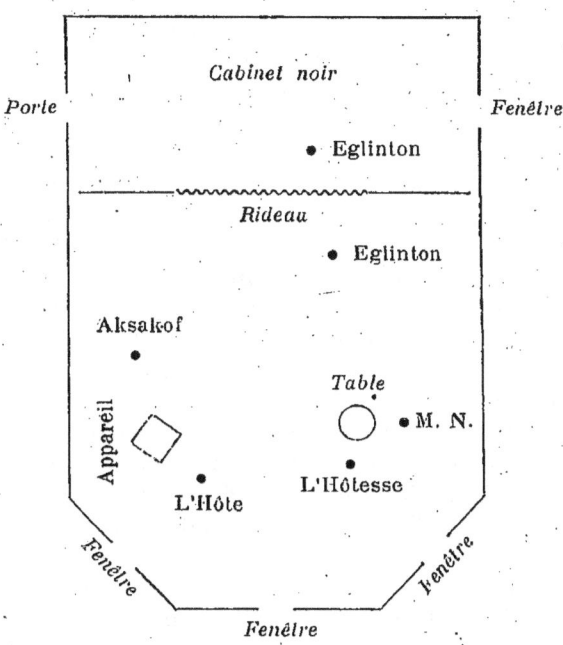

que j'avais apportées, les marquai en russe : « A. Aksakof, 14 juillet 1886 » (vieux style), et l'hôte les glissa dans le châssis ; avant de rentrer dans le salon, nous fermâmes la porte à clef. On se disposa dans le même ordre ; nous allumâmes la lampe à esprit de vin et éteignîmes le gaz. Eglinton s'assit dans un fauteuil devant le rideau et tomba bientôt dans une trance et commença à parler. Il nous fut communiqué par son organe que nos préparatifs étaient approuvés, et nous eûmes la promesse qu'aucun effort ne serait ménagé pour amener le succès, sans qu'il nous fût permis, toutefois, d'y compter sûrement ; le moment d'allumer le magnésium serait signifié à M. N... par voie de suggestion ; il prononcerait le mot : « maintenant ». On nous intima, en outre, en cas de non-réussite au début, d'aller dans le cabinet noir pour faire de la photographie dans l'obscurité ; *ils* s'efforceraient alors d'évoquer une ombre féminine.

« A 10 heures moins cinq minutes, Eglinton se retira derrière le rideau : je pouvais voir l'heure à la clarté de la petite lampe. Bientôt. Eglinton sortit et commença à recueillir des forces ; il s'approchait de chacun de nous, faisant des passes de nos têtes à son corps ; après cela, il se retira de nouveau derrière le rideau, ressortit et s'assit dans le fauteuil en face de la fente, le visage tourné de notre côté. Il faisait des mouvements agités, levait et baissait les bras. Quelque chose de blanc apparut au-dessus de sa tête... on entendit des coups frappés... Nous étions dans le doute ; les coups se répétèrent. « Faut-il allumer ? — Oui » fut la réponse, toujours par coups frappés. Le magnésium fut allumé, et l'hôte découvrit l'objectif ; j'aperçus, en ce moment, la forme d'Eglinton baignée dans une lumière éblouissante ; il semblait dormir tranquillement, les mains croisées sur sa poitrine ; sur son épaule gauche, on voyait une troisième main avec un bout de draperie blanche, et sur sa tête, tout près du front, apparut une quatrième main. Ces mains étaient vivantes, des mains naturelles ; elles n'avaient pas cette blancheur frappante comme à Saint-Pétersbourg ; elles ne disparurent pas à la fin de l'exposition, mais attirèrent Eglinton derrière le rideau. L'hôte retourna immédiatement le châssis et découvrit la deuxième plaque. J'avais pensé que la séance en resterait là, mais l'hôte avait à peine regagné sa place qu'une grande forme masculine, vêtue de blanc et portant un turban blanc émergea de derrière le rideau et fit trois ou quatre pas dans la chambre. « C'est Abdullah, remarquai-je. — Non, me fit observer l'hôte, cette ombre a ses deux mains. » (La forme d'Abdullah, qui avait apparu aux séances d'Eglinton à Saint-Pétersbourg, n'avait que la moitié du bras gauche). Comme pour confirmer cette dernière observation, le fantôme fit un mouvement avec ses deux bras et les croisa sur sa poitrine, puis il nous fit un salut et disparut derrière le rideau.

« Quelques secondes après, Eglinton se montra, suivi d'une figure en blanc, la même que nous venions de voir. Tous les deux se placèrent devant le rideau et une voix prononça : « *Light !* » (de la lumière). Pour la deuxième fois, le magnésium flamba, et je regardai, avec stupéfaction, cette grande forme humaine qui entourait et soutenait de son bras gauche Eglinton, qui, plongé dans une profonde transe, avait peine à se tenir sur ses pieds. J'étais assis à cinq pas et pouvais très bien contempler l'étrange visiteur. C'était un homme parfaitement vivant ; je distinguais nettement la peau animée de son visage, sa barbe noire, absolument naturelle, ses sourcils épais, ses yeux perçants et durs qui fixèrent la flamme pendant une quinzaine de secondes, tout le temps qu'elle brûla.

« Le fantôme portait un vêtement blanc qui descendait jusqu'à terre et une espèce de turban ; de sa main gauche, il entourait

Eglinton ; de sa main droite, il tenait son vêtement. Lorsque M. N... prononça : « Maintenant » pour avertir qu'il fallait fermer l'obturateur, le fantôme disparut derrière le rideau, mais sans avoir eu

Fig. 21 — Photographie d'Eglinton et de la forme matérialisée, obtenue par Aksakof à Londres.

le temps d'entraîner avec lui le médium ; celui-ci tomba à terre, comme un corps inerte, devant le rideau. Personne de nous ne bougea, car nous savions que le médium était sous le pouvoir d'une force qui échappait à notre contrôle. Le rideau s'écarta immédiatement ; la même figure apparut encore une fois, s'approcha d'Eglinton et, penchée sur lui, se mit à faire des passes. Silencieux, nous regardions avec étonnement cet étrange spectacle. Eglinton commença lentement à se relever ; quand il fut debout, le fantôme l'entoura de son bras et l'entraîna dans le cabinet. Alors, nous entendîmes la petite voix de Joey (un des guides du médium) qui nous enjoignit de conduire Eglinton au grand air et de lui mouiller les tempes avec de l'eau. Il était 10 h. 30. La séance avait donc duré, en tout, trente-cinq minutes. La maîtresse de la maison s'empressa d'aller chercher de l'eau, et, trouvant la porte fermée, elle revint à moi pour prendre la clef. Je refusai, en m'excusant : les circonstances exigeaient que j'ouvrisse la porte moi-même ; avant de l'ouvrir, je pénétrai dans le cabinet avec une lumière et m'assurai qu'elle était bien fermée. Eglinton était affaissé dans son fauteuil, profondément entrancé ; on ne pouvait songer à le faire tenir sur ses pieds ; nous le portâmes donc dans la salle à manger et l'installâmes dans un fauteuil, près d'une fenêtre ouverte. A peine l'avions-nous placé dans cette position qu'il roula par terre, avec des convulsions ; il avait du sang sur les lèvres. Nous nous mîmes à le frotter vigoureusement et lui fîmes respirer des sels. Ce n'est qu'au bout d'un quart d'heure qu'il put se remettre. Il respira profondément et ouvrit les yeux.

« Je le confiai dans cet état aux soins de nos hôtes et revins avec M. X... dans le cabinet noir, pour développer les plaques. Dès que je vis se dessiner, sur l'une d'elles, les contours des deux formes, j'eus hâte d'aller faire part de cette bonne nouvelle à Eglinton, qui, n'étant pas en état de venir lui-même, manifestait une grande impatience de connaître le résultat de la séance. En apprenant ce succès, ses premières paroles furent : « Eh bien, est-ce suffisant pour M. Hartmann ? » Je lui répondis : « C'en est fini, à présent, avec les hallucinations. » Mais ce triomphe en coûta à Eglinton. Il se passa une heure avant qu'il eût repris assez de forces pour se rendre péniblement à la station du chemin de fer souterrain. M. N... se chargea de le reconduire chez lui, et de l'installer dans son lit. Arrivé chez lui, Eglinton eut un nouvel accès de convulsions accompagnées d'hémorragie pulmonaire. Il avait insisté pour que les incidents de la soirée fussent tenus cachés à ses proches ; mais, le lendemain, son aspect inspira des inquiétudes à sa famille et l'on vint chez moi pour demander ce que l'on avait fait avec Eglinton, la veille, pour le mettre dans cet état d'épuisement qu'on n'avait encore jamais observé chez lui.

« Les photographies ainsi obtenues était fort réussies, bien que préparées à la hâte ; la meilleure est celle où l'on voit les mains posées sur Eglinton.

« A une séance semblable, à Saint-Pétersbourg, le médium

n'avait pas conservé toute l'immobilité requise pour une bonne pose, ce qui fait que les mains ne sont pas reproduites aussi nettement qu'à cette dernière expérience. La deuxième photographie est, malheureusement, moins distincte. Cela tient évidemment à ce que les deux formes, restant debout, faisaient des mouvements, insaisissables à l'œil. Cependant, pour le but que nous nous proposions, ces photographies sont tout à fait suffisantes : Eglinton est facile à reconnaître, bien que sa tête soit un peu rejetée en arrière,

Fig. 22. — Reproduction d'une photographie obtenue en pleine obscurité, par Aksakof, à Londres.

appuyée contre la main par laquelle il est soutenu ; à son côté, se tient la même grande forme d'homme que nous avions tous vue. La barbe et les sourcils ressortent nettement ; les yeux sont voilés. Un des traits particuliers de ce visage, c'est son nez court, complètement différent de celui d'Eglinton. Sur les deux photographies, on distingue les marques que j'ai faites sur les plaques. Tous les négatifs sont en ma possession.

« Je puis donc considérer mes efforts à Londres comme couronnés de succès. Ce succès, j'en suis entièrement redevable au cercle qui s'est prêté à mes expériences.

« Je savais que la condition essentielle pour obtenir de bons résultats médiumniques, c'était un milieu approprié ; je savais que tout dépend du milieu, mais jamais je n'avais encore eu l'occasion de m'en assurer d'une manière aussi évidente. »

Aksakof obtint également une photographie d'esprit, *en pleine obscurité*, résultat inimitable en opérant dans des conditions identiques à celles qu'il énumère. La figure 22 reproduit ce cliché, pris aussi dans le même cercle.

RÉSUMÉ

Déjà, avec les investigateurs spirites et en compagnie d'Eusapia, nous étions arrivés à des preuves certaines que les mains qui touchent les assistants dans les séances obscures, ou celles que l'on peut voir accidentellement, ne sont pas le résultat d'une action hypnotique que le médium provoquerait, ou qui se développerait dans le cercle sous l'action des conditions spéciales dans lesquelles se trouvent placés les assistants.

Évidemment, en présence de phénomènes aussi étranges, aussi invraisemblables que l'apparition de mains qui ont toutes les propriétés de membres humains et qui s'évanouissent sans laisser de traces, toutes les hypothèses étaient permises. Mais, les empreintes sur le noir de fumée, celles laissées dans la terre glaise ou le mastic, enfin les photographies obligent la critique à renoncer à l'explication par une sorte de rêve somnambulique, par une hallucination collective.

La logique, confirmée par les faits, indiquait que les mains ne sont pas des membres isolés, des créations indépendantes ; elles appartiennent à des organismes invisibles, mais réels, qui sont ceux d'opérateurs différents des assistants. Le docteur Scozzi a senti un corps puissant s'appuyer contre lui ; M. Bozzano a vu, en compagnie de M. Chiaïa, une grande forme sombre, M. Porro de même, (p. 220), etc. Maintenant, le doute n'est plus possible. Sans qu'il soit besoin d'imaginer aucune hypothèse, en suivant strictement les faits, on sait d'une manière certaine que ce sont bien des fantômes complets, mais partiellement matérialisés, qui produisent les moulages.

Les expériences faites en Amérique par le professeur Denton et Epes Sargent se confirment par celles de MM. Reimers et Oxley, du docteur Carter Blake, de l'ingénieur Fitz Gerald, de MM. Ashton et Adshead. Les apparitions que l'on voit sont des êtres tangibles qui ont une forme, une consistance, une solidité analogues à celles de notre propre corps, au moins dans certaines de leurs parties. Toutes les précautions prises : la ligature de Mme Firman enfermée dans un sac, la présence constante de miss Fairlamb sous les yeux des spectateurs, la cage dans laquelle est emprisonnée miss Wood, nous assurent que, matériellement, la fraude est impossible dans ces conditions, ce que, d'ailleurs, la confection du moule sans soudures suffit à démontrer péremptoirement. Autant de témoignages concordants, provenant d'hommes sincères, défiants même, suffisent pour donner à ces faits une authenticité certaine et une valeur de premier ordre.

Quel progrès l'expérimentation spirite nous fait faire dans la connaissance des fantômes ! Au lieu d'une apparition fugitive qui jamais plus ne se représente, comme cela a lieu dans les cas spontanés, ici, c'est la même individualité qui se montre pendant des années, que l'on peut étudier à loisir, qui laisse des souvenirs permanents de son existence et ces mains, ces pieds, ces visages que l'on a vu produire devant soi, sont des documents de premier ordre pour nous renseigner sur l'organisation du corps périsprital. Ce sont bien des membres *humains* que ceux des fantômes, leur canon est celui de la statuaire. Un anatomiste y reconnaît toutes les saillies qui existent sur les nôtres : les proéminences charnues, celles des os, des muscles, les rameaux veineux, les dessins de l'épiderme, tout y est. Ce n'est pas une imitation : c'est la nature elle-même qui se révèle avec son inépuisable diversité. Sans erreur possible, ces moulages proviennent directement de ces apparitions qui les produisaient sous les yeux soupçonneux des spectateurs ! Devant ces faits, le doute honnête est vaincu : il est obligé d'admettre la réalité substantielle des apparitions.

Ce n'est pas sans peines, sans fatigues et sans d'assez lourdes dépenses, que l'on arrive à des résultats aussi concluants. Les observateurs ont dû subir d'interminables séances d'essais avant que le médium fût au point et les intelligences agissantes capables d'accomplir toutes les opérations. La réussite dépend de beaucoup de facteurs, dont nous commençons à connaître quelques-uns ; tous ont leur importance. Il faut un médium spécial et bien entraîné pour ce genre particulier de manifestations ; une lumière atténuée ; un cercle bien homogène et des opérateurs invisibles très habiles. La difficulté de réunir ces conditions, aussi bien que le nombre restreint des médiums et des personnes qui ont le temps et l'argent nécessaires pour faire des études aussi suivies, explique, dis-je, que nous n'ayions pas un nombre encore plus considérable de témoignages. Le jour où les savants seront enfin persuadés de l'intérêt suprême de ce genre de recherches, nous verrons, comme pour Eusapia, s'accumuler les preuves et justice sera rendue à la bonne foi et à la perspicacité des premiers chercheurs. Bien que ne possédant aucun titre officiel, ils font bonne figure de savants, ces hommes, comme MM. Reimers et Oxley, qui ont su conserver un imperturbable sang-froid au milieu de ce monde de merveilles ! Leurs noms méritent de rester dans l'histoire de cette jeune science, à laquelle ils ont donné un si vigoureux appui.

A son tour, la photographie nous confirme l'absolue réalité des êtres qui se montrent à nous. Quand on est sûr qu'aucun étranger n'a pu s'introduire dans la salle, que les expérimentateurs se connaissent et contrôlent leur présence mutuelle, il est bien clair qu'une photographie montrant le médium et l'apparition ensemble supprime toute explication par la fraude ou l'hallucination, ces deux épées de chevet de tous les incrédules. Des affirmations comme celles de M. Burns, du docteur Hitchman et d'Aksakof satisfont à toutes les exigences de la critique. Nous sommes donc en présence de faits certains, positifs, indubitables, *réellement scientifiques*, c'est pourquoi nous avons le devoir d'en chercher la cause. « La science, dit lord Kelvin, est tenue par l'éternelle loi de l'honneur à regarder en face tout phénomène qui peut franchement se présenter à elle. » C'est le cas pour les manifestations spirites ; nous avons vu que pas mal de savants ont répondu à cet appel, et il faut espérer que le nombre s'en augmentera tous les jours, au fur et à mesure que les faits sur lesquels s'appuie cette psycho-physiologie intégrale seront mieux connus.

Je vais donc chercher dans le chapitre suivant, rien qu'en m'appuyant sur les faits, quelle est la cause qui engendre ces fantômes. Sont-ils dus à la volonté de puissances extra-terrestres qui interviendraient dans notre vie ordinaire ? Doivent-ils leur vie momentanée à des forces inconnues surgissant du médium en trance, pour prendre une forme humaine aussi réelle qu'éphémère, mais devant disparaître sans retour lorsque les causes qui les avaient tirées du néant cessent d'exister ; ou bien les apparitions ne sont-elles que la matérialisation temporaire d'êtres humains désincarnés, qui vivent normalement autour de nous, à l'état invisible, mais qui deviennent pendant un moment objectifs, matériels, quand les circonstances le leur permettent? C'est cette dernière interprétation qui s'imposera à nous, quand on aura vu combien elle s'accorde, mieux que les autres, avec tout ce que l'expérience nous a révélé sur la nature des fantômes.

CHAPITRE IV

LES APPARITIONS ONT UNE PERSONNALITÉ INDÉPENDANTE DE CELLE DU MÉDIUM

Sommaire. — Les différentes hypothèses sur l'origine des fantômes. — La fraude universelle. — Ce sont des démons qui se moquent de notre crédulité. — Ce sont des hallucinations. — Ce sont des créations de la pensée du médium. — L'animisme, c'est-à-dire l'extériorisation du double du médium n'est pas une explication suffisante pour tous les cas. — La transfiguration du corps. — Différents exemples. — Le changement physique est produit par une cause extérieure. — Il en est de même pour le corps odique du médium, qui peut être transfiguré. — Il existe des preuves absolues de l'indépendance des apparitions. — Le fantôme est le même avec des médiums différents. — Les cas de Bertie et de Lilly. — Les photographies de Bertie. — Apparitions multiples et simultanées. — Les cas rapportés par Mme Marryat. — La séance de M. James Tissot. — Cas où les apparitions parlent ou écrivent dans une langue inconnue du médium. — Le fantôme emploie un dialecte des îles du Pacifique. — Les apparitions de Nepenthès avec Mme d'Espérance. — Écriture en grec ancien ; photographie et moulage de la main de cet esprit. — Le médium éveillé cause avec l'apparition. — Le cas de Florence Cook. — Des esprits chantent ensemble. — Un concert à quatre voix. — Les sensations ressenties par Mme d'Espérance pendant les matérialisations. — Résumé.

LES DIFFÉRENTES HYPOTHÈSES SUR L'ORIGINE DES FANTÔMES

Bien qu'il se soit produit des apparitions de morts à toutes les époques, puisque les annales des peuples anciens ou modernes, sauvages ou civilisés, en citent de nombreux exemples, les séances de matérialisation n'ont pas été acceptées sans discussion, même par les spirites de la première heure, car ces phénomènes sont si opposés à tout ce que nous croyions savoir sur la nature de l'âme — qu'on s'imaginait purement spirituelle — qu'il a fallu plusieurs centaines de témoignages sérieux avant que la réalité de ces manifestations fût admise. On a proposé aussi les hypothèses les plus variées pour les expliquer. Ne faisant pas une histoire du spiritisme, il me suffira d'examiner rapidement quelques-unes des suppositions qu'il était raisonnable d'imaginer, et de montrer pourquoi elles n'ont pas résisté à un examen approfondi. Je néglige volontairement de discuter l'explication par une fraude universelle, car elle me semble aujourd'hui tout à fait inadmissible, après les travaux des savants qui ont contrôlé la réalité des faits. Ce serait perdre inutilement son temps.

1° EXPLICATION PAR LE SURNATUREL. — Parmi les innombrables adversaires du spiritisme, il faut compter d'abord avec les prêtres de toutes les confessions chrétiennes, qui admettent généralement l'authenticité des faits spirites, mais qui ne veulent voir dans ces pratiques que des artifices diaboliques, destinés à détourner les hommes de l'enseignement traditionnel donné par les Églises. Ce seraient des démons qui se montreraient à nous dans ces séances et qui, empruntant les traits, la voix, l'aspect physique, le caractère, les souvenirs des êtres qui nous furent chers, surprendraient ainsi notre confiance pour nous conduire à la perdition. Je ne conçois pas trop quel serait le bénéfice, pour l'armée infernale, de cette comédie macabre, car l'ange du mal irait directement contre ses propres intérêts en cherchant à convertir à la croyance en une vie future des hommes qui, matérialistes, lui appartiendraient, dit-on, sans conteste. Sans vouloir froisser les opinions de personne, je me contenterai de faire remarquer simplement qu'expliquer le phénomène des apparitions par les démons, c'est reculer la difficulté sans la résoudre, puisque c'est remplacer l'inconnu par l'inconnaissable, l'existence du diable et de ses cohortes maudites étant un article de foi, sans démonstration scientifique.

Entre deux hypothèses en présence, conformément aux lois de la logique, je choisirai toujours la plus simple, celle qui n'emploie pas de facteurs inutiles; et si je vois dans une séance l'apparition d'un de mes parents défunts, il me semblera plus rationnel de croire que c'est son esprit qui se manifeste à moi, que de faire intervenir un être imaginaire, qui complique le phénomène sans nécessité. Pour expliquer l'apparition d'*un être humain* décédé, c'est à l'action d'autres *êtres humains*, médium ou assistants, qu'il faut d'abord faire appel. Si ces interventions ne peuvent se justifier, il reste à considérer le rôle que pourrait jouer le défunt lui-même, et cela avant toute autre supposition. Nous avons vu — par des faits — que l'âme humaine a une incontestable réalité objective; la possibilité qu'elle survive à la désagrégation du corps est donc la première à envisager; la seule question est de savoir si cette âme, après la mort, peut se rendre apparente pour nos sens. Si les faits répondent affirmativement, il n'y a plus qu'à s'incliner, quitte à chercher comment et pourquoi un tel phénomène se réalise. Ce qui rend plus plausible encore cette interprétation des faits, c'est que l'on observe une liaison ininterrompue dans les manifestations naturelles des doubles, qui ont lieu pendant la vie, au moment de la mort et après la mort. Il existe là une continuité phénoménale qui nous impose logiquement la nécessité de l'hypothèse animique, à l'exclusion de toute autre, tant qu'elle suffit à l'explication de l'ensemble de ce que l'on a observé, ce qui est précisément le cas.

Je n'ai, d'ailleurs, aucun parti pris; le jour où l'existence des démons me serait démontrée avec le même luxe de preuves que celle de l'âme, je ne serais pas encore convaincu que ce sont eux que l'on voit dans les séances, mais j'étudierais la probabilité de les faire intervenir comme explication des fantômes. Jusque-là, on me permettra de ne pas insister.

Cependant, pour ne pas avoir l'air de fuir la discussion, je veux dire deux mots d'un argument qui est souvent employé. On peut objecter à l'incrédulité qu'une quantité de témoignages existent, dans l'Église catholique par exemple, en faveur de l'existence des démons. Ce sont les visions des saints qui furent tentés; celles des religieuses et d'autres pieuses personnes dont la bonne foi et la véracité sont incontestables. Sans nier le moins du monde que ces récits ne reposent sur des sensations réellement ressenties par les témoins, je ferai remarquer que si j'ai pris tant de soin pour distinguer — dans les phénomènes de la télépathie — les hallucinations des dédoublements, c'était justement pour trouver les caractères objectifs qui permettent de différencier les apparitions réelles, de celles produites par l'auto-suggestion. Dans la plupart des cas relatés par les hagiographes, on ne retrouve pas, justement, les preuves physiques de la réalité d'interventions extérieures aux voyants, car les stigmates eux-mêmes peuvent se produire par l'action de l'imagination sur le corps, comme nous en possédons des preuves nombreuses (1).

Afin de n'être pas trop exclusif, je suppose que ces religieux, ces saints, etc., ressentaient réellement l'effet d'une intervention supra-terrestre, cela suffit-il pour démontrer que ce qu'ils ont vu est véridique ? Je ne le pense pas.

Il est fort possible, en effet, qu'une action télépathique exercée par un être de l'au-delà, se traduise pour le sujet par la vision d'un démon, sans que cela puisse établir l'existence de cet être, puisque nous savons que le voyant construit son hallucination avec les matériaux empruntés à son imagerie mentale. Dans les mêmes conditions, un Hindou verra des rakasas, un sauvage ses fétiches, un occultiste des larves, etc.

Pour des raisons identiques, je ne m'attarderai pas à l'examen des hypothèses qui font intervenir des entités dont l'existence est fort problématique, telles que : des *élémentals*, ou esprits des éléments, des *élémentaires* ou des coques astrales, débris de personnalités posthumes qui s'associeraient à d'autres produits comme des *formes-pensées*, émanées des assistants, etc., etc.

Toutes ces prétendues *causes* étant elles-mêmes de pures abstractions, et jusqu'alors de simples imaginations verbales des théosophes et des occultistes, je ne puis les prendre en considération dans une discussion qui ne veut s'appuyer que sur des inductions certaines, sur des réalités indiscutables.

Je crois cette réserve d'autant plus nécessaire, que l'intervention supposée d'élémentaux ou d'élémentaires donne aux phénomènes une empreinte de merveilleux, qui se concilie mal avec ce que nous savons de source certaine.

Comment un esprit élémental, n'ayant jamais été incarné dans une forme terrestre, formerait-il un fantôme humain ? Quelle serait la psychologie de cet étrange produit ? Par quel

(1) Voir les articles que j'ai publiés sur ce sujet dans la *Revue scientifique et morale du Spiritisme*, années 1905 et 1906, sous le titre : *l'Extériorisation de la pensée*.

prodige s'exprimerait-il, sans l'avoir jamais apprise, dans une des langues parlées ici-bas ? Toutes ces suppositions sont par trop fantaisistes pour être discutées sérieusement, et il faudra autre chose que le *magister dixit* des Mages ou des Mahatmas pour me convertir à ces doctrines, dénuées, jusqu'ici, non seulement de toute preuve, mais même de toute vraisemblance.

EXPLICATION PAR L'HALLUCINATION. — Lorsque l'on assiste à une séance de matérialisation, on est frappé par le caractère fugitif des apparitions — partielles ou totales — qui se montrent subitement ou disparaissent, dans le plus grand nombre des cas, avec une rapidité prodigieuse. L'hypothèse que cette vision furtive est le résultat d'une action hallucinatoire exercée par le médium sur les assistants n'a rien d'exagéré au premier abord, et c'est l'explication qu'adoptèrent ceux qui furent contraints de reconnaître que les faits se produisaient certainement.

Le philosophe Hartmann a formulé cette théorie en termes précis et l'ouvrage d'Aksakof : *Animisme et Spiritisme*, a été écrit pour montrer la faiblesse, et même l'impossibilité, d'une pareille interprétation. Une hallucination n'existe pas en dehors du cerveau qui l'engendre ; elle ne saurait donc agir dans l'espace, déplacer des objets matériels, laisser des traces après qu'elle a disparu, ou influencer une plaque photographique. Nous avons eu des exemples assez nombreux de chacune de ces actions pour évincer l'hypothèse hallucinatoire ; en tant qu'explication générale, elle est tout à fait insuffisante.

EXPLICATION PAR UN SYSTÈME DE FORCES PROJETÉES HORS DU MÉDIUM. — Nous avons vu (1) que les trajets sinueux accomplis par des objets matériels se déplaçant, sans contact visible, dans l'espace, tels que les instruments de musique qui font un concert, ne peuvent s'expliquer par l'action de lignes de force émanant du médium. Il faut, de toute nécessité, l'intervention d'un organe de préhension semblable à une main humaine et, de fait, ce sont bien des mains qui agissent, ainsi que nous avons pu nous en rendre compte. Alors se pose la question de savoir si c'est le

---

(1) Voir, par exemple, p. 219.

médium qui *crée* ces mains anormales ; s'il se sert de celles de son double ; ou si elles lui sont totalement étrangères.

On doit faire une différence théorique entre les deux premières possibilités précédentes. L'observation et l'expérience nous ont montré que le double d'un individu humain — homme, femme ou enfant — peut être vu objectivement hors de son corps. Nous avons de même observé que l'agent n'est, le plus souvent, pour rien dans la formation de ce fantôme, qui se produit presque toujours à son insu. Cette remarque nous oblige à supposer que le double y était contenu normalement, qu'il n'a pas été fabriqué instantanément de toutes pièces, autrement dit : qu'il y préexistait et n'a fait que s'extérioriser. Nous pouvons donc induire légitimement de ce qui précède que lorsque de nombreuses mains, de dimensions et de caractères morphologiques différents, agissent *simultanément* et dans des directions opposées, il y en a certainement qui n'appartiennent pas au double du médium.

En donnant à l'hypothèse *autoplastique* toute son extension, c'est-à-dire en supposant : 1° que le médium crée des mains par la pensée ; 2° qu'il puisse extérioriser ces images dans l'espace ; 3° qu'il leur donne la consistance nécessaire pour agir matériellement, il ne pourra pas construire les formes physiologiques et les douer de ces caractères anatomiques si précis, que les empreintes de ces mains reproduisent, tout simplement parce que le médium n'a pas la science nécessaire pour exécuter de semblables modelages, qui nécessiteraient l'habileté d'artistes consommés. Je ne doute pas que le médium ne puisse créer, comme tout esprit, des images qui arrivent à se concréter extérieurement, quand les conditions nécessaires pour que ce phénomène se produise sont remplies, mais encore faut-il qu'il en possède les types dans sa mémoire, sans quoi il sera incapable de les inventer, en leur donnant ces caractères biologiques qui n'appartiennent qu'à la matière vivante. Un artiste peut faire un tableau d'une admirable vérité, mais il lui sera à tout jamais impossible d'en animer les personnages.

Pour toutes ces raisons, et pour celles que je vais exposer plus loin, je crois que les deux hypothèses qu'il faut envisager sont : ou le dédoublement du médium, ou l'intervention d'intelligences humaines désincarnées, ayant emporté dans l'espace un corps fluidique qui est capable, lorsque les circonstances sont favorables, d'abord de se rendre visible oculairement, puis de se matérialiser.

ANIMISME

Je ne saurais trop insister, pour dissiper toute équivoque, sur la possibilité de l'intervention du double du médium dans les séances. Lorsque les phénomènes sont presque exclusivement physiques, qu'ils se bornent à des déplacements successifs d'objets, à des coups frappés, à quelques grattements de mandoline, à des attouchements non simultanés ; à des lueurs, ou à une forme fantômale, vaguement entrevue dans l'obscurité, la première supposition à faire, c'est que le médium extériorisé est l'auteur des manifestations, surtout si elles se produisent d'une manière constante à toutes les séances.

Eusapia nous en a donné des preuves péremptoires ; elles s'ajoutent à celles recueillies par le professeur Mapes avec le jeune Ira Davenport (1) et l'expérience de Crookes et Varley en compagnie de Mme Fay, ne laisse rien à désirer sous le rapport de la précision. C'est même à cause de l'identité absolue qui existe entre le double et le corps physique que des accusations de supercherie ont été multipliées si injustement contre des médiums innocents. On doit donc bien se garder d'attribuer toujours à des esprits désincarnés les phénomènes observés ; la règle *absolue* qu'il faut adopter est que les intelligences de l'au-delà doivent donner des preuves directes de leur existence, au moyen de manifestations que le médium serait incapable de produire.

En étudiant avec attention les faits observés avec Eusapia, nous avons été conduits pour les expliquer à reconnaître la nécessité d'interventions étrangères au médium et aux assistants. Il existe donc un mélange entre les actions animiques, dues au médium extériorisé et celles qui ont pour auteurs les désincarnés. La distinction entre les unes et les autres est par-

---

(1) Voir vol. I. pp. 394, les expériences de Crookes et Varley et pp. 400 et 401 pour ce qui concerne Mme Fay et les frères Davenport.

fois assez délicate, c'est pourquoi une certaine indulgence est permise envers les investigateurs qui, trompés par les apparences, ont cru que tout pouvait s'interpréter par une action extra-corporelle du sujet. Dès lors, il est intéressant de rechercher à quels signes distinctifs on aura recours pour différencier les faits de l'animisme de ceux du spiritisme proprement dit. Bien qu'il n'existe pas encore de règles, un certain nombre de remarques peuvent être utilisées pour cette discrimination.

En premier lieu, il résulte de l'ensemble des observations faites depuis fort longtemps, un peu partout, que les manifestations des esprits sont essentiellement libres, c'est-à-dire absolument indépendantes de la volonté du médium et des assistants. Rangeons parmi les légendes le prétendu pouvoir des « sorciers » d'évoquer à leur guise les décédés. La pratique montre, hélas ! que la réalité est tout autre. Jamais un observateur suffisamment compétent n'aura la prétention d'obtenir à date fixe tel ou tel phénomène, alors même que les conditions semblent tout à fait favorables et, en apparence, identiques à celles qui avaient réussi bien souvent. Le vrai pouvoir médianimique — c'est-à-dire celui de fournir aux désincarnés les éléments nécessaires à leurs manifestations — est instable; tous les grands médiums : Home, Mme d'Espérance, Slade, etc., ont signalé que leur faculté n'était pas permanente; il se produit des éclipses, des lacunes dans son exercice, sans que l'on puisse attribuer les échecs subis ni au cercle, qui est composé des mêmes personnes, ni à la santé du sujet qui semble parfaitement normale. J'ai été à même de constater qu'un excellent médium, que je connaissais intimement, pouvait rester quelques mois sans rien obtenir, quelque fût son désir et celui de son entourage. Si donc certains médiums, comme Eusapia ou les frères Davenport, réussissent presque constamment et ont assez de confiance en eux pour accepter des invitations à date fixe, il est à présumer que c'est parce que la majeure partie des phénomènes est produite par leur double extériorisé, et que la pratique les a entraînés à se dédoubler inconsciemment, aussitôt qu'ils se trouvent en séance.

Il est utile de signaler que l'on observe de grandes différences dans les résultats, suivant que le médium est en contact avec des étrangers ou qu'il se trouve dans un cercle amical. Eusapia, par exemple, ressent très vivement l'influence morale de l'ambiance. Si elle est entourée de gens très méfiants, « d'une incrédulité insolente », qui nient systématiquement pour ne pas avoir l'air de « gobeurs », on n'obtiendra guère que la série banale des faits bien connus : mouvements, avec ou sans contact, de la table qui est devant elle ; puis des coups frappés à l'intérieur du meuble ; ensuite arrivent les lévitations et les transports d'objets placés à l'intérieur du cabinet. Tout cela a lieu péniblement, à de longs intervalles. La séance est fréquemment interrompue, soit pour le contrôle des mains, soit par des observations intempestives des incrédules. Il règne une gêne désagréable, et Eusapia, toujours sur le qui-vive, ne cède jamais entièrement à la trance.

Au contraire, si elle se sent dans un milieu sympathique, elle se laisse aller complètement au sommeil, elle s'abandonne sans réserve à « ses guides », et les faits prennent alors une allure bien différente. C'est dans ces conditions que se produisent les empreintes, les lueurs et de véritables apparitions qui, nous le verrons plus loin, ont pu être reconnues par beaucoup d'observateurs, cependant peu crédules et, jusqu'alors, parfaitement sceptiques.

Nous avons vu au chapitre précédent que les moulages sont des preuves certaines : 1° de la réalité de l'apparition, et 2° de la différence qui existe entre son corps périsprital et l'organisme du médium. Il semblerait donc que cette disparité est suffisante pour démontrer que l'être matérialisé n'est pas produit par une extériorisation du sujet, puisque le double est toujours le sosie du médium; mais, suivant certains « psychistes », c'est aller trop vite dans les conclusions et les choses ne seraient pas aussi simples. Si on les en croit, il serait possible que la puissance créatrice de la pensée, « l'idéoplastie », agît assez efficacement pour modifier l'apparence du double et pour le modeler suivant une image mentale qui existerait dans la subconscience du médium. Une des preuves de cette force plastique serait le phénomène auquel on a donné le nom de *transfiguration*. Voyons en quoi il consiste et dans quelle mesure on peut l'utiliser pour expliquer la formation des fantômes qui ne ressemblent pas au médium.

LA TRANSFIGURATION

Le premier qui ait parlé de la transfiguration est Allan Kardec. Je cite ce qu'il en dit dans son *Livre des Médiums* (1) :

Ier cas. — La *transfiguration* consiste dans le changement d'aspect d'un corps vivant. Voici, à cet égard, un fait dont nous pouvons garantir la parfaite authenticité, et qui s'est passé dans les années 1858 et 1859 aux environs de Saint-Étienne.

Une jeune fille, d'une quinzaine d'années, jouissait de la singulière faculté de se transfigurer, c'est-à-dire de prendre, à des moments donnés, *toutes les apparences de certaines personnes mortes ;* l'illusion était si complète que l'on croyait avoir la personne devant soi, tant étaient semblables *les traits du visage, le regard, le son de la voix et jusqu'au jargon*. Ce phénomène s'est renouvelé des centaines de fois *sans que la volonté de la jeune fille y fût pour rien*. Elle prit plusieurs fois l'apparence de son frère, mort quelques années auparavant ; elle en avait non seulement la figure, mais la taille et le volume du corps. Un médecin du pays, maintes fois témoin de ces effets bizarres, et voulant s'assurer qu'il n'était pas le jouet d'une illusion, fit l'expérience suivante. Nous tenons les faits de lui-même, du père de la jeune fille et de plusieurs autres témoins oculaires très honorables et très dignes de foi. Il eut l'idée de peser la jeune fille dans son état normal, puis dans celui de la transfiguration, alors qu'elle avait l'apparence de son frère, âgé de vingt et quelques années et qui était beaucoup plus grand et plus fort. Eh bien ! il s'est trouvé que, dans ce dernier état, le poids était presque le double. L'expérience était concluante, et il était impossible d'attribuer cette apparence à une simple illusion d'optique.

Aujourd'hui, la photographie nous donnerait la certitude que le phénomène n'avait rien d'illusoire. Quant au changement de poids, il aurait fallu peser aussi les assistants, avant et après la manifestation, pour s'assurer si ce n'était pas chez eux que la matière supplémentaire avait été prise, car nous verrons plus tard que la forme matérialisée ne devient pondérable qu'aux dépens de son médium et des personnes présentes.

(1) ALLAN KARDEC, *le Livre des Médiums*, chapitre VII, p. 150.

Remarquons déjà que ces transformations se produisaient sans que la volonté de la jeune fille intervint. C'est ce que l'on observe également dans le cas suivant, rapporté à M. Maxwell par un magistrat de ses amis (1).

IIe cas, — Mon père, dit ce magistrat, était docteur en médecine dans une petite ville du Midi. Il était né en 1812. Il se maria en 1843, et, à partir de cette époque, il a constamment habité cette maison jusqu'à sa mort, survenue en juillet 1903. Il était alors âgé de 90 ans. En 1893, il avait célébré ses noces d'or. Ma mère mourut en 1900 dans la chambre qu'elle avait toujours habitée avec son mari depuis son mariage. C'était un ménage des plus unis. A l'âge de 77 ans, mon père fut très gravement malade pendant près de trois années, et ce furent les soins intelligents et dévoués que sa femme lui prodigua pendant ce laps de temps qui l'arrachèrent à une mort certaine.

Le 1er janvier 1903, mon père commença à éprouver les premières atteintes du mal cruel qui devait l'emporter après six mois de souffrances atroces. Un certain jour, deux mois environ avant sa mort, vers 8 heures et demie du soir, je me trouvais dans sa chambre avec lui. Il dormait sur son voltaire d'un côté de la cheminée, et j'étais assis en face de lui dans un fauteuil identique celui dont ma mère se servait autrefois. Nous étions tous les deux dans la vaste pièce qui était sa chambre à coucher depuis l'année 1843. Je le regardais dormir et ne tardais pas à remarquer que sa physionomie prenait peu à peu un aspect qui n'était pas le sien. Je finis par constater que son visage ressemblait d'une *façon frappante à celui de ma mère*. C'était comme le masque de celle-ci *posé sur sa figure*. Mon père n'avait plus de sourcils depuis longtemps et je remarquai, au contraire, au-dessus des yeux qui étaient fermés, les sourcils noirs très marqués que ma mère avait conservés jusqu'à son dernier jour. Les paupières, le nez, la bouche étaient de ma mère. Son visage était sensiblement plus volumineux que de son vivant. Je dois dire, toutefois que, lors des derniers moments de ma mère, son visage avait grossi et avait à peu près les mêmes proportions ; mais, dans l'apparition, *sa physionomie était plus ressemblante qu'après avoir été déformée par la maladie*. Mon père portait la moustache et toute la barbe en pointe, mais assez courte. Cette moustache et cette barbe que je voyais concouraient, contrairement à ce que l'on pourrait croire, à la formation des traits

---

(1) J. MAXWELL, *Annales psychiques*. Janvier 1906. *Un cas de transfiguration*, p. 35. M. Maxwell tient les noms des témoins à la disposition de toute personne qui voudrait faire une enquête sur ce cas.

de ma mère. L'apparition dura de dix à douze minutes environ ; puis, peu à peu, elle disparut, et mon père reprit sa physionomie habituelle. Cinq minutes après, il se réveilla et je lui demandai aussitôt s'il n'avait pas rêvé : à sa femme, notamment. *Sa réponse fut négative.* Pendant l'apparition, je restai immobile dans mon fauteuil, regardant attentivement le spectacle que j'avais sous les yeux. J'évitai instinctivement d'étendre les mains pour essayer de toucher ce que je voyais, de peur que la vision ne disparût aussitôt. Mon père m'avait, en effet, raconté, ainsi qu'à d'autres personnes, qu'il avait eu l'occasion, pendant sa maladie, de voir ma mère plusieurs fois et qu'il se repentait d'avoir levé les bras pour chercher à l'embrasser, car la vision s'était évanouie aussitôt chaque fois.

Je n'aurais peut-être attaché qu'une importance relative à cette apparition que j'aurais considérée sans doute comme une pure hallucination, si, pendant qu'elle avait lieu, un témoin, la domestique de mon père, une jeune femme de 31 ans, à laquelle ma mère, avant de mourir, avait recommandé son mari, n'était entrée dans la chambre *et ne l'avait vue comme moi.* Dès son arrivée, je me bornai à dire ceci à cette dernière : « Jeanne, regardez donc monsieur dormir. » Elle vint près de moi et s'écria : « Oh ! comme il ressemble à la pauvre Madame ! C'est tout à fait extraordinaire ! » Je n'avais donc pas été le jouet d'une hallucination et ce que j'avais vu était bien réel. Cette apparition, dont cette circonstance particulière très remarquable m'a permis de constater la certitude, m'a vivement impressionné, et je vivrais cent ans que je ne l'oublierais certainement pas ! Je me suis demandé, depuis cette époque, si c'était le visage de mon père qui avait pris les traits de ma mère, ou si, au contraire, ceux-ci se seraient *superposés au visage de celui-ci.* Ce qui me porterait à croire que ce n'est point le visage de mon père qui a subi une transformation, c'est que j'ai nettement vu les sourcils de ma mère ; or, si l'on peut admettre que le visage d'un mari puisse, surtout après une longue cohabitation, ressembler parfois à celui de sa femme, — *ce qui n'était, d'ailleurs, pas le cas de mon père,* — il n'est pas possible d'admettre que les sourcils de l'un soient marqués sur le visage de l'autre qui, précisément, n'en avait pas. Je dois indiquer cependant que le phénomène dont j'ai été témoin n'a pas disparu, pour ainsi dire : c'est, m'a-t-il semblé, mon père lui-même qui a repris peu à peu, et, si je puis m'exprimer ainsi, par plaques, sa physionomie ordinaire.

L'an mil neuf cent cinq et le sept octobre, la dame Jeanne B..., épouse R..., 33 ans, cultivatrice, nous a fait la déclaration suivante :
« Je me souviens très bien qu'un ou deux mois avant la mort de votre père, je montai, un certain soir, dans sa chambre où vous

étiez seul avec lui. Vous me dites ceci : « Regardez donc dormir
« monsieur. — Oh ! m'écriai-je, comme il ressemble à la pauvre
« Madame ! c'est frappant ! c'est vraiment extraordinaire ! » Votre
père m'a dit souvent, au cours de sa dernière maladie, que sa
femme lui était apparue plusieurs fois, et qu'il se repentait bien
d'avoir étendu la main pour l'attirer vers lui, parce que, chaque
fois, elle avait disparu aussitôt.

« Jeanne B..., épouse R... »

Le narrateur a pris soin de signaler que le changement dans l'apparence du visage de son père tenait plutôt à la superposition d'une autre physionomie qu'à une modification des traits paternels. Cette remarque est d'autant plus importante qu'elle corrobore l'observation précédente, dans laquelle le frère de la jeune fille étant plus grand et plus gros que sa sœur, la masquait par son ampleur. Dès lors, l'explication du phénomène donnée par Allan Kardec devient très plausible. Il n'imagine pas un instant que le sujet puisse, *motu proprio*, changer de forme corporelle, puisque celui-ci ne pense pas à produire une semblable mascarade ; le grand initiateur admet que l'esprit qu'on reconnaît enveloppe le médium de son périsprit et c'est, évidemment, l'hypothèse la plus probable, car elle résulte directement de l'exposé des faits. Il y a d'ailleurs des exemples dans lesquels on ne *peut pas* supposer une action personnelle du médium, même inconsciente, ce sont ceux où son visage reproduit les traits de quelqu'un qu'il n'a jamais connu.

Le docteur Demonchy (1) rapporte que :

IIIe cas. — Deux parentes que nous désignerons sous les initiales suivante G. et R., non mariées, sérieuses, dignes de foi, et occupant toutes deux une situation enviable dans des professions libérales, habitent ensemble depuis que G. a perdu sa mère F., c'est-à-dire depuis dix ans.

Auparavant, les deux parentes vivaient séparées et, comme elles n'habitaient pas la même ville, R., la plus jeune des deux, *n'a pas connu F., elle ne l'a jamais vue*, point important à retenir pour apprécier le fait suivant.

---

(1) Docteur Demonchy, *Revue de Psychopotence*, novembre 1907. Voir aussi *Annales psychiques*, novembre 1907, p. 800.

Un soir, devant plusieurs personnes parmi lesquelles se trouve la parente, R... tombe dans un état spécial auquel les assistants donnèrent le nom de « trance », parce qu'ils ne connaissaient pas d'autre terme et que, tout à la surprise causée par l'étrangeté du phénomène, ils s'en contentèrent.

Les témoins de ce fait déclarent, de la meilleure foi du monde, que, dans cet état, R... reproduisit *la voix, les gestes, les jeux de physionomie de F...*, que, chose curieuse, ses yeux *changèrent de couleur*, que, naturellement bruns, ils *devinrent bleus*, teinte des yeux de F...

Ce fut la seule fois que R... présenta un pareil phénomène.

Il est regrettable que ce cas ne se soit pas produit devant une personne compétente capable de le dénommer exactement ; mais, laissant de côté le mot « trance » et les reproductions imitatives de la mimique, s'il est vrai que les témoins de la scène n'ont pas été l'objet d'une illusion, le changement de la couleur des yeux est en lui-même remarquable.

La première objection, si simple, qu'elle se présente d'elle-même à l'esprit, est que les assistants, au lieu de voir réellement, ont cru voir ; qu'ils ont vu ce qu'ils désiraient voir. Or, ce sont des gens très sérieux, ayant l'habitude de raisonner, et qui répondent qu'il n'y a pour eux aucun doute ; ils n'ont pas cru voir, ils ont réellement vu. Du reste, disent-ils, ils n'ont pas pu prévoir ce qu'ils ont vu, ils ne s'y attendaient pas ; leur étonnement est la garantie de leur bonne foi.

Il n'y a donc pas suggestion des assistants et encore moins auto-suggestion du médium. La cause du phénomène est extérieure et, jusqu'à meilleure interprétation, on doit l'attribuer à l'esprit qui se fait voir.

Je signale, en passant, que si ce fait se présente dans une séance spirite de matérialisation, des novices ou des gens de mauvaise foi, en se précipitant sur l'apparition, ne trouveront plus entre leurs mains que le médium ; ils l'accuseront alors de fourberie et d'avoir fait disparaître un masque, tandis que les exemples précédents établissent que la transfiguration n'est pas un conte à dormir debout, mais un fait réel. Voilà encore une des raisons qui doivent engager les chercheurs sérieux à ne pas admettre dans leurs cercles des gens qui n'ont aucune connaissance de la littérature spirite, car ces derniers crient à chaque instant à la fraude, alors même qu'il n'y a aucun motif sérieux de le faire, et par là ils entravent les manifestations, sèment le doute et disloquent les cercles, qui auraient pu, sans eux, faire une fructueuse besogne. Du contrôle, oui, tant qu'on pourra, mais de la part de personnes sérieuses et bien au courant de toutes les possibilités qui peuvent se réaliser dans ces circonstances

Pour en revenir à la transfiguration, il me semble que puisque celle du corps physique du médium est possible par superposition du périsprit du désincarné, il paraît probable que la transfiguration du fantôme odique du médium doit se produire quelquefois, surtout lorsque l'esprit, encore peu habitué à se matérialiser, veut cependant se faire voir. C'est probablement dans ces circonstances que l'on constate une ressemblance assez grande entre l'apparition et le médium. Je reviendrai plus loin sur ce sujet (1), quand nous aurons vu un plus grand nombre de cas de matérialisations et que nous pourrons appuyer la discussion sur des faits précis.

Il existe quelques récits qui semblent confirmer l'hypothèse que l'esprit aurait le pouvoir de modifier son corps spirituel, de manière à lui donner une apparence différente de celle qu'on lui connaissait. Ici encore, il s'agit d'aller au fond des choses et de ne pas s'égarer sur une mauvaise piste. L'esprit désincarné peut, *à volonté*, reprendre une des formes qu'il a évoluées ici-bas et reparaître matérialisé, tel qu'il était au moment de sa mort, ou à une époque quelconque de sa vie terrestre. Mais de là à prendre un type quelconque, il y a loin, car je ne connais aucun exemple d'un esprit qui, volontairement, se serait transformé jusqu'à représenter un autre esprit connu.

Je vais citer un cas emprunté à M. Brackett (2), sculpteur américain très sceptique, qui expérimentait avec une dame F... dans un local qu'il avait fait visiter par un architecte de ses amis, afin de s'assurer que personne ne pouvait entrer dans la salle des séances que par la porte, et celle-ci était soigneusement fermée. M. Brackett eut la permission de pénétrer dans le cabinet où il put s'assurer de la présence de Mme F... et de celle de *deux*

---

(1) Voir le chapitre VIII, qui traite de la Physiologie des fantômes, p. 626.
(2) Erny, *le Psychisme expérimental*, p. 151.

formes matérialisées, qui étaient visibles au même moment. Dans une séance :

> J'ai vu, dit-il, un grand jeune homme, se disant le frère de la dame qui m'accompagnait et à qui cette dame disait : « Comment pourrais-je vous reconnaître, puisque je ne vous ai vu qu'enfant ? » Aussitôt, la forme diminua de taille peu à peu, jusqu'à ce qu'elle eût celle du petit garçon que la dame avait connu. J'ai constaté, ajoute Brackett, d'autres cas du même genre.

On voit qu'il y a changement, régression physique de l'être matérialisé, qui reprend *sa forme* enfantine et non une autre. Maintenant que ces faits nous sont connus, on pourra mieux comprendre les hypothèses imaginées par les adversaires du spiritisme, pour refuser aux apparitions qui diffèrent du médium une réelle autonomie. Ils sont obligés de faire une série de suppositions, dont aucune n'est démontrée, et c'est par l'accumulation de ces apparences de raisonnements qu'ils se flattent de combattre la réalité des apparitions. Suivant ces théoriciens, le médium aurait le pouvoir de lire dans le cerveau des assistants comme dans un livre ouvert ; c'est dans la subconscience des spectateurs qu'il irait chercher les images des parents disparus. Ensuite, ce véritable magicien extérioriserait son corps odique et le modèlerait de manière à lui donner la ressemblance cherchée et, enfin, il le matérialiserait et le ferait agir et parler, comme l'aurait fait le défunt lui-même.

Malheureusement pour les sceptiques, chacune des hypothèses précédentes n'a ni l'étendue, ni la précision qui seraient nécessaires pour une explication générale. Si certains sujets endormis magnétiquement peuvent, parfois, pas toujours, pénétrer la la pensée d'un assistant, on n'a jamais démontré que la trance du médium à matérialisation le douât de ce pouvoir ; au contraire, le médium subit plutôt une sorte de dépression, comme en témoignent ceux qui ne perdent pas conscience, et loin de diriger quoi que ce soit, il subit passivement la volonté de l'être matérialisé, ainsi que nous le verrons par l'examen du cas de Mme d'Espérance. Quant à modeler la forme qui se fait voir, le médium en est si peu capable qu'il est aussi curieux que les autres personnes du groupe de savoir qui va se manifester. Je ne crois pas devoir insister sur ce qu'aurait de prodigieux la reproduction parfaite d'une voix que le médium n'aurait jamais entendue, ou l'emploi d'une langue ou d'un dialecte qu'il n'a pas appris.

Donc, sans m'attarder davantage sur le côté artificiel et fantaisiste du présent groupement de ces hypothèses, qu'il est nécessaire cependant d'échafauder ainsi les unes sur les autres pour essayer un semblant d'explication, je vais arriver à l'étude directe, immédiate des faits, et j'espère montrer qu'elle est suffisante pour établir l'autonomie absolue des apparitions. C'est surtout dans ce domaine qu'il faut se cramponner à l'observation terre à terre, si l'on ne veut pas être le jouet des mirages de l'imagination des théoriciens.

Il paraît évident que si le médium possédait le pouvoir merveilleux d'engendrer des fantômes reconnaissables, il n'y aurait presque jamais de séances nulles ; au lieu de faire surgir des êtres quelconques, il ressusciterait de préférence les images des parents défunts de ceux qui l'entourent, afin de les satisfaire et d'augmenter encore son prestige. A quelle gloire, quelle renommée, quel triomphe et quelle richesse n'atteindrait pas un pareil thaumaturge ! Hélas ! il est bien loin d'en être ainsi ; l'expérience prouve que, quel que soit son désir, le médium n'est qu'un instrument inerte, qui subit des influences extérieures sans les diriger, car ce n'est que rarement que l'on obtient des identités tout à fait satisfaisantes.

Voyons maintenant les faits qui justifient la manière de voir que je viens d'exposer.

L'APPARITION EST LA MÊME AVEC DES MÉDIUMS DIFFÉRENTS

Dans les mémorables séances relatées par MM. Reimers et Oxley, nous avons vu que les moulages des mains de deux fantômes : Bertie et Lilly, ne se ressemblaient pas entre eux, et que chacune de ces formes féminines possédait une véritable identité anatomique, accusée par une plastique spéciale, par des dimensions différentes de toutes les parties de la main, et par les dessins de l'épiderme qui n'avaient rien de commun. La main de

Mme Firman n'offrant aucune ressemblance ni avec celle de Bertie ni avec celle de Lilly, l'explication par un dédoublement pur et simple du médium est donc à écarter immédiatement.

Est-il raisonnable de supposer que l'esprit du médium pouvait modifier assez l'aspect de son double pour lui donner les apparences de Bertie et de Lilly ? Je ne le crois pas, car je me demande où cette femme du peuple, qui n'avait jamais appris le dessin ni l'anatomie, aurait emmagasiné des images assez fidèles de mains, par exemple, pour leur donner un caractère aussi frappant de vérité. Nous ne sommes pas en présence d'ébauches plus ou moins réussies d'un membre humain : nous avons dans ces moulages des duplicata de la réalité. Mais ce n'est pas tout. Si l'on veut absolument que ce soit le médium qui crée ces formes, il serait nécessaire de nous expliquer où et comment ces modèles seraient stéréotypés en lui, car c'est une image indélébile qu'il en possède, puisqu'il pouvait reproduire ces mains à de longs intervalles, en leur conservant des caractères identiques et toutes leurs dimensions respectives. Je crois devoir insister sur ce point, parce qu'il est d'une importance considérable. Le type sculptural suivant lequel sont engendrés les pieds, les mains, le visage des apparitions, n'est pas conventionnel, c'est la nature elle-même qui se révèle avec sa prodigieuse complexité et je n'arrive pas à comprendre où et comment cette ouvrière ignorante aurait puisé l'ensemble énorme de connaissances esthétiques et morphologiques, indispensables pour confectionner des modèles aussi achevés. Au contraire, si Bertie et Lilly sont des personnalités possédant chacune un organisme qui est identique à celui qu'elles avaient ici-bas, tout devient compréhensible, — réserve faite en ce qui concerne le phénomène de la matérialisation en soi — car elles pourront donner des moulages semblables entre eux, comme nous serions capables de le faire nous-mêmes.

Il est, d'ailleurs, dans le récit de M. Reimers, un épisode qui me paraît établir que le fantôme de Bertie possède une individualité persistante : c'est celui de la croix. On se souvient sans doute de ce fait, qui est ainsi relaté : « L'histoire de la croix est curieuse par-dessus tout ; j'en avais fait cadeau à l'apparition qui s'était présentée, alors que le médium était enfermé dans le sac de tulle. Quand le médium fut réveillé, la croix avait disparu. Je n'ai dénoué le sac qu'après avoir épuisé tous les efforts pour retrouver la croix. A la séance suivante, Bertie paraît avec la croix suspendue à son cou... »

Ainsi la *dématérialisation* de la croix coïncide avec la disparition de Bertie ; si celle-ci n'était qu'une transfiguration du double de Mme Firman, le pouvoir de l'apparition devait prendre fin avec sa rentrée dans le corps du médium, alors, qu'au contraire, son action persiste et se maintient pendant tout l'intervalle du temps qui sépare les séances, ce qui me paraît nécessiter l'existence indépendante et continue de cette individualité.

L'étude de la part prise par le médium dans ces phénomènes est difficile, puisqu'il y participe d'une manière effective, non pas intellectuellement, mais en fournissant la matière que l'esprit emploie pour concréter son corps fluidique.

Si l'aspect et les dimensions des mains du médium et de Bertie diffèrent considérablement, il existe cependant une ressemblance évidente dans la *matière* dont l'apparition était formée ; la substance de la main fantômale provenait certainement du médium, car elle avait tous les caractères morphologiques de la main de Mme Firman, comme l'ont observé Aksakof et M. Oxley. Cet emprunt fait à la chair du sujet a été mis aussi en évidence plus tard, par des pesées exécutées sur d'autres médiums, alors que l'apparition était visible, et l'on a remarqué une diminution de poids de ces médiums pendant toute la durée de la matérialisation. Je discuterai plus loin ces expériences; en ce moment, il est utile de signaler d'abord les remarques d'Aksakof sur ce curieux phénomène.

Au point de vue des preuves organiques, dit-il, je ne saurais passer sous silence une observation que j'ai faite : En examinant attentivement le plâtre du moulage de la main de Bertie en le comparant au plâtre de celle du médium, je remarquai avec surprise que la main de Bertie, tout en ayant la *rondeur d'une main de jeune femme*, présentait par son aspect à la face dorsale les signes distinctifs de l'âge. Or le médium était une femme âgée. Elle est morte bientôt après l'expérience. Voilà un détail qu'aucune photographie ne peut reproduire et qui prouve d'une manière évidente que la matérialisation s'effectue aux dépens du médium, et que ce phénomène est dû à une combinaison de formes organiques existantes avec des éléments formels introduits par une force organisatrice étrangère, celle qui produit la matérialisation.

Autrement dit, le dessin idéal, le moule fluidique est celui de l'esprit, tandis que la matière qui le remplit est fournie par le médium et en a nécessairement toutes les caractéristiques. C'est ce qu'a constaté également M. Oxley, comme il appert de sa lettre du 26 février 1876, adressée à M. Aksakof, dans laquelle il écrit :

Chose curieuse, on reconnaît toujours dans ces moulages (1) les signes distinctifs du jeune âge et de la vieillesse. Cela prouve que les membres matérialisés, tout en conservant leur forme juvénile, présentent des particularités qui trahissent l'âge du médium. Si vous examinez les veines de la main, vous y trouverez des indices caractéristiques se rapportant indiscutablement à l'organisme du médium.

Il s'agit dans cette lettre de la main de Lilly, une autre apparition qui se manifestait également avec Mme Firman, et que nous allons voir se matérialiser aussi par l'intermédiaire d'un pasteur protestant, le docteur Monck, dont l'archidiacre Colley a fait connaître la puissante faculté médianimique (2). Le sujet étant des plus importants, je reproduis textuellement Aksakof :

Je citerai ici un cas se rapportant au même phénomène, le moulage de mains absolument identiques aux précédentes, mais obtenues dans des conditions très remarquables : *par l'intermédiaire d'un autre médium*, appartenant même à l'autre sexe : le docteur Monck. Il est vrai que l'ancien médium, Mme Firman, assistait à la séance en qualité de spectatrice, de sorte qu'on pourrait attribuer les résultats obtenus à l'influence qu'elle exerçait à distance.

Autre particularité remarquable de cette séance : les formes humaines émergeaient de derrière le rideau, et, après s'être reti-

---

(1) Cette généralisation est trop absolue ; c'était surtout avec Mme Firman que ce phénomène se produisait.
(2) Voir plus loin, p. 521, l'attestation de l'archidiacre Colley et celle de Alf. Russel Wallace sur les matérialisations qui se produisaient *en plein jour*, sans possibilité d'erreur de la part des observateurs.

rées pour opérer les moulages, elles apparaissaient de nouveau, *présentant les moules aux assistants, qui les enlevaient eux-mêmes des mains ou des pieds* matérialisés. Voici en quels termes M. Reimers raconte le fait :

« Bientôt la force occulte commença d'agir : on entendit le clapotement de l'eau. Quelques minutes après, je fus sommé de me lever et d'étendre mes mains en restant dans une attitude courbée pour retirer les moules. Je sentis le contact d'un moule en paraf-

EXPÉRIENCES DE MM. REIMERS ET OXLEY

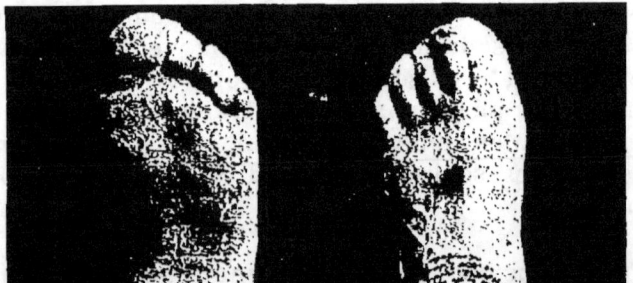

Fig. 23. — Pied matérialisé de Bertie. Médium le D' Monck.

fine, et le pied matérialisé s'en dégagea avec la rapidité de l'éclair en produisant un son bizarre, et laissant le moule entre mes mains. Les plâtres portent exactement *les lignes et les traits caractéristiques des mains et des pieds de Bertie*, comme je les avais observés quand les moules avaient été obtenus aux séances avec le médium Mme Firman. (V. *Psych. Studien*, 1877, p. 549.)

A cette même séance, on a reçu le moule d'une autre figure matérialisée appartenant à ce sujet qui prenait le nom de Lilly et dont nous possédons le portrait (p. 271). Ce moule fournit une nouvelle et remarquable preuve de l'authenticité du phénomène. Un compte rendu sommaire de cette expérience qui eut lieu le 11 avril 1876, a été publié par M. Oxley, qui y avait pris part, dans le *Spiritualist* du 21 avril 1876. Plus tard, en 1878, il communiqua à cette revue un récit détaillé de ces phénomènes, y joignant les dessins de la main et du pied, coulés au moyen de moules qu'il avait lui-même *retirés des membres matérialisés* (*Spirit.*, 24 mai et 26 juillet 1878).

M. Oxley a eu l'obligeance, dit Aksakof, de me faire parvenir les plâtres coulés dans ces moules ; je crois utile de citer l'article qu'il consacre à la main de Lilly.

L'image ci-contre, figure 24, reproduit exactement le plâtre de la main de l'esprit matérialisé, qui s'intitulait Lilly et qui a été pris, coulé dans le moule laissé par cet esprit à la séance du 11 avril 1876, et cela dans des conditions *rendant toute supercherie impossible*. Comme médium nous avions le docteur Monck ; *après que nous*

EXPÉRIENCES DE MM. REIMERS ET OXLEY

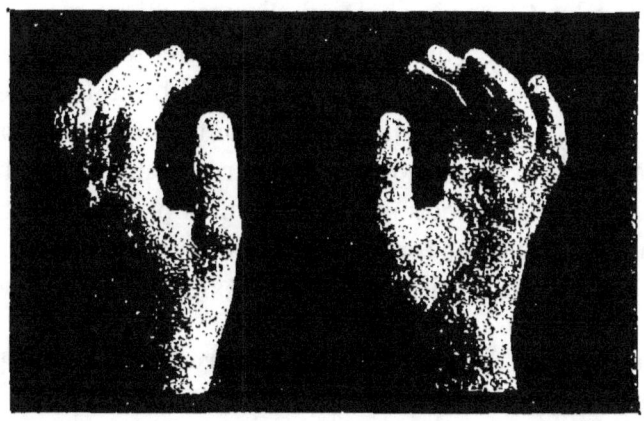

Fig. 24. — La main de Lilly. Médium le Dr Monck.

l'eûmes fouillé (1), sur sa propre demande, il fut placé dans un cabinet improvisé en mettant un rideau en travers de l'embrasure d'une fenêtre ; la chambre *resta éclairée au gaz* pendant toute la séance. Nous approchâmes une table ronde du rideau même et y prîmes place au nombre de sept.

Bientôt deux figures de femmes, que nous connaissions sous les noms de « Bertie » et « Lilly », se montrèrent à l'endroit où les deux parties du rideau se touchaient, et, quand le docteur Monck passa sa figure à travers l'ouverture ces deux figures apparurent au-dessus du rideau, tandis que deux figures d'hommes (« Milke »

(1) Remarquons que les spirites n'ont pas attendu les savants pour prendre les mesures de précaution nécessaires afin de ne pas être trompés. C'est une constatation qui a son intérêt, quand on voit souvent reproduites contre eux les accusations de crédulité ou d'ignorance de la méthode scientifique.

et « Richard ») l'écartaient des deux côtés et se faisaient également voir. Nous aperçûmes donc *simultanément le médium et quatre figures matérialisées*, dont chacune avait ses traits particuliers qui la distinguaient des autres figures, comme c'est le cas avec les personnes vivantes. Il va de soi que toutes les mesures de précaution avaient été prises pour empêcher toute supercherie et que nous nous serions aperçus de la moindre tentative de fraude.

Arrêtons-nous un instant pour commenter ces faits. Il me semble évident qu'ici on ne peut plus accepter l'hypothèse d'un dédoublement, car c'est un véritable écartèlement du médium qu'il faudrait imaginer. Deux figures d'hommes et deux figures de femmes, se montrent simultanément et agissant indépendamment les unes des autres, sont bien des êtres autonomes ; ce serait dépasser les limites de toute induction raisonnable que de faire de ces fantômes des créations de la force plastique extériorisée du docteur Monck, un homme ne pouvant exercer sa volonté en même temps dans quatre directions différentes. Ceci dit, je poursuis la citation de M. Oxley :

D'ailleurs, la forme obtenue et l'épreuve en plâtre parlent d'elles-mêmes. On y distingue nettement les moindres saillies de la peau, et la courbure des doigts n'aurait pas permis de retirer la main du moule sans l'endommager ; la largeur du poignet n'était que de $\frac{1}{4} \times 2$ pouces, alors que la largeur de la paume entre l'index et le petit doigt était de 3 pouces et demi. Je portai cette forme chez un modeleur qui en fit le plâtre.

J'avais moi-même préparé la paraffine et l'avais portée dans le cabinet. Bertie remit d'abord le moule de sa main à M. Reimers et me donna ensuite celui de son pied. Après cela Lilly me demanda si je désirais avoir la forme de sa main : elle reçut, naturellement, une réponse affirmative. Elle plongea sa main dans la paraffine (je puis le dire parce que nous avons entendu le bruit que produisait le déplacement de l'eau), et, une minute après, elle me la tendit entre les rideaux, *m'invitant à retirer le gant de paraffine qui l'enveloppait*. Je me penchai de son côté, par-dessus la table ; à l'instant même *sa main disparut*, laissant entre les miennes le moule formé. L'authenticité de ce phénomène est hors de doute, parce que le médium a été fouillé avant d'entrer dans le cabinet, et que la table, à laquelle nous étions assis en demi-cercle, avait été placée juste contre le rideau ; par **conséquent** il était impossible d'y pénétrer ou d'en sortir inaperçu, la chambre étant suffisamment éclairée pour qu'on pût voir tout ce qui se passait.

Dans le cas cité, la main qui a servi de modèle au moule, n'était évidemment *ni celle du médium, ni celle de l'un des assistants*. Alors, du moment que toute intervention de la part d'un être humain était complètement exclue, on peut se demander : Quelle est donc la main qui a servi de modèle au moule ?... Elle tendit hors du cabinet sa main recouverte du gant de paraffine, et ce gant resta entre mes mains après la disparition de la main matérialisée.

Si, en général, on peut avoir confiance dans le témoignage des hommes (et nous sommes prêts, tous les sept, à confirmer l'exactitude de ce récit), nous possédons dans le présent cas une preuve irréfutable de l'intervention d'une force étrangère, n'émanant ni du médium, ni d'une personne présente ; ainsi se trouve établie, *d'une manière irréfutable*, l'existence d'êtres vivant en dehors de la sphère terrestre.

Il suffit de considérer un instant cette main, aux doigts recourbés, pour être certain qu'il serait impossible à une main humaine de même forme de sortir d'un moule de paraffine ; celui-ci ne portant ni trace de lésion, ni de fissure, ni de soudure, ni de jointure, il faut admettre que l'on se trouve en présence d'une *preuve absolue* de la réalité des matérialisations d'esprits, fût-ce même celui du double transfiguré. Les mêmes observations sont applicables au pied de Bertie, car le creux formé par les orteils, au niveau de leur réunion avec la plante des pieds, ont nécessairement été remplis de paraffine et formaient des saillies qui auraient été détruites, si le pied s'était retiré à la manière ordinaire. Sur le moulage, on voit nettement les lignes sinueuses qui sillonnent la peau et ne peuvent provenir que d'un modèle réellement anatomique.

Voici donc une autre démonstration irréfutable de l'existence d'un *corps fluidique*, qui reproduit jusque dans ses plus infimes particularités tous les détails de l'organisme humain. Qu'il émane des vivants ou des esprits, il présente constamment les mêmes caractères, ce qui établit que c'est en lui que réside la puissance formatrice, plastique, suivant laquelle la substance matérielle est ordonnée. C'est bien l'idée directrice qui édifie et maintient le type structural et individuel de chaque individu, et c'est parce que le corps fluidique survit à la désagrégation corporelle qu'il peut, momentanément, temporairement, lorsque les circonstances sont favorables, — c'est-à-dire quand un médium peut lui céder de la matière et de l'énergie, — reconstituer tout ou partie de son ancien corps terrestre. Si étranges, si prodigieuses que ces conclusions puissent paraître, ce sont celles qu'impose l'étude des matérialisations; et plus nous irons, plus la conviction de leur réalité sera puissante, s'appuyant sur des faits aussi nombreux que démonstratifs.

Ainsi les deux fantômes de Bertie et de Lilly se montrent *identiquement semblables*, malgré la substitution d'un médium masculin à un médium féminin. Une circonstance du récit pourrait être invoquée par les partisans de la théorie téléplastique, — celle qui prétend que le modelage des fantômes se fait sur des images mentales — c'est que Mme Firman assistait à la séance du docteur Monck et qu'elle a pu lui suggérer, ou lui transmettre télépathiquement les portraits de ces fantômes. Mais le visage du docteur Monck était visible en *même temps* que celui de deux hommes et de deux femmes, et cette quadruple action *simultanée* me paraît impossible de la part du médium, un individu quelconque ne pouvant agir en même temps avec cette prodigieuse puissance dans quatre directions différentes, pour créer des êtres aussi réels que ceux qui donnent des moulages.

LES PHOTOGRAPHIES DE BERTIE

Il existe encore d'autres preuves que les esprits qui se montrèrent si souvent à MM. Reimers et Oxley n'étaient pas des créations de la pensée de Mme Firman : c'est d'abord qu'en dehors de celle-ci, et après sa mort, Bertie put plusieurs fois donner son portrait à M. Reimers, dans les conditions suivantes (1) :

Se trouvant un jour chez un *trance-medium*, Mme Woodforde, Bertie ne tarda pas à se manifester et M. Reimers, après une longue conversation, lui demanda sa photographie. Elle répondit : « C'est bien. J'espère que l'expérience réussira. Va demain chez Hudson ; peut-être me sera-t-il permis de satisfaire ton désir. » Le

---

(1) *Animisme et Spiritisme*, p. 181.

lendemain M. Reimers se rendit chez Hudson. « *Je nettoyai moi-même les plaques*, dit-il, je ne les quittai pas des yeux, jusqu'au moment où elles furent placées dans la chambre noire. »

Sur la première plaque apparut, *à gauche* de M. Reimers, une forme flottant dans l'espace, dont on distingue parfaitement le visage féminin ; elle était placée de trois-quarts, regardant M. Reimers ; le reste de la tête est enveloppé d'une écharpe formant une espèce de chaperon conique, qui retombe sur la nuque comme un voile. Je n'ai vu cette coiffure sur aucune des autres photographies que fit M. Hudson. Le buste de l'apparition est recouvert d'une draperie qui, d'un côté, descend jusqu'à terre. Le corps fait défaut ; de l'autre côté, la draperie est relevée jusqu'au menton, comme si elle était maintenue par une main dissimulée en dessous.

A la deuxième exposition, faite *immédiatement* après la première, la même forme apparut, mais, cette fois, *à droite*, de M. Reimers ; elle flotte encore dans l'espace, et le visage est toujours tourné du côté de M. Reimers. Sans aucun doute, c'est absolument la même figure ; mais comme elle avait dû se tourner pour apparaître du côté droit, tous les détails de la photographie sont modifiés : la forme se trouve plus bas que lorsqu'elle était à gauche de M. Reimers ; elle en est aussi plus rapprochée ; c'est le même visage, mais vu de profil, la même coiffure avec d'autres plis dans l'écharpe, la même draperie pendant jusqu'à terre, mais de l'autre côté ; et cette main qui semblait retenir la draperie sur le buste s'est abaissée jusqu'au dessous de la poitrine, tout en restant dissimulée sous l'étoffe (1).

Voici donc encore deux médiums, Mme Woodforde et Hudson qui servent aux manifestations de Bertie, sans l'avoir jamais vue, et celle-ci annonce d'avance qu'un résultat sera obtenu photographiquement, prophétie qui fut réalisée complètement. Cette fois, dira-t-on, le modèle du cliché a été puisé dans la subconscience de M. Reimers — Eh bien ! non, impossible d'imaginer ce petit jeu de raquette, car celui-ci ne possédait pas encore, à ce moment, une image visuelle bien nette de Bertie, puisqu'il ne la reconnut pas tout d'abord sur la seconde photographie.

J'ai rarement, dit-il, vu ce visage nettement et suis longtemps

(1) *Psychische Studien*, 1877, p. 212.

resté dans le doute avant de reconnaître que je me trouvais en présence du même personnage, présenté sous un autre aspect, toutes les conditions de la pose ayant subi un changement. L'extrême mobilité de la figure et la courte durée de son apparition m'ont empêché de bien retenir les traits du visage ; mais, actuellement, elle apparaît souvent *sous une forme pareille* à celles reproduites dans les photographies ci-jointes, avec une coiffure de l'époque de la reine Elisabeth. Hier, elle s'est montrée dans un véritable nuage de gaze et s'est enlevée dans l'espace comme sur la photographie.

Plus tard, après avoir rendu visite à M. Beattie, de Bristol, M. Reimers fit lui-même des expériences et parvint à obtenir le portrait de Bertie, bien qu'elle fût invisible pour les assistants, sauf pour un médium voyant. Voici la description qu'il fait de ses tentatives (1) :

Connaissant toutes les supercheries auxquelles on avait recours pour falsifier ces expériences, je résolus de faire moi-même toutes les manipulations nécessaires, de façon à rendre impossible la moindre fraude. J'aménageai moi-même le fond, afin d'empêcher éventuellement l'action chimique qui consiste à produire, à l'aide d'un certain liquide, une image invisible à l'œil, mais qui peut être reproduite sur la plaque sensible. Ayant fait ces préparatifs, j'installai le groupe dans ma chambre, de manière à pouvoir observer tous les personnages pendant la durée entière de l'expérience.

Aux premières expositions, nos propres images seules furent reproduites, mais aux sept dernières expositions apparut la même figure que nous avions vue un nombre *incalculable de fois*. Un fait remarquable : au cours de ces séances, Mme L. (le médium clairvoyant) m'a dit à plusieurs reprises : « Je vois un nuage blanc au-dessus de votre épaule ; à présent, je vois distinctement une tête ; d'après vos descriptions, ce doit être notre Bertie. » En effet, sur toutes les photographies, la tête apparaît au-dessus de mon épaule gauche.

C'est, une fois de plus, la confirmation par un sensitif de la réalité des formes qui ne sont pas perçues par la vue ordinaire.

Enfin, *après la mort* de Mme Firman, M. Reimers continua ses expériences avec le fils de cette dernière, qui possédait également des facultés médianimiques, et voici la lettre qu'il

---

(1) *Psychische Studien*, 1884, p. 546.

écrivit à M. Aksakof pour décrire comment il parvint à obtenir le portrait de Bertie dans une *complète obscurité*, résultat auquel est arrivé également le savant russe, avec un autre médium, Eglinton, dont j'ai parlé au chapitre précédent. Voici cette lettre :

Wellington Parade, Powlet street. E. Melbourne(Australie), le 8 juin 1886.

Monsieur,

Je ne crois pas avoir décrit l'expérience photographique dans l'obscurité d'une manière suffisamment détaillée ; il est donc utile que j'éclaircisse davantage les points importants.

Je me rendis à Londres (dans le courant de l'automne 1879) avec Alfred Firman, et j'achetai des plaques sèches *au coin desquelles je fis une marque*. Rentré à Richemond, nous apprêtâmes le cabinet et disposâmes l'appareil de manière que le foyer se trouvât à l'endroit où la forme devait apparaître, suivant les indications qui nous avaient été données. La nuit venue (il était près de neuf heures ; nous étions au mois de septembre), Firman entra dans le cabinet, tandis que je restais auprès de l'appareil, *tenant tout le temps ma main placée dessus* : j'avais mis en place la plaque, qui *était restée dans ma poche depuis que nous avions quitté le magasin*. John King nous dit, par la voix du médium, de nous tenir prêts à découvrir l'objectif à son commandement. Pendant quelque temps un silence si complet s'établit, que le moindre pas du médium aurait été entendu. Tout à coup, nous entendîmes la voix de John King donnant cet ordre : « Maintenant, ouvrez » ; et, quelques minutes après : « Fermez. » J'allumai la bougie, je sortis la plaque, et, quand Firman eut préparé le bain, je la lui passai ; regardant par-dessus son épaule, je suivis les progrès du développement. Sur le négatif il y a une figure portant *une croix au cou : c'est l'image de Bertie*, comme *elle m'apparaissait habituellement*, mais seulement plus foncée et sur un fond gris.

Après ce résultat étonnant, je me mis à passer en revue, ainsi que je le fais à la fin de chaque séance, toutes les combinaisons imaginables de supercherie auxquelles on aurait pu avoir recours pour obtenir ce résultat, et j'arrivai à cette conclusion, que non seulement il était impossible d'imiter la marque que j'avais faite sur la plaque, mais qu'à plus forte raison il est inadmissible qu'une autre plaque, déjà impressionnée, lui eût été substituée. Ce serait chose matériellement impossible pour le médium que d'enlever la plaque du châssis et d'y introduire une autre plaque sans faire de bruit et ce, dans une complète obscurité, surtout étant donné que je tenais la main sur l'appareil. N'ayant d'ailleurs pas quitté des yeux la plaque depuis le moment où je l'avais retirée du châssis, je laisse à d'autres de faire des conjectures...

Votre dévoué,

C. REIMERS.

CERTITUDE DE L'EXISTENCE DE BERTIE

Je crois que le cas de Bertie, — de même que celui de Lilly, — est aussi concluant que possible pour démontrer que le fantôme a une existence indépendante de celle de son médium habituel. Le corps de l'apparition *se construit identiquement semblable*, les moulages l'attestent, avec le docteur Monck, qui n'avait pas le modèle mental de cet esprit dans sa subconscience, puisqu'il ne l'avait jamais vu ; la supposition que cette image lui aurait été transmise par Mme Firman, avec tous les infinis détails qui donnent aux moulages leurs caractères de réalité vivante, est vraiment insoutenable, d'autant plus qu'en même temps que Bertie, Lilly et deux autres apparitions sont simultanément visibles. Ce serait se payer de mots que d'accepter l'hypothèse d'un « déquatruplement » du médium, obligé, dans ce cas, ou dans celui de projections matérialisées de ses pensées, d'enfanter non quatre dessins, mais *quatre formes vivantes* agissant indépendamment les unes des autres et, pour deux au moins, possédant toutes les particularités biologiques d'êtres vivants aussi complexes que nous-mêmes.

L'identité physique de Bertie est donc établie avec autant de certitude que celle d'un être humain qui se présenterait dans des maisons différentes et que l'on soumettrait aux mêmes procédés de contrôle. On ne peut pas exiger, pour démontrer la réalité d'une apparition, des preuves plus démonstratives que celles usitées dans les sciences anthropométriques et le moulage de mains identiques, avec des médiums divers, un homme et une femme, est une démonstration scientifique de premier ordre, qui établit que l'hypothèse d'une transfiguration du double est manifestement insuffisante, et qu'elle doit être, dans ce cas, remplacée par une autre plus en rapport avec les phénomènes observés.

Mais il y a plus et mieux ; Bertie n'est pas un fantôme qui se formerait seulement pendant les séances de matérialisation : il a une réalité indépendante, une existence persistante, car les photographies obtenues *après la mort du médium*, imposent, avec une irrésistible évidence, cette conclusion que Mme Firman n'était pas la créatrice de cette individualité, puisque celle-ci lui survit. En résumé : que le médium soit éveillé, en trance, absent ou mort, les diverses formes de manifestations de Bertie n'en subissent pas de dommage; il n'y a pas de corrélation absolue de cause à effet entre le médium et l'apparition, car Bertie maintient dans le temps et dans l'espace la persistance de son type individuel. La seule hypothèse logique est donc que Bertie possède un corps qui lui est propre et qu'elle le rend visible, tangible, matériel lorsque les circonstances le lui permettent, c'est-à-dire lorsqu'elle trouve dans un médium, homme ou femme, les éléments nécessaires à l'objectivation dans notre monde physique de son enveloppe fluidique.

Il ne reste plus guère à nos contradicteurs que la ressource de prétendre que tous ces récits sont mensongers. Mais il faudrait établir alors quel intérêt auraient eu des hommes sérieux, intègres, désintéressés, honorablement connus comme l'étaient MM. Reimers, Oxley, Marthèse, etc., à s'entendre pour mystifier leurs contemporains, et comment ils auraient réussi à faire ces fameux moulages. Si l'on n'oublie pas que nous possédons également des témoignages véridiques venant d'Amérique, il faut convenir que la supposition d'une fraude aussi générale est tout à fait inadmissible.

Je pourrais, dès maintenant, citer d'autres exemples d'apparitions se montrant avec des médiums inconnus les uns des autres ; mais comme ce sont des fantômes reconnus, je reporte donc au chapitre qui traite de l'Identité, l'exposé de ces cas. Je veux établir que, souvent, on peut constater la présence simultanée de deux apparitions, qui agissent indépendamment l'une de l'autre, de sorte que l'hypothèse du dédoublement et de la transfiguration du médium n'apparaîtra plus comme vraisemblable dans ces circonstances.

APPARITIONS MULTIPLES ET SIMULTANÉES

Je commencerai par faire quelques emprunts à un livre : *There is no death* (Il n'y a pas de mort) de Mme Florence Marryat, écrivain bien connu en Angleterre, qui relate dans cet ouvrage ses nombreuses observations personnelles. Il se dégage de cette lecture un profond sentiment de sincérité, et l'on peut admettre que le témoignage de cette dame est sérieux, car nous en avons la preuve dans ce fait que les récits de certaines séances auxquelles elle a assisté sont conformes à ceux que de bons témoins, tels qu'Alfred Russel Wallace et Crookes, ont publiés ensuite, ce qui nous assure qu'elle savait observer avec soin. D'ailleurs, elle indique parfois le nom d'autres personnes comme références, et jamais elle ne s'est attirée de démentis.

Je citerai d'abord une séance dans laquelle on vit, à plusieurs reprises, le médium en compagnie de formes matérialisées. Ce médium était Eglinton ; il possédait de puissantes facultés ; nous pouvons croire à la réalité de ses pouvoirs, car elle nous est affirmée par Wallace et Aksakof qui ont expérimenté avec lui. Médium et narrateur nous étant connus, voici comment s'exprime Mme Marryat (1) :

La séance eut lieu chez Eglinton, Quebec Street, le 5 septembre 1884. Assistaient à la séance : M. et Mme Stewart ; le colonel Wynch et sa femme ; M. et Mme Russell Davies ; M. Morgan, le colonel Lean (second mari de Mme Marryat) et moi. Nous étions assis dans le premier salon qui était éclairé au gaz ; Eglinton se tint dans le second salon, séparé du premier par un rideau et dont la porte était soigneusement fermée. Il n'y était pas depuis deux minutes, lorsqu'un homme sortit et s'avança vers nous ; il était grand, fort, très brun ; plusieurs assistants remarquèrent qu'il exhalait une odeur particulière. Il ne fut pas reconnu ; et, après s'être montré deux ou trois fois, nous quitta et fut immédiatement remplacé par une femme qui lui ressemblait beaucoup et ne fut pas identifiée non plus. Avant de prendre congé, ces deux esprits *vinrent ensemble*, examinant le cercle avec curiosité.

(1) *There is no death*, chapitre XIII. William Eglinton. — Voir également le livre de M. John T. Farmer, *Twixt two Worlds* (Entre deux Mondes) où cette séance est relatée.

Après quelques instants d'intervalle, un homme beaucoup plus petit et mince se présenta dans une attitude inclinée. Le colonel Lean lui ayant tendu la main, l'esprit la saisit tellement fort qu'il le souleva presque de son siège ; il traversa la chambre et donna à M. Stewart la même preuve de sa force musculaire ; il me pressa également la main sur ma demande.

A peine avait-il disparu, qu'Abdullah (un des guides d'Eglinton) se montra, avec son bras unique et ses six pieds deux pouces de hauteur, il salua tout le monde. Puis ma fille Florence le remplaça. Elle avait alors dix-neuf ans, son aspect était délicat et féminin ; elle avança deux ou trois fois pour me toucher, mais semblait craindre d'approcher davantage ; alors elle sortit du cabinet *amenant Eglinton avec elle* ; il était profondément entrancé, respirant avec difficulté. Florence le tenait par la main et tous deux vinrent à moi. Le médium détachant mes mains de celles de mes voisins me fit lever et plaça ma fille entre mes bras ! Pendant qu'elle me tenait ainsi, elle me parla d'une chose *connue de moi seule au monde* et posa ma main *sur son cœur pour me faire sentir qu'elle vivait.*

Au point de vue critique, je n'aurais pas reproduit le récit de cette séance, parce qu'elle eut lieu dans le domicile d'Eglinton et que les incrédules pourraient objecter que cette circonstance enlève toute valeur aux observations, les fantômes pouvant être représentés par des compères ; mais le personnage d'Abdullah s'est manifesté dans d'autres circonstances où une supercherie était impossible, nous allons le constater (1) ; d'autre part, Florence, la fille de Mme Marryat s'était matérialisée déjà dans des séances antérieures avec des médiums différents (2) ; elle dit à sa mère une chose connue seulement de cette dernière, qu'une figurante jouant ce rôle aurait ignorée ; d'où je conclus que ces apparitions étant véridiques, il n'y a pas de raisons sérieuses pour suspecter les autres. Ceci dit, je poursuis ma citation :

Le colonel la pria de venir à lui, elle essaya sans y réussir ; alors elle entra dans le cabinet, en ressortit avec Eglinton, appela mon mari et l'embrassa. C'est un des cas les plus remarquables, puisque l'esprit et le médium ont été vus ensemble par dix personnes dans une *salle éclairée au gaz.*

(1) Voir plus loin, pp. 336-337.
(2) Voir plus loin le chapitre sur l'Identité des esprits, pp. 373 et suivantes.

La matérialisation qui apparut ensuite eut lieu pour M. Stewart, qui arrivait d'Australie et était inconnu d'Eglinton. Aussitôt qu'il vit une forme soulevant le rideau, il s'écria : « Mon Dieu ! Pauline », avec un accent de surprise et de conviction sur lequel il n'y avait pas à se tromper. L'esprit lui parla bas et l'embrassa affectueusement, lui entourant le cou avec ses bras. Il dit ensuite à sa femme que c'était sa nièce, morte un an auparavant; il la reconnaissait *telle qu'elle était avant sa maladie.* Le médium *se montra aussi en même temps que la jeune femme* : pour la troisième fois de la soirée on le voyait à côté d'une apparition.

L'esprit qui vint ensuite, le septième, était un petit enfant paraissant âgé de deux ans ; il marchait en se tenant à une chaise ; je me baissai vers lui pour lui parler, mais il se mit à crier de toutes ses forces, comme un bébé effrayé de se trouver avec des étrangers, et il s'en alla. L'attention du cercle fut détournée par Abdullah, entre les rideaux, visible en même temps qu'Eglinton et l'enfant, nous montrant ensemble un *trio juncto in uno*.

La supposition que des êtres aussi vivants, qui vont et viennent, causent, racontent des choses secrètes connues de la seule personne intéressée à qui elle est communiquée, puissent être des créations matérialisées de la pensée du médium, est véritablement insoutenable et, comme l'hypothèse du dédoublement est illogique, il faut en conclure que les apparitions ont une autonomie et une personnalité indépendantes de celle du médium. De plus, nous commençons à constater que ces fantômes ne sont plus anonymes, ils représentent des personnes ayant vécu ici-bas. Ce sont de véritables résurrections temporaires, mais ce n'est pas le corps physique terrestre qui est reconstitué *avec ses anciens éléments charnels,* suivant la croyance catholique, mais la *forme fluidique de ce corps* qui a survécu à la décomposition matérielle et qui se rend visible au moyen de *la substance physique du médium,* comme j'en donnerai encore plus loin des preuves nombreuses et concluantes.

J'ai fait allusion à un témoignage d'Alfred Russel Wallace au sujet de la réalité du fantôme d'Abdullah. Le voici, tel qu'il a été donné à M. Erny, dans une lettre particulière (1) :

Je sais que l'esprit prenant le nom d'*Abdullah* paraît sans qu'on

---

(1) Erny, *Le Psychisme expérimental*, p. 161.

puisse supposer qu'il y ait fraude. Je l'ai vu *dans une maison particulière*, où Eglinton donna une séance devant vingt personnes. On suspendit un rideau dans un coin de la pièce où se tenaient les assistants, et Eglinton s'assit derrière ce rideau. (Il ne pouvait donc bouger sans être vu de tout le monde.) *Abdullah* parut, vêtu d'un habillement blanc, ayant les pieds nus dans des sandales et un large turban ; il vint *à un pied* de moi, et je pus l'examiner, car le gaz n'était *qu'à moitié baissé*. Aussitôt après, la forme disparut derrière le rideau, où se trouvait Eglinton, en habit noir et entrancé sur un fauteuil. Dès qu'Eglinton fut réveillé, on décida *qu'il serait fouillé, afin de savoir s'il n'avait pas sur lui de quoi se déguiser*. Cela ne sembla pas faire plaisir à Eglinton, mais il accepta. Deux de mes amis et moi fûmes choisis pour cette recherche. Nous examinâmes d'abord les murs, le tapis, etc., dans l'endroit où était Eglinton, puis nous le conduisîmes dans une chambre à coucher où il se *déshabilla complètement*. Chaque objet de toilette passa par nos mains et fut fouillé et examiné avec soin. *On ne trouva absolument rien*. Le turban, les sandales, la tunique blanche avaient disparu avec la forme d'Abdullah !

On peut considérer l'affirmation d'Alfred Wallace comme un document de premier ordre, puisqu'il émane d'un des plus grands naturalistes de l'Angleterre à l'heure actuelle.

Un autre témoignage est non moins intéressant, c'est celui du peintre James Tissot, qui a vu souventes fois simultanément deux esprits : « Ernest », un des guides d'Eglinton, et « Katie ». Sa vision a été assez nette pour qu'il ait pu reconstituer la scène dans un magnifique dessin dont nous offrons figure 25, la reproduction phototypique. On trouve dans le livre de M. Farmer (1) sur ce sujet la note suivante, assez brève, mais que je complète plus loin par le récit de M. Tissot lui-même. On constate que cette fois les apparitions ne sont visibles que grâce à la lumière qu'elles produisent elles-mêmes. C'est encore un côté bien curieux de ces phénomènes, sur lequel je reviendrai un peu plus longuement par la suite (2).

(1) FARMER, *Twixt two worlds*.
(2) Voir aussi dans la *Revue scientifique et morale du Spiritisme*, n° de février 1908, p. 509, le récit de Mme H.-E. Bell, qui raconte que les esprits Abdullah et Joey, les guides d'Eglinton, se manifestaient également avec un autre médium, M. Haxby, qui mourut jeune. Pour ce cas encore, nous avons le témoignage d'Alfred Russel Wallace.

La séance eut lieu *chez le peintre J. Tissot*, et, en dehors de lui et du médium, il n'y avait de présents que deux dames et un monsieur. M. Eglinton s'assit dans un fauteuil près de M. Tissot ; et y resta tout le temps. *Les portes furent fermées à clef.* Après quelques instants, deux formes parurent côte à côte sur la gauche de M. Tissot ; elles étaient d'abord indistinctes, mais peu à peu devinrent visibles, au point qu'on pouvait distinguer tous les traits. La forme mâle portait à la main une sorte de lumière très vive avec laquelle elle éclaira la figure de la forme féminine. M. Tissot *reconnut immédiatement cette dernière* et très ému lui demanda de l'embrasser. La forme le fit plusieurs fois et l'on vit ses lèvres remuer, puis au bout de quelques minutes, elle disparut.

Ce qui ajouta encore à la réalité du phénomène, c'est que le corps physique d'Eglinton étant visible, son double parut derrière les deux autres formes. Il y eut donc *triple matérialisation*. Voici maintenant le récit d'une autre séance, par M. Tissot lui-même :

RELATION DE LA SÉANCE DU 20 MAI 1875, CHEZ EGLINTON, PAR M. JAMES TISSOT

Après dîner, nous montons dans la salle des séances. Le cercle est peu nombreux, sympathique. Mme Davies et sa fille, Maning, Hunting, de Boston, et une dame déjà très au courant. Les places sont indiquées. Je suis placé entre Mlle et Mme Davies. Le gaz est éteint. Obscurité complète.

Aussitôt, dans la chambre choisie pour l'expérience, le médium entre en *trance* et s'assied derrière moi. De temps en temps, il se promène très agité, bat des mains, gémit, marche dans l'obscurité comme s'il y voyait clair, sans rien bousculer, et il se laisse choir sur une chaise basse, derrière moi, dont le bois crie au moindre mouvement. Il s'endort.

Je cause avec mes voisins, de choses indifférentes. De temps en temps, nous chantons. Le « contrôle » Joey nous recommande de ne pas cesser de converser sur n'importe quoi, car au moindre silence, l'anxiété de chacun, qui s'accroît, fatigue et épuise le médium.

— Katie est là, — m'annonce la voix. Tout à coup, on me signale à gauche, derrière moi, une lumière. C'est une forme de femme. Je regarde trop vite, je vois à peine, et la forme s'évanouit.

J'ai regardé trop tôt. La manifestation a été comme neutralisée

Fig. 25. — Le dessin de James Tissot, représentant les deux Esprits visibles simultanément

par mon anxiété. Je me promets que je ne regarderai que lorsque la forme sera distincte. Après deux minutes, la lumière apparaît de nouveau. J'attends un peu et, doucement, je me détourne à gauche. Je vois alors là, près de moi, une forme humaine éclairée par un foyer lumineux partant de la poitrine, lumière très bleuâtre. La tête, drapée, me paraît toute petite, grosse comme une pomme à peine. Cela grandit. Je vois une figure de femme entièrement formée, penchée vers moi, me regardant. C'est Katie, oui, c'est bien elle. Je remarque son menton. Il me semble plus petit *que je n'avais l'habitude de le peindre*. Je retrouve le modelé de son sourire angélique, plein de douceur. Oui ! c'est bien Katie ! Son cou est visible, si petit entre la draperie qui retombe sur la poitrine. Puis plus rien.

Joey me prévient que Katie n'est pas encore bien formée, qu'elle va revenir, et me prie de ne regarder que lorsque l'apparition sera bien complète.

Nous causons de choses banales, puisqu'il le faut. Mes voisins, en voyant la matérialisation de la figure s'étaient écriés :

— *Oh! what a sweet face! How pretty!* (Oh ! quelle douce figure ! Comme elle est jolie !)

Voilà Katie qui reparaît cette fois plus distincte. C'est bien une personne *à l'aspect vivant* que j'ai là devant moi. La face est bleue, comme éclairée par la lune. Oui, certes, c'est *ma Katie !* Mais elle disparaît avant que j'aie pu observer l'éclairage des mains.

Après quelques instants, elle revient, et cette fois j'observe tout. Les deux mains jointes ont l'air de retenir de la glace lumineuse, éclairée comme par de l'électricité massée sur l'estomac. La figure s'évanouit. Serait-ce fini ? Une lumière alors se montre à ma droite ; c'est la forme d'un homme maintenant, teint brun, coloré, lèvres rouges, barbe noire, mousseline blanche enveloppant la tête comme un turban et drapée sur le corps. Sa main présente un corps lumineux qui l'éclaire. Il passe à ma gauche, derrière moi, puis traverse la salle devant nous, se montre aux personnes de la droite, *puis disparaît dans le plancher*. On croit que c'est Ernest, le contrôle, ou plutôt le guide du médium.

Quelques moments se passent à attendre et la conversation languit.

— Deux lumières près de vous, monsieur Tissot, deux formes... oh ! que c'est beau !

— Puis-je regarder ?

— Oh oui ! c'est Katie et le guide.

En effet, je me détourne à ma droite, je réunis les mains de mes voisines de droite et de gauche dans ma seule main gauche, afin de ne pas interrompre la chaîne, tout en ayant la possibilité de me retourner plus à mon aise. Je vois alors un groupe admirable éclairé de cette même lueur bleuâtre que j'ai signalée, mais plus blanche, comme si on avait gratté de la lune et mis les petits morceaux dans les mains des êtres apparaissant. C'est la forme du même homme à l'aspect un peu indien qui amène une jeune femme qui est Katie.

Je m'écrie à voix basse :

— Que c'est beau ! C'est plus beau que ce que je souhaitais voir. C'est bien Katie !

J'observe tout, les plis des étoffes, l'arrangement des mains. L'une des mains de l'homme s'approche de Katie, comme pour mieux l'éclairer ; l'autre l'entoure de sa draperie. Il a l'air de la conduire comme son enfant, sa sœur. Et, alors que je continuais à dévorer cette scène du regard, voici Katie qui se penche, et m'embrasse sur les lèvres. Je sens *une peau douce comme celle d'une enfant ; l'épiderme me semble chaud et vivant* et c'est toujours cette même impression de béatitude, de bonheur intense. Je reconnais exactement le baiser de Katie, je retrouve son baiser réel. Elle se relève, puis se penche encore et me donne un second baiser. Puis elle se retire tout doucement et tout disparaît. Tous les assistants l'ont vue, les uns et les autres, selon la position qu'ils occupaient ; celui-ci de profil, celui-là de face. J'étais, paraît-il, éclairé presque autant que l'apparition lumineuse de même que ma voisine ; l'ensemble du groupe était prodigieusement impressionnant. Quelle surprise et que d'imprévu dans ce mélange de figures humaines et surhumaines !

Ce fut tout.

*
* *

M. Brackett, incrédule pendant fort longtemps, et qui ne s'est convaincu qu'après de très nombreuses observations, écrit au sujet d'un fort médium, Mme F., de Boston (1) :

La lumière fut baissée, mais pas assez pour qu'on ne pût voir nettement les personnes présentes. Une forme se présenta se disant ma femme décédée ; elle ne lui ressemblait guère, mais elle me raconta pourtant des *choses intimes que seule elle pouvait connaître*. Tout d'un coup, la forme sembla s'affaisser, et, malgré ses efforts pour se tenir debout, *disparut comme à travers le plancher* couvert d'un épais tapis.

Rentré chez moi, je me suis demandé si je n'avais pas été victime

(1) Erny, *le Psychisme expérimental*, p. 150 ; je lui emprunte cette traduction.

d'un truc ou si j'avais vu un phénomène. Je résolus donc de savoir exactement si ces formes n'étaient pas des compères, ou des rôles joués par le médium.

Dans l'une ou l'autre de ces deux hypothèses, on se demande où les mystificateurs auraient pris les renseignements intimes qui furent donnés, puisque seule la défunte Mme Brackett pouvait les connaître. Je continue la citation :

Avant la deuxième séance, Brackett eut la permission d'examiner avec soin l'appartement de Mme F... De plus, il chargea un de ses amis, un architecte très sceptique, de prendre un plan exact de cet appartement et de la maison, sous prétexte d'achat. Par ce plan, Brackett eut la preuve que personne ne pouvait entrer que par la porte de la pièce où avaient lieu les séances.

Brackett obtint la permission de Mme F... d'entrer dans la chambre où elle était en léthargie, et, en s'assurant du fait, il vit, *au même moment deux formes matérialisées.*

Plus tard, Mme F... fit faire une sorte de cabinet mobile, de sorte que le médium se trouvait au milieu des assistants.

Nous constaterons qu'un autre médium, Mme d'Espérance, utilisa également un cabinet au milieu de la chambre, et put ainsi rester avec les spectateurs.

Je pourrais citer encore d'autres cas d'apparitions multiples et simultanées, mais je préfère renvoyer le lecteur à l'ouvrage de Mme Florence Marryat (1) et aux autres sources que j'ai indiquées. Dans une des séances avec Eusapia, racontée par le docteur Venzano, nous verrons aussi deux formes se montrer simultanément (2).

En Amérique, le pays des forts médiums, on assiste assez fréquemment à ce genre de phénomènes, et nous retrouverons, au chapitre sur l'Identité des Esprits, Mme Marryat, quand elle

---

(1) Voir dans l'ouvrage *There is no death*, le chapitre consacré au médium Arthur Colman. Dans une maison privée, chez des amis de Mme Marryat, *cinq esprits* furent visibles en même temps et le médium fut trouvé attaché ensuite comme auparavant. De même, chez un Monsieur, riche négociant qui ne voulait pas être connu, l'auteur entendit trois esprits jouer simultanément un morceau de musique. Le Rév. Savage assista en Amérique à une séance où plus de trente apparitions se produisirent successivement et quelques-unes eurent lieu simultanément, etc.

(2) Voir p. 556.

raconte comment, aux États-Unis, elle vit de nouveau sa fille en compagnie d'un oncle mort depuis longtemps.

Je vais arriver maintenant à l'exposé d'autres manifestations, qui me paraissent aussi tout à fait incompatibles avec la supposition que le fantôme serait le double du médium ou une création matérialisée de sa pensée. Ce sont les cas dans lesquels l'apparition parle une langue inconnue du sujet médianimique.

CAS OU LES APPARITIONS PARLENT OU ÉCRIVENT DANS UNE LANGUE INCONNUE DU MÉDIUM

Nous avons vu déjà Lombroso affirmer que l'intelligence qui se manifeste au moyen d'Eusapia comprend et répond alors que l'on parle l'*anglais*, langue ignorée totalement du médium.

Il ne faut pas essayer de mettre l'emploi de l'idiome inconnu sur le compte d'une transmission de pensée qui aurait lieu de la part de l'assistant au médium, car ce serait faire une fausse analogie avec des faits qui n'ont qu'une ressemblance apparente avec celui-ci. La transmission de pensée ne s'opère que si l'agent concentre son attention sur le mot ou la phrase à communiquer, tandis que, dans les cas cités ici, les opérateurs n'agissaient en aucune manière pour influencer le médium, car ils attendaient au contraire avec anxiété ce qui allait leur être dit. N'oublions pas non plus que l'emploi d'une langue étrangère exige une éducation préalable que l'on ne peut pas supprimer, de sorte que l'hypothèse que ce serait le médium qui irait puiser les notions inconnues dans la conscience subliminale des assistants n'est pas plus raisonnable. Que de mal se donnent les sceptiques pour éluder la vérité, qui se dégage si lumineusement des expériences spirites !

L'APPARITION PARLE UN DIALECTE DES ILES DU PACIFIQUE

Bien que le fait suivant puisse se classer dans le chapitre de l'Identité, il reste également dans le cadre de celui-ci, à cause de l'emploi par l'apparition d'un dialecte parlé dans les îles du Pacifique et plus que probablement ignoré du médium. D'ailleurs il ressort du récit qu'une tromperie aurait été matériellement impossible. Il est vrai que l'on peut accuser le narrateur de mensonge, mais pourquoi n'en pas faire autant alors pour tous ceux que nous avons cités jusqu'ici et que nous citerons encore ?

Voici les faits, d'après Aksakof qui, nous l'avons vu déjà, n'accepte pas à la légère tous les témoignages (1) :

M. James M. N. Sherman, de Rumford, Rhode Island, écrit :
Dans ma jeunesse, entre 1835 et 1839, mes occupations professionnelles me forçaient à me rendre dans les îles de l'Océan Pacifique. Il y avait à bord de notre navire des indigènes de ces îles engagés pour le service, et, par eux, *j'appris assez bien leur langue*. Voilà quarante ans que je suis rentré et attaché à une église. J'ai 68 ans. Dans l'espoir d'arriver à la vérité, j'ai assisté à un grand nombre de séances de spiritisme et, depuis deux ans, j'ai pris des notes.

23 février 1883. — J'ai assisté à une séance chez Mrs Allens, à Providence, Rhode Island, pendant laquelle un indigène des îles du Pacifique se matérialisa, et je le reconnus par la description qu'il fit de sa chute du bastingage, dans laquelle il se blessa au genou, qui resta tuméfié par la suite ; à cette séance, il plaça ma main sur son genou qui se trouva *être matérialisé avec cette même tuméfaction endurcie qu'il avait pendant sa vie*. A bord, on l'appelait Billy Marr.

6 avril. — A cette occasion, j'apportai un fragment de drap fabriqué par les indigènes avec l'écorce du *tapper* (arbre indigène) et que j'avais conservé depuis quarante-cinq ans. Il le prit dans sa main et le nomma par son nom *dans sa langue maternelle*.

1er septembre. — Je fus appelé avec ma femme près du cabinet, et, pendant que je me tenais devant, je vis apparaître sur le plancher *une tache blanche qui se transforma insensiblement en une forme matérialisée* (2) que je reconnus pour *ma sœur* et qui m'envoya des baisers. Puis se présenta la forme de *ma première femme*. Après quoi, les deux moitiés du rideau s'écartèrent ; dans l'écarte-

---

(1) Aksakof, *Animisme et Spiritisme*, p. 618, reproduit d'après le journal *Facts and Light*, 1885, p. 235.

(2) J'appelle l'attention du lecteur sur cette circonstance, que j'ai signalée déjà et que nous verrons se reproduire dans d'autres récits ; elle suffit d'abord à exclure l'hypothèse de la fraude de la part du médium, ensuite elle nous fait croire à la véracité du narrateur, car son observation est conforme à ce que j'ai moi-même observé, en compagnie du professeur Richet, à la Villa Carmen (voir p. 539).

ment se tenait une forme féminine avec le costume des insulaires du Pacifique tel qu'il était quarante-cinq ans auparavant et que je me rappelai bien. *Elle me parla dans sa langue maternelle.*

18 *septembre*. — La même femme se matérialisa de nouveau ; elle me secoua les mains et me dit qu'elle était originaire de New-Hever, une île de l'archipel des Marquises. Elle me rappela combien elle avait été épouvantée quand elle vint à bord avec sa mère, la reine de l'île...

MATÉRIALISATION DE L'ESPRIT D'UNE FEMME DE L'ANCIENNE GRÈCE

J'ai cité, ailleurs (1), un certain nombre de communications reçues dans des langues inconnues des médiums par l'écriture mécanique ; il est peut-être intéressant de signaler ici le fait d'une apparition écrivant en vieux grec, sous les yeux des assistants.

Mme d'Espérance, qui prêtait son concours, ne fut jamais un médium professionnel ; sa bonne foi était entière, car toute sa vie a été consacrée à la défense désintéressée du spiritisme. Nous avons en faveur de son honorabilité parfaite les témoignages de M. Barkas, savant géologue de Newcastle ; d'Aksakof qui la connut pendant plus de vingt ans ; de M. Fidler, riche négociant anglais chez lequel elle habitait en Suède, et quantité d'autres affirmations émanant de ceux qui ont pu l'apprécier. Elle-même, très intelligente et très désireuse d'étudier les procédés par lesquels les esprits arrivent à se manifester, résolut, après quelques années de la pratique habituelle, de ne plus entrer dans le cabinet aux matérialisations, mais de rester au milieu des assistants, qui pourraient ainsi se convaincre que ce n'était pas elle, déguisée, qui jouait le rôle de fantôme. Toutes les précautions pour écarter la possibilité d'interventions étrangères étant bien prises, voici ce que l'on observa, au bout de trois mois d'essais, dans un groupe de personnes composé de hauts fonctionnaires norvégiens, de directeurs de journaux, de méde-

(1) *Recherches sur la Médiumnité*. IIIᵉ partie, chapitre III, p. 415. Écritures en langues inconnues du médium ; et, au chapitre suivant, j'ai signalé que des autographes avaient été donnés aussi de cette manière.

cins, de littérateurs, etc., à Christiania. N'oublions pas que le médium était visible pendant tout le temps que durent les manifestations et qu'il s'entretenait avec les assistants (1).

Première séance. — On était en avril et il faisait encore jour au début de la séance ; on avait préparé dans la pièce voisine des lampes allumées, mais avec la flamme baissée, pour le moment où il serait nécessaire d'y recourir, un de nous avait été chargé de régler l'éclairage ; comme il donnait trop ou trop peu de lumière, l'esprit matérialisé, qui semblait gêné dans son œuvre, déclara qu'il s'en chargerait lui-même. La personne qui se trouvait près de la porte écarta les chaises pour lui laisser un libre passage. On vit alors cette forme de grande taille se diriger vers la porte, s'arrêter, se retirer un peu. Elle resta un certain temps près du médium, puis, comme frappée d'une nouvelle idée, lui enlever le châle qui couvrait ses épaules, le mettre sur les siennes, lui prendre la main et le conduire vers la porte ouverte. Cette fois, elle arriva presque à son but, mais pas complètement. Nous eûmes alors toute facilité pour l'observer. Elle était enveloppée de la tête aux pieds d'une substance d'un blanc grisâtre, légère comme une toile d'araignée, qui masquait ses formes, sauf la main qui tenait celle du médium et les yeux qui supportaient avec peine l'éclat de la lumière. L'esprit fit un effort pour s'avancer, mais il semblait qu'un obstacle invisible l'empêchait de franchir le seuil. Enfin, laissant le médium seul, il se retira devant la lumière, décidément trop vive pour lui.

Circonstance digne de remarque, constatée par tous ceux qui ont pu le suivre complètement des yeux : tandis qu'il hésitait ainsi devant la porte de la chambre brillamment éclairée, il nous fut possible de l'observer de derrière. *Il paraissait aussi matériel que le médium placé près de lui ;* mais, à notre grande surprise, il devint *tellement transparent* que MM. H... et B... et moi-même, nous pûmes voir la lumière des lampes à travers son corps. Le bras et l'épaule dont il s'était servi ressortaient nettement en noir contre la draperie lumineuse. Je pensai d'abord que j'étais victime d'une illusion, mais mes deux plus proches voisins, dont j'attirai l'attention par un signe, confirmèrent mon observation sur ce phénomène, qui se prolongea pendant plusieurs secondes.

Seconde séance. — Ce fut très peu de temps après le début de

(1) La citation suivante est empruntée au livre *Harper i Luften*, publié par un avocat qui assistait à ces séances. Voir également le *Light* du 14 janvier 1904, contenant la conférence faite par Mme d'Espérance à l'*Association spiritualiste*.

la séance que l'on vit avec surprise une forme d'homme sortir tranquillement du cabinet et s'arrêtant un instant près du médium, nous examiner tous successivement, comme en cherchant quelqu'un. Je pense que dès l'abord *aucun de nous ne se figura que ce n'était pas un homme ordinaire.* Il était de la taille du médium, d'une puissante stature et avec des traits fortement accentués. Ses façons étaient pleines de calme et d'aisance.

Nous attendions en silence qu'il prit la parole. Lorsque son regard tomba sur M. A... il se dirigea d'un pas ferme et grave vers lui. M. A... se leva, lui tendit la main, qu'il prit avec émotion, et tous deux se tenaient debout, face à face. Nous étions tous frappés de la profonde ressemblance qui existait entre eux ; aussi, aucun de nous ne fut surpris d'entendre M. A... s'écrier avec la plus vive émotion : « *John ! mon frère John !* »

L'esprit s'empara de la main gauche de M. A... et serra, d'une façon toute significative entre ses doigts, l'anneau que portait celui-ci, puis, après l'avoir encore longuement regardé, il se retira doucement dans le cabinet.

M. A... nous dit alors *qu'aucune erreur n'était possible ;* que le port, les traits, les mouvements étaient bien *ceux de son frère, mort depuis cinq ans.* On avait toujours remarqué leur grande ressemblance. La bague lui avait appartenu et il l'avait portée pendant de longues années ; à sa mort, elle était échue à M. A... qui, depuis, l'avait toujours portée.

A cette même séance, nous eûmes une communication de notre jolie visiteuse des séances précédentes (Nepenthès). Elle revint aussi belle que jamais. Malgré toute la considération que j'ai pour un certain nombre de charmantes et aimables dames de ma connaissance, je ne puis que répéter que jamais mes regards n'ont rencontré de créature comparable à celle-là, qu'on l'appelle femme, fée ou déesse, comme on voudra, et je ne suis pas seul de cet avis, car je ne fais que traduire l'opinion unanime des assistants. Ayant remarqué M. E..., qui notait sur un carnet les divers incidents qui se présentaient, elle resta un instant à le regarder. M. A... lui demanda si elle voulait écrire quelque chose et lui présenta en même temps son carnet et un crayon. Elle les prit et M. E... se levant, vint près d'elle pour suivre les tentatives qu'elle faisait pour écrire. Ils étaient ainsi l'un près de l'autre et un peu en arrière du médium. *Nous les voyions tous les trois* et nous les observions avec le plus vif intérêt. « Elle écrit », nous dit M. E... Nous voyions leurs têtes inclinées au-dessus des doigts en mouvement. Le carnet fut ensuite remis à M. E..., qui retourna triomphant à sa place.

A l'examen, il fut constaté que l'écriture était *en anciens caractères grecs,* qu'il nous fut possible de lire *mais non de traduire.* Le lendemain, la phrase fut traduite du grec ancien en grec moderne, puis en norvégien, et voici son contenu :

Je suis Nepenthès, votre amie. Lorsque le chagrin ou les préoccupations vous accableront, appelez-moi Nepenthès, et je viendrai à votre aide.

Nous avons d'abord une preuve d'identité complète dans l'apparition du frère de M. A., qui se montre tel qu'il était sur la terre; ensuite l'épisode de la bague est un de ces petits faits qui sont plus éloquents dans leur simplicité que de longs discours. Qui donc, à ce moment où le médium était *éveillé et conscient* de tout ce qui se passait, a engendré ce fantôme ? Qui donc aurait donné à l'apparition les traits du frère défunt de M. A... en même temps que les souvenirs qui appartenaient à ce décédé ? Vraiment l'hypothèse spirite est la seule logique, celle qui répond à tous les desiderata.

N'est-il pas également impossible d'échapper à la même conclusion lorsque Nepenthès écrit, en *grec ancien*, une phrase que personne ne peut traduire ? Aucune théorie de la conscience subliminale, ou d'un personnage collectif, d'élémental ou d'élémentaire, ne saurait expliquer comment le fantôme possédait des connaissances qui ne se trouvent chez aucun des expérimentateurs.

Nepenthès se montre à nous avec une intelligence développée, distincte de celle du médium et des assistants, et son individualité physique se conserve au cours des séances, avec assez de réalité pour qu'on ait pu obtenir aussi avec elle un moulage et une photographie.

Ces faits étant de la plus sérieuse importance, je vais continuer le récit qui en a été fait et publié sans soulever la moindre protestation de qui que ce soit parmi les témoins, tous hommes sérieux, instruits, et bien connus dans leur pays.

Cinquième soirée. — Le médium prit place *au milieu du cercle, causant tranquillement avec nous* et, presque aussitôt, on vit sortir du cabinet Nepenthès aussi belle et gracieuse que la première fois. Elle portait sur la tête un brillant diadème, qui relevait encore son extraordinaire beauté. Même aujourd'hui, au moment où j'écris, lorsque plusieurs années ont pu refroidir l'enthousiasme que Nepenthès nous inspirait, l'étonnante beauté *de cette forme lumineuse* avec son brillant diadème se présente encore à ma pensée comme une éblouissante création d'un conte de fées.

Après nous avoir salués, elle glissa lentement devant notre cercle, pour s'arrêter en face de M. E... Celui-ci se leva, porta ses mains en avant et, faisant un pas, s'introduisit au milieu *de l'atmosphère lumineuse qui rayonnait des vêtements de l'esprit*. On pouvait les observer nettement tous les deux. Elle avait mis ses mains dans celles de M. E... qui s'inclina et les baisa. Comme il relevait la tête, elle s'inclina vers lui et déposa un baiser sur son front. Plus tard, M. E... déclara que la main donnait l'impression *d'une main ordinaire*, fraîche et ferme, quoique délicate et fine, et qu'elle serrait la sienne avec énergie. Les lèvres étaient *douces et chaudes*. La lumière, ajoutait-il, semblait sortir de son corps et non de ses vêtements, comme nous étions portés à le croire, et il assurait qu'au moment où elle se pencha vers lui, il fut ébloui de la lumière qui rayonnait de sa poitrine. Il lui était impossible de comparer cette lumière à aucune autre : elle rappelait, selon lui, une lumière électrique atténuée ou, plutôt encore, peut-être, *l'éclat de la lune sur la neige*, mais avec plus d'intensité (1).

Le moulage d'une main de Nepenthès. — L'une des expériences que nous avions le plus ardent désir de mener à bien était le moulage d'une main ou d'un pied de l'un de nos esprits matérialisés. Aussi, dans cet espoir, nous placions, chaque soir, dans le cabinet, un seau d'eau chaude avec de la paraffine fondue et un seau d'eau froide. M. Bjostedt, que nous avions choisi comme directeur des séances, demanda à Nepenthès si elle consentirait à tenter cette expérience, lui déclarant qu'elle nous rendrait à tous le plus grand service et nous donnerait la satisfaction de posséder un témoignage matériel de son passage au milieu de nous. Elle écouta avec attention et nous fit comprendre qu'elle essaierait.

Voici le récit de cette tentative :

« Nous entendons le clapotement de l'eau. Notre curiosité et notre intérêt sont à leur comble. Réussira-t-elle ? Notre émotion gagne le médium, qui nous fait cette remarque : « Il vaudrait mieux ne pas me parler ; il faut que je reste calme ; efforcez-vous de vous calmer et de rester plus tranquilles. » Pendant plusieurs minutes, un bruit de corps plongeant dans l'eau et en ressortant se fait entendre dans l'ombre que protégeaient les rideaux ; ensuite, nous vîmes cette forme blanche et brillante se pencher au-dessus des

---

(1) Cette comparaison est à rapprocher de celle de James Tissot, qui dit que la lumière éclairant Katie était semblable à celle qu'on aurait obtenue « en grattant de la lune » pour en mettre des morceaux dans les mains de l'apparition.

seaux. Enfin, elle se releva et vint au milieu du cercle, recouverte encore par cette brillante draperie, enveloppant ses formes de ses replis éclatants et pleins d'élégance. De ces plis sortait une main paraissant entourée de quelque chose, dont nous ne pouvions distinguer la nature. Nepenthès chercha du regard M. E..., assis derrière une autre personne et alors, *flottant vers lui*, elle lui avança ce quelque chose qu'elle portait ainsi. « Elle vient, dit-il, de me donner un bloc de paraffine. » Bientôt après, il ajouta avec une profonde émotion : « Non, c'est le moule de sa main. *Elle fait fondre sa main. C'est un moule qui va jusqu'au-dessus du poignet.* » Tandis qu'il parlait ainsi, elle glissa sans le moindre bruit vers l'ouverture des rideaux du cabinet, le laissant debout avec le moule dans la main. Cet intéressant phénomène que nous désirions depuis si longtemps était enfin accompli !

Après la séance, on examina le moule à loisir. Extérieurement, il était grossier, informe, paraissant formé de plusieurs couches de paraffine. Par le petit orifice laissé ouvert par le poignet, on apercevait la naissance de chaque doigt : c'était une très petite main.

Le lendemain, on le porta à M. d'Almiri, mouleur en plâtre fin, qui tira une épreuve de la main. Lui et ses ouvriers considéraient ce moule avec stupéfaction et déclarèrent que sa production ne pouvait être due qu'à un sortilège quelconque, car il ne pouvait avoir été retiré d'une main humaine sur laquelle il aurait été formé (1).

Lorsque l'épreuve fut dégagée, nous eûmes sous les yeux une petite main délicate, formée jusqu'au-dessus du poignet. Tous les ongles étaient nettement imprimés, *ainsi que les plis et les sillons les plus déliés des articulations et de la paume*. Les doigts fuselés et parfaitement formés étonnaient l'artiste plus que tout le reste et lui imposèrent la conviction que des moyens surnaturels avaient dû intervenir, car ils conservaient *une incurvation qui n'aurait pu, dans aucun cas, se maintenir avec une main humaine*.

Nepenthès est photographiée. — Pendant cette série de séances, on essaya, maintes fois, de photographier les formes matérialisées. On s'efforça, sans grand succès, de faire comprendre le procédé à Nepenthès, qui, cependant, examinait les dessins avec intérêt. Enfin, elle consentit à poser et l'auteur de *Harper i Luften* rend compte, de la façon suivante, de la séance :

« On lui demanda de se tenir tout à fait immobile près du médium pendant deux minutes, car la lumière était trop faible pour

(1) Cette affirmation est à rapprocher de celle du sculpteur O'Brien, qui fut également stupéfait lorsqu'on lui présenta les moulages obtenus avec Mme Hardy (voir p. 257).

réussir avec une exposition de courte durée. Le premier essai avec une lumière insuffisante ne donna qu'une masse informe, vague et sans vie. Un nouvel essai avec une lumière plus intense fit parfaitement ressortir toutes les formes. C'était bien le même personnage, mais plein de vie, de jeunesse et d'une beauté surhumaine. La peau était d'une riche teinte foncée ; les yeux grands et bruns étaient intelligents et animés par le sentiment du succès. La taille était haute, dégagée, bien droite et les plis de la draperie qui la couvrait *brillaient d'un éclat semblable à un beau clair de lune*. L'abondante chevelure noire supportant son brillant diadème complétait un portrait qu'aucun de nous, docteurs, philosophes ou hommes de loi renommés, ne pourra jamais oublier.

Le médium se retournant sur sa chaise la regarda aussi attentivement que nous tous et s'écria avec une émotion que nous partagions tous : « Quelle incomparable beauté ! » Tant que la lumière fut intense, Nepenthès se tint près du médium ; l'éclairage ayant été diminué, elle vint vers nous, marcha ou plutôt flotta çà et là, nous permettant de prendre sa main, inclinant sa tête majestueuse. Elle se tint ainsi au milieu de nous, nous saluant légèrement de sa tête sur laquelle brillait le diadème. Au bout de quelques minutes, cette Nepenthès surhumaine, vivante, intelligente et mobile, fut sans aucun bruit transformée en un petit nuage vaporeux, brillant, ayant à peine le volume d'une tête humaine, mais au milieu duquel on distinguait encore l'éclat du diadème ; puis son éclat s'évanouit et tout disparut ; sans les preuves matérielles qu'elle nous avait laissées, Nepenthès aurait pu passer pour un produit de rêve.

A la fin d'une conférence dans laquelle elle rappelle ces faits, Mme d'Espérance dit qu'elle ne pense pas avoir eu avec Nepenthès de rapport de production ou d'influence physique ou mentale. Elle paraissait tout à fait indépendante du médium, dont elle s'occupait moins que de tous les autres. « Lorsque je lui offris la main, dit-elle, pour la conduire dans la pièce voisine qui était mieux éclairée, elle hésita un moment et finit par l'accepter, sans doute pour ne pas me froisser. Je pense que toutes ses préférences étaient pour M. E... Sa main était fraîche, douce et mignonne et ne différait en rien des mains humaines. Elle semblait glisser plutôt que marcher et ses mouvements me rappelaient ceux d'un patineur... Lorsque je marchai à ses côtés, je ne ressentis qu'une légère faiblesse dans les genoux et non cette impuissance absolue que j'éprouvais si souvent pendant d'autres matérialisations. Sa main disparut de la mienne sans que je l'eusse remarqué: je ne m'en suis nullement aperçue. »

Mme d'Espérance attribue les succès si remarquables de cette série de séances à la parfaite harmonie qui régnait entre les assistants et à la préparation toute spéciale à laquelle ils avaient consenti à se soumettre. Ils avaient pris l'engagement d'être rigoureusement ponctuels et de s'abstenir pendant six mois de toute espèce de boisson alcoolique, de tabac ou d'autres substances excitantes.

Je ferai observer que ces privations ne sont pas absolument indispensables, car j'ai pu constater que de forts médiums sont grands fumeurs et que d'autres ne se refusent pas à boire du vin ou de la fine champagne. Mais avec un médium aussi délicat que Mme d'Espérance, lorsque l'on ne prenait pas ces précautions, les fluides empruntés au cercle étaient imprégnés de ces substances, ce qui nuisait à sa santé, lorsqu'ils rentraient dans son corps.

Je terminerai ce paragraphe en rapportant l'attestation de M. Brackett, un sculpteur américain, de nature très sceptique, dont j'ai déjà parlé, qui n'a été convaincu qu'après avoir vu des centaines d'apparitions et après avoir épuisé tous les moyens de contrôle.

« Mme F..., dit-il, a *un accent allemand*, Berta, la forme matérialisée, *ne l'a pas*. Au moment où je m'y attends le moins, elle paraît devant moi. Quant à être une figurante payée par Mme F..., je défie n'importe qui de se dématérialiser devant moi comme l'a fait Berta. » C'est effectivement un phénomène impossible à simuler dans les conditions décrites et il est aussi difficile de se défaire d'un accent que de parler une langue étrangère.

LE MÉDIUM ÉVEILLÉ CAUSE AVEC L'APPARITION

Si entichés de leurs hypothèses que puissent être les adversaires du spiritisme, ils doivent se rendre compte que la supposition d'après laquelle les fantômes seraient des créations du médium, ou des transfigurations de son double, ne s'accorde guère avec les faits que j'ai rapportés jusqu'ici. On ne peut pas davantage croire à une duplication du médium, lorsque l'esprit matérialisé *cause* avec le médium réveillé. Il est contradictoire d'imaginer que le médium serait à la fois conscient comme dans la vie ordinaire et, *en même temps*, assez aliéné pour se répondre, sans s'en douter, par la voix du fantôme. Et puis, comment ledit fantôme, qui, d'après cette hypothèse, n'existerait que par la volonté du médium en trance, continuerait-il de subsister quand ce dernier, revenu à l'état normal, n'exercerait plus sa volonté pour le maintenir et récupérerait les énergies qu'il avait extériorisées ? Toutes ces suppositions se heurtent à de telles impossibilités logiques, que la croyance à l'indépendance intellectuelle de l'apparition s'impose absolument.

Nous verrons plus loin, dans la partie spécialement réservée aux recherches faites par des savants qui n'étaient pas spirites, qu'une des apparitions les mieux observées fut celle de la célèbre Katie King, photographiée par Crookes dans son laboratoire et aussi par d'autres expérimentateurs. Le médium, une jeune fille, à cette époque âgée de 15 ans, se nommait Florence Cook; or, pendant les séances, au commencement et à la fin, l'on entendit fréquemment le médium et l'apparition converser ensemble et, souvent, n'être pas d'accord. Voici, en premier lieu, des attestations d'Aksakof. Je cite la première, presque textuellement, pour montrer les précautions que prenait toujours cet observateur (1) :

C'était en 1873, M. Crookes avait déjà publié ses articles sur la force psychique, mais il ne croyait pas encore aux matérialisations, ajoutant qu'il n'y croirait que lorsqu'il aurait vu, en même temps, le médium et la forme matérialisée (2). Me trouvant à Londres à cette époque, je souhaitais naturellement voir de mes propres yeux ce phénomène unique, alors. — Ayant fait la connaissance de la famille de miss Cook, je fut gracieusement invité à assister à la séance qui devait avoir lieu le 22 octobre. On se réunit dans une petite chambre servant de salle à manger. Le médium, Mlle Florence Cook, prit place sur une chaise dans un coin formé par la cheminée et la muraille, derrière un rideau glissant sur des anneaux. M. Luxmoore, qui dirigeait la séance, exigea que *j'examinasse bien*

(1) Aksakof, *Animisme et Spiritisme*, pp. 210 et suiv.
(2) Il parvint, comme nous le verrons plus loin (p. 489) à ce résultat, et même à photographier simultanément l'une et l'autre.

l'emplacement et, aussi, le ligotement du médium, car il estimait que cette dernière précaution était toujours indispensable. D'abord il attacha chacune des deux mains du médium, séparément, avec un ruban de toile, cacheta les nœuds ; puis réunissant les mains derrière le dos, il les attacha ensemble avec les extrémités du même ruban, et, de nouveau, il cacheta les nœuds ; puis il les lia avec un long ruban qu'il fit passer hors du rideau sous un crampon de cuivre et qui fut attaché à la table près de laquelle il était assis. De telle sorte que le médium n'eût pas pu se mouvoir sans imprimer un mouvement au ruban. La chambre était éclairée par une petite lampe posée derrière un livre.

Un quart d'heure ne s'était pas écoulé que le rideau fut soulevé suffisamment, d'un côté, pour découvrir une forme humaine, debout près du rideau, vêtue complètement de blanc, le visage découvert, mais ayant les cheveux enveloppés d'un voile blanc, les mains et les pieds étaient nus. C'était Katie...

Pendant toute cette séance, elle s'entretint avec les membres du cercle ; sa voix était voilée ; on ne percevait qu'un léger chuchotement (1). Elle répétait à tout instant : « Posez-moi des questions, des questions sensées. » Alors je lui demandai : « Ne pouvez-vous pas me montrer votre médium ? » Elle répondit : « Oui, venez vite et regardez. » *Immédiatement* j'écartai les rideaux, dont je n'étais éloigné que de cinq pas ; la forme blanche avait disparu, et devant moi, dans un coin sombre, j'aperçus le médium toujours assis sur sa chaise ; il avait une robe de soie noire et par conséquent je ne pouvais le voir très distinctement, dans l'ombre. *Dès que j'eus repris ma place*, Katie réapparut près du rideau et me demanda :

— Avez-vous bien vu ?

— Pas tout à fait, répondis-je ; il fait bien sombre derrière le rideau.

— Alors, *prenez la lampe* et regardez au plus vite, me dit Katie.

En moins d'une seconde, la lampe à la main, je me trouvai derrière le rideau.

Toute trace de Katie avait disparu. Je me trouvais en présence du médium, assis sur sa chaise, plongé dans un profond sommeil, les mains liées derrière le dos. La lumière de ma lampe, en jaillissant sur son visage, *fit son effet ordinaire* ; le médium gémit, faisant des efforts pour s'éveiller ; un intéressant colloque s'engagea, derrière le rideau, *entre le médium*, qui voulait s'éveiller complètement, *et Katie* qui voulait l'endormir encore ; mais elle dut céder : elle prit

---

(1) Plus tard, chez William Crookes, elle parlait comme une personne ordinaire.

congé des assistants et le silence se fit. La séance était terminée.

M. Luxmoore m'invita à bien examiner les liens, les nœuds et les cachets : tout était intact ; quand je dus couper les liens, j'éprouvai *de grandes difficultés* à introduire les ciseaux sous les rubans, tant les poignets avaient été fortement attachés. J'examinai de nouveau le cabinet, dès que miss Cook l'eut quitté. Il ne mesurait qu'un mètre environ de largeur et moins d'un demi-mètre de profondeur ; les deux murs étaient en briques. Pour moi il était évident que nous n'avions pas été le jouet d'une mystification de la part de miss Cook. Mais alors, d'où était venue, et par où avait disparu cette forme blanche, vivante, parlante, — une vraie personnalité humaine ?

Les incrédules ne sont jamais embarrassés ; ils disent — sans preuves, bien entendu — qu'il devait exister une trappe dissimulée adroitement et que l'apparition était simulée par une femme amie de la famille ou par une sœur du médium. Mais cette supposition, peu vraisemblable, n'est plus possible lorsque le médium se trouve dans un milieu étranger, comme chez M. Luxmoore, homme sérieux qui avait beaucoup expérimenté en prenant les plus sévères précautions. Dans une séance du 28 octobre de la même année, chez M. Luxmoore, Florence Cook fut attachée par les mains et par la taille, le ruban passant en plus à travers un crampon fixé dans le sol et les nœuds scellés à la cire. La pièce servant de cabinet fut soigneusement examinée ; et Katie se montra tout de même, libre de toute entrave. La séance dura près d'une heure ; Katie apparaissant et disparaissant à plusieurs reprises. « Enfin, dit toujours Aksakof, miss Cook commença à se réveiller ; elle eut *encore un entretien avec Katie*, et la séance se termina comme précédemment. L'un des assistants inspecta les cachets et les nœuds, coupa les rubans et les emporta. »

On peut penser que mes citations ne prouvent pas l'indépendance de l'Esprit, puisque le médium est à demi endormi ; mais alors pourquoi la lutte entre les deux volontés, si une seule commande, celle du médium ? Au surplus, voici qui est plus démonstratif ; cette fois, c'est *avant* de s'endormir complètement que miss Cook, encore novice et quelque peu effrayée, cherche vainement à chasser l'esprit. Écoutons le dialogue que rapporte un témoin sérieux, M. Harrison, rédacteur du journal *The Spiritualist* (1) :

Une séance eut lieu le 25 avril chez M. Cook, en ma présence. Le médium, miss Cook, était assis dans un cabinet obscur. On entendait gratter, de temps en temps ; l'esprit Katie tenait un tissu léger qu'elle avait fabriqué, avec lequel elle s'efforçait de récolter autour du médium, les fluides nécessaires pour se matérialiser complètement. Elle frottait donc le médium avec le tissu qu'elle tenait. La conversation suivante, à voix basse, eut lieu entre le médium et l'esprit :

Miss Cook. — Allez-vous-en, Katie, je n'aime pas être frictionnée ainsi.

Katie. — Ne soyez pas sotte, ôtez ce que vous avez sur la tête et regardez-moi (*Elle frictionnait toujours.*)

Miss Cook. — Je ne veux pas. Laissez-moi, Katie. Je ne vous aime pas. Vous me faites peur.

Katie. — Que vous êtes sotte ! (*Elle frictionnait tout le temps*).

Miss Cook. — Je ne veux pas me prêter à ces manifestations, je ne les aime pas, laissez-moi tranquille.

Katie. — Vous n'êtes que mon médium, et *un médium est une simple machine dont les esprits se servent.*

Miss Cook. — Eh bien ! si je ne suis qu'une machine, je n'aime pas à être effrayée de la sorte. Allez-vous-en.

Katie. — Ne soyez pas étourdie...

L'individualité de Katie se montre distinctement dans ce dialogue, où elle impose sa volonté au médium, au lieu de subir l'ascendant de ce dernier. C'est probablement pour éviter ces luttes, qui nuisent aux manifestations, que les guides plongent le plus souvent le médium dans ce sommeil profond que l'on nomme la transe. Après trois années de matérialisations, les rapports de l'esprit et du médium étaient bien changés ; Katie annonça que sa « mission » était terminée et qu'elle ne pouvait plus se montrer matérialisée, à la grande désolation de Florence Cook. La dernière séance eut lieu le 21 mai 1874. Voici la fin du rapport inséré dans le livre publié par William Crookes (2) :

Elle donna ensuite ses dernières instructions à M. Crookes et

(1) *The Spiritualist*, mai 1872.
(1) W. Crookes, *Recherches sur le Spiritualisme*, p. 23 du chapitre sur la médiumnité de miss Cook.

autres amis sur la conduite à tenir touchant les manifestations ultérieures, promises par elle au moyen de son médium. Ces instructions furent notées avec soin et remises à M. Crookes. Elle parut alors fatiguée et disait tristement qu'elle désirait s'en aller ; que sa force disparaissait ; elle réitéra à tous ses adieux de la manière la plus affectueuse. Les assistants la remercièrent pour les manifestations merveilleuses qu'elle leur avait accordées.

Tandis qu'elle dirigeait vers ses amis un dernier regard grave et pensif, elle laissa tomber le rideau et devint invisible. On l'entendit réveiller le médium qui la pria, en versant des larmes, de rester encore un peu ; mais Katie lui dit : « Ma chère, je ne le puis. Ma mission est accomplie ; que Dieu te bénisse. » Et nous entendîmes le son de son baiser d'adieu. Le médium se présenta alors au milieu de nous, entièrement épuisé et profondément consterné.

On conçoit aisément que miss Cook n'ait pas vu partir sans regret cet Esprit qui lui avait conféré une réputation européenne, à la suite des vérifications et des rapports publiés par le grand savant anglais. Dans d'autres circonstances, le conflit entre le médium et l'Esprit devient encore plus aigu, et va même jusqu'à des manifestations brutalement démonstratives du dépit du guide, ainsi que nous l'avons constaté quand John King donna une gifle à Eusapia.

Comment croire que c'est une personnalité seconde qui se livre à ces exercices ? Sans doute, on a vu parfois des hystériques *en état second* se mutiler plus ou moins, de même que cela arrive également pour les fous, mais jamais ces personnages ne coexistaient avec la conscience normale du sujet, et surtout, ils n'ont *jamais été extériorisés* comme dans les cas dont nous venons de parler. En bonne logique, on ne saurait assimiler l'état d'un médium réveillé et sain d'esprit à ceux de Félida, de Léonie, etc. (1), dont on nous a raconté l'histoire, de sorte que l'individualité des apparitions me semble parfaitement démontrée.

Les phénomènes présentent une telle variété dans les manifestations, qu'il semblerait que les intelligences invisibles se sont évertuées à chercher tous les moyens possibles pour bien montrer qu'elles sont indépendantes. Parfois, dans certaines séances,

---

(1) Voir nos *Recherches sur la Médiumnité*. Chapitres II et III.

on ne voit pas les esprits, mais on *entend* leurs voix, ou bien un concert produit sans aucun instrument. Je tiens d'un oncle à moi, qui expérimentait chez lui, à Gray, que, pendant quelque temps, lui et trois autres des assistants entendirent une musique délicieuse, alors que la salle où avaient lieu les séances se trouve éloignée de toute autre habitation et qu'un profond silence régnait au dehors. Je n'hésite donc pas à croire que le récit suivant de Mme Marryat doit être exact, si étonnant qu'il puisse paraître à ceux qui sont peu versés dans ces études (1).

UN CONCERT A QUATRE VOIX

Mme Florence Marryat raconte qu'elle fit la connaissance d'une jeune fille du monde, miss Showers, âgée de 15 ans, qui, bien entendu, n'était pas médium professionnel et au moyen de laquelle elle obtint les preuves les plus convaincantes de ses pouvoirs médianimiques. Voici, entre autres, le compte rendu d'une séance (2) :

Ma sœur Blanche, dit-elle, était réfractaire au spiritisme. Je priai miss Showers de donner une séance chez moi pour la convaincre. Mme Showers ne permettait pas à sa fille d'assister à des séances en dehors de chez elle, à cause de scandales et d'accidents qui venaient d'arriver à certains médiums ; elle fit une exception en ma faveur, sur ma promesse de ne pas inviter d'étranger.

Je fis ouvrir une partie de la porte pliante communiquant de la salle à manger avec le bureau, dont la porte intérieure était fermée à clef ; pour en sortir, il fallait passer par la salle à manger ; de plus, j'avais mis contre cette porte une lourde table chargée de livres : un rideau masquait l'ouverture de la porte pliante.

Nous commençâmes la séance dans le salon, à l'étage supérieur ; les lumières furent éteintes et Rosie (miss Showers) se mit au piano, commençant une mélodie très simple : *Elle dort sous les*

---

(1) Consulter également sur ce sujet le livre : *Enseignements spiritualistes* de STAINTON MOSES, clergyman et excellent médium, qui fut aussi un bon écrivain. Le fils du docteur Speer, chez lequel avaient lieu les séances, affirme avoir entendu des sons de clochettes, ceux d'un instrument à vent ressemblant au violoncelle ; puis les sons d'une sorte de clarinette, mais plus puissants, etc. (*Introduction*, pp. 11 et 12).

(2) FLORENCE MARRYAT, *There is no death*. Chapitre XII. La médiumnité de miss Showers, fille du général.

saules. Bientôt, elle fut *accompagnée par quatre voix, séparément ou ensemble.* Il y avait un baryton que l'on supposait être Peter (un des guides) et un soprano attribué à Lénore (autre esprit qui se matérialisait). La troisième voix, une basse ronflante, appartenait à un esprit qui s'intitulait « le Vicaire de Croydon » ; c'était une voix grasse, onctueuse, prétentieuse. La quatrième, une voix frêle, tremblotante venait d'un esprit qui se nommait « l'Abbesse ».

Ces voix avaient suivi miss Showers dans le Devonshire, disait Mme Showers, et avaient acquis à sa fille une célébrité peu enviable. Elles étaient *parfaitement distinctes l'une de l'autre* ; quelquefois *elles se mêlaient* d'une façon plaisante, un véritable charivari, chacun des exécutants accusant les autres de se tromper. Le vicaire de Croydon aimait à se faire prier avant d'exhiber son talent, mais quand il avait commencé, on ne pouvait plus l'arrêter. L'abbesse se plaignait de ce que l'on ne la laissait pas chanter de soli. Une voix de bébé *gazouillait des airs enfantins,* mais elle était beaucoup plus rare que les autres. J'entends les sceptiques dire ici qu'il y avait du ventriloquisme. Si cela était, miss Showers aurait pu gagner une fortune en déployant ses talents en public : j'ai entendu les plus célèbres ventriloques, mais je n'en ai jamais rencontré produisant *quatre voix à la fois.*

Cela paraît, en effet, impossible, ce qui détruit toute hypothèse d'une simulation qui, d'autre part, eût été bien singulière de la part d'une jeune fille de 15 ans, qui ne faisait pas profession de médium et n'avait aucun intérêt à tromper sa famille et ses amis. Il est à remarquer que, par la médiumnité de miss Showers, Mme Marryat obtint également la matérialisation de sa fille Florence, de sorte que la réalité de ses pouvoirs médianimiques paraît bien établie.

LES SENSATIONS D'UN MÉDIUM PENDANT LES MATÉRIALISATIONS

C'est surtout en abordant l'étude des phénomènes les plus merveilleux qu'il faut conserver tout son sang-froid, et n'abandonner le solide terrain des connaissances acquises, que si l'examen des faits exige logiquement l'emploi d'hypothèses nouvelles. Or, si quelque chose paraît certain, c'est qu'il est impossible d'être simultanément conscient et inconscient, sans le savoir, de même qu'il est absurde d'imaginer qu'on soit en même temps en deux endroits différents. C'est cependant ces paradoxes que beaucoup d'auteurs voudraient nous faire accepter comme la véritable explication de beaucoup de phénomènes spirites, ceux de l'écriture automatique, par exemple, et ils n'hésitent pas à donner à cette supposition une extension encore plus grande en imaginant, avec Hartmann, que le médium est l'auteur, volontaire ou non, des créations fantômales que l'on voit dans les séances. J'ai déjà énuméré plus haut les raisons qui me paraissent s'opposer sérieusement à cette théorie ; en voici encore une qui a, suivant moi, une grande force.

Fig. 26. — Reproduction d'une photographie de Mme d'Espérance.

Si, généralement, le médium étant plongé dans un profond sommeil, il ne nous est pas possible de savoir directement ce qui se passe dans son for intérieur, il n'en est plus de même lorsque ce médium reste éveillé pendant toute la séance. Alors, s'il est intelligent et sincère, nous pourrons avoir un compte rendu fidèle de ses impressions, ce qui nous aidera à résoudre le problème qui nous occupe, à savoir : si, oui ou non, les fantômes sont des êtres libres, ou s'ils dépendent en quelque manière du médium.

J'ai déjà parlé plusieurs fois de Mme d'Espérance et indiqué les références sérieuses que l'on possède sur elle. Les noms de Boutlerow, Aksakof, Zœllner, du docteur Frièze, de M. Fidler, etc., sont des garants de premier ordre de son entière bonne foi ; son livre : *Au pays de l'Ombre*, dans lequel elle raconte d'intéressants épisodes de sa vie spirite, montre qu'elle fut bonne observatrice, et surtout sincère, en dépeignant ses perplexités. Quelle angoisse pour une âme loyale de se demander si, réellement, elle ne serait pas l'auteur inconscient de ces étranges phénomènes, comme l'affirmaient tant de gens paraissant bien convaincus.

Longtemps, elle chercha le mot de l'énigme d'après laquelle, tout en restant éveillée, en pleine possession de son intégrité intellectuelle, enfermée dans le cabinet, elle ressentait parfois tous les attouchements exercés sur le fantôme par les assistants, ce qui la troublait profondément, car elle ne savait pas encore qu'une partie de sa substance matérielle servait à constituer physiquement cette apparition qui, d'autre part, malgré cet emprunt, était libre d'agir à sa fantaisie, sans se soucier le moins du monde du médium. Voici quelques passages de son livre qui décrivent exactement ses sensations multiples, et son état physique et moral pendant que se produisaient les matérialisations (1).

Après avoir raconté comment elle devint médium pour ce genre de manifestations, elle rapporte qu'un de ses guides, « Walter », arriva à se montrer avec des draperies fabriquées par lui, au lieu de se servir du costume qu'on avait naïvement confectionné pour lui, elle poursuit :

Walter était évidemment très orgueilleux de son succès, « dû à la fabrication d'un nouveau corps », ainsi qu'il le dit lui-même. Il était également orgueilleux de son habileté à produire les draperies qui excitaient tant d'admiration. Il devint rapidement familier avec toute la compagnie, et la conversation et les remarques que j'entendais *avivaient encore ma curiosité*, car pendant ce temps, j'étais assise dans l'obscurité du cabinet, dans l'impossibilité de rien voir de ce qui se passait au dehors. Mais en dépit de mon désir de me trouver de l'autre côté du rideau, je me sentais étrangement inerte et apathique. Je n'avais *certes pas sommeil, mon cerveau était plus réveillé, plus actif que jamais*; les pensées, les impressions s'y succédaient avec la rapidité des éclairs ; des sons que *je savais se produire à distance* semblaient frapper de *tout près* mes oreilles ; *j'étais consciente des pensées, ou plutôt des sentiments* de toutes les personnes présentes ; je n'avais aucune envie de soulever même un petit doigt dans le but de voir quelque chose, *tout en brûlant de curiosité*, en même temps, d'apercevoir la forme de Walter se promenant au milieu de notre cercle.

Ainsi, le soi-disant créateur du fantôme ne le connaît pas !

(1) Mme D'ESPÉRANCE, *Au pays de l'Ombre*, p. 204.

Le médium brûlait du désir de voir l'apparition, mais sans y parvenir, bien que sa pensée fût assez lucide pour bien étudier l'état intellectuel dans lequel il se trouvait, et que ses sensations eussent acquis une acuité assez grande pour lui permettre de percevoir les sentiments des personnes présentes. Il n'existe pas trace chez Mme d'Espérance d'une action volontaire quelconque, car si elle fait un effort, cela trouble immédiatement les manifestations :

Plus tard, dit-elle, je finis par découvrir que mon état n'était pas *seulement de l'indifférence* ou de l'inertie ; je n'avais littéralement pas la moindre force à déployer ; et si je m'exerçais à faire un grand effort, invariablement cela obligeait les formes matérialisées à *se retirer dans le cabinet*, comme privées du pouvoir de se soutenir ; *mais ce fait*, ainsi que bien d'autres, ne *pouvait être appris sans souffrances*.

La condition pour que les fantômes se meuvent librement dans le cercle est donc la *passivité* du médium, ce qui est bien l'opposé d'une participation de sa part, dans la fabrication de la forme visible. A l'époque où se faisaient ces expériences, on ne connaissait pas encore les phénomènes d'extériorisation de la sensibilité avec lesquels M. de Rochas nous a familiarisés ; on ignorait que le fantôme odique peut sortir de l'organisme, de sorte que Mme d'Espérance était effrayée de se sentir si faible dans le cabinet. Dès la première fois, elle fit cette constatation (1) :

Toutes ces exclamations (au sujet de la première apparition de Walter), *excitaient au plus haut degré ma curiosité*, et je fis un mouvement pour me porter en dehors des rideaux et jeter un regard sur l'étrange personnage. Lorsque je me levai, *mes genoux étaient étrangement faibles, et je me demandai si j'étais souffrante*. J'avançai la tête de côté, par la fente du rideau, et je regardai vers le centre. Que vis-je ? la figure de Walter qui me regardait avec ses yeux rieurs... Je me sentais *toute faible, tout étonnée*, et avec cela je ressentais une autre sensation que je ne pouvais comprendre. Je retombai sans force sur ma chaise.

A propos d'une autre forme qui se montra fréquemment plus

---

(1) Mme d'Espérance, *Au pays de l'Ombre*, p. 192.

tard, sous le nom de Yolande, Mme d'Espérance précise encore ses impressions de la manière suivante (1) :

Il semblait exister un étrange lien entre nous, je ne pouvais *rien*

Fig. 27. — Reproduction, d'après le livre de Mme d'Espérance, d'une photographie simultanée de *Yolande* et de Mme d'Espérance. La lumière du magnésium a fait disparaître une partie de la draperie dont l'esprit avait recouvert la tête de son médium.

faire pour garantir sa présence autour de nous. Elle venait et repartait entièrement indépendante de ma volonté(2). Et cependant je découvris

(1) Mme D'ESPÉRANCE, *Au pays de l'Ombre*, p. 224.
(2) C'est moi qui souligne,

que, lorsqu'elle se trouvait avec nous, sa courte existence matérielle dépendait de ma volonté. Il me semblait perdre, non pas *mon indi-vidualité*, mais ma *force et mon pouvoir d'agir*. Je perdais aussi une grande partie de ma substance matérielle, bien que dans ce temps là, je ne m'en doutasse pas encore. Je me sentais sous l'influence d'un changement quelconque ; et, ce qui est curieux à observer, tout effort de ma part pour penser avec logique et pour suivre un raisonnement, semblait affecter Yolande et l'affaiblir. Elle avait plus de force et plus de vie lorsque j'avais le moins d'inclination à penser et à raisonner ; mais mon pouvoir de *perception s'accroissait alors jusqu'à la douleur* : je n'entends pas par là dans un sens physique, mais au point de vue mental. Mon cerveau devenait comme une espèce de galerie à échos, où les pensées des autres personnes prenaient corps et résonnaient comme n'importe quel objet matériel. Quelqu'un souffrait-il ? je ressentais la souffrance. Quelqu'un se sentait-il fatigué, tracassé ? je l'éprouvai instantanément. La joie et la souffrance se faisaient, en quelque sorte, perceptibles à moi ; je n'aurais pu dire lequel de mes amis souffrait ; mais cette souffrance existait et affectait mon être conscient.

Si quelqu'un abandonnait la chaîne, ce fait m'était mystérieusement, mais très nettement, communiqué.

Les pérégrinations de Yolande me causaient une vague inquiétude. Elle jouissait évidemment de son court passage parmi nous, et elle était si téméraire, malgré son apparente timidité, que je me trouvais toujours tourmentée par la crainte de ce qui pouvait arriver. J'avais le sentiment pénible que tout accident ou toute imprudence de sa part retomberait sur moi. Comment ? je n'en avais pas une idée bien claire. J'avais à l'apprendre plus tard.

Si ce sentiment d'anxiété prenait réellement la forme d'une pensée, je découvrais qu'il obligeait toujours Yolande à rentrer dans le cabinet, à contre-cœur et avec une pétulance enfantine. Ceci me montrait que ma pensée avait une influence dominatrice sur ses actions et qu'elle ne venait à moi que lorsqu'elle *ne pouvait plus se suffire à elle-même* (1).

Ainsi, Mme d'Espérance était incapable de provoquer l'arrivée ou le départ de ce fantôme, qui agissait librement pendant qu'il était matérialisé, mais il existait un lien, une dépendance, une relation entre la forme et le médium ; et elle était telle que tout

(1) On peut voir directement que la photographie de Yolande ne ressemble pas du tout à celle de Mme d'Espérance, que j'ai reproduite à la page 360. Ces différences dans la taille, la corpulence et les traits de la physionomie entre les deux êtres en présence, prouvent que le fantôme n'est pas un dédoublement du médium.

effort intellectuel et physique de Mme d'Espérance ramenait l'apparition dans le cabinet. L'individualité intellectuelle du médium, loin d'être amoindrie, divisée ou rétrécie, était exaltée jusqu'à la souffrance, et cet état lui procurait des sensations nouvelles provenant d'influences extra-corporelles qu'elle décrit parfaitement. Donc, indépendance complète entre l'état psychique de l'apparition et celui du médium, mais communauté de sensations physiques, car Mme d'Espérance, qui perçoit les pensées des assistants, *ne connaît pas celles de l'apparition*, tout en ressentant ce que cette dernière éprouve matériellement.

Voici un épisode émouvant qui met en relief cette télesthésie. Dans un chapitre intitulé : *Serai-je Anna ou Anna deviendra-t-elle moi ?* (1) Mme d'Espérance raconte qu'elle donna une séance à Christiania, chez Mme Péterson, et que les enfants de cette dame y assistaient pour voir leur petit frère décédé. A cette époque, le médium n'entrait plus dans le cabinet, à la suite d'une aventure qui lui survint par la faute d'un assistant qui saisit brutalement l'apparition, en croyant prendre Mme d'Espérance en flagrant délit de fraude. Il n'en fut rien ; mais elle en resta malade pendant quelques années, à la suite de la révolution produite dans son organisme par la rentrée désordonnée de la force et de la matière qui lui étaient empruntées et qui déterminèrent de graves lésions internes. Donc, dans cette séance de Christiania, Mme d'Espérance était avec les autres assistants, et le cabinet restait vide. D'abord le petit fantôme attendu, Gustave, se montra ; puis une autre forme d'homme aux allures décidées, qui, loin d'être une dépendance du médium, agit envers lui comme un étranger, ce qui surprend et dépite toujours un peu Mme d'Espérance. Elle écrit :

Cette apparition marche au milieu de nous comme si elle nous accordait une faveur en agissant ainsi. Elle passe brusquement près de moi comme *si je n'existais pas*, et je crois même qu'elle m'a légèrement heurtée en passant. Une minute auparavant j'étais le personnage le plus important de la réunion, *maintenant je ne compte plus*. J'ai très envie de rencontrer les regards de ce majestueux personnage, mais il me tourne le dos et je puis seulement

(1) Ouvrage cité, pp. 270 et suiv.

juger de ses proportions. Je remarque que lorsqu'il se tient à côté de M. Lund, il n'est guère plus petit que lui. Il revient du même pas majestueux. *J'ai le plus vif désir de lui faire remarquer ma présence*, et de lui rappeler à *quel point il est mon obligé*, afin qu'il ne passe pas rapidement et avec un tel sans-gêne. Mais il est parti et je n'ai pas eu le courage de faire acte de présence. Je me sens étrangement faible et sans pouvoir, et je ne puis que penser, sans avoir la force d'agir.

La dualité physique et morale est très accentuée; le fantôme agit d'une manière si individuelle que les désirs de Mme d'Espérance n'ont aucune action sur lui; mais voici que la situation se modifie et devient angoissante pour le médium :

Maintenant on voit s'avancer une autre figure, plus petite, plus élancée, et tendant les bras. Quelqu'un se lève à l'extrémité du cercle, s'avance vers elle et tombe dans ses bras. J'entends des cris inarticulés : « Anna, oh ! Anna, mon enfant, mon amour ! » Une autre personne se rapproche également et entoure l'esprit de ses bras : des pleurs, des sanglots et des actions de grâce se mêlent. *Je sens mon corps tiré à droite et à gauche*, et tout devient sombre à mes yeux. *Je sens les bras de quelqu'un autour de moi*, et cependant je suis seule, assise sur ma chaise. Je sens le cœur de quelqu'un *battre sur ma poitrine*. Je sens que tout cela m'arrive, et cependant il n'y a personne d'autre que les deux enfants auprès de moi. Personne ne se rappelle ma présence. Toutes les pensées, tous les regards semblent concentrés sur la blanche et délicate figure, entourée par les bras des deux femmes en deuil.

C'est bien mon cœur que je sens battre si distinctement. Et cependant ces bras autour de moi? Je n'ai jamais eu conscience d'un contact aussi réel, je commence à me demander qui est *moi*. Suis-je la blanche silhouette ou la personne assise sur la chaise? Sont-ce mes mains qui entourent le cou de la vieille dame? ou bien sont-ce les miennes qui reposent sur mes genoux, je veux dire sur les genoux de la personne qui est assise sur une chaise, dans le cas où ce ne soit pas moi. Certainement ce sont *mes lèvres* qui reçoivent des baisers ; c'est *mon visage* que je sens tout trempé des larmes versées avec tant d'abondance par les deux vieilles dames. Comment cela peut-il avoir lieu cependant? C'est un *sentiment horrible* que celui de perdre ainsi conscience de son identité. J'aspire à soulever une de ces mains inutiles et à toucher quelqu'un, juste assez pour savoir si j'existe réellement ou si je suis seulement la proie d'un rêve ; si Anna est moi ou si j'ai confondu ma personnalité dans la sienne.

Je sens les bras tremblants de la vieille dame, je sens *les baisers, les larmes et les caresses de sa sœur* ; j'entends leurs bénédictions ; et, en proie à une véritable agonie de doute et d'angoisse, je me demande combien cela va durer. Combien de temps *serons-nous deux encore* ? Et comment se terminera ceci ? *Serai-je Anna ou Anna sera-t-elle moi ?*

Soudain, je sens deux petites mains se glisser dans les miennes qui demeuraient inertes. Elles me remettent en possession de moi-même, et, avec un sentiment de joie exalté je sens que je suis bien *moi-même*. Le petit Jonte, fatigué d'être masqué par les formes matérialisées, s'est senti tout à coup isolé et a saisi mes mains pour se consoler en ma compagnie.

Combien ce seul contact d'une main d'enfant me rend profondément heureuse ! Mes doutes se sont évanouis, quant à mon individualité et quant à l'endroit où je me trouve... Et comme ces pensées me viennent, la blanche silhouette d'Anna disparait dans le cabinet, et les deux dames regagnent leur place, bouleversées, sanglotantes, mais transportées de bonheur.

Rien ne montre mieux que cette analyse psychologique, faite par Mme d'Espérance de son état mental, que, jusque-là, elle avait la conviction de n'être pour rien dans la production de ces fantômes qui arrivaient sans être désirés par elle, qui allaient et venaient dans le cercle à leur fantaisie, dont elle ne connaissait pas les pensées et qui disparaissaient ensuite sans plus s'occuper du médium que s'il n'existait pas. Pendant toute la durée des séances, elle ne perdait jamais conscience d'elle-même ; elle conservait son autonomie, son intégrité intellectuelle et se sentait réellement étrangère à ce qui se passait. Quelle n'est pas sa surprise, sa consternation quand, tout à coup, un jour, elle découvre que cette Anna, dont elle n'a pas désiré la venue, qu'elle ne connait pas, a l'air cependant de faire partie d'elle-même ! Ce qui l'affole, c'est d'avoir conscience d'être assise là, sur sa chaise, et de sentir malgré cela les baisers qui sont prodigués, là-bas, au fantôme ! Elle se dit qu'elle ne peut pas être en deux endroits en même temps, et elle est épouvantée de se sentir dans une situation aussi anormale, dont elle ne peut prévoir les suites, jusqu'au moment où l'intervention du petit Jonte lui rend le sentiment réel de sa situation.

Sans mieux connaître que Mme d'Espérance la véritable

explication scientifique des matérialisations, nous possédons cependant, aujourd'hui, quelques notions qui paraissent rendre le problème moins obscur. On peut admettre que si l'apparition emprunte au médium une partie de sa substance, — et ce fait, nous le verrons plus tard, est incontestable, — il existe toujours une liaison intime, permanente, entre la forme et le sujet, de sorte que toute action exercée sur l'un retentit sur l'autre, puisqu'ils ont une unité substantielle, comme ces monstres qui sont réunis pendant toute leur vie par une partie commune. Ceci n'est pas seulement une hypothèse, car on voit parfois un lien, vaporeux pendant le jour ou lumineux dans l'obscurité, qui joint le fantôme au médium, et l'on peut supposer que c'est par cette sorte de « cordon ombilical » que passent la matière et l'énergie qui servent à maintenir la forme matérialisée et, qu'en sens inverse, se transmettent les sensations au médium. On comprend maintenant pourquoi toute action violente exercée sur l'apparition a sa répercussion sur le médium et peut occasionner de graves désordres dans son organisme. Il est donc souverainement imprudent de faire des expériences en compagnie d'individus ignorants qui, par sottise, peuvent blesser grièvement le médium en se précipitant sur l'apparition, sous le prétexte de découvrir une prétendue imposture. Mme d'Espérance, Florence Cook et d'autres médiums ont été les victimes de ces odieux procédés, qu'elles ont payés par de longues souffrances et contre lesquels on ne saurait trop protester, car nous possédons assez de moyens de contrôle pour n'avoir pas besoin de recourir à une brutalité, d'autant plus inexcusable, qu'elle est dangereuse et n'a rien de scientifique.

RÉSUMÉ

J'ai énuméré, au cours de ce chapitre, les raisons qui militent en faveur de la réalité et de l'indépendance des formes matérialisées qui se montrent pendant les séances ; je crois utile néanmoins de les résumer sommairement, pour montrer combien la théorie spirite s'adapte plus logiquement que toute autre à l'interprétation des faits.

L'hallucination est une hypothèse insoutenable en présence des affirmations concordantes des témoins et des preuves physiques, telles que les moulages et les empreintes, qui restent après que l'apparition s'est évanouie, pour montrer qu'elle n'était pas un vain mirage, une fantaisie de l'imagination.

J'ai fait observer ensuite qu'il était anti-scientifique de recourir au merveilleux, c'est-à-dire à l'action d'êtres supra-terrestres dont l'existence est problématique, quand une hypothèse rationnelle : celle de l'âme humaine survivante, suffit parfaitement à l'explication des faits, puisque déjà, pendant la vie, cette âme est capable de se séparer du corps et de se montrer avec tous les caractères d'un être vivant ordinaire.

Que, pour des raisons diverses, certains savants ou les prêtres de nombreuses confessions religieuses repoussent notre interprétation, ceci n'a rien de surprenant, car les uns et les autres sont enfermés dans une orthodoxie intransigeante, qui est, pour les premiers, le monisme matérialiste et pour les seconds le dogme théologique.

Si, fidèles à la méthode expérimentale, nous nous dégageons de toute idée préconçue pour n'envisager que les faits, nous constaterons que le seul problème qui mérite de retenir notre attention est celui de savoir si le médium, consciemment ou non, est le générateur des fantômes. Je ne m'occupe pas des assistants, parce que ceux-ci peuvent changer sans que la forme typique des apparitions en soit altérée. Beaucoup d'observations s'accordent ensemble pour faire admettre que les apparitions sont des êtres indépendants, possédant une forme et une intelligence différentes de celles du médium, comme nous allons le rappeler.

1° Il ne faut pas perdre de vue, en effet, que toujours et partout, les apparitions affirment avoir vécu jadis sur la terre et qu'il n'existe aucune raison pour ne pas les croire, d'autant mieux que, parfois, elles en donnent des preuves irrécusables.

Pourquoi, si ces fantômes n'étaient que des créations médianimiques, ne le diraient-ils pas ? Qui donc leur imposerait l'obligation de dissimuler leur origine ? Un mensonge universel est d'autant plus difficile à supposer qu'il se serait produit absolument semblable dans tous les pays de la terre, ce qui deviendrait surprenant au plus haut point.

2° Mais nous avons vu que les incrédules ne reculent devant aucune supposition — même dénuée de toute preuve ou de toute vraisemblance — pourvu qu'elle fasse échec à la théorie spirite ; ils ont soutenu que les apparitions étaient : ou bien des créations objectivées par l'imagination du médium, ou son double transfiguré qui se faisait voir.

Il n'est pas difficile de montrer combien une hypothèse telle que la première est impossible à soutenir, car elle supposerait un véritable miracle : celui de la génération spontanée d'un être vivant, agissant, pensant, pourvu d'un organisme aussi compliqué que celui d'un individu humain, et créé par une simple action de la *pensée* d'un médium, tandis que celui-ci n'a pas, dans toute sa conscience, la millième partie des connaissances anatomiques, physiologiques, mécaniques, physiques, chimiques, esthétiques, etc. dont le concours serait indispensable à cette création, laquelle, d'ailleurs, dépasserait le pouvoir de tous les savants et de tous les instituts scientifiques réunis. Je crois d'autant plus inutile d'insister, que j'ai montré des fantômes comme Bertie conservant leur autonomie complète lorsque le médium était réveillé et, mieux encore, après la mort de celui-ci.

3° La manifestation du double est plus logiquement admissible ; il est certain que, parfois, les phénomènes sont les résultats de son activité extra-corporelle, puisque les Davenport, Mme Fay, Eusapia, etc., nous en ont donné des preuves ! Mais cette explication est loin de répondre à tous les *desiderata*, d'abord parce que nous avons vu que le double est toujours un *fac-similé* absolu du corps ; si des photographies ou des moulages nous montrent que la forme matérialisée diffère du médium, aussi bien par les traits que par la constitution anatomique, ce sera une induction sérieuse en faveur de son existence indépendante.

4° D'ailleurs, l'action du double, même transfiguré, ne suffit pas à expliquer comment il pourrait produire simultanément des phénomènes qui ont lieu dans des directions différentes, car ceux-ci exigent l'action de plusieurs causes intelligentes, agissant indépendamment les unes des autres.

5° Ce postulat logique se trouve vérifié par les apparitions multiples et simultanées. Nous possédons une démonstration complète de l'autonomie des fantômes quand ils paraissent en même temps, ayant chacun tous les caractères d'être réels et possédant une individualité persistante, *malgré le changement du médium*, ce qui prouve que ce n'est pas celui-ci qui les engendre, pas plus que les assistants, qui eux-mêmes se renouvellent.

6° Si, physiquement, le fantôme diffère presque toujours plus ou moins du médium, intellectuellement, il ne lui ressemble pas davantage, puisqu'il emploie quelquefois un langage inconnu du médium, ou que les connaissances montrées par l'apparition n'ont jamais été possédées par le sujet médianimique. Aucune théorie, même celle de la transmission de pensée, ne pouvant expliquer ce fait, c'est une bonne preuve que nous sommes en présence d'êtres humains désincarnés. L'écriture en grec ancien de Nepenthès ne peut avoir été produite inconsciemment par aucun membre du groupe, personne n'étant capable de déchiffrer le message.

7° Enfin, ne serait-il pas contradictoire d'imaginer que l'être matérialisé pourrait continuer d'être, quand son médium, revenu à lui, n'exercerait plus sa force créatrice? Cependant, nous avons vu Florence Cook causer avec Katie, et Eusapia être ramenée à l'obéissance par les arguments décisifs de son guide, qui n'admettait pas de rébellion.

8° La narration si instructive de Mme d'Espérance nous fait entrevoir déjà une partie du processus des matérialisations. Oui, certainement, un médium est indispensable, parce qu'il possède un organisme capable d'extérioriser de la matière et de l'énergie; mais l'intelligence désincarnée arrive avec son intelligence personnelle, sa propre forme typique, son périsprit, qu'elle conserve toujours, et elle n'est tributaire du médium que pour la matière qui lui sert à se rendre visible. Cette grande vérité deviendra plus évidente encore quand nous étudierons les rapports réciproques de l'esprit et du médium. Avant, je veux faire constater que les apparitions ne sont pas toujours anonymes, que, souvent, ce sont des êtres chers qui viennent se montrer à nous et, alors, toutes les arguties, toutes les discussions des sceptiques ou des ergoteurs, toutes leurs théories désordonnées semblent bien fausses, bien vides et bien nulles, en face de la grandiose certitude du retour parmi nous de ceux que nous avons aimés.

CHAPITRE V

L'IDENTITÉ DES APPARITIONS MATÉRIALISÉES

Sommaire. — Les apparitions ne sont pas des êtres surnaturels, elles ont tous les caractères des êtres humains. — Comment établir leur identité ? — Précautions à prendre contre l'illusion. — Les apparitions reconnues. — Témoignages de M. Foster, de Dawson Rogers, de Mme Hardinge Britten. — La sœur de M. de Lvoff lui apparaît. — Une dame qui reconnaît son mari. — Apparitions qui présentent des signes particuliers. — Les difformités ne se conservent pas dans l'espace, elles ne se reconstituent que pendant la matérialisation. — Exemples empruntés à la vie terrestre. — Apparition du fils de la baronne Peyron à sa mère. — Le fantôme n'a qu'une jambe. — Reproduction de la difformité d'une main d'enfant. — La fille de Mme Marryat. — Les matérialisations avec Mme Bablin. — Plusieurs sont reconnues collectivement. — Miss Glyn revoit sa mère et son frère, qui sont reconnus aussi par son père. — On conserve son caractère dans l'au-delà : une femme peu commode. — Apparition de M. Bitcliffe à sa femme et à ses enfants ; il est identifié aussi par ses amis. — Autres apparitions familiales. — Matérialisations réitérées d'enfants désincarnés dans leur milieu familial. — Le cas de M. Livermore. — Apparition pendant cinq ans d'une femme défunte à son mari survivant. — Preuves physiques et intellectuelles de l'identité d'Estelle Livermore. — Impossibilité d'une supercherie. — Le docteur Franklin. — Apparition simultanée de Franklin et d'Estelle. — Confirmation de la réalité des faits par le docteur Gray et par M. Groute, beau-frère de M. Livermore. — Communication d'Estelle en français, langue ignorée du médium. — Photographie spirite d'Estelle avec un autre médium. — L'histoire de Swen Stromberg. — Preuves de son identité. — La fille du docteur Nichols. — Son écriture posthume est la même que de son vivant. — Willie donne un moulage de sa main. — Confirmation du docteur Frièze. — Apparitions matérialisées d'un même esprit avec des médiums différents. — La fille de Mme Marryat se fait voir un grand nombre de fois en Europe et en Amérique. — Mme Marryat revoit aussi fréquemment son beau-frère et un de ses amis. — Résumé.

LES APPARITIONS SONT DES ÊTRES HUMAINS DÉSINCARNÉS

Nous avons constaté dans le chapitre précédent que les apparitions, qu'elles soient incomplètes ou totalement matérialisées, possèdent toujours certains des caractères physiques qui spécifient des êtres humains, c'est-à-dire des organes qui ont été façonnés par le milieu terrestre, dont la forme et les fonctions sont des résultats de l'évolution de la vie à la surface de notre globe, et non des créatures surnaturelles qui n'auraient jamais habité ici-bas. Ce sont bien, en effet, des visages humains que l'on voit : ceux de « Lilly » et d'« Akosa » ne laissent pas de doutes à cet égard ; incontestablement les mains ou les pieds du fantôme de « Bertie » ont une conformation anatomique absolument semblable à celle des mêmes parties d'un corps humain ; « Ernest » et « Katie » sont des types de notre race et ne décèlent rien de diabolique.

Quand les apparitions s'entretiennent avec nous, c'est une voix humaine que l'on entend, et elle emploie une des langues parlées ici-bas ; même la physiologie du fantôme, nous le verrons plus loin, est identique à la nôtre. De sorte qu'il est difficile d'échapper à cette impression que ce ne sont pas des êtres d'une autre essence, des créatures appartenant à un monde différent, mais — lorsqu'elles sont matérialisées — les mêmes que celles qui peuplent notre séjour sublunaire.

Ces constatations sont si évidentes, qu'elles s'imposent même à ceux qui n'adoptent pas l'explication spirite ; mais alors ils sont pris entre les cornes du dilemme posé par Aksakof : Animisme ou spiritisme, car on ne peut sortir de là. C'est ce qu'a bien compris M. le professeur Porro, astronome distingué, quand il fut convaincu de la réalité des phénomènes, à la suite d'expériences qu'il fit au Circolo Minerva, de Gênes, en compagnie d'Eusapia. Il dit en effet : (1)

Que sont toutes les hypothèses (ou les théories comme on se plaît à les appeler) imaginées depuis dix ans pour ramener les phénomènes médianimiques à la simple manifestation de qualités latentes de la psyché humaine, sinon des formes diverses de l'hypothèse animique, si raillée quand elle parut dans l'ouvrage d'Aksakof ?

De l'action musculaire inconsciente des assistants (mise en avant depuis un demi-siècle par Faraday) jusqu'à la projection de l'acti-

---

(1) Voir *Revue scientifique et morale du Spiritisme*. N° de mai 1902.

vité protoplasmique ou à l'émanation temporaire du corps du médium imaginée par Lodge ; de la doctrine *psychiatrique* de Lombroso (1), jusqu'à la *psychophysiologie* d'Ochorowicz ; de l'*extériorisation*, qu'admet de Rochas, à l'*ésopsychisme* de Morselli ; de l'*automatisme* de Pierre Janet, au *dédoublement de la personnalité* de Binet : ce fut un débordement d'explications ayant pour but l'élimination d'une personnalité extérieure.

Le procédé était logique et conforme aux sains principes de la philosophie scientifique, laquelle, comme l'a dit Lodge, nous apprend à épuiser les possibilités de tout ce qui est déjà connu avant de recourir à l'ordre de l'inconnu.

Mais ce principe, inattaquable en théorie, peut conduire à des résultats erronés, quand on l'étend trop loin, et avec obstination, dans un champ donné de recherches...

J'ai montré les sérieuses raisons que nous avons pour repousser l'interprétation animique pure et simple, car elle est incapable d'expliquer la plupart des manifestations, de sorte que, logiquement, nous retombons dans l'explication spirite, qui voit dans ces êtres les âmes des hommes qui ont vécu ici-bas.

La série continue des faits de dédoublement de l'être humain nous a prouvé que le principe pensant n'est pas lié indissolublement à l'organisme matériel; qu'il peut affirmer son indépendance par des actions extra-corporelles; que lorsqu'il est extériorisé, il possède une substantialité et une forme qui reproduit celle de son corps physique, de sorte qu'après la mort nous ne sommes pas trop surpris de constater que les manifestations de ce double sont les mêmes que de son vivant. La conclusion qui paraît s'imposer est donc que le principe intelligent, sensible et volontaire qui agit en chacun de nous, possède une autonomie, une existence spéciale, une individualité irréductible, puisque la mort ne peut le détruire.

C'est cette grande vérité que proclament les apparitions, et je ne connais aucune raison valable pour ne pas accepter leurs affirmations, réitérées dans le monde entier.

Mais il y a encore plus et mieux. Non seulement les fantômes ne sont pas toujours des inconnus, mais, souvent, ils se présen-

---

(1) Avant sa conversion, comme il le dit lui-même dans le passage cité par moi, p. 217.

tent de manière à se faire reconnaître, soit en rappelant des épisodes de leur vie terrestre, soit en se montrant tels qu'il étaient ici-bas. Les cas de Billy Marr (voir p. 344) et d'Anna (voir p. 366), racontés par M. Shermann et Mme d'Espérance en sont des exemples.

Dans maintes séances, on identifie les apparitions par leur visage, leur taille, leur maintien, ou certaines particularités : blessures, cicatrices, gestes originaux qui ne permettent pas de se tromper. Le costume est parfois le même que celui qu'elles portaient de leur vivant. La voix, souvent, n'est pas changée. Le caractère se décèle identique à celui que l'on connaissait au personnage terrestre, de sorte que l'on ne peut pas plus douter de la résurrection momentanée de ces disparus, que l'on ne douterait de la présence d'une personne en chair et en os, que l'on verrait dans les mêmes circonstances.

Le témoignage de tous les sens est irrésistible ; il enracine une conviction inébranlable dans l'esprit de celui qui est témoin de ce grandiose phénomène, et la puissance de cette démonstration est telle, que nous verrons les hommes d'affaires ou de science les plus froids, les plus défiants, être convaincus de la survie, quand c'est un de leurs morts qui s'est fait reconnaître.

Un exemple historique, dont les conséquences ont été immenses, prouvera mieux que tous les raisonnements l'impression ineffaçable que laisse un tel spectacle. Les apôtres, qui avaient vécu avec le Christ pendant trois années, qui avaient goûté l'enchantement de sa parole et la douceur de son affection, qui avaient assisté aux guérisons qu'il multipliait autour de lui, sentent cependant leur foi chanceler quand le moment de la dure épreuve est arrivé ; pusillanimes, ils l'abandonnent jusqu'à la mort ; le plus brave le renie, et tous se cachent pour se soustraire à la colère des Juifs. Pourquoi et comment ces hommes faibles se sont-ils transformés en héros, capables de mourir au milieu des tourments pour affirmer l'immortalité ? C'est que ce Christ qu'ils savaient être mort sur la croix, le flanc percé, s'est de nouveau montré à eux, mais bien vivant cette fois et portant encore les stigmates de son supplice. Ils ont entendu sa voix, ils ont subi de nouveau le charme de sa présence et, maintenant, rien ne pourra plus les arrêter. Ces âmes simples et frustes ont puisé dans leur ardente conviction des accents assez énergiques, assez persuasifs pour orienter le monde moral vers un idéal nouveau, et pour donner à la pensée religieuse une impulsion que dix-huit siècles n'ont pas encore enrayée, malgré les erreurs et les crimes de beaucoup des successeurs de ces hommes remarquables.

Examinons donc attentivement ces phénomènes : scrutons avec la plus sévère impartialité la valeur des témoignages, apprécions la compétence et les facultés de discernement des témoins, et nous constaterons que le résultat de cette enquête aboutit à la certitude que l'âme survit à la mort. Si surprenante que cette conclusion puisse paraître à beaucoup, c'est celle qui s'impose, car les FAITS sont les arguments suprêmes devant lesquels tous doivent s'incliner.

COMMENT ÉTABLIR L'IDENTITÉ DES APPARITIONS ?

Quelle méthode doit-on suivre pour s'assurer de l'identité d'un Esprit ? Il semble qu'il suffit d'employer les procédés qui permettent d'identifier un individu quelconque, puisque les formes matérialisée sont toutes les apparences d'une personne ordinaire.

Mais, ceci posé, le problème n'en reste pas moins assez difficile à résoudre, car on se heurte à des difficultés qui proviennent de différentes causes : les unes résultant des conditions dans lesquelles ont lieu les séances, les autres tenant à l'observateur lui-même.

Examinons rapidement ces éventualités.

Pour reconnaître quelqu'un, il faut d'abord qu'on puisse le voir nettement, de manière à ce que ses traits, sa taille, ses gestes, son allure, etc., éveillent en nous l'image qui le représente. Or, parfois, la lumière est assez faible pendant les séances, de sorte qu'il est possible qu'une illusion se produise. C'est une circonstance dont il faudra tenir compte pour apprécier la valeur de la preuve, d'autant mieux que, souvent, l'apparition est fugitive. D'autre part, la bonne foi du narrateur étant certaine, il faudra se demander si sa mémoire a été fidèle, car nous savons qu'elle est sujette à des défaillances et qu'elle déforme fréquemmment les souvenirs anciens. Il est possible aussi que l'émotion du spectateur trouble la netteté de sa vision et favorise la production d'une fausse reconnaissance, car on est porté involontairement à compléter, dans un sens favorable, une vague silhouette qui, examinée de sang-froid, ne produirait plus la même impression. Enfin il ne faut pas oublier que la mémoire visuelle est très inégale parmi les hommes.

Ces remarques nous obligent donc à faire une sélection parmi les très nombreux récits que nous possédons, et à ne conserver que ceux dans lesquels ces causes d'erreur paraissent avoir été éliminées. Nous ne retiendrons que les cas où la vision a été très nette, la lumière suffisante, et le fantôme formellement reconnu, soit à la suite d'apparitions réitérées, soit lorsque plusieurs personnes s'accordent pour l'identifier. D'autre part, les erreurs de mémoire sont faciles à éviter lorsqu'il s'agit d'un parent ou d'un ami dont on a conservé des portraits, car l'image mentale est constamment revivifiée et ne pourrait être que difficilement confondue avec une autre. Mais, autant que possible, il ne faudra faire état que des affirmations qui comportent des preuves décisives, abstraction faite de tout élément émotionnel du narrateur.

Possède-t-on des témoignage de cette nature? Émanent-ils de personnes bien pondérées, incapables de se tromper ou de nous tromper? Je n'hésite pas à répondre affirmativement et je vais en donner des exemples tout à l'heure.

Dans bien des circonstances, la figure de l'apparition était celle de l'être qui avait été connu sur la terre. La ressemblance n'était pas plus ou moins vague, elle ne se bornait pas à une approximation sommaire, elle portait sur des points précis tels que: la couleur des yeux, des cheveux; sur la voix, la stature du corps du fantôme; sur ses attitudes, ses gestes, etc. Dans d'autres cas, ce sont des mutilations, des cicatrices, des malformations congénitales, des nævi, des tatouages, etc., qui servent à l'identification, et même des moulages exécutés sur les fantômes ont permis d'examiner à loisir ces preuves irrécusables des résurrections momentanées.

Parmi les procédés que l'anthropologie judiciaire utilise pour l'identification des délinquants, celui des empreintes digitales nous a déjà servi pour démontrer que certaines traces produites sur du noir de fumée, en présence d'Eusapia, étaient dues à son double extériorisé, tandis que d'autres provenaient d'un être étranger au médium et aux assistants. Enfin la photographie, à son tour, nous procure le moyen de conserver une reproduction permanente du phénomène temporaire des apparitions, de sorte que l'on possède de sérieux documents pour étudier scientifiquement l'identité des fantômes.

La reproduction par l'être matérialisé du type corporel qu'il avait ici-bas est déjà une preuve de choix, lorsqu'elle présente quelques-unes des particularités que nous avons énumérées plus haut ; mais elle acquiert toute sa puissance démonstrative si elle se complète par ces preuves d'identité psychique qui résultent de l'audition de la parole, de la manière de s'exprimer de l'apparition, ou si l'on obtient d'elle un spécimen d'écriture posthume, qui soit tout à fait semblable à celle qu'on lui connaissait de son vivant.

Admettons, pour l'instant, que les preuves dont nous venons de parler soient authentiques; au point de vue purement critique, suffisent-elles pour établir l'identité d'un esprit désincarné? La ressemblance entre deux individus a été parfois si complète qu'elle a trompé des parents et donné lieu à de retentissantes erreurs judiciaires, telle que l'affaire Lesurques, dans l'assassinat du courrier de Lyon, de même que dans d'autres circonstances elle a été exploitée, par le forçat Coignard, par exemple, pour usurper une personnalité qui n'était pas la sienne. On pourrait donc prétendre que la ressemblance, même très grande, n'est pas un élément suffisant pour établir une conviction. Cette objection aurait de la valeur si nous ne possédions que quelques exemples isolés, mais elle tombe devant la multiplicité des témoignages de reconnaissance, car, finalement, le nombre des ressemblances — c'est un fait constant — est infiniment plus rare que celui des divergences individuelles, ce qui suffit pour nous rassurer sur la valeur de cette preuve. Quant à l'écriture, c'est une manifestation si intime de la personnalité que je la considère comme tout à fait démonstrative, car il est impossible de simuler du premier coup une écriture inconnue jusqu'alors. Ceci, pour répondre à ceux qui seraient tentés de croire que le médium puise dans la subconscience des assistants les connaissances que le fantôme possède.

Pour compliquer encore cette étude, déjà assez difficile, certains auteurs spiritualistes ont supposé — gratuitement, il est vrai, — que les esprits désincarnés pourraient prendre toutes les formes, de sorte que la reproduction du type terrestre d'un homme décédé ne serait pas une preuve qu'il a survécu, puisqu'un autre esprit pourrait simuler sa ressemblance. Je discuterai cette manière de voir quand les faits nous seront connus, aussi bien que celle d'une communication universelle de la pensée, qui annulerait la valeur des preuves psychiques. Je crois qu'il n'est pas difficile d'établir que ces suppositions ne reposent sur aucun fait bien établi.

Enfin, il sera toujours possible de polémiquer sur la valeur que j'attribue au mot : preuve, en soutenant qu'il n'a pas un sens absolu, ce qui détruirait la puissance de la démonstration. Je n'ai pas la prétention de reprendre ici le problème de la connaissance, qui a fait l'objet des discussions des philosophes depuis l'antiquité jusqu'à nos jours. Je n'hésite donc pas à reconnaître que l'absolu est en dehors de nos prises et qu'il n'est pas possible, même dans les sciences mathématiques, d'atteindre la vérité intégrale, puisque les postulats de la géométrie supposent, à l'origine, de véritables actes de foi. Mes visées sont plus modestes ; elles consistent à montrer que, dans ces recherches, nous pouvons arriver à la certitude morale, c'est-à-dire à celle qui suffit pour diriger tous les actes de notre vie et qui est, d'ailleurs, la seule qui nous soit accessible. Si je parviens à donner en faveur de l'identité des fantômes des arguments qui seraient valables pour établir celle d'une personne vivante quelconque, mon ambition sera satisfaite, car j'estime qu'on n'est pas fondé à en demander davantage.

APPARITIONS RECONNUES

Ici encore, je suis contraint de ne citer que quelques exemples de chaque catégorie de phénomènes, pour ne pas donner à cette étude une étendue démesurée ; mais, je le répète, les documents sont très nombreux, et je suis obligé de restreindre le nombre des citations empruntées aux spirites, pour réserver une place aux affirmations des savants qui ont, aux yeux de certains lecteurs, une autorité plus grande, bien que, dans la réalité, en fait de spiritisme, ces hommes de science ne nous aient rien appris.

Il sera facile de constater que les faits et les méthodes pour les contrôler ont été les mêmes pour les spirites et les savants ; ceux-ci n'ont pas même la priorité des hypothèses explicatives par le dynamisme extériorisé du médium, ou le dédoublement, car il y a trente ans que les expérimentateurs spirites ont étudié ces théories et en ont montré l'insuffisance. Il n'est que juste de réhabiliter ces chercheurs et de prouver qu'ils ont su découvrir la véritable nature des apparitions, au milieu des opinions contradictoires soutenues par tous les ennemis du spiritisme.

Déjà, en 1884 (1), la question du dédoublement du médium ou de la transfiguration de son périsprit était l'objet de discussions très vives, et quelqu'un bien au courant de ces études, M. Foster, après avoir fait dans le *Banner of Light* du 7 juillet 1882, le compte rendu de plus de 150 séances tenues avec les médiums Bliefs, Rofs et Allen, écrivait :

> Depuis quelque temps, beaucoup de spiritualistes prétendent qu'il n'est pas possible à un esprit de se matérialiser, de telle sorte que l'on puisse en palper les membres et en entendre la voix, mais que tous ces phénomènes sont produits par des transfigurations qui n'ont aucune valeur comme preuve de la continuation de l'existence personnelle après la mort. Beaucoup de sceptiques intelligents, ajoute M. Foster, ont été forcés de reconnaître, à la suite des séances de Mme Allen, que les apparitions étaient bien réellement produites par des esprits matérialisés. Il cite le témoignage d'un monsieur, bien connu de lui, qui lui avait déclaré, après une

---

(1) *Revue Spirite*, janvier 1884, pp. 24 et suivantes.

de ces séances, y être venu par pure curiosité, ne s'imaginant nullement y voir une apparition spirituelle véritable, et qui, maintenant, était convaincu, *comme de sa propre existence*, que la figure qui était venue à lui était *celle de sa fille;* il en avait reconnu *la tournure, le visage, les manières et la voix habituels* pendant la *conversation qu'ils avaient eue ensemble* sur des *circonstances de famille dont personne d'autre ne pouvait avoir connaissance* ; il considérait donc comme parfaitement ridicule, toute prétention à voir de la supercherie dans un semblable phénomène...

Il est bien évident qu'ici les circonstances sont telles, que l'intervention d'une étrangère jouant le rôle de l'esprit est tout à fait à éliminer, à cause de ces circonstances de famille que personne, en dehors des intéressés, ne pouvait connaître. Le père constata que la ressemblance physique et les allures du fantôme sont celles de sa fille et il paraît être bon juge, puisqu'il était venu en sceptique et que le fait seul a pu le convaincre.

Quant à imaginer que cette apparition était créée par le médium, M. Foster répond à cette objection par le récit du fait suivant, arrivé aux séances de la même Mme Allen :

Voici ce qui se passa le soir de Noël 1881 : sept figures matérialisées sortirent ce jour-là, l'une après l'autre, du cabinet, s'avancèrent au milieu du cercle, puis se *dématérialisèrent sous les yeux des assistants et semblèrent s'enfoncer dans le plancher, à travers le tapis.* Dans une autre occasion, une figure matérialisée sortit *en même temps que le médium, et ils se mirent à parler chacun de son côté,* démontrant ainsi, avec évidence, que le médium et l'esprit étaient deux êtres distincts, et que ce phénomène n'était nullement produit par une transfiguration.

J'ai déjà cité quelques témoignages (voir pp. 341, 351, etc.) affirmant que les fantômes disparaissaient sous les yeux des assistants, en lumière, dans le sol, ce qui est impossible à simuler dans un appartement qui n'est pas « truqué » comme un théâtre, ainsi que l'a fait observer Brackett, le sculpteur dont j'ai parlé (1). L'apparition qui cause avec le médium est encore une autre démonstra-

(1) On verra, au chapitre qui traite de la fraude (p. 589), comment certains charlatans parviennent à donner l'illusion de la dématérialisation de prétendus fantômes. Mais les poupées qu'ils emploient ne peuvent se mouvoir d'elle-mêmes, comme c'est ici le cas, ce qui suffit à différencier les phénomènes vrais de ceux qui sont simulés.

tion de l'indépendance de la forme matérialisée, de sorte que je n'insiste pas. Nous retrouverons tout à l'heure M. Foster, au sujet des apparitions qui reproduisent certaines des infirmités du corps terrestre de l'esprit.

Voici d'autres affirmations.

* *

M. Dawson Rogers, un des fondateurs de la *Société de recherches psychiques*, et directeur du journal *Light*, raconte que, le 23 mai 1884, il eut *chez lui*, une séance d'autant plus remarquable que le médium Eglinton était assis au milieu des assistants, entre la femme de M. Dawson Rogers et lui. Dans ces conditions, le contrôle était excellent et nulle intrusion étrangère n'était à redouter. Tout d'un coup, une tête et un buste parurent ; la figure était l'image frappante de Frank, un fils de M. Dawson, mort depuis douze mois. Le fantôme mit son bras autour du cou de M. Dawson et l'embrassa. La figure de la mère de Mme Dawson parut aussi et fut très reconnaissable (1).

Le directeur du *Light* était familiarisé depuis longtemps avec le phénomène des matérialisations, car il avait assisté aux fameuses séances de William Crookes : il peut donc être considéré comme un bon témoin, ni suggestionnable, ni facile à tromper.

* *

Mme Hardinge Britten, écrivain spirite très connu, digne de la plus sérieuse confiance, fit, en 1882, une campagne pour inciter les expérimentateurs spirites à exiger de la lumière pendant les séances de matérialisation, afin de rendre le contrôle plus facile. Écrivant dans *The psychological Review* (2), elle demande, avec raison, à ceux qui croient que, lorsqu'une apparition est saisie par un incrédule, on doit trouver le corps physique du médium, pourquoi les draperies et les accessoires ne disparaissent pas en même temps (3). Elle détaille ensuite des exemples

(1) Erny, *le Psychisme expérimental*, p. 169.
(2) *The psychological Review*, janvier 1883.
(3) C'est ce qui doit se produire quand la transfiguration n'est pas simulée. Je reviendrai sur ce point dans le chapitre qui traite de la fraude.

de matérialisations produites en lumière, et devant de nombreux témoins, dont elle donne les noms.

Personnellement, en 1876, à une séance de Slade, et dans une chambre éclairée par deux becs de gaz, elle vit se matérialiser une forme *qu'elle reconnut pour une de ses grandes amies*. Elle cite à l'appui le témoignage de M. Chas. Partridge, de New-York, ancien éditeur et propriétaire du *Spiritual Telegraph*. Dans ce cas encore nous possédons un bon témoignage, car la narratrice était sincère et très intelligente.

UN ESPRIT MATÉRIALISÉ QUI APPARAIT A SON FRÈRE

En France, nous allons retrouver comme médium le fils de Mme Firman, dont MM. Reimers et Oxley nous ont fait connaître la remarquable faculté. Voici la lettre adressée à la *Revue spirite* par M. de Lvoff, expérimentant en compagnie du comte de Bullet qui, depuis un an, étudiait les matérialisations (1).

Paris, le 24 décembre 1874.

Monsieur Leymarie,

Arrivé à Paris, j'ai fait connaissance avec M. le comte de Bullet, par votre intermédiaire. Je garde de lui le plus agréable souvenir, car j'éprouve à son égard la plus sincère amitié.

Depuis quelques mois, le comte va journellement chez le médium Firman ; peu à peu, c'est-à-dire à la suite de séances continues, et *le salon étant éclairé*, il a pu obtenir la matérialisation complète de *cinq personnes de sa famille* qui viennent lui *serrer la main, parler de leurs relations*, de tout ce qui les intéresse et même lui présenter des bouquets de fleurs naturelles matérialisées pour ces entrevues.

Avec lui, j'ai assisté à plusieurs séances, et voyant combien sa persévérance lui avait donné de résultats touchants et imprévus, j'ai voulu suivre son exemple en allant chez M. Firman. Pendant quinze jours consécutifs, j'ai pu suivre toutes les manifestations, et je suis heureux de le constater, Dieu m'a permis *de voir l'esprit matérialisé de ma chère sœur, d'embrasser ses mains et ses joues qui* possédaient une *chaleur normale, de sentir sa respiration* (2). Il me

(1) *Revue Spirite*, 1875, p. 56.
(2) Nous verrons plus loin plusieurs exemples du même phénomène, qui démontrent que la matérialisation n'est pas un simulacre, mais la

serait impossible de peindre ces nouvelles impressions, mon bonheur et ma grande émotion en voyant ma sœur... elle pressait *sa joue contre la mienne* et tâchait de calmer ma joie qui était presque devenue une douleur...

N. de Lvoff (Moscou).

Évidemment, le témoin n'a encore ici aucun intérêt à trahir la vérité et sa joie est manifeste. Invoquant publiquement le témoignage du comte de Bullet, il est certain que les faits se sont produits comme il les raconte et il a fallu qu'il fût sous le coup d'une profonde émotion, causée par cette reconnaissance imprévue, pour qu'il écrivît cette lettre spontanée.

DEUX DAMES QUI RECONNAISSENT LEURS MARIS

Pour terminer cette trop courte revue de reconnaissances pures et simples, je vais résumer le récit de quelques expériences qui eurent lieu *chez le docteur Nichols*, aux eaux de Malvern, avec le médium Eglinton. Elles offrent de l'intérêt, aussi bien par les précautions prises que parce qu'elles étaient parfois imprévues, ce qui supprime toute hypothèse d'une préparation quelconque de la part du médium.

Un jour, on improvisa un cabinet en suspendant deux châles dans un angle du salon et Eglinton s'assit dans ce réduit.

Six personnes étaient présentes : le docteur, sa femme et quatre amis. La pièce était éclairée par une bougie devant laquelle le docteur plaça sa main pour en diminuer l'éclat.

La première forme qui parut fut celle d'un enfant de trois ou quatre ans ; il parut entre l'ouverture laissée par les deux châles et se tint près d'Eglinton. Cette apparition disparut assez vite et fut remplacée par celle d'une jeune Indienne de douze à treize ans. Le docteur ayant manifesté le désir de voir cette forme de près, *elle vint jusqu'au sopha où il se trouvait et lui embrassa la main*. La figure, dit le docteur Nichols, était large et la draperie dont elle était entourée me sembla *dure au toucher*, quoiqu'elle eût l'air diaphane (1). Puis une tête parut sans corps visible ; elle s'effaça, puis

---

reproduction, interne aussi bien qu'extérieure, d'un être vivant possédant des organes semblables aux nôtres. De même des apports de fleurs ont été constatés aussi, dans de bonnes conditions de contrôle.

(1) Je souligne, parce qu'il m'est arrivé, dans certaines séances, de ressentir une impression semblable : l'étoffe entourant le fantôme ressemblait à de la mousseline, mais était rêche au toucher. (G. D.)

reparut avec un corps habillé tout de blanc. La forme alla vers la table du salon *et la poussa en avant*, pour nous montrer sans doute qu'elle pouvait le faire. Une des dames présentes *reconnut la figure comme étant celle de son mari*, mort quatre années auparavant. La forme alla vers sa femme, l'embrassa sur le front, puis se rendit vers le cabinet et disparut.

*
* *

Une autre fois, la séance eut lieu *en plein jour*, toujours chez le docteur Nichols, dans la même pièce et avec la même disposition. On avait fermé les rideaux, de sorte qu'il faisait assez sombre. Une forme de très haute taille sortit de l'angle du salon où se tenait Eglinton. Une dame présente dit que feu son mari avait 6 pieds et 3 pouces, mais qu'elle ne reconnaissait pas la figure.

Aussitôt, la forme traversa la pièce, leva un des rideaux de la fenêtre et laissa *la lumière du jour tomber en plein sur elle ; la dame le reconnut alors parfaitement*. La forme s'étant mise devant nous, dit le docteur Nichols, *elle se dématérialisa lentement*, et il ne resta que le bas du corps qui *disparut subitement*.

M. Nichols ayant demandé à voir *ensemble* le médium et une forme matérialisée, aussitôt Eglinton, les yeux fermés, parut entre les rideaux ouverts et près de lui se tenait le fantôme de la jeune Indienne que l'on avait vue antérieurement.

Ces séances, dit le docteur Nichols, ont eu lieu dans une pièce dont les fenêtres sont à 30 pieds du sol. Les personnes présentes étaient des intimes dont je suis sûr, et leur nombre n'a jamais dépassé six. Je connais très bien tout ce qui peut être fait par prestidigitation, ventriloquie, habileté des mains, etc., mais ce *serait puéril* d'en parler pour les phénomènes psychiques.

C'est cet expérimentateur très avisé que nous retrouverons tout à l'heure, lorsque nous en serons parvenus aux apparitions qui ont donné à la fois des preuves physiques et intellectuelles, et, comme il s'agit de sa fille défunte, on peut penser que le docteur Nichols n'a pas joué avec les plus nobles sentiments qui honorent le cœur humain.

Constatons aussi que la dame qui a reconnu son mari ne s'est prononcée qu'après avoir vu sa figure à la lumière du jour. Nous sommes donc dans un milieu sérieux et très peu suggestionnable.

Ne pouvant m'étendre davantage sur ces faits d'identifications par ressemblance qui sont très nombreux, je passe immédiatement à d'autres exemples dans lesquels la mémoire de l'assistant a pu trouver dans une particularité que présentait le fantôme des points de repère précis, permettant une identification complète.

APPARITIONS RECONNUES À DES SIGNES PARTICULIERS
COMMENT LE FANTÔME REPREND SA FORME TERRESTRE

Afin de prévenir, dès maintenant, une erreur possible d'interprétation, il est bon d'indiquer que si les fantômes se montrent à nous avec les infirmités dont ils étaient affligés ici-bas, cela n'indique pas le moins du monde que leur corps spirituel soit à jamais mutilé mais, *ce qui est très important*, qu'ils font reparaître ces difformités lorsqu'ils le veulent, afin de se faire reconnaître.

L'étude des Esprits par les médiums voyants a permis depuis longtemps de se rendre compte de cette vérité, que nous trouvons formulée par Allan Kardec en ces termes (1) :

Les Esprits agissent sur les fluides spirituels, non en les manipulant comme les hommes manipulent les gaz, mais à l'aide de la pensée et de la volonté. La pensée et la volonté sont aux Esprits ce que la main est à l'homme. Par la pensée, ils impriment à ces fluides telle ou telle direction ; ils les agglomèrent, les combinent ou les dispersent ; ils en forment des ensembles ayant une apparence, une forme, une couleur déterminée ; ils en changent les propriétés comme un chimiste change celles des gaz ou d'autres corps, en les combinant suivant certaines lois. C'est le grand atelier ou laboratoire de la vie spirituelle.

Quelquefois, ces transformations sont le résultat d'une intention ; souvent, elles sont *le produit d'une pensée inconsciente ;* il suffit à l'esprit de penser à une chose pour que cette chose se produise, comme il suffit de moduler un air pour que cet air se répercute dans l'atmosphère.

C'est ainsi, par exemple, qu'un Esprit se présente à la vue d'un incarné doué de la vue psychique, sous les apparences qu'il avait de son vivant à l'époque où on l'a connu, aurait-il eu plusieurs in-

(1) ALLAN KARDEC, *la Genèse. Action des Esprits sur les fluides*, p. 311. Voir également : *Revue spirite*, juillet 1859, p. 184, et le *Livre des Médiums*, *Essai théorique sur les apparitions*, p. 129 et chapitre VIII.

carnations depuis. Il se présente avec le costume, les signes extérieurs — infirmités, cicatrices, membres amputés, etc. — qu'il avait alors. Un décapité se présentera avec la tête en moins. Ce n'est pas à dire qu'il ait conservé ces apparences ; non certainement, car, comme Esprit, il n'est ni boiteux, ni manchot, ni borgne, ni décapité ; mais *sa pensée*, se reportant à l'époque où il était ainsi, *son périsprit en prend instantanément les apparences*, qu'il quitte de même instantanément dès que la pensée cesse d'agir. Si donc, il a été une fois nègre et une fois blanc, il se présentera comme nègre ou comme blanc, selon celle de ces deux incarnations sous laquelle il sera évoqué et où se reportera sa pensée.

Voici maintenant ce qui concerne les accessoires matériels qui accompagnent les apparitions :

Par un effet analogue, la pensée de l'esprit crée fluidiquement les objets dont il avait l'habitude de se servir ; un avare maniera de l'or, un militaire aura ses armes et son uniforme, un fumeur sa pipe, un laboureur sa charrue et ses bœufs, une vieille femme sa quenouille. Ces objets fluidiques sont aussi réels pour l'esprit, qui est lui-même fluidique, qu'ils l'étaient à l'état matériel pour l'homme vivant ; mais, par la même raison qu'ils sont créés par la pensée, leur existence est aussi fugitive que la pensée.

J'ai étudié pendant les années 1903-1904, dans la *Revue scientifique et morale du Spiritisme* ces phénomènes, sous le titre d'*Extériorisation de la pensée* ; je n'y reviendrai pas ici ; mais il me sera permis de rappeler que la théorie d'Allan Kardec sur les modifications du périsprit, consécutives à l'action de la pensée, doit être absolument exacte, car elle se vérifie aussi quelquefois pour l'individu incarné, bien que la plasticité du corps matériel soit infiniment moins grande que celle du périsprit. Je vais en donner des preuves.

Beaucoup de psychologues ont été conduits à formuler cette règle : qu'à chaque état psychique correspond un état physique, et réciproquement ; mais il est intéressant de constater que cette liaison entre le physique et le mental n'est pas seulement temporaire, elle se conserve dans l'individu d'une manière indélébile, de telle sorte qu'il est possible de ressusciter un état mental antérieur, en replaçant l'organisme dans l'état physiologique où il se trouvait lorsque cet état psychique existait, ou réciproquement.

Le cas de Louis Vivé, étudié par MM. Bourru et Burot (1), Camuset, Ribot, Legrand du Saulle, P. Richer et Voisin, nous offre un exemple typique de cette corrélation absolue de l'esprit et du corps et de l'empreinte indéfectible qui reste dans le périsprit. Je dis le périsprit, parce que c'est la véritable partie stable de l'organisme, la seule qui soit à l'abri des mutations incessantes qui changent à chaque instant la matière vivante.

Cet hystérique a présenté six états principaux de la personnalité, caractérisés par six états physiques différents; mais chacune de ces modifications psychiques était liée invariablement à un état morbide correspondant, et tel qu'une action extérieure exercée sur le corps du sujet soit par : l'acier, l'aimant, le chlorure d'or, le nitrate de mercure ou le fer doux, reproduisait l'un des désordres pathologiques anciens, et ramenait la mémoire particulière de l'époque où le sujet avait subi cette maladie.

Voici comment MM. Bourru et Burot résument ces curieuses observations :

Envisagés seuls, disent les auteurs, *les changements subits de l'état physique* sont déjà bien surprenants. Transporter, et, mieux encore, faire apparaître et disparaître, à son gré, sensibilité, motilité, anesthésie, dans tout le corps ou dans une partie déterminée du corps, semble toucher au merveilleux. Ce changement si étonnant n'approche pas encore de la transformation qui s'opère simultanément, et par le même agent, *dans le domaine de la conscience*. Tout à l'heure, le sujet ne connaissait qu'une partie limitée de son existence ; après une application de l'aimant, il *se trouve transporté à une autre période de sa vie, avec les goûts, les habitudes, les allures* qu'il avait alors. Que le transfert soit bien conduit, et on le débarrasse de toute infirmité du mouvement ou de la sensibilité ; *en même temps, le cerveau se dégage presque en entier*. Le livre de la vie est complètement ouvert et l'on peut lire aisément dans tous les feuillets.

C'est dans ce livre que nous avons dû feuilleter pour connaître la vie de notre malade, *que nous ignorions absolument*. Il y avait beaucoup de pages arrachées, il fallait les reconstituer. Il a suffi d'appliquer un aimant sur les cuisses, pour *faire apparaître tel ou tel état physique entraînant sa mémoire propre*... Il restait à faire

(1) *La Suggestion mentale et les variations de la personnalité.*

l'épreuve complémentaire, *agir directement sur l'état de conscience et constater si l'état physique se transformerait parallèlement.* Pour agir sur l'état psychique, on n'avait d'autre moyen que la suggestion, dans la forme suivante : « V., tu vas te réveiller à Bicêtre, salle Cabanis, le 2 janvier 1884. » V. obéit ; au sortir du somnambulisme provoqué, l'intelligence, les facultés affectives sont exactement les mêmes que dans le deuxième état.

En même temps, il se trouve immédiatement paralysé et insensible de tout le côté gauche du corps.

Dans une autre suggestion, on lui commande de se trouver à Bonneval, alors qu'il était tailleur. L'état mental obtenu est semblable à celui décrit au quatrième état et, *simultanément, est apparue la paralysie avec contracture et insensibilité des parties inférieures du corps.*

Voilà bien, il me semble, la confirmation expérimentale de cette loi psycho-physiologique qu'aucun état corporel ou mental ne se perd et que chaque état psychique est lié indissolublement à un état physiologique correspondant, de telle sorte que l'un ne peut pas renaître sans que l'autre l'accompagne immédiatement. Ces observations sont si importantes pour la thèse d'Allan Kardec, que je ne crains pas de citer encore deux exemples empruntés à M. P. Janet (1) :

Voici une observation qui semble une plaisanterie et qui est cependant exacte et, en réalité, assez facile à expliquer (2). Je suggère à Rose que nous ne sommes plus en 1888, mais en 1886, au mois d'avril, pour constater simplement les modifications de sensibilité qui pourraient se produire. Mais voici un accident bien étrange ; elle gémit, se plaint d'être fatiguée et de ne pouvoir marcher : « Eh bien ! qu'avez-vous donc ? Oh ! rien, mais dans ma situation... Quelle situation ? » Elle me répond d'un geste, *son ventre s'était subitement gonflé et tendu* par un accès subit de tympanite hystérique : je l'avais, *sans le savoir, ramenée à une période de sa vie pendant laquelle elle était enceinte.* Il fallut supprimer la suggestion pour faire cesser cette mauvaise plaisanterie.

Nous assistons ici à une modification matérielle du corps reproduisant la déformation du ventre pendant la grossesse, et

---

(1) Pierre Janet, *l'Automatisme psychologique*, p. 160. Comme toujours, c'est moi qui souligne dans les citations.
(2) Je crois que cette prétention n'est guère justifiée, car M. Janet n'explique pas du tout comment le phénomène se produit.

ce fait qui met en jeu un nombre considérable de nerfs et de muscles, se produit par l'influence d'une idée : celle qu'a la jeune femme d'être reportée à une époque de son existence pendant laquelle elle était enceinte. L'effet s'est produit automatiquement, sans intention préalable, en vertu de cette association des états psycho-physiologiques dont j'ai parlé plus haut. C'est en utilisant ce phénomène, comme analogie, que nous pouvons comprendre pourquoi un esprit évoqué peut se présenter aux yeux d'un voyant avec tous les caractères extérieurs qu'il avait sur la terre à l'âge où l'observateur l'a connu. Il suffit que l'esprit se reporte à cette époque passée pour que son enveloppe périspritale reprenne l'aspect qu'elle avait alors. Puis il revient ensuite, spontanément, à sa forme actuelle.

On pourrait croire, peut-être, qu'il s'agit seulement, dans ce cas, d'une auto-suggestion du sujet, et non d'un phénomène organique lié à un état psychologique antérieur. Mais voici une seconde observation, dans laquelle la suggestion rétrograde ramène un état de la sensibilité que le sujet s'imaginait n'avoir jamais éprouvé ; c'est toujours M. Janet qui parle :

Des études plus intéressantes furent faites par ce moyen sur Marie ; j'ai pu, en la ramenant successivement à différentes périodes de son existence, constater tous les états divers de la sensibilité par lesquels elle a passé et les causes de toutes les modifications.

Ainsi, elle est maintenant complètement aveugle de l'œil gauche, et prétend être ainsi depuis sa naissance. Si on la ramène à l'âge de sept ans, on constate qu'elle est encore anesthésique de l'œil gauche, mais si on lui suggère de n'avoir que six ans, on s'aperçoit *qu'elle voit bien des deux yeux*, et l'on peut déterminer l'époque et les circonstances bien curieuses dans lesquelles elle a perdu la sensibilité de l'œil gauche. *La mémoire a réalisé automatiquement un état de santé dont le sujet croyait n'avoir conservé aucun souvenir.*

Ce n'est pas la mémoire qui est la cause du phénomène, car un pur état psychologique serait incapable d'agir matériellement, c'est l'organisme fluidique qui reprend le mouvement vibratoire qu'il avait à l'âge de six ans et qui fait, *ipso facto*, renaître les états psycho-physiologiques contemporains de cette époque.

Nous allons constater qu'il en est de même après la mort.

Mais, que l'on ne s'y trompe pas, l'esprit ne reprend pas *une forme quelconque* : il ne fait renaître qu'une de celles qu'il a évoluées ici-bas, et dont les traces restent à jamais fixées d'une manière indélébile dans la substance périspritale.

UN FILS QUI SE MATÉRIALISE

Ce fait est extrait des mémoires de la baronne Anna Peyron, et reproduit par le *Light* du 14 septembre 1907 (1) :

« Aujourd'hui, 12 janvier 1893, nous nous sommes réunis pour recevoir Mme d'Espérance, que nous attendions depuis deux mois. Contrairement à l'idée que je m'en étais faite, j'ai trouvé en elle une dame très simple, mise avec élégance et d'excellentes manières.

« D'après son désir, notre groupe trop nombreux fut divisé en deux et je fis, avec le docteur Von Bergen, partie du premier, composé d'une trentaine d'assistants. Le médium, vêtu de blanc, se plaça *devant le cabinet ; la lumière était suffisante pour nous permettre de nous voir tous nettement*, ainsi que tous les objets contenus dans la salle. Mme d'Espérance nous recommanda de ne formuler aucun désir ; de rester aussi neutres et passifs que possible et de causer doucement, en évitant les discussions.

« On commença un chant, au milieu duquel le médium réclama le silence, en ajoutant : « Il y a un esprit qui désire certainement entrer en relations avec un assistant, je ne sais lequel. » On convint que chacun demanderait à tour de rôle si c'était lui, et on demanda à l'esprit de frapper un coup dans le cabinet ou sur l'épaule du médium, en cas de négative, et trois coups pour affirmer. Chacun prit donc la parole à tour de rôle et les réponses furent toutes négatives, jusqu'à ce que mon tour arrivât (j'étais placée au neuvième rang). Trois coups furent alors entendus et il fut convenu que pour me rapprocher du cabinet, je changerais de place avec le docteur Von Bergen placé à la droite du médium.

« J'éprouvais une vive anxiété ; et Mme d'Espérance prenant ma main me dit : « Vous êtes bien nerveuse ; efforcez-vous de vous rendre plus calme. » Je cherchai à lui obéir ; mais j'avoue que j'étreignais bien violemment sa main. Bientôt, *deux larges mains*, paraissant appartenir à une personne située derrière moi, s'appli-

---

(1) Voir *Revue scientifique et morale du Spiritisme*, octobre 1907, pp. 253-254. Consulter aussi le livre de Mme d'Espérance, *Au pays de l'Ombre*, p. 227, où un abrégé du récit de cette séance est fait par l'auteur.

quèrent sur les côtés de ma face. Elles étaient *lourdes, larges et bien vivantes* et tiraient ma tête en arrière. Une figure se pencha au-dessus de la mienne et je fus embrassée. *Je vis nettement cette figure et les lèvres souriantes qui m'embrassaient.* Ce n'était ni mon père, ni ma mère, ni ma sœur, mais mon fils, mon cher Claes ! *Il n'était nullement au nombre de ceux que j'attendais.* Je lui dis : « Claes, est-ce bien vous ? Embrassez-moi encore ! » et j'élevai mes mains vers lui. Il se pencha et m'embrassa dans le cou, derrière l'oreille, *comme il l'avait toujours fait depuis son enfance* et comme personne d'autre ne le fit jamais.

« Je me levai et, me retournant, je me trouvai en face de lui. J'aurais voulu l'entourer de mes bras, mais, appuyant doucement ses mains sur mes épaules, il me fit reprendre ma position assise. *Je le vis bien nettement et il ne peut y avoir ici ni erreur, ni hallucination.* Pendant toute cette scène, j'eus parfaitement conscience de la présence du médium auprès de nous et je le vis se rapprocher du docteur Von Bergen, pour me permettre de me trouver plus près de mon fils. Je me rendais également bien compte de la curiosité et de l'extrême attention des assistants. Non, il n'y avait pas d'hallucination ! *C'était bien mon enfant, c'étaient ses mains, ses moustaches naissantes, son sourire, son uniforme, ses mouvements,* lorsque, posant ses mains sur mes épaules, il se tint devant moi et m'embrassa de nouveau, en même temps qu'il me forçait doucement à reprendre place sur ma chaise.

« Que puis-je avoir fait, pour mériter tant de bonheur ?... »

Dans ce cas, aucune supercherie n'est possible ; le médium est dans un milieu étranger, il reste éveillé et visible pendant que l'apparition se manifeste. Aussi, comme pour M. de Lvoff, l'impression produite sur la mère est profonde ; elle a pu apprécier dans tous les détails la forme de son fils, elle n'a pas de doute. Ce sont ses grandes mains, sa façon affectueuse de l'embrasser, ses moustaches, son sourire, son uniforme. La lumière était suffisante pour bien voir et, comme elle ne l'attendait pas, on ne peut croire à une auto-suggestion de sa part. Aussi sa joie est inexprimable et elle se demande comment elle a pu mériter tant de bonheur ! De pareils phénomènes suffisent pour produire à tout jamais une impression ineffaçable sur ceux qui les constatent ; et la supposition que ce récit puisse être mensonger me semble odieuse, car le ton de Mme Peyron respire la sincérité, et rien, absolument, ne permet de penser que ce témoin, comme ceux dont j'ai parlé plus haut, joueraient impudemment avec les sentiments les plus sacrés du cœur humain.

LE FANTÔME QUI N'A QU'UNE JAMBE

On se souvient que j'ai parlé (v. p. 344) de l'apparition, à M. Scherman, d'un insulaire des îles du Pacifique nommé Billy Mar, qui se matérialisa et qui fut reconnu grâce à la description qu'il fit d'une chute, dans laquelle il se blessa au genou, lequel resta tuméfié par la suite.

A cette séance, dit le témoin, « il plaça ma main sur son genou qui se trouva être matérialisé avec cette même tuméfaction endurcie qu'il avait durant sa vie ». C'est là un exemple bien net de cette conservation, à l'état latent, des infirmités corporelles par le corps périsprital, et de leur reproduction quand l'enveloppe fluidique se matérialise.

Nous en avons une autre preuve démonstrative dans le récit suivant, emprunté à M. William Foster, dont j'ai déjà parlé plus haut. Voici un extrait de l'article du *Banner of Light*, relatif aux séances avec Mme Allen (1) :

M. Pond, de Woonsocket, assistant à une de ces séances, sa défunte épouse apparut et après *s'être entretenue* un instant avec lui, vint au milieu du cercle auquel le mari la présenta, tout comme cela se pratique habituellement en société ; elle *toucha la main à plusieurs personnes, causa un instant encore avec son mari*, puis se retira derrière le rideau.

M. Foster avait observé que cette apparition avait une démarche particulière ; M. Pond expliqua qu'on avait été obligé, lorsqu'elle était jeune encore, de lui faire *amputer une jambe*, et que, depuis cette époque, elle avait dû se servir d'un membre artificiel. M. Foster posa alors les deux questions suivantes au sujet de cette matérialisation : 1° Le boitement n'est-il simulé que pour imiter l'apparence terrestre autant que possible ? 2° La forme matérialisée est-elle la reproduction exacte du corps terrestre et l'esprit se présente-t-il réellement privé d'un membre ?

Je tiens à signaler que les théories spirites, aussi bien celles d'Allan Kardec que celles de ses successeurs, n'ont pas été ima-

---

(1) Voir *Revue Spirite*, 1884, pp. 24 et suiv. pour la traduction française.

ginées de toutes pièces; qu'elles s'appuient, au contraire, toutes sur des faits, ce qui leur donne une indiscutable autorité, car elles suivent, pour ainsi dire, les phénomènes pas à pas, et ne les dépassent presque jamais. Les expérimentateurs de cette école ont donc longuement étudié les faits, les ont discutés, soumis au contrôle de l'expérience subséquente, de sorte qu'ils ont le droit de regarder avec étonnement ceux qui, savants ou ignorants, se permettent de décider souverainement sur les causes réelles des phénomènes, après avoir vu seulement quelques séances avec un seul médium !

Je poursuis ma citation :

Ayant soumis ces questions à M. Pond, à la séance suivante, celui-ci se proposa de demander à sa femme ce qu'il en était; mais il n'eut pas besoin de le faire, car les guides spirituels avaient pris note de ces observations et étaient déjà prêts à donner les éclaircissements désirés. A cette séance, qui avait lieu le 19 décembre 1882, lorsque l'esprit de Mme Pond se présenta vers l'ouverture du cabinet : elle n'en sortit pas, *déclarant n'avoir qu'une jambe*. On lui passa une paire de cannes, et, s'avançant alors, elle permit à MM. Foster et Jules Carroll, d'examiner au travers de son vêtement le membre amputé. L'un et l'autre *constatèrent que la jambe était coupée à quelques pouces au-dessous du genou*. L'esprit engagea une dame à en faire un examen minutieux, et celle-ci déclara, à son tour, que la jambe *se terminait par un moignon au-dessous du genou*.

Notons encore soigneusement le fait suivant, qui est à rapprocher de celui que j'ai signalé avec Mme d'Espérance, au sujet de la solidarité qui relie le fantôme au médium :

M. Carroll avait assez fortement pressé la partie blessée, et, chose étrange, le médium éprouva, à son réveil, *à la partie correspondante*, une douleur pour laquelle il se fit des frictions, sans savoir à quelle cause l'attribuer ; trois jours après, cette douleur avait disparu. Ce fait démontre combien les formes matérialisées sont liées intimement au médium et quel tort on peut lui faire en usant de violence pour les saisir, comme l'ont souvent tenté des personnes peu scrupuleuses sur les moyens à employer pour arriver à constater la fraude.

Inutile, je crois, d'insister sur la valeur de ce fait. Une simulation était impossible, puisque M. Pond reconnaît sa femme, s'entretient plusieurs fois avec elle et que le fantôme reproduit exactement l'infirmité dont cette dame était atteinte pendant sa vie. Ce sont des preuves absolues qui nous affirment que les modifications de l'enveloppe charnelle ont été enregistrée fidèlement par la forme spirituelle et que celle-ci peut les reproduire avec une exactitude complète. La jambe, en effet, se terminait par un *moignon*, absolument comme pendant la vie. Cette constatation a été faite de bien des manières différentes. En voici encore un exemple :

REPRODUCTION DE LA DIFFORMITÉ D'UNE MAIN D'ENFANT

Je donnerai, un peu plus loin, le rapport complet d'une séance dans laquelle le docteur Nichols obtint le moule en paraffine de la main de sa fille (1), grâce à la médiumnité d'Eglinton. L'expérience eut lieu chez le docteur et, pendant toute la durée de la séance, le médium eut les mains tenues par le docteur Frièze. La lumière était celle d'un bec de gaz brûlant clair, de manière qu'aucune supercherie n'était possible. En attendant, voici dans quelles conditions on obtint deux moules en paraffine, dont l'un était celui d'une *main d'enfant*. J'emprunte ces extraits à la lettre du docteur Nichols (2) :

Une dame faisant partie de l'assistance remarqua sur cette main un signe particulier, *une légère difformité* distincte qui lui *désignait la main de sa fille,* laquelle avait péri noyée dans le sud de l'Afrique à l'âge de cinq ans.

Le petit moule fut remis à la mère de l'enfant. Elle en a conservé le plâtre, *n'ayant pas le moindre doute au sujet de l'identité de cette main avec celle de sa fille.*

Le docteur Frièze, dans la lettre qu'il écrivit à M. Aksakof au sujet de cette séance dit :

Ce qui nous frappa, d'abord, c'est que les deux formes donnaient

---

(1) Voir p. 463.
(2) *Spiritual Record*, décembre 1883. Pour la traduction française, voir AKSAKOF, *Animisme et Spiritisme*, pp. 159 et 160.

les moules du bras bien au-dessus des poignets. Pour en obtenir des épreuves il suffit de les emplir d'une solution de plâtre.

Le savant russe ajoute de son côté :

La dame qui a obtenu à cette séance la forme de la main de son enfant m'a également envoyé, par l'entremise de M. Eglinton, une photographie du plâtre sur laquelle *deux doigts sont marqués de la difformité* qui a servi pour établir l'identité.

LA FILLE DE MADAME MARRYAT

Voici encore un exemple de ce fait que l'esprit, dans l'espace, ne reste pas immuablement tel qu'il était au moment de la désincarnation, mais qu'il peut, lorsqu'il le juge nécessaire, reprendre momentanément une forme physique tout à fait identique à celle qu'il possédait ici-bas. J'ai déjà indiqué pourquoi les récits de Mme Marryat me paraissent mériter une pleine confiance et j'imagine qu'elle ne s'est décidée à donner de la publicité à des faits d'une nature aussi intime, que pour faire partager au public la certitude qui en a résulté pour elle.

L'auteur raconte qu'à la suite d'un très grand chagrin, elle accoucha en Angleterre, à son retour de l'Inde, d'une petite fille, baptisée sous le nom de Florence, qui ne vécut que dix jours et qui avait une malformation qu'elle décrit ainsi (1) :

Sur le côté gauche de la lèvre supérieure était une marque demi-circulaire, comme si un morceau de chair avait été coupé par le passage d'une balle, laissant la gencive à découvert. Le gosier était submergé dans la gorge ; de sorte que, pendant sa courte existence, l'enfant dut être nourri par des moyens artificiels. La joue était tordue à un tel point que si le bébé avait vécu, ses dents n'auraient pu percer, car les molaires se seraient trouvées sur le devant. Cette difformité était considérée comme extraordinaire et le docteur Frédéric Butler, de Winchester, mon médecin, fit venir plusieurs de ses confrères pour examiner l'enfant : tous déclarèrent *n'avoir encore jamais vu un cas analogue...* Ce cas a paru, sous d'autres noms, dans *The Lancet* comme un fait très rare.

Mme Marryat raconte ensuite qu'à des séances de matérialisations

(1) FLORENCE MARRYAT, *There is no death.* Chapitre VIII : L'Esprit de mon enfant.

qu'elle eut d'abord avec Mme Holmès, une fillette se présenta ayant le menton et la bouche enveloppés, et dit venir pour elle ; mais elle ne pouvait s'imaginer que c'était son bébé, à cause de sa taille, de sorte que Mme Marryat n'y pensa plus. Un peu plus tard, elle fut invitée par M. Dumphey pour assister à une séance dans laquelle le médium était Florence Cook. Étant près du rideau, Mme Marryat entendit tout à coup le colloque suivant, entre Florence Cook et son guide :

« Emmenez-la ! Allez-vous-en. Je ne vous aime pas. Ne me touchez pas, vous me faites peur. ». Le guide reprenait : « Ne soyez pas sotte, Florrie, ne soyez pas méchante ; elle ne vous fera pas de mal » et immédiatement apparut la même petite fille vue chez Mme Holmès ; elle s'éleva dans l'ouverture des rideaux, le bas du visage enveloppé, comme toujours ; elle me souriait du regard. J'attirai l'attention de l'assistance sur « la petite religieuse ». J'étais surprise du dégoût évident qu'elle avait inspiré à miss Cook et après la séance, lorsque le médium fut dans son état normal, je lui en demandai la raison ; elle se souvenait quelquefois des esprits qu'elle avait vus pendant la trance. « Je ne puis pas trop vous dire, me répondit-elle, je ne la connais pas du tout. Je pense que son visage n'est pas complètement développé : il y a *quelque chose de défectueux à sa bouche*. Elle me fait peur ! » Cette remarque me fit réfléchir. Rentrée chez moi, j'écrivis à miss Cook, la priant de demander à ses guides qui était cet enfant. Elle répondit : « Katie King ne peut pas vous renseigner au sujet de la petite fille qui vous est *très proche parente.* »

Étant allée passer deux jours chez des amis, le docteur Kennigale Cook, qui avait épousé Mabel Collins, auteur de nouvelles spiritualistes, Mme Marryat obtint, par l'intermédiaire de Mme Cook, la mère de Florence Cook, une communication de sa fille décédée, qui lui disait qu'elle n'était pas au « ciel », comme le pensait sa mère, à cause de ses croyances catholiques. Mme Marryat fut fort étonnée de cette communication car, écrit-elle :

Je dois dire que je ne parlais jamais de mon enfant perdu, même à mes amis les plus intimes ; le souvenir de sa mort et des chagrins qui l'avaient causée était trop pénible et n'intéressait que moi ; mes autres enfants ignoraient aussi l'accident de leur sœur. Ceci est pour dire qu'il est difficile de supposer que des étrangers ou des médiums publics aient été renseignés sur Florence...

Voici une autre circonstance dans laquelle l'esprit de la fille de Mme Marryat lui prouva sa clairvoyance. Je cède la parole à l'auteur :

J'étais allée consulter mon avoué dans le plus grand secret pour savoir ce que j'avais à faire dans de très pénibles circonstances. Le lendemain matin je déjeunais lorsque Mme Cook, qui habitait Red Hill, arriva dans ma chambre, s'excusant du sans-façon de sa visite, mais, la veille au soir, elle avait reçu de Florence un message pour me le remettre sans tarder ; le voici : « Dites à ma mère que j'étais avec elle hier chez l'avoué ; elle ne *doit pas* suivre l'avis qu'il lui a donné, car il lui sera plutôt nuisible. » Mme Cook ajoutait ne pas savoir de quoi parlait Florence, mais elle avait tenu à venir de suite.

Ainsi une entrevue secrète avait été connue et commentée ; je dois ajouter qu'ayant eu plus grande confiance en mon avoué qu'en mon guide invisible, je suivis les conseils du premier et que j'eus à m'en repentir.

L'individualité de la fille de Mme Marryat se montre, dans ce cas, totalement indépendante de l'action de sa mère, puisque l'on ne peut pas expliquer la communication de Mme Cook par une action télépathique exercée par Mme Marryat, sa manière de voir différant complètement de celle de l'esprit, qu'elle n'avait pas le moins du monde songé à consulter, et dont elle refusa de suivre l'avis.

On est donc conduit logiquement à voir dans l'esprit de Florence un être réel, indépendant, et non une création que les différents médiums réaliseraient en prenant l'image du type dans la mémoire de Mme Marryat. Il faut noter, en effet, que Florence se montra dans un grand nombre de séances, avec des médiums inconnus les uns des autres, qui ignoraient l'existence de ce petit être, dont le passage sur la terre avait été si court.

Chose non moins remarquable, l'apparence de l'esprit se modifia, au cours des années, comme elle l'eût fait sur la terre. Ce fut d'abord une fillette, puis enfin une femme faite, mais elle conserva à travers cette évolution graduelle les caractères psychologiques par lesquels elle s'était fait connaître dès l'abord. S'étant manifestée en premier avec Mme Holmès, ensuite avec miss Cook, la voici matérialisée par l'intermédiaire du médium Coleman et se conduisant comme un enfant :

Je trouve curieux, dit Mme Marryat, de me rappeler la mélancolie de cette enfant, lors de ses premières manifestations ; à mesure que la communication interrompue (entre nous) se rétablissait, elle se développa comme le plus joyeux petit enfant que j'aie vu. Elle est devenue maintenant femme et en a la dignité et les pensées, mais apparaît toujours heureuse et gaie.

Elle s'est manifestée souvent avec le médium Arthur Coleman. Pendant une séance obscure avec très peu de monde, M. Coleman *étant solidement attaché et tenu tout le temps*, j'ai vu Florence courir dans la chambre, comme une enfant, parler aux assistants, les embrasser, enlever les housses du sofa et des chaises, puis les empiler au milieu de la table. Elle mettait les cravates des messieurs au cou des dames, et accrochait les boucles d'oreilles des dames aux boutonnières des messieurs : enfin, tout ce qu'elle aurait fait si elle était restée ici-bas notre joyeux enfant gâté. Je savais quand elle venait dans l'obscurité s'asseoir auprès de moi ; elle m'embrassait le visage et les mains, *en me faisant sentir sa lèvre déformée*.

Voici, maintenant, le récit de la séance où l'identité de la fillette de Mme Marryat fut établie de manière à lui enlever tous soupçons. Je vais la reproduire complètement pour lui laisser son caractère démonstratif, car la mère n'attendait pas sa fille, et plusieurs témoins ont vu, comme elle, la difformité caractéristique. La voici :

Mais la plus grande preuve d'identité personnelle de l'esprit qui se manifestait à moi était encore à venir. M. W. Harrison, éditeur du *Spiritualist*, après dix-sept ans de patientes recherches, n'avait jamais reçu une preuve personnelle du retour d'un parent ou d'un ami. Il m'écrivit me disant avoir reçu un message d'une amie regrettée, Mme Stewart, lui disant que, s'il se réunissait avec Florence Cook et un ou deux amis, bien en harmonie, elle ferait tout son possible pour lui apparaître, telle qu'elle était dans sa dernière existence, et lui donnerait la preuve qu'il désirait tant obtenir.

M. Harrison me demandait de venir avec miss Kidlingbury, secrétaire de l'Association nationale des Spiritualistes d'Angleterre.

J'acceptai ; la réunion eut lieu dans *une des salles de l'Association*. C'était une très petite pièce, sans tapis ni meuble ; nous y apportâmes trois chaises cannées pour nous asseoir. Dans un angle, à quatre pieds du sol, un vieux châle noir fut cloué au mur ; nous posâmes à terre, dans ce coin, un coussin pour la tête du médium. Florence Cook est une brunette avec une figure fine, des yeux noirs et une profusion de cheveux bouclés. Elle avait une robe de laine grise ornée de rubans rouges. Nous étions devenues amies, et elle me prévint que depuis quelque temps elle était agitée pendant la trance, qu'elle prenait l'habitude de venir au milieu des assistants. Elle me demanda de lui rendre le service de la gronder fortement, en lui parlant comme à « un enfant ou à un chien », et de la renvoyer dans le cabinet si elle venait se promener dans la salle. Je lui dis que je le ferais. Puis elle s'étendit par terre, la tête sur le coussin, derrière le châle qui *nous laissait voir sa robe grise*. Le gaz fut baissé, nous étions assis devant le cabinet.

Le médium parut d'abord mal à son aise : nous l'entendions reprocher aux influences de la traiter trop durement. Au bout de quelques minutes, le châle noir s'agita, et une grande main blanche se montra plusieurs fois. N'ayant pas connu Mme Stewart je ne pouvais savoir si c'était la sienne. Puis le châle fut soulevé ; une figure féminine sortit du cabinet, se traînant sur les mains et les genoux ; ensuite elle se leva et nous regarda. Avec le peu de lumière et la distance à laquelle nous étions, on ne distinguait pas bien ses traits. M. Harrison demanda si c'était Mme Stewart, elle répondit négativement en remuant la tête. J'avais perdu une sœur peu de mois auparavant, et je lui dis : « Est-ce vous, Émilie ? » Même réponse, ainsi qu'à miss Kidlingbury qui pensait à une amie morte. « Qui cela peut-il être ? » demandai-je à M. Harrison.

« Mère, ne me reconnaissez-vous pas ? » murmura Florence. Je m'élançai vers elle en m'écriant : « Oh ! chère enfant, je ne m'attendais pas à vous rencontrer ici. » Elle me dit de retourner à ma place, qu'elle viendrait à moi. Lorsque j'eus repris ma chaise, elle traversa la salle *et vint s'asseoir sur mes genoux*. Je n'ai jamais vu d'esprit aussi peu vêtu qu'elle l'était ce soir-là. Elle n'avait rien sur la tête qu'une profusion de cheveux tombant sur son dos et recouvrant ses épaules. Ses bras, ses pieds, et une partie de ses jambes étaient nus ; sa robe n'avait ni forme, ni style ; on eût dit plusieurs mètres de mousseline, épaisse et souple, enveloppant l'enfant depuis les épaules jusqu'aux genoux. Elle était lourde, me faisant l'effet de peser dix stones (1), elle avait les membres bien charnus ; elle offrait avec sa sœur Eva une ressemblance qui me

---

(1) Le stone équivaut à 14 livres anglaises.

frappe toujours. Si elle avait vécu, elle aurait été à ce moment âgée de dix-sept ans.

« Florence, ma chérie, est-ce bien vous? demandai-je. — *Remontez le gaz*, dit-elle, *et regardez ma bouche.* » M. Harrison augmenta la lumière et *nous vîmes tous distinctement cette particularité défectueuse de sa lèvre* avec laquelle elle était née, et que des médecins expérimentés avaient déclarée *si rare qu'ils ne l'avaient jamais observée auparavant.*

Elle ouvrit la bouche et *nous montra qu'elle n'avait pas de gosier.* J'ai dit en commençant cet ouvrage que je me bornerais à citer des faits, laissant mes lecteurs tirer leurs conclusions : aussi je ne ferai pas de réflexions sur cette preuve d'identité incontestable qui me rendit muette et me fit fondre en larmes. A ce moment, miss Cook que nous entendions gémir et remuer derrière le châle, s'écria tout à coup : « Je ne puis plus supporter cela! » et elle entra *dans la chambre, se tenant debout devant nous dans sa robe grise à rubans rouges*, pendant que Florence, vêtue de blanc, *était dans mes bras.*

Mais ce ne fut qu'un instant, car au moment où le médium était bien en vue, l'esprit s'élança et disparut dans le cabinet. Me rappelant les injonctions de miss Cook, je lui reprochais d'avoir quitté sa place et elle y retourna. Le châle était à peine refermé derrière elle que Florence apparut de nouveau ; elle vint à moi me disant : « Ne la laissez pas recommencer, elle m'effraie tant! — Comment, lui répondis-je, vous avez peur de votre médium? Dans ce monde ce sont nous autres, pauvres mortels, qui avons peur des esprits ! » Elle tremblait de tous ses membres et ajouta : « J'ai peur qu'elle ne me force encore à vous quitter. » Miss Cook ne se dérangea plus et Florence resta avec nous, serrant les bras autour de mon cou, appuyant sa tête contre ma poitrine et m'embrassant. Elle prit ma main et l'ouvrit, disant que je ne pourrais manquer de reconnaître la sienne quand elle sortirait du rideau, *tellement nos deux mains étaient semblables.*

L'esprit affirma à Mme Marryat que sa difformité n'était pas permanente, mais qu'elle l'avait reprise pour donner à sa mère une preuve absolue, afin qu'elle ne doutât plus jamais de l'immortalité. Sa présence avait duré vingt minutes environ, et deux autres esprits se matérialisèrent encore, mais Mme Stewart, attendue par M. Harrison, ne se montra pas. C'est encore un argument en faveur de l'indépendance des fantômes, car si le médium possédait le pouvoir de les engendrer, pourquoi n'avait-il pas satisfait M. Harrison, que miss Cook aimait beaucoup?

Nous voyons dans cette observation que : 1° Le fantôme reproduit exactement la difformité de la fille de Mme Marryat ; 2° le gaz ayant été relevé, aucune illusion n'est possible pour la mère qui tient sa fille entre ses bras ; 3° les autres assistants voient exactement comme elle, ce qui prouve qu'il n'y a pas hallucination ; enfin, la présence du médium dans la salle, en même temps que celle de l'apparition, rend toute idée de tromperie impossible. Il ne reste même pas aux négateurs le recours de croire à une invention de l'écrivain, car il faudrait la complicité de M. Harrison et de Mlle Kidlingbury, et rien ne permet d'accuser ces deux honorables témoins de duplicité. Comme toujours, les incrédules sont acculés à la supposition d'un mensonge universel ; je l'ai si souvent démontrée inacceptable qu'il me paraît inutile d'y revenir.

Mme Florence Marryat revit sa fille dans beaucoup d'autres circonstances ; nous les retrouverons au paragraphe où je cite les apparitions identiques et reconnues, qui se produisirent avec des médiums différents.

APPARITIONS RECONNUES PAR PLUSIEURS PERSONNES

L'intérêt des manifestations augmente encore lorsque plusieurs personnes reconnaissent le fantôme, car il ne semble plus guère possible de croire que l'imagination soit seule en jeu pour expliquer le phénomène. J'ai déjà si souvent insisté sur l'improbabilité absolue d'une hallucination collective, que je pense qu'il est superflu de revenir sur ce sujet. Les faits parlent avec assez d'autorité pour répondre à toutes les objections de cette nature.

Ce n'est pas seulement à l'étranger que l'on a pu observer les matérialisations. Vers 1880, M. le docteur Puel avait des séances intéressantes auxquelles assistèrent M. le docteur Dupouy [1] et M. le docteur Chazarain. J'ai parlé des expériences du colonel Devoluet ; voici maintenant le rapport de M. le docteur Chazarain, relatif à ses observations en compagnie de Mme Bablin, femme

---

[1] Voir l'ouvrage du docteur Dupouy : *Sciences Occultes et Physiologie psychique*, p. 194.

du peuple, qui fut un sujet remarquable, mais que l'on accusa plus tard de supercheries. A l'époque où sa médiumnité se développa, elle n'aurait pu avoir l'habileté nécessaire pour tromper les nombreux témoins qui assistaient à ces séances et, d'ailleurs, on va constater qu'une simulation eût été bien difficile. Ayant assisté moi-même à cette époque à quelques-unes de ces séances, je puis garantir la fidélité des descriptions de M. le docteur Chazarain, que j'ai le plaisir de compter au nombre de mes amis.

LES MATÉRIALISATIONS AVEC MADAME BABLIN

. . . .

En cette même année (1882) (1), le colonel Devouet, dont j'étais le médecin et l'ami, me fit aussi connaître Mme Bablin, chez qui on voyait des mains lumineuses dans l'obscurité.

Au bout de quelque temps, au lieu de mains, nous vîmes un buste complet et lumineux d'homme se former à côté du médium.

Peu à peu il se produisit de nouvelles formes plus animées, mais qui, n'éclairant que leur visage, n'étaient visibles que pour les personnes devant lesquelles elles se présentaient.

Quelques habitués, pressés d'arriver à l'obtention de phénomènes plus accentués en lumière, proposèrent d'avoir, chaque semaine, une séance réservée où assisteraient seulement les membres d'un groupe d'études, dont je fut prié de prendre la présidence. C'est ce qui eut lieu. De ce groupe fermé firent partie : M. Bloume, chef de bureau au ministère de la Guerre ; M. C. Joly, ingénieur des Arts et Manufactures ; le docteur Flaschoen, M. Aug. Reveillac, Mme Dieu, Mme Rufina Noeggerath, le docteur Charazain.

Les séances réservées commencèrent au mois d'octobre 1883 et cessèrent au mois de juin 1884. Quand cela fut devenu possible, nous invitâmes à y assister MM. Gabriel Delanne, C. Chaigneau, Hugo d'Alesi, Ch. Fauvety, le commandant Amade, aujourd'hui général, et d'autres personnes connues, appartenant pour la plupart au monde spirite.

C'est ainsi que *j'ai pu être témoin d'une centaine au moins de matérialisations*, les unes obtenues dans l'obscurité et les autres en demi-lumière.

Quelques-unes des *séances obscures* ont eu pour moi un grand intérêt pour les deux raisons suivantes : elles m'ont permis de constater que *des formes matérialisées émettaient de la lumière* et qu'elles

(1) Voir *Revue scientifique et morale du Spiritisme*, avril 1907, p. 598, et *Revue Spirite*, 1883, pp. 27 et 125.

pouvaient augmenter ou diminuer leur rayonnement ; qu'elles l'augmentaient quand elles se trouvaient en présence de personnes dont elles voulaient être bien vues et que, pour mieux éclairer leur visage, il leur suffisait de porter leurs mains au niveau de leurs tempes, en les disposant de manière à former comme une voûte ouverte au niveau du front et en imprimant à leurs doigts de très légers mouvements de flexion et d'extension. Et, chose dont j'ai été on ne peut plus impressionné, j'y ai vu ce que j'appellerai la naissance d'une de ces formes animées, qui est sortie tout d'un coup d'une masse nuageuse blanche accumulée auprès du médium.

(Remarquons qu'il en a été de même aux séances de la Villa Carmen et dans beaucoup d'autres circonstances [1]).

A ces séances obscures, j'ai entendu plusieurs personnes déclarer qu'elles avaient parfaitement *reconnu la forme de parents ou d'amis décédés*.

Je me contenterai de parler des deux séances suivantes :

La première eut lieu le 6 décembre 1882, *dans mon salon*, dont toutes les portes furent cachetées, après que *le médium se fût déshabillé* devant les dames de l'assistance, pour faire constater qu'elle ne portait sur elle rien de suspect.

Avant d'éteindre les bougies, je priai nos invités de vouloir bien s'unir d'intention à tous les miens et à moi pour demander la venue et la matérialisation d'une petite fille du nom de Marie, que nous avions perdue, l'année précédente, à l'âge de 18 mois.

L'obscurité ayant été faite, le médium nous dit voir, entre ma femme et sa sœur Mme Desgranges, un esprit homme assez grand, maigre, aux cheveux rasés sur le sommet de la tête et grisonnant, paraissant avoir de 55 à 60 ans. A ces signes, nous reconnûmes M. Desgranges, décédé depuis quelques jours, dont ni le nom, ni la mort n'étaient connus d'aucun de nos invités, ni du médium, Mme Desgranges ayant été présentée comme simple connaissance.

Le médium s'étant ensuite endormi, des coups furent frappés sur la table ; des mains, les unes grandes, les autres petites, touchèrent presque tout le monde ; une boîte à musique fut montée sans l'intermédiaire d'aucun de nous, se mit à jouer et fut promenée au-dessus des têtes, un petit pantin siffla, enfin des fleurs furent données à tous......

Je passe le détail d'autres manifestations qui eurent lieu, telles que des apports de fleurs, pour arriver aux apparitions...

Bientôt des lueurs phosphorescentes se produisirent, des mains

(1) On trouvera plus loin les récits de ces séances (voir p. 539 et chapitre VIII).

se dessinèrent et nous touchèrent, enfin un corps d'enfant, vêtu de blanc et ayant des souliers blancs (c'est avec un pareil costume que la petite Marie avait été mise au cercueil), se montra sur la table; il s'éclairait lui-même, en dégageant de ses mains et de ses lèvres des vapeurs blanchâtres et une douce lumière.

Le fantôme fit plusieurs fois le tour de l'assistance en restant au niveau de la table et en nous envoyant des baisers, dont le claquement était entendu de tous, tandis que nos yeux voyaient parfaitement ses mains se porter à ses lèvres, d'où le contact des doigts semblait faire sortir la matière éclairante.

Cette apparition se produisit à trois reprises différentes et dura en tout près de dix minutes.

Plusieurs des personnes présentes qui purent bien voir le visage, déclarèrent *le reconnaître* dans celui de la photographie de la petite Marie.

La plus jeune de mes filles, mieux placée pour voir l'apparition de face, n'hésita pas à la trouver très ressemblante quant à la forme de sa petite sœur.

Au moment où cette forme cessa d'être visible, j'aperçus une forme de femme paraissant âgée de 70 à 75 ans et *qui me rappela parfaitement ma mère*, coiffée comme elle avait l'habitude de l'être dans son intérieur, c'est-à-dire avec un foulard.

Une de mes filles, qui n'avait jamais vu sa grand'mère, *la reconnut d'après sa photographie* et la vit coiffée comme je l'avais vue moi-même.

Les apparitions ayant cessé, nous entendîmes écrire sur la table, et la bougie ayant été allumée, nous trouvâmes écrits sur une feuille de papier les mots suivants : « Mes bien-aimées petites sœurs, je suis parmi vous, et je serai votre fidèle ange gardien.

« Marie. »

Séance du 14 décembre 1882. — Cette séance me semble particulièrement remarquable, tant à cause du nombre des matérialisations que des circonstances dans lesquelles elles ont eu lieu.

L'assistance comptait quinze personnes, parmi lesquelles Mme Henry, veuve de M. Henry, directeur des Conférences du boulevard des Capucines — où se faisaient entendre Camille Flammarion, Louis Jacolliot, Chavée, Achille Poincelot, etc. — et Mlle Henry, jeune fille de 16 ans. La mère et la fille venaient pour la première fois à une réunion spirite, et s'y étaient rendues après s'être fait inscrire sous les noms de Mme et de Mlle Yves.

J'étais la seule personne qui les connût et n'avais donné aucun renseignement sur elles. Elles voulurent, à cause de nos bons rapports, être placées à côté de moi.

Dès que la lumière fut éteinte, le médium déclara voir, près de Mme Henry, un esprit, dont elle donna la description suivante : homme d'une quarantaine d'années, assez grand, bien fait, fine moustache brune, front découvert, œil intelligent, air distingué, vêtu d'une redingote noire boutonnée et pourtant au front la lettre H. A ces détails, je reconnus de suite M. Henry.

Le médium me fit observer que le même esprit vu par elle avant et pendant son sommeil-*dans une séance précédente*, à laquelle Mme Henry *aurait dû assister d'après ce qui avait été arrêté entre nous deux*, s'était déjà montré près de moi et avait annoncé qu'il était venu par suite d'une convention.

C'était l'exacte vérité ; et la preuve que le médium ne s'était pas trompé sur l'identité du personnage, c'est que la photographie de M. Henry lui ayant été présentée depuis, *mêlée à plusieurs autres*, elle n'a pas hésité à dire que cette image lui rappelait la forme vue par elle dans les circonstances que je viens d'indiquer.

En dehors de cette reconnaissance, la première partie de la séance ne présenta rien qui mérite une mention spéciale.

Mais dès que les matérialisations commencèrent, ce fut autre chose ; six formes plus ou moins visibles pour tout le monde se montrèrent.

Celle qui attira plus particulièrement l'attention générale fut celle d'un enfant, paraissant âgé de deux ans, qui, vu de tous, en voyait des baisers de tous côtés et resta plusieurs minutes sur la table.

Mme G. . vit sa mère.

Chacun distingua parfaitement les traits de « Firmin », un des guides du médium ; « Fernando », une des entités qui se manifestèrent le plus souvent dans nos séances d'incarnation, se montra à Mme de P..., et à moi.

En face de moi se présenta un personnage portant une fine moustache blonde, paraissant avoir vingt ans, ayant pour coiffure deux bandeaux d'étoffe blanche, croisés sur le sommet de la tête. Désireux de bien voir son visage, je le priai de s'éclairer le mieux possible et, dès qu'il l'eut fait, je m'écriai, malgré la couleur plus claire de sa barbe : « C'est M. Henry ! » Aussitôt la forme me frappa de sa main gauche trois fois sur l'épaule droite, en signe d'affirmation, m'entoura le cou de ses bras et, en m'embrassant, me frotta plusieurs fois *sa moustache sur mes lèvres* pour me prouver qu'elle était bien réelle. Puis il alla embrasser Mme et Mlle Henry avec plus de précaution pour ne pas les effrayer, car elles étaient toutes tremblantes d'émotion.

Ce personnage avait à peine disparu, qu'une seconde figure se montra à ma droite et s'éclaira si bien, sur ma demande, que je pus distinguer parfaitement la couleur très foncée de ses yeux vifs, ses cils, son large front, ses cheveux noirs et son nez un peu fort. Mais je vis imparfaitement le bas de son visage. Mme Bablin, étant encore en *trance*, nous dit que c'était M. Martin, de Marseille, cousin de Mme D.., chez qui avait eu lieu l'apport du chapelet sorti fluidiquement du cercueil d'un enfant.

Lorsque les matérialisations furent terminées, on entendit écrire sur la table, puis une feuille de papier me fut remise dans la main. Nous allumâmes la bougie et je lus ce qui suit :

« Ma chère femme, ma chère fille, je suis près de vous et heureux d'avoir pu me communiquer.

« Henry. »

Avant que le médium fût rentré dans son état normal, nous lui demandâmes de nous donner les noms des Esprits qui s'étaient montrés et elle désigna les suivants : la petite Marie Chazarain, la mère de Mme G..., Firmin, M. Henry, M. Martin et Fernando.

J'arrive maintenant aux séances en demi-lumière.

Séances en demi-lumière. — La pièce où nous nous réunissions était éclairée par une lampe entourée de papier coloré et placée sur une table dans un coin de la pièce. La lumière était suffisante pour que tout le monde pût se distinguer.

Le médium était assis sur un fauteuil, dans un cabinet noir et séparé de l'assistance par des rideaux de couleur très foncée. Il était maintenu par une corde qui lui passait autour des reins et qui allait se nouer derrière le fauteuil. Ses mains étaient maintenues croisées devant lui par une solide ficelle entourant ses poignets, et suffisamment serrée pour qu'elle ne pût pas glisser sur les mains, et dont les nœuds étaient fixés par des plombs écrasés. De plus, le fauteuil était maintenu fixe à la même place à l'aide de pitons vissés dans le plancher.

Pendant les premiers temps nous ne vîmes que des lueurs entre les rideaux, puis des mains et enfin des formes humaines complètes, mais ne quittant pas les rideaux, ou ne s'avançant qu'en les entraînant avec eux. Enfin, les formes sortirent du cabinet, se promenèrent dans le cercle, s'arrêtèrent devant l'un, devant l'autre, nous touchant et nous embrassant.

Pendant quelque temps, ce fut la même forme qui se présenta devant nous. Elle se donnait le nom de Lermont, et se disait guide ou contrôle de Mme Bablin ; Lermont *s'éclairait et éclairait, pour le faire bien voir, son médium* à l'aide d'une lanterne sourde que j'avais disposée dans le cabinet ; — il m'a souvent paru ressembler beaucoup au médium.

Plus tard, nous rendîmes le médium constamment visible en fixant sur sa poitrine : d'abord une serviette blanche, et sur cette serviette une bobèche en porcelaine phosphorescente.

Comme je viens de le dire, nous n'eûmes d'abord que la matérialisation de Lermont, mais très rapidement apparurent d'autres formes, dont plusieurs reconnues. Telles *la mère de M. Bablin, la nièce* de Mme Noeggerath, *celle* de Mme Dieu.

Nous faisions passer quelquefois ces formes sous la toise afin de comparer leur taille à celle du médium, et nous trouvions toujours une différence. *L'une d'elles fut pesée sur une bascule.*

J'ai remarqué que lorsque certaines d'entre elles s'éloignaient trop du cabinet, en s'approchant de la lampe, elles étaient tout d'un coup entraînées vers le cabinet, où elles semblaient être attirées par une force invincible. Nous en savons maintenant la cause ; c'est que ces formes, quand elles ne s'y sont pas longuement préparées, ne peuvent supporter qu'une lumière très atténuée et qu'elles se sentent fondre, si elles s'exposent à une lumière plus forte.

Très souvent ces formes venaient se placer au milieu de nous, se mettaient à genoux sur le parquet et écrivaient très rapidement des pages entières, sur des feuilles de papier que nous leur remettions, et qu'elles nous laissaient ensuite.

Je ne puis aujourd'hui entrer dans de longs détails relativement à ces séances. Le temps nous manque. Cependant il est bon que je dise que la nièce de Mme Dieu vint se placer spontanément devant elle, en exprimant, par ses gestes, tout le bonheur qu'elle avait d'avoir pu se rendre visible et d'être reconnue.

Quant à la forme qui se présenta comme étant la nièce de Mme Noeggerath, elle s'approcha de celle-ci, qui apprit d'elle, par quelque mots qu'elle lui dit tout bas, *quelle avait été la véritable cause de sa mort*, cause qui avait *toujours été ignorée de sa famille.*

Dans 11 séances en demi-lumière, sur 23, dont j'ai conservé les comptes rendus, que je rédigeais en rentrant chez moi, le médium (accusé pourtant de fraude plus tard à l'occasion de séances données dans un autre milieu et avec une assistance sans harmonie), fut vu on ne peut plus distinctement en même temps que les individualités matérialisées.

Dans la séance du 23 novembre 1883, une de ces individualités conduisit une à une, en les tenant par la main, *toutes* les personnes présentes devant le médium *entrancé.*

Toutes constatèrent que Mme Bablin était attachée *comme au début de la séance sur son fauteuil, à l'aide des mêmes liens dont les nœuds étaient plombés*, qu'elle avait la tête renversée sur le dossier de son fauteuil, et qu'elle était plongée dans un sommeil profond.

Plusieurs d'entre nous, après l'avoir bien vue, car elle était *aussi bien éclairée que si une veilleuse ordinaire avait été placée à un mètre en avant d'elle*, purent la toucher, avec l'assentiment de notre conducteur de l'au-delà.

Voilà qui tranche une fois de plus la question de la vue simultanée du médium et des formes matérialisées.

Certains pourront encore prétendre que les formes matérialisées que nous avons vues n'étaient que le double objectivé du médium.

Mais le double ou corps astral matérialisé d'une personne vivante ne peut que ressembler à cette personne; nous en avons la preuve dans les photographies de doubles dont ont parlé le capitaine Volpi et le docteur Baraduc...

J'ai reproduit ce rapport presque en entier pour montrer, contrairement à l'opinion commune, que ce n'est pas seulement à l'étranger que ces faits furent constatés, mais également à Paris, dans de bonnes conditions de contrôle. Je reviens maintenant à l'Angleterre.

UNE MÈRE ET UN FRÈRE RECONNUS

Le biographe d'Eglinton, M. J. Farmer (1), cite la déposition suivante de miss Glyn, qui est probante. Je la reproduis sans commentaires, puisque le médium est chez miss Glyn, qu'il reste avec les expérimentateurs et que la lumière est suffisante pour permettre aux assistants de se voir parfaitement. Voici :

J'ai, dit-elle, assisté à différentes séances de matérialisations chez des amis, mais je n'ai été réellement convaincue que le jour où il m'a été possible d'avoir *chez moi une séance* à laquelle ont assisté *mon père, mon frère et un ami, tous trois non spirites*.

Nous baissâmes la lumière, mais de façon à nous voir les uns les autres. Eglinton était assis *au milieu de nous*. Eglinton tomba en trance, et cinq ou six minutes après nous fûmes très impressionnés de voir une forme nuageuse passer entre M. Eglinton et moi. Mon père, *reconnaissant la figure pour être celle de feu ma mère*, s'écria : « Est-ce bien vous ? — *Oui, répondit la forme.* » Pendant que nous la regardions, une autre forme plus petite vint se placer entre la première forme et moi, et à divers *caractères tout intimes*, je reconnus que c'était *un frère mort*, douze ou treize ans auparavant. En voyant *ces deux formes et en même temps M. Eglin-*

(1) J. Farmer, *Twixt two worlds*.

ton qui était auprès de moi et dont on tenait les mains, il m'était impossible de ne pas être convaincue de la réalité du phénomène. Les formes disparurent lentement, et comme en s'estompant dans l'air.

Dans ce cas encore, la conviction s'impose, même à ceux qui ne sont pas spirites, comme le père et le frère de miss Glyn, car, quoi qu'on en dise, le témoignage des sens est tout puissant pour ceux qui n'ont jamais éprouvé d'hallucinations. On pourrait prétendre, il est vrai, que le fait seul de voir des formes s'évanouir progressivement dans l'air est justement une preuve que ces faits n'ont pas de réalité objective; mais comme, très souvent, il est resté ensuite des preuves matérielles que le fantôme était réel, soit qu'on ait gardé un morceau de la draperie qui le recouvrait, soit qu'il ait donné des moulages, comme nous l'avons vu, soit enfin qu'il ait été photographié, on ne peut admettre cette hypothèse à titre d'explication générale, puisque la simultanéité de la vision par tous les témoins me paraît établir solidement cette objectivité, comme dans tous les exemples qui précèdent.

UN FANTÔME DE FEMME PEU COMMODE

Une erreur, assez répandue, est celle de croire que la mort a pour résultat de transformer radicalement les individus, de manière à leur enlever les défauts qu'ils avaient ici-bas. L'expérience spirite a montré le contraire. L'âme se retrouve, après la mort, exactement ce qu'elle était antérieurement. Un sot ne devient pas homme d'esprit par le seul fait qu'il est désincarné, et un ignorant n'en sait guère plus que pendant sa vie, sauf en ce qui concerne sa nouvelle position. Beaucoup d'esprits emportent leurs préjugés terrestres et ne s'en défont que difficilement, comme en témoignent les communications typtologiques et celles obtenues par l'écriture. Nous allons constater que les apparitions matérialisées n'échappent pas à cette règle générale. J'emprunte ce récit à Mme d'Espérance, il est tout à fait typique (1):

Un vieux monsieur de ma connaissance était spiritualiste depuis

(1) Mme D'ESPÉRANCE, *Au pays de l'Ombre*, p. 231.

de longues années. Sa femme, qui ne montrait pas la moindre sympathie pour ses idées, mourut. Je n'avais point pour elle l'amitié que j'éprouvais pour lui, car, à l'occasion, les discours tranchants de la femme m'avaient beaucoup froissée, et je me sentais pleine de compassion pour le pauvre mari, qui poursuivait ses études spiritualistes avec des désagréments que je ne connaissais pas, pour ma part.

Elle mourut donc, et je fus un peu surprise en constatant combien cette perte affligeait mon vieil ami. Quelques jours après l'enterrement, il vint dans notre sanctuaire (chez M. Fidler) sans l'intention d'assister à une séance, mais une fois là, il s'y arrêta. J'avais été très affectée de son chagrin, j'étais très contente de le voir rester un moment avec nous, espérant qu'il trouverait quelque diversion à sa tristesse actuelle. Je ne me rappelle pas exactement ce qui eut lieu au commencement de la séance, mais je vois encore distinctement les rideaux s'ouvrant dans une secousse, et laissant la lumière tomber en plein sur la figure de Mme Miller (1). Quoique forcément habituée à ces choses incroyables, je fus *suffoquée d'étonnement*. Il ne pouvait y avoir erreur ; *c'étaient ses traits, ses gestes : c'était elle en tout. Elle fut immédiatement reconnue par ceux qui la connaissaient.* Son mari, bouleversé par l'émotion, voulut l'embrasser, mais, faisant un pas en arrière, elle lui dit sévèrement :

— Qu'avez-vous fait de ma bague ?

Un coup de tonnerre ne nous aurait pas surpris davantage.

— Ma chère, je n'ai rien fait de votre bague, répondit le pauvre homme, n'est-elle pas à votre doigt ?

Et il éclata en sanglots, tandis que Mme Miller rentrait dans le cabinet d'où elle avait apparu. Positivement, *j'aurais joui si j'avais pu la secouer ferme.*

M. Miller semblait très angoissé au sujet de la contrariété évidente de sa femme. Il nous dit qu'elle lui avait recommandé avant sa mort de ne pas lui enlever les deux bagues qu'elle portait toujours. Il lui avait promis que son désir serait respecté ; il n'en savait pas davantage *et ne comprenait pas du tout le reproche de sa femme.* J'imagine qu'il ne sentit pas bien la dureté de ce procédé ; mais, j'en suis sûre, la plupart d'entre nous ressentirent plus ou moins d'indignation en voyant ce cœur aimant et affligé dédaigné pour une bague, quelle que fut la valeur de ce bijou.

Plus tard, M. Miller nous dit qu'en rentrant à la maison il avait questionné sa fille au sujet des bagues. Celle-ci, paraît-il, ignorant

---

(1) Il ne faut pas oublier, qu'à cette époque, Mme d'Espérance restait dans la chambre avec les autres assistants.

la demande de sa mère, avait enlevé les bagues, précisément avant l'enterrement, pensant que son père serait heureux de les posséder plus tard. La question sévère s'expliquait donc.

Mme Miller revint plusieurs fois saluer ses amis, mais elle ne sembla *jamais vaincre ses préjugés contre le spiritualisme*, et ne fit usage de nos réunions que lorsqu'elle avait quelque but à réaliser. Et tous ceux qui l'ont connue — et ils n'étaient pas en petit nombre — *eurent des preuves convaincantes que Mme Miller était tout ce qu'il y a de plus vivante*, et pas le moins du monde changée *ni d'aspect, ni de caractère.*

Il est intéressant de constater l'antagonisme entre les sentiments de Mme d'Espérance, le médium, et la conduite du fantôme. C'est encore une preuve que l'apparition n'est pas produite par elle, d'autant mieux que l'épisode de la bague, *ignoré de tous les assistants,* établit que les souvenirs de Mme Miller lui appartiennent en propre et ne sont pas puisés dans la subconscience des spectateurs. La dureté avec laquelle cette femme en usa vis-à-vis de son débonnaire mari, ne montre que trop bien que son passage sur un autre plan d'existence n'avait pu améliorer son déplorable caractère.

En revanche, ceux qui furent aimants et bons conservent ces qualités et sont heureux, lorsque cela leur est possible, de se montrer aux êtres qu'ils chérissaient de leur vivant. Nous en trouvons un autre exemple dans l'ouvrage de Mme d'Espérance ; je le reproduis, à cause du grand nombre de personnes qui furent à même d'identifier l'apparition (1).

UN PÈRE RECONNU PAR TOUTE SA FAMILLE ET PAR DES ÉTRANGERS

Parmi les nombreux malades qui sollicitèrent les secours de nos amis les esprits se trouvait M. Hugues Bitcliffe, de Gateshead, un ami personnel de M. et Mme Fidler. Nous apprîmes malheureusement trop tard sa maladie pour pouvoir faire autre chose qu'adoucir ses dernières heures de souffrance. Au grand chagrin de ses amis, il entra dans le pays de l'invisible quelques jours à peine après que nous eussions appris le mal qui l'avait frappé. Il était spiritualiste et sa femme partageait ses idées... Je ne les avais

---

(1) D'ESPÉRANCE, *Au pays de l'Ombre*, pp. 228 et suiv.

connus que peu de temps avant la mort de M. Bitcliffe ; je ne vis donc jamais *celui-ci sous son aspect ordinaire,* car il était déjà grandement changé et émacié par la maladie.

Quelques mois après la mort de son mari, Mme Bitcliffe vint à une de nos réunions sous la conduite de M. et Mme Fidler. Pour ce qui va suivre, je donnerai la parole à M. Fidler, qui publia plus tard un rapport signé par *Mme Bitcliffe et par deux autres dames* se trouvant à cette réunion. Il écrit :

M. Hugues Bitcliffe, un de mes amis les plus estimés, mourut il y a environ un an. Il était très connu à Gateshead, où il prenait une part active à la cause de la tempérance, et, pendant quelques années, il fut inspecteur d'une école du dimanche. Lui et sa femme étaient tous deux spiritualistes (1), mais Mme Isabelle Bitcliffe n'avait jamais assisté à une séance telle que je vais la décrire.

Au moment où la séance allait prendre fin, nous vîmes apparaître, écartant les rideaux, la fine et haute silhouette d'un homme. Il avait les cheveux et les moustaches noirs et était vêtu d'un long vêtement blanc. Il avait une apparence tout à fait noble et majestueuse.

En un instant, je reconnus mon ami M. Bitcliffe.

Le fait remarquable est que, non seulement *je le reconnus, mais que sa femme et une autre dame présente le reconnurent immédiatement,* dès son apparition. En outre, deux messieurs, qui se trouvaient assis un peu en arrière, *mentionnèrent le nom de mon ami* et me demandèrent ensuite s'ils étaient exacts dans leur supposition quant *à l'apparence et à l'individualité de l'esprit.*

Ainsi *quatre personnes le reconnurent sans avoir l'ombre d'un doute,* tandis que les deux autres, tout en le reconnaissant, doutèrent quelque peu de la sûreté de leur vision.

Mon ami vint à moi et me serra les mains. Sa main, qui était un peu plus grande que la mienne, était *chaude, douce et naturelle.* Son étreinte était *ferme et vigoureuse :* ce qu'elle était pendant sa vie terrestre. Je compris que cette fervente poignée de mains était l'expression de sa reconnaissance pour les petits services que je lui avais rendus pendant sa maladie.

A une réunion suivante, dix jours plus tard, Mme Bitcliffe revint, cette fois avec ses deux petites filles, Agnès, âgée de treize ans, et Sarah, de sept à huit ans.

Mon ami se montra de nouveau, pour nous convaincre que, bien que son corps reposât dans la tombe, il était, sans l'ombre d'un doute, aussi vivant que nous, et désireux de nous prouver la non-réalité de la mort. Au moment où il apparut, la petite Sarah, une

---

(1) En Angleterre, les spirites s'appellent *spiritualists.*

charmante et intelligente enfant, ayant couru à lui, *il la prit dans ses bras et l'embrassa.* Elle se pendait à son cou, comme si elle ne voulait plus se séparer de lui ; mais elle dut faire place à sa sœur aînée, qui voulait sa part de baisers. Les enfants lui posèrent d'innombrables questions, telles que celles-ci : — Où avait-il pris les vêtements blancs qu'il portait ? — Ce qu'il faisait lorsqu'il repartait ? — Comment il entrait dans la chambre ? — Si je le reconnaissais ?

— Oui, certes, je le reconnaissais ! Pense-t-on que je ne reconnaissais pas leur père ? — Que c'est étrange ! Il est mort, et cependant il est vivant. Comment cela peut-il avoir lieu ?

Cela et cent autres questions et remarques embarrassantes pour des têtes plus sages que les leurs. Jamais ces enfants ne pourront être persuadées qu'elles n'ont pas réellement vu et embrassé leur père, mort depuis plus d'un an.

Comment imaginer que ce ne fût pas M. Bitcliffe lui-même qui reparaissait quand sa femme, ses enfants, ses amis et des étrangers sont unanimes à le reconnaître ? Si ces preuves ne suffisaient pas, comment serions-nous certains, ici-bas, de l'identité des êtres les plus chers, puisque nous n'usons pas ordinairement d'autres moyens que la vue et l'ouïe pour nous assurer que ce sont bien eux ! En dépit de toutes les théories contraires, ces phénomènes imposent une conviction absolue pour tout investigateur impartial, ou il faudrait admettre que la démonstration de l'identité d'une personne quelconque est impossible, ce qui est manifestement absurde.

APPARITIONS FAMILIALES ET AUTRES

Je cite textuellement la relation suivante, résumée par M. Erny (1) :

Voici d'autres cas de matérialisation racontés par H. J. Brown, un Anglais d'Australie, bien connu à Melbourne.

Ayant appris qu'il y avait, à San Francisco, un excellent médium, Mme Moore, il s'arrangea avec elle pour une séance particulière où sa famille seule serait présente. Mme Moore leur fit visiter tout son appartement et la pièce où elle devait se tenir.

(1) Erny, *le Psychisme expérimental*, p. 173.

Le père et la mère de M. H. J. Brown se matérialisèrent et *furent reconnus par eux*. La gouvernante de leurs enfants, miss Rea, *vit et reconnut plusieurs parents ;* mais le plus curieux phénomène fut l'apparition d'un clergyman que miss Rea avait connu ; il montra sa gorge comme s'il ne pouvait pas parler, puis disparut. A cette époque, miss Réa *ne savait pas que ce clergyman était mort,* elle l'apprit plus tard, en arrivant à New-York, et on lui dit qu'il avait succombé d'un cancer *très douloureux à la gorge.*

Encore un phénomène que l'on ne peut pas mettre sur le compte d'une lecture par le médium dans la subconscience des assistants. En vérité, ces faits sont si fréquents qu'on est surpris que les investigateurs sérieux du spiritisme n'y aient pas fait une plus grande attention. C'est aussi l'opinion de M. Erny, qui poursuit en ces termes :

Le côté caractéristique de cette séance, c'est que les assistants ont cru qu'en montrant sa gorge, la forme matérialisée du clergyman faisait signe qu'elle ne pouvait pas parler, tandis que son but était d'indiquer qu'elle avait été atteinte à la gorge. Les deux faits réunis se complètent d'une façon frappante.

Dans une autre séance, avec les mêmes personnes, il y eut une matérialisation non moins intéressante. Un mécanicien du nom de Charlie, qui travaillait pour M. Brown, en Australie, fut broyé par imprudence. On le rapporta mourant à Melbourne, et il ne put prononcer que quelques mots ; M. Brown comprit qu'il lui recommandait sa femme, et grâce à une souscription, cette femme put tenir une petite boutique et ne pas tomber dans la misère. — C'est bien la dernière personne à laquelle je pensais, dit M. Brown, car j'ai employé des ouvriers de toutes sortes ; aussi quand la forme matérialisée parut devant moi, je ne la reconnus pas. Tout d'un coup, ma femme qui avait bien examiné la forme, s'écria : « Mais c'est l'homme qui a été broyé dans notre établissement ! » La figure de la forme matérialisée s'éclaira, et elle fit signe de la tête que oui, puis en s'approchant dit d'une voix basse : « Merci, merci. » Ce qu'il y a de plus curieux dans ce fait, c'est que l'apparition n'a pas eu lieu en Australie après l'événement, mais très longtemps après en Amérique, pendant un voyage, et lorsque *ces détails étaient oubliés.*

Voici encore la matérialisation de deux fils de M. Brown, dans des conditions qui paraissent excellentes, aussi bien pour le contrôle du médium, — qui n'était pas un professionnel, — que parce que les apparitions furent simultanément reconnues par plusieurs des assistants.

Dans une séance qui eut lieu en Australie, chez un des amis de M. Brown, on suspendit un rideau dans un angle du salon, et le médium, qui *était aussi un de leurs amis*, se retira derrière le rideau. Personne ne pouvait *entrer dans ce cabinet improvisé ou en sortir sans être vu*.

La première forme qui parut était celle du fils de M. Brown qui était mort en mer. Pendant que M. Brown examinait cette forme *sans rien dire*, plusieurs des assistants s'écrièrent : « *Tiens ! voilà Willie Brown.* » Ce qui me prouva bien, dit M. Brown, que je ne rêvais pas. Un autre de ses fils se matérialisa et il tient, dit-il, à constater que ses fils avaient près de six pieds de haut, et *parurent avec cette taille*, tandis que le médium était de taille ordinaire. Les formes essayèrent de parler mais ne le purent pas. Une douzaine d'autres formes matérialisées se présentèrent après mes fils.

Je comprends très bien, dit M. Brown, que ceux qui n'ont pas assisté à des séances particulières de matérialisation, hésitent à admettre des phénomènes aussi extraordinaires ; mais quant à moi, je ne doute plus que les désincarnés *puissent reparaître sous des formes étant la reproduction exacte de leur corps physique d'autrefois*.

C'est, évidemment, la conclusion qui s'impose à tous ceux qui ont vu, et il faudra autre chose que des négations pures et simples pour la détruire. Alors même que l'on n'aurait jamais photographié ces formes, les témoignages séparés, mais unanimes des assistants, s'accordant pour reconnaître le même individu, suffit pour en établir le retour parmi nous pendant les séances.

APPARITIONS RÉITÉRÉES D'ENFANTS DÉSINCARNÉS

Mme Florence Marryat raconte qu'elle assista à une séance intime chez un monsieur, qui ne voulait pas être connu et qui ne tirait aucun profit pécuniaire de sa médiumnité ; là, elle put constater que la communion entre les vivants et les désincarnés peut être, dans ces conditions exceptionnelles et temporairement,

---

(1) Florence Marryat, *There is no death*. Chapitre XXI. Médiums non professionnels.

aussi parfaite que si ceux-ci n'avaient pas quitté notre monde matériel.

Je vais citer, dit-elle, une autre médiumnité qui ne s'exerce que pour faire le bien, sans jamais vouloir de rémunération ou de publicité. Je n'ai même pas le droit de dire le nom du médium. Je savais que M. D... avait des séances une fois par semaine, que les morts de la famille se matérialisaient et venaient se joindre aux vivants ; je me fis présenter par un ami commun, et M. D... eut la bonté de m'envoyer une invitation. Ce monsieur est un riche commerçant habitant une jolie maison près de Londres. Il admet rarement des étrangers à ses séances : pour lui, le spiritisme est une chose sainte, et les séances n'ont d'autre but que d'établir une communication entre M. D..., sa femme, et ses enfants. Mme D... ne se montrait que pour la famille, composée d'une fille mariée et de quatre ou cinq enfants d'âges différents. M. D... avait perdu un grand fils et deux petits garçons. William Haxby, célèbre médium dont j'ai parlé, était pendant sa vie un intime de la famille et se manifestait souvent aux séances.

Les deux salons étaient séparés par des rideaux de dentelle ; la fille mariée de M. D... prit place dans celui qui servait de cabinet et où il y avait un orgue et un piano ; elle s'étendit sur le sopha. Nous étions éclairés par une lampe à huile et assis, ne faisant pas la chaîne. En peu de temps, les rideaux s'agitèrent et le visage d'un jeune homme se montra ; c'était le fils aîné. « Hallo, Tom ! » s'écrièrent les assistants, et les plus jeunes allèrent l'embrasser. *Il parla quelque temps à son père* et dit que sa mère ne viendrait pas ce soir-là ; puis un petit garçon apparut à côté de lui. « Voilà Henri », crièrent les enfants. Celui-là vint dans la chambre avec nous ; il semblait âgé de cinq ans. Son père lui ayant dit de venir me parler, il obéit, et se tenait devant moi une main sur mon genou. Il fut rejoint par une petite fille qui se promena dans la chambre avec lui, *nous parlant à tous*. On entendit jouer de l'orgue. « Voilà Haxby ! s'écria M. D..., nous aurons du plaisir ! » (Je dois dire que pendant sa vie W. Haxby était un organiste de talent.) Entendant prononcer son nom, il vint au rideau, et montra son visage, aux traits disgracieux *sur lesquels il n'y avait pas à se méprendre* : il annonça qu'il allait jouer un duo avec Tom. En effet *les deux instruments furent entendus, et un troisième esprit les accompagnait avec un instrument à cordes ; l'exécution était admirable.*

La famille D... nous prouve que tous les médiums ne sont pas des trompeurs ; ces personnes ennemies de toute publicité n'avaient aucun intérêt à se réunir pour se duper.

Indépendamment de toute autre considération, le jeu simultané de trois instruments prouve que ce n'était pas le médium qui engendrait ces formes, même inconsciemment, car le maniement des instruments exigeait nécessairement des individualités distinctes, obéissant chacune à des impulsions personnelles. Quelle inestimable consolation pour ce père et ses enfants de retrouver ainsi ceux que la mort leur avait enlevés! Ce ne sont plus des apparitions fugitives que l'on ne fait qu'entrevoir et qui s'évanouissent pour toujours. C'est un retour périodique de ces disparus, grâce aux conditions tout à fait spéciales qui mettent au service des esprits un médium sympathique et un cercle homogène, pénétré de respect et d'amour pour ces êtres chers. Nous sommes loin, dans ce cas, des expériences de pure curiosité qui ont lieu si souvent, et l'on ne doit pas s'étonner que les résultats diffèrent si profondément de ceux que les sceptiques arrivent à grand'peine à constater.

Le jour où l'on comprendra pleinement la haute signification de ces manifestations et l'esprit dans lequel elles doivent être étudiées, la question de l'immortalité aura fait un grand pas, car les plus hauts problèmes religieux et philosophiques y trouveront des solutions rationnelles, qu'il est impossible de rencontrer ailleurs, si l'on veut qu'ils reposent sur une base rigoureusement expérimentale.

PREUVES PHYSIQUES ET INTELLECTUELLES DE LA SURVIVANCE DE L'AME

C'est encore avec une continuité et une abondance incomparables qu'un banquier américain, M. Livermore, a pu obtenir des preuves irréfutables de la survie de sa femme : Estelle Livermore, décédée quelques années avant qu'il entreprît ses expériences.

Robert Dale Owen, auquel nous devons ce récit, nous est déjà connu ; ancien diplomate, écrivain renommé, d'une intégrité morale incontestable, il a obtenu communication du journal de M. Livermore et en a fait un compte rendu fidèle, dont je vais donner connaissance à mes lecteurs.

D'autre part, M. Coleman, écrivain anglais, a publié, dans le *Spiritual Magazine* de 1861, une étude indépendante sur les mêmes manifestations, qui confirme et complète le travail de Dale Owen. Ces documents n'étant traduits que partiellement en France, je crois utile de les citer presque complètement, pour ce qui concerne la question de l'identité des fantômes.

APPARITION PENDANT CINQ ANS D'UNE FEMME DÉFUNTE À SON MARI SURVIVANT (1).

R. Dale Owen ayant eu à sa disposition les notes dans lesquelles, pendant cinq ans, M. Livermore racontait jour par jour les apparitions de sa femme nommée Estelle, en a composé, sous le titre que l'on vient de lire, l'un des chapitres les plus intéressants de son célèbre volume : *Le Territoire contesté entre ce monde et l'au-delà*, en se bornant à citer un ou deux exemples des principales variétés de faits qui se sont reproduits un si grand nombre de fois, pendant la longue période écoulée entre 1861 et 1866.

Tous les ouvrages écrits sur le spiritisme, dans ces vingt dernières années, insistent plus ou moins sur cette série d'observations dans lesquelles une femme accumule tant de preuves tangibles et permanentes pour démontrer la persistance de son individualité après la mort de son corps, qu'elle inspire à son mari survivant et d'abord sceptique, une conviction que la longue durée des manifestations ne fait qu'affermir.

Non seulement, comme on le verra, M. Livermore a conservé entre ses mains des preuves matérielles (entre autres quelques centaines de cartes écrites en plusieurs langues) de la réalité des apparitions de sa femme, mais ces apparitions ont été contrôlées par d'autres témoins. L'on se demande comment devant une série aussi exceptionnelle de manifestations démonstratives, il est encore possible d'émettre des doutes sur la réalité et la nature des phénomènes observés et d'invoquer la théorie trop commode de l'hallucination. Il est vrai que beaucoup se bornent à les pas-

---

(1) Cette traduction française du chapitre de Dale Owen, due à l'obligeance de M. le docteur Dusart, a paru dans les numéros de juin, juillet, août 1901, de la *Revue scientifique et morale du Spiritisme*.

ser sous silence, ce qui est plus facile que d'en donner une explication satisfaisante. On cessera de s'étonner si l'on considère quel a été de tout temps le sort des vérités nouvelles, lorsqu'elles blessaient des intérêts et des préjugés et nous nous estimerons heureux de voir que désormais des savants officiels, au lieu de nier simplement, en arrivent à déclarer : « *qu'il y a là quelque chose.* « Voici ce chapitre résumé, dans lequel se marque bien la progression des phénomènes, à la suite d'expériences ininterrompues.

Chapitre IV

J'ai la grande satisfaction d'avoir à mettre sous les yeux du lecteur un des cas les plus remarquables, peut-être même *le plus* remarquable qu'il ait jamais été donné d'observer (1). J'ai en outre l'heureuse chance de pouvoir livrer au public le nom du témoin. Ce nom bien connu dans la société ainsi que le monde commercial de New-York, est celui de M. Livermore.

Il y a onze ans, M. Livermore perdit une personne à laquelle il était étroitement uni et que nous nommerons Estelle. Celle-ci, à son lit de mort, appréciant le poignant chagrin qui accablait son ami en présence de sa perte imminente, lui manifesta vivement le désir qu'elle avait de pouvoir venir lui prouver que la vie persiste après la mort du corps.

Il ne considéra cette promesse que comme une dernière preuve d'affection et n'y attacha pas d'autre importance, d'autant plus que, pour sa part, il n'avait jusque-là jamais rien vu qui pût satisfaire sa raison, quant à nos rapports avec l'au-delà. Ni lui ni Estelle ne croyaient aux phénomènes spirites. Tous deux n'en parlaient qu'avec une certaine répugnance.

Lorsque M. Livermore se trouva seul, son désespoir fut rendu plus amer encore par la pensée que cette séparation était éternelle. C'est en termes véhéments qu'il exprimait ses sentiments devant son ami, le docteur John F. Gray, qui avait toujours donné ses soins à Estelle, depuis le jour de sa naissance. Ce docteur, spirite de la première heure, répondit à M. Livermore qu'il avait un sûr moyen de soulager sa douleur, pour peu qu'il consentît à s'y prêter. Il ne reçut pour réponse qu'un violent sarcasme contre les fourberies du spiritisme, et le pauvre désolé partit, le désespoir dans l'âme.

(1) A cette époque, car, depuis, nous allons le constater tout à l'heure, il s'est produit d'autres matérialisations continues, qui ont donné des preuves physiques et intellectuelles de la survivance (G. D.).

Au bout d'un certain temps cependant, une réflexion plus calme lui suggéra la pensée qu'il *pourrait bien* y avoir quelque chose de sérieux dans une croyance qui était acceptée sans réserves par un homme aussi clairvoyant et aussi sincère que le docteur. Il suivit donc ses conseils et résolut de demander une séance à miss Kate Fox.

Les séances furent tenues tantôt chez Mme Fox, tantôt chez M. Livermore lui-même, et comme tous deux changèrent de domicile au cours de ces séances, il en résulta que les phénomènes furent observés dans quatre locaux différents. Dans tous les cas on prit les précautions nécessaires pour que, pendant les séances, personne ne pût ni entrer ni sortir. Chaque fois la pièce était *visitée à fond, et on s'assurait que les portes et fenêtres étaient bien closes*. Au début, on admettait trois ou quatre personnes étrangères, pour augmenter le nombre des témoins ; mais on ne tarda pas à constater que les meilleurs résultats étaient obtenus lorsqu'il n'y avait qu'un seul assistant. Aussi M. Livermore resta bientôt seul aux séances.

Dès la première séance, M. Livermore entendit pour la première fois ces bruits mystérieux, qu'on a appelé des *raps*. Ceci se passait le 23 janvier 1861. Pendant les dix ou douze séances qui suivirent on observa les phénomènes ordinaires : attouchements, messages, déplacements d'objets lourds, et enfin de l'écriture.

Pendant la douzième séance, on reçut un message, attribué à Estelle, et par lequel elle prévenait son ami que, s'il persévérait, elle parviendrait à se rendre visible pour lui. En effet, dans les douze séances qui suivirent, on vit de temps à autre paraître, puis s'effacer des lueurs phosphorescentes, et enfin, le 24 mars, à la vingt-quatrième séance, on vit se mouvoir une forme humaine nettement délimitée. Trois jours plus tard on reçut ce message : « J'ai maintenant la certitude que je pourrai me rendre visible pour vous. Venez demain soir ; *assurez-vous bien que les portes et fenêtres sont fermées*, car je tiens à ce que l'épreuve ne laisse *absolument aucun doute*, pour votre bien et celui des autres. »

Le lendemain soir, la séance se fit chez Mme Fox, dont la famille était absente, de sorte que le médium et M. Livermore occupaient seuls toute la maison. M. Livermore *scella les fenêtres ; il en fit autant aux portes, après les avoir fermées à clef*, et il traîna devant celles-ci *les meubles les plus lourds*. Puis, après avoir *soigneusement inspecté toute la pièce*, il éteignit le gaz. Il reçut alors cette communication : « Je suis ici en voie de formation ». Aussitôt apparut un globe lumineux, pendant que des crépitements se produisaient. Quelques instants plus tard, le globe prit la forme d'une tête avec un voile. Instantanément, M. Livermore *reconnut les traits d'Estelle*

Bientôt une forme entière devint visible ; elle était éclairée par des lueurs phosphorescentes, ou électriques, répandues dans toutes les parties de la pièce. Tandis que tout cela se passait, M. Livermore *ne cessa de tenir les deux mains du médium.*

On montra ensuite par quel procédé se produisaient les coups frappés : une boule lumineuse du volume d'une orange, paraissant retenue par un point d'attache, rebondissait sur la table, et un coup résonnait chaque fois que la boule retombait sur le plateau de cette table.

Ce ne fut cependant qu'un peu plus tard, qu'une PREUVE SANS RÉPLIQUE fut donnée pour la première fois.

Ici je copie textuellement les notes de M. Livermore :

« N° 43. 18 avril 1861. — Vent du Sud-Ouest. Beau temps. Il y avait une demi-heure que nous attendions, après avoir rigoureusement fermé portes et fenêtres, et ma confiance commençait à fléchir, lorsque tout à coup nous fûmes secoués par un choc formidable sur le plateau de la lourde table d'acajou, qui en même temps se souleva pour retomber. La porte est violemment secouée, les fenêtres s'ouvrent et se referment : tout ce qui est mobile dans la pièce est mis en branle.

« Aux questions posées il est répondu par de violents coups dans les portes, les vitres des fenêtres, le plafond, partout.

« Bientôt une susbtance brillante, *semblable à de la gaze* (1), s'élève du parquet derrière nous, parcourt la pièce, et finalement vient se placer devant nous. On entend comme de violentes crépitations électriques. Peu à peu l'étoffe légère revêt la forme d'une tête humaine recouverte d'un voile qui s'enroule autour du cou. Elle vient me toucher, recule pour avancer de nouveau. Elle me semble alors un corps oblong, à forme concave dans la partie qui nous fait face, et une brillante lumière luit à son centre. Je fixe ardemment mes yeux sur elle, espérant voir s'y dessiner une face ; mais rien ne paraît. Elle recule encore une fois pour se rapprocher de nouveau, et cette fois je vois un œil. Une troisième fois elle s'éloigne en produisant des crépitements, et pour la troisième fois elle revient près de moi. A ce moment la lumière était intense, et l'étoffe légère avait changé de forme. Une main de femme l'avait rassemblée, et en voilait la partie inférieure de la face, laissant la partie supérieure à découvert. *C'était bien Estelle elle-même; ses yeux, son front, avec leur expression absolue.* Dès que l'émotion qui avait envahi mon âme au moment où je la reconnus se fut un

---

(1) Je souligne, parce que cette comparaison se retrouve dans beaucoup de récits de séances, aussi bien en Europe qu'en Amérique, et après que les précautions les plus sérieuses ont été prises pour que le médium ne pût pas se servir d'un tissu apporté par lui (G. Delanne).

peu calmée, il éclata dans toutes les parties de la pièce une série de coups précipités, comme pour applaudir au succès de cette audience accordée par les invisibles.

« A plusieurs reprises la forme renouvela son apparition, et chaque fois *la ressemblance me parut plus exacte*. A un moment la tête vint s'appuyer contre la mienne, *tandis que les cheveux recouvraient ma figure*.

« Je me trouvais, ainsi que miss Fox, *dont les mains n'avaient pas quitté les miennes pendant tout ce temps*, à environ dix pieds de la muraille qui nous faisait face, et la lumière se trouvait à égale distance entre nous et ce mur.

« Les craquements électriques augmentent alors en intensité, et nous voyons se former devant le mur brillamment illuminé, *le corps entier d'une femme*, paraissant tenir un corps lumineux dans l'une de ses mains. Cette forme resta devant nos yeux pendant *toute une demi-heure*, et chacun de ses mouvements nous était nettement visible.

« Nous reçûmes alors ce message : « Regardez, je vais m'élever. »

« Aussitôt, en pleine lumière, la forme s'éleva jusqu'au plafond, y resta en suspens pendant quelques instants, puis descendit doucement et s'évanouit.

« Elle reparut ensuite entre nous et un miroir. *La réflexion de toute la forme dans la glace était absolument nette*, la lumière était si vive, qu'elle permettait de suivre toutes les veines d'une plaque de marbre.

« A ce moment une violente averse vint à tomber et on nous dicta : « Le temps a changé et je ne puis me maintenir visible plus longtemps ». Aussitôt forme et lumière disparurent ensemble de façon définitive.

« A une séance tenue deux jours plus tard, nous reçûmes la communication suivante :

« Mon cœur est rempli de joie. Jamais nous ne pourrons assez remercier le souverain Bien de toutes ses faveurs. J'ai lu dans votre cœur. Les ténèbres qui le remplissaient ont été chassées par une glorieuse lumière. Soyez heureux, ne craignez rien, et que la paix règne toujours en vous (1).

« Estelle. »

(1) Nous croyons devoir faire remarquer que toutes les communications reçues par l'intermédiaire de Kate Fox étaient : soit épelées lettre par lettre au moyen de coups, soit écrites, tantôt par la main droite tantôt par la main gauche de Kate ; mais que, dans *tous les cas, l'écriture était renversée*, c'est-à-dire qu'on ne pouvait la lire qu'en la présentant devant un miroir.

Il lui est arrivé de donner deux communications à la fois, les deux

« Je la priai de lever un bras et elle le fit en prenant une attitude d'une grâce inexprimable. Aucune plume ne pourra jamais décrire l'exquise et transcendante beauté de tout ce qu'il nous fut donné de voir dans cette soirée. »

Je ne vois pas à quel titre on pourrait repousser un témoignage tel que celui que l'on vient de lire, ni comment on pourrait en diminuer la valeur, quand même le récit devrait s'arrêter ici. Que devra donc penser le lecteur, lorsqu'il saura que plus de *trois cents séances* postérieures ne firent que confirmer et corroborer ces premiers faits ?

Il ne nous est pas possible de reproduire ici l'énorme collection de notes recueillies par M. Livermore. Nous allons donc nous borner à citer quelques-uns des phénomènes les plus remarquables qu'il a signalés.

CONFIRMATION DES FAITS PENDANT PLUSIEURS ANNÉES

Voici un extrait qui montre les analogies entre notre monde et celui de l'au-delà.

« N° 93. 17 juillet 1861. — Les apparitions qui se succèdent sont de plus en plus parfaites. Ce soir, la forme d'Estelle était enveloppée par les plis flottants d'une gaze blanche et lumineuse. Elle tenait à la main un bouquet de fleurs dont elle semblait respirer le parfum. Son cou et sa poitrine étaient complètement couverts de roses et de violettes.

« Je lui demandai : « D'où vous viennent toutes ces fleurs ? » Elle me répondit : « Notre monde est la contre-partie du vôtre. Nous avons tout ce que vous avez, jardins et fleurs spirituelles en abondance. »

Voici maintenant ce que je puis signaler pour le mois suivant :

C'est le 18 août que M. Livermore obtint pour la première fois de mains écrivant en même temps, chacune sur une feuille distincte. J'ai constaté moi-même le fait suivant : tandis qu'une main écrivait, des coups réclamaient l'alphabet. Kate épelait alors les lettres et dictait lettre par lettre, *sans que la main cessât d'écrire*. M. Livermore a pu constater lui-même tous ces genres de communication.

J'ajouterai que pour tous ceux qui connaissent bien Miss Fox, la plupart des messagers portent en eux-mêmes la preuve de leur origine, car ils se produisent en dehors de sa volonté et des notions qu'elle peut posséder (Note de Dale Owen).

William Crookes affirme, lui aussi, avoir constaté que Kate Fox écrivait simultanément avec une main et recevait une communication par coups frappés dans la table sur des sujets différents, et qu'elle pouvait pendant ce temps soutenir une conversation (Voir *Recherches sur le Spirit.*, p. 160).

l'écriture, avec le secours de la lumière artificielle, dans sa séance avec Miss Kate Fox. Comme les autres fois, *la porte et les fenêtres furent fermées avec soin et la pièce scrupuleusement visitée*. On fit l'obscurité et presque aussitôt un corps lumineux oblong, rappelant les dimensions et la forme d'un melon, vint se poser sur la table, où il resta longtemps immobile. M Livermore demanda s'il pouvait s'élever, et aussitôt il s'enleva en l'air, flottant dans toute la chambre, avec un éclat parfois éblouissant. Finalement il revint sur la table où il continua à briller très vivement.

Dans l'espoir d'obtenir de l'écriture directe, M. Livermore avait apporté deux très grandes cartes, à chacune desquelles il avait fait une marque spéciale. Elles étaient déposées sur la table, près de la lumière, avec un petit crayon d'argent. Il avait soin *de tenir les deux mains du médium*. Bientôt les cartes furent enlevées et portées vers le parquet, au-dessus duquel elles paraissaient suspendues à une distance d'environ trois ou quatre pouces. En même temps, la lumière s'était déplacée de façon à faire tomber ses rayons directement sur elles.

Voici ce que M. Livermore put voir alors. Je copie textuellement les notes qu'il prit sur le moment :

« Les cartes devinrent le centre d'un cercle lumineux d'un pied de diamètre. Observant avec attention ce phénomène, je vis une main tenir mon crayon au-dessus de l'une de ces cartes. Cette main allait tranquillement de gauche à droite, et quand une ligne était terminée, elle se reportait à gauche pour en commencer une autre. *C'était d'abord une main parfaitement formée* ; plus tard elle prit l'aspect d'une masse opaque d'un volume un peu inférieur à celui d'une main humaine, mais elle tenait toujours le crayon, l'écriture se poursuivait avec quelques intermittences et *le tout resta parfaitement visible pendant près d'une heure*. Je ne me figure pas que l'on puisse rencontrer une preuve plus frappante de la réalité de l'écriture par les esprits. Les précautions les plus minutieuses avaient été prises pour éviter toutes causes d'erreur. *A aucun moment je n'ai cessé de tenir les deux mains du médium*. Je possède encore ces cartes couvertes sur chaque face d'une écriture menue. Les sentiments qui y sont exprimés *sont du caractère le plus élevé et le plus pur*. »

« N° 116. 29 août. — La forme d'Estelle se présente aussitôt que nous sommes entrés dans le salon. Elle se tient immobile pendant qu'une lumière flottante se présente successivement devant sa face, au-dessus de sa tête et derrière son cou. Il semble qu'elle veuille montrer plus nettement chacune de ces parties. Pendant que nous considérons l'apparition, sa chevelure recouvre sa face et elle la reporte en arrière par plusieurs mouvements de la main. Ses cheveux étaient ornés de roses et de violettes disposées avec beaucoup de goût. Ce fut son apparition la plus parfaite : *elle semblait absolument encore en vie.*

« A ses côtés se tenait une forme qui était, comme il nous fut facile de le constater, *revêtue d'un costume en drap de couleur sombre.* Miss Fox en fut vivement alarmée et devint très agitée. A cause de cela, ou peut-être pour toute autre cause, les traits de cette seconde apparition ne devinrent pas visibles et elle ne tarda pas à disparaître. »

Il sera plus tard question de cette forme. Quant à Estelle, *elle resta visible.*

Il survint alors un incident qui prouva qu'une apparition pouvait s'emparer d'objets terrestres. Le temps étant chaud, M. Livermore avait apporté un éventail, qu'il avait déposé sur la table devant lui. Estelle le prit, le tint dans différentes positions, masquant parfois une partie de sa figure derrière lui. M. Livermore ajoute :

« Dans cette séance, l'apparition resta *visible pendant une heure et demie.* »

Il résulte de ses constatations que les vêtements dont elle était couverte, *quoique se dissolvant dans la main qui les saisissait,* donnaient néanmoins l'impression de quelque chose de matériel.

« N° 137. 4 octobre. — Estelle apparaît et fait preuve de la plus grande vivacité et d'une puissance considérable. Une lumière flotte dans le salon : Estelle la suit, glissant dans l'air. A un moment ses longs vêtements blancs flottent sur la table, *balayant les crayons, le papier et tous les objets légers,* qui vont tomber sur le parquet (1). »

LE DOCTEUR FRANKLIN

Une communication par coups frappés annonça que la forme vêtue de noir, qui s'était montrée plusieurs fois, était le docteur Franklin. Mais jusqu'à la séance 162, on ne put obtenir aucune preuve d'identité. Ce jour-là, la face parut d'abord éclairée par une lumière que semblait tenir un autre personnage. « S'il est permis, dit M. Livermore, *de se former une opinion d'après les portraits authentiques d'un homme, il n'était pas possible de se tromper sur son identité.* Il portait un vêtement noir, de coupe ancienne, et une cravate blanche. Sa tête très développée était garnie de cheveux

---

(1) Remarquons que ces effets physiques produits par le fantôme suffisent pour démontrer que sa vision n'est pas de nature hallucinatoire. Mlle Fox, étant tenue par M. Livermore, ne pouvait pas tromper, et, restant à l'état normal, il est difficile d'imaginer que c'est une transfiguration de son double. (G. Delanne).

blancs ou grisonnants rejetés derrière les oreilles. Tous ses traits rayonnaient d'intelligence et respiraient la bonté et les sentiments les plus élevés. »

Il revint encore le lendemain. Voici ce que disent les notes : « Il nous fut demandé par coups frappés qu'un fauteuil destiné au docteur Franklin fût placé devant le côté de la table qui faisait face à celui où nous étions assis. Mais l'idée d'avoir un tel vis-à-vis rendit miss Fox si agitée, que je ne crus pas devoir insister. Peu à peu elle se calma et *l'on entendit le fauteuil se diriger vers le point indiqué.* »

« A ce moment, la lumière était faible ; mais je pus apercevoir une forme noire qui se tenait près de moi. Aussitôt elle contourna la table ; on entendit un frôlement ; la lumière devint plus vive et l'on put voir, assis dans le fauteuil, celui qui nous parut être le vieux philosophe lui-même. C'était *absolument tous ses traits et son costume.* La lumière était si vive et le personnage que nous avions devant nous était si matériel *que son ombre était projetée sur la muraille*, exactement comme si un habitant de ce monde était assis là (1). Son maintien était plein d'aisance et de dignité et il appuyait sur la table l'avant-bras et la main. A un moment, il se pencha en avant, comme pour nous saluer, et je remarquai que les mèches grisonnantes *se balançaient en suivant ce mouvement. Il resta plus d'une heure* assis en face de nous. Enfin, comme je lui demandais s'il ne désirait pas s'approcher davantage de nous, la chaise avec le corps qu'elle portait s'avança de notre côté et notre silencieux voisin resta tout à fait contre nous. Avant de disparaître, il se leva de son siège et sa face ainsi que tout son corps restèrent parfaitement visibles. »

Ceci se passait chez Mme Fox, mais la séance du 30 novembre eut lieu *chez M. Livermore* et voici comment il rend compte de ce qu'il vit :

« N° 175. — Les portes *sont fermées et scellées.* Chocs violents et bruits électriques. Un siège éloigné est apporté près de nous, des allumettes sont demandées. Elles sont enlevées de ma main au moment où je l'avance à la longueur du bras. »

« Au bout de quelque temps, on entend un bruit de frottement, comme celui d'une allumette, et, après plusieurs tentatives très nettes, une allumette est enflammée. La lueur qu'elle produit permet de *constater qu'elle est tenue par le fantôme*, que nous supposons être Franklin, *que l'on voit parfaitement habillé comme précé-*

(1) Nous avons vu également que le fantôme d'Estelle était reflété par une glace, d'où il faut en conclure qu'il avait assez de matérialité pour renvoyer la lumière qui arrivait sur lui. C'est encore un argument contre l'hallucination (G. D.)

demment, et l'on juge encore mieux de la couleur de son vêtement. Mais tout disparaît dès que l'allumette s'éteint.

« Le fantôme paraît encore dix ou douze fois, éclairé chaque fois par une allumette. La troisième fois, mon chapeau était posé sur sa tête, placé comme sur celle d'un vivant; puis il fut transporté de sa tête sur la mienne. La dernière fois que le fantôme se montra, *il était accompagné d'Estelle*, qui s'appuyait sur son épaule. Mais miss Fox commençant à se troubler, ses exclamations amenèrent manifestement la disparition des deux personnages et l'on obtint la communication suivante : « Voilà ce que nous avions préparé de longue main. Vous pouvez dire maintenant que vous m'avez vu *à l'aide d'une lumière d'origine terrestre*. Je reviendrai bientôt et vous donnerai de nouvelles preuves.

« B. F. »

Cette promesse fut tenue le 12 décembre, et cette fois encore chez M. Livermore. En voici le récit :

« N° 179. — Dans mon salon, je m'étais procuré une lanterne sourde, munie d'une enveloppe dans laquelle une petite valve pouvait, à une distance de dix pieds, produire sur le mur une surface éclairée, ronde, de deux pieds de diamètre.

« Je posai cette lanterne allumée sur la table *et je pris les deux mains du médium*. Aussitôt la lanterne fut élevée en l'air et on nous dit de la suivre. *Un esprit allait devant en la portant*. On voyait parfaitement dans toutes ses formes le fantôme dont les vêtements blancs traînaient sur le parquet. La lanterne fut placée sur un bureau et nous nous arrêtâmes devant une fenêtre située entre ce bureau et une grande glace.

« La lanterne fut enlevée de nouveau *et resta suspendue en l'air, à cinq pieds du parquet*, entre le bureau et la glace. Grâce à la lumière qu'elle projetait, nous pûmes voir la forme de Franklin, assis dans mon grand fauteuil devant la fenêtre, que masquait un grand rideau noir. Une fois, la lumière de la lanterne *resta pendant dix minutes fixée sur sa face*, nous laissant la faculté de l'examiner tout à loisir, ainsi que tout le reste du corps. Tout d'abord la figure semblait constituée *par de la véritable chair vivante*, les cheveux paraissaient réels, et les yeux brillants montraient si bien leurs détails, qu'on en distinguait le blanc. Mais je remarquai bientôt que toute l'apparition, y compris les yeux, *allait s'effaçant devant la lumière de nature terrestre et cessait de présenter cette apparence de vitalité* qu'elle avait conservée tout le temps, lorsqu'elle était éclairée par une lumière spiritique (1). »

(1) Je reproduirai plus loin plusieurs récits qui confirment celui-ci, au sujet de l'action dissolvante de la lumière sur les formes matérialisées.

« A plusieurs reprises, je reçus l'ordre de faire jouer la valve, de façon à faire varier l'intensité de la lumière. Je le fis, tandis que la lanterne *demeurait tenue en l'air par l'action d'un esprit.*

« A la fin de la séance, nous trouvâmes ces mots écrits sur une carte :

« Mon fils. Je désire que le monde tire son profit de tout ceci. C'est dans ce but que j'ai agi.

« B. F. »

Nous trouvons dans les notes de M. Livermore beaucoup d'autres faits intéressants. En voici un parmi tant d'autres :

« N° 248. 7 février 1862. — Ciel clair : temps froid. Les portes et les fenêtres *sont fermées et scellées à la cire.*

« Une carte que j'avais apportée fut enlevée de ma poche. Une vive lumière s'élève de la table et nous permet de voir la carte au milieu de laquelle se trouve fixé ce qui nous paraît être un petit bouquet de fleurs. La lumière s'évanouit *et on nous dit d'allumer le gaz.* Les fleurs étaient une rose rouge, des feuillages et des myosotis. Elles étaient très belles et semblaient tout à fait matérielles.

« Je les examinai pendant plusieurs minutes, avec des intermittences ; cinq ou six fois j'éteignis et rallumai le gaz ; les fleurs étaient toujours là. Au-dessus d'elles, on pouvait lire ces mots :

« Fleurs de notre demeure céleste. »

« Finalement les fleurs commencèrent à s'effacer et on nous demanda d'éteindre le gaz. Lorsque ce fut fait, sa lumière fut remplacée par une lueur spirite sous laquelle les fleurs restaient encore nettement visibles. Il nous fut dit alors par coups frappés : « N'enlevez pas vos regards de dessus les fleurs, regardez bien attentivement. »

« C'est ce qui fut fait. Peu à peu les fleurs diminuèrent de volume, sous nos yeux, jusqu'à n'être plus que de simples points ; *puis elles disparurent à nos regards.* Lorsque je rallumai le gaz, il n'en restait pas la moindre trace sur la carte.

« J'examinai aussitôt les portes et les fenêtres *et je constatai que les scellés étaient absolument intacts.* »

« L'incident suivant se produisit pendant la 335ᵉ séance, le 31 décembre 1862 :

« Je me bornai à baisser seulement le gaz. Sa lumière me permit de voir une main sortant d'une manche blanche, serrée au poignet. Elle tenait une fleur qui, avec sa tige, avait environ trois pouces de longueur. J'avançai ma main pour la prendre, mais au moment même où mes doigts la touchaient, je subis un choc comparable à une forte décharge électrique. *Je levai alors le gaz en plein.* La main restait flottante et tenait encore la fleur. Au bout d'un certain temps, elle la déposa sur une feuille de papier qui se trouvait sur la table. Je pus alors constater que c'était un bouton de rose avec du feuillage frais. Au toucher je le trouvai frais, humide et légèrement visqueux. On apporta ensuite une autre fleur qui ressemblait tout à fait à une pâquerette. Après quelques instants, tout disparut. *Pendant que tout cela se passait, la pièce était éclairée comme en plein jour.* »

Sous la date du 21 octobre 1863, 365ᵉ séance, M. Livermore écrit : « J'avais apporté la lanterne sourde que j'ai décrite plus haut et dès que la forme d'Estelle parut, je dirigeai sur elle la *pleine lumière de cette lanterne.* Elle faiblit un peu, mais parvint cependant à se maintenir, pendant quelque temps, tandis que je dirigeais la lumière successivement *sur ses yeux, sur toute sa figure et les diverses parties de son costume.* Enfin elle disparut et me transmit ensuite ces mots : « *Ce n'est qu'avec la plus grande difficulté que je suis parvenue à me maintenir en forme sans disparaître.* »

On peut remarquer que dans toutes les observations ci-dessus, M. Livermore et le médium sont les seuls assistants. Il est tout naturel de penser que leur valeur probante aurait été beaucoup plus grande si d'autres témoins avaient été admis à assister aux séances. Or, cette dernière condition se rencontra dans les dernières années pendant lesquelles furent faites ces expériences.

DEUX NOUVEAUX TÉMOINS

Tous ceux qui se sont occupés de recherches psychiques savent parfaitement que chaque admission d'un nouveau membre dans une séance est la cause d'une diminution momentanée de la force agissante et qu'elle retarde ou affaiblit les phénomènes. Dans certains cas, même, cela suffit pour les arrêter tout à fait. Mais dans la plupart des cas, au bout de quelques séances, le nouveau venu se met à l'unisson de l'influence magnétique qui règne dans l'assemblée, et les phénomènes reprennent avec une nouvelle énergie. Cette règle trouva son application lorsque de nouveaux membres vinrent élargir le cercle dans lequel observait M. Livermore. Celui-ci nous a transmis le récit de *dix* séances auxquelles prit part le docteur Gray et de *huit* auxquelles M. Groute, son beau-frère, assista.

Le docteur Gray est bien connu à New-York, comme un des

médecins les plus remarquables et les plus heureux dans la pratique de leur art, et je doute que dans toute l'étendue des États-Unis on puisse trouver un homme qui ait consacré plus de temps et d'attention à l'étude des phénomènes du magnétisme animal et du spiritisme, ainsi qu'à celle de leur philosophie.

Ce fut dans la séance n° 256, du 6 juin 1862, qu'il vint se joindre à M. Livermore. Cette fois, le fantôme du docteur Franklin se présenta, mais il était évident que cela lui était très difficile et il ne parvint pas à prendre le caractère de réalité qu'il avait revêtu dans les précédentes séances. Cependant, les cheveux et les vêtements avaient presque autant de netteté et *purent être palpés par le docteur Gray.*

Ce dernier assista à une seconde séance, onze jours plus tard. Cette fois, le fantôme du docteur Franklin se montra à plusieurs reprises. Mais, au début, les traits étaient à peine reconnaissables et, même dans une séance subséquente, une partie du visage parvint seule à se former et il en résultait un aspect désagréable. Pareil fait ne s'était jamais produit dans les séances où M. Livermore se trouvait seul. Quant à Estelle, elle ne parut ni à l'une ni à l'autre de ces deux séances.

A la troisième séance, tenue le 25 juin, le fantôme de Franklin se montra parfaitement formé *et fut reconnu par le docteur Gray.*

Pendant la quatrième, on reçut un message recommandant de couper avec des ciseaux un fragment des vêtements de nature spiritique, afin de l'examiner. M. Livermore, ainsi que le docteur Gray *profitèrent tous les deux de cette autorisation*. La texture de l'étoffe se montra *résistante pendant quelque temps et l'on put même la tirailler sans la déchirer*. Ils eurent donc tout le temps de l'étudier sérieusement *avant de la voir s'évanouir.*

Le docteur Gray put, dans les séances suivantes, se livrer à des études sur les formations partielles et graduelles et nous aurons l'occasion d'y revenir dans un prochain chapitre.

Dans les séances qui suivirent, la forme du docteur Franklin se montra au docteur Gray *dans un état parfait et sous une lumière aussi intense qu'il avait été donné à M. Livermore lui-même de l'obtenir.* Estelle ne se montra qu'une seule fois devant le docteur, dans la séance 384, du 10 novembre 1865, tenue chez M. Livermore. Elle portait une gaze blanche extrêmement légère qui lui recouvrait la tête et un voile transparent. Toute la partie inférieure de son costume était lâche et flottante.

M. Groute assistait, le 28 février 1863, à la 346ᵉ séance et *c'était lui qui tenait les mains du médium*. Dès que le gaz fut éteint, M. Livermore se sentit poussé par une large main vers le sopha, au-dessus duquel Franklin se montra, tandis que la lumière s'élevait du parquet. Dès que M. Groute l'eut vu et se fut *bien assuré qu'il se trouvait en présence d'une forme humaine,* il se précipita vers les portes *pour s'assurer qu'elles étaient restées bien closes* ; puis il revint et *palpa les vêtements du fantôme.*

Mais comme il était d'une nature essentiellement sceptique, il revint la semaine suivante, bien résolu à pousser tout à fond. Il ferma *lui-même les portes et les fenêtres* et : « Il ne voit pas, dit-il lui-même, comment on aurait pu le tromper. »

En cette occasion, la forme de Franklin apparût avec beaucoup plus de vigueur qu'auparavant. *Il tenait une lumière à la main,* comme s'il voulait se faire examiner plus complètement afin de donner pleine satisfaction à ce *sceptique Thomas.* M. Groute, qui, depuis le début de la séance *tenait les mains de M. Livermore et de miss Fox,* s'approcha du fantôme, *l'examina et le toucha.* Alors, comme l'apôtre, il *proclama hautement sa conviction.*

Le docteur Gray et M. Groute assistèrent tous deux à la 355e séance tenue le 1er mai 1863. Le fantôme du docteur Franklin *se montra parfaitement formé et fut reconnu sans hésitation par ces deux assistants.* Le lendemain soir, le docteur Gray vint seul : le docteur Franklin apparut en l'air, à deux pieds au-dessus de la tête du docteur Gray, semblant s'arrêter devant lui, afin de le mieux considérer de haut en bas. Il portait un manteau noir et flotta pendant quelque temps dans la chambre. Le docteur Gray, tout habitué qu'il fût aux manifestations spirites, déclara que cette apparition était *stupéfiante.*

Ce fut dans la 388e séance qu'Estelle apparut pour la dernière fois, le 2 avril 1866. Depuis lors, quoique M. Livermore ait reçu, et reçoive encore au moment où j'écris, de nombreuses communications, pleines d'affection et de sympathie, le fantôme si connu ne se montra plus jamais (1).

La première réflexion qui vient à l'esprit de tout honnête homme, ayant à cœur le bonheur de ses semblables, en supposant que tout ce que l'on vient de lire soit incontestable, est qu'il n'a pas le droit de cacher au monde les faits que Dieu lui a accordé la faveur d'observer. Pour révéler ces phénomènes si extraordinaires il pourra, du reste, choisir son temps et la façon qu'il considérera comme la plus favorable ; mais plus il aura été favorisé, plus aussi ses devoirs seront grands. Je comprends qu'en apportant l'attestation des faits qu'il a observés, M. Livermore éprouve l'appréhension bien naturelle de se voir accusé d'avoir voulu tromper ou de s'être fait illusion, même lorsqu'il est certain de n'agir que dans le

---

(1) **Mais on put obtenir sa photographie, comme je le relaterai plus loin (voir p. 444) (G. D.).**

sens de la vérité la plus absolue. Je sais pertinemment qu'en venant apporter son témoignage, il considère que ce serait *proférer un vrai blasphème, commettre une odieuse trahison envers une cause sacrée*, que d'altérer, si peu que ce soit, la vérité par une omission ou une exagération quelconque, ou de la présenter sous un faux jour, pour produire plus d'effet.

Il est impossible d'admettre qu'il se soit laissé tromper par quoi que ce soit ayant un caractère d'imposture. Je connais Kate Fox depuis bien des années et j'affirme qu'elle est une des jeunes personnes les plus sincères et les plus loyales qu'il m'ait été donné de juger. Elle serait aussi incapable d'imaginer et de mettre à exécution un plan bien arrêté d'imposture, qu'il serait impossible à un enfant de dix ans de gouverner un grand pays.

Voici comment, en janvier 1867, s'exprimait sur son compte le docteur Gray, qui l'a intimement connue depuis sa plus tendre enfance : « Miss Fox, le médium, se conduit avec une inaltérable loyauté, faisant incontestablement tout ce qui est en son pouvoir, en toutes circonstances, pour donner à chacun des phénomènes qui se produisent la valeur la plus exacte et la plus nette. » Du reste, si elle avait été capable de commettre d'aussi odieuses impostures, les circonstances au milieu desquelles elle s'est trouvée eussent déjoué ses efforts. Chaque fois c'était M. Livermore qui choisissait le local qui devait servir aux séances, et souvent *c'était sa propre demeure. Toujours les portes et les fenêtres étaient scellées à la cire.* Au moment des manifestations les plus frappantes, il *s'assurait des mains du médium*. Enfin les séances furent poursuivies pendant *six années entières* et atteignirent le chiffre de *trois cent quatre-vingt-huit* au milieu des circonstances les plus variées, et il fut pris des notes sur chacune d'elles. Dans un cas semblable, soutenir la théorie d'une imposture aussi persistante serait commettre de gaîté de cœur la plus lourde absurdité.

Reste maintenant l'hypothèse de l'hallucination, que l'on a mise en avant, en désespoir de cause. Mais dans le cas présent, rien n'est plus insoutenable, M. Livermore étant un homme d'affaires dans le sens le plus rigoureux de ce mot. La plus grande partie de sa vie et jusqu'à ce jour même, il a été engagé dans des entreprises financières et industrielles de la nature la plus étendue, parfois même colossales, et toujours le monde des affaires l'a considéré comme à la hauteur de la situation et il les a constamment menées à bien. Pendant le temps même où il poursuivait ses observations spirites, il était à la tête de vastes opérations, qui nécessitaient une attention et comportaient des responsabilités de tous les instants.

Un tel homme n'a rien de commun avec le rêveur confiné dans son bureau, vivant hors du monde et ne connaissant rien en dehors de ses propres idées ; ce n'est pas un théoricien vouant toutes ses forces au triomphe d'un système favori et, quoique de convictions bien arrêtées, ce n'est pas un enthousiaste intolérant. Le docteur Gray, écrivant en 1861 dans un journal anglais, porte de lui ce témoignage : « En dehors de son amour bien connu pour la vérité, M. Livermore présente toutes les qualités qui font le témoin compétent, capable d'observer les phénomènes dont il nous transmet le récit, car il n'est à aucun degré sujet aux illusions ou aux hallucinations que l'on est toujours tenté d'admettre comme faisant partie de l'état de trance ou d'extase. Je le connais depuis qu'il est arrivé à l'âge adulte, et j'ai été appelé à lui donner des conseils comme médecin. Parmi mes nombreux clients ou parents, je ne connais personne qui soit moins exposé que lui à se laisser entraîner par les illusions de ses sens. »

Nous pouvons ajouter à cela que les faits ne reposent pas sur le seul témoignage de M. Livermore. Les attestations du docteur Gray et de M. Groute sont là pour confirmer les siennes. Tout récemment encore, en octobre 1871, j'ai causé avec ces deux Messieurs et ils m'ont affirmé, dans les termes les plus énergiques, *leur inaltérable conviction* au sujet *de la réalité des phénomènes et de l'exactitude de tout le récit qui en a été fait.*

Sur quelle théorie, sur quelles objections pourrait-on s'appuyer pour rejeter un tel ensemble de témoignages ?

Peut-on supposer que ces deux messieurs aient formé l'ignoble complot de tromper le monde par une imposture odieuse, dans le but de soutenir la sublime doctrine de l'immortalité ? Les séances *n'ont-elles* pas eu lieu ? Et, si elles ont eu lieu, est-il faux que des fantômes ont été vus, touchés, examinés pendant des mois et même des années successifs ? Ne doit-on voir qu'une fable mensongère dans le récit de leurs apparitions et de leurs disparitions répétées *des centaines de fois,* tantôt sous une lumière qui leur était spéciale, d'autres fois à la lumière terrestre ordinaire ! Ne les a-t-on pas vus flotter en l'air ; n'ont-ils pas, par centaines de fois, agi, fait des démonstrations, écrit des messages sans le secours d'aucune main humaine ? Et ce récit écrit jour par jour pendant six ans entiers, n'est-il qu'une mystification ?

Nous laissons à chaque lecteur le soin de répondre lui-même à ces questions. Pour moi je ne veux pas le cacher, je pense que celui qui ferait accepter telle hypothèse comme une raison suffisante de rejeter toutes ces preuves de la continuation de la vie dans un autre monde et de la possibilité, dans certaines conditions, d'établir des communications entre ces deux mondes, celui-là établirait un précédent qui, s'il était suivi avec rigueur, supprimerait toute confiance dans le témoignage des hommes.

En octobre 1871, j'ai donné connaissance de ce chapitre à M. Livermore, qui a confirmé de tout point sa rigoureuse exactitude. J'avais auparavant reçu de lui la note suivante qu'il m'a permis de publier :

New-York, 5ᵉ Avenue.
26 juillet 1871.

Mon cher ami,

Je vous autorise à citer des extraits du journal que je vous ai lu et qui contient les faits que j'ai observés de 1861 à 1866. Mais pour éviter tout malentendu, je désire, en vous donnant cette autorisation, vous soumettre quelques remarques.

Lorsque j'ai commencé ces recherches, j'étais un sceptique absolu. Elles furent entreprises uniquement pour ma satisfaction personnelle et nullement avec le désir ou la pensée de leur donner la moindre publicité.

Après une observation aussi complète que scrupuleuse, je trouvai, à ma grande surprise, que les phénomènes annoncés étaient bien réels. Voici les conclusions auxquelles j'arrive après dix ans d'études dans les conditions les plus favorables et souvent avec le concours d'hommes de science.

Premièrement. — En présence de certains sensitifs, au système nerveux très développé, il se révèle une force mystérieuse, capable de déplacer les corps pesants et indiquant l'intervention d'une intelligence.

Par exemple, un crayon écrit intelligemment et répond avec exactitude à des questions, sans l'action d'aucune main humaine, d'aucun agent visible et manifestement par sa seule volonté.

Deuxièmement. — Sous l'influence de la même force, il se produit des formations temporaires, de consistance matérielle, tombant sous nos sens, animées par cette même force mystérieuse et dont la disparition est aussi incompréhensible que l'apparition.

Par exemple : Des mains qui saisissent avec la force d'organes vivants ; des fleurs qui émettent des parfums et peuvent être tenues à la main ; des formes humaines complètes ou partielles ; des figures aux traits reconnaissables ; la représentation de vêtements et objets divers.

Troisièmement. — Cette force et les phénomènes qu'elle produit se développent à un degré plus ou moins considérable, suivant les conditions physiques ou morales des sensitifs et, dans une certaine mesure, suivant les conditions atmosphériques.

Quatrièmement. — L'intelligence qui gouverne cette force est, dans des conditions bien déterminées, indépendante et étrangère à l'esprit des sensitifs aussi bien qu'à celui des investigateurs.

Par exemple : Il a été répondu correctement à des questions sur des sujets inconnus des uns comme des autres, et souvent dans une langue qu'ils ne connaissent pas davantage.

La source de ces phénomènes reste à établir.

Vous pouvez considérer tous ces récits comme absolument dépourvus de toute exagération jusque dans leurs moindres détails.

Croyez-moi bien votre sincèrement dévoué.

C. F. Livermore.

Je pense qu'il est inutile de faire ressortir ce que ce récit a de probant, en même temps que l'impossibilité de supposer une supercherie de la part du médium dans les conditions décrites ; elle est encore plus inadmissible venant d'un homme aussi sérieux que M. Livermore, puisque ses affirmations sont confirmées par deux autres témoins compétents, honorables et dont l'un était primitivement incrédule.

Je tiens à faire remarquer qu'en Amérique, aussi bien qu'en Europe, des observateurs étrangers les uns aux autres sont arrivés à faire des constatations semblables, en ce qui concerne le développement des phénomènes. Tout d'abord, l'obscurité totale est indispensable. Puis, lorsque les expériences se poursuivent, quand les rapports réciproques des assistants et des êtres invisibles deviennent plus intimes, que les conditions physiques favorisant la réussite des matérialisations sont mieux connues des opérateurs spirituels, on peut les voir avec une lumière qu'ils fabriquent eux-mêmes et, enfin, les apparitions acquièrent assez de consistance pour supporter une clarté d'origine terrestre. La même progression systématique a été constatée chez le colonel Devoluet, chez Mme Bablin, chez M. Reimers et dans tous les autres milieux où l'on est parvenu à de bons résultats. Ces remarques nous prouveraient encore, si cela était nécessaire, que nous ne sommes pas en présence de phénomènes capricieux, produits arbitrairement par des êtres surnaturels, mais que les matérialisations, comme toutes les autres manifestations de la nature, obéissent à un déterminisme invariable. Les spirites n'ont donc fait que de se conformer aux ordres qui leur ont été imposés, et n'ont pas recherché l'obscurité, pas plus qu'ils n'ont choisi les autres conditions de l'expérience.

Nous avons vu dans la narration précédente que, très souvent, Estelle écrivit, sur des cartons apportés par M. Livermore lui-même, de nombreuses communications. Le fait à retenir, c'est que l'écriture de ces communications était *identique* à celle d'Estelle lorsqu'elle vivait ici-bas ; de cette similitude, résulte un des plus puissants arguments en faveur de la survivance.

LES COMMUNICATIONS ÉCRITES D'ESTELLE LIVERMORE

L'écriture est, sans contredit, un critérium excellent de la personnalité, car chacun de nous possède une manière particulière de dessiner les lettres et de les assembler, qui reste à peu près constante pendant tout le cours de l'existence. C'est là un fait généralement admis ; il n'est pas difficile de comprendre pourquoi le graphisme est un phénomène si individuel qu'il constitue, pour ainsi dire, une photographie de l'individualité psychique et qu'il soit très difficile de le simuler, sinon à la suite de tentatives laborieuses et réitérées. Je vais en indiquer rapidement la raison.

Malgré les travaux innombrables des psychologues et des physiologistes, la production de la pensée reste encore un phénomène *sui generis* inexplicable, en dépit de toutes les hypothèses matérialistes, monistes, etc. Le seul point acquis : c'est que le cerveau est l'instrument de la pensée, et que certaines de ses parties sont spécialisées, les unes pour recevoir les sensations, les autres pour le mécanisme idéo-moteur, tandis que des territoires différents des premiers sont affectés au travail proprement psychique. Bien que la trame nerveuse ne soit que l'aspect matériel du périsprit, adoptons cette classification et voyons ce qui se passe lorsque l'on écrit.

Cet acte exige la participation d'une prodigieuse quantité d'éléments nerveux, depuis les cellules corticales où naissent les vibrations qui correspondent à l'élaboration de la pensée, jusqu'aux nerfs qui actionnent les muscles produisant les mouvements nécessaires au tracé des signes. Or pour apprendre à écrire, il a été indispensable de discipliner ces éléments divers, de leur imposer une coordination de leurs activités spéciales, de créer, comme le dit M. Ribot (1), des *associations dynamiques* secondaires, et l'on n'y arrive que par des exercices prolongés, par des répétitions sans nombre des mêmes actes, de manière que le mouvement, difficile d'abord, devienne par la suite plus aisé, puis rapide, puis enfin à ce point machinal qu'il soit presque automatique. Mais si tous les organismes humains se composent des mêmes éléments, il n'en est pas moins vrai que ceux-ci ne sont pas identiques en chacun des individus, et que mille causes internes ou externes agissent sans arrêt pour les différencier, de sorte que ce qui caractérise essentiellement l'individualité, c'est justement la manière propre que nous possédons de sentir et de réagir, et l'écriture est une des manifestations typiques de cette idiosyncrasie.

Si donc nous constatons qu'un fantôme possède exactement la même écriture que celle de l'être jadis vivant qu'il représente, il faudra en conclure que celui-ci a survécu et, de plus, qu'il a conservé dans l'espace *le même mécanisme psycho-physiologique* par lequel il extériorisait graphiquement ses pensées lorsqu'il était sur la terre. C'est un argument de premier ordre en faveur de l'identité du fantôme, car il est bien certain qu'un médium, même si on voulait le supposer doué de la faculté de lire dans le cerveau d'un assistant, pour y découvrir l'image des caractères de l'écriture d'un être défunt, ne pourrait pas faire reproduire cette écriture par le fantôme, cette imitation demandant une étude longue et difficile pour être réussie, alors qu'elle se produit du premier coup avec toute sa perfection.

Il est un second critérium non moins infaillible : c'est le style. La phraséologie de chacun de nous n'est pas celle de notre voisin. Pour exprimer ses idées, chaque homme possède un vocabulaire qui lui est spécial ; il classe ses pensées dans un ordre particulier, et les différences individuelles sont assez grandes pour qu'on puisse distinguer les écrivains les uns des autres, même sans connaître leurs noms, par la seule analyse de leurs compositions. Les philologues et les exégètes nous donnent chaque jour des preuves de cette divination, basée sur l'étude grammaticale et

---

(1) Ribot, *les Maladies de la mémoire*, pp. 15 et suiv.

logique des textes. Le problème est de beaucoup simplifié lorsqu'il s'agit d'un être que nous avons connu intimement. Nous sommes habitués à ses expressions familières, à ses tournures de phrases, à ses jugements sur tel ou tel sujet, de sorte qu'il serait presque impossible pour un étranger de pasticher complètement son style et ses impressions. Lorsque ces deux éléments d'appréciation sont réunis, il est certain que la preuve est concluante au suprême degré et qu'elle impose la conviction.

Précisément, dans le cas d'Estelle Livermore, la preuve manuscrite a été fournie avec une abondance qui a permis d'en faire une étude complète. Là aussi, on s'est trouvé en présence de messages *écrits en français*, langue qu'Estelle Livermore possédait parfaitement, alors que Kate Fox n'en connaissait pas le premier mot. C'est encore un argument capital en faveur de l'indépendance intellectuelle de l'apparition vis-à-vis de son médium, de sorte que tous les faits accumulés dans cet exemple mémorable sont dignes d'en faire le cas classique par excellence. M. Coleman a reproduit dans le *Spiritual Magazine* des *fac-similés* des cartes écrites directement par Estelle, sous les yeux de son mari, et je ne puis mieux faire que de reproduire le récit qu'il en a publié, en se servant des lettres que M. Livermore lui adressait. Aksakof les résume de la manière suivante (1) :

Les communications furent toutes — au nombre d'une centaine — reçues sur des cartes que M. Livermore marquait et apportait lui-même, et furent toutes écrites non par le médium (dont M. Livermore tenait les mains pendant toute la séance), mais directement par la main d'Estelle et quelquefois même sous les yeux de M. Livermore, à la lumière spiritique créée *ad hoc*, lumière qui lui permettait de reconnaître parfaitement la main et même toute la figure de celle qui écrivait. L'écriture de ces communications (dont je donne ici (fig. 29) un spécimen emprunté au *Spiritual Magazine*) est une *parfaite reproduction* de l'écriture de Mme Livermore vivante.

Dans une lettre de M. Livermore à M. Coleman, de Londres, dont il avait fait la connaissance en Amérique, nous lisons : « Nous venons enfin d'obtenir des lettres datées. La première de ce genre, datée du vendredi 3 mai 1861, était écrite très soigneusement et très correctement et l'identité de l'écriture de ma femme a pu être

---

(1) AKSAKOF, *Animisme et Spiritisme*, pp. 547 et suiv.

442 LES APPARITIONS MATÉRIALISÉES

établie *d'une façon catégorique par des comparaisons minutieuses ; Le style et l'écriture* de « l'esprit » sont pour moi des *preuves positives* de l'identité de l'auteur, même si on laisse de côté les autres preuves, encore plus concluantes, que j'ai obtenues. » Plus tard,

Fig. 29. — A gauche, écriture de l'esprit de Franklin ; à droite, celle de l'esprit d'Estelle Livermore. Reproduction d'après la gravure du *Spiritual Magazine*, faite sur les originaux (1).

dans une autre lettre, M. Livermore ajoute : « Son identité a été établie de façon à ne laisser subsister l'ombre d'un doute : d'abord

---

(1) Je prie mes lecteurs d'excuser cette mauvaise reproduction, mais elle a été faite d'après des exemplaires détériorés du journal anglais et j'ai tenu à ce que les clichés ne fussent pas retouchés.

par son apparence, ensuite par son écriture et enfin par son *individualité mentale*, sans parler de nombreuses autres preuves qui seraient concluantes dans les cas ordinaires, mais dont je n'ai pas tenu compte, sauf comme preuves à l'appui. »

M. Livermore, en envoyant une de ces communications originales à M. Coleman, lui avait envoyé aussi des spécimens de l'*écriture d'Estelle de son vivant*, pour comparer, et M. Coleman trouve les premières « *absolument semblables à l'écriture naturelle* » (B. Coleman, *le Spiritualisme en Amérique*, Londres, 1861, pp. 30, 33, 35.) Deux fac-similés de ces communications écrites sont joints à cette brochure et on les retrouve dans le *Spiritual Magazine* de 1861, où les lettres de M. Coleman parurent d'abord. Ceux qui possèdent des lettres de Kate Fox peuvent s'assurer *que leur écriture n'a rien de commun avec celle des communications de M. Livermore*.

Outre cette preuve intellectuelle et matérielle, nous en trouvons encore une autre dans plusieurs communications écrites par Estelle *en français, langue complètement inconnue du médium*. Voici à ce sujet le témoignage décisif de M. Livermore : « Une carte, que j'avais apportée moi-même, fut enlevée de ma main et, après quelques instants, elle me fut visiblement rendue. J'y lus un message admirablement écrit *en pur français* dont Mlle Fox ne connaissait pas un mot. » (Owen, *Debatable Land*, Londres, 1871, p. 390). Et dans une lettre de M. Livermore à M. Coleman je lis encore : « J'ai aussi reçu, il n'y a pas longtemps, plusieurs autres cartes écrites en français. Ma femme connaissait très bien le français ; elle l'écrivait et le parlait correctement, tandis que Mlle Fox n'en n'avait pas la moindre notion. » (*Le Spiritualisme en Amérique*, p. 34.) Nous trouvons ici une *double preuve d'identité* : elle est constatée non seulement par l'écriture en tous points semblable à celle de la défunte, mais encore dans une langue inconnue du médium. Le cas est extrêmement important et présente à nos yeux une preuve d'*identité absolue*.

On soutiendra difficilement que les écritures si différentes de Franklin et d'Estelle émanent de la même main, car il existe une trop grande divergence dans le dessin des lettres et dans la manière dont elles sont assemblées pour qu'on puisse s'y tromper. Voilà encore une raison pour être persuadé que ce n'était pas le double transfiguré de miss Kate Fox qui aurait été l'auteur de ces écrits.

Il faudrait plaindre ceux à qui de telles preuves ne sembleraient pas suffisantes, car il serait impossible de croire à l'identité de ceux que nous avons le mieux connus, si le témoignage de la vue, la reconnaissance cent fois faite de la forme extérieure d'Estelle, complétée par celle de son écriture, par l'appréciation de son style, de ses idées, de sa mémoire des faits terrestres passés, ne suffisaient pas à démontrer sa survivance. Pour moi, chaque fois que la résurrection de la forme terrestre se complètera par celle de l'intelligence, je verrai dans ces phénomènes des preuves sans répliques de l'immortalité, car ce sont les seuls critériums qui nous assurent de l'existence de nos contemporains et ils ont suffi jusque-là à tous les gens sensés.

LA PHOTOGRAPHIE SPIRITE D'ESTELLE

Le dernier refuge du scepticisme aux abois serait que M. Livermore lui-même fut le créateur inconscient de la forme de sa femme. Le médium aurait puisé dans sa subconscience tous les éléments physiques de la personnalité d'Estelle et les aurait matérialisés, soit par une transfiguration de son double, soit par une création véritable. Ces hypothèses ne s'appuient sur aucune démonstration, sur aucun fait bien constaté, ce qui leur enlève toute valeur, d'autant plus que M. Livermore et le médium *étaient à l'état de veille*, et que le phénomène de l'écriture ne peut pas s'expliquer de cette manière, et encore moins les messages en français, puisque j'ai montré que l'imitation instantanée d'un texte, même connu, est matériellement impossible, à plus forte raison l'emploi judicieux d'une langue étrangère.

Ces remarques acquièrent une importance encore plus grande lorsque l'on constate que l'esprit d'Estelle Livermore s'est manifesté quelques années plus tard, dans un autre milieu, en donnant son portrait, grâce à la médiumnité de Mumler. Je rappelle que Bertie, le fantôme de M. Reimers, prouva de la même manière qu'il avait une existence indépendante, en se faisant photographier en l'absence de son médium. Dans ces conditions, on ne pourra plus soutenir qu'il n'y avait pendant les séances qu'un être temporaire, animé d'une vie fictive et factice, qu'il n'aurait due qu'à l'activité du médium.

On ne doit pas ignorer que le photographe américain Mumler

fut accusé de supercherie ; mais, après une enquête approfondie, les juges l'acquittèrent, car aucune preuve ne put être fournie de la culpabilité de ce puissant médium. Une quantité de témoins, sous la foi du serment, affirmèrent avoir obtenu des portraits de leurs parents ou amis décédés, que Mumler n'avait jamais connus, et il serait insensé d'imaginer qu'il aurait pu se procurer les éléments nécessaires pour simuler ces portraits, car, dans presque tous les cas, et il y en a plusieurs centaines, c'était la première fois que le médium voyait ses clients. Pour en revenir à M. Livermore, voici un résumé de sa déposition devant le tribunal (1) :

M. Ch. F. Livermore. — Je demeure n° 227, 5e Avenue. J'ai été membre de la maison de commerce Livermore, Clewet et Cie. Je connais Mumler depuis le mois de mars dernier. J'allai chez lui *à la demande de mes amis d'Angleterre*, qui m'avaient chargé de prendre des renseignements sérieux au sujet des manifestations spirites.

D. — Allâtes-vous comme un sceptique ?

R. — *Oui* ; je dis à Mumler que je désirais avoir une photographie spirite, afin de voir par moi-même s'il y avait quelque chose de réel. » Le témoin raconte les expériences qu'il a faites, les précautions dont il s'est entouré ; comme il a étudié la physique et la chimie, il est capable de se rendre un compte exact. Il n'a rien découvert de frauduleux et a *obtenu sa femme dans différentes poses*. L'une la représente tenant une branche de fleurs au-dessus de la tête de son mari.

Bien que cela sorte un peu du sujet actuel, je ne résiste pas au désir de citer encore une autre déposition, qui donnera une idée des affirmations qui furent apportées devant le tribunal :

M. David A. Hopkins. — Je suis un manufacturier de machines pour chemins de fer ; j'ai connu l'accusé Mumler, chez lui, où j'allais faire faire mon portrait. M. Guay (l'employé de Mumler) auquel je demandai si j'étais assuré, en posant, d'obtenir une photographie spirite, me répondit qu'il ne garantissait jamais cette chose à qui que ce soit ; un instant après, je fis la même question à Mumler qui me répondit dans le même sens. Je posai et j'obtins la photographie d'une dame que *je reconnus pour une personne de ma connaissance, morte il y a quelque temps*. Je croyais Mumler *un filou*

(1) *Spiritual Magazine*, juin 1869. Traduction française in *Revue Spirite*, 1875, p. 365.

et je le surveillais en conséquence ; mais rien ne put me faire découvrir la moindre fraude. J'ai montré le portrait que j'ai obtenu à ma *famille, à celle de cette dame, à ses amis, à ses voisins et tous l'ont reconnu parfaitement...*

Ces déclarations établissent qu'on se trouvait en présence d'un portrait nettement précis, parfaitement identifié par tous ceux qui le virent, et qu'aucune supercherie n'était supposable.

Voici maintenant ce qu'Aksakof écrit au sujet de cette photographie d'Estelle :

La cessation des manifestations d'Estelle par la voie de la matérialisation présente un rapprochement remarquable avec la cessation de l'apparition de Katie King (que nous étudierons plus loin). Nous lisons dans Owen : « C'est à la séance n° 388, le 2 avril 1866, que la forme d'Estelle apparut pour la dernière fois. De ce jour, M. Livermore n'a plus revu la figure bien connue de lui, quoi qu'il ait reçu, jusqu'à ce jour où j'écris (1871), de nombreux messages pleins de sympathie et d'affection. (*Debetable Land*, p. 398.)

Je ferai observer que cette cessation des apparitions matérialisées est encore, suivant moi, une preuve que le fantôme n'est pas produit par le médium, car, toutes les circonstances étant les mêmes, on n'obtient plus de manifestations visibles de l'esprit qui s'est montré si souvent, bien qu'elles soient ardemment désirées par tous les membres du cercle et par le médium. Celui-ci aurait-il perdu subitement son pouvoir ? Nullement, car il peut encore servir à produire l'apparition d'autres esprits. Dans ces conditions, il me semble évident que la personnalité d'Estelle était indépendante, volontaire, autonome, et elle le prouve encore en se faisant photographier, alors que miss Fox n'était pas là, par l'intermédiaire de Mumler. Revenons à notre citation :

C'est ainsi qu'Estelle ne pouvant plus se manifester par une matérialisation visible, se manifesta encore par une manifestation invisible, la seule de ses manifestations d'un genre plus raffiné qui soit parvenu à la connaissance du public et qui complète pour nous l'expérience précieuse de M. Livermore. Je parle des photographies transcendantales d'Estelle, qui furent obtenues par M. Livermore en 1869.

A l'époque où ces séances eurent lieu, il n'était pas encore d'usage d'avoir recours aux empreintes, moules et photographies pour constater l'objectivité des matérialisations; quand M. Livermore entendit parler des photographies spirites de Mumler, *il n'y crut pas*, et prit toutes les précautions possibles pour le confondre. Nous avons là-dessus sa propre déposition devant le tribunal lors du procès de Mumler, reproduit dans le *Spiritual Magazine* (1869, pp. 252-254). Il fit deux essais avec Mumler : au premier une figure apparut sur le négatif à côté de M. Livermore, figure qui fut ensuite *reconnue par le docteur Gray* comme un de ses parents ; à la seconde fois, *il y eut cinq expositions de suite et pour chacune M. Livermore avait pris une autre pose*. Sur les deux premières plaques il n'y eut que des brouillards sur le fond ; sur les trois dernières apparut Estelle, de plus en plus reconnaissable et dans *trois poses différentes*. « *Elle fut très bien reconnue*, dit M. Livermore, non seulement *par moi, mais par tous mes amis.* » Sur une question du juge, il déclara qu'il possédait chez lui plusieurs portraits de sa femme, « mais pas sous cette forme ». Nous avons un nouveau témoignage de ce fait dans les paroles suivantes, prononcées par M. Coleman à une des conférences des spirites de Londres, sur les photographies des esprits. « M. Livermore m'a envoyé le portrait de sa femme ; il voulait *donner un démenti* au fait de la photographie spirite et se rendit auprès de Mumler dans ce but ; il prit une autre pose immédiatement avant que l'obturateur de la chambre obscure fût enlevé, pour prévenir tout préparatif frauduleux de la part de Mumler à l'effet de faire apparaître sur le négatif une figure d'esprit en rapport avec sa pose primitive. M. Livermore ne montre aucun enthousiasme à faire connaître ces faits et ne vint au tribunal que pour témoigner, et cela sur la prière instante du juge Edmonds. »

Il y a un demi-siècle, on ne connaissait pas encore ces radiations invisibles qui peuvent agir sur la plaque photographique d'une manière analogue à celle de la lumière. Aujourd'hui, les radiations ultra-violettes, certains rayons émanant des substances radio-actives, etc., nous ont familiarisés avec cette possibilité, mais à l'époque où vivait M. Livermore, alors que le corps fluidique de l'âme ne s'était pas encore révélé dans toutes ses modalités, il était permis d'être incrédule au sujet de la possibilité de reproduire une image invisible ; c'est pourquoi nous voyons le positif M. Livermore, fort sceptique, ne se prêter aux expériences que pour satisfaire ses amis anglais.

Les précautions prises, les changements dans la position d'Estelle sur les trois photographies détruisent une autre hypothèse :

celle que les images ainsi reproduites seraient des « clichés astraux », c'est-à-dire des formes fluidiques existant dans l'espace, comme des images persistantes des êtres qui ont vécu sur la terre. Les changements voulus de la forme d'Estelle, avec une branche de fleurs au-dessus de la tête de son mari, indiquent un être agissant et non un reflet spirituel, une image virtuelle qui subsisterait pendant très longtemps, en vagabondant dans l'espace, et qui se serait trouvée là, juste à point nommé, pour impressionner la plaque de Mumler. Avec toute la bonne volonté possible, on n'imaginera pas non plus que le grave M. Livermore aurait été l'auteur inconscient de cette image, ainsi agrémentée, puisqu'il ne croyait même pas à la possibilité du phénomène.

D'où venait donc alors cette forme, qui n'était dans la pensée de personne ?

L'ensemble de ces phénomènes est la démonstration la plus claire et la plus positive de l'immortalité de l'âme. Les faits nous obligent de constater que l'individualité totale, physique et intellectuelle d'Estelle Livermore, n'a pas été détruite par la mort et bien que son corps charnel fût décomposé, son moi a survécu avec d'autres modalités d'existence, mais aussi réel, aussi vivant qu'il le fut jamais sur la terre. C'est la vérité grandiose qui se dégage du phénomène spirite et qui, radieuse, s'imposera souverainement dans l'avenir, au fur et à mesure que se multiplieront nos rapports avec l'humanité supra-terrestre.

L'incrédulité aux abois a imaginé, en désespoir de cause, de supposer que, n'importe comment, consciemment ou non, si une apparition se fait voir, c'est que le modèle en est pris parmi quelqu'un de l'assistance. Mais le phénomène est si varié, si multiple, si imprévu, qu'on croirait que les intelligences agissantes ont voulu répondre à toutes les objections, même à celles qui sont le moins fondées. En voici un exemple. Cette fois-ci, personne ne connaissait le fantôme et, cependant, il a pu être identifié. Examinons donc attentivement ce fait remarquable.

L'HISTOIRE DE SVEN STROMBERG

Mme d'Espérance, dans une conférence à l'*Alliance spirite anglaise* (1) a raconté le cas suivant, dans lequel un Esprit totalement inconnu de tous les assistants a pu se matérialiser suffisamment pour être photographié. Dans cet exemple, il est certain absolument que ni le médium ni les expérimentateurs n'ont pu intervenir psychiquement pour créer l'être reproduit par la plaque sensible, et comme son nom et les détails donnés ont été exacts de tous points, que les garants du phénomène sont des hommes comme le professeur Boutlerow, Aksakof, M. Fidler, aucun doute ne peut rester sur la réalité de cette manifestation remarquable. Voici le récit détaillé de tous les incidents.

Pour montrer, dit Mme d'Espérance, la difficulté qu'on éprouve souvent à obtenir les preuves de l'identité d'un esprit et à vérifier les déclarations qui nous viennent de l'au-delà, je vais vous citer un cas qui m'est arrivé avec quelques-uns de mes amis. Mention en a été faite, d'une façon brève, dans l'ouvrage *Au pays de l'Ombre.*
C'était en 1890, le 3 avril, à 10 heures du matin. J'étais au bureau de la maison de commerce dont j'ai déjà parlé, où j'écrivais des lettres d'affaires qui devaient être mises à la poste avant midi. Je venais de mettre la date sur une feuille de papier et d'écrire l'entête quand, soudain, je fus arrêtée par l'orthographe d'un nom. En reprenant ma plume, je m'aperçus que ma main avait, de son propre mouvement, écrit en grandes lettres, bien distinctes, « Sven Stromberg » et qu'elle avait ainsi gâté la feuille que j'avais commencée. C'était évidemment un nom suédois, mais qui m'était tout à fait inconnu. J'étais un peu contrariée de cet incident, j'avais beaucoup à écrire avant l'heure de la poste; je jetai cette feuille de côté et en recommençai une autre, n'y pensant plus jusqu'au moment où, le courrier ayant été expédié, je mis de l'ordre dans mon bureau et retrouvai la feuille de papier sur laquelle était écrit ce nom étrange. Je l'examinai de nouveau et demandai aux commis s'ils ne connaissaient pas quelqu'un du nom de « Sven Stromberg », mais personne ne put me renseigner. Plus tard, dans la journée,

(1) Voir *Light*, 21-28 janvier et 4 février 1905. Traduction française dans la *Revue scientifique et morale du Spiritisme*, mai 1905, p. 657. — Consulter le livre : *Au pays de l'Ombre*, p. 257 et *Medium and Daybreak*, 21 avril 1893. Une brochure contenant le récit complet de ce cas a été publiée en Allemagne et en Scandinavie sous le titre : *Les morts sont vivants.*

ie fis mon rapport journalier pour M. Fidler qui était en Angleterre, et j'y fis mention de l'incident. Ce rapport fut copié au registre, comme il est fait des autres lettres. Je mentionne ce détail parce que la date y est inscrite et qu'ainsi il est impossible d'en douter. Le copie de lettres où l'incident est inscrit et le papier daté sur lequel le nom fut écrit ont été conservés.

Deux mois après, l'honorable Alexandre Aksakof, le professeur Boutlerow et quelque autres amis russes vinrent nous rendre visite. M. Fidler était revenu en Suède ; nous étions en pourparlers pour essayer de photographier des formes spirites matérialisées, et nous étions occupés à prendre les dispositions nécessaires pour réussir. Notre vieil ami spirite « Walter » (1) témoigna le désir de nous aider et nous discutâmes ensemble nos plans avec lui.

Pendant l'une de ces séances préliminaires, « Walter » écrivit :
« Il y a là un homme, nommé « Stromberg » qui désire faire dire à sa famille qu'il est mort. J'ai oublié de vous le dire avant. Il mourut, je crois, dans le Wisconsin, le 13 mars, et demeurait dans le Jemtland. Y a-t-il un tel endroit ? Quoi qu'il en soit, il est mort et il veut qu'on le sache chez lui, il avait une femme et une demi-douzaine de petits enfants. »

Ceci n'avait aucun intérêt pour nous, excepté pour M. Fidler qui dit : « Je me demande si c'est le Stromberg qui a écrit son nom sur une feuille de papier dans mon bureau, il n'y a pas longtemps. S'il est mort dans le Jemtland, il faut qu'il nous donne l'adresse de sa femme. — Non, fut-il répondu, il mourut en Amérique, mais sa famille habite le Jemtland. — Très bien, répliqua M. Fidler, donnez-moi leur adresse et je leur écrirai ». Le lendemain, toutes les préparations pour les expériences proposées furent achevées, mais il se faisait déjà tard et il fut impossible d'avoir une séance le soir. Toutefois M. Boutlerow, qui devait être le photographe, dit qu'il désirait faire l'essai de la lumière et s'assurer que tout marchait bien; nous nous rendîmes donc tous à la chambre où la séance devait avoir lieu, pour assister à l'épreuve.

UNE PHOTOGRAPHIE SPIRITE INATTENDUE

M. Boutlerow me pria alors de prendre ma place habituelle, afin qu'il pût mettre son appareil au point, ce que je fis ; quant aux autres, les uns s'assirent, les autres restèrent debout. On éteignit les lampes, puis on exposa la plaque et on éclaira la chambre à la lumière du magnésium. Au même moment, je sentis distinctement quelque chose me toucher la tête ; mais avant que j'eusse le temps

---

(1) Un des guides spirituels du médium.

de parler, quelqu'un s'écria : « Il y avait une figure d'homme derrière vous ! » et tous de dire : « Et moi aussi je l'ai vue. — Je sentis en effet quelque chose, ajoutai-je, mais je ne le vis pas. »

Comme de raison, nous attendîmes avec impatience que la plaque fût développée et nous donnât une empreinte : et nous pûmes alors constater, en effet, qu'il y avait derrière moi une figure d'homme, calme et paisible, qui faisait contraste avec la mienne, car la lumière vive m'avait fait faire des grimaces. Personne cependant ne prit grand intérêt à cette photographie, excepté M. Fidler, tous les autres étant trop absorbés par leurs expériences. M. Fidler demanda à Walter s'il connaissait l'homme qui venait d'être photographié.

— « Oui, répliqua « Walter », c'est bien le Stromberg dont je vous ai parlé. Ce n'est pas dans le « Wisconsin » qu'il est mort, mais à « New-Stockholm » et ce fut le 31 mars et non le 13 ; je sais qu'il y avait un 3 et un 1, mais je ne savais pas comment ces chiffres étaient placés ; sa famille demeure à « Strœm Stocking » ou un nom semblable à celui-là, dans le Jemtland. Il quitta de là en 1886, d'après ce qu'il m'a dit, se maria et eut trois enfants — et non pas six — puis il mourut respecté et pleuré par tous.

— Eh bien, que désire-t-il que je fasse ? Enverrai-je sa photographie à sa femme ? demanda M. Filder.

— Comme vous êtes singulier ! répliqua Walter. Je vous ai dit que sa famille dans le Jemtland ne sait pas qu'il est mort ; sa femme le sait, je crois, et il désire que tous le sachent ainsi que tout ce qui concerne les regrets et le respect.

— C'est à la femme à le leur dire, dit M. Fidler, mais si cela lui est agréable, j'écrirai ou du moins je prendrai des informations.

— Je vous remercie, je le lui ferai savoir. Il dit que tout le monde le connaissait ; de sorte que je pense que si vous envoyez la photographie au Jemtland, vous aurez des nouvelles. Envoyez-la à sa femme, si vous voulez. C'est tout à fait un étranger pour moi, mais le pauvre diable pense qu'on sera content d'avoir de ses nouvelles. »

Le jour suivant, M. Fidler tint sa promesse et écrivit au curé de Strœm, dans le Jemtland, pour demander si un homme du nom de Sven Stromberg avait demeuré dans sa paroisse et avait émigré pour l'Amérique vers 1886 ; et, dans l'affirmative, de lui donner les noms et adresses de quelques-uns de ses parents. En même temps, M. Fidler chercha sur la carte s'il s'y trouvait un endroit nommé New-Stockholm, mais il n'y était pas. Il se rendit aux bureaux des diverses agences d'émigration pour prendre des renseignements ; on n'y connaissait pas d'endroit de ce nom. Il écrivit ensuite à un ami, le consul de Suède à Winnipeg, dans le Canada, lui racontant l'histoire et le priant de se renseigner sur l'existence d'un endroit nommé « New-Stockholm ». Après que cette lettre eût été envoyée, une réponse du curé vint de Strœm disant qu'il n'y avait trouvé personne de ce nom ayant jamais vécu dans la paroisse. Il y avait un certain « Sven Ersson » qui était marié et était parti pour l'Amérique à peu près vers cette époque, et il y avait même plusieurs autres « Svens », mais jamais il n'y eu un « Sven Stromberg ». Cette lettre, concurremment avec le fait que personne n'avait entendu parler d'un endroit nommé « New-Stockholm », semblait montrer, d'une manière évidente, que quelqu'un avait voulu s'amuser et je conseillai à M. Fidler de laisser tomber l'affaire ; mais on ne put pas faire revenir la lettre adressée au consul Ohlén.

PREUVE DE L'IDENTITÉ DE L'ESPRIT

Du temps s'était écoulé depuis, quand, un jour, le facteur apporta un journal du Canada. En l'ouvrant, les premiers mots que M. Fidler aperçut furent « New-Stockholm » comme en-tête d'un article sous lequel étaient tracées les initiales A. S.

Entre temps, le consul Ohlén avait reçu la lettre de M. Fidler. Le consul n'était pas spiritualiste, ni même bien disposé pour le spiritualisme ; mais c'était un ami de M. Fidler et il se mit à prendre les renseignements nécessaires. Il y eut ensuite une longue correspondance échangée et le consul Ohlén vint du Canada pour faire des recherches. — « A. S. » à qui M. Fidler avait écrit, fournit aussi beaucoup de renseignements, desquels il résulta que Sven Ersson, de la paroisse de Strœm Locken (dans le Jemtland), Suède, avait épousé Sarah Kaiser et avait émigré au Canada où il avait pris le nom de « Stromberg ».

C'est une chose très commune, parmi les paysans de la Suède, de changer de nom, parce qu'ils n'ont pas de nom de famille. Si un homme du nom de « Jean » a un fils baptisé du nom de « Carl », Charles, l'enfant est toujours connu après sous le nom de « Carl Johnson » ou Carl (Charles) le fils de John (Jean). Si l'enfant se nomme Mary (Marie), on ne la connaîtrait pas sous le nom de « Mary Johnson » mais « Mary Johnsdaughter » (Marie la fille de Jean). Par conséquent, dans un pays neuf, on évite la confusion par l'adoption d'un nom de famille.

« Sven Ersson » prit donc le nom de son lieu de naissance, comme nom de famille, quand il alla au Canada et devint « Sven Stromberg », il acheta du terrain en 1887, dans un pays nommé « New-Stockholm » ; il eut trois enfants, et mourut dans la nuit du 31 mars 1890.

On interrogea sa femme ainsi que son médecin et le prêtre qui étaient présents à l'heure de sa mort. Sa femme et le prêtre dirent qu' « une des dernières demandes du mourant fut qu'on informât ses amis en Suède de sa mort ». Mais, on ne l'avait pas fait.

La lettre avait été écrite ; mais, par suite de différentes causes dont la plus importante était que le bureau de poste était à vingt-quatre milles de là, la lettre n'avait pas été envoyée.

Les lettres de M. Fidler avaient fait un tel bruit, que la pauvre femme fut assiégée d' « interviewers » de différentes villes, et devint si effrayée et si désolée qu'elle se mit en route pour « Whitewood », où était le bureau de poste, afin d'envoyer en Suède les lettres qui avaient été retardées. Quand les nouvelles arrivèrent à Strœm, dans le Jemtland, le curé écrivit de nouveau à M. Fidler pour lui donner tous les détails qu'il avait, du reste, déjà reçus du consul Ohlén, de l'ecclésiastique du Canada et de « A. S. ». Bref, *toute l'histoire fut confirmée*. Plusieurs *reconnurent la photographie*, car elle avait été envoyée à Strœm et affichée dans un bureau public ou une sacristie qui sert d'hôtel de ville dans une paroisse suédoise, avec prière que toutes les personnes qui la reconnaîtraient y inscrivissent leur nom. Elle fut renvoyée *avec plusieurs signatures et remarques*, quelques-unes faisant allusion à la moustache qu'il portait et qu'on ne lui avait pas vue, quand il était jeune homme, avant son émigration.

LE FAIT RECONNU

Les recherches que fit M. Fidler durèrent un an, mais elles furent complètes.

Toute la correspondance, ainsi que les certificats, les déclarations et les attestations des diverses personnes préposées aux recherches, en Suède et au Canada, ont été conservées et sont maintenant entre mes mains depuis la mort de M. Fidler.

Les renseignements révélèrent les faits suivants : que le bureau de poste le plus rapproché de « New-Stockholm » est « Whitewood », à 24 milles de distance; il y a maintenant un service hebdomadaire régulier ; avant 1890, le courrier était plus irrégulier et plus rare. La station télégraphique la plus proche fut, jusqu'en 1893, à plus de 100 milles de « New-Stockholm ». Il n'y avait pas de chemin de fer.

Tous les voyages jusqu'à la poste devaient se faire à pied ou à cheval. Ces faits rendaient impossible l'envoi de la nouvelle de la mort de S. Stromberg par un moyen ordinaire dans un aussi bref délai.

Néanmoins, le fait est parfaitement établi que dans les soixante heures de sa mort à New-Stockholm, dans le territoire Nord-Ouest du Canada, il écrivit son nom sur une feuille de papier dans le bureau de M. Mathieu Fidler à Gothenbourg (Suède).

L'histoire, avec tous ses détails, fut publiée en Scandinavie, en Allemagne, en France et au Canada, et un résumé fut fait par M. Fidler en 1893, dans *le Médium* et *l'Aube*. Il est certain qu'on parla plus de « Sven Stromberg » depuis sa mort que de son vivant, et ce fut peut-être pour lui une sorte d'hommage rendu à sa mémoire. Il est probable que dans ses derniers moments, ses pensées se tournèrent vers son pays natal et qu'il fut aussi victime de la nostalgie qui fait revenir tout paysan suédois dans son pays, quelle qu'ait été sa prospérité sur un sol étranger et quelque pauvre que puisse être son lieu de naissance. En effet, j'ai remarqué que cette maladie est toujours en raison directe de la pauvreté quoique une visite, en général, suffise pour en être guéri, Sven Stromberg avait réussi et il était fier de son succès. Il désirait que sa famille sût qu'il était devenu au Canada un homme plus important qu'il n'aurait jamais pu espérer l'être en Suède. Il est probable que ce désir, joint à sa nostalgie, lui donna la force d'atteindre son but et nous obligea ainsi à un travail d'un an pour prouver qu'en vérité cela fut.

Cette fois, il me paraît que toutes les hypothèses adverses viennent se briser contre le fait, qui porte en soi toutes les preuves désirables de son origine supra-terrestre. Hallucination, télépathie, lecture de pensée, transfiguration du double, etc., ne peuvent être invoqués à aucun titre et si j'insiste, ce n'est pas que j'attache une grande valeur à toutes ces suppositions, la plupart non démontrées, mais pour établir que la survivance s'affirme là avec une évidence irrésistible.

De même pour le cas suivant, où l'esprit de la fille du docteur Nichols a donné un moulage de sa main et des écrits qui sont absolument semblables à son écriture terrestre. Ces preuves physiques et intellectuelles sont si importantes que je crois devoir, comme pour l'histoire d'Estelle Livermore, réunir tous les documents que l'on possède sur ce sujet.

LA FILLE DU DOCTEUR NICHOLS

Le docteur Nichols, médecin anglais riche et considéré, a obtenu avec plusieurs médiums, mais principalement grâce au concours d'Eglinton, des preuves nombreuses et incontestables que sa fille Wilhelmine, appelée familièrement Willie, vivait encore, bien qu'il l'eut perdue corporellement douze années auparavant, en 1865, dans sa quinzième année. La conviction du docteur était complète; il a publié, dans le journal *The Spiritual Record*, de 1883 (1), une série de comptes rendus de faits observés par lui, soit dans sa propre maison, soit ailleurs, qui l'ont convaincu de l'absolue honnêteté de William Eglinton. Aussi il ne craint pas d'écrire :

Je connais W. Eglinton depuis sept ans, j'ai eu avec lui une centaine de séances, et vu en sa présence de véritables merveilles ; il a habité ma maison à Malvern, puis à Londres.
Il s'est prêté à toutes les conditions de contrôle possibles, et a su prouver à ceux qui ont expérimenté avec lui *son entière bonne foi*, la réalité et l'authenticité des manifestations. Jamais il ne s'est fait payer ; il a même, pendant un certain espace de temps, renoncé aux séances, afin de travailler et d'acquérir un revenu qui lui permit d'exercer gratuitement sa médiumnité. N'ayant pas réussi, il a compris que son œuvre véritable est de se livrer au spiritisme, et d'en vivre, comme le font d'autres hommes avec des professions moins honorables.

J'ai indiqué déjà (voir p. 385) comment certaines séances de matérialisations étaient improvisées ; mais les manifestations d'écriture directe sont aussi convaincantes, lorsque cette écriture est bien identique à celle que l'on connaissait sur la terre à l'être qui se manifeste, ou s'il donne d'autres preuves, comme des dessins, qui sont dans sa manière habituelle. Sans doute, ces croquis n'ont rien de remarquable, si ce n'est la manière dont ils sont produits, mais ils concordent parfaitement avec les capacités d'une jeune fille ordinaire qui dessine pour s'amuser.

Je ne prétends pas, dit le père, que ces dessins soient des modèles ; je les donne comme l'œuvre d'une enfant s'instruisant elle-même et morte dans sa quinzième année ; pendant ses derniers jours, elle s'amusait à dessiner les arbres qu'elle voyait de sa fenêtre et les portraits d'enfants qu'elle aimait. Lorsqu'elle devint trop faible pour ces exercices, elle tenait le crayon et sa main traçait d'elle-

(1) Consulter, pour la traduction française, la *Revue scientifique et morale du Spiritisme*, mai 1904, pp. 682 et suiv.

même des choses étranges et très belles, sans aucun effort conscient de sa part, dit-elle. Ces dessins lui causaient un grand plaisir et l'intéressaient beaucoup. Ils lui venaient avec la même facilité que certaines poésies d'une grande beauté qui lui étaient inspirées pendant son sommeil.

Depuis qu'elle nous a quittés, elle est venue nous consoler toutes les fois qu'elle a pu le faire. *Avec différents médiums*, alors que son père et sa mère étaient seuls présents, elle *s'est matérialisée complètement ; nous l'avons vue, entendue, sentie* ; elle s'est rendue perceptible à tous les sens par lesquels nous sommes habituellement conscients des réalités objectives...

Ici encore, il est donné des preuves absolues que l'hallucination ou la supercherie n'étaient pas en jeu, car nous verrons, dans un instant, qu'un moulage de la main de Willie a été obtenu sous les plus sévères conditions de contrôle. Le docteur Nichols opérait avec méthode, et, bien qu'il fut chez lui, prenait toutes les précautions pour ne pas pouvoir être trompé. Voici la description de la salle des séances :

Une chambre du rez-de-chaussée de ma maison était consacrée aux séances : on fermait les persiennes et la porte donnant sur le jardin ; à l'autre extrémité de la pièce, un rideau tiré servait de cabinet pour le médium installé sur une chaise longue. Une autre porte donnait sur le vestibule fermé à clef, et je gardais la clef dans ma poche ; je plaçais une chaise contre cette porte ; les chaises des assistants étaient placées sur une même ligne, en face du médium ; le gaz au milieu de cette salle donnait une lumière suffisante pour nous éclairer tous.

J'arrive maintenant à ce qui concerne l'écriture directe.

ÉCRITURES ET DESSINS

Je ne vois pas, dit le docteur Nichols, de manifestation plus satisfaisante et plus concluante que celle de l'écriture et des dessins obtenus directement, lorsqu'elle est présentée dans des conditions de contrôle absolu, quand toutes les précautions contre la fraude ou l'illusion possibles ont été prises ; il reste un témoignage d'un caractère frappant et permanent : *les mots écrits sont là*.

J'ai dans un tiroir de mon bureau une collection d'une vingtaine de spécimens d'écriture et de dessins spirites obtenus directement en ma présence, devant trois ou quatre autres témoins qui affirmeraient *sous la foi du serment* la réalité des documents et leur mode de production ; devant la loi, deux témoins suffisent pour valider un testament de plusieurs millions ; je n'avancerai pas un fait qui ne puisse être admis comme le serait un testament.

Les originaux dont je vais donner le fac-similé ont été obtenus *chez moi, devant moi et ma famille* ; généralement, nous entendions écrire ou dessiner ; les esprits se servaient de mon propre papier à lettres, marqué pour l'identification, ou sur des cartes blanches, dont j'arrachais un coin que je gardais dans ma poche et que je rapportais ensuite à la carte, pour m'assurer que c'était la même.

L'écriture de quelques messages et la signature de tous les dessins m'est aussi familière que la mienne propre.

La manifestation avait toujours lieu : ou dans un coin obscur de la chambre, ou dans l'obscurité absolue, le

Fig. 30. — Spécimen d'un dessin posthume de Willie, accompagné d'écriture directe.

gaz éteint, le papier étant dans une boîte fermée, ou placé entre deux ardoises, ou dans les feuillets d'un livre ; les conditions étaient toujours telles qu'il *eût été impossible* à aucun de nous d'écrire ou de dessiner, dans un laps de temps *de quelques secondes*, un dessin compliqué ou une lettre de plus d'une page.

Une tête de femme a été obtenue en une *demi-minute* ; nous étions quatre membres de ma famille et le médium dans une petite pièce où nos séances avaient lieu ; la porte était fermée à clef et la clef dans ma poche. Je posai devant nous, sur la table, une carte blanche dont j'enlevai un coin, et je mis à côté un crayon mine de plomb. J'éteignis le gaz et nous fîmes la chaîne en silence. Nous entendions le crayon s'agiter sur le papier, ensuite trois coups frappés donnèrent le signal de rallumer le gaz. Je vis alors le dessin sur la carte à laquelle manquait un coin que j'avais gardé.

On ne nous dit pas si les mains du médium étaient tenues, de sorte, qu'à la rigueur, on pourrait supposer qu'une substitution de carte a été opérée pour en mettre une préparée d'avance, et que le médium a pu découper un coin, en se servant de celle du docteur Nichols comme modèle. Si les expériences ultérieures n'avaient pas présenté plus de garanties, je ne les aurais pas signalées. Mais voici qui est bien meilleur au point de vue des précautions prises :

Quatre lignes en allemand, signées Goethe, furent obtenues sur une carte enfermée dans une petite boîte avec un morceau de crayon. Nous *étions en pleine lumière, mes mains sur le couvercle de la boîte*. Le médium qui était assis en face de moi, les *mains tenues par deux dames*, me demanda en quelle langue je désirais que le message fût écrit : j'indiquai l'allemand. Aussitôt, j'entendis *sous mes mains*, le bruit du crayon dans la boîte ; puis deux ou trois coups frappés, et en ouvrant je trouvai le message avec la signature du grand poète.

Je dois avouer que je ne connais l'allemand que de vue ; *aucune personne de l'assistance ne put lire ces lignes*; cependant, elles avaient été écrites là, sous mes mains ! le fait est certain et stupéfiant. Il n'y a qu'une théorie pour l'expliquer, et le lecteur n'a que le choix entre ces deux conclusions : ou je mens délibérément, ou ces lignes ont été tracées par un esprit. Il n'y a pas d'autre hypothèse. L'électricité produit des phénomènes curieux, mais ne peut pas écrire l'allemand. Quelle que soit la force qui se manifestait, une intelligence la dirigeait, ce n'était l'esprit *d'aucune personne présente puisque toutes ignoraient l'allemand*, et que nous ne pûmes déchiffrer le message. La boîte était *restée fermée sous mes mains jusqu'au moment où je demandai ce langage, personne ne savait ce que j'allais dire*. Peut-on croire que, dans ces conditions, un prestidigitateur donnerait une manifestation semblable ?

Il paraît certain que si toutes les circonstances sont exactement rapportées, aucune supercherie, aucune habileté, aucun tour de main ne sont possibles. Un prestidigitateur qui est seul dans une société ne peut absolument rien faire *si on lui tient les mains* : il en est de même pour le médium. Cependant, une seule hypothèse pourrait se soutenir : celle du dédoublement. Ce ne serait pas avec ses mains physiques que l'écriture serait produite, mais avec celle du double, en supposant toutefois que le

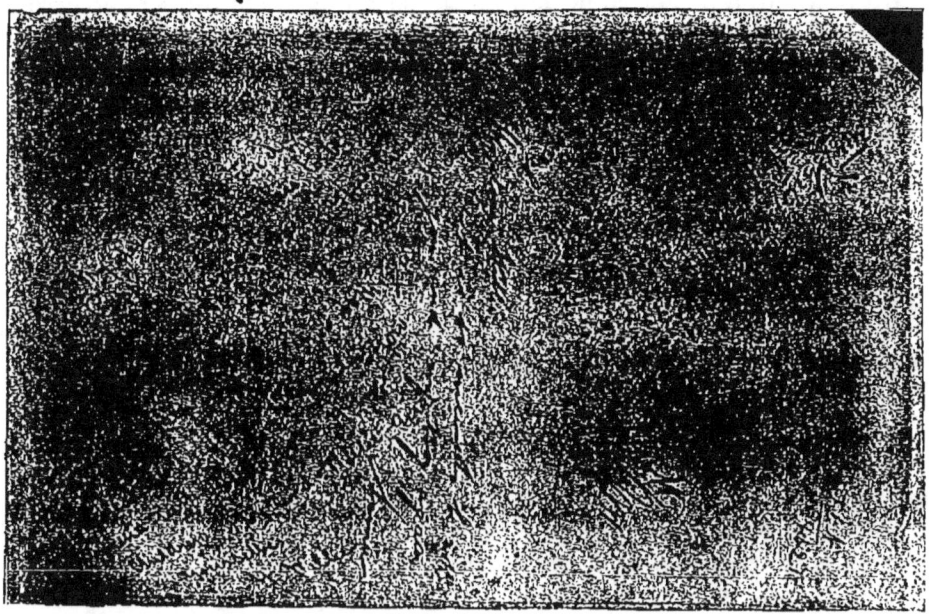

Fig. 31. — Écriture directe de l'esprit de la fille du docteur Nichols et d'autres intelligences.

médium sût l'allemand, ce qui n'était pas. Afin d'enlever tous les doutes, arrivons à l'écriture autographe de la fille du docteur Nichols; cette fois, à moins que tout soit controuvé dans ces récits, ce qui est absolument inadmissible de la part du docteur, de sa famille et de ses amis, il faudra convenir que la preuve est parfaite.

Voici les conditions dans lesquelles le n° 4 [que je reproduis ci-contre] a été obtenu. Six personnes étaient chez moi, assises à la table dans ma petite chambre fermée à clef : W. Eglinton, A. Coleman (tous deux médiums) M. Wilkes, Miss Merriman, Mme Nichols et moi-même.

J'éteignis le gaz et *nous fîmes la chaîne* ; un esprit s'appelant Joey (un guide d'Eglinton) vint, nous salua, remonta une grande boîte à musique, et en joua de tous côtés dans la chambre. Il dit ensuite : « Docteur Nichols, donnez-moi une feuille de votre papier à lettres : marquez-la comme vous voudrez, puis mettez-la au milieu de la table avec un crayon, et éteignez le gaz. Nous voulons écrire. » Je fis ce qu'il demandait et repris les mains de mes voisins. Aussitôt l'on entendit écrire au milieu de la table ; cela dura peut-être une demi-minute, puis trois coups furent frappés. Je rallumai le gaz et pris le papier sur lequel on voit trois messages signés, un message bref sans signature, et un autre incomplet. Les trois communications signées sont de trois écritures différentes et placées dans des sens variés ; elles furent reconnues à l'instant ; celle qui est signée *J. Scoll* fut reconnue par A. Coleman et M. Wilkes, celle d'*Aimée* par MM. Coleman et Eglinton ; le message plus long signé *Willie* fut identifié sans hésitation par Mme Nichols et par moi, comme venant de notre fille Mary-Wilhelmine, morte en 1865 à l'âge de quatorze ans. Les mots écrits sur le coin de la feuille : « There shall be no parting there » (Il n'y aura pas de séparation là) sont de notre ami l'esprit Joey.

Je publie ici (fig. 33) une reproduction de l'écriture de miss Nichols quand elle vivait sur la terre, et l'on peut constater qu'il existe une parfaite identité entre les graphismes *ante* et *post mortem* ; de plus, que cette écriture ne ressemble pas à celle d'Eglinton. Il est impossible, absolument, d'imiter une écriture que l'on ne connaît pas, de sorte que la preuve que l'intelligence de Willie a survécu est parfaite et déjoue toute interprétation, autre que celle qui résulte de l'immortalité de l'âme. On voit sur le coin de la feuille les initiales du docteur Nichols, avec la date, 2 février 1878; donc la feuille n'a pas été changée et les médiums n'ayant pas connu miss Nichols n'ont pas pu simuler son écriture.

Voici encore le récit d'une autre séance, pendant laquelle Willie se manifesta en écrivant sur une ardoise. Cette fois l'expérience eut lieu chez Eglinton, mais le détail des circonstances, aussi bien que l'autographe, nous assurent de la sincérité de cette communication. C'est le 24 janvier 1884, 12, Old Quebec Street, que plusieurs spirites se réunirent chez le médium.

Après l'examen de l'appartement, dit le docteur Nichols, nous nous assîmes *en pleine clarté* de l'après-midi à une table, pour obtenir de l'écriture directe sur ardoises. Nous étions cinq : M. Ch. Blackburn ; Mrs Western ; miss Kate Cook ; M. Eglinton et moi.

Quatre ardoises ordinaires étaient sur la table, elles *furent lavées*

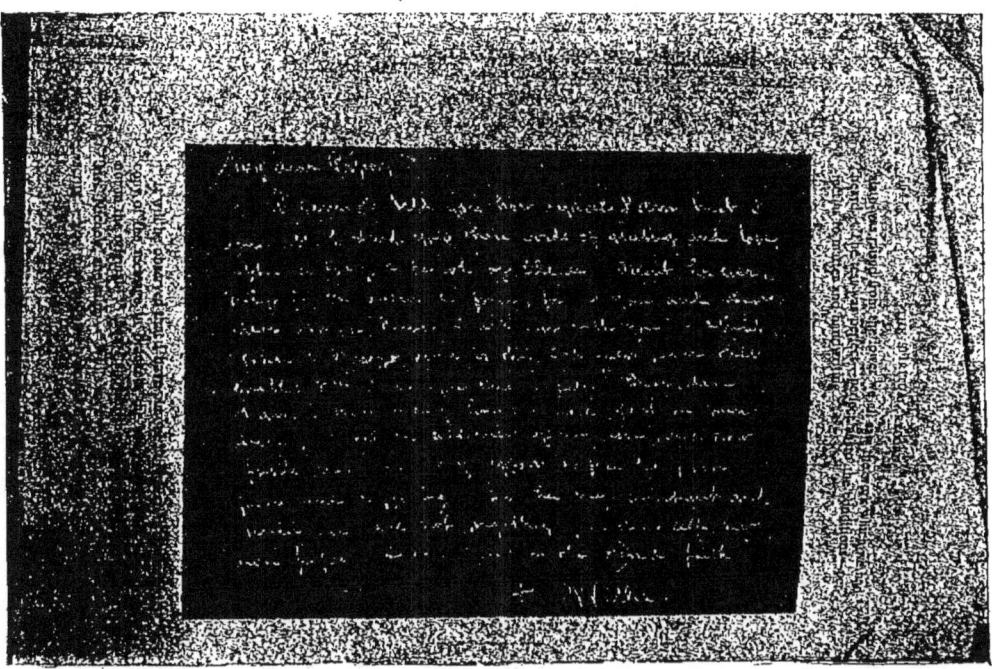

Fig. 32. — Écriture directe, sur ardoise, de la fille du docteur Nichols, après sa mort.

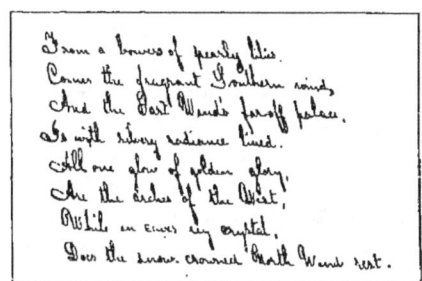

Fig 33. — Écriture de la fille du Dr Nichols, pendant sa vie.

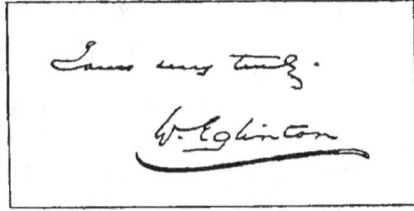

Fig. 34. — Spécimen d'écriture d'Eglinton.

et bien essuyées avec une serviette ; Eglinton posa un morceau de crayon sur l'une d'elles, et la tint avec l'une de ses mains sous la table contre le plateau ; son autre main et les nôtres étaient sur la table ; nous entendîmes écrire et trois coups donnèrent le signa de regarder. Joey avait annoncé sa présence par son écriture bien connue, et un esprit ami de Mrs Western avait écrit son nom pour cette dame.

M. Eglinton n'aurait pas pu écrire avec la main qui tenait l'ardoise ; de plus, les caractères se trouvaient sur la partie supérieure de l'ardoise, celle qui touchait la table.

Deux autres ardoises furent *nettoyées et posées sur la table en vue de tous*, un morceau de crayon d'un quart de longueur placé entre les deux ; nous faisions la chaîne, nous *tenant tous et attentifs à écouter et à regarder*. En quelques secondes, le bruit du crayon écrivant rapidement fut distinct, puis les trois coups.

En enlevant l'ardoise supérieure, on y trouva un message de quinze lignes composé de 126 mots, d'une écriture que je reconnus, et différente de celles des personnes présentes. Le voici :

« Mon cher papa,

« Je ne puis vous dire combien je suis heureuse de pouvoir vous adresser ces mots de salut et d'affection, après une si longue période de silence. Silence, toutefois, au point de vue matériel, car j'ai toujours été en esprit avec vous et avec ma chère maman.

« Quelle faveur de bénédiction que cette force venant de Dieu qui me permet de vous dire cela moi-même ! Chère, chère Maman ! Que d'heures j'ai passées à vous consoler dans les efforts de ma tendresse sans réussir à la délivrer de sa douleur et de ses souffrances ! Donnez-lui ma tendre et constante affection, sans vous oublier, mon Papa. Je suis à vous dans la foi bénie.

« Willie. »

Je donne la reproduction de ce message de ma fille, en regard avec un spécimen de son écriture lorsqu'elle était avec nous et un fac-similé de celle de M. Eglinton.

En pleine lumière du jour, nous avions *tous les cinq entendu écrire sur cette ardoise qui était sous nos yeux* ; le message fut donné pendant l'espace du dixième de temps qu'il m'a fallu pour le copier, et j'écris très vite.

Docteur Nichols.

On peut remarquer que les écritures directes obtenues par Eglinton sont de types très différents. Elles ne paraissent pas des imitations hésitantes de textes divers ; elles ont une allure décidée, une sûreté de traits qui n'appartiennent qu'à celui qui écrit au courant de la plume. En comparant l'écriture de miss Nichols pendant sa vie, avec celle de l'ardoise, aucun doute n'est possible, c'est bien la même individualité qui a écrit ces textes séparés par tant d'années, et par ce formidable événement que nous appelons si improprement la mort.

Comment le docteur Nichols aurait-il pu douter, en obtenant des preuves aussi convaincantes ? Mais, comme il le dit, ce n'est pas seulement par induction qu'il conclut à la vie continuée de sa fille : c'est d'après le témoignage de tous ses sens, quand il la vit renaître devant lui, aussi agissante qu'elle le fut jamais ici-bas.

Voici l'article du docteur Nichols dans le *Spiritual Record* de décembre 1883 :

LE MOULAGE DE LA MAIN DE WILLIE

Pendant le séjour de M. Eglinton chez moi, à South Kensington, nous essayâmes l'expérience pour obtenir des moules de mains d'Esprits. Ma fille « Willie », dont j'ai déjà donné des dessins ou de l'écriture, promit de tenter l'essai et de nous présenter un moule de sa main ; nous fîmes en conséquence les préparatifs voulus. Nous achetâmes 2 livres de la meilleure paraffine telle qu'elle est employée pour l'éclairage, substance blanche, cireuse, mais un peu plus cassante que la cire : je la fondis dans mon cabinet, et je la jetai dans un seau à moitié plein d'eau chaude pour la tenir fluide. Je remplis alors un autre seau d'eau froide.

Nous avions invité un cercle choisi d'environ douze personnes ; le seul étranger étant un médecin allemand, le docteur Frièze, que les investigations spiritualistes intéressaient. Un rideau séparait un coin de notre salle de séances. M. Eglinton était assis derrière, au milieu, au point où se joignaient les rideaux, et en face de lui se tenait assis le docteur Frièze *qui lui tenait les mains*. Le gaz brûlait brillamment, de telle sorte que *l'on se voyait distinctement*. Quand tout fut prêt, j'apportai les deux seaux de mon cabinet et je les plaçai dans le coin de la chambre, derrière le rideau, à environ 6 pieds de M. Eglinton, dont les mains, comme il est dit ci-dessus, étaient saisies par le docteur Frièze ; les personnes et objets se trouvaient donc placés dans l'ordre suivant :

Les deux seaux   M. Eglinton

O O

~~~~~~ Rideaux.

Docteur Frièze.

Les assistants étaient assis autour de la place, aussi loin que possible du rideau ; *chacun était distinctement visible* ; personne n'était proche des seaux ou ne pouvait les approcher. Au bout de quelques secondes, nous entendîmes des voix dans le coin, près des seaux et des clapotements dans l'eau. Puis, après les signaux faits au moyen de coups frappés, j'accourus et apportai les deux seaux de derrière le rideau. Dans l'eau froide nageaient deux mains de paraffine solidifiée. L'une d'entre elles ressemblait à un gant blanc épais d'albâtre, l'autre était semblable, mais plus petite. Quand je pris la plus grande masse, je la trouvai creuse et vis qu'elle présentait la forme d'une *main humaine*. La plus petite était le moule d'une *main d'enfant*. Une dame présente reconnut une particularité : une légère déformation qui était propre à sa fille, qui se noya dans l'Afrique australe à l'âge de cinq ans (1). Je portai les deux seaux dans mon cabinet, laissant nager les moules dans l'eau, fermai la porte et mis la clef en poche.

Le lendemain matin, nous nous procurâmes du fin plâtre de Paris, que nous trempâmes et introduisîmes dans la grande forme. Pour obtenir le moulage, le moule lui-même devait être sacrifié. Le moule d'une main humaine avec tous ses doigts séparés, nécessiterait 20 pièces, dont chaque joint serait visible dans le moulage obtenu. Ce que je fis consistait uniquement à introduire le plâtre fluide dans le moule, en le faisant fondre ensuite dans l'eau chaude. La belle main de *ma fille Willie* avec ses doigts sveltes, artistiques, et leur pose gracieuse, juste comme elle les tenait en les plongeant dans la paraffine chaude — presque bouillante — se trouve maintenant sous verre sur ma cheminée. Quand je place ma main dans la même position, *la ressemblance du moulage*, quoique celui-ci soit plus petit d'un tiers, *frappe tous ceux qui le voient* ; cela ne ressemble pas aux mains de convention que font les sculpteurs. C'est une main pure, naturelle, *anatomique, avec chaque os et chaque tendon et dont les plus fines lignes de la peau sont marquées*. C'était la main que je connaissais si bien durant sa vie mortelle et que j'ai si *souvent vue et sentie quand elle était matérialisée*.

Quelle objection sensée pourrait-on faire pour diminuer la valeur de cette preuve ? C'est chez le docteur Nichols que l'expérience a lieu, d'où l'impossibilité d'un compérage quelconque. Les mains du médium sont tenues ; la lumière est bonne, et le moulage est une véritable pièce anatomique obtenue par un procédé inimitable pour tous les mouleurs !

(1) C'est le fait que j'ai déjà cité dans le paragraphe consacré aux apparitions qui présentent des particularités. Voir p. 396.

Que faut-il davantage pour donner la plus entière certitude ? C'est encore une attestation de premier ordre que celle de ce père qui reconnaît, à n'en pas douter, la main de sa fille, car celle-ci ressemble à la sienne. C'est, une fois de plus, le phénomène inimitable qui confirme ceux observés antérieurement par MM. Reimers, Oxley, Ashton, en Angleterre et par le professeur Denton aux États-Unis. En toute conscience, une telle série d'affirmations émanant d'hommes sérieux, compétents, riches, instruits, bien considérés, ne doit-elle pas être prise en considération ? Qui donc osera soupçonner le docteur Nichols de profaner les sentiments les plus sacrés du cœur humain ? Personne, car son récit respire l'honnêteté et la franchise ; mais pour ceux que ces considérations ne toucheraient que médiocrement, nous avons une autre attestation, celle du docteur Frièze, celui-là même qui tenait les mains d'Eglinton (1).

Voici, suivant Aksakof, toujours à la recherche de tout ce qui pouvait donner un caractère plus scientifique aux observations qu'il rapporte, les lettres qu'il échangea avec le témoin (2) :

L'ATTESTATION DU DOCTEUR FRIÈZE

Je priai le docteur Frièze — que les lecteurs de *Psychische Studien* connaissent, et dont le docteur Hartmann fait mention dans son livre, — de m'envoyer la description de cette séance, à laquelle il avait pris une part active, ayant lui-même tenu les mains de M. Eglinton.

Voici un extrait de la lettre qu'il m'écrivit à ce sujet, et qui est datée d'Elbing, du 20 mars 1886 :

Monsieur, Répondant à votre désir, je viens vous communiquer

---

(1) Voir, pour ce qui concerne le docteur Frièze, le livre : *Au pays de l'Ombre*, p. 166, dans lequel Mme d'Espérance raconte comment elle le convainquit de la réalité des manifestations spirites, ce qui engagea cet honnête homme à donner sa démission de professeur de l'Université de Breslau, pour ne pas avoir à soutenir des opinions religieuses qu'il savait désormais inexactes. C'était un ami de Zoellner. Il a publié deux livres : *Jenseits des Grabes* et *Stimmen aus dem Reich des Geistes*, dans lesquels il soutient les théories du spiritualisme expérimental.
(2) *Animisme et Spiritisme*, pp. 160 et suiv.

le compte rendu de la séance du 9 décembre 1878, organisée à Londres, chez le docteur Nichols, avec le médium Eglinton.

Nous étions au nombre de douze ; nous prîmes place le long de trois parois de la pièce, qui avait 4 mètres de large et environ 5 de long. Un rideau en calicot, coupant la chambre d'un mur à l'autre, la raccourcissait d'un mètre, de sorte que l'espace occupé par nous formait un carré ayant 4 mètres de côté.

Dans le milieu se trouvait une table massive en acajou, qui n'avait pas moins d'un mètre et demi de diamètre ; au-dessous, un bec de gaz *brûlait à pleine flamme*... (Suit la description de quelques phénomènes qui ont eu lieu au commencement de la séance. Je citerai ici l'endroit qui se rapporte spécialement à la production des moules en paraffine.)

Le rideau, composé de deux parties se rejoignant au milieu, était haut de deux mètres. Eglinton ayant pris place derrière le rideau, en face de la fente, on me proposa de m'asseoir vis-à-vis de lui, en deçà du rideau, et de *fortement lui tenir les mains*. Le gaz *était grand ouvert*. On plaça deux seaux derrière le rideau, l'un avec de l'eau froide, l'autre contenant l'eau chaude et la paraffine en fusion. Dès que j'eus saisi les mains d'Eglinton, nous entendîmes de derrière le rideau la voix aiguë de Joey (un des esprits guides d'Eglinton) donner des ordres :

— Trempe la main. C'est cela. Encore. Voilà. Maintenant vite dans l'eau !

La même voix donna l'ordre de répéter le procédé.

— Plus profondément ! Quoi, c'est trop chaud ? Quelle bêtise ! Plonge donc plus bas, comme ça ; à présent, de nouveau dans l'eau froide et puis encore dans la paraffine.

J'entendis ensuite le choc que produisit le moule en touchant le fond du seau.

Après cette première forme, on en obtint une deuxième, dans les mêmes conditions. Lorsque, à la fin de la séance, le rideau fut ouvert, *toutes les personnes présentes purent constater que je tenais toujours les mains d'Eglinton* et qu'il *n'y avait personne d'autre que lui derrière le rideau*.

Nous retirâmes les moules qui gisaient au fond du seau d'eau froide et les examinâmes soigneusement : ils étaient très délicats et faibles, quoique d'une consistance suffisante pour que nous puissions les manier en prenant quelques précautions.

Ce qui nous frappa d'abord, *c'est que les deux formes donnaient les moules bien au-dessus du poignet*. Pour en obtenir des épreuves il suffit de les remplir d'une solution de plâtre.

* * *

Après réception de cette lettre, poursuit Aksakof, j'adressai encore quelques questions au docteur Frièze, auquel il me répondit à la date du 5 mars :

Monsieur,

En réponse aux questions que vous me posez, j'ai l'honneur de vous communiquer ce qui suit :

1° Dans la partie de la chambre isolée par le rideau, il n'y a *ni fenêtres ni portes*, ce qui, d'ailleurs, pouvait être constaté à première vue, car elle était suffisamment éclairée par le gaz qui brûlait dans la chambre, et ne contenait aucun meuble, sauf un petit canapé.

2° Pendant la séance, je ne voyais de M. Eglinton que les mains, passées en deçà du rideau, mais il me les avait tendues avant que le rideau ne fût fixé avec cinq épingles : jusque-là, je pouvais le voir entièrement. Ayant pris ses mains, je ne les *quittai pas jusqu'au moment où le rideau fut écarté*, et alors tout le monde a pu s'assurer que c'étaient bien les mains d'Eglinton que je tenais et non autre chose.

3° J'étais assis en face du médium, *tenant ses jambes entre les miennes*, et je *pouvais voir les pointes de ses pieds tout le temps*.

4° Il restait calme, mais rien ne m'indiquait qu'il fût en trance ; l'état de trance se serait infailliblement trahi et dans l'attitude du médium et dans la tension de ses bras ; il occupait du reste une simple chaise, et non un fauteuil, dont les bras auraient pu le soutenir en cas d'affaissement. Au moment où il me donna ses mains, il ne s'appuyait même pas au dos de sa chaise ; s'il l'eût fait ensuite, je n'aurais pas manqué de m'en apercevoir.

5° Les deux moules en paraffine furent prêts au bout d'une dizaine de minutes.

6° La hauteur de la chambre était de plus de 4 mètres. Le rideau s'élevait à 2 mètres environ. *Le gaz brûlait à pleine flamme*, éclairant l'un et l'autre compartiment.

* * *

Le docteur Nichols, dit encore l'auteur russe, eut l'obligeance de m'envoyer aussi la photographie du moule en plâtre de la main de sa fille dont il s'agit dans l'expérience en question. La dame qui a obtenu à cette même séance la forme de la main de son enfant m'a également envoyé, par l'entremise de M. Eglinton, une photographie de l'épreuve, sur laquelle *deux doigts sont marqués de la difformité qui a servi pour établir l'identité.*

Il me semble que la preuve complète de l'identité de l'esprit de la fille du docteur Nichols a été fournie dans des conditions qui ne donnent lieu à aucune critique. Physiquement et intellectuellement, c'est bien l'enfant que le docteur avait perdu qui s'est matérialisé, à qui il a causé, qui lui a adressé ces messages qui sont de son écriture et de son style et dans lesquels se reflète tout l'amour qu'elle a conservé pour ses parents terrestres. Vraiment la mort ne détruit pas les affections d'ici-bas, et c'est une suprême consolation que d'en avoir maintenant une démonstration scientifique.

APPARITIONS MATÉRIALISÉES D'UN MÊME ESPRIT AVEC DES MÉDIUMS DIFFÉRENTS

Les expériences de MM. Reimers et Oxley nous ont apporté la preuve absolue que des esprits, tels que Bertie et Lily, peuvent se matérialiser avec des médiums différents, en conservant tous leurs caractères individuels, ce qui démontre l'indépendance de ces esprits, laquelle s'accuse encore par la photographie de la même forme, mais invisible pour les yeux terrestres, alors qu'elle est assez objective cependant pour agir sur la plaque photographique, et ceci en l'absence du médium habituel.

Maintenant, nous allons constater encore des apparitions réitérées des mêmes esprits au moyen d'un grand nombre de médiums, ce qui établira nettement que ceux-ci ne sont véritablement, comme leur nom l'indique, que des intermédiaires entre l'humanité terrestre et celle qui est désincarnée. Mais, cette fois, les apparitions ne seront plus quelconques : ce sont des êtres chers qui sortent momentanément de l'au-delà, pour affirmer à ceux qui les aiment la continuation de leur vie supraterrestre et le joyeux espoir de les retrouver un jour.

Dans le livre de Mme Florence Marryat, on trouve une série continue de ces manifestations remarquables ; je vais donc résumer quelques-uns de ces récits, en ne citant que les parties essentielles, celles qui ont trait à l'identité des fantômes. Cette dame s'est occupée pendant presque toute sa vie des phénomènes spirites et ayant expérimenté avec un nombre considérable de médiums, elle a été à même de multiplier les occasions de revoir physiquement ceux avec qui elle s'entretenait couramment, par la typtologie ou l'écriture mécanique. Mais elle dut faire de très nombreuses tentatives avant de réunir des preuves complètes et satisfaisantes, ce qui fait comprendre combien une inlassable ténacité est nécessaire, pour arriver enfin à des résultats incontestables.

L'ESPRIT DE FLORENCE MARRYAT

Il me paraît du plus haut intérêt de signaler la continuité, dans le temps, des manifestations de chacun des Esprits dont il est question. Que les médiums soient des hommes ou des femmes, que les expériences aient lieu en Angleterre ou en Amérique, les apparitions ont toujours, finalement, les mêmes apparences et présentent d'identiques caractères individuels et psychologiques, comme en montreraient des hommes ou des femmes que l'on rencontrerait dans les mêmes circonstances. C'est encore une démonstration *par les faits*, que nous ne sommes pas en présence d'entités créées temporairement par des circonstances spéciales de milieu; d'êtres fugaces qui n'auraient que des apparences de réalité; nous retrouvons à chaque apparition le même individu vivant et pensant, dont la vie se continue comme la nôtre, alors même qu'elle ne se poursuit plus sur le même plan d'existence.

Nous avons constaté (p. 398) que la fille de Mme Marryat s'est fait voir d'abord avec Mme Holmès, sans être reconnue par sa mère; il fallut l'intervention de Florence Cook pour qu'elle se montrât avec la déformation caractéristique de la bouche.

Ce fut là le signe qui lui servit d'identification auprès de sa mère dans les séances ultérieures.

Pendant un an, dit l'auteur, j'assistai à de nombreuses séances avec *différents médiums* et l'esprit de mon enfant ne manquait jamais de se manifester d'une façon ou d'une autre. Avec certains médiums elle me touchait, et c'était toujours avec la main d'un bébé afin que je la reconnaisse, ou bien elle posait sa bouche sur la mienne et *je sentais la cicatrice sur sa lèvre*. Avec d'autres, elle parlait, écrivait, ou *montrait son visage*, mais se présentait toujours.

Arrivons à l'énumération des différents médiums.

Dans une séance avec *Ch. Williams* (1), Lady Archibald Campbell était assise à côté de moi ; plusieurs fois on nous tira notre chapeau comme pour attirer notre attention, et nous vîmes l'obscurité s'éclairer devant nous, et mon enfant apparut nous souriant comme dans un songe heureux, ses cheveux blonds ondulant sur ses tempes, ses yeux bleus fixés sur moi.

Elle était vêtue de blanc, mais on ne voyait que sa tête et son buste autour duquel elle retenait la draperie. Lady Archibald Campbell *la vit aussi distinctement que moi*.

J'ai cité ce genre d'apparition pour montrer que les esprits ne font pas toujours ce qu'ils voudraient, en ce sens qu'ils ne trouvent pas chez tous les médiums les conditions nécessaires à la matérialisation pouvant supporter la lumière. Mais, dans ce cas, je considère la vision de Florence par une étrangère comme une preuve de son objectivité.

Avec *Eglinton*, Florence imprima directement son nom *sur le bras* du médium, bien que Mme Marryat ait songé à un autre esprit. En compagnie d'*Arthur Coleman*, elle fit l'apport d'un bracelet qui avait été mis dans le cercueil d'une amie bien chère du médium, et celui-ci le reconnut avec une émotion profonde. Je ne puis m'étendre sur ces faits, que l'on trouvera détaillés dans le livre que j'ai cité, car je tiens à parler des apparitions qui eurent lieu en Amérique.

Avant de poursuivre, je dois dire un mot au sujet des fraudes que des phénomènes aussi sensationnels devaient nécessairement provoquer. Incontestablement, il a existé et il existe encore des escrocs qui battent monnaie en simulant des matérialisations. Ils abusent de la crédulité des naïfs, et se font des

---

(1) Un médium que j'ai connu lorsqu'il vint à Paris, en 1878 ; il donna chez mes parents une séance très réussie, dans laquelle un esprit matérialisé fut visible au moyen de la lumière qu'il produisait lui-même. J'ai fait allusion à cette séance, p. 165 (G. D.).

rentes en spéculant sur les sentiments les plus sacrés du cœur humain, sur l'affection que nous ressentons pour ceux que la mort nous a pris. Ce répugnant commerce ne saurait être trop fortement stigmatisé et les spirites ont démasqué fréquemment ces exploiteurs sans vergogne, en les dénonçant au mépris public.

C'est ce mélange de faux et de vrai qui rend ces études si délicates ; il arrive aussi, parfois, qu'un vrai médium, après avoir obtenu des matérialisations incontestables, perde ses facultés, et qu'il essaye de parodier les fantômes ; alors il se fait prendre inmanquablement, car ceux qui ont quelque expérience en ces matières, qui ont étudié froidement les véritables manifestations, ne sont pas longs à découvrir les machinations de ces imposteurs.

Je consacrerai un chapitre à cette question importante, car il faut mettre en garde les chercheurs qui débutent contre la cynique industrie des faussaires.

Ces réflexions me sont inspirées par le nom d'un médium, Mme Williams, cité par Mme Marryat. J'ignore si ce médium est le même qui fut pris en flagrant délit à Paris par les spirites, mais il est sûr que pour les séances dont il est question ici, l'hypothèse d'une tromperie n'est pas possible, en raison, précisément, de l'apparition de la fille de Mme Marryat. Celle-ci arrivant en Amérique n'était pas connue ; et comme elle avait eu soin de ne pas donner son nom, on ne pouvait prendre aucun renseignement sur elle. Une autre particularité, que nous avons signalée déjà, mérite d'être notée encore : c'est que certains esprits *disparaissaient sous les yeux de l'assistance, à travers un tapis couvrant toute la chambre et cloué le long des murs.*

Une sorte de lanterne carrée fixée au mur, éclairée au gaz, jetait une vive lumière sur le cabinet ; un abat-jour en soie rouge y était adapté, de manière à atténuer la lumière en cas de besoin. Mme Marryat visita soigneusement tout le local, y compris le cabinet, s'assit au premier rang, et vit d'abord plusieurs apparitions dont le caractère *absolument naturel* l'étonna, car elle n'avait jamais vu que Katie King capable de se *dématérialiser* devant l'assistance. Enfin sa fille vint, annoncée par un autre esprit ; je lui laisse la parole :

Je n'avais pas eu le temps de répondre, que les rideaux s'ouvraient et que ma fille Florence se jetait dans mes bras s'écriant : « Mère, j'avais bien dit que je viendrais avec vous et que je veillerais sur vous : ai-je tenu ma promesse ? » Je la regardai ; elle *avait le même aspect qu'en Angleterre,* lorsqu'elle s'était matérialisée avec Florence Cook, Arthur Coleman, Ch. Williams et W. Eglinton : la même forme qui avait été suspectée être le résultat des fraudes de cinq à six médiums se tenait debout devant moi, ayant traversé l'Océan et se manifestant avec le médium qui ignorait même mon nom !

Florence paraissait aussi heureuse que moi ; elle m'embrassait, me parlait *de tout ce qui m'était arrivé à bord,* se montrant au courant de tous mes faits et gestes. Elle dit qu'un ami était là pour moi, qu'elle allait me l'amener, mais le directeur (1) l'arrêta à l'entrée du cabinet, lui disant qu'elle retournerait par où elle voudrait mais pas de ce côté. Avec une petite révérence, *elle disparut à travers le tapis.* Je me demandai ce qui allait arriver, lorsque Florence *surgit* de nouveau, la tête la première, *à quelques pieds de moi*, souriant comme si elle avait trouvé un joli jeu. Il lui fut permis d'entrer dans le cabinet ; un instant après elle sortit la tête disant : « Voilà votre ami, mère ! » et je vis à côté d'elle Joey, *le guide d'Eglinton,* avec son vêtement blanc et une calotte de même couleur, me disant : « Florence et moi, nous sommes venus préparer quelque chose de nouveau pour vous ici ; du moins, *je lui ai montré à le faire.* Je ne puis rester, vous savez que je dois retourner près de Willy. »

Je tenais donc cette preuve que je cherchais depuis longtemps : la certitude que la mort n'existe pas, l'assurance de la vérité du spiritisme. Je voyais deux êtres spirituels en *propria persona* à New-York, me demandant chez des étrangers qui ne me connaissaient pas. Mon cœur débordait de joie et d'émotion...

On constate que malgré toutes les preuves antérieures, il a fallu encore à Mme Marryat la confirmation absolue de la réalité des faits par des étrangers, pour que la certitude fût enfin enracinée dans son âme. Ayant dû quitter New-York plus rapidement qu'elle ne le pensait, elle ne revit pas Mme Williams, mais à Boston, chez Mme Éva Hatch, elle eut de nouveau cette joie :

Je me demandais, dit-elle, si Florence viendrait, lorsque la direc-

---

(1) En Amérique, il existe toujours un directeur des séances, chargé de la conduite des expériences et de faire respecter les règles qui ont été adoptées.

trice s'écria : « Y a-t-il dans la salle une personne répondant au nom de Bluebell (Jacinthe des prés) [1] ? — Un ami m'appelait ainsi autrefois, répondis-je. — Il y a un esprit qui désire voir cette personne, dit-elle. Allez vers les rideaux. » En m'approchant, *je vis Florence*, je l'embrassai en lui demandant pourquoi elle me donnait ce nom ; sans répondre, elle secoua la tête, posa un doigt sur ses lèvres et m'indiqua le tapis. Je ne comprenais pas, m'étonnant de son silence inaccoutumé. Elle frappa mon bras avec sa main pour attirer mon attention. Je regardai à terre l'endroit qu'elle montrait et, à ma stupéfaction, *je vis surgir à travers le tapis* ce qui me parut la tête sans cheveux d'un bébé ou d'un vieillard et une petite forme, *n'ayant pas plus de trois pieds de haut*, se développa *graduellement, présentant les traits d'Edward Church*, mais sans cheveux sur la tête ; il me regardait avec une expression pitoyable et suppliante. *C'était bien son visage.*

« Ted, m'écriai-je enfin, vous venez », et je lui tendis la main. Le petit fantôme la saisit, essaya de la porter à ses lèvres, *fondit en larmes* et disparut *à travers le tapis*, encore plus rapidement qu'il n'était venu.

Je me mis à pleurer, ce spectacle m'avait navrée. Florence retrouva sa langue dès que son oncle eût disparu et dit : « Ne vous attristez pas, mère. Pauvre oncle Ted était vaincu par son émotion de vous voir, c'est pourquoi il ne s'est pas mieux matérialisé, il était si pressé ! La prochaine fois il sera plus semblable à lui-même : c'était pour mieux l'aider que je ne voulais pas *user les forces en vous parlant.* Maintenant qu'il vous a vue, il sera beaucoup mieux. Vous reviendrez, n'est-ce pas ? »

Edward Church n'avait pas de son vivant une figure ordinaire, je n'ai jamais vu quelqu'un lui ressembler. Il était de très petite taille, les pieds, les mains, la tête très menus ; il avait les yeux et les cheveux noirs, les traits fins, les cheveux ondulés, séparés au milieu par une raie et une boucle de chaque côté ; il portait une petite moustache en pointe. Dans son enfance il avait eu une attaque de petite vérole qui lui avait marqué profondément le visage et déformé l'extrémité du nez. Une figure semblable n'était pas facile à imiter, même si quelqu'un à Boston avait connu Edward Church. Il avait toujours été pour moi un ami et un frère avant que cette fatale passion d'ivrognerie ne se soit emparée de lui et j'avais eu souvent le désir de savoir comment il se trouvait, *seul* dans cette vie inconnue qui nous attend tous.

(1) C'était le nom d'amitié que, de son vivant, le beau-frère, Edward Church, donnait à Mme Marryat. Il était mort alcoolique dix ans auparavant.

J'ai donné ces détails parce que « l'oncle Ted » revint encore plus tard, mais cette fois plus aguerri et tout à fait matérialisé, y compris ses anciens vêtements terrestres, qu'il reconstitua. Voici comment Mme Marryat raconte cette nouvelle entrevue :

Deux jours après, je revins à la séance. *Florence apparut une des premières avec Ted*, qui était encore faible, tremblant, mais cette fois *avait sa taille naturelle, ses cheveux noirs ondulés* ; ses vêtements étaient *ceux que je lui avais connus*, son veston court, sa cravate, son col et une petite culotte bleue que je lui avais vue souvent. Florence lui servait d'interprète et lorsque je dis à Ted que je le retrouvais semblable à lui-même, elle prit la parole disant qu'il était trop faible pour dire un mot, qu'il était bien heureux d'être là ; qu'il avait souvent essayé de communiquer avec moi, en Angleterre, *sans y réussir*, qu'il désirait beaucoup me parler lui-même. Pendant qu'elle s'exprimait ainsi, les yeux du pauvre Ted allaient de ma fille à moi de la façon la plus touchante. Je me baissai et l'embrassai sur le front ; cet acte semble rompre le charme qui pesait sur lui. « *Pardonnez*, murmura-t-il d'une voix étouffée. — Il n'y a rien à pardonner, cher, lui répondis-je, nous avons tous besoin d'indulgence. Vous savez combien nous vous aimions, Ted, jusqu'à la fin. Nous vous avons profondément regretté. Vous rappelez-vous les enfants ? combien ils vous étaient attachés et vous les aimiez aussi ! Ils parlent souvent de leur pauvre oncle Ted. — Eva, Ethel », soupira-t-il, appelant mes deux filles aînées ; à ce moment il devint si faible que Florence l'entraîna dans le cabinet.

Il ne se présenta pas d'autre esprit pour moi ce soir-là, mais, avant la fin de la séance, ma fille et Ted revinrent ensemble et m'embrassèrent affectueusement. Florence me dit que son oncle était si heureux maintenant, et tranquille, se sachant pardonné : « Il ne reviendra plus sans ses cheveux ! » ajouta-t-elle en riant. Tous deux me souhaitèrent bonne nuit et rentrèrent dans le cabinet ; je les suivis longuement du regard, en regrettant de ne pouvoir aller avec eux !

Les deux apparitions ne pouvaient être connues de Mme Hatch et l'hypothèse d'une supercherie est impossible à imaginer ; c'est pourquoi je n'ai pas donné la description du cabinet, etc. Une physionomie comme celle de l'oncle Ted ne s'invente pas, et encore moins certains détails comme la culotte bleue. Voici donc deux esprits, connus seulement de Mme Marryat, qui paraissent *ensemble* et s'entretiennent de leurs affaires de famille. En vérité, là encore, il ne reste que la supposition que tout cela est inventé pour diminuer la valeur de ces observations : mais, je le répète, comment supposer que cette dame oserait ainsi abuser de la confiance de ses lecteurs, quand, d'autre part, nous savons qu'elle est véridique pour des séances qui ont eu des témoins indépendants ?

Florence se montra encore chez les sœurs Berry, deux forts médiums et, comme Mme Marryat avait donné le faux nom de Davidson, sa fille lui fit demander malicieusement si elle s'était remariée en troisièmes noces. Florence apparut parfaitement matérialisée avec des roses dans les mains. Cette magnifique continuité des phénomènes est signalée par Mme Marryat en ces termes :

> Tous les assistants (auxquels elle venait de raconter les apparitions antérieures de sa fille) furent d'avis que c'était un exemple de matérialisation des plus étonnants et des plus parfaits. Quand on considère cette suite de manifestations depuis le jour où Florence vint à moi pour la première fois, enfant trop faible pour parler et même pour comprendre où elle était, jusqu'aux années pendant lesquelles elle grandissait et devenait forte, sous mes yeux pour ainsi dire, jusqu'au point de *bondir* dans mes bras comme un être humain et parler aussi distinctement et même beaucoup plus intelligemment que moi, on pourra admettre que j'ai mes raisons pour croire au spiritisme.

On a dû noter que « l'oncle Ted » avait essayé souvent de se manifester à sa belle-sœur sans pouvoir y réussir, et que son émotion avait entravé sa première matérialisation. Nous devons en conclure que tous les esprits ne *savent pas* se communiquer; dès lors on sera moins surpris de constater que, souvent, ceux dont on désire le plus avoir des nouvelles ne répondent pas à notre appel, parce qu'ils ignorent comment on s'y prend pour agir sur les médiums.

Dans son livre intéressant, Mme Florence Marryat raconte encore qu'un de ses amis, mort dans l'Inde, John Powles, se matérialisa à différentes reprises. D'abord il était peu ressemblant; plus tard, avec miss Showers comme médium, il put rappeler tous les souvenirs de sa vie passée et faire sentir, comme preuve d'identité, son poignet brisé. Enfin, en Amérique, chez les sœurs Berry, ce fut une résurrection véritable, se produisant vingt-deux années après sa mort terrestre ! Dans une autre séance, donnée spécialement pour elle, Powles, son beau-frère Edward Church et sa fille se matérialisèrent simultanément. Tous trois causaient comme s'ils avaient été encore vivants. Ou toutes ces histoires ne sont que d'audacieux mensonges — ce que je ne crois pas — où la preuve de l'immortalité s'en déduit d'une façon aussi certaine que celle de notre vie terrestre.

J'engage le lecteur à lire attentivement le livre de Mme Marryat, car il renferme des récits circonstanciés sur les phénomènes de matérialisations, qui ont un grand intérêt. J'aurai, d'ailleurs, l'occasion de le citer encore dans la suite de cette étude, lorsque nous en serons au chapitre qui traite de la physiologie des fantômes.

RÉSUMÉ

Si nous nous arrêtons un instant pour jeter un coup d'œil en arrière, nous constaterons que le terrain a été déblayé de la plupart de ses obstacles et que nous en sommes arrivés à des conclusions formelles, en nous basant toujours sur des faits et rien que sur des faits.

Nous avons suivi le phénomène lui-même dans ses manifestations progressives. Au début, ce sont des séances obscures avec leurs déplacements d'objets, les lueurs qui illuminent temporairement les ténèbres, puis des attouchements de mains mystérieuses qui agissent intelligemment. Alors des doutes se produisent. A qui appartiennent ces mains ? Pourquoi toujours cette absence de lumière ? Faut-il donc s'en rapporter aveuglément à la bonne foi du médium ?

Peu à peu les conditions changent. Une faible clarté permet de distinguer les assistants, qui se surveillent mutuellement. Le médium est : ou attaché, ou mis dans un sac, ou tenu pendant toute la séance et, malgré ces précautions, les faits se produisent et acquièrent un développement plus grand. Ce ne sont plus seulement des mains que l'on sent et que l'on voit, ce sont des êtres affectant la forme terrestre et donnant des preuves manifestes de leur intelligence.

Devant l'irrécusable témoignage des sens, la supercherie n'étant plus possible, la première hypothèse est que l'hallucination intervient souverainement et nous fait voir ce qui n'existe pas dans la réalité. Mais bien des résultats positifs s'élèvent contre cette interprétation. Les fantômes déplacent des objets matériels, et ceux-ci ne se trouvent plus à la place qu'ils occupaient primitivement, après que le fantôme a disparu; d'où cette conclusion que celui-ci a pu agir sur la matière : donc il avait certainement une objectivité. Puis ce sont des traces persistantes de son action qui subsistent sur la farine, le noir de fumée, la terre glaise, etc. Déjà on peut étudier l'anatomie de ces apparitions, se convaincre qu'elle est identique à la nôtre, ce que les actions exécutées par les mains permettaient de supposer. Puis arrivent les moulages qui, dans les conditions où ils sont produits, sont inimitables. Ces documents affirment, à leur façon, que nous sommes en présence de véritables membres matériels, humains, à trois dimensions, ce que la photographie contrôle. Alors on ne peut plus soutenir que les assistants ont été illusionnés, suggestionnés ou hallucinés, et la conclusion qui s'impose, en dépit de la révolte du sens commun, c'est que les fantômes sont des réalités objectives, des corps véritables, bien qu'ils puissent se former sous les yeux des assistants ou s'évanouir sans laisser de traces.

Quelle prodigieuse découverte ! Il existerait donc dans l'espace des légions d'êtres invisibles qui n'attendraient qu'une occasion favorable pour faire de nouveau une réapparition parmi nous ? Non, répondront les incrédules; avant d'admettre une théorie aussi invraisemblable, il faut épuiser toutes les possibilités naturelles. Aussi avons-nous entendu formuler les hypothèses les plus invraisemblables. Pour les uns, le fantôme n'est qu'une création du médium, qui extérioriserait une image mentale et lui donnerait une solidité en la matérialisant, grâce à sa force psychique condensée. Sans rechercher si un semblable phénomène est possible et si l'on peut créer une sorte de mannequin fluidique ayant les apparences de la vie, du mouvement, de la pensée, il suffit de remarquer que des apparitions simulta nées ont eu lieu, que ces fantômes agissaient différemment les uns des autres, pour que l'impossibilité de ces pseudo-créations soit démontrée. Puis c'est le dédoublement qui a été mis en avant.

Cette fois, nous sommes en présence d'une théorie plus raisonnable car, certainement, le double du médium peut s'extérioriser et agir physiquement sur la matière. Mais cette explication, très plausible, n'est pas générale. Il a été constaté souvent que l'apparition différait physiquement du médium, ce qui démontre que ce n'était pas son double ; ensuite l'apparition a parlé des langues étrangères inconnues du sujet, ou elle a écrit en employant un idiome que le médium ignorait. Dans d'autres exemples, l'apparition cause avec ce médium éveillé, ou bien l'on voit, en même temps que l'apparition, le double du médium, ce qui suffit à établir qu'il ne peut pas en être l'auteur.

Dans ces conditions, il faut admettre que les fantômes sont des êtres autonomes, qu'ils continuent de vivre alors même qu'ils sont invisibles, et ils prouvent leur indépendance pendant l'intervalle des séances et longtemps après qu'elles ont pris fin, soit par des communications écrites ou typtologiques, soit par des photographies, qui nous montrent que la forme terrestre s'est conservée dans l'espace. Les apparitions ont tous les caractères biologiques et psychologiques des êtres humains : dès lors, l'hypothèse la plus scientifique, celle qui ne multiplie pas les causes sans nécessité, c'est que l'âme humaine a survécu, puisque nous savons déjà, à n'en pas pouvoir douter, qu'elle est associée indissolublement à une forme de matière invisible qui reproduit l'organisme corporel, aussi bien extérieurement que dans les plus infimes détails de son mécanisme intérieur. Le phénomène de la matérialisation nous démontre que le périsprit et l'intelligence ont persisté de sorte, qu'expérimentalement, nous avons le droit d'affirmer que la mort n'a pas anéanti le principe pensant, car il se révèle, longtemps après sa disparition d'au milieu de nous, aussi vivant et agissant qu'il l'était ici-bas.

Ce ne sont pas toujours des êtres humains que l'on n'a jamais connus qui se montrent. Souvent, les nôtres apparaissent ; nous revoyons des parents que l'on a chéris et qui sont joyeux de se montrer matériellement, pour nous donner la magnifique certitude que la mort n'est un épouvantail que pour ceux qui ne savent pas regarder au delà de la tombe. Comment résister à des démonstrations aussi convaincantes que celles qui nous font voir, toucher, entendre nos amis défunts? Est-il possible de douter quand on reconnaît leurs chères figures, leurs gestes, leurs attitudes? Comment ne pas être ébranlé jusqu'au fond de l'âme quand ils s'expriment comme jadis et que l'on retrouve leurs pensées, leur tour d'esprit et surtout la manière dont ils nous témoignaient leur affection? Que de souvenirs communs sont échangés, que de détails que nul être au monde ne pourrait connaître pour les simuler.

Quels sophismes pourraient diminuer la valeur des manifestations si minutieusement rapportées par M. Livermore, le docteur Nichols ou Mme Fl. Marryat?

Nous touchons au point culminant de la démonstration. Il ne peut pas être question pour M. Livermore d'une erreur de ses sens, car les témoignages du docteur Gray et de M. Groute, son beau-frère, sont formels; tous deux reconnaissent Estelle. Celle-ci ne *peut pas* être une création du médium : 1° parce que Kate Fox ne s'endort pas pendant les séances, qu'elle conserve sa conscience et qu'elle a peur du fantôme de Franklin, preuve que ce n'est pas elle qui l'engendre; 2° Estelle écrit visiblement, avec sa main matérialisée, des messages en français, langue ignorée totalement par Kate Fox, et personne n'imaginera, du moins je le suppose, qu'elle ait pu acquérir subitement une science aussi compliquée que celle de notre idiome; 3° parce que l'écriture posthume d'Estelle est identique à celle qu'elle possédait de son vivant et aucun pouvoir subliminal, aucune transfiguration ne peut créer instantanément un mécanisme aussi prodigieusement complexe et aussi précis que celui nécessaire pour donner un autographe parfait d'Estelle; 4° enfin, la présence simultanée, dans certains cas, de Franklin et d'Estelle, leurs modes d'action si divers, la différence de leurs écritures, attestent des individualités spirituelles, qui n'ont pas plus de ressemblance entre elles qu'avec le médium.

Je crois que *ces faits* opposent une infranchissable barrière logique à toutes les hypothèses de l'ésopsychisme ou du psychodynamisme.

Le même raisonnement pourrait être employé au sujet de la fille du docteur Nichols, dont la présence invisible se traduit par son écriture, aussi bien que par la matérialisation, quand les circonstances le lui permettent. Mais est-ce que le cas de Sven Stromberg ne satisfera pas les plus difficiles ? Il n'y a même plus l'ombre d'un prétexte pour invoquer la lecture de pensée dans l'inconscient, puisque aucun des assistants ne connaissait cet esprit, qui avait quitté la terre dans une autre partie du monde. Dans ces expériences, les preuves ont été surabondantes et la critique doit s'incliner devant l'évidence, du moins si elle est sincère.

Les habitants du monde invisible ont mis tout en œuvre, ont essayé de tous les procédés pour nous affirmer qu'ils vivent toujours et lorsqu'ils ne peuvent plus se matérialiser objectivement, la photographie a démontré que leur existence se poursuit dans le domaine de l'espace, où tous nous irons infailliblement les rejoindre. Que nous apportent ces fantômes, sortant pour un instant des régions de cet au-delà qui est si proche de nous ? Des paroles d'espérance, d'amour et d'affection. Comment ne leur accorderait-on pas toute confiance, puisque ce sont ceux-là même que nous aimions si tendrement quand ils étaient avec nous ?

D'ores et déjà on peut affirmer que la grande énigme est résolue. Évidemment, le monde n'acceptera pas du jour au lendemain cette nouvelle science. Il faudra pendant de longues années lutter contre les préjugés de l'ignorance, du scepticisme du monde savant et des membres de toutes les confessions religieuses, mais la force de la vérité est souveraine : elle s'impose irrésistiblement à tous ses détracteurs et la preuve, c'est qu'à l'aurore de ce siècle, après cinquante années seulement, le spiritisme a conquis des millions d'adeptes sur toute la surface de la terre.

C'est d'abord grâce à l'inlassable persévérance de ses adeptes que l'on doit cette prodigieuse diffusion du spiritisme, mais c'est aussi aux affirmations retentissantes de quelques courageux savants, car la plus grande partie du public s'est habituée à n'accepter les nouveautés que lorsqu'elles portent l'estampille officielle de la science. Il est certain que cette méthode serait très sage si le monde des Académies ne nous avait pas, trop souvent, donné l'exemple de l'intolérance dogmatique, vis-à-vis des vérités qui semblaient contredire les théories régnantes. Le galvanisme, le magnétisme, la théorie de l'ondulation de la lumière, les météorites, les chemins de fer et dernièrement encore le téléphone, sont des exemples de ces partis pris qui ne désarment qu'à regret et quand il est impossible de faire autrement.

Il était dans la destinée du spiritisme de subir le baptême de la persécution, car tout : ses expériences et ses théories, allaient trop directement à l'encontre des enseignements matérialistes — qui ont force de loi parmi nos savants — pour ne pas être rigoureusement combattues au nom des *vérités acquises*, puisque c'est ainsi que les thuriféraires du *statu quo* baptisent leurs systèmes, alors que les découvertes de chaque jour renversent l'échafaudage qu'ils avaient si orgueilleusement proclamé comme indestructible. En réalité, les phénomènes du spiritisme ne portent atteinte à aucune loi naturelle ; ils en font seulement connaître de nouvelles, et ils ne détruisent que les idées préconçues, ou les classifications, ce qui n'a pas d'importance. Il faut un grand courage pour battre en brèche le rempart des préjugés contemporains, et celui qui a cette audace peut s'attendre à être malmené par ses confrères, insulté par la tourbe des journalistes à court de copie, et l'on ira même jusqu'à insinuer que cet homme audacieux doit être sujet à des troubles mentaux pour oser raconter des histoires aussi invraisemblables. C'est ce qui est arrivé pour Zœllner, l'illustre astronome, pour William Crookes, l'éminent physicien, pour Alfred Russel Wallace, qui, il y a un quart de siècle, ont eu l'honneur d'affirmer la réalité de ces phénomènes, si prodigieusement déconcertants pour les ignorants.

Je vais donc mettre encore sous les yeux du public d'autres pièces du procès, — empruntées à des savants — et le lecteur de bonne foi constatera que toutes les affirmations des spirites, même celles qui paraissent les plus osées, ont été confirmées par la recherche indépendante. Non seulement les apparitions matérialisées existent, mais dans beaucoup de cas elles furent reconnues. C'est cette consécration des recherches spirites qu'il est maintenant indispensable de faire connaître.

CHAPITRE VI

LES RECHERCHES DES SAVANTS

Sommaire. — Les Apparitions de Katie King constatées d'abord par des spirites. — Les polémiques. — Intervention de sir William Crookes. — Les recherches du savant anglais affirment absolument la réalité des matérialisations. — Photographies de Katie. — Sa dernière manifestation. — Les expériences du docteur Gibier à New-York, chez lui. — Passage du médium à travers la porte de la cage. — Séance du 10 juillet. — Un fantôme qui parle le français, le médium ne connaissant pas notre langue. — Autres matérialisations. — Le fantôme se forme et disparait devant les assistants. — Une magnifique séance racontée par le Révérend Minot-Savage. — Quelques apparitions reconnues à Munich. — L'attestation de Carl du Prel. — Les recherches de l'archidiacre Colley, avec le docteur Monck. — Le fantôme sort du corps du médium et se forme sous les yeux des assistants, puis sa substance retourne au corps physique de Monck. — Le Madhi. — L'esprit et le médium éveillé causent ensemble. — Le fantôme d'Alice. — Le procès du prestidigitateur Maskelyne. — La déposition d'Alfred Russel Wallace. — Les matérialisations de la Villa Carmen. — Photographies simultanées des médiums et de l'apparition. — Le fantôme prend naissance dans la salle. — Il exhale de l'acide carbonique. — Les critiques des incrédules, leur inanité. — Les matérialisations complètes avec Eusapia Paladino. — Témoignages des professeurs Porro, Morselli, Bottazi, Pio Foa, du docteur Visani Scozzi, du docteur Venzano, de M. Bozzano. — Matérialisation de deux formes, visibles en pleine lumière. — Les identités d'Esprits constatées avec Eusapia. — La mère de Lombroso. — Le fils de M. Vassallo. — Le père et une parente du docteur Venzano. — La fille du professeur Porro. — La mère de M. Bozzano. — Empreinte du visage matérialisé du beau-père de M. Gellona. — Les identités constatées avec d'autres médiums. — Les fantômes reconnus avec Politi par le professeur Milesi. — Par le professeur Palmieri. — Par le professeur Tummolo. — Photographies de matérialisations parfaitement identifiées avec les Randone. — Résumé.

LES PREMIÈRES APPARITIONS DE KATIE KING

Une des apparitions les plus sensationnelles fut certainement celle d'un fantôme féminin, surnommé Katie King, qui acquit une célébrité mondiale, à la suite du rapport le concernant publié par W. Crookes. Bien que le travail de l'illustre savant soit aujourd'hui classique, je ne puis me dispenser de le reproduire dans ce livre qui est, avant tout, un recueil de documents, en l'accompagnant de quelques notes sommaires sur les premières manifestations de cet esprit.

J'ai déjà parlé, à différentes reprises (1), d'une jeune fille nommée Florence Cook, âgée de quinze ans en 1872, qui devint un excellent médium et en compagnie de laquelle Crookes put se convaincre de la réalité du phénomène de la matérialisation. M. Epes Sargent a publié à Boston, en 1875, un livre renfermant son histoire. Ce volume fut traduit en français sous le titre *Katie King, histoire de ses apparitions* (2) et contient une quantité de récits intéressants.

Je vais y faire librement quelques emprunts, renvoyant pour le détail le lecteur à l'original.

Dans une séance qui eut lieu le 21 avril 1872, chez les parents de miss Cook, une forme disant se nommer Katie King se matérialisa partiellement, pour la première fois, après avoir promis antérieurement de le faire. Le fantôme était encore incapable de se faire voir par sa propre lumière ; il ne devenait visible qu'en s'éclairant avec une bouteille contenant de l'huile phosphorée. Détail intéressant, déjà signalé par Aksakof, le jeune médium n'était pas endormi et put voir Katie tout à son aise.

Mais, bientôt, il lui fut enjoint d'entrer dans le cabinet et, de jour en jour, les manifestations devinrent plus intenses, quand le médium s'endormit. Un cercle se constitua, formé principalement par M. Harrison, directeur du journal *The Spiritualist* ; M. Luxmoore, M. Ch. Blackburn, de Manchester, qui, par une donation importante, assura l'existence matérielle du médium, afin de lui permettre de donner gratuitement des séances, et de quelques autres assistants.

M. Harrison raconte que les débuts furent laborieux ; ce ne fut que progressivement que l'on put supprimer la lampe à phos-

---

(1) Voir volume I, p. 395 et dans celui-ci, p. 353, 357 et 398.
(2) *Katie King. Histoire de ses apparitions*, par un adepte, 1899. Leymarie, éditeur.

phore et la remplacer par une lumière ordinaire, d'abord très faible, puis enfin plus forte :

Les séances continuèrent avec succès. Les forces de Katie King s'augmentèrent de plus en plus, mais, pendant longtemps, elle ne permit qu'une faible lumière pendant qu'elle se matérialisait. Sa tête était toujours entourée de voiles blancs, parce qu'elle ne la formait pas d'une manière complète, afin d'user moins de fluide. Après un bon nombre de séances, Katie réussit à montrer, en pleine lumière, sa figure découverte, ses bras et ses mains.

A cette époque, *miss Cook était presque toujours éveillée pendant la présence de l'esprit*; mais quelquefois, quand le temps était mauvais, ou que d'autres conditions étaient défavorables, miss Cook s'endormait sous l'influence spirite, ce qui augmentait le pouvoir, et empêchait l'activité mentale du médium de troubler l'action des forces magnétiques.

Cette observation de M. Harrison confirme les remarques faites par Mme d'Espérance qui, nous l'avons vu (p. 361), a constaté qu'une passivité complète de sa part favorisait l'extériorisation de sa force psychique. Parfois, je l'ai signalé aussi (p. 356), des discussions s'élevaient entre Katie et la jeune fille, ce qui démontre qu'elles avaient bien, au même moment, deux volontés distinctes et différentes.

On le voit, ce n'est qu'à la suite de longues tentatives, entremêlées d'insuccès, que la forme du fantôme, d'abord très imparfaite, se compléta successivement et que Katie atteignit le pouvoir de se montrer librement, en pleine lumière, sous une forme humaine et de se promener devant le cercle des assistants.

Qui était ce fantôme ? Suivant ses propres affirmations, elle vécut autrefois sur la terre et refusa toujours d'admettre qu'il y eût rien de commun entre son esprit et celui de miss Cook.

Questionnée par le docteur Gully sur son séjour terrestre, elle répondit (1) :

Je me suis désincarnée à l'âge de vingt-trois ans ; j'ai vécu pendant la fin du règne de Charles Ier, pendant la république et pendant le commencement du règne de Charles II. Je me souviens très bien des grands chapeaux pointus du règne de Cromwell, et des

(1) *Katie King*, etc. Rapport du docteur Gully, p. 48.

chapeaux à larges bords que l'on portait sous Charles Ier et Charles II ; les hommes avaient les cheveux courts, mais Cromwell les portait longs.

Dans une autre circonstance, elle dit que son vrai nom était : Annie Owen Morgan. La question de l'identité de ce fantôme ne peut évidemment pas être résolue, faute de documents appropriés, mais je ne vois pas non plus pourquoi on refuserait d'accepter son témoignage, puisque la réalité de son existence est indéniable.

On possède un grand nombre d'affirmations en faveur de la sincérité de miss Cook et de l'impossibilité qu'il y aurait eu pour elle de tromper, étant données les précautions avec lesquelles les expériences se faisaient. Il faut lire les récits de M. Coleman, du docteur Sexton, qui resta quinze ans un adversaire décidé du spiritisme, de M. le docteur Gully, praticien distingué, du Prince de Sayn-Wittgenstein, etc., pour être convaincu que les séances avaient lieu dans des conditions sévères de contrôle. Voici, entre autres, l'attestation du docteur Gully (1) :

Toutes les personnes qui ont assisté aux séances de miss Cook savent avec quel soin les précautions étaient prises pour découvrir les moindres mouvements de la part du médium. Les rubans qui attachaient le corps du médium s'étendaient à terre et l'extrémité en était parfois tenue par des personnes dans la salle. Une ou deux fois même, les cheveux de miss Cook ont été fixés par terre ; elle était couchée tout de son long, et ses cheveux, passés sous le rideau étaient visibles pour tous, pendant que Katie se promenait devant nous. Toutes ces preuves m'ont convaincu que la forme apparue n'était pas le médium miss Cook, mais une individualité totalement distincte.

Les témoins s'accordent aussi pour reconnaître la grande beauté de l'apparition. Le prince de Wittgenstein déclare « qu'elle était grande, élégante, souple au possible et mille fois plus belle que sa photographie ». Même enthousiasme du docteur Gully, qui dit : « Un voile transparent couvrait sa tête et son visage et donnait à toute sa personne une apparence de grâce et de pureté que les mots sont impuissants à décrire. »

(1) *Ouvrage cité*, p. 83.

La fameuse objection que les assistants auraient été hallucinés tombe, devant le fait que des photographies au magnésium furent prises par M. Harrison et par le docteur Gully ; elles sont antérieures à celles obtenues par W. Crookes chez lui et, cependant, la figure de Katie King est toujours la même, ce qui dé-

Fig. 35. — Katie King, d'après une des photographies obtenues à la lumière du magnésium par les investigateurs spirites.

montre que le rôle du fantôme n'était pas joué par une étrangère, car celle-ci n'aurait pas pu s'introduire partout, et spécialement dans le laboratoire du savant physicien. C'est cependant cette sottise qui a été donnée comme explication, par un de ces critiques qui se croient doués d'une perspicacité supérieure.

Je rappelle, également, qu'un courant électrique parcourait le corps de miss Cook dans l'expérience de Varley et de Crookes (t. I, p. 394) pendant que Katie, libre de tous liens, se montrait à l'entrée du cabinet. Cette observation, jointe à celles de MM. Coleman, Gully, Dawson Rogers, qui virent en même temps l'esprit et le médium, affirment la sincérité des manifestations.

Toutes ces confirmations successives nous assurent absolument que l'apparition était authentique. Mais, à cette époque comme aujourd'hui, il se trouvait des gens qui ne *peuvent pas* arriver à se persuader que ces phénomènes sont possibles.

Ignorant profondément les lois qui régissent les faits, si le fantôme ressemble un peu au médium, rien ne pourra les persuader que ce n'est pas celui-ci qui s'est déguisé, pour abuser de la crédulité des assistants. Alors, pris d'une noble ardeur, ils se précipitent sur la forme et font des efforts pour la retenir, mais elle leur échappe et le médium court le risque d'être estropié pour le reste de ses jours par l'outrecuidante maladresse d'un imbécile. Cela se produisit pour miss Cook et c'est à ce fâcheux épisode que nous devons l'entrée en scène de William Crookes, voici comment (1) :

Le phénomène de la matérialisation d'un Esprit était si nouveau pour tous, que même des spirites incrédules cherchaient à expliquer par la fraude ce qu'ils ne comprenaient pas. Ils supposaient que miss Cook se déguisait pour jouer le rôle de Katie King. Un M. Volckmann voulut le prouver en saisissant l'esprit. Il se leva subitement et chercha à maintenir Katie : celle-ci, cependant, réussit à lui échapper et l'on trouva miss Cook sur sa chaise, comme à l'ordinaire, *avec tous les liens qu'on lui avait mis au début de la séance.* Cet incident confirma l'authenticité du phénomène et beaucoup de personnes écrivirent alors des témoignages en faveur du médium.

C'est très bien ; mais voici ce qui se produisit pour ce dernier :

A la suite de cette brusque attaque, miss Cook fut très malade toute la nuit ; deux médecins la soignèrent, car elle avait de violentes convulsions.

(1) *Ouvrage cité*, p. 65.

C'est également à la suite d'une scène semblable que Mme d'Espérance resta malade pendant plusieurs années. Que dire et que penser de semblables procédés, aussi brutaux que peu scientifiques, quand on sait qu'ils peuvent entraîner de si graves conséquences (1)?

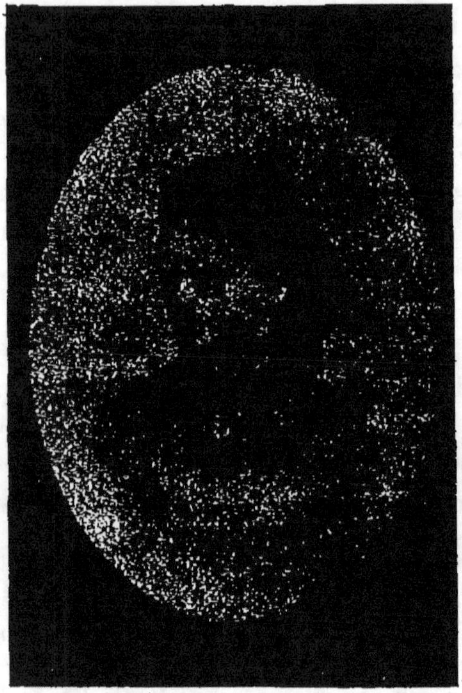

Forte de son innocence, miss Cook ne voulut pas rester sous le coup d'une semblable suspicion et pour s'en affranchir voici, suivant son propre récit, ce qu'elle imagina (2) :

Fig. 36. — Reproduction, d'après une gravure, d'une photographie de Miss Cook à l'âge de 15 ans. On peut comparer sa figure à celle de Katie.

Je me rendis chez M. W. Crookes sans prévenir mes parents ou mes amis ; je m'offris comme un sacrifice volontaire sur l'autel de son incrédulité.

L'incident désagréable de M. Volckman venait d'avoir lieu et ceux qui ne comprenaient pas disaient des choses cruelles sur moi. M. Crookes, qui avait déjà fait quelques expériences, *ne m'épargna pas plus que les autres.*

On constate, ici, que le savant n'était pas encore bien persuadé de la réalité des phénomènes et que, s'il a changé depuis, ce n'a dû être qu'après mûr examen. Je poursuis la citation :

Une chose qu'il m'avait dite me tourmenta tellement, que j'allai tout droit le trouver, sans autre pensée que celle de me disculper devant lui et devant le monde entier. Voici ce que je lui dis : « Vous

---

(1) Autant que possible, il faut s'abstenir de ces pratiques, à moins que l'on ne soit *certain* que le médium est réellement un fraudeur, car les conséquences d'une erreur peuvent être très graves pour la santé du médium.

(2) *Katie King. Histoire de ses apparitions*, p. 123.

croyez que je suis un imposteur, eh bien ! vous allez voir. Je viendrai dans votre maison, Mme Crookes me donnera les vêtements qu'elle voudra et renverra ceux dans lesquels j'arriverai chez vous. Vous me surveillerez aussi longtemps qu'il vous plaira, vous ferez toutes les expériences que vous désirerez, afin de vous convaincre complètement et finalement, dans un sens ou dans l'autre. Je n'y mets qu'une condition : si vous trouvez que je suis l'agent d'une mystification, dénoncez-moi, aussi fortement et aussi publiquement que vous le voudrez ; mais si vous trouvez que les phénomènes sont véritables et que je ne suis qu'un instrument dans les mains des *invisibles*, dites-le franchement, bien haut, pour me disculper aux yeux du monde. »

M. Crookes tint parole, en parfait gentilhomme qu'il est du reste ; quoiqu'il lui coûtât beaucoup d'en faire l'aveu, il le fit franchement et sans équivoque possible.

En effet, il fallut au grand savant un véritable héroïsme pour affirmer la réalité de phénomènes, que le grand public considérait alors comme de misérables jongleries et, sur le moment, une violente tempête de sarcasmes s'abattit sur lui. Mais, aujourd'hui, on commence à lui rendre justice et l'estime qui lui est due pour sa haute intégrité morale, rehausse encore l'admiration que l'on éprouve envers l'homme de science.

LES RECHERCHES DE WILLIAM CROOKES

Dans une lettre adressée, le 3 février 1874, au *Spiritualist* de Londres, M. Crookes raconte que, dans une séance récente, pendant que Katie était devant lui, « il entendit distinctement le son d'un sanglot plaintif, identique à ceux que miss Cook avait fait entendre par intervalles tout le temps de la séance et qui venait du rideau derrière lequel elle était assise ». Cet incident engagea le savant à poursuivre ses études dans cette voie. Il l'annonce en ces termes :

Vos lecteurs, Messieurs, me connaissent, et voudront bien croire, j'espère, que je n'adopterai pas précipitamment une opinion, ni que je ne leur demanderai pas d'être d'accord avec moi, d'après une preuve insuffisante... Que ceux qui inclinent à juger durement Mlle Cook suspendent leur jugement jusqu'à ce que j'apporte une preuve certaine qui, je le crois, sera suffisante pour résoudre la question.

Voici, maintenant, le récit des séances où ces preuves « complètes » furent obtenues.

FORMES D'ESPRITS

Dans une lettre que j'ai écrite à ce journal au commencement de février dernier, je parlais des phénomènes de formes d'Esprits qui s'étaient manifestées par la médiumnité de miss Cook, et je disais : « Que ceux qui sont enclins à juger durement miss Cook suspendent leur jugement jusqu'à ce que j'apporte des preuves certaines qui, je le crois, suffiront pour trancher la question.

« En ce moment miss Cook se consacre exclusivement à une série de séances privées auxquelles n'assistent qu'un ou deux de mes amis et moi… J'en ai assez vu pour me convaincre pleinement de la sincérité et de l'honnêteté de miss Cook, et pour me donner tout lieu de croire que les promesses que Katie m'a faites si librement seront tenues. »

Dans cette lettre, je décrivais un incident qui, selon moi, était très propre à me convaincre que Katie et miss Cook étaient deux êtres matériels distincts. Lorsque Katie était hors du cabinet, debout devant moi, j'entendis un son plaintif venant de miss Cook qui était dans le cabinet. Je suis heureux de dire que j'ai enfin obtenu « *la preuve absolue* » dont je parlais dans la lettre ci-dessus mentionnée.

Pour le moment, je ne parlerai pas de la plupart des preuves que Katie m'a données dans les nombreuses occasions où miss Cook m'a favorisé *de séances chez moi*, et je n'en décrirai qu'une ou deux qui ont eu lieu récemment. Depuis quelque temps, j'expérimentais avec une lampe à phosphore, consistant en une bouteille de six à huit onces qui contenait un peu d'huile phosphorée et qui était solidement bouchée. J'avais des raisons pour espérer qu'à la lumière de cette lampe quelques-uns des mystérieux phénomènes du cabinet pourraient être rendus visibles, et Katie espérait, elle aussi, que ce résultat serait obtenu.

Le 12 mars, pendant une séance chez moi, après que Katie se fut promenée au milieu de nous, et qu'elle nous eut parlé pendant quelque temps, elle se retira derrière le rideau qui séparait mon laboratoire, où les invités étaient assis, de ma bibliothèque, qui, temporairement, faisait l'office de cabinet noir.

Au bout d'un moment, elle revint au rideau et m'appela à elle en disant : « Entrez dans la chambre, et soulevez la tête de mon médium ; elle a glissé à terre. » Katie était alors debout devant moi, vêtue de sa robe habituelle et coiffée de son turban. Immédiatement, je me dirigeai vers la bibliothèque pour relever miss Cook, et Katie se rangea pour me laisser passer. Miss Cook avait glissé en partie de dessus le canapé et sa tête était penchée dans une position pénible. Je la remis sur le canapé, et, en faisant cela, j'eus, malgré l'obscurité, la vive satisfaction de constater que miss Cook n'était pas revêtue du costume de « Katie », mais qu'elle portait sa robe ordinaire de velours noir et se trouvait dans une profonde léthargie. Il ne s'était pas écoulé *plus de trois secondes* entre le moment où je vis Katie en robe blanche debout, devant moi, et celui où je relevai miss Cook sur le canapé, en la tirant de la fausse position où elle était tombée.

En retournant à mon poste d'observation, Katie apparut de nouveau, et dit qu'elle pensait qu'elle pourrait se montrer à moi, en même temps que son médium ; le gaz fut baissé, et elle me demanda ma lampe à phosphore. Après s'être montrée à sa lueur pendant quelques secondes, elle me la rendit en disant : « Maintenant, entrez, et regardez mon médium. » Je la suivis de près dans ma bibliothèque, et, à la lueur de ma lampe, je vis miss Cook reposant sur le sofa exactement comme je l'avais laissée. Je regardai autour de moi pour voir Katie, mais comme elle avait disparu, je l'appelai et je ne reçus pas de réponse.

Je retournai alors à ma place, et Katie réapparut bientôt ; elle me dit que, tout le temps, elle avait été debout auprès de miss Cook. Elle demanda alors si elle ne pourrait pas elle-même essayer une expérience, et, prenant de mes mains la lampe à phosphore, elle passa derrière le rideau, me priant de ne pas regarder dans le cabinet pour le moment. Au bout de quelques minutes, elle me rendit la lampe en me disant qu'elle n'avait pas pu réussir, qu'elle avait épuisé tout le fluide du médium, mais qu'elle essaierait de nouveau une autre fois.

Mon fils aîné, un garçon de quatorze ans, qui était assis en face de moi, dans une position telle qu'il pouvait voir derrière le rideau, me dit qu'il avait vu distinctement la lampe à phosphore paraissant flotter dans l'espace au-dessus de miss Cook, et l'éclairant pendant qu'elle était étendue sans mouvement sur le sofa, mais qu'il n'avait vu personne tenant la lampe.

Je passe maintenant à la séance tenue hier soir à Hackney. Jamais Katie n'est apparue avec une aussi grande perfection ; pendant *près de deux heures*, elle s'est promenée dans la chambre, en causant familièrement avec ceux qui étaient présents. Plusieurs fois elle prit mon bras en marchant et j'eus l'impression que c'était une femme vivante qui se trouvait à mon côté, et non pas un visiteur de l'autre monde ; cette impression fut si forte, que la tentation de répéter une récente expérience célèbre devint presque irrésistible.

Pensant donc que, si je n'avais pas un esprit près de moi, il y avait tout au moins une *dame*, je lui demandai la permission de la prendre dans mes bras, afin de me permettre de vérifier les intéressantes observations qu'un expérimentateur hardi a récemment fait connaître d'une manière tant soit peu prolixe (1). Cette permission me fut gracieusement donnée, et, en conséquence, j'en usai convenablement comme tout homme bien élevé l'eût fait dans ces circonstances. M. Volckmann sera charmé de savoir que je puis corroborer son assertion que le « fantôme » (qui, du reste, ne fit aucune résistance) *était un être aussi matériel que miss Cook elle-même*. Mais la suite montre combien un expérimentateur a tort, quelque soignées que soient ses observations, de se hasarder à formuler une conclusion importante quand les preuves sont insuffisantes.

Katie dit alors que, cette fois, elle se croyait capable de se montrer en même temps que miss Cook. Je baissai le gaz et ensuite, avec ma lampe à phosphore, je pénétrai dans la chambre qui servait de cabinet noir. Mais, préalablement, j'avais prié un de mes amis, qui est habile sténographe, de noter toutes les observations que je pourrais faire pendant mon séjour dans le cabinet, sachant l'importance qui s'attache aux premières impressions, et je ne voulais pas me confier à ma mémoire plus qu'il n'était nécessaire. Ses notes sont, en ce moment, devant moi.

J'entrai dans la chambre avec précaution car il y faisait noir, et ce fut à tâtons que je cherchai miss Cook. Je la trouvai accroupie sur le plancher.

M'agenouillant, je laissai l'air entrer dans ma lampe, et, à sa lueur, je vis la jeune fille vêtue de velours noir comme elle l'était au début de la séance et complètement insensible en apparence. Elle ne bougea pas lorsque je pris sa main et tins la lampe tout près de son visage ; mais elle continua à respirer paisiblement.

Élevant la lampe, je regardai autour de moi, et je vis Katie qui se tenait debout derrière miss Cook. Elle était vêtue d'une draperie blanche et flottante comme nous l'avions vue déjà pendant la séance. Tenant une des mains de miss Cook dans la mienne, et étant toujours à genoux, j'élevai et j'abaissai la lampe afin d'éclairer la forme entière de Katie, et me convaincre pleinement que je

---

(1) M. Crookes fait ici allusion à l'histoire de M. Volckmann, publiée dans le *Medium and Daybreak*.

voyais bien réellement la vraie Katie *que j'avais pressée dans mes bras quelques minutes auparavant*, et non pas le fantôme d'un cerveau malade. Elle ne parla pas, mais elle remua la tête en signe de reconnaissance. Par trois fois différentes, j'examinai soigneusement miss Cook accroupie devant moi, pour m'assurer que la main que je tenais était bien celle d'une femme vivante et, à trois reprises différentes, je tournai ma lampe vers Katie pour l'examiner avec une attention soutenue, *jusqu'à ce que je n'eusse plus le moindre doute de sa réalité objective*. Enfin miss Cook fit un léger mouvement, et Katie me fit aussitôt signe de m'éloigner. Je me retirai dans une autre partie du cabinet, et cessai alors de voir Katie, mais je ne quittai pas la chambre jusqu'à ce que miss Cook se fût éveillée et que deux des assistants fussent entrés avec une lumière.

Avant de terminer cet article, je désire faire connaître quelques-unes des différences que j'ai observées entre miss Cook et Katie. La taille de Katie est variable ; chez moi je l'ai vue plus grande de six pouces que miss Cook. Hier soir, ayant les pieds nus et ne se tenant pas sur la pointe des pieds, elle avait quatre pouces et demi de plus que miss Cook. Hier soir, Katie avait le cou découvert, la peau était parfaitement douce au toucher et à la vue, tandis que miss Cook a au cou une grande cicatrice qui, dans des circonstances semblables, se voit distinctement et est rude au toucher. Les oreilles de

Fig. 37. — Une des photographies de Katie, par W. Crookes.

Katie ne sont *pas percées*, tandis que miss Cook porte ordinairement des boucles d'oreilles. Le teint de Katie est très clair, tandis que celui de miss Cook est très foncé. Les doigts de Katie sont beaucoup plus longs que ceux de miss Cook, et son visage est aussi plus long. Dans les façons et la manière de s'exprimer, il y a également *bien des différences absolues*.

La santé de miss Cook n'est pas assez bonne pour lui permettre de donner, avant quelques semaines, d'autres séances expérimentales comme celles-ci, et nous l'avons par conséquent fortement engagée à prendre un repos complet, avant de commencer la campagne d'expériences que j'ai projetée pour elle, et, dans un temps prochain, j'espère que je pourrai en faire connaître les résultats.

20, *Mornington Road*, 30 mars 1874.

(Extrait du *Spiritualist*.)

DERNIÈRE APPARITION DE KATIE KING

SA PHOTOGRAPHIE A L'AIDE DE LA LUMIÈRE ÉLECTRIQUE

Ayant pris une part très active aux dernières séances de miss Cook, et ayant très bien réussi à prendre de nombreuses photographies de Katie King à l'aide de la lumière électrique, j'ai pensé que la publication de quelques-uns des détails serait intéressante pour les lecteurs du *Spiritualist*.

Durant la semaine qui a précédé le départ de Katie, *elle a donné des séances chez moi* presque tous les soirs, afin de me permettre de la photographier à la lumière artificielle. Cinq appareils complets de photographie furent donc préparés à cet effet. Ils consistaient en cinq chambres noires, une de la grandeur de la plaque entière, une de demi-plaque, une de quart, plus deux chambres stéréoscopiques binoculaires, qui devaient toutes être dirigées sur Katie en même temps, chaque fois qu'elle poserait pour obtenir son portrait. Cinq bains sensibilisateurs et fixateurs furent employés, et nombre de glaces furent nettoyées à l'avance, prêtes à servir, afin qu'il n'y eût ni empêchement, ni retard, pendant les opérations photographiques que j'exécutais moi-même assisté d'un aide.

Ma bibliothèque servit de cabinet noir; elle a une porte à deux battants qui s'ouvre sur le laboratoire; un de ces battants fut enlevé de ses gonds, et un rideau fut suspendu à sa place pour permettre à Katie d'entrer et de sortir facilement.

Ceux de nos amis qui étaient présents étaient assis dans le laboratoire en face du rideau, et les chambres noires furent placées un peu derrière eux, prêtes à photographier Katie quand elle sortirait, et à prendre également l'intérieur du cabinet, chaque fois que le rideau serait soulevé dans ce but. Chaque soir, il y avait trois ou quatre expositions de plaques dans les cinq chambres noires, ce qui donnait au moins quinze épreuves différentes par séance. Quelques-unes se gâtèrent au développement, d'autres en réglant la lumière. Malgré tout, *j'ai quarante-quatre négatifs*, quelques-uns médiocres, quelques-uns ni bons ni mauvais, et d'autres excellents.

Katie demanda à tous les assistants de rester assis et d'observer cette condition. Seul, je ne fus pas compris dans cette mesure, car depuis quelque temps elle m'a donné la permission de faire ce que je voudrais, de la toucher, d'entrer dans le cabinet et d'en sortir à peu près chaque fois que cela me plairait. Je l'ai souvent suivie dans le cabinet et l'ai vue quelquefois, *elle et son médium en même temps* ; mais le plus généralement, je ne trouvais que

Fig. 38. — Dessin fait d'après une photographie, montrant Katie tenant la main de son médium endormi.

le médium en léthargie, reposant sur le parquet. Katie et son costume blanc avaient instantanément disparu.

Durant ces six derniers mois, miss Cook a fait chez moi de nombreuses visites, et y est demeurée quelquefois une semaine entière.

Elle n'apportait avec elle qu'un petit sac de nuit, ne fermant pas à clef ; pendant le jour elle était constamment en compagnie de Mme Crookes, de moi-même ou de quelque autre membre de ma famille, et, ne dormant pas seule, il y a un manque absolu d'occasions de rien préparer, même d'un caractère moins compliqué que celui qu'il faudrait, pour jouer le rôle de Katie King. J'ai préparé et disposé moi-même ma bibliothèque en cabinet noir, et d'habitude, après que miss Cook avait dîné et causé avec nous, elle se dirigeait droit au cabinet et, à sa demande, *je fermais à clef la seconde porte*, gardant la clef sur moi pendant toute la séance. Alors on éteignait le gaz, et on laissait miss Cook dans l'obscurité.

En entrant dans le cabinet, miss Cook s'étendait sur le plancher, la tête sur un coussin, et bientôt elle était en trance. Pendant les séances photographiques, Katie enveloppait la tête de son médium avec un châle pour empêcher que la lumière ne tombât sur son visage. Fréquemment j'ai écarté le rideau lorsque Katie était debout tout auprès et alors il n'était pas rare *que les sept ou huit personnes qui étaient dans le laboratoire pussent voir en même temps miss Cook et Katie*, sous le plein éclat de la lumière électrique. Nous ne pouvions pas alors voir le visage du médium à cause du châle, mais nous apercevions ses mains et ses pieds ; nous la *voyions se remuer péniblement sous l'influence de cette lumière intense*, et par moments nous *entendions ses plaintes*. J'ai une épreuve de Katie et de son médium photographiés ensemble ; mais Katie est assise devant la tête de miss Cook.

Pendant que je prenais une part active à ces séances, la confiance qu'avait en moi Katie s'accroissait graduellement, au point qu'elle ne voulait plus donner de séance, à moins que je ne me chargeasse des dispositions à prendre. Elle voulait toujours m'avoir près d'elle et près du cabinet. Dès que cette confiance fut établie et quand elle eut la satisfaction d'être sûre que je tiendrais les promesses que je pouvais lui faire, les phénomènes augmentèrent beaucoup en puissance, et des preuves me furent données qu'il m'eût été impossible d'obtenir si je m'étais adressé à elle d'une manière différente.

Elle m'interrogeait souvent au sujet des personnes présentes aux séances, et sur la manière dont elles seraient placées, car dans les derniers temps elle était devenue très nerveuse, à la suite de certaines suggestions malavisées qui conseillaient d'employer la *force* pour aider à des modes de recherches plus scientifiques.

Une des photographies les plus intéressantes est celle où je suis debout à côté de Katie ; elle a son pied sur un point particulier du plancher. J'habillai ensuite miss Cook comme Katie ; elle et moi nous nous plaçâmes exactement dans la même position, et nous fûmes photographiés par les mêmes objectifs placés absolument comme dans l'autre expérience, et éclairés par la même lumière. Lorsque ces deux portraits sont placés l'un sur l'autre, les deux photographies de moi coïncident parfaitement quant à la taille, etc..., mais Katie est plus grande d'une demi-tête que miss Cook ; et auprès d'elle, elle semble une grosse femme. Dans beaucoup d'épreuves la largeur de son visage et la grosseur de son corps diffèrent essentiellement de son médium, et les photographies font voir plusieurs autres points de dissemblance.

Mais la photographie est aussi impuissante à dépeindre la beauté parfaite du visage de Katie, que les mots le sont eux-mêmes à décrire le charme de ses manières. La photographie peut, il est vrai, donner le contour de son visage, mais comment pourrait-elle reproduire la pureté brillante de son teint ou l'expression sans cesse changeante de ses traits si mobiles, tantôt voilés de tristesse lorsqu'elle racontait quelque amer événement de sa vie passée, tantôt souriant avec toute l'innocence d'une jeune fille, lorsqu'elle avait réuni mes enfants autour d'elle, et qu'elle les amusait en leur racontant des épisodes de ses aventures dans l'Inde.

Fig. 39. — Photographie de William Crookes et de l'esprit Katie King, à la lumière du magnésium.

> Autour d'elle, elle créait une atmosphère de vie,
> Ses yeux semblaient rendre l'air même plus brillant,
> Ils étaient si doux, si beaux et si pleins
> De tout ce que nous pouvons imaginer des cieux,
> Sa présence subjuguait tellement que vous n'auriez pas trouvé
> Que ce fût de l'idolâtrie de se mettre à ses genoux.

J'ai si bien vu Katie récemment, lorsqu'elle était éclairée par la lumière électrique, qu'il m'est possible d'ajouter quelques points aux différences que, dans un précédent article, j'ai établies entre elle et son médium. J'ai *la certitude absolue* que miss Cook et Katie sont *deux individualités distinctes*, du moins en ce qui concerne leurs corps. Plusieurs petites marques qui se trouvent sur le visage de miss Cook font défaut sur celui de Katie King. La chevelure de miss Cook est d'un brun si foncé qu'elle paraît presque noire, une boucle de celle de Katie *qui est là sous mes yeux* et qu'elle m'avait permis de couper au milieu de ses tresses luxuriantes, après l'avoir prise de mes propres doigts sur le haut de sa tête, et m'être assuré qu'elle y avait bien poussé, est d'un riche *châtain doré*.

Un soir je comptai les pulsations de Katie : son pouls battait régulièrement 75, tandis que celui de miss Cook, peu d'instants après, atteignait 90, son chiffre habituel. En appuyant mon oreille sur la poitrine de Katie, je pouvais entendre un cœur battre à l'intérieur, et ses pulsations étaient encore plus régulières que celles du cœur de miss Cook, lorsque, après la séance, elle me permit la même expérience. Éprouvés de la même manière, les poumons de Katie se montrèrent plus sains que ceux de son médium, car, au moment où je fis mon expérience, miss Cook suivait un traitement médical pour un gros rhume.

Vos lecteurs trouveront sans doute intéressant qu'à vos récits et à ceux de Mme Ross-Church (1), au sujet de la dernière apparition de Katie, viennent s'ajouter les miens, du moins ceux que je puis publier.

Lorsque le moment de nous dire adieu fut arrivé pour Katie, je lui demandai la faveur d'être le dernier à la voir. En conséquence, quand elle eut appelé à elle chaque personne de la société, et qu'elle leur eut dit quelques mots en particulier, elle donna des instructions générales pour la direction future et la protection à donner à miss Cook.

De ces instructions qui furent sténographiées, je cite la suivante : « M. Crookes a très bien agi constamment, et c'est avec la plus grande confiance que je laisse Florence entre ses mains, parfaitement sûre que je suis qu'il ne trompera pas la confiance que j'ai en lui. Dans toutes les circonstances imprévues, il pourra faire mieux que moi-même, car il a plus de force. »

Ayant terminé ses instructions, Katie m'engagea à entrer dans le cabinet avec elle *et me permit d'y demeurer jusqu'à la fin*.

Après avoir fermé le rideau, elle causa avec moi pendant quelque temps, puis elle traversa la chambre pour aller à miss Cook, qui gisait sans connaissance sur le plancher ; se penchant sur elle, Katie la toucha et lui dit : « Éveillez-vous, Florence, éveillez-vous ! Il faut que je vous quitte maintenant ! »

(1) Mme Ross-Church est le premier nom de Mme Florence Marryat. On voit que Crookes approuve les comptes rendus publiés par cette dame, ce qui m'autorise à la croire véridique. (G. Delanne.)

Miss Cook s'éveilla, et tout en larmes elle supplia Katie de rester quelque temps encore. « Ma chère, je ne le puis pas ; ma mission est accomplie, que Dieu vous bénisse ! » répondit Katie, et elle continua à parler à miss Cook.

Pendant quelques minutes, elles causèrent ensemble ; jusqu'à ce qu'enfin les larmes de miss Cook l'empêchèrent de parler ; suivant les instructions de Katie, je m'avançai pour soutenir miss Cook qui s'était affaissée sur le plancher et qui sanglotait convulsivement. Je regardai autour de moi, mais Katie aux vêtements blancs avait disparu. Dès que miss Cook fut assez calmée, on apporta une lumière et je la conduisis hors du cabinet.

Les séances presque journalières dont miss Cook m'a favorisé dernièrement ont beaucoup éprouvé ses forces, et je désire faire connaître le plus possible les obligations que je lui dois, pour son empressement à m'assister dans mes expériences. Malgré les épreuves difficiles que j'ai proposées, elle a accepté de s'y soumettre avec la meilleure volonté ; sa parole est franche et va droit au but, et je n'ai jamais rien vu qui pût ressembler à la plus légère apparence du désir de tromper. Vraiment, je ne crois pas qu'elle pût mener une fraude à bonne fin si elle venait à l'essayer, et si elle le tentait, elle serait très promptement découverte, car une telle manière de faire est tout à fait étrangère à sa nature. Quant à imaginer qu'une innocente écolière de quinze ans ait été capable de concevoir et de mener pendant trois ans, avec un plein succès, une aussi gigantesque imposture que celle-ci, et que pendant ce temps elle se soit soumise à toutes les conditions qu'on a exigées d'elle, qu'elle ait supporté les recherches les plus minutieuses, qu'elle ait consenti à être inspectée à n'importe quel moment, soit avant, soit après une séance ; qu'elle ait obtenu encore plus de succès dans ma propre maison que chez ses parents, sachant qu'elle y venait expressément pour se soumettre à de sévères contrôles scientifiques, quant à imaginer, dis-je, que la « Katie King » des trois dernières années est le résultat d'une imposture, *cela fait plus de violence à la raison et au bon sens que de croire qu'elle est ce qu'elle affirme elle-même.*

Il ne serait pas juste de ma part de terminer cet article sans remercier M. et Mme Cook pour les grandes facilités qu'ils m'ont données afin de m'aider à poursuivre mes observations et mes expériences.

Mes remerciements et ceux de tous les spiritualistes sont dus aussi à M. Charles Blackburn pour sa générosité, qui a permis à miss Cook de consacrer tout son temps au développement de ses manifestations et en dernier lieu à leur examen scientifique.

WILLIAM CROOKES.

Cette lettre est la dernière des trois témoignages de Sir William Crookes, anobli par la reine d'Angleterre à l'occasion du dernier jubilé.

CONFIRMATIONS ULTÉRIEURES

On peut constater que les affirmations antérieures des spirites sur la réalité des apparitions matérialisées, sont justifiées par les travaux de Crookes. Aucune supercherie par substitution de personne n'est imaginable lorsque le savant opère chez lui, parce que l'introduction d'une étrangère, jouant le rôle de Katie King, est impossible. Il faut renoncer aussi à expliquer les faits par l'hallucination, tant à cause de la vision simultanée du médium et de l'apparition par Crookes et par les autres assistants, qu'en raison des photographies qui sont des documents irrécusables. Enfin, le dédoublement du médium est une hypothèse bien hasardée, car Katie, avant que le phénomène ait pris tout son développement, causait *avec le médium éveillé*, lui imposait sa volonté, en un mot manifestait une individualité différente de celle de miss Cook. C'est encore ce qui se produisit à la dernière séance, quand l'esprit prit congé de son jeune médium, au grand regret de celui-ci. Une transfiguration n'est guère supposable, pour les mêmes raisons, de sorte qu'il ne reste plus que la théorie spirite pour expliquer logiquement les faits et pour s'accorder avec ce que Katie disait être, c'est-à-dire une ancienne habitante de notre planète.

La consternation fut immense dans le camp des incrédules quand on connut les résultats de l'enquête de W. Crookes. Quelques critiques allèrent jusqu'à essayer de faire croire que le savant n'avait plus son bon sens. Il répondit à ces calomnies venimeuses par ses admirables travaux sur la matière raréfiée, qui conduisirent à la découverte des rayons X, et le silence se fit. Beaucoup plus tard, comme W. Crookes ne s'occupait plus de ces phénomènes, des élèves de l'école de Basile insinuèrent qu'il avait été trompé jadis et qu'il se rétractait. Voici, comme réponse, la lettre qu'il écrivit au professeur Elliot Coues, le 27 juillet 1893 :

Si l'on vous dit que je crois avoir été trompé au sujet des faits psychiques et que je désavoue mes expériences, je vous autorise, et même je vous prie, d'y opposer *le plus formel démenti.*

M. Crookes fut nommé président du Congrès de l'Association britannique pour l'avancement des sciences, en 1898. Du haut de cette tribune retentissante, il affirma de nouveau sa conviction d'avoir bien observé. Parlant de ceux qui s'imaginaient qu'il n'oserait pas aborder ce sujet, il dit :

Il y a peut-être dans mon auditoire plusieurs personnes qui se demandent curieusement si j'en parlerai ou si je garderai le silence. J'en parlerai, quoique brièvement. Je n'ai pas le droit d'insister ici sur une matière sujette à controverse, sur une matière qui, comme Wallace, Lodge et Barrett l'ont déjà montré, n'attire pas encore l'intérêt de la majorité des savants, mes collègues, bien qu'elle ne soit nullement indigne des discussions d'un Congrès comme celui-ci. Passer ce sujet sous silence serait *un acte de lâcheté* que je n'éprouve aucune tentation de commettre...
Je n'ai rien à rétracter. Je m'en tiens à mes déclarations antérieurement publiées. Je pourrais même y ajouter beaucoup...

Je pense la preuve faite que l'illustre savant est toujours aussi certain des faits qu'il a constatés et que rien ne s'est produit qui fût de nature à le faire changer d'opinion. Il faudrait plaindre ceux qui ne seraient pas capables d'apprécier la valeur de ces phénomènes car, enfin, est-il raisonnable de nier sans avoir étudié, ou est-il sage de s'en rapporter à ceux qui ont réellement expérimenté avec la prudence nécessaire ? Sans m'occuper davantage des incrédules de parti-pris, je vais aborder maintenant les recherches du docteur Gibier.

LES EXPÉRIENCES DU DOCTEUR GIBIER

Nous avons vu que ce savant, devant la réprobation universitaire qui accueillit son livre : le *Spiritisme ou Fakirisme occidental*, fut obligé d'aller chercher fortune aux États-Unis où, d'ailleurs, il réussit fort bien. Il fonda à New-York un Institut Pasteur, mais ses nombreuses occupations ne l'empêchèrent pas de poursuivre ses études sur le sujet défendu. En 1900, il adressa au Congrès de psychologie de Paris un mémoire sur *les Matérialisations de fantômes, etc.* (1), que sa longueur m'interdit de reproduire intégralement, mais auquel je ferai les emprunts nécessaires pour donner une idée des résultats auxquels il parvint.

Ce qui donne du prix à ces observations, c'est qu'elles furent faites, elles aussi, dans le propre laboratoire du docteur, car il ne retint que les séances dans lesquelles le médium, auquel il donne le pseudonyme de Mme Salmon, fut attaché dans un cabinet construit exprès, ou enfermé dans une cage. D'un esprit très froid, très défiant, il ne voulut pas se prononcer sur la *cause* des phénomènes, sans repousser cependant l'hypothèse spirite, qu'il paraissait même avoir une tendance à préférer.

Les vêtements du médium, avant chaque séance, furent toujours examinés par les dames de la famille du docteur Gibier. Mme Salmon paraissait honnête et, bien que rétribuée, elle était assez désintéressée pour n'accepter qu'une partie de la somme convenue quand les expériences ne réussissaient pas.

L'éclairage avait lieu au moyen d'une lanterne placée à l'extrémité de la salle opposée au cabinet. Elle était située près du plafond, entourée de trois côtés par des parois en bois ; la partie libre était fermée par un verre bleu ; une porte pleine, à coulisse, glissait dans une rainure pour diminuer la lumière lorsque cela était nécessaire. Ce mouvement était produit par une corde glissant sur des anneaux et équilibrée par un contre-poids qui se trouvait dans le cabinet, mais toujours *hors de la portée du médium*. Les fantômes pouvaient ainsi régler eux-mêmes la lumière, lorsqu'ils le jugeaient nécessaire.

La cage. — Elle se compose de cinq parois en treillis métallique tendu sur cadre de bois et d'une porte de même construction, munie de charnières et d'un cadenas. Les cinq parois (trois côtés, fond et dessus) sont composés de cadres de bois supportant un fort treillis de fil de fer galvanisé formant des mailles carrées de douze à treize

---

(1) P. Gibier, *Recherches sur les matérialisations de fantômes, la pénétration de la matière et autres phénomènes psychiques.* Congrès de Psychologie de 1900. Voir aussi *Revue scientifique et morale du Spiritisme,* mars-avril-mai 1901, et *Annales Psychiques,* janvier-février de la même année.

millimètres de côté, admettant l'extrémité du petit doigt. Les fils formant ce grillage ont environ un millimètre et demi de diamètre et sont soudés ensemble par le zinc déposé par la galvanoplastie. Les treillis sont fixés en dehors, sur le cadre de bois, au moyen de lintaux, et les charnières de la porte sont vissées également en dehors. Les cadres renforcés à la partie moyenne par une traverse en bois sont unis ensemble par de longues vis, dont la tête est à l'extérieur de la cage une fois montée.

Quand la cage est fermée au cadenas, il serait à peu près impossible à un homme robuste d'en sortir, avec la seule aide de ses mains; il va sans dire que si une ouverture, suffisante pour donner passage à une personne, était pratiquée dans l'une des parois ou dans la porte, cela ne pourrait se faire sans bruit et sans laisser de traces.

Des montants horizontaux supportaient des rideaux qui recouvraient entièrement la cage et s'avançaient de 1 mètre environ sur la droite, pour former le cabinet proprement dit. Une fois le médium introduit dans la cage, la porte était fermée, cadenassée et des scellés étaient posés sur les charnières et sur la serrure du cadenas.

Les assistants, toujours peu nombreux, étaient tous bien connus du docteur Gibier.

PASSAGE DU MÉDIUM À TRAVERS LA PORTE DE LA CAGE

Les choses étant ainsi disposées, au cours d'une séance, après avoir constaté la présence successive dans la salle de plusieurs fantômes, masculins et féminins, voici ce qui se produisit :

Quand la séance eut duré environ deux heures, la voix de Maudy (1) se fit entendre de l'intérieur de la cage et nous dit que les forces du médium étaient épuisées et que les manifestations allaient cesser. Aussitôt après que Maudy eut fini de parler, la voix de basse d'Ellan, s'adressant à moi, dit : « Venez recevoir notre médium qui va sortir et aura besoin de vos soins. » Pensant qu'il était temps d'ouvrir la porte de la cage et de délivrer le médium confiné dans cet espace réduit depuis le commencement de l'expérience, j'allais donner plus de lumière lorsque la voix de basse me dit : « N'allumez pas avant que le médium ne soit sorti. » Comme

(1) Forme matérialisée de petite fille qui se montrait presque toujours.

je n'étais pas prévenu de ce qui allait se passer, je m'avançai alors pour ouvrir la porte dont je sentis le treillis à travers le rideau. A ce moment, ma main fut repoussée doucement, mais d'une manière irrésistible, et je vis le rideau se gonfler comme sous la pression d'un corps volumineux. Je saisis la masse qui se présentait devant moi et je fus très surpris de sentir que je tenais une femme évanouie dans mes bras. Je soulevai alors le rideau qui la recouvrait, et Mrs Salmon (car c'était elle) allait tomber à terre, si je ne l'avais retenue. Je l'assis aussitôt sur une chaise où les dames présentes l'aidèrent à se remettre.

Sans perdre une minute et pendant qu'un de mes assistants allumait le gaz, je palpai la cage et particulièrement la porte, où je ne sentis rien de particulier. Dès que toutes les lampes furent allumées, nous examinâmes les rideaux du cabinet que nous trouvâmes dans le même état qu'au début de l'expérience. Les tentures furent alors enlevées ; *la porte de la cage et chaque maille du treillis sur les différentes parois furent soigneusement inspectées : tout était intact.* De même les trois timbres collés sur la fente de la porte et l'ouverture de la clef du cadenas ; *ils étaient tels que je les avais collés* après avoir enfermé le médium dans la cage ; le cadenas était en place, passé dans les anneaux à vis et fermé. Je pris la clef de la poche droite de mon gilet où je l'avais placée et j'ouvris ; les charnières de la porte jouèrent librement et *je m'assurai qu'elles n'avaient pas été déplacées.* Du reste, je m'étais tenu pendant toute la séance à moins d'un mètre de la porte dont j'aurais pu noter les moindres mouvements : j'écoutais attentivement les sons partis de la cage. Aucun bruit, aucun mouvement suspect n'avait attiré mon attention, et en particulier quand le médium avait été poussé à travers la porte de la cage, je suis sûr de n'avoir rien entendu, et chacun de nous déclare n'avoir entendu le moindre bruit.

Tel est le phénomène remarquable dont j'ai été témoin *dans deux expériences différentes,* faites dans mon laboratoire à quelques jours d'intervalle, ainsi qu'*une troisième fois* dans un local en dehors de chez moi.

Si surprenant que soit ce phénomène, il n'est pas unique. Je citerai plus loin (1) un récit semblable dû au Révérend Minot Savage, alors président de la branche américaine de la S. P. R. D'après les guides, ce n'est pas le corps du médium qui aurait été *dématérialisé*, mais le treillis de la porte.

Zoellner a signalé dans son rapport sur les expériences qu'il fit

---

(1) Voir p. 514.

avec Slade (1), qu'un petit anneau en bois, *d'une seule pièce*, fut trouvé à la fin de la séance encerclant le pied d'un guéridon. Il a vu également des nœuds se produire dans une lanière de cuir dont les extrémités étaient scellées sur la table avec de la cire. Enfin, avec le médium Sambor (2), un observateur très sceptique, M. Petrovo Solovovo, raconte que, tenant fortement la main du médium Sambor *sans jamais l'avoir lâchée*, une chaise non machinée se trouva enfilée par le dossier sur le bras du médium. Je signale ces analogies en passant, car je suis obligé de renvoyer le lecteur aux originaux, pour le détail des faits.

SÉANCE DU 10 JUILLET 1898, A 8 H. 30 DU SOIR

Voici, maintenant, le récit abrégé d'une séance dans laquelle on n'employa plus la cage, car le médium à la suite de son passage à travers la porte eut une hémoptysie et les guides lui interdirent de s'en servir. On la remplaça par un cabinet en bois, dont la planche du fond était percée de deux trous à la hauteur du médium assis. Au commencement, un fort ruban de soie est fixé autour du cou de Mme Salmon et le docteur Gibier l'attache derrière au moyen d'un nœud chirurgical, consolidé par un troisième nœud, assez serré pour que l'index passé entre le cou et le lien soit un peu à l'étroit. Les deux extrémités du lien sont passées par les deux trous et l'on tire de façon à ce que la tête du médium effleure la paroi ; alors on fixe le ruban avec un double nœud très serré, de sorte que Mme Salmon est littéralement *garottée*, et qu'il lui est impossible de quitter cette position. Des rideaux recouvrent ce cabinet en bois.

Sept personnes assistent à la séance ; elles sont toutes très bien connues du docteur Gibier ce sont : Mme C., surveillante à l'Institut ; Mme D. et sa fille Mme B., amies de M. Gibier ; M. B. ; Mr T.-S., artiste et bon dessinateur auquel on doit les croquis que je reproduis (3) ; le docteur L., assistant à l'Institut, et le docteur Gibier.

On chante. Mr S.-T., excellent artiste, joue du piano. Un grand avant-bras et une main gauche nus se montrent en dehors du cabi-

---

(1) Zoellner, *Scientifische Abandlungen*.
(2) Petrovo Solovovo, *le Médium Sambor. Annales Psychiques*, novembre et décembre 1899.
(3) Je dois à l'obligeance d'une cousine du docteur Gibier les dessins reproduits ici et lui exprime toute ma reconnaissance pour son amabilité (G. Del.).

net. Puis un objet blanc, entre les rideaux. La voix de Maudy (petite fille matérialisée) se fait entendre dans le cabinet. Plusieurs formes blanches se montrent et disparaissent très rapidement. La lumière est diminuée de l'intérieur du cabinet, bien que le médium, attaché comme il l'est, ne puisse atteindre la corde. Cependant on peut distinguer les objets environnants.

Je tiens à faire remarquer que ces essais préliminaires ont presque toujours lieu. Il est très rare qu'une forme bien matérialisée sorte immédiatement du cabinet, même quand on l'aurait vue fréquemment dans d'autres séances. Il semble qu'à chaque fois, les fantômes soient obligés de s'adapter de nouveau aux conditions ambiantes. Je continue en citant textuellement :

Fig. 40. — Dessin représentant l'apparition de « Blanche », embrassant sa tante.

Nous attendons pendant 22 secondes après la mise au point de la lanterne et un objet blanc se montre au bas des rideaux, qui restent fermés. Cet objet, d'abord gros comme un œuf, se développe rapidement dans le sens de la hauteur. Cela ressemble au bas d'une robe. A ce moment, les rideaux s'écartent assez brusquement et une forme de femme, entièrement vêtue de blanc, sort du cabinet et s'avance vivement vers Mmes D. et B., qui s'écrient en même temps : « Blanche, Blanche! » L'apparition se jette dans les bras de Mme D. *en lui disant en français, sans aucun accent*. « Ma tante, ma tante, je suis si heureuse de vous voir », et, se tournant vers Mme B. : « et toi aussi, Victoria. » Ces dames, tout émues, répondent à l'apparition avec des paroles affectueuses, l'embrassent, en sont embrassées tendrement, ainsi que M. B. (qui serait son cousin par alliance). Sur l'autorisation de Blanche, Mr T.-S. s'avance et lui prend la main ; il semble « un peu troublé » tout en déclarant qu'il a tout à fait l'impression de tenir la main d'une personne vivante, que la température de cette chair est normale.

L'apparition resta environ 2 minutes avec nous (1) *à plus d'un mètre du cabinet*, nous faisant face la plus grande partie de ce temps. Je l'examine de près, sans toutefois la toucher ; sa taille est d'au moins 10 centimètres *plus haute que celle du médium ;* elle *est plutôt mince*, tandis que le médium, qui est une femme d'une cinquantaine d'années, *possède un certain embonpoint*. La voix du fantôme est faible et un peu sifflante, n'ayant rien de celle du médium, qui, en outre, *ne sait pas deux mots de français*. Elle a un voile de communiante sur la tête, mais son visage est découvert, la figure est pleine et fraîche, paraissant âgée de 20 à 25 ans, et n'a aucune ressemblance avec celle du médium. Elle place sa main sur son cœur et paraît très émue. Enfin, elle se dirige vers l'ouverture du cabinet et entr'ouvre les rideaux, derrière lesquels elle disparaît. Au même moment, je touche le lien de soie qui sort au dehors du cabinet et m'assure qu'il n'y a rien de changé.

Fig. 41. — Deuxième croquis de « Blanche » avec son voile.

Arrêtons-nous un instant. Nous voyons encore ici un fantôme qui ne ressemble en rien au médium et qui parle le français, langue que Mme Salmon ne connaît pas, ce qui paraît bien démontrer que nous n'avons pas affaire à une transfiguration.

Le docteur Gibier, dans les notes qui accompagnent le récit de cette séance, écrit :

Blanche. — Blanche A. était une nièce par alliance de Mme D. et conséquemment la cousine de Mme B. (Victoria), toutes deux présentes à la séance. Elle mourut des suites de couches en 1878, à l'âge de 29 ans.

Mme D. et sa fille, Mme B., ainsi que le mari de celle-ci, m'affirment que dans les six dernières années ils ont été fréquemment

(1) Intéressé par le phénomène, le docteur L. oublia de compter.

visités par le même fantôme matérialisé. Ce qui est intéressant, c'est que cela s'est produit avec trois médiums différents (1) : Mrs Salmon, Mrs C., et Mrs W., celle-ci médium authentique, qui n'en fut pas moins prise en flagrant, et j'ajouterai, retentissant délit de fraude (2). Mmes A. et B., qui à plusieurs reprises ont tenu « Blanche » dans leurs bras, sont d'accord pour affirmer que son corps mince diffère complètement de celui des trois médiums susmentionnés, qui ont tous plus ou moins d'embonpoint.

Je reviens maintenant à la suite de la séance du 10 juillet. Deux autres fantômes se montrent. D'abord celui de Maudy, qui fait irruption dans la salle, mais n'y reste qu'un instant. Ensuite une forme féminine « Musiquita » qui, ordinairement, joue de la guitare. Puis deux autres encore sans grand intérêt, sauf que les costumes diffèrent entre eux. Mais voici que Maudy reparaît :

Cette forme vient à peine de disparaître, que Maudy montre son visage et nous parle : « Ellan (3) est au Mexique », dit-elle, « il y a quelqu'un nous touchant de très près, qui est très malade là-bas (4), mais s'il a promis de venir ce soir, il viendra. » (Ellan ne s'est pas fait entendre de la soirée, contrairement à son habitude.) Les rideaux se referment.

Compté 35 secondes. — Les rideaux s'écartent et une forme d'homme, d'une taille au-dessus de la moyenne, s'avance vivement *à un mètre au moins du cabinet*, nous fait face, et d'une voix naturelle de basse *et tout à fait masculine*, nous dit (en anglais) : « Bonsoir, amis, enchanté de vous voir. » C'est Ellan dont nous reconnaissons aussitôt la voix. Ainsi que dans plusieurs expériences antérieures, *il est habillé de noir avec plastron blanc* orné de deux boutons de même couleur. Ses cheveux, ses sourcils et sa barbe (celle-ci peu abondante) sont châtain-foncé (5).

(1) C'est moi qui souligne.
(2) Cette observation n'est que trop juste. Il est arrivé que de vrais médiums, ayant perdu leur faculté, ont voulu continuer quand même à donner des séances et se sont fait prendre, c'est le cas de le dire, la main dans le sac. Il faut donc toujours se tenir sur ses gardes et ne jamais négliger le contrôle.
(3) Ellan est un des guides de Mme Salmon, que le docteur Gibier connaissait déjà.
(4) Mrs Salmon n'avait nullement fait mention de la maladie de sa fille, habitant le Mexique, qu'elle ignorait sans doute. C'est un fait qu'elle était très dangereusement atteinte (septicémie), ainsi qu'on l'apprit quinze jours plus tard. (Note du docteur Gibier).
(5) Vus à une distance de 1 mètre à 1 m. 50 par le docteur L. et MM. T.-S. et B., ils leur parurent noirs. En réalité, ils étaient châtain-foncé, comme j'ai pu en juger de plus près. (Note du docteur Gibier.)

Nous lui rendons son salut et je lui demande l'autorisation de me lever et de lui serrer la main : accordé. Je me lève, lui tends la main, il la prend, et je lui donne un *good shake hand, qui m'est vigoureusement rendu.* Je constate *qu'il est plus grand que moi,* comme dans l'expérience avec la cage, et *rien dans sa figure ne rappelle celle du médium, dont la taille est beaucoup plus petite.* Ses épaules, sa poitrine sont celles *d'un homme robuste,* mais *plutôt maigre.* Je cherche, sans y parvenir ce soir, à distinguer la couleur de ses yeux. Ceci est dû à ce que je le regarde de face et que la lumière vient de la lanterne à droite. Je m'assure que la *main est large et ferme, dure même,* modérément chaude, et non moite (caractères diamétralement opposés à ceux de la main « succulente » du médium), et j'en fais la remarque, tout haut, en invitant Mr T.-S, à venir s'en assurer. Nous demandons de nouveau l'autorisation à Ellan, qui nous fait une réponse évasive dont je ne note pas les paroles, mais qui me frappe, en ce sens que celles-ci sont prononcées pour ainsi dire dans mon oreille, au moment où je me retourne vers Mr T.-S. qui se lève pour venir serrer la main de l'apparition. A ce moment, la main

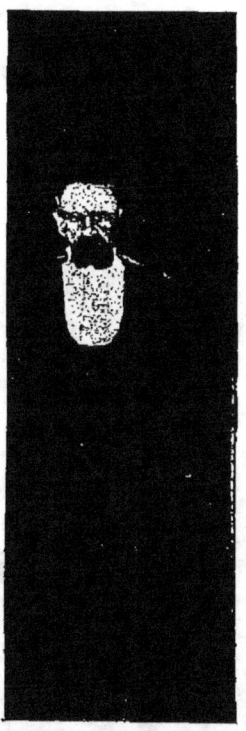

Fig. 42. — Croquis représentant « Ellan ».

que je continue à tenir glisse (*je n'ose dire qu'elle fond*) de la mienne, et la forme « Ellan », *en partie désagrégée,* se dirige vers l'ouverture du cabinet, glisse entre les rideaux, les écartant à peine, et disparaît dans le cabinet.

Compté 37 secondes. — La voix d'Ellan se fait entendre (dans le cabinet). Elle nous donne des instructions pour assurer une meilleure disposition du cabinet où le médium est réellement confiné (1). Période de silence.

L'APPARITION SE FORME ET DISPARAIT DEVANT LES ASSISTANTS

Compté 6 secondes. — Un point blanc se montre sur le parquet au pied du cabinet. D'où je suis placé, je vois que cet objet se tient à environ 25 centimètres de la portière, en dehors. En

---

(1) Ces instructions furent suivies pour les séances suivantes. (Note du Dr G.)

deux ou trois secondes, cela devient gros comme un œuf et s'agite, rappelant à l'œil la coquille vide qui, dans les salles de tir, danse au sommet d'un jet d'eau. Rapidement, alors, l'objet s'allonge, devient une colonne d'un mètre de hauteur sur environ 10 centimètres de diamètre, puis 1 m. 50, et deux prolongements transversaux, apparaissent à son sommet, lui donnant la forme d'un T. *Cela ressemble à de la neige ou à un nuage épais de vapeur d'eau.*

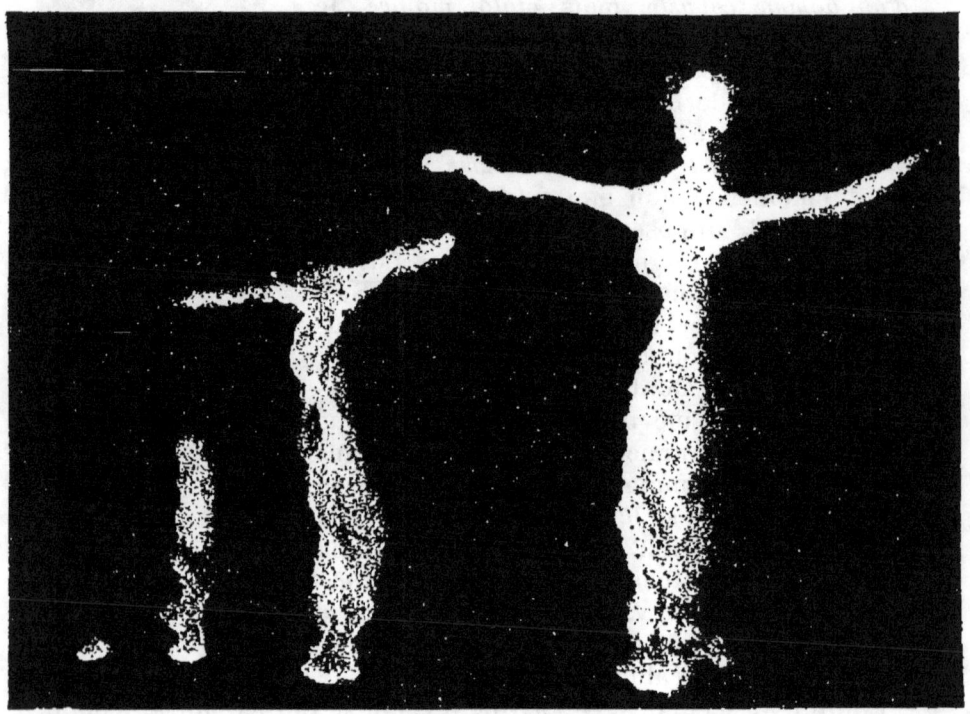

Fig. 43. — Croquis représentant la formation graduelle d'une apparition en dehors du cabinet, chez le Dr Gibier.

Les deux bras du T s'agitent, une sorte de voile émane de leur substance; l'objet s'élargit et prend vaguement d'abord, puis distinctement ensuite, la forme blanchâtre d'une femme voilée. Deux bras blancs sortent de dessous le voile qu'ils rejettent en arrière. Le voile disparaît de lui-même et nous voyons une charmante figure de jeune fille mince, délicate, de taille svelte, élancée, de 1 m. 60 de hauteur environ, qui d'une voix à peine perceptible, nous donne un nom : *Lucie.* Elle se tient un instant devant nous comme pour nous permettre de l'observer ; la robe est entièrement blanche, les manches évasées sont courtes, n'allant pas jusqu'aux coudes ; les bras sont nus et d'une forme fine. *La figure a des che-*

veux noirs arrangés en lourds bandeaux bouffants de chaque côté de la tête (le médium a *des cheveux blonds, très courts et frisés*). La forme s'avance vers l'extrémité gauche du cercle des assistants, vers Mme D., et se penche au-dessus d'elle. Elle lui prend les mains, dont elle tourne la face palmaire en haut et souffle dedans. Au même instant, et comme sous l'influence magique de ce souffle, un flot de dentelle (ou de tulle) (1) s'élève des mains de Mme D., monte et s'étend au-dessus de nos têtes, pendant que nous entendons le souffle fort, régulier, continu, avec légers renforcements, donnant à l'oreille l'impression de venir d'une machine ou d'un soufflet de forge, et durant, sans interruption, au moins 30 secondes (2). Mme D. nous *dit sentir le souffle sur les mains et le visage.* La forme prend ce voile dans ses mains, l'élève au-dessus de sa tête, position où il semble se condenser, puis l'étale, et littéralement nous couvre avec ce nuage ondulant de tissu léger. A ce moment, je me lève et me place en ligne avec la face antérieure du cabinet, tandis que le docteur L. et M. T.-S.,

Fig. 44. — Croquis représentant « Lucie » et son voile de tissu léger.

se levant en même temps, s'avancent aussi vers l'apparition (3), lorsque celle-ci, attirant brusquement à elle toute l'étoffe étalée sur

(1) Bien que j'en aie tenu une partie dans mes mains, je n'ai pu voir exactement ce que c'était. Au toucher, j'ai jugé que ce tissu était résistant *et rude* comme du coton contenant de l'empois. (Note du Dr Gibier.)

(2) Un homme à large poitrine aurait quelque peine à soutenir un tel souffle pendant dix secondes. (Note du Dr G.)

(3) Bien que nous ne nous fussions pas concertés à l'avance, notre intention commune était de l'entourer pour la voir de plus près et lui toucher les mains, si possible. (Note du Dr G.)

les genoux des assistants, *s'écroule à nos pieds* comme un château de cartes, au moment où j'avance mes mains pour la toucher, *et disparaît progressivement et en deux secondes au plus, comme elle était venue, mais cette fois à environ 50 centimètres des rideaux, auprès desquels je me tiens debout, et qui restent immobiles.* En fait, je suis *devant la porte du cabinet* et elle ne pourrait rentrer dans ce dernier *sans me trouver sur son chemin.* Au moment où le dernier point blanc, vestige de cette forme, va s'effacer sur le tapis qui recouvre le parquet, je me baisse pour mettre la mains dessus, mais je n'en puis sentir aucune trace ; *il n'y a plus rien.* Je me retourne vers le cabinet et porte immédiatement la main sur le lien qui attache le médium et je tire dessus ; *il est à sa place et tient bon.*

A ce moment la lampe de la lanterne s'éteint ; je fais immédiatement allumer le gaz. La voix de Maudy nous invite à détacher le médium, et, en moins de temps qu'il n'en faudrait pour le dire, je suis dans le cabinet où je trouve le médium à sa place, immobile, la salive coulant de sa bouche et couvrant son menton. Elle paraît s'éveiller d'une sorte de trance. Je lui prends les mains, tout en invitant le docteur L. et Mr T.-S., puis les autres personnes, à venir s'assurer de l'état du lien et des nœuds. Nous examinons le tout avec soin ; le ruban de soie est humide de transpiration, *mais intact ; il est serré autour du cou.* Le docteur L. met un soin particulier à l'examen de la position du médium. Pendant qu'il a sa tête près de celle du médium, la voix de Maudy, *partant du fond du cabinet*, l'interpelle et lui fait une remarque plaisante. Les nœuds extérieurs sont d'abord détachés par le docteur L. qui les a faits. *Il éprouve une difficulté sérieuse à les dénouer et y passe plusieurs minutes.* Mr T.-S. prend alors les deux extrémités du ruban et les tient pendant que je tire vers l'intérieur (afin de les empêcher de se tordre ensemble pendant que j'aide le médium à sortir du cabinet).

Le médium paraissant exténué, le visage pâle, bouffi et couvert de sueur, les paupières gonflées et les yeux troublés, est amené à la lumière, *où tous nous pouvons voir le lien étroitement attaché autour de son cou par les trois nœuds faits au début de l'expérience.* Le ruban est dénoué par le docteur P. G. qui l'a attaché autour du cou, examiné avec soin, trouvé intact et mis de côté.

Il est près de 11 heures (10 h. 48). Le temps qui n'a pas été noté fut rempli par la durée des phénomènes de matérialisations, par quelques dialogues entre les personnes présentes et les voix, et par l'examen du lien (après que les manifestations eurent cessé, avant ainsi qu'après le détachement du médium) (1).

(1) L'observation de cette séance fut lue le surlendemain en présence

Nous retrouvons dans ce récit la description de faits analogues à ceux signalés antérieurement par Brackett, Mme Marryat, etc., c'est-à-dire : tantôt la formation et tantôt la disparition du fantôme sous les yeux des assistants. Dans ce cas, comme l'expérience a lieu chez le docteur Gibier, pas de compère à redouter, pas de trappe dissimulée. Le médium étant ligotté de manière à lui enlever toute possibilité de sortir de ses liens, c'est positivement de fantômes qu'il s'agit ; et ces transformations en homme et en femme, avec des caractères physiologiques si profondément différents de ceux du médium, ainsi que l'emploi du français par « Blanche », nous assurent que nous n'avons pas affaire à des dédoublements. L'esprit « Ellan » soutient, lui aussi, qu'il a vécu sur la terre et qu'il ne fait que remplir une mission pénible : celle de convaincre les hommes de l'immortalité.

La véracité du docteur Gibier n'a jamais été contestée par personne et sa description de la séance étant confirmée par celle des témoins, il ne reste à l'incrédulité aucun refuge, car l'observateur reste froid et défiant ; malgré les merveilles qui s'accomplissent sous ses yeux, son unique souci étant de s'assurer que le lien qui tient le médium garotté est toujours intact.

J'appelle l'attention du lecteur sur la formation du tissu qui est produit devant les assistants par *Lucie* ; nous en verrons d'autres exemples plus loin.

Le caractère d'étrangeté de ces phénomènes est incontestable ; il faut donc que les témoignages soient souvent réitérés pour que nous finissions par nous familiariser avec ces nouveautés, c'est pourquoi je reproduis encore un récit dans lequel un homme éminent affirme qu'une assemblée entière a vu des apparitions se former dans la salle, et que le médium a été transporté en dehors de la cage dans laquelle il était enfermé.

---

des personnes qui y avaient assisté. L'attestation suivante fut écrite et signée en marge de la dernière page:

« Nous avons lu les notes ci-contre ensemble et nous en certifions l'exactitude.

« *Signé* (noms complets) Mme Caroline D.   M. Thomas S
                           Mme Victoria B.   M. Charles B.
New-York, 12 décembre 1896.   Mme C. N C.   Dr A. L.
Mrs Salmon, médium. »   Dr P. G. »

UNE MAGNIFIQUE SÉANCE RACONTÉE PAR LE RÉVÉREND M. J. SAVAGE

J'emprunte la traduction de ce compte rendu à l'ouvrage de M. Erny (1) :

A la fin de 1894, la *Société de recherches psychiques des États-Unis*, présidée par le Révérend M. J. Savage, de Boston, a fait diverses expériences, dont la plus importante mérite d'être citée. Le récit de cette mémorable séance a été signé par les membres présents de la dite Société, qui compte dans ses rangs des hommes comme le docteur Heber Newton, M. A. Livermore, et un certain nombre de gens marquant dans les sciences et les lettres...

Le médium était Mme Roberts, de New-York, et la séance eut lieu dans une salle (ordinairement publique) à Onset (Massachusetts). On avait construit une grande cage de fils de fer, soutenue par une charpente en bois. Cette cage fut faite par un habile ouvrier qui sut la rendre très solide. Sur le devant de la cage il y avait une porte, disposée de manière à être fermée avec un cadenas. Cette cage fut placée le long du mur de la salle qui est au deuxième étage, *et où l'on ne peut pénétrer que par une seule porte*. Avant que le médium n'entrât dans la cage, on avait fait examiner ses vêtements par une dame, qui déclara qu'ils étaient de couleur sombre (on verra plus loin l'importance de ce détail). Quand l'heure de la séance arriva, une soixantaine de personnes étaient réunies dans la salle, les membres de la *Société psychique* sur le devant. Dans l'assistance se trouvaient des médecins, venus pour observer le phénomène dans des conditions si nouvelles.

Mme Roberts, une petite femme maigre, semblait pâle et anxieuse, car les conditions étaient tout à fait inusitées. A huit heures, Mme Roberts entra dans la cage ; aussitôt le comité, composé du Rév. M. Savage et d'un éminent docteur, ferma la porte avec un cadenas, et de plus fit coudre du très gros fil des deux côtés et au centre de la porte. *On scella cette porte avec de la cire, sur laquelle fut imprimé un cachet spécial.* Tout ceci fut fait pour empêcher *matériellement* le médium de sortir de la cage. Puis on baissa le gaz et la séance commença.

Plus de *trente* formes sortirent de l'endroit où était le médium et se matérialisèrent devant lui, *en pleine vue des assistants* et cela pendant une heure. Les diverses formes qui parurent étaient grandes ou petites et *furent reconnues par ceux auxquels elles s'adressèrent*.

---

(1) Erny, *le Psychisme expérimental*, pp. 182 et suiv.

Voici le passage qui rappelle le mieux la description du docteur Gibier :

La matérialisation de diverses formes, *en dehors de la cage*, présenta un spectacle des plus émouvants. D'abord une tache blanche et nébuleuse paraissait sur le plancher (devant la cage), elle grandissait peu à peu jusqu'à ce que la masse nébuleuse ait pris la forme d'un être humain *habillé de blanc*. On voyait *le mouvement des mains manipulant cette vapeur blanche et la rendant graduellement consistante*. Puis, *tout d'un coup, une forme humaine entièrement développée se montrait aux assistants*. Alors, avec une expression de joie radieuse, la forme se dirigeait vers quelqu'une des personnes présentes et *l'on entendait les mots de* « mère » *ou* « sœur » murmurés tout bas, puis la forme retournait comme à regret vers le médium et disparaissait.

Quelques formes d'hommes, *grands et forts* parurent aussi, et pourtant le médium était une femme *petite et mince*, ce qui, dans ce cas, enlève toute probabilité à la théorie que la forme est le double du médium.

Mais la plus merveilleuse des manifestations fut celle-ci : Le médium, Mme Roberts, *apparut subitement devant la cage*, s'avançant doucement vers les assistants stupéfiés. On remonta le gaz et les membres du comité examinèrent la cage. *Le cadenas était bien fermé, les fils avec leurs cachets intacts*, et pourtant le médium, qui s'était assis *dans la cage* devant le comité, *se trouvait dehors*. Sur la demande du comité, le médium ayant interrogé les esprits ou intelligences qui avaient produit ce phénomène, l'explication donnée fut qu'ils avaient *dématérialisé* la porte de la cage et l'avaient momentanément désagrégée. Aussitôt le médium dehors, ils avaient remis la matière dans son premier état.

Cette « explication » est évidemment encore incompréhensible pour nous, mais s'explique-t-on mieux comment les rayons X passent à travers presque toutes les substances ? Comprend-on comment sans cordes vocales, sans gosier, une plaque vibrante de téléphone peut reproduire jusqu'aux plus délicates modulations de la voix humaine ? Notre ignorance n'empêche pas les choses d'exister ; et il faut bien tout de même s'en rapporter un peu à ceux qui sont capables d'accomplir ces prodiges, car ils nous prouvent qu'ils ont des moyens d'action sur la matière que nous sommes loin de soupçonner, bien qu'il soit permis d'espérer que nous les connaîtrons un jour.

Revenons en Europe et cédons la place à un savant, doublé d'un philosophe, à Carl du Prel, qui raconte une série de séances qui eurent lieu en août 1894, à Munich, et qui ont été sévèrement contrôlées. Le travail original a paru dans le journal allemand *l'Avenir*. La traduction française abrégée en a été faite par M. Sage (1) que je vais citer partiellement, faute d'espace.

QUELQUES APPARITIONS RECONNUES A MUNICH

Le médium, non rétribué, était Mlle Tambke ; elle demeura à Munich du 28 mai au 9 juin et fut l'hôte de la famille du docteur Von Arnhard. Malheureusement, Mlle Tambke fut indisposée pendant son séjour, de sorte que les manifestations n'eurent pas toute l'intensité qu'elles présentaient habituellement. Avant chaque séance, le médium fut fouillé par Mme du Prel et par une commission de dames nommée à cet effet. Voici la description du lieu des séances :

L'un de nos membres (de la Société psychique), le peintre Halm Nicolaï, mit à notre disposition son vaste atelier où il ne s'était pas encore installé et qui était entièrement vide. On organisa un cabinet noir dans un coin, en suspendant au plafond un rideau noir, divisé en quatre, derrière lequel on plaça un fauteuil. Une rangée de chaises fut disposée à quelques pas du cabinet et des appareils photographiques appartenant à nos membres furent installés en différents points de l'atelier. Les deux fenêtres, une très grande et une petite, percées dans le même mur furent couvertes avec des draperies ; mais la pénombre ainsi obtenue n'empêchait pas d'embrasser la pièce d'un coup d'œil, ni de reconnaître les visages.

Le médium, fouillé au préalable par les dames, ne portant que des vêtements de couleur, ne fut pas attaché, M. du Prel étant résolu à n'accepter les phénomènes comme réels qu'après avoir pu voir et photographier en même temps le médium et l'apparition. Je reviens au texte intégral :

Aux séances de Mlle Tambke, généralement les fantômes apparaissent au bout de très peu de minutes, vont et viennent au

---

(1) M. SAGE, *la Zone-Frontière entre « l'Autre-Monde » et celui-ci.* Chapitre IX, *les Matérialisations,* pp. 291 et suiv.

milieu des assistants et même leur parlent. Mais cela n'eut pas lieu avec nous, à cause de l'indisposition du médium et de la température accablante.

Une main faisant des signaux avec un mouchoir annonça le début des phénomènes; des formes blanches apparurent contre les rideaux mais ne purent supporter longtemps les regards. Plus tard elles demeurèrent plus longtemps et on put les voir de la tête aux pieds. Un seul fantôme, à la deuxième séance, quitta tout à fait le cabinet et persista un temps assez long.

Le médium n'étant pas attaché, qui dit que ce n'est pas lui qui se déguisait ? Voici la réponse :

Il ne saurait être question de fraude. Il aurait fallu des vêtements, des masques et des perruques et nous sommes sûrs qu'aucun complice n'en apporta. Pour vêtir une seule forme, il aurait fallu au moins 8 mètres d'étoffe. Ceux qui approchèrent les fantômes remarquèrent que les étoffes dont ils étaient drapés n'étaient pas du même tissu; pour vêtir tous ces fantômes 20 mètres d'étoffe n'auraient pas suffi : où le médium les aurait-il cachés ?

Bah ! répondent nos fortes têtes d'incrédules, on fabrique aujourd'hui du tissu si léger que 20 mètres d'étoffe passeraient par l'ouverture d'une bague et pourraient se dissimuler dans les parties secrètes du médium. Et puis, ne connaissez-vous pas ces masques en caoutchouc souple, qui ne sont que des pellicules, mais qui changent parfaitement la physionomie ! Soit ; mais voici mieux :

A la première séance eut lieu *trois fois*, à la seconde *une fois*, un incident qui rend la fraude encore plus improbable. Lorsque les fantômes rentraient dans le cabinet, les rideaux étaient écartés largement et nous *pouvions voir pendant assez longtemps le médium endormi*. Quant aux fantômes et à leurs draperies blanches, ils avaient disparu.

L'insuffisance de la force médianimique se traduisait par des défauts organiques dans la matérialisation des fantômes. Une main était nettement matérialisée « mais le bras, au delà du coude, était de plus en plus mince et ressemblait à un bâton ». La baronne Poisel, qu'une forme embrassa, « sentit la main, mais ne sentit pas le bras ».

Ce qui prouve encore l'insuffisance de la matérialisation, c'est la rapidité de la dématérialisation quand — *cela arriva quatre fois* — les rideaux étaient ouverts et qu'on apercevait le médium endormi. Un fait bien digne de remarque est le suivant : les étoffes semblaient se dissoudre moins vite que les formes elles-mêmes. Une fois une étoffe blanche, quelque chose comme un voile qu'on aurait laissé tomber, demeura *en avant des rideaux ; on ne le tira pas dans le cabinet et il s'évanouit petit à petit comme de la neige qui fond :* quatre témoins se portent garants du fait.

C'est bien ce que le docteur Gibier a déjà signalé ; il est important de noter que ces phénomènes se produisent dans tous les pays et avec des médiums qui ne se connaissent pas, ce qui enlève toute vraisemblance à l'hypothèse d'une supercherie.

LE FANTÔME RESSEMBLE : TANTÔT AU MÉDIUM, TANTÔT À UN ÊTRE DE L'AU-DELÀ

J'appelle tout particulièrement l'attention du lecteur sur ce phénomène, parce qu'il montre l'influence de l'état de santé du médium sur la matérialisation de l'apparition. Si l'extériorisation du fantôme odique est difficile, celui-ci possède une grande cohésion et l'être désincarné qui s'en sert ne peut le modifier que difficilement. Je reviendrai plus loin sur ce sujet. En attendant, voici des faits qui montrent que les observateurs ne sont pas suggestibles, car le médium a beau leur dire : voici votre mère, ou voici votre ami, ni l'un ni l'autre n'accepte cette affirmation que lorsque le fantôme a réellement pris la ressemblance signalée. C'est le peintre Holm-Nicolaï qui parle :

Une forme apparut du côté de l'harmonium et la voix du médium dit que c'était ma mère. Quand je fus près du cabinet, les rideaux s'ouvrirent. Le fantôme que je vis avait bien la taille de ma mère, mais le visage, *imparfaitement matérialisé*, lui ressemblait si peu que m'adressant à du Prel, je dis : « Ce n'est pas elle. » Le fantôme rentra alors dans le cabinet, puis ressortit : *la ressemblance était plus grande* ; mais je ne pouvais pas distinguer les yeux parce qu'ils semblaient encore incomplètement formés et parce que la tête était penchée en avant.

C'est dans ces circonstances que l'on constate bien la grande

PARFOIS L'APPARITION RESSEMBLE MOMENTANÉMENT AU MÉDIUM

difficulté que l'apparition éprouve à s'assimiler le fantôme odique, qui doit donner à son périsprit la matérialité nécessaire pour devenir visible. Il existe une sorte de lutte entre la forme plastique extériorisée du médium et celle de l'esprit; suivant que l'un ou l'autre de ces deux champs de force prédomine, l'apparition ressemble ou au médium ou à l'esprit. Nous allons en voir encore deux exemples, dans le cours de la même séance. Ces changements de physionomies s'opérant devant les yeux des témoins bannissent, évidemment, l'hypothèse d'un masque.

Je demandai au fantôme de me donner la main; il le fit. La *ressemblance de cette main avec celle de ma mère me frappa.* (N'oublions pas que c'est un peintre qui parle, c'est-à-dire quelqu'un de très compétent pour apprécier le galbe des formes.) Ma mère avait une main très belle. Je lui demandai si je ne portais pas sur moi quelque chose qui lui ait appartenu. Elle me fit signe de lever les mains; je lui tendis les deux avec la paume en haut.

Elle repoussa l'une et prit l'autre, la retourna et, à deux reprises, désigna la pierre de ma bague. Cette pierre, elle l'avait portée, sa vie durant, quoique enchâssée dans une autre bague. Quand elle se retira, je voulus faire une autre expérience. Je me mis à l'harmonium et je jouais le chant de Schubert : « Au bord des flots », un de ses morceaux favoris et qu'elle avait tant de fois chanté. Pendant que je jouai, elle ne cessa d'agiter son mouchoir avec émotion. Je revins au cabinet et elle me tendit son bras, que je pus voir jusqu'au coude, *bien nettement matérialisé et vivant*. Elle plaça sa main gauche sur ma tête, puis sur ma main, puis de nouveau sur ma tête et, dans ce geste, elle s'inclina vers moi *bien en avant* du rideau largement entr'ouvert. Puis le visage *perdit sa ressemblance avec celui de ma mère et prit de la ressemblance avec celui du médium*, mais pour quelques instants seulement et, enfin, le rideau se ferma.

Voici une autre apparition, décrite ainsi par la baronne Poisel :

Une forme apparut au rideau agitant son mouchoir. Le médium appela mon nom : j'approchai. L'ensemble de l'apparition aurait pu être celui de ma mère, mais les *traits du visage étaient ceux du médium*. Le fantôme rentra dans le cabinet, puis en ressortit une forme beaucoup plus grande *que je reconnus aussitôt pour celle de mon amie décédée Julia von N...*, avec laquelle j'avais souvent échangé la promesse d'apparaître après la mort. Je reconnus aussitôt mon amie à *sa manière particulière de me tendre la main*, puis *de frapper trois petits coups sur la mienne*. Elle avait un nez court, aux ailes très mobiles, des yeux noirs, de grandes pupilles et de longs cils ; les cheveux étaient très noirs aussi, alors que ceux du médium *étaient blonds*. Je *n'avais nullement pensé à cette amie*, j'attendais bien plutôt ma mère ; mais les *gestes*, le *sourire*, les *mouvements de la tête*, tout rappelait mon amie.

On ne dira pas, dans ce cas, que c'est d'après une image puisée dans la subconscience de la baronne Poisel que le fantôme a été modelé par la conscience somnambulique du médium, puisque cette dame attendait sa mère et ne *pensait pas* à son amie. Ce sont là des *faits* dont il faut tenir compte, quand on veut substituer une autre théorie à l'explication spirite, laquelle s'adapte si bien à toutes les variétés de phénomènes. Je poursuis :

La main du fantôme ressemblait aussi à celle de mon amie. Elle fit signe de la tête que « oui », comme si je lui avais demandé : Est-ce bien toi ? Quand la forme se retira, je pus jeter un coup d'œil dans le cabinet ; il y avait sur le plancher une partie du vêtement blanc ; un bras du fantôme était encore visible et ce bras — deux messieurs assis tout auprès des rideaux ouverts purent aussi le voir — sembla se fondre *dans le creux de l'estomac du médium*. Pendant toute la durée de cette scène je n'éprouvai aucune émotion ; j'essayai bien plutôt de tirer la forme en avant, mais je ne sentis aucune résistance. Le fantôme m'embrassa plusieurs fois, mais il me semblait que les mains et le poignet seuls étaient matérialisés et que le bras manquait. Dans le baiser que je reçus, je ressentis le contact de deux lèvres fermes et sèches. Le fantôme *ne ressemblait nullement au médium*. Ses cheveux frisés sur le front n'étaient pas seulement plus foncés, ils étaient *plus longs* que ceux du médium. La teinte *brune de la peau* était bien aussi celle de mon amie.

Le témoin a vu la matière, à demi solidifiée, rentrer dans le corps du médium dont elle était issue. Le phénomène est encore plus intéressant quand il est possible d'en suivre toutes les phases. C'est précisément ce que les récits de l'archidiacre Colley nous permettent de faire. Nous pouvons avoir confiance dans la fidélité de ses descriptions, parce qu'elles sont confirmées par un observateur éminent : Alfred Russel Wallace, qui ne craignit pas, nous allons le rapporter dans un instant, d'affirmer devant un tribunal la réalité des faits attestés par le révérend Colley.

LES RECHERCHES DE L'ARCHIDIACRE COLLEY
AVEC LE DOCTEUR MONCK

Le 6 octobre 1905, l'archidiacre Colley fit une conférence sur le spiritisme pendant le Congrès de l'Église Anglicane ; elle a été publiée en brochure, et je vais y faire quelques emprunts (1). Le médium était un pasteur baptiste, du nom de Monck, que nous avons rencontré déjà (p. 320) comme sujet, dans les expériences de MM. Reimers et Oxley.

Ce qui montre le développement remarquable des facultés de ce médium, c'est qu'il n'avait pas besoin de cabinet, que les phénomènes se produisaient sous le plein éclairage du gaz, et même parfois à la lumière du jour. Dans ces conditions, aucune supercherie n'était possible. On va d'ailleurs en juger par les descriptions de M. Colley :

Si, dit-il, ce qui va suivre n'est pas le fatras le plus extravagant qui soit jamais sorti de Bedlam (2), c'est une précieuse prophétie de nos futures possibilités. Les nombreuses expériences que j'ai suivies dans diverses contrées depuis trente-trois ans, m'obligent à me prononcer pour la seconde hypothèse.

Voici d'abord un extrait de mon *Journal* du 28 décembre 1877 : Cette nuit, au nombre de cinq, nous nous sommes réunis, avec notre médium estimé, dans mon appartement, 52, Bernard-Street, Russel Square, à Londres. La première forme humaine anormale qui vint à nous fut celle d'un petit garçon, pareille à celle de tout enfant anglais âgé de six ou sept ans. Cette petite personne, à la vue de tous (*trois becs de gaz étaient complètement ouverts*) *se reconstitua devant nous*.

Pour éviter d'inutiles répétitions, je vais décrire, une fois pour toutes, la façon merveilleuse adoptée par nos amis pour venir au milieu de nous. Je me tenais habituellement à côté du médium entrancé, *en le soutenant de mon bras gauche*, de telle manière que j'étais dans les meilleures conditions possibles pour observer ce qui se passait.

Tantôt, pendant que nous attendons une matérialisation, d'autres

(1) Voir pour la traduction : *Revue scientifique et morale du Spiritisme*, janvier 1906, p. 437 et mai, p. 659, et *Annales Psychiques*, janvier 1906, p. 26.
(2) Maison de fous, en Angleterre.

fois lorsque nous ne songeons pas à assister à ce grand mystère de *parturition psychique*, nous voyons un filet de vapeur comme celui qui sortirait de l'orifice d'une chaudière, traverser les vêtements noirs du médium, un peu au-dessous du sein gauche. *Cela forme bientôt une espèce de nuage*, d'où sortaient nos visiteurs psychiques, en se servant apparemment de cette vapeur fluidique pour former les amples habillements blancs dont ils étaient entourés.

Remarquons la similitude qui existe entre les descriptions des observateurs qui ont expérimenté dans tous les pays. Chaque fois que l'apparition s'est produite sous les yeux des assistants, aux États-Unis ou en Europe, c'est toujours d'une masse informe qu'elle émergeait tout-à-coup, entièrement formée. Nous en trouverons encore d'autres exemples. Ici, on voit cette matière sortir du médium ; tout à l'heure elle va y rentrer.

La forme enfantine qui se trouvait devant nous, tout habillée de blanc, avait de magnifiques cheveux dorés. Elle se conduisit en tout comme un enfant de l'âge qu'elle paraissait avoir. L'enfant frappait ses petites mains, tendait sa bouche pour recevoir des baisers de chacun de nous, zézayait en parlant. Le médium, comme un frère aîné, lui donnait des instructions et l'envoyait çà et là porter différents objets d'un côté de la chambre à l'autre, ce que l'enfant faisait d'une manière toute naturelle. Enfin, en se rapprochant avec abandon et confiance de l'auteur de son existence momentanée, la fine créature *fut graduellement absorbée par lui* et disparut en se *fondant dans le corps de notre ami*.

Je donne encore une autre description de cette restitution de la matière empruntée au médium :

Dans cette soirée, je vis une délicieuse femme fantôme qui venait de rester quelques instants au milieu de nous, *rentrer dans le médium*. Je la conduisis vers lui et, lorsqu'elle en fut proche, *le filament vaporeux se montra*, se dirigeant vers la poitrine, et je pus tout à l'aise observer comment, par ce lien si léger, *le fantôme était graduellement résorbé* par le *médium*. M'appuyant contre celui-ci, j'avais passé mon bras gauche autour de la ceinture, tandis que mon oreille gauche et ma joue posées sur la poitrine constataient les battements précipités de son cœur.

Je pus ainsi voir *rentrer dans sa robuste personne* la forme si délicate qui lui était venue des sphères invisibles. J'étais alors à trois ou quatre pouces de cette forme *en train de se désagréger*, et je pus considérer la pureté de ses traits, la beauté de ses yeux et de sa chevelure, la délicatesse de sa complexion. Au moment où sa charmante main allait disparaître, je pus encore l'embrasser, lorsque déjà elle entrait en contact avec le vêtement noir qui recouvrait le corps de mon ami.

C'est ce qui se produit pour toutes les apparitions expérimentales qui, visiblement ou non, réintègrent l'organisme charnel d'où la matière qui sert à les rendre visibles a été tirée.

On se souvient, peut-être, des remarques de Mme d'Espérance (voir p. 366) relatives à la communauté de sensations qui existe entre le médium et la forme matérialisée, nous en trouvons ici un autre exemple intéressant :

Je parle d'abord de la venue de ce petit enfant, poursuit M. Colley, à cause de l'incident caractéristique qui s'est produit cette même nuit d'hiver durant laquelle il neigeait abondamment. On avait allumé un grand feu, et lorsque l'enfant, poussé par la curiosité de son âge, s'approcha de la cheminée, il heurta du pied un des chenets et fit subitement écrouler le feu, qui jeta des étincelles et nous fit précipitamment retirer nos chaises; le petit se recula avec un cri d'effroi et vint se blottir près de moi, avec un geste tel que je lui dis : « Vous êtes-vous brûlé, mon chéri ? » — « Oui, dit le médium, parce que *je l'ai senti.* » Cependant, à ce moment, celui-ci se tenait loin du feu, à *l'autre extrémité de la salle.*

Ce qui tendrait encore à faire croire qu'il existe une liaison continue entre le fantôme et le médium, c'est le transport d'objets matériels qui peut s'opérer du corps de l'esprit matérialisé à celui de son médium. Nous avons vu déjà de la couleur ou du noir de fumée (vol. I, pp. 466 et suiv.) dont le double était marqué, se retrouver sur les membres du médium, qui n'avait pas quitté sa place. L'histoire du « Madhi » est aussi caractéristique.

LE MADHI

J'ai déjà signalé brièvement — dit l'archidiacre Colley — le très remarquable fantôme qui se montra pour la première fois dans une séance intime, le 8 octobre 1877, sous le nom du *Madhi.* Sa peau bronzée, qu'il me permit d'observer avec le plus grand soin au moyen de ma lentille de Stanhope, ainsi que *les tatouages*, les ongles de ses doigts et de ses orteils, ses mains fines, ses poignets, ses pieds, ses chevilles, ses bras noirs et velus et ses membres inférieurs jusqu'aux genoux, ses traits mobiles et pleins de vie, son regard profond de sphinx, son nez impérieux et proéminent, la forme générale de la face, son angle facial remarquable, ses yeux noirs, perçants mais sans dureté, ses cheveux souples et noirs, ses moustaches et sa longue barbe, ses membres secs et musculeux, sa taille de six pieds huit pouces, tout concourut à me fixer dans l'opinion que le Madhi était un Oriental, mais non de l'Inde ni de l'Extrême-Orient.

La première fois qu'il vint parmi nous, il portait une sorte de casque métallique (1) d'où pendait sur son front un emblème mobile, tremblant et brillant. Il me permit de le toucher et mes doigts rencontrèrent une faible résistance. Il semblait que cet objet *fondait à mon contact* comme de la neige, pour reprendre *sa première forme un instant après.*

Voici un fait qui donnera une idée de la force du Madhi, bien en rapport avec ses formes athlétiques. J'étais assis dans un fauteuil lorsqu'il *m'enleva jusqu'au niveau de ses épaules sans effort apparent.*

Il semblait s'intéresser à tout ce qui l'entourait, allant et venant dans la pièce, prenant chaque chose et l'examinant, comme il est naturel que le fasse un homme des époques anciennes, transporté tout à coup dans notre milieu moderne.

Voici en quoi consiste le transport dont j'ai parlé :

A un moment, il trouvait dans un placard et nous l'apportait, un plat de pommes cuites, et je lui demandai d'en manger quelques-unes. A ce moment-là notre médium était éloigné de six à sept pieds (plus de 2 mètres) de la forme matérialisée, refusant de prendre aucun fruit et affirmant qu'il goûterait tout ce que mangerait le Madhi. Je me demandai comment cela pouvait se faire, et tandis que de la main droite j'offrais une pomme au Madhi, de la main gauche je tendis au médium une feuille de papier sur laquelle je vis bientôt *tomber de ses lèvres la peau et les pépins* de la pomme que *mangeait* le Madhi. J'ai gardé le papier, et les débris — et les voici devant moi aujourd'hui, après tant d'années, pour que n'importe quel savant puisse les examiner.

J'ai plusieurs fois répété des expériences de ce genre ; et dans ces petits morceaux de papier sur cette table qui est devant moi, réside *la preuve que je n'étais pas le jouet d'une hallucination.*

---

(1) Nous verrons qu'à la villa Carmen, le fantôme Bien Boa avait, lui aussi, un casque à reflets métalliques.

Il ne reste plus, comme toujours, qu'à supposer que tout cela est inventé ! Mais le vénérable archidiacre est trop connu pour qu'un semblable soupçon puisse l'atteindre et il faut croire que Monck était positivement un merveilleux médium, car Wallace va nous affirmer que les matérialisations se produisaient bien telles que M. Colley les décrit. Tant pis pour les incrédules. Je poursuis, en signalant aux chercheurs sérieux toute l'importance du fait suivant :

Ceux qui se permettent de saisir tout à coup une forme matérialisée — les *Spirit Grabbers* — ne comprennent absolument rien à la vérité occulte lorsque, ayant saisi les vêtements d'une forme matérialisée, ils ne trouvent entre leurs mains qu'un drap blanc ou une pièce de mousseline, et dedans le médium, qui a l'air hébété, fou, et qui, très naturellement, est traité avec peu de politesse et est désormais proclamé un fourbe. Une plus profonde connaissance de cette fabrication psychique chimico-matérielle d'un vêtement, corrigerait le jugement peu favorable que nous prononçons sur la draperie spirite quand, dans notre ignorance, nous soupçonnons la réalité de ces phénomènes.

En effet, dans une séance en *plein jour* (18 février 1878) nous avions décidé de faire une expérience dangereuse. Je devais saisir l'Égyptien, tout drapé de blanc qu'il était, et *essayer de l'empêcher de disparaître dans le corps du médium* (qui était sous le contrôle de « Samuel » (1) à ce moment-là) et ce qui m'arriva m'a fait toujours penser aux paroles de saint Paul : « Dans le corps ou hors du corps, je ne puis dire ; Dieu le sait » (II, *Cor.* XII, 3). Il me semble qu'une force irrésistible me lévita alors, et immédiatement *je fus jeté à une distance d'environ six mètres*, c'est-à-dire de la porte de mon salon jusqu'à l'endroit où se tenait, debout, le médium. Subitement, je trouvai *dans mes bras le médium avec de la mousseline blanche sur sa jaquette noire* ; je le tenais dans mes bras comme j'avais cru tenir le Madhi. Sa forme matérialisée avait disparu, et le *vêtement psychique*, qui s'était *dégagé avec lui du côté gauche de mon ami*, a dû reprendre le même chemin vers l'invisible avec la rapidité de la pensée. Mais d'où venait cette étoffe qui couvrait maintenant le corps de notre ami et qui n'y était pas un moment auparavant ?

Le choc de notre collision car, comme le dit mon journal, c'était une véritable collision, un écroulement, un ébranlement, nous enle-

---

(1) Un des guides du médium.

vait le désir de répéter l'expérience, qui avait *failli nous tuer*. Et le mystère des vêtements reste toujours à élucider.

On ne nous dit pas, explicitement, si l'étoffe qui couvrait le corps en dernier lieu a été conservée, ou si elle a ensuite disparu, ce qui serait cependant bien important. Voici un épisode qui nous montre encore que la personnalité fluidique diffère de celle du médium (1), car ils causent ensemble, chacun avec ses souvenirs et son individualité distincte de celle de l'autre.

LE MÉDIUM MONCK, RÉVEILLÉ, CAUSE AVEC LE FANTÔME MATÉRIALISÉ DE SON AMI SAMUEL

En parcourant mon journal, — c'est toujours M. Colley qui parle — je trouve, à la date du 8 octobre 1877, qu'un fantôme, sorti comme tous les autres du côté gauche du médium, déclara avoir été son collègue et ami et *fut formellement reconnu comme tel* par un des assistants.

M. A. formule le très vif désir que, si cela pouvait se faire sans danger, l'entité *Lily*, agissant comme contrôle, *éveillât le médium de sa trance*, de façon à lui permettre de voir *au milieu de nous le fantôme parfaitement formé de son ancien collègue*, car il n'avait jusque-là appris qu'après la séance la formation à ses dépens de son ami *Samuel*. La scène qui s'ensuivit est plus facile à imaginer qu'à décrire. Frappé de stupeur en sortant de sa trance, notre ami considérait le fantôme, puis se levant du sopha où on l'avait placé lorsque « Lily » l'éveilla, il se précipita vers son ancien compagnon d'études, en s'écriant : « Comment, serait-ce Sam ? oui, j'affirme que c'est Sam ! » Ce furent alors des poignées de mains, des félicitations réciproques, le médium était en proie à une gaîté folle, tandis que nous restions plongés dans l'étonnement devant un tel développement de ses facultés spirituelles.

Lorsque les deux amis voulaient parler en même temps, ils se trouvaient devant une sorte d'impasse momentanée : ni l'un ni l'autre ne pouvaient rien articuler, le souffle du médium paraissant nécessaire à « Samuel » lorsqu'il voulait parler, de même que « Samuel » était nettement arrêté dans sa phrase lorsque le médium commençait à parler. Les deux amis si étrangement retrouvés avaient tant de choses à se dire !

---

(1) Il faut noter aussi que « Le Madhi » a écrit, de *droite à gauche*, des caractères orientaux, que le médium ne connaissait pas.

Après avoir joyeusement causé avec nous, « Samuel » *rentra dans le médium*, tombé en trance de nouveau.

Je reviendrai plus loin, dans le chapitre qui traite des rapports du fantôme avec le médium (p. 626), sur le fait que l'apparition et le médium ne pouvaient pas parler en même temps. Je tiens à signaler que ce ne fut pas le seul fantôme reconnu, car l'archidiacre Colley écrit encore :

LE FANTÔME D'ALICE

Quelques autres fantômes sortirent ainsi, à travers les noirs vêtements du médium, sans y laisser la moindre trace de leur passage; puis il en vint un dont ma femme et moi avions *déjà reçu la visite avec un autre médium* et que nous nommions *Alice*. Elle sortit du côté gauche de la poitrine du médium, comme Eve sortit du côté d'Adam. Nous la vîmes *se former graduellement* et lorsque je m'aperçus qu'elle *m'avait reconnu*, je lui adressai la parole avant que le médium *eût rompu* le lien vaporeux qui *l'attachait encore à lui*.

Pendant plus d'une demi-heure, cette chère créature se tint au milieu de nous, causant joyeusement, se livrant à toutes les fantaisies qui lui passaient par la tête et m'aidant, comme *elle l'avait déjà fait dans des occasions précédentes*, à poursuivre des expériences pour me *prouver qu'* « *Alice* » *était bien* « *Alice* », *avec ses souvenirs de son heureux passé*, me chargeant de transmettre les plus affectueux messages à ceux qui ne pouvaient alors se trouver parmi nous. Puis, en présence de nos amis, elle vint au médium et *se fondit en lui*.

LE PROCÈS ENTRE M. MASKELYNE ET L'ARCHIDIACRE COLLEY

On conçoit facilement que de semblables déclarations, faites au sein d'un Congrès religieux, suscitèrent de violentes polémiques dans la presse anglaise. Un prestidigitateur, M. Maskelyne, se distingua par ses attaques contre l'archidiacre. Celui-ci riposta en mettant au défi le prestidigitateur de reproduire les phénomènes *dans les mêmes conditions*. Bien entendu, celui-ci se garda bien d'accepter ; mais M. Colley ayant renouvelé son pari de 1.000 livres (25.000 francs) « s'il pouvait d'une façon quelconque, ou que ce soit, à une date quelconque, reproduire par des trucs les phénomènes en question », M. Maskelyne, sur le théâtre de Saint-George's Hall, fit la parodie d'une apparition, émergeant d'un nuage de vapeur et se montrant habillée de blanc quand la vapeur est dissipée. Rien de plus simple à produire : la femme jouant le rôle du fantôme sortait, derrière le pseudo-médium, des draperies noires qui formaient le fond de la scène, juste au moment où la fumée était assez intense pour dissimuler son arrivée. Puis la toile tombait.

Mais on ne voyait pas le soi-disant fantôme rentrer dans le corps du médium, malgré tous les artifices que le prestidigitateur aurait pu employer; c'est ce qui perdit M. Maskelyne, car il prétendait se faire payer les 25.000 francs par l'archidiacre Colley.

Ayant porté le différend devant les tribunaux, M. Maskelyne fut débouté de sa demande « comme n'ayant pas véritablement reproduit le phénomène décrit par l'archidiacre Colley, » condamné aux dépens, plus 75 livres de dommages-intérêts, pour chef de diffamation touchant au droit de porter le titre d'archidiacre, que le prestidigitateur avait accusé M. Colley de prendre frauduleusement.

Parmi les témoins entendus, la déposition la plus sensationnelle fut celle d'Alfred Russel Wallace, une des gloires de l'Angleterre, qui, bravant le ridicule, vint affirmer devant le tribunal la réalité des pouvoirs médianimiques du docteur Monck. Voici un résumé de sa déposition (1) :

LA DÉPOSITION D'ALFRED RUSSEL WALLACE

Ce fut dans une maison de Bloomsbury que le docteur Wallace vit pour la première fois Monck, et assista à des phénomènes très semblables à ceux que M. Colley a décrits, bien que pas identiques. C'était dans les premières heures de l'après-midi, par une journée claire, la *chambre n'avait été nullement* obscurcie. M. Hensleigh Wedgwood et le révérend Stainton Moses étaient aussi présents.

Lorsque le fantôme apparut, le témoin ne se trouvait certainement pas à plus de deux mètres et demi du médium. Le docteur

---

(1) *Annales Psychiques*, mai 1907, p. 385.

Monck était debout et paraissait en trance. Quelques instants après, une *légère vapeur blanche apparut au côté gauche de son habit* ; sa densité augmenta ; c'était comme des flocons blancs qui s'agitaient dans l'air et qui s'étendirent ainsi du plancher jusqu'à la hauteur de son épaule. Peu à peu, cette espèce de nuage blanc se *sépara du corps du médium*, qui dit : « Voyez ! » et il passa sa main entre sa personne et le nuage. Le nuage blanc continua à s'éloigner du médium jusqu'à ce qu'il parvint à trois mètres environ de lui, et se *solidifia jusqu'à prendre l'apparence d'une femme habillée de draperies blanches, flottantes*, qui laissaient le visage à découvert. Le médium souleva le bras et battit légèrement des mains ; la figure imita ses mouvements ; on entendit *le claquement de ses mains*. Ensuite l'apparition se rapprocha lentement du docteur Monck et commença à devenir moins brillante. Le mouvement d'ondulation de la matière blanche recommença et *le tout rentra dans le corps du médium de la même manière qu'il en était sorti*.

M. Bankes. — Vous êtes personnellement sûr qu'il s'agissait bien là d'un phénomène spirite ?

Docteur Wallace. — Je suis *absolument certain* que cela ne *pouvait pas se faire à l'aide d'un truc* ; M. Maskelyne lui-même n'y serait pas parvenu avec tous ses appareils...

M. Bankes. — En quoi les deux apparitions différaient-elles ?

Docteur Wallace. — A Saint George's Hall, il n'y avait pas la reproduction de la matière blanche qui sortit de l'habit du médium ; la fumée fabriquée par M. Maskelyne ne *se transformait pas lentement en un corps humain*. Une femme cachée derrière le pseudo-médium sortait une main, une tête au milieu de la fumée, et c'était tout. L'archidiacre Colley et moi-même, nous avons vu l'apparition se former *dans une pièce bien éclairée*, à la distance de quelques pieds seulement, sans aucun rideau noir formant le fond de la scène, sans qu'il y eut possibilité pour personne de se cacher derrière le médium. Si un spectateur s'était trouvé à la place de l'individu qui représentait l'archidiacre à la Saint George's Hall, il aurait vu immédiatement, dans tous ses détails, comment se produisait l'apparition organisée par M. Maskelyne.

Ces remarques prouvent combien un simulacre diffère de la réalité.

Je crois qu'une véritable apparition est impossible à simuler, lorsque les précautions de contrôle sont bien prises. Je reviendrai sur cette question en parlant des fraudes ; maintenant je vais arriver aux phénomènes que j'ai observés, en compagnie de M. le professeur Richet, à la villa Carmen, d'Alger.

LES MATÉRIALISATIONS DE LA VILLA CARMEN

Pendant quelques années : de 1902 à 1905, j'ai publié dans la *Revue scientifique et morale du Spiritisme* les comptes rendus des phénomènes de matérialisations qui se produisirent en Algérie, chez M. le général Noel. Les critiques ne m'ont pas manqué. Les lecteurs peu au courant de ces faits s'étonnaient de la continuité des manifestations, toujours les mêmes, malgré les changements de médium. Certains reprochaient à Mme Noel, la narratrice, l'exubérance de son style, son enthousiasme, cependant bien compréhensible, et auraient voulu des descriptions plus précises, des preuves matérielles que l'illusion, la fraude ou l'hallucination n'intervenaient pas pour l'explication. Peut-être quelques-unes de ces critiques étaient-elles en partie fondées, ce qui m'engagea, souvent, à en faire part à Mme la générale Noel qui, avec une bonne grâce parfaite, répondit à mes questions et, finalement, me proposa de venir m'assurer par moi-même de la réalité des faits.

C'est ainsi que, pendant près de deux mois, j'ai reçu l'hospitalité la plus cordiale à la villa Carmen, et que j'ai pu suivre une longue série de séances, dont les comptes rendus détaillés ont été publiées dans la *Revue scientifique et morale du Spiritisme*, que je dirige (1).

Ici encore, je suis obligé, pour les détails, de renvoyer le lecteur aux originaux, me contentant de citer les faits les plus convaincants et les photographies qui assuraient les assistants de la rectitude de leurs sensations visuelles. D'autre part, M. le professeur Ch. Richet a fait une relation de ces phénomènes (2) qui est conforme à la mienne, bien que nous n'ayons pas confronté les notes que nous prenions séparément après chaque séance.

---

(1) Voir *Revue scientifique et morale du Spiritisme*, septembre 1905, p. 129; octobre, p. 193; novembre, p. 257; décembre, p. 321 et janvier 1906, p. 385.

(2) Ch. Richet, *les Phénomènes, dits de matérialisation, de la villa Carmen*, 1906. Brochure éditée par les *Annales Psychiques*, qui contient aussi une analyse des photographies par Sir Olivier Lodge et deux comptes rendus de séances antérieures par d'autres témoins.

Le médium était une jeune fille, Mlle Marthe B., qui fut fiancée au fils de M. le général Noel, mort au Congo. Elle était âgée de 18 ans ; elle venait familièrement à la villa Carmen accompagnée de ses sœurs, Mlle Paulette, 16 ans, et Maria, 14 ans. Pendant les premiers temps une autre dame, nommée Ninon, cartomancienne, entrait aussi dans le cabinet. Je ne tiendrai pas compte des séances où elle fut présente. Plus tard, Mme Noel remplaça Ninon par une négresse, sa servante, du nom d'Aïcha, sous prétexte de renforcer les fluides. Celle-ci paraît n'avoir jamais joué un rôle effectif, car les photographies la montrent toujours endormie. Mais sa présence pouvait permettre de supposer, dans le cas d'une fraude concertée, qu'elle aurait pu avoir sur elle une partie au moins des draperies servant à simuler le fantôme. Je discuterai plus loin ce point; mais je dois dire déjà que l'apparition du fantôme s'étant produite dans des séances où Marthe B. était seule, le concours d'Aïcha n'apparaît pas comme indispensable ; la discussion d'une supercherie doit donc porter complètement sur Marthe B., car aucun des assistants ne peut être suspecté, d'abord à cause de leur incontestable honorabilité et ensuite, parce que faisant la chaîne, aucun d'eux n'aurait pu passer au médium les draperies, masques, ou autres engins nécessaires à un déguisement. Les deux sœurs de Marthe B. étant toujours surveillées et tenues par les mains sont donc insoupçonnables.

Toutes les séances que je décrirai ont eu lieu à la lumière rouge, provenant d'une lanterne dans laquelle brûlait une bougie donnant une longue flamme. Au bout d'un instant, on voyait suffisamment pour distinguer les personnes présentes et voir l'heure à une montre.

Les séances avaient lieu au premier étage d'un pavillon situé au bas du jardin de la villa Carmen.

Par suite de la forte déclivité du terrain, on pénétrait du jardin dans la salle des séances par un petit escalier de trois marches. Les murs de ce pavillon étaient isolés de trois côtés et le quatrième était adossé au mur mitoyen de la propriété voisine.

DESCRIPTION DE LA SALLE DES SÉANCES

Le plancher de la salle est carrelé sur toute son étendue et ne présente aucune solution de continuité. Les deux fenêtres A et B sont fermées par des persiennes et à l'intérieur on a cloué sur le revêtement en bois des couvertures de laine qui empêchent le jour de pénétrer. De plus, des rideaux épais masquent ces fenêtres. Le dessus du pavillon est en terrasse, mais avec des claires-voies pour donner un peu de fraîcheur et le plafond est parfaitement uni.

Une fois la porte C fermée, il est impossible de s'introduire dans cette pièce, totalement close.

La salle des séances (fig. 45) a la forme d'un parallélogramme de 5^{m}25 de longueur dans le sens de la rue, et de 4 m. 60 de profondeur. La hauteur du plancher aux petites voûtes en briques qui forment le plafond est de 2 m. 60. Le cabinet B. des matérialisations est situé dans l'angle de droite, à l'intersection des murs qui sont sur la rue et sur l'escalier. De forme triangulaire, il est formé seulement par deux épaisses draperies de 2 m. 10 de hauteur, qui peuvent glisser sur une tringle de fer de 2 m. 50 de longueur. Un baldaquin couronne les draperies. Les parties latérales des draperies sont clouées, dans le sens de la hauteur, le long des murs en M et N, de sorte qu'on ne peut se glisser dans le cabinet en longeant les murs. A une hauteur de 2 m. 50, une forte toile grise forme le plafond du cabinet. Les murs sont peints en gris sombre. Un fauteuil d'osier, avec coussin et enveloppe de toile, reste à poste fixe. Le sol carrelé est recouvert d'une carpette en

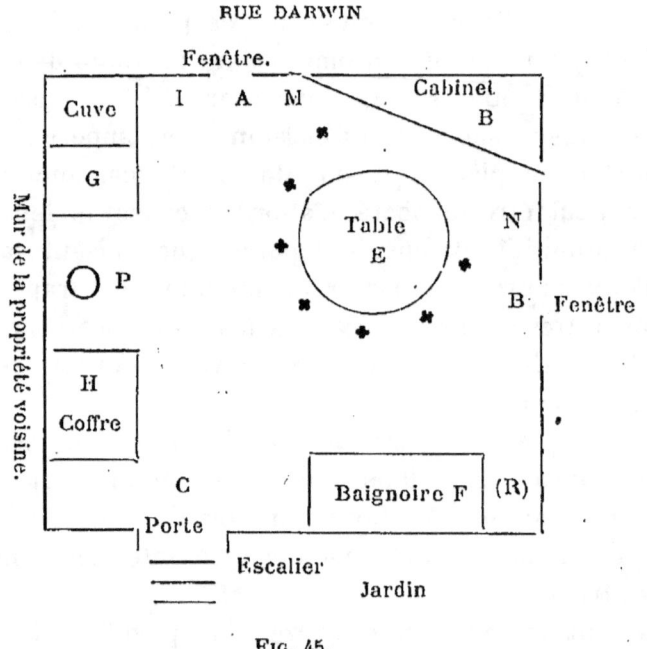

Fig. 45.

toile, clouée sur tout le pourtour du cabinet. Un examen souvent réitéré m'a permis d'être absolument sûr qu'il n'existe là, ni dans la salle, aucune trappe, ni placard, ni porte secrète, ni ouverture d'aucune sorte. Murs et planchers sont pleins.

Cette salle ayant eu diverses destinations avant que l'on songeât à s'en servir pour les séances, il est resté divers meubles.

A gauche, en entrant, se trouve un coffre à bois H ; un poêle P et une auge en pierre, séparée en deux parties, qui servait antérieurement au lavage du linge. Un robinet est au-dessus. Cette auge est recouverte par un couvercle en bois. Le long du mur, en I, est un bec Auer. A droite, en entrant, se trouve une baignoire F avec son chauffe-bain R. Une table E et des chaises complètent le mobilier. Au-dessus de la porte C se trouve une petite console en bois, à 2 m. 25 de hauteur, qui supporte la lanterne à verres rouges.

Je puis affirmer que pendant que j'étais le seul étranger à la villa Carmen, jamais, sauf une fois, une séance n'a eu lieu sans que je ne sois entré le premier dans la salle et sans que je n'aie minutieusement visité le coffre, l'auge, le poêle, la baignoire et surtout le cabinet, dont les draperies et le dessus étaient secouées par moi, examinées ainsi que le dessus du cabinet, le fauteuil d'osier et le tapis, afin de m'assurer qu'aucun tissu n'aurait pu y être caché. Plus tard, une dame X, qui assista presque à toutes les séances, se joignit à moi ; enfin dans la dernière série des expériences, celle dont je vais parler, c'est avec M. Richet que cet examen fut toujours soigneusement fait.

J'ai la conviction qu'on n'aurait pu cacher quoi que ce soit dans cette salle qui pût servir à une supercherie, sans que ces investigations multiples ne l'aient fait découvrir.

PREMIÈRES CONSTATATIONS SATISFAISANTES

Les personnes peu au courant de ces recherches, qui lisent un livre comme celui-ci, sont portées à croire qu'on obtient facilement, avec un bon médium, les phénomènes ci-dessus décrits. Hélas ! la réalité est tout autre. Les bonnes séances sont, au contraire, relativement rares, soit à cause des dispositions du médium, soit en raison des assistants, qui n'apportent pas toujours des éléments identiques, surtout quand de nouveaux membres sont introduits, ou même simplement suivant leur état de fatigue corporelle ou d'état mental, qui varie nécessairement beaucoup durant une assez longue série d'expériences. Les conditions atmosphériques : trop grande chaleur, orage, pluie persistante, etc., jouent également un rôle encore peu connu, mais certain. Il faut donc avoir une grande patience pendant ces recherches et ne pas se décourager si de nombreux insuccès se produisent.

Après avoir séjourné plus d'un mois à la villa Carmen, et malgré pas mal de séances, j'étais loin encore d'avoir une opinion fondée sur les phénomènes, car tantôt une autre personne accompagnait le médium dans le cabinet, ou bien le fantôme se montrait pendant trop peu de temps pour être bien vu et, enfin, j'étais résolu à n'accepter pour valables que les séances dans lesquelles l'apparition et le médium seraient simultanément visibles pour tout le monde.

Ce ne fut qu'à une séance dans l'après-midi du 29 juillet 1905 (1) que je pus me convaincre de l'indépendance de la forme matérialisée, qui disait se nommer Bien Boa, et du médium. Après une visite minutieuse de la salle et quand les assistants se furent assis autour de la table, l'apparition se montra entre les rideaux, au bout d'un quart d'heure environ. La tête est couverte d'un turban, les bras sont nus, le visage blanc. Le fantôme s'efface sur la gauche de manière à découvrir Mlle Marthe B., qui est *seule* dans le cabinet. Elle est assise sur le fauteuil, sa main gauche supportant la tête rejetée en arrière, et la main droite reposant sur sa jupe noire. On distingue peu ses traits à cause de l'inclinaison de sa face. *En même temps*, je vois l'apparition, à gauche, à demi-cachée par la draperie du cabinet. A ce moment, l'esprit se redresse légèrement et sort un peu des draperies... Je vois sa figure ; son nez est droit, sa moustache et ses yeux sont noirs. Sa robe blanche a des mouvements onduleux...

En se retournant, il rentre à moitié dans le cabinet et de sa main gauche il prend la main droite de Mlle Marthe, *il la soulève et la laisse retomber sur sa robe*. Cette fois, j'ai très bien vu le mouvement de l'articulation du coude du médium. Mme X., mieux placée que moi, puisqu'elle est de face, déclare qu'elle voit les *deux mains de l'esprit et celles du médium*. Les rideaux se referment ensuite...

A la fin de la séance, étant à côté du médium qui revient lentement à lui, je constate que son corsage est absolument trempé et qu'il plaque sur son buste. Il ne peut rien y avoir de caché. La jupe est collante et dessine les formes grêles des jambes ; elle ne pourrait dissimuler tout ce qui serait nécessaire pour simuler l'esprit : draperies, masque, barbe, etc., et, de plus, des mains artificielles et un second masque, car si elle se déguisait en esprit, il faudrait nécessairement, en plus de ses vêtements, quelque chose à sa place pour imiter le relief de son corps, sa figure et ses mains.

(1) Voir *Revue scientifique et morale du Spiritisme*, année 1905, p. 324.

L'apparition n'est pas un mannequin, puisque nous l'avons tous vue se déplacer pendant que le médium était immobile... Après chaque séance, la salle et le cabinet étaient visités aussi soigneusement qu'au commencement, de sorte qu'il ne reste plus que l'hallucination pour expliquer les faits car, certainement, personne n'est entré dans la salle et aucun des assistants n'a quitté sa place.

* *

Le jeudi 3 août (1), Marthe B. étant encore seule dans le cabinet, le même phénomène se reproduit. Bien Boa prend sa main et l'agite. Je vois le bras rond du médium se plier, la manche n'est pas vide... Le fantôme sort du cabinet, embrasse Mme Noel, *pendant que le médium est toujours en vue...*

Voici maintenant un phénomène nouveau :

Au bout de peu de temps, le fantôme écarte la draperie de gauche (par rapport à nous); il montre sa tête et la partie gauche de son corps.

Tout à coup, sa taille diminue, la tête restant droite, et rapidement toute la partie inférieure des draperies s'abaisse, fond, et la tête arrive au niveau du sol *où elle disparaît subitement* sans laisser de traces. Puis, de nouveau, la forme entière se montre reconstituée sur la gauche, et, cinq fois de suite recommence le même exercice, pendant que je vois toujours la partie droite du corps du médium, son bras et sa main. C'est verticalement que le fantôme s'enfonce dans le parquet. Il disparaît comme si une trappe s'ouvrait en dessous de lui. Mais, ici, il n'existe pas de trappe et le tapis aussi bien que le carrelage de la salle sont intacts (2). Réellement, la simulation d'un semblable phénomène me paraît bien difficile dans ces conditions.

PHOTOGRAPHIES SIMULTANÉES DES MÉDIUMS ET DE L'APPARITION

La preuve absolue que l'apparition n'est pas de nature hallucinatoire nous est donnée par la photographie ; et si elle reproduit ce que les yeux ont vu, c'est une certitude que nos sens n'étaient pas trompeurs, que ce qui était perçu collectivement existait bien

(1) Voir *Revue scientifique et morale du Spiritisme*, année 1905, p. 325.
(2) Un procès-verbal, rédigé par M. Lowe, architecte expert près le tribunal d'Alger, constate qu'il n'existe aucune trappe dans la salle des séances de la villa Carmen et qu'aucune réparation n'a été faite dans ce pavillon. Voir la brochure de M. Richet, *les Phénomènes dits de matérialisation*, p. 86.

dans l'espace et, de plus, avait une réalité assez indiscutable pour refléter les rayons lumineux et agir sur la plaque photographique, autrement dit : la forme était matérialisée. C'est justement ce qui s'est produit à la villa Carmen, assez souvent pour asseoir solidement la conviction des assistants. Voici dans quelles circonstances :

Dès l'arrivée de M. Richet, au mois d'août, les tentatives pour photographier B. B. furent reprises avec persistance. Pour cela, on devait utiliser la lumière d'un éclair de magnésium que l'on produirait au moment voulu. Trois appareils étaient disposés de manière à prendre des images du fantôme sous des angles différents. Deux de ces appareils : le mien et celui de M. Richet, étaient stéréoscopiques, le troisième, celui de Mme X., était un Kodak 9 × 12. Dans certains cas, nous avons pris cinq clichés simultanés produits par un seul éclair de magnésium, ce qui élimine l'hypothèse d'une fraude photographique.

Voici ce que je trouve dans mes notes relativement à la première réussite, obtenue le 26 août :

... Enfin l'esprit se fait voir entre les rideaux à peine écartés. Son front est entouré d'une sorte de plaque qui brille comme de l'or et surmonté d'un turban. Bien que les rideaux soient presque joints, je vois Marthe B. quand l'apparition se déplace. Alors, on lui demande d'ouvrir davantage les rideaux et, de l'intérieur du cabinet, on voit son bras s'allonger et repousser le rideau de droite (par rapport à nous) de manière à nous permettre de voir Aïcha endormie sur le fauteuil ; ses mains noires se détachent nettement sur le tablier blanc et sa tête est apparente, grâce au foulard blanc qu'on lui a mis sur les cheveux. En même temps, je vois Marthe. Toutes les deux dorment; *leur figure, leurs mains tout est parfaitement distinct*. Pendant ce temps, B. B. était retiré dans la partie gauche du cabinet. Au bout d'un instant, les rideaux n'ayant pas bougé, le fantôme s'avance de nouveau, complètement formé. On aurait pu déjà le photographier. *C'est donc encore simultanément que je vois les deux médiums et l'esprit.*

Si l'on suppose une supercherie, il faudrait donc que Marthe fût déguisée et qu'à sa place elle ait mis un masque et une chevelure pour figurer la tête et, de plus, un mannequin, ou du moins, une armature rigide pour représenter son buste et faire tenir sa robe gonflée, sans oublier aussi des mains artificielles pour simuler les siennes. Ceci paraît bien invraisemblable, d'autant mieux qu'il faudrait en plus l'habillement du fantôme car, en dessous de la draperie d'un blanc immaculé qui le recouvre, le fantôme a une sorte de veste, couverte de broderies qui ont des reflets dorés. Mais voici la photographie qui va nous montrer,

FIG. 46. — Photographie obtenue à la villa Carmen. La partie inférieure de la tête du fantôme est seule visible, mais on distingue parfaitement le bras gauche du fantôme et sa main, qui paraît incomplètement matérialisée. En bas, on voit une partie du corps de Mlle Marthe B.

par l'analyse de ses détails, que l'hypothèse d'une fraude est inconciliable avec les faits. Je reprends mon récit :

B. B. rentre dans la partie gauche du cabinet. Mme Noel nous prévient que la prochaine fois qu'il se montrera ainsi, il faudra faire l'éclair au magnésium. Nouvelle attente, assez longue, *mais les médiums sont toujours en vue.* Enfin B. B. se montre tout entier et se place à côté de Marthe, sur la gauche. Le signal est donné de faire l'éclair... La très forte lumière produite ne m'a pas paru agir sur l'apparition, qui est restée immobile et bien en vue. Aussitôt l'éclair produit, B. B. rentre dans la partie gauche. Puis il se montre de nouveau. Mme Noel demande à être embrassée ; l'apparition y consent : on entend le bruit du baiser. Le fantôme envoie des baisers à Mme X. Alors celle-ci demande si elle pourrait sentir le contact de ses lèvres ; l'esprit fait avec sa tête un signe affirmatif. Mme X. se déplace, elle va jusqu'aux rideaux. B. B. l'embrasse sur la joue à la hauteur de l'œil. Un instant après, M. Richet étend la main par-dessus la table et l'apparition la lui serre avec force. *Les médiums sont toujours visibles.*

La figure 46 donne la reproduction de cette première photographie d'après le Kodak.

Malheureusement, on ne voit qu'une partie de la tête, le bas, car l'appareil a été mis au point trop bas. Voici les observations de M. Richet (1) :

Sur la photographie I (Kodak) on voit (2) une grande forme entourée d'une draperie blanche, flottant dans l'ouverture du rideau. A gauche se dessine nettement le dos de la chaise sur laquelle est assise Aïcha, avec l'épaule gauche d'Aïcha très bien éclairée. On distingue les moindres dessins de la cotonnade rayée dont elle est habillée. La photographie prise par le Kodak est beaucoup plus nette que celle du vérascope. On peut voir que cette draperie est d'une étoffe assez fine et assez transparente pour que, derrière, transparaisse en une ligne noire verticale l'apparence sombre du rideau. Sous cette fine draperie apparaît la forme du coude, du bras et de la main ; une main *très longue*, à peine formée (3) dont les extrémités digitales, comme si elles n'étaient pas recouvertes d'une draperie, *semblent se perdre en une sorte de nuage vaporeux, une lueur blanche à contours indéterminés* (4). En haut, on

---

(1) Ch. RICHET, *les Phénomènes, dits de matérialisation, de la villa Carmen*, p. 13.

(2) Au moment où j'écris cet article, je ne sais jusqu'à quel point tous les détails que je donne pourront être visibles sur les planches annexées à ce travail. Ce que je puis dire, c'est qu'ils apparaissent très bien sur tous les clichés que j'ai sous les yeux. (Note de M. Ch. Richet.)

(3) Cependant c'est une *main et un bras d'homme*, comme le constate Sir Olivier Lodge dans l'étude qu'il a consacrée aux photographies obtenues à la villa Carmen. Voir la brochure citée de M. Richet, p. 26.

(4) Cette phrase est soulignée par M. Richet.

ne voit pas toute la figure, mais seulement le bas de la figure ; une tête penchée en avant dont on ne peut voir que le menton très court caché par une barbe noire épaisse qui recouvre la bouche et au-dessus de laquelle on ne voit que le bout du nez. Malheureusement la photographie s'arrête là et elle est coupée transversalement par une raie qui ne laisse pas voir les yeux et traverse la figure au ras de l'extrémité du nez... En bas du fantôme et à sa gauche, on distingue une manche qui paraît plus ou moins vide et quelque chose comme une forme de corsage. L'éclat blanc du fantôme éclairé par le magnésium est tel, que la table de bois noir en est illuminée et on en voit le reflet comme sur une surface polie...

Je ferai remarquer que si l'on ne voit pas la tête de Marthe sur la photographie, on la voyait nettement *un instant auparavant*, ainsi que le fantôme. La main de B. B. et son bras sont ceux d'un homme ; la haute taille de l'apparition s'oppose aussi à la supposition que ce serait le médium déguisé, de sorte que je considère cette séance comme démonstrative en ce qui concerne la sincérité de Marthe. Nous allons en avoir une preuve directe, par la description d'un phénomène absolument insimulable *dans les mêmes conditions*.

LE FANTÔME PREND NAISSANCE DANS LA SALLE

A la séance du 29 août, *après avoir pris une photographie* (1), l'esprit B. B., bien formé, cause d'une voix basse, embrasse Mme Noel *et rentre dans le cabinet*.

Quelques minutes après, par l'ouverture des rideaux on voit passer le fantôme dans la partie droite. Notre attention est fixée de ce côté. Alors se produit un phénomène du plus haut intérêt. *En dehors du cabinet*, dans l'angle de droite de la chambre, *sans que la draperie ait remué*, à côté de Maïa, on entend comme le déplacement d'une chaise et sur le parquet, au point A, fig. 47, je vois quelque chose de blanc, qui s'élève du sol et prend rapidement une forme. C'est B. B., bien matérialisé, tel que nous

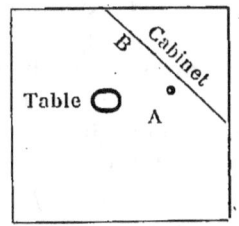

Fig. 47.

l'avons vu tout à l'heure. Il se dirige vers l'ouverture des rideaux,

---

(1) Pour les détails, voir *Rev. scient. et mor. du Spirit.*, 1905, p. 389.

en B, en titubant un peu, comme si la marche lui était difficile. Enfin il rentre complètement et referme les rideaux.

Comme ce fait est des plus importants, je reproduis ici le récit de M. Richet concernant ce phénomène:

RÉCIT DE M. CH. RICHET

Le phénomène suivant m'a paru d'une importance primordiale. L'expérience fut faite dans les mêmes conditions que les autres, à cela près que Mme X. n'était pas présente.

Après la photographie prise, le rideau se referme. Soit A, C, B, le triangle représentant le cabinet et où sont assises Marthe en M et Aïcha en N; soit A, B, le rideau avec une ouverture en O, par où peut sortir et rentrer la forme B. B.

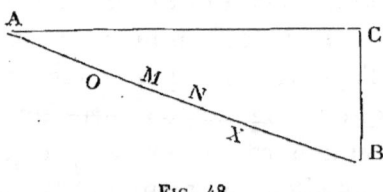

Fig. 48.

B. B. commence par apparaître dans l'ouverture du rideau, puis il rentre. Mais à peine B. B. est-il rentré en O, que je vois, *sans que le rideau se déplace* (1), une lueur blanche en X, *sur le sol*, en dehors du rideau entre la table et le rideau. Je me lève à demi pour regarder par-dessus la table. Je vois comme une boule blanche, lumineuse, qui flotte sur le sol et dont *les contours sont indécis*. Puis, *par transformation de cette luminosité blanchâtre*, s'élevant tout droit, très rapidement, comme sortant d'une trappe, paraît B. B., pas de très grande taille, il me semble. Il a une draperie et, je crois, comme un cafetan avec une ceinture à la taille. Il se trouve alors placé entre la table et le rideau, étant *né*, pour ainsi dire, du plancher, en dehors du rideau (*qui n'a pas bougé*). Le rideau tout le long de l'angle B est cloué au mur, de sorte *qu'un individu vivant* pour sortir du cabinet par là, n'eût pas eu d'autre moyen que de ramper sur le sol, et de passer sous le rideau. Mais l'issue a été subite, et la tache lumineuse sur le plancher a précédé l'apparition de B. B. en dehors du rideau, et il s'est élevé tout droit (*en développant rapidement sa forme d'une manière rectiligne*). Alors B. B. cherche à venir, à ce qu'il me paraît, parmi nous, mais il a une démarche claudicante, hésitante. A un moment il chancelle, comme s'il allait tomber, en claudiquant avec une jambe qui semble ne plus pouvoir le soutenir (je donne mon impression). Puis il va vers

---

(1) C'est moi qui souligne cette phrase, les autres le sont par M. Richet lui-même.

la fente du rideau, tout à coup il s'affaisse, disparaît par terre, et en même temps on entend un bruit de clac, clac, comme le bruit d'un corps qui se jette par terre. Très peu de temps après (*deux,*

Fig. 49. — Autre photographie de Bien Boa, par le Kodak de Mme X. : il est pris presque de face.

trois ou quatre minutes) aux pieds même du général, dans la fente du rideau, on voit encore la boule blanche (sa tête ?) *apparaître au ras du sol* ; puis *un corps se forme*, qui remonte rapidement, tout droit, se dresse, *atteint une hauteur d'homme*, puis soudain s'affaisse sur le sol avec le même bruit, clac, clac, d'un corps qui tombe sur le sol. Le général a senti le choc des membres, qui, se jetant sur le sol, ont heurté sa jambe avec quelque violence (1).

Il me paraît bien que cette expérience est décisive; car la formation d'une tache lumineuse sur le sol, laquelle se change ensuite en un être marchant et vivant ne peut être, semble-t-il, obtenue par aucun truc. Supposer que c'est en se glissant sous le rideau, puis en se relevant, que Marthe déguisée en B. B. a pu donner l'apparence d'une tache blanche s'élevant en ligne droite, cela me paraît impossible. D'autant plus que le lendemain, peut-être pour me montrer la différence (?), B. B. a apparu encore devant le rideau. Mais il n'est pas venu par l'ouverture O du rideau (fig. 48); il est arrivé en soulevant le rideau, derrière lequel il s'était formé et en se mettant, comme on dit, *à quatre pattes*, puis en se redressant. Il n'y avait aucune analogie possible entre ces deux modes de formation.

Comme on peut le constater, ce procédé pour donner naissance au fantôme dans la salle, sous les yeux des assistants, présente une grande analogie avec le phénomène semblable décrit par le docteur Gibier et d'autres observateurs. En même temps, c'est une *preuve absolue* de la sincérité du médium, car une telle apparition est impossible à simuler, dans des conditions semblables à celles où nous étions placés. Le 31 août, sur le désir exprimé par M. Richet, *la même naissance du fantôme se produit dans la salle*, alors que notre attention était vivement excitée, ce qui confirme pleinement l'absolue réalité de l'indépendance de Marthe et de B. B.; enfin, le 1er septembre, *pour la troisième fois*, nous assistâmes encore à ce prodigieux enfantement spirite.

D'autres photographies ont été prises. J'en reproduis ici trois clichés obtenus par le même éclair de magnésium. L'un (fig. 49) est Bien Boa vu de face par le Kodak. Le second (fig. 50) est l'agrandissement d'un des clichés stéréoscopiques de M. Richet; le troisième (fig. 51) est celui de mon appareil. Ces trois photographies ont été simultanées. Bien Boa porte un casque, un peu comme le Madhi décrit par l'archidiacre Colley; on voit nettement ses reflets métalliques. On distingue mieux le corps de Marthe que sur les autres photographies mais, comme pres-

(1) Suivant mes notes, les disparitions de B. B. dans le sol auraient eu lieu avant la formation du fantôme sous nos yeux, dans la salle. (G. D.)

que toujours, la figure est cachée car, suivant les esprits, la forte lumière arrivant brutalement sur le visage du médium produirait des convulsions. Nous sommes encore si ignorants en ces matières qu'il ne faut pas repousser cette proposition de prime abord, quand nous constatons qu'il en était de même chez W. Crookes où, toujours, Katie abritait le visage de Miss Cook.

Fig. 50. — Agrandissement d'un des clichés stéréoscopiques de M. Richet, pris en même temps que celui du Kodak. A gauche, M. le général Noel; puis Mme Noel qui se cache la figure à cause de l'éclair du magnésium, puis moi tenant mon appareil. Les autres personnes ne sont pas dans le champ de l'objectif.

Il semblerait, au premier abord, que la manche de Marthe qui va jusqu'au cou d'Aïcha est presque vide ; on la croirait accrochée par une épingle au fauteuil de sa voisine. Pourtant, en regardant bien, on constate que la vacuité n'est pas complète. M. Lodge dit à ce sujet : (1)

La manche étendue vers la négresse peut contenir un bras, mais alors ce membre doit être bien maigre ; toutefois, elle ne semble pas

(1) Ouvrage cité de M. Richet, p. 30.

contenir uniquement une baguette ; on la dirait plutôt soutenue par une épingle piquée dans le dossier du siège sur lequel est assise la négresse. Cette apparence n'est pourtant pas bien marquée, et il est improbable qu'il en soit réellement ainsi ; il n'y a, en effet, rien d'incompatible avec la présence d'un bras mince à l'intérieur de la manche ; d'ailleurs, on aperçoit la place du coude. J'ai constaté la possibilité qu'un bras maigre, étendu ainsi, présente un aspect analogue à celui que l'on voit sur la photographie. Malgré tout, à première vue, on ne peut rester que sous l'impression que la manche a comme une apparence vide. Mais si elle avait été réellement vide, il n'y aurait eu aucune nécessité de l'étendre et de l'exposer ainsi : s'il y a une tromperie, elle est bien niaise, alors que les autres arrangements paraissent habiles.

Si l'on ne sépare pas les photographies des autres phénomènes produits ensuite pendant la séance — et on ne peut pas le faire puisqu'ils sont contemporains — comme la naissance du même fantôme a eu lieu dans la salle quelque temps après qu'on a obtenu son portrait, il est évident qu'il a une existence objective et que si la manche du médium paraît vide, c'est qu'il n'y a pas eu tricherie maladroite, mais bien *dématérialisation partielle*, comme cela s'est produit dans d'autres circonstances, avec des médiums différents (1). Voici donc encore un exemple qui nous montre quelle circonspection l'on doit apporter dans ces recherches, pour ne pas mettre sur le compte de la fraude des faits qui, mieux connus, s'expliquent tout autrement.

Arrivons à l'appréciation finale de Sir Olivier Lodge (2) :

Ce que prouvent définitivement les photographies, c'est que l'apparition d'une troisième personne derrière le rideau n'était pas due à une hallucination ou à une suggestion, mais que la même apparition qui se manifestait aux yeux (et parfois même aux oreilles et au toucher) — la même apparition qui était visible à la lumière rouge d'une lampe — a impressionné exactement et plus clairement encore, avec plus de détails, la plaque photographique à l'éclair de la lumière du magnésium.

Quelle que soit l'explication réelle de ces photographies, *elles sont les meilleures de cette espèce qu'il m'ait été donné de voir depuis*

---

(1) Voir plus loin le cas de dématérialisation des jambes de Mme d'Espérance (p. 666).
(2) Ouvrage cité de M. Richet, p. 33.

quelque temps; et tandis que les prétendues photographies spirites m'ont laissé jusqu'ici sous l'impression d'un arrangement artificiel, de quelque truc photographique — dont il y en a tant de possibles — celles dont nous nous occupons, quand je les considère avec les témoignages qui se rapportent à la manière dont elles ont été prises et développées, me font l'effet d'être d'une nature photographique tout à fait authentique.

De l'ensemble des dépositions et des faits, je comprends qu'il ne

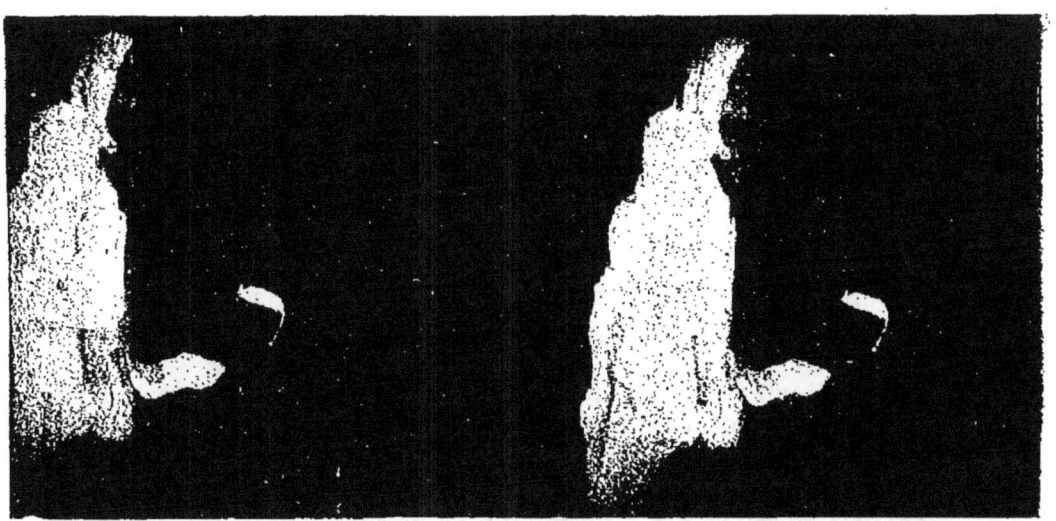

Fig. 51. — Reproduction du cliché de mon appareil stéréoscopique, pris en même temps que les deux autres reproduits plus haut.

serait pas raisonnable de supposer que la figure fantômatique était due, d'une manière normale, à la jeune fille auprès de laquelle elle apparaissait.

Cette conclusion s'impose quand on lit les comptes rendus détaillés des séances car, souvent, Marthe étant visible, le fantôme a embrassé certains des assistants, leur a touché ou serré la main, s'est promené dans la salle, a causé, en un mot il s'est conduit comme un être humain ordinaire, dont il avait, au moins, certains des caractères physiologiques, sinon tous. En voici une preuve indubitable :

LE FANTÔME EXHALE DE L'ACIDE CARBONIQUE

La séance du 1ᵉʳ septembre a été des plus satisfaisantes parce que, ce jour-là, Marthe était seule dans le cabinet, Aïcha étant malade. Cependant des faits du plus haut intérêt se sont produits. D'abord, le fantôme, après s'être montré *en même temps que le médium*, dont on distinguait la figure et les mains, s'est formé pour *la troisième fois* sous nos yeux, sortant du plancher (1). Il se dirige vers l'ouverture des rideaux et embrasse Mme Noel avec assez de force pour que tout le monde entende le bruit de ses lèvres.

Je passe sur les détails, pour arriver à l'expérience curieuse qui démontre que Bien Boa, comme Katie King, possédait, quand il était matérialisé, des poumons fonctionnant comme les nôtres. Je reproduis d'abord mes notes, puis je citerai le témoignage de M. Richet, relatif au même phénomène :

Mme Noel demande que l'on fasse l'essai avec la baryte, dont l'idée appartient à M. Richet. On sait que l'air exhalé des poumons contient de l'acide carbonique; pour le démontrer, il suffit de souffler dans un ballon contenant de la baryte en dissolution pour donner naissance à du carbonate de baryte, qui se montre immédiatement sous la forme d'un précipité blanc. M. Richet avait préparé lui-même une dissolution de baryte dans un ballon à deux tubulures, dont l'une, recourbée, était munie d'un tube en caoutchouc terminé par un bout creux, en os. Pendant toute la séance le ballon était à côté de M. Richet.

Sur un appel de Mme Noël, Bien Boa sort du cabinet et s'avance vers la table, à côté de M. le général Noel. A ce moment, le rideau de gauche est tiré, et je *vois très bien Marthe tout entière, endormie sur sa chaise*. Comprenant toute l'importance de cette constatation, à trois reprises différentes, malgré l'injonction qui m'est faite par Mme Noel de me taire, je demande à M. Richet s'il voit bien le médium. La première fois, il déclare ne voir que les mains; les deux autres fois il répond : « Oui. »

M. Richet prend le ballon qui était à côté de lui et regarde la dissolution, qui est toujours limpide, puis il pose le ballon sur la table, en face de l'esprit. On dit à celui-ci de souffler par l'extrémité en os. On le voit approcher le tube de sa bouche et l'on entend un souffle puissant et régulier, mais on n'entend pas de

(1) Voir *Rev. scient. et mor. du Spirit.*, année 1905-1906, p. 395, le compte rendu détaillé que j'ai fait de cette séance.

bouillonnement. L'Esprit n'ayant pas mis l'extrémité du tube entre ses lèvres, l'air ne pénètre pas jusqu'au liquide. Alors M. le général Noel mettant un doigt entre ses lèvres, dit à l'esprit de faire comme lui avec l'extrémité du tube. Cette fois, B. B. a compris. Il prend le bout en os, l'introduit dans sa bouche et souffle pendant quelques secondes. On entend le gargouillement du liquide et on voit un nuage blanc, très épais, se former dans le liquide. M. Richet reprend le flacon. A ce moment, sous le coup de l'émotion, tout le monde applaudit. B. B. salue et rentre dans le cabinet.

M. Richet relate ainsi le même phénomène :

J'avais préparé un flacon contenant de l'eau de baryte, limpide, et disposé de telle sorte qu'en soufflant dans un tube de caoutchouc, on pouvait faire barboter l'air expiré dans l'eau de baryte. Après divers phénomènes, sur le détail desquels je n'insiste pas, B. B. (c'est le nom par lequel se désigne lui-même le fantôme) demande à faire l'expérience de la baryte. A ce moment, il se penche en dehors du rideau et je distingue nettement par la fente du rideau Aïcha (1), assise très loin de B. B., et Marthe, dont je ne vois pas bien la figure ; mais je reconnais sa robe, la chemisette de son corsage, et ses mains. G. Delanne, qui était plus près que moi, assure qu'il voit la figure.

Alors B. B. se penche en dehors du rideau. Le général prend de mes mains le tube à baryte et le donne à B. B., qui essaye de souffler, en se penchant un peu en avant du rideau, à gauche. Pendant ce temps, *je vois très bien toute la forme de Marthe* (2), qui est placée en arrière et à gauche de B. B. Aïcha est toujours immobile et très loin. G. Delanne me fait remarquer à haute voix qu'on distingue Marthe tout entière, et, comme le point capital de l'expérience est précisément dans la vue complète de Marthe, toute mon attention est portée sur elle. Cependant j'entends B. B. qui essaye de souffler dans le tube ; mais il souffle mal, et sa respiration, ne passant pas à travers le tube, mais passant au dehors, ne fait pas de barbotage.

B. B. fait de vains efforts et l'on entend son souffle. Alors le général lui explique qu'il faut faire *glouglou*, ce qui n'arrive que si l'on fait passer l'air expiré par le tube. Alors, enfin, B. B. réussit à faire glouglou. Il souffle avec force. J'entends le barbotage qui dure environ une demi-minute ; puis B. B. fait signe de la tête

(1) Suivant mes notes, le 1er septembre, Marthe était seule dans le cabinet. C'est la seule divergence entre mon récit et celui de M. Richet et elle ne touche pas au phénomène de la production du carbonate de baryte.
(2) C'est moi qui souligne.

qu'il est fatigué, et qu'il ne peut plus continuer. Alors, il me passe le tube à baryte : *je constate que le liquide est devenu tout blanc* (1).

Je tiens à faire remarquer : 1° que je n'ai pas quitté le tube des yeux, et qu'il est sorti de ma main pour aller entre les mains du général et de B. B. ; puis que j'ai vu tout le temps le tube près de la bouche de B. B. pendant que les gaz de l'expiration barbotaient dans l'eau de baryte, et qu'aussitôt après il y avait du carbonate de baryte, comme je l'ai constaté à la suffisante lumière de la chambre, *sans que le tube à baryte ait quitté mes yeux ;* 2° qu'à diverses reprises j'ai pu voir derrière B. B., la forme de Marthe, ses mains très certainement ; sa figure par intervalles seulement, car en se penchant en avant, B. B. me la masquait. En tous cas, je ne pouvais voir que vaguement la forme de sa figure ; car l'obscurité était trop grande pour qu'on pût reconnaître ses traits...

J'insiste sur ce fait que, pendant que B. B., soufflait dans le tube, M. Delanne me faisait remarquer à haute voix qu'on distinguait parfaitement derrière B. B. la forme de Marthe, et il a fait cette remarque à trois reprises différentes, pendant tout le temps que B. B., soufflait.

LES CRITIQUES DES INCRÉDULES

Malgré ces preuves, très nombreuses, de la réalité du fantôme, il s'est trouvé des critiques pour soutenir que les assistants de la villa Carmen avaient été mystifiés. Il est vrai que ces Aristarques n'étaient pas d'accord entre eux, et que leurs hypothèses ont été imaginées sans tenir compte de nos comptes rendus. Dans ces conditions, il est difficile de discuter et je ne m'y attarderais pas, si ce silence ne pouvait être interprété comme un aveu d'impuissance, alors qu'au contraire, rien n'est plus simple que de démontrer la parfaite impossibilité des objections qu'on a opposées à ces expériences.

Pour un médecin algérois, B. B. n'aurait pas été autre chose que le cocher arabe du général Noel. Cet individu, nommé Areski, aurait avoué au docteur que c'était lui qui se déguisait pour faire le fantôme. A ceci, il suffit d'opposer un formel démenti de la part de tous les assistants, car *jamais* ce domestique n'a paru dans la salle des séances quand nous devions y faire

(1) C'est moi qui souligne.

des expériences; comme nous visitions avec le plus grand soin le local, il est *certain* que personne ne pouvait s'y cacher sans que nous ne l'ayons découvert, pas plus qu'il n'était possible d'y entrer une fois la porte fermée.

Il résulte de ce fait que si quelqu'un a été mystifié, c'est le docteur algérois, qui a pris pour argent comptant les racontars mensongers d'un domestique renvoyé par M. le général Noel. Il est difficile d'être plus naïf.

A Paris, un autre docteur a prétendu que les photographies montraient clairement que le prétendu fantôme n'était autre chose qu'un mannequin tenu par Marthe. Ici encore, il suffit de faire remarquer qu'aussi bien avant qu'après les photographies, alors que l'on voyait Marthe endormie, le fantôme allait et venait dans la salle, causait, serrait la main des assistants et soufflait dans un tube pour produire du carbonate de baryte. Il aurait donc fallu que le dit mannequin fût automobile, qu'il eût un phonographe et une machine soufflante dans sa fallacieuse poitrine. Vraiment, je ne crois pas nécessaire d'insister pour faire toucher du doigt l'absurdité de semblables imaginations, et je m'étonne que l'on ait pu y attacher, même un instant, un semblant d'importance.

Enfin, quelqu'un de très malin a immédiatement deviné l'énigme du fantôme qui prenait naissance sous nos yeux : il y avait une trappe dans la salle et Bien Boa en sortait comme le fait Méphistophélès au théâtre. Nous avons assez souvent, M. Richet et moi, inspecté le parquet de la salle et le plafond de la remise qui était en-dessous, pour être certains qu'il n'existait aucune trappe, ce que, d'ailleurs, un certificat officiel de M. Lowe, architecte expert près le tribunal d'Alger, constate également.

Que reste-t-il aujourd'hui de toutes ces allégations, aussi malveillantes que ridicules et mensongères ? Rien. C'est le sort réservé aux élucubrations qui ne reposent sur aucun fondement et je m'en voudrais d'insister davantage sur leur insanité.

LES MATÉRIALISATIONS COMPLÈTES AVEC EUSAPIA PALADINO

En lisant les ouvrages français qui rendent compte des séances avec la célèbre Napolitaine, il semblerait qu'elle n'obtient jamais de matérialisations complètes et que, dans les meilleures circonstances, tout se borne à la production de mains visibles. Mais si l'on prend connaissance des rapports publiés en Italie, tels que ceux de MM. Visani Scozzi, Bozzano, des membres du *Circolo Minerva* et du docteur Venzano, on constate que souvent des formes fantômales ont été vues par les observateurs, de manière à ne laisser aucun doute sur leur réalité.

Cette différence dans les résultats tient à ce qu'Eusapia ne s'abandonne complètement à la trance que si elle se sent dans un groupe sympathique, et qu'il faut que les observateurs forment une sorte de milieu homogène, qui ne s'obtient que par la répétition fréquente de séances tenues avec les mêmes personnes. Il n'est pas du tout nécessaire que les assistants croient à l'existence des Esprits, mais il est indispensable qu'ils n'opposent pas une résistance systématique et qu'ils n'entravent pas à chaque instant la séance par des observations intempestives, ou blessantes pour le médium. Lorsque la confiance réciproque est établie, les manifestations présentent

Fig. 52. — La forme sombre, la plus haute, est une des silhouettes obscures vue parmi les assistants dans les séances d'Eusapia. Ce dessin et les deux suivants ont été faits par M. Gellona, de Gênes.

tout de suite une ampleur et une multiplicité qu'elles n'atteignent jamais dans des réunions hétéroclites. En voici quelques preuves.

Très souvent, avec Eusapia, les formes ne peuvent pas supporter la lumière; on ne les voit donc que grâce à une circonstance favorable, par exemple un rayon de lumière provenant d'une fenêtre incomplètement voilée ou d'une salle voisine.

Très fréquemment elles avancent une partie du corps, tête ou bras, en dehors des rideaux, pour embrasser ou toucher l'un des assistants. Les dessins reproduits ci-contre, faits par M. Gellona, donnent une idée assez nette de ce qui a lieu le plus ordinairement.

Au *Circolo Minerva*, pendant la septième séance, M. le professeur Porro raconte que (1) :

Tout d'abord, le n° 5 (M. Morselli) et d'autres assistants aperçoivent, de manière à n'en pas douter, une figure vague, indistincte, qui se projette dans l'embrasure d'une porte donnant sur l'antichambre, faiblement éclairée. Ce sont des silhouettes fuyantes et changeantes, tantôt avec un profil de tête et de corps humain, tantôt comme des mains qui sortent des rideaux. Leur caractère objectif est démontré par la concordance des impressions, contrôlées à leur tour au moyen d'enquêtes continuelles sur notre parfait état d'attention consciente. Il ne pouvait pas être question d'ombres projetées volontairement ou involontairement par nos corps, puisque nous nous surveillions l'un l'autre et que nous nous gardions réciproquement de toute illusion possible.

Tout à l'heure, nous allons constater que la propre fille du professeur Porro s'est manifestée à lui et a donné son nom de baptême. C'est, qu'en effet, à partir du moment où les conditions deviennent favorables à la matérialisation véritable, des esprits, amis ou parents des assistants, en profitent pour se communiquer et affirmer par leur présence que la mort n'existe pas.

Pendant une série de séances à Turin, sous la direction de Lombroso, assisté des docteurs Imoda et Auderico, voici ce qui eut lieu à la lumière rouge (2) :

A la troisième séance, dit le narrateur, Eusapia veut avoir maintenant auprès d'elle un vieillard vénérable (Lombroso) qu'elle connaît depuis bien des années et qui avait déjà expérimenté longuement avec elle. Il s'incline vers le rideau et nous entendons un petit bruit de baisers. La lumière vient en ce moment d'une lampe

(1) *Revue scientifique et morale du Spiritisme*, numéros d'octobre et novembre 1901.
(2) *Annales Psychiques*, mars 1907, pp. 218 et 221. Traduction des articles parus dans la *Stampa*.

électrique rouge placée extérieurement, un peu en arrière et à gauche du cabinet médianimique; ainsi la paroi de gauche de la *pièce est bien éclairée* et constitue un fond clair, sur lequel se détachent les profils du médium et du vieillard.

Le médium appuie la tête sur l'épaule du contrôleur de droite ; les mains sont tenues entre les siennes. Soudain, le rideau s'agite fortement, un souffle froid en sort, puis une forme humaine, couverte par le léger tissu du rideau, se dessine sur ce fond clair. Une tête de femme, instable et titubante s'approche du visage du vieillard ; elle se meut avec un tremblement de vieille femme ; elle semble s'incliner, toucher le monsieur âgé, le baiser peut-être ; le vieillard l'encourage ; elle se retire, revient, paraît ne pas oser, puis elle s'avance avec résolution. C'est un moment d'émotion invincible. Tout sceptique adversaire de toute forme de mysticisme que je suis, je sens l'angoisse qui se dégage de cette scène muette...

Fig. 53. — A droite, tête sortant à demi du rideau.

Lombroso a déclaré lui-même qu'il croyait que c'était bien l'esprit de sa mère qui, dans une autre circonstance encore, lui parla (1).

Dans une séance suivante, c'est l'ingénieur Pomba qui est gratifié d'une visite de l'inconnu. Une tête, se dégageant du rideau,

---

(1) Au moment où je corrige les épreuves de ce chapitre (février 1910) vient de paraître un ouvrage posthume de Lombroso intitulé : *Recherches sur les phénomènes hypnotiques et spiritiques* dans lequel l'illustre savant raconte ainsi la première apparition de sa mère :

« C'était à Gênes, en 1902; le médium était en état de demi-inconscience et je n'espérais pas obtenir de phénomène sérieux. Avant la séance, je l'avais priée de déplacer un lourd encrier de verre. Elle me répondit avec son ton vulgaire : « Pourquoi t'occupes-tu de ces niaiseries ? Je suis capable de bien autre chose ; je suis capable de te faire voir ta mère. Voilà s'approche de lui et l'embrasse, pendant que deux mains couvertes par le rideau lui tiennent la tête d'un geste affectueux.

Arrivons maintenant à la description des formes qui se promènent délibérément dans la salle, ou qui offrent des particularités permettant de les identifier.

A la troisième séance (1), quand le docteur Visani Scozzi fut convaincu de l'honnêteté d'Eusapia, il put observer la présence de fantômes complètement visibles. Voici ce qui est décrit :

> Tandis que M. Scozzi tenait étroitement, comme toujours, les mains et les jambes d'Eusapia, dont la tête reposait sur son épaule gauche, il vit se former entre lui et la porte vitrée, légèrement éclairée, un fantôme très opaque ; il fut embrassé sur le côté droit du front, caressé par des mains dont les doigts traversaient ses cheveux et il sentit nettement *une barbe* passer sur sa figure. Ensuite une forme *solide et réelle* s'appuya sur son dos et ses épaules, tandis que deux bras vigoureux et deux mains nettement formées lui entouraient la poitrine...

Un peu plus tard, dans la même séance, deux matérialisations ont lieu simultanément :

> Bientôt, dit toujours le docteur, il vit se former devant une des fenêtres, d'où filtrait un peu de lumière, une ombre comme celle d'un homme de haute taille et il *put en distinguer le profil dans tous ses détails*. Chaque fois que le fantôme passait devant la fenêtre, le comte et la comtesse Mainardi déclarèrent que ce fantôme *était celui de leur neveu Théodore* dont la taille était exceptionnelle.

à quoi tu devrais penser. » Impressionné par cette promesse, après une demi-heure de séance, je fus pris du désir le plus intense de la voir exécutée et la table répondit par trois coups *à ma pensée*. Tout à coup, je vis (nous étions dans la demi-obscurité de la lumière rouge), sortir du cabinet une forme assez petite, comme était celle de ma mère. (Il est à remarquer qu'Eusapia a une taille d'au moins dix centimètres supérieure à celle de ma mère.) Le fantôme était voilé ; *il fit le tour complet de la table* jusqu'à moi en murmurant des paroles que beaucoup entendirent, mais que ma demi-surdité ne me permit pas de saisir. Tandis que mis hors de moi par l'émotion, je la supplie de me les répéter, elle me dit : *Cesare mio fio !* Ce qui, je le reconnais, n'était pas dans ses habitudes. En effet, elle était Vénitienne et avait l'habitude vénitienne de me dire *mio fiol !* Peu après, sur ma demande, elle *écarta son voile* et me donna un baiser.

« Dans *huit séances postérieures* de 1906 et 1907, elle m'apparut de nouveau à Milan et à Turin, mais moins distinctement, recouverte par le rideau et m'embrassa en me parlant. »

(1) Docteur Visani Scozzi, *la Medianita*. Expériences faites à Naples en avril 1895.

Pendant tout ce temps, le fantôme présenté comme John King ne cessait de manifester sa présence derrière le docteur. Il y avait donc *en même temps deux matérialisations nettement distinctes.*

Il faut lire l'ouvrage pour apprécier les preuves données par l'esprit Théodore, afin d'affirmer son identité à ses parents. Quant au fantôme dont le docteur sentait le contact, pour lui le doute n'est pas possible, en ce qui concerne sa réalité :

Quand cette masse vivante, dit-il, me serra contre elle et pendant les divers incidents (décrits avant) continua à m'embrasser, je dus bien admettre que tous ces organes, tête, bras, mains, tronc, constituaient un ensemble personnel et organisé et j'arrivai à la conviction qu'une entité nettement distincte du médium et de nous tous exerçait son action sur moi, révélant tous les caractères de substance, de force et d'intelligence par lesquels se définit et se distingue un individu véritable et personnel... Je ne puis dire autre chose, sinon que c'était bien un homme que j'avais derrière moi.

Une autre fois, — toujours pendant ces séances — deux dames voient une grande forme humaine, légèrement lumineuse par elle-même, se diriger vers le colonel Malvolti, qui reçoit un coup de poing en pleine poitrine, pour avoir voulu prendre une chaise malgré le refus de John King.

M. Bozzano affirme également l'existence de ce personnage aux proportions athlétiques, qui intervient si souvent dans les manifestations (1).

Après avoir senti sa chaise tirée en arrière, il sent deux mains qui le redressent et lui passent une jambe d'un côté à l'autre de la table. Alors, dit M. Bozzano, deux bras puissants me saisirent dans une forte étreinte ; contre mon épaule gauche s'appuie un torse masculin aux proportions herculéennes et une jambe se colle à la mienne dans toute sa longueur.

Je comprends alors que John a voulu me mettre en situation de constater une formation humaine complète et me donner une juste idée de sa personne. En même temps, une tête parfaitement conformée s'appuie contre la mienne *et une haleine chaude passe sur*

---

(1) Bozzano, *Hypothèse spirite et théories scientifiques*. Séance du 8 juin 1901, chez M. Avellino.

ma figure. La tête se détourne et me fait sentir ses cheveux coupés en brosse. Elle s'éloigne un peu et je vois nettement son profil. Avec mon coude je cherche à explorer le torse et je m'assure que c'est celui d'un athlète. Mais il m'est impossible de me rendre compte du genre de vêtement qui le couvre. Il semble que ce soit un tissu très fin, comme de la gaze et largement drapé. John me tient ainsi pendant une minute et se retire, pour revenir encore pendant un instant très court (1).

Après une pause de quelques instants, Eusapia me serre la main avec une force qui rend la pression douloureuse, tandis qu'une main fine et légère se pose sur mon front, puis sur l'épaule gauche, ensuite sur la droite et enfin sur la poitrine. Je comprends qu'elle a fait sur moi le signe de la croix. (Nous avons ici une réponse péremptoire à ceux qui font intervenir dans ces phénomènes le légendaire Satan, ce croquemitaine que le signe de la croix fait constamment évanouir.) Cette main s'applique sur mes lèvres et j'y imprime un baiser respectueux. Je reconnais sans hésiter une main de femme, qui bientôt me comble de caresses. Deux bras m'entourent le cou, *une chaude haleine* m'effleure et deux lèvres appliquées sur les miennes y déposent un ardent baiser ; je le rends avec émotion et je m'aperçois que ces lèvres font de grands efforts pleins d'angoisse pour articuler des paroles, ce que ne permet pas l'épuisement extrême d'Eusapia. Je demande avec insistance à John, je supplie passionnément cette forme féminine de me faire savoir qui elle est ; enfin une voix faible, mais distincte parvient à prononcer dans le dialecte génois si spécial : *Je suis la mère!* Un baiser plus ardent que les autres se renouvelle avec force et nos âmes se confondent dans une suprême communion d'amour.

Tous les assistants ont, comme moi, *entendu résonner ce baiser, ont perçu ces paroles et ces soupirs.* Pendant toute cette scène, Eusapia, renversée sur sa chaise, ne cesse de me presser si violemment la main que je suis obligé de faire un effort pour prêter une attention suffisante à ce qui se passe.

Cinq ou six fois, sur mes instantes prières, la charmante forme se représente et m'embrasse et enfin, avant de s'éloigner définitivement, elle prononce avec un accent ineffable de tristesse, ce seul mot : « Adieu ! »

Je ferai encore remarquer que l'accent génois, très particulier,

(1) Dans une séance au *Circolo Minerva*, le 20 décembre 1900, le chevalier Erba fut mis aussi en contact avec la forme matérialisée d'un homme très robuste, qui est probablement celle de John.

n'est pas celui d'Eusapia et que, cependant, le fantôme qui se donne pour la mère de M. Bozzano l'emploie. — On doit observer que, jusqu'ici, si l'on peut admettre dans les séances d'Eusapia la réalité des apparitions, leur identité reste à démontrer, car la ressemblance est difficile à préciser dans la quasi-obscurité et les preuves physiques ou intellectuelles font presque défaut. Les faits suivants, beaucoup plus nets, répondent à ces desiderata.

MATÉRIALISATIONS EN PLEINE LUMIÈRE

Une des plus remarquables séances avec Eusapia fut celle qui eut lieu à Gênes, le 1er mai 1902, dans l'appartement de la famille Avellino. Les assistants étaient : le professeur Morselli, M. et Mme Montaldo, M. Ernest Bozzano, M. et Mme Avellino, leurs deux fils et le docteur Venzano, dont je vais résumer la narration (1).

La séance eut lieu dans la salle à manger, au 3e étage, et le cabinet médianimique fut installé dans l'embrasure de la fenêtre par M. Venzano.

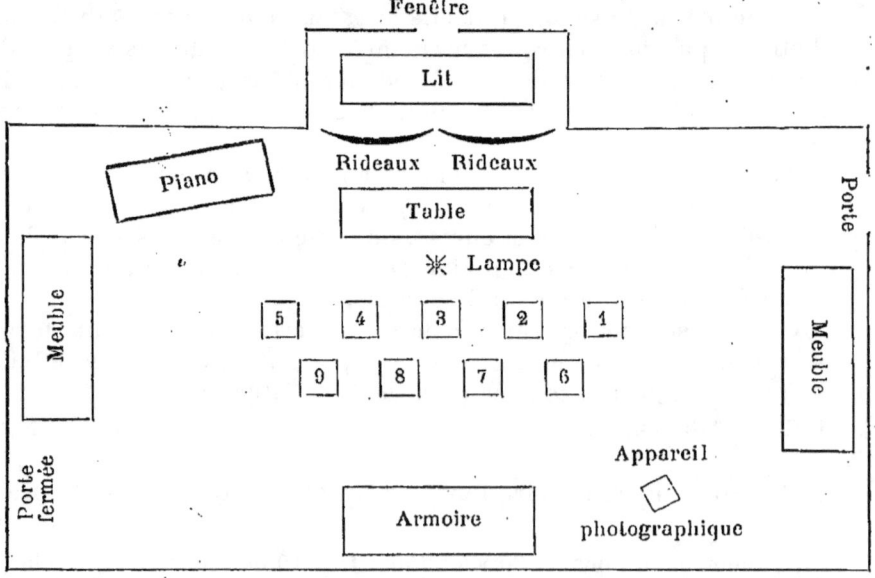

Le plan ci-contre montre la disposition des lieux et les chiffres

(1) Voir les *Annales Psychiques*, août 1907. *Contribution à l'étude des Matérialisations*, par le docteur Venzano, pp. 572 et suiv.

l'emplacement des spectateurs. Un lit de fer avait été placé derrière les rideaux, avec un matelas choisi par le docteur. Un piano se trouvait à gauche du cabinet et l'appareil photographique dans l'angle de droite. La pièce était vivement éclairée par un bec de gaz, avec manchon Auer, suspendu au plafond. *Mme Paladino fut déshabillée complètement par les dames* et toutes les pièces de son vêtement examinées sévèrement par les assistants : chemise, jupon, cache-corset, pantalon, tricot de laine rose ne présentaient rien d'anormal.

(Je passe les détails de la première partie de la séance pour arriver aux matérialisations visibles) :

Eusapia passa derrière les rideaux et s'étendit sur le lit, aux barres duquel MM. Morselli et Avellino la fixèrent solidement. Ils ficelèrent les poignets aux barres en fer des montants avec force nœuds ; ils passèrent ensuite un double tour de corde autour de la ceinture du médium et fixèrent les extrémités aux barres transversales du lit ; enfin, le professeur Morselli, après avoir vérifié avec soin les ligatures, attacha aussi les pieds à la traverse du bout du lit. Tout le monde prit place sur les chaises et l'on attendit.

La lumière était assez bonne *pour qu'on pût lire les plus petits caractères d'un journal*. Au bout d'un quart d'heure, la table entra spontanément en mouvement et frappa plusieurs coups. Les rideaux remuèrent comme s'ils avaient été agités par deux mains, il se forma une large ouverture à la partie supérieure, par laquelle parut une figure de jeune femme. La tête et la partie du corps qui était visible se trouvaient entourés par des draps d'une blancheur éclatante. La tête paraissait enveloppée par plusieurs bandes circulaires de ce tissu, ce qui fait qu'on n'apercevait qu'une portion ovale de la figure, mais les yeux, le nez, la bouche et la partie supérieure du menton étaient nettement visibles. L'apparition resta en vue une minute environ et avec l'extrémité de ses doigts elle écarta ses draperies, pour qu'on pût bien la voir. Avant de disparaître, elle inclina la tête pour saluer et envoya un baiser dont le son fut entendu par tout le monde...

Plus tard, ce fut une figure d'homme avec une grosse tête et de fortes épaules, entouré, lui aussi par des tissus blancs. La tête était enveloppée de telle façon, qu'à travers ce tissu léger, on pouvait entrevoir le teint rosé du visage, les reliefs du nez, des zigomas et du menton. MM. Morselli et Bozzano déclarèrent avoir aussi remarqué de la barbe au menton... Elle aussi envoya des baisers sonores, et quand elle eut disparu, on entendit battre des mains dans l'intérieur du cabinet.

Voici donc encore des fantômes très visibles, en pleine lumière blanche, qui ont des caractères féminins et masculins très nets :

impossible de s'y tromper. Si ce sont des créations de la conscience somnambulique, celle-ci est une magicienne incomparable, puisqu'elle tire du néant des êtres qui agissent physiquement sur la matière pour écarter les rideaux, et qui créent des draperies et des organes qui envoient des baisers sonores. Mais, bientôt, ce ne seront plus des inconnus qui vont paraître, mais des personnages que certains détails ont permis d'identifier, je continue :

Eusapia appela M. Morselli et se plaignit de souffrir aux poignets. Avec beaucoup de peine, le professeur délivra les bras, de sorte que le médium ne fut plus attaché que par le buste et les pieds. Quelques instants plus tard, le couvercle du piano se souleva et s'abaissa spontanément en faisant du bruit, et presque en même temps reparut une figure ressemblant à la première forme féminine. En se penchant en dehors des rideaux, elle projeta *son ombre* sur la muraille illuminée, et cette ombre suivait les mouvements de l'apparition, ce qui prouve que celle-ci était réellement matérialisée et les assistants non hallucinés.

Une quatrième forme de femme apparut : le nombre des tours de bandes de tissu entourant sa tête était tout à fait extraordinaire, leurs bords faisaient saillie de telle façon que le visage y apparaissait comme enfoncé. Le tronc était entouré par un nombre aussi grand de tours de bandes qui la faisaient ressembler à une momie égyptienne. L'avant-bras que l'on voyait n'était qu'un moignon, car la manche retombait de 30 centimètres environ sur le devant du piano. L'apparition agita en haut, à plusieurs reprises, le membre partiellement formé, en projetant sur la paroi son ombre, qui en suivait sans cesse les mouvements.

A peine la femme aux bandes avait-elle disparu qu'on entendit Eusapia demander avec instance qu'on vînt la délivrer des liens qui la serraient trop fort. M. Morselli accourut : mais son étonnement et le nôtre fut grand en constatant que le médium avait été de nouveau lié aux poignets (1) aux deux barres latérales du lit *au moyen de plusieurs tours de corde, qui s'enchevêtraient par des nœuds bien plus nombreux et bien plus* serrés qu'au commencement de la séance par M. Morselli. C'est à tel point que le professeur *dut renoncer à les dénouer lui-même* ; il fallut que l'un de nous se mît à

---

(1) La relation parue dans les *Annales Psychiques* porte « avait été de nouveau liée aux pieds », mais c'est évidemment une erreur, parce que, plus haut, il est dit que M. Morselli ne délia que les poignets, les pieds restant attachés et, plus loin, que l'on délia les poignets avec beaucoup de peine, et les pieds, de sorte que le médium ne fut plus attaché que par le buste.

l'œuvre, mais il n'y parvint qu'après un travail assez long et patient.

Ce phénomène est encore une preuve qu'il y avait plusieurs intelligences à l'œuvre, car ce n'était pas Eusapia qui pouvait, physiquement, représenter la femme aux bandelettes puisque, à ce moment, elle était attachée sur son lit. Son double transfiguré, si c'est lui que l'on voyait, était en dehors des rideaux, et visible, ce qui lui enlevait le pouvoir d'agir pour ligotter le corps matériel. L'espace de temps, très court, qui a séparé le moment de l'apparition du fantôme de celui où le professeur Morselli a délié les poignets, ne permet pas de supposer que ce soit Eusapia qui ait pu opérer elle-même un semblable ficellement de ses deux mains, puisque celui-ci était douloureux et contraire à sa volonté.

Arrivons enfin au point culminant de cette séance si intéressante ; je cite textuellement :

Cette fois, on délia Eusapia non seulement aux poignets, mais aux pieds ; le lien du tronc la retenait seul, désormais, aux barres du lit.

Nous avions à peine repris nos places, que les rideaux s'ouvrirent à une certaine hauteur du sol et que nous vîmes paraître à travers un espace large, ovale, une figure de femme qui tenait un petit enfant, en faisant mine de le bercer. Cette femme, qui paraissait âgée de quarante ans, environ, était coiffée d'un bonnet blanc, garni de broderies de la même couleur (suivant les autres témoins, cette coiffe se terminait par deux bouts de ruban rose qui venaient se nouer sous son menton.) La coiffure, tout en cachant les cheveux, laissait apercevoir les traits d'un visage large, au front élevé. La partie restante du corps qui n'était pas cachée par les rideaux était couverte de draps blancs. Quant à l'enfant, à ce que l'on pouvait déduire du développement de la tête et du corps, il pouvait être âgé de trois ans. La petite tête était découverte, avec des cheveux très courts ; elle se trouvait à un niveau quelque peu supérieur à celui de la tête de la femme. Le corps de l'enfant paraissait enveloppé de langes, composés, eux aussi, d'un tissu léger et très blanc. Le regard de la femme était tourné en haut avec une expression d'amour pour l'enfant, qui tenait la tête un peu courbée vers elle (1).

(1) M. Morselli, dans son livre : *Psychologie et spiritisme*, publie deux

L'apparition dura plus d'une minute. Nous nous levâmes tous debout, en nous approchant, — ce qui nous permit d'en suivre les moindres mouvements. Avant que le rideau se rabattît, la tête de la femme se porta quelque peu en avant, pendant que celle du bébé, en s'inclinant à plusieurs reprises à droite et à gauche, posa sur le visage de la femme *plusieurs baisers*, dont le *timbre enfantin* parvint à nos oreilles d'une manière très nette.

La séance prit fin, Mme Paladino se plaignant et étant très fatiguée. (1) La photographie ne donna que quelques taches blanches.

Suivant le médium encore en trance « la forme de femme était la mère de Mme Avellino, l'enfant était son petit-fils, enfant de Mme Avellino ». Malheureusement, à cause de sa position dans le cercle, Mme Avellino ne put voir assez de face la figure pour la reconnaître, mais elle se souvient bien que, pendant les dernières années de sa vie, sa mère avait l'habitude de porter sur sa tête *une coiffe ornée de dentelles* qui, selon la mode du temps, s'attachait sous le menton au moyen de *rubans roses* et, de plus, elle a bien perdu un fils à l'âge de trois ans à peine. Ces faits étant absolument certains, quelle conclusion en déduire ?

Nous voici encore en face de deux organismes distincts, matérialisés, agissant simultanément et d'une manière indépendante l'un de l'autre. Comment supposer la *création* objective de deux personnalités assez *vivantes* pour que l'une d'elles puisse donner des baisers qui sont entendus par tout le monde ? Ne serait-ce pas un véritable miracle que de tirer du néant deux images, de les modeler, de les habiller suivant des types reconnaissables, en leur donnant un organisme et une tangibilité comme les nôtres ? Où la subconscience d'Eusapia aurait-elle pris la science et les renseignements nécessaires ? Dans la mémoire latente de Mme Avellino ? Alors elle devait accomplir une série de prodiges qui dé-

---

dessins du peintre Berisso, faits d'après les croquis du professeur, dont l'un représente cette femme à la coiffe, mais la position de l'enfant diffère un peu de celle décrite par le docteur Venzano.

(1) M. Bozzano, dans son livre : *Hypothèse spirite et théories scientifiques*, dit que, dans une séance antérieure, qui eut lieu le 8 juin 1901 chez M. Avellino, avec Eusapia, il vit une tête d'enfant matérialisée, nettement profilée, pendant qu'une assistante se sent le cou entouré par deux petits bras, et qu'une tête d'enfant se presse contre sa joue. Elle sent aussi sur ses genoux le poids de deux petits pieds. John déclare que c'est le jeune César Avellino, mort à l'âge de trois ans.

passent absolument tout ce que l'observation nous a permis de constater expérimentalement. C'est ici que l'on sent bien tout ce qu'ont de factice et d'invraisemblable les théories du psycho-dynamisme ; et lorsque l'on possède par les apparitions naturelles la *preuve* que l'âme survit, n'est-il pas plus logique et surtout *plus scientifique*, d'admettre cette cause comme explication, de préférence à toute autre ? C'est ce que les spirites ont compris et ce que comprirent également tous ceux qui ont subi l'ineffaçable empreinte des faits. Des positivistes aussi résolus que Lombroso et le professeur Porro, des sceptiques railleurs tels que M. Vassallo, des hommes froids et méthodiques comme MM. Venzano et Bozzano croient maintenant à la survie, parce que, tous, ils ont revu ou causé à un des leurs que la mort avait arraché à leur affection. Voici, parmi d'autres, quelques-uns de ces cas si instructifs :

LES IDENTITÉS CONSTATÉES AVEC EUSAPIA

Faute d'espace, je suis obligé de résumer les faits, mais les lecteurs désireux d'étudier plus à fond ces manifestations, peuvent se reporter au récit de M. Vassallo, paru dans les numéros d'avril et mai 1901 de la *Revue scientifique et morale du Spiritisme* et aux articles de M. le docteur Venzano, auquel je ferai quelques emprunts (1), aussi bien qu'au livre : *Nel mondo degli Invisibili* pour ceux qui comprennent l'italien.

C'est pendant les séances au *Circolo Minerva* de Gênes, que son président, M. Vassallo, directeur du journal *Il Secolo XIX*, put se convaincre non seulement de la réalité des faits, mais aussi de la présence de son fils mort. Jadis, l'illustre publiciste écrivait volontiers : « Quand trois spirites sont assis autour d'un guéridon, il n'y a que le guéridon qui ait de l'esprit ! » Après avoir étudié, il dit : « Il n'y a pas de plus grand intérêt que de pouvoir dire à l'âme humaine, par la voix de la science : « Tu existes, et tu existeras après la dissolution de la matière . » Plus grand intérêt, dis-je. Non, c'est l'*unique*, par rapport à tous les autres, qui

(1) *Annales Psychiques*, docteur Venzano, *Contribution à l'étude des matérialisations*, nos de juillet et août 1907. Vassallo. *Nel Mondo degli Invisibili*.

ne sont que des circonstances accessoires. Ceci établi, j'ai la ferme conviction que les études médianimiques peuvent seules amener à ce résultat et qu'il faut contraindre les savants à dévoiler ce grand problème: la découverte absolue de la vérité. »

APPARITIONS DU FILS DE M. VASSALLO

Pourquoi ce changement radical ? Voici :

Après s'être familiarisé avec les faits par des études suivies, dans la séance du 18 décembre 1901, au *Circolo Minerva*, M. Vassallo se sent saisi en arrière par deux bras qui l'enlacent affectueusement, tandis que deux mains aux longs doigts effilés d'une personne jeune, lui serrent la tête et la caressent. Pendant ce temps, une tête jeune l'embrasse à plusieurs reprises, *tout le monde entendit le bruit des baisers*. M. Vassallo demanda le nom de l'entité qui manifestait à son égard des sentiments aussi tendres et par des mouvements de table on obtint le nom de *Romano* ; c'était un des prénoms de son fils décédé, *ignoré même de ses parents les plus proches*, car on l'appelait toujours Naldino.

Ayant demandé une preuve d'identité, un doigt traverse l'ouverture du veston et va se placer contre la poche intérieure dans laquelle, dit M. Vassallo, se trouve un portefeuille contenant le *portrait de son fils*.

Le soin pris par le fantôme de choisir parmi des prénoms celui qui était ignoré de tout le monde, indique sa volonté de se faire reconnaître, sans qu'on puisse invoquer la transmission de pensée, car M. Vassallo déclara ensuite qu'il n'attendait pas ce nom, que l'on n'employait jamais. Nous allons constater que le fantôme a donné d'autres preuves, encore plus convaincantes.

M. Vassallo ayant demandé une preuve plus complète, la table répondit affirmativement en demandant moins de lumière. On obéit en plaçant une bougie allumée sur le parquet d'une autre salle. De cette façon, la lumière était faible, mais suffisante pour *qu'on pût distinguer le visage de Mme Paladino et celui des autres observateurs*.

Tout-à-coup, le docteur Venzano voit s'élever entre Mme Ramorino et Eusapia une *masse vaporeuse, de forme oblongue, qui se condense graduellement en haut*, qui prend l'aspect *d'une tête humaine* sur laquelle apparaissent successivement les reliefs d'une chevelure très abondante, des yeux, d'un nez et d'une bouche. A ce moment, M. le professeur Porro et le chevalier Erba s'écrient en même temps : « Une silhouette, une silhouette ! ». M. Vassallo, qui regardait ailleurs, se retourne assez à temps pour voir la tête qui s'avance à plusieurs reprises au-dessus de la table dans sa direction, puis se dissout.

Remarquons maintenant l'épisode qui suit, il prouve que M. Vassallo n'a pas été illusionné en reconnaissant son fils. Quant à l'hallucination, elle n'a pas lieu d'être invoquée, la forme ayant été vue par quatre des assistants, comme l'eût été une figure ordinaire.

Le docteur Venzano trace au crayon sur une feuille de papier un croquis représentant la forme aperçue, et en même temps M. Vassallo, très habile dessinateur, reproduit avec beaucoup de soin la tête de profil de son fils perdu. On constate alors avec une très vive surprise les traits de ressemblance entre la figure apparue et les croquis dessinés par MM. Vassallo et Venzano avec le portrait possédé par M. Vassallo. En effet, les lignes de contour de la tête et l'aspect pyriforme de cette dernière, rendue telle par la très abondante chevelure répandue sur un visage plutôt maigre d'adolescent, *se correspondent merveilleusement.*

Si l'on veut encore expliquer l'apparition par une transfiguration d'Eusapia, comment celle-ci, qui ne sait pas dessiner et à plus forte raison modeler, serait-elle capable de donner à l'apparition une ressemblance assez frappante pour que le père, qui est artiste, et le docteur Venzano en fassent un croquis merveilleusement fidèle ? On aura beau dire — sans preuves d'ailleurs — qu'elle prend l'image dans la subconscience de M. Vassallo, cela ne suffit pas, car alors même qu'on serait un peintre ou sculpteur de génie, il n'est pas possible de reproduire *instantanément* une figure quelconque. Si l'on veut imaginer que le périsprit prend automatiquement la forme d'une image mentale très intense, pourquoi n'obtiendrait-on pas toujours des ressemblances, au lieu de ces fantômes qui, le plus souvent, ne représentent personne de connu ? Et puis, vraiment, si l'âme humaine possédait des pouvoirs aussi prodigieux, ne saute-t-il pas aux yeux qu'elle serait indépendante du corps ? Qu'elle aurait une autonomie, une indépendance, et dès lors une existence *sui generis* que l'organisme corporel n'aurait pu engendrer, lui qui change perpétuellement, de sorte que la disparition totale de ce corps n'entraverait pas plus les manifestations animiques, qu'elle ne les gêne pendant les séances. En voulant échapper à la *preuve directe* de la survie par les apparitions de défunts, les adversaires du spiritisme lui donnent d'autres arguments qui conduisent aux mêmes conclusions.

Dans la séance du 26 décembre, pendant l'obscurité, une main, celle de Naldino, caresse M. Vassallo ; celui-ci demande que son fils retrouve sur sa personne un objet qui, lorsqu'il était en vie, lui fut cher. Bientôt il sent détacher de sa cravate une épingle, qui avait été donnée à son fils et qu'il avait mis justement ce soir-là, pour constater si elle lui serait enlevée par l'apparition.

Ayant demandé une autre preuve encore, M. Vassallo se sent tout de suite saisi sous les aisselles par deux mains qui le soulèvent, l'obligent à se lever et le traînent pendant deux pas environ, au dehors et derrière sa propre chaise, c'est-à-dire à une distance de plus d'un mètre du médium...

M. Vassallo sent alors un corps humain, de taille à peu près égale à la sienne, s'appuyer sur son épaule gauche, et un visage qui, à son avis, *a les caractères de celui du défunt Naldino*, reste pendant quelque temps adhérent à sa figure. Il reçoit ensuite de nombreux baisers, dont tout le monde *perçoit le bruit*, et pendant ce temps on signale des phrases interrompues, *prononcées par une voix aphone qui répond aux questions* réitérées de M. Vassallo. Le docteur Venzano, sans quitter le contrôle, s'avance et réussit à saisir plusieurs paroles en *dialecte génois*, parmi lesquelles se trouvent les mots : *caro papa. Le dialogue entre l'entité et M. Vassallo se poursuit pendant quelque temps*, jusqu'au moment où, après le bruit d'un baiser, le docteur Venzano parvient à recueillir cette phrase entière : *Questo é per la mamma* (Celui-ci est pour la maman).

Presque aussitôt, la forme s'évanouit et la table demande typtologiquement que l'on fasse la lumière. Dès que la lampe électrique blanche est allumée, on voit s'avancer vers M. Vassallo qui est debout *une forme humaine*, enveloppée dans le rideau du cabinet, qui l'embrasse, tandis qu'une main, toujours recouverte du rideau, saisit celle de M. Vassallo et la retient pendant quelque temps. Le médium est sur sa chaise, les mains en contact avec celles des contrôleurs.

M. Venzano fait remarquer que la voix, même par ventriloquisme, ne pouvait provenir du médium, d'abord à cause de la direction de la voix et ensuite parce que c'était le pur dialecte génois qui était employé, sans aucune trace de cet accent napolitain dont Eusapia ne peut se débarrasser.

Afin de ne pas fatiguer le lecteur par des redites continuelles, je me contenterai maintenant d'exposer les faits sans les commenter davantage, d'autant plus qu'ils sont presque toujours de la même nature et, à mon avis, inexplicables par aucune autre théorie que celle des spirites, si l'on élimine les hypothèses qui ne reposent sur aucun fait bien établi.

APPARITIONS RECONNUES PAR M. LE DOCTEUR VENZANO

La scène se passe encore dans les locaux du *Circolo Minerva*, le 29 décembre 1900, à Gênes. Les conditions de contrôle sont toujours aussi rigoureuses ; la chambre est éclairée par la faible lumière d'une bougie placée sur le parquet dans l'autre pièce :

Soudain, le docteur Venzano qui tient la main gauche du médium, dont la tête repose à droite sur l'épaule du professeur Porro, voit se former à sa propre droite, à une distance d'environ 20 centimètres de son visage, comme une masse vaporeuse, globulaire, blanchâtre, qui se condense en une forme plus nette, un ovale qui, peu à peu, prend l'aspect plus défini d'une tête humaine, dans laquelle *il reconnaît distinctement le nez, les yeux, les moustaches, la barbe en pointe*. Cette forme s'approche de sa figure, et il sent un front *vivant et chaud* s'appuyer sur le sien et y rester quelques secondes. Puis il perçoit le contact de tout le profil avec le sien, avec une pression de caresse, puis l'impression d'un baiser, après quoi la masse paraît se dissoudre, vaporeuse, vers les rideaux. Les assistants ne perçoivent pendant le phénomène qu'une vague nébulosité, mais entendent tous nettement le bruit produit par le baiser.

Qui était ce fantôme affectueux ?

Je dois déclarer, pour rendre hommage à la vérité, dit le docteur, que les témoignages visuels et tactiles me permirent d'observer *avec une grande précision* les caractères physionomiques de la figure apparue et d'en *reconnaître l'extraordinaire ressemblance* avec celle *d'un très proche parent à moi que j'eus le malheur de perdre il y a plusieurs années*. Et je dois déclarer encore que, pour l'état d'esprit dans lequel je me trouvais, cette particularité d'identité physionomique n'était *ni attendue ni pensée par moi*... Quand le phénomène commença, je songeai à l'apparition probable d'une forme matérialisée *bien différente de celle qui se vérifia réellement*.

Bien bizarre cette conscience somnambulique qui choisit parmi les millions d'images qui dorment dans l'inconscient, juste celle à laquelle on ne pense pas, tandis qu'une autre, illuminée par la lumière mentale, est dédaignée, bien qu'elle soit au premier plan !

De nouveau, nous voici chez M. Avellino, le 16 juin 1901, avec les membres du groupe homogène qui a permis d'obtenir les belles apparitions en pleine lumière dont j'ai parlé plus haut (1) :

M. Bozzano assiste, lui aussi, à la formation du fantôme (2) qui est composé d'abord d'une masse nébuleuse animée d'un formidable mouvement de giration interne, pour aboutir à la matérialisation d'une créature humaine. Eusapia prend la main de M. Bozzano et la transporte dans la direction de la forme. Deux autres mains s'en emparent et la tirent en l'air. « Je sens alors, dit-il, une barbe longue et soyeuse, qui se met à passer et à repasser en me picotant sur le dos de la main. Après cela on me fait passer les doigts sur les traits d'un visage. *Je peux m'assurer de cette manière que ce visage n'est pas celui de John*... Le fantôme avait masqué la légère lumière qui venait de la porte.

Presque aussitôt, le docteur Venzano annonce qu'une main s'est emparée de sa main droite et qu'elle la tire en haut. Peu après nous entendons tous un baiser sonore résonner au-dessous de sa tête, et voici que la même barbe très fine et longue, picote à son tour en passant et repassant le dos de la main du docteur. L'impression ressentie est si distincte que M. Venzano déclare que la barbe est taillée en pointe. Puis on lui fait palper aussi l'intérieur d'une bouche, dont la gencive supérieure est dépourvue du côté droit de plusieurs dents.

Dans la relation qu'il fit de cette expérience (3), M. le docteur Venzano complète le récit de M. Bozzano en faisant observer :

(1) Voir page 556.
(2) Bozzano, *Hypothèse spirite et théories scientifiques*. Voir dans ce livre le compte rendu complet de cette séance.
(3) Venzano, *Contribution à l'étude des matérialisations*. Ann. Psych., juillet 1907, p. 519.

Que la main qui guidait la sienne lui fit sentir un large front, une mèche de cheveux longs et soyeux, puis un nez légèrement aquilin et un menton pourvu d'une barbe en pointe. C'est ensuite qu'il constata avec son index que plusieurs dents manquaient à la gencive supérieure du côté droit.

C'étaient les traits caractéristiques d'une personne très chère, celle déjà vue, et il fallut que le docteur Venzano consultât sa famille pour vérifier si les molaires manquantes étaient bien du même côté que celles qui faisaient défaut à l'apparition, ce qui fut reconnu exact. Dans ce cas encore, pas de transmission de pensée consciente de la part de l'observateur. Le fantôme ayant été perçu et touché successivement par deux observateurs, l'hallucination est invraisemblable et le caractère *intentionnel* de la preuve d'identité relative aux dents absentes est si manifeste, que je crois inutile d'insister.

QUATRE APPARITIONS IDENTIFIÉES DANS LA MÊME SÉANCE

M. Venzano fut encore favorisé par une autre apparition, qu'il put aussi reconnaître parfaitement, dans la séance du 20 décembre 1900, au *Circolo Minerva*. Cette fois-ci, la forme parle et donne d'abondants détails de famille que le médium ignorait, aussi bien que les autres membres du cercle.

Malgré la faible lumière, dit-il, je discerne distinctement Mme Paladino et mes compagnons de séance. Tout à coup, je m'aperçois que derrière moi se trouve une forme, d'une taille assez haute, qui appuie sa tête sur mon épaule gauche et, en proie à de violents sanglots *perçus par tous les assistants*, m'embrasse à plusieurs reprises. Je perçois nettement de cette figure les contours du visage qui effleure le mien, et je sens ses cheveux très fins et abondants en contact avec ma joue gauche, de sorte que je puis me convaincre qu'il s'agit d'une femme. La table entre alors en mouvement et dit typtologiquement le nom d'une personne intime de ma famille, connue de moi seul des assistants, morte depuis quelque temps et avec laquelle, pour des raisons d'incompatibilité de caractère, on avait eu de graves désaccords.

Je suis si loin de m'attendre à cette réponse typtologique, que je m'imagine aussitôt qu'il peut s'agir d'une coïncidence de nom; mais tandis que je formule mentalement cette considération, *je sens une bouche, à l'haleine chaude,* effleurer mon oreille gauche, et murmurer avec une voix aphone, *en dialecte génois*, une série de phrases *dont le murmure est perçu par tous les assistants.* Ces phrases sont prononcées par saccades, interrompues par des crises de larmes, et sont employées à me demander pardon, d'une manière répétée, pour des torts que j'aurais éprouvés, avec *une richesse de détails de famille qui ne pouvaient être connus que par la personnalité en question.* Le phénomène prend une *telle empreinte de vérité*, que je me sens obligé de répondre, repoussant avec des expressions affectueuses les excuses qui me sont offertes, et à demander pardon à mon tour, si, à propos des torts dont j'ai parlé, j'avais pu excéder dans mon ressentiment. Mais j'avais à peine prononcé les premières syllabes, que *deux mains*, avec une délicatesse exquise, viennent s'appliquer sur mes lèvres et m'empêchent de poursuivre. La forme me dit alors : « Merci ! », elle me serre, me baise, puis disparaît.

Cette scène, vraiment impressionnante, ne trouble cependant pas l'observateur, car M. Venzano ajoute :

Je dois dire, ici, que ce phénomène extraordinaire ne m'enleva pas un seul instant cette sérénité d'observation plus nécessaire que jamais en de telles circonstances, et que je ne cessai pas de surveiller le médium, qui, *parfaitement* éveillé *et visible à tous*, se maintint pendant tout le cours du phénomène dans la plus parfaite immobilité.

La conscience somnambulique, celle qui s'organise en personnalités secondes chez certains hystériques, disparaît avec le retour à l'état normal, quand le sujet, se réveillant, redevient lui-même. Or, dans ce cas particulier, si typique, Eusapia ne dormait pas ; c'est un médecin connaissant parfaitement le médium et familiarisé de longue date avec les symptômes de la trance, qui nous l'affirme ; si ce n'est pas un esprit qui est là, et matérialisé, qui est-ce donc ? L'hallucination étant exclue, puisque les autres assistants entendirent la voix, les sanglots et le baiser, la logique exige que l'on admette que c'est bien la parente elle-même de M. Venzano qui lui cause, car nul autre parmi les assistants ne connaît ces épisodes tristes dont elle s'excusait en sanglotant, s'exprimant dans le *dialecte génois*, qu'elle parlait de son vivant. Il serait absurde de chercher chez le docteur

Venzano la cause directrice du phénomène, d'abord parce qu'il pensait si peu à cet esprit que lorsque son nom est donné, il croit à une coïncidence accidentelle et n'imagine pas encore que c'est le fantôme de celle qu'il a connue qui est là, et ensuite parce que les deux mains qui s'appuient si gracieusement sur ses lèvres sont opposées à sa volonté. De quelque côté que l'on retourne le problème, on aboutit à l'indépendance de la cause agissante, c'est-à-dire à l'apparition indéniable de ceux que l'on appelle les morts.

Cette séance devait être féconde en surprises pour les autres membres du cercle :

J'ajoute, dit toujours M. Venzano, une particularité assez importante pour nos déductions. Pendant la séance, outre la matérialisation déjà décrite, le chevalier Erba fut mis en contact avec la forme matérialisée d'un homme très robuste, le soi-disant esprit de John (1); Mme Ramorino avec une forme de vieille femme qui disait être une de ses parentes et *en avait en effet tous les caractères*; le professeur Porro avec une forme de fillette mince, délicate, *dont la voix aphone lui déclara être sa fille Elsa*, morte à l'âge de sept ans à peine, et M. Vassallo, finalement, fut embrassé par la forme d'un adolescent dont il tint longuement dans les siennes les mains, et dans lequel il fut *convaincu de reconnaître* son fils défunt Naldino. A propos de ces épisodes, je renvoie le lecteur au livre déjà cité de M. Vassallo : *Nel Mondo degli Invisibili*.

Pour le professeur Porro, nous avons son attestation dans le récit qu'il fit lui-même de cette séance (2). Nous allons voir encore, rapidement, quelques autres reconnaissances, qui se produisirent pendant cette période où les conditions de milieu favorisaient d'une manière si remarquable le développement intensif des phénomènes.

(1) Pourquoi *soi-disant ?* Cette restriction ne me semble pas justifiée, car nous avons vu que l'existence du guide d'Eusapia s'est affirmée souvent, non seulement avec sa volonté propre, mais aussi par des séries de moulages, obtenus à des dates différentes, et qui sont semblables entre eux. Voir p. 573. (G. Delanne.)
(2) *Rev. scient. et mor. du Spirit. Relation de dix séances au Circolo Minerva*, décembre 1901, p. 350.

AUTRES FANTÔMES RECONNUS

J'ai cité déjà la séance (voir p. 555) dans laquelle M. Bozzano a entendu l'apparition lui dire : « Je suis ta mère », toujours en dialecte génois. Cette fois il put la voir nettement, en même temps qu'il contrôlait Eusapia, *parfaitement éveillée* (1) :

> Eusapia dit qu'elle voit une forme féminine derrière moi. Une main délicate trace sur mon front et sur ma poitrine le signe de la croix (2), se faisant ainsi reconnaître pour la même personnalité qui s'était manifestée pendant la séance précédente. Je fais tous mes efforts pour garder mon sang-froid ; je palpe le médium en tous sens et m'assure de son immobilité. A ce moment, deux bras venant du côté qui lui est opposé me serrent tendrement. Une bouche imprime un baiser sur mes lèvres et fait de vains efforts pour parler. Ma position en face de la lumière me permet *de bien distinguer la forme dans tous ses détails*. Bientôt les bras se desserrent et deux mains se plaçant sous mes aisselles m'invitent à me lever, puis elles s'appuient sur mes genoux et je m'agenouille. Elles se reportent ensuite sur ma tête en signe de bénédiction et une voix faible, mais *parfaitement entendue de tous* parvient enfin à prononcer ces mots : « Que Dieu te bénisse. »
>
> Cette forme, me quittant un instant, s'adresse au docteur Venzano, le fait s'agenouiller et le bénit aussi.
>
> Le silence solennel n'est interrompu que par la voix d'Eusapia qui, *bien éveillée, décrit à mesure* toutes les phases de ce double incident... Après quelques incidents, la forme quitte les assistants en disant adieu, avec un sentiment de profonde tristesse.

Nous sommes donc encore en face de ce problème insoluble pour les partisans de l'ésopsychisme : celui d'une apparition totalement indépendante, agissant librement pendant que le médium est éveillé.

Il est d'autres phénomènes, non moins démonstratifs, de l'intervention dans ces séances d'une intelligence étrangère : c'est celui des *apports*, c'est-à-dire d'objets qui se trouvent

---

(1) Bozzano, *Théor. Spirit. et Hyp. Scient.*, séance du 16 juin.
(2) Avis à ceux qui croient que ce sont les démons qui se manifestent dans les séances spirites.

subitement dans la chambre des séances, alors qu'aucun des expérimentateurs, y compris le médium, ne les y a transportés. M. Bozzano cite l'exemple d'une plante alpestre, de *la flore des Indes*, apportée dans un tel état de fraîcheur que la surface de section de la tige laisse des traces vertes sur une feuille de papier. Il fut impossible de trouver chez les fleuristes de la ville une plante semblable. Des épisodes analogues ont été assez souvent rapportés, mais je ne puis les citer que comme mémoire, car ils sortent du cadre de mon étude actuelle.

Pour en revenir aux apparitions, voici un autre cas, raconté par le même auteur :

Le 10 février 1902, dans une séance au *Circolo Minerva*, M. Testa se sent caresser par une main et voit bientôt *se former* une *apparition* dans laquelle il croit *reconnaître sa mère*. Or, la mère de M. Testa était morte à *vingt ans*, ce que le médium et les assistants ignoraient. Le lendemain, M. Testa apporta une photographie de sa mère, mélangée à beaucoup d'autres de la même époque, et elle *fut reconnue sans hésitation* par les autres membres du cercle.

Dans une séance, à Rome, chez le prince Ruspoli, dont M. Carreras, bon observateur, fait le récit, diverses entités furent identifiées (1) :

D'abord une parente de M. Carreras dont le nom : Maria, fut donné typtologiquement, se matérialisa dans le cabinet et vint le caresser : deux bras lui entourent le cou et une voix l'appelle par son prénom : « Henri. — Est-ce bien toi, Maria ? — Oui, Henri, » et l'apparition se presse affectueusement contre lui.

Un peu plus tard, c'est le tour du major F. O. qui est à moitié couvert par un côté du rideau ; il s'entend appeler par son nom de baptême et une voix faible lui parle à l'oreille. On lui caresse les cheveux et la figure, tandis que deux bras l'enveloppent et qu'on l'embrasse. C'est une pantomime d'un effet singulièrement émotionnant. Le major F. O. déclare de la façon la plus absolue que l'être mystérieux abrité par le rideau, qui s'est comporté comme un être humain, est celle qui fut *sa mère* et qu'il a perdue depuis bien des années. *Certaines paroles qui lui ont été dites à l'oreille, le dialogue échangé* à voix très basse entre lui et l'invisible interlocu-

(1) *Rev. scient. et mor. du Spirit. Une séance avec Eusapia Paladino*, mai 1903, p. 656 et suiv.

trice, *certaines particularités de ses caresses et de ses baisers*, lui en donnent *la certitude*.

Il est à remarquer que, quelques semaines auparavant, le major était encore sceptique en ce qui concerne le spiritisme et que son caractère positif ne le portait guère vers le mysticisme.

Pendant que cette scène se déroulait, le prince Ruspoli reçoit un portrait-miniature, — celui de sa mère — qui avant la séance était suspendu dans la salle voisine de celle où a lieu la séance. Puis quelque chose comme une lourde main frappe sur les épaules du prince et une *voix d'homme*, quelque peu enrouée, l'appelle par son nom. — « Êtes-vous John ? » demande le prince. Deux coups lui répondent : « Non. » — « Qui êtes-vous donc ? » — « Enrico ! » *lui dit à l'oreille*, la voix mystérieuse que nous entendons aussi. — « Mon père ? » — « Oui. » Et aussitôt une *figure barbue s'approche et l'embrasse sur la bouche...* M. Carreras est embrassé également et le prince déclare que son père portait comme le fantôme deux grosses moustaches à la Victor-Emmanuel.

La simultanéité de ces deux scènes, les détails fournis par la mère du major, ces deux fantômes de sexes différents agissant en même temps, me paraissent démontrer avec la plus parfaite évidence leur indépendance individuelle du médium, pour les raisons que j'ai déjà si souvent indiquées. Inutile de dire que toutes les précautions étaient prises pour éviter une fraude quelconque, car, sans cela, je ne citerais pas ces faits. Eusapia étant étroitement surveillée et la séance ayant lieu chez le prince lui-même, cela supprime toute hypothèse de compérage.

EMPREINTES DE VISAGES, DONT L'UN FUT RECONNU

A la page 447 du tome I, j'ai reproduit la photographie du moulage de l'empreinte obtenue à distance — en présence du docteur Visani Scozzi — par Eusapia, montrant d'abord une main, puis en bas, peu visible, un profil d'homme, qui ne ressemble pas du tout au médium. On sait que les spirites voient dans cette différence entre les résultats, la preuve qu'une intelligence étrangère, matérialisée, est intervenue pour produire le phénomène. Le docteur Scozzi rend compte ainsi de cette expérience (1) :

(1) Docteur VISANI SCOZZI, *la Medianita*. Récit de la 4ᵉ séance. Dans mon volume I, il faut regarder le cliché de manière que la main soit en haut de la figure, pour voir l'oreille et le nez, en bas et à gauche.

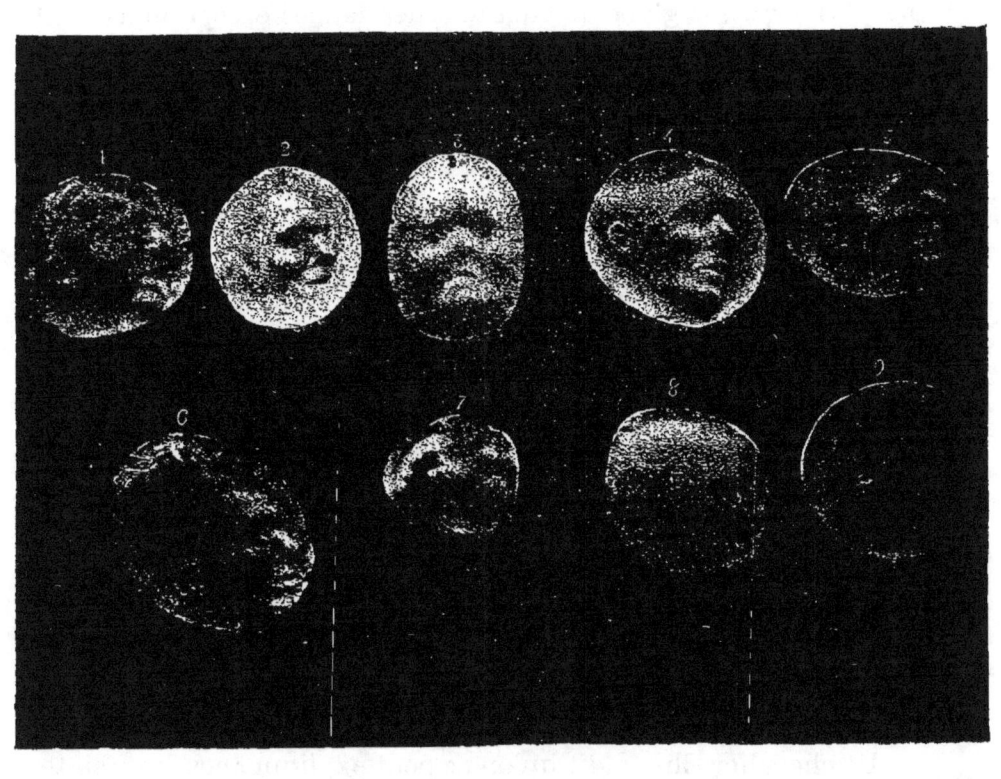

Dans la quatrième séance, après divers incidents, tout à coup Eusapia saisit de ses deux mains celles du docteur, incline la tête sur la poitrine de celui-ci en l'appuyant plusieurs fois fortement et enfin la relève en disant : « C'est fait. » On allume, on regarde la glaise disposée sur un plateau *à plus d'un mètre de distance* et on constate qu'à la surface s'est imprimée une figure humaine, au-dessus de laquelle quatre doigts sont profondément enfoncés et qui est recouverte d'une sorte de tissu léger, dont les plis sont nettement dessinés. L'arcade orbitaire, l'éminence zygomatique sont profondément imprimées, ainsi que le pavillon de l'oreille. Le nez, les lèvres, le globe de l'œil font des saillies exceptionnelles et cependant ni le crâne, ni le front ne sont indiqués. Les quatre doigts présentent des formes normales. Tout ceci indique que ce sont des formes *incomplètement solidifiées* qui se sont imprimées dans la glaise.

Le peu de temps qu'a duré le phénomène rend toute fraude impossible, car, sur la demande du docteur, le sculpteur florentin M. George Kiewerk fit inutilement un grand nombre d'essais dans son atelier pour les reproduire.

La planche ci-contre (fig. 54) reproduit les divers moulages obtenus à Naples par le regretté chevalier Chiaïa, celui qui eut le mérite de développer Eusapia et d'appeler l'attention de Lombroso sur le spiritisme. Cette photographie fut envoyée au Congrès spirite de 1889, à Paris, avec un rapport détaillé. On remarquera que presque toutes ces figures, notamment celles qui portent les n°s 2, 4, 5, 8 et 9 se ressemblent, malgré les déformations produites par la glaise sur des organismes parfois insuffisamment matérialisés. Je crois qu'il faut y voir le portrait, pendant ses dernières années, de John King, le guide d'Eusapia.

Le chevalier Chiaïa dit qu'on ne peut expliquer ces empreintes par une supercherie du médium, non seulement parce qu'elle était sévèrement contrôlée, mais aussi parce que Mme Chiaïa aisait déshabiller Eusapia avant les séances et ne lui permettait pas de remettre ses vêtements, lui en faisant revêtir d'autres qu'on lui fournissait, ce qui détruit l'hypothèse d'un masque dissimulé frauduleusement et appliqué sur l'argile.

Le n° 6 présente aussi une main sur la tête, comme dans l'expérience de M. Visani Scozzi. Les n°s 4 et 9 sont aussi intéressants parce que, dans le premier, on voit distinctement l'*œil ouvert* et dans l'autre, la *langue*, ce qui serait *impossible à obtenir* avec une personne vivante. Le n° 3 serait, d'après le guide, le portrait de la mère d'Eusapia, avec laquelle elle présente, en effet, une certaine ressemblance.

On trouve aussi dans l'ouvrage de M. de Rochas (1) la reproduction d'un beau moulage de tête, qui fut obtenue devant le Comité de rédaction du journal *Lux*.

J'arrive maintenant au compte rendu publié par le docteur E. Gellona (2), où il raconte comment une figure imprimée dans la glaise fut reconnue par plusieurs personnes pour celle de son beau-père. J'extrais de son récit ce qui a trait à cette expérience :

Eusapia demeurant chez le docteur Gellona, le 3 août, vers onze heures du soir, elle voulut donner une séance ; à cause de l'heure tardive, les seuls assistants étaient M. et Mme Gellona puis leur fils. Plusieurs blocs d'argile étaient préparés et l'on obtint d'abord des empreintes de doigts sur la terre glaise qui avait été apportée sur la table. Le mouchoir qui était dans la poche du peignoir d'Eusapia vint se poser sur le bloc de terre en recouvrant seulement une partie de sa surface. Alors une main visible sortant du cabinet appuya *lentement* le pouce et l'index sur le mouchoir, pendant que les trois autres doigts se posaient sur l'argile découverte. C'était pour convaincre M. Gellona qu'une empreinte peut être faite sans aucun intermédiaire.

A la lumière rouge, Eusapia appuie sa tête contre celle de M. Gellona, qui sent une main presser fortement sur lui pour assurer un contact qui finit par être douloureux. Les mains du médium étreignaient fortement les contrôleurs. Au bout de dix secondes, le phénomène cessa. Je soulevai le rideau, dit M. Gellona, et je vis que le bloc d'argile présentait une empreinte ; je le portai aussitôt dans mon laboratoire, j'y versai le plâtre et après minuit j'eus un moule. Chose merveilleuse, il y avait l'empreinte d'un visage humain et d'une main, avec les doigts repliés, comme on peut le voir ci-contre, fig. 55.

Ma femme eut à peine vu l'empreinte, qu'elle *reconnut son père*. La comparaison avec une peinture à l'huile et des photographies

---

(1) DE ROCHAS, *l'Extériorisation de la Motricité*, p. 450.
(2) Voir *Luce e Ombra*, n° d'octobre 1905 et *Revue scient. et morale du Spirit.*, n° de novembre 1905, p. 311.

prouve que c'est bien réellement la figure de Nicolo Rivara, décédé le 10 mars 1897, à l'âge de 87 ans. Aucun doute ne fut plus possible après que le 17 août, vers 6 heures, le notaire Oneto, qui avait connu Rivara pendant sa vie et avait traité quelques affaires avec lui, vint par un heureux hasard et affirma que *l'empreinte était bien la sienne*. Observée avec une forte loupe, cette empreinte montre que les parties de la face et de la main qui ont été en con-

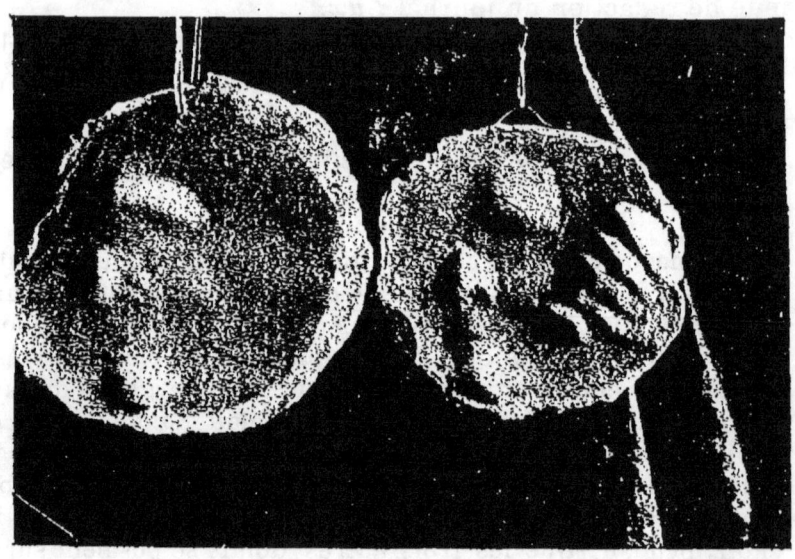

Fig. 55. — Deux moulages de l'esprit du beau-père de M. Gellona, obtenus avec Eusapia Paladino. C'est celui de droite qui fut produit le 3 août 1905.

tact avec l'argile sont recouvertes d'un tissu d'une extrême finesse, presque invisible à l'œil nu, fait d'une trame uniforme dont les fils sont bien égaux. La main formée est osseuse, caractérisant bien un vieillard et a été imprimée comme moyen de contrôle de l'entité.

Quel incomparable artiste serait la fameuse sub-conscience, si elle faisait, en quelques secondes, un travail que les artistes les plus habiles se déclarent incapables d'exécuter dans le même temps.

LES IDENTITÉS OBTENUES AVEC D'AUTRES MÉDIUMS

Pendant les dix dernières années, l'Italie a été favorisée au sujet des puissants médiums. Indépendamment d'Eusapia, on en a découvert encore plusieurs qui possèdent les mêmes facultés, à un degré aussi éminent. Ce sont M. Politi, M. Randone, et sa sœur Mlle Uranie Randone. Le défaut d'espace m'interdit de m'étendre aussi longuement sur les cas d'identification constatés avec eux, mais je veux citer les références auxquelles il sera possible au lecteur de se reporter.

***

La Revue d'études psychiques de mars 1904 (1), rapporte que le professeur Milési — le même qui fit des conférences à la Sorbonne — vit avec Politi apparaître *sa sœur*. Elle fit entendre sur le piano des gammes très bien exécutées, ayant été bonne musicienne. *Personne, dans le cercle, ne savait jouer de cet instrument.* M. Milési a signé un procès-verbal, en compagnie d'autres expérimentateurs, daté du 11 février 1904, dans lequel il affirme l'avoir parfaitement reconnue.

M. de Alberto, publiciste et voyageur italien, a publié une lettre dans laquelle il raconte avoir parfaitement vu le fantôme de sa mère, dans une séance avec Politi, le soir du 5 janvier 1904. « Je suis absolument sûr de ne pas m'être trompé » ajoute-t-il, « et de n'avoir pas été le jouet d'une hallucination. Ma mère s'approcha de ma femme, l'appela par son nom, la caressa et lui donna sur le front un baiser *dont tous nous entendîmes le bruit*. A moi, elle dit tout simplement : *Adieu...* Ma mère est morte il y a 23 ans. Politi ne l'a pas connue ; je n'ai aucun portrait d'elle. »

***

Avec le même médium, à Florence, suivant le professeur Cassia, un comité formé de 17 personnes assista à des mouvements d'objets sans contact, obtint de l'écriture directe, vit des lueurs, ressentit des attouchements, etc. A la première, à la quatrième et à la cinquième séance, se matérialisa la fillette du professeur Palmiéri, morte depuis trois ans. Le professeur sentit ses baisers dont tous les assistants entendirent le bruit. On l'entendit aussi prononcer les mots : Papa ! Papa ! Comme le professeur n'assistait pas à la quatrième séance, on entendit l'enfant dire : Où est mon papa ? Où est-il ? Dites-lui que je suis venue, dites-le lui ! Oh ! dites-le lui...» A la cinquième, le professeur eut avec sa fille *une conversation de nature intime* (2).

(1) Voir aussi *Rev. scient. et mor. du Spirit.*, mai 1904. *Phénomènes de matérialisations*, p. 668.
(2) *Luce e Ombra*, février 1905.

*

Dans une séance à Rome avec Politi (1), M. Senarega entendit prononcer son prénom : Erné, avec une intonation traînante et l'accent du dialecte génois; on le nommait ainsi dans sa famille. Puis tout le monde perçut le bruit d'une jupe de soie agitée et froissée intentionnellement. Le médium lui dit que c'était sa mère qui faisait cela pour se faire reconnaître. Elle était morte alors que M. Senarega était jeune et l'avait peu connue. Un peu plus tard, on entendit dire « Mon fils », et un buste de femme sortit du cabinet, se pencha sur la table, puis *s'évanouit dans la salle*. Après enquête, une tante maternelle de M. Senarega lui écrivit « que sa mère avait une si grande habitude de secouer ainsi sa robe que cela était devenu une telle manie que l'on s'en moquait ». Jamais Politi n'avait eu de relations avec M. Senarega ou avec sa famille (2).

*

Toujours avec Politi, à Rome, en 1904, dans une série de séances tenues chez le commandant Bracialini, le professeur Tummolo vit plusieurs fois sa fille matérialisée; il put la contempler tout à son aise; il entendit sa douce voix l'appeler familièrement : « Babbo » et il en reçut un baiser. Dans son livre : *Sulle basi positive dello Spiritismo*, M. Vincent Tummolo raconte comment il obtint une photographie de sa fille, reconnue par tous les assistants ; puis elle se *dématérialisa* sous ses yeux, ne laissant entre ses bras qu'un nuage fluidique, bientôt évanoui.

*

M. Carreras a fait avec les Rendone, frère et sœur, médiums non professionnels, des expériences très intéressantes, dont il rendit compte dans la Revue italienne *Luce e Ombra*, en août 1904 (3). M. Randone le 10 mars 1901, en photographiant sa sœur, obtint le portrait d'une femme qu'il ne connaissait pas. M. Carreras reconnut cette figure pour être celle de Jeanne Baruzzi, ancienne femme

---

(1) Voir *Rev. scient. et mor. du Spirit.*, janvier 1906, p. 441. Traduction du n° de *Luce e Ombra* de décembre 1905.

(2) Il est bon d'ajouter qu'ayant apporté plus tard une photographie de sa mère, plusieurs des membres du cercle reconnurent dans ce portrait l'apparition qui s'était penchée sur la table. Par scrupule, M. Senarega, qui n'a pas bien vu la figure du fantôme, fait des réserves sur ce dernier point, pour ce qui le concerne.

(3) Voir le résumé de ces expériences dans la *Rev. scient. et mor. du Spirit.*, n° de novembre 1905, p. 315.

de chambre de sa tante. Étonné de ce résultat, il fit une enquête, et apprit que cette jeune fille était morte en Sardaigne au mois de février 1901. Le père de la jeune fille et deux de ses amis l'identifièrent parfaitement (1). Un fait bien intéressant, c'est que la photographie porte en même temps une vue des remparts d'une forteresse au bord de la mer, qui est identique, paraît-il, à celle

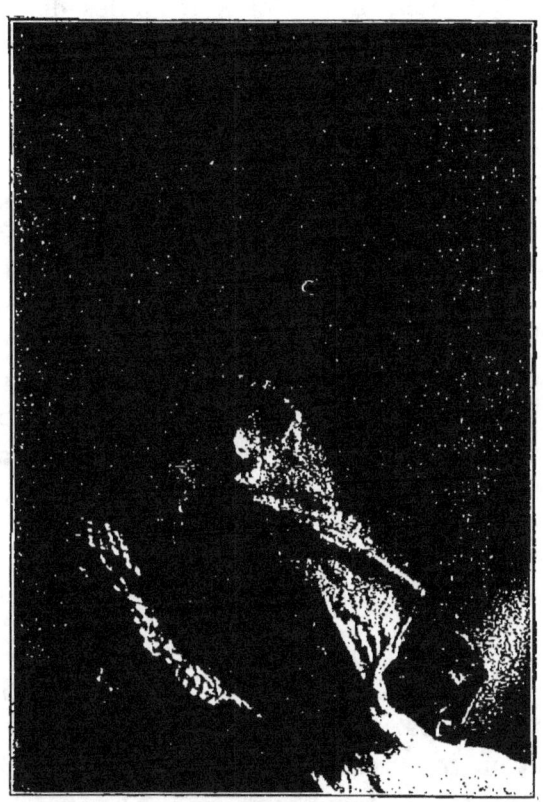

Fig. 56. — Photographie de l'apparition « Bebella » et du médium Mlle Uranie Randone, obtenue en plein jour.

d'une partie des murs de Civittavecchia, le port où Jeanne Baruzzi s'est embarquée, peu de jours avant sa mort.

*
* *

Avec le cas de « Bebella » nous rentrons dans la catégorie des

(1) On trouvera les détails nécessaires pour ce cas et le suivant, d'abord dans la Revue *Luce e Ombra*, et en français dans la *Rev. scient. et mor. du Spirit.*, année 1902-1903, et dans une autobiographie médianimique de M. Randone, qui paraîtra prochainement.

apparitions matérialisées, visibles en même temps que les médiums, en plein jour, et *inconnus d'eux, ainsi que des assistants*, ce qui supprime radicalement l'hypothèse que le fantôme serait une création de la subconscience des médiums. M. Randone vit et toucha le fantôme, qu'une dame voisine, survenant à l'improviste, put contempler également. Après les 30 secondes de la pose, l'apparition disparut. C'est grâce aux indications données par l'esprit lui-même qu'il put être identifié. On apprit qu'elle se nommait Isabelle, fille d'un prince italien ; elle donna des détails sur sa dernière maladie, son genre de mort et son tombeau, qui, après enquête, furent reconnus *parfaitement exacts*. Trois ans après, la sœur de « Bebella » la comtesse Bis... put se convaincre par les détails de famille que lui donna l'esprit, qu'elle était bien sa chère Isabelle décédée. (Ci-contre, fig. 56, la reproduction de cette photographie.)

Dans cet exemple, nous voyons encore la même forme matérialisée se servir des forces du frère ou de la sœur pour recréer son corps matériel. Ce sont toutes ces confirmations successives qui donnent aux phénomènes spirites une importance si grande, que toute psychologie, véritablement complète, sera obligée avant peu d'en tenir compte.

RÉSUMÉ

Dans les chapitres précédents, j'ai résumé les principales recherches faites par les premiers spirites et le seul reproche qu'on aurait pu m'adresser, encore que peu justifié, aurait été celui que les témoins nommés par moi n'avaient pas, au point de vue scientifique, une autorité suffisante pour imposer la conviction que ces phénomènes surprenants sont réels. Maintenant, le doute n'est plus permis. Les savants que j'ai cités ont une autorité telle que leur parole ne peut être suspectée.

Un Crookes, un Wallace, un Gibier, un Carl du Prel, un Ch. Richet, un Lombroso, un Morselli, etc., etc., ne sont pas unanimes pour affirmer des illusions ou des impostures : ce qu'ils ont vu, photographié, est indiscutable. Les matérialisations d'Esprits sont des *faits* et rien, désormais, ne pourra empêcher que cela ne soit. La question est posée de telle manière que l'équivoque n'est plus possible. Ou tous ces hommes illustres dont la réunion constitue un véritable aréopage scientifique nous trompent, ou des fantômes, *en chair et en os*, se forment et disparaissent dans des chambres closes, sous les yeux des assistants. Il est impossible d'amoindrir l'importance d'une pareille constatation. Que pèsent, devant ces affirmations documentées, les négations de ceux qui n'ont rien vu et qui prennent leur ignorance pour piédestal ?

Notre confiance va invinciblement à ces observateurs qui ont su rester froids et défiants devant les plus stupéfiantes merveilles. Tous ont cherché la vérité sans passion, mais aussi sans parti pris, et le résultat de cette enquête poursuivie dans tous les pays, avec les médiums les plus divers, professionnels ou non, est que ces savants ont, presque malgré eux, été obligés de conclure que les fantômes existent. « Je ne dis pas que cela est possible, je dis que cela est ! » Parole grave dans la bouche d'un Crookes et dont trente années n'ont fait que confirmer la véracité. On pourra peut-être encore discuter sur l'interprétation de ces phénomènes, mais personne n'a raisonnablement, aujourd'hui, le droit d'en contester l'immense valeur.

En examinant impartialement les différentes hypothèses explicatives qui ont été proposées, qui ne sera pas frappé par l'invraisemblance des théories de la conscience somnambulique, de l'éso-psychisme, du psycho-dynamisme, etc.? Comment le médium, s'il est le créateur des fantômes, si c'est son *moi* transcendantal qui se livre à ces jeux, peut-il, en redevenant lui-même, c'est-à-dire en se réveillant, causer avec l'apparition comme nous avons vu Miss Cook le faire avec Katie (pp. 352 et 498) ou le Docteur Monck avec Samuel (p. 526) ? Par quel prodige Mme Salmon (p. 506), qui ne sait pas un mot de français, serait-elle capable d'engendrer le fantôme de cette Blanche qui parle purement notre langue, sans aucun accent? Où donc le puissant thaumaturge que serait le médium endormi, prendrait-il l'image véritable d'une apparition, quand ni lui ni personne dans l'assistance n'a connu sur la terre la personne qui reparaît, ainsi que cela s'est produit pour Sven Stromberg ? Vraiment, il faut que les adversaires du spiritisme aient un parti pris bien enraciné pour conserver des théories aussi manifestement insuffisantes.

En face de ces pauvretés se dresse la vérité spirite, qui explique tous les cas, en constatant que ce sont les mêmes phénomènes qui se produisent pendant la vie qui ont lieu après la mort, avec des caractères identiques. Ce sont bien des êtres qui ont vécu ici-bas qui sont là, car, souvent, un ou plusieurs des assistants les reconnaissent avec une joie indicible. Quel inoubliable moment pour M. Bozzano quand sa mère le bénit ! Et ces enfants que la mort a ravis à l'affection des leurs et qui viennent pour consoler ceux qui les pleurent, en leur prouvant que la mort n'est qu'un mot vide de sens. C'est Naldino qui, de sceptique, a rendu M. Vassallo croyant. Mignon fantôme d'Elsa, vous avez touché le cœur du professeur Porro dans ses fibres les plus délicates et vous l'avez changé dans sa mentalité. Lombroso, ce grand et probe savant, n'a été tout à fait conquis qu'après avoir vu sa mère, bien qu'il ait résisté quinze ans avant de céder à l'évidence.

Non, non, quoi que l'on puisse dire, il ne s'agit plus d'illusions décevantes ; ces observateurs si avertis, si maîtres d'eux-mêmes, ont ressenti le frisson sacré de l'au-delà et sous cette action vivifiante leur âme s'est affranchie des erreurs déprimantes du matérialisme, pour s'ouvrir à l'espérance libératrice de l'immortalité.

Combien d'autres, moins célèbres, ont puisé dans ces séances de suprêmes consolations ! Il faut être au courant de la littérature spirite pour s'en rendre compte, mais quelle transformation pour l'humanité lorsque ces phénomènes, en se vulgarisant, permettront à chacun d'acquérir une conviction personnelle !

Malheureusement, dans ce domaine comme partout, la vérité est difficile à discerner de son apparence, d'abord parce que de nombreuses causes d'erreur peuvent intervenir et ensuite parce que des imposteurs sans vergogne, se jouant des sentiments les plus sacrés, n'ont pas craint d'abuser de la confiance qu'on leur accordait pour tromper les chercheurs de bonne foi. Il me faut donc aborder le chapitre de la fraude, afin de mettre en garde ceux qui, dans leur honnêteté, ne peuvent croire à tant de bassesse.

CHAPITRE VII

LA QUESTION DE LA FRAUDE DANS LES SÉANCES SPIRITES

Sommaire. — Les fraudes intéressées. — Les charlatans ont voulu battre monnaie avec ces phénomènes. — Nécessité constante d'être sur ses gardes. — L'arsenal des fraudeurs. — Masques, mousselines, substances lumineuses, etc. — Les spirites ont eux-mêmes démasqué souvent les imposteurs. — Le flagrant délit de Mme Williams. — Comment se fabriquaient les fantômes. — Ce sont des imitations grossières des apparitions véritables. — Les précautions qu'il faut prendre pour n'être pas trompé. — On ne doit pas confondre la tromperie volontaire et préméditée avec la fraude inconsciente. — Quelques remarques sur le cas d'Eusapia. — Amende honorable de la S. P. R. en ce qui la concerne. — Discussion sur le rapport de l'*Institut général psychologique*. — Le rapporteur n'était pas assez expérimenté. — Fausses apparences de fraude. — Les filaments fluidiques qui sont pris pour des fils. — La transfiguration peut induire en erreur des assistants encore novices. — Le dédoublement du médium a donné naissance à de fausses accusations de fraude. — Nécessité d'être prudent dans ses jugements. — Résumé.

LES FRAUDES INTÉRESSÉES

Les expériences spirites ont une valeur si considérable, au triple point de vue de la science, de la psychologie et de l'éthique, qu'il est de la plus extrême importance de se mettre à l'abri de toutes les causes d'erreurs qui peuvent en vicier les résultats.

Sur ce terrain, encore relativement si peu exploré, les illusions sont à craindre de la part de ceux qui entreprennent ces recherches sans études préalables, car il peut se commettre des fautes d'observation dans les deux sens : c'est-à-dire que les novices sont exposés à se laisser duper par d'habiles prestidigitateurs, ou à croire qu'on les trompe, alors que les phénomènes sont sincères, bien que se présentant sous des apparences douteuses. La tâche, pour distinguer la vérité de l'imposture, est parfois très ardue. Nous avons des exemples d'observateurs éminents, tels que Hodgson, par exemple, qui se sont lourdement mépris vis-à-vis d'Eusapia, en attribuant à la supercherie des faits qui résultaient de la trance (1). D'autre part, des enthousiastes ont discrédité ces études en publiant des récits d'expériences où la fraude était certaine, de sorte que beaucoup de personnes sérieuses ont été détournées de cette voie, lorsque, de faux médiums étant pris en flagrant délit de mensonge, la grande presse, toujours hostile, ne manquait pas d'affirmer qu'il en est toujours ainsi avec les spirites.

Fig. 57. — Photographie de M. Hodgson.

On ne saurait trop recommander la prudence à tous les chercheurs. Les vrais médiums ne se formalisent pas des précautions que l'on prend pour s'assurer de la sincérité des phénomènes, d'autant mieux qu'ils ne veulent pas être confondus avec cette tourbe d'imposteurs qui, il fallait s'y attendre, n'ont vu dans ces pratiques qu'un moyen commode de duper les naïfs et de vivre

---

(1) Voir sur ce sujet les expériences de Cambridge, en août 1895, et les observations de MM. Ch. Richet et Ochorowicz sur le rapport publié. M. Maxwell, dans son ouvrage: *les Phénomènes psychiques*, chap. VI, pp. 256 et suiv., montre les fautes de raisonnement d'Hodgson. Enfin une commission formée de MM. Feilding, W. Baggally et Hereward Carrington a rendu pleine justice à Eusapia. Voir *Proceedings*, vol. XXIII, 1909, partie LIX, pp. 306 et suiv.

grassement en exploitant la crédulité publique, surexcitée encore par l'appât du merveilleux.

Les spirites ont souvent dévoilé les honteuses pratiques de ces charlatans. C'est une œuvre de salubrité morale à laquelle ils n'ont jamais failli, comme l'on peut s'en assurer par la lecture de leurs revues et de leurs journaux dans le monde entier. Aujourd'hui, le métier de faux médium est devenu plus difficile à exercer, en raison des précautions que les chercheurs se sont habitués à prendre, mais on ne peut nier qu'il n'ait été florissant il y a une quinzaine d'années, précisément à cause des conditions spéciales dans lesquelles les séances ont lieu.

Le spiritisme, comme toutes les sciences nouvelles, exige une technique particulière pour être pratiqué avec fruit. La nécessité d'un cabinet pour les matérialisations s'est imposée naturellement, de même que la demi-obscurité — au moins pendant les premiers temps — pour obtenir des apparitions. Mais on conçoit aisément que ces circonstances sont essentiellement favorables pour faciliter aux faux médiums la pratique de leurs exercices, car rien n'est plus facile, si de sérieuses mesures de contrôle n'interviennent pas, que de tromper les assistants, par des artifices d'une grande simplicité.

Lorsque la lumière est faible, un individu qui dissimule un crochet dans sa manche peut le glisser sous le bord de la table et en faisant levier sur le plateau, avec l'extrémité de ses doigts, produire facilement l'illusion d'une lévitation du meuble. Mais ce tour est impossible à exécuter lorsqu'on tient les deux mains du sujet et que l'on s'est bien assuré qu'il n'a rien dans ses manches. C'est pourquoi une visite préalable du médium s'impose absolument, et aucune raison de sentiment ne doit arrêter le chercheur qui désire arriver à une conviction absolue. Cette fouille doit être totale ; il faut que le médium soit déshabillé complètement et, si possible, revêtu d'autres vêtements, afin qu'il ne puisse cacher quoi que ce soit sur lui, ou *en lui*.

Il existe des étoffes, très légères, très fines, de la mousseline par exemple, dont plusieurs mètres repliés tiennent facilement dans une poche de gilet. Derrière les rideaux, l'obscurité favorise tous les travestissements, et une apparition frauduleuse se montrera aux assistants, bien que ce ne soit que le pseudo-médium lui-même. Il existe des masques en baudruche, ou en caoutchouc colorié, très souples, n'occupant qu'un petit volume, qui changent absolument l'aspect d'un visage et peuvent donner au déguisé les physionomies les plus diverses. Si l'on joint à ce petit arsenal quelques fils de laiton pour fabriquer une carcasse destinée à supporter le fantoche, on pourra voir ce mannequin se déplacer à l'ouverture des rideaux, pendant que le fraudeur toussera ou s'agitera bruyamment dans le cabinet, pour montrer que ce n'est pas lui que l'on aperçoit. Ce dispositif peut être varié de bien des manières différentes, car l'ingéniosité des fraudeurs est inépuisable.

Les lumières spirites ont, généralement, une apparence si particulière, que M. Crookes (1) déclare qu'il n'est pas arrivé à les reproduire artificiellement. Mais avec des assistants non prévenus, des étoffes ou des écrans enduits de certains sulfures phosphorescents sont suffisants pour produire l'illusion voulue. Des microbes lumineux peuvent jouer le même rôle, ou bien une lampe électrique de poche, enroulée dans des mousselines de différentes nuances, simulera des lueurs dont il est difficile de définir la nature, lorsque l'on n'est pas sur ses gardes.

Il est clair que si les séances ont lieu chez le médium, bien d'autres procédés peuvent être mis en œuvre ; car on se trouve dans les mêmes conditions, ou presque, qu'au théâtre, et l'on sait qu'une machinerie assez simple permet de produire des fantômes très réussis, soit au moyen de jeux de glaces, soit par des figurants. Il existerait en Amérique, au dire de certains auteurs (2), des salles ainsi truquées ; mais je crois que l'imagination de l'écrivain a été dans ce cas le seul thaumaturge, car ses descriptions sont par trop fantaisistes pour être prises au sérieux.

Certains fraudeurs, comme Eldred, ont cherché à tourner la difficulté de la visite, en cachant leur matériel dans le dossier

---

(1) W. CROOKES, *Recherches sur le Spiritualisme*, p. 153. « Beaucoup de ces lumières, dit-il, étaient d'une nature telle, que je n'ai pu arriver à les reproduire par des moyens artificiels. »
(2) DAVIS, *la Fin du monde des Esprits*.

du fauteuil, qui restait dans le cabinet à poste fixe, ce qui leur permettait de se faire déshabiller en toute sécurité.

D'autres ont eu recours à des compères qui, placés non loin d'eux dans la salle, leur passaient tous les déguisements. Nous avons vu M. Vassallo, l'illustre journaliste italien, se déclarer convaincu de la présence de son fils matérialisé dans les séances avec Eusapia. Ce n'était cependant pas un homme facile à duper car, lui-même, s'était amusé à contrefaire les phénomènes spirites et à bafouer ceux qui avaient confiance en lui.

Voici, résumé, ce qu'il dit à ce sujet (1) :

Il raconte qu'il y a un an, pour mettre ses confrères en garde contre les tricheries des exploiteurs, il a exécuté devant eux tous les phénomènes du spiritisme en les truquant, ce qui parut étonnant. Il narre aussi les mystifications qu'il entreprit envers le professeur Luigi Gualtéri, il y a quelques années. Aidé de deux de ses collègues, on fit croire au professeur à des dessins soi-disant médianimiques, exécutés par une personne notoirement incapable de tenir un crayon. M. Vassallo passa un temps infini à lier avec des fils les marteaux d'un piano, et à faire passer ces fils à travers la soie qui est derrière l'instrument. Le soir venu, on fermait à clef le piano, on remettait la clef au professeur Gualtiéri, et le piano jouait, inexplicable phénomène ! M. Vassallo parle aussi d'un fantôme phosphorescent si bien réussi, qu'il faisait presque peur à ceux qui l'avaient fabriqué ! Mais il termine en disant que le spiritisme présente des phénomènes qu'aucun *truc* ne peut imiter.

Mon but n'est pas de signaler en détail tous les artifices des charlatans, mais de faire comprendre aux personnes qui entreprennent ces recherches que la plus grande vigilance est nécessaire, si elles veulent arriver à des résultats sérieux.

Puisque l'appât du gain est le motif qui incite les individus peu délicats à tromper, il semble qu'il ne faudrait faire les expériences qu'avec des médiums tout à fait désintéressés ; malheureusement, cela est très difficile. Les matérialisations exigent, pour se produire, une très grande dépense d'énergie de la part des médiums et ceux-ci sont si épuisés après les séances bien réussies, qu'il leur serait impossible de se livrer à un travail quelconque

---

(1) Vassallo, Journal *la Patria*, de Rome, 19 avril 1902, en réponse à des articles du professeur Pietro Blaserma, qui niait la réalité des faits spirites.

pendant plusieurs jours, car la multiplication des séances rendrait toute occupation régulière bien pénible à exercer dans ces conditions. Eglinton et Eusapia, nous l'avons vu, sont plongés dans une prostration profonde après les séances ; parfois ils éprouvent des crachements de sang ou des vomissements, et ils ont besoin d'un repos prolongé pour récupérer leurs forces. Il est légitime, dans ces conditions, de les rémunérer, quitte à se mettre en garde contre les défaillances possibles de ces sujets. D'autre part, la médiumnité n'est pas une faculté constante ; elle présente des éclipses, de sorte qu'il est à craindre que des médiums bien avérés, se trouvant momentanément dans l'impossibilité de donner des séances, mais poussés par le besoin, ou par la vanité, se laissent aller à tromper, afin de satisfaire leur clientèle. Il faudrait donc que les grands médiums fussent, sinon riches, du moins au-dessus des nécessités de la vie quotidienne, pour présenter toutes les garanties au point de vue de la sincérité. Home, Mme d'Espérance, le médium du docteur Hitchman (p. 289), celui dont Mme Marryat nous a parlé (p. 358) et d'autres encore, étaient de position indépendante, mais on conçoit qu'ils ne pouvaient qu'accidentellement donner des séances, et à un cercle restreint d'amis, ce qui empêche la diffusion de ces études dans le grand public. Précisément, en raison des suspicions légitimes excitées par les fraudeurs, les médiums sincères, à moins d'exercer un véritable apostolat, ne se sentent guère disposés à faire de la propagande et à s'exposer à ne recueillir de la part des incrédules que des sarcasmes ou des accusations d'imposture. Ce sont là quelques-unes des raisons qui ont entravé le développement des études sur la phénoménologie spirite ; mais désormais, il est à espérer que ces difficultés seront vaincues : les médiums comprenant la nécessité absolue du contrôle ne s'y opposeront plus, et les chercheurs avertis ne se laisseront plus aussi facilement duper que par le passé.

Je crois bon de donner un exemple de ces fourberies que les spirites ont eux-mêmes démasquées (1).

(1) Voir la *Revue Spirite* de décembre 1894, p. 705 et suiv. Consultez aussi les *Annales Psychiques*, 1894, p. 333. Les gravures que je reproduis sont celles qui ont paru d'abord dans la *Revue Spirite*.

LE FLAGRANT DÉLIT DE MADAME WILLIAMS

Au mois d'octobre 1894, Mme Williams, médium à matérialisations, bien connu en Amérique, de passage à Paris, fut invitée par Mme la duchesse de Pomar à donner deux séances dans son hôtel. Bien que le milieu fût composé de personnes croyant à la

Fig. 58. — Le portrait de Mme Williams.

possibilité des manifestations spirites, les assistants ne furent pas longs à s'apercevoir qu'ils étaient trompés, et même assez grossièrement, car certaines des apparitions, entre autres celles de petites filles, molles et flasques, ressemblaient à des paquets d'étoffe et n'avaient nullement l'aspect solide de celles qui sont réelles. Un des membres du cercle put même voir par l'entre-bâillement des rideaux, que Mme Williams n'était plus sur sa chaise quand l'apparition d'un homme se montrait en dehors du cabinet, de sorte que Mme de Pomar ferma son salon au pseudo-médium. C'étaient les premiers indices.

D'autre part, Mme Raulot, excellente spirite, mais très perspicace, chez laquelle Mme Williams était descendue, fit des remarques qui la convainquirent qu'on avait affaire à un véritable escroc. Elle observa que, les jours de séance, Mme Williams ne mettait jamais de corset pour être plus libre de ses mouvements ; que jamais elle ne donnait la clef de sa chambre et n'y laissait pénétrer personne en son absence; qu'elle cherchait à connaître d'avance les noms des personnes qui devaient prendre part aux séances et se faisait répéter leurs noms jusqu'à ce qu'elle arrivât à les bien prononcer ; que les voix des prétendus esprits avaient, malgré le talent de ventriloquie de Mme Williams, des intonations qui rappelaient celles de sa voix ordinaire ; enfin on apprit qu'un M. Macdonald, qui accompagnait cette dame en qualité de *manager*, ou plutôt de barnum, avait acheté de la gaze pareille à celle dont étaient formées les apparitions.

Fig. 59. — Mme Williams, déguisée en homme, est saisie au dehors du cabinet, tenant la poupée.

Alors plusieurs personnes prirent la résolution de démasquer ces impostures, qui font un tort si considérable au spiritisme. Il s'agissait de prendre Mme Williams en flagrant délit de tricherie, au moment même où les prétendues apparitions seraient visibles. Le programme ne changeait guère. C'était d'abord un esprit soi-disant du nom de « Pucille » qui venait bénir le groupe. Puis un ou deux esprits de peu d'importance. Ensuite un buste d'homme entre les rideaux et enfin une fugitive apparition de « Bright eyes », jeune enfant qui causait constamment derrière les rideaux ; puis le clou de la soirée, c'est-à-dire le professeur Cushman, tenant sa fille par la main. C'est à ce moment qu'il fut décidé que l'on s'emparerait de l'apparition pour se convaincre de sa véritable nature.

En conséquence, une séance eut lieu le 31 octobre 1894, à 8 heures et demie du soir chez Mme Raulot, 46, rue Hamelin à Paris, et là Mme Williams fut prise sur le fait au moment où, déguisée en homme, elle tenait à la main la poupée qui figurait « la fille du docteur Cushman » (fig. 59). Un procès-verbal fut signé par les quinze personnes présentes. Je le reproduis intégralement, car accompagné des gravures, il permet de se rendre parfaitement compte de la manière très simple dont Mme Williams simulait les apparitions.

PROCÈS-VERBAL

Les soussignés certifient que le mercredi, 31 octobre 1894, à 8 heures et demie du soir, pendant une séance de soi-disant matérialisations donnée par Mme E. Williams, à laquelle assistaient quinze personnes, vers 9 heures un quart, après plusieurs apparitions diverses, et au moment où une forme d'homme se présentait

Fig. 60. — Mme Williams se déshabillant dans le cabinet. On voit où se trouvait le sac aux accessoires avec la poupée.

accompagnée de sa fille, en robe blanche et long voile blanc, quatre personnes, sur un signal donné, se sont précipitées, une, la plus forte, M. Wallenberg, sur M. Macdonald, le manager de Mme Williams, pour le maintenir et l'empêcher de faire aucun mouvement ; les trois autres pour cerner le cabinet d'où sortaient les prétendus esprits et s'emparer de Mme Williams dans sa tenue d'homme.

Quand elle fut saisie par le fils de M. Leymarie, elle poussa des cris terribles et eut la présence d'esprit de l'entraîner avec elle dans le cabinet pour fermer la lampe placée au côté opposé de la pièce, mais qui communiquait à son cabinet au moyen d'un appareil assez ingénieux, les esprits faisant ainsi, à leur volonté, disait-elle, plus ou moins de lumière, lumière toujours très faible et presque nulle par instants. M. Paul Leymarie la ramena de force en dehors du cabinet, quand une lumière suffisante fut apportée; tout le monde vit alors Mme E. Williams en culotte jersey, courte, noire, bas de soie noirs, corsage jersey soie noire, et une draperie de soie noire très légère sur elle, formant habit ; elle avait une moustache retenue par un fil élastique à une espèce de calotte en soie noire fine.

Fig. 61. — La tête de la poupée est d'abord au raz du sol, recouverte de la mousseline. Puis celle-ci glisse, découvrant la tête, qui monte graduellement.

M. Lebel, de Bruxelles, avait fait le premier de la lumière. M. Auguste Wolf avait arraché la poupée que Mme Williams tenait de la main droite. Cette poupée est composée d'un masque en grosse mousseline blanche gommée ; les cheveux sont représentés par du tulle noir sous lequel se trouve une frange en soie blonde, afin que ce masque puisse figurer une personne tantôt brune, tantôt blonde. Cette espèce de tête est montée sur un portemanteau en gros fil de fer qui forme les épaules et sur lequel est ajustée une robe de soie blanche très brillante et d'une grande finesse ; les voiles sont en mousseline excessivement fine et légère. Comme il n'y a rien dessous, ces étoffes se replient très facilement sur elles-mêmes, quand le soi-disant esprit disparaît dans le plancher, en poussant une espèce de gémissement, il y a illusion presque complète.

J'ai à peine besoin de faire remarquer que cet artifice ne peut tromper que des expérimentateurs non avertis, car il faut que la tête de la poupée rentre dans le cabinet, jamais on ne la voit disparaître sous les yeux des spectateurs, comme cela se produit dans les séances réelles et, souvent, au milieu de la salle, ainsi que je l'ai signalé dans les expériences avec Eglinton, Mme Roberts, chez le Docteur Gibier, etc. Cette observation faite, je reviens au procès-verbal.

On a trouvé dans le cabinet, derrière le rideau où elle se tenait, ses souliers, son corsage et sa jupe en satin noir, un mouchoir tout imbibé d'odeur, une bouteille de phosphore en poudre, parfumé, des fausses barbes et plusieurs perruques, noires, blanches, et une d'un blanc jaune, une pelote d'épingles, des paquets de laiton, une serviette de toilette en boule. De plus, un grand sac en étoffe, de coton marron, monté sur de grands cordons qu'elle attachait autour d'elle sous sa robe à traîne. Ce sac devait prendre assez bas, à l'aide de deux autres cordons, vers l'endroit de sa traîne où il se trouvait maintenu à l'aide de boutons. Elle

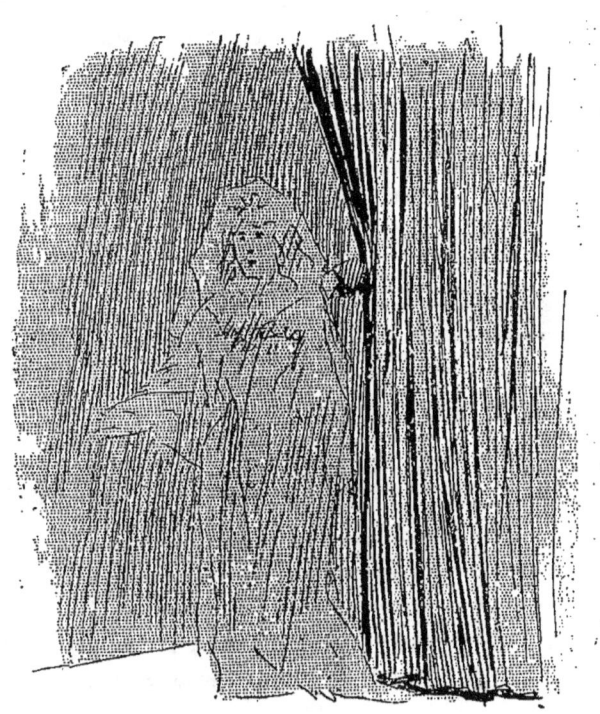

Fig. 62. — La poupée est debout, tenue par derrière, mais elle ne peut guère s'avancer beaucoup au-delà de l'entrebâillement des rideaux.

portait ainsi tous les objets cités sur elle, et on pouvait visiter le cabinet.

Mme Williams est un excellent ventriloque ; elle imite quatre ou cinq voix différentes, depuis la voix d'homme jusqu'à celle d'un tout jeune enfant.

Devant ce flagrant délit d'imposture, les assistants ont menacé Mme Williams et son manager de les livrer à la police, si dans une heure ils n'avaient pas quitté Paris, ce qu'ils se sont empressés d'accomplir, à la grande satisfaction de Mme Raulot chez laquelle elle était descendue et qui s'était aperçue de ses trucs. Les séances qui avaient précédé cette dernière imposaient l'obligation de démasquer ces manifestations ridicules qui n'ont rien à faire avec le véritable phénomène spirite, qui doit toujours pouvoir se contrôler d'une manière sérieuse.

Suivent les quinze noms et adresses des assistants.

Cette imitation sommaire des apparitions véritables ne peut pas tromper, on le constate ici, des observateurs quelque peu au courant de ces recherches ; elles n'abusent que ceux qui n'ont jamais assisté à des expériences sérieuses ; mais il faut avouer que c'est le plus grand nombre, voilà pourquoi certains fraudeurs ont pu exercer pendant assez longtemps leur triste industrie.

Bien d'autres faux médiums ont été dévoilés (1) et il y aurait lieu de s'étonner qu'ils aient trouvé quand même des défenseurs, si l'on ne savait pas que, parmi les fraudeurs, il s'est fourvoyé de véritables médiums qui, après avoir perdu leur faculté, se sont laissé entraîner à tromper, pour ne pas perdre les gros profits qu'ils retiraient de leurs pratiques.

De là vient l'équivoque qui a régné pendant longtemps. Les témoins qui avaient assisté à des séances honnêtes soutenaient la réalité des pouvoirs du médium, tandis que ceux qui l'avaient convaincu de mensonge, se figuraient que les premiers observa-

---

(1) Voir *le Procès des Spirites*, publié par la Librairie Spirite, un livre dans lequel les fraudes d'un nommé Buguet sont démontrées, ce qui n'empêche pas que cet individu ait été certainement médium à un moment donné. Consulter aussi la *Revue Scient. et Morale du Spirit.*, 1905, pour le démasquement du sieur Ebstein ; dans la même Revue, mars 1906, celui d'Eldred ; dans le numéro de mai 1906, celui de Craddock, etc. Voir aussi les fausses séances de spiritisme données par le prestidigitateur Davey, *Annales Psychiques*, 1894, pp. 167, 235, 287 et 355, etc.

teurs étaient d'une crédulité inimaginable, ou d'une insigne mauvaise foi.

Fig. 63. — Photographie de la poupée employée par Mme Williams.

Le docteur Richard Hodgson (1), membre éminent de la

(1) Il était docteur en droit et non en médecine, comme on l'a souvent écrit.

branche américaine de la S. P. R., s'est donné la peine d'apprendre les tours des prestidigitateurs et il a indiqué, dans une série d'articles parus dans les *Proceedings* (1), comment on pouvait imiter l'écriture sur ardoise et les matérialisations. Les Spirites ont intérêt à lire l'exposé de ces recherches ; mais ils tomberaient dans la même erreur que M. Hodgson lui-même, s'ils croyaient que tous les phénomènes physiques du spiritisme peuvent être simulés. C'est ainsi que cet observateur si compétent s'est complètement fourvoyé en accusant Eusapia de fraude préméditée, car des recherches ultérieures ont établi irrécusablement sa loyauté.

En réalité, si l'on prend les précautions élémentaires que je vais indiquer, il est *impossible* à un illusionniste quelconque de simuler l'écriture directe ou l'apparition d'un Esprit, surgissant du plancher dans la salle des séances. Même sur un théâtre, avec toute l'habileté professionnelle des artistes aidés des ressources du machinisme, nous avons vu que M. Maskelyne (p. 527) n'a pu simuler complètement les phénomènes signalés par l'archidiacre Colley, de même que des hommes très versés dans la pratique de la prestidigitation, tels que MM. Carrington, Feilding et Baggally (2), affirment que les expériences qu'ils ont faites avec Eusapia sont inimitables par l'emploi d'aucun truc.

Il faut donc se garder absolument d'exagérer dans un sens ou dans l'autre, soit en faisant montre d'un scepticisme intransigeant, soit en négligeant de s'entourer de toutes les précautions qui sont indispensables pour ne pas être dupé.

QUELQUES PRÉCAUTIONS À PRENDRE

On a pu voir que les citations nombreuses que j'ai faites dans cet ouvrage échappent, pour la plupart, à la critique, parce que les observateurs, instruits par une longue pratique, ont appliqué une méthode rigoureuse au contrôle des faits. Voici quelques-unes des règles qu'il est bon d'adopter si l'on désire procéder à ces études avec méthode.

(1) *Proceedings*. S. P. R, volume IV.
(2) Voir les *Proceedings*, vol. XXIII, 1909, et le *Journal* de la Société américaine S. P. R., numéro de novembre 1909.

Il faut, autant que possible, expérimenter dans un local qui soit inconnu du médium, ce qui lui enlève la possibilité de rien préparer d'avance. D'ailleurs, la salle des séances ne devrait renfermer que les sièges destinés aux assistants et le cabinet, formé simplement des quelques draperies indispensables, installées par les assistants eux-mêmes.

Une fois tout le monde entré, des scellés posés sérieusement, à la cire, sur les portes et les fenêtres, rendront impossible l'entrée d'un compère chargé de jouer le rôle de l'esprit, puisque la pièce ne communiquera avec aucune autre, soit par des portes dissimulées, soit par des trappes, ce qui est le cas général chez un particulier.

Il est urgent que le médium vienne seul ; car une personne l'accompagnant, parent ou ami, peut toujours être suspectée de compérage et pour cette raison, on doit l'exclure du cercle des expérimentateurs.

Au sujet des séances qui ont lieu dans l'obscurité ou qui exigent l'emploi du cabinet, l'exemple de Mme Williams montre qu'il est indispensable que le médium, homme ou femme, soit *entièrement* déshabillé et revêtu de vêtements qui ne lui appartiennent pas. Je sais tout ce que ce procédé a de désagréable pour un vrai médium, mais les supercheries des fraudeurs l'ont malheureusement rendu indispensable et, d'ailleurs, toute question d'amour-propre doit être bannie dans des recherches de cette nature, dont le but est d'arriver à la conviction absolue de la réalité de phénomènes nouveaux.

Il est utile que les personnes qui forment le groupe se connaissent parfaitement, non seulement pour éviter que des complices se glissent au milieu d'eux, mais aussi pour ne pas introduire dans le cercle des individus peu scrupuleux qui, pour mystifier leurs confrères, se laisseront aller à simuler des phénomènes, comme cela a eu lieu en Italie et à Paris, à l'Institut général psychologique (1). On peut même redouter que de mal-

(1) M. le professeur Bianchi, qui fut plus tard ministre de l'Instruction publique en Italie, dans une séance à Naples, en 1891, à laquelle Lombroso l'avait convié, crut spirituel de jeter une trompette en l'air, pendant l'obscurité, pour se moquer de ses collègues. Mais ayant vu ensuite, en pleine lumière, un guéridon se mouvoir seul, il avoua sa plaisanterie et

honnêtes gens ne cherchent à déshonorer le médium, en apportant eux-mêmes des masques ou des draperies, qu'ils feraient ensuite semblant de découvrir dans le cabinet. La plus grande circonspection est donc recommandée avant d'introduire des inconnus.

Autant que possible, il faut éviter les séances complètement obscures, car les moyens de tromper s'accroissent indéfiniment lorsque les observateurs sont privés de presque tous leurs sens. Comment apprécier exactement ce qui a lieu lorsque les chants empêchent d'entendre les bruits produits dans le cabinet, que les mains sont paralysées par la nécessité de faire la chaîne et que l'on ne voit rien ? L'emploi d'une lumière, si faible soit-elle, augmente de beaucoup la facilité du contrôle, et pour cette raison elle doit être recommandée comme une condition primordiale.

Nous avons vu qu'un grand nombre de moyens ont été utilisés afin de s'assurer que le médium ne quittait pas sa place dans le cabinet, pour jouer le rôle de l'esprit. Souvent, on l'a étroitement ligotté ; mais ce procédé ne me paraît pas le meilleur, d'abord parce qu'un fraudeur habile peut presque toujours sortir de ses liens et, ensuite, parce qu'avec un médium véritable, les mouvements brusques produits pendant la trance peuvent resserrer les cordes de manière à le blesser, ou à entraver la circulation du sang. Un sac en tulle, d'une seule pièce et serré autour du cou, comme celui qu'utilisait M. Reimers, me paraît un excellent contrôle ; si l'on retrouve les ligatures intactes à la fin de l'expérience, on peut être assuré que le médium n'en est pas sorti. On peut aussi employer une cage, comme celle du docteur Gibier, au moins jusqu'au moment où l'on est sûr que le sujet est un véritable médium. Enfin, il est possible de supprimer toute communication entre le médium et les assistants en tendant un filet à mailles fines, fortement assujetti extérieurement sur tous ses côtés, devant le cabinet.

Si l'on veut bien observer toutes ces précautions, on écartera

s'en excusa. Voir l'*Extériorisat. de la Motric.*, p. 32. Le docteur Sollier, à Paris, se livra lui aussi à des facéties semblables, ne comprenant pas ce qu'elles ont d'inconvenant pour les autres, expérimentateurs qui comptent sur leur bonne foi réciproque, et dont l'unique souci est de surveiller le médium et non leurs collègues, qu'ils doivent supposer honnêtes et sérieux.

d'emblée les faux médiums, la fraude devenant impossible. Pour s'en assurer, on n'a qu'à proposer à un artiste illusionniste, si habile soit-il, de se soumettre à ces conditions et l'on peut être assuré qu'aucun n'acceptera, ce qui détruit la légende que les prestidigitateurs pourraient reproduire tous les phénomènes spirites. Il est donc certain qu'il a existé et qu'il y a encore de faux médiums, qui sont de simples escrocs, mais on peut rendre leur déplorable industrie impossible à exercer, pour peu que l'on soit sur ses gardes.

LA FRAUDE INCONSCIENTE

J'ai déjà indiqué (Vol. I, pp. 433 et suiv.), ce qu'il faut entendre par cette expression, qui semble un peu singulière et même paradoxale. On ne doit jamais perdre de vue qu'un médium *en état de trance*, n'a plus une notion exacte des mouvements exécutés par ses membres; lorsque ce sommeil se complique d'extériorisation de son double, par exemple pour produire le déplacement d'un objet à distance, l'effort que nécessite cette action se traduit : d'abord par un mouvement de son bras et de sa main dans la direction de l'objet (mouvement synchrone si souvent signalé), alors si sa main charnelle est arrêtée en route par le contrôleur, sa main fluidique se dégage et le phénomène se produit correctement, bien qu'il soit pénible et même parfois douloureux, si le sujet est fatigué.

Supposons maintenant que le médium ait affaire à des observateurs inexpérimentés ; si ceux-ci lâchent la main et voient le médium saisir l'objet pour le lancer à distance, ils l'accuseront de tricherie, sans même se demander si celle-ci est volontaire ou inconsciente, c'est-à-dire indépendante de sa volonté. Dans les mêmes conditions, un expérimentateur plus au courant de ce qui peut se produire ne lâchera pas la main, mais l'empêchera d'arriver jusqu'à l'objet ; ou bien, si par suite d'un brusque soubresaut du médium, il perd le contact, il le déclarera immédiatement à haute voix et exigera que le phénomène se reproduise correctement, ce qui a lieu presque toujours avec Eusapia.

Dans le premier cas que j'ai envisagé il y a bien eu fraude, si l'on veut, mais elle est involontaire et il est injuste d'en accuser le médium, puisqu'il n'en est plus responsable.

C'est l'ignorance de ces possibilités qui a conduit M. Hodgson, à Cambridge, en 1895, à conclure que *tous* les phénomènes produits par Eusapia étaient simulés. Ce n'a pas été l'avis de sir Olivier Lodge (1), de Myers (2), de Ch. Richet (3), du docteur Dariex (4), d'Ochorowicz (5), ni de M. Maxwell (6). Ces observateurs très prudents, très sagaces et très compétents, ont prouvé : d'abord que M. Hodgson avait mal observé et, ensuite, qu'il avait trop généralisé ses conclusions négatives.

Quelles que fussent les qualités d'observateur de Hodgson — et elles étaient très grandes — elles ne l'ont pas mis à l'abri des erreurs que le **parti pris** fait commettre aux meilleurs esprits ; de plus, n'ayant pas la pratique des séances, au lieu d'assurer sérieusement le contact de la main qu'il tenait, il laissait Eusapia tout à fait libre, de sorte qu'elle ne pouvait plus savoir si c'était sa main corporelle ou son double fluidique qui agissait. C'était là une très lourde faute et M. Maxwell la signale avec raison (6) :

Comment, dit-il, Hodgson s'y est-il pris ? Il paraît avoir conçu l'idée singulière de ne pas contrôler du tout Eusapia et de lui laisser la libre disposition de la main qu'il tenait. Chaque fois qu'il sentait le contact de la main cesser, il annonçait un phénomène : celui-ci produit, il racontait ses impressions *en anglais* à ses co-expérimentateurs. C'étaient deux grosses fautes. La première favorisait la fraude, même inconsciente ; car la sensation d'un contrôle sévère arrête quelquefois la production d'un phénomène, mais empêche au moins la production des truquages ; la seconde, en éveillant la jalouse susceptibilité d'Eusapia devait l'inquiéter et l'irriter. Ces considérations peuvent paraître secondaires aux personnes qui ne sont pas au courant des difficultés que présente l'observation des phénomènes psychiques: ceux qui sont familiers avec elle ne me démentiront pas.

Oui, certainement, la tranquillité morale du vrai médium est

(1) DE ROCHAS, *l'Extériorisat. de la Motr.*, p. 203.
(2) DE ROCHAS, ouvrage cité, p. 202.
(3) RICHET, *Journal de la S. P. R.*, vol. VII, p. 173.
(4) Docteur DARIEX, *Ann. Psych.*, 1896, p. 123.
(5) DE ROCHAS, Ouvrage cité, pp. 206 à 264.
(6) *Les Phénomènes psychiques. La Fraude et l'erreur*, p. 277.

indispensable, c'est pourquoi des observateurs sérieux feront bien de ne pas exprimer à haute voix leurs remarques défavorables et devront exiger que le phénomène douteux soit recommencé. Comme le dit le docteur Ochorowicz, la *foi* n'est pas du tout nécessaire. Ce qui est indispensable, c'est une certaine bienveillance, et surtout l'impartialité. Souvent le médium demande qu'on l'aide, non pas matériellement, mais par l'unification des efforts mentaux en vue de la réussite, et il est utile de se conformer à son désir, si l'on veut que la séance soit réussie.

Dans un milieu hostile, passionnément sceptique, une véritable suggestion mauvaise pousse irrésistiblement le médium à faire ce que l'on a appelé la substitution de mains, c'est-à-dire qu'il portera, par exemple, la main *droite* de l'observateur sur sa main gauche à lui médium, ce qui lui permettra de libérer son bras droit, les deux observateurs tenant la même main. M. Ochorowicz a très finement analysé ces phénomènes (1) :

Rapprocher sa main de l'objet visé dans la pensée (par le médium) c'est donc encore une action réflexe, instinctive et inévitable s'il n'y a pas d'obstacles. Pour l'arrêter, il faut : ou bien un obstacle *mécanique* (le contrôleur) ou bien un empêchement *psychique* (l'attention même du médium suffisamment éveillée et excitée).

Indépendamment de l'hyperesthésie cutanée initiale, tout le processus de dédoublement, de déchirement physiologique entre le bras et son dynamisme s'accompagne de douleur et demande un certain excès des forces nerveuses. Lorsque le médium est épuisé, ou seulement lorsqu'il agit avec nonchalance, c'est-à-dire *sans un effort spécial de sa volonté somnambulique*, il affranchira sa main tout simplement pour frauder et il exécutera la substitution aussi adroitement que possible, *parce que c'est beaucoup moins fatigant* et *parce qu'on le lui permet*. Puisque le phénomène vrai s'accompagne de douleur, pourquoi ne pas l'éviter, quand on trouve des contrôleurs aussi complaisants que M. Hodgson ?

Suivant ces considérations, on voit combien la connaissance préalable des phénomènes de la trance est indispensable aux observateurs pour les empêcher de se méprendre grossièrement.

(1) De Rochas, ouvrage cité, p. 242.

Aussi le jugement sincère de M. Ochorowicz est-il pleinement justifié quand il écrit :

1° Non seulement on n'a pas prouvé à Cambridge la fraude *consciente* chez E. P..., mais on n'a pas même fait le moindre effort dans cette direction ;
2° On a prouvé la fraude *inconsciente* dans des proportions beaucoup plus larges que dans les expériences précédentes ;
3° Ce résultat négatif est justifié par une méthode maladroite, peu conforme à la nature des phénomènes ;
4° Le seul résultat positif de cette série d'expériences sera d'attirer l'attention des savants sur la question de la fraude, dans les phénomènes médianimiques.

M. Ch. Richet a protesté, lui aussi, contre ce que les conclusions de M. Hodgson avaient de trop absolu, parce que ses critiques ne portaient que sur un petit nombre de phénomènes et n'expliquaient pas les autres manifestations constatées en présence d'Eusapia ; et aussi parce que jamais, nulle part, depuis vingt ans, on n'a trouvé sur le médium un instrument quelconque, ou un masque, ou un appareil, ou des draperies, etc., décelant une intention préalable de tromper, d'où il conclut en disant :

Malgré les apparences qui sont souvent contre Eusapia, je ne suis fixé en aucune manière sur ce que j'ai appelé jusqu'ici fraude et qu'il est très possible que, dans l'état de trance ou dans les états voisins, la psychologie d'un médium soit très différente de la nôtre... J'en conclus qu'il n'y a encore rien de démontré ni dans un sens ni dans l'autre.

Enfin M. Maxwell — que son double titre de médecin et de magistrat qualifie parfaitement pour l'examen de cette question — après une étude serrée des séances de Cambridge et d'après ses propres observations, arrive aussi à résumer son sentiment en ces termes :

Ces indications générales données, il est facile de voir que je divise la fraude en deux catégories qui sont susceptibles de coexister d'ailleurs et de former des types mixtes : c'est même le cas ordinaire. C'est d'abord la fraude coupable, volontaire et consciente ; puis la fraude *inconsciente et involontaire*, véritable automatisme normal ; l'auteur n'en saurait être rendu responsable. Elle est très fréquente chez beaucoup d'excellents médiums.

Il est utile de faire remarquer que ce ne sont pas des spirites qui ont ainsi justifié Eusapia, car on les eût certainement accusés de complaisance et d'imaginer une théorie par trop commode pour innocenter les supercheries des médiums, mais des savants impartiaux que les *faits* ont seuls guidés.

Il résulte de ces remarques que si les observateurs *font leur devoir*, c'est-à-dire s'ils sont attentifs à ne pas abandonner les mains du médium, celui-ci est *obligé* de donner des phénomènes corrects, et alors les faits sont *inimitables par la prestidigitation*, si l'artiste *est placé dans les mêmes conditions que le médium*.

EUSAPIA ET L'INSTITUT GÉNÉRAL PSYCHOLOGIQUE

M. Courtier, dans le rapport qu'il a présenté au nom de l'*Institut général Psychologique* sur les expériences qui ont eu lieu en différentes reprises à Paris pendant trois années, semble croire sans restrictions que les faits observés auraient pu être simulés par la prestidigitation (1) ; c'est une grave erreur, car chaque fois que des professionnels en cet art ont assisté à des séances avec Eusapia, ils se sont déclarés incapables de les imiter. Il est un peu étrange que les savants de cet Institut n'aient pas pu, pendant trois ans, dans une ville comme Paris, trouver un prestidigitateur qui aurait tranché la question. Auraient-ils craint d'être obligés de constater que les faits spirites sont inimitables ? Quoi qu'il en soit, M. Ochorowicz a été plus heureux et voici ce qu'il en dit (2) :

Pendant le séjour d'Eusapia dans ma maison (3), ayant entendu

---

(1) *Bulletin de l'Institut général Psychologique*, novembre-décembre 1908. Voir pp. 508-509.
(2) *Annales Psychiques*, 1ᵉʳ-15 septembre 1909. Lire en entier la note dans laquelle M. Ochorowicz signale toutes les erreurs du rapport de M. Courtier.
(3) A Varsovie, en 1893-94.

qu'un prestidigitateur très connu, M. Rybka, se faisait fort de produire les mêmes « tours » qu'elle, je l'avais invité pour une séance spéciale, durant laquelle il a eu toutes les facilités de contrôle et de vérification.

Il a été bouleversé dans ses opinions, mais en homme intelligent et honnête, il n'hésita pas à m'écrire immédiatement après la séance, qui dura trois heures, le certificat suivant :

« Je certifie par la présente, qu'ayant assisté dans la maison de M. le docteur Ochorowicz, à une séance d'Eusapia Paladino, et en exerçant de ma part un contrôle rigoureux, je n'ai pas remarqué la moindre astuce ni une tricherie quelconque de la part de Mme Paladino.

« J'ai vu des choses étonnantes que je suis obligé de considérer comme de vrais phénomènes médianimiques.

« LADISLAS RYBKA,
« *Prestidigitateur*. Varsovie, le 15 décembre 1893. »

Beaucoup des illustres membres de l'*Institut général Psychologique* semblaient être, comme M. Hodgson, suggestionnés par des idées préconçues, qui les empêchaient de comprendre toute la valeur des phénomènes qui se déroulaient sous leurs yeux, poursuivis qu'ils étaient par la sacro-sainte terreur d'être victimes d'habiles artifices. Si, dans ces matières, le dernier mot doit rester à des experts en prestidigitation, il a été dit par les membres de la S. P. R. qui ont affirmé la réalité absolue des faits constatés par eux en présence d'Eusapia. La célèbre société a révisé le verdict défavorable, prononcé par MM. Hodgson et Sidgwick. Il a fallu quatorze ans pour que la vérité triomphât, mais elle s'est imposée à MM. Feilding, Carrington et Baggally qui composaient la commission chargée, en 1908, de savoir si, oui ou non, Mme Paladino était un vrai médium (1). Moralement, la Société Anglaise, en présence des affirmations réitérées de tant d'éminents savants, ne pouvait plus persévérer dans son scepticisme, mais elle prit ses précautions pour que cette fois l'examen fut fait par des hommes réellement compétents. Écou-

---

(1) Voir le numéro de juillet du *Journal* de la S. P. R. et le volume XXIII des *Proceedings*, 1909, qui renferme le récit des onze séances tenues à Naples par la commission, et les rapports détaillés de chacun des membres.

tons M. Feilding, l'un des rapporteurs, dont je vais citer le témoignage :

On disait que les savants, habitués à avoir affaire avec les forces de la nature qui ne trichent pas, ne sont pas les meilleurs investigateurs des forces de la nature humaine médianimique. Pour cela, il aurait bien mieux valu un prestidigitateur. C'est pourquoi le choix du conseil tomba sur un prestidigidateur. Ils trouvèrent en M. Hereward Carrington un homme qui, en outre de s'être occupé de prestidigitation pendant plusieurs années, avait fait pendant quelque temps des investigations pour le compte de l'*American Society for psychical Research*, et après un examen profond de la plupart des médiums physiques de l'Amérique, avait écrit, à leur grand ennui et confusion, des articles parus dans le journal de cette société, en montrant comment ils exécutaient leurs trucs ; il avait même publié un gros volume sur *les Phénomènes physiques du spiritisme*, dans lequel il exprime l'avis qu'il n'y avait rien d'authentique dans tout ce qu'il avait vu, bien qu'il ne contestât point qu'il pouvait y avoir quelque chose de vrai dans ce qu'il n'avait pas vu.

Bref, M. Carrington est ce que les Américains appellent : « un chasseur de fraude », c'est-à-dire un des hommes les moins disposés à se laisser tromper. Il a pris la succession de Hodgson et il semble que, comme ce dernier, il finira par adorer ce qu'il brûlait jadis. Revenons à M. Feilding :

Nous n'avions pas uniquement un prestidigitateur, mais deux, puisque M. Baggally, membre du conseil de la Société, s'unit à M. Carrington et à moi pour assister à la cinquième séance. M. Baggally, lui aussi, bien qu'il ne soit pas un prestidigitateur de profession, avait acquis une grande pratique dans l'art de la prestidigitation, particulièrement pour ce qui se rapporte aux phénomènes spirites, et le résultat de son examen de presque tous les médiums parus à l'horizon spirite dans les trente dernières années, l'avait amené aux mêmes conclusions que M. Carrington, bien qu'à la différence de ce dernier, il ne faisait pas de réserves du tout.

On conviendra qu'il a fallu que les phénomènes produits par Eusapia fussent bien réels, pour amener sur le chemin de Damas des chercheurs aussi fortement prévenus ! Mais voici l'avantage d'avoir affaire à des spécialistes : c'est que quand ils ont bien vu, ils sont *sûrs de l'authenticité des phénomènes*, et, honnêtement, ils l'affirment sans crainte du ridicule. Désormais, il sera bon d'envoyer nos savants critiques faire un stage chez les successeurs de Robert Houdin, ils pourront peut-être, alors, nous renseigner un peu mieux que ne l'a fait l'*Institut psychologique.*

M. Feilding était aussi incrédule que ses deux collègues. Lui aussi avait une grande expérience de tous les tours exécutés par les faux médiums, et il était arrivé à un scepticisme si complet qu'il s'est attiré, dit-il, « des critiques publiques et privées des investigateurs d'un tempérament plus mesuré ».

Quel fut le résultat de l'examen de ce redoutable trio ? Une affirmation catégorique de la réalité des faits (1) :

> Je comprends parfaitement qu'au point de vue des preuves les assertions que je suis en train de faire n'ont absolument aucune valeur ; je ne prétends d'ailleurs pas que les conditions dans lesquelles se déroulèrent les manifestations eussent la même valeur probative pour tous les phénomènes. Je dois cependant déclarer *la ferme conviction* de mes deux collègues et de moi-même, que pour certains phénomènes parmi lesquels se trouvent quelques-uns des plus remarquables, nous obtînmes des *preuves d'une solidité inattaquable.* Ensuite, s'il est vrai que nous devons considérer un grand nombre de ces manifestations prises en elles-mêmes, comme manquant de preuves suffisantes, nous n'avons cependant aucune raison pour croire *qu'aucune d'elles* a été produite d'une manière frauduleuse.

A la bonne heure, voilà qui est vraiment honnête ! Les investigateurs, si prévenus qu'ils fussent par leurs déconvenues antérieures, ne se croient pas tenus de voir quand même, toujours et partout, des subterfuges. Ils sont réservés, méfiants, mais ils ont la loyauté de signaler que si certains faits ne leur paraissent pas encore suffisamment démonstratifs, rien ne les autorise à les classer parmi les fraudes. C'est justement le contraire de ce qui a eu lieu à l'*Institut général Psychologique*, où tout ce qui semblait inexplicable aux observateurs par trop ignorants était porté, *sans preuves*, dans le chapitre des supercheries.

(1) Lire le détail des faits dans les *Annales Psychiques* des 1ᵉʳ-15 septembre. M. le docteur Dusart, toujours bien informé, a signalé dans la *Revue Scient. et Moral. du Spirit.*, d'août, p. 121, cette séance du 18 juin de la S. P. R., mais n'a pas pu reproduire, faute d'espace, le rapport complet de M. Feilding.

Et M. Feilding ne fait pas comme les « psychistes », qui affectent de ne voir dans ces manifestations que le jeu de « forces inconnues » ; il comprend toute la nouveauté, toute l'importance de cette action extra-corporelle du médium et, bravement, il va même jusqu'à concéder qu'il peut y avoir intervention d'intelligences désincarnées, car, en vérité, c'est ce que, parfois, les phénomènes nous conduisent inéluctablement à supposer. Au moins, il a le courage de ses opinions et cela tranche avec trop d'éclat sur la veulerie de nos savants français, pour que je ne me fasse pas un devoir de citer en entier ses conclusions. Les voici :

Une seule chose me reste à dire, comme conclusion. Alors que je me suis convaincu de la réalité de ces phénomènes et de l'existence de quelque force qui n'a pas été généralement reconnue et qui peut s'exercer sur la matière, simuler ou créer l'apparence de la matière, je m'abstiens pour le moment de toute spéculation sur sa nature. C'est toutefois dans cette spéculation que repose *tout l'intérêt du sujet* (1). Cette force, si nous parvenons, comme je l'espère, à établir qu'il ne s'agit pas de pure prestidigitation, doit résider, soit dans le médium lui-même et avoir la nature d'une extension de la faculté humaine au delà des limites généralement reconnues, ou elle doit être une force ayant son origine *en quelque chose d'apparemment, intelligent et extérieur à lui* (2), qui opère soit directement par lui-même, soit indirectement par l'intermédiaire ou conjointement avec le médium, grâce à quelque faculté spéciale de son organisme. Les phénomènes — si absurdes et futiles en eux-mêmes, manquant en tout cas de valeur éthique, religieuse ou spirituelle, — sont donc malgré tout symptomatiques de quelque chose qui, même si l'on doit s'en tenir à la première hypothèse, doit, quand il sera infiltré graduellement dans notre savoir commun, *modifier profondément toute notre philosophie sur l'être humain.*

Oui, le fait de l'extériorisation, de la motricité, de la sensibilité, se produisant au moyen de *mains véritables*, ayant une organisation, une chaleur, une anatomie semblables aux nôtres, pose aux physiologistes, aussi bien qu'aux philosophes, une série de problèmes dignes de leur sérieuse attention, car c'est la révéla-

(1) C'est moi qui souligne.
(2) Celle de l'extériorisation du médium, autrement dit son dédoublement.

tion de tout un ordre de *faits* qui, désormais, s'imposeront quand même à la science, malgré toutes les dérobades de la majorité de ses représentants. M. Feilding va encore plus loin, car il dit :

Si la première hypothèse est trouvée insuffisante, *il est même possible* que l'on doive avoir recours à une explication impliquant, non pas uniquement cette modification, mais une autre plus large encore, c'est-à-dire notre connaissance des rapports entre l'humanité et *une sphère intelligente extérieure à elle*. Ceux-là même qui envisageraient l'investigation des phénomènes avec un esprit léger et même badin — (je pense quelquefois que c'est là le seul moyen pour garder tout l'équilibre mental nécessaire à l'examen d'un pareil sujet) — devront les considérer comme les jouets d'une force qu'ils révèlent, et la révélation la plus parfaite de cette force, quelle qu'elle soit, par l'étude des phénomènes, est certainement une tâche aussi digne de la plus profonde considération *que tout autre problème dont s'occupe la science moderne*. Si notre compte rendu, à raison de sa forme et de ses détails, peut contribuer à fournir de nouvelles preuves sur ce sujet et attirer ainsi l'attention des savants de notre pays sur les recherches bien plus importantes et élaborées qui ont été publiées par plusieurs de nos plus éminents prédécesseurs, et amener ces savants à prendre part aux recherches, j'estimerai avoir pleinement atteint le but que je m'étais proposé.

On le voit, l'examen le plus critique, pourvu qu'il soit réellement impartial, conduit d'abord à la reconnaissance de la réalité des faits, puis nécessairement à l'animisme en premier lieu, au spiritisme ensuite, qui n'est en réalité qu'une suite logique du premier puisque, dans les deux cas, c'est toujours une âme humaine, temporairement ou pour toujours sortie de son corps, qui en est l'auteur.

FAUSSES APPARENCES DE FRAUDE

LA TROISIÈME MAIN D'EUSAPIA

Si c'est un devoir absolu pour les expérimentateurs sérieux d'être toujours sur leurs gardes pour éviter d'être trompés, nous venons de constater qu'ils sont tenus aussi à beaucoup de réserve avant de crier à la fraude, car des accusations injustifiées jettent la défaveur sur ces études, font douter des phénomènes réels, et en décourageant les savants les mieux disposés, retardent pour longtemps la vulgarisation de ces connaissances, si utiles cependant au progrès général.

Une grande pratique est donc nécessaire pour distinguer ce qui est frauduleux de ce qui peut se produire médianimiquement ; souvent les faits sont de telle nature, que la plus sérieuse attention est indispensable pour discerner la vérité de l'erreur. C'est ainsi qu'on pourrait attribuer à la supercherie des attouchements qui sont produits par la *main physique* du sujet, alors que c'est son double matérialisé qui est tenu par l'observateur. J'ai cité ce cas dans le premier volume (p. 436), car il est affirmé par MM. Richet, Ochorowicz et le chevalier Chiaïa. Il peut arriver ensuite que le membre fluidique matérialisé reste adhérent à l'épaule, ainsi que le signale le docteur Galeotti (voir p. 213), et alors un autre observateur, moins bien placé, pourra croire que c'est la main physique du médium qui agit frauduleusement, tandis que tout se passe correctement. Le professeur Bottazzi (p. 214) a vu et senti aussi une main tiède, nerveuse, qui est rentrée dans le corps d'Eusapia, et il confesse que, pendant un moment, il crut que c'était la main gauche d'Eusapia qui s'était dégagée à son insu ; mais en voyant qu'il avait toujours le contact, il reconnut son erreur. « Tous les phénomènes, dit-il, observés pendant les sept séances pourront disparaître de ma mémoire, mais celui-ci jamais ! » Un autre assistant, voyant cette main retourner à Eusapia, aurait pu supposer que le contrôle avait été mauvais, alors qu'il n'en était rien.

Dans une séance à Gênes, chez M. Bérisso, en présence des docteurs Venzano, Gellona, de M. Bozzano et de Mlle Gina Venzano (1) le médium avait soif, et l'on entendit verser l'eau d'une carafe dans un verre ; puis une main, recouverte du rideau, vint placer le verre d'eau devant Mme Paladino. Eusapia

---

(1) Venzano, *Contribution à l'étude des matérialisations*, in *Ann. Psych.*, juillet 1907, p. 498.

demanda à boire, mais le docteur Venzano craignant des vomissements, refusa :

Eusapia est nerveuse et agitée. Tout d'un coup, le côté droit du rideau se gonfle, et vient recouvrir en partie l'avant-bras droit du médium, contrôlé par le docteur Venzano. Peu de temps après, ma femme (c'est M. Bérisso qui parle) le docteur Venzano et moi, nous *voyons distinctement surgir une main et un bras couvert par une manche obscure, de la partie antérieure et supérieure de l'épaule droite du médium*. Ce bras, en se frayant un passage au-dessus de l'extrémité libre du côté du rideau qui est au-dessus de la table, saisit le verre, l'approche de la bouche d'Eusapia, laquelle porte son corps en arrière et boit avidement. Après cela, le bras repose le verre sur la table et nous le voyons se retirer rapidement et s'évanouir, *comme s'il rentrait dans l'épaule de laquelle nous l'avions vu sortir.*

Il est donc parfaitement exact que, parfois, avec Eusapia, on est en présence de *trois mains*, dont l'une est sortie du corps physique avec le bras auquel elle appartient. Ceux qui ne connaissent pas cette possibilité, en voyant le membre fluidique matérialisé *recouvert d'une manche*, qui part de l'épaule pour saisir un objet, le prendront pour le bras charnel d'Eusapia et croiront certainement que c'est une supercherie, et ils se tromperont.

De même, il n'est pas rare que lorsque le médium est fatigué ou mal disposé, la matérialisation soit incomplète ; alors la main ou la figure semble être fixée à l'extrémité d'un bâton et il ne faut pas moins que l'habileté bien connue de MM. Carrington, Feilding et Baggally, pour nous faire admettre qu'il n'y a pas eu de tromperie. Voici un extrait du rapport général de ces messieurs (1) :

APPARITIONS DE TÊTES ET D'OBJETS PLUS OU MOINS SEMBLABLES A DES TÊTES. — Elles se présentaient sous divers aspects. Quelquefois elles semblaient une masse vaporeuse, sortant en silence avec une extrême rapidité, faisant l'effet à la distance où elles étaient d'une face vue de profil et constituée par une toile d'araignée. D'autres fois, il semblait que le rideau avait été repoussé en forme de tête par une large main dont les doigts repliés imitaient les diverses

(1) Voir *Proceedings*, vol. XXIII. Rapport général.

parties de la face. Dans d'autres cas, on les voyait comme *une tête supportée par une grande tige*, sortant au-dessus de la tête du médium, s'avançant au-dessus de la table et s'approchant à quelques pouces de la figure des assistants. Dans ce dernier cas, leurs mouvements étaient lents et *on eût pu croire à une fraude du médium* repoussant le rideau avec ses bras allongés, si ceux-ci n'avaient pas été *tenus assez strictement pour éliminer tout soupçon de fraude.*

En semblable occurrence, à l'*Institut psychologique*, les observateurs, ne connaissant rien à la prestidigitation, auraient mis tout cela sur le compte de l'illusion et de la fraude, tandis que les rapporteurs de la S. P. R. concluent, en connaissance de cause, à la réalité des faits. Donc, dans ces recherches, il faut moins encore que partout ailleurs juger sur l'apparence, si l'on ne veut pas s'exposer à faire plus tard amende honorable. Mon jugement ne résulte pas d'une simple induction; je puis fournir des preuves de la légèreté avec laquelle le rapporteur de l'*Institut général Psychologique* a inconsidérément grossi le chapitre qu'il consacre à la fraude, en y faisant entrer des faits qui ne sont pas *démontrés frauduleux*, mais seulement soupçonnés de l'être, ce qui est bien différent quand les expérimentateurs sont aussi inexpérimentés en ces matières. Voici un exemple, entre beaucoup d'autres, de cette regrettable incurie.

LES FILAMENTS FLUIDIQUES

Dans le chapitre intitulé : « Supercheries (1) », le premier fait signalé est celui du mouvement de la large feuille d'une plante d'appartement, qui aurait été produit par un cheveu. Je cite textuellement le rapport :

Le cheveu. — Eusapia, ne pouvant réussir l'expérience du pèse-cocon, après que le plateau en eût été enduit de noir de fumée, s'approcha un soir, avant la séance (1907-1908) d'une plante d'appartement (un caoutchouc), placé dans la salle à manger de M. Youriéwitch. Elle pria M. Debierne de venir près d'elle, et tournant le dos au lustre d'éclairage électrique, elle plaça ses mains ouvertes

---

(1) COURTIER, *Rapport sur les Séances d'Eusapia Paladino. Bulletin de l'Institut général Psych.*, novembre-décembre 1908, p. 521.

à droite et à gauche de l'une des larges feuilles de la plante, en détournant la tête pour bien montrer qu'elle n'agissait pas à l'aide de son souffle. *Demandant qu'on lui tînt les mains*, elle fit osciller la feuille à cinq ou six reprises, sans contact apparent.

C'est net ; il paraît bien qu'aucune fraude n'a eu lieu, puisqu'on *lui tient les mains* et qu'elle détourne la tête, rien n'est plus simple que de voir si un fil ou un cheveu appuie sur la feuille. Mais voici la suite :

Elle répéta cet exercice à la séance suivante avec le même succès. Mais, cette fois, M. le comte Bubna, l'observant dans un éclairage favorable, aperçut distinctement entre les mains d'Eusapia un cheveu à l'aide duquel elle appuyait sur la large feuille, qui tout naturellement suivait le mouvement de ses mains. Il prévint M. Branly. M. Perrin, de son côté, ajouta qu'il avait vu un cheveu pendre d'une main d'Eusapia, mais que, de l'endroit où il se trouvait, il n'avait pu remarquer si les mouvements de la feuille avaient été obtenus à l'aide de ce cheveu.

Comment qualifier des observateurs qui *croient* voir une supercherie et qui ne s'empressent pas de saisir le corps du délit, ou du moins qui ne réclament pas que l'expérience soit recommencée dans de meilleures conditions ?

Nous voici en présence d'un fait qui aurait dû être définitif pour trancher la question de la fraude. C'eût été très simple. Il eût suffi de prendre ce cheveu, soi-disant tendu entre les mains, et de confondre Eusapia en le lui montrant. Mais ceci n'a pas été fait ; et nous sommes autorisés, en suivant la méthode du rapporteur, à suspecter la valeur de ces témoignages visuels, quand aucune preuve physique ne vient démontrer qu'ils n'ont pas été purement subjectifs. On va voir plus loin pourquoi je suis aussi affirmatif.

Arrivons à la seconde déposition défavorable :

Eusapia, avant une autre séance, alors que les assistants terminaient de dîner, se dirigea vers le pèse-cocon et s'exerça à l'aide d'un cheveu blanc à le faire osciller. M. Otto Lund, qui travaillait tout près de là, vit à un moment comme un rayon lumineux partant de l'extrémité des doigts d'Eusapia (1). Observant attentive-

---

(1) Depuis cette époque, M. le docteur Ochorowicz, avec un autre sujet,

ment sans mot dire, il s'aperçut que ce rayon n'était autre chose qu'un cheveu réfléchissant la lumière, et que, finalement, le plateau du pèse-cocon était actionné par ce cheveu tendu entre les doigts du sujet.

C'est tout. M. Otto Lund n'a pas tenu ce cheveu entre ses mains. Il n'a pas vérifié sur le plateau enduit de noir de fumée si la pression du prétendu cheveu y avait laissé des traces. Non ; il voit un filament blanc entre les mains d'Eusapia, donc *ce doit être* un cheveu, et blanc, pour qu'il réfléchisse la lumière. Ce n'est pas plus malin que cela !

On conviendra que M. Courtier, si difficile pour l'admission des faits réels, se contente par trop facilement pour ceux qui ont l'*apparence* d'être frauduleux. Aucune preuve ne reste qu'un cheveu ait été employé, car si le rapporteur et les témoins ne semblaient pas tombés de la lune en ce qui concerne ces études, ils sauraient que la *vue seule* d'un filament, noir ou blanc, ne signifie rien.

Afin que l'on ne croie pas que j'exagère, je vais rappeler les faits que j'ai consignés, il y a longtemps déjà, dans une étude sur *l'extériorisation de la pensée* (1). Après avoir signalé le danger pour des expérimentateurs novices de porter des jugements précipités, je citais, à l'appui, un article de M. Bozzano — savant italien très sérieux et très prudent — que je demande la permission de reproduire, car il s'applique parfaitement à la discussion présente, puisque c'est justement d'Eusapia qu'il s'agit. Le voici :

Lorsqu'il s'agit du déplacement d'un objet, sans contact, qui est placé entre les mains du médium, la première idée qui se présente à l'esprit est qu'Eusapia se sert pour cela d'un fil ou d'un cheveu qui va d'une main à l'autre; aussi, dans les premières expériences, nous sommes-nous assurés, en passant notre propre main ou un couteau entre les deux mains d'Eusapia, que ce fil n'existait pas.

Mlle Tomczyk qui produit aussi le déplacement d'objets sans contact, a *senti* le contact d'un *filament fluidique* tendu entre les mains de son sujet et obtenu des *effluviographies* directes de ces effluves, produites par *la lumière propre de ce filament*, comme nous allons le voir un peu plus loin.
(1) Voir *Revue Scientifique et Morale du Spiritisme*, août et septembre 1904, p. 132 et suiv.

C'est une précaution que l'on devrait prendre quand on a quelques doutes et *il est injuste d'accuser le médium de tricherie quand on ne l'a pas prise*. C'est cependant ce qu'ont fait les rédacteurs du procès-verbal des expériences de Palerme avec Eusapia, en juillet et août 1902.

« A deux reprises, écrivaient-ils, alors que nous n'étions pas en séance et qu'Eusapia se trouvait en pleine lumière tout près d'une table où se trouvaient plusieurs bibelots, *elle s'est servie d'un fil qu'elle avait entre ses mains* pour déplacer ces objets et nous a permis de croire qu'elle se livrait à une fraude consciente. »

Comme le reste du compte rendu rend pleine et entière justice aux facultés extraordinaires de ce médium, nous sommes portés à conclure que les expérimentateurs avaient eu, pour asseoir leur jugement, une preuve qui leur permettait de négliger la précaution indiquée plus haut; et cette preuve ne pouvait être que la vue du fil lui-même.

C'est bien, en effet, ce qui a dû arriver, d'après ce que rapporte M. Bozzano et qui s'est produit aussi au cours des séances en mars et avril 1903, chez le chevalier Peretti, à Gênes :

La séance, poursuit M. Bozzano, était à peine finie ; la pièce était éclairée par une lampe électrique à la lumière rouge; Eusapia, encore un peu épuisée, était assise auprès de la table. Tout à coup, le médium parut se réveiller de l'espèce d'engourdissement dans lequel il se trouvait; il se frotta les mains ; après quoi, en les éloignant l'une de l'autre et en les portant en avant, il les approcha d'un petit verre posé sur la table; alors, en faisant avec les mains des mouvements, tantôt en avant, tantôt en arrière, il parvenait à imprimer au petit verre en question des mouvements analogues de traction ou de répulsion à distance... Pendant que se déroulait ce phénomène, *tous les expérimentateurs furent à même d'apercevoir très clairement*, à l'improviste, *un gros fil de couleur blanchâtre*, lequel partant d'une manière indéfinie des phalangettes des doigts d'une main d'Eusapia, allait se joindre d'une façon tout aussi peu définie aux phalangettes des doigts de l'autre main.

Aucun doute : le médium trichait ; chacun des expérimentateurs ne peut s'empêcher de songer, à ce moment, à l'épisode de Palerme. Mais voilà que le médium lui-même se prend à s'écrier sur un ton de joyeuse surprise :

— Tiens ! Regardez le fil! Regardez le fil !

A cette exclamation spontanée du médium, le chevalier Peretti essaya de tenter une expérience aussi simple que décisive. Il allongea le bras et commença à presser légèrement et ensuite à tirer vers lui, lentement, ce fil qui s'arqua, résista un instant, puis se brisa et disparut tout à coup ; une brusque secousse nerveuse fit tressaillir le corps du médium.

Inutile de décrire l'étonnement général, un tel fait suffisait à résoudre d'un coup toute incertitude. Il ne s'agissait point d'un fil ordinaire, mais d'*un filament fluidique*.

Pourquoi donc les sévères et savants observateurs de l'*Institut Psychologique*, pendant l'expérience de la feuille remuée par Eusapia, n'ont-ils fait aucune tentative pour s'assurer de la nature du prétendu cheveu ? Il me semble que c'eût été leur devoir. Mais, voilà, ils ne *savaient pas* ce qui peut se produire, et du moment que quelque chose de mince était visible, ce devait être nécessairement un fil ou un cheveu ! Eh bien ! non, il faut qu'on n'oublie pas maintenant que ces filaments, je ne dis pas *sont toujours*, mais seulement *peuvent être parfois du fluide matérialisé*, et cela suffit pour qu'un jugement aussi sommaire que le leur soit justement taxé de légèreté et d'injustice, quand aucune preuve physique ne vient le légitimer.

A Gênes, M. Bozzano s'est assuré, par une vingtaine d'observations, que ce filament fluidique, un peu atténué, s'observe assez facilement, voici comment :

Quand le médium avait donné une bonne séance, et qu'on supposait qu'il était dans de bonnes conditions pour extérioriser son fluide, on n'avait qu'à étendre, *en pleine lumière*, sur son giron, un drap noir et à disposer la table ou un autre meuble quelconque, de façon que son ombre tombât sur le drap en question. Puis on plaçait les mains du médium dans l'étendue de l'ombre, les deux pointes l'une vis-à-vis de l'autre, à une distance de 6 centimètres environ, les dos des mains soulevés et les doigts légèrement ouverts. Quelques instants après, on pouvait observer distinctement quelques filaments fluidiques fort minces, d'une couleur blanchâtre qui, en partant de chacune des phalangettes d'Eusapia, allait se rattacher à chacune des phalangettes correspondantes de l'autre main.

Cette observation confirme celle, plus générale, faite par M. Maxwell, qui annonce (1) que les trois quarts des personnes

---

(1) Docteur Maxwell, *les Phénomènes psychiques*, chapitre IV, p. 118.

à l'état normal avec lesquelles il a expérimenté (environ 300) voient, lorsque l'on se met en face d'un fond sombre, à l'abri de la lumière directe, une légère buée grisâtre joindre les doigts symétriques, quand on écarte lentement les mains, préalablement jointes. Chez Eusapia, le phénomène est plus accentué et, dans les conditions favorables, il y a matérialisation ou coagulation de cet effluve.

Si l'on croit que la couleur de ce filament est toujours blanche, on se trompe encore, car voici un autre savant, fort versé lui aussi dans ces études, qui nous raconte que son sujet Mlle Stanislas Tomczyk est capable également de créer un fil fluidique, mais de couleur *noire* (1). Après avoir remarqué que la somnambule avait ébranlé un radiomètre de Crookes placé entre ses mains écartées, comme si un fil était tendu, M. Ochorowicz voulut s'assurer de la nature de ce filament :

Après chaque expérience, les mains du médium sont froides et leur surface palmaire est tout à fait mouillée par la sueur.

Voici ce qui arrive avec un tout petit calendrier en forme de livre. Il se déplace d'abord et s'ouvre, comme poussé par un fil, dont les deux bouts sont tenus par le médium. Ensuite, ce fil trouve une bonne position au milieu des pages du livret et le soulève par le dos.

Le calendrier monte, soutenu par les mains du médium *à distance*, s'élève à une hauteur qui dépasse un peu ma tête, et alors... sous la lumière d'une lampe, je vois, oui, je crois voir tout à fait nettement, *un fil noir*, pas très mince, allant d'une main du médium à l'autre, et dont le bout droit, non tendu, *pend au-dessous de la main droite du médium, sous forme d'une spirale irrégulière*.

Nous voici tout à fait dans les mêmes circonstances que celles où M. Perrin a vu aussi, ce qu'il appelle un cheveu, pendre de la main d'Eusapia. Je poursuis la citation :

Attends, dis-je au médium, ne bouge plus !

Mais à ce moment précis elle a commencé à descendre les mains, voulant ramener l'objet sur la table ; et le calendrier tomba net, comme la flèche de l'autre jour.

Il n'y avait rien entre les doigts du médium...

(1) Docteur Ochorowicz, *Annales Psychiques*, 1er-16 mars 1909, p. 67.

M. Ochorowicz ne se contente pas, lui, du témoignage de ses yeux, il veut aussi toucher ce fil et savoir à quoi s'en tenir sur sa véritable nature. Toutes ses remarques et ses raisonnements sont à citer comme des modèles à suivre dans ces investigations, si nouvelles et si délicates. Aussi vais-je reproduire tout ce qui a trait à l'étude de ce filament fantôme.

La position et les mouvements des mains du médium ne correspondaient jamais complètement avec la position et les mouvements des objets. Il y avait cependant entre eux une dépendance relative, suffisante pour faire naître des suspicions.

A partir du moment où j'avais annoncé la vue d'un fil, le médium se comporte comme s'il voulait contredire ces soupçons de diverses manières ; le fil n'étant plus visible, le médium tenait ses mains, pour la plupart du temps, immobiles, et malgré cela les objets se soulevaient et remuaient, tantôt à droite, tantôt à gauche, tantôt même en tournant, et quand il soulevait ses mains parallèlement à l'objet, il remuait les doigts ou exécutait de petits mouvements de descente ou d'ascension, indépendants de l'objet. Ses mains, toujours très froides et très mouillées, *étaient d'ailleurs vides* et ne quittaient pas la table un seul instant.

Une dernière observation complétera les précédentes :

On avait cependant le droit de soupçonner une certaine ruse dans la façon d'être (inconsciente) du médium, qui sciemment s'efforça au contraire de dissiper toutes les objections possibles. Non seulement il évita (apparemment pour d'autres raisons), une lumière convenable, mais lorsque j'ai voulu *toucher* le fil, il arrivait toujours quelque chose qui rendait ce contact impossible.

Avec quelqu'un de moins patient et de moins avisé, quelles preuves de la duplicité du médium n'eût-ce pas été que tous ces atermoiements et ces sortes de refus obstinés de donner la démonstration péremptoire ! Mais M. Ochorowicz est persévérant :

Je dis cependant au médium qu'il était absolument nécessaire que je puisse m'assurer par le toucher de ce que c'était.

18 janvier 1909. Je lui propose de prendre comme objet à soulever ma propre main ou un de mes doigts.

Nous nous installons en face l'un de l'autre, séparés par un guéridon. Sur ce guéridon, je pose ma main gauche et j'ordonne au médium d'appliquer ses deux mains des deux côtés de la mienne et d'agir comme hier sur les objets inanimés.

Les mains de la somnambule sont déjà froides et humides, et la mienne chaude ; malgré cela, lorsque en sentant « le courant » elle commença, sur mon ordre, à écarter ses mains lentement, à droite et à gauche, je sentis :

1° Un froid assez net — et puis :

2° Comme un fil, très fin, ou un cheveu, glissant sur le dos de ma main.

Au fur et à mesure que les mains du médium s'écartaient, ce fil paraissait de plus en plus fin, pour s'évanouir complètement à une distance de quinze ou vingt centimètres. Nous avons répété cette expérience avec le même résultat.

La troisième fois, je ferme les yeux pour mieux concentrer mon attention et je sens le même fil glisser, non plus perpendiculairement à la direction de mes doigts, mais de biais. J'ouvre les yeux et je constate que, sans me le dire, le médium *avait changé la direction de l'écartement*, conformément à mes sensations tactiles.

Ces expériences ont beaucoup fatigué le médium.

Il n'y a donc pas hallucination tactile de l'observateur, puisque ses sensations sont conformes à un déplacement réel des mains dans une direction qui n'est plus celle qu'il s'imaginait. La présence du filament fluidique a pu être constatée aussi par la photographie, car j'ai examiné des effluviographies obtenues par M. Ochorowicz, sur lesquelles on voit nettement la trace de deux cordons fluidiques qui rejoignent les doigts des deux mains. Par la vue, par le toucher, par la sensation tactile et par la photographie, la possibilité de l'existence d'un lien fluidique est maintenant démontrée.

Dans ces conditions, pour en revenir au rapport de M. Courtier, je dois faire observer que le rapporteur n'ayant pas eu en mains la preuve du délit, c'est une grave faute de méthode de s'être basé seulement sur le témoignage visuel des assistants, pour classer le phénomène des déplacements de la feuille et du pèse-cocon parmi les supercheries. Je ne prétends pas du tout qu'Eusapia ne s'est pas servie d'un cheveu dans les expériences en question, je n'en sais rien ; mais M. Courtier ne le sait pas plus que moi, et comme il est certain qu'un lien fluidique peut être créé par le médium, il est peu scientifique de mettre, *a priori*, ces faits sur le compte des fraudes.

En 1904, je faisais suivre le récit de l'expérience de M. Peretti des quelques réflexions suivantes : « Nous assistons ici à la matérialisation, visible pour tout le monde, de ces effluves qui se coagulent en quelque sorte et qui ont une résistance suffisante pour agir mécaniquement sur des objets matériels. Ce sont là des phénomènes étranges, tout à fait nouveaux dans la science, et que nous devons observer avec le plus grand soin. »

Je suis heureux de constater que M. Ochorowicz est conduit aux mêmes conclusions, car il écrit :

Impression générale : Il est possible de créer médianimiquement, entre les mains du médium, une sorte de fil, présentant pendant quelques minutes une certaine consistance qui diminue et disparaît avec l'écartement des mains. La formation du fil médianimique est accompagnée d'une sensation de froid. Ce fil créé par l'imagination inconsciente du médium (1) paraît présenter un cas d'*idéoplastie matérielle objective* : le vif désir de soulever un petit objet à distance ramène par association l'*idée* d'un fil, qui ferait l'affaire. Cette idée se réalise dans un moment monoïdéique. Dans la vie commune, la *vue* d'un fil, c'est-à-dire certaines vibrations de l'éther, provoquent l'*idée* d'un fil — ici par la force de la loi de réversibilité, l'inverse se produit : l'*idée* d'un fil provoque la vue, le fantôme objectif d'un fil, c'est-à-dire certaines vibrations de l'éther. Nous voilà à la limite qui sépare l'illusion de la réalité — *qui les unit*, voulais-je dire, car ce fantôme n'est pas une simple hallucination ; il existe objectivement, il produit des effets palpables. Est-ce le corps éthérique d'un fil vrai ? Est-ce l'idée matérialisée et à l'aide de quelle matière ? Des particules de l'éther ? Des atomes du corps du médium ? De sa robe ? De l'objet ? Mystère.

Voici donc un vrai savant arrivé, lui aussi, à l'étude des matérialisations. C'est encourageant pour le Spiritisme, car d'autres vont s'engager dans cette voie si féconde. Malgré les restrictions apportées par beaucoup d'esprits timorés, la puissance de la vérité finira par s'imposer irrésistiblement et, de ce jour-là, la connaissance du monde fluidique qui nous entoure sera proche et promet de merveilleuses découvertes.

(1) Ici, je fais toutes réserves. Il n'existe pas d'imagination inconsciente, mais un état second du moi dans lequel le souvenir de ce qui se produit à ce moment est perdu pour la conscience normale. C'est toujours la même confusion de la part de ceux qui n'admettent pas l'existence personnelle de l'âme. (G. D.)

LA TRANSFIGURATION

Nous avons vu (p. 313) qu'il est possible d'observer naturellement, en dehors de toute séance, le changement d'aspect d'un corps vivant, et il est facile de comprendre que cette transfiguration soit utilisée quelquefois par les intelligences qui agissent dans les séances, lorsque les circonstances ne leur permettent pas de matérialiser leur périsprit à une certaine distance du médium. Cette transformation extérieure du corps physique, sous l'influence d'une individualité étrangère, est le développement complet du phénomène bien connu dit de l' « incarnation » ou de la « possession » ; il a été observé assez fréquemment et, bien que réel, c'est un de ceux qui ont été les plus discutés par les spirites eux-mêmes. Les choses se compliquent encore si, comme dans l'expérience de l'archidiacre Colley (p .525), en saisissant l'esprit on trouve instantanément entre ses bras le corps du médium. Alors, les incrédules triomphent et proclament que tout cela n'est que honteux charlatanisme.

Ce sont des matérialisations de cette nature, à caractère ambigu, qui rendent l'étude de ces phénomènes si difficile. Il faut soigneusement éviter de porter des accusations injustes, mais l'on ne doit pas non plus se départir de l'esprit d'observation critique sans lequel les observateurs seraient la proie de ces aigrefins — dont l'espèce n'est que trop nombreuse — qui exploitent le merveilleux. Il est bien évident, en effet, que le faux médium qui connaît ces faits pourra essayer d'en profiter en adaptant un masque sur son visage, et si on l'accuse de supercherie, il soutiendra effrontément que c'était une transfiguration, pour peu qu'il ait été assez adroit pour faire disparaître le masque, sans qu'on puisse saisir et conserver cette pièce à conviction.

Nous savons, d'autre part, que la plus grande circonspection est nécessaire, avant d'en venir à l'extrémité fâcheuse de saisir l'apparition, puisqu'avec de vrais médiums on risque de porter une sérieuse atteinte à leur santé. Dès lors, comment sortir de l'indécision et par quel moyen arrivera-t-on à discerner la vérité de l'erreur ? Tout simplement en ne *négligeant jamais* de prendre toutes les précautions que j'ai indiquées plus haut pour opérer correctement.

Si toutes les indications données ont été suivies, le médium ne pouvant rien cacher sur lui, n'ayant pas de compères et se trouvant dans une salle inconnue, sera dans l'impossibilité absolue de se déguiser ; alors si sa figure change, si des draperies l'enveloppent, il faudra bien admettre que l'on assiste à une transfiguration véritable, c'est-à-dire à l'action d'intelligences invisibles, assez puissantes pour superposer leur type physique à celui du sujet. Si, au contraire, les précautions de contrôle n'ont pas été prises, l'observateur ne pourra jamais être scientifiquement sûr que la transfiguration n'est pas simulée, à moins que l'esprit qui se manifeste ne donne des preuves indiscutables de son identité.

LE DÉDOUBLEMENT DU MÉDIUM

Une autre cause d'erreur, très sérieuse, provient de la faculté de se dédoubler que possèdent certains médiums. J'ai signalé dans le premier volume (pp. 401, 453 et 467) les méprises auxquelles ce phénomène a donné lieu à propos de deux médiums Ira Davenport et le jeune Allen, injustement accusés de tromperies volontaires, alors que les mouvements d'objets sans contact étaient exécutés par leur double extériorisé, qui conservait, comme toujours, un aspect physique et des vêtements semblables à ceux dont le médium était revêtu.

Il arrive même que les précautions que l'on prend pour n'être pas induit en erreur peuvent être interprétées d'une manière défectueuse, si l'on ne sait pas qu'il existe toujours une relation intime entre le double et l'organisme physique. Je vais rappeler les faits qui motivent cette affirmation.

Je suppose qu'on enduise les appareils qui doivent être mis en mouvement sans contact, d'une substance colorante quelconque, de noir de fumée par exemple : si, lorsque le phénomène s'est produit, on trouve des traces de doigts sur la surface de l'objet, il sera tout à fait injuste de se baser sur ce seul fait pour en conclure que le phénomène est frauduleux, puisque nous avons constaté avec Eusapia (V. I, p. 445 et suiv.) que des empreintes se produisent sans contact, même en pleine lumière, chez le docteur Ochorowicz et chez le chevalier Chiaia, alors qu'il était impossible, à cause de la distance, qu'elle pût atteindre charnellement le plat contenant la terre glaise.

Même lorsque l'on retrouve sur la main du sujet des traces de noir, nous avons vu (V. I, p. 467) par le récit de M. Hall, que le transport s'est effectué sans qu'il fût possible de suspecter une action physique du jeune Allen, de même que, dans l'expérience d'Aksakof avec Kate Fox, des empreintes sur du noir de fumée ont été produites, alors que les doigts du médium qui étaient propres au commencement, et *n'avaient pas quitté* la main d'Aksakof, furent cependant trouvés noircis à leur extrémité. A l'*Institut général Psychologique*, on aurait cru à une supercherie incompréhensible, mais supérieurement exécutée, puisque l'on préfère admettre que les prestidigitateurs possèdent une habileté surhumaine, plutôt que d'accepter les faits qui dérangent les idées préconçues de ces messieurs.

RÉSUMÉ

Il résulte de ce qui a été exposé dans ce chapitre, que l'étude expérimentale du spiritisme présente des difficultés d'observation qui tiennent : d'une part à ce que l'on est exposé à être trompé par les faux médiums et, de l'autre, à se méprendre sur la valeur de certains phénomènes, cependant réels, quand on ne possède pas une expérience suffisante en ces matières. Autant une sage réserve est recommandable, autant une incrédulité systématique est nuisible pour la saine appréciation de ce qui se passe dans les séances.

C'est donc une branche nouvelle de la science expérimentale qui s'élabore et, comme toutes les autres, elle exige des méthodes spéciales et un entraînement particulier pour être cultivée avec fruit. Malheureusement, pendant une assez longue période, les fraudes intéressées des charlatans ont eu pour résultat de détourner un grand nombre de savants de ces recherches, dans lesquelles la peine ordinaire de l'expérimentation se double de la nécessité de se défendre contre l'astuce des imposteurs. On conçoit qu'un savant hésite quand il doit faire œuvre de juge d'instruction. Mais les recherches sur les névroses ont familiarisé le monde médical avec les mensonges des hystériques, que l'on a su déjouer, ce qui n'a pas empêché ce domaine d'être fécond en découvertes de la plus haute importance, quand l'ivraie a été séparée du bon grain.

Il ne faut donc pas s'exagérer les difficultés que présente l'étude des phénomènes transcendantaux du spiritisme, car nous commençons à jeter les bases d'une technique qui offrira toute la sécurité désirable, en ce qui concerne la sincérité des manifestations produites.

La règle de laquelle on ne doit jamais se départir, quelque soit le milieu ou la confiance qu'inspire le médium, c'est que les faits n'ont de réelle valeur que s'il ne reste aucun doute sur leur authenticité.

Toute la question se résume donc en ceci : être sûr que les phénomènes qui ont lieu dans les séances ne sont pas simulés.

Or, pour parvenir à ce résultat, nous avons constaté comment les spirites sont arrivés à prendre des mesures de contrôle de plus en plus sévères, jusqu'à ce qu'ils aient atteint la certitude complète. On peut dire, sans crainte d'erreur, que les expériences instituées par MM. Livermore, Reimers, Oxley, docteur Nichols, Aksakof et, plus tard, celles de Crookes, Varley, Gibier, Aksakof, Richet, Ochorowicz, etc., ne laissent rien à désirer sous ce rapport. La photographie, les empreintes, les moulages sont d'excellents moyens de contrôle pour déjouer la supercherie. En même temps, ils offrent l'avantage de conserver des documents permanents qui facilitent beaucoup l'étude, à tête reposée, de ces fantômes, dont la réalité visuelle est si fugitive. Lorsque des expérimentateurs compétents obtiennent sur la même plaque photographique les images simultanées du médium et de l'apparition, ainsi que cela a eu lieu avec le docteur Hitchmann, avec Aksakof, à la Villa Carmen, etc., on possède des preuves irréfutables que les matérialisations existent. Il en est de même pour les empreintes et surtout pour les moulages de mains complètes, car ces derniers sont impossibles à simuler par aucun procédé connu jusqu'alors.

Sans aucun doute, en ces matières, la crainte de la prestidigitation est le commencement de la sagesse; mais cette appréhension doit disparaître pour peu que l'on ait le soin de prendre les précautions que j'ai indiquées plus haut, savoir : choix d'un local non truqué ; déshabillage intégral du médium ; visite de son corps, que l'on revêt ensuite avec un costume qui ne lui appartient pas ; et enfin absence de compères, constatée facilement quand les observateurs se connaissent tous. Dans ces conditions, la fraude est impossible ; aussi les faux médiums professionnels n'acceptent jamais de se soumettre à ces exigences. Il faut donc proscrire absolument les expériences de salon, dans lesquelles une assemblée hétéroclite admire aveuglément les tours de passe-passe d'un aventurier quelconque, lorsqu'il a su persuader quelques badauds de ses prétendus pouvoirs. Ce sont des exhibitions de cette sorte qui ont discrédité le spiritisme au regard des gens sérieux, et l'on ne saurait trop s'élever contre ces absurdes pratiques. Si, par suite de circonstances spéciales, un médium non professionnel ne peut pas être déshabillé, on doit étroitement le tenir pendant toute la séance, ou l'enfermer dans une cage, en s'arrangeant de manière à ce qu'il ne puisse pas en sortir ; alors si des matérialisations se montrent dans la salle, on devra croire à leur réalité, car tout l'art d'un prestidigitateur échoue dans ces conditions. Nous avons vu Maskelyne être dans l'impossibilité de reproduire, même sur son propre théâtre, les matérialisations décrites par l'archidiacre Colley et Alfred R. Wallace, malgré les ressources que lui offraient le machinisme et son habileté consommée. De même le prestidigitateur Rybka a loyalement reconnu qu'il ne pourrait imiter les faits constatés en présence d'Eusapia, *si on le plaçait dans les mêmes conditions*. On peut donc être assuré qu'il en sera toujours ainsi lorsque l'on imposera aux fraudeurs de strictes conditions de contrôle et de surveillance ; alors, pour peu que l'on ne se départisse pas de cette sage réserve, leur malhonnête industrie finira par disparaître entièrement, puisqu'ils seront dans l'impossibilité de l'exercer.

Mais si la vénalité est la principale cause des tromperies, doit-on continuer à rétribuer les médiums ? Cette question a été fort controversée. On a fait valoir que l'appât du gain étant le motif qui pousse certains individus à la simulation, en exigeant la gratuité des séances, on supprime le mal dans sa racine. D'autres ont mis en avant des raisons de sentiment, prétendant qu'il est peu digne de trafiquer d'une faculté qui est un don de la Providence et pour l'emploi de laquelle le concours des esprits est nécessaire. Bien qu'il y ait quelque chose de fondé dans cette manière de voir, il ne faut cependant pas oublier que l'exercice de la médiumnité amène une fatigue considérable, porte même atteinte à la santé si elle n'est pas réglée, et rend le sujet impropre à tout autre travail, ce qui le met dans la nécessité de se faire payer. D'ailleurs, toute peine mérite salaire, et l'on n'arrive pas à être un grand médium sans consacrer beaucoup de temps et de peine pour se développer. Si l'on considère, de plus, que la médiumnité n'est pas une faculté constante et qu'il peut s'écouler un certain temps pendant lequel elle disparaît, il semblera juste que le médium puisse subsister pendant ces intervalles, d'autant mieux qu'ils sont employés à refaire ses forces.

Dans ces conditions, il serait désirable que des sociétés psychiques s'organisassent dans tous les pays pour assurer le sort des vrais médiums. Alors ceux-ci, sûrs du lendemain, n'auraient plus aucun intérêt à tromper, et les études psychiques prendraient un développement d'autant plus considérable, que l'on ne serait plus obligé de batailler continuellement pour établir d'abord la réalité des faits.

Actuellement, nous n'en sommes pas encore là ; mais il s'est formé, un peu partout, une nouvelle génération de chercheurs expérimentés qui ne se laissent ni tromper par les charlatans, ni abuser par de fausses apparences de fraudes. C'est ainsi que nous avons enregistré les conclusions de la brillante école Italienne, depuis Lombroso jusqu'à Morselli, en passant par les témoignages du chevalier Chiaïa, du professeur Porro, des docteurs Vizani Scozzi, Pio Foa, Venzano, Bottazzi, sans oublier MM. Bozzano, Tummolo, Falcomer et consorts.

Il est donc permis d'espérer que l'heure des malentendus est passée et que cette jeune science, débarrassée de ses lisières, marchera bientôt rapidement vers ses glorieuses destinées.

CHAPITRE VIII

QUELQUES REMARQUES SUR LA GENÈSE, L'ANATOMIE ET LA PHYSIOLOGIE DES FANTÔMES

Sommaire. — Ce qui sera étudié dans ce chapitre. — Les précautions à prendre pour observer utilement les apparitions provoquées. — La salle. — Le médium. — Les assistants. — Nécessité de l'homogénéité du milieu. — Comment il faut conduire les séances. — Inspirer la confiance au médium et aux esprits. — La genèse des fantômes. — Ils sont formés de la substance extériorisée du médium. — On peut s'en assurer de différentes manières. — On voit la matière sortir du corps du médium. — Exemples nombreux. — L'esprit se forme, sous les yeux des assistants, en dehors du cabinet. — Les témoignages visuels sont confirmés par les pesées du médium. — Celui-ci perd de son poids, pendant que le fantôme devient objectif. — La perte de poids s'accompagne d'une dématérialisation visible de la substance corporelle. — Cas divers de Mme Crompton et de Mme d'Espérance. — Action physique des assistants. — Ils participent à la fourniture de l'énergie nécessaire. — Relations entre le médium et l'apparition. — Communauté de sensations. — Dangers que peut courir le médium si l'on exerce des sévices sur le fantôme. — Il faut que les opérateurs invisibles apprennent à se manifester. — Le fantôme renferme en lui la force organisatrice de la matière. — La matérialisation incomplète est instable. — Les mains qui fondent dans celle de l'observateur. — Dématérialisation visible et complète de l'apparition. — Influence antagoniste de la lumière terrestre sur la forme matérialisée. — Les apparitions lumineuses. — La production de la lumière par les organismes vivants n'est pas un fait anormal. — Analogies et différences physiologiques entre les esprits matérialisés et les humains. — L'anatomie du fantôme est identique à la nôtre. — Phénomènes de respiration, de chaleur animale, de voix, de sécrétions constatés pendant les séances. — Le type de l'esprit matérialisé n'est pas invariable, il est modifié par le corps odique extériorisé du médium. — Les vêtements des apparitions. — Comment on peut supposer qu'ils se forment. — Étoffes qui restent quand le fantôme a disparu. — Les éléments en sont empruntés aux vêtements du médium. — Résumé.

CE QUI VA ÊTRE ÉTUDIÉ DANS CE CHAPITRE

Jusqu'ici, contraint par la nécessité d'établir la réalité des apparitions, en discutant aussi bien la valeur des expériences que l'indépendance individuelle des êtres matérialisés, il ne m'a pas été possible de m'arrêter, dans chaque cas particulier, pour signaler les faits caractéristiques qui peuvent nous renseigner sur la vraie nature physique des fantômes, leur mode de génération, les rapports qui existent entre eux et le médium ou les membres du cercle. Maintenant qu'un certain nombre de faits indiscutables sont connus, nous pouvons nous appuyer sur eux et les compléter par d'autres expériences, pour essayer de jeter un peu de lumière sur ces êtres à la matérialité éphémère, dont l'arrivée dans le cercle des observateurs est aussi mystérieuse que leur départ. Les mots d'anatomie et de physiologie sont sans doute un peu ambitieux quand on ne possède encore qu'un aussi petit nombre de documents, mais le peu qui existe se réfère exactement à ces sciences, aussi n'ai-je pas d'autre prétention que celle d'indiquer, en quelque sorte, les têtes de ces chapitres d'une biologie transcendantale, que le vingtième siècle verra s'édifier certainement, aussitôt que la masse des savants aura compris l'incomparable importance de ces études.

Les remarques suivantes ne sont donc que les premiers linéaments d'une vaste science et ne visent nullement à une véritable systématisation scientifique, que le défaut d'espace et la compétence m'interdiraient de tenter; même si cette ébauche pouvait être poussée plus à fond. D'ailleurs, en se reportant aux ouvrages que je cite, il sera possible au lecteur de compléter ces notions rudimentaires.

En commençant, il me paraît utile d'indiquer quelles sont les conditions dans lesquelles il faut se placer pour étudier avec fruit ces phénomènes. Je vais donc réunir les observations qui ont été faites un peu partout, au sujet du local dans lequel doivent avoir lieu les séances, de la composition du groupe, et des conditions physiques qui semblent favoriser la production de ces phénomènes.

LE LOCAL DES SÉANCES

Ainsi que je l'ai signalé au chapitre précédent, il est indispensable de choisir une chambre dont les murs, le plafond ou le plancher ne présentent rien de suspect. C'est ordinairement ce qui a lieu lorsque l'on expérimente dans une maison particulière. Il est préférable pour la surveillance qu'il n'y ait qu'une porte et qu'une fenêtre, afin que l'on puisse les sceller après que tout le monde est réuni. La salle des séances ne doit contenir ni meuble, ni tableau, ni tapis pour faciliter le contrôle, mais seulement des chaises cannées, une table en bois blanc et des draperies quelconques, tendues dans l'angle de deux murs pleins, pour former le cabinet, dans lequel on place un fauteuil pour le médium. L'orientation de la chambre et sa situation au rez-de-chaussée ou à un étage quelconque sont indifférentes.

Lorsque cela est possible, on doit toujours employer des instruments enregistreurs, qui servent à préciser les observations des assistants. Nous avons vu que des appareils photographiques ont été souvent utilisés ; de préférence, il faut les choisir stéréoscopiques et les disposer de manière à obtenir la même image sous des angles différents ; ainsi que des enregistreurs automatiques, des balances, etc. Pour obtenir des empreintes, la farine, la fleur de soufre, le noir de fumée déposé sur des cartons ont servi, de même que le mastic, la terre glaise ou la plastiline, qui sont préférables, parce que les traces d'une action extérieure s'y conservent mieux. Un seau contenant de la paraffine fondue flottant sur de l'eau chaude, à côté d'un autre seau renfermant de l'eau froide, permettra d'avoir des moulages, si l'occasion s'en présente.

Dans un cercle qui disposerait des ressources nécessaires, il est évident qu'un phonographe et un cinématographe seraient précieux, en raison des preuves permanentes qu'ils conservent pour l'avenir.

L'éclairage le plus pratique est celui que l'on obtient par réflexion. Il suffit de grouper plusieurs lampes électriques, en disposant un écran au-dessous, de manière que la salle soit éclairée par la lumière renvoyée par le plafond. Chacune des ampoules étant commandée par un commutateur séparé, on peut faire varier l'intensité de la lumière suivant les besoins. Une ou plusieurs des lampes peuvent avoir des verres rouges ou bleus.

Si l'on ne dispose pas de l'électricité, une lanterne photographique ordinaire suffit ; on peut augmenter ou diminuer l'éclairement en retranchant ou en ajoutant quelques épaisseurs d'un tissu léger tel que l'andrinople rouge, par exemple. J'indiquerai plus loin l'influence que la lumière blanche exerce sur les fantômes, dans certaines circonstances.

La température extérieure ne paraît pas jouer un rôle important dans ces expériences, car des matérialisations ont eu lieu aussi bien dans les pays tropicaux que dans les régions du Nord.

L'état électrique de l'atmosphère ne doit pas être sans importance (1), mais aucune observation précise ne permet encore d'en déduire quelques renseignements utiles. L'humidité de l'air, au contraire, paraît défavorable. Nous avons vu (livre I, p. 381) que le sujet de M. de Rochas, chez Nadar, constatait que les effluves extériorisés se dissolvaient dans l'air chargé d'humidité et que l'objectif de l'appareil était en effet couvert de buée.

Dans le récit de M. Livermore (p. 425) au sujet de l'apparition d'Estelle, on lit :

A ce moment, une violente averse vint à tomber et on nous dicta : « Le temps a changé et je ne puis me maintenir visible plus longtemps. » Aussitôt la forme et la lumière disparurent ensemble de façon définitive.

Aksakof, dans ses séances à Londres (voir p. 293), sur les conseils des guides d'Eglinton, dut attendre jusqu'à deux heures du matin que le temps pluvieux fût redevenu beau, avant de tenter ses expériences de photographie.

Mme d'Espérance, dans son ouvrage : *Au pays de l'Ombre* lorsqu'elle raconte l'apport du lis doré (2), fait remarquer que

(1) Voir les notes de M. Livermore, dans lesquelles il raconte qu'à différentes reprises, il reçut des commotions analogues à celles d'une machine électrique, en touchant l'apparition. Cf., *Revue scientif. et mor. du Spiritisme*, 1901-1902. MM. Varley et Crookes ont fait des tentatives sur les médiums en employant des solénoïdes parcourus par des courants galvaniques, mais il ne semble pas que l'électricité, sous cette forme, exerce une action quelconque. Peut-être les ondulations rapides des courants à haute tension ou les ondes hertziennes seraient-elles mieux appropriées.

(2) Voir p. 261, de son ouvrage.

« Walter », son guide, recommanda la plus grande patience aux assistants, parce que les « conditions extérieures étaient mauvaises ». Il régnait à ce moment une violente tempête.

Il semble donc que l'humidité soit un obstacle à la réussite des matérialisations.

LE MÉDIUM

J'ai signalé l'urgence qu'il y a de s'assurer, d'une manière absolue, que le médium ne porte rien sur lui qui puisse servir à simuler les phénomènes. C'est là une condition essentielle ; et il est désirable que le médium l'accepte de bon gré, afin qu'il ne se vexe pas, ce qui nuirait certainement aux manifestations. On doit donc lui faire comprendre que ce n'est pas un acte de défiance personnelle, que son honorabilité n'en est pas atteinte, mais que ces mesures de prudence donnent seules aux phénomènes le caractère scientifique, sans lequel ils n'ont plus de valeur aux yeux du grand public, toujours soupçonneux et porté à ne voir dans ces faits que des jongleries. Eglinton, Eusapia, et bien d'autres, se sont soumis à cette formalité, quand ils en ont compris la nécessité. Si, cependant, on ne pouvait procéder à cet examen, l'emploi de la cage, du sac, etc., s'impose, à moins que le médium ne reste dans le cercle, comme Mme d'Espérance, et ne soit tenu pendant toute la séance par les assistants. On peut demander ce contrôle sans y mettre aucune intention blessante.

Il faut apporter beaucoup de tact dans les rapports que l'on a avec les médiums.

Il me paraît nécessaire d'insister, dit M. Maxwell (1), sur les égards qu'il convient d'avoir pour le médium.

J'en ai beaucoup pratiqué et j'ai rencontré chez tous une délicate susceptibilité. Elle est plus ombrageuse encore chez ceux qui appartiennent aux classes sociales les plus affinées par l'éducation,

---

(1) Maxwell, *les Phénomènes psychiques*, p. 55. Lire dans ce livre tout le chapitre intitulé : *la Méthode*. Il renferme d'excellents conseils sur la manière d'expérimenter et sur les conditions qui favorisent l'obtention des phénomènes.

l'instruction ou le rang... Un médium mécontent, irrité, est un outil mauvais.

J'ai toujours remarqué que le mécontentement, le malaise moral, comme la fatigue et le malaise physique du médium, entraînaient l'échec des expériences. Le conseil que je donne est important à suivre : Gagnez par votre déférence, votre *loyauté*, votre propre sympathie, la confiance et la sympathie du médium. Si vous constatez une fraude qui vous paraît volontaire n'hésitez pas, après la séance et à la première occasion favorable, à lui exprimer franchement vos doutes ou vos impressions. Si vous percevez une fraude involontaire, mettez le médium en garde contre lui-même : agissez avec lui avec sincérité toujours, mais en même temps avec douceur et courtoisie.

Malheureusement, ces sages conseils ne sont pas toujours suivis ; certains observateurs, suggestionnés par leurs préventions, par la légende que *tous les médiums* sont nécessairement des fraudeurs, laissent percer une hostilité, un dédain injurieux, un scepticisme qui arrive jusqu'à l'insolence, de sorte que le médium s'énerve et que l'on n'obtient rien. Un peu d'égards n'empêche pas de faire des observations très rigoureuses. Si l'on emploie des appareils, il ne faut pas craindre d'en expliquer le mécanisme au médium, surtout si c'est une femme sans instruction, comme Eusapia, par exemple, car du moment qu'elle en comprend l'utilité, elle accepte très volontiers de se soumettre à ce contrôle :

Pendant les cent dix séances que j'ai eues avec Eusapia, dit M. Ochorowicz (1), je n'ai *jamais* observé de sa part une tendance volontaire, consciente, à rendre le contrôle inefficace. Au contraire, elle m'a souvent réparé des appareils de contrôle endommagés par accident, et une fois, elle a perfectionné, en le rendant plus sérieux, un appareil de contrôle imaginé par M. Reichmann. Seulement, il ne faut pas oublier qu'elle-même est un instrument vivant, sensible, irascible même, et que c'est une femme sans instruction.

Si on la traite comme un ampèremètre ou un voltmètre, on risque bien de prouver, non pas la non-existence des phénomènes, mais sa propre incompétence. Et de l'autre côté, comme c'est une femme privée de toute instruction, il ne faut pas s'étonner qu'elle ne comprenne pas l'utilité de la plupart des arrangements dont on l'en-

---

(1) Ochorowicz, *Annales Psychiques*, 1er-15 septembre 1909. Voir la note de la page 275.

toure en secret, y voyant seulement une preuve de méfiance. Mais si l'on se donne la peine de les expliquer, elle ne recule jamais devant aucun moyen de contrôle.

On comprend combien sont précieuses les remarques d'un médium qui est en même temps un bon observateur ; j'ai utilisé déjà les notes de Mme d'Espérance et je crois devoir en faire autant pour Stainton Moses, qui fut aussi fort bien doué au point de vue médianimique.

Voici ce qu'il dit en parlant de la force psychique et des conditions dans lesquelles elle peut s'extérioriser (1) :

Cette force varie beaucoup ; elle peut disparaître et renaître : son action diffère avec les circonstances et les personnes. Chez les uns, elle augmente avec l'abstinence et la retraite ; chez d'autres elle est activée par une abondante alimentation. Certains psychistes (médiums) agissent parfaitement seuls ; d'autres puisent beaucoup de force dans un cercle d'amis. Je pense qu'on ne peut formuler aucune règle. Une seule chose est certaine : c'est que tout ce qui trouble l'esprit du médium est de nature à empêcher, ou tout au moins à diminuer sérieusement l'intensité des manifestations. L'harmonie est indispensable au succès et quoi que ce soit qui puisse la produire, chants, parfums, conversation animée, prières même, tout doit être employé.

Les conditions le plus généralement favorables au développement de la force, sont la formation d'un cercle d'amis où les sexes sont également représentés. Il est certain qu'une lumière trop vive est défavorable, ainsi que la fixité trop grande des regards sur le lieu où se produisent les phénomènes. L'obscurité favorise les manifestations bruyantes et elle est naturellement nécessaire pour la production des phénomènes lumineux. Mais sauf dans les cas très rares où l'on veut montrer jusqu'où on peut aller, l'obscurité diminue la valeur des phénomènes. Il est rare que dans de telles conditions on puisse faire des études sérieuses.

M. Moses recommande aussi l'aménité vis-à-vis du médium :

Comme je l'ai dit plus haut, ajoute-t-il, la condition la plus essentielle du succès, est que le psychiste, par lequel passe la force agissante, soit absolument à l'aise et sans contrainte. S'il s'est formé une opinion particulière sur la source des phénomènes,

---

(1) STAINTON MOSES, *Psychographie*, traduction française par M. le Dr Dusart, dans la *Revue Spirite*, 1900, p. 330.

on s'exposerait à les faire avorter, si on la combattait par des arguments quelconques. Laissez-le avec les idées dont il est imprégné et qui donnent à son esprit et à son corps le calme nécessaire ; laissez-lui prendre librement telles mesures qu'il croira propres à assurer le succès, et celui-ci surviendra dans la plupart des cas.

Cette dernière phrase se rapporte à un fait qui se produit assez souvent : Il n'est pas rare, soit au commencement, soit dans le cours de la séance, que le médium demande aux assistants de changer de place. On ne doit pas croire que ce soit pour se rapprocher d'un compère ; c'est, le plus souvent, pour avoir à proximité une source de force plus abondante.

M. Maxwell dit à ce sujet (1) :

Je crois avoir remarqué que certaines personnes dégagent cette force (celle utilisée pour les manifestations) plus facilement que d'autres ; aussi voit-on très souvent les médiums demander à avoir pour voisins certains expérimentateurs. Il ne faut pas croire que ce choix soit déterminé par la facilité plus grande que certaines personnes offrent à l'exécution de phénomènes frauduleux. Il m'arrive généralement d'être ainsi choisi et je prie mes lecteurs de croire que j'ai horreur de la fraude et des tromperies ; d'un autre côté, j'ai une assez grande habitude des expériences, je n'y éprouve aucune espèce d'émotion, je conserve mon sang-froid et j'observe avec soin... Ce serait une erreur de croire que ce choix souvent fait par le médium soit intéressé. En réalité, il me paraît que le médium, organisme plus sensible que la moyenne, reconnaît vite les personnes qui émettent le plus facilement la force dont il a besoin pour réparer ses pertes.

Un jour, à l'Agnélas, pendant une lévitation d'Eusapia, celle-ci saisit la main de M. Maxwell, sans lâcher celle de ses contrôleurs, et l'appel de force fut si violent que celui-ci ressentit une sorte de crampe d'estomac, accompagnée de défaillance.

A Naples, la femme du professeur Bottazzi favorisait également la production des phénomènes (2). Ayant été effrayée par une main noire, Mme Bottazzi quitta le contrôle d'Eusapia, mais « John » par la table réclama sa présence, ce qui montre clai-

---

(1) MAXWELL, *les Phénomènes psychiques*, p. 45.
(2) BOTTAZZI, *Annales Psychiques*, septembre 1907, p. 656.

rement l'influence qu'exercent les personnes composant la chaîne médianimique sur l'activité du médium.

LES ASSISTANTS

Pour former un cercle, une recommandation des plus importantes est de choisir des personnes qui sont, autant que possible, en communauté de sentiments. Je répète encore que la foi n'est nullement nécessaire. Il suffit de s'unir dans le désir d'observer les phénomènes avec sang-froid et sans parti pris. Plus la communion de pensée sera intime, plus les manifestations augmenteront d'intensité. C'est ainsi qu'au *Circolo Minerva*, à Gênes, les savants qui expérimentaient, arrivèrent à cette unité mentale après une série de séances dans lesquelles, s'étant assurés de la réalité des faits, ils n'eurent plus qu'un désir unanime : celui de les voir acquérir toute leur intensité. A partir de ce moment, aucune force contraire ne neutralisant plus, dans le cercle, les forces médianimiques, les apparitions purent se matérialiser plus complètement et se faire enfin reconnaître.

Le docteur Venzano a très bien résumé ces remarques dans les deux passages suivants, qui s'appliquent avec autant de justesse aux autres groupes qui réussirent pleinement, tels que ceux de Crookes, de MM. Reimers et Oxley, d'Aksakof à Londres, du docteur Gibier, etc. Voici comment il s'exprime en parlant de la séance où il obtint des preuves personnelles (1) :

Dans la séance de laquelle nous extrayons l'épisode qui nous regarde, contrairement à ce qui se produit dans les séances avec Mme Paladino, les manifestations se sont succédé pendant *qu'elle était parfaitement éveillée*. Cet état de choses, en tenant compte aussi de la riche phénoménologie obtenue, est sans aucun doute l'effet d'une exceptionnelle homogénéité de milieu et d'une particulière aptitude médianimique de la part du médium. Cela prouve aussi (nous l'avons vu, et le verrons mieux par la suite pour ce qui se rapporte à l'obscurité) que l'état de trance peut ne pas être nécessaire pour obtenir des phénomènes importants, toutes les fois que

---

(1) Voir plus haut, p. 565.

la *potentialité médianimique* est intense et que l'entraînement parmi les spectateurs est complet.

Dans ce cas, en règle générale, l'épuisement du médium au terme de la séance est minime, et nous avons constaté en effet qu'à la fin de la séance en question elle se trouvait en des conditions tout à fait normales, bien différemment de ce que l'on vérifie en elle après un état de trance prolongé *et contrarié*. Nous ne nous sommes pas servi au hasard du mot *contrarié*, parce qu'une longue expérience nous a appris que, toutes les fois que des éléments aprioristiquement opposés entrent dans la séance, non seulement la phénoménologie se produit d'une manière difficile et pénible, mais on remarque chez Eusapia de tels mouvements, qu'ils suscitent, dans l'âme de ceux qui assistent pour la première fois à la séance, des soupçons de fraude très légitimes. Tout cela s'explique certainement par la contrariété occasionnée par le peu de sérénité et l'action suggestive de ces expérimentateurs qui, dans les manifestations qui vont se produire, veulent à tout prix découvrir une supercherie de Mme Paladino.

On se souvient que dans la séance tenue chez M. Avellino (p. 556), tous les esprits qui apparurent furent visibles à la lumière du gaz, phénomène très rare avec Eusapia. Le docteur Venzano fait encore justement remarquer à ce propos (1) :

Les adversaires objectent ordinairement que la phénoménologie médianimique ne peut se produire que dans l'obscurité. Comme on le voit, le cas actuel est une preuve éloquente de la possibilité du contraire. Les formes matérialisées, par nous perçues, résistèrent assez longtemps à l'action de la lumière et n'eurent besoin de l'obscurité du cabinet médianimique que pour se concréter avant d'affronter la lumière.

Je reviendrai tout à l'heure sur l'action produite par la lumière sur les fantômes ; mais, déjà, on constate que lorsque la force fournie par le médium et le cercle est suffisante, la matérialisation peut se maintenir un certain temps. Je poursuis la citation :

Or, la raison de cette résistance ne peut être cherchée que dans *l'exceptionnel entraînement des assistants*. Il faut même rappeler à ce propos une circonstance déjà relevée par M. Bozzano, à propos de la séance en question, que deux dames, douées d'un assez grand pouvoir médianimique, faisaient partie de la séance, et qu'elles

(1) Docteur Venzano, *Annales Psychiques*, août 1907, p. 581.

contribuaient certainement à renforcer la médiumnité d'Eusapia.

Que tout le monde dispose plus ou moins d'un certain degré de médiumnité, cela peut se retenir désormais comme étant démontré par l'expérience (1), on a constaté aussi qu'il y a des facultés médianimiques, lesquelles, lorsqu'elles sont combinées, au lieu de s'additionner se diminuent. Il est évident que, dans notre cas, il s'est agi de médiumnités homogènes dont la somme eut pour résultat des conditions de milieu qui permirent aux formes matérialisées de résister à la lumière pendant plus d'une minute.

Il est parfaitement exact qu'il existe des variétés nombreuses, même parmi les grands médiums. Les uns, comme Eusapia, semblent plus particulièrement aptes à produire des phénomènes physiques d'extériorisation de la motricité, tandis que d'autres, en se spécialisant, arriveront aux matérialisations proprement dites, et, en s'entraînant, parviendront, comme Mme d'Espérance et parfois Eglinton, à rester parmi les assistants, les fantômes s'engendrant dans le cabinet. Ce n'est donc qu'accidentellement et dans des milieux particulièrement favorables, qu'Eusapia a pu servir de truchement aux invisibles qui voulaient se montrer aux observateurs.

M. Venzano est donc bien fondé à dire :

Dans le cas présent, malgré l'homogénéité du milieu et le suprême degré d'intensité médianimique de la part du médium, nous observâmes que les formes matérialisées ne sortirent pas complètement du cabinet et ne laissèrent apercevoir qu'une partie d'elles-mêmes. Nous constatâmes que la forme de femme qui venait s'appuyer sur la partie supérieure du piano (voir p. 558) avait l'un des membres supérieurs formé du bras et d'une portion seulement de l'avant-bras. Tout ceci serait la continuation de ce que nous avons dit précédemment, c'est-à-dire qu'avec la médiumnité d'Eusapia, contrairement à ce qui s'obtient avec des médiums beaucoup plus puissants qu'elle sous ce rapport, on peut vérifier bien rarement des matérialisations complètes.

Tous les observateurs qui ont beaucoup expérimenté sont

(1) Déjà, il y a 50 ans, ALLAN KARDEC déclare dans le *Livre des Médiums*, p. 195, que tout le monde, « à peu de chose près, est médium, mais que cette appellation est réservée à ceux chez lesquels la faculté médianimique est nettement caractérisée ». On voit donc que l'expérience confirme les enseignements du grand initiateur.

d'accord pour reconnaître l'importance primordiale d'un milieu harmonique, si l'on veut arriver à de bons résultats. On se souvient qu'Aksakof fit exprès le voyage de Londres pour essayer de photographier simultanément le médium Eglinton et Abdullah (voir p. 297). Ses tentatives ne réussirent pas du premier coup, mais il y parvint enfin et, suivant lui, ce résultat est dû au milieu dans lequel il s'est trouvé :

Je puis donc, dit-il (1), considérer mes efforts à Londres comme couronnés de succès. Ce succès, j'en suis entièrement redevable au cercle qui s'est prêté à mes expériences.

Je savais que la condition essentielle pour obtenir de bons résultats médianimiques, c'était un milieu approprié ; je savais que tout dépend du milieu, mais jamais je n'avais encore eu l'occasion de m'en assurer d'une manière aussi évidente.

La facilité, la promptitude et la netteté avec laquelle les phénomènes se produisaient était au-dessus de toute comparaison avec ce que nous avions vu à Saint-Pétersbourg. Indépendamment de la composition d'élite du cercle dans lequel j'avais été admis, nous étions favorisés par cette condition importante que dans ce cercle, on avait déjà obtenu des photographies transcendantales et que, par conséquent, la présence de l'élément médianimique nécessaire avait déjà préparé le terrain.

À son tour, M. Maxwell (2) constate que les recommandations des spirites, au sujet de la composition du cercle, sont justifiées :

On pourrait croire que cette recommandation (celle d'être sérieux) est inutile : cependant il n'en est rien. Les spirites, dont l'expérience en pareille matière n'est pas à dédaigner, insistent sur la nécessité de l'harmonie du cercle. Ils assurent que c'est là une condition essentielle de la réussite. Mon expérience personnelle confirme sur ce point leur opinion. J'ai souvent vu des séances s'annoncer comme devant être bonnes et devenir brusquement stériles à la suite d'une futile discussion entre les assistants.

L'harmonie que recommandent les spirites est une sorte d'équilibre entre l'état mental et affectif des assistants; ils doivent être animés du même esprit — je ne prends pas ce mot dans son acception spirite — et chercher la vérité dans l'hypothèse où ils opère-

(1) *Animisme et Spiritisme*, pp. 236-237.
(2) MAXWELL, *les Phénomènes psychiques*, p. 45.

ront comme je l'ai fait. Cette unité de vues, cette uniformité des désirs, cette harmonie entre les cerveaux et les cœurs assure la synergie des forces que développe chaque membre du cercle.

On le voit par les citations précédentes, si un bon médium est indispensable pour obtenir des matérialisations, il n'est pas moins nécessaire de former un groupe homogène, afin que la force psychique indispensable soit fournie à ce médium, sous peine de l'épuiser complètement.

En résumé : 1° chaque membre du cercle contribue plus ou moins à la formation du courant fluidique, dont l'intensité est maximum quand tous les désirs sont orientés dans la même direction ; 2° ce courant est renforcé s'il existe dans l'assistance des médiums qui extériorisent facilement la force psychique ; 3° le médium semble jouer le rôle d'un accumulateur ; plus il est chargé par le cercle, moins il dépense personnellement, de sorte qu'il est moins épuisé que dans les séances où il est presque seul pour faire face à la dépense d'énergie nécessaire, ce qui lui permet parfois de ne plus tomber en trance ; 4° alors les intelligences désincarnées peuvent se former plus complètement et en toute indépendance du médium.

Maintenant, il est plus facile de concevoir pourquoi l'introduction d'éléments étrangers dans le cercle a pour résultat de troubler les délicates conditions de milieu qui sont nécessaires pour produire les matérialisations. Nous avons vu, avec M. Livermore (p. 433) que, lorsqu'il voulut faire constater par le docteur Gray la réalité de l'apparition d'Estelle, les manifestations subirent un temps d'arrêt, jusqu'au moment où un nouvel équilibre s'établit. Il en est toujours de même ; c'est pourquoi il faut n'admettre dans un cercle des éléments nouveaux qu'avec beaucoup de prudence, et seulement un à un, si l'on ne veut pas s'exposer à retarder les manifestations.

LA CONDUITE DES SÉANCES

L'observation nous a fait constater que la place des expérimentateurs dans le cercle n'est pas toujours indifférente et que l'on doit laisser le médium libre de disposer les membres de l'assistance dans l'ordre qui lui paraît le meilleur. Une fois cet arrangement établi, on fera bien de le suivre dans les autres séances. Il est désirable que celles-ci soient tenues régulièrement et avec les mêmes personnes, sans cependant que les réunions dépassent deux par semaine, afin d'éviter la fatigue. Les membres du cercle doivent être en bonne santé, ainsi que le médium, car c'est encore un résultat de l'expérience que la maladie entrave et même supprime les manifestations.

Il faut aussi, pour que le calme règne pendant les séances, que l'un des membres en prenne la direction. Si chacun veut parler, discuter les faits, imposer son opinion, ou se croit le droit de demander des phénomènes particuliers, le désarroi s'introduit dans la réunion et l'on n'arrive à rien de bon. La conduite la plus sage est de laisser les manifestations se développer dans l'ordre qu'il plaît à la cause agissante de leur assigner. Il ne sert à rien de vouloir imposer des conditions ; si l'on juge que certaines expériences seraient plus intéressantes que d'autres, on doit les demander au guide du médium, avec urbanité, et il est rare que celui-ci ne défère pas aux désirs de l'assistance.

M. le professeur Porro, parlant des expériences du Circolo Minerva, écrit (1) :

Ici, je dois noter un fait qui me paraît d'une importance extrême pour clore la bouche à ceux qui croient que la volonté des expérimentateurs *doit* s'imposer pour le développement des phénomènes, et que les intelligences occultes *doivent* se prêter complaisamment à toutes nos exigences. Je reçois beaucoup de lettres, principalement anonymes, dans lesquelles on me donne des conseils au sujet du contrôle.

Peine perdue, messieurs! Nous avons tous passé par les phases d'incrédulité, de défiance, de doute et toutes les précautions à prendre contre les agents et le médium nous sont venues à l'esprit ; de plus, quelques-uns d'entre nous avaient concouru à démasquer des médiums trompeurs qui simulaient adroitement des phénomènes. Si, au cours des expériences dont je parle, nous n'avons pas voulu pousser le contrôle au delà des limites du bon sens, et si nous laissons le champ libre aux intelligences occultes, afin qu'ils

---

(1) PORRO, Relation de dix séances au *Circolo Minerva*, in *Rev. scient. et mor. du Spirit.*, décembre 1901, p. 341.

déploient leur activité comme ils le jugeront le meilleur, je crois que personne ne peut nous accuser de faiblesse ou d'impéritie. Les résultats ont prouvé que les entités se montraient presque flattées de notre manière d'agir et faisaient tout leur possible pour nous donner des preuves de leur présence et de leur bienveillance.

Il est réellement très utile que les assistants prouvent, par leur conduite, qu'ils sont dignes de la bienveillance que les esprits leur témoignent. Aussitôt que les guides sont sûrs que rien ne portera atteinte à la santé du médium, les faits deviennent plus intéressants et se multiplient. William Crookes l'a nettement indiqué dans le passage suivant (1) :

Pendant que je prenais une part active à ces séances, la confiance qu'avait en moi Katie s'accroissait graduellement, au point qu'elle ne voulait plus donner de séances à moins que je ne me chargeasse des dispositions à prendre, disant qu'elle voulait toujours m'avoir près d'elle et près du cabinet. Dès que cette confiance fut établie, et quand elle eut la satisfaction d'être sûre que je tiendrais les promesses que je pouvais lui faire, les phénomènes augmentèrent beaucoup en puissance, et des preuves me furent données qu'*il m'eût été impossible d'obtenir si je m'étais approché du sujet d'une manière différente.*

Elle m'interrogeait souvent au sujet des personnes présentes aux séances, et sur la manière dont elles seraient placées, car dans les derniers temps elle était devenue très nerveuse à la suite de certaines suggestions malavisées qui conseillaient d'employer la force pour aider à des modes de recherches plus scientifiques.

Le docteur Paul Gibier (2) juge bon, également, d'appeler l'attention des expérimentateurs sur la réserve qu'il convient de montrer vis-à-vis des matérialisations, il le fait en ces termes :

Je n'ajouterai plus qu'une remarque au sujet des matérialisations, c'est celle-ci : dans les réunions ayant pour but d'assister à ce phénomène, les formes matérialisées se montrent très timides, au début, même avec un bon médium. Lorsque les assistants se connaissent et qu'*une confiance mutuelle s'établit entre eux et le*

---

(1) W. Crookes, *Recherches sur le Spiritualisme*. La médiumnité de Mlle Florence Cook, p. 16.
(2) Paul Gibier, *Psychologie expérimentale*, etc. *Rev. scient. et mor. du Spirit.*, 1900, p. 737.

médium, les formes se laissent plus facilement approcher et toucher ; exemple : j'avais eu de nombreux entretiens avec « Ellan » qui me permit de lui serrer la main, mais qui s'évanouit et disparut, dès qu'une autre personne qu'il connaissait à peine s'approcha. « Maudy » avait une prédilection pour l'une des dames qui assistaient à nos expériences et qu'elle connaissait depuis au moins quinze ans. *Il faut gagner leur confiance*. Cette remarque pourra avoir son utilité pour ceux qui s'engageront dans l'étude de ces phénomènes.

Cette unanimité, de la part d'observateurs aussi qualifiés, montre clairement l'erreur de ceux qui s'imaginent qu'ils pourront contraindre les apparitions à se plier à leurs fantaisies. C'est en suivant ces errements déplorables qu'on fatigue inutilement les médiums et que l'on n'arrive jamais à des expériences satisfaisantes. Mais la faute en retombe en entier sur ces expérimentateurs maladroits qui, ainsi que le dit Ochorowicz, ne prouvent ainsi qu'une seule chose : leur incompétence.

Le nombre des membres du cercle n'est pas indifférent. Autant que possible, il ne doit pas dépasser huit ou dix personnes, des deux sexes, puisque l'on arrive plus facilement à obtenir ainsi cette harmonie qui est si désirable. Il faut éviter également de concentrer trop vivement son attention sur les phénomènes, car c'est la passivité des assistants qui est la condition la plus favorable.

Avec Eusapia, la table demande souvent que l'on parle, non pour que le contrôle soit ainsi moins sévère, mais pour éviter la tension intellectuelle qui empêche l'extériorisation de la force psychique. Dans d'autres séances, on arrive au même résultat au moyen de la musique, ou de chants quelconques, entonnés en chœur. Cette pratique, pour ridicule qu'elle puisse paraître, a cependant son utilité.

Voici, encore sur ce point, l'avis de M. Maxwell (1) :

J'ai remarqué que le chant en commun et la musique avaient une action favorable à la production du phénomène. (Il s'agit des lueurs.) Cette circonstance est cependant aussi une cause de suspicion parce que le bruit du chant ou de la musique peut couvrir celui que le médium fait en s'agitant...

(1) Maxwell, *ouvrage cité*, pp. 143 et 145.

En tout cas, réserves faites d'une fraude que je reconnais possible quoique improbable, le chant m'a paru avoir une influence favorable sur le phénomène. J'ai eu l'occasion de constater cet effet de la parole chantée ; je ne puis songer à en donner l'explication, bien qu'on puisse soupçonner quelle elle peut être. Je me bornerai à faire remarquer le rôle que le chant joue dans les cérémonies religieuses et celui qu'on lui prêtait dans les cérémonies magiques : les mots *incantations*, *enchantement* sont à cet égard très significatifs.

Ce qui semble appuyer cette opinion, c'est le fait que les sensitifs voient le fluide s'échapper de la bouche des personnes qui parlent ou qui chantent, avec plus d'abondance que lorsque l'on garde le silence (1).

Maintenant que l'importance du rôle des assistants est bien établie, voyons comment le médium contribue à la formation du fantôme et les relations qu'ils ont entre eux.

LA GENÈSE DU FANTÔME

ON VOIT LA MATIÈRE DU FANTÔME SORTIR DU CORPS DU MÉDIUM

Il résulte de tous les faits que j'ai rapportés jusqu'alors, que la présence d'un médium est indispensable pour produire des matérialisations. Quel rôle joue-t-il dans ce phénomène ? En suivant toujours l'expérience pas à pas, on peut affirmer que la substance pondérable qui constitue le corps matériel du fantôme est empruntée à l'organisme physique du médium, car nous en possédons des preuves de différentes sortes, également convaincantes. C'est d'abord la vue de la matière qui sort du corps du sujet et de laquelle l'apparition surgit ; dans d'autres cas, on constate que le médium a perdu une partie de sa substance par la diminution de volume de son corps ; enfin des pesées ont établi avec certitude une perte de poids du médium, en correspondance avec le

---

(1) Reichenbach, *l'Homme sensitif*, 1ᵉʳ volume, p. 165. Suivant cet auteur, le souffle est fortement od-négatif. Voir aussi De Rochas, *le Fluide des magnétiseurs*, De la production de l'od dans le corps humain, p. 127.

poids du fantôme. Je vais résumer rapidement ce qui a trait à cette démonstration.

Il est très rare que l'on assiste à la naissance du fantôme quand le médium est visible. Ordinairement, c'est dans le cabinet qu'a lieu ce que l'archidiacre Colley appelle la *parturition psychique*. Mais, dans un cas comme dans l'autre, toujours l'être qui se matérialise le fait à l'abri de la lumière, de sorte qu'il surgit tout à coup, tout formé, de l'amas plus ou moins condensé qui était seul visible.

Je rappelle les termes mêmes dont se servit l'archidiacre (voir p. 522) :

Fig. 64. — Photographie de M. l'archidiacre Colley.

Nous voyions *un filet de vapeur*, comme celui qui sortirait de l'orifice d'une chaudière, traverser les vêtements noirs du médium un peu au-dessous du sein gauche. Cela formait bientôt *une espèce de nuage*, d'où sortaient nos visiteurs psychiques, en se servant apparemment de cette vapeur fluidique pour former les amples habillements blancs dont ils étaient entourés.

Ce qui est exceptionnel, c'est que ce phénomène se produisait « sous le plein éclairage du gaz et même parfois à la lumière du jour ».

Il faut dire que les membres du cercle, appartenant presque tous au clergé, s'étaient soumis à un entraînement sévère ne buvant pas d'alcool, ne fumant pas pendant toute une année, et observant les règles d'une hygiène rationnelle de la nourriture.

De même que les apparitions sortaient du côté du médium, elles y rentraient à la fin de la manifestation. Parlant d'une forme enfantine qui avait joué dans la chambre, M. Colley dit :

Enfin, en se rapprochant avec abandon et confiance de l'auteur de son existence momentanée, la fine créature fut graduellement *absorbée par lui* et disparut *en se fondant dans le corps de notre ami.*

Alfred Russel Wallace, dans sa déposition devant le tribunal au sujet du procès Maskelyne, est non moins formel, et encore plus précis, en décrivant le processus de la matérialisation qui eut lieu à la pleine lumière du jour :

Le docteur Monck, dit-il, était debout et paraissait en trance. Quelques instants après, une *légère vapeur blanche* apparut *au côté gauche de son habit;* sa densité augmenta; c'était *comme des flocons blancs qui s'agitaient dans l'air* et qui s'étendirent ainsi, *du plancher jusqu'à la hauteur de son épaule.* Peu à peu, *cette espèce de nuage blanc se sépara du corps du médium* jusqu'à ce qu'il parvint à *trois mètres environ de lui,* et *se solidifia jusqu'à prendre l'apparence d'une femme habillée de draperies blanches flottantes...*

Pour le retour de la matière au médium, elle s'opère en sens inverse de la sortie :

L'apparition se rapprocha lentement du docteur Monck et commença à devenir moins brillante. Le *mouvement d'ondulation de la matière blanche recommença,* et le tout *rentra dans le corps du médium, de la même manière qu'il en était sorti.*

C'est donc bien réellement avec de la matière appartenant au médium que **le fantôme se constitue**; mais la *forme* que revêt cette matière n'est pas celle du médium, elle en diffère complètement. Alors que dans le dédoublement l'apparition est la reproduction photographique et anatomique de l'agent, comme le démontrent tous les cas naturels de fantômes de vivants et les expériences faites par M. de Rochas sur ses sujets (voir vol. I, pp. 376 et suiv.) et plus tard par d'autres observateurs, en compagnie d'Eusapia, de Mme Fay, etc. ; ici, c'est un être étranger qui se constitue et dont les facultés intellectuelles sont indépendantes de celles du médium. Cette remarque est de la plus haute importance, car elle permet de distinguer un dédoublement d'une apparition de l'au-delà.

Cet enfantement visible a pu être observé également avec Eglinton, et il existe entre les descriptions de ce phénomène et celles de MM. Colley et Wallace les plus remarquables analogies, bien que les récits aient été faits d'une manière indépendante et sans connaissance préalable les uns des autres.

Mme Florence Marryat (1) raconte aussi qu'une matérialisation s'est produite à la fin d'une séance, le 5 septembre 1884, devant l'assistance. Un procès-verbal de cette expérience, signé par tous les témoins, fut publié également par M. Farmer (2). J'en extrais le passage suivant :

Joey (un guide d'Eglinton) nous annonça que l'on allait essayer de nous montrer *comment les esprits étaient formés du médium.* C'était le couronnement de la soirée.

Eglinton, en trance, sortit du cabinet, entra dans la chambre en marchant à reculons, comme s'il luttait avec le pouvoir qui l'amenait ; ses yeux étaient fermés, il semblait respirer avec difficulté. Il se tenait debout au milieu de nous, s'appuyant sur une chaise. Bientôt une *masse légère comme un nuage de fumée* devint visible sur sa hanche gauche, ses jambes furent illuminées par des lueurs qui les parcouraient du haut en bas; *un nuage blanc* apparut sur sa tête et ses épaules. Cette masse augmentait de volume. Eglinton respirait de plus en plus fort, pendant que d'invisibles mains tiraient *la draperie nuageuse de sa hanche gauche* en longues bandes qui s'aggloméraient aussitôt formées, tombaient sur le sol et étaient remplacées par d'autres ; *le nuage continuait à s'épaissir.*

Nous avions les yeux fixés sur ce spectacle lorsqu'en un clin d'œil la masse fluidique s'évapora et un esprit complètement formé se tenait devant nous ! Personne ne pouvait dire *comment* il avait surgi, ni d'où il venait, mais le fait est *qu'il était là...*

On remarquera que la matière sort aussi du côté gauche du médium, à la hauteur de la hanche, et que l'apparence de cette matière est pour l'archidiacre Colley « un flot de vapeur » et pour Mme Marryat « un nuage de fumée » qui devient blanc en se condensant.

Voici un autre témoignage, cité par M. Gardy (3), émanant de M. J.-H. Mitchiner, dans lequel on retrouve les mêmes détails caractéristiques; l'auteur l'a adressé au *Light*, en voici la traduction :

---

(1) Florence Marryat, *There is no death.* William Eglinton, chap. XIII.
(2) Farmer, *Twixt two Worlds.*
(3) Gardy, *Cherchons*, pp. 133, 134 et 135.

En faisant une révision de mes vieux documents, j'ai retrouvé le compte rendu suivant d'une séance, tenue le 11 février 1885, qui pourrait intéresser vos lecteurs. Je sais que ce phénomène, auquel j'ai donné le nom d'enfantement astral, a été constaté dans plus d'une occasion avec le même sensitif. Le cercle se composait de huit personnes, non compris le médium, quatre dames et quatre messieurs.

La salle resta éclairée durant toute la séance par un bec de gaz, donnant suffisamment de lumière pour permettre de voir chacun des assistants, et tous les objets saillants de la chambre. Mais il ne m'aurait pas été possible de lire dans un livre ni de distinguer l'heure à ma montre.

Après l'apparition et la disparition de quatre formes différentes et des deux sexes, venues de l'antichambre dans le cercle, M. Eglinton, le sensitif, tomba dans l'état de *trance* et se mit à se promener en avant et en arrière *devant l'assistance*. Je remarquai alors un objet ressemblant à un mouchoir de poche blanc, qui pendait *à sa hanche droite* (?) Cet objet, d'une longueur d'un pied environ, resta pendant quelques secondes balancé par les mouvements du médium qui se promenait dans la chambre en chancelant. Comme j'étais placé à l'une des extrémités de la chaîne, ma main gauche était libre. S'arrêtant devant moi, M. Eglinton me saisit tout à coup la main d'une façon convulsive et assez violemment pour que son étreinte fût douloureuse. La substance suspendue à son côté commença alors à descendre vers le parquet et à s'accumuler jusqu'à ses pieds, enveloppant ses jambes d'*une espèce de vapeur blanche*, dont je comparai l'apparence à celle du coton cardé.

Pendant ce temps, le médium faisait entendre des gémissements lamentables, et ses contorsions pouvaient faire croire qu'il était en proie à une véritable agonie. *Lorsque la vapeur*, si on peut la désigner ainsi, eût cessé *de s'écouler de son flanc*, elle se forma en colonne et prit l'aspect d'un corps humain. On la vit alors se condenser, et, avant que les assistants aient pu se rendre compte de ce qui se passait, une forme complète en chair et en os, un grand et bel homme, vêtu de blanc, se trouvait devant eux.

Le personnage portait toute la barbe, de couleur foncée; il avait quelques pouces de plus que le médium, ce qui était facile à constater, vu qu'ils étaient à côté l'un de l'autre. Esprit et Médium restèrent ainsi en face de nous pendant un moment, le dernier paraissant supporté par le bras de l'Esprit, qui le tenait par la taille. M. Eglinton lâcha alors ma main et s'éloignant un peu de moi, d'un pas mal assuré, on put distinguer une *sorte de ruban blanc*, d'environ 4 pouces de largeur, par *lequel le flanc du médium était lié à celui de l'Esprit*. Je vis alors ce cordon d'enfantement astral se détacher subitement et, aussitôt qu'il fut réintégré dans le corps de M. Eglinton, celui-ci rentra dans le cabinet, où il se laissa tomber dans son fauteuil, tandis que l'Esprit restait seul au milieu du cercle, s'y promenait et nous serrait la main, tant à moi-même qu'à une ou deux autres personnes. Nous trouvâmes, après son départ, le sensitif dans un tel état d'épuisement, que la séance dut être immédiatement levée.

M. Mitchiner écrit que la vapeur sortait de la hanche *droite* ; c'est peut-être une erreur de sa part, car tous les récits spécifient que c'était du côté gauche que la matière fluidique s'extériorisait. On remarquera que le médium saisit la main de M. Mitchiner pour s'assimiler la force du cercle, et qu'à partir de ce moment le phénomène devint plus intense.

Dans une autre séance (1), en 1877, le docteur Carter Blake (2) assista au retour de la forme dans le corps d'Eglinton. Dans une maison particulière, un Esprit s'étant montré, quelques personnes voulurent voir le médium en même temps :

On tira les portières qui fermaient la chambre où se trouvait le médium, et l'on vit alors la forme brune près d'Eglinton, assis dans son fauteuil. Ceci n'ayant pas semblé suffisant pour tout le monde, la forme fit quelques pas de côté et se tint en face d'Eglinton, qui s'était levé de son siège et tordait ses bras d'une façon convulsive. Cette fois le doute n'était plus possible, dit le docteur Blake, et tous les assistants purent constater ce phénomène pendant cinq ou six minutes. Ensuite Eglinton s'étant assis de nouveau, la forme *parut se fondre dans le corps du médium et s'unir avec lui à la hauteur de la poitrine...*

M. Tafani (3) cite aussi le récit d'un témoin d'une autre séance, qui dit :

J'ai vu, et tous les assistants virent comme moi, sortir de la poitrine d'Eglinton, par l'entrebâillement de la chemise, une *vapeur blanchâtre qui se condensa en augmentant de volume* et commença à s'agiter d'une étrange façon, de telle sorte que cette masse, d'abord

---

(1) Erny, *le Psychisme expérimental.* Formes matérialisées, p. 159.
(2) C'est le même qui obtint un moulage du pied droit d'Eglinton. Voir vol. I, p. 470.
(3) *Luce e Ombra*, octobre 1907. Voir la traduction française dans la *Rev. scient. et mor. du Spirit.*, novembre 1907, p. 319.

informe, *palpitait comme si elle avait été vivante*. Quand elle eut atteint la hauteur de 3 mètres, on vit sortir brusquement de cette *masse blanche* un être humain *qu'on aurait cru surgi du parquet*. C'était un être puissant, de taille gigantesque, la figure encadrée d'une large barbe noire, grisonnante, qui descendait sur la poitrine en deux longues masses. Les yeux très vifs étaient enfoncés dans les orbites; le nez était aquilin et sa puissante tête était couronnée de cheveux moins noirs que sa barbe.

La masse vaporeuse s'était évanouie, sauf *un léger lien du volume d'un ruban, qui allait de la poitrine du médium à celle du fantôme matérialisé*. A un certain moment, ce lien se rompit; Eglinton eut une faiblesse et en même temps le fantôme *fondit et disparut*.

J'ai souligné dans le récit de M. Mitchiner la phrase où il est fait aussi allusion à ce ruban, à ce lien qui rattache l'esprit au médium.

Nous verrons, plus loin, que cette sorte de cordon ombilical a été souvent signalé et qu'il peut servir à expliquer les rapports qui subsistent toujours entre le médium et le fantôme, alors même que la liaison entre les deux n'est plus matériellement visible.

Les observations de tous ces narrateurs sont trop concordantes pour qu'on puisse douter de la réalité des faits, et j'ai à peine besoin de signaler l'absurdité qu'il y aurait à les attribuer à des supercheries de Monck ou d'Eglinton, puisqu'un prestidigitateur aussi habile que M. Maskelyne, aidé de toutes les ressources du machinisme d'un théâtre, n'a pu en faire qu'une grotesque parodie qui ne supportait pas un instant la comparaison.

L'ESPRIT SE FORME EN DEHORS DU CABINET

On se souvient que Mme Williams simulait le procédé de la naissance de l'esprit dans la salle au moyen d'une étoffe de mousseline, dont une partie seulement paraissait d'abord au ras du sol, en dehors du cabinet, puis se gonflait peu à peu, jusqu'à ce que la tête de la poupée, que recouvrait cette mousseline, devînt visible. Cette grossière imitation ne reproduit pas le véritable phénomène, tout simplement parce qu'une poupée est incapable de marcher seule, de causer, en un mot d'agir comme un être vivant. C'est en négligeant ces points essentiels que les adversaires du spiritisme prétendent à tort qu'on peut imiter toutes les apparitions, alors qu'il n'en est rien.

Nous venons de constater que la matérialisation ne paraît pas sortir toute formée du corps du médium ; elle s'engendre au milieu de la matière qui s'en échappe, mais il peut arriver que la manifestation n'aboutisse pas au résultat final, probablement lorsque des circonstances de milieu s'y opposent. Ainsi, à la fin d'une des séances de Mme d'Espérance à Christiania, dont j'ai déjà parlé (p. 345), il se produisit le phénomène suivant, alors que l'on croyait la séance terminée (1) :

On causait avec le médium, se demandant s'il ne fallait pas lever la séance, puisque l'on n'obtenait plus rien, lorsqu'on vit un *nuage léger* au-dessus de la tête du médium, qui déclara ne rien ressentir ; ce nuage variait en forme et en grandeur, quelquefois semblable à une balle, puis se développant lentement *comme de la vapeur sortant d'une machine*, mais toujours au-dessus du médium ; puis cela disparut et une colonne de la même pâle lumière en sortit et glissa à côté du médium. Ce nuage, de la grandeur d'un enfant de quatre à cinq ans, ne prit pas de forme humaine, mais resta quelque temps à la même place, s'élevant, s'abaissant, puis s'évanouit entièrement.

Nous retrouvons encore la comparaison avec de la vapeur, signalée déjà de divers côtés. Voici maintenant le récit de la formation de Nepenthès au milieu du cercle :

Le médium se retira dans le cabinet et l'on vit un *petit nuage blanc* se former *au milieu de la chambre*, sur le parquet ; il s'élevait, s'abaissait, augmentant de volume, et arrivé à la hauteur d'une personne, devint lumineux, et l'on en vit sortir une femme d'une beauté absolument idéale, elle se dématérialisa de la même manière.

Nous avons déjà noté le même procédé de formation du fantôme avec bien des observateurs différents.

C'est d'abord Mlle Louisa S. Nosworthy (p. 238) qui, dans une

(1) Voir le journal *Light*, 3 mars 1900. Traduction française dans la *Rev. scient. et mor. du Spirit.*, mai 1900, p. 696.

salle parfaitement examinée par un architecte, et avec une bonne lumière, raconte que :

Le rideau s'écarta, et dans l'écartement on vit *un nuage*, ayant une vague ressemblance avec une forme humaine. *Cette vapeur* (1) devint de plus en plus dense ; il s'en dégagea la forme d'une tête et d'une main. La main se mit immédiatement à travailler la masse nébuleuse qui se trouvait au-dessous d'elle et en façonna une forme humaine, celle d'un homme de grande taille vêtu de blanc. Ce fantôme *quoique issu d'un nuage et formé sous nos yeux*, pour ainsi dire, nous donna bientôt des preuves qu'il n'était plus formé d'une vapeur impalpable : il s'avança au milieu de la chambre et nous serra fortement la main à chacun, etc.

Ce n'était pas un déguisement, car tous les assistants purent voir simultanément la forme matérialisée et le médium.

On conviendra que le mode de naissance du fantôme ne ressemble guère à une projection toute formée de la conscience subliminale du sujet. Cela paraît bien plutôt une intelligence étrangère que l'on voit à l'œuvre pour s'assimiler la substance psychique.

Le docteur Hitchman, président de la Société d'Anthropologie de Liverpool, qui assistait à ces séances, confirme en ces termes la description précédente (voir p. 290) :

Ces apparitions avaient l'air noble et gracieux au moral et au physique ; elles semblaient s'organiser graduellement aux dépens *d'une masse nébuleuse*, alors qu'elles disparaissaient instantanément et d'une manière absolue.

M. Livermore (p. 424) se trouvait seul avec Kate Fox, dont il tenait les mains dans l'obscurité, et l'esprit de sa femme put enfin se faire voir, mais en sortant progressivement, lui aussi, d'une substance brillante, moins vaporeuse que celle qui se produit à la lumière terrestre :

Bientôt une substance brillante, semblable à de la gaze, s'élève du parquet derrière nous, parcourt la pièce et finalement vient se placer devant nous. On entend comme de violentes crépitations électriques. Peu à peu l'étoffe légère revêt la forme d'une tête

---

(1) C'est moi qui souligne, pour faire ressortir l'accord de toutes ces narrations.

humaine recouverte d'un voile qui s'enroule autour du cou, etc.

On se souvient que le docteur Gibier, chez lui, avec un médium

Fig. 65. Apparition photographiée avec M⁰ᵉ d'Espérance.
Voir son livre : *Au pays de l'Ombre*.

solidement attaché par le cou, assista à cette naissance supraphysique du fantôme (p. 509). Il dit :

Un point blanc se montra sur le parquet au pied du cabinet. D'où je suis placé, je vois que cet objet se tient à environ 25 centimètres de la portière, *en dehors*. En deux ou trois secondes, cela devient gros comme un œuf et s'agite, rappelant à l'œil la coquille vide qui, dans les salles de tir, danse au sommet d'un jet d'eau. Rapidement, alors, l'objet s'allonge, devient une colonne d'un mètre de hauteur, sur environ 10 centimètres de diamètre, puis 1 m. 50, puis deux prolongements transversaux apparaissent à son sommet, lui donnant la forme d'un T. Cela ressemble à de la neige ou à *un nuage* épais de vapeur d'eau. Les deux bras du T s'agitent, une sorte de voile émane de leur substance; l'objet s'élargit et prend vaguement d'abord, puis distinctement ensuite, la forme blanchâtre d'une femme voilée. Deux bras blancs sortent *de dessous le voile*, qu'ils rejettent en arrière. Le voile *disparaît de lui-même*, et nous voyons une charmante figure de jeune fille, délicate, de taille svelte, élancée, de 1 m. 60 de hauteur environ, qui d'une voix à peine perceptible nous donne un nom : Lucie, etc.

C'est donc bien d'abord une sorte de voile fluidique qui est condensé le premier, et c'est à l'abri de ce rempart contre la lumière, dans l'intérieur de ce nuage opaque, que la matérialisation se produit. Il est plus que probable que lorsque l'on voit un bras sortir tout formé du corps d'Eusapia, c'est que la première partie du processus d'enfantement périsprital est restée invisible pour les spectateurs.

Dans son livre : *Au pays de l'Ombre* (1), Mme d'Espérance reproduit le récit d'un témoin, sur la formation dans le cercle de l'esprit *Yolande*. On remarquera les analogies qui existent entre toutes ces descriptions. Voici :

Premièrement, on peut observer comme un objet blanc, *vaporeux et membraneux* sur le parquet, devant le cabinet. Cet objet s'étend graduellement et visiblement, comme si c'était, par exemple, une pièce de mousseline animée, se déployant plis après plis sur le parquet, et cela jusqu'à ce que l'objet ait environ de deux et demi à trois pieds de long et une profondeur de quelques pouces, peut-être six pouces ou même davantage. Puis le centre de cet amas commence à s'élever lentement, comme s'il était soulevé par une tête humaine, tandis que les membranes *nuageuses* sur le parquet ressemblent de plus en plus à de la mousseline, qui retomberait en plis autour de la partie surgie mystérieusement. *Cela* a atteint alors trois pieds ou davantage ; on dirait qu'un enfant se trouve caché

(1) Mme d'Espérance, *Au pays de l'Ombre*, chap. XVIII, Yolande, p. 211.

sous cette draperie, agitant les bras dans toutes les directions, comme pour manipuler quelque chose.

Cela continue à s'élever, s'abaissant parfois pour remonter plus haut qu'auparavant, jusqu'à ce que *cela* ait atteint environ cinq pieds. On peut alors voir la forme de l'esprit arrangeant les plis qui l'entourent.

A présent, les bras s'élèvent considérablement au-dessus de la tête et Yolande apparaît, gracieuse et belle, s'ouvrant passage à travers une masse de draperies nuageuses.

On sent dans tous ces récits qu'une intelligence est à l'œuvre. C'est une volonté qui manipule la matière, qui la malaxe et, souvent, les résultats sont variables, suivant que l'être qui apparaît est plus ou moins habitué à se matérialiser. Pourquoi dans la même séance, si c'est le médium qui projette les fantômes, les uns seraient-ils si réussis, alors que d'autres ne sont, pour ainsi dire, que des ébauches ?

M. de Rochas a pu assister à cette formation visible d'un fantôme ; voici en quelles circonstances (1) :

A la fin de juillet 1896, Mme d'Espérance est venue passer quelques jours à Paris. Elle voulut bien essayer un soir, devant cinq personnes (Mmes Aksakof et Boutlerof, son amie la baronne de Zeidlitz, Mme Cauvin et moi) ce qu'elle était redevenue capable de produire (2).

Au bout de quelques minutes, nous vîmes tous une sorte de boule lumineuse apparaissant dans sa direction à hauteur, nous semblait-il, de sa poitrine ; cette boule, semblable, en effet, *à de la vapeur* où à un *brouillard lumineux*, s'allongea vers le sol, puis se resserra, prit les formes les plus diverses, présentant parfois des points plus brillants comme de petites étoiles. A la fin Mme Cauvin, qui cependant paraissait tout à fait ignorante de ce genre de manifestations, crut reconnaître la forme d'un enfant ; elle prit peur, voulut se lever, poussa des exclamations et apporta assez de trouble pour arrêter la manifestation : la vapeur lumineuse diminua de volume et finit par disparaître.

Cette vapeur, tout à fait semblable, sans doute, à celle qui, dans

(1) AKSAKOF, *Un cas de dématérialisation partielle du corps d'un médium.* En note, page 116.
(2) A la suite d'une expérience où Mme d'Espérance s'aperçut que le bas de son corps était dématérialisé, elle éprouva une frayeur nerveuse qui, pendant longtemps, lui enleva sa faculté médianimique.

des cas semblables, se dégageait du médium Eglinton, a été comparée par ce dernier à de la fumée de cigarette lumineuse ; le peintre James Tissot a employé l'expression de « clair de lune râpé ». Pour moi, l'impression serait un peu anlaogue à celle de la voie lactée, par une belle nuit, quand elle paraît d'une blancheur laiteuse.

J'ai cité aussi la description du Révérend Minot Savage (p. 515) qui ressemble à toutes les autres : tache blanche et nébuleuse sur le plancher, qui grandit jusqu'à ce qu'elle ait atteint la taille humaine. « On voyait les mains manipulant cette vapeur blanche et la rendant graduellement plus consistante. Puis tout à coup, une forme humaine entièrement développée se montrait aux assistants... »

L'ingénieur Mac-Nab, que j'ai déjà cité, dit dans son article publié par le *Lotus rouge* (1) :

Des *vapeurs blanchâtres* sortent d'abord *de la poitrine du médium*. Une boule de feu se meut devant lui et s'entoure d'une sorte d'étoffe qui s'agite sans cesse en s'arrondissant. La tête est faite, les mains paraissent, et l'apparition marche et parle. C'est une sorte de génération spontanée.

Sauf la dernière phrase, qui me paraît tout à fait hasardée, le reste de la description concorde bien avec toutes celles que nous avons vues jusqu'ici. Cette coïncidence entre des auteurs si différents et avec des médiums inconnus les uns des autres, me paraît une excellente preuve de la fidélité de ces rapports, et par conséquent de la réalité du fait lui-même de la matérialisation s'engendrant visiblement avec la substance du médium.

Mme F. Marryat (p. 473) nous apprend comment son beau-frère, encore inexpérimenté, se présenta pour la première fois devant elle, en Amérique, avec sa fille, matérialisée, celle-ci ne lui parlant pas :

Elle frappa mon bras avec sa main pour attirer mon attention. Je regardai à terre l'endroit qu'elle montrait et, à ma stupéfaction, je vis surgir à *travers le tapis* ce qui me parut la tête sans cheveux d'un bébé ou d'un vieillard, et une petite forme n'ayant pas plus de

---

(1) Erny, *le Psychisme expérimental*, p. 177.

trois pieds de haut se développa *graduellement*, présentant les traits d'Edward Church...

De même, dans trois séances différentes, j'ai assisté à la Villa Carmen (voir p. 539), à l'apparition de Bien Boa, sortant du

Fig. 66. — Photographie du Médium Miller.

plancher, d'abord sous la forme d'une tache blanche en forme de boule, qui sembla flotter sur le sol, suivant l'expression de M. Richet, puis qui se précisa en grandissant, et rapidement prit la forme très connue de nous de Bien Boa.

Depuis cette époque, j'ai eu l'occasion d'observer la naissance d'un fantôme en dehors du cabinet, dans des conditions un peu différentes de celles décrites jusqu'alors. Cette fois-ci, la force psychique avait l'apparence d'une fumée épaisse, ou plutôt d'un brouillard, qui descendait lentement du sommet des rideaux formant le cabinet, au lieu de sortir du sol. Le médium était Miller, un Français qui demeure en Amérique, mais qui vient de temps à autre en Europe pour s'occuper de ses affaires commerciales. Ses facultés ont été fortement discutées et certains ont même été jusqu'à prétendre qu'il n'était nullement médium. C'est une exagération certaine, car j'ai assisté à des séances dans lesquelles toute supercherie était impossible, en raison de la manière dont les faits se produisirent. Je ne puis, évidemment, répondre que de ce que j'ai vu, et je n'éprouve pas le besoin de me poser en champion de Miller, que je ne connais pas assez pour en répondre en toutes circonstances ; mais il n'est que juste de constater qu'on ne l'a jamais pris en flagrant délit de tromperie et qu'il faut autre chose que des on-dit pour disqualifier un médium. Ayant vu des phénomènes qui m'ont paru authentiques, il y aurait une faiblesse morale de ma part à n'en pas parler. Voici un extrait de mon compte rendu de la séance qui eut lieu chez Mme David, à Paris, le 18 juin 1908 (1).

Dans la seconde séance qui eut lieu chez Mme David, pendant que Miller était à côté de moi (2), à un moment une sorte de nuage parut à l'extrémité supérieure du cabinet (3), du côté opposé à celui où nous étions assis, le médium et moi. Miller me demanda : « Voyez-vous bien cette forme ? » Je lui répondis que je la distinguais mal. Alors il me dit : « Levez-vous, pour mieux regarder. » Je lui obéis, et en même temps, il se leva aussi *et resta immobile à côté de moi*. Je tiens à faire observer que le cabinet était formé simplement par deux rideaux noirs, qui avaient été examinés, formant l'encoignure de deux murs nus. Une seule assiette était accrochée à la paroi de droite. (Nous étions dans une salle à manger.) Le médium n'avait pas pénétré dans ce réduit. Nous étions installés dans la salle avant qu'il y entrât. Nous nous connaissions tous. Donc personne ne pouvait s'être caché pour aider en quoi que ce soit aux manifestations.

C'est dans ces conditions que je vis cette sorte de brouillard d'un

---

(1) *Rev. scient. et mor. du Spirit.*, juillet 1908, p. 2. Quelques mots au sujet de M. Miller. Voir dans le même numéro l'article de M. le docteur Dusart : *Miller à Paris*, p. 4.
(2) Assis dans la salle, à la droite du cabinet.
(3) A gauche, en haut, à plus d'un mètre de distance du médium.

gris bleuâtre, encore peu condensé, descendre lentement devant nos yeux, en se balançant, jusqu'au moment où il toucha le sol. Alors la masse prit l'aspect d'une sorte de cylindre, elle grandit ; des draperies se dessinèrent, une tête enveloppée se forma ; mais la lumière n'était pas suffisante pour permettre d'en distinguer les traits. A ce moment précis, je remarquai que le fantôme était assez matériel pour me voiler la silhouette du docteur Dusart qui était assis devant une porte ouverte, donnant sur la chambre voisine, faiblement éclairée par la lumière diffuse provenant de la rue.

C'est de cette forme que sortit la voix qui m'appela par mon prénom, comme Mme Nœggrath avait l'habitude de le faire (1). C'est elle qui nomma successivement Léon Denis, le docteur Chazarain, M. et Mme Letort et le docteur Dusart. C'est ce même fantôme qui peu à peu s'affaissa jusqu'à terre, non pas en se tassant, mais en diminuant graduellement de hauteur, pendant que sa voix continuait de se faire entendre, jusqu'au moment où tout s'évanouit, sous nos yeux, *devant le cabinet*.

Je prétends que dans un appartement particulier, où rien n'est préparé, quand le médium est entouré de personnes connues, où il est visiblement immobile, debout, comme tout le monde put le voir, je prétends, dis-je, qu'aucune imposture n'est possible et qu'il n'est pas besoin d'être membre de l'Académie des Sciences, pas même d'être un savant, pour contrôler l'authenticité d'un semblable phénomène. Un peu de bon sens et de perspicacité suffisent.

Il paraît donc établi par les témoignages oculaires de MM. Colley, Alf. R. Wallace, M. Mitchiner, Mme Marryat, etc., que la substance dont le fantôme est formé sort du corps du médium et qu'elle y retourne quand l'apparition disparaît. Ce n'est qu'exceptionnellement, quand les circonstances de milieu sont très favorables, que l'on assiste à cet enfantement. Le plus souvent, tout le processus de formation se déroule à l'abri du regard et de la lumière, dans un endroit sombre : le cabinet, nécessaire à la concentration de la matière fluidique. Mais il peut se faire aussi que la naissance du fantôme ait lieu dans la salle, plus ou moins loin du médium. Suivant les cas, la matière médianimique se montre sous l'apparence d'une fumée légère,

---

(1) Le fantôme avait dit : « Bonne maman ». Surnom que les spirites parisiens donnaient à Mme Nœggrath — mon amie vénérée — l'auteur du livre *la Survie*.

puis d'un nuage blanc dans lequel se montrent les premiers linéaments d'une silhouette ; alors la forme se concrète davantage, des draperies solides se constituent, sous lesquelles le corps de l'esprit se trouve matérialisé.

C'est donc par étapes successives que se réalise ce prodigieux phénomène, et si parfois la première phase échappe à la vue des observateurs, il nous est permis de croire que le procédé doit être le même dans tous les cas, car nous avons vu souvent qu'une partie seulement du corps fantômal arrivait jusqu'à la tangibilité.

Il est d'autres preuves encore qui montrent que l'apparition est matérielle et que sa substance sort du médium. Ce sont les pesées que l'on a faites : soit de l'être matérialisé, soit du médium pendant la durée du phénomène.

LES VARIATIONS DE POIDS DES MÉDIUMS

Si le médium perd réellement une partie de sa substance physique sous forme d'émanation, visible ou non, la balance doit indiquer à ce moment une diminution de poids. Si l'on en croit Mme Fl. Marryat, c'est effectivement ce que l'on constate. Elle écrit (1) :

> J'ai vu miss Cook, derrière le rideau, posée sur le plateau de la balance d'une machine construite exprès par M. Crookes pour cette expérience ; le balancier était en dehors du rideau, à la vue de tous.
> Le médium à l'état normal pesait 7 stones (112 livres) ; mais aussitôt que la forme de l'esprit fut complètement matérialisée, la balance n'en accusa plus que quatre (68 livres).

Il est regrettable que nous n'ayons pas le témoignage direct de Crookes au sujet de cette expérience, mais comme le savant anglais cite, ailleurs, le témoignage de Mme Marryat au sujet d'une autre séance à laquelle elle assistait, il est à présumer qu'il la tenait pour un témoin véridique.

Il eût été désirable aussi de posséder des détails plus complets sur les phases du phénomène. Ils nous sont fournis par un rap-

---

(1) Fl. Marryat, *There is no death*, chap. XVI. Florence Cook.

port publié en Angleterre dans le *Spiritualist* (1), sous la signature de son directeur, M. Harrison.

L'*Association britannique des Spiritualistes* nomma une commission qui fut chargée de constater, dans le local même de la Société, les altérations de poids que les médiums pouvaient éprouver pendant le cours des manifestations physiques. On comptait parmi ses membres quelques-uns des chercheurs que nous connaissons déjà : MM. Desmond Fitz Gérald, ingénieur télégraphiste, président ; Varley de la *Société Royale* ; Stainton Moses, Blackburn, Dawson Rogers, professeur Barrett, le docteur Carter Blake, professeur d'anatomie à l'hôpital Westminster, etc. Voici le dispositif adopté :

Un cabinet était posé sur une machine à peser, de façon à ce que les variations de poids pussent être mesurées. L'enregistrement de ces variations s'opérait automatiquement, au moyen d'une bande de papier enroulée sur un cylindre vertical, tournant lui-même au moyen d'un mouvement d'horlogerie. On pouvait suivre ainsi visiblement, et mesurer les différences de poids du médium pendant la durée de l'expérience.

Au cours d'une séance de matérialisation, le poids primitif a diminué graduellement de trente à trente-cinq livres, et vers la fin de l'expérience a recouvré sa valeur primitive par trois sauts successifs. Pendant les séances obscures, ordinaires, c'est-à-dire avec de simples transports d'objets, ou jeux d'instruments de musique, le poids du médium ne diminue pas autant que pendant une séance de matérialisation.

Durant une forte séance obscure, le corps d'un puissant médium à effets physiques perd environ la moitié de son poids et se trouve soumis à des fluctuations qui se mesurent chacune par plusieurs livres.

Pendant la seule séance de forte matérialisation tenue avec M. W., (2) ce dernier se trouvant sur la machine à peser, son corps perdit graduellement jusqu'aux *trois quarts* de son poids ; à ce moment, le corps gisait comme une masse inerte dans le cabinet. Lorsque les Esprits retournaient à cette masse pour se retremper, prendre

(1) *The Spiritualist*, 3 et 17 mai 1878, reproduit les diagrammes obtenus. On trouve des détails complémentaires dans le volume II, pp. 125 et 163. Voir aussi *Light*, 1886, pp. 19, 195, 211 et 273. Cette dernière référence est d'Aksakof, dans son livre *Anim. et Spirit.*, p. 244.

(2) Probablement le médium Williams, celui que j'ai vu vers cette époque à Paris et auquel j'ai fait allusion p. 165.

plus de matière humaine, cette masse augmentait *lentement* de poids, mais diminuait *soudainement* dès que l'esprit était parti.

Il est évident que le cabinet tout entier étant fermé et placé sur la balance, une diminution *graduelle* de poids ne pouvait pas être produite par un saut du médium, mais réellement par une disparition de la matière contenue dans cet espace clos. C'est une excellente démonstration : 1° que le médium fournit une partie de sa substance ; 2° que le fantôme est pondérable, donc réel au sens physique du mot. Cette méthode de la balance permet aussi de savoir si la cause agissante, dans les cas de déplacements d'objets ou de lévitation, est indépendante du médium ou produite par l'extériorisation d'un membre fluidique. En effet, dans le premier cas, si le fantôme sort du cabinet, il agit dans la salle, avec sa force propre, et le poids du médium doit être *diminué* pendant tout le temps que durent les manifestations. Au contraire, si c'est le médium qui produit la lévitation par une action mécanique de son double, son poids se trouvera nécessairement *augmenté* de celui de l'objet déplacé ou lévité. C'est ce qui a été constaté à l'*Institut général psychologique* avec Eusapia, lorsque étant placée sur une balance la table était soulevées ans contact visible. Voici les propres termes du rapport(1) :

Pendant les soulèvements complets de la table devant laquelle il est assis ou des guéridons placés à proximité de son corps, le sujet contracte, la plupart du temps puissamment, ses muscles. Mais on n'a pas constaté une action directe de ses efforts sur les objets ainsi soulevés, semblable à celle qu'en pareil cas exerceraient les autres hommes, c'est-à-dire qu'on n'a pas vu le sujet faire levier sur ces objets.

En termes moins alambiqués, cela veut dire que la table s'est soulevée en l'air sans contact visible. Mais nous savons par les empreintes, aussi bien que par les attouchements ressentis par les assistants et constatés avec tous les médiums, que la cause agissante peut parfaitement n'être pas perceptible pour l'œil, tout en ayant une incontestable réalité physique. Alors, si le

(1) *Bull. de l'Inst. génér. Psych.*, novembre-décembre 1908. Rapport de M. Courtier. Conclusion, p. 545.

bras dynamique ou périsprital d'Eusapia, par exemple, s'allonge pour soulever la table, son point d'appui sera pris dans l'organisme matériel et celui-ci augmentera de poids. C'est ce qui a lieu, car la troisième conclusion du rapport est ainsi formulée :

> Le point d'appui de la force qui soulève de diverses manières ces objets paraît résider sur le sujet lui-même, puisque les balances sur lesquelles on l'a placé ont marqué des augmentations ou des diminutions de pression conformes aux lois de la mécanique, pendant les soulèvements.

Si l'on tient compte de toutes les remarques antérieures, il est facile de constater qu'il n'y a pas contradiction entre les résultats de la *Société Britannique* et ceux de l'*Institut psychologique*, mais au contraire la divergence des résultats provient de la différence entre les agents qui produisent les actions mécaniques. Dans un cas, c'est un esprit matérialisé qui agit dans la salle, comme s'il était momentanément étranger au médium, lui ayant emprunté une partie de sa substance pour se constituer un corps qui lui est propre ; tandis que dans l'autre cas, c'est une partie du double qui reste adhérente au corps du médium et le fait nécessairement participer aux efforts qu'il exécute.

Au sujet des fluctuations de poids éprouvées par les médiums pendant les séances, et en ce qui concerne les pesées des apparitions, Aksakof écrit ce qui suit (en reproduisant une attestation de M. Armstrong, extraite d'une lettre adressée par ce dernier à M. Reimers) (1) :

> J'assistai à trois séances organisées avec mis Wood et dans lesquelles on a employé la balance de M. Blackburn. On pesa le médium et on le conduisit ensuite dans le cabinet, qui était aménagé de manière à mettre le médium dans l'impossibilité d'en sortir au cours de la séance.
> Trois figures apparurent, l'une après l'autre, et montèrent sur la balance. A la deuxième séance, le poids varia entre trente-quatre et cent soixante-seize livres ; ce dernier chiffre représente le poids normal du médium.
> A la troisième séance, un seul fantôme se montra ; son poids oscilla entre quatre-vingt-trois et quatre-vingt-quatre livres. Ces

(1) AKSAKOF, *Animisme et Spiritisme*. Matérialisations et dématérialisations d'objets, p. 243.

expériences de pesées sont très concluantes, à moins que les forces occultes ne se soient jouées de nous.

Il eût été plus instructif de peser en même temps le médium d'une part et l'esprit de l'autre. On aurait pu voir directement si la diminution de poids du médium représentait juste le poids de l'apparition.

Cependant, poursuit M. Armstrong, il serait intéressant de savoir ce qui peut bien rester du médium dans le cabinet, lorsque le fantôme a le même poids que lui ? Comparés à d'autres expériences du même genre, ces résultats deviennent encore plus intéressants.

A une séance de contrôle avec miss *Fairlamb*, celle-ci fut cousue pour ainsi dire dans un hamac, dont les supports étaient pourvus d'un enregistreur marquant toutes les oscillations du poids de médium *et cela aux yeux des assistants*. Après une courte attente, on a pu constater *une diminution graduelle du poids* ; enfin une figure apparut et fit le tour des assistants. Pendant ce temps, l'enregistreur indiquait une perte de soixante livres dans le poids du médium, soit la moitié de son poids normal. Pendant que le fantôme se dématérialisait, le poids du médium augmentait, et à la fin de la séance, comme résultat final, il avait perdu trois à quatre livres. N'est-ce pas une preuve que pour les matérialisations de la matière est prise au corps du médium ?

Un jour viendra où l'extraordinaire importance de ces faits sera comprise par le monde savant ; alors on instituera des expériences encore plus complètes, car il sera nécessaire de prendre vis-à-vis des assistants les mêmes mesures que pour le médium et l'apparition, afin de savoir dans quelle mesure exacte ils concourent à la production matérielle du fantôme. Notons la perte de poids finale éprouvée par le médium ; elle indique jusqu'à quel point ces phénomènes sont épuisants pour ceux qui s'y livrent.

LA DÉMATÉRIALISATION DU MÉDIUM

Mais si la substance charnelle du médium sert à constituer matériellement le fantôme, lorsque ce phénomène acquiert une grande intensité, le corps physique de ce médium doit non seulement diminuer de poids, mais aussi maigrir proportionnellement, et même se ratatiner comme si on le vidait. Des observations curieuses semblent indiquer qu'il en est ainsi. Voici d'abord un récit de Mme Marryat, relatif à ses expériences avec miss Showers. La séance avait lieu chez M. Luxmoore. L'esprit « Florence » ressemblait ce soir-là beaucoup au médium. Plusieurs personnes en ayant fait la remarque, l'esprit demanda une petite lampe, la plaça dans la main de Mme Marryat, à laquelle il dit de pénétrer à sa suite dans le cabinet, ce qu'elle fit. Voici ce qu'elle constata (1) :

Miss Showers portait toujours aux séances une robe de velours noir montante, très ajustée, attachée par derrière, et des bottines très hautes avec d'innombrables boutons. Le premier coup d'œil me terrifia, car elle semblait *réduite à la moitié de sa taille habituelle* et le vêtement était beaucoup trop large pour son corps ; *ses bras avaient disparu* et en passant mes mains dans ses manches, je trouvais qu'ils étaient devenus de la grosseur de ceux d'un petit enfant. Ses bras arrivaient à la place où auraient dû être ses coudes : il en était de même pour ses pieds, qui n'occupaient que la moitié de ses souliers ; elle ressemblait à la momie d'une fillette de quatre à six ans. L'esprit me dit de toucher le visage du médium : le front était sec, rude et brûlant, mais l'eau coulait de son menton sur son corsage. Florence me dit : « J'ai voulu que *vous* la voyiez ainsi, parce que je sais que vous êtes assez courageuse pour le répéter aux autres. »

Dans une autre séance chez Mrs. Grégory, Mme Marryat put encore constater le même phénomène. Une fois dans le cabinet obscur :

Florence, dit-elle, me prit une main, Peter, l'autre, me disant : « N'ayez pas peur, nous vous conduirons, nous voulons que vous touchiez le médium. » Ils m'amenèrent au sopha sur lequel miss Showers était couchée, ils posèrent mes mains sur sa tête et son corps. Je sentis qu'elle avait diminué de moitié, comme je l'avais constaté précédemment, seulement le cœur avait proportionnellement accru de volume. En posant ma main sur cet organe, je le sentais bondir violemment, comme si un lapin ou tout autre animal vivant sautait dans sa poitrine. Le front était brûlant, mais les pieds et les mains glacés. Il n'y avait pas à douter que cet état anormal du médium ne fût la conséquence de ces manifestations

(1) Fl. Marryat, *There is no death*, chapitre XII. Miss Schowers.

puissantes, pour lesquelles on lui empruntait de la substance vitale...

Ce que la balance permettait de constater objectivement, le témoignage des sens le confirme dans les deux cas précédents, c'est-à-dire que réellement une partie du corps du médium est empruntée par l'esprit pour constituer le sien. Qu'arriverait-il si *toute*, ou presque toute, la matière charnelle du médium passait dans le corps du fantôme? Il semble alors que le médium devait disparaître aux yeux de l'observateur. C'est effectivement ce qui se produirait, suivant le colonel Olcott, qui fut le président et le fondateur de la *Société théosophique*.

FIG. 67. — Le colonel Olcott.

Il dit en effet dans son livre : *People from the other world* (1), qu'un médium, Mme Crompton, disparut dans le cabinet, malgré toutes les précautions prises. Je vais résumer sa narration :

A la séance du 20 janvier 1874, l'esprit d'un petit enfant, Katie Brink, s'assit sur les genoux du colonel et l'embrassa. Ayant pénétré dans le cabinet pendant que le petit fantôme était dehors, M. Olcott n'y *trouva point le médium*, bien que celui-ci n'ait pas pu en sortir. Pour savoir à quoi s'en tenir, voici l'expérience qu'il tenta :

Le lendemain soir, après avoir obtenu l'assentiment amical de Mme Crompton de se soumettre à mes investigations, j'enlevai ses boucles d'oreilles, je l'assis sur une chaise dans le cabinet et je l'y

---

(1) OLCOTT, *People from the other world* (gens de l'autre monde). American publishing Company, 1875.

fixai en passant un fil retors n° 50 à travers les trous percés dans ses oreilles et en cachetant les bouts des fils au dossier de la chaise avec de la cire à cacheter, sur laquelle j'appuyai mon sceau particulier. Là-dessus je fixai la chaise au sol avec de la ficelle et de la cire à cacheter, d'une manière tout à fait sûre...

Au bout d'un certain temps, des mains flottèrent à droite et à gauche du cabinet, et la voix de Daniel Webster donna au colonel les indications nécessaires au sujet de la prudence dont il devait user dans ses investigations. Maintenant je cite textuellement.

Pendant que l'esprit serait à l'extérieur, je pourrais, dit le colonel, pénétrer dans le cabinet, tâter et toucher librement partout pour me convaincre que le médium n'y serait pas, mais je devais prendre soin de ne pas toucher effectivement la chaise, dont je pourrais approcher autant que je le voudrais, sans contact direct avec le meuble. Ensuite je devais mettre sur le plateau de la balance une couverture de n'importe quel genre. Je promis de me conformer à ces indications et j'eus bientôt la satisfaction de voir la petite fille en blanc (Katie Brink) par la porte ouverte (celle du cabinet). Elle s'avança, parcourut le cercle, toucha plusieurs personnes et s'approcha ensuite de la balance. J'étais assis, prêt à agir, une main au poids et l'autre au bout du levier, et je pris, dès qu'elle monta, son poids sans perdre une seconde. Elle se retira aussitôt dans le cabinet, après quoi je lus le chiffre à la lueur d'une allumette. Elle pesait *77 livres anglaises*, quoi qu'elle n'eût que la forme d'un enfant.

L'esprit ressortit et je pénétrai aussitôt dans le cabinet; j'examinai tout avec le plus grand soin, mais je ne trouvai, comme avant, aucune trace du médium. La chaise était là, *mais aucun corps présent n'était assis dessus*. J'engageai alors la jeune fille — esprit — à se faire, si c'était possible, plus légère, et elle remonta sur la balance. Aussi vite que la première fois, j'avais mis le levier en équilibre; et lorsqu'elle se fut de nouveau retirée comme la première fois, je lus le chiffre de *59 livres*. Elle reparut encore une fois et alla de l'un à l'autre des spectateurs..., elle monta sur le plateau de la balance pour me permettre une dernière épreuve. Cette fois elle ne pesa que *52 livres*, quoique du commencement à la fin aucun changement ni dans ses vêtements, ni dans son apparence corporelle n'ait été constaté. M. Olcott raconte ainsi la fin de la séance : J'entrai avec une lampe à l'intérieur (du cabinet) et je trouvai le médium tel que je l'avais laissé au début de la séance, chaque fil et chaque cachet intact. Elle était assise, la tête appuyée contre la paroi, sa chair pâle et froide comme du marbre, ses pupilles relevées sous les paupières, son front couvert d'une sorte de sueur de mort, sans respiration et sans pouls. Lorsque tous *eurent vérifié les fils et les cachets*, je coupai les minces liens avec des ciseaux et je portai, en tenant la chaise par le siège et le dossier, la femme cataleptique en plein air de la chambre. Elle resta ainsi 18 minutes sans vie ; la vie rentra alors peu à peu dans son corps jusqu'à ce que la respiration, le pouls et la température de sa peau redevinssent normaux. Je la mis sur la balance, elle pesait 121 *livres*.

Il est curieux que la dématérialisation totale du corps se soit produite, alors que l'apparition pesait aussi peu. On doit supposer, le fait étant admis comme réel, que le périsprit de Mr. Crampton restait encore agrégé sur la chaise pour tenir les liens, car nous avons vu souvent le corps fluidique être invisible, bien que possédant presque tous les autres attributs de la matérialité.

Miss Showers était, en quelque sorte, diminuée suivant toutes les dimensions, puisque son corps s'était rétréci. Mais les faits ne se présentent pas toujours sous les mêmes aspects, ainsi que nous allons le constater avec Mme d'Espérance.

LE CAS DE Mᵐᵉ D'ESPÉRANCE

Sous le titre : *Un cas de dématérialisation partielle du corps d'un médium*, Aksakof a publié un livre très documenté, employé tout entier à démontrer que, dans une séance donnée le 11 décembre 1893, à Helsingfors, Mme d'Espérance avait *visiblement* perdu, pour tous les assistants convenablement placés, *la partie inférieure de son corps*, c'est-à-dire que la robe était aplatie et tombait verticalement devant le siège, comme si elle était vide, alors que le buste conservait sa forme.

Ce qui engagea M. Aksakof à faire une minutieuse enquête, c'est qu'il avait lui-même, quelques années auparavant, été frappé d'étonnement en constatant dans une séance à Gothenbourg, que le corps du médium n'était pas sur sa chaise au moment où l'apparition de Yolande était visible. De plus, l'esprit ressemblait beaucoup ce soir-là à Mme d'Espérance, de sorte qu'un observateur moins expérimenté aurait crié sans plus attendre à la supercherie, alors que cela eût été bien injuste, comme on va s'en convaincre (1) :

(1) AKSAKOF, *Un cas de dématérialisation partielle*, etc., pp. 18 et suiv.

M. Aksakof était autorisé par Mme d'Espérance à la soumettre à toutes les conditions d'épreuves qu'il jugerait nécessaires.

A la séance du 5 juin 1890, il était placé, comme d'habitude, tout près du cabinet dans lequel Mme d'Espérance se trouvait assise à ses côtés ; le rideau seul les séparait... La forme de Yolande était sortie plusieurs fois dans la chambre, et M. Aksakof reconnut en elle les traits du médium. Il regagna sa place, Yolande restant visible entre les rideaux. Alors, sans cesser de la regarder, il tâta la chaise du médium, le long du dossier, jusqu'au siège, et la trouva vide. A ce moment, Yolande rentra dans le cabinet et une main repoussa la sienne.

Était-ce donc Mme d'Espérance qui jouait le rôle de l'esprit ? Non, car *au même moment* le médium demanda à boire ; alors dit le savant russe :

Je lui tendis un verre d'eau par la même fente du rideau où j'avais passé mon bras ; le médium était à sa place, dans son vêtement rouge, les manches serrées. Yolande un instant auparavant, était encore en vêtement blanc, *avec les bras nus jusqu'aux épaules*, les pieds nus aussi et avec un voile blanc sur son corps et sur sa tête ; maintenant elle avait disparu. Tout à fait comme c'était le cas pour Katie, dans les expériences de Crookes.

Y aurait-il eu transfiguration inconsciente de Mme d'Espérance ? Mais, se demande Aksakof :

Comment Yolande, qui se trouvait à *moitié hors* du cabinet a-t-elle pu remarquer les mouvements de mon bras *à l'intérieur* du cabinet ? Il lui était positivement impossible, à cause de l'obscurité presque complète, de voir si je laissais pendre mon bras le long de ma chaise ou si je l'introduisais le long du rideau. Il était encore plus impossible de voir ce que mon bras faisait là, ou bien où se trouvait ma main ; néanmoins le mouvement de la main qui repoussa la mienne était aussi délibéré que précis...

Quand j'entendis dire le lendemain que quelque chose avait effrayé le médium, j'interrogeai Mme d'Espérance elle-même, sans toutefois lui rien dire de mes observations. Elle me répondit que vers la fin de la séance, elle avait senti comme si quelque chose se remuait autour d'elle, de sa tête ou de ses épaules ; que cela l'avait tellement effrayée qu'involontairement elle avait laissé tomber sa main, sur laquelle elle appuyait sa tête, et que sa main en avait rencontré une autre, ce qui l'avait encore bien plus épouvantée...

Quelque chose du médium, doué de sensibilité, était donc resté sur sa chaise. C'était Mme d'E., mais presque dématérialisée, ne conservant que son périsprit, en laissant la plus grande partie de sa substance physique à Yolande. Nous verrons tout à l'heure quelle était la situation mentale de Mme d'Espérance pendant les manifestations. Elle avait bien conscience d'être là, dans le cabinet, mais elle ignorait que le sentiment de vacuité qu'elle éprouvait était dû au départ de sa matière, et elle se sentait sans force.

La mémorable séance d'Helsingfors prouva que cette sensation de vide n'était pas subjective. Elle s'aperçut avec effroi, étant dans le cercle et en lumière, en laissant tomber sa main sur ces genoux, que ceux-ci avaient *disparu*, et qu'elle sentait le siège. Ayant écrit à M. Aksakof pour lui signaler ce fait, celui-ci se rendit à Helsingfors, interrogea les témoins, leur demanda à chacun une relation écrite de la séance, reconstitua la scène, et acquit enfin la conviction que le phénomène de la dématérialisation de la partie inférieure du corps de Mme d'Espérance était incontestable. L'enquête complète, forme un volume de les 218 pages, force m'est donc de me borner à citer seulement points essentiels. Les témoins placés près du médium affirment unanimement que *celui-ci n'a pas bougé*; et lorsque leur attention fut attirée par Mme d'Espérance sur ses jambes, ils constatèrent d'abord que la robe du médium semblait vide ; quelques assistants s'assurèrent, en palpant le siège, que le bas du corps n'y était plus, bien que le buste fût visible ; enfin, sans aucun mouvement de Mme d'Espérance, les dames voisines virent les jupes se gonfler et reprendre leur aspect normal.

Pendant la séance, à un certain moment, Mme d'Espérance qui éprouvait des douleurs à la nuque, avait mis ses mains derrière sa tête; lorsqu'elle fut lasse, elle les laissa retomber sur ses genoux, mais elle fut épouvantée en constatant qu'au lieu de ses jambes, elle sentait le siège de la chaise sur laquelle elle était assise. En se penchant pour voir ses pieds, elle faillit tomber en avant, ce qui redoubla son anxiété. Afin de s'assurer qu'elle ne rêvait pas, elle prit la main du professeur Seiling pour qu'il tâtât le siège. Voici le témoignage de cet ingénieur, chez lequel la séance avait lieu et qui, professant la mécanique, est d'un esprit méthodique et froid. Il dit (1) :

Vers la fin de la séance qui avait duré environ 2 heures et demie, Mme d'Espérance, à la gauche de laquelle j'étais assis, donc tout près du cabinet, me pria de tâter le siège de sa chaise mais en me laissant guider la main. *Elle conduisit alors ma main par-dessus tout le siège*, et, à mon grand étonnement, *sans que j'aie rien perçu de*

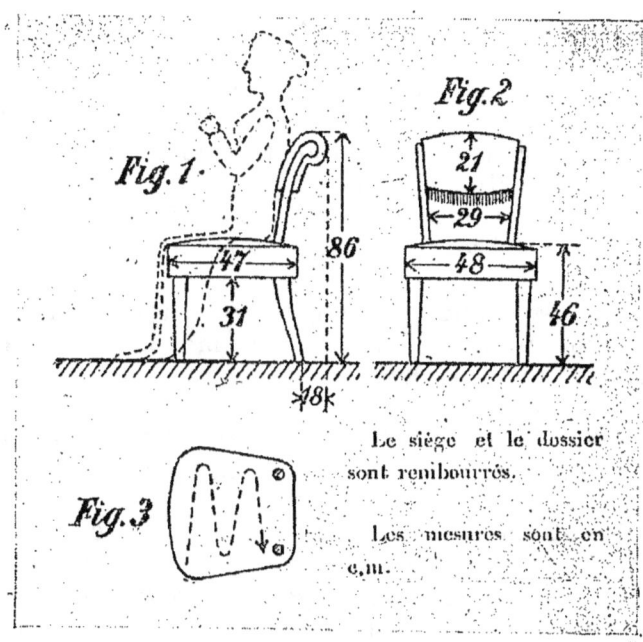

Fig. 68. — Croquis de M. Seiling.

Le n° 1 représente l'aspect de la robe de Mme d'Espérance pendant la dématérialisation ; le n° 2, le fauteuil et ses dimensions ; le n° 3, le trajet de la main de M. Seiling.

la partie inférieure de son corps, tandis que je pouvais voir et sentir la robe, étendue sur la chaise. Retourné à ma place, je vis Mme d'Espérance, durant un bon quart d'heure, en apparence comme si elle était assise sur sa chaise, avec toutefois, la partie inférieure de son corps manquante, de manière que la robe *pendait à angle droit sur le bord du devant de la chaise.*

Afin de permettre à un autre assistant d'examiner mieux ce phénomène, j'échangeai ma place avec celle de cette personne qui

(1) Aksakof, *Ouvrage cité*, p. 59.

était située plus vers le milieu du cercle ; aussi je pus observer *le retour du corps* avec autant de netteté que les personnes assises de côté, parmi lesquelles se trouvait ma femme, qui assure avoir *vu distinctement la partie du corps revenir graduellement à l'état normal*

Le capitaine d'état-major Toppelius dit (1) :

Après que plusieurs personnes se furent approchées de Mme d'Espérance pour examiner la chaise, il me le fut permis à moi-même.

Mme d'Espérance prit mes mains et les fit passer *sur son corps depuis les épaules et le long des deux côtés en descendant*. Tout à coup, au lieu de sentir la continuation de son corps, je rencontrai *un vide*. Ensuite Mme d'Espérance conduisit mes mains *sur le siège de la chaise, jusqu'au dossier* et je ne *sentis rien autre que sa robe*. L'espace entre le corps du médium et le siège de la chaise était assez petit.

Je me souviens que pendant tout ce temps, le médium se trouvait dans une grande agitation. Je ne me suis pas décidé à faire une investigation plus détaillée et suis retourné à ma place.

Enfin, le docteur en philosophie, Hertzberg, nullement spirite, constate en ces termes la réalité du fait (2) :

La « dématérialisation » se présenta de suite après, Mme d'Espérance m'appela auprès d'elle, me prit les mains et me les conduisit *sur tout le coussin du siège que je palpai*, et sur lequel je ne vis *que sa robe étalée*. Je vis distinctement *le haut de son corps, ainsi que ses mains*.

Dans une entrevue de M. Aksakof avec le docteur Hertzberg, celui-ci montra comment il avait passé ses mains *sur tout le siège, jusqu'au dossier*.

Ces témoignages sont appuyés par ceux de Mme Seiling et de Mlle Tavatstjerna qui virent la jupe vide pendre sur le devant du siège. La première raconte qu'elle fut rendue attentive par la déclaration de son mari qu'il n'y avait rien sur la chaise (3) :

A partir de ce moment, dit-elle, j'ai observé avec une rigoureuse attention et je puis témoigner que, durant un quart d'heure au

---

(1) Aksakof, *Ouvrage cité*, p. 57.
(2) *Ouvrage cité*, p. 90.
(3) *Ouvrage cité*, p. 80.

moins, il n'y avait rien à voir de ses jambes, que la robe était *comme couchée sur la chaise et qu'elle pendait à angle droit jusqu'au sol.*

Fixant toute mon attention sur le cours ultérieur de ce remarquable phénomène, je vis la robe *se remplir* (pour ainsi dire), peu à peu, et les contours s'accuser davantage, jusqu'à ce que le corps fût revenu à l'état normal. Pendant tout ce temps, je *voyais la partie supérieure de son corps dans la position assise*, de temps à autre penchée en avant du dossier de la chaise ; je la vis prendre le verre et boire et parler.

Mlle Tavatstjerna confirme les observations de M. et Mme Seiling en ces termes (1) :

Dès que son attention fut attirée particulièrement par l'observation de M. Seiling, elle vit le médium prendre le verre d'eau et boire.

J'observai, dit-elle, que, tandis que le haut du corps *avait gardé ses contours*, il n'en était pas de même de la partie inférieure. Le médium étant assis, les jambes un peu étendues en avant, j'avais clairement pu voir les contours de ses jambes et genoux pendant la séance ; mais maintenant ses jupes tombaient droit devant la chaise, comme s'il n'y avait rien sous elle. Cet état de chose dura à peu près 5 minutes ; après quoi je vis tout à coup que les jupes s'étaient gonflées de nouveau, sans que je puisse dire comment, et j'entendis le médium dire : « Maintenant cela va déjà mieux » et « Voilà mes jambes revenues ».

Pour expliquer normalement un fait aussi étrange, la première idée qui vient à l'esprit est que le médium n'était plus sur sa chaise et qu'il se trouvait, soit à côté de son siège, soit derrière le dossier, en laissant sa robe pendre sur la chaise. Mais cette hypothèse tombe devant l'affirmation unanime des personnes placées à côté d'elle, qui déclarent qu'elle n'a pas bougé et qu'elles ne l'ont pas perdue de vue. Un excellent témoin, Mlle Vera Hjelt, directrice d'une école pratique, raconte que (2) :

Pendant la dématérialisation du médium, je ne fus naturellement pas en état de faire attention à la façon dont elle se produisit. Mais le médium ne *fit aucune sorte de mouvement, ni de côté, ni en arrière.* J'aurais été forcée de le remarquer, car je n'en étais distante *que*

(1) *Ouvrage cité*, p. 82.
(2) *Ouvrage cité*, p. 55.

de quelques pouces et je n'ai pas cessé de regarder fixement ses pieds.

Il ne faut pas perdre de vue, non plus, que l'espace entre les assistants et le médium était si étroit, que Mme d'Espérance n'aurait pas pu se tenir à côté de sa chaise, ou passer derrière, sans marcher sur les pieds des personnes qui se trouvaient à droite et à gauche de l'endroit où elle était assise, directement contre le cabinet (1). Mme d'Espérance portait une robe dite « princesse » qu'elle n'aurait pu quitter et, d'ailleurs, les affirmations de MM. Seiling, Toppélius et Hertzberg qu'ils ont vu et touché le buste du médium *sur la chaise*, et non derrière ou à côté, suffit pour rendre le phénomène incontestable.

Personne, plus que moi, ne sent combien de pareils faits sont étranges et incompréhensibles. Comment les fonctions physiologiques, comme la circulation du sang, par exemple, peuvent-elles se poursuivre dans un organisme dont une moitié matérielle a disparu ? Qu'est-ce qui maintenait le buste sur la chaise, si ce n'est la forme péripristale ? Par la vue de la matière qui sort du corps du médium, aussi bien que par les pesées directes, nous arrivons à cette conclusion troublante que la matière physique du médium sert incontestablement aux matérialisations des fantômes. Nous ignorons profondément le processus de ce transport, nous n'imaginons pas du tout comment une substance organique peut se résoudre en une vapeur, quitter un corps pour s'incorporer dans un autre, et regagner son premier habitat sans être décomposée. Mais ces prodiges étant bien constatés, c'est aux savants de l'avenir qu'il appartiendra de nous en faire connaître et comprendre, plus tard, le mécanisme.

Si la possibilité d'une dématérialisation totale du corps du médium, comme dans le cas de Mme Crompton, était bien établie, les faits de transport du corps du médium en dehors d'une cage, racontés par le Révérend Minot Savage (p. 514) et par le docteur Gibier (p. 503) paraîtraient peut-être moins invraisemblables, puisque ce serait le corps fluidique qui passe-

---

(1) *Ouvrage cité*, p. 32. Voir les photographies qui montrent comment M. Seiling, sa femme, Mlle Hjelt et Mlle Tavatstjerna étaient placés.

rait à travers l'obstacle et la restitution de sa matière lui serait faite alors en dehors de la cage ; il faut observer que la dématérialisation du corps entraîne aussi, parfois, celle des vêtements.

Dans une séance avec le médium Coleman (1), dit Mme Marryat, celui-ci eut les mains cousues dans ses manches, puis les bras ramenés derrière le dos et cousus au coude, les jambes de son pantalon assujetties de la même façon ; enfin des fils de coton blanc étaient roulés autour de sa gorge, de sa poitrine, des jambes, et les extrémités de chaque brin scellées aux murs de la chambre. Malgré cela, pendant la séance, alors que *cinq esprits* étaient visibles dans le cercle, le rideau fut tiré et l'on vit Coleman *délivré de tous ses liens*. Cependant, à la fin de la séance, le médium avait repris sa position première et *coutures et cachets étaient intacts*. Tous les assistants ont signé le procès-verbal.

*
* *

M. Carreras, avec le médium Randone, fut témoin d'un fait analogue (2). Le médium était maintenu par un bandage d'enfant ayant 20 centimètres de hauteur et plusieurs mètres de longueur enroulé autour du tronc, puis par une serviette de toile enroulée autour des mains et des avant-bras, enfin par du fort galon blanc qui fixait les bras à ceux du fauteuil. Une autre bande de galon entravait les pieds et les immobilisait entièrement.

Vers la fin de la séance, après la production de divers phénomènes, M. Carreras s'était assuré que le médium était toujours attaché lorsque, tout à coup, le médium *se lève subitement, libre de tous ses liens*. Les tours des liens et des nœuds si nombreux *étaient tous intacts*. Ce n'était pas la première fois que M. Carreras était témoin de ces faits si curieux.

Ces manifestations, qu'il faut cependant bien admettre quand on sait que les témoins sont honorables (3), ne semblent pas pouvoir s'expliquer autrement que par la dématérialisation, soit du corps, soit des liens, et par leur reconstitution.

(1) Florence Marryat, *There is no death*, chap. XIV. *Arthur Coleman*.
(2) Voir *Luce e Ombra*, n° de juillet 1905, et *Revue scient. et mor. du Spirit.*, octobre 1905, p. 247.
(3) On pourrait expliquer de la même manière le transport de Mme Guppy de sa chambre dans une autre maison de Londres, raconté par Alfred Russel Wallace, et celui des enfants de Ruvo, cité par Lombroso. Mais il faudrait que les témoignages relatifs à ces manifestations fussent multipliés bien davantage, avant que la certitude s'imposât en ce qui a trait à leur réalité.

Le phénomène de la dématérialisation et de la reconstitution de tissus organiques paraît si prodigieux, qu'il ne faut pas craindre d'en citer des exemples. Voici une expérience de Crookes qui ne peut pas s'expliquer d'une autre manière (1) :

Le second cas que je vais rapporter (2) eut lieu *à la lumière*, un dimanche soir, en présence de M. Home et de quelques membres de ma famille seulement. Ma femme et moi nous avions passé la journée à la campagne, et en avions rapporté quelques fleurs que nous avions cueillies. En arrivant à la maison, nous les donnâmes à une servante pour les mettre dans l'eau. M. Home arriva bientôt après et tous ensemble nous nous rendîmes dans la salle à manger. Quand nous fûmes assis, la servante apporta les fleurs qu'elle avait arrangées dans un vase. Je les plaçai au milieu de la table dont la nappe avait été enlevée. C'était la première fois que M. Home voyait ces fleurs.

Après avoir obtenu plusieurs manifestations, la conversation vint à tomber sur certains faits qui ne semblaient pouvoir s'expliquer qu'en admettant que la matière pouvait réellement passer à travers une substance solide. A ce propos, le message qui suit nous fut donné alphabétiquement : « Il est impossible à la matière de passer à travers la matière, mais nous allons vous montrer ce que nous pouvons faire (3). »

Nous attendîmes en silence. Bientôt une *apparition lumineuse* fut aperçue planant sur le bouquet de fleurs ; puis *à la vue de tout le monde*, une tige d'herbe de Chine de 15 pouces de long, qui faisait l'ornement du centre du bouquet, s'éleva lentement du milieu des autres fleurs et ensuite descendit sur la table en face du vase, entre ce vase et M. Home. En arrivant sur la table, cette tige d'herbe ne s'y arrêta pas, mais elle passa droit *à travers*, et tous nous la vîmes bien, jusqu'à ce *qu'elle l'eut entièrement traversée.*

Aussitôt après la disparition de l'herbe, ma femme qui était assise à côté de M. Home, vit entre elle et lui *une main qui venait de dessous la table* et qui tenait la tige d'herbe dont elle la frappa deux ou trois fois sur l'épaule, avec un bruit que tout le monde entendit, puis elle déposa l'herbe sur le plancher et disparut. Il n'y eut que deux personnes qui virent la main ; mais *tous les assistants aperçurent le mouvement de l'herbe*. Pendant que ceci se passait,

(1) Crookes, *Recherches sur le Spiritualisme.*
(2) Le premier est *l'apport* dans la salle à manger de Crookes, parfaitement fermée, d'une sonnette qui se trouvait auparavant dans la bibliothèque.
(3) Cette affirmation est trop absolue ; il existe des faits qui démontrent que cette pénétration est possible (G. Delanne).

tout le monde pouvait voir les mains de M. Home, *placées tranquillement sur la table en face de lui.* L'endroit où l'herbe disparut était à 18 pouces de l'endroit ou étaient ses mains.

La table était une table de salle à manger à coulisses, s'ouvrant avec une vis : elle n'était pas à rallonges, et la réunion des deux parties formait une étroite fente dans le milieu. C'est à *travers cette fente que l'herbe avait passé ;* je la mesurai et je trouvai qu'elle avait à peine un huitième de pouce de large. La tige de cet herbe était *beaucoup trop grosse pour qu'elle pût passer à travers cette fente sans se briser,* et cependant, *tous nous l'avions vu y passer sans peine,* doucement, et en l'examinant, elle n'offrait pas *la plus légère marque de pression ou d'érosion.*

Pour en revenir à Mme d'Espérance, quel était l'état mental du médium pendant que se produisait la dématérialisation ? Elle nous l'apprend elle-même : elle éprouvait une frayeur intense en constatant que la chair de ses jambes avait disparu, et la commotion morale qu'elle ressentit fut si violente, que ses cheveux blanchirent et qu'elle fut incapable de tout travail pendant de longs mois (1). Ces tristes conséquences sont bien de nature à nous confirmer que le phénomène de la dématérialisation ne fut que trop réel pour Mme d'Espérance. Voici le détail de ses impressions :

Bientôt, je fus lasse de tenir mes bras en l'air (derrière la nuque qui était douloureuse) et laissai retomber mes mains sur mes genoux ; c'est alors que je constatai qu'au lieu de reposer sur mes genoux elles se trouvaient en contact avec la chaise sur laquelle j'étais assise. Cette découverte m'agita énormément et je me demandai si je dormais. Je tâtai soigneusement partout ma robe cherchant mes genoux et mon corps, et je trouvai que, quoique la partie supérieure de mon corps : bras, épaule, poitrine et compagnie fussent comme d'habitude, toute la partie inférieure avait totalement disparu. Je pressai mes mains sur ce qui avait été mes genoux, mais il n'en restait aucune substance, sauf la robe et les jupons. Cependant *j'en avais l'impression totale habituelle ;* plus même que d'habitude, à tel point que, si mon attention n'avait pas été éveillée par le hasard, je n'aurais probablement rien remarqué de cette particularité.

Cette dernière phrase paraît bien indiquer que le périsprit de

(1) *Ouvrage cité*, pp. 159 et 169.

Mme d'Espérance ne s'est pas dégagé et qu'il restait là, comme le support dynamique du reste du corps.

En me baissant pour voir si mes pieds se trouvaient là, je perdis presque mon équilibre ; cela m'effraya très fort, et je sentis qu'il me fallait absolument m'assurer si je me trouvais ou dans un rêve ou sous le coup d'une illusion. A cet effet, j'étendis la main, je saisis celle de M. Seiling en le priant de me dire si j'étais oui ou non réellement assise sur ma chaise ! J'attendais sa réponse avec angoisse.

Je sentis que sa main me touchait aux genoux mais il répliqua : « Non, là, il n'y a rien que vos jupons ! » Cela me donna une frayeur encore plus grande ; mais je posai la main que j'avais libre contre ma poitrine et je sentis mon cœur qui battait. J'étais prête à m'évanouir de terreur ; je demandai un verre d'eau qu'on me donna ; et sitôt que j'eus pris de l'eau j'entrai en transpiration. Chaque minute augmentait mon épouvante ; j'attendais avec angoisse ce qui allait advenir de moi...

Lorsque le capitaine Toppelius toucha Mme d'Espérance, il s'écria : « Pas même la moitié de votre corps n'est restée ! » Cette idée la rendit malade ; elle ne se calma qu'après avoir senti que ses membres revenaient graduellement, mais la secousse morale

Fig. 69. — Autre photographie d'esprit obtenue avec Mme d'Espérance. Voir son livre : *Au pays de l'Ombre*, auquel elle est empruntée.

avait été si intense qu'il lui fallut plusieurs mois pour reprendre son équilibre physique et intellectuel.

En tenant compte de la possibilité du phénomène de la dématérialisation, on conçoit que la manche qui paraît presque vide dans la photographie de la villa Carmen, où l'on voit Bien Boa et le médium (p. 541), puisse s'interpréter plus logiquement par une diminution de la matière du corps que par une supercherie, puisque celle-ci est rendue improbable par les autres circonstances de la séance. Une fois de plus, nous constatons quelle prudence doit guider les investigateurs, avant d'expliquer immédiatement les apparences défavorables par la fraude.

L'ACTION PHYSIQUE DES ASSISTANTS

On ne possède pas autant de documents en ce qui concerne la perte de substance éprouvée par les assistants, mais dans beaucoup de procès-verbaux on constate que les intelligences à l'œuvre réclament la formation de la chaîne, afin de s'emparer de la force qui émane du cercle.

C'est ainsi que dans le récit de M. Mitchiner (p. 646), nous voyons Eglinton saisir la main de ce monsieur, qui était à l'extrémité de la chaîne, et la presser d'une manière convulsive. Alors le phénomène de l'extériorisation de la substance blanche, qui s'était arrêté, reprend avec plus de force enfin, pour aboutir à la formation complète du fantôme.

Dans certaines séances, lorsque l'émission fluidique est intense, il arrive assez souvent, bien que cela ne soit pas constant, que certains des assistants ressentent des frissons et des frémissements, analogues à ceux que provoque une fièvre légère, mais leur température ne s'élève pas. Cependant les médiums, et ceux des assistants qui émettent beaucoup de fluide, ont le pouls accéléré ; les tempes battent avec force et la tête devient chaude. Les mains, les pieds et les autres parties du corps ont des contractions nerveuses et semblent froides au toucher. Après la séance, il reste un état d'épuisement, de faiblesse, de fatigue physique, qui disparaît après quelques heures de repos ou de sommeil. M. Ochorowicz a mesuré au dynamomètre la déperdition de l'énergie des assistants (1).

M. Maxwell a signalé l'impression de vide produite sur lui pendant les expériences avec Eusapia, et d'autres expérimentateurs ont ressenti la même aspiration de leur force nerveuse, attirée au dehors.

Lorsque la chaîne est rompue, très souvent le médium l'annonce, bien qu'il soit dans le cabinet, et par conséquent dans l'incapacité de s'en rendre compte visuellement. (Voir l'observation de Mme d'Espérance, p. 364.) Eusapia a également le même pouvoir. Dans certaines lévitations, si quelqu'un vient à lâcher la main de son voisin, immédiatement l'objet qui flottait tombe par terre.

De même dans le récit publié par Aksakof au sujet de ses séances de Londres (p. 295), on lit : « qu'Eglinton sortit et commença *à recueillir des forces* ; il s'approchait de chacun de nous, *faisant des passes de nos têtes à son corps*; après cela il se retira derrière le rideau. » La sensation d'*un courant d'air froid* devance très fréquemment dans les séances les phénomènes d'apparitions, ce qui se produit aussi pour les faits naturels, comme on peut s'en assurer par les faits que j'ai cités précédemment (pp. 104 et 116). Voici quelques attestations relatives aux séances, prises parmi une infinité d'autres :

Le rapport du Comité de Milan en 1892 (2), relate que pendant les expériences avec Eusapia, des souffles d'air se font sentir comme un léger vent, limité à un petit espace. M. Ochorowicz (3) signale « que le refroidissement de l'atmosphère qui accompagne généralement les actions médianimiques, semble être une transformation de la chaleur ambiante en mouvement observé ». Le professeur Morselli (4), en faisant l'énumération des phénomènes avec Eusapia, note celui-ci :

---

(1) De Rochas, *Extériorisation de la motricité*, p. 243.
(2) De Rochas, *Extériorisation de la Motricité. Rapport du Comité*, p. 60, édit. de 1906.
(3) De Rochas, *Ouvrage cité*, p. 166.
(4) Morselli, *Eusapia Paladino et la réalité des phénomènes. Annales Psych.*, avril 1907, p. 256.

Froid intense. — Il est perçu généralement par les deux contrôles, et il est précurseur de bien des manifestations ; il est quelquefois perceptible pour toutes les personnes qui constituent la chaîne. Est-ce peut-être un symbole du « froid des tombeaux » qui s'ouvrent pour laisser passer les « défunts » ? En tout cas, il est impressionnant et *n'est pas de nature hallucinatoire*.

Le célèbre psychiâtre me paraît donner ici une note légèrement romantique, en ce qui concerne « le froid des tombeaux ». Mais, ironie à part, il est parfaitement exact que ce courant froid n'est pas dû à une sensation subjective. Dans les expériences qui eurent lieu chez le docteur Speer, avec Stainton Moses comme médium, il fut constaté au thermomètre que le vent que les assistants sentaient passer sur leurs têtes était plus froid de six degrés que le reste de l'atmosphère de la chambre (1).

Ce qui me paraît démontrer le rapport de cause à effet qui existe entre ce courant froid et les phénomènes, c'est la sensation glaciale ressentie dans sa main par M. Bozzano (p. 235) pendant qu'un dessin était produit directement sur le papier.

En résumé, il est sûr que les assistants participent physiquement à la production des phénomènes, par une émanation qui va du cercle au médium et qui, assez souvent, se traduit objectivement par la sensation d'un courant d'air froid. Il sera intéressant, plus tard, de déterminer avec plus de précision le rôle de chacun des membres ; mais on conçoit, étant données les relations qui existent entre l'état mental des opérateurs et l'émission de la force psychique, que l'harmonie du cercle est absolument nécessaire si l'on veut obtenir de bons résultats.

RELATIONS ENTRE LE MÉDIUM ET L'APPARITION

Toutes les observations précédentes nous conduisent à constater que la matière du fantôme est empruntée presque en totalité au médium, et il est certaines particularités des moulages à la paraffine qui confirment ce fait d'une manière remarquable. MM. Oxley et Aksakof (pp. 322 et 323) ont signalé que la main de

(1) MYERS, *Esquisse d'une théorie de la force psychique. Rev. scient. et mor. du Spirit.*, janvier 1909, p. 436.

Bertie, tout en ayant la rondeur de la main d'une jeune fille, présentait cependant dans les tissus des signes trahissant l'âge avancé du médium, lequel est mort quelque temps après. C'était donc bien, non la forme qui s'était transmise, mais seulement la substance corporelle. L'élément formel, le type structural est différent de celui du sujet : il est apporté par l'esprit qui se manifeste, et c'est dans l'intérieur de ce moule fluidique que s'incorpore la matière vivante du médium. Ce sont là des *faits* et non des théories ; et pour si incompréhensibles qu'ils soient encore, ils n'en existent pas moins.

Un autre genre de preuve que la substance de l'apparition retourne au corps du médium, c'est le transport d'une matière colorante du fantôme au médium, à la fin de la séance. J'ai cité dans le premier volume de cet ouvrage (p. 465) certains faits qui établissent la connexion qui existe entre l'organisme d'un vivant et son double extériorisé. De même un esprit indépendant, tel que Katie King, par exemple, trempant ses doigts dans l'anniline, reporte en se dématérialisant la couleur sur le bras de miss Cook (p. 468). C'est, qu'en réalité, il existe un véritable courant qui relie le fantôme au médium. Visible ou non, une sorte de cordon ombilical sert à faire passer sans arrêt dans le corps de l'apparition la substance nécessaire à son existence sur le plan physique, et il semble que la difficulté du transfert augmente avec la distance qui sépare les deux organismes, car, très fréquemment, l'apparition revient auprès du cabinet pour y puiser des forces. Le docteur Nichols ayant voulu se renseigner sur ce point particulier, il lui fut répondu par le guide d'Eglinton (1) :

Plus la forme matérialisée s'éloigne du médium, plus elle doit lui emprunter de sa force vitale et, dans certains cas, la vie du médium dépend de la promptitude avec laquelle la forme revient à lui.

D'après un dessin envoyé par le docteur Hitchman (voir p. 291) à M. Aksakof, un faisceau lumineux est indiqué, reliant le creux de la poitrine du fantôme à celui du médium. Dans le

---

(1) ERNY, *le Psychisme expérimental*, p. 169.

livre de Farmer, *Twixt two worlds* (p. 192), M. Keulmans, un dessinateur qui assistait aux séances d'Eglinton, a représenté l'apparition qui se forma dans le cercle, en demi-lumière, et l'on peut voir une sorte de buée blanchâtre qui réunit les parties médianes des deux corps du fantôme et du médium, et une espèce de chapelet d'étoiles lumineuses, allant de la partie supérieure de la poitrine de l'un à celle de l'autre.

Le même M. Farmer a remarqué plusieurs fois le lien vaporeux qui existe au moment de la formation du fantôme, puis qui devient invisible lorsque la forme matérialisée va et vient. Mais ce ligament reparaît quand la substance de l'apparition se résorbe dans le corps du médium, comme le signale l'archidiacre Colley dans sa remarquable étude (voir p. 523). Voici encore un passage de sa narration où le même phénomène est indiqué (1) :

Une fois, le 25 septembre 1877, comme plusieurs figures d'un charme tout féminin étaient incomplètement sorties du flanc gauche du médium, je couvris les yeux de celui-ci avec la main gauche, tandis que ma droite touchait successivement les diverses parties de ces figures, joues, sourcils, gorge, lèvres, etc., et chaque fois le médium annonça nettement ce que je touchais. Lorsque le fantôme est incomplètement sorti, cette communauté de sensation est moins difficile à comprendre que dans les cas où la séparation est absolue et que le *médium a rompu avec sa main cette sorte de ligament vaporeux qui l'unit au fantôme.*

Aux témoignages de MM. Colley et Alfred Wallace, vient se joindre celui de M. Gledstane, qui vit également, en plein jour, se former l'apparition d'une femme, et sa description est analogue à celle de ces messieurs. Voici ce qui est écrit dans la *Revue Spirite* de 1878, sous sa signature (2) :

On m'avait permis de me tenir tout près du médium au point de le toucher ; je pouvais tout examiner distinctement. Je vis une figure et une forme parfaite de femme, sortir du docteur Monck

(1) COLLEY, *Matérialisation en pleine lumière. Rev. scient. et mor. du Spirit.*, mai 1906, p. 660.
(2) *Revue Spirite. Phases nouvelles de Matérialisations*, août 1878, p. 301 et suiv.

par le côté du cœur; après plusieurs tentatives, une forme entière, *d'abord nuageuse*, qui devint ensuite plus solide à mesure qu'elle naissait davantage à la vie, se sépara du médium et se tint, distincte de lui, à une distance d'un mètre; elle lui était cependant *attachée par un mince filament*, semblable au fil de la vierge : à ma demande, l'esprit Samuel le brisa avec la main gauche du médium... Je sentais le poignet, la paume, les doigts et les ongles de l'esprit qui, sous tous les rapports, possédait une main bien vivante...

Voici pour la réintégration de la matière fantômale :

Lorsque la forme tendit à disparaître, on me permit, comme une grande faveur (attendu que cela pourrait beaucoup affaiblir le médium) de l'accompagner en marchant avec soin et lenteur jusqu'auprès du docteur Monck, qui, toujours en trance, se leva devant nous. Il attendait pour recevoir en lui-même la merveilleuse émanation que nous sommes bien forcés d'appeler ange ou esprit. L'esprit s'approcha de lui, et *nous vîmes encore le même fil* dont nous avons parlé; son extrémité, comme avant, se trouvait vers le cœur du médium. Par ce lien subtil, j'ai pu apprendre comment une forme psychique peut être réabsorbée dans le corps du médium.

Je tiens à faire remarquer le parallélisme parfait qui existe entre les manifestations du double extériorisé d'un vivant, et ce qui se produit pour les apparitions. Dans l'un et l'autre cas, c'est la matière corporelle qui sert à la solidification du fantôme, et il existe des rapports intimes et une solidarité complète entre les organismes temporaires et le corps physique du sujet. On dirait qu'une sorte de réseau capillaire, mais invisible normalement, réunit l'apparition matérialisée au médium, et que par cette espèce de pont de la matière peut circuler dans les deux sens.

Ce qui paraît démontrer la réalité de ce double courant, c'est que, parfois, il y a transport de l'organisme de l'apparition à celui du médium. Nous avons entendu M. Colley (voir p. 524) nous raconter que Monck prétendait goûter tout ce que le Madhi mangeait. Pour s'en assurer, l'archidiacre recueillit des lèvres du médium « la peau et les pépins de la pomme que le madhi était en train de déguster ». Cependant une distance de 2 mètres séparait le fantôme du médium.

Dans un autre rapport sur le même médium, signé par les cinq témoins, c'est de l'eau qui est ainsi véhiculée (1) :

Et maintenant on propose une expérience unique : qui était que la forme but un verre d'eau. Le résultat fut que, tandis que *l'esprit matérialisé buvait devant nous cette eau*, d'une façon visible, et que l'on entendait avaler, cette même quantité *d'eau était aussitôt rejetée par la bouche du médium* ; ceci renforce des preuves anciennes analogues ; c'est-à-dire que parfois, sinon toujours, il règne une grande communauté de goût et de sensations entre les formes psychiques et les médiums de qui elles prennent naissance.

Je rappelle, pour mémoire, qu'un fantôme de vivant (voir vol. I, p. 288), but aussi un verre d'eau, ce qui multiplie les analogies entre les doubles extériorisés et les apparitions des morts.

La communauté de sensations physiques est affirmée par tous les médiums qui conservent le souvenir de ce qui se passe pendant les matérialisations.

Le docteur Monck, bien que plongé dans l'état de trance, répondait aux questions qu'on lui posait, ou intervenait même spontanément dans la conversation. C'est ainsi que l'archidiacre Colley (p. 523) ayant demandé à une petite forme matérialisée si une étincelle l'avait atteinte, le médium répondit : « Oui, je l'ai senti ».

On se souvient de l'émouvante description faite par Mme d'Espérance (p. 366) de son état psychologique dans le cabinet, pendant qu'une apparition était reconnu dans le cercle. Deux dames âgées embrassaient la forme « d'Anna », que le médium ne connaissait pas, et pendant ce temps, Mme d'Espérance sentait leurs embrassements, leurs bras autour d'elle, ses lèvres recevaient des baisers, bien qu'elle fût seule, isolée, et cela lui causait une insupportable sensation de malaise, se demandant, dans son trouble, si elle serait Anna, ou si Anna deviendrait elle-même ?

Il est sûr que les attouchements exercés sur le fantôme se répercutent jusqu'au médium, qui peut en ressentir les effets

---

(1) *The Spiritualist*, 1877, II, p. 287. Cité par AKSAKOF dans son livre *Un cas de démat.*, p. 207.

plus tard, en revenant à l'état normal. J'ai cité (p. 395) le cas de ce fantôme amputé dont un assistant palpa le moignon. « Comme M. Carrol avait assez fortement pressé la partie blessée, le médium éprouva, à son réveil, *à la partie correspondante*, une douleur pour laquelle il se fit des frictions, *sans savoir à quelle cause l'attribuer* ; trois jours après, cette douleur avait disparu. »

Aksakof rapporte, d'après le livre d'Epes Sargent (1), qu'un Américain ayant frappé d'un formidable coup de canif très affilé une main matérialisée, le médium Willis poussa un cri de douleur ; il avait senti un couteau traverser sa main. A la grande confusion du brutal individu, on ne trouva pas d'écorchure sur la main du médium, mais il aurait très bien pu se faire que celui-ci fût blessé, car la répercussion physique n'est pas impossible, puisque nous avons constaté avec M. P Janet (vol. I, p. 374) qu'elle se produisit pour une brûlure entre un magnétiseur et son sujet ; et avec M. de Rochas (vol. I, p. 372) qu'une piqûre du portrait sensibilisé de Mme Lambert s'était reproduite sur son corps.

Pendant que Mme d'Espérance était à demi dématérialisée, elle déclara que les attouchements des personnes qui vérifiaient le fait lui étaient aussi douloureusement sensibles « que si ses nerfs avaient été mis à vif ». C'est, probablement, le désordre apporté dans son organisme fluidique par tous ces attouchements étrangers, qui a été la cause du déséquilibre de sa santé. On s'explique, également, que la matière empruntée aux assistants, quand elle était chargée d'émanations de tabac et d'alcool, lui ait causé les nausées qu'elle ressentait. C'est ainsi que, petit à petit, nous finissons par trouver les raisons de phénomènes qui semblaient inexplicables au premier abord.

De même, puisque réellement la matière de l'apparition est puisée presque en totalité dans le médium, il devient compréhensible que le fantôme que l'on saisit retourne au cabinet, et restitue presque instantanément au médium ce qu'il lui avait emprunté. Alors l'observateur trouve entre ses bras le médium, ahuri et

---

(1) *The scientific basis of Spiritualism*, cité par AKSAKOF dans *Animisme et Spiritisme*, p. 126.

désorienté, qui ne comprend rien à ce qui vient de se passer, puisqu'il était en trance. C'est ce qui eut lieu (p. 525) avec le Madhi, dans des conditions où toute erreur était impossible. Cet épisode si instructif doit nous enseigner la prudence dans nos jugements, et nous fait toucher du doigt combien il est urgent de ne pas expérimenter avec des observateurs qui, n'étant pas au courant de ce qui peut arriver, exposent le vrai médium à de grands dangers.

La communauté de *sensations physiques* est bien indiquée par Mme d'Espérance, dans les passages suivants de la réponse qu'elle adressa à M. Aksakof, qui la questionnait sur ses impressions pendant les séances (1) :

> Quand Yolande est au dehors et qu'elle touche quelqu'un ou que quelqu'un la touche, *je le sens toujours*. Je ne sais pas quand elle touche un objet, comme par exemple un livre, une table, mais quand elle *saisit* quelque chose, je sens *mes muscles se contracter* comme si c'étaient mes mains qui l'avaient pris.

En sens inverse, on retrouve le synchronisme constaté avec Eusapia (2). Pour cette dernière, c'est du corps que part l'effort moteur, tandis que lorsque l'esprit matérialisé agit de soi-même, Mme d'Espérance, sans le vouloir, en subit le contre-coup. Au point de vue physique, il existe là une différence qui montre, je crois, que la matérialisation n'est pas en tout comparable à un dédoublement. Je poursuis :

> Quand elle (Yolande) trempa sa main dans la paraffine fondue, j'en éprouvai une sensation de brûlure.
>
> Aksakof confirme le fait en ces termes : Aux séances de Mme d'Espérance, on a également observé que les piqûres faites aux mains matérialisées étaient ressenties par le médium. Moi-même j'ai été présent à une séance pendant laquelle la forme matérialisée trempa ses mains dans de la paraffine brûlante, et où le médium s'écria *en même temps*, que cela la brûlait!

Je reviens au récit de Mme d'Espérance :

---

(1) Aksakof, *Un cas de dématérialisation du corps d'un médium*, p. 181.
(2) Lorsque Monck et Samuel, l'esprit matérialisé, (p. 526) causent ensemble, ils ne le font que successivement, probablement à cause des mouvements synchrones dans les deux larynx ; mais il n'en a pas été de même pour Katie King et Miss Cook réveillée.

Lors des séances chez M. Hedlund, je me souviens d'une séance dans le courant de laquelle il ouvrit le rideau au milieu du cabinet; il paraît qu'à ce moment, Yolande posa son pied sur la cheville d'une planche à dessin, car je ressentis aussitôt une douleur à mon pied, mais elle ne sentit rien. Plus tard la douleur passa et ne revint qu'à la fin de la séance. Il y a plusieurs années, à Newcastle, elle avait une rose dans la main et une épine lui entra dans le doigt; *au même moment*, j'avais senti la piqûre à mon doigt. Elle alla trouver d'abord un des assistants pour se faire enlever l'épine; mais, comme l'on ne comprit pas ce qu'elle voulait, elle vint à moi pour que je la lui arrachasse.

Puisqu'il existe une telle communauté entre les deux organismes : celui de l'esprit matérialisé et celui du médium, on conçoit que si l'apparition est saisie brutalement de manière à l'empêcher de rentrer dans le corps du médium, et qu'il y ait lutte, il doit en résulter pour celui-ci une profonde perturbation dans la partie extériorisée de son être, laquelle se traduira par des désordres physiologiques, et même des lésions anatomiques graves. Mme d'Espérance en a fait la cruelle expérience. Voici comment elle raconte ce douloureux événement (1) :

Je ne sais comment la séance débuta; j'avais vu Yolande prendre sa cruche sur l'épaule et sortir du cabinet. J'appris plus tard ce qui se passa. Ce que j'éprouvai, ce fut la sensation angoissante, horrible, d'être *étouffée ou écrasée*; la sensation, j'imagine, d'une poupée en caoutchouc qui serait violemment embrassée par son petit possesseur. Puis une terreur m'envahit; une agonie de douleurs m'étreignit; il me semblait perdre l'usage de mes sens et je m'imaginai tomber dans un abîme effrayant, ne sachant rien, ne voyant rien, n'entendant rien, sauf l'écho d'un cri perçant qui semblait venir de loin. Je me sentais tomber et je ne savais où. J'essayai de me retenir, de me raccrocher à quelque chose, mais l'appui me manqua; je m'évanouis et ne revins à moi que pour tressaillir d'horreur, avec le sentiment d'être frappée à mort.

Mes sens me semblaient avoir été dispersés à tous les vents, et ce n'est que petit à petit que je pus les rappeler à moi, suffisamment pour comprendre ce qui était arrivé. Yolande avait été saisie, et celui qui l'avait saisie l'avait prise pour moi.

C'est ce qu'on me raconta. Ce récit était si extraordinaire, que si je n'avais pas été dans un tel état de prostration, j'en eusse ri,

(1) Mme d'Espérance, *Au pays de l'Ombre*, p. 214.

mais j'étais incapable de penser, ou même de remuer. Je sentais que très peu de vie demeurait en moi, et ce souffle de vie était un tourment. L'hémorragie des poumons, que ma résidence dans le midi avait guérie en apparence, se produisit de nouveau, et le sang me suffoqua presque. Le résultat de cette séance fut une *longue et grave maladie* (1) qui remit à plusieurs semaines notre départ d'Angleterre, car je n'étais point transportable.

Le choc avait été terrible ; et, ce qui était pire encore que le choc lui-même, c'était ma *complète incapacité à le comprendre*. Il ne m'était jamais arrivé de penser que quelqu'un oserait m'accuser d'imposture. J'aurais pu être la femme d'un César — à mon avis du moins. J'avais étudié avec mes amis, premièrement pour le désir de savoir, et ensuite *par pur amour pour la cause* et avec le désir de la faire connaître.

On conçoit que beaucoup de personnes possédant des facultés médianimiques hésitent à les développer, quand elles savent qu'elles peuvent être exposées à d'aussi tristes éventualités, couronnées, en plus, par l'accusation d'une honteuse duplicité. C'est pourquoi il faut honorer hautement les femmes désintéressées qui ont eu, comme Mme d'Espérance, le grand courage de continuer d'être les apôtres du spiritisme expérimental.

INDÉPENDANCE INTELLECTUELLE DU MÉDIUM

Ainsi, il paraît bien incontestable, *qu'en tant que matière*, médium et fantôme sont rigoureusement solidaires, intimement reliés ; mais *au point de vue psychologique*, la séparation est complète : ce sont deux êtres distincts, existant au même moment, mais aussi différents l'un de l'autre que si la même substance ne leur servait pas en même temps. Un esprit matérialisé et un médium sont un peu comme ces frères siamois qui ont une partie du corps qui leur est commune, mais dont les têtes pensent séparément, chacune de son côté.

C'est ce que Mme d'Espérance affirme catégoriquement :

Excepté la souffrance (lorsque parfois il en est causé une à Yolande), je ne sens pas qu'il existe un *lien quelconque* entre elle et moi en tant qu'atteinte à mon moi personnel. Je sens bien que

(1) C'est moi qui souligne.

je n'ai rien perdu, sinon le sentiment corporel; je sais que je n'ai perdu ni la *force de penser, ni celle de juger*, quand Yolande est là, parce que ma raison est au contraire *plus lucide* qu'en d'autres temps. Bien qu'elle prenne des parties de mon corps, je sais pourtant *qu'elle ne s'est pas emparée de mes sens intellectuels* (1).

Ce point étant des plus importants, je cite encore le passage suivant, qui développe la même pensée (2) :

Où que soit Yolande, je sais pourtant que je suis bien moi-même dans le cabinet. Ceci est un fait clair et certain, et personne au monde ne parviendrait à ébranler cette certitude, parce que j'en suis sûre et que c'est plus qu'une simple croyance. Mais, quoique je sache cela, et que je me reconnaisse ici, et que cette partie de moi-même qui respire et sort de moi semble s'affranchir de mon contrôle, elle me semble cependant être quelque chose qui m'aurait appartenu et qui serait tombée sous le contrôle d'un autre. Je ne pourrais dire exactement ce que j'ai perdu; néanmoins je sais que je n'ai perdu aucune partie de mon être et pourtant que le nouvel être m'a appartenu.

Je considère Yolande comme un individu séparé de moi; je suis *absolument certaine qu'elle possède sa propre individualité personnelle, ses propres sens, sa propre conscience*, séparée de tout ce qui m'appartient.

Cette analyse fidèle de l'état mental de Mme d'Espérance montre l'abîme qui existe entre ses facultés psychologiques et celles des malades atteintes de désagrégation mentale, dont les personnalités multiples ont été étudiées depuis quelques années.

Il serait absolument abusif de comparer ce médium à l'introspection si minutieuse, avec les hystériques qui ne connaissent pas les personnalités surnuméraires qui obnubilent leur conscience normale, ou la suppriment même complètement. Donc, dans ce cas, Yolande ne peut pas être un personnage subconscient qui se serait extériorisé, comme certains psychologues ont essayé de le faire croire.

En suivant les faits sans idées préconçues on est obligé, ici encore, de constater que l'être matérialisé a une autonomie

---

(1) AKSAKOF, *Un cas de dématérialisation, etc.*, pp. 182-183.
(2) AKSAKOF, *Ouvrage cité*, p. 191.

intellectuelle, aussi bien qu'un type structural, qui diffèrent de ceux du médium. Et, cependant, l'intimité de Mme d'Espérance avec Yolande était plus grande qu'avec les autres apparitions, car elle dit (1) :

> Je n'éprouve pas avec les autres fantômes ce que je ressens avec Yolande ; sans regarder, je sais si c'est Yolande ou une autre figure ; je ne sais d'où cela provient, je sens seulement la différence.

Autant l'extériorisation spontanée du double d'un vivant ne semble dépendre, le plus souvent, que de conditions physiologiques temporairement réalisées à ce moment, sans intervention étrangère, autant une matérialisation véritable paraît exiger l'action d'êtres invisibles, qui doivent manipuler les fluides pour se les approprier. Tous les esprits ne savent pas se servir de cette matière ; il faut un apprentissage de leur part. Walther, un des guides de Mme d'Espérance, n'osa pas d'abord se montrer, parce qu'il était nu, dans le cabinet, ne possédant pas encore la science nécessaire pour se confectionner des vêtements (2). Plus tard, il était très orgueilleux de son succès, ayant réussi à fabriquer des draperies d'une blancheur et d'une finesse remarquables.

Est-ce la conscience somnambulique de Mme d'Espérance qui a conquis ce pouvoir ? Non, parce que si « les guides » ne sont pas là, les nouveaux venus ne savent pas se servir de la matière extériorisée par le médium. En voici une preuve (3) :

> Un soir, elle était dans le cabinet tout à fait obscur, tandis que la chambre était vivement éclairée. Elle ressentit une forte oppression : l'air lui semblait épais et lourd. La sensation de toiles d'araignées devint si pénible (4), qu'elle écarta les rideaux afin de pou-

---

(1) *Ouvrage cité*, p. 193.
(2) Mme D'ESPÉRANCE, *Au pays de l'Ombre*, p. 203.
(3) *Light*, 14 décembre 1903. Conférence de Mme d'Espérance à la London Spiritualist Alliance. Traduction française dans la *Rev. scient. et mor. du Spirit.*, décembre 1903, p. 383.
(4) Parfois les assistants accusent sur la face et les mains comme le contact d'une toile d'araignée. Mme d'Espérance a eu souvent l'occasion de faire cette constatation et, quelquefois, en se frottant la figure avec les mains, elle sentit nettement comme de légers fils de la Vierge qui restaient adhérents à ses doigts. Fréquemment elle attira l'attention des assistants sur cette substance presque impalpable, que la lumière dissolvait.

voir respirer. Les assistants virent alors, aussi bien qu'elle-même, le cabinet plein d'une substance brumeuse, blanchâtre, aussi épaisse que *la vapeur d'eau s'échappant d'une machine* (1) et que l'on pouvait apprécier au toucher. Elle disparaissait dans tous les endroits *sur lesquels tombait la lumière vive*. Aussi, dès qu'on s'en aperçut, on ferma les rideaux et les assistants, en introduisant les mains entre ceux-ci, sans laisser pénétrer la lumière, pouvaient encore saisir la substance mystérieuse, *qui disparaissait de leurs mains, dès qu'elle était exposée à la lumière*. Ce phénomène se produisit à deux reprises, et tous les assistants l'attestèrent par leurs signatures. Cependant, comme ni dans l'un ni dans l'autre de ces cas il ne se forma de matérialisations, Walter dit qu'il était absent alors et que les esprits qui avaient produit cette matière avaient manqué *de la force et de la science nécessaire pour s'en servir*.

Il paraît évident que si c'était le médium lui-même qui, d'une manière quelconque, interviendrait pour créer les fantômes, il n'aurait pas été plus embarrassé cette fois-ci que les autres. Mais puisque les matérialisations n'ont pas eu lieu, l'ignorance des opérateurs invisibles est une explication parfaitement admissible.

On remarque encore cette influence de la lumière, que j'ai déjà signalée, et que nous retrouverons tout à l'heure.

Les conclusions auxquelles on parvient, par l'étude approfondie des faits, sont conformes aux renseignements qui ont été donnés de différents côtés par les esprits qui produisent ces manifestations.

C'est ainsi que « Florence », un des guides matérialisés de miss Showers (2), disait à Mme Marryat, en lui montrant le corps de son médium, réduit à la moitié de sa taille et de son poids habituels, qu'elle lui avait « *emprunté* son autre moitié et qu'elle l'avait combinée avec ce qu'elle avait pris aux assistants ». Elle déclarait également que si on la saisissait violemment, on précipiterait la réunion de son corps à celui de miss Showers et que cela pourrait lui causer des lésions internes ou la rendre folle.

Si l'on rapproche cette observation de celles faites en présence d'Eusapia et par M. Ochorowicz avec Mlle Tomczyk, on assiste à la transformation du fluide en matière visible, phénomène du plus haut intérêt.

(1) Toujours la même comparaison !
(2) Florence Marryat, *There is no death*, chap. XII, *Miss Showers*.

« Si vous admettez, disait-elle encore, que je lui emprunte la force nécessaire pour rendre visible mon corps invisible, comme je le fais, vous devez admettre aussi que j'ai le pouvoir de les refouler ensemble au moment du danger. »

M. Stead, l'éminent journaliste anglais, a expérimenté avec un médium Mme Townson, en 1907 et 1908, et a eu le bonheur de voir distinctement son fils matérialisé, qui n'a pu que lui dire trois fois « Père » (1). Mais comme M. Stead est médium mécanique, il reçut de son fils des communications écrites qui lui expliquèrent le mécanisme de ces phénomènes. L'esprit de F.-W.-H. Myers se communiquant également à M. Stead et à un autre médium, compléta les renseignements donnés déjà. Voici ce qui a trait aux différents procédés dont les esprits se servent, suivant les circonstances. Ce peut être, d'abord, une transfiguration du médium ; puis ensuite la création d'un corps indépendant, mais plus ou moins complet, suivant que l'esprit sait plus ou moins habilement se servir des éléments du médium, ou que ceux-ci sont rares ou abondants.

Voici ce passage intéressant :

Une des formes ainsi matérialisées, dit M. Stead, était mon fils Willie, mort en décembre 1907. J'ai vu sa figure tout à fait distinctement entre les rideaux, j'ai entendu sa voix émue me disant : « Père, père, père ! » Comme je m'avançais, Mme Townson tomba en dehors du cabinet. En se servant de ma main, Willie écrivit le compte rendu suivant du fait auquel il avait pris part :

« Autour du médium il y a une aura plus dense que celle qui vous entoure. *Elle émane du corps* comme les petites veines émanent des artères, et c'est de cette aura que sont tirés les matériaux servant à la matérialisation et à la transfiguration. Dans ce dernier cas, les amis de l'Au-delà arrangent les draperies sur le corps du médium, s'en servant comme d'un mannequin, *appliquant un masque plus ou moins transparent sur les traits et contrôlant le corps*. C'est la possession dans la trance, plus le revêtement du médium et la ressemblance avec la personne qui se manifeste. Pour ceci l'aura du médium suffit.

« C'est plus difficile quand on entreprend la matérialisation com-

---

(1) STEAD, *Théorie et pratique des matérialisations. Review of Review*, février 1909. Traduction française in *Revue scientifique et morale du Spiritisme* mai 1909, p. 654 et suiv. Pour le passage cité, voir p. 658.

plète : il faut construire un nouveau corps. Il n'est pas complet dans toutes ses parties ; il ne s'agit que de créer une entité reconnaissable : il n'est pas nécessaire *d'élaborer tous les détails de l'anatomie interne.* Par exemple, je ne fus, moi, conscient que d'une tête et d'un buste. Mes bras n'étaient pas complets ; des jambes je n'avais que la forme : *je n'aurais pas pu marcher* ; c'était comme s'il y avait une sorte de bandage en plâtre autour de mon corps astral (1), lequel n'aurait pas pu supporter mon buste et ma tête solides. J'avais l'impression d'un homme revêtu d'une armure. Mais je pouvais me servir de mes cordes vocales et j'arrivai à prononcer trois mots. Pour la matérialisation complète, *il faut unir d'autres auras* (2) *à celle du médium.* L'aura est la matière première : les artisans spirituels la condensent et la pétrissent à volonté. C'est un procédé des plus intéressants. Julia aidait, je restais passif. Je suppose que le médium pesait moins qu'avant ma formation, mais que notre poids réuni surpasserait celui du médium seul : la différence aurait *été prise aux assistants, ou à quelques-uns d'entre eux.* Certains donnent beaucoup, d'autres peu ou rien. C'est un procédé délicat et un peu dangereux. Il nous faut à nous l'aide de vos pensées sympathiques. Si nous l'obtenons, il n'y a presque pas de limites à ce que nous pouvons faire...

Ces dernières remarques nous amènent à l'étude sommaire de l'anatomie et de la physiologie des formes matérialisées.

ANATOMIE ET PHYSIOLOGIE DES FANTÔMES

LE FANTÔME CONTIENT LA FORCE ORGANISATRICE DE LA MATIÈRE

J'ai discuté déjà, à différentes reprises, l'hypothèse qui veut voir dans le médium l'auteur, conscient ou non, des apparitions. Je crois que les phénomènes divers que nous venons de passer en revue s'opposent à ce que l'on puisse soutenir sérieusement cette théorie.

Nous avons remarqué partout, et constamment dans les phénomènes naturels ou ceux qui sont provoqués, que le double est la reproduction fidèle, *anatomique,* du corps d'où il émane. La vision directe du fantôme, aussi bien que les photographies et

---

(1) Corps astral et périsprit sont deux termes équivalents.
(2) On appelle « aura » le rayonnement fluidique de la force psychique extériorisée (G. D.).

les moulages, nous l'attestent. Ce corps fluidique de vivant qui laisse son empreinte dans du mastic, comme le visage d'Eusapia (Vol. I, p. 459) ou un moulage de son pied comme le fit Eglinton, (Vol. I, p. 470) a donc en soi la propriété de concréter la matière et de l'agglomérer en un corps solide à trois dimensions, qui est identique au corps matériel. C'est là un fait indiscutable et du plus haut intérêt.

Les apparitions spontanées de morts nous présentent les mêmes caractères. C'est parce qu'ils ressemblent aux vivants qu'ils ressuscitent qu'on peut les identifier ; et ils sont parfois assez objectifs, nous l'avons constaté, pour être vus simultanément par plusieurs personnes (p. 79) pour agir physiquement (p. 77), pour écrire (p. 107), ou pour émettre de la lumière (p. 89). Les stigmates qu'ils portent, les faits inconnus du voyant qu'ils révèlent, aussi bien que la vision collective par différents témoins, affirment que ce ne sont pas des créations subconscientes des percipients, et qu'après la mort ils ont conservé le pouvoir de se matérialiser plus ou moins complètement.

Au cours des séances expérimentales, toutes les apparitions représentent des êtres désincarnés à différents degrés d'involution et, chose significative, *même invisibles*, ces êtres possèdent des caractères anatomiques qui les apparentent absolument avec les hommes terrestres, comme en témoignent leurs actions intelligentes, leurs attouchements et, mieux encore, les empreintes que laissent ces corps invisibles sur diverses substances, et notamment sur le noir de fumée. (Expérience de Zöellner, p. 178.) Le savant Allemand signale que toutes les sinuosités de l'épiderme de cette main fantômale, que personne ne vit, étaient nettement dessinées. Il en fut de même dans des quantités d'autres circonstances, notamment pour les effluviographies de Mac-Nab (p. 249) et celle du docteur Pearce (p. 251).

A son tour, la photographie nous a montré objectivement pour Mme Bonner, Mabel Waren, etc. (pp. 71 et 73), etc., que l'apparence extérieure des fantômes invisibles est la même que celle des fantômes matérialisés, tous reproduisant le type humain. De même les traces laissées dans la farine, dans la terre glaise (p. 177), etc., sont celles de mains naturelles, avec tous les détails de l'épiderme et les saillies qui correspondent aux muscles, aux os, aux tissus veineux sous-jacents. Les moulages de Bertie, de Lilly (pp. 260 et suiv.) sont identiques à ceux que l'on obtiendrait sur des membres humains, avec cette différence essentielle que les moules sont d'une seule pièce. En un mot, le corps fluidique qui organise ces formes contient tout le plan structural d'après lequel un être humain est construit.

Le médium, homme ou femme, fournit la matière pour l'objectivation d'êtres d'un sexe différent du sien, et nous avons observé, avec MM. Oxley et Aksakof, que la chair de Bertie présente les mêmes caractères que celle de Mme Firman, mais que *la forme* de la main, *sa structure et ses dimensions* en diffèrent radicalement, et que ces éléments morphologiques se maintiennent rigoureusement constants avec un autre médium tel que Monck, ce qui prouve bien, rien qu'au point de vue physique, que la puissance organisatrice est *indépendante du médium*.

Le phénomène de la transfiguration ne paraît pas consister dans un changement physique des traits du médium, mais dans une influence extérieure qui se superpose à lui, à la façon d'un masque, pour représenter l'être nouveau. Nous en avons vu quelques exemples spontanés (p. 313), en voici encore un cas, observé cette fois avec un médium (1).

Mme Crocker, un médium très estimable de Chicago, me racontait il y a quelque temps les faits suivants. Sous la direction de son guide spirituel, elle commença, il y a quelques mois, une série de séances pour le développement d'une nouvelle phase de médiumnité; ces séances étaient bornées à sa seule famille. Un soir, comme un feu clair flambait dans la chambre et que la lumière de la lune y donnait aussi, elle fut transformée : son visage changea complètement de grandeur, de forme et de caractère; une épaisse barbe noire y apparut. *Tous ceux qui se trouvaient à la table virent la même chose.* Son gendre, assis immédiatement à côté d'elle, dit comme elle tournait sa face vers lui : « Eh! mais c'est mon père! » — et après il déclara que c'était tout à fait l'image de son père qui était mort. Peu après, Mme Crocker fut changée en une vieille

---

(1) AKSAKOF, *Un cas de dématérialisation*, p. 211. Le rapport est extrait par Miss Kislingbury d'une lettre de M. Joy, publiée dans *The Spiritualist*, 17 septembre 1875.

femme à cheveux blancs. Ces métamorphoses eurent lieu peu à peu *et pendant que les témoins ne quittaient pas des yeux son visage...* Elle avait gardé toute sa connaissance, mais éprouvait une vive sensation *de picotement* par tout le corps (1), exactement comme si elle tenait les pôles d'une forte batterie galvanique.

Suivant les circonstances, ces transfigurations se produisent assez souvent dans les séances de matérialisations, de sorte que cette nouvelle possibilité rend l'appréciation des faits très délicate, pour ne pas confondre des tricheries vulgaires au moyen de masques, avec de véritables transformations du médium.

Un des caractères les plus curieux des fantômes observés dans les séances, réside dans la propriété qu'ils possèdent de matérialiser seulement une partie de leur être : tête, buste ou main, tandis que le reste du corps fluidique demeure invisible ; mais la partie objective, alors même qu'elle paraît isolée, a tous les attributs du corps humain : visibilité, sensibilité, motricité, chaleur, etc. Cependant l'aggrégation de ces organes vivants est temporaire et instable ; ils se montrent et disparaissent avec une rapidité prodigieuse, ou bien *fondent* sous l'étreinte qui veut les retenir.

LES MAINS FANTÔMALES QUI FONDENT DANS CELLE DE L'OBSERVATEUR

Nous avons vu déjà que M. Damiani (p. 163) affirme avoir senti des mains d'esprit se dissoudre dans la sienne. Même témoignage de M. Jones (p. 165) et W. Crookes déclare (p. 167) qu'une de ces mains chaude, vivante — qui serrait la sienne avec la ferme étreinte d'un vieil ami — qu'il était bien résolu à ne pas laisser s'échapper, sembla se résoudre en vapeur, sans faire aucun effort pour lui faire lâcher prise ; c'est ainsi qu'elle disparut.

C'est un fait qui a été signalé avec beaucoup de médiums et un peu partout. Je vais relater quelques-unes de ces observations. Dans ses mémoires, (2) la princesse de Metternich rapporte qu'au courant d'une séance avec Home, à Paris, en 1863, dans

---

(1) Un peu avant les séances, Mme d'Espérance ressentait aussi le même fourmillement.

(2) *Oesterreichsche Rundschau*, janvier 1906, d'après *le Figaro*.

un salon bien éclairé, des mains étaient senties par les assistants. D'autres se mouvaient sous un tapis. « Cependant, les mains solidement tenues, fondaient pour ainsi dire entre les doigts, jusqu'à ce qu'il n'y eût plus rien. » Le tapis soulevé, on ne trouva rien sous la table.

Un rédacteur de *l'Éclair*, M. Montorgueil (1) ayant assisté à une soirée expérimentale chez l'ingénieur Mac-Nab, que j'ai cité, se sentit violemment débarbouillé. Croyant à une mauvaise plaisanterie, il saisit, furieux, la main qui s'était promenée sur sa figure ; il serrait le poignet comme dans un étau, mais la main fondit dans la sienne. Le silence était profond, personne n'avait fait le moindre mouvement. Ce n'était pas une hallucination, car M. Montorgueil avait gardé le chiffon que son invisible adversaire avait promené sur sa figure.

Le professeur Morselli (2) dit : « Quelquefois on se sent toucher par de véritables mains, ayant le caractère des membres d'une créature vivante : on en sent la peau, la tiédeur, les doigts mobiles et si on les saisit, on éprouve l'impression *de mains qui se fondent*, qui glissent hors de votre étreinte, comme si elles étaient formées *de substances demi-fluidiques...* »

Tous les médecins sont d'accord pour affirmer le caractère vivant de ces mains : le docteur Venzano décrit ainsi ses impressions : « Ceci exposé, la tiédeur qui se dégageait de la petite main, les mouvements de flexion, d'extension, d'apposition des doigts, la pression et la traction exercée par elle sont des données très efficaces en faveur de notre déduction : c'est-à-dire qu'il s'agit d'une main vivante, pourvue d'un substratum osseux qui en constitue la charpente, de muscles, de tendons et de tissus, tous propres à une main, vivifiés par des vaisseaux où circule de l'eau et du sang, animée par un système nerveux qui lui imprime tous les caractères des énergies vitales. » Ce sont ces membres, si réellement humains, qui s'évanouissent sous l'étreinte, sans laisser de traces (3).

(1) *L'Éclair*, numéro du 24 décembre 1905.
(2) *Annales psychiques*, août 1907, p. 260.
(3) Docteur J. Venzano, *Contribution à l'étude des matérialis. Ann. Psych.*, juillet 1907, pp. 502-503. Pour la dématérialisation : p. 493.

Nous avons entendu aussi (p. 214) M. Bottazzi affirmer qu'une main qu'il sentait s'est « fondue, dissoute, dématérialisée ». Un peu plus tard, une autre main posée sur sa tête « s'est défaite, s'est évanouie sous son étreinte ».

Même affirmation de M. Gaston Méry dans une séance avec Eusapia, qui eut lieu à Paris (1).

M. Barzini, l'éminent reporter du *Corriere della Sera*, de Milan, apporte aussi son témoignage : « Quelquefois, dit-il, je suis parvenu à prendre au vol ces mains mystérieuses. Elles ne m'ont pas échappé : elles se sont, pour ainsi dire, fondues. Elles m'ont manqué entre les doigts comme par un dégonflement. On dirait des mains qui se ramollissent et s'évanouissent rapidement après avoir eu un maximum d'énergie, et une apparence absolument vitale au moment d'accomplir un acte (2). »

M. le professeur Falcomer (3) raconte que dans une séance, à Rome, avec un médium M. Rostagno, auteur d'un bon manuel de droit civil, il saisit une main fluidique, mais que celle-ci se dissocia, tandis que le médium s'écriait : « Ne me serrez pas ainsi, vous me faites mal ! » Nous retrouvons encore ici la communauté de sensations déjà si souvent signalée entre la forme matérialisée et l'apparition,

Alors même que la forme est complètement matérialisée, il semble qu'une pression énergique a très souvent pour résultat de la dissoudre. L'incident suivant, qui eut lieu avec l'esprit Katie King, paraît le prouver. Le narrateur est M. Tapp, qui assista souvent aux séances chez W. Crookes (4).

A l'une des séances, M. Tapp se permit de plaisanter avec Katie; elle se fâcha et lui envoya brusquement un fort coup de poing à la poitrine. Il fut surpris, le coup lui ayant fait assez mal, et il saisit immédiatement Katie par le poignet droit. « Son poignet, dit-il, céda sous ma pression, comme un morceau de carton mince ou de papier, et même, je dirai plus, mes doigts *se rencontrèrent à travers son bras qui fondait en fluide*. Je desserrai mes doigts, et exprimai

---

(1) GASTON MÉRY, *Écho du Merveilleux*, 15 février 1908.
(2) BARZINI, *Corriere della sera*, 25 janvier 1907.
(3) *A propos de la médiumnité de Mme Florence Cook-Corner. Rev. scient. et mor. du Spirit.*, juin 1909, p. 744.
(4) *Katie King, Histoire de ses apparitions*, p. 61.

mes regrets d'avoir oublié les conditions, car je craignais vivement que le médium ne souffrît par mon imprudence ; mais Katie me rassura en me disant que mon acte ayant été involontaire, elle pourrait empêcher de mauvais résultats pour la santé de miss Cook.

DÉMATÉRIALISATION VISIBLE DE L'APPARITION

Nous avons admis que la dématérialisation de la forme fluidique est l'explication la plus logique pour expliquer comment les moulages de MM. Reimers, Oxley, Adshead, Ashton, etc., ont pu être laissés entre les mains des opérateurs. D'ailleurs, la disparition de formes complètes devant les yeux des spectateurs n'est pas rare dans les annales du Spiritisme. On se souvient que M. Oxley (p. 268) nous raconte que l'apparition, au lieu de rentrer dans le cabinet « sembla se fondre, en commençant par les pieds, et peu à peu le corps et la tête disparurent, ne laissant qu'une petite tache blanche qui s'évanouit bientôt ».

M. le docteur Hitchman (p. 290) a vu également des apparitions solides, tangibles « disparaître instantanément et d'une manière absolue. » Le fantôme d'Estelle Livermore fut longtemps avant de pouvoir se maintenir suffisamment aggrégé pour être visible à une lumière terrestre, car il disparaissait instantanément « comme de la neige qui fondrait au soleil ». M. Brackett (p. 352) dit qu'il défie qui que ce soit de se dématérialiser devant lui comme le fit l'esprit Berta.

La forme de Lucie, chez le docteur Gibier (p. 512), après s'être organisée sous les yeux des assistants, disparut devant le docteur, qui s'était placé entre elle et le cabinet.

Avec l'archidiacre Colley (p. 521), toujours les formes rentraient visiblement dans le corps du médium, comme je l'ai rappelé déjà souvent. Enfin, à la villa Carmen, M. Richet et moi avons vu le fantôme s'enfoncer dans le sol sans laisser de traces de sa présence (p. 541). Mme F. Marryat vit sa fille disparaître ainsi sous ses yeux, en s'enfonçant à travers un tapis, pendant une séance en Amérique.

Robert Dale-Owen raconte dans son livre *Debatable land* (le

Territoire contesté) (1) que chez une dame qui n'était pas un médium professionnel, un fantôme lumineux se forma sous ses yeux ; et qu'après s'être promené devant lui, son éclat alla en s'affaiblissant peu à peu, jusqu'au moment où il disparut.

La magnifique apparition de Nepenthès, qui se montrait quand Mme d'Espérance était dans le cercle (p. 345) et parfaitement consciente de tout ce qui se passait, s'est évanouie aussi au milieu des assistants, dont l'un lui tenait même la main. Voici ce récit (2) :

Après que Nepenthès eut coupé une mèche de ses cheveux, Mme Gerborg demanda à l'apparition si elle pourrait disparaître pendant que M. E. lui tenait les mains. Elle ne bougea pas. Mme Gerborg pria alors M. E., d'exprimer lui-même ce désir, car Nepenthès cherchait toujours à faire ce qu'il demandait. Elle parut hésiter un instant, puis commença à diminuer de volume, jusqu'à ce qu'elle atteignît la taille d'un enfant de six à sept ans. M. E. lui tenant toujours les mains qu'*il sentait devenir très petites* et qui lui échappèrent quand Nepenthès *ne fut plus qu'un petit nuage blanc*, dont la lumière s'éteignit et qui sembla rouler dans le cabinet...

INFLUENCE ANTAGONISTE DE LA LUMIÈRE TERRESTRE SUR L'APPARITION

La lumière exerce certainement une action dissolvante sur les matérialisations, au moins quand celles-ci n'ont pas acquis un état statique suffisant pour lui résister. La substance qui émane du médium présente, nous l'avons constaté (Vol. I, p. 338), des analogies avec certains états de la matière dissociée, qui sont chargés d'électricité. Or, les expériences de Marconi nous ont appris que la propagation des ondes hertziennes se fait moins bien quand la transmission a lieu à travers les zones éclairées de l'atmosphère (3). La lumière qui entrave le mouvement ondulatoire de la télégraphie sans fil pourrait, peut-être, agir aussi de la même manière sur les émanations fluidiques

---

(1) Voir la traduction française dans la *Revue scient. et mor. du spirit.*, septembre 1902, p. 186 et suiv.
(2) Mme D'ESPÉRANCE, *les Séances de Christiania. Light*, 3 mars 1900. Traduction française in *Rev. scient. et mor. du Spirit.*, mai 1900, p. 697.
(3) Voir le *Daily Mail* du 13 décembre 1909. Conférence de M. Marconi.

qui s'extériorisent du corps du médium, car le docteur Imoda (1) a établi que parmi celles-ci il en existe qui déchargent l'électroscope, ce qui a paru se vérifier également au cours des expériences de l'Institut général psychologique (2). Si des expériences ultérieures établissent solidement ce fait : que la matière fluidique est dans un état spécial d'électrisation, il ne sera plus incompréhensible que les vibrations lumineuses agissent d'une manière antagoniste sur les matérialisations, puisque l'air éclairé absorbe une partie de l'énergie des ondes électriques. Quoi qu'il en soit de cette hypothèse théorique, les faits démontrent directement l'effet destructeur de la lumière, car tous les expérimentateurs l'ont signalé.

M. Maxwell, qui n'est pas spirite, écrit (3) :

L'action de la lumière est intéressante à retenir. J'ai déjà indiqué à diverses reprises que l'agent des phénomènes psychiques me paraissait analogue à l'influx nerveux, et que la table me semblait faire l'office d'un condensateur. Dans cette hypothèse, la lumière agirait comme certains rayons d'origine cathodique qui déchargent les condensateurs électrisés qui sont dans leur champ. L'étude de l'influence de la lumière sur les phénomènes télékinétiques nous fera certainement connaître leur cause : elle permet déjà de soupçonner que la force télergique doit avoir quelques rapports avec la lumière et l'électricité, au moins en ce qui concerne l'amplitude des vibrations. L'étude de ces rapports ne peut être entreprise que par un physicien expérimenté. Elle exigera une méthode délicate et des instruments spéciaux et je souhaite vivement qu'elle soit sérieusement entreprise.

De son côté, le professeur Porro, après les séances au *Circolo Minerva* de Gênes, est conduit à déclarer (4) :

1° Que les conditions de clarté de la salle sont, pour chaque classe de phénomènes, indépendantes de notre volonté et doivent se régler suivant les indications catégoriques des agents;

2° Que lorsque nous ne prétendons pas imposer les mêmes conditions, les phénomènes se produisent meilleurs chaque fois ;

---

(1) Voir *Annales Psychiques*, nos 12-13, 1908, p. 196.
(2) *Institut général Psychologique*. Rapport de M. Courtier, novembre-décembre 1908, p. 508.
(3) Maxwell, *les Phénomènes psychiques*, p. 115.
(4) Professeur Porro, *Dix séances au Circolo Minerva* in *Rev. scient. et mor. du Spirit.*, années 1901-1902, p. 342.

3° Que la répétition d'un phénomène obtenu dans l'obscurité est tentée, comme pour en prouver la sincérité, lorsque la crainte d'un insuccès moral n'est plus à redouter;

4° Que la lumière faite à l'improviste *peut causer les plus grands troubles et indispositions* au médium, surtout *lorsqu'il est en trance*.

A plusieurs reprises, au cours de cet ouvrage, nous avons pu constater l'action perturbatrice de la lumière. Chez le colonel Devoluet (p. 149), une boîte d'allumettes qui planait dans l'air, tombe d'une hauteur de 2 mètres, aussitôt que la salle est éclairée.

Pendant les expériences de M. Livermore, les formes d'Estelle et de Franklin furent longtemps avant d'acquérir le pouvoir de rester aggrégées à la lumière terrestre. Je rappelle ce passage caractéristique (p. 430) :

Grâce à la lumière que projetait la lanterne, nous pûmes voir la forme de Franklin assise dans mon grand fauteuil, devant la fenêtre que masquait un rideau noir…. Une fois, la lumière de la lanterne resta dix minutes fixée sur sa face, nous laissant la faculté de l'examiner tout à loisir, ainsi que le reste du corps. Tout d'abord, la figure semblait constituée par de la *véritable chair vivante*, les cheveux paraissaient réels et les yeux brillants montraient si bien leurs détails qu'on en distinguait le blanc. Mais je remarquai bientôt que toute l'apparition *allait s'effaçant devant la lumière d'origine terrestre* et cessait de présenter cette apparence de vitalité qu'elle avait conservée tout le temps qu'elle était éclairée par une lumière spiritique.

Notons aussi que les « fleurs fluidiques » (p. 431) ne supportent pas la clarté du gaz.

Il est bon de se souvenir que l'esprit de Nepenthès, à la première séance (p. 346), avait de la peine à se maintenir matérialisé lorsqu'il s'approchait de la lumière. Un épisode curieux montre l'influence dissociante de la clarté :

Tandis que le fantôme hésitait devant la porte de la chambre brillamment éclairée, il nous fut possible de l'observer de derrière. Il paraissait aussi matériel que le médium lui-même; mais, à notre grande surprise, il devint *tellement transparent* que MM. H. et B. et moi-même, nous pûmes *voir la lumière des lampes à travers son corps*…

Ce changement dans l'opacité de la forme matérialisée, sous l'action de la lumière, est tout à fait caractéristique; elle indique une sorte de dissolution de l'organisme, analogue à celle que la lumière produisait sur la matière encore vaporeuse qui s'échap-

Fig. 70. — Katie King, d'après une photographie.

pait du corps de Mme d'Espérance, lorsque les esprits ne savaient pas l'utiliser (p. 689).

Voici encore une preuve décisive de cet étrange pouvoir de la lumière sur les fantômes qui n'ont pas atteint un degré de stabilité suffisant. Je l'emprunte à Mme Florence Marryat (1) :

(1) *Katie King, Histoire de ses apparitions*, p. 140, et *There is no death*, chap. XVI.

On demanda un soir à Katie King pourquoi elle ne pouvait pas se montrer avec une lumière plus forte. (Elle ne permettait qu'un seul bec de gaz et encore fallait-il le baisser beaucoup.) La question sembla l'irriter énormément, elle nous fit la réponse suivante : « Je vous ai souvent déclaré que je ne pouvais subir l'intensité d'une grande lumière. *Je ne sais pas pourquoi*, cela m'est impossible, et, si vous doutez de mes paroles, allumez partout et vous verrez ce qui arrivera. Je vous préviens seulement que si vous me mettez à l'épreuve, la séance sera terminée tout de suite, je ne pourrai pas reparaître devant vous, ainsi choisissez. »

Les personnes présentes se consultèrent, on décida de tenter l'expérience afin de voir ce qui en adviendrait. Nous voulions trancher définitivement la question de savoir si plus ou moins d'éclairage gênait le phénomène de matérialisation. Nous sûmes plus tard que nous lui avions causé une grande souffrance.

L'Esprit Katie se plaça debout contre le mur du salon et elle étendit ses bras en croix en attendant sa dissolution. On alluma les trois becs de gaz (la chambre mesurait seize pieds carrés environ). L'effet produit sur Katie King fut extraordinaire. Elle ne résista qu'un instant, puis nous la *vîmes fondre sous nos yeux*, tout comme une poupée de cire devant la chaleur. D'abord ses traits s'effacèrent, on ne les distinguait plus. Les yeux s'enfoncèrent dans les orbites, le nez disparut, le front sembla rentrer dans la tête. Puis les membres cédèrent et tout son corps s'affaissa comme un édifice qui s'écroule. Il ne resta plus *que sa tête sur le tapis*, puis un peu de draperie blanche qui disparut comme si l'on eût subitement tiré dessus. Nous restâmes quelques instants les yeux fixés sur l'endroit où Katie avait cessé de paraître. Ainsi se termina cette séance mémorable.

M. Harrison vit aussi l'apparition de Katie se dissoudre (1) :

Vers la fin de la séance, Katie déclara que ses forces s'en allaient, qu'elle était en *train de fondre*. Son pouvoir était tellement affaibli que la lumière qui pénétrait dans le cabinet où elle s'était retirée sembla *la dissoudre* ; on la vit alors s'affaisser n'ayant plus de corps du tout, et son cou touchait le sol...

Après que les assistants eurent chanté, elle reparut toute formée et put être photographiée.

Que ce soit par l'action de la lumière, ou à la suite de l'épuisement de la force qui rend la forme spirituelle visible, nous

(1) *Katie King, Histoire de ses apparitions*, pp. 77-78.

avons vu fréquemment l'apparition diminuer comme si elle s'enfonçait dans le parquet, toute la partie inférieure se dématérialisant avec une excessive rapidité, mais le reste du corps conservant sa solidité pendant tout le temps qu'il restait visible. C'est ce qui eut lieu avec M. Oxley (p. 268), avec M. Foster (p. 382) et à la villa Carmen (p. 535). Dans d'autres cas, l'apparition semble s'évanouir dans l'air, ainsi que miss Glyn (p. 411) et M. Livermore (p. 425) le racontent.

Inutile, je crois, de faire remarquer combien ces phénomènes sont insimulables, lorsqu'ils se produisent chez des particuliers, dans les conditions relatées pour chacun d'eux. En dépit de toutes les mauvaises volontés, les matérialisations finiront par s'imposer comme des réalités aux plus récalcitrants et ce, pour le plus grand bien de la science.

Remarquons qu'au moment de la naissance du fantôme, un voile est toujours concrété en premier lieu et que c'est à l'abri de ce rempart contre la lumière que s'opère la matérialisation. On a signalé déjà que tout ce qui prend vie et s'organise (1) ne peut le faire que dans l'obscurité. Le germe ou le grain de blé dans la terre, le poussin dans l'œuf ou l'enfant dans le sein maternel, sont soustraits à la lumière.

En compagnie d'Eusapia, nous avons remarqué que, le plus souvent, les formes matérialisées qui ne sont pas protégées par le rideau du cabinet ne sont que partiellement visibles; mais si la lumière diminue, alors la forme se complète et les silhouettes sont entières. Nous pouvons donc conclure avec le docteur Venzano (2) de tout ce qui précède, la loi suivante :

Les conditions qui règlent la production des formes matérialisées, avec une même intensité médianimique, sont en raison directe de l'homogénéité du milieu et en raison inverse de la lumière.

Ajoutons qu'ici, comme toujours, l'exercice développe le pouvoir de résistance de l'être matérialisé à l'action désorganisatrice de la lumière, puisque nous avons constaté que Katie, qui au début ne pouvait être vue qu'à l'aide d'un écran lumineux, finit,

---

(1) Erny, *le Psychisme expérimental*, p. 126.
(2) Docteur Venzano, *Contribution à l'étude des matérialisations*. Ann. Psych., juillet 1907, p. 514.

au bout de trois ans, par se faire photographier sous le plein éclat de la lumière électrique, ou supportait sans faiblir l'éclair éblouissant du magnésium, tandis qu'à un stade moins avancé de son évolution, la lumière du gaz la dissolvait.

J'ai signalé (p. 89) que les apparitions naturelles sont parfois lumineuses, et, assez souvent, c'est la clarté qu'elles répandent qui attire l'attention du percipient. C'est ce qui eut lieu pour Mme Lewin (p. 90), laquelle vit sa chambre éclairée d'une lumière bleuâtre qui disparut en même temps que le fantôme, et pour le révérend Jupp (p. 92) qui fut éveillé par une clarté douce répandue dans le dortoir,

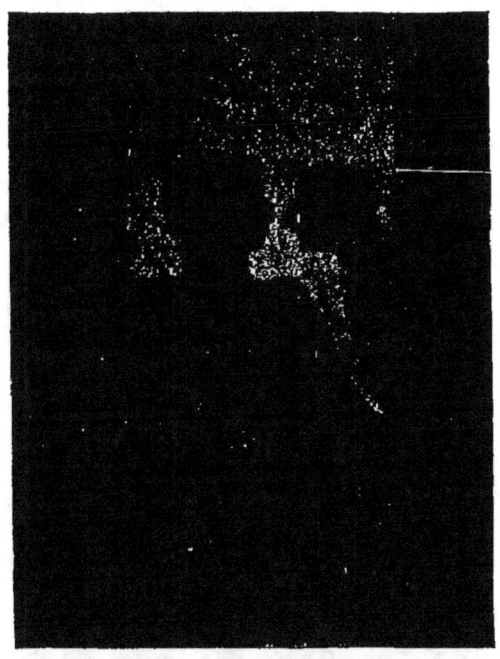

Fig. 71. — Croquis M. Gelltona.
Dans les séances demi-obscures, la forme qui sort du rideau paraît noire, comme l'observateur lui-même.

alors qu'il avait baissé le gaz. La femme d'un docteur américain put noter aussi (p. 91) qu'une lumière inusitée éclairait la chambre voisine qui était celle de son mari ; elle était produite par une forme qui ne fut pas nettement reconnue. Nous allons constater que l'on put étudier ce phénomène dans les séances expérimentales où il présente une assez grande variété ; c'est une nouvelle analogie entre les apparitions spontanées et celles que nous pouvons provoquer avec les médiums.

LES MANIFESTATIONS LUMINEUSES

Il y aurait toute une étude spéciale à faire sur les manifestations lumineuses qui se produisent pendant les séances obscures. Tantôt elles se présentent sous la forme d'étoiles, d'éclairs, de taches plus ou moins brillantes, de couleur bleu-verdâtre, qui apparaissent dans l'espace ; tantôt ce sont des sortes de brouillards amorphes, lumineux, qui flottent autour du médium ou des assistants, affectant aussi des formes ovoïdes ou annulaires, ou présentant l'aspect de simples taches.

Dans d'autres circonstances, c'est l'apparition elle-même qui possède un éclat particulier qui la rend visible ; il semble que la lumière est émise par toutes les parties de son être et qu'il émane des vêtements une sorte de phosphorescence assez vive, mais qui n'éclaire pas les objets environnants.

Enfin, on connaît des cas où la lumière rayonne : soit des mains de l'apparition et sert à l'éclairer, soit d'un corps solide, dur, qui peut affecter les formes les plus diverses. En général, ces luminaires ont une couleur et un éclat spécial qu'il est assez difficile de définir exactement ; leur aspect se rapproche des lueurs que l'on observe dans les tubes à vides, mais sans que cette analogie soit très approchée.

William Crookes résume ainsi les faits de cette nature qu'il a pu observer (1) :

FIG. 72. — Formes diverses des objets solides lumineux dont se servent les apparitions pour se faire voir. Reproduction d'après une gravure tirée de : *Twixt two worlds*.

Ces manifestations, étant un peu faibles, exigent, en général, que la chambre ne soit pas éclairée. J'ai à peine besoin de rappeler à mes lecteurs que dans de semblables conditions, j'ai pris toutes les

(1) W. CROOKES, *Recherches sur le Spiritualisme*, p. 153.

précautions convenables pour éviter que l'on ne m'en imposât par de l'huile phosphorée ou d'autres moyens. Bien plus, beaucoup de ces lumières étaient d'une nature telle *que je n'ai pu arriver à les imiter* par des moyens artificiels.

Sous les conditions du contrôle le plus rigoureux, j'ai vu un *corps solide*, lumineux par lui-même, à peu près de la grosseur et de la forme d'un œuf de dinde, flotter sans bruit à travers la chambre, s'élever plus haut que n'aurait pu le faire aucun des assistants, en se tenant sur la pointe des pieds, et ensuite descendre doucement sur le parquet. Cet objet fut visible pendant plus de dix minutes, et *avant de s'évanouir*, il frappa trois fois la table avec un bruit semblable à celui d'un corps dur et solide. Pendant ce temps, le médium était étendu sur une chaise longue et paraissait tout à fait insensible.

Dans une séance obscure à laquelle j'assistais chez mes parents, et dont j'ai déjà parlé (p. 165), l'apparition d'un homme sortie du cabinet, dont le buste se mouvait en glissant *sur la table* autour de laquelle nous étions assis, était éclairée par un bloc solide, de forme presque cubique, qu'elle tenait dans la main droite. Ayant demandé au fantôme la permission de toucher cet objet lumineux, il le mit dans ma main. Ce corps n'était pas chaud ; il présentait l'aspect d'un morceau de glace enveloppé d'une étoffe de mousseline ; la lumière qu'il émettait avait une teinte bleuâtre et son pouvoir éclairant ne s'étendait pas au delà d'un mètre, au plus. Au bout de quelques secondes, la lumière de ce corps diminua sensiblement ; alors le fantôme le reprit et, presque aussitôt, la lumière augmenta et redevint ce qu'elle était avant que je l'eusse dans les mains. Je revins à W. Crookes :

J'ai vu des points lumineux jaillir de côté et d'autre et se reposer sur la tête de différentes personnes ; j'ai eu réponse à des questions que j'avais faites par des éclats de lumière brillante qui se sont produits devant mon visage et le nombre de fois que j'avais fixé. J'ai vu des étincelles de lumière s'élever de la table au plafond, et ensuite retomber sur la table avec un bruit très distinct. J'ai obtenu une communication alphabétique au moyen d'éclairs lumineux, se produisant dans l'air, devant moi, et au milieu desquels je promenais ma main. J'ai vu un nuage lumineux se promener au-dessus d'un tableau. Toujours *sous les conditions du con-*

trôle le plus rigoureux (1), il m'est arrivé plus d'une fois qu'un corps solide, phosphorescent, cristallin, a été mis dans ma main par une main qui n'appartenait à aucune des personnes présentes. *En pleine lumière*, j'ai vu un nuage lumineux planer sur un héliotrope placé sur une table à côté de nous, en casser une branche et l'apporter à une dame ; et, dans quelques circonstances, j'ai vu *un nuage* semblable *se condenser sous nos yeux*, en prenant la forme d'une main et transporter de petits objets.

Cette matérialisation partielle se produit donc encore d'une manière semblable à la matérialisation totale, que nous avons vu émaner aussi d'un *brouillard, d'un nuage*, mais, ici, la main, tout en faisant la preuve qu'elle est assez objective pour agir sur la matière, reste lumineuse, ce qui la rapproche des apparitions qui sont visibles par elles-mêmes.

Le degré de matérialisation des mains est variable, ainsi que leurs caractères physiologiques :

J'ai vu plus d'une fois, dit encore le savant anglais, d'abord un objet se mouvoir, puis un *nuage lumineux* qui semblait se former autour de lui, et enfin le nuage se condenser, prendre une forme et se changer en une main parfaitement faite. Cette main n'est pas toujours *une simple forme*, quelquefois elle semble animée et très gracieuse ; les doigts se meuvent et *la chair* semble être *aussi humaine* que celle de toutes les personnes présentes. Au poignet ou au bras, elle devient vaporeuse, et se perd dans un nuage lumineux.

Au toucher, ces mains paraissent quelquefois froides comme de la glace et mortes ; d'autres fois, elles m'ont semblé *chaudes et vivantes, et ont serré la mienne*, avec la ferme étreinte d'un vieil ami.

On n'a peut-être pas oublié, non plus, la description de cette main lumineuse qui écrivit sous les yeux du célèbre physicien (voir p. 171).

Tous les observateurs qui ont assisté à des séances obscures avec de forts médiums, sont unanimes pour affirmer l'existence de ces lumières spéciales fabriquées par les intelligences qui opèrent. Nous avons entendu M. Livermore (p. 425) nous raconter comment Estelle, sa femme, se fit voir au moyen « d'un

---

(1) C'est moi qui souligne dans toute la citation.

globe lumineux » qui était accompagné de crépitements électriques. Nous trouvons d'autres détails sur ces lumières dans la relation publiée par M. Benjamin Coleman, qui avait fait la connaissance de M. Livermore pendant un séjour à New-York ; je vais lui faire quelques emprunts (1). C'est toujours du journal de M. Livermore que les descriptions sont extraites :

Après avoir attendu une demi-heure, une *lumière sphérique, oblongue*, enveloppée dans des plis d'étoffe s'élève du plancher jusqu'à nos fronts et se pose sur la table devant nous... De 8 heures et demie à 11 heures et demie la lumière fut constamment visible devant nous... A un moment, et sur ma demande, la lumière devint si brillante qu'elle éclairait toute une partie

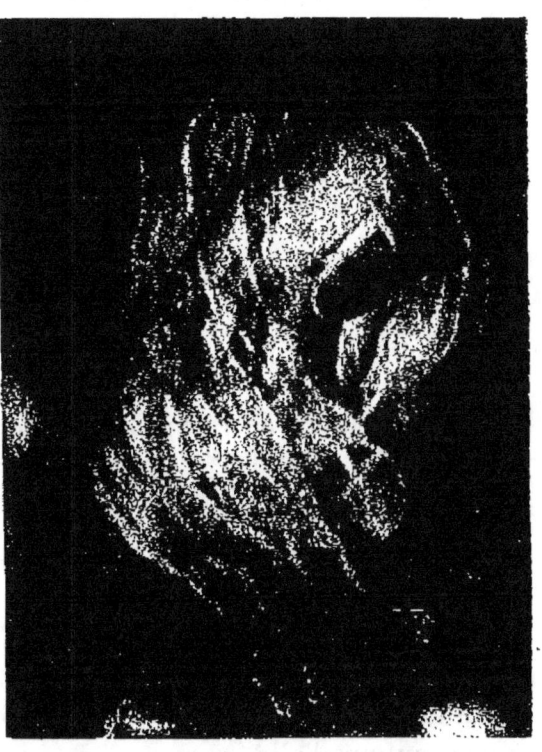

Fig. 73. — Aspect d'une main lumineuse en formation, d'après un dessin de M. Keulmans, dans *Twixt two worlds*.

de la chambre, elle s'éleva de la table, se posa sur ma tête et mon épaule pendant que la draperie touchait mon visage...

Une autre fois, la lumière paraît sur le sol, derrière nous, et s'élève avec le froissement de robe et le bruissement électrique. Cette lumière a la forme d'un cylindre de 6 pouces de long sur 3 de diamètre, enveloppée comme toujours dans des plis gracieux ; après chaque apparition de cette lumière, une enveloppe sombre était jetée sur elle. Ce cylindre lumineux était agité sur la table et produisait des bruits électriques, projetant des radiations sur l'esprit que nous découvrîmes alors devant nous.

(1) BENJAMIN COLEMAN, *le Spiritualisme en Amérique*, dans le *Spiritual Magazine*, juillet 1861.

Voici, comme dans le cas de Crookes, une lumière qui produit un bruit en frappant sur la table :

La lumière prit la forme d'un lis, de la grosseur de ma tête, assez brillant pour éclairer ma table, le milieu de la chambre, à tel point que miss Fox et moi pouvions nous distinguer parfaitement, ainsi que tous les objets de la pièce. La lumière bondissait de la table à la hauteur de 12 à 18 pouces et retombait sur le plateau de ce meuble, en le frappant, ce qui produisait un bruit ou écho.

Quelquefois, la forme d'Estelle prenait la lumière pour se faire mieux reconnaître :

La lumière se rendit à la moitié de la distance entre le mur et nous, ou environ 10 pieds : le craquement électrique augmenta, la lumière éclaira graduellement toute cette partie de la chambre et nous fit voir en perfection la forme entière d'une femme devant la muraille, *tenant la lumière dans sa main étendue*, l'agitant par intervalles lorsqu'elle devenait plus faible... Je remarquai que l'apparition de ma femme se refléta dans une glace devant laquelle elle se tenait.

M. Coleman, dans une séance avec Kate Fox, vit aussi une lumière, de forme demi-sphérique, de la grandeur de la paume de sa main, qui n'était pas phosphorescente et répandait une lueur autour d'elle.

Le docteur Nichols (1), dans des séances obscures avec Églinton, vit des croix lumineuses, se détacher sur une sorte de matière brunâtre de la grandeur d'une carte à jouer ; au toucher, ce corps produisait la sensation de quelque chose de velouté, ces lumières ne donnaient pas de fumées, comme le phosphore, et n'avaient pas d'odeur.

Plus tard, dit-il, Joey et son confrère Ernest nous en firent voir de très près, mais pas assez pour que nous puissions y toucher. C'étaient des masses de lumières en forme sphérique, ou bien des globes aplatis, dont la masse était lumineuse *et enveloppée dans les plis d'une draperie fine comme de la gaze* (2). Joey fouillait parmi les plis avec ses doigts pour nous montrer la substance lumineuse. On

---

(1) Voir l'ouvrage : *Twixt two worlds*, p. 26.
(2) Je souligne, parce que cette enveloppe du corps lumineux me rappelle celle qui entourait l'objet éclairant que j'ai tenu dans ma main.

eût dit une pierre précieuse, turquoise ou perle, large de trois doigts et devenue incandescente. Sa lumière rayonnante illuminait à un mètre à la ronde. Nous vîmes aussi cette lumière se promener çà et là. Joey la laissait redevenir presque obscure, puis il la faisait revenir à son éclat précédent.

Ces variations d'éclat semblent indiquer qu'on ne se trouvait pas en face d'un corps phosphorescent, bien que l'on puisse augmenter l'éclat de semblables substances en les réchauffant.

Nous avons vu par la magnifique gravure du peintre Tissot (p. 339) que l'apparition « d'Ernest » tient dans sa main un objet ovoïde, duquel émane la lumière qui éclaire les formes. Les mains de Katie

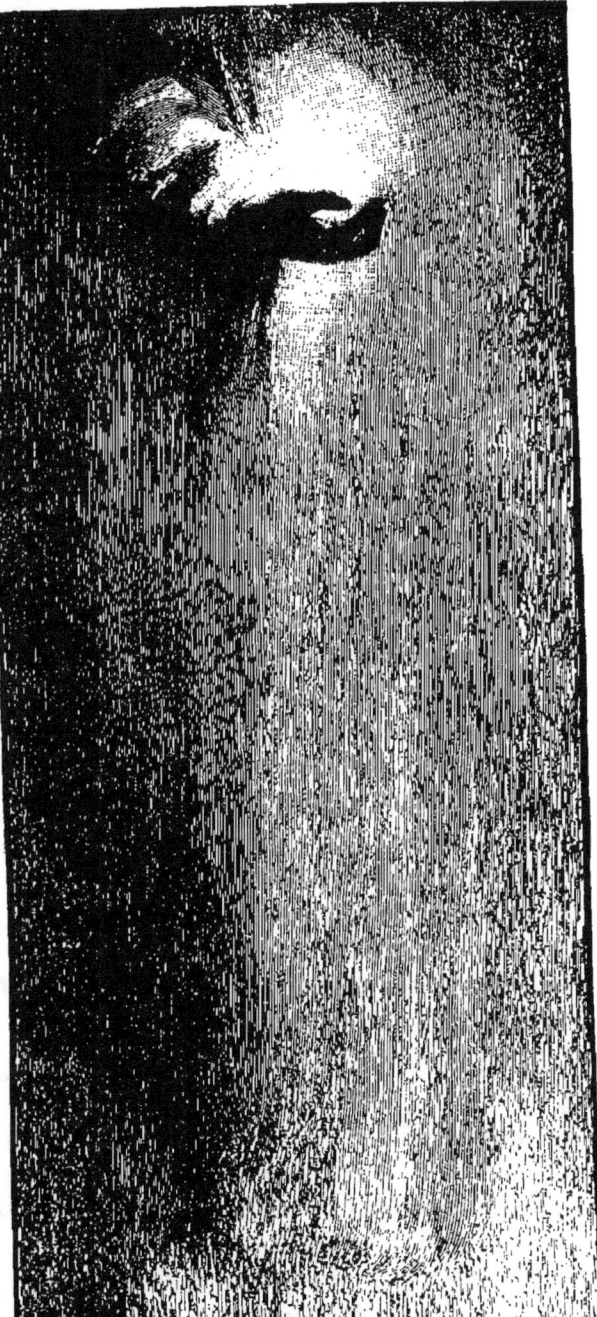

Fig. 74. — Un esprit matérialisé qui s'éclaire.

paraissaient dégager cette clarté bleuâtre qui, selon le témoin, était blanche « comme si l'on eût gratté de la lune » ! La forme de Nepenthès (p. 349) paraissait lumineuse par elle-même ; une sorte d'atmosphère de lumière rayonnait de ses vêtements et nous retrouvons la comparaison de « l'éclat de la lune sur la neige », mais plus brillante. Le diadème qui surmontait la tête resplendissait aussi d'un grand éclat.

M. de Bodisco (1) signale dans son ouvrage, qu'au courant de séances avec un médium non professionnel, il vit également la matière lumineuse se dégager du médium et se concréter en une substance dure, solide et lumineuse.

Tous les médiums ne sont pas aptes à fournir les éléments nécessaires pour les apparitions lumineuses d'êtres matérialisés complètement. Mais il est certain que la force psychique qui leur est empruntée peut devenir visible, même dans les simples séances ordinaires, sans cabinet, lorsque l'obscurité est faite. J'ai vu assez souvent pendant des séances, quand la lumière était enlevée, des sortes de lueurs d'un jaune verdâtre, prolonger les doigts des assistants, comme des traînées ondulatoires qui avaient l'aspect de traces phosphorescentes, mais sans faire de fumées.

Dans une étude publiée par W. H. Myers sur la médiumnité de Stainton Moses, des phénomènes lumineux sont fréquemment signalés (2).

Je vais en résumer quelques-uns :

Pendant une manifestation imposante « d'Impérator », le guide du médium, tous les assistants (ils étaient trois) voyaient de temps à autre une vapeur lumineuse, allant et venant autour des pilastres de la table (3). Dans d'autres cas, c'étaient de petits globes lumineux qui brillaient d'un éclat continu et tournaient autour de la chambre. Ces lueurs ne rayonnaient pas, c'est-à-dire qu'elles n'éclairaient pas l'espace environnant.

Nous retrouvons dans la description de la séance du 11 août (4),

(1) De Bodisco. *Traits de Lumière*, chapitre III. Voir aussi ses articles dans : *l'Initiation*, 1895.
(2) F. W. H. Myers, *les Expériences de Stainton Moses. Proceedings*, 1895. Traduction française in *Ann. Psych.*, 1895, pp. 204 et 292.
(3) *Annales Psychiques*, 1895, p. 219 et 224.
(4) *Ann. Psych.*, article cité, p. 292.

ce même détail caractéristique que les lumières sont entourées de voiles. « Mentor », un des guides, fit sentir au docteur Speer une draperie lumineuse et présenta deux fois devant sa figure une lumière très large et très brillante, du volume d'un globe de lampe.

Dans une autre circonstance, c'est une vapeur lumineuse qui entoure une bague placée au milieu de la table. Mme Speer ayant approché sa main, la retira toute lumineuse.

Les comités qui ont étudié Eusapia ont constaté aussi, de temps à autres, quelques phénomènes semblables. Mais avec ce médium les manifestations lumineuses sont très fugitives, et n'atteignent jamais un grand éclat. Néanmoins tous les observateurs les ont signalées. A Milan, le rapport dit (voir p. 184) :

Apparitions de points phosphorescents de très courte durée (une fraction de seconde) et de lueurs, notamment de disques lumineux, qui souvent se dédoublaient, d'une durée également très courte.

A Rome (1). — On signale de petits globes phosphorescents qui voltigeaient au-dessus de la tête des assistants, lesquels voyaient tous le phénomène au même instant et de la même manière.

A Varsovie (2). — Les lueurs ont revêtu les formes les plus diverses : étincelles dorées ; gerbes de 2 à 3 centimètres. Le général Starzinsky a observé un « rond faiblement luisant, grand comme un œil d'homme ; la lumière avait la forme d'une spirale plate. »

A Carquéiranne (3). -- Le professeur Lodge a vu, avec les autres assistants, des lumières traverser la salle, comme des lucioles.

A Paris. — Pendant les séances à la *Société française d'Études des phénomènes psychiques*, je fus, à plusieurs reprises, témoin de la production de ces étoiles lumineuses, d'une couleur bleuâtre, qui ressemblaient à ces points lumineux qui retombent en gerbe après que l'on a tiré une fusée. Ces lumières prenaient naissance aux environs du médium.

A Montfort-l'Amaury (4). — M. de Fontenay signale, à la deuxième séance, dans le cabinet, une lueur linéaire, verticale, blanche, qui s'alluma et s'éteignit plusieurs fois. Au cours de la troisième séance, ce fut dans la salle, au plafond, que se produisit une lumière de forme rectangulaire, ou plutôt d'ellipse allongée, comme celle que donnerait la section droite d'un faisceau lumineux partant du cabinet.

(1) De Rochas, *l'Extériorisation de la Motricité*, p. 133 (Édition de 1896).
(2) De Rochas, *Ouvrage cité*, pp. 158-159.
(3) De Rochas, *Ouvrage cité*, p. 174.
(4) G. de Fontenay, *les Séances de Montfort-l'Amaury*, pp. 80 et 111.

Peut-on expliquer comment se produisent ces lumières ? Bien qu'aucune expérience ne permette de se prononcer en connaissance de cause, certaines remarques me portent à supposer que ces phénomènes offrent une analogie avec ceux que l'on observe lorsque le courant électrique doit surmonter une grande résistance.

Dans ce cas, ce ne serait donc pas une lumière produite par une phosphorescence proprement dite, comme cela a lieu chez les êtres vivants. On sait que de nombreuses espèces végétales et animales sont capables d'engendrer de la lumière. C'est ainsi que la capucine, le soucis, le soleil projettent des jets de lumière au moment de la floraison ; il en est de même pour l'agaric de l'olivier et certaines algues.

Tout le monde connaît le lampyre, ou ver luisant, qui brille d'une jolie lumière douce, bleue ou verdâtre pendant les chaudes nuits de l'été. Ce sont des organismes microscopiques, tels que le *nocliluca miliaris*, qui donnent parfois à la mer ce magnifique aspect de feu liquide, si souvent décrit par les voyageurs. On sait également que les poissons qui vivent dans les abîmes de la mer fabriquent une lumière qui sert à attirer leur proie.

Suivant le professeur R. Dubois, le siège de la phosphorescence réside dans des granulations arrondies (*vacuolides*), douées d'une réfringence spéciale, qui s'oxydent sous l'influence d'un ferment. Mais les faits que nous observons dans les séances spirites paraissent être d'une tout autre nature.

Si, parfois, des lueurs sont vues sur le corps même du médium ou des assistants, soit comme des sortes de plaques lumineuses émanant de la poitrine et de la tête, ou sous forme de vapeurs ou de fumées, le plus souvent, les lueurs sont extérieures, elles existent dans l'espace avec une forme déterminée, et n'émettent pas de fumées, comme le feraient des substances phosphorées.

Sous le titre : *Auréoles névropathiques*, le docteur Ch. Ferré (1) a signalé trois cas de phénomènes lumineux chez certaines malades, au moment de la période menstruelle.

Chez la première femme, pendant une forte migraine, il aperçut

(1) FERRÉ, *Auréoles névropathiques*. *Revue de médecine*, 10 avril 1905.

FIG. 75. — Une séance obscure.
Lumières qui apparaissent autour des assistants.

une lueur d'une vingtaine de centimètres de rayon autour de la tête, dont la clarté, d'une couleur orangée, s'atténuait d'intensité vers la périphérie. Le même phénomène se manifestait autour des deux mains découvertes.

Chez la seconde femme, à la suite d'une émotion, la même auréole se manifesta, moins étendue, mais d'aspect plus nettement rayonné à la périphérie et plus lumineuse que la précédente.

Enfin, des tourments déterminèrent une crise d'angoisse chez une femme et son mari vit tout à coup, en pleine obscurité, que les objets environnants se réfléchissaient dans la glace. Cette lumière était produite par des rayons divergents d'inégale dimension, mesurant de 20 à 30 centimètres de longueur. La face était pâle et teintée en jaune.

Le docteur Ferré voit dans ce fait le résultat d'un « orage nerveux ». Je pense que lorsque le médium est en trance, il doit se produire quelque chose d'analogue.

J'ai montré dans le premier volume de cet ouvrage (1) que les médiums projettent la force psychique sous forme d'effluves ; que ceux-ci sont visibles pour les sensitifs, peuvent être analysés au spectroscope, et qu'ils agissent sur la plaque photographique.

Ces effluves, en s'extériorisant, peuvent être astreints à conserver une forme spéciale, car les expériences de M. Beattie (voir p. 57) nous en fournissent la démonstration. Cette radiation, bien qu'invisible, agit sur la plaque photographique et nous avons quelques raisons de croire, avec le docteur Imoda, qu'elle est chargée d'électricité, au moins dans certains cas, puisqu'on a pu observer qu'un électroscope se déchargeait sous son influence. Eh bien, de même qu'un courant électrique devient visible pour l'œil lorsqu'on l'oblige à surmonter une résistance, de même on peut supposer que la force psychique émanée du médium deviendra perceptible par l'œil, si elle est accumulée dans le périsprit de l'être qui se communique, ou si celui-ci a le pouvoir de la concentrer, dans sa partie extériorisée, en un certain point de l'espace où il désire produire la lumière.

Alors, on pourrait comprendre ainsi pourquoi les mains observées par Mac-Nab (p. 249) étaient visibles et impressionnent les

---

(1) Vol. I, chapitre VII, p. 808.

sels d'argent, tandis qu'à un degré moindre, on ne voyait pas la cause agissante dans les expériences du docteur Pearce (p. 251), tout en constatant les résultats produits, c'est-à-dire l'effluviographie d'une main.

Les crépitements qui accompagnaient si souvent les manifestations lumineuses chez M. Livermore semblent plaider également en faveur de l'hypothèse électrique, qui s'accorde d'ailleurs parfaitement avec l'apparence des lumières, lesquelles ressemblent beaucoup aux fluorescences des tubes de Geissler. Quoi qu'il en soit de cette hypothèse, ce qui est sûr, c'est que ces phénomènes lumineux existent réellement et sont bien dignes de l'attention des physiciens et des physiologistes.

ANALOGIES ET DIFFÉRENCES PHYSIOLOGIQUES ENTRE LES ESPRITS MATÉRIALISÉS ET LES HUMAINS

Le fait le plus remarquable, c'est qu'un esprit, *complètement matérialisé*, est indiscernable d'un vivant au point de vue physiologique. Il possède un corps matériel pondérable ; une chaleur animale comparable à la nôtre ; une respiration, une circulation qui ont lieu comme chez les êtres vivants, et les phénomènes de motricité sont identiques à ceux que nous accomplissons constamment. Ce ne sont pas là des affirmations hasardées, elles résultent directement de l'observation des fantômes pendant les séances. Le résumé sommaire de ce que nous avons vu jusqu'alors suffira pour l'établir.

Le caractère absolument anormal de la genèse du fantôme, que souvent l'on voit naître dans la salle, sous les yeux des assistants, n'empêche pas celui-ci d'avoir une réalité objective indiscutable, parce que tous les assistants le décrivent d'une manière identique, s'accordent pour raconter ce qu'il a fait, où affirment l'avoir entendu prononcer des paroles qui sont les mêmes pour tout le monde. Les photographies prises par M. Burns (p. 284) ; par le docteur Hitchman (p. 290) ; par Aksakof (p. 297) ; par Crookes (p. 497) à la villa Carmen (pp. 537-541) nous confirment dans la certitude que ces êtres ne sont pas imaginaires, et qu'ils ont, momentanément, autant de réalité que les assistants qui impressionnaient la plaque en même temps.

D'autre part, les moulages obtenus sont des témoins irrécusables de l'existence de véritables *corps humains*, à trois dimensions, sur lesquels on reconnaît tous les signes distinctifs d'une morphologie terrestre. Les mains de Bertie (p. 264) ou de Lilly (p. 325), son visage (p. 271) ou celui d'Akosa (p. 269) ne sont pas des figures de convention, elles portent l'empreinte de la peau qui les recouvraient et ont tous les caractères de pièces moulées sur des êtres vivants. Cependant, nous savons que mains, pieds ou visages, ne pourraient pas être produits artificiellement, de sorte que le mystère de leur genèse reste complet pour nous.

Ce qui différencie radicalement ces organismes des nôtres, c'est qu'alors même qu'une partie seulement de ces corps fluidiques est matérialisée, cette partie, même invisible, possède tous les détails anatomiques de membres vivants. Les empreintes de pied chez Zoellner (p. 178) ; les effluviographies de Mac-Nab (p. 249) ; celles du docteur Pierce (p. 251) ou du docteur Pio Foa (p. 227) nous assurent que l'organisme complet est déjà formé et *solide*, avant même qu'il ne soit visible oculairement. Les mains, qui semblent ne se rattacher à rien, ont cependant parfois une chaleur normale, c'est Crookes qui nous l'affirme (p. 167) et elles ont une motricité assez énergique pour serrer la main du savant « avec la ferme étreinte d'un vieil ami » ! Ce sont ces mains fantômales qui, au dire de Morselli (p. 200), touchent, prennent, saisissent, attirent, repoussent, tirent la barbe ou les cheveux, enlèvent les lorgnons, donnent des taloches, etc. Mais leur caractère principal est l'*instabilité*, car elles disparaissent ou fondent sous l'étreinte, avec la rapidité de l'éclair.

Le mystère principal n'est pas encore tant de *voir* les fantômes car, somme toute, nous savons bien qu'il existe beaucoup d'états de la matière qui sont insaisissables pour nos yeux, mais qui peuvent devenir perceptibles au moyen de certains artifices, par exemple de la vapeur sèche formant aussitôt un brouillard sous l'influence des rayons du radium ou de l'effluve électrique ; dès lors, on pourrait imaginer qu'une action analogue rende le périsprit apparent, mais comment celui-ci s'approprie-t-il la substance du médium ? Par quel prodige la matière vivante peut-elle se transfuser dans un autre corps sans se décomposer, et y retourner ensuite ? Qu'est-ce qui remplace l'organisme physique du médium dans la partie du corps dont la substance a disparu ? Comment des fonctions continues comme la circulation, peuvent-elles se maintenir si une moitié du corps matériel est totalement extériorisée ? Sans doute le périsprit du médium reste comme le support fluidique de tous les appareils physiologiques ; cependant, en vérité, tout cela est encore profondément incompréhensible et personne ne sent plus que moi ce que ces phénomènes ont d'étrange. Mais comme il est sûr que rien ne vient de rien, que le miracle n'existe pas et que nous savons, d'autre part, que le médium perd, pendant que l'apparition est matérialisée, une partie de son poids, force nous est bien d'en conclure que la chair du fantôme *est celle du médium* (exemple de Mme Firman, p. 323), d'autant plus que la diminution de poids du médium correspond à la matérialisation graduelle du fantôme (p. 660) et que la disparition de celui-ci coïncide avec le retour du poids presque normal du sujet. Il ne faut pas oublier non plus que les assistants fournissent aussi leur quote-part à la matérialisation, bien que ce point ait besoin d'être établi aussi positivement que le précédent.

Les fantômes complets se comportent comme les êtres vivants. Ils marchent dans la salle des séances (Burns, Aksakof, Crookes, Gibier). Ils serrent la main des assistants et parfois, comme cela est arrivé à M. Burns (p. 285), on entend craquer les articulations du fantôme. L'apparition peut déployer une force physique assez grande pour porter des seaux (p. 282). Déplacer une lampe (p. 285) jouer comme Estelle avec un éventail (p. 428) donner un coup de poing violent, semblable à celui que reçut le capitaine Malvolti (p. 554), ou M. Tapp (p. 697) ; déployer une vigueur considérable pour soulever le colonel Lean de son siège (p. 335) ou enlever l'archidiacre Colley de son fauteuil (p. 524).

Toutes ces actions exigent, évidemment, une anatomie interne, un jeu de muscles, de nerfs se comportant comme ceux du corps humain dans les mêmes circonstances. Mais il y a mieux que l'analogie pour nous renseigner ; l'observation directe est là pour nous assurer que le fantôme possède un organisme intérieur qui est identique à celui que nous possédons. Le docteur Hitchman (p. 290) déclare qu'il a examiné les fantômes avec différents appareils et qu'il a constaté chez eux l'existence de la respiration et de la circulation, ce qui exige évidemment des poumons et un cœur. Rappelons-nous que Crookes affirme (p. 498) ce qui suit : « Un soir je comptais les pulsations de Katie : son pouls battait régulièrement 75, tandis que celui de miss Cook, peu d'instants après, atteignait 90, son chiffre habituel. En appuyant mon oreille sur la poitrine de Katie, je *pouvais entendre un cœur battre à l'intérieur*, et ses pulsations étaient encore plus régulières que celles de miss Cook, lorsque, après la séance, elle me permettait la même expérience. Éprouvés de la même manière, *les poumons de Katie se montrèrent plus sains que ceux de son médium*, car, au moment où je fis mon expérience, miss Cook suivait un traitement médical pour un gros rhume. »

On ne pourra plus guère soutenir maintenant que nous sommes ici en présence d'un dédoublement, car un organisme ne peut pas être *simultanément* : malade dans le corps et sain en dehors, ce que les phénomènes psychologiques nous assuraient déjà lorsque Katie causait avec miss Cook éveillée.

Mme Marryat raconte également que sa fille Florence lui fit mettre la main sur son cœur qui battait (p. 335). A tout instant, dans les récits, on trouve que les observateurs ont signalé la chaleur des mains, du visage ou l'haleine des apparitions. C'est le peintre Tissot qui sent le contact de l'épiderme doux, *chaud et vivant* de sa Katie (p. 341). M. E. dit que les lèvres de Nepenthès étaient « douces et *chaudes* » (p. 349). A son tour, M. Fidler raconte que la main de son ami Bitcliffe était « *chaude*, douce et naturelle, son étreinte ferme et vigoureuse » (p. 415) ; etc.

LES FANTÔMES RESPIRENT

Assez souvent, les esprits utilisent le souffle pour agir sur des instruments de musique. Le colonel Devoluet le signale (p. 148).

M. Gérosa, à Milan (p. 197), dit qu'une trompette, placée hors de la portée d'Eusapia, avait fait entendre des sons dans l'air.

Le docteur Venzano (1) rapporte, d'après M. Bérisso, le fait suivant :

A peine la séance est-elle commencée, et alors que la salle *est encore éclairée* par une lampe électrique de seize bougies, on peut observer le phénomène très important d'une trompette que *l'on entend nettement jouer* à l'intérieur du cabinet, et à diverses hauteurs, de sorte que le son n'échappe à personne. Peu de temps après, M. Brignola appelle l'attention des expérimentateurs vers le haut, où la trompette est apparue suspendue en l'air entre les deux rideaux, et un peu derrière eux, à une hauteur non inférieure à 90 centimètres, au-dessus de la tête du médium... Les mains d'Eusapia sont posées *immobiles sur la table*, contrôlées par les nôtres et *parfaitement visibles pour tout le monde*. Après quelque temps, la trompette se retire et en se retirant, elle émet de nouveau plusieurs sons, à différentes reprises.

Pour souligner, une fois de plus, les analogies qui existent entre les manifestations du double extériorisé des vivants et les actions des esprits matérialisés, je note que le docteur Ochorowicz a observé avec son médium : que le double appelé « la petite Stasia » pouvait tirer des sons d'une trompette, qui se trouvait à 93 centimètres de la bouche du sujet (2).

Assez souvent, les observateurs signalent que les fantômes exhalent une haleine et que celle-ci est chaude. Lombroso (p. 226) indique qu'un M. U. a senti sur sa main le souffle d'une haleine chaude provenant d'une apparition. M. de Lvoff (p. 384), en embrassant sa sœur matérialisée, « s'est assuré qu'elle possédait une chaleur normale et a senti sa respiration ». M. Bozzano rapporte (p. 554) qu'au moment où une tête s'appuyait contre la sienne, « une haleine chaude passa sur sa figure ». Le docteur Venzano affirme (p. 568) qu'il a senti une « bouche à l'haleine chaude » qui effleurait son oreille, c'était celle d'une parente décédée, qui lui parlait d'une voix aphone, en lui rappelant de pénibles événements familiaux.

(1) Docteur Venzano, *Contribution à l'étude des matérialisations*. Annal. Psych., juillet 1907, p. 481.
(2) Docteur Ochorowicz, *Un nouveau phénomène médianimique*. Annal. Psych., 1909, pp. 72-73.

A son tour, le docteur Gibier raconte que la forme de « Lucie », qu'il a vu se former sous ses yeux (p. 511), a fait entendre « un souffle fort, régulier, continu, avec de légers renforcements, donnant l'impression de venir d'une machine ou d'un soufflet de forge, pendant 30 secondes, sans interruption ». Une assistante, Mme D., dit sentir le souffle sur les mains et le visage.

Enfin, à la villa Carmen, M. Richet et moi avons entendu (p. 546) le souffle puissant et régulier de Bien Boa, quand il s'essayait à faire passer l'air par le tuyau qui communiquait avec le ballon contenant la baryte. Cette expérience démontre que l'air expiré était bien de l'acide carbonique, puisqu'il s'est formé un précipité de carbonate de baryte. Sont-ce les poumons du fantôme qui en fonctionnant ont produit cet acide carbonique, ou provenait-il du médium ? Aucune expérience directe n'a permis de trancher la question ; mais comme l'organisme matérialisé paraît se comporter comme un corps vivant, il n'est pas impossible qu'il ait lui-même engendré cet anhydride carbonique, puisqu'il dégage aussi de la chaleur.

LES VOIX

Une étude intéressante à faire serait celle qui concerne la voix des fantômes. Le plus ordinairement, la voix de l'être matérialisé est basse, chuchotée au moins pendant les premières séances ; ensuite, elle devient normale et possède un timbre qui lui est spécial. Mais les conditions variables qui proviennent : soit de l'état de santé du médium, soit des membres du cercle qui assistent à la séance, font que parfois les esprits sont obligés de se servir presque sans modifications des éléments empruntés au gosier du médium, quand ce n'est pas lui-même qui parle inconsciemment, de sorte que la voix de l'esprit, dans ce cas, rappelle plus ou moins celle du médium. Ici encore, les accusations de ventriloquie pourront se produire avec une vraisemblance apparente, sans que l'on puisse affirmer cependant qu'elles sont vraiment justifiées.

Voici quelques remarques du docteur Gibier qui seront à leur place ici (1) :

> Bien que caractéristiques, ces voix (celles des fantômes dont il est parlé p. 501) ont parfois des intonations rappelant la voix du médium. Je crois devoir dire ici que dans les expériences faites à l'aide du cabinet, à maintes reprises, je suis entré avec le médium, en face duquel je me tenais assis ou debout dans l'obscurité, et j'ai pu faire les constatations suivantes : mes mains étant placées sur les épaules de Mme Salmon, la voix paraissait partir tantôt de côté, du voisinage du sol, du fond du cabinet, ou, au contraire, de l'épaule, de la poitrine, du cou, et même de la bouche du médium.
>
> Les voix de « Maudy » et « d'Ellan » sont naturelles, elles prononcent les voyelles, les consonnes, et en particulier les labiales d'une manière irréprochable. L'explication, que je demandai, fut que, selon « le volume de forces » que les personnages invisibles qui le contrôlent peuvent tirer du médium, *ils se manifestent à une plus ou moins grande distance de ce dernier « employant ordinairement les éléments de son larynx et de sa bouche pour la voix »* (d'où, sans doute, les tons rappelant parfois ceux qui caractérisent la voix de Mme Salmon). De même qu'ils font usage des éléments des autres organes pour les matérialisations correspondantes.

Le docteur Gibier a vu et entendu parler les fantômes, non plusieurs en même temps, mais un seul à la fois :

> Ce dont je suis aussi certain que de quoi que ce soit (si tant est que je possède cette dernière certitude), c'est que j'ai entendu ces voix isolément, en dehors du cabinet où le médium était attaché, et de la cage où il était enfermé sous clef ; et que ces voix émanaient de figures dont les lèvres laissaient échapper les sons des paroles prononcées.

Katie King, dans les dernières séances, parlait à haute voix et assez longuement, puisqu'elle racontait aux enfants de W. Crookes, réunis autour d'elle, des épisodes de sa vie dans l'Inde (p. 497). Mme Marryat nous a fait également connaître ces voix qui, par l'intermédiaire de miss Schowers, donnaient de véritables concerts (p. 358) bien que les artistes fussent invisibles. C'est ce

---

(1) Docteur GIBIER, *Psychologie expérimentale. Recherches sur les matérialisations de fantômes. Revue scientifique et morale du Spiritisme*, 1900, p. 72.

dernier phénomène que les spirites ont appelé : les voix directes. Toutes les variétés peuvent donc se présenter dans la production des voix, depuis celles qui sont absolument naturelles, jusqu'à de simples murmures, quand ce n'est pas simplement le médium lui-même qui parle sous l'influence des invisibles.

Il n'est pas jusqu'aux sécrétions qui ne puissent se montrer chez les apparitions, avec des caractères semblables aux nôtres. Je pourrais citer plusieurs cas dans lesquels l'apparition versait des larmes. Il me suffira de rappeler que c'est ce que rapporte Mme Marryat, lorsque son beau-père se présenta devant elle chez Mme Éva Hatch (p. 473). En parlant de Katie King (1), elle dit qu'un soir que l'esprit matérialisé s'était assis sur ses genoux, elle sentit *de la transpiration* sur son bras.

LES VARIATIONS DU TYPE DES FORMES MATÉRIALISÉES

L'étude des apparitions naturelles nous a prouvé que l'esprit, dans l'espace, conserve dans son enveloppe fluidique, même longtemps après sa désincarnation, le type terrestre, ce qui permet au voyant de le reconnaître. La reconstitution est si fidèle qu'elle s'étend jusqu'aux plus petits détails : couleur des yeux, des cheveux; représentations de verrues, de nævi, de blessures, etc., qu'elle ressuscite intégralement. La photographie, à son tour, nous l'a affirmé pour Mme Bonner (p. 73); Mabel Warren (p. 76); Estelle Livermore (p. 444); etc. Elle établit que nous n'avons pas affaire à des hallucinations et que, même invisible, la forme existe, aussi semblable à ce qu'elle était ici-bas que pendant la matérialisation. Nous avons constaté, un certain nombre de fois, qu'un esprit déterminé se présente identique à lui-même avec des médiums différents, comme cela eut lieu pour « Bertie » et « Lilly » (p. 320); pour « Willie » la fille du docteur Nichols (p. 456); avec la fille de Mme Marryat (p. 469); et pour les esprits de « Blanche » (p. 508) chez le docteur Gibier; « d'Alice » avec le Rév. Colley (p. 527); ou pour Bien Boa, qui se matérialisait déjà avant que Marthe B. n'intervint comme médium.

(1) FL. MARRYAT, *There is no death*, chap. XVI, *Florence Cook*.

D'une manière générale, c'est ce qui se produit pendant les matérialisations. Les photographies de Katie King prises par M. Harrison, par le docteur Gully ou chez Crookes, sont assez ressemblantes entre elles pour que l'on puisse affirmer que c'est bien le même être qui a posé devant l'objectif. Mais il ne faudrait pas conclure de là que le type de l'esprit soit *toujours, et en toutes circonstances*, aussi immuable que celui d'un être humain. La matérialisation entraîne avec elle des déformations inévitables, parce que les éléments formels empruntés au médium offrent une résistance au périsprit du désincarné, avant que celui-ci réussisse à les incorporer dans son propre type. Et puis, le périsprit n'est pas rigide ; il se révèle comme éminemment plastique et capable de varier considérablement : d'abord dans ses dimensions, et même dans les détails, suivant que les conditions qui président à la matérialisation sont plus ou moins favorables, et suivant son habileté à se servir de la matière qui lui est nécessaire.

On pourrait grossièrement comparer le corps fluidique à une statue de caoutchouc à laquelle il est possible d'imposer des déformations très diverses, suivant la nature et la force de l'influence modificatrice, mais qui reprend son équilibre naturel, c'est-à-dire son type, aussitôt que l'action étrangère cesse d'agir.

En somme, un esprit désincarné n'arrive à se montrer tel qu'on l'a connu sur la terre, que s'il est capable de se rendre maître et de s'assimiler, d'une manière complète, la substance émanée du médium et des assistants. Le corps odique extériorisé du médium conserve dans l'espace les mêmes rapports relatifs entre ses parties, c'est-à-dire le type structural du médium. Deux champs de force sont donc en présence : celui du sujet vivant et celui de l'esprit matérialisé. Suivant que l'un ou l'autre prédominera, l'aspect physique du fantôme se rapprochera plus ou moins de l'apparence du médium, ou sera celui de l'esprit. C'est justement à cette sorte de lutte entre les deux influences que sont dues les différences qui ont été observées parfois avec le même esprit.

Nous avons vu Crookes (pp. 493 et 497) affirmer que Katie King ne ressemblait à miss Cook, ni pour la taille, ni pour la corpulence, ni par la couleur des cheveux, et que le visage de l'apparition était « d'une beauté parfaite » ; mais il n'en était pas toujours ainsi. Aksakof (1) affirme qu'il y avait parfois une ressemblance presque complète entre miss Cook et Katie. Le prince de Sayn Wittgenstein (2) a fait la même observation. M. Enmore Jones (3) dit aussi, au sujet d'une séance dans laquelle l'assistance était trop nombreuse et composée d'éléments disparates :

Quant à Katie, j'étais très frappé de voir la grande ressemblance qu'il y avait, hier soir, entre l'esprit et son médium ; leur teint était semblable, la manière d'agir était la même et le timbre de voix semblait pareil, lorsque derrière le rideau l'esprit chantait en chœur avec nous. Ceux qui n'ont pas vu Katie dans des conditions de contrôle sévère auraient pu croire que Katie était miss Cook elle-même.

Pour Katie, comme dans les autres cas, ce n'est que progressivement que le fantôme put se faire voir complètement, après une suite d'essais qui durèrent assez longtemps. Nous avons sur ce point le témoignage du docteur Gully (4).

Pendant les premières séances, la figure seule était formée, quelquefois les bras et les mains apparurent ; la figure se montrait sans cheveux, le crâne n'était pas visible et nous apercevions *comme un masque animé*. Les yeux et la bouche remuaient. Graduellement, nous avons pu obtenir la forme entière, qui parut après *cinq mois de séances* tenues une ou deux fois par semaine. Peu à peu l'apparition se forma plus rapidement, elle *changeait ses cheveux, ses vêtements, la couleur de sa peau*, selon notre désir.

La voix se fit entendre longtemps avant la formation complète du corps ; elle avait un son rauque, sauf quand Katie se joignait à nous pour chanter. Elle faisait alors entendre une voix *claire et sonore* de contralto. Au contact, sa peau semblait douce et d'une *chaleur naturelle*, ses mouvements étaient fort gracieux ; mais quand elle se baissait à terre pour ramasser un objet, il semblait que son corps et ses jambes se pliaient en arrière.

Le changement de couleur de la peau est signalé aussi par

(1) Aksakof, *Animisme et Spiritisme*, p. 256.
(2) *Katie King, Histoire de ses apparitions* p. 52.
(3) *Ouvrage cité*, p. 129.
(4) *Katie King*, p. 69.

M. Harrison (1), qui déclare avoir vu à Hackney, le 20 janvier 1873, que la figure « se transforma et de blanche *devint noire* en quelques secondes et que cela eut lieu plusieurs fois de suite ». M. Taff (2) dit aussi : « Un certain soir, Katie King, sortant du cabinet, leva son bras droit, il était de couleur sombre, *presque noire* ; puis le laissant tomber le long de son corps elle le releva de nouveau, et le bras avait repris sa couleur naturelle de chair blanche, comme l'autre. Ce changement de nuance fut presque instantané. »

Je trouve dans mes notes qu'à la villa Carmen, pendant les premières séances, Bien Boa avait le visage et les bras très basanés, alors qu'à la fin des séances sa carnation était devenue parfaitement blanche.

Mme d'Espérance qui servit si souvent à la matérialisation d'esprits qui furent reconnus, restant à l'état normal, vit très souvent les formes matérialisées, quand elle n'entra plus dans le cabinet. Mais, auparavant, elle avait pu observer « Yolande » et remarquer qu'elle ne lui ressemblait pas du tout (3). Les photographies de Mme d'Espérance (p. 360) et celle de « Yolande » (p. 363) confirment qu'elles n'ont rien de commun. Cependant, d'après Mme d'Espérance elle-même, une forme matérialisée, appelée « la Française », était son sosie. Voici ce qu'elle en dit, en réponse aux questions d'Aksakof au sujet de « Yolande » :

Quand elle (Yolande) était avec moi, en dehors du cabinet, sa figure était toujours voilée, de sorte que je ne pouvais la voir ; mais à Newcastle, je l'ai vue au milieu de la chambre lorsque le rideau s'ouvrit et que la lumière tomba en plein sur elle ; je vis alors ses épaules et ses bras aussi distinctement que si j'avais vu ceux d'une autre personne. C'était durant une séance en plein jour. Je vis la dame française, et *c'était comme si je m'apercevais dans une glace tellement elle me ressemblait* (4).

Je tiens à faire remarquer que Mme d'Espérance *ne connaît pas notre langue*, cependant, cette forme qui semblait être elle-

(1) *Katie King*, p. 33.
(2) *Ouvrage cité*, p. 63.
(3) Voir : *Au pays de l'Ombre*, p. 209, et *Un cas de dématérialisation*, pp. 183, 190 et 196.
(4) Aksakof, *Un cas de dématérialisation*, p. 190.

même s'exprimait *en français et correctement*. On saisit ici sur le vif la différence qui existe entre la forme extérieure et la véritable individualité, qui est celle de l'âme. Comme ce point est des plus importants, je cite encore un passage du livre *Au pays de l'Ombre*, qui nous fait assister à ce curieux spectacle d'un être qui est, trait pour trait, Mme d'Espérance, et qui emploie un langage que celle-ci ignore totalement (1) :

Un soir... j'entendais quelqu'un parler français tout près du cabinet, et je compris que ces paroles étaient adressées à un esprit qui se tenait debout entre les rideaux ouverts... Lorsque j'entendis un langage étranger, je me réveillai comme si quelque chose de nouveau allait se produire et les mots « ma petite, ma fille » excitèrent en moi une telle curiosité, que je voulus absolument voir l'esprit en question.

J'obtins la permission de quitter mon siège dans le cabinet, et je m'en vins lentement et avec difficulté du côté des rideaux, là où se trouvait une figure blanche. O surprise ! je me trouvai face à face avec... moi-même, du moins il me parut ainsi. L'esprit matérialisé était un peu plus grand que moi et de complexion plus forte : il avait les cheveux plus longs, les traits plus gros et les yeux plus grands ; mais, en regardant ce visage, je croyais me voir dans un miroir, tant était grande la ressemblance...

Cet esprit vint toujours avec la même apparence, ce qui montre bien qu'il ne pouvait ou ne savait pas manipuler suffisamment les forces subtiles qui produisent ces phénomènes, tandis que les autres esprits se montraient parfaitement distincts les uns des autres et du médium.

Les séances de Munich, dont j'ai parlé (p. 518) sont également bien démonstratives. On assiste à cette sorte de combat, de lutte, entre le dynamisme périsprital de l'esprit, qui veut imposer sa forme, et celui du corps odique du médium qui résiste. Le fantôme de la mère du peintre Halm Nicolaï finit par se faire reconnaître, puis quand sa force fut épuisée, le corps odique reprit sa ressemblance avec le médium.

Je terminerai cette trop courte revue par les remarques du

(1) Mme D'ESPÉRANCE, *Au pays de l'Ombre*, p. 237.

docteur Gibier, qui confirment tout ce que nous venons de voir (1) :

J'ai eu avec « Ellan » (voir son portrait p. 509) de nombreuses conversations auxquelles le médium seul assistait, mais je ne les voyais pas. Je ne l'ai observé de très près que dans trois occasions où je lui serrai la main. Il m'a paru différent de figure et même de taille à chaque fois, ce qu'il attribue à la *différence de force fournie par le médium* (2).

Dans les deux expériences faites à mon laboratoire, les différences (à plusieurs années de distance) n'étaient pas très sensibles, si je m'en rapporte à mes notes et à mes souvenirs; mais, dans une séance hors de chez moi, il ressemblait au médium, ses yeux m'ont paru bleus, sa taille était moindre et sa main moins ferme. Si je ne l'avais pas observé dans deux autres occasions où j'avais encagé et cadenassé personnellement le médium, *j'aurais certainement cru à la fraude* et que « Ellan » n'était rien autre que le médium déguisé, ou assisté par un compère. Je rappelle que, dans une de nos expériences au laboratoire, alors que le médium (que personne n'accompagnait) était enfermé dans la cage, j'ai vu « Ellan » de très près, mon visage à 25 ou 30 centimètres du sien, et que la couleur de ses yeux était différente de celle des yeux du médium. Ajouterai-je que ma vue est des meilleures ?

En somme, il est heureux que nous possédions des preuves intellectuelles de l'indépendance des apparitions matérialisées, car elles nous aident à comprendre que si, parfois, la forme matérielle du fantôme rappelle celle du médium, les souvenirs de l'esprit lui appartiennent en propre et suffisent à le caractériser comme un être distinct, indépendant, quand même il serait le sosie du médium. Cette plasticité du corps fluidique est donc encore un des caractères qui séparent complètement les matérialisations des corps vivants ordinaires, dont elles ont, par ailleurs, toutes les propriétés.

LES VÊTEMENTS DES APPARITIONS

Pendant le cours de cette étude, nous avons vu constamment les apparitions de vivants se présenter avec les vêtements que

---

(1) Docteur Gibier, *Recherches sur les Matérialisations de fantômes. Revue scient. et mor. du Spirit.*, année 1900, p. 730.
(2) C'est moi qui souligne.

portaient habituellement ceux qu'elles représentaient ; la question qui se pose est celle de savoir s'il existe un vestiaire fluidique, ou si ces costumes font partie intégrante du fantôme. Ce qui ressort de l'examen des faits, c'est que le périsprit reproduit non seulement la stature du corps, ses formes extérieures, ses détails anatomiques, cet ensemble d'attitudes que l'on appelle le *port* de l'individu, mais également la chair, avec sa teinte particulière, aussi bien que la nuance des cheveux ou la couleur des yeux, ses cicatrices et ses blessures, etc. C'est donc que la substance du périsprit est capable de se montrer à nous avec tous les attributs de la réalité, et plus fidèlement encore que ne pourrait le faire une photographie en couleurs.

Si la gélatine d'une plaque convenablement préparée possède la propriété d'enregistrer les diverses longueurs d'ondes qui nous donnent les sensations des couleurs, il n'est pas illogique de supposer, par analogie, que le périsprit est doué d'un pouvoir analogue, pour les substances *qu'il a pénétrées dans leur intimité*. Tout corps matériel en contact durable avec la forme fluidique, l'imprégnerait de ses qualités constitutives, de son dynamisme atomique, de manière à laisser en lui une empreinte indélébile. Le périsprit conserverait alors en soi des sortes de clichés latents qui le représenteraient, dans leur succession, à toutes les périodes de sa vie passée, comme les images mentales nous permettent de nous revoir, dans le rêve, par exemple, tel que nous étions vêtus à une période antérieure de notre vie. Ici encore, l'analogie photographique n'est pas défectueuse, puisque l'on sait que plusieurs clichés photographiques peuvent se superposer sans se confondre, ou se détruire mutuellement.

Mais il faut tenir compte, comme toujours, qu'une analogie n'est pas une similitude ; que nous sommes, avec le corps fluidique, en présence d'une *substance vivante*, et que, par une sorte de phénomène allotropique, tous les états passés peuvent ressusciter sans porter atteinte à l'intégrité du substratum éthéré de l'âme, éminemment subtil et protéiforme, comme nous venons de nous en convaincre en étudiant les variations de types constatées chez le même esprit, sous la pression du dynamisme émané du médium. Cette plasticité n'empêche nullement qu'il n'existe une mémoire organique, d'une fidélité absolue et indestructible, qui conserve pour toujours les traces des changements physiques et intellectuels qui ont eu lieu dans l'être vivant, au cours de sa vie terrestre.

J'ai déjà signalé (p. 387) que cette hypothèse n'a rien d'invraisemblable, car chaque état psychologique étant lié indissolublement dans le périsprit à l'état physiologique correspondant — et réciproquement, — il suffit que l'esprit se reporte par la pensée à un âge déterminé de sa vie antérieure pour que, spontanément, automatiquement, le corps fluidique reprenne l'apparence extérieure qu'il avait à ce moment-là, y compris celle des vêtements, comme cela a lieu également pendant la vision autoscopique, quand elle évoque une image latente du passé (voir vol. I, p. 382 et suiv.). Cette résurrection du passé peut donc être aussi inconsciente, quand la volonté de l'esprit n'intervient pas pour amener ce résultat.

Cette hypothèse explicative me paraît tout à fait générale ; elle embrasse tous les cas observés, même ceux où le double du vivant n'est pas vêtu comme l'était son corps physique au même moment.

C'est ainsi que l'on peut comprendre que l'amie du chanoine (vol. I, p. 104), bien que couchée dans son lit, apparaisse à la servante dans l'église, vêtue comme cette dame l'était lorsqu'elle faisait ses visites. Il suffisait qu'elle s'imaginât, pendant son dégagement, qu'elle accomplissait cette excursion, pour que son périsprit présentât instantanément les caractères extérieurs du costume, du chapeau, des gants, etc., qu'elle revêtait lorsqu'elle sortait réellement. Les mêmes remarques peuvent s'appliquer au cas Vilmot (vol. I, p. 109); à celui de Reddel (vol. I, p. 121); au rapport du docteur Collyer (vol. I, p. 131); etc. Donc les *apparitions télépathiques*, c'est-à-dire celles où la présence de l'agent est certaine, peuvent s'interpréter toutes de cette manière.

Il suffira d'un degré de plus dans l'objectivation du corps fluidique pour que le fantôme soit visible pour tout le monde, car nous avons constaté par les photographies involontaires de doubles (vol. I, p. 291 et suiv.) ou expérimentales comme celle du docteur Istrati (vol. I, p. 407) ou du capitaine Volpi (vol. I, p. 408), que l'être invisible existe déjà dans l'espace, avec tous les détails de forme et de vêtement que la plaque enregistre, bien que l'œil humain ne puisse pas les percevoir.

Quand le phénomène de la matérialisation a lieu, alors le fantôme est indiscernable d'un être humain ordinaire, car ses vêtements sont aussi réels que sa personne et peuvent être vus et touchés, de même que l'apparition agit sur la matière, comme cela a été si souvent relaté (vol. I, chapitre VI) et dont le cas de l'amie de M. Stead (vol. I, p. 266) est l'exemple le plus remarquable.

D'autre part, les faits nous obligeant à constater que la mort n'apporte aucune modification au corps fluidique, nous devons retrouver dans les apparitions posthumes exactement les mêmes caractères que chez les doubles de vivants, et c'est effectivement ce que l'observation et l'expérience justifient.

Les phénomènes rapportés dans le premier chapitre du présent ouvrage ont une similitude complète avec ceux produits par les vivants. En les étudiant, il est impossible d'échapper à la conclusion que l'âme désincarnée a un aspect qui est le décalque absolu de celui qu'elle avait sur la terre, quand l'apparition est vêtue d'un costume que le voyant ne connaissait pas, mais qui représente exactement celui que l'individu décédé portait à ses derniers moments. Pour qu'une semblable reconstitution devienne possible, il semble bien qu'il soit nécessaire qu'elle s'exerce automatiquement, en dehors de la participation artistique de l'esprit, sans quoi elle offrirait fréquemment de graves lacunes, et n'aurait presque jamais ces caractères de *réalité* qu'elle possède toujours.

C'est précisément à cette inimitable sensation de naturel que les apparitions doivent le pouvoir de se graver dans le souvenir du percipient, avec autant d'intensité. Le fantôme de son ami, vu par le colonel H. (p. 18), était vêtu du costume kaki, que l'officier portait lorsqu'il tomba mortellement frappé, et il avait laissé pousser sa barbe, que le colonel ne lui avait jamais connue. Tous ces détails étaient d'une exactitude photographique et impliquent, suivant moi, une reproduction mécanique, car la volonté seule, aidée de la mémoire la plus fidèle, n'arriverait pas à une résurrection aussi minutieuse de la réalité, à cause du nombre et de la complexité des images de forme et de couleur qu'elle nécessite.

C'est parce que Mme Bacchus (p. 29) et Mme Clerke (p. 31) ont vu des êtres corporels et non de simples effigies, qu'elles ont pu en faire des descriptions si vraies qu'elles ont permis d'identifier ces fantômes, comme ceux d'anciens habitants des lieux où elles se trouvaient. Le caractère automatique de l'idéoplastie, grâce à laquelle le fantôme reprend son aspect terrestre, se marque encore nettement dans le cas de Robert Makensie (p. 44), qui se présente à son ancien maître avec le facies de ceux qui sont morts empoisonnés par l'acide sulfurique.

On pourrait peut-être supposer que l'esprit n'a pas besoin de subir réellement une modification de son corps fluidique pour se montrer tel qu'il était ici-bas : il suffirait qu'il transmît télépathiquement au percipient une image de lui-même, semblable à celle que sa mémoire a enregistrée, pour que le voyant la perçoive aussi bien. Mais cette hypothèse, pour plausible qu'elle soit, n'explique pas les cas où l'individu est mort subitement, sans avoir pu se rendre compte de la cause de son décès. Dans cette occurrence, où prendrait-il le modèle pour imaginer l'image à transmettre ? Il s'en faut de beaucoup que tous les esprits, au moment du trépas, soient assez lucides pour voir le corps qu'ils viennent d'abandonner, car la plupart sont dans le trouble et ne se rendent guère compte de leur situation. De là proviennent les actes incohérents que l'on signale fréquemment dans les cas de hantise, car l'esprit vit dans une sorte de délire, qui lui enlève la conscience des actes qu'il accomplit (1).

L'explication d'Allan Kardec : que l'esprit ne conserve pas dans l'espace les tares de son corps terrestre, mais que l'aspect du périsprit résulte du seul fait de se reporter à une période de sa vie antérieure, me paraît donc jusqu'ici la meilleure, car elle s'applique à tous les exemples sans difficulté. La photographie spirite des défunts appuie solidement cette théorie, puisque

---

(1) Sur ce sujet, voir : ALLAN KARDEC, *le Livre des Esprits*, n° 163 et *Revue Spirite*, 1858, pp. 19, 121, 122 ; 1859, pp. 86, 87 et 329 ; 1859, p. 86 ; 1864, p. 107, etc.

beaucoup sont des reproductions de personnes ayant les caractères d'êtres réels, et non de dessins plus ou moins réussis ; enfin les matérialisations, avec leur complexité prodigieuse, sont bien au-dessus d'une imitation quelconque ; c'est la vie elle-même qui se révèle en elles, et personne, dans ce monde ou dans l'autre, n'est capable d'en pénétrer le mystère.

Il ne faudrait pas conclure de ce qui précède que je dénie à l'esprit le pouvoir de créer des images fluidiques, ce serait aller directement contre les faits. Sur ce point, je me rallie encore à la thèse d'Allan Kardec, parce que c'est celle que nos rapports avec les esprits nous ont enseignée. Je rappelle ce qu'il dit :

Les esprits agissent sur les fluides spirituels (1), non en les manipulant comme les hommes manipulent les gaz, mais à l'aide de la pensée et de la volonté. La pensée et la volonté sont à l'esprit ce que la main est à l'homme. Par la pensée, ils impriment à ces fluides telle ou telle direction ; ils les agglomèrent, les combinent ou les dispersent ; ils en forment des ensembles ayant une apparence, une forme, une couleur déterminée ; ils en changent les propriétés comme un chimiste change celle des gaz ou d'autres corps, en les combinant selon certaines lois. C'est le grand atelier ou laboratoire de la vie spirituelle.

Depuis que les expériences sur les matérialisations se sont multipliées, nous avons pu juger combien ces enseignements sont exacts, puisque nous avons constaté que des *tissus matériels* s'engendrent devant les yeux des expérimentateurs, tout simplement par la manipulation des fluides qui émanent du médium et des assistants. Évidemment, nous ignorons les lois qui sont mises en œuvre, mais les résultats sont là pour nous convaincre qu'il ne s'agit pas d'hallucinations, puisque l'esprit recouvert du vêtement *qu'il s'est fabriqué*, a pu être photographié, moulé, etc.

Il existe une quantité de phénomènes qui s'accomplissent en nous et autour de nous, que l'accoutumance nous a rendus familiers, mais qui sont incompréhensibles. Est-il rien de plus

(1) Par ce mot : fluides *spirituels*, Allan Kardec entend les états supérieurs de la matière, qui sont ceux dans lesquels l'esprit vit après la désincarnation. Ces fluides pénètrent notre matière pondérable, à la façon de l'éther, mais sont comme lui insaisissables pour nous pendant l'état normal.

habituel que de manger? Cependant jamais aucun savant n'a expliqué le prodige par lequel la cellule vivante transmute les éléments hétérogènes que le sang lui fournit pour en *créer* la substance de son protoplasma. Qui donc *comprend* pourquoi un aimant attire un morceau de fer, ou que la terre soit obligée de graviter autour du soleil?

La création de draperies, d'étoffes, d'objets temporairement solides, rentre dans cette catégorie des choses inexplicables à l'heure actuelle, et la rareté de ces manifestations ajoute encore au mystère de leur origine. Mais lorsque les expériences se seront multipliées, nous finirons par nous habituer à ces merveilles, comme le phonographe, la télégraphie sans fil ou l'emploi des rayons X nous sont devenus familiers, sans que nous soyons plus avancés dans la connaissance intime des causes qui interviennent, et même du mécanisme par lequel les rayons Röntgen traversent un corps solide, ou comment une simple plaque vibrante reconstitue la voix humaine, alors que celle-ci exige chez nous un appareil différent et plus compliqué pour se produire.

Au sujet des étoffes dont les esprits s'enveloppent, deux cas peuvent se présenter : tantôt les draperies disparaissent en même temps que l'esprit ; ou il a été possible de conserver parfois un fragment de ces tissus, si extraordinairement produits devant les observateurs.

A la page 270, nous avons vu M. Oxley affirmer que l'esprit Akosa, le même qui a donné un moule de son visage, apparut avec une draperie qui ne couvrait d'abord que sa tête et ses épaules. Puis, en manipulant l'étoffe entre ses doigts, celle-ci s'agrandit de manière à le couvrir entièrement. C'était une gaze « superbe » parsemée de feuillages, mais qui disparut instantanément entre les mains ouvertes et vides de l'esprit.

Estelle aussi fabriquait les draperies dont elle s'enveloppait (p. 424) ; elle créait des fleurs (p. 431) qui n'avaient qu'une existence éphémère, car on les vit disparaître lentement, comme une fumée qui s'évanouit dans l'air. Dans une autre séance (p. 432), M. Livermore put toucher un bouton de rose avec son feuillage ; il le trouva « frais, humide et légèrement visqueux ».

Cette fois, c'était en pleine lumière, mais la gracieuse création disparut aussi (1).

Lors de la quatrième séance à laquelle assistait le docteur Gray, un message permit de couper avec des ciseaux un morceau du vêtement spiritique de Franklin pour l'examiner (p. 433). La texture de l'étoffe se montra résistante pendant quelque temps, et l'on put même la tirailler sans la déchirer. Ils eurent donc le temps de l'étudier avant de la voir s'évanouir.

Avec Eusapia (p. 611), nous avons assisté à une sorte d'ébauche du phénomène de la création d'une étoffe, par celle d'un filament fluidique, temporairement solide, et tantôt noir ou blanc. M. Ochorowicz a pu constater aussi (p. 612, note) la transformation, la coagulation de l'invisible en quelque chose d'objectif, de palpable, puisqu'il a photographié le fil fantôme au moyen duquel Mlle Tomczyk soulevait de légers objets matériels.

Les nouvelles observations sur les corpuscules émanés du radium nous montrent comment la matière, en se dissociant, retourne à l'éther. Les expériences spirites résolvent le problème inverse : celui de la matérialisation de l'énergie. Lorsque les savants comprendront enfin l'extraordinaire importance de semblables phénomènes, j'ose affirmer que nos connaissances sur la matière prendront une extension que l'on n'aurait jamais soupçonnée jadis.

La description la plus complète que nous possédions est celle du docteur Gibier (p. 510), qui décrit toutes les phases de l'objectivation du fantôme et de la création des voiles qui l'environnent. Toujours le fluide, qui ressemble à de la neige ou à de la vapeur d'eau, s'organise d'abord en étoffe, et c'est sous cet abri que s'accomplit la genèse de l'esprit.

Je veux citer encore une narration de Mme Marryat (2) qui montre Joey, un des guides d'Églinton, à l'œuvre :

Joey dit qu'il voulait nous apprendre à « faire de la mousseline ». On vit alors sortir du cabinet une étrange petite forme, pas beau-

---

(1) Le même phénomène a été observé à New-York, dans un groupe où une fleur ainsi formée disparut au bout de douze minutes. *Spiritual Magazine*, 1864.
(2) FL. MARRYAT, *There is no death*, chap. XIII, W. Eglinton.

coup plus grande que celle d'un enfant de douze à treize ans, avec des traits jeunes et vieux à la fois, habillé avec le vêtement blanc que Joey porte toujours. Il s'assit à côté de moi et commença à agiter ses mains en l'air, paraissant jouer avec des balles, disant : « C'est ainsi que nous faisons les robes des dames ». Une petite quantité de mousseline apparut dans ses mains qu'il agitait toujours de la même manière. Cette légère fabrication augmenta devant nos yeux, jusqu'à ce que des flots de mousseline montant au-dessus de la tête de Joey, le couvrant entièrement, l'enveloppassent au point de le cacher à nos regards. Jusqu'au dernier moment, nous l'entendions bavarder sous l'amas de mousseline neigeuse, nous disant de nous rappeler comment il faisait les robes des dames, quand tout à coup, la mousseline s'éleva en l'air et à sa place, devant nous, se tenait la grande figure d'Abdullah, le guide oriental d'Eglinton. Il n'y avait pas eu de pose, *ni d'obscurité*, pour effectuer ce changement : la mousseline était restée à l'endroit où elle était fabriquée, jusqu'à ce que Joey s'évaporât et qu'Abdullah apparût sous la masse neigeuse... (1)

Vraiment, il semble bien que la volonté de l'être agissant suffit pour créer ou pour réparer cette fantastique étoffe : voici encore un éloquent exemple — cité par M. Harrison — de ce pouvoir de reconstitution, constaté cette fois en présence de Crookes (2) :

Katie prit alors des ciseaux, *coupa une mèche de ses cheveux* et nous en donna à tous une large part. Elle prit ensuite le bras de M. Crookes, fit le tour de la chambre, et serra la main de chacun. Katie s'assit de nouveau, coupa plusieurs morceaux de sa robe et de son voile dont elle fit des cadeaux. Voyant de si grands trous dans sa robe, et tandis qu'elle était assise entre M. Crookes et M. Tapp, on lui demanda si elle pourrait réparer le dommage, ainsi qu'elle l'avait fait en d'autres occasions. Elle présenta alors la partie coupée à la clarté de la lumière, frappa un coup dessus, et à l'instant cette partie fut aussi complète et aussi nette qu'auparavant. Ceux qui se trouvaient près d'elle (MM. Crookes et Tapp)

---

(1) Voir dans la *Rev. scient. et mor. du Spirit.*, n° de février 1909, p. 505, la description d'une séance à Costa Rica, avec le médium Ofélia. L'esprit « Mary » créa devant les spectateurs, un corsage dont elle fit toucher les boutons, un vêtement de soie et une autre en laine noire. L'exactitude de ces faits est attestée par M. Brenes, jurisconsulte, membre du tribunal suprême de Costa Rica, et par d'autres témoins aussi éminents.

(2) CROOKES, *Recherches sur le Spiritualisme*, p. 23 de l'appendice. Voir le même récit, plus détaillé, dans AKSAKOF, *Anim. et Spirit.*, p. 95.

examinèrent et touchèrent l'étoffe avec sa permission; ils affirmèrent qu'il n'existait *ni trous ni coutures, ni aucune partie rapportée*, là où un instant auparavant ils avaient vu des trous de plusieurs pouces de diamètre.

M. Aksakof (1) dit que l'auteur de ce récit, M. Harison, lui a montré le morceau d'étoffe qui lui avait été donné et qui ne s'est pas évanoui, comme cela se produisait le plus souvent. Voici encore quelques détails sur les étoffes dont Katie se vêtait et sur la manière dont elle les reconstituait, ainsi que ses cheveux. C'est Mme Marryat qui nous les fournit :

> Katie était toujours vêtue d'une draperie blanche, mais celle-ci variait comme qualité. Quelquefois elle ressemblait à de la flanelle; d'autrefois à de la mousseline ou à du jaconas; le plus souvent, c'était une espèce de tulle de coton serré. Les assistants étaient très portés à demander à Katie un morceau de sa robe pour le conserver en souvenir de leur visite. Quand ils le recevaient, ils le cachetaient soigneusement dans une enveloppe et l'emportaient chez eux et ils restaient tout surpris, en examinant leur trésor, de *constater qu'il avait disparu*.
> Katie avait coutume de dire qu'on ne pouvait rien faire durer de ce qu'elle portait sur elle, *sans enlever un peu de la vitalité du médium* et, par suite, sans l'affaiblir d'autant. Un soir, comme elle coupait plutôt prodiguement des morceaux de sa robe, je lui fis observer que cela demanderait beaucoup de raccommodages. Elle répondit : « Je vais vous montrer comment on raccommode les robes dans le monde spirituel. » Elle replia alors sur elle-même une douzaine de fois la largeur du devant de son vêtement et y découpa deux ou trois ronds. Je suis sûre que quand elle laissa retomber l'étoffe, il devait y avoir trente ou quarante trous et Katie dit : « Cela ne fait-il pas une jolie écumoire ? » Elle se mit alors, pendant que nous nous tenions tout près d'elle, à secouer doucement sa jupe, et en une minute elle était aussi parfaite qu'avant, sans qu'on pût y voir un seul trou. Quand nous exprimâmes notre étonnement, elle me dit de prendre des ciseaux et de lui couper les cheveux. Elle avait ce soir-là une profusion de boucles lui tombant jusqu'à la taille. J'obéis religieusement, hachant les cheveux partout où je le pouvais, tandis qu'elle continuait à me dire : « Coupez encore ! coupez encore ! Non pas pour vous, vous savez, parce que vous ne pourrez pas les emporter. »

---

(1) Aksakof, *Anim. et Spirit.*, p. 96. Pour des expériences semblables, voir : *The Spiritualist*, 1877, I, p. 182 et *Light*, 1885, p. 258.

Je coupai donc, boucle après boucle, et aussi vite qu'ils tombaient à terre, *les cheveux lui repoussaient sur la tête*. Quand j'eus fini, Katie me demanda d'examiner sa chevelure et d'essayer de découvrir un endroit portant la trace de l'usage des ciseaux; je le fis sans aucun résultat. Et l'on ne put pas non plus retrouver les cheveux coupés : *ils avaient disparu*.

Il peut se faire que les morceaux de draperie découpés, et même les cheveux, restent après que l'apparition s'est retirée. Mme Marryat raconte qu'à une des séances précédentes, ayant pénétré dans le cabinet et vu miss Cook endormie (1) :

Katie se leva, prit des ciseaux sur la table, coupa une mèche de cheveux au médium, une des siennes et me donna les deux : *je les conserve encore*; l'une est presque noire (celle de miss Cook), douce et soyeuse ; les cheveux de l'autre (de Katie) sont rudes et d'un roux doré. Katie me dit ensuite : « Allez, mais ne dites rien aux autres, car ils voudraient me voir... »

William Crookes a eu également l'avantage de conserver des cheveux ; dans la description des différences qui existaient entre Katie et son médium, je rappelle qu'il dit (voir p. 498) :

La chevelure de Mlle Cook est d'un brun si foncé qu'elle paraît presque noire ; une boucle de celle de Katie, *qui est là sous mes yeux*, et qu'elle m'avait permis de couper au milieu de ses tresses luxuriantes, après l'avoir suivie de mes propres doigts jusque sur le haut de sa tête et m'être assuré qu'*elle y avait bien poussé*, est d'un riche châtain doré.

Plusieurs fois, avec Mme d'Espérance, il fut possible de couper une partie du voile de l'apparition, et l'on a pu conserver ces fragments d'étoffe.

Pendant la fameuse expérience d'Helsingfors où se produisit la dématérialisation des jambes du médium, M. Seiling, chez lequel la séance eut lieu, dit dans son rapport (2) :

... Plus tard, par la même fente du rideau, il se montra une forme *entière et lumineuse* dont la figure ne pouvait cependant pas être reconnue. Il me fut permis de couper un morceau du voile de

---

(1) FL. MARRYAT, *There is no death*, chap. XVI, Fl. Cook.
(2) AKSAKOF, *Un cas de dématérialisation partielle du corps d'un médium*, chap. II, p. 72.

cet esprit. Cette circonstance vous a été exactement décrite par Mlle Hjelt. *Ce tissu est un crêpe blanc, d'une extrême finesse et de pure soie* (1), ce que j'ai établi par un examen microscopique et chimique. *J'en joins ici un petit échantillon.*

Le témoignage de Mlle Hjelt est donné comme il suit :

Un membre de notre cercle, M. Seiling, remit à l'apparition une paire de ciseaux et lui demanda de lui couper un morceau de son voile. L'apparition les prit et les emporta dans le cabinet. Quelques minutes plus tard, elle revint et rendit les ciseaux à M. Seiling. Celui-ci exprima son regret de n'avoir pas reçu d'étoffe et demanda la permission d'en couper un peu lui-même. On y consentit. J'entendis distinctement le bruit des ciseaux coupant l'étoffe et, un moment plus tard, M. Seiling nous dit : « J'ai le voile. » Pendant que le phénomène se poursuivait, je distinguais clairement le médium et ses mains...

Mlle Fanny Tavatstjerna est aussi affirmative que Mlle Hjelt; et elle observe qu'après la séance elle examina cette étoffe « qui était excessivement fine et belle ».

Si les matérialisations qui ne persistent pas au delà du temps que dure le phénomène peuvent se concevoir comme des concrétions de la force psychique, modelées par la volonté de l'esprit, ou des aggrégats qui se forment mécaniquement, mais qui s'évanouissent avec la cause qui les a engendrés, l'hypothèse qui concerne les étoffes que l'on conserve doit nécessairement être élargie, puisque l'objet matériel qui n'existait pas auparavant se maintient sous une forme durable. Dans la ferme conviction que le miracle n'existe pas, c'est-à-dire que la création *ex nihilo* est une absurdité, on est conduit à supposer : ou bien que l'étoffe dont l'esprit est vêtu est un *apport*, ou bien qu'elle est produite aux dépens d'un tissu terrestre, auquel des éléments physiques auraient été empruntés.

On appelle *apport*, l'arrivée dans la salle d'expérience d'un objet quelconque qui ne s'y trouvait pas auparavant. Crookes relate dans son livre (2) comment une sonnette, qui se trouvait dans sa bibliothèque, fut transportée dans sa salle à manger

---

(1) C'est moi qui souligne cette phrase.
(2) Crookes, *Recherches sur le Spiritualisme*, p. 163.

dont la porte était fermée à clef. En serait-il de même pour les vêtements des Esprits? Beaucoup de considérations semblent s'opposer à ce que cette supposition soit exacte. Si la substance était toujours de provenance terrestre, on ne s'expliquerait pas pourquoi elle disparaît plus tard, comme cela s'est produit assez souvent. Ensuite, on ne voit guère où l'esprit se procurerait ces draperies qui ont, assez souvent, une texture tout à fait différente de celle des tissus usuels. Enfin, il semble bien qu'elles sont formées sur place, puisque les trous sont réparés instantanément; et lorsqu'elles sont destinés à rester, en empruntant leurs éléments persistants aux étoffes qui sont dans la salle, ou portées par le médium.

Aksakof est conduit à supposer que la matérialisation d'un objet pourrait se produire aux dépens d'un objet donné, sans le dématérialiser complètement, parce que c'est l'explication fournie dans les communications. C'est le tissu physique qui servirait de « médium » à la matérialisation d'un tissu (1).

Il est impossible, dit un Esprit, de former pareille matière, à moins qu'une matière correspondante ne soit en possession du médium ou des assistants, attendu que toute chose dans le monde de la matière a sa qualité correspondante (?) dans le monde spirituel. Généralement, c'est la couleur blanche qui est choisie ; mais, si des couleurs végétales sont placées dans la chambre où a lieu la séance, alors presque chacun de nous pourrait changer la couleur blanche de sa draperie en l'une des nuances représentées dans la chambre. Ce phénomène pourrait, après une suite d'expériences, être produit sous les yeux des assistants, soit avec la draperie matérialisée par nous, soit avec un tissu fabriqué dans votre monde (2).

Je ne connais, dit le savant russe, qu'une seule expérience faite dans ce sens par M. Clifford-Smith, obtenue par la photographie transcendantale.

Voici, toujours d'après Aksakof, l'expérience qui fut tentée pour vérifier l'exactitude de cette théorie (3) :

---

(1) AKSAKOF, *Anim. et Spirit.*, p. 92.
(2) Cette communication est donnée dans *The Spiritualist*, 1878, t. I, p. 15.
(3) AKSAKOF, *Ouvrage cité*, p. 94.

Le but était de prouver la matérialisation transcendantale d'une étoffe aux dépens d'une étoffe naturelle, reproduisant, comme preuve, le dessin de cette étoffe. Pour faire cette expérience, M. Smith prit *chez lui*, un tapis de table et se rendit avec le médium Williams chez M. Hudson, photographe. Voici le récit qu'il a fait de cette séance :

M. Hudson était sorti, mais il revint bientôt. Nous nous rendîmes immédiatement à son atelier. M. Hudson n'avait pas vu le tapis et ne pouvait connaître mes intentions. Je lui demandai : « Ce dessin (du tapis) apparaîtrait-il clairement sur une photographie ? » Il me répondit affirmativement et me proposa de le photographier. J'y consentis avec l'intention d'étaler simplement le tapis sur le dossier d'une chaise ; mais, au moment où il allait faire la photographie, j'eus l'inspiration de demander à M. Williams de se placer à côté de la chaise, mais hors du champ de l'objectif, tout en restant derrière la draperie. Je ne détachai pas mes yeux du tapis placé sur la chaise. Le résultat fut l'apparition d'une forme spirite vêtue de blanc, dont le visage était très reconnaissable à travers l'étoffe ; mais le fait caractéristique était que sur *les épaules on voyait un fac-similé du tapis de table*, exactement comme je l'avais placé chez moi *sur* M. Williams. Le dessin de l'étoffe était très net, plus aisé même à distinguer sur la forme spirite que sur la chaise où il était étalé, et *cependant, il était resté étalé sur la chaise tout le temps* (1).

On pourrait objecter, dans ce cas, que c'est seulement l'image mentale de l'esprit photographié qui s'est objectivée sous la forme du dessin de ce tapis, sans que celui-ci ait été dématérialisé, puisque nous savons que la projection d'un semblable cliché fluidique est possible ; mais dans les cas suivants, la participation de l'étoffe matérielle à la confection du voile matérialisé est incontestable.

Dans une expérience faite par le docteur Newbrough avec Mme Crompton, dont j'ai déjà parlé (voir p. 664), le docteur demanda à couper un morceau du vêtement de l'apparition (2) :

La forme dit : « Si vous en coupez, *cela fera un trou dans la robe du médium* », et elle ajouta que dans ce cas il faudrait lui en acheter une autre. Là-dessus, le docteur coupa du vêtement blanc un

---

(1) *Spiritual Magazine*, 1872, p. 488.
(2) Aksakof, *Un cas de dématérialisation*, etc., p. 215.

morceau grand comme la main environ. La forme rentra alors dans le cabinet. Un moment après, il fut engagé à y entrer aussi, et il trouva le médium attaché avec les cordes cirées et sa robe clouée au plancher comme précédemment ; et, *dans la robe noire, il y avait un grand trou que remplissait exactement le morceau blanc.* Plus tard, le docteur coupa un grand morceau du vêtement noir pour montrer aux autres le trou dans lequel rentrait exactement le fragment blanc. Depuis, il fit examiner et analyser ces étoffes, et elles furent trouvées en tous points semblables, quoique de couleurs différentes (1).

Avec Mme d'Espérance, on constata de même, mais par hasard, que lorsque l'on dérobait subrepticement un morceau du voile de l'apparition, il manquait une partie de l'étoffe de la robe ou du jupon de Mme d'Espérance. Une circonstance remarquable, c'est que si l'esprit matérialisé permettait cet emprunt, il n'en résultait aucun dommage pour les vêtements du médium, ce qui établit encore le rôle que joue la volonté dans ces phénomènes. Enfin, dans plusieurs cas, le tissu matérialisé différait, comme trame, de celui que portait le médium. Voici le témoignage de Mme d'Espérance (2) :

Ce fut à l'une de ces séances de Christiania, qu'un assistant déroba un morceau de la draperie dont un des esprits s'était enveloppé.
Plus tard, je découvris qu'un grand morceau carré de tissu *manquait à ma jupe, en partie découpé, en partie arraché.* Ma jupe était faite d'une épaisse étoffe de couleur foncée. On constata que le morceau de draperie enlevé était de *la même forme* que celui qui me manquait, mais *beaucoup plus grand, de couleur blanche, de tissu aussi fin et aussi léger qu'une toile d'araignée.*
Un épisode de ce genre était également arrivé en Angleterre, lorsque quelqu'un demanda à la petite « Ninia » un fragment de son ample vêtement. Elle y avait consenti, mais à contre-cœur, et la raison de ce mauvais vouloir s'était expliquée après la séance, lorsque je *trouvai un trou dans le costume neuf que je mettais pour la première fois.* Celui-ci étant presque noir, j'avais attribué le méfait plutôt à un accident de la part de « Ninia » qu'à une cause psychologique. Maintenant que cela arrivait pour la seconde fois,

(1) *The Spiritualist*, 1876, II, p. 257.
(2) Mme D'ESPÉRANCE, *Au pays de l'Ombre*, p. 273.

je commençais à comprendre qu'il ne s'agissait pas d'accident ; et que ma robe ou les vêtements des assistants étaient, en quelque sorte, la réserve d'où étaient tirées les brillantes draperies dont s'enveloppaient les esprits.

Ce même phénomène se reproduisit encore une ou deux fois ; mais lorsque l'esprit donnait volontiers, ou coupait lui-même un fragment de son vêtement, le mien échappait à toute mutilation.

On trouvera dans Aksakof d'intéressants détails sur la production de plantes au cours des séances de matérialisations avec Mme d'Espérance, pendant qu'elle habitait encore l'Angleterre (1). Le 20 avril 1880, un pélargonium prit naissance dans une boîte contenant de la terre, et l'esprit agissant déclara que c'était au détriment d'une jacinthe qui, en effet, ne tarda pas à dépérir.

Il est à supposer qu'ici la graine fut *un apport*, et que la germination et le développement furent obtenus en empruntant les éléments vitaux à la jacinthe. L'opération était conduite comme celles que l'on attribue aux Fakirs hindous, c'est-à-dire que la terre du vase où la plante devait se développer était recouverte d'une étoffe matérialisée et que, de temps à autre, la forme matérialisée magnétisait le vase. On voyait alors le voile se soulever progressivement, jusqu'à ce que, l'opération étant terminée, l'apparition l'enlevât et montrât la plante complètement épanouie.

Une autre fois, le 22 juin de la même année 1880, ce fut un fraisier, avec des fruits, qui fut produit au grand dommage d'un géranium.

En somme, il semble que deux cas peuvent se présenter : ou bien l'apparition matérialise, sans le vouloir, en même temps que son propre corps, les vêtements qui le revêtaient jadis, ou bien le fantôme fabrique l'étoffe qui doit l'envelopper, et il le fait consciemment, en empruntant à la matière des costumes terrestres certains de leurs éléments constitutifs, qu'il leur restitue au moment où il se dématérialise, à moins qu'on n'en ait soustrait

---

(1) AKSAKOF, *Anim. et Spirit.*, pp. 99 et suiv. et *Au pays de l'Ombre*, chap. XIX.

à son insu une partie, ce qui produit une lacune dans le tissu de la robe ou du jupon du médium.

Quant aux autres objets : bagues, bijoux, casque, diadème, pierreries, etc., dont sont parés si souvent les esprits tels : qu'Abdallah, le Madhi, Nepenthès, Bien Boa ou Bertie, on peut imaginer que le modèle en est pris dans la mémoire de l'esprit et que cette image s'est objectivée en s'extériorisant, et matérialisée plus ou moins *solidement*, suivant les éléments similaires que l'opérateur spirituel avait à sa disposition. Ne pouvant m'étendre sur ce sujet, qui à lui seul exigerait de longs développements pour être exposé avec toutes les preuves qu'il comporte, il me suffira de rappeler que M. le commandant Darget a pu influencer une plaque photographique, en lui faisant reproduire l'image d'une bouteille à laquelle il pensait fortement, et que c'est à deux reprises qu'il obtint ce résultat (1). Plus tard encore, c'est l'image d'une canne qu'il a projetée ; Mme Darget celle d'un aigle, etc.

Je crois utile de faire observer que je ne présente toutes les indications précédentes qu'à titre purement hypothétique, comme de simples jalons posés pour indiquer la voie dans laquelle il me paraît probable que s'engagera l'exploration scientifique des matérialisations, lorsqu'elles seront étudiées méthodiquement. Mais alors même que je me serais complètement fourvoyé dans mes tentatives pour projeter quelque lumière sur le processus de ces créations temporaires, les faits n'en subsistent pas moins, et s'imposent aux méditations des chercheurs, car la solution de ces problèmes nous apportera sur la vie des révélations inattendues et d'un intérêt sans égal pour l'avenir.

RÉSUMÉ

Le phénomène de la matérialisation des esprits exige, nous l'avons vu, des conditions très nombreuses et très variées pour qu'il puisse se réaliser dans toute sa plénitude. Les unes sont extérieures, les autres dépendent du médium et des assistants. Une température trop élevée, ou trop froide, des troubles atmo-

(1) Voir *Revue scient. et mor. du Spirit.*, année 1896, p. 419.

sphériques, sont des conditions défavorables, probablement à cause des variations de l'état électrique de l'air. Il est nécessaire, d'abord, de posséder un médium bien développé, en bonne santé, et qui se sente en sécurité pendant les séances, afin qu'aucun obstacle ne s'oppose à l'extériorisation de son corps odique. Les assistants, à leur tour, sans se départir de la vigilance indispensable, feront bien de suivre les indications qui leur sont données et de s'unir dans une pensée commune, qui a pour résultat de créer ce milieu psychique favorable sans lequel on n'obtient que des résultats médiocres. Les chants favorisent la passivité requise en unifiant mécaniquement les pensées divergentes.

Il paraît bien démontré que la substance qui sert à matérialiser le fantôme émane principalement du médium, et ensuite, en partie, des assistants. Comment en douter après les récits de l'archidiacre Colley, de Wallace, de Mme Marryat, de M. Mitchniner, etc. Un spectacle véritablement saisissant, est celui qui consiste à voir l'apparition se former dans la salle, d'abord sous la forme d'une tache ou d'un nuage blanc, qui grossit sans cesse, agité d'un mouvement intestin, jusqu'au moment où les voiles blancs, solidifiés les premiers, s'écartent pour montrer l'être qui s'est engendré d'une manière si anormale.

Une liaison, visible ou non, réunit le médium au fantôme et permet de comprendre pourquoi et comment il existe toujours une communauté de sensations, en même temps qu'un échange ininterrompu de substance, entre l'être matérialisé et son générateur physique.

Une preuve absolu de la réalité des fantômes se déduit également de la diminution de poids qu'éprouve le médium, lorsque l'esprit devient objectif. Dans ce cas, nulle simulation n'est possible ; les expériences du colonel Olcott, celles exécutées avec miss Wood, miss Fairlamb ou bien par Crookes et à l'*Institut psychologique*, imposent la conviction que les fantômes sont réels et qu'il n'y a pas violation des lois naturelles, pas de miracle, puisque la substance qui les compose est une partie de celle du médium. Si étrange que soit cette « parturition psychique », elle ne contredit pas les grands principes de la conservation de la matière et de l'énergie, elle n'est pas fondamentalement en opposition avec eux. La dématérialisation du corps du médium n'est qu'une conséquence de l'exode momentané d'une partie de sa substance, et il faut espérer que le cas de Mme d'Espérance pourra se reproduire assez fréquemment pour être étudié complètement.

Il est absolument certain que l'être qui se manifeste apporte avec lui une intelligence différente de celle du médium et une forme plastique qui lui est spéciale. Nous avons constaté que certaines individualités ont eu besoin *d'apprendre* à se matérialiser et à fabriquer des vêtements. On ne concevrait guère, si le médium était le créateur de ces êtres, pourquoi il serait ignorant pour les uns et si savant pour les autres. En réalité, son rôle est purement passif.

Nous avons constaté que le phénomène peut se présenter sous la forme d'une transfiguration du médium ; c'est une sorte de masque qui se superpose à son visage et les draperies enveloppent son propre corps. Lorsque les conditions sont meilleures, la matérialisation a lieu à une certaine distance du médium, mais nous avons vu qu'il s'établit une sorte de lutte entre les deux champs de force : celui de l'esprit qui veut s'assimiler la matière et la modeler suivant son dessin périsprital, et le corps odique du médium dont la cohésion des parties est souvent difficile à détruire. Ces variations de type montrent que le corps périsprital n'est pas rigide ; il a une souplesse considérable, qui lui permet de se prêter à toutes les modifications temporaires, quitte à reprendre ensuite son équilibre naturel.

Un des caractères les plus curieux de ces formations, c'est l'instabilité. L'apparition peut faire disparaître presque instantanément cet organisme que l'on vient de voir, de toucher, de peser, de photographier. Des parties du corps matérialisées fondent pour ainsi dire dans la main qui les presse, ou s'évanouissent pour sortir des moules en paraffine, pendant que le reste du corps conserve des propriétés vivantes. Nous avons vu la propriété dissolvante que la lumière terrestre exerce pendant les premiers temps sur ces formes temporaires, alors que si l'apparition est lumineuse, ou s'éclaire elle-même, l'effet destructeur ne se produit plus. Il est probable que l'étude des diverses longueurs d'onde correspondant à ces genres particuliers de lumières, fournira plus tard l'explication de ces anomalies, car on sait que certaines matières phosphorescentes sont excitées par la lumière solaire ou éteintes par d'autres rayons. On connaît également l'action perturbatrice de la lumière sur la propagation des ondes hertziennes, de sorte qu'il est permis d'espérer que nous arriverons plus tard à comprendre ces manifestations, encore si inexplicables en ce moment.

Les faits nous ont obligé à conclure que les fantômes ont une organisation interne semblable à la nôtre. Katie, puis Bien Boa possédaient des poumons et un cœur. Dans d'autres cas, on a observé que les apparitions avaient la température d'un corps humain ordinaire, qu'elles parlaient, et que les sécrétions mêmes étaient analogues à celles des êtres humains. Comment croire qu'il s'agit d'un dédoublement, quand le fantôme se montre mieux portant que son médium ? Quand la « dame française » emploie notre langue, que Mme d'Espérance ignore ?

Il semble bien que la pensée est l'instrument mis en œuvre pour ressusciter les formes qui sont contenues à l'état latent dans le périsprit. Il suffit que l'esprit se reporte à une période de sa vie passée pour qu'immédiatement il en reprenne la forme. Mais ce pouvoir est limité : il n'existe que pour les apparences successives qu'il a revêtues ici-bas.

Les objets qui persistent après que le phénomène a pris fin ont bien été créés sur place, mais les opérateurs ont dû, dans ce cas, emprunter les éléments permanents à une substance terrestre, puisque des trous se constatent dans les vêtements du médium lorsque l'on a coupé un fragment du voile de l'esprit. Nous avons remarqué, de plus, que ces dégâts ne se produisent pas, si l'esprit agissant permet qu'on prélève un échantillon du tissu matérialisé.

Combien de problèmes relatifs à la génération pourront être éclaircis, lorsqu'au lieu de quelques observations fragmentaires, des expériences méthodiquement conduites seront instituées par des hommes de science compétents. L'incarnation de l'esprit ici-bas n'est qu'une matérialisation stable, parce qu'elle s'accomplit lentement, tandis qu'elle est éphémère pendant les séances spirites. Mais il doit exister certainement les plus étroites analogies entre les deux processus par lesquels l'esprit se revêt de substance charnelle, et il n'est pas téméraire de supposer que des découvertes de la plus haute importance seront faites par ceux qui s'engageront dans cette voie féconde.

CHAPITRE IX

REVUE GÉNÉRALE ET CONCLUSION

Sommaire. — La position du problème de l'immortalité. — Les faits télépathiques et spirites sont scientifiques. — Revue des preuves de l'existence de l'âme pendant la vie. — L'exode de l'âme. — La matérialisation du fantôme de vivant. — La nature et les propriétés du périsprit. — Preuves de l'existence de l'âme après la mort. — Les apparitions naturelles de défunts. — Les facultés intellectuelles et morales des apparitions. — L'expérience spirite. — Les matérialisations partielles. — Discussion sur l'origine des mains. — La réalité des apparitions matérialisées prouvée par : 1° la vision simultanée du médium et de l'apparition ; — 2° quand on assiste à la formation du fantôme ; — 3° quand il disparaît devant les assistants ; — 4° quand il est photographié ; — 5° quand il laisse des empreintes ou des moulages ; quand il déplace des objets pesants ; quand le médium diminue de poids. — L'existence personnelle des fantômes : elle n'est due ni au pouvoir créateur du médium, ni à une transfiguration. — La même forme se montre avec des médiums différents. — L'apparition parle ou écrit en employant une langue inconnue du médium et parfois de tous les assistants. — Ce sont aussi des faits inconnus qu'elle révèle. — Le fantôme, inconnu des assistants, a pu être identifié. — Apparitions multiples et simultanées. — L'identité des esprits. — Elle s'établit par reconnaissance. — Plusieurs témoins s'accordent pour la décrire. — Faits précis qui aident à l'identification. — Preuves physiques et intellectuelles de la survie. — Conclusion. — Le spiritisme n'est pas une religion, c'est la science du lendemain de la mort ; elle est féconde en conséquences scientifiques, morales et sociales.

LA POSITION DU PROBLÈME DE L'IMMORTALITÉ

En arrivant à la fin de ce long travail, il ne sera pas inutile de rappeler brièvement les étapes que nous avons parcourues et de résumer sommairement les principales discussions que l'examen des faits a nécessitées. Un coup d'œil sur les différentes manières dont le problème de l'immortalité est résolu de nos jours, permettra de préciser la position prise par le spiritisme dans ce grand débat.

Les religions, de tous temps, ont enseigné que la vie terrestre n'est pas la seule qui existe; que l'esprit continue de vivre après la mort et que dans sa nouvelle position il subit un châtiment ou reçoit une récompense, suivant qu'il a transgressé les règles de cette religion ou qu'il les a soigneusement pratiquées. Malheureusement, ces enseignements — d'ailleurs contradictoires les uns des autres en ce qui concerne les conditions de la vie future — n'ont d'autre fondement que celui de la tradition; il faut croire sur parole des révélateurs qui ne s'accordent pas entre eux et pour le christianisme, par exemple, admettre que Jésus-Christ est Dieu, qu'il n'a pu ni se tromper ni nous tromper, et que nous possédons réellement sa véritable pensée. Ce sont là de purs articles de foi, très respectables sans doute, mais sans valeur : d'abord pour les non chrétiens, et ensuite pour ceux qui n'admettent que ce qui peut se démontrer objectivement.

Il semble que le clergé catholique aurait dû accueillir avec enthousiasme une doctrine comme le spiritisme, venant lui apporter le secours d'une démonstration rigoureuse de l'immortalité de l'âme, sans laquelle — la foi diminuant de jour en jour — la religion romaine perdra petit à petit toute son autorité. Mais il n'en a pas été ainsi, tout simplement parce que les renseignements donnés par les Esprits, en ce qui concerne leur mode d'existence extra-terrestre, n'ont pas confirmé l'enseignement millénaire de l'Église sur les conditions de la vie dans l'au-delà, et sur l'efficacité des cérémonies cultuelles pour améliorer le sort de ceux qui sont décédés. Ni jugement de Dieu, ni paradis, ni enfer, mais la vie se continuant dans l'espace avec des vicissitudes diverses, telle est la grande vérité que nous ont fait connaître nos communications avec les invisibles, mieux placés que quiconque pour nous renseigner avec exactitude. Dès lors l'Église, pour conserver sa suprématie menacée, pour rester l'intermédiaire obligatoire entre Dieu et l'homme, a cru devoir, au nom du dogme, interdire ces recherches à ses fidèles, comme entachées de Satanisme.

Mais cet argument théologique est inefficace au regard de la science positive, d'abord parce que l'existence des démons est seulement un article de foi ; ensuite, parce que dans les apparitions que nous avons étudiées, nous n'avons pas trouvé constamment ce caractère de méchanceté, de haine du genre humain, qui serait l'apanage des cohortes infernales. Dans tous les cas, nous reconnaissons, sans possibilité d'erreur, que les apparitions sont produites par l'âme humaine des vivants ou des morts ; les expériences des dédoublements de vivants s'accomplissant à l'endroit voulu, à l'heure choisie, bannit toute incertitude sur ce point. C'est bien l'âme qui est en cause, et elle seule, l'agent *se souvenant* assez souvent de s'être transporté au lieu même où l'on a constaté sa présence. Les apparitions des défunts présentant identiquement les mêmes caractères que celle des vivants, donnant des preuves de leur identité, il serait contraire à la logique de leur attribuer une autre cause que celle qui a été démontrée vraie par ces dernières. Dès lors, l'hypothèse démoniaque n'apparaît plus que comme un moyen de défense de l'Église ; ce qui suffit pour que nous n'ayons pas à en tenir compte dans une discussion qui ne doit s'appuyer que sur des faits bien démontrés.

On peut être surpris, également, de constater que la majeure partie des philosophes, même spiritualistes, ait chez nous gardé jusqu'ici un silence incompréhensible, vis-à-vis d'un ensemble de phénomènes qui leur donne un appui inespéré dans leur lutte contre les théories matérialistes.

Cet état de choses tient à l'ignorance dans laquelle a vécu jusqu'alors le public lettré, en ce qui concerne le spiritisme. Beaucoup d'hommes instruits sont loin de soupçonner l'importance de ces nouvelles études. Ceux qui en ont vaguement entendu parler, trompés par les calomnies répandues à foison par les ennemis du spiritisme, redoutent de perdre leur temps, ou de compromettre leur dignité, en s'occupant de recherches suspectées souvent de charlatanisme, ou qui paraissaient entachées de superstitions aussi niaises que puériles. D'autres, un peu mieux renseignés, se sont arrêtés sur les frontières de ce pays mystérieux ; ils n'ont rien compris à des pratiques qui leur montraient l'esprit sous un jour si imprévu, qu'ils ne s'y sont pas encore accoutumés. Quoi, l'âme, le moi, ce phénomène mental essentiellement subjectif, aurait une réalité physique, un substratum matériel? Cela leur paraît invraisemblable. Tout occupés à épier l'esprit du dedans, ils sont abasourdis quand on le leur fait voir du dehors.

L'existence du corps fluidique de l'âme, de ce « médiateur plastique » dont parlait déjà Cudworth, n'est devenue compréhensible que depuis que nous connaissons les états éthérés de la matière. Il faut accorder à ces retardaires le temps nécessaire pour qu'ils s'assimilent ces nouveautés; alors ils constateront que la connaissance du périsprit projette un jour nouveau sur les obscurs rapports entre l'âme et le corps, sur la conservation des souvenirs, et assure l'identité de l'être après la mort, autant de problèmes que la philosophie spiritualiste laissait inexpliqués.

Pendant bien longtemps, le monde savant fut réfractaire à ces études; mais, nous l'avons vu, une pléiade de physiologistes, principalement en Italie, vient de s'intéresser à ces recherches, car ils en ont compris toute la portée. Sans doute, la plupart des nouveaux venus n'ont pas admis encore l'explication spirite. Ils s'avancent à pas lents, et avec circonspection, sur ce territoire inconnu, n'abandonnant qu'à contre-cœur leurs anciennes positions. On ne fait pas subitement table rase du passé, à moins que les faits ne vous y contraignent absolument. Nous devons donc leur ouvrir un large crédit et faire preuve de patience, puisque nous sommes certains qu'ils finiront, en persévérant, par être convaincus.

En somme, la question de l'immortalité de l'âme sort donc des domaines religieux et philosophique, où elle était confinée, pour faire son entrée dans la science, au grand scandale des pontifes académiques, qui avaient fait du matérialisme un dogme intangible. Aujourd'hui, il ne s'agit plus de croyances ou de brumeuses discussions métaphysiques, dans lesquelles les adversaires triomphent à tour de rôle par des artifices de dialectique purement verbaux, — et qui, d'ailleurs, ne convainquent personne; — nous sommes en présence de réalités positives, de faits objectivement observables, que l'on peut étudier à loisir, qui laissent des traces persistantes : photographies ou moulages, dont personne ne peut contester l'immense valeur probante.

LES FAITS TÉLÉPATHIQUES ET SPIRITES SONT SCIENTIFIQUES

Je sais bien qu'il existe encore bon nombre d'incrédules pour lesquels toutes ces nouveautés sont comme non avenues. La tactique la plus employée est de feindre d'ignorer les démonstrations des plus convaincantes, et de déclarer doctoralement qu'il faut attendre que « la preuve de leur réalité soit faite ». Mais ne voit-on pas que cette attitude n'est qu'une mauvaise échappatoire pour se dérober devant l'évidence ?

Qui faut-il croire ? Sont-ce ceux qui nient systématiquement, sans même vouloir se rendre compte, ou les chercheurs patients qui ne cédèrent que devant une certitude cent fois réitérée ? Quelle puissance démonstrative possèdent les faits pour avoir amené à récipiscence des hommes aussi fortement prévenus que l'étaient Lombroso ou Morselli, Ch. Richet ou Hodgson et des physiologistes comme Bottazi, Pio Foa ou l'astronome Porro ? Les Varley, les Crookes, les Wallace, les Zoellner et tant d'autres, ne sont pas des esprits faibles, des amateurs de merveilleux frelaté, des hommes faciles à tromper ; chacun d'eux a conquis dans la science une position éminente par des travaux originaux, et le plus simple bon sens indique qu'ils ont apporté autant de méthode et de précision dans leurs recherches concernant les faits spirites, qu'ils en ont montré pendant toute leur carrière.

Que les faits existent, c'est maintenant une certitude incontestable, qu'il n'est au pouvoir de personne de supprimer par une simple fin de non recevoir, et cela suffit pour les faire entrer dans la science. Les spirites, à l'heure actuelle, ont le droit et le devoir de se refuser à toute controverse qui ne s'appuierait pas sur des expériences contradictoires. Aux démonstrations expérimentales qu'ils apportent, il faudra que leurs adversaires opposent d'autres expériences, s'ils ne veulent pas sombrer dans le ridicule, en étalant à tous les yeux un incurable misonéisme.

Est-il possible de soutenir sérieusement que les faits télépathiques ou spirites ne sont pas d'ordre scientifique, sous le prétexte que l'on ne peut pas les obtenir à volonté? Mais, d'abord, cette objection est inexacte, puisqu'avec presque tous les forts médiums, tels qu'Eusapia par exemple, ce sont toujours les mêmes phénomènes qui se répètent depuis un demi-siècle. Ensuite, le caractère intermittent des manifestations n'a rien de nouveau dans la science, et quantité de phénomènes géologiques ou astronomiques, comme les tremblements de terre ou les éruptions volcaniques sont aussi imprévisibles et non répétables que la chute des bolides ou l'arrivée d'une nouvelle comète. Qui donc oserait, malgré cette impossibilité, bannir ces événements du domaine scientifique?

Réellement, lorsque l'on possède un médium développé, un cercle homogène et la patience nécessaire, on peut, avec le temps, obtenir presque tous les genres de manifestations que j'ai signalées au cours de cette étude. Même les faits spontanés : actions télépathiques, clairvoyance, dédoublement de l'être humain, se présentent à nous avec une telle fréquence dans tous les pays, indistinctement chez tous les individus, qu'il devient manifeste que le hasard seul ne peut pas les occasionner, et notre ignorance des processus qui les engendrent ne prouve rien contre leur caractère scientifique.

Sans aucun doute, le spiritisme expérimental ne se haussera à l'état de science parfaite que lorsque le déterminisme des faits nous sera parfaitement connu. Mais, déjà, malgré son caractère encore empirique, il a le droit de prendre place dans l'ensemble de nos connaissances positives, parce que ses phénomènes relèvent de l'observation et même de l'expérience proprement dite, ce qui suffit à le plier à la discipline de la méthode expérimentale et à lui conférer le titre de science.

PREUVES DE L'EXISTENCE DE L'AME PENDANT LA VIE

LES FACULTÉS INCONNUES DE L'ÊTRE HUMAIN

Lorsque l'on prend la peine d'étudier froidement la valeur des faits que j'ai réunis, il est difficile d'échapper à la conclusion que l'être pensant a réellement une existence personnelle, car dans beaucoup de circonstances, il se révèle à nous comme possédant des pouvoirs qui sont incompatibles avec les propriétés du système nerveux. Si, réellement, l'âme n'était qu'une fonction du cerveau, une illusion subjective, la pensée ne pourrait pas s'extérioriser; en un mot, il serait impossible à un être d'agir à distance sur un autre, autrement que par la parole, l'écriture, le geste, etc. Or, la télépathie — naturelle ou expérimentale — prouve, directement, qu'il n'en est pas ainsi. Il serait absurde d'attribuer les milliers de cas que l'on connaît aujourd'hui à un mensonge universel, incompréhensible de la part de témoins honorables qui n'ont aucun intérêt à tromper.

D'ailleurs, l'indéniable parenté qui se remarque entre les différentes espèces d'apparitions est une démonstration de leur origine naturelle, puisque les narrateurs, inconnus les uns des autres, appartenant à tous les pays, ne se rencontreraient pas aussi exactement dans leurs descriptions, si leurs récits n'étaient que des fables ou les produits d'imaginations désordonnées.

Le point essentiel, celui qui mérite de retenir l'attention, est la coïncidence qui se remarque entre la vision du percipient et l'événement grave survenu au même moment à l'agent. Il existe incontestablement là *une relation de cause à effet*, qui est d'autant plus manifeste, que le percipient n'a eu, dans l'immense majorité des cas, que cette seule apparition pendant toute sa vie. Les expériences méthodiques et si précises instituées par les savants de la *Société anglaise de recherches psychiques* prouvent, que la communication des sensations, des volontés, des images sont possibles : 1° d'abord entre un opérateur et un sujet en état d'hypnose; 2° entre personnes éveillées ; 3° mieux encore, l'action télépathique se produit expérimentalement sur des personnes normales *non prévenues*, et les faits constatés sont identiques dans leurs diverses modalités aux phénomènes naturels. Il est impossible de donner une meilleure démonstration que c'est l'observateur lui-même qui intervient, puisque son action détermine à l'endroit voulu et à l'heure choisie, le phénomène qu'il a voulu produire.

Ces constatations établissent irrésistiblement l'authenticité générale des récits d'apparitions de vivants et de la cause qui les génère, c'est-à-dire une pensée (ce mot étant pris dans son acception la plus large) agissant sur le percipient.

C'est un premier pouvoir de l'être humain, inconnu des psychologues et des physiologistes, qui se révèle à nous; et il est bien difficile de lui supposer une origine organique, puisque l'action télépathique semble affranchie des conditions de temps et d'espace qui régissent la propagation physique de l'énergie. C'est une manifestation *animique*, dont les ondes hertziennes ne présentent qu'une analogie très rudimentaire.

Les faits nous entraînent plus loin encore; ils nous obligent ensuite à conclure que la vision peut s'opérer parfois sans le secours des yeux, puisqu'elle a lieu alors que le sujet dort, ou pendant la nuit, à travers les obstacles interposés, et à des distances infiniment supérieures à la portée normale de la vision. La clairvoyance est donc une démonstration que la faculté de voir n'appartient pas au système nerveux : celui-ci n'est que l'instrument qui la rend possible à l'état normal, mais il n'est pas la condition indispensable de la vision, puisque celle-ci s'opère sans son concours, et par un mécanisme auquel il est étranger dans les cas que j'ai rapportés (vol. I, chap. III, p. 74).

Si pour l'action de la pensée à distance il est possible, à la rigueur, d'imaginer une force inconnue qui produirait les effets que nous constatons, il n'en va plus de même pour la clairvoyance, car pour voir ainsi, il faut un être qui perçoive le monde extérieur, c'est-à-dire qui ait conscience des modifications qui se produisent en lui, sans que ses sens physiques y participent. C'est la preuve la plus claire qu'il existe en nous un être transcendantal, auquel appartiennent les facultés psychologiques, et que cette individualité peut exceptionnellement agir en dehors du corps : soit pour impressionner d'autres êtres humains, soit pour prendre connaissance d'événements lointains, par des procédés qui lui sont propres et d'origine extra-physiologique.

C'est parce que ces déductions s'imposent que les tenants de l'hypothèse matérialiste récusent énergiquement la réalité des phénomènes; mais comme ceux-ci existent, qu'ils se multiplient constamment, bon gré mal gré il faudra en tenir compte et, de ce jour, tomberont les systèmes qui avaient fait de l'homme un automate, un simple amas de cellules, un aggrégat temporaire, un phénomène purement physico-chimique dont la dispersion des parties amènerait l'anéantissement.

Si l'on ne se borne pas, comme j'ai été contraint de le faire par mon sujet, à étudier les manifestations télépathiques sous la seule forme des apparitions, on est conduit à reconnaître qu'une simple pensée de l'agent ne peut pas en expliquer toutes les variétés. M. Émile Laurent a publié dans les *Annales psychiques* (1) un excellent article sur le livre de Camille Flammarion : *l'Inconnu et les problèmes psychiques*, dans lequel il met en évidence ce fait si intéressant : que les phénomènes — bruits divers, coup frappés à la porte, cris, etc. — cessent dès que le percipient en a découvert l'origine, ou compris la signification. Ce n'est plus seulement une action à distance, purement mécanique, qui a lieu, on sent la présence d'une intelligence active, qui proportionne son action aux difficultés qu'elle doit surmonter, ce qui porte l'auteur à déduire que :

Les manifestations télépathiques de mourants sont l'œuvre d'intelligences conscientes de leur acte ;

Ces intelligences veulent, conçoivent ces manifestations, telles que nous les percevons ;

Elles suivent notre pensée, lisent dans notre cerveau avec autant de facilité que de sûreté ;

En outre, elles font preuve d'une liberté, d'une présence d'esprit, d'une possession de soi-même vraiment remarquables.

Pourquoi, le plus souvent, sont-ce des manifestations physiques, bruyantes, banales, qui ont lieu ? M. Laurent répond ainsi à cette question :

Mais pourquoi en est-il ainsi ? Pourquoi ces intelligences laissent-elles au percipient le soin de débrouiller une énigme au lieu de lui donner un avis mental ? Il faut croire que cette opération présente des difficultés autrement grandes, insurmontables même, exige du percipient des qualités réceptives qu'il ne possède pas à ce degré, sans quoi elles la pratiqueraient. Je ne puis admettre, quant à

---

(1) Émile Laurent, *Remarques sur les manifestations télépathiques*, n° de mars 1907, p. 161 et suiv. Il faut vérifier les références excessivement nombreuses indiquées par l'auteur, pour apprécier toute la valeur de son argumentation logique et serrée.

moi, que les manifestants dont nous connaissons la persévérance, la lucidité, le sang-froid, feraient le moins quand ils pourraient faire le plus ; négligeraient des moyens d'information comme la communication mentale, l'apparition, l'audition, s'ils la savaient praticable, pour n'employer que des procédés rudimentaires dont le résultat, quand il n'est pas négatif, est un pressentiment souvent très vague, obtenu à grand'peine.

Nous faisons des gestes aux sourds ; ces intelligences agissent de même ; elles ont recours, faute de mieux, comme pis aller, aux manifestations grossières, les seules qui soient à la portée de ces percipients. En un mot, elles tâchent de leur faire deviner ce qu'elles voudraient, mais ne peuvent le leur dire.

Si l'on me posait aujourd'hui cette question que l'on m'a si souvent faite : « Pourquoi ces coups, ces claquements de porte, tous ces bruits au moins bizarres ? » Je répondrais avec assurance, avec conviction : « Parce que ceux-là qui les ont entendus étaient incapables de percevoir autre chose. »

Oui, la théorie purement dynamique, celle qui ne verrait dans les manifestations télépathiques que le résultat d'une action extra-corporelle simplement physique et inconsciente de l'agent, est manifestement insuffisante. A mesure que l'on pénètre davantage dans l'étude des faits, la grande vérité de l'existence indépendante de l'esprit s'accuse de plus en plus. On n'est plus obligé *de supposer* la présence de l'âme, elle *se montre à nous*, séparée de son organisme charnel, mais jouissant malgré cela d'une autonomie parfaite, et même de pouvoirs supérieurs à ceux de l'état normal. Je rappelle qu'il existe bien des hallucinations télépathiques, dans le sens propre du mot, lorsque le percipient, sous l'influence de la pensée qui lui parvient, extériorise une de ses images mentales qui représentent l'agent. Mais dans une infinité d'autres cas, cette explication n'est plus valable et ce serait faire faillite à la science que de s'y enfermer.

L'EXODE DE L'AME

La grande nouveauté, le phénomène transcendant que les faits nous révèlent : c'est que l'âme est indépendante du corps, qu'elle lui est seulement associée, puisqu'elle peut en sortir et qu'elle est capable d'exister et d'agir par ses propres moyens.

Ce sont là d'incontestables réalités; mais l'on doit s'attendre à ce que les incrédules, et même les « psychistes », — nom pris par ceux qui admettent les faits sans vouloir les interpréter comme les spirites, — essayent d'enlever aux manifestations télépathiques tout caractère spirituel en les ramenant tous, indistinctement, à des effets de l'hallucination. Vains efforts! ces tentatives sont mort-nées; elles échouent devant la multitude des apparitions qui renferment en elles des preuves de leur existence objective.

Comment distinguerons-nous donc une hallucination d'une apparition véritable? Quels sont les caractères qui permettent de les différencier avec certitude? Ce sont les faits eux-mêmes qui se chargent de répondre à ces interrogations.

Nous avons constaté (Vol. I, chapitre III, p. 74) que souvent l'apparition présente des particularités de costume, ou porte des stigmates de blessures, inconnus du voyant, mais qui correspondent à ce qui existait à ce moment chez l'agent.

Est-ce, comme le veulent les partisans exclusifs de la théorie télépathique, la pensée de celui qui est vu qui a véhiculé son image? Cette supposition est bien improbable, parce que, la plupart du temps, l'agent ne pense pas à lui-même, ne possède pas une représentation mentale de son aspect extérieur au moment où sa pensée se porte vers le parent ou l'ami qui lui est cher; dès lors, comment lui transmettrait-il ce qu'il ne connaît pas?

Voici un M. Hobday (Vol. I, p. 118) qui tombe si brutalement, qu'il se blesse au cou et perd connaissance; cependant son fantôme se présente à son ami, vêtu comme il l'était à cet instant, et reproduit la même plaie sanglante du cou. Il est plus vraisemblable de supposer que le double avait photographiquement enregistré cette blessure, que d'imaginer que c'est la pensée de M. Hobday, qui aurait volontairement créé cette image, puisqu'il s'est évanoui sous la violence du choc. Tel est aussi le cas du frère du docteur Collyer (Vol. I, p. 131) qui se montre à sa mère avec les bandages qui lui ont été posés autour de la tête, *après sa mort*. Ces exemples, et bien d'autres, me paraissent établir que le périsprit garde une empreinte indélébile de toutes les modifications qui surviennent au corps, comme des clichés superposés peuvent coexister sans se confondre sur une même plaque sensible, mais avec cette différence, pour le corps spirituel, qu'ils reparaissent séparément, ou successivement, lorsque l'esprit le désire.

L'apparition, bien que présente, peut rester assez fluidique pour n'être pas visible oculairement. On se souvient, en effet, qu'une *apparition télépathique* n'est perceptible que par suite de la clairvoyance momentanée de ceux qui subissent l'action télépathique de l'agent. L'esprit du vivant est là, occupant une portion de l'espace, mais une partie seulement des assistants le verra. Cela s'est produit chez M. Mouat (Vol. I, p, 114). C'est le fantôme d'un Révérend, vu au même endroit par deux personnes, sans suggestion réciproque, qui possède les traits caractéristiques qui permettent de l'identifier. Une pensée toute seule, agissant mécaniquement sur deux cerveaux, ne pourrait guère y produire une image identique, en raison des différences réceptives des percipients, et surtout placée exactement au même endroit de la salle. La preuve directe qu'il faut admettre la présence effective du fantôme, ce sont les photographies accidentelles de doubles, qui ne sauraient se comprendre si aucune substantialité ne réfléchissait les rayons actiniques.

Déjà, dans les cas de vision réciproque, il était bien difficile d'admettre pour cause l'hallucination. Il ne faut pas oublier que presque toujours un des sujets *se souvient* d'être allé voir celui auquel il apparaît. Là, il constate, comme Mme Smith (Vol. I, p. 98) que des changements sont survenus dans la chambre depuis son départ. C'est non seulement de la clairvoyance, mais il y a nécessairement transport de l'agent sur les lieux, puisqu'il y est vu par une percipiente qui ne pensait pas à lui. Une action croisée de la pensée des deux sujets est incapable d'expliquer toutes les particularités du phénomène : il faut que l'un des deux soit actif, extériorisé et présent, pour que tout devienne compréhensible.

Cette interprétation est d'autant plus rationnelle, que si nous faisons un pas de plus, nous arrivons aux cas dans lesquels l'esprit du vivant est matérialisé, c'est-à-dire visible pour tous ceux qui se trouvent là. Tel est le cas de l'amie du Chanoine

(Vol. I, p. 104), de Mme Vilmot (Vol. I, p. 109), et de l'amie de Stead (Vol. I, p. 266), etc.

La vision collective d'un fantôme implique nécessairement la réalité matérielle de ce dernier. En effet, si tous les témoins dépeignent l'apparition suivant les lois de la perspective : c'est-à-dire de face pour les uns, de profil ou par derrière pour les autres, d'après leurs positions respectives, c'est qu'il existe à cet endroit un corps matériel à trois dimensions, qui est seul capable de procurer aux assistants les sensations optiques qu'ils ressentent. L'hypothèse que ce serait *la même image* que se transmettraient les assistants est insoutenable, précisément parce qu'il faudrait que la dite image fût modifiée inconsciemment à chaque fois par le dernier transmetteur, pour qu'elle fût en accord avec les lois de l'optique, ce qui, évidemment, est impossible, car nul ne possède une science subconsciente assez développée pour accomplir instantanément ce tour de force.

D'ailleurs, cette théorie est bien démodée, depuis que les photographies d'esprits matérialisés dans les séances ont démontré que les images reproduites par la plaque sensible sont de tous points conformes à celles que les assistants conservaient dans leur mémoire, d'où il faut conclure que la cause de ces sensations était réelle, et que le témoignage de l'œil n'est pas aussi trompeur que tentaient de le faire croire les gens intéressés à en nier la valeur.

Voulant éviter des confusions possibles, je rappelle qu'une distinction est encore ici nécessaire. Il se peut que l'être visible et réel ne soit cependant qu'un simulacre, une effigie inerte ; c'est alors le *fantôme odique*, dépourvu de conscience, dénué d'initiative, et qui se borne à imiter spéculairement les gestes ou les attitudes du sujet dont il émane. Les *spectres autoscopiques* (Vol. I, p. 382) présentent justement toutes les variétés du phénomène, depuis l'hallucination pure et simple, cénesthésique, jusqu'à l'extériorisation de l'od conservant la forme du corps, pour aboutir enfin au dédoublement véritable, dans lequel le périsprit accompagne l'âme. Arrivé à ce stade, le fantôme matérialisé est le duplicata absolu, même psychologiquement, de l'être humain.

LA MATÉRIALISATION DU FANTÔME DE VIVANT

Nous sommes arrivés au point culminant de notre recherche. Cette fois, c'est l'âme elle-même qui va devenir visible. Pour incompréhensible que soit le fait, il n'en existe pas moins et il est impossible d'échapper aux conséquences qui en résultent. Si un individu dont le corps est inerte, plongé dans une léthargie profonde, comme c'était le cas pour Alphonse de Liguori (Vol. I, p. 148) ou pour l'amie de Stead (Vol. I, p. 266) se montre avec un second corps matériel identique au premier, si ce double agit avec intelligence, il sera impossible de prétendre que c'était un seul unique corps qui se trouvait simultanément en deux endroits différents ; alors il faudra admettre que *quelque chose* est sorti de l'organisme physique, que ce quelque chose est identique comme intelligence, comme forme et comme fonctionnement à notre enveloppe charnelle, et que le moi du sujet, son être volontaire et pensant, est distinct et séparable du corps physique. En dépit de toutes les obstructions, malgré les efforts désespérés de ceux qui cherchent à obscurcir les questions les plus claires, il faut conclure avec le docteur Durand (de Gros) :

Si les faits qui nous sont décrits journellement dans les publications de la télépathie scientifique sont avérés, sont prouvés, si, en un mot, force nous est de les admettre *quoi qu'il nous en coûte*, eh bien ! une conséquence me paraît découler de là avec la plus limpide et la plus irrésistible évidence : c'est que, à la nature physique apparente est associée une nature physique occulte, qui est fonctionnellement son équivalente, *quoique de constitution tout autre*.

C'est que l'organisme vivant que nous voyons, et que l'anatomie dissèque, a également pour doublure (si ce n'est plutôt lui-même qui est la doublure) un organisme occulte sur lequel n'a prise ni le scalpel ni le microscope, et qui pour cela n'en est pas moins pourvu comme l'autre — *mieux que l'autre peut-être* — de tous les organes nécessaires au double effet qui est toute la raison d'être de l'organisation vitale : Recueillir et transmettre à la conscience les impressions du dehors, et mettre l'activité psychique à même de s'exercer sur le monde environnant et de le modifier à son tour.

Depuis que Durand (de Gros) a écrit les lignes qui confirment l'enseignement spirite, les faits se sont multipliés à tel point qu'ils imposent irrésistiblement la même interprétation. Ce n'est plus à l'observation seule que l'on peut faire appel, c'est aussi à l'expérience, et cela dans le plus exact et le meilleur sens du mot.

Plusieurs genres de preuves viennent se réunir pour démontrer la réalité du corps fluidique.

Les essais d'apparitions volontaires, à des personnes non prévenues (Vol. I, ch. v, p. 199), reproduisent avec une fidélité parfaite ce que l'observation des cas spontanés nous avait montré. Les trois espèces principales de manifestations sont obtenues : hallucinations télépathiques, apparitions réelles, bien qu'invisibles pour des tiers, et dédoublements. Dans ce dernier cas, le fantôme a pu être vu collectivement et a déplacé des meubles, ce qui nous assure qu'il était bien là et, de plus, matérialisé.

A son tour, la photographie fournit des preuves que le fantôme, *même invisible*, est objectif. L'esprit d'un vivant, lorsqu'il est sorti de son corps, peut agir sur une plaque sensible. Quelle démonstration meilleure pourrait-on donner de son existence? Les résultats expérimentaux du professeur Hasdeu et du docteur Istrati (Vol. I, p. 407), ceux de M. de Rochas ou du capitaine Volpi, sont des garants de la matérialité du double. Ces phénomènes sont si convaincants, si gros de conséquences, que les critiques se gardent bien d'en parler, faute de pouvoir en diminuer la valeur.

Enfin, la démonstration de la dualité de l'être humain fournie par l'expérience de Crookes et Varley (Vol. I, p. 394) n'est-elle pas d'une rigueur à satisfaire les plus incrédules?

En vérité, si quelque chose doit nous stupéfier, ce n'est pas encore tant le phénomène lui-même, que l'incompréhension du public devant un ensemble aussi convergent de faits si divers, dont tous s'accordent pour nous montrer que l'âme humaine existe et qu'elle est un *être* différent du corps.

Et cependant, nous n'avons pas encore épuisé le sujet. D'autres séries de recherches : celles de MM. de Rochas et Durville (vol. I, chap. vii, p. 308), nous font assister à la formation du fantôme, aux procédés par lesquels il s'engendre, et elles établissent, directement, que la sensibilité et la motricité sont emportées par le double lorsque celui-ci quitte le corps. Vraiment le principe actif, volontaire, sensitif et conscient, ne réside plus dans l'organisme, car celui-ci devient, pendant l'exode de l'âme, inerte, insensible et ne se maintient que par la vie végétative.

Avec les médiums, et principalement en présence d'Eusapia, on arrive également à mettre en lumière cette grande vérité : que le corps matériel n'est que la doublure de l'âme. Les empreintes et les moulages, obtenus sans contact (vol. I, p. 451 et suiv.), sous le plus sévère contrôle, nous donnent une démonstration matérielle que le corps fluidique peut se concréter, se solidifier en un organisme à trois dimensions, qui présente tous les caractères anatomiques et physiologiques du corps charnel.

Ce ne sont pas là des affirmations gratuites, des hypothèses invérifiables, des suppositions fantaisistes ; c'est en suivant les faits pas à pas que nous avons été amenés à faire ces constatations, et nul n'est en droit de les récuser, à moins de faire voir où et comment les spirites se trompent.

Toutes les observations et les expériences rapportées s'unissent pour démontrer que c'est désormais une erreur que de chercher dans le système nerveux l'origine et la cause des facultés intellectuelles. C'est une transposition de valeur qu'il faut effectuer. Le corps apparaît comme un simple instrument dont l'âme joue pour s'adapter au milieu physique dans lequel elle est appelée à séjourner pendant la vie ; mais le vrai principe agissant, le seul qui pense, qui sente, qui commande, est aussi foncièrement différent de l'organisme, que le mécanicien de sa machine, alors même que les forces biologiques réagissent puissamment sur l'âme, à cause de l'union intime de la matière et de l'esprit, réalisée par le périsprit.

LA NATURE ET LES PROPRIÉTÉS DU PÉRISPRIT

Il paraît évident que l'étude d'un organisme aussi important que le corps fluidique sera d'une fécondité sans égale pour les physiciens, les physiologistes et les psychologues, lorsqu'ils seront certains de son existence, car il joue un rôle de premier ordre, et tout à fait insoupçonné, dans les phénomènes de la vie. J'ai esquissé ailleurs (1) les conséquences qui me paraissent se déduire logiquement des faits bien constatés, c'est pourquoi je n'y reviendrai pas ici, me bornant à rappeler ce que l'observation et l'expérience nous apprennent, en ce qui concerne son état physique et ses propriétés.

L'analyse de toutes les sortes d'apparitions a permis de grouper un certain nombre de remarques qui concernent le corps fluidique. Sa nature nous est encore inconnue, mais nous savons qu'il est *matériel*, bien que dans un état de raréfaction, d'éthérisation, de radiance, qui le rend normalement invisible et impondérable. Jusqu'à ces dernières années, il était difficile de concevoir un état physique qui ne fut ni solide, ni liquide, ni gazeux. Mais les découvertes faites sur les états supérieurs de la matière : rayons cathodiques, rayons X, rayons α, β, γ, des corps radio-actifs, nous ont fait connaître de nouvelles modalités de la substance, dans lesquelles la matière et l'énergie semblent se confondre. Il n'est plus absurde maintenant de parler de *matière impondérable,* suivant l'expression de M. D'Arsonval (V. I, p. 344) ; nécessairement, celle-ci jouit dans cet état supérieur de propriétés différentes de celles qu'on lui attribuait jadis et, chose remarquable, elles s'accordent parfaitement avec ce que nous savons des propriétés du périsprit.

Certains éléments de la matière dissociée se propagent dans l'espace avec une vitesse voisine de celle de la lumière ; ils passent à travers presque toutes les substances ; ils peuvent exciter la phosphorescence ; ils agissent sur la plaque photographique ; ils rendent l'air conducteur de l'électricité, etc. Or, les phénomènes que nous avons relatés offrent avec ceux-ci d'évidentes analogies. La rapidité avec laquelle l'apparition se forme et disparaît; la prodigieuse vitesse avec laquelle voyage le fantôme humain, souvent d'un antipode à l'autre ; son indifférence vis-à-vis des obstacles matériels, qu'il pénètre tous ; son action sur les sels d'argent, son pouvoir d'engendrer de la lumière, de

---

(1) G. Delanne, *l'Évolution animique*, 1897. Leymarie, éditeur.

décharger l'électroscope, montrent que la substance périspritale elle-même, modifiée par la force psychique, appartient par sa nature à des formes supérieures de la matière, à des modalités dont nous ne faisons qu'entrevoir les propriétés. Si l'on joint à cela la puissance pour l'âme d'agir télépathiquement, de percevoir la nature par clairvoyance, de ressusciter le passé ou de prévoir l'avenir, on conviendra que ces études nous font connaître l'être humain sous un jour si nouveau, qu'il mérite au plus haut point d'être étudié.

Quelques-unes des propriétés que nous venons de rappeler appartiennent au corps odique, à ces curieux effluves qui s'extériorisent en conservant la forme du corps, et dont la présence paraît indispensable pour amener les changements remarquables qui se produisent dans le corps périsprital. Nous savons que celui-ci subit des modifications intimes, allotropiques, pour devenir perceptible aux voyants ; puis, plus tard, par un processus différent, il incorpore de la chair empruntée à son corps physique, et par une sorte de transfusion — de téléplastie —, il organise un second corps, indiscernable du premier. Ces phénomènes sont encore incompréhensibles pour nous ; cependant la vision simultanée des fantômes de vivants, leur photographie, les empreintes et les moulages des doubles nous affirment que pour invraisemblables qu'ils paraissent, ces faits sont néanmoins *absolument réels*.

Mais, la chose essentielle, celle qui nous importe avant tout, c'est de constater que le double emporte avec lui : non seulement la forme, la sensibilité et la motricité, mais aussi toutes les facultés psychiques de l'être humain, puisque nous l'avons vu écrire sur une ardoise (Vol. I., p. 275), jouer du piano (Vol. I, p. 250), venir réclamer son portrait (Vol. I, p. 277), aller au temple pour assister à l'office (Vol. I, p. 266), etc.

En résumé, des faits nombreux, authentiques, scientifiquement constatés, démontrent que l'âme humaine a une existence personnelle, une autonomie indiscutable, qui se révèle à nous dans des circonstances multiples, anormales il est vrai, mais profondément instructives pour tout individu qui ne ferme pas volontairement les yeux devant l'évidence. Dès lors, la plus simple induction nous permet de supposer que le moi, l'individualité transcendantale qui peut agir à distance, voir ce qui se passe au loin, sortir de son corps physique pour vivre d'une manière indépendante, n'est pas engendrée par la matière vivante et que la destruction de celle-ci ne saurait l'atteindre. La mort ne serait plus alors que la séparation de deux principes : dont l'un retourne entièrement à la masse de la planète d'où il a été tiré, tandis que l'autre, le seul actif et intelligent, continuerait de vivre dans l'espace, sa vraie patrie, avec ce corps spirituel qui est adapté à des conditions supérieures d'existence.

Eh bien! pour que cette inférence se change en certitude, il suffit que nous puissions constater scientifiquement que des apparitions se produisent encore après la mort de ceux qu'elles représentent, car le corps étant anéanti, il ne viendra à l'esprit de personne de supposer qu'il aurait engendré un effet permanent, qui survivrait à sa cause.

Donc, sans faire d'hypothèses, si l'âme est vraiment un être personnel, une individualité qui possède en soi le principe de l'existence et les pouvoirs que nous venons d'énumérer, il faudra que l'observation et l'expérience nous assurent *qu'après la mort*, elle agit encore comme elle le faisait sur la terre pendant son extériorisation, si elle trouve l'occasion de s'assimiler la matière et l'énergie qui lui sont indispensables, non plus dans son propre corps qui est décomposé, mais dans un autre organisme vivant capable de les lui fournir : chez un médium. C'est précisément ce qui a lieu; et beaucoup parmi les documents rassemblés dans ce second volume, en sont des preuves multiples et suprêmement convaincantes.

PREUVES DE L'EXISTENCE DE L'AME APRÈS LA MORT

Abandonnons toute idée préconçue, toute spéculation philosophique pour nous accrocher aux faits, car en eux seuls réside la solution du problème de l'immortalité. Si, vraiment, l'âme désincarnée peut de nouveau se manifester à nous, c'est la démonstration directe, immédiate, sans réplique, que le *moi n'est pas*, comme le dit Taine, « une illusion » ; que les facultés intellectuelles *ne sont pas* des fonctions physiologiques, des épiphénomènes, encore moins des produits organiques, ainsi que le proclament, d'ailleurs sans preuves, MM. Hæckel, Carl Vogt, Le Dantec, de Lanessan, Metchnikoff, et tous les tenants du matérialisme.

Si une apparition ressuscite la forme structurale d'un individu dont le corps est décomposé, dont les éléments sont dispersés dans le grand laboratoire de la nature, si elle établit par ses manifestations que l'intelligence n'a pas sombré dans l'anéantissement pendant la putréfaction des éléments nerveux, alors nous serons certains absolument, sans erreur possible : 1° qu'il existe chez l'homme un être qui survit; 2° que l'esprit possède un genre d'existence différent de celui du corps ; 3° qu'il a conservé dans l'au-delà cette puissance organisatrice de la matière qu'il manifestait ostensiblement ici-bas pendant l'extériorisation.

Et non seulement ces faits démontrent la pérennité du principe animique, mais, logiquement, ils suppriment toutes les autres explications, car les manifestations *post mortem*, ceci est bien certain, sont *identiques* à celles des vivants, ce qui implique nécessairement une *identité* de la cause. Or, nous l'avons établi surabondamment, les fantômes des humains résultent : ou du produit d'une pensée *extérieure* au voyant, où ils sont — visibles ou non — réellement présents, dès lors il devient non seulement inutile, mais encore contraire à la méthode scientifique, de recourir, pour les fantômes de défunts, à une autre hypothèse que celle de l'âme survivante. Ainsi disparaissent toutes les suppositions parasitaires — créations subconscientes, élémentals, élémentaires, coques astrales, lémures, démons, etc., qui obscurcissent inutilement le débat.

Malgré cette évidence, et pour ne pas avoir l'air de faire une pétition de principe qui consisterait à supposer vrai ce qui doit être démontré, j'ai, dans tous les cas énumérés, discuté comme si l'existence de l'âme n'avait pas encore été prouvée, et il résulte de l'analyse de chaque classe de phénomènes, que seule l'intelligence survivante de l'individu que l'on voit, peut être l'auteur de la manifestation. Revoyons, rapidement, tout cet ensemble de preuves concordantes, qui se confirment et se complètent les unes par les autres.

LES APPARITIONS NATURELLES DE DÉFUNTS

Je rappelle, pour mémoire, que tous les récits publiés par la *Société Anglaise de recherches psychiques* ont été l'objet d'enquêtes et de discussions approfondies qui leur confèrent un si indiscutable caractère d'authenticité, que les dénégations des incrédules, — quels que soient leurs titres académiques, — sont aujourd'hui dépourvues de toute valeur. Les faits étant certains, nous sommes sur un solide terrain pour la discussion.

En comparant attentivement les apparitions des vivants et des défunts, on est frappé de suite par les analogies qu'elles présent dans leurs modes de manifestations. C'est ainsi que le fantôme posthume peut n'être visible que pour un seul individu : celui qui subit son action télépathique ; ou que ce fantôme est capable — bien que non perceptible oculairement — d'influencer la plaque photographique; ou enfin, il lui arrive d'objectiver suffisamment son corps fluidique pour que tous les assistants le voient d'une manière identique. Il est clair, je le répète, dans ces conditions, que c'est à la même cause qu'il faut attribuer toutes les apparitions : c'est-à-dire à l'âme humaine, alors même que l'individu terrestre qu'elle représente n'existe plus depuis de longues années. La même conclusion s'impose également à nous, à la suite de l'étude détaillée des faits.

On remarquera que j'ai pris le soin d'éliminer de mes exemples d'apparitions tous ceux qui n'offraient pas en eux-mêmes des preuves de leur origine supra-terrestre, précisément pour échapper à l'objection que ce ne seraient que des phénomènes d'auto-suggestion. Pour qu'une vision soit incontestablement produite par un être de l'au-delà, il est nécessaire qu'elle fasse connaître des détails ignorés du percipient, mais exacts, de manière à ce que l'imagination du voyant n'ait pas pu les inventer.

Quelle puissance de persuasion possèdent alors les fantômes qui apparaissent avec des apparences physiques en rapport avec leur genre de mort, tel que cet étudiant dont la forme fluidique se montre ruisselante (p. 13) parce qu'il vient de se noyer ; ou bien l'employé (p. 44) dont le périsprit présentait l'aspect de ceux qui meurent empoisonnés par l'acide sulfurique ; ou enfin la sœur qui se fait voir à son frère (p. 11), de longues années après son décès, portant sur la joue l'égratignure que sa mère lui avait faite en l'ensevelissant !

Il ne s'agit plus ici d'invoquer le hasard ou une coïncidence fortuite ; il est trop manifeste que la vision reproduit la réalité, pour que nous ne sentions pas là une cause extérieure au sujet. Quelle est-elle ? Aucune personne vivante ne pouvant être l'agent supposé, si ces manifestations relèvent de la télépathie, elles sont produites par une intelligence active et survivante. L'hypothèse de l'hallucination morbide défaille aussi comme explication, pour la simple raison qu'elle est incapable de reproduire fidèlement, ou de créer de toutes pièces ce qui n'est jamais entré dans la conscience du voyant.

M. Husband (p. 24), en parfaite santé, distingue si nettement le spectre d'un jeune homme inconnu, mort un an auparavant dans sa chambre, qu'il reconnaît ses traits sur une photographie, bien que celle-ci le représentât vêtu autrement que ne l'était le fantôme. Ce cas, et les autres d'une nature semblable, sont une démonstration objective de la réalité de l'apparition, car nulle autre action que celle de l'esprit du défunt n'est valable, après discussion.

Ceux qui se cramponnent désespérément aux hypothèses les moins vraisemblables, pour ne pas admettre la survivance, essayeront peut-être de soutenir que cet ordre de faits n'est dû qu'à des *influences locales*, c'est-à-dire qu'ils invoqueront des *causes psychométriques*, celles-ci ayant pour résultat d'éveiller mécaniquement la clairvoyance du sujet, pour lui faire percevoir une scène qui s'est déroulée antérieurement dans cet endroit. Peut-être, en effet, certains épisodes, comme celui de la vieille femme couchée (p. 26), peuvent-ils s'interpréter ainsi ; mais ceux-là sont très rares et assez faciles à distinguer. L'être qui est décrit est inerte : il semble que le voyant n'a devant les yeux qu'une simple image, tandis que dans les cas de Mme Bacchus (p. 29), dans celui de l'ancienne propriétaire de l'hôtel

(p. 31), nous sommes en présence de fantômes qui se déplacent, qui agissent intentionnellement, et même qui se font comprendre par signes (p. 35), en réponse à des questions posées, ce qui démontre jusqu'à l'évidence que la forme qui est là est tout autre chose qu'une effigie.

La participation active du fantôme est encore très nette quand il fait preuve de connaissances ignorées du percipient. Fouillez aussi profondément que vous le voudrez dans l'arsenal de la négation, vous n'y trouverez rien qui explique logiquement ces révélations. L'apparition de M. de Marteville à sa femme (p. 40), celle du vieil ami du capitaine Drisko (p. 43), aussi bien que le cas de Sylvain Maréchal (p. 47) montrent : que seul celui qui s'est manifesté savait à ce moment ce qu'il communiquait. C'est, à la fois, une affirmation de sa présence effective et de l'intérêt persistant qu'il portait à ceux qui sont restés sur la terre. Toutes les arguties de la critique viennent se briser contre ces témoignages, fournis par ceux-là même qui sont passés dans l'au-delà. Il faudrait être atteint de cécité intellectuelle pour ne pas en comprendre l'immense portée.

La clairvoyance des sujets ne peut intervenir en aucune manière pour l'explication. M. de Marteville se montrant à Swedenborg, lui dit qu'il a, cette même nuit, une chose importante à communiquer à sa femme, ce qui suffit pour nous assurer qu'il est réel et non une création onirique de Mme de Marteville. Le capitaine Drisko n'avait aucune inquiétude sur la marche de son navire ; si par clairvoyance il avait vu les rocs de Behama, il en aurait eu conscience, alors que c'est seulement en reconnaissant son vieil ami que, *sans savoir pourquoi*, il obéit à ses injonctions réitérées. Pour Sylvain Maréchal, sa manifestation à Mme Dufour, lui répétant ce qu'il a dit à sa femme, exclut la clairvoyance de celle-ci pour la découverte de la somme en or cachée dans le bureau. Donc, ici, pas de jeux de la subconscience, pas d'intervention télépathique de la part de vivants ; l'action produite, la révélation faite, établissent, avec une puissance souveraine, que l'âme n'a pas été annihilée par la mort et qu'elle emporte dans l'espace ses souvenirs et ses affections.

Le corps fluidique qui existe pendant la vie a résisté à la

mort ; loin d'être anéanti, nous constatons qu'il conserve son intégrité, puisque c'est grâce à lui que l'on peut identifier les apparitions ; et pour exclure jusqu'à la possibilité d'un doute, nous possédons des preuves supplémentaires, tout à fait positives, qui nous assurent *objectivement*, *scientifiquement*, que le périsprit a survécu : ce sont les photographies d'esprits.

Ici encore, la critique tentera peut-être de détruire la valeur de premier ordre de ces phénomènes, en prétextant les fraudes qui ont été souvent dévoilées ; mais est-ce vraiment un procédé honnête de discussion ? Faut-il répéter sans cesse que cent faits négatifs n'infirment pas un seul fait positif, et que lorsque nous possédons en faveur de ces expériences des témoignages aussi précieux que ceux d'Alfred Russel Wallace, de Beattie, d'Aksakof, du professeur Wagner, de Stead et de tant d'autres, il ne s'agit plus de supercheries, mais de réalités incontestables, de sorte qu'une négation intransigeante ne prouve que le désarroi de ceux qui sont acculés à ce pitoyable expédient.

Le magnifique parallélisme entre les manifestations animiques des vivants et celles des morts se poursuit dans les photographies. Nous constatons que l'esprit de Mme Bonner (p. 71) a influencé plusieurs fois la plaque sensible, de façon à se montrer avec des traits identiques à ceux de son corps physique lorsqu'elle habitait la terre, ce qui établit sans erreur possible la conservation de son type humain dans l'au-delà. La discussion a démontré que l'on ne peut attribuer ces résultats à une action, consciente ou non, de la pensée des assistants, puisque ceux-ci, la première fois, ne la connaissaient pas ; à aucune intervention télépathique, pas plus qu'à des « clichés astraux », de sorte qu'avec les portraits de Mabel Warren, de Lizzie Benson (p. 76), ou de Piet Botha (p. 66), nous possédons des documents persistants d'une action de l'esprit défunt sur la matière, tout à fait analogue à celle de l'esprit vivant dans les mêmes circonstances. (Voir vol. I, p. 407, les expériences du professeur Hasdeu et celle du capitaine Volpi.)

L'identité entre les manifestations *post mortem* et celles des vivants s'accuse encore dans les cas de vision collective du fantôme. Le phénomène si étrange et si inexpliqué de la matérialisation du périsprit, devient indubitable quand les assistants voient l'apparition suivant les lois de l'optique, c'est-à-dire de face, de profil ou de biais, suivant la position qu'ils occupent. Je répète encore que l'hypothèse que ce serait une hallucination pour chacun d'eux me paraît insoutenable, aussi bien que celle qui placerait dans un des spectateurs la cause de l'hallucination des autres, justement en raison des caractères physiques du fantôme, *qui diffèrent pour chacun suivant les lois de la perspective*, ce qui ne peut avoir lieu que si un objet matériel à trois dimensions est vu oculairement, car l'auteur prétendu de l'hallucination ne pourrait pas la varier inconsciemment pour chacun, de manière à lui communiquer des sensations visuelles exactes.

Qui ne serait pas convaincu de la présence de la mère défunte (p. 84), quand sa fille, son mari et la nourrice s'accordent pour la décrire, en raconter les allées et venues, sans que personne ait prononcé une parole capable de suggestionner les autres témoins! Il en fut de même pour le portrait du capitaine Towns (p. 101), reconnu par huit personnes.

Les cas de miss Lister (p. 94), de Mme Coote (p. 96), du révérend Tweedale (p. 98) sont aussi démonstratifs, car c'est *successivement* que le même être défunt s'est transporté auprès de ses proches, habitant des localités éloignées les unes des autres, tout en conservant le même aspect physique. Serait-ce une hallucination du premier voyant qui se serait transmise télépathiquement aux autres percipients? Je ne le crois pas; d'abord parce qu'il faudrait expliquer pourquoi des personnes n'ayant *jamais eu d'autres hallucinations*, en auraient éprouvé une arrivant précisément après la mort ignorée du parent qui est vu, et ensuite comment le fantôme, s'il n'est qu'une image, peut se transformer spontanément pour se montrer lumineux à une seconde voyante, quand il ne l'était pas pour la première, qui serait soi-disant l'auteur inconscient de l'action télépathique. La présence réelle de l'être décédé résout toutes les difficultés, surtout quand il se présente avec une coiffure ignorée du voyant, comme cela eut lieu pour M. Tweedale, qui n'avait jamais vu sa grand'mère avec le bonnet que portait son fantôme.

Si l'espace ne m'avait pas été mesuré, j'aurais cité beaucoup d'autres exemples analogues à celui de la page 102, dans lesquels le fantôme produit des bruits, ouvre des portes, déplace ou brise des objets, agite des rideaux, etc. (1), ce qu'il ne pourrait pas faire s'il n'était pas présent et même matérialisé. Là, toute tentative d'explication télépathique devient vaine, car la télékinésie d'un vivant, si elle peut être invoquée, est tout autre chose. Les cas de *hantise* sont si nombreux et si bien constatés qu'ils rempliraient à eux seuls un volume comme celui-ci. Si je n'ai pas insisté sur ces manifestations physiques, c'est que nous les retrouvons dans les séances expérimentales où l'on voit le fantôme mouvoir des objets matériels, ce qui enlève toute incertitude sur la cause de ces déplacements.

L'observation nous a mis aussi en présence d'apparitions *lumineuses*, ce qui tend à créer encore d'étroites relations entre les manifestations naturelles et celles que l'on provoque dans les séances. Ce sont toutes ces analogies, on ne saurait trop insister sur ce point, qui nous obligent à reconnaître dans les apparitions de vivants ou de morts — spontanées ou provoquées expérimentalement — une seule et unique cause : l'âme, que celle-ci appartienne encore à la terre ou qu'elle l'ait définitivement quittée.

(1) Voir, par exemple, dans l'ouvrage de Camille Flammarion, *l'Inconnu et les problèmes psychiques* : Cas 36, p. 108 : plusieurs personnes entendent jouer du piano au salon, personne ne s'y trouvant, et cependant le témoin voit les touches s'élever et s'abaisser, ensemble ou successivement. Cas 96, p. 145 : les deux volants du ciel de lit sont agités en sens inverse. Cas 39, p. 111 : le rideau du lit s'ouvre brusquement. Cas 63, p. 125 : les rideaux sont violemment fouettés et des bruits de pas se font entendre sur le plancher. Cas 144, p. 175 : un service à café en porcelaine, dans une chambre fermée, est brisé avec fracas et les morceaux en *sont réunis à côté de la cheminée, comme si on les eût balayés*. Cas 41, p. 112 : Une porte fermée au verrou est par trois fois ouverte avec grand bruit. Cas 123, p. 161 : pendule arrêtée exactement à l'heure de la mort et le portrait du décédé tombé, sans que la ficelle fût brisée et sans arracher le clou, etc. Les preuves physiques qui restent après que le phénomène a cessé sont des arguments décisifs contre l'hypothèse d'une hallucination des témoins. On trouve aussi des exemples de ces faits dans les *Proceedings* de la S. P. R. et dans l'ouvrage *les Hallucinations télépathiques*, notamment le cas 120, p. 322, où une porte vibre sous les coups répétés d'un être invisible, tandis que les chiens, contrairement à leur habitude, se cachent en tremblant, etc.

N'oublions pas de constater que l'hypothèse hallucinatoire est évidemment inapplicable aussi aux cas dans lesquels le fantôme est perçu conjointement par des êtres humains et des animaux, surtout lorsque c'est l'animal, chien ou chat (p. 118), qui prouve, par ses actes, qu'il a vu le premier le personnage décédé.

LES FACULTÉS INTELLECTUELLES ET MORALES DES APPARITIONS

Cette revue rapide, consacrée spécialement aux caractères physiques des apparitions de défunts, serait incomplète si elle négligeait le côté intellectuel des manifestations. Contrairement à l'opinion de MM. Dassier ou Maeterlink, les fantômes ne sont pas des « restes fluidiques » de personnalités posthumes en train de se désagréger, pour s'anéantir définitivement, car souvent la durée qui sépare l'apparition de celle du décès est trop considérable — plusieurs années — pour que cette hypothèse soit admissible. La sœur de M. Boston (p. 11) était morte depuis neuf ans ; le capitaine John Barton (p. 43) avait quitté ce monde depuis très longtemps, aussi bien que la grand'mère de Mme Lucie Dodson (p. 46), ou la « marraine » (p. 113), vue par les deux sœurs et la mourante. Dans les séances, nous avons constaté aussi que des esprits se sont matérialisés bien que douze années aient séparé la mort du moment de la matérialisation. C'est, notamment, ce qui s'est produit pour la fille du docteur Nichols (p. 455), qui prouve par ses manifestations physiques et intellectuelles que sa personnalité s'est conservée intégralement. Dans ces conditions, c'est trop nous demander que d'accepter des suppositions qui vont si directement contre l'évidence même. Ce que l'expérience nous enseigne : c'est la survie indéfinie de l'âme ; et l'affirmation unanime des Esprits dans le monde entier nous confirme que l'immortalité n'est pas un rêve, un simple postulat philosophique, mais la plus admirable des réalités.

Nous constatons aussi qu'après un long séjour dans l'espace, le périsprit n'a rien perdu de ses propriétés, puisqu'il peut reproduire toujours, avec une fidélité absolue, l'apparence du corps matériel que l'esprit avait revêtu ici-bas. C'est ainsi que le premier mari de Mme Rogers s'est montré à Mme Wilson, 35 *ans après sa mort* (p. 111) et assez nettement pour être reconnu par Mme Hildreth, sur la description qui lui en fut faite.

C'est toujours par l'étude des faits que nous apprenons que les facultés intellectuelles et affectives de l'âme ne subissent aucune diminution dans l'au-delà. La mort n'a pas pour résultat de creuser un abîme entre l'humanité terrestre et celle qui est désincarnée. Si les communications sont relativement rares, du moins, quand elles se produisent, ce sont des témoignages d'amour et d'affection qu'elles nous apportent le plus souvent. Que les souvenirs terrestres soient emportés par l'esprit, c'est ce que les récits relatifs à Mme de Marteville (p. 40) et à Sylvain Maréchal (p. 47) établissent avec certitude, puisqu'ils donnent ces renseignements qui n'étaient connus que d'eux seuls ici-bas. Lablache, à peine dégagé (p. 107), retourne visiter les lieux qu furent témoins de ses triomphes.

Mais c'est surtout de tendresse, d'affection, de sollicitude que font preuve les apparitions, dans la majorité des cas, démontrant ainsi directement qu'il est bien vrai « que l'amour est plus fort que la mort ». Nous avons vu le capitaine Drisko préservé d'une catastrophe imminente par l'intervention opiniâtre et tutélaire de son vieil ami John Barton. Ici, c'est une mère qui veille avec tendresse, chez le Révérend Jupp (p. 92), sur son petit garçon orphelin ; ailleurs (p. 46), une grand'mère, morte depuis 16 ans, appelle la pitié de son autre fille sur les bébés qui viennent de perdre celle qui leur donna la vie. C'est aussi une aïeule qui prie M. Zorilla (p. 39) de bien l'aimer, malgré qu'il ne l'ait pas connue sur la terre.

Robert Mackensie (p. 44) ne fait-il pas preuve d'un sentiment moral très délicat lorsqu'il se présente à son bienfaiteur, en protestant contre l'accusation de suicide, pour que celui-ci ne puisse pas le soupçonner d'ingratitude ? Qu'elles sont touchantes ces apparitions au lit de mort de ceux qui, nous ayant précédés dans l'espace, viennent pour nous aider à franchir cette dure étape. Non, la mort ne détruit pas nos affections ; au contraire, chez les êtres évolués, elle les exalte et les purifie, en les débarrassant de tout alliage terrestre, pour ne laisser subsister que la fleur de leurs sentiments.

D'autre part, il est certain que les natures arriérées ne se transforment pas immédiatement. La loi de continuité s'y oppose ; et elle se vérifie ici encore. Il existe des cas de vengeances posthumes (p. 5o) et nous avons constaté que la rancune ne s'était pas éteinte dans le cœur de Mme Miller (p. 412) lorsqu'elle s'aperçut que sa volonté au sujet de sa bague n'avait pas été respectée.

Mais, le plus souvent, c'est encore l'affection qui ramène auprès de nous, dans les séances, ceux que nous avons perdus. Quelle joie témoignent les apparitions matérialisées lorsqu'elles parviennent à se faire reconnaître ! Estelle Livermore remercie Dieu (p. 425) quand son mari est enfin certain que la mort ne l'a pas anéantie. La fille du docteur Nichols ne cesse d'adresser de tendres messages à ses parents, comme la Florence de Mme Marryat, qui bondit dans ses bras, aussitôt que l'occasion lui en est offerte. Avec quelle tendresse Naldino n'embrasse-t-il pas M. Vassallo, et quel instant de suprême émotion quand la mère de M. Bozzano le bénit !

Réellement, ce sont d'inoubliables moments que ceux où les deux humanités communient dans le même sentiment de ravissement, et notre reconnaissance va à tous ces obscurs pionniers de la vérité nouvelle, auxquels nous devons une aussi magnifique découverte.

L'EXPÉRIENCE SPIRITE

Les apparitions naturelles qui relèvent d'une des catégories, que j'ai énumérées — celles qui portent des stigmates ; sont vêtues de costumes inconnus du voyant, mais réels ; ou font des révélations de faits ignorés du percipient ; la photographie des êtres invisibles ; la vision collective du fantôme par des hommes et même par des animaux — ont l'immense avantage de nous obliger à conclure que l'âme existe après la mort, puisqu'aucune théorie — celle de la période latente, de l'auto-suggestion, de la télépathie, de la psychométrie, ou de l'action subconsciente — ne peut en donner une explication raisonnable. Mais elles se produisent si fortuitement, elles ont, en général, une durée si courte et les conditions mêmes dans lesquelles on les constate sont tellement inattendues, qu'elles ne permettent guère autre chose qu'une simple description.

Avec l'expérimentation spirite, tout change. On s'est préparé à voir les fantômes ; des mesures sont prises pour en conserver des souvenirs durables. Cette fois, la certitude visuelle est renforcée par la possibilité de soumettre les apparitions au contrôle d'instruments scientifiques. Nous gagnons aussi l'avantage d'avoir des procès-verbaux signés par tous les témoins, ce qui vaut toujours mieux qu'un récit isolé, et des preuves physiques de toute nature — tracés d'appareils enregistreurs, écrits autographes des fantômes, photographies, empreintes et moulages — nous restent pour rendre certaine l'objectivité de ces êtres temporairement matérialisés. L'ensemble des rapports et des documents que nous possédons constitue aujourd'hui un formidable dossier contre la négation *à priori*, de sorte que nous sommes assurés du triomphe final du spiritisme, en dépit de toutes les obstructions.

Si je me suis longuement étendu dans le second chapitre sur les débuts des manifestations, c'est qu'il fallait montrer que les dispositions prises : cabinet, absence de lumière, chaîne des assistants, chants, etc., n'avaient rien d'arbitraire ; elles se sont successivement imposées aux chercheurs comme des nécessités. Il est utile de rappeler que, sur ce terrain, les savants qui se sont occupés de ces études *ne nous ont rien appris ;* ils n'ont même réussi qu'en suivant les indications des spirites, d'où il faut conclure que ceux-ci avaient découvert les véritables conditions expérimentales des phénomènes.

L'histoire d'Eusapia n'est qu'une réédition plus complète et plus précise, faite par des savants, des études de M. Livermore, du colonel Devoluet, du docteur Chazarain et de bien d'autres. La lutte pour démontrer la réalité des faits a été longue, acharnée et dure encore. L'incrédulité est allée jusqu'à supposer que tant d'hommes éminents, tant de médecins légistes, qui sont habitués de longue date à déjouer les simulations des criminels, des fous et des hystériques, auraient été abusés par une fraude insaisissable. Il s'est trouvé des gens, et non des moindres, pour imaginer que les Crookes, les Wallace, les Lodge, les Zoellner, les Lombroso, les Richet, les de Rochas, les Morselli, les Porro, les Pio Foa, les Bottazzi et *tutti quanti* sont incompétents, sous prétexte que des prestidigitateurs, seuls, seraient qualifiés pour se prononcer en ces matières!

C'est une grosse naïveté, en même temps qu'une pitoyable dérobade, que d'invoquer ici la prestidigitation, car jamais un de ces artistes, qui nous charment par leur adresse, n'accepterait de simuler les faits spirites, *si on le plaçait dans les mêmes conditions que les médiums*, c'est-à-dire si, après qu'il aurait été fouillé intégralement, on lui tenait constamment les mains et les pieds, dans un local où aucun compère ne pourrait s'introduire. Ceci est tellement évident que nous avons vu (p. 528) Maskelyne, même sur son propre théâtre, échouer piteusement dans sa contrefaçon des fantômes observés en présence de Monck, et des prestidigitateurs renommés comme M. Rybka (p. 604), MM. Hereward, Feilding et Bagally, qui sont également des critiques sévères (p. 605), avouer que leur art est impuissant à reproduire les faits, si on les surveille aussi étroitement qu'Eusapia l'était (1).

Oui, la fraude a été souvent pratiquée, mais jamais impunément devant des gens tant soit peu au courant de ces études, sans quoi les imposteurs étaient rapidement démasqués, *car le vrai phénomène spirite est insimulable*, pour peu que l'on consente à prendre les précautions très simples que j'ai indiquées.

---

(1) Un témoignage tout récent (juillet 1910) nous en est encore fourni par le premier artiste en prestidigitation des États-Unis, M. Howard Thurston, dans le *New-York Times*. Après avoir assisté à des séances avec Eusapia, il écrit :
« J'ai été prestidigitateur toute ma vie et j'ai toujours pu jusqu'ici démasquer tous les médiums qui produisaient des phénomènes physiques. Je suis si bien convaincu que ce médium peut produire des lévitations authentiques, que je m'engage à donner une somme de CINQ MILLE FRANCS à une fondation charitable, si l'on peut me prouver que Mme Paladino n'est pas capable de soulever une table sans le secours d'aucun truc et d'aucune fraude... » *Revue scient. et mor. du Spirit.*, juillet 1910, p. 8

LES MATÉRIALISATIONS PARTIELLES

Pour en revenir à notre sujet, nous avons remarqué dans les séances que les premières matérialisations sont presque toujours celles de mains, plus ou moins bien formées, dont on sent le contact, et que l'on peut voir parfois des sortes de silhouettes se détachant sur un fond moins sombre que celui de la salle, puis des formes qui se montrent en pleine lumière, lorsque les circonstances sont favorables.

Nous savons maintenant que ces mains mystérieuses qui touchent les assistants, les pressent, les saisissent, les attirent, les repoussent, les frappent, leur tirent la barbe ou les cheveux, leur ôtent leurs lunettes, leur apportent à boire, fouillent dans leurs poches, etc., sont de véritables *membres humains* ayant une consistance, une anatomie, une chaleur et une motricité en tout semblables aux nôtres, lorsqu'elles sont tout à fait objectivées. De plus, elles sont dirigées par une intelligence.

Lorsque l'on assiste, comme Crookes (p. 166), à leur formation, on les voit s'engendrer dans une nébulosité qui prend petit à petit les contours d'une main ; mais, chose bien remarquable, même si elles ne sont pas visibles pour l'œil, elles possèdent déjà toutes les propriétés d'un membre humain. L'absolue certitude de leur réalité nous a été fournie bien des fois et par les procédés les plus divers :

1° Par leurs actions sur la matière : Avec Crookes, les mains arrachent les pétales d'une fleur (p. 167), ou jouent de l'accordéon ; elles écrivent (p. 171), ce que Dale-Owen affirme également (p. 172). Dans l'obscurité, elles accomplissent délicatement des actes coordonnés : les lunettes enlevées au professeur Schiapparelli (p. 197) ; elles coupent la barbe de M. Bozzano (p. 200) ; elles exécutent une marche avec une sonnette, un tambourin et une trompette jouant simultanément (p. 249), etc., etc.

2° L'hypothèse d'une hallucination collective est démentie par ces actes physiques et par les preuves matérielles de l'action de ces mains, qui subsistent après qu'elles ont disparu. C'est ainsi que le docteur Wolfe (p. 177) et Zöellner (p. 178) ont conservé des empreintes dans de la farine ou dans du noir de fumée, comme l'atteste aussi M. de Siemiradzki (vol. I, p. 450); ou encore sur de la terre glaise, ainsi que cela eut lieu en présence du professeur Acevedo (vol. I, p. 445), de M. Ochorowicz (vol. I, p. 446), ou chez M. Gellona (p. 223). Ces traces ne sont pas des dessins, ce sont des modèles anatomiques reproduisant tous les détails de la peau, des muscles sous-jacents, des veines, etc.

3° Par les effluviographies que ces mains laissent sur la plaque sensible : Mac-Nab (p. 249) ; docteur Pierce (p. 251) ; docteurs Herlitzka et Pio Foa (p. 227). Ici encore, les dessins épidermiques sont nettement accusés, bien que la main agissante ne soit pas toujours perceptible pour l'œil.

4° Par la photographie directe, comme elle a été obtenue à la *Société française d'Étude des phénomènes psychiques* (vol. I, p. 455).

Je pense que ces faits sont suffisamment nombreux, et sérieusement attestés, pour qu'il ne reste pas l'ombre d'un doute sur la réalité des mains et sur leur absolue similitude avec les nôtres. Il faut se rendre à l'évidence : il a été affirmé par un nombre considérable de témoins et démontré par des preuves absolues, que des mains véritables, réelles et tangibles, se montraient et agissaient dans les séances, sans qu'il fût possible de savoir à qui elles appartenaient, car, le plus ordinairement, elles se terminent au poignet et paraissent ne tenir à rien.

D'où viennent ces mains ? Qui les engendre ? Logiquement, il faut se demander si elles proviennent des assistants ou du médium, quelque suprenante que cette hypothèse puisse paraître au premier abord.

DISCUSSION SUR L'ORIGINE DES MAINS

Ce n'est pas après avoir pris tant de peine dans le premier volume pour établir que la duplication de l'homme est réelle, que je voudrais nier la possibilité de celle du médium. Ce serait aller contre ce qui a été établi expérimentalement par l'observation des Davenport (vol. I, p. 402); du jeune Allen; de Mme Fay; (vol. I, p. 398), etc. Lorsqu'une seule main est visible, ou deux au plus, qu'elles sont semblables comme dimensions et aspect à celles du médium, il y a de grandes probabilités pour qu'elles appartiennent à son double. Nous en avons eu des preuves incontestables avec Eusapia (vol. I, p. 450) et la plus élémentaire prudence nous fait un devoir de lui attribuer d'abord les attouchements, les déplacements d'objets, etc., qui ont lieu auprès d'elle.

Ce sont des *manifestations animiques*, semblables physiquement à celles produites par un esprit encore incarné, quand il est spontanément extériorisé.

Mais il faut soigneusement se garder de généraliser trop vite cette explication — comme le font les psychistes — car, dans beaucoup de circonstances, elle devient inadmissible. La simultanéité d'actions de plusieurs mains dans des directions différentes a été établie par Lombroso (p. 217); à Gênes par M. Barzini (p. 218); par M. Bozzano (p. 218); par le professeur Porro (p. 219); par le docteur Scozzi (p. 219); etc. Les formes plastiques de ces mains étaient bien différentes les unes des autres. Quelquefois petites et fuselées, ou même infantiles (p. 218), elles accompagnaient (p. 214) une main sèche, osseuse et rude, ou une autre très grosse (p. 220). Chacune accomplissait des actes séparés, mais coordonnés, de manière à produire, par exemple, un petit concert, jouer une marche (p. 219), puis elles applaudissaient.

Les « psychistes » ou « métapsychistes » ont imaginé une multitude de théories : psychiatriques, psycho-physiologiques, biodynamiques, esopsychiques, etc., etc., dont le moindre défaut est d'être incompréhensibles, pour essayer de prouver que ces mains seraient des créations instantanées du médium, des appendices « néoplastiques », des « ectoplasmes », lesquels seraient engendrés, si j'ai bien compris, — car je ne garantis rien — par l'imagination subconsciente, la fantaisie somnambulique du médium. Mais si ces hypothèses étaient exactes, le phénomène serait beaucoup plus merveilleux que le dédoublement, car il faudrait supposer que l'esprit du sujet possède une science innée supérieure à celle des meilleurs anatomistes, des connaissances physiologiques poussées à un degré surhumain, pour donner à ses créations tous les caractères de réalité qui nous étonnent si fort, c'est-à-dire : une peau, des os, des muscles, des tendons, des veines, etc. ; et, prodige plus fantastique encore, celui de matérialiser et de *vivifier* cette pure *image mentale*. Nous serions en présence du vrai miracle, de la création instantanée, *ex nihilo*.

Non, vraiment, autant la supposition que ces mains appartiennent à des organismes préexistants est logique, puisque le dédoublement de l'être humain démontre que le corps fluidique est une réalité, autant l'hypothèse que ces mains sortiraient du néant pour y rentrer tout de suite après, est inadmissible.

Les savants qui accusent si facilement les spirites d'être des enthousiastes, des rêveurs, des imaginatifs se montrent dans ce cas d'une telle inconséquence, que c'est à eux que s'appliquent plus justement ces épithètes. Alors qu'ils enseignent que la naissance du plus infime microbe exige un progéniteur de même espèce et un certain temps pour se développer, abandonnant ici toute méthode, ils font un bond gigantesque dans le surnaturel, en supposant la génération spontanée d'une ou plusieurs mains, c'est-à-dire d'organismes d'une si prodigieuse complexité, que nul être humain ne saurait se les représenter instantanément dans tous leurs infinis détails de morphologie, d'agencement interne, de composition chimique et d'actions vitales.

Nous allons retrouver tout à l'heure la même objection au sujet des apparitions complètes, et elle deviendra encore, si possible, plus puissante, puisqu'il s'agira alors d'êtres offrant tous les caractères physiques et intellectuels d'hommes ayant vécu ici-bas.

Nous verrons que ces pseudo-théories, réellement extravagantes, ne soutiennent pas un instant une discussion basée uniquement sur les faits.

Déjà, en relatant les manifestations observées avec Eusapia, j'ai montré (p. 221 et suiv.) qu'il était impossible de lui attribuer la fabrication somnambulique de ces mains, parce que celles-ci possèdent des caractères anatomiques — les dessins de l'épiderme entre autres (p. 224) — qui ne sauraient être créés artificiellement, la pauvre napolitaine ignorant plus que probablement qu'il existe des types dactyloscopiques en « anse », en « tourbillons », etc. Et même le sut-elle, que je la crois incapable d'imaginer une telle image mentale, car les traces laissées sur la terre glaise défient par leur variété, leur délicatesse, et par la rapidité de leur production, l'habileté du plus expert des sculpteurs. Supposons, au contraire, que c'est un corps fluidique étranger qui s'objective, et tout devient compréhensible, puisque c'est une main véritable et préexistante qui s'imprime dans la glaise en produisant *mécaniquement* l'empreinte.

Voilà des critériums de certitude qui me paraissent au-dessus de toute critique. Donc, quand plus de deux mains *simultanément matérialisées*, sont différentes comme forme générale, comme grandeur, comme caractères anatomiques de celles du médium; quand elles agissent en même temps dans des directions divergentes pour accomplir chacune des actes coordonnés, on peut être sûr de l'intervention d'intelligences invisibles auxquelles ces mains appartiennent, car ni le médium ni les assistants ne pourraient les engendrer.

D'ailleurs, comment concilier les hypothèses psycho-dynamiques avec les faits dans lesquels les mains montrent nettement une *volonté* opposée à celle du médium et des assistants? (pp. 220 et suiv.). Où le conflit devient assez aigu pour qu'Eusapia *éveillée*, — et non plus dans l'état somnambulique qui, soi-disant, lui permettrait seul d'extérioriser ses images mentales — reçoit ces gifles retentissantes qui la ramènent à l'obéissance (1)? Et puis, est-ce Eusapia, illettrée, qui donne ces communications en français, en anglais, en allemand, en russe (p. 233) qui sont incontestables ? Quand une main d'enfant, bien visible, fait écrire M. Avellino (p. 223) ou M. Carreras, on ne dira pas que c'est un « ectoplasme » qu'elle a projeté, puisqu'elle ne sait pas plus écrire que dessiner (p. 235), ou jouer de la musique (p. 234). Toutes les acrobaties intellectuelles des négateurs pour échapper à l'explication spirite échouent devant ces faits, si profondé-

---

(1) Dans le livre de Flammarion : *l'Inconnu et les problèmes psychiques*, on lit à la page 183, qu'un enfant de 12 ans, refusant d'aller voir sa grand'mère dangereusement malade, qui avait témoigné le désir de le voir, reçut étant seul, quand la grand'mère décéda, une gifle d'une violence extraordinaire. Sa mère arrivée à ses cris, constata qu'il avait la joue rouge et enflée... Cette main, pendant plus de six mois, devenait apparente sous forme d'une empreinte plus blanche que le reste de la peau, quand l'enfant avait joué.

ment démonstratifs, qu'ils imposent à la raison la certitude de l'intervention d'être libres et intelligents pour les produire.

LA RÉALITÉ DES APPARITIONS MATÉRIALISÉES

La possibilité bien établie de la matérialisation d'une main, nous conduit à supposer que le processus qui rend apparent une partie du corps fluidique peut s'étendre jusqu'à la totalité du périsprit. C'est ce qui a lieu, en effet, lorsque le médium est bien développé et le cercle suffisamment homogène.

Généralement, les auteurs qui traitent du spiritisme après quelques lectures hâtives et superficielles, s'imaginent qu'il n'existe dans ses Annales que le seul cas de Katie King, de sorte qu'ils arguent de sa rareté pour essayer d'en affaiblir la valeur. D'autres, beaucoup mieux renseignés, croient pouvoir se tirer d'affaire en prétextant que : « les récits que l'on possède n'offrent pas de suffisantes garanties scientifiques ».

C'est pour faire apprécier combien ces allégations sont fantaisistes, que j'ai longuement insisté dans les chapitres III et IV sur les preuves multiples que l'on possède de la réalité des fantômes matérialisés. Les rapports authentiques des spirites et des savants se contrôlent mutuellement. Si quelques erreurs de détail ont pu se glisser dans les narrations, elles ne suffisent pas pour infirmer la valeur de l'ensemble, qui reste intangible pour les gens de bonne foi. Par leur nature même, par l'identité des manifestations constatées, ces récits forment maintenant un bloc indivisible, qu'il n'est pas plus possible d'ignorer que de rejeter sans examen.

Si les mains qui se montrent dans les séances sont d'incontestables réalités — et qui donc oserait en douter après les affirmations de plus de 5o savants et les preuves matérielles qu'ils en fournissent ? — alors la matérialisation totale d'un individu n'est plus que le développement logique de ce phénomène, l'épanouissement de cette force organisatrice qui agit sur l'être entier du défunt pour le reconstituer.

Des mains vues et senties par Ch. Richet, Ochorowicz, Lodge, Maxwell, Bottazzi, Porro, Pio Foa, de Rochas, etc., on passe naturellement aux formes presque entières signalées par Lombroso, Visani Scozzi, le docteur Venzano, Gellona, Bozzano, etc., pour aboutir aux matérialisations en pleine lumière chez M. Avellino. Dès lors, nous voici tout à fait dans le cas de ces médiums mieux doués qu'Eusapia pour donner des apparitions complètes, et les faits cités par MM. Livermore, Wallace, Crookes, Aksakof, l'archidiacre Colley, Gibier, Du Prel, etc., rentrent dans la même catégorie, mais ils éclairent et complètent ce que les premières observations avaient de trop fragmentaire, à cause de la rareté et de la brièveté des apparitions complètes.

On ne saurait nier la très grande importance des attestations si diverses que j'ai réunies, d'abord en raison de l'honorabilité indiscutable des témoins, puis parce qu'ils étaient incrédules en débutant. Il ne faut pas perdre de vue que ce n'est que l'accumulation, sans cesse réitérée, des mêmes phénomènes qui les a obligés, après le plus sérieux examen, à les admettre, et aussi parce qu'ils ont pris les plus minutieuses précautions contre toute cause d'erreur, provenant d'une illusion de leur part ou de la fraude des médiums. Enfin, qu'il est resté souvent des preuves incontestables : — tracés sur des appareils enregistreurs, photographies, empreintes, moulages, écritures, fragments de draperies, etc. — que ces fantômes étaient positivement des êtres temporairement aussi vivants que les assistants eux-mêmes.

La supposition d'une fraude universelle qui aurait échappé à l'attention défiante de tant d'hommes clairvoyants, bien qualifiés pour la découvrir, me paraît si invraisemblable que je refuse de la discuter davantage, d'autant mieux que l'impossibilité d'un artifice quelconque résulte, dans beaucoup d'exemples, des faits eux-mêmes, et que les manifestations ont présenté partout, en Amérique, en Angleterre, en France, des caractères tellement semblables, qu'il est évident qu'on se trouve en face de phénomènes, rares sans doute, mais *naturels*, et non d'habiles supercheries.

Revoyons donc, rapidement, les différents procédés mis en œuvre par les investigateurs pour arriver à la certitude, en groupant les éléments de cette étude qui sont dispersés dans l'ouvrage. La puissance cumulative de ces documents me semble plus éloquente que toutes les discussions, pour imposer la conviction.

Les différents genres de preuves qui validaient la présence des mains matérialisées sont également applicables aux fantômes complets. Nous avons donc à rappeler que l'on a constaté :

1° La vision collective et simultanée par les assistants du médium et de l'apparition ;
2° Que l'on a assisté à la formation du fantôme dans la salle ;
3° Qu'il a disparu sous les yeux des membres du cercle ;
4° Que l'être matérialisé a été fréquemment photographié ;
5° Qu'il a laissé des empreintes ou des moulages ;
6° Qu'il était capable de déplacer des objets pesants ;
7° Que médium diminuait de poids pendant la matérialisation.

L'ensemble de ces faits écarte toute tentative de les expliquer par des hallucinations, car celles-ci n'ont jamais de pareils caractères objectifs.

Ces résultats ont été obtenus alors que par différents procédés: ligotage, emploi d'un sac qui l'emprisonnait, utilisation d'une cage, etc., on réduisait le médium à l'impuissance d'agir physiquement pour se déguiser, et jouer lui-même le rôle du fantôme. Alors, si l'on constate *de visu* la présence du médium dans le cabinet et celle d'une ou plusieurs formes dans la salle, ce seul fait suffit, quand tout le monde en a été témoin, à établir l'existence de l'apparition, car je rappelle que personne ne pouvait s'introduire dans le local des séances ; que, la plupart du temps, elles avaient lieu dans des appartements inconnus du médium ; que les assistants, qui se connaissaient tous, faisaient la chaîne, c'est-à-dire s'assuraient ainsi constamment de leur présence mutuelle dans le cercle. La liste des témoignages relatifs à cette première catégorie est assez étendue.

1° VISION SIMULTANÉE DU MÉDIUM ET DE L'APPARITION

Pages.

M. Reimers vit en même temps Mme Firman et l'esprit de Bertie matérialisé 261
Cela eût lieu également pour M. Marthèse 266
M. Oxley rapporte que *quatre formes*, deux hommes et deux femmes furent visibles en même temps que Monck. . . . 325

VISION SIMULTANÉE DU MÉDIUM ET DE L'APPARITION

Pages.

Miss Fairlamb est dans le cercle quand le fantôme donne le moule d'un de ses pieds. 282

Mme F. Marryat raconte que sa fille amena Eglinton dans la salle des séances, comme cela eut lieu aussi en présence d'Aksakof. 335

Le colonel Lean, et dix personnes, à la lumière du gaz, furent trois fois témoins du même phénomène. 335

Le peintre Tissot vit en même temps Eglinton, son double et deux esprits de sexes différents. 338

Le sculpteur Brackett constate la présence du médium endormi et de deux formes dans le cabinet. 342

Avec Mme d'Espérance, présente dans la salle, l'esprit de John et celui de Nepenthès sont matérialisés successivement. 347 et 348

M. Foster vit Mme Allen, le médium, et une forme matérialisée qui causait, sortir ensemble du cabinet. . . . . . 382 et 383

Chez le docteur Nichols, Eglinton se montre en même temps que le fantôme d'une jeune indienne. 386

Mme Marryat embrasse sa fille matérialisée pendant que Miss Cook sort du cabinet. 402

Le docteur Chazarain raconte que l'esprit Lermont éclairait son médium, pour que tout le monde le vît 409

Miss Glyn, chez elle, alors que l'on tenait les mains d'Eglinton, vit les esprits de sa mère et de son frère. 411

Apparition désagréable de Mme Miller, Mme d'Espérance étant dans le cercle 413

M. Livermore tient les mains de miss Fox pendant que sa femme Estelle se matérialise. 424

Deux fantômes sont présents simultanément : Franklin et Estelle, alors que miss Fox est tenue. 430

Le docteur Gray et M. Groote voient également Franklin et miss Fox 434

Chez M. Crookes, à plusieurs reprises, lui-même et les autres assistants virent ensemble miss Cook et Katie 496

A. Munich, avec Carl du Prel, vision d'un reste de forme et de miss Tambke dans le cabinet. 517

Chez l'archidiacre Colley, c'est *constamment*, que le médium et les formes sont visibles. 521

Vision simultanée de Marthe B. et de Bien Boa à la villa Carmen. 534, 535, 536

M. Vassallo voit en même temps son fils et Eusapia 563

Le docteur Venzano reconnaît deux de ses parents, Eusapia étant visible. 568

M. Bozzano voit sa mère pendant qu'il tient Eusapia. . . . 570

Il me paraît que, dans ces exemples, la fraude était impossible, puisqu'il faudrait supposer que chez chacun des opérateurs, *et dans tous les pays*, des compères auraient pu s'introduire d'abord et disparaître ensuite sans être vus, dans des maisons particulières, ou passer à travers les portes fermées, ce qui est évidemment absurde.

La certitude s'acquiert également, si l'on voit l'esprit prendre naissance sous les regards attentifs des observateurs, non pas à la façon des fantoches de Mme Williams, mais nettement dans la salle, et à la suite de transformations inimitables par aucun artifice.

2° ON VOIT NAÎTRE LE FANTÔME

Au cours de notre enquête, nous avons rencontré quelques-uns de ces cas, que je rappelle :

Pages.

M. le docteur Hitchman et Mme Louise Nosworthy virent *un nuage* se changer en un être vivant et agissant, qui fut photographié quelques instants après 288

M. Sherman voit une *tache blanche* qui grossit, se transforme insensiblement et prend la ressemblance de sa sœur. 344

Chez le docteur Chazarain, sa petite-fille Marie se matérialise sous ses yeux et s'éclaire elle-même . . . . . 405 et 407

Mme Marryat voit son beau-frère Ed. Church, surgir à travers le tapis, en Amérique, où il n'était jamais allé 473

Le docteur Gibier ayant enfermé Mme Salmon dans une cage, voit Lucie se former graduellement sous ses yeux . . . 511

Le révérend Minot Savage, affirme la même chose pour les apparitions avec Mme Roberts pour médium 515

L'archidiacre Colley soutient, ainsi qu'Alfred Russel Wallace et M. Gledstane que les esprits se matérialisaient au moyen de *la vapeur* qui sortait de la poitrine de Monck . . 521 et 684

A la villa Carmen, plusieurs fois, Bien Boa surgit progressivement d'un plancher carrelé, sous les yeux des spectateurs. 539

Le fantôme, dit Mme Marryat, se forme avec la matière qui s'échappe du côté d'Eglinton. 645

Même affirmation de la part de M. Mitchiner, et *l'esprit soutient le médium.* 646

M. Tafani cite un témoignage semblable 647

La formation de Yolande, suivant Mme d'Espérance 652

Pages.
M. de Rochas, avec Mme d'Espérance, voit une forme sortir
d'elle 653
Mac-Nab décrit les vapeurs qui sortent de la poitrine du médium et prennent une forme humaine. 654
J'ai vu, avec Miller, le fantôme naître dans la salle, issu d'un
nuage vaporeux. 656
Dale Owen, constate également la formation et la disparition
d'un esprit 695

Presque toujours, c'est une masse vaporeuse en mouvement qui est d'abord perçue. La matérialisation charnelle s'engendre à l'intérieur de cet amas; des voiles se concrètent et au bout d'un temps très court, les draperies s'écartent, ou disparaissent, et l'esprit se montre entièrement vêtu et formé. La très grande ressemblance qui existe entre les processus décrits par les auteurs, avec des médiums différents, dans tous les pays, bannit l'hypothèse d'une supercherie, irréalisable d'ailleurs dans les conditions indiquées.

3º LA DISPARITION DE LA FORME MATÉRIALISÉE A LIEU DEVANT LES ASSISTANTS

La disparition du fantôme, dans la salle, sans qu'il en reste de traces, est non moins convaincante. Il est bon de signaler que, très souvent, les draperies ne rentrent pas visiblement dans le cabinet; elles fondent, pour ainsi dire sur place, ou s'évanouissent dans l'air, ce qui différencie ce phénomène des imitations grossières des faux-médiums. Ici encore, les témoignages ne nous font pas défaut :

Pages.
M. Oxley vit le fantôme fondre devant lui, en commençant
par les pieds, jusqu'à ce qu'il eut disparu. Un peu plus tard,
deux formes « s'évanouirent comme des ombres ». . . . 268
M. Adshead affirme que deux formes : celles de Maggie et de
Benny, disparurent devant les yeux des assistants 276
Le peintre Tissot, raconte qu'Ernest, le guide d'Eglinton, disparut à travers le plancher 340
M. Brackett se sert des mêmes termes : la forme disparaît
sous ses yeux « à travers le tapis » 344

	Pages.
Nepenthès se transforme progressivement en un petit nuage, qui finit par s'évanouir . . . . 351 et	699
M. Foster, chez Mme Allen, vit successivement sept formes s'enfoncer dans le plancher, à travers le tapis	382
Chez le docteur Nichols, une forme d'homme, reconnue par sa femme, se désagrège lentement par le haut, à la lumière du jour, et le reste du corps disparut subitement	386
Miss Glyn, signale que les deux formes de sa mère et de son frère disparurent en s'estompant dans l'air.	412
Fréquemment, avec M. Livermore, la forme d'Estelle s'évanouit dans l'air	425
Mme Marryat constate que sa fille disparaît à travers le tapis.	472
Lucie s'écroule aux pieds du docteur Gibier, placé devant le cabinet, et en deux minutes il n'en reste plus rien	512
Dans l'expérience racontée par R. Savage, les apparitions disparaissent devant la cage, comme elles s'y étaient formées.	515
Avec l'archidiacre Colley, toutes les formes rentrent *visiblement* dans le corps de Monck	522 et suiv.
A la villa Carmen, Bien Boa, diminue souvent de taille et s'enfonce verticalement dans le plancher	535
Avec Politi, la mère de M. Senarega s'évanouit dans la salle.	578
La fille du docteur Tummolo, qui avait été déjà photographiée, disparaît aussi dans l'air	578
Le docteur Carter Black voit l'esprit matérialisé rentrer dans le corps d'Eglinton	647
Katie King a, littéralement, fondu sous l'action de la lumière du gaz	699

J'insiste sur ce point : que les attestations des spirites et des savants sont identiques et que les unes justifient les autres. Lorsque le professeur Richet, le docteur Gibier, le docteur Nichols, le docteur Carter Blake, Wallace, affirment que tantôt les fantômes disparaissent à travers le plancher, tantôt rentrent dans le corps du médium ou s'évanouissant dans l'air, ce que confirment des témoins non spirites comme Tissot ou Brackett, il faut les croire ou alors récuser systématiquement tout témoignage humain, car où ces rapports sont tous mensongers, ou le phénomène est réel ; la fraude étant éliminée comme explication, puisqu'elle est impossible à imaginer quand les expériences ont eu lieu chez les opérateurs, comme ce fut le cas pour miss Glyn, le docteur Nichols, le docteur Gibier, l'archidiacre Colley ou même à la Villa Carmen. Nous allons trouver la négation prise sans cesse entre les cornes de ce dilemme, et pour tout homme sensé la balance penchera évidemment du côté de l'affirmation.

4° PHOTOGRAPHIE SIMULTANÉE DU MÉDIUM ET DE LA FORME MATÉRIALISÉE

Le dernier refuge du scepticisme aux abois, c'est de prétendre, contre toute raison, que l'hallucination collective peut seule expliquer des faits aussi étranges. Le spiritisme est bien armé pour réfuter cette supposition, car la photographie montre qu'il ne s'agit pas d'êtres illusoires, mais de véritables individualités, dont le corps réfléchit la lumière comme celui du médium et que, de plus, ces fantômes vont et viennent, parlent, agissent matériellement, toutes choses que des mannequins ne pourraient pas faire.

Les exemples que j'ai cités ont de sérieux garants scientifiques, et les conditions dans lesquelles les photographies ont été prises sont généralement très bonnes. Les expériences racontées par M. Burns (p. 284) sont confirmées par Mme Nosworthy et par le docteur Hitchman (p. 289) qui opérait lui-même. M. Barkas (p. 292) arriva lui aussi au même résultat, et sur tous les clichés on constata la présence du médium et de l'apparition. Les recherches faites à Londres par Aksakof (p. 293) avaient été entreprises spécialement dans le but d'obtenir que le médium et l'apparition fussent visibles sur la même plaque, et elles ont parfaitement réussi. Que pourrait-on objecter pour enlever à ces *faits* leur immense valeur probative? Qui donc oserait suspecter aussi la véracité ou la compétence de W. Crookes, quand il dit avoir obtenu chez lui le portrait de Katie King, à côté de celui du corps de miss Cook? (p. 496.)

Quand on a pu soi-même réussir une de ces expériences, alors on comprend toute l'inanité des pseudo-explications inventées par ceux qui, n'ayant jamais assisté à des séances semblables, forgent dans leur cabinet de travail des hypothèses en contradiction absolue avec ce qui a eu réellement lieu. Les photographies de Bien Boa, à la villa Carmen, rentrent dans cette catégorie, et suffisent pour implanter à tout jamais la conviction chez ceux qui les obtinrent. Avec Mme d'Espérance, et dans différents milieux, il fut possible assez souvent d'avoir des photographies simultanées, notamment celle de Nepenthès (p. 350), Yolande (363) et de Sven Stromberg (p. 450) prise en présence du professeur Boutherow et d'Aksakof, ne laissent rien à désirer. Celle de Nepenthès, étant données les circonstances (p. 350), est aussi démonstrative.

Nous possédons dans la photographie de l'esprit un document de premier ordre, en ce sens qu'il permet de conserver un souvenir durable d'un phénomène fugitif, de nous assurer que la vision collective n'a rien d'hallucinatoire, et enfin elle affirme la réalité absolue de cet être qui a été engendré d'une manière si anormale.

5° LES MOULAGES DES FORMES MATÉRIALISÉES

La présence objective du fantôme, c'est-à-dire d'un être qui a pris naissance dans la salle, qui occupe incontestablement une portion de l'espace, est bien établie par l'image qui nous en reste, mais les moulages sont des preuves d'une autre nature, et encore plus importantes peut-être, en ce sens que ces moules nous permettent d'étudier à loisir la forme, les dimensions et la nature même de la substantialité du corps matérialisé. Toutes les objections relatives à une fraude quelconque s'évanouissent devant ces gants de paraffine sans jointures, qui plongent dans la stupéfaction tous les mouleurs auxquels on les a montrés.

Ici, c'est la nature elle-même qui se révèle avec sa vérité inimitable. Le volume de la main indique que c'est bien un corps à trois dimensions qui a servi de modèle. Les dessins de l'épiderme, les saillies des muscles ou des veines, le galbe des doigts, tout indique que c'est un *organe humain* qui a servi de modèle et cependant ce même organe a dû *fondre*, se désagréger pour sortir du moule, ce qui implique en même temps que sa réalité le caractère anormal de son existence.

On se souvient de toutes les précautions prises en Amérique

pour s'assurer contre la fraude. Les rapports du professeur Denton et de M. Epes Sargent (p. 257) sont absolument affirmatifs et les très nombreuses expériences, si bien conduites en Angleterre, de MM. Reimers et Oxley (p. 261), les confirmations de MM. Tiedman Marthèse, Gekell et Henri Marsch (p. 266) nous assurent que tout s'est passé correctement et de la manière dont les expérimentateurs l'ont rapporté.

Il ne faut pas oublier que M. Ashton (p. 273) et M. Adshead (p. 276), en compagnie de plusieurs médiums, obtinrent aussi des moulages de mains et de pieds.

Dans d'autres milieux, avec Eglinton, le docteur Nichols, eut par ce procédé la main de sa fille Willie (p. 463) dont la ressemblance générale avec la sienne était frappante. De ceci encore, le docteur Frièze, homme intègre, se porte garant. C'est également devant une assemblée de docteurs, d'avocats, de publicistes norvégiens, que Nepenthès donna un exemplaire de sa petite main (p. 349).

La production des masques en paraffine de Lilly et d'Akosa (pp. 269 et 271) sont pareillement inimitables, puisque la bouche est fermée, ce qui supprime le passage de l'air pendant la confection du moulage.

Les critiques du spiritisme n'osent pas s'attaquer à ces phénomènes ; ils feignent de les ignorer, car ils comprennent combien ici la preuve est absolue ; et leur silence même est un aveu d'impuissance, qu'il est bon de relever en passant.

6° DÉPLACEMENTS D'OBJETS MATÉRIELS

Il est bien clair qu'une hallucination, phénomène subjectif, ne saurait avoir d'action sur la matière. Donc, si un de ces fantômes que l'on a vu se former, ou qui a pris naissance dans le cabinet quand on est absolument sûr que personne n'a pu s'y introduire, serre la main de l'assistant avec assez de force pour faire craquer ses phalanges, ainsi que cela se produisit pour M. Burns (p. 285), ou soutient son médium en trance afin de l'empêcher de tomber, comme le rapporte Aksakof (p. 296), il ne s'agit plus de fantasmagories, mais d'êtres matériels qui disposent temporairement d'une force mécanique très appréciable. C'est cette énergie qui leur permet de se déplacer eux-mêmes, et de soulever parfois des poids assez lourds, puisque le Madhi (p. 524) enleva l'archidiacre Colley jusqu'à la hauteur de ses épaules, et que le colonel Lean fut obligé de se lever de son siège (p. 335) pour obéir à la traction d'une forme matérialisée.

J'ai signalé que l'on a vu des fantômes porter des chaises (p. 282), déplacer une lampe (p. 285), ou donner de vigoureux coups de poing (pp. 554 et 697) qui ont été ressentis comme d'indiscutables preuves qu'ils n'émanaient pas d'être imaginaires.

Ces phénomènes de motricité exigent un jeu de muscles et de nerfs, une anatomie interne, que nous avons le droit et même le devoir de considérer comme analogue à la nôtre, quand Crookes affirme que Katie possédait un pouls régulier et des poumons en meilleur état que ceux de son médium (p. 498). Ces constatations ont été faites également par le docteur Hitchman (p. 290) et elles concordent avec toutes observations dans lesquelles le souffle de l'apparition a été entendu ou ressenti, où l'on a senti la chaleur des lèvres, entendu les voix qui causaient, toutes choses qui ne sont possibles qu'à des organismes bâtis sur le même modèle que le corps humain.

7° DIMINUTION DE POIDS DU MÉDIUM

Enfin, montrer que l'apparition se forme aux dépens de la substance matérielle du médium, c'est prouver rigoureusement deux choses : 1° que le fantôme est réel puisqu'il est pondérable ; 2° que le phénomène est insimulable, deux résultats du plus haut intérêt.

Dans cette direction, nous possédons quelques bons témoignages. J'ai relaté des cas nombreux dans lesquels on voyait la matière s'extérioriser sous forme de vapeur ou de fumée (p. 642) ; maintenant le transport n'est plus ostensible, mais on constate scientifiquement le résultat nécessaire de cette action : c'est-à-dire la diminution de poids du sujet pendant l'expérience.

Le rapport signé par MM. Fitz Gerald, Varley, Stainton

Moses, professeur Barett, docteur Carter Blake, etc. (p. 659), mérite d'être pris en très haute considération, à cause de la notoriété des observateurs. Ils ont observé que le médium W., enfermé dans le cabinet placé sur la machine à peser, perdait *graduellement* jusqu'aux trois quarts de son poids pendant que l'esprit matérialisé était dans la salle. Le retour du fantôme dans le cabinet avait pour résultat de rétablir le poids primitif. C'est une démonstration des plus nettes que l'apparition avait emprunté la substance du médium. Les observations de MM. Armstrong (p. 661), celles du colonel Olcott (p. 665) confirment, par d'autres procédés, les résultats acquis.

Les témoignages de la vue et du toucher ont convaincu Mme Marryat (p. 663), que Miss Schowers était diminué corporellement pendant que l'esprit de Florence était formé, ce qui se produisit aussi à Helsingfors (p. 666), ainsi que cela résulte des déclarations de M. Seiling, du docteur Hertzberg, du capitaine Toppelius et de Mmes Seiling, Hejlt, et Tavatsjerna, si minutieusement étudiées et contrôlées par Aksakof. Si l'on veut bien, de plus, se souvenir que la chair de « Bertie » avait tous les caractères physiques de celle de Mme Firman (p. 323), on conviendra que les spirites ont de sérieuses raisons pour affirmer que les fantômes ont une indubitable existence et qu'ils s'organisent physiquement aux dépens de la substance du médium. Comme toujours, ils ont suivi docilement l'enseignement des faits, au lieu de s'abandonner, comme le font trop souvent leurs adversaires, à des débauches d'hypothèses. C'est cette sage méthode qui donne à leurs observations une puissance que rien désormais ne pourra détruire.

L'EXISTENCE PERSONNELLE DES FANTÔMES

En somme, à l'heure actuelle, nous possédons trop de rapports émanant d'autorités scientifiques de premier ordre, trop de preuves de natures différentes, qui se contrôlent mutuellement et convergent vers le même but, pour que l'on puisse mettre en doute l'existence objective des fantômes. Insister davantage serait perdre son temps.

Cependant, arrivés à ce point, nous n'avons encore franchi que la première étape de notre étude, car voici des critiques qui, en *supposant* démontrée la réalité des apparitions, ne croient pas nécessaire de faire appel aux esprits des défunts pour expliquer la présence des fantômes. Si on les en croit, tout serait dû au *pouvoir créateur* de la conscience somnambulique du médium. Écoutons M. Flournoy, un des représentants les plus distingués de cette école. Voici ce qu'il imagine à propos de Katie King (1) :

En résumé — abstraction faite du gros mystère physique de la matérialisation objective (si on la suppose authentique et non due à la supercherie d'un compère) — je n'aperçois rien dans la personnalité psychique de Katie King, pour le peu que nous en savons, qui oblige à y voir une entité de l'au-delà plutôt qu'une division de conscience, ou une élaboration hypnoïde de Mlle Florence Cook elle-même.

Il faut admirer la désinvolture avec laquelle M. Flournoy supprime ce qui le gêne. Laissons de côté, dit-il, « le gros mystère physique de la matérialisation objective... »; le malheur, c'est qu'il est impossible, pour l'explication, de ne pas tenir compte de la réalité objective de Katie, constatée par la photographie. Ou c'est un compère qui joue le rôle de l'esprit, et cela est absurde à imaginer quand c'est chez Crookes que l'expérience a eu lieu aussi souvent, ou alors nous sommes en présence d'une véritable créature humaine qui parle, qui possède un cœur, des poumons, etc., et nous tombons dans le miracle, si nous supposons que c'est une *création* de l'imagination de Florence Cook, c'est-à-dire un être pensant, pourvu de chair et d'os, qui sortirait spontanément tout organisé du néant, pour y retourner, simplement par un acte de la volonté « d'une innocente écolière de quinze ans ». La naissance de Minerve, surgissant toute casquée du cerveau de Jupiter, n'aurait plus rien que de bien ordinaire, si une créature humaine s'égalait en puissance au démiurge.

Mais cette fantastique supposition n'est même pas capable de soutenir la confrontation avec les faits observés. Si Katie King

(1) FLOURNOY, *Esprits et Médiums*. Conférence faite à l'Institut général psychologique, p. 379. *Bulletin de l'Institut*, juin-juillet 1909.

n'avait été qu'une « élaboration hypnoïde » de Mlle Cook, il est de toute évidence qu'elle n'aurait pu exister que pendant le sommeil de celle-ci ; or, nous l'avons vu (p. 353 et 499.), l'esprit matérialisé, avant de disparaître, a causé devant Crookes avec son médium revenu à l'*état normal*, ce qui démontre que Katie avait une individualité physique et intellectuelle parfaitement autonome et distincte de celle de Florence Cook. A moins de contradiction flagrante dans les termes, on ne peut pas imaginer qu'un phénomène qui est lié, par supposition, à un état hypnoïde du sujet endormi, se maintienne lorsque cet état n'existe plus, le médium étant réveillé.

On voit à quelle prodigieuse invraisemblance sont conduits les psychologues les plus éminents, quand ils tentent d'échapper à l'explication spirite. Il n'est pas moins intéressant de citer le passage de cette conférence dans lequel M. Flournoy nous explique, à sa manière, comment il peut y avoir des fantômes reconnus par les assistants. Voici : (1).

LES MATÉRIALISATIONS AVEC EUSAPIA. — Nous passerons rapidement sur ce sujet, qui a été excellemment traité par Morselli. Il faut distinguer, dans les phénomènes de la Paladino, ceux qui dépendent de John King, et les cas beaucoup plus rares où l'on a vu apparaître d'autres fantômes reconnaissables (par exemple la mère défunte de Morselli lui-même) (2). Ces derniers sont certes difficiles à expliquer par l'imagination seule d'Eusapia, qui n'avait probablement pas connu de leur vivant les morts en question ; mais si l'on songe à la possibilité d'une transmission mentale des assistants au médium, le fait devient intelligible sans avoir recours aux désincarnés. Il est clair toutefois que cela ne les exclut point nécessairement. Évidemment, on pourra discuter à perte de vue là-dessus ; et si ce n'était macabre, ce serait amusant de voir Lombroso s'acharner à prouver que c'est bien Mme Morselli la mère qui s'est manifestée à son fils, alors que M. Morselli lui-même n'en croit rien et déclare que l'apparition reflétait simplement, par *l'intermédiaire plastique d'Eusapia* (3), les souvenirs qu'il avait conservés de la défunte. Le lecteur critique est obligé de s'en tenir ici au principe méthodologique d'économie : on n'est pas scientifiquement

---

(1) FLOURNOY, *Esprits et Médiums*, p. 384.
(2) Je ne l'ai pas cité, parce que M. Morselli, après avoir admis la réalité du phénomène, a cru devoir ensuite en nier la valeur (G. D.).
(3) C'est moi qui souligne.

autorisé à aller chercher dans l'au-delà l'origine de faits qui sont déjà suffisamment explicables — jusqu'à preuve du contraire — par les processus conscients ou subconscients des vivants.

En sus du pouvoir créateur, M. Flournoy admet ici la possibilité de la transmission de pensée des assistants au médium, et il croit que ce serait « la force plastique » d'Eusapia qui modèlerait des images mentales, qui les extérioriserait ensuite en les douant de substantiabilité, de motricité et d'intelligence ! C'est la réédition de l'hypothèse de Hartmann, moins le caractère hallucinatoire des phénomènes.

M. Flournoy, qui est un véritable savant, n'a pas la prétention de nous imposer sa manière de voir comme un article de foi. Très sagement, il ajoute : (1)

Est-ce à dire que je considère le spiritisme comme une erreur désormais condamnée ? Une telle conclusion de ma part serait vraiment grotesque. Car, d'abord, n'étant point infaillible, j'ai pu me tromper dans l'interprétation des faits que j'ai essayé de tirer au clair ; et ensuite ces faits (2) ne constituent qu'un dossier infinitésimal à côté de ceux de la nature que je n'ai pas examinés, à côté de ceux, bien plus nombreux encore, qui se produisent sans cesse, mais qui pour des raisons quelconques se dérobent à toute investigation sérieuse. En somme, n'estimant pas que l'hypothèse spirite soit absurde ou anti-scientifique par essence, je concède fort bien qu'elle puisse être vraie au fond ; mais voilà, il s'agirait de le démontrer !...

Reprenons donc cette démonstration et peut-être arriverons-nous à la conviction que les hypothèses explicatives de M. Flournoy, et des autres psychistes, sont manifestement erronées, parce qu'elles ne se concilient aucunement avec une quantité d'observations, très précises, relatives aux fantômes matérialisés.

Les spirites, quoi qu'on en ait pu dire, se sont toujours inspirés de la méthode scientifique et n'ont pas attendu les savants du vingtième siècle, pour discuter toutes les suppositions raisonnables

---

(1) FLOURNOY, *Esprits et Médiums*, p. 385.
(2) Ceux étudiés par M. Flournoy, qui n'a traité que les phénomènes de Crookes, ceux de la Villa Carmen et d'Eusapia.

(voir pp. 369, 381 et 394). Ils ont eu le bon sens de ne pas faire un saut dans le surnaturel, en croyant possible une création *ex nihilo*, mais ils connaissaient les faits de bilocation des médiums, ceux de la transfiguration et de la clairvoyance, de sorte qu'il s'est trouvé, il y a vingt-cinq ans, toute une école spiritualiste pour attribuer les fantômes à des modifications du double, soit à la suite d'autosuggestions du médium, soit qu'il en ait emprunté, par clairvoyance, les modèles dans la mémoire des assistants. Examinons le rôle que pourrait jouer chacun de ces facteurs dans la production du phénomène.

DÉDOUBLEMENT, TRANSFIGURATION ET CLAIRVOYANCE

1° DÉDOUBLEMENT DU MÉDIUM. — La bilocation du médium est une possibilité qui se réalise quelquefois ; nous l'avons constatée avec Varley et Crookes pour Mme Fay (Vol. I, p. 394), pour Ira Davenport (Vol. I, p. 401), pour Eusapia dans maintes circonstances (Vol. I, pp. 444 et suiv.), de sorte que si l'on assiste à une séance obscure, ou si la lumière est insuffisante pour voir nettement l'être matérialisé, ce serait commettre une lourde faute que d'attribuer invariablement les faits aux Esprits désincarnés. Il faut donc attendre, avant de se prononcer, que l'apparition soit nettement visible, car si elle est due à l'extériorisation du médium, elle en reproduira fidèlement le type et il sera impossible de s'y tromper.

2° LA TRANSFIGURATION. — Soit, diront les psychistes, mais il ne s'agit pas de cela. Ce qu'il nous importe de préciser, c'est si le médium est capable, oui ou non, de donner à son corps fluidique une autre forme que la sienne, et comme vous nous affirmez que la transfiguration existe, nous avons le droit de l'invoquer pour expliquer comment et pourquoi la fantôme ne ressemble plus au médium.

Sans doute, on constate effectivement que le corps physique d'un individu peut présenter, temporairement, l'apparence d'un autre être, et il est rationnel de supposer que son périsprit, plus mobile et plus plastique, peut en faire autant ; mais la question est de savoir si c'est le médium lui-même qui produit cette transformation volontairement, ou si elle résulte d'une intervention étrangère. L'examen des faits connus peut seul trancher la question.

Le second cas, rapporté à la page 314, est le seul qui pourrait peut-être s'interpréter par une auto-suggestion, car il est possible de prétendre que la pensée du médecin endormi était hantée par l'image de sa femme défunte, dont il avait eu des visions, et que cette photographie mentale s'est extériorisée physiquement, avec assez d'intensité pour modifier l'aspect de sa figure. Les spirites sont fondés à y voir, avec autant de raison, une de ces interventions au lit de mort dont il existe tant d'exemples, de sorte que la question reste indécise; mais il n'en est plus de même pour les autres récits.

Dans le premier cas (p. 313), il s'agit d'une jeune fille qui offrait souvent toutes les apparences de personnes mortes, *sans que sa volonté y fût pour rien*, dit expressément le narrateur. Comme le phénomène était spontané, le sujet à l'état ordinaire, c'est une supposition gratuite, et même illogique, que de lui attribuer ces transformations, dont la cause est alors nécessairement extérieure et étrangère à la jeune fille.

L'hypothèse d'une action personnelle du médium est encore plus improbable dans le troisième cas (p. 316), car le sujet n'avait *jamais connu* le personnage qu'il représentait et dont il « reproduisait la voix, les gestes, et les jeux de physionomie ». Il serait donc contraire aux circonstances qui caractérisent ce fait de chercher dans le sujet la cause d'un phénomène qui, nécessairement, lui est extrinsèque, même en imaginant que l'image du défunt ait été puisée dans la mémoire latente des assistants. Cette remarque nous conduit à la dernière supposition des critiques, celle relative à la transmission de pensée.

Ici encore, je ne crois pas que la question soit bien posée. La communication des pensées des assistants à un sujet ou à un médium, n'a évidemment rien d'impossible, à priori, mais nous savons, par expérience, qu'elle ne réussit que si l'opérateur concentre son attention sur la pensée qu'il désire extérioriser, ce qui n'était pas le cas dans les exemples cités, personne ne songeant à ce qui allait se produire, de sorte qu'une transmission de pensée des assistants était improbable au plus haut point.

Mais il est possible alors que l'on fasse intervenir la clairvoyance, qui est tout autre chose. Je rappelle que cette faculté permet au sujet qui la possède de prendre directement connaissance — par télesthésie — des pensées actuelles des assistants et même, dit-on, de celles qui sont enfouies dans leur subconscience.

Est-on autorisé à supposer que les médiums à matérialisations reconnues possèdent tous ce pouvoir ? Je n'hésite pas à répondre négativement, car nous possédons sur ce point spécial des renseignements très précis : ce sont ceux qui nous sont fournis par des médiums qui ne tombaient pas en trance pendant la matérialisation, tels que miss Fox, Mrs Guppy ou Mme d'Espérance. Nous savons avec quels scrupules cette dernière exerçait sa faculté et que sa franchise était à la hauteur de son honnêteté. Eh bien ! elle déclare explicitement qu'elle ignorait toujours, avant la séance, et pendant les manifestations, quel esprit allait se montrer. Elle ne lisait pas dans la pensée des assistants pour y puiser des images car, à moins que les mots aient perdu leur sens, on n'est jamais clairvoyant sans le savoir. Bien loin d'être la créatrice de ces matérialisations, Mme d'Espérance raconte qu'elle attendait patiemment la venue des fantômes et bien que « brûlant de curiosité » (p. 365), elle était incapable de deviner quel être excitait les exclamations des assistants, si celui-ci ne rentrait pas dans le cabinet. En réalité, elle était *passive*; et elle signale que toute velléité d'intervention de sa part arrêtait les manifestations, « car Yolande », par exemple, était *entièrement indépendante de sa volonté* (p. 363).

Elle ajoute ailleurs (p. 687) :

Excepté la souffrance (lorsque parfois il en était causé une à Yolande), je ne sens pas qu'il existe un lien quelconque entre elle et moi *en tant qu'atteinte à mon moi personnel* ; je sens bien que je n'ai rien perdu, ni la *force de penser*, ni celle de juger, quand Yolande est là, parce que ma raison est au contraire *plus lucide* qu'en d'autres temps; bien qu'elle prenne des parties de mon corps, je sais pourtant qu'elle ne s'est pas emparée de *mes sens intellectuels*.

Et plus loin encore (p. 688) :

Je considère Yolande comme un individu séparé de moi ; je suis *absolument certaine* qu'elle possède sa propre *individualité personnelle, ses propres sens, sa propre conscience*, séparée de tout ce qui m'appartient.

Et que l'on ne nous parle pas ici de « personnalités secondes », « d'activité subconsciente », « d'objectivation de types », de « clivages de la personnalité », etc., etc., car le médium reste à *l'état normal*; il ne se produit aucune lacune dans sa vie intellectuelle ; sa *mémoire est continue*, ce qui ne se produit jamais chez les individus dont la désintégration mentale est assez prononcée pour donner naissance à ces divisions de conscience, qui vont jusqu'à créer en eux des types différents, qui s'ignorent les uns les autres.

Mme d'Espérance n'avait rien de commun avec les sujets d'hôpitaux dont les psychologues nous ont fait connaître le triste état. Douée d'une excellente santé, elle jouissait d'une parfaite possession de soi-même au cours de sa vie ordinaire, et ne ressentait aucun des désordres qui caractérisent l'hystérie. Pendant les séances, Mme d'Espérance ne subissait aucune diminution de son activité psychique, très développée, ainsi qu'en témoigne la remarquable analyse psychologique qu'elle fait de son état pendant la manifestation « d'Anna » (p. 366). Il serait positivement invraisemblable d'imaginer qu'au même instant Mme d'Espérance fût assez consciente pour raisonner lucidement et subir toutes les angoisses qu'elle ressent, et assez inconsciente pour ne pas se souvenir que la dite « Anna » ne serait qu'une création « hypnoïde » enfantée par elle ! Je veux bien admettre que toutes les suppositions sont permises, sauf cependant celles qui confinent à l'absurde, par une contradiction évidente entre la théorie et la réalité.

On ne peut même pas arguer que le cas de Mme d'Espérance est trop exceptionnel pour que l'on soit fondé à baser sur lui une argumentation d'une portée générale, car j'ai déjà signalé que Katie King était assez matérialisée, *avant* la trance de miss Cook, pour lui parler et lui imposer ses volontés, de même qu'elle persistait à se manifester objectivement, et bien tangible, en présence de Crookes, alors que la jeune fille, revenue à elle, la suppliait de ne pas l'abandonner.

Où trouverait-on des exemples plus tranchés de deux personnalités distinctes physiquement et moralement ?

De même, est-il raisonnable de supposer que Monck, réveillé spécialement dans le but de pouvoir causer avec son ami « Samuel » (p. 526) aurait pu *sortir de l'état de trance*, soutenir une conversation avec une partie hypnoïde, mais matérialisée de lui-même, à laquelle il aurait été obligé de suggérer les réponses *sans s'en douter* ? Vraiment, ce sont là des hypothèses invraisemblables, que l'on s'étonne de rencontrer dans une discussion sérieuse. Mme Allen, au dire de M. Foster (p. 382) est sortie également du cabinet en causant avec un fantôme ; et ces exemples ne sont pas isolés : Amélie, le médium de M. Devoluet (p. 147), Mme Guppy (p. 120) ou Mme Crocker restaient elles-mêmes pendant les manifestations.

Il faut se souvenir également de ces gifles qu'Eusapia reçut *parfaitement réveillée*, quand elle essayait de contrecarrer la volonté de John (p. 228), de même qu'elle ne *dormait pas* pendant l'apparition si émouvante dont parle le docteur Venzano (p. 568), et ne pas oublier non plus un autre exemple bien typique : celui de Kate Fox, qui ne s'endormit jamais pendant les manifestations d'Estelle Livermore. Bien loin de participer à la confection des fantômes, elle était parfois si impressionnée par les apparitions, que sa terreur et ses exclamations arrêtaient le développement des phénomènes (p. 429).

En résumant les remarques précédentes, qui n'ont rien de théorique, qui ne sont que l'exposé pur et simple de l'observation, sans jamais la dépasser, il ressort clairement de l'examen de ces cas que la théorie de la *création* hypnoïde et plastique des apparitions est complètement erronée, parce que : 1° le double est *toujours* le sosie du médium ; 2° que si l'on admet la possibilité d'une transfiguration, celle-ci est le résultat d'une action extérieure et non d'une force autoplastique qui serait personnelle au médium ; 3° que si le médium est doué de clairvoyance, ce qui arrive parfois, cette faculté n'intervient pas pour la confection des fantômes ; enfin parce que la *trance*, condition d'un état hypnoïde assez intense pour produire l'extériorisation, n'est pas un état physiologique indispensable pour produire des matérialisations.

Pour ne rien omettre, et afin d'éviter des confusions possibles, je dois reconnaître que le pouvoir pour l'esprit de changer sa forme est bien réel, puisque nous avons vu, avec M. Brackett (p. 318), un être matérialisé se métamorphoser sous les yeux de l'assistant en un enfant ; mais, songeons-y bien, c'est *une de ses formes antérieures* qu'il a repris, et non celle d'un autre individu ; de même que les variations de Katie (p. 723) étaient toujours enfermées dans les limites de son type, plus ou moins combiné à celui du corps odique du médium. C'est donc encore une supposition sans fondement, parce que — à ma connaissance du moins — elle ne repose sur *aucun fait*, que celle qui prétend qu'un esprit peut, à sa fantaisie, se transformer en un autre être quelconque.

Il eût été sans doute très élégant, au point de vue des psychistes, de trouver la solution du problème des matérialisations dans l'activité somnambulique des médiums, aidée d'une clairvoyance extraordinaire, par sa généralité et sa puissance, et d'un pouvoir idéoplastique merveilleux, qui aurait permis au sujet de matérialiser et d'animer un type humain d'après une simple image mentale. Mais l'étude *complète et impartiale* des faits détruit cet assemblage artificiel et hybride d'hypothèses, que nous ne sommes que trop souvent accoutumés à rencontrer chez les adversaires du spiritisme qui, cependant, se réclament à chaque instant de la méthode scientifique, sans la pratiquer eux-mêmes.

AUTRES PREUVES DE L'INDÉPENDANCE INDIVIDUELLE DES APPARITIONS

1° MATÉRIALISATION DU MÊME ÊTRE AVEC DES MÉDIUMS DIFFÉRENTS. — Plus on pénètre dans les détails des séances et plus profondément s'incruste en nous la conviction que le médium serait incapable de créer lui-même des fantômes, tant à cause de la perfection des types ainsi observés, qu'en raison de leur permanence dans le temps, en dépit des changements de médiums.

Prenons les personnalités de « Bertie » et de « Lilly » : elles diffèrent entre elles aussi bien physiquement qu'intellectuellement, et l'on se demande comment l'ouvrière de fabrique qu'était Mme Firman aurait pu accumuler dans sa subconscience des images assez profondément stéréotypées, de manière à fournir des moules identiques de mains pour chacun de ces esprits, à de longs intervalles, et cela spontanément (p. 268), sur une simple demande de M. Oxley.

Nous avons constaté que Bertie ne pouvait être le double de Mme Firman, à cause des différences physiques qui existaient entre elles (voir fig. 17, p. 264). Une transfiguration n'est guère plus admissible, car l'épisode de la croix (p. 265), que « Bertie » maintint dématérialisée après sa disparition, prouve que son influence s'exerçait *en dehors des séances*, c'est-à-dire pendant que Mme Firman, revenue à l'état normal, aurait dû, en se réveillant, reprendre sa personnalité normale et par suite, rendre sa prétendue création hypnoïde inexistante pour le monde extérieur. Et puis, voici qu'avec Monck, la même « Bertie » se fait voir matérialisée, accompagnée de « Lilly » et de deux autres formes « Milke » et « Richard » (p. 325) en même temps que le médium.

Quel prodige ne serait-ce pas que celui d'un médium donnant la vie, la substance et l'intelligence à quatre individualités distinctes, au même moment ! C'est dans cette séance que l'on obtint des moulages des mains de « Bertie » et de « Lilly », *identiques* à ceux que l'on possédait lorsque Mme Firman était seule présente. Ici, pas d'illusion possible, les membres sont absolument semblables malgré le changement des médiums, et la supposition que Monck irait pêcher les images dans la subconscience de Mme Firman pour les objectiver, échoue devant la perfection, l'identité des résultats, et la *multiplicité simultanée* des formes apparues.

Enfin, après la mort de Mme Firman, autrement dit de sa soi-disant créatrice, « Bertie » continue de se manifester, psychologiquement et matériellement, et entre autres chez Mme Woodforde (p. 328), annonçant que par l'intermédiaire d'un autre médium : Hudson, elle donnerait la photographie qu'on lui demandait, et cela réussit parfaitement ! Il faut avouer que si un être inexistant, une pure imagination somnambulique, pouvait renaître avec une telle continuité physique malgré toutes les différences individuelles de ses prétendus *créateurs* successifs, le phénomène serait encore plus extraordinaire, et moins intelligible, que celui de l'existence individuelle de « Bertie ».

On rencontre assez fréquemment des cas de réapparition d'esprits déjà vus, à des séances qui se tiennent avec des médiums inconnus les uns des autres, et habitant même des pays différents. L'exemple de la fille de Mme Marryat est typique. On sait qu'elle se matérialisa (pp. 468 et suiv.) avec Mme Holmes, Florence Cook, Eglinton, Arthur Coleman, Ch. Williams et aussi en Amérique, à plusieurs reprises. Mme Marryat vit même aux États-Unis « Joey », un des guides d'Eglinton, qui vint pour « apprendre » à l'oncle Ted à se manifester. Ce même Joey assistait également Haxby (v. p. 337, en note), et il serait positivement étrange qu'une simple image mentale, prise dans les consciences subliminales d'assistants qui n'ont pas des mémoires visuelles identiques, permit cependant l'objectivation d'un être présentant des caractères physiques tout à fait semblables, et une mentalité qui ne se dément pas au cours de ces avatars.

Le docteur Nichols et sa femme nous affirment (p. 456) que Willie, leur fille, s'est « matérialisée complètement » avec plusieurs médiums, qu'ils l'ont vue, entendue, sentie et nous savons qu'elle a donné des preuves de son identité que nous avons reconnues être absolument démonstratives.

L'esprit de « Blanche », qui se montra chez le docteur Gibier, fut, nous racontent Mme D. et sa fille (p. 508) matérialisée avec son corps mince par trois médiums très corpulents, et dans plusieurs villes.

L'archidiacre Colley (p. 527), nous dit que l'esprit d'Alice, qu'il vit sortir du côté de Monck, s'était montré antérieurement avec un autre médium, et elle prouva qu'elle conservait tous les souvenirs « de son heureux passé ». Enfin, Bien Boa s'était matérialisé à la villa Carmen, antérieurement à ma visite, avec deux autres médiums : un homme et une femme.

*
* *

2° L'APPARITION PARLE OU ÉCRIT EN EMPLOYANT UNE LANGUE INCONNUE DU MÉDIUM. — Pour tout investigateur impartial, la difficulté d'adapter l'hypothèse psychique aux faits observés s'accroît à chaque instant, devant la diversité des épisodes constatés au cours des séances.

Il me paraît *vraiment impossible* que la conscience somnambulique d'un médium acquière, instantanément, une science aussi compliquée que celle d'un langage qu'elle n'a jamais appris, et qu'elle puisse faire prononcer au fantôme les mots *sans accent*, comme ce fut le cas de la « Blanche » dont je viens de parler (p. 507), de cette « Berta » citée par M. Brackett (p. 352), ou enfin de cette femme des îles du Pacifique qui s'entretint en dialecte polynésien (p. 345) avec M. Sherman. Nous avons vu également Eusapia, qui ne parle même pas correctement sa langue maternelle, faire preuve d'un véritable talent de polyglotte pendant les séances (p. 233), John répondant en anglais aux questions qu'on lui posait et, dans d'autres occasions, les entités présentes utilisant le français, l'allemand et le russe.

Les mêmes observations s'appliquent à l'écriture et ont une puissance probante irrésistible, lorsque toutes les personnes présentes ignorent l'idiome qui a été utilisé. On demande au docteur Nichols en quelle langue il voulait obtenir une communication directe, il choisit l'allemand, que personne ne savait, et, sous ses mains, des caractères gothiques furent tracés, qu'il fallut faire traduire plus tard.

Le Maddhi (p. 526) a employé un alphabet oriental, inconnu de Monck, et Nepenthès écrivait en grec ancien devant tout le monde (p. 348), un message, que personne dans le groupe ne fut capable de déchiffrer. Où prendre ici la transmission de pensée, et chez qui et comment se serait exercée la clairvoyance ?

*
* *

3° FAITS INCONNUS RÉVÉLÉS PAR LES FANTÔMES MATÉRIALISÉS. — Si l'adage : que rien n'existe dans l'esprit qui n'ait passé par les sens est exact, je me demande comment les incrédules expliqueront la révélation de choses exactes, inconnues de tous les assistants, faite par les fantômes ? Même en supposant que le médium est le générateur des apparitions, il ne pourra pas cependant leur communiquer ce qu'il ne sait pas, de sorte qu'il faut admettre que ceux-ci ont une individualité indépendante.

Nous avons vu que « Maudy » pendant la séance du 10 juillet 1898, chez le docteur Gibier, a indiqué que la fille du médium, habitant le Mexique, était très malade, ce que sa mère ignorait et qui n'était que trop vrai. A la page 417, j'ai cité le cas de l'apparition d'un clergyman, que miss Rea croyait encore vivant, qui montra sa gorge, comme s'il se trouvait incapable de parler, et qui était mort d'un cancer de cet organe, chose que personne ne pouvait savoir. La clairvoyance du médium n'avait aucune raison de s'exercer, puisque qu'aucun des assistants ne songeait à cet ecclésiastique. Il en est de même pour le cas de la rébarbative Mme Miller (p. 413), qui reproche à son mari de ne pas l'avoir enterrée avec sa bague, incident ignoré de lui comme de toutes les autres personnes présentes. Mme d'Espérance étant dans le cercle et parfaitement éveillée, on ne peut attribuer cette révélation à sa double vue, pas plus qu'à celle d'aucun des expérimentateurs. En vérité, c'est se refuser à l'évidence quand on n'est pas convaincu par des faits aussi démonstratifs, qui s'ajoutent à ceux que l'observation des apparitions spontanées nous ont fait connaître (p. 50).

***

4° APPARITIONS INCONNUES, MAIS IDENTIFIÉES PLUS TARD. — Nous avons eu plusieurs cas de cette nature, mais le mieux contrôlé, à tous les points de vue, est celui de Sven Stromberg (p. 449) qui était rigoureusement un étranger, dans le vrai sens du mot, pour le groupe de M. Fidler, puisqu'il était décédé en Amérique après avoir modifié son nom. Nous sommes ici dans les meilleures conditions pour répondre définitivement à l'objection de la clairvoyance, la seule qui soit raisonnable en l'espèce. Mme d'Espérance ne pouvait avoir dans sa mémoire latente ni l'image, ni le nom d'un obscur paysan vivant sur un autre continent et n'ayant jamais eu avec elle aucune relation. C'est une affirmation *absolue* de l'indépendance de l'esprit matérialisé, en même temps qu'une démonstration sans réplique de son identité.

M. Carreras nous affirme, de son côté, que les photographies de « Jeanne Baruzzi » et de « Bebella » (p. 579) ont été reconnues par les intéressés, alors qu'il est certain que les Rendone n'ont amais eu de rapports quelconques avec ces jeunes filles de leur vivant. Le cas de Mme Bonner (p. 71), identifiée plus tard par son mari sur la photographie obtenue en son absence, ainsi que celui de M. Senarega (p. 578), nous affirment absolument que les fantômes possèdent une indiscutable individualité, puisque personne dans le cercle n'aurait pu fournir au médium un renseignement quelconque pour les engendrer.

*
* *

5° APPARITIONS MATÉRIALISÉES, MULTIPLES ET SIMULTANÉES. — Quel problème insoluble encore pour les « psychistes », que celui de la présence simultanée de plusieurs causes agissantes, préalablement coordonnées en vue d'un but à remplir, comme ces étranges concerts produits chez le colonel Devoluet (p. 147) par des castagnettes, une petite musique et un cornet en carton, qui s'agitaient au même moment où des battements de mains applaudissaient (p. 149), le médium étant solidement attaché et les personnes présentes faisant la chaîne. Fréquemment, ceci s'est renouvelé avec Eusapia.

Nous avons entendu Lombroso (p. 217) raconter *qu'en même temps* que sa mère se faisait voir à lui, une table se mouvait dans le cabinet et qu'un objet était transporté dans le cercle. Voici que M. Bozzano signale (p. 218) que des mains grosses, moyennes et d'autres infantiles, ont été visibles simultanément et le professeur Porro écrit, lui aussi, que pendant que des coups sont frappés dans la table (p. 219), l'harmonica, la trompette accompagnent la mesure, tandis qu'une grande main frappe en cadence l'épaule d'un assistant, puis fait mouvoir rythmiquement le menton de son voisin !

Ailleurs (p. 219), une sonnette, un tambourin et une trompette, jouent en présence du docteur Visani Scozzi, etc. C'est en raison de cette multiplicité qu'il faut admettre la présence de *plusieurs* intelligences matérialisées, le double d'Eusapia ne pouvant suffire à autant d'action, aussi différentes les unes des autres et simultanées.

Si tous les assistants constatent la présence simultanée de deux fantômes différents, il devient clair que l'un au moins n'est plus un dédoublement, qu'il existe par soi-même, qu'il possède une individualité, qu'en un mot c'est un être étranger au médium, qui s'est organisé suivant un type qui lui appartient, autrement dit que c'est réellement *un esprit* matérialisé. Je rappelle les cas cités au cours de ce travail :

	Pages.
M. Oxley dit que deux formes de sexes différents s'approchèrent simultanément de lui dans une séance avec Mme Firman.	268
Plus tard, deux autres formes « Glaucus » et « Lilly » vinrent ensemble et celle-ci moula son visage	270
M. Adshead, avec miss Wood, vit conjointement les fantômes de « Maggie » et de « Benny ».	276
M. Burns décrit une photographie sur laquelle on voit un frère décédé du médium et un autre esprit « Archibald Lamont ».	284
M. Oxley signale la présence de quatre esprits, dont deux lui étaient bien connus . . . . 325 et	326
Mme Marryat vit le guide d'Eglinton « Abdullah » en même temps que le fantôme d'un jeune enfant.	336
M. Tissot voit simultanément *le double* d'Eglinton, son corps physique et les deux formes d' « Ernest » et de « Katie » .	338
M. Brackett affirme que deux formes étaient visibles dans le cabinet en même temps que le médium	342
Miss Glyn et son père ont vu et reconnu, les fantômes de la femme de M. Glyn et de son fils, présents en même temps.	411
Deux apparitions d'enfants et celle de Haxby sont visibles simultanément	419
Les deux formes d' « Estelle » et de « Franklin » sont présentes en même temps devant M. Livermore . . . 428 et	430
« Joey » et « Florence » se font voir à New-York à Mme Marryat.	472
Plus tard, à Boston, chez Mme Eva Hatch, elle reconnaît son beau-frère, présent en même temps que sa fille	473
Enfin, chez les sœurs Berry, c'est trois esprits : « Powles » son beau-frère et sa fille qui sont présents au même instant	476
Deux formes, celles de « Théodore » et de « John King » sont perceptibles simultanément pour le docteur Scozzi. . . .	553
En présence de MM. Morselli et Venzano, une femme et un enfant sont matérialisés simultanément chez M. Avellino .	559

	Pages.
Le prince Ruspoli est embrassé par son père, pendant que le major F. O., au même moment, cause avec sa mère	572
Avec le médium Coleman, dit Mme Marryat, cinq esprits étaient visibles simultanément dans le cercle.	673

Je ne crois pas devoir insister davantage sur l'importance de ces séries de phénomènes, qui nous font toucher du doigt les différences profondes qui existent entre les apparitions, même non reconnues, et le médium. Ni physiquement, ni intellectuellement, le médium ne pourrait, par aucun « processus spiritogène », par aucun déploiement de « facultés télécinésiques » ou « autoplastiques », créer ces multiples personnages objectifs, qui ont vécu ici-bas, bien que souvent personne ne les connût, révéler des choses ignorées de tous les membres du cercle, parler ou écrire dans des langues étrangères que le médium n'a pas apprises, ce qui nous fournit des preuves absolues qu'il faut résolument chercher ailleurs que chez les médiums et les assistants la véritable cause des fantômes.

A notre tour, nous dirons que si l'on veut rester fidèle aux principes de la méthode expérimentale, il est nécessaire de ne pas se réfugier derrière d'hypothétiques forces ou facultés inconnues, mais que l'on doit reconnaître loyalement que seule l'âme humaine survivante, pourvue d'un corps fluidique, *explique logiquement tous les faits*, que les suppositions des « psychistes » laissent sans réponse.

L'IDENTITÉ DES ESPRITS

La critique la plus sévère, la plus méticuleuse, ne pourra rien objecter de sensé contre les expériences de MM. Reimers, Oxley, Livermore, docteur Nichols, Crookes, Aksakof ou Morselli, étant données les précautions prises par ces observateurs si défiants et si qualifiés pour ce genre particulier de recherches expérimentales. La réalité substantielle et l'autonomie des fantômes s'est affirmée avec une indiscutable authenticité par les photographies, les empreintes ou les moulages, et l'examen des facultés intellectuelles de beaucoup d'apparitions a montré qu'elles possédaient une individualité qu'il était impossible d'attribuer au médium.

Dans tous les cas connus jusqu'ici, le médium s'est révélé à nous comme un être *passif*; bien loin d'être le thaumaturge omniscient et prodigieux que supposent les psychistes, nous savons, à n'en pouvoir douter, par les exemples de miss Fox, de F. Cook pendant les premiers temps et de Mme d'Espérance qui ne s'endormaient pas, qu'elles étaient absolument ignorantes de ce qui allait se produire ; qu'elles conservaient intacte leur personnalité et qu'elles n'étaient pas plus dédoublées que clairvoyantes. Si la plupart des médiums sont plongés dans la trance par les opérateurs invisibles, c'est seulement pour favoriser l'extériorisation de la force psychique et pour empêcher le sujet, souvent trop impressionnable, de troubler les phénomènes par ses caprices ; ou enfin en raison de l'émotion que ce spectacle susciterait en lui, ce qui serait nuisible à la matérialisation.

Donc, même si aucune des formes matérialisées n'avait été reconnue, les faits nous obligeraient à conclure quand même en faveur de leur autonomie personnelle, car les raisons multiples de leur indépendance que je viens de rappeler, suffiraient à prouver leur origine extra-terrestre.

Il fallait donc accumuler les preuves de l'existence individuelle des fantômes pour que les cas d'identité apparussent ce qu'ils sont réellement, c'est-à-dire des *preuves absolues* de la survivance de l'âme après la mort. On n'a pas toujours affaire, en effet, à des inconnus, à des êtres sortant du mystère pour y retourner, sans que l'on puisse rien savoir de précis sur leur passé.

Débarrassés de toutes les obscurités, de toutes les affirmations, aussi tendancieuses qu'erronées, qui en voilaient l'éclat, ces retours parmi nous de nos parents ou de nos amis atteignent le plus haut degré de puissance démonstrative qu'il soit possible d'imaginer. Ce sont les mêmes êtres que nous connaissons si bien sur la terre qui se montrent à nouveau, malgré la décomposition de leur enveloppe charnelle, pour nous affirmer que la mort n'existe pas, que l'individu humain n'est pas englouti tout entier dans la tombe, car le meilleur de lui-même a persisté dans l'espace avec ce corps *spirituel et incor-*

ruptible qui l'identifie, et lui sert de médiateur pour agir sur le mode supra-physique où sa destinée l'appelle à séjourner après son exode terrestre.

Et il ne s'agit plus ici de foi ou de mysticisme, c'est une *réalité naturelle* qui se constate avec les mêmes procédés de contrôle que ceux employés dans les sciences physiques, et contre laquelle rien ne pourra désormais prévaloir.

Revoyons donc, une dernière fois, les affirmations catégoriques de tant d'hommes éminents, qui sont passés de la négation à la certitude, quand ils ont pu se trouver face à face avec ceux qu'ils croyaient anéantis. Les témoignages sont nombreux, les faits d'identifications sont précis. Dans certaines circonstances, les apparitions reconnues ont été si réitérées, à de longs intervalles et avec des médiums différents, que tous les procédés d'identification sont réunis pour asseoir en nous une conviction inébranlable. Tant pis pour les gens à système, ou pour les incrédules obstinément enfermés dans la négation, si un pareil faisceau de preuves ne suffit pas à leur ouvrir les yeux.

LES APPARITIONS MATÉRIALISÉES QUI FURENT RECONNUES

S'il pouvait rester encore un doute dans la pensée du lecteur sur le prétendu rôle créateur du médium dans la genèse des fantômes, je crois qu'il serait entièrement dissipé en considérant les conditions dans lesquelles ont lieu les apparitions naturelles matérialisées; celles-ci se produisent spontanément, sans médium attitré, sans cabinet, sans préparations d'aucune sorte, au cours de la vie ordinaire, alors que personne ne s'y attend.

Les apparitions qui ont été vues ainsi collectivement ont surpris les témoins, et il serait irrationnel de chercher dans la division de conscience de l'un d'eux la cause du phénomène, précisément en raison de la *matérialité* de la forme qui s'est montrée. Tels sont les cas:

Pages.

De la mère défunte qui a été vue par sa fille, la nourrice et son mari 84

Celui du capitaine Towns, reconnu par huit personnes successivement 101
La présence de la « Tante Anna » constatée par trois personnes, dont une n'était pas avec les deux premières percipientes 110
La « Marraine » distinctement identifiée par quatre témoins . 113
Ou ce fantôme d'enfant que sept personnes et un chien virent en même temps. 117

Bien d'autres exemples sont consignés dans les *Proceedings* et les publications consacrées à la télépathie ; ils suffisent pour nous assurer que si l'un des assistants a extériorisé la force psychique indispensable, c'est à son insu et sans aucune participation intellectuelle de sa part. Il en est de même, *à fortiori*, quand c'est un animal qui est le premier à distinguer le fantôme, que l'on ne supposera pas, j'imagine, être produit et extériorisé par sa subconscience ! (p. 116 et suiv.)

Ces remarques viennent s'ajouter à celles concernant l'indépendance individuelle des apparitions, et nous montrent combien les théories des psychistes sont artificielles, alors que l'explication spirite s'adapte si bien à la réalité qu'elle explique naturellement tous les cas, sans difficulté.

***

Photographies de défunts qui furent identifiées. — La photographie est une preuve si décisive de la substantialité des apparitions, *même invisibles*, qu'il ne faut jamais oublier que nous possédons quelques documents de premier ordre dans ce genre particulier de manifestations. On est évidemment contraint par la logique à voir le premier degré de la matérialisation dans l'action produite sur la plaque sensible par un être non perceptible pour la vue, mais capable cependant d'agir sur les sels d'argent pour y laisser son image. Alfred Reusel Wallace, affirme (p. 65) qu'il obtint de cette manière le portrait de sa mère, qui fut également reconnu par son frère, bien qu'il n'existât pas de portrait de cette dame.

La seule objection raisonnable — bien qu'elle n'ait pas une

portée générale — celle que l'assistant aurait pu projeter, même involontairement, l'image que le médium aurait matérialisée, est détruite complètement par les exemples dans lesquels l'être photographié est inconnu de toutes les personnes présentes. Le cas de Piet Botha (p. 66), rapporté par Stead, est un modèle du genre.

Grâce à tous les épisodes qui ont accompagné la production du portrait de Mme Bonner (p. 70), nous sommes encore en présence d'un de ces exemples d'identité qui défient toutes les explications, autre que la spirite.

L'image obtenue n'était pas un cliché « mental », puisque la première fois qu'elle a été obtenue, personne ne connaissait Mme Bonner. Le portrait ne pouvait pas davantage provenir d'un cliché « astral », en raison des changements de pose et des attributs que l'on remarque sur la seconde photographie. Pas de télépathie, le mari ne sachant même pas que sa femme dût se manifester et M. Bromson Murray, ainsi que Mumler, lui étant absolument étrangers. Dans sa communication à M. Flint, Mme Bonner a signé de son petit nom et donné des indications exactes sur son jeune fils, aussi bien que sur les parents et amis décédés de M. Bonner. Dans ces conditions, c'est bien la personnalité physiquement et moralement survivante de Mme Bonner qui s'est manifestée, nul autre esprit ne pouvant posséder ses souvenirs et la représenter aussi exactement.

La photographie de Lizzie Benson (p. 76) est aussi convaincante, puisque sa mère elle-même la reconnut.

Pour mémoire, je rappelle les photographies de Sven Stromberg qui fut aussi identifié par plusieurs de ses anciens compatriotes, et celles de Jeanne Baruzzi et de « Bebella » parfaitement reconnues (pp. 578 et 579).

Pendant les séances, lorsque l'on a la bonne fortune de pouvoir photographier l'apparition d'un parent ou d'un ami, on est à même ensuite de contrôler à loisir la sûreté de sa vision. C'est ce qui se produisit aux séances de Liverpool, sous la direction du docteur Hitchman, puisque l'on obtint ainsi les portraits de la mère, de la sœur et du frère du médium et même, simultanément, celui de M. Archibald Lamont (p. 284).

APPARITIONS RECONNUES PENDANT LES SÉANCES. — Les cas de reconnaissance au cours des séances sont excessivement nombreux, et si je n'en ai cité qu'un nombre relativement restreint, c'est parce que j'ai choisi avec soin ceux qui m'ont paru incontestables, en raison de la valeur morale des témoins, de leur compétence, des bonnes conditions de lumière, ou des signes particuliers qui ne permettaient pas de se tromper sur l'identité des fantômes.

Je vais grouper ces témoignages en diverses catégories. Voyons d'abord les reconnaissances pures et simples :

	Pages
M. Stewart reconnaît sa nièce « Pauline », visible en même temps qu'Eglinton.	336
Le peintre Tissot revoit « Katie » qu'il a connue sur la terre.	340
M. Sherman a reconnu sa sœur et sa première femme	344
Aux séances de Christiania, M. A. voit son frère « John », qui lui désigne la bague qui lui a jadis appartenu.	347
L'apparition d' « Anna », si émouvante pour la mère et la tante.	366
Le cas cité par M. Foster où un père reconnaît sa fille, qui lui parle d'événements familiaux.	382
M. Dawson Rogers revoit chez lui son fils Frank, qui l'embrasse, et le fantôme de sa belle-mère	383
Mme Hardinge Britten, à la lumière de deux becs de gaz, reconnaît une de ses grandes amies	384
M. de Lvoff est embrassé par sa sœur	385
Chez le docteur Nichols, deux dames reconnaissent leurs maris défunts	385
M. le docteur Chazarain a vu sa mère	407
Beaucoup d'apparitions avec Mme Roberts, furent reconnues par les assistants	515
Au cours des séances de Munich, la baronne Poisel revoit son amie « Julia »	519
A Naples, le comte Mainardi et sa femme reconnaissent leur neveu « Théodore »	553
A Gênes, Lombroso voit sa mère et est embrassé par elle. Il la revit dans huit séances postérieures	553
Le docteur Venzano reconnut nettement une personne qui lui était très chère	565

M. Bozzano vit sa mère qui lui adressa la parole et le bénit . . 570
Le major F. O. déclare qu'un fantôme qui lui a parlé à voix
  basse ne pouvait être que sa mère 571
Le professeur Milesi, avec Politi, reconnaît sa sœur 577
M. de Alberto revoit sa mère, de manière à ne pas s'y tromper. 577
Le professeur Palmieri eut avec sa fille une conversation
  intime 577
Le professeur Tummolo vit plusieurs fois sa fille matérialisée
  et en obtint une photographie 578

Ici encore, toutes les catégories d'individus: bourgeois, écrivains, peintres, militaires, médecins, professeurs s'unissent dans une affirmation unanime pour proclamer qu'ils ont reconnu dans ces apparitions un de ceux qu'ils avaient aimés ici-bas, et l'on comprend aisément qu'il faudra autre chose qu'une banale dénégation pour détruire la valeur de ces témoignages.

* *

PLUSIEURS PERSONNES RECONNAISSENT L'APPARITION, OU LA DÉCRIVENT IDENTIQUEMENT. — Au point de vue scientifique, la valeur de la preuve s'accroît encore, si plusieurs des assistants sont unanimes à décrire le fantôme, car « l'équation personnelle » du narrateur ne peut alors être suspectée d'avoir complété l'image dans un sens favorable à ses désirs. C'est ce qui se produisit de différentes manières, un peu dans tous les milieux. C'est ainsi que :

                                                          Pages

Plusieurs personnes reconnurent sur une photographie le fantôme de la petite « Marie », fille du docteur Chazarain . . 407
Le père et le frère de miss Glyn virent, en même temps qu'elle,
  les apparitions de la mère et du frère de miss Glyn . . . 411
La forme de Mme Miller est reconnue par son mari et les
  autres assistants 413
Chez M. Fidler, M. Bitcliffe est identifié par quatre personnes
  et par sa femme et ses filles 415
Le père et la mère de M. Brown furent reconnus à San-Francisco par M. Brown et sa femme 417
Plus tard, les fils de M. Brown se firent voir assez nettement
  pour être identifiés par plusieurs des assistants et par
  M. Brown 418

	Pages.
Toute une famille revoit matérialisés ceux des leurs qui sont passés dans l'au-delà	419
Estelle Livermore est reconnue par son mari, le docteur Gray et M. Groute	434
La photographie de Sven Stromberg fut reconnue par plusieurs témoins	453
Le docteur Nichols et sa femme ont vu, entendu et senti plusieurs fois leur fille « Willie » matérialisée	456
« Blanche », chez le docteur Gibier, est identifiée immédiatement par ses cousines et le mari de la plus jeune	506
L'archidiacre Colley et sa femme ont obtenu d' « Alice » des preuves d'identité	527
Le docteur Venzano dessine la forme du fils de M. Vassallo, en même temps que son père le voyait	563
Les membres du cercle reconnaissent, parmi d'autres, la photographie de la mère de M. Testa, qui s'était montrée matérialisée	574
Le moulage de la figure du beau-père de M. Gellona est reconnu par sa fille et un notaire	575
La mère de M. Senarega fut reconnue sur une photographie par plusieurs membres du groupe	578
La photographie de « Jeanne Baruzzi » est identifiée par son père et deux de ses amis	579

Les cas dans lesquels les fantômes sont reconnus plus tard sur des photographies, mélangées parmi d'autres, sont bien convaincants ; ils nous rassurent sur la valeur du témoignage visuel, qui est, quoi qu'on en dise, beaucoup moins sujet à erreur, chez les personnes normales, qu'on a voulu le prétendre.

*
* *

Faits précis qui aident a l'identification. — La propriété que possède le périsprit de garder, à l'état latent, des empreintes indélébiles, a permis assez souvent de reconnaître les apparitions, sans qu'il y ait de possibilité d'erreur. D'autres fois, c'est par la manière dont se comporte le fantôme que l'on constate qu'il a conservé ses habitudes :

LES APPARITIONS MATÉRIALISÉES QUI FURENT RECONNUES

Pages.

Le fils de Mme la baronne Peyron s'est présenté avec son uniforme, ses grandes mains, et l'a embrassée comme il en avait l'habitude de son vivant 392
Mme Pond s'est matérialisée avec ce qui restait de sa jambe amputée 394
La difformité d'une main d'enfant a permis de le reconnaître. 396
La fille de Mme Marryat s'est montrée fréquemment à sa mère avec la malformation de sa bouche 397
Les dents qui manquaient au fantôme reconnu par le docteur Venzano ont permis de l'identifier 567
Le major F. O. reconnaît sa mère à certaines manières que le fantôme emploie pour le caresser, et par ses paroles . . . 574

Nous avons vu que cette propriété de faire renaître physiquement un état passé, se présente parfois chez des incarnés (p. 388), et qu'il nous permet de supposer comment l'esprit est capable de reprendre automatiquement une des formes qui ont été les siennes ici-bas. Cette résurrection est absolue lorsque la matérialisation est complète; c'est pourquoi les assistants éprouvent cette sensation intense de réalité, qui donne à leurs récits un caractère si émouvant.

*
* *

PREUVES PHYSIQUES ET INTELLECTUELLES D'IDENTITÉ. — J'ai insisté fréquemment sur les *faits* qui rendent invraisemblable l'hypothèse que les apparitions seraient produites par le médium, et les esprits matérialisés qui ont pu se montrer avec assez de fréquence pour être parfaitement reconnus, pour causer ou écrire, nous donnent encore d'autres *preuves absolues* de leur identité.

Le cas d'Estelle Livermore (p. 421 et suiv.) mérite de devenir classique, aussi bien en raison de son authenticité, que par la démonstration formelle de la personnalité de la femme défunte du banquier. Pendant cinq années, elle s'est fait voir un nombre incalculable de fois; son mari, le docteur Gray et M. Groute l'ont reconnue, il est donc indubitable que c'était bien la forme physique d'Estelle qui s'était reconstituée; le médium, *restant éveillé*, ne dirige pas les manifestations, il les subit et s'en effraie même, lorsqu'un second fantôme se matérialise en même temps : celui de Franklin. Voici deux êtres de l'au-delà qui sont visibles simultanément et dont chacun conserve son autonomie. Estelle donne très fréquemment des messages, et non seulement son écriture est *la même* que de son vivant, mais c'est son style, sa manière de s'exprimer qui est employée. Bien mieux, elle écrit correctement en *français*, langue ignorée de Kate Fox, mais qu'Estelle possédait parfaitement. Ainsi s'affirme matériellement et spirituellement la survivance de l'esprit d'Estelle Livermore, avec une évidence telle qu'il n'y aurait plus que la mauvaise foi pour en récuser la valeur de premier ordre. L'indépendance d'Estelle s'est encore manifestée par les photographies qu'elle donna chez Mumler, ce qui démontre que son existence n'était pas liée à celle de miss Fox, comme c'eût été inévitable si l'on en croyait les psychistes. Ce cas résume en lui tous les caractères démonstratifs que l'on ne trouve qu'isolés dans les autres récits, c'est pourquoi il mérite d'être pris comme type de la preuve de la survivance.

Mais les phénomènes présentent assez de diversité pour que nous puissions nous convaincre de différentes manières. La fille du docteur Nichols a donné, directement, des autographes qui sont des reproductions identiques de son écriture terrestre (p. 456). Ce ne sont pas des imitations ; le graphisme en est très net et tracé d'une main délibérée. Les dessins obtenus sont bien dans sa manière, celle d'une écolière, et son style, encore un peu enfantin, porte, suivant ses parents, sa caractéristique. Elle aussi s'est montrée avec différents médiums et le moule de la main qu'elle laissa, suffit à établir incontestablement son identité matérielle.

Mme Bonner se faisant photographier pour la première fois en présence d'inconnus établit également, à sa manière, sa réalité objective, et son individualité spirituelle se manifeste aussi nettement par la communication qu'elle donna à un étranger, le médium Flint, qui ne l'avait jamais connue. Dans aucun de ces cas, la télépathie, la clairvoyance ou le pouvoir idéoplastique des médiums ne sauraient intervenir, pas plus d'ailleurs que dans celui de Sven Stromberg, puisque les assistants ignoraient profondément l'existence de ces individus défunts.

La fille de Florence Marryat a mis une persistance extraordinaire pour se faire reconnaître par sa mère. Un fait surtout montre clairement qu'elle existait en dehors des séances et qu'elle veillait, invisible, sur Mme Marryat, c'est la communication qu'elle donna par l'intermédiaire de Mme Cook (p. 399) pour dissuader sa mère de suivre l'avis de son avoué. Nulle transmission de pensée n'est imaginable dans un pareil cas; et lorsque l'esprit se fait voir ensuite aussi souvent, en Angleterre et en Amérique, accompagné parfois de son oncle « Ted » et d'un ami de la famille, tous trois pendant quelques instants vivants, causant comme s'ils n'étaient pas morts, je crois qu'il faut se refuser systématiquement à l'évidence pour n'être pas convaincu.

La forme féminine « Blanche », que les deux cousines appelèrent immédiatement par son nom, aussitôt qu'elle parut chez le docteur Gibier, leur parla en français, sans accent, alors que Mme Salmon ne connaissait pas un mot de notre langue. Elle s'était fait voir déjà dans deux occasions précédentes, avec des médiums différents, ce qui, pour les raisons que j'ai données, montre bien la continuité de son existence pendant ces intervalles.

La personnalité de Mme Miller (p. 413) s'est affirmée aussi grincheuse après sa mort que pendant sa vie, et le reproche qu'elle adressa au sujet de sa bague établit qu'elle savait des choses que tout le monde dans le groupe ignorait. Si l'on veut bien réfléchir sur l'ensemble de ces phénomènes, en se dégageant de toute idée préconçue, on verra qu'ils nous montrent par des faits matériels et intellectuels que l'âme humaine survit après la mort, et affirme par des manifestations objectives que la vie se continue au delà de la tombe.

CONCLUSION

Que ressort-il du long travail que nous venons de faire ? Pour beaucoup, une chose tout à fait inattendue : c'est que l'étude de l'âme peut être entreprise directement, par des méthodes précises et rigoureuses, sans avoir recours à aucune hypothèse ou aux subtilités de la dialectique. Les arguments métaphysiques, employés exclusivement jusqu'ici dans cette question, n'ont jamais convaincu que ceux qui l'étaient déjà, car, la plupart du temps, ce sont des actes de foi, ou des logomachies dépourvues de tout contenu réel. Au contraire, l'observation et l'expérience sont fécondes en enseignements de toute espèce, et ce sera la gloire du spiritisme d'avoir appliqué la méthode expérimentale à cette question, qui était confinée jusqu'ici dans les domaines philosophique ou religieux. Il y a tout intérêt à consulter la nature, car elle seule peut répondre, en nous débarrassant de toutes les erreurs que la spéculation avait accumulées autour de ce problème capital de l'existence de l'âme et de la survie.

Le spiritisme s'est frayé une voie à égale distance des exagérations, en sens inverses, des matérialistes et des spiritualistes. Contrairement aux affirmations absolues et injustifiées des premiers, il est indubitable qu'il existe des actions humaines *extra-corporelles*, se révélant dans les phénomènes de la transmission de pensée, de la télépathie ou de la clairvoyance, qui sont inconciliables avec les propriétés du système nerveux. C'est un premier et formidable argument pour démontrer qu'il existe en nous autre chose encore que la matière, et que l'être humain n'est pas exclusivement un phénomène chimique.

D'autre part, à la suite de Descartes, les philosophes spiritualistes ont creusé un abîme entre l'âme et le corps, en faisant de l'esprit un être absolument immatériel, c'est-à-dire une entité purement verbale, alors que l'observation et l'expérience nous prouvent que *toujours* l'être pensant est associé à une matière infiniment subtile qui l'individualise, aussi bien pendant la vie qu'après la mort.

C'est en suivant les faits pas à pas, et sans jamais les dépasser, que nous sommes arrivés à cette conclusion. Les documents qui servent à la démonstration de l'existence de l'âme pendant la vie sont aussi abondants que variés. Les apparitions collectives de vivants; celles qui agissent physiquement; les photographies de doubles; les empreintes qu'ils ont laissées; les expériences de Varley et de Crookes; celles de MM. de Rochas ou Durville, nous mettent en présence de l'être interne extériorisé, et nous avons constaté que la *seule explication générale* était celle que le principe intelligent, le moi conscient et volontaire, s'était séparé temporairement du corps organique pour se montrer ailleurs, avec tous les caractères physiques et intellectuels qui définissent ordinairement l'individu qu'il représente.

L'observation des cas naturels, aussi bien que l'expérience, établissent donc la dualité de l'être humain et prouvent objectivement, directement, immédiatement, que conjointement à la partie matérielle, il existe en chacun de nous un être qui est la *cause* de la vie sensitive, intelligente et volontaire. Par son corps fluidique, cet être transcendantal est lié d'une manière permanente — mais non indissoluble — pendant sa vie terrestre, à la substance corporelle dont il suit les vicissitudes. Mais la faute logique est de prendre l'effet pour la cause, c'est-à-dire d'imaginer que l'âme est une fonction de l'organisme quand elle en est, au contraire, la cause efficiente. C'est ici qu'apparaît l'erreur colossale du matérialisme, aussi déplorable au point de vue scientifique que funeste, en raison des conséquences morales et sociales qui en résultent.

Après sa mort terrestre, l'individualité humaine n'est pas détruite, elle persiste physiquement et intellectuellement, car les manifestations, à la fois matérielles et intelligentes, si nombreuses et si diversifiées que nous avons passées en revue nous l'affirment, sans possibilité d'un doute. Les apparitions naturelles des morts ont eu lieu de tous temps et beaucoup d'entre elles présentent des caractères si nets, en révélant des faits inconnus du voyant, que l'hallucination s'élimine d'elle-même pour l'explication, aussi bien que toutes les autres causes que l'on avait invoquées.

Ensuite, l'expérience intervient pour confirmer l'observation. Toutes les précautions étant bien prises pour éloigner diverses chances d'erreurs, nous avons vu l'âme humaine désincarnée se manifester objectivement par des photographies, des moulages, des écrits, qui ont permis de les identifier. Ce sont les mêmes êtres que l'on connaissait si bien sur la terre qui se font voir longtemps après leur disparition du milieu terrestre, affirment par leur présence que la dissolution de leur enveloppe charnelle ne les a pas anéantis. Aucune évidence n'est supérieure à celle-là ; elle suffit pour convaincre à tout jamais ceux qui en sont les témoins.

La mort ne crée donc pas, comme on l'a cru jusqu'ici, une barrière infranchissable entre les deux humanités : celle d'ici-bas et celle de l'au-delà. En réalité, des rapports entre les deux mondes s'établissent aussitôt que les conditions favorables sont réunies, car les manifestations spontanées sont là pour nous montrer que ceux que nous avons aimés ne se désintéressent pas de notre sort ; ils cherchent à nous soutenir et à nous consoler aux heures difficiles que la vie prodigue à chacun de nous. Même ignorée le plus souvent, leur intervention mentale est salutaire et parfois efficace.

A l'heure actuelle, les phénomènes spirites de toute nature — communications écrites ou typtologiques, écriture directe, apparitions, matérialisations, etc. — se sont multipliés à un tel point, ils ont des garants scientifiques si nombreux et si autorisés, les affirmations de ces savants sont si précises, si concordantes, si réitérées, s'appuient sur des faits si positifs, que l'ironie des négateurs est désormais sans importance ; elle décèle seulement la lamentable indigence intellectuelle de gens enlisés dans la routine, ou murés dans des idées préconçues, qui en font les éternels adversaires de toutes les formes du progrès.

Que valent les négations *à priori*, devant les affirmations de ces princes de la science qui se nomment Wallace, Crookes, Lombroso, Zoellner, Myers, Lodge ou Hodgson? Qui doit-on croire? les savants si prudents et si perspicaces qui ont vaincu leurs préjugés antérieurs après des années de méditations et de recherches, ou ceux qui n'ont aucune connaissance des faits? Le plus simple bon-sens répond à la question.

C'est par les procédés de la science, en employant les règles de la méthode expérimentale la plus rigoureuse, que nous sommes arrivés à conclure de l'examen des faits que l'âme a une existence individuelle et que la mort est pour elle un mot vide de sens. L'ensemble des phénomènes porte en soi un cachet de certitude qui résulte des caractères identiques des manifestations animiques et spirites, parce que toutes ont une cause unique : l'âme humaine, qu'elle soit encore attachée au corps, ou libérée définitivement de sa prison charnelle.

Quelle magnifique découverte et combien elle sera féconde dans l'avenir en conséquences de toute nature ! Les phénomènes du spiritisme sont à ce point nouveaux qu'ils intéressent toutes les branches de la science.

Le physicien sera appelé à rechercher la nature de ces formes de l'énergie qui : tantôt déchargent l'électroscope, tantôt se traduisent dans les séances par les déplacements d'objets sans contact, par les variations de poids du médium, ou par ces lumières, si étranges, que W. Crookes n'a pu les reproduire artificiellement. Il aura aussi à rechercher quelles sont les conditions ambiantes qui entravent ou favorisent les manifestations.

La biologie est tout à fait incapable, présentement, d'interpréter les faits d'extériorisation de la sensibilité et de la motricité, et bien plus encore ceux de dédoublement, parce qu'elle ignore l'existence du périsprit, dont le rôle, cependant, doit être considérable dans le mécanisme des actions vitales, puisque celles-ci passent par un minimum pendant la trance. Quelle étude prodigieusement intéressante que celle qui nous permettra de comprendre la migration de la matière organique du corps du médium dans celui du fantôme, et sa réintégration lorsque l'apparition disparaît. Il faudra maintenant regarder au delà de la structure anatomique et microscopique des cellules, si l'on veut découvrir la cause efficiente de l'organisme, et pourquoi subsiste l'admirable enchaînement des actions physiques, chimiques, mécaniques, plastiques et fonctionnelles, dont l'harmonie se maintient malgré le renouvellement de toutes les parties de ce mouvant édifice.

La psychologie intégrale sera celle qui comprendra dans ses cadres, non seulement l'étude des facultés normales, mais aussi tous les faits, naturels ou expérimentaux, de transmission de pensée, de clairvoyance, de télépathie et de dédoublement, qui lui présentent la psyché humaine sous des aspects si imprévus jusqu'alors. Par l'emploi du somnambulisme et de la suggestion, nous pénétrons jusqu'aux fondements de la vie mentale, qu'il faut aller chercher dans les profondeurs de la subsconscience; et l'on trouvera celle-ci dans le corps fluidique, car en lui sont incrustées les archives indéfectibles de toute la vie organique et mentale de l'être, depuis le début de son évolution terrestre.

Une vérité aussi grandiose que celle de l'immortalité ne se prouve pas sans entraîner des conséquences philosophiques et sociales de la plus haute importance. Ce sont les idées qui mènent le monde et, volontairement ou non, les sociétés subissent le contre-coup des principes moraux qu'elles ont adoptés. L'affranchissement de l'esprit humain date de l'époque où il s'est libéré du joug des dogmes et le splendide épanouissement des sciences en est le résultat.

Mais, de nos jours, les théories matérialistes deviennent un danger public et risquent de nous causer un préjudice irréparable, car la crainte du néant, de l'anéantissement fatal, fait méconnaître la valeur de l'effort, pousse irrésistiblement les hommes vers la satisfaction immédiate de tous leurs appétits, et crée chez les deshérités des convoitises qui cherchent à se satisfaire par tous les moyens. Le matérialisme est donc une théorie anti-sociale au premier chef, d'où résulte le devoir de le combattre partout où il se rencontre.

Appuyés solidement sur les faits, au nom de la science impartiale, nous devons proclamer bien haut la folie des théories qui représentent l'homme comme un automate que les forces du milieu cosmique feraient agir mécaniquement; il faut répéter qu'il est absurde de ne voir en lui qu'un grouillant amas de produits chimiques, un « Oxynitrocarbure d'hydrogène colloïdal », que la mort décomposerait à tout jamais. Il n'est pas vrai que tout se termine à la tombe, car l'âme en sort plus vivante qu'ici-bas afin de poursuivre ses éternelles destinées.

Que l'on ne croie pas que j'abandonne à partir d'ici le terrain positif sur lequel je me suis toujours maintenu. Tout occupé par l'exposé et la discussion des faits, je n'ai pu entrer dans le détail des expériences qui nous font connaître la vie d'outre-tombe, décrite par ceux qui en ont franchi les portes. Mais de la synthèse des communications reçues dans le monde entier se dégage un enseignement d'une haute envergure, qui substitue aux anciennes croyances religieuses des conceptions nouvelles, d'où sont bannies — non pas l'existence d'une cause première, ni de la loi morale — mais les vieilles légendes d'un Dieu anthropomorphe, vindicatif et sans pitié, aussi bien que celles du paradis ou de l'enfer.

Bien que le spiritisme ait spécialement pour objet l'étude du lendemain de la mort, il se présente à nous dégagé de tout caractère mystique, de toute tendance confessionnelle, car ce qu'il a découvert prouve que les conditions de la vie future diffèrent tout à fait de ce que l'on avait imaginé jusqu'alors.

Par ses méthodes précises, par son souci de serrer de près la réalité physique, le spiritisme échappe au danger de se transformer en religion, puisqu'il n'a, ni ne peut avoir, ni prêtres, ni culte, ni dogme, ni mystères; chacun de ses enseignements étant soumis perpétuellement au contrôle des faits ne saurait transformer en articles de foi, celle-ci n'étant pas plus nécessaire ici que dans les sciences naturelles.

Mais, de même que la lunette astronomique, en détruisant le mensonge des apparences, nous a révélé les splendeurs de l'infini, de même le spiritisme nous apprend que la réalité d'outre-tombe est plus merveilleuse que la fiction. Il nous entraîne naturellement vers des domaines nouveaux et insoupçonnés, vers ce monde supra-physique de l'espace qui était resté si longtemps fermé pour nous. C'est une aurore qui se lève dans le ciel de la pensée et elle éclaire les plus vastes horizons. Lorsque l'extraordinaire importance de cette science sera mieux appréciée, des légions de chercheurs s'engageront dans ces voies nouvelles et peu à peu, à la place des formes vieillies de la pensée, des conceptions périmées des anciennes religions, s'édifiera un nouvel aspect de la vérité, en parfaite harmonie, cette fois, avec ce que la science nous a fait connaître de l'univers.

Alors, au-dessus des enseignements donnés dans les cathédrales, les synagogues, les temples, les mosquées, les pagodes, rayonnera la vraie science de l'au-delà, celle qui a pour base la communication entre les vivants et les prétendus morts ;

elle s'établira sans violences, sans anathèmes, sans conciles, par la libre adhésion des consciences, conquises par l'évidence des choses.

On s'apercevra qu'en dehors du monde physique il en existe un autre, plus vaste et plus splendide que celui qui nous est accessible par les sens; qu'il est régi aussi par des lois et que celle qui domine toutes les autres est la *loi morale*, dont les sanctions sont aussi inéluctables dans ce nouveau milieu que les lois physico-chimiques ici-bas.

Alors disparaîtront toutes les croyances puériles, tous les dogmes surannés qui depuis si longtemps pèsent comme une chape de plomb sur la pensée humaine. L'humanité ne se paiera plus de mots, elle exigera de ses dirigeants, non plus des affirmations, mais des démonstrations rigoureuses. Elle ne tremblera plus devant l'épouvantail du tombeau, car elle saura que ce n'est qu'une étape nécessaire pour rejoindre sa vraie patrie, celle qu'elle avait quittée pour l'exil terrestre. Alors elle retournera sans crainte dans l'espace, certaine d'y retrouver ceux qu'elle a connus et aimés ici-bas et d'y continuer son évolution éternelle vers des destinées toujours plus hautes, qu'elle aura conquises d'un effort ininterrompu.

Cette magnifique unité mentale, qu'aucune théologie n'a jamais atteinte, le spiritisme la réalisera par l'emploi de la science, et il s'en dégagera une philosophie grandiose dont la justice, la fraternité et l'amour formeront le ciment indestructible. Sans doute, bien des années passeront encore avant que l'homme connaisse ces splendides perspectives de l'infini. Beaucoup reculeront épouvantés devant l'immensité vertigineuse d'une vie qui ne doit jamais se terminer, mais ils finiront par se familiariser avec ces gigantesques réalités et ils comprendront que la puissance éternelle a su varier à l'infini les splendeurs qui se déroulent, toujours diversifiées, dans les profondeurs d'un avenir sans limites.

Fin

TABLE DES GRAVURES

Gravures.	Pages.
1. — F. W. H. Myers	51
2. — Les expériences de M. Beattie et du docteur Thompson	57
3. — — — —	61
4. — — — —	63
5. — Portrait de Bromson Murray avec la photographie fluidique de Mme Bonner	71
6. — Portrait de Mme Bonner de son vivant	71
7. — Photographie de M. Bonner avec sa femme derrière lui	73
8. — Photographie du Révérend Stainton Moses	75
9. — Portrait de M. Moses Dow avec la photographie spirite de son amie décédée, Mabel Warren	76
10. — Photographie de Lombroso	134
11. — Sir William Crookes	156
12. — Comment l'accordéon était tenu	157
13. — La cage de l'accordéon	158
14. — A. Aksakof, portrait et écriture autographe	184
15. — Empreintes médianimiques	224
16. — Expérience du docteur Pearce. Effluviographie de main, obtenue dans une boîte fermée	251
17. — Expériences de MM. Reimers et Oxley	264
18. — Phototypie du moulage d'Akosa	269
19. — Phototypie du moulage de Lilly	271
20. — Portrait d'Eglinton	294
Plan d'installation pour une expérience avec Eglinton	295
21. — Photographie d'Eglinton et de la forme matérialisée	297
22. — Reproduction d'une photographie obtenue en pleine obscurité par Aksakof	299
23. — Pied matérialisé de Bertie. Médium, le docteur Monck	324
24. — La main de Lilly. Médium, le docteur Monck	325
25. — Dessin de James Tissot, représentant deux Esprits visibles simultanément	339
26. — Photographie de Mme d'Espérance	360
27. — Reproduction d'une photographie simultanée de *Yolande* et de Mme d'Espérance	363
28. — Apparition d'un enfant dans son milieu familial. Composition du peintre Besnard	406
29. — Reproduction de l'écriture de l'esprit de Franklin et de celle d'Estelle Livermore	442

Gravures.	Pages
30. — Spécimen d'un dessin posthume de Willie, accompagné d'écriture directe	457
31. — Écriture directe de l'esprit de la fille du docteur Nichols et d'autres intelligences.	459
32. — Écriture directe, sur ardoise, de la fille du docteur Nichols, après sa mort.	461
33. — Écriture de la fille du docteur Nichols, pendant sa vie	461
34. — Spécimen d'écriture d'Eglinton	461
35. — Katie King, d'après une photographie obtenue à la lumière de magnésium par les investigateurs spirites	486
36. — Reproduction, d'après une gravure, d'une photographie de miss Cook à l'âge de 15 ans	488
37. — Une des photographies de Katie, par W. Crokes	493
38. — Dessin fait d'après une photographie, montrant Katie tenant la main de son médium endormi	495
39. — Photographie de William Crookes et de l'esprit Katie King, à la lumière du magnésium	497
40. — Dessin représentant l'apparition « Blanche » embrassant sa tante	506
41. — Deuxième croquis de « Blanche » avec son voile	507
42. — Croquis représentant « Ellan »	509
43. — Croquis représentant la formation graduelle d'une apparition en dehors du cabinet, chez le docteur Gibier.	510
44. — Croquis représentant « Lucie » et son voile de tissu léger.	511
45. — Plan d'une salle des séances	532
46. — Photographie obtenue à la villa Carmen	537
47. — Plan d'une salle des séances	539
48. — Détails du même plan.	540
49. — Autre photographie de Bien Boa	541
50. — Agrandissement d'un des clichés stéréoscopiques de M. Richet montrant Bien Boa.	543
51. — Reproduction du cliché de l'auteur sur le même sujet	545
52. — Dessin, par M. Gellona, de silhouettes obscures vues parmi les assistants dans les séances d'Eusapia	550
53. — Tête sortant à demi du rideau	552
Plan d'une salle des séances avec Eusapia	556
54. — Diverses empreintes de figures dans la terre glaise obtenues avec Eusapia comme médium	573
55. — Deux moulages de l'esprit du beau-père de M. Gellona.	576
56. — Photographie de l'apparition « Bebella » et du médium Mlle Uranie	579
57. — Photographie de M. Hodgson	584
58. — Portrait de Mme Williams.	589
59. — Mme Williams, déguisée en homme, est saisie en dehors du cabinet tenant la poupée	590
60. — Mme Williams se déshabillant dans le cabinet. On voit où se trouvait le sac aux accessoires, avec la poupée	591
61. — La manœuvre de la poupée	592
62. — La manœuvre de la poupée, 2ᵉ vue	593
63. — Photographie de la poupée employée par Mme Williams	595
64. — Photographie de M. l'archidiacre Colley	643
65. — Apparition photographiée avec Mme d'Espérance	651
66. — Photographie du médium Miller	655
67. — Le colonel Olcott	664

Gravures.	Pages.
68. — Croquis de M. Seiling	669
69. — Autre photographie d'esprit obtenue avec Mme d'Espérance.	676
70. — Katie King	702
71. — Croquis de M. Gellona	705
72. — Formes diverses des objets solides lumineux dont se servent les apparitions pour se faire voir	706
73. — Aspect d'une main lumineuse en formation, d'après un dessin de M. Keulmans	709
74. — Un esprit matérialisé qui s'éclaire	711
75. — Une séance obscure	715

TABLE DES MATIÈRES

CHAPITRE I

LES APPARITIONS DE DÉFUNTS PLUS OU MOINS LONGTEMPS APRÈS LA MORT

Continuité des manifestations extra-corporelles des vivants et des morts. — Elles sont identiques. — Comment distinguer une hallucination d'une apparition véritable ? — Énumération des caractères qui prouvent l'objectivité d'un fantôme de mort. — Explication par l'hypothèse de la télépathie retardée. — Exemple d'une vision qui n'est pas suffisamment objective. — Apparitions véritablement objectives. — Celles qui présentent des signes particuliers, ignorés des vivants, mais exacts. — Le fantôme a une égratignure à la joue. — Un autre se montre ruisselant, après s'être noyé. — Le fantôme est identifié parce qu'il lui manque un doigt. — L'apparition d'un officier indique son genre de mort. — Un fantôme reconnu sur une photographie. — Hantise locale ; la vieille femme couchée. — Le docteur qui revient. — Apparition de l'ancienne propriétaire de l'hôtel. — Le fantôme dit son nom et converse par signes. — Le cas de Mme de Marteville. — Le fantôme donne un ordre qui sauve le navire. — L'apparition proteste contre une accusation injuste. — L'apparition veille sur ses petits enfants. — Le cas de Sylvain Maréchal. — Discussion sur l'objectivité des fantômes vus collectivement. — Photographies d'apparitions de morts, invisibles pour les yeux ordinaires. — Les expériences de MM. Beattie, Thompson, Wagner, Wallace, etc. — Identité des esprits de Mme Bonner, la petite Pauline, Mabel Warren et Lizzie Benson. — Action physique exercée par le fantôme invisible. — Apparitions de morts vus collectivement ou successivement par plusieurs témoins. — L'apparition de la grand'mère. — Le fiancé est vu par deux personnes. — La mère défunte se montre à trois témoins. — Manifestations lumineuses. — Divers exemples. — Une mère qui veille sur ses enfants. — Les esprits continuent de nous aimer. — Apparitions multiples du même fantôme. — Cas Lister. — Celui de Mme Coote. — Cas Tweedale. — Un portrait posthume. — Une apparition persistante. — Manifestations objectives au lit de mort. — Trois cas cités d'après M. Bozzano. — Trois cas du même auteur où l'apparition est vue collectivement par des humains ou des animaux. — Résumé rappelant les analogies parfaites des apparitions de vivants ou de morts 1

CHAPITRE II

LES MAINS QUI APPARAISSENT PENDANT LES SÉANCES

Étude expérimentale des apparitions. — Les expériences permettent de mieux apprécier les faits. — Quelle est la valeur des témoignages? — Une attestation de Cromwell Varley. — Les médiums voyants. — La déposition du docteur Lockart-Robertson. — Les expériences du colonel Devoluet. — Vision des mains matérialisées. — Un accordéon qui paraît jouer seul. — Les expériences de Home avec Napoléon III et Alexandre de Russie. — Les affirmations du professeur Damiani. — Encore une déposition au sujet de l'accordéon. — Les observations de William Crookes. — Une attestation du docteur Gibier. — Les récits de Mme Florence Marryat. — Écriture directe par une main lumineuse, chez W. Crookes. — Autre témoignage du même phénomène, par Robert Dale Owen. — Période moderne. — Les expériences avec Eusapia Paladino. — Les Commissions de savants qui l'étudièrent. — Les derniers convertis. — M. Morselli et les phénomènes spirites. — Les mains qui agissent et que l'on sent dans les séances. — A Milan, à Naples, à Varsovie, à Paris, etc. Vision par les assistants de mains fantômales qui produisent des attouchements. — Leur réalité est incontestable. Discussion sur l'origine des mains. — Le dédoublement du médium est certain dans beaucoup de cas, il se démontre par les empreintes, le synchronisme des mouvements, la sensibilité extériorisée et enfin le dédoublement visible. — C'est l'hypothèse animiste, elle suffit souvent, mais elle ne peut tout expliquer. — Il faut admettre l'intervention d'entités étrangères, quand: 1° il se produit des actions simultanées dans plusieurs directions différentes; 2° quand les empreintes diffèrent de celles du médium et des assistants; 3° quand une volonté étrangère à tout le monde intervient; 4° quand une langue étrangère inconnue du médium est employée. — Certainement les hypothèses psychodynamistes sont insuffisantes. — Distinction entre les phénomènes animiques et spirites d'Eusapia. — Résumé. 132

CHAPITRE III

PREUVES OBJECTIVES DE LA RÉALITÉ DES APPARITIONS COMPLÈTEMENT MATÉRIALISÉES

Il existe d'autres preuves que les empreintes de la réalité des mains fantômales. — Ce sont les effluviographies constatées par Mac-Nab et les expériences du docteur Pierce obtenant le dessin d'une main dans une boîte fermée. — Moulages à la paraffine de certaines parties du corps des apparitions. — Les expériences du professeur Denton. — Les recherches de MM. Reimers et Oxley. — Le premier moulage de la main de Bertie. — Autres confirmations de la réalité de ces phénomènes. — Visages d'esprits matérialisés moulés dans la paraffine. — Les têtes d'Akosa et de Lilly. — Autres expérimentateurs. — M. Ashton obtint des moulages avec miss Fairlamb. — Le médium est visible pendant la production des moules. — Les deux mains de Minnie. — L'agent est visible: le médium, miss Wood, est dans une cage. — Deux esprits, un homme et une femme : Meggie et Benny, se dématérialisent devant les assistants. — Ils donnent chacun un moule complet d'un de leurs pieds. — Le fantôme et le médium sont visibles pour les assistants. — La photographie des formes matérialisées. — Les expériences de Liverpool. — Récit de M. Burns. — Récit de Mme L. Nosworthy. — Confirmation du docteur Hitchman. — Les expériences d'Aksakof avec Eglinton, à Londres. — Résumé. 247

CHAPITRE IV

LES APPARITIONS ONT UNE PERSONNALITÉ INDÉPENDANTE DE CELLE DU MÉDIUM

Les différentes hypothèses sur l'origine des fantômes. — La fraude universelle. — Ce sont des démons qui se moquent de notre crédulité. — Ce sont des hallucinations. — Ce sont des créations de la pensée du médium. — L'animisme, c'est-à-dire l'extériorisation du double du médium n'est pas une explication suffisante pour tous les cas. — La transfiguration du corps. — Différents exemples. — Le changement physique est produit par une cause extérieure. — Il en est de même pour le corps odique du médium, qui peut être transfiguré. — Il existe des preuves absolues de l'indépendance des apparitions. — Le fantôme est le même avec des médiums différents. — Les cas de Bertie et de Lilly. — Les photographies de Bertie. — Apparitions multiples et simultanées. — Les cas rapportés par Mme Marryat. — La séance de M. James Tissot. — Cas où les apparitions parlent ou écrivent dans une langue inconnue du médium. — Le fantôme emploie un dialecte des îles du Pacifique. — Les apparitions de Nepenthès avec Mme d'Espérance. — Écriture en grec ancien; photographie et moulage de la main de cet esprit. — Le médium éveillé cause avec l'apparition. — Le cas de Florence Cook. — Des esprits chantent ensemble. — Un concert à quatre voix. — Les sensations ressenties par Mme d'Espérance pendant les matérialisations. — Résumé. 304

CHAPITRE V

L'IDENTITÉ DES APPARITIONS MATÉRIALISÉES

Les apparitions ne sont pas des êtres surnaturels, elles ont tous les caractères des êtres humains. — Comment établir leur identité ? — Précautions à prendre contre l'illusion. — Les apparitions reconnues. — Témoignages de M. Foster, de Dawson Rogers, de Mme Hardinge Britten. — La sœur de M. de Lvoff lui apparaît. — Une dame qui reconnaît son mari. — Apparitions qui présentent des signes particuliers. — Les difformités ne se conservent pas dans l'espace, elles ne se reconstituent que pendant la matérialisation. — Exemples empruntés à la vie terrestre. — Apparition du fils de la baronne Peyron à sa mère. — Le fantôme n'a qu'une jambe. — Reproduction de la difformité d'une main d'enfant. — La fille de Mme Marryat. — Les matérialisations avec Mme Bablin. — Plusieurs sont reconnues collectivement. — Miss Glyn revoit sa mère et son frère, qui sont reconnus aussi par son père. — On conserve son caractère dans l'au-delà : une femme peu commode. — Apparition de M. Bitcliffe à sa femme et à ses enfants ; il est identifié aussi par ses amis. — Autres apparitions familiales. — Matérialisations réitérées d'enfants désincarnés dans leur milieu familial. — Le cas de M. Livermore. — Apparition pendant cinq ans d'une femme défunte à son mari survivant. — Preuves physiques et intellectuelles de l'identité d'Estelle Livermore. — Impossibilité d'une supercherie. — Le docteur Franklin. — Apparition simultanée de Franklin et d'Estelle. — Confirmation de la réalité des faits par le docteur Gray et par M. Groute, beau-frère de M. Livermore. — Communication d'Estelle en français, langue ignorée du médium. — Photographie spirite d'Estelle avec un autre médium — L'histoire de Sven Stromberg. — Preuves de son identité. — La fille du docteur Nichols. — Son écriture posthume est la même que de son vivant. — Willie donne un moulage de sa main. — Confirmation du docteur Frièze. — Apparitions matérialisées d'un même esprit avec des médiums différents. — La fille de Mme Marryat se fait voir un grand nombre de fois, en Europe et en Amérique. — Mme Marryat revoit aussi fréquemment son beau-frère et un de ses amis. — Résumé 373

CHAPITRE VI

LES RECHERCHES DES SAVANTS

Les apparitions de Katie King constatées d'abord par des spirites. — Les polémiques. — Intervention de sir William Crookes. — Les recherches du savant anglais affirment absolument la réalité des matérialisations. — Photographies de Katie. — Sa dernière manifestation. — Les expériences du docteur Gibier à New-York, chez lui. — Passage du médium à travers la porte de la cage. — Séance du 10 juillet. — Un fantôme qui parle le français, le médium ne connaissant pas notre langue. — Autres matérialisations. — Le fantôme se forme et disparait devant les assistants. — Une magnifique séance racontée par le Révérend Minot-Savage. — Quelques apparitions reconnues à Munich. L'attestation de Carl du Prel. — Les recherches de l'archidiacre Colley, avec le docteur Monck. — Le fantôme sort du corps du médium et se forme sous les yeux des assistants, puis sa substance retourne au corps physique de Monck. — Le Madhi. —

L'esprit et le médium éveillé causent ensemble. — Le fantôme d'Alice. — Le procès du prestidigitateur Maskelyne. — La déposition d'Alfred Russel Wallace. — Les matérialisations de la Villa Carmen. — Photographies simultanées des médiums et de l'apparition. — Le fantôme prend naissance dans la salle. — Il exhale de l'acide carbonique. — Les critiques des incrédules, leur inanité. — Les matérialisations complètes avec Eusapia Paladino. — Témoignages des professeurs Porro, Morselli, Bottazi, Pio Foa, du docteur Visani Scozzi, du docteur Venzano, de M. Bozzano. — Matérialisation de deux formes, visibles en pleine lumière. — Les identités d'Esprits constatées avec Eusapia. — La mère de Lombroso. — Le fils de M. Vassallo. — Le père et une parente du docteur Venzano. — La fille du professeur Porro. — La mère de M. Bozzano. — Empreinte du visage matérialisé du beau-père de M. Gellona. — Les identités constatées avec d'autres médiums. — Les fantômes reconnus avec Politi par le professeur Milesi. — Par le professeur Palmieri. — Par le professeur Tummolo. — Photographies de matérialisations parfaitement identifiées avec les Randone. — Résumé 482

CHAPITRE VII

LA QUESTION DE LA FRAUDE DANS LES SÉANCES SPIRITES

Les fraudes intéressées. — Les charlatans ont voulu battre monnaie avec ces phénomènes. — Nécessité constante d'être sur ses gardes. — L'arsenal des fraudeurs. — Masques, mousselines, substances lumineuses, etc. — Les spirites ont eux-mêmes démasqué souvent les imposteurs. — Le flagrant délit de Mme Williams. — Comment se fabriquaient les fantômes. — Ce sont des imitations grossières des apparitions véritables. — Les précautions qu'il faut prendre pour n'être pas trompé. — On ne doit pas confondre la tromperie volontaire et préméditée avec la fraude inconsciente. — Quelques remarques sur le cas d'Eusapia. — Amende honorable de la S. P. R. en ce qui la concerne. — Discussion sur le rapport de l'*Institut général Psychologique*. — Le rapporteur n'était pas assez expérimenté. — Fausses apparences de fraude. — Les filaments fluidiques qui sont pris pour des fils. — La transfiguration peut induire en erreur des assistants encore novices. — Le dédoublement du médium a donné naissance à de fausses accusations de fraude. — Nécessité d'être prudent dans ses jugements. — Résumé. 583

CHAPITRE VIII

QUELQUES REMARQUES SUR LA GENÈSE, L'ANATOMIE ET LA PHYSIOLOGIE DES FANTOMES

Ce qui sera étudié dans ce chapitre. — Les précautions à prendre pour observer utilement les apparitions provoquées. — La salle. — Le médium. — Les assistants. — Nécessité de l'homogénéité du milieu. — Comment il faut conduire les séances. — Inspirer la confiance au médium et aux esprits. — La genèse des fantômes. — Ils sont formés de la substance extériorisée du médium. — On peut s'en assurer de différentes manières. — On voit la matière sortir du corps du médium. — Exemples nombreux. — L'esprit se forme, sous les yeux des assistants, en dehors du cabinet. — Les témoignages visuels sont confirmés par les pesées du médium. — Celui-ci perd de son poids, pendant que le fantôme devient objectif. — La perte de poids s'accompagne d'une dématérialisation visible de la substance corporelle. — Cas divers de Mme Crompton et de Mme d'Espérance. — Action physique des assistants. — Ils participent à la fourniture de l'énergie nécessaire. — Relations entre le médium et l'apparition. — Communauté de sensations. — Dangers que peut courir le médium si l'on exerce des sévices sur le fantôme. — Il faut que les opérateurs invisibles apprennent à se manifester. — Le fantôme renferme en lui la force organisatrice de la matière. — La matérialisation incomplète est instable. — Les mains qui fondent dans celles de l'observateur. — Dématérialisation visible et complète de l'apparition. — Influence antagoniste de la lumière terrestre sur la forme matérialisée. — Les apparitions lumineuses. — La production de la lumière par les organismes vivants n'est pas un fait anormal. — Analogies et différences physiologiques entre les esprits matérialisés et les humains. — L'anatomie du fantôme est identique à la nôtre. — Phénomènes de respiration, de chaleur animale, de voix, de sécrétions constatés pendant les séances. — Le type de l'esprit matérialisé n'est pas invariable, il est modifié par le corps odique extériorisé du médium. — Les vêtements des apparitions. — Comment on peut supposer qu'ils se forment. — Étoffes qui restent quand le fantôme a disparu. — Les éléments en sont empruntés aux vêtements du médium. — Résumé 626

CHAPITRE IX

REVUE GÉNÉRALE ET CONCLUSION

La position du problème de l'immortalité. — Les faits télépathiques et spirites sont scientifiques. — Revue des preuves de l'existence de l'âme pendant la vie. — L'exode de l'âme. — La matérialisation du fantôme de vivant. — La nature et les propriétés du périsprit. — Preuves de l'existence de l'âme après la mort. — Les apparitions naturelles de défunts. — Les facultés intellectuelles et morales des apparitions. — L'expérience spirite. — Les matérialisations partielles. — Discussion sur l'origine des mains. — La réalité des apparitions matérialisées prouvée par : 1° la vision simultanée du médium et de l'apparition ; — 2° quand on assiste à la formation du fantôme ; — 3° quand il disparaît devant les assistants ; — 4° quand il est photographié ; — 5° quand il laisse des empreintes ou des moulages ; quand il déplace des objets pesants ; quand le médium diminue de poids. — L'existence personnelle des fantômes ; elle n'est due ni au pouvoir créateur du médium, ni à une transfiguration. — La même forme se montre avec des médiums différents. — L'apparition parle ou écrit en employant une langue inconnue du médium et parfois de tous les assistants. — Ce sont aussi des faits inconnus qu'elle révèle. — Le fantôme, inconnu des assistants, a pu être identifié. — Apparitions multiples et simultanées. — L'identité des esprits. — Elle s'établit par reconnaissance. — Plusieurs témoins s'accordent pour la décrire. — Faits précis qui aident à l'identification. — Preuves physiques et intellectuelles de la survie. — Conclusion. — Le spiritisme n'est pas une religion, c'est la science du lendemain de la mort; elle est féconde en conséquences scientifiques, morales et sociales 750

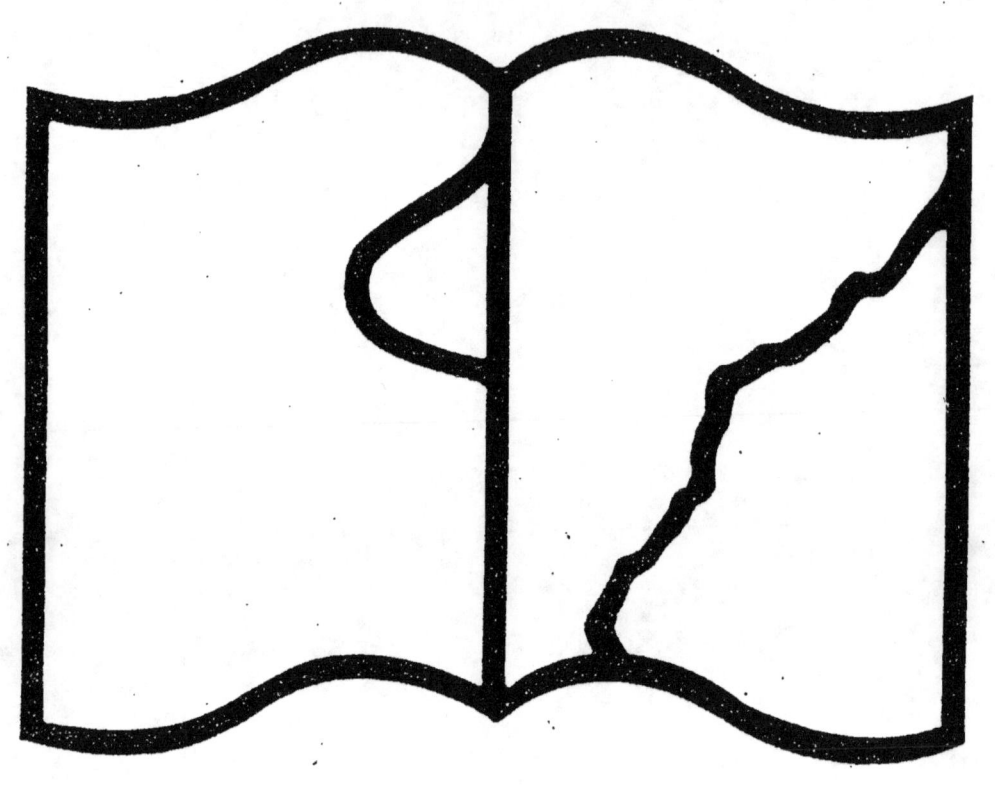

Texte détérioré — reliure défectueuse
NF Z 43-120-11

www.ingramcontent.com/pod-product-compliance
Lightning Source LLC
Chambersburg PA
CBHW070901300426
44113CB00008B/909